CW00497248

# 1 MONTH OF
# FREE
# READING

at

## www.ForgottenBooks.com

By purchasing this book you are eligible for one month membership to ForgottenBooks.com, giving you unlimited access to our entire collection of over 1,000,000 titles via our web site and mobile apps.

To claim your free month visit:
www.forgottenbooks.com/free1237893

* Offer is valid for 45 days from date of purchase. Terms and conditions apply.

ISBN 978-0-428-48564-1
PIBN 11237893

This book is a reproduction of an important historical work. Forgotten Books uses
state-of-the-art technology to digitally reconstruct the work, preserving the original format
whilst repairing imperfections present in the aged copy. In rare cases, an imperfection in
the original, such as a blemish or missing page, may be replicated in our edition. We do,
however, repair the vast majority of imperfections successfully; any imperfections that
remain are intentionally left to preserve the state of such historical works.

Forgotten Books is a registered trademark of FB &c Ltd.
Copyright © 2018 FB &c Ltd.
FB &c Ltd, Dalton House, 60 Windsor Avenue, London, SW19 2RR.
Company number 08720141. Registered in England and Wales.

For support please visit www.forgottenbooks.com

# MÜNCHENER BEITRÄGE

ZUR

# ROMANISCHEN UND ENGLISCHEN PHILOLOGIE.

HERAUSGEGEBEN

VON

## H. BREYMANN UND J. SCHICK.

———

XXXVIII. -41

SPENSERS BELESENHEIT.

1. TEIL:

DIE BIBEL UND DAS KLASSISCHE ALTERTUM.

——— ⚬ ———

LEIPZIG.

A. DEICHERT'SCHE VERLAGSBUCHHANDLUNG NACHF.

(GEORG BÖHME).

1908.

# SPENSERS BELESENHEIT.

VON

## DR. WILHELM RIEDNER.

———

1. TEIL:

## DIE BIBEL UND DAS KLASSISCHE ALTERTUM.

———⊰⊱———

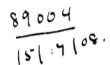

LEIPZIG.

A. DEICHERT'SCHE VERLAGSBUCHHANDLUNG NACHF.

(GEORG BÖHME).

1908.

Alle Rechte vorbehalten.

# Herrn Professor Dr. J. Schick

in Verehrung und Dankbarkeit

gewidmet.

# Spensers Belesenheit.

Die Werke Spensers sind noch durch keine umfassende Quellenforschung gewürdigt worden, obgleich die Aufgabe bei der hohen Stellung des Dichters in der Literatur dankbar ist und wichtige Resultate über sein recht dunkel gebliebenes Leben verspricht. Als einer der gelehrtesten Männer seiner Zeit, ja der englischen Literaturgeschichte überhaupt, besaß Spenser eine außerordentliche Belesenheit. Die griechischen und römischen Klassiker, kann man sagen, waren ihm mit Ausnahme der griechischen Tragiker geläufig, ebenso ein Teil der mittelalterlichen lateinischen Schriftsteller. Seine Kenntnis der italienischen und der französischen Sprache führte ihn zu eifrigster Lektüre und Übersetzung italienischer und französischer Dichter; aus Ariost schöpfte er mehr als aus irgend einer anderen Quelle. Wir erfahren, daß ein spanischer Roman des Don Diego Hurtado de Mendoza, sowie ein Exemplar des Til Eulenspiegel in seinem Besitze war. Zahlreiche Hinweise zeigen, wie sehr er in der Literatur des eigenen Landes bewandert war. Ein ungeheueres Material, aus fernster und nächster Zeit, hat er herbeigezogen, um sein Riesenwerk zu formen und zu schmücken.

Bei der Bearbeitung der Quellenfragen ging ich von Kitchins Kommentar zu Buch I und II der "Paierie Queene" aus, der in meisterhafter Weise den Umriß von Spensers Belesenheit gibt; dazu fügte ich die Resultate der älteren Forscher Jortin, Todd, Upton, Ware und Collier, welche in

Colliers fünfbändiger Spenser-Ausgabe gegeben werden, sowie die Forschungen von Warton in seinen "Observations on the Fairy Queen" und dehnte damit Kitchins Untersuchung auf sämtliche Werke Spensers aus. Ferner benützte ich des Dichters eigene Quellenangaben in seinen Briefen an Sir Walter Raleigh und Gabriel Harvey und die zahlreichen oft unrichtigen Hinweise bei den Zitaten in seinem Prosawerk "A View of the present State of Ireland", endlich die wichtige zeitgenössische Quellenforschung E. K.'s in dem Kommentar zum "Shepheards Calender".

Die mir zugängigen neueren Spezialarbeiten über Spensers Quellen habe ich ebenfalls herangezogen. Davon scheint mir nur diejenige von Dodge: "Spenser's Imitations from Ariosto" (Publ. Mod. L. Ass. XII, 1897) den ganzen Umfang des Einflusses zu bestimmen und damit erschöpfend zu sein. Meinerseits suche ich eine erschöpfende Arbeit über Vergil, die klassische Hauptquelle Spensers zu geben. Ferner glaube ich das Wesentliche über das Abhängigkeitsverhältnis von Homer, Ovid, Horaz, Theokrit, sowie von der Bibel zu bringen. Bei Homer bewies ich, daß Spenser den griechischen Text gelesen hat. Von Ovid und Horaz versprach ich mir größere Resultate; vor allem vermutete ich bei Horaz manche wörtliche Quelle für lateinische Gedichtstellen zu finden, wie z. B. für diese:

> Omnis et in parvis bene qui scit desipuisse,
> saepe superciliis palmam sapientibus aufert

> (Gedicht an Harvey, v. 48. Gl. Ed. S. 707).

Was Theokrit anlangt, so glaube ich kaum, daß Spenser ihn näher gekannt hat, obwohl die Meinung besteht (vgl. bes. E. K.), daß hier die Hauptquelle für den "Shepheards Calender" liegt. Bez. der Bibel mußte ich mich auf die Darstellung von Spensers biblischen Kenntnissen beschränken, ohne den direkten Quellen nachgehen zu können.

Die Untersuchung von Spensers Belesenheit in der Literatur seines Landes führt zu Resultaten, welche die Erwartung nicht enttäuschen, die wir an den gelehrten Kenner der antiken und fremdländischen Literatur stellen. Besonders versiert ist Spenser in den Historikern alter und neuer Zeit. Von Beda bis zu Holinshed verfolgen wir die Spuren seines Studiums. Geoffrey of Monmouths Historia Britonum benützt er ausführlich, ohne dabei die Kenntnis der hierauf fußenden Geschichtsschreibung Hardyngs und Holinsheds zu verleugnen. Sein historischer Traktat, der mit allem möglichen gelehrten Apparat verfertigte, zitatenreiche View of the Present State of Ireland, ist im Grunde nur auf moderner Literatur aufgebaut. Vorbildlich scheinen Spenser hierfür Buchanans Arbeiten gewesen zu sein.

Buchanan zeichnet er besonders aus, wenn er ihn bei der wichtigen Frage nach der Besiedlung Irlands unter 11 Schriftstellern fast aller Zeiten und Länder als denjenigen heraushebt, dem er am meisten Vertrauen entgegenbringt.[1] Die zahlreichen Zitate aus Römern und Griechen erinnern uns an Buchanans gelehrte Darstellung der schottischen Geschichte. Da Spensers Zitierungen aber meist falsch sind, so fragt es sich, ob er sie im einzelnen Falle überhaupt selbst herbeigeholt hat. Mir macht es den Eindruck, als habe sich der Dichter bei manchen Fragen, z. B. bei der Darstellung, erinnert, daß Buchanan in seiner schottischen Geschichte hierfür Belege aus Tacitus bringt, und habe so Tacitus auch als Quelle in seine Arbeit gelangen lassen. Die Form des Dialoges im View Irel. scheint ebenfalls von Buchanan, und zwar von dessen Abhandlung „De jure regni apud Scotos" entlehnt zu sein.

Von den großen Dichtern verehrt Spenser am meisten Chaucer, seinen „Tityrus": von keinem Manne spricht er wärmer und verehrungsvoller; doch sind seine Entlehnungen nicht zu häufig. Langland, Stephen Hawes and John Skelton scheint er auch gerne gelesen zu haben. Wie weit der Einfluß der Männer seines Jahrhunderts reicht, vermag ich heute nur anzudeuten. Spenser stand in Berührung mit den führenden literarischen und politischen Größen seiner Zeit. Aus seinem Freundeskreise nennen wir die Namen seines besonderen

---

[1] View Irel., Gl. Ed. S. 626: "... of all which I doe give most credit unto Buckhanan."

Gönners, Sir Walter Raleigh, ferner Sackville, Sidney, Gabriel Harvey und Lodowick Bryskett, Edward Dyer und Abraham Fraunce. Mit Namen finden wir zitiert Camden Thomas Drant und Roger Ascham, John Still und dessen Neffen William Alabaster. Bekannt waren ihm Samuel Daniel und Stephen Gosson. Wessen Einfluß der bedeutendste und tiefgehendste auf unseren Dichter war, vermag ich noch nicht abzuschätzen. Soviel sehen wir aber schon heute, daß Spenser auch mit der Literatur seines Landes aufs engste verbunden, daß er auch hierin sehr belesen war. Er war wohl ein Mann, der das gesamte Wissen seiner Zeit in sich vereinigte.

Da sich bei der Bearbeitung der mittelalterlichen und modernen Literatur das Material in meinen Händen gehäuft hat, bin ich gezwungen, die ganze Arbeit zu trennen. Der heute erscheinende 1. Teil bringt Spensers Abhängigkeit von der Bibel und den Autoren des Altertums. Ende dieses Jahres will ich den 2. Teil mit der Behandlung der mittelalterlichen und modernen Quellen folgen lassen; derselbe soll Heft 42 der Münchener Beiträge zur romanischen und englischen Philologie bilden.

# Spenser und die Bibel.

Spenser ist nicht nur einer der gelehrtesten, sondern auch einer der gläubigsten Männer seiner Zeit gewesen. In dem Hauptwerke seines Lebens, der "Faerie Queene", wollte er ohne Zweifel auch seiner religiösen Überzeugung ein Denkmal setzen; gleich das 1. Buch bringt "the Legend of the Knight of the Red Crosse, or of Holinesse", d. i., wie Hoffmann [1]) sagt, „die Allegorie der menschlichen Seele, die mit Hilfe Gottes alle Anfechtungen und Versuchungen des Bösen überwindet und sich schließlich ganz und ohne Rückhalt dem wahren Glauben (das ist nach Spenser der der anglikanischen Kirche) hingibt".

Daß Spensers biblische Kenntnisse nicht nur aus dem Unterrichte in Kirche und Schule, sondern auch aus späterer selbständiger Lektüre der Bibel stammen, wird dadurch bewiesen, daß er den "Ecclesiastes", das "Canticum canticorum" und "Seven Psalmes" übersetzt hat, wovon uns der Drucker der "Complaints" (1591) unterrichtet. Die Bibel selbst ist also ohne Zweifel eine der Quellen von Spensers biblischen Kenntnissen; eine weitere wird wohl der "Catechism" sein, ferner das "Common Prayer-Book", welchem die Psalmen und Episteln und Evangelien für jeden Sonntag beigegeben waren. Bei der Quellenfrage für die Bibel selbst muß unterschieden werden zwischen dem Texte der "Geneva Bible" und der sogenannten "Bishop's Bible". Ich konnte diese Untersuchungen noch nicht machen, will aber dazu eine Vorarbeit liefern, indem ich Spensers biblische Kenntnisse zeige, wobei ich den Text der "Authorised Version" zugrunde lege.

---

[1]) Hoffmann, Max, Über die Allegorie in Spenser's Fairie Queene. Gleiwitz. 1888.

---

# The Old Testament.

Spensers häufige Anspielungen auf die Erschaffung des
Menschen, auf den Sündenfall usw. berühren zuweilen wörtlich
den Text der Genesis.

Gen. 1. 26  And God said, Let us make man in our image,.
after our likeness: and let them have dominion over the
fish of the sea . .

F. Q. I. X. 42  The wondrous workmanship of Gods owne
mould,
Whose face he made all beastes to feare, and gave
All in his hand.

Ebenso F. Q. II. IX. 47; vgl. Ps. 8, 6.

Gen. 2. 7  And the Lord God formed man of the dust of
the ground, and breathed into his nostrils the breath.
of life.

H. H. L. 110  He man did make, and breathed a living
spright
Into his face.   .

Gen. 1. 22  And God blessed them, saying, Be fruitful and
multiply.

F. Qu. III. VI. 34  And yet remember well the mighty word
Which first was spoken by th'Almighty Lord,
That bad them to increase and multiply.

Gen. 2. 9  the tree of life also in the midst of the garden,
and the tree of knowledge of good and evil; 17 but of
the tree of the knowledge of good and evil, thou shalt
not eat of it.

F. Q. I. XI. 46   Great God it planted . . and did it call
The tree of life . .
47 Another like faire tree eke grew thereby,
   Whereof whoso did eat, eftsoones did know
   Both good and ill.   O mournfull memory!
   That tree through one mans fault hath doen us all to dy. ·
— eine Anspielung auf den Sündenfall und die Vertreibung
aus dem Paradiese (Gen. 3. 6, 17).   Eden und Paradies nennt
Spenser noch oft: F. Q. II. XII. 52, Sh. Cal. June 10, R. T.
III = v. 518, H. H. L. 130.

Unas Eltern werden vom Drachen Error (dem Teufel)
belagert, nachdem er ihr Gebiet verwüstet (sie aus dem Paradiese vertrieben hat); dieses ist wie Eden beschrieben.

F. Qu. I. VII. 43   Whose parents . .
   Did spread their rule through all the territories,
   Which Phison and Euphrates floweth by,
   And Gehons golden waves doe wash continually.
Gen. 2. 10   And a river went out of Eden to water the
   garden; and from thence it was parted, and became into
   four heads.
        11   The name of the first is Pison . . And the
   name of the second is Gihon . . And the fourth river
   is Euphrates.

Spensers "Gehons golden waves" bezieht sich auf
Gen. 2. 11   Pison, that is it which compasseth the whole
   land of Havilah, where there is gold.

Bei Sh. Cal. Julye 127 ff. verweist E. K. auf Gen. 4. 2.
Kluge zeigt (Anglia III. S. 267), daß er irrt, weil Spensers
Quelle Mantuan ist.

Die Stelle Gen. 6. 3   And the Lord said, My spirit shall
   not always strive with man, for that he also is flesh
hatte Spenser wohl im Sinne
in F. Qu. VII. VI. 31   But ah! if Gods should strive with
                                         fiesh yfere,
   Then shortly should the progeny of man
   Be rooted out.
Vgl. Ps. 78, 38 u. 39.

Das biblische Bild: The windows of heaven were opened (Gen. 7. 11) bringt Spenser öfter:

F. Qu. II. XI. 3 The windowes of bright heaven opened had. Ferner F. Q. IV. III. 3; M. H. T. 110; Co. Cl. 605.

In der Bibel erscheint es noch II. Kings 7, 2; Is. 24. 8; Mal. 3. 10.

Nimrod wird in Gen. 10. 8 "a mighty one in the earth" genannt; Spenser hat

F. Qu. I. V. 48    great Nimrod was,
That first the world with sword and fire warrayd.

Beim Turmbau zu Babel heißt es in der Bibel:

Gen. 11. 4   Let us build us a city and a tower, whose top may reach unto heaven.

Vergleiche Spensers Anspielung

So. 1V   The antique Babel, Empresse of the East,
Upreard her buildings to the threatned skie.

Ebenso R. T. II = v. 509   Not that great Towre, which is
so much renownd,
For tongues confusion in Holie Writ.

Gen. 11. 9   Therefore is the name of it called Babel; because the Lord did there confound the language of all the earth.

Jacobs Stab (Gen. 32. 10; Hebr. 11. 21) erwähnt Spenser in F. Qu. I. VI. 35   And in his hand a Jacobs staffe; ebenso Daph. 41.

### Exodus.

Church[1]) weist auf Exodus 2. 22: "And she bare him a son, and he called his name Gershom: for he said, I have been a stranger in a strange land" mit folgenden Worten in Beziehung auf Spensers Kinder: "Of two of the children whom she brought him, the names have been preserved, and they indicate that in spite of love and poetry, and the charms of Kilcolman Spenser felt as Englishmen feel in Australia

---

[1]) Spenser. London. 1901 (English Men of Letters, Morley).

or in India. To call one of them "Sylvanus", and the other "Peregrine", reveals to us that Ireland was still to him a "salvage land", and he a pilgrim and stranger in it; as Moses called his firstborn Gershom, a stranger here."

Diese biographische Parallele mag hier erwähnt sein, da es möglich ist, daß Spenser an die Worte des Moses dachte.

Die Erscheinung Gottes im feurigen Busch vor Moses (Exod. 3. 2 ff.) erwähnt der Dichter im Sh. Cal. Julye 157

Sike one (sayd Algrind) Moses was,
That sawe hys makers face,
His face, more cleare then Christall glasse,
And spake to him in place.

161   This had a brother (his name I knewe)
The first of all his cote,
A shepheard trewe, yet not so true,
As he that earst I hote.

"a brother . . not so true" bezieht sich auf Aaron, der Götzendienst trieb (Exod. 4. 14), während sein Bruder Moses auf dem Berge Sinai die Gesetze empfing (Exod. 19. 20; 32. 4). E. K.'s Hinweis ist richtig.

Der Ausdruck "darkness which may be felt" (Exod. 10. 21) erscheint ähnlich bei Spenser:

F. Qu. VI. X. 42   candle-light, which delt
A doubtfull sense of things, not so well seene as felt.

Spenser erwähnt den Durchzug durch das Rote Meer in F. Qu. I. X. 53

. . . as that same mighty man of God,
That blood-red billowes, like a walled front,
On either side disparted with his rod,
Till that his army dry-foot through them yod.

Der Text der Bibel lautet

Exod. 14. 21   And Moses stretched out his hand over the sea; and the Lord caused the sea to go back by a strong east wind all that night, and made the sea dry land, and the waters were divided . . and the waters were a wall unto them on their right hand, and on their left.

Eine Anspielung findet sich in

F. Qu. I. X. 20  Sometimes great hostes of men she could
dismay;
Dry-shod to passe she parts the flouds in tway.
Vgl. Josh. 3. 17.

Auf Exod. 17. 6: and thou shalt smite the rock and there
shall come water out of it

bezieht sich F. Qu. I. VIII. 10

Forth gushed, like fresh water streame from riven rocke.

In Exod. 18. 21 rät Jethro dem Moses folgendes: Thou
shalt provide out of all the people able men, such as
fear God, men of truth . . and place such over them,
to be rulers of thousands, and rulers of hundreds, rulers
of fifties, and rulers of tens . . and they shall bear the
burden with thee.

Spenser zitiert diese Stelle mit eigenen Worten im View.
Irel. S. 672 . . followed the Counsell of Jethro to
Moyses, who advised him to devide the people into
hundreds, and to sett Captàynes and wise men of trust
over them, which should take the charge of them, and
ease him of that burthen.

Die bekannte Stelle Exod. 20. 5: I the Lord thy God am
a jealous God, visiting the iniquity of the fathers upon
the children unto the third and fourth generation of
them that hate me,

hat Spenser im Sinne

F. Q. II. VIII. 29      the evill donne
Dyes not . . .
But from the grandsyre to the Nephewes sonne,
And all his seede the curse doth often cleave.
. . So streightly God doth judge.

Exod. 24. 18 · and Moses was in the mount forty days and
forty nights.
31. 18  And he gave unto Moses . . two tables of
testimony, tables of stone, written with the finger of God.

F. Q. I. X. 53     the highest Mount
   Such one as that same mighty man of God,
   . . Dwelt forty days upon; where writt in stone
   With bloody letters by the hand of God,
   The bitter doome of death and balefull mone
   He did receive.

Ebenso Deut. 4. 11; 9, 9; Acts 7. 30; 2. Cor. 3. 7.

## Deuteronomy.

Bei Sh. Cal. Maye 103
   (The time was once . .
   When shepeheards had none inheritaunce . .)
   Well ywis was it with shepheards thoe:
   Nought having, nought feared they to forgoe;
   For Pan himselfe was their inheritaunce,

verweist E. K. auf Deuteronomy:

   10. 9  Wherefore Levi hath no part nor inheritance with
   his brethren: the Lord is his inheritance.

Ebenso 18. 1.

## Joshua.

Die Stelle: Sun, stand thou still upon Gibeon (10. 12)
schwebte wohl Spenser vor bei

F. Qu. I. X. 20  She would commaund the hasty Sunne to
                              stay.

Im View. Irel. S. 643 heißt es: "And sometimes did
cast up greate heapes of stones, as ye maie reade in many
places of the Scripture, and other whiles they did throwe
upp many round heapes of earth in a Circle, like a garland,
or pitch manie longe stones on ende in compasse, every of
which (they say) betokened some woorthy person of note there
slayne and buryed." Die Bibelstellen hierfür sind nicht häufig;
ich finde nur eine, welche Spenser im Sinne gehabt haben mag:

   Josh. 4. 5: And Joshua said unto them, Pass over before
   the ark of the Lord your God into the midst of Jordan,
   and take you up every man of you a stone upon his

shoulder, according unto the number of the tribes of the children of Israel: That this may be a sign among you, that when your children ask their fathers in time to come, saying, What mean ye by these stones? Then ye shall answer them . . .

4. 20 And those twelve stones, which they took out of Jordan, did Joshua pitch in Gilgal.

Eudoxus antwortet: "You have satysfied me much better, both by that I see some confirmation therof in H o l y e W r i t t . . ." Vorher sagt er aber: "Some v a y n l y e thinke that they were never placed there by mans hand or arte, but only remayned there since the beginning, and were afterwards discovered by the deluge . . ." Dies entspricht aber auch der Auffassung in Genesis 7. 19: And the waters prevailed exceedingly upon the earth; a n d a l l t h e h i g h h i l l s, t h a t w e r e u n d e r t h e w h o l e h e a v e n, were covered.

## Judges.

In Kap. 4. 14 ff. wird die Ermordung Siseras von Jael erzählt:

And Deborah said unto Barak, Up; for this is the day in which the Lord hath delivered Sisera into thine hand . . . . And Jael went out to meet Sisera . . .

Spenser verwechselt die Personen und sagt

F. Qu. III. IV. 2  how stout Debora strake
Proud Sisera.

Auf die Geschichte von Simson, Judg. 16. 17 ff., spielt an:

F. Q. V. VIII. 2 So whylome learnd that mighty Jewish swaine,
Each of whose lockes did match a man in might,
To lay his spoiles before his lemans traine.

## I. Samuel.

Die Geschichte vom Riesen Goliath (I. Sam. 17. 4 ff.) berührt Spenser

R. T. IV = v. 533    a Giaunt came in place . .

Not he which in despight of his Creatour
With railing tearmes defied the Jewish hoast.

Die Freundschaft zwischen Jonathan und David (I. Sam.
18. 3; 20. 11; 23. 18) ist erwähnt

F. Qu. IV. X. 27  Trew Jonathan and David trustie tryde.

## I. Kings.

Die Schlichtung des Streites zwischen zwei Frauen durch
Salomon erzählt Spenser in F. Q. V. I. 26.

I. Kings III. 25  And the king said, Divide the living
child in two, and give half to the one, and half to the
other.

26  Then spake the woman whose the living child
was . . . O my Lord, give her the living child, and in
no wise slay it.  But the other said, let it be neither
mine nor thine, but divide it.

F. Qu. V. I. 26  Sith then (sayd he) ye both the dead deny,
And both the living Lady claime your right,
Let both the dead and living equally
Devided be betwixt you here in sight.

27  Well pleased with that doome was Sangliere,
And offred streight the Lady to be slaine;
But that same Squire, to whom she was more dere,
When as he saw she should be cut in twaine,
Did yield she rather should with him remaine
Alive, then to him selfe be shared dead.

Salomons Weisheit findet sich erwähnt:
R. T. 445  Of Salomon with great indignities,
Who whilome was alive the wisest wight.

## II. Kings.

20. 10  let the shadow return backward ten degrees,
(oder Is. 38. 8 So the sun returned ten degrees) mag Spensers
Vers

She would commaund the hasty Sunne to stay
Or b a c k w a r d  t u r n e  his curse from hevens hight,
(F. Qu. I. X. 20)

beeinflußt haben.

Die Stelle II. Kings 5. 14

Then went he down, and dipped himself seven times in
Jordan . . and his flesh came again like unto the flesh
of a little child, and he was clean

hatte wohl Spenser im Auge

F. Qu. I. XI. 30 For unto life the dead it could restore,
And guilt of sinfull crimes cleane wash away;
. . and. aged long decay
Renew, as one were borne that very day.
Both Silo this, and Jordan, did excell.

Im View. Irel. S. 630 nennt Spenser (aus II. Kings 2. 8)
den Mantel des Elias: "For the Jewes used it, as you may
reade of Elias mantell."

## Job.

9. 25 Now my days are swifter than a post: they flee
away.

Ähnlich Spenser Daph. V (v. 411):

all times doo flye
So fast away, and may not stayed bee,
But as a speedie post that passeth by.

Den Ausdruck

Job 19. 24 That they were graven with an iron pen

bringt Spenser in F. Q. I. VIII. 44

Deepe written in my heart with yron pen.

Ebenso Jerem. 17. 1.

Das Untier "Leviathan" (Job 41. 1) ist erwähnt in Vis.
W. V. 5.

The huge Leviathan, dame Natures wonder.

"A proud rebellious unicorn" (F. Qu. II. V. 10)
entspricht dem Sinne nach Job. 39. 9

Will the unicorn be willing to serve thee?

## Psalms.

Der Drucker von Spensers "Complaints" (1591) sagt in
seinem Vorwort (The printer to the gentle reader) ". . To

which effect I understand that he besides wrote sundrie others, namelie "Ecclesiastes" and "Canticum Canticorum" translated, "A senights slumber", "The hell of lovers", "his Purgatorie", being all dedicated to Ladies; so as it may seeme he ment them all to one volume. Besides some other Pamphlets looselie scattered abroad: as "The dying Pellican", "The howers of the Lord", "The sacrifice of a sinner", "The seven Psalmes", etc. which when I can, either by himselfe or otherwise, attaine too, I meane likewise for your favour sake to set foorth."

Diese Arbeiten Spensers sind verloren gegangen; die 7 Psalmen, welche Spenser nach diesem Berichte übersetzt hat, waren sicher die 7 Bußpsalmen, welche in damaliger Zeit mit Vorliebe übersetzt und paraphrasiert wurden; ich erinnere z. B. an Wyatts Paraphrase der 7 Bußpsalmen.

Dem Sänger der Psalmen spendet der Dichter sein begeistertes Lob:

F. Qu. IV. II. 2    as that celestiall Psalmist was,
That, when the wicked feend his Lord tormented,
With heavenly notes, that did all other pas
The outrage of his furious fit relented.

Auf die Stelle Ps. 19. 5: the sun, which is as a bridegroom
   coming out of his chamber, and rejoiceth,

lenkt uns F. Qu. I. V. 2

And Phoebus fresh, as bridegrome to his mate,
Came dauncing forth.

Dem Sinne nach berühren sich

Ps. 31. 15  My times are in thy hand
und F. Q. I. IX. 42   Their times in his eternall booke of
                                                    fate
   Are written sure.

Ps. 37. 5  Commit thy way unto the Lord
erscheint in

F. Qu. III. III. 24   Therefore submit thy wayes unto his
                                                    will.

Ps. 39. 11 thou makest his beauty to consume away like
a moth.

Dieses Bild verwendet Spenser

F. Qu. II. Il. 34 as doth an hidden moth
The inner garment frett.

Ebenso Job 13. 28; Is. 50. 9; James 5. 2.

Die prachtvolle Schilderung der Natur

Ps. 65. 13 The valleys also are covered over with corn;
they shout for joy, they also sing

hat wohl auf Spenser eingewirkt:

F. Qu. II. VI. 24 The fields did laugh, the flowres did
freshly spring,
The trees did bud, and early blossomes bore.

Ähnlich I. Chron. 16. 32. — Auch Ovid sagt (Met. XV. 204):

Omnia tum florent; florumque coloribus almus
Ridet ager.

Kitchin [1]) zitiert: "Prata rident", ein Zitat, welches ich
nirgends finden kann; sollte eine Verwechslung mit dem horazischen "prata rigent" (C. IV, 12, 3) vorliegen?

Die Stelle: Their eyes stand out with fatnes (Ps. 73. 7)
erscheint ähnlich bei Spenser:

F. Qu. I. IV. 21 And eke with fatnesse swollen were his
eyne.

Das sprichwörtlich gewordene Psalmwort:

They shall bear thee up in their hands, lest thou dash thy
foot against a stone (Ps. 91. 12)

scheint verwendet in

Ep. 49 For feare the stones her tender foot should wrong.

Ps. 103. 15 As for man, his days are as grass: as a flower
of the field, so he flourisheth. For the wind passeth over
it, and it is gone; and the place thereof shall know it
no more.

---

[1]) Spenser, Book II of the Faery Queene ed. by G. W. Kitchin.
Oxford. 1899.

Dieses ist wohl die Quelle für Daph. V = v. 394:

For they be all but vaine, and quickly fade;
So soone as on them blowes the Northern winde,
They tarrie not, but flit and fall away,
Leaving behind them nought but griefe of minde.

Spensers Wort

F. Qu. III. VI. 3 Her birth was of the wombe of Morning dew

geht wohl auf Ps. 110. 3 zurück:

Thy people shall be willing in the day of thy power, in
the beauties of holiness from the womb of the morning: thou hast the dew of thy youth.

Das biblische Bild: The sea saw it, and fled (Ps. 114. 3)
erscheint in F. Q. II. XII. 3

That all the seas for feare doe seeme away to fly.

## Proverbs.

Auf Prov. 15, 1:

A soft answer turneth away wrath: but grievous words
stir up anger

scheint Spenser anzuspielen in

F. Qu. II. VI. 36 Yet at her speach their rages gan re-
lent . .

Such powre have pleasing wordes: such is the might
Of courteous clemency in gentle hart.

Spenser zitiert Salomo und sein Wort:
The wrath of a king is as messengers of death (Prov. 16. 14).

F. Qu. IV. VIII. 1 Well said the Wiseman . .
That the displeasure of the mighty is
Then death it selfe more dread and desperate.

Das sprichwörtliche: Whoso diggeth a pit, shall fall therein
(Prov. 26. 27; ebenso Ps. 7. 16; 9. 16; 57. 7) erscheint

F. Qu. VI. II. 23 Who ever thinkes . .
To wrong the weaker, oft falles in his owne assault.

## Ecclesiastes.

Nach dem Berichte des Druckers von Spensers "Complaints" hat der Dichter den "Ecclesiastes" übersetzt. Von dieser Arbeit ist uns nichts erhalten; eine einzige Stelle in der F. Qu. (I. X. 41):

For as the tree does fall, so lyes it ever low·

deutet auf den Ecclesiastes:

11. 3   in the place where the tree falleth, there it shall be.

## Solomon's Song.

Auch dieser wurde, wie der Drucker der "Complaints" berichtet, von unserem Dichter übersetzt mit dem Titel "Canticum Canticorum". In den anderen Werken Spensers zeigen sich nur wenige Berührungspunkte damit.

Sol. S. 4. 11   Thy lips, O my spouse, drop as the honey-
comb.

F. Qu. II. III. 24   Sweet wordes like dropping honny.

Sol. S. 5. 15   His legs are as pillars of marble.

F. Qu. II. III. 28 Like two faire marble pillours they (= the legs) were seene.

Sol. S. 6. 10   Who is she that looketh forth as the morning?

ähnlich Spenser:

F. Qu. I. XII. 21  His onely daughter . .

As bright as doth the morning starre appeare
Out of the east.

## Isaiah.

An Is. 6. 2   Above it stood the seraphims: each one had six wings

scheint Spenser zu denken in H. H. B. 91:

Yet farre more faire be those bright Cherubins,
Which all with golden wings are overdight,
And those eternall burning Seraphins.

Ebenso bei F. Qu. I. I. 5

And by descent from royall lynage came
Of ancient Kinges and Queenes

an Is. 49. 23 And kings shall be thy nursing fathers, and their queens thy nursing mothers.

## Daniel.

Dan. 6. 7 und 4. 32 sind die Quelle für F. Q. I. V. 47.

F. Qu. I. V. 47 There was that great proud king of Babylon,
That would compell all nations to adore
And him as onely God to call upon,
Till through celestiall doome thrown out of dore,
Into an oxe he was transform'd of yore.

Dan. 6. 7 . . make a firm decree, that whosoever shall ask a petition of any God or man for thirty days, save of thee, O king, he shall be cast into the den of lions.

Nebuchadnezzar wird verdammt:

Dan. 4. 32 And they shall drive thee from men, and thy dwelling shall be with the beasts of the field: they shall make thee to eat grass as oxen.

Spenser ist ungenau, indem er sagt: "Into an oxe he was transformed."

Zum Schlusse seien noch einige Stellen angeführt, die offenbar auf die Bibel zurückgehen, sich aber nicht näher nachweisen lassen.

In M. H. T. 439 bringt Spenser ein Zitat:

Therefore said he, that with the budding rod
Did rule the Jewes, "All shalbe taught of God".

Diese Stelle kann ich in der Bibel nicht finden. Der Ausdruck "Budding rod" deutet auf Aaron, dessen Stab grünte (Numb. 17. 8, 9; Hebr. 9. 4).

The cedar proud and tall (F. Qu. I. I. 8). Die Zeder wird oft in der Bibel so genannt (Ezek. 31. 3. 8; Numb. 24. 6; Ps. 92. 13).

Das Zerreißen der Kleider als Ausdruck der Trauer (I. Sam. 4. 12; II. Sam. 3. 31) erwähnt Spenser in F. Qu. IV. VII. 40; VI. V. 4.

Das Abschneiden des Bartes war ein Zeichen der Beschimpfung (Jer. 48. 37). Spenser erwähnt es F. Qu. V. III. 37.

Der Rauch wird in der Bibel oft als Bild für das rasch Vergängliche gebraucht (Ps. 37. 20; 68. 3; 102. 4). Spenser sagt in diesem Sinne Co. Cl. 721

Vanitie, nought else but smoke, and fumeth soone away.

## The New Testament.

Spenser hat reichlich aus dem Neuen Testament geschöpft. In der "Hymne of Heavenly Love", die sein Glaubensbekenntnis genannt werden kann, erzählt er Leben und Sterben Christi im Anschluß an den Bericht der Evangelien (H. H. L. v. 224—245).

Aus St. Matthew 6. 33 zitiert er Christi Ausspruch:

But seek ye first the kingdom of God, and his righteousness im View. Irel. S. 678:

.. according to the saying of Christ, "First seeke the kingdome of heaven, and the righteousness thereof".

Die Schilderung "Mammons" in F. Qu. II. VII. 8 ff. geht wohl auf Kap. 6 dieses Evangeliums zurück.

Auf die Stelle Matth. 6. 29 ff.: "Behold the fowls of the air: for they sow not, neither do they reap, nor gather into barns .. consider the lilies of the field, how they grow; they toil not, neither do they spin: And yet I say unto you, that even Solomon in all his glory was not arrayed like one of these" beziehen sich die Verse F. Qu. II. VI 15 u. 16:

15 Behold, O man! that toilesome paines doest take,
   The flowrs, the fields, and all that pleasaunt growes . .
   . . how no man knowes,
   They spring, they bud, they blossome fresh and faire,
   And decke the world with their rich pompous showes.
16 The lilly . .
   Yet nether spinnes nor cards, ne cares nor fretts,
   But to her mother Nature all her care she letts.

Der Weg zum "house of Pride" und zum "house of Holinesse" ist in deutlicher Anlehnung an Matth. 7. 13. 14 geschildert.

For wide is the gate, and broad is the way, that leadeth
to destruction, and many there be which go in thereat:
Because strait is the gate, and narrow is the way, which
leadeth unto life, and few there be that find it.

F. Qu. I. IV. 2 (house of Pride)

And towards it a broad high way that led,
All bare through peoples feet which thether traveiled.

F. Qu. I. X. 10 (house of Holinesse)

So few there bee,
That chose the narrow path, or seeke the right:
All keepe the broad high way, and take delight
With many rather for to goe astray.

Im gleichen Sinne:

I. X. 5 They passe in, stouping low;
For streight and narrow was the way which he did show.

Und 55 A little path, that was both steepe and long.

Das bekannte Gleichnis, Matth. 7. 15

false prophets, which come to you in sheep's clothing, but
inwardly they are ravening wolves,

ist verwendet im Sh. Cal., Maye 126,

Tho, under colour of shepeheards, somewhile
There crept in Wolves, ful of fraude

und September 184

Whilome there wonned a wicked Wolfe,
. . And ever at night wont to repayre
Unto the flocke . . .
Ycladde in clothing of seely sheepe.

Die Stelle Matth. 21. 21: If ye shall say unto this mountain,
Be thou removed, and be thou cast into the sea; it shall
be done

hat Spenser offenbar vor Augen in F. Qu. I. X. 20:

And eke huge mountains from their native seat
She would commaund themselves to beare away,
And throw in raging sea with roaring threat.

Unas Macht ist so groß, wie die des wahrhaft Gläubigen
nach den Worten Christi.

Auf Matth. 7. 26: A foolish man, which built his house
upon the sand

bezieht sich der Vers

R. T. II. = v. 505  a stately Towre appeared,
Built all of richest stone . . .
But placed on a plot of sandie ground.

Christus weilte oft auf dem Ölberg (Matth. 24, 3; 26, 30);
hierauf spielt an

F. Qu. I. X. 54  that sacred hill . . .
Adornd with fruitfull Olives all arownd,
Is, as it were for endlesse memory
Of that deare Lord who oft thereon was fownd,

ebenso Sh. Cal. Julye 49. 50.

Christi Wort:

Verily, I say unto you, Inasmuch as ye have done it unto
one of the least of these my brethren, ye have done it
unto me (Matth. 25. 40) ist verwendet:

H. L. 205:  . . yet since that loving Lord
Commaunded us to love them for his sake . .
Knowing that, whatsoere to them we give,
We give to him by whom we all doe live.
215 That we the like should to the wretches shew,
And love our brethren.

Die Stelle: Watch and pray, that you enter not into temp-
tation: the spirit indeed is willing, but the flesh is weak
(Matth. 26. 41)

war vielleicht von Einfluß auf Sh. Cal., Sept. 236:

. . thilke same rule were too straight,
All the cold season to wach and waite;
We bene of fleshe, men as other bee.

Auf die Verleugnung Christi durch Petrus

Matth. 26. 34  Verily, I say unto thee, That this night
before the cock crow, thou shalt deny me thrice

bezieht sich

F. Qu. V. VI. 27  The bird that warned Peter of his fall:
ebenso Mark. 14. 30; Luke 22. 34 usw.

## St. Luke.

Das bekannte Wort: a sword shall pierce through thy
own soul (Luk. 2. 35) beeinflußte vielleicht die Stelle: Those
last deadly accents, which like swords did wound my heart
(Daph. III v. 297);

> ebenso Luk. 10. 34: Bound up his wounds, pouring in oil
> and wine
> F. Qu. I. V. 17  In wine and oyle they wash his woundes
> wide,
> ferner Luk. 12. 24  Consider the ravens . . which neither
> have storehouse nor barn
> F. Qu. VII. VII. 21  Ne have the watry foules a certaine
> grange
> Wherein to rest, ne in one stead do tarry.

Bei der Beschreibung des "hospital of Good Works"
(F. Qu. I. X. 37) hatte Spenser Luk. 14. 13 im Sinne.

> Luk. 14. 13  But when thou makest a feast, call the poor,
> the maimed, the lame, the blind: And thou shalt be
> blessed; for they cannot recompense thee: for thou shalt
> be recompensed at the resurrection of the just.
> F. Qu. I. X. 37  His office was to give entertainement
> And lodging unto all that came and went;
> Not unto such as could him feast againe,
> And double quite for that he on them spent,
> But such as want of harbour did constraine:
> Those for Gods sake his dewty was to entertaine.

## St. John.

Des Dichters Wort: Meeke Lambe of God (H. L. 173)
mag auf Jo. 1. 29 (36) "Behold the Lamb of God" zurückgehen, ebenso auf

> Jo. 5. 14  Sin no more, lest a w o r s e thing come
> unto thee

der Vers:

F. Qu. II. IV. 36   Henceforth take heede of that thou now
                                    hast past . .
Least worse betide thee by some later chaunce.

Jo. 6. 35   I am the bred of life

bringt Spenser

M. H. T. 438   The bread of life powr'd down.
H. H. L. 195   And last, the food of life, which now we
                                    have,
Even he himselfe, in his deare sacrament.

Der Brunnen Silo: Jo. 9. 7   Go, wash in the pool of
Siloam.   He went his way therefore, and washed, and
came seeing

ist erwähnt in

F. Qu. I. XI. 30   It could recure, and aged long decay
Renew, as one were borne that very day.
Both Silo this, and Jordan, did excell.

## St. Paul's Epistles.

### To the Romans.

An die Stelle, Rom. 8. 13: But if ye through the Spirit do
mortify the deeds of the body, ye shall live,

erinnert F. Qu. I. X. 48

His mind was full of spirituall repast,
And pyn'd his flesh, to keepe his body low and chast.

Das seltsame Wort des Dichters: Whote cole on her
tongue! (Sh. Cal., Sept. 112) geht vielleicht auf Rom. 12. 20:
"Thou shalt heap coals of fire on his head" zurück (ebenso
Prov. 25, 22).

### To the Corinthians.

An I. Cor. 15. 51   We shall not all sleep, but we shall all
be changed . . and this mortal must put on immortality

lehnen sich folgende Verse an:

F. Qu. VII. VII. 59   But time shall come that all shall
                                    changed bee,
And from thenceforth none no more change shal see.

F. Qu. VII. VIII. 2 That same time when no more Change
shall be,
But stedfast rest of all things.

### To the Ephesians.

Aus Paulus' Brief an die Epheser zitiert Spenser eine
Stelle in seinem Briefe an Sir Walter Raleigh (Gl. Ed. S. 3
u. 4). Der Dichter sagt: "In the end the Lady told him that
unlesse that armour which she brought, would serve him (that
is, the armour of a Christian man specified by
Saint Paul, VI. Ephes.) that he could not succeed in
that enterprise."

Diese Bibelstelle lautet:

Eph. 6. 11 Put on the whole armour of God . .
16 Above all, taking the shield of faith, wherewith ye shall be able to quench all the fiery darts of the
wicked.

Dementsprechend wird der Red Cross Knight, der von
Una seine Waffen empfangen hatte, beschrieben:

F. Qu. I. I. 1 Ycladd in mighty armes and silver shielde
2 Upon his shield the like (= the cross) was
also scor'd
For soveraine hope, which in his helpe he had.

An Ephes. 5. 2: And walk in love, as Christ also hath
loved us, and hath given himself for us an offering and
a sacrifice to God for a sweetsmelling savour

erinnert Spenser in H. H. L. 260:

With all thy hart, with all thy soule and mind
Thou must him love . .
And give thyselfe unto him full and free,
That full and freely gave himselfe to thee.

### To the Philippians.

Phil. 2. 7 and took upon him the form of a servant, and
was made in the likeness of men,

ist wohl Vorlage für

H. H. L. 140   He downe descended, like a most demisse
And abject thrall, in fleshes fraile attyre.

Die Stelle: For it is God which worketh in you both to
will and to do of his good pleasure (Phil. 2. 13) bringt Spenser
mit anderen Worten

F. Qu. I. X. 1   But all the good is Gods, both power and
                                        eke will.

## To the Colossians.

Auf I. Col. 2. 14 scheint sich F. Qu. I. IX. 53 zu beziehen.

I. Col. 2. 14   Blotting out the handwriting of ordinances
that was against us.

F. Qu. I. IX. 53   there grows eke greater grace,
The which doth quench the brond of hellish smart,
And that accurst hand-writing doth deface.

Bei der Beschreibung von Belphoebes Stirne (F. Qu.
II. III. 24) dachte Spenser vielleicht an Paulus' Worte über
Christus

II. Col. 2. 9   For in him dwelleth all the fulness of the
Godhead bodily.

F. Qu. II. III. 24   And write the battels of this great   .
                                        godhead:
All good and honour might therein be red,
For there their dwelling was.

## To the Hebrews.

Bei der Schilderung des himmlischen Jerusalems F. Qu.
I. X. 57 mag dem Dichter Hebr. 12. 22. 23 vorgeschwebt haben.

Hebr. 12. 22. 23   unto the city of the living God, the
heavenly Jerusalem, and to an innumerable company of
angels, to the general assembly and church of the firstborn, which are written in heaven, and to God the Judge
of all, and to the spirits of just men made perfect.

F. Qu. I. X. 57   Hierusalem that is,
The new Hierusalem, that God has built
For those to dwell in, that are chosen his,
His chosen people, purg'd from sinful guilt

With pretious blood . .
Now arc they Saints all in that Citty sam.

## The Epistle of St. James.

Jam. 2. 13   For he shall have judgment without mercy,
that hath shewed no mercy,
ist offenbar die Quelle für F. Qu. VI. I. 42:
Who will not mercie unto others shew,
How can he mercy ever hope to have?
Der Ausdruck:
Jam. 5. 4   the Lord of sabaoth
erscheint ähnlich bei Spenser
F. Qu. VII. VIII. 2   that is the God of Sabaoth hight.

## The Epistles of St. Peter.

An die Stelle, I. Pet. 2. 25: The Shepherd and bishop
of your souls, erinnert M. H. T. 444 He is the Shepheard,
and the Priest is he. Ebenso Sh. Cal. Maye 54, Julye 49,
Sept. 96.

Christi Dienst, I. Pet. 3. 19, "also he went and preached
unto the spirits in prison", wird auch im "hospital of Good
Works" versehen:
F. Qu. I. X. 40   The fourth appointed by his office was
Poore prisoners to relieve with gratious ayd.

Petrus sagt von den Briefen des Paulus: in which are
some things hard to be understood (II. Pet. 3. 16).

Spensers Worte sind die gleichen: A booke . . Wherein
darke things are writ, hard to be understood (F. Qu. I. X. 13);
doch mag diese Übereinstimmung recht wohl zufällig sein.

## The Revelation of St. John.

Ganz besondere Vertrautheit zeigt unser Dichter mit der
Offenbarung, die ihn sehr gefesselt zu haben scheint. Es
sind folgende Berührungspunkte vorhanden:
Rev. 1. 18   I am he that liveth, and was dead; and, behold,
I am alive for evermore.
Und
F. Qu. I. I. 2   And dead as living ever him ador'd.

Nach Rev. 6. 9 ist die Schilderung des Altars in Or-
goglios Schlosse gebildet:

> Rev. 6. 9   I saw under the altar the souls of them that
> were slain for the word of God, and for the testimony
> which they held: And they cried with a loud voice,
> saying, How long, o Lord, holy and true, dost thou not
> judge and avenge our blood on them that dwell on the
> earth?

> F. Qu. I. VIII. 36   And there beside a marble stone was
> > built
> An Altare, carv'd with cunning imagery;
> On which true Christians bloud was often spilt,
> And holy martyrs often doen to dye,
> With cruell malice and strong tyranny:
> Whose blessed sprites, from underneath the stone,
> To God for vengeance cryde continually.

In der Beschreibung der "Falsehood" folgt Spenser nicht
nur Hesiods Schilderung der Echidna (Theog. 301), sondern
auch dem Texte von Rev. 9. 7.

> Rev. 9. 7 And the shapes of the locusts were like unto
> horses prepared unto battle, . . they had hair as the hair
> of women . . and they had tails like unto scorpions, and
> there were stings in their tails.

> F. Qu. I. I. 14   By which he saw the ugly monster plaine,
> Halfe like a serpent horribly displaide,
> But th'other halfe did womans shape retaine . .
> 15 Her huge long tail . . pointed with mortall sting.

Rev. 12. 6   And the woman fled into the wilderness
berührt sich mit

> F. Qu. I. VIII. 50   Fled to the wastfull wildernesse apace.

Das biblische Bild Rev. 14. 15   Thrust in thy sickle, and
> reap: for the time is come for thee to reap; for the
> harvest of the earth is ripe,

mag dem Dichter im Sinne gewesen sein im View. Irel. S. 680:

> . . to looke out into Godes harvest, which is even readye
> for the sickle, and all the fieldes yellowe long agoe.

Von der allegorischen Beschreibung Babylons (Rev. 17, 3) finden sich mehrfache Spuren bei Spenser.

> Rev. 17. 3   and I saw a woman sit upon a scarlet coloured beast, full of names of blasphemy, having seven heads and ten horns.   And the woman was arrayed in purple and scarlet colour. and decked with gold and precious stones and pearls.

Orgoglio schmückt seine Duessa und schenkt ihr einen Drachen zur Vergrößerung ihres Ansehens:

> F. Qu. I. VII. 16   He gave her gold and purple pall to weare,
> And triple crowne set on her head full hye,
> And her endowd with royall majestye.
>
> 18 Upon this dreadfull beast with sevenfold head
> He sett the false Duessa, for more aw and dread.

Glasenapp[1]) meint, Spenser habe diese Stelle aus Revel. 12. 17 genommen; dort wird aber die "woman clothed with the sun" vom Drachen verfolgt, während die "scarlet woman" (Rev. 17) auf ihm sitzt.   Die Beschreibung des Untieres (having seven heads and ten horns) ist an beiden Bibelstellen gleich, bis auf die des Schwanzes, welche Spenser aus Rev. 12. 3 genommen haben mag:

> Rev. 12. 3   And his tail drew the third part of the stars of heaven, and did cast them to the earth.
>
> F. Qu. I. VII. 18   His tayle was stretched out in wondrous length,
> That to the house of heavenly gods it raught.

Daß ihm das Kapitel von der "woman clothed with the sun" (Rev. 12) bekannt war, zeigt die wörtliche Anlehnung von F. Qu. I. VIII. 50 an Rev. 12. 6.

Auf die Beschreibung Babylons als "the Mother of Harlots and Abominations of the Earth" (Rev. 17. 5) scheint auch Spensers "Babilonaque turpem" (lat. Gedicht an Harvey,

---

[1]) Glasenapp, Gustav, Zur Vorgeschichte der Allegorie in Spensers Faerie Queene. Berlin. 1904.

v. 89) anzuspielen, ebenso wird die biblische Darstellung von Babylons Pracht (Rev. 17. 4, s. o.) die Schilderung Spensers von Mammons Tochter (F. Qu. II. VII. 44) und von Fidessa (F. Qu. I. II. 13) beeinflußt haben.

F. Qu. II. VII. 44  And thereon satt a woman, gorgeous gay
And richly cladd in robes of royaltye.

F. Qu. I. II. 13  A goodly Lady clad in scarlot red,
Purfled with gold and pearle of rich assay.

Als Repräsentantin des wahren Glaubens wird Una ähnlich wie die Kirche Christi (Rev. 19. 8) beschrieben:

Rev. 19. 8  she should be arrayed in fine linen, clean and white.

F. Qu. I. XII. 22  And on her now a garment she did weare
All lilly white, withoutten spot or pride.

Ihre Verlobung mit dem Red Cross Knight F. Qu. I. XII. 24 ist der biblischen Allegorie von der Hochzeit des Lammes nachgeahmt.

Rev. 19. 9  Blessed are they which are called unto the marriage supper of the Lamb.

Die Beschreibung der himmlischen Stadt hat Rev. 21. 10 als Quelle.

Rev. 21, 10  ... carried me away in the spirit to a great and high mountain, and shewed me that great- city, the holy Jerusalem, descending out of heaven from God, having the Glory of God, . . And had a wall great and high. 18 And the building of the wall of it was of jasper: and the city was pure gold, like unto clear glass . . 21 And the twelve gates were twelve pearls.

F. Qu. I. X. 53  That done, he leads him to the highest mount
55 From thence, far off he unto him did shew
A little path that was both steepe and long,
Which to a goodly Citty led his vew;
Whose wals and towres were builded high and strong
Of perle and precious stone.

The Citty of the greate king hight it well,
Wherein eternall peace and happinesse doth dwell.

Das Bibelwort . . a pure river of water of life (Rev. 22. 1)
erscheint verwendet in
F. Qu. I. XI. 29  it rightly hot
The well of life.
Rev. 22. 11  he which is filthy, let him be filthy
beeinflußte wohl
Let Gryll be Gryll, and have his hoggish minde
(F. Qu. II. XII. 87).

Von allgemeineren Anspielungen seien folgende Stellen
erwähnt: Pilatus wird "the falsest Judge" genannt (F. Qu.
II. VII. 62). Unter den "brethren twelve" (Sh. Cal. Julye 143)
sind nicht Jacobs Söhne, sondern die 12 Apostel zu verstehen.
(Reissert, Anglia IX, 223.)

Das oft erscheinende biblische Bild: The light of the
body is the eye (Matth. 6. 22; Luc. 11. 34; Rev. 1. 14) bringt
Spenser F. Qu. II. III. 23:
In her faire eyes two living lamps did fiame.

# Griechische Literatur.

## Homer.

Zahlreiche Stellen in Spensers Werken weisen uns auf Homer hin. Wir finden, daß Spenser ihn öfter zitiert und gerne seine Ideen und Bilder verwendet. Zeigt sich auch, daß ein Teil davon auf dem Umwege über Vergil zu unserem Dichter gelangt ist, so ist doch eine große Anzahl von Belegen vorhanden, die unverkennbar beweisen, daß er sich eingehend mit Homer beschäftigte und unmittelbar aus ihm übertrug. Unter den Dichtern, welchen er in der "Faerie Queene" folgt, nennt er ihn an erster Stelle: "In which I have followed all the antique Poets historicall: first Homere, who in the Persons of Agamemnon and Ulysses hath ensampled a good governour and a vertuous man, the one in his Ilias, the other in his Odysseis."[1]) Homer hat Achill unsterblich gemacht:

R. R. 428 For not to have been dipt in Lethe lake,
Could save the sonne of Thetis from to die;
But that blinde bard did him immortall make
With verses, dipt in deaw of Castalie;

eines solchen Dichters wert wäre die Aufgabe, die Vorfahren der Königin Elisabeth zu besingen:

F. Qu. II. X. 3 Argument worthy of Maeonian quill.

Die Unmittelbarkeit der Vorlage homerischen Textes zeigt sich in der Übersetzung eigenartiger Wortbildungen; die Art, wie Spenser Homers Ausdrücke wiedergibt, legt dar, daß er unter der Einwirkung des Originals seine Worte geprägt hat. Ich bringe eine Anzahl Proben und füge den Text der Chapmanschen Übersetzung bei, die unser Dichter vielleicht im Manu-

---

[1]) Gl. Ed. S. 3, Brief an Raleigh.

skript gekannt hat[1]); wir sehen, daß er selbständig übersetzt und bemerken, daß er dabei fast in allen Fällen glücklicher ist, als Chapman, dessen Werk bis heute als die beste Homer- übersetzung gilt.

Aus der Ilias ist Homers χαλκοβατές übersetzt mit "braspaved":

Il. I, 426  Διὸς ποτὶ χαλκοβατὲς δῶ (ebenso Il. XIV. 173)
F. Qu. I. IV. 17  To Joves high house through heavens braspaved way.

Chapman hat: and then his brass-paved court I'll scale (Il. I. 420) — der seltene Fall, in dem die beiden Übersetzer übereinstimmen; bei Il. XIV. 173 läßt Chapman χαλκοβατές unübersetzt.

Homers χάλκεον οὐρανόν (Il. XVII. 425) erscheint als "brasen skie" (F. Qu. IV. VIII. 38; VI. VIII. 40); Chapman hat "golden firmament" (Il. XVII. 369).

Spensers "house of heavenly gods" (F. Qu. I. VII. 18) ist Homers Ὀλύμπια δώματα (Il. I. 18); λευκώλενος (Il. I. 55. 572) übersetzt Chapman mit "white-armed" (Il. I. 52), Spenser hat das poetischere "lilly handed" (F. Qu. III. IV. 41), dann "lilly hands" (F. Qu. I. III. 6; IV. XII. 33; So. I); ἔπεα πτερόεντα (Il. I. 201) erscheint als "winged words" (F. Qu. V. II. 44); Chapman hat diese Stelle stets unübersetzt ge- lassen; hierher gehören die Ausdrücke: "winged feete" (F. Qu. IV. VII. 30); "winged thoughts" (F. Qu. V. VI. 7); "wing- footed coursers" (F. Qu. V. VIII. 33); "wingd-foot" (F. Qu. VII. VI. 17); bei "winged vessel" (F. Qu. II. VII. 1) zitiert Kitchin Pindars ναὸς ὑποπτέρου (Ol. 9. 36) und Vergils ve-

---

[1]) Der 1. Teil dieser Übersetzung erschien 1598 und enthielt Buch 1, 2, 7—11 inkl. der Ilias; im nämlichen Jahre folgte "Achilles Shield .. out of the 18th booke of Iliades"; 1609 erschienen die 12 ersten Bücher der Ilias, 1611 die ganze Ilias; 1614 die 12 ersten und 1615 die 12 letzten Bücher der Odyssee (Regel, Über George Chapmans Homer- übersetzung, Engl. Stud. 5).

Arthur Halls Übersetzung der 10 Bücher der Ilias nach der fran- zösischen metrischen Übertragung von Hugues Salel war 1581 erschienen; sie ist mir nicht zugängig, würde auch kaum für diese Untersuchung in Betracht kommen, da sie, wie Regel sagt, von sehr geringem poeti- schen Wert ist.

lorum pandimus alas (Aen. III. 520); die Quelle wird wohl
Vergil sein.

Homers κυανέῃσιν ἐπ' ὀφρύσι νεῦσε Κρονίων (Il. I. 528)
übersetzt Spenser: high Jove .. with his black-lidded eye
(M. H. T. 1228) — eine meisterhafte Übersetzung gegenüber
Chapmans: .. and his black eyebrows bent (Il. I. 512). Das
Wort black eye-brow bringt Spenser in F. Qu. VII. VI. 22.
Die berühmte Stelle in der Ilias (I. 529)

ἀμβρόσιαι δ'ἄρα χαῖται ἐπερρώσαντο ἄνακτος
κρατὸς ἀπ' ἀθανάτοιο· μέγαν δ'ἐλέλιξεν Ὄλυμπον

ist übersetzt:

F. Qu. VII. VI 30        he shooke
His Nectar-deawed locks, with which the skyes
And all the world beneath for terror quooke.

Chapmans Worte sind: Th' ambrosian curls flow'd; great
heaven shook (Il. I. 513).

Das homerische κύμβαχος (Il. V. 586) ist treffend · mit
"topside" wiedergegeben (F. Qu. V. VIII. 42); Chapman hat:
preposterously staid upon his neck (Il. V. 584); ebenso ἵππος
ἀκοστήσας ἐπὶ φάτνῃ (Il. VI. 506) kurz mit "cornfed steed"
(F. Qu. II. VII. 16).[1])

Chapman hat "proud with full-given mangers" (Il. VI. 544).

ἑπταβόειον (Il. VII. 220) gibt Spenser mit "sevenfolded"
(F. Qu. II. V. 6), Chapman mit "the seventh tough hide"
(Il. VII. 220); Vergils septemplex (Aen. XII. 925) kommt
auch in Betracht.

χεῖρας ἐπ' ἀνδροφόνους (Il. XVIII. 317) ist übersetzt mit
"dead-doing hand" (F. Qu. II. III. 8), "dead-doing might"
(So. I); hier hat Chapman die bessere Form gefunden: man-
slaughtering hands (Il. XVIII. 280).

Aus der Odyssee sei das geläufige Wort, Od. II. 1,
zitiert:

ἦμος δ'ἠριγένεια φάνη ῥοδοδάκτυλος Ἠώς

Spenser: Now when the rosy fingred Morning faire ..
(F. Qu. I. II. 7); Chapman hat: now when with rosy fingers
(Od. II. 1).

---

[1]) Das biblische "as fed horses" (Jerem. V. 8) liegt ferner.

Homers ἀμύμων (Od. VII. 303) will Spenser wohl wiedergeben mit "without blame" (F. Qu. II. III. 22), "without spot" (F. Qu. I. XII. 22); Chapman hat dafür "faultless" (Od. VII. 425).

Diese Beispiele legen genügend dar, daß Spenser unabhängig von Chapmans Übersetzung Homer gelesen hat; eine weitere Anzahl von Stellen soll nun zeigen, wie weit sich die Kenntnis Homers bei Spenser erstreckte.

## Ilias.

Die Ilias hat Spenser sehr gut gekannt. Die Stelle:

Il. I. 469  αὐτὰρ ἐπεὶ πόσιος καὶ ἐδητύος ἐξ ἔρον ἕντο

übersetzt er wörtlich:

F. Qu. II. II. 39  At last, when lust of meat and drink
was ceast.

(Chapman I. 455  Desire of meat and wine thus quenched).
Vergil läßt das Trinken unerwähnt:

Aen. VIII. 184  Postquam exempta fames et amor compressus edendi.

Vgl. ähnlich F. Qu. III. IX. 32; V. III. 4.

Homers: ἠΰτε μυιάων ἀδινάων ἔθνεα πολλά,
αἵτε κατὰ σταθμὸν ποιμνήιον ἠλάσκουσιν
ὥρῃ ἐν εἰαρινῇ (Il. II. 469)

ist wohl Quelle für F. Qu. II. IX. 16

As when a swarme of Gnats at eventide
Out of the fennes of Allan doe arise . .
Whiles in the aire their clustring army flies.

"clustring army" ist das homerische βοτρυδὸν δὲ πέτονται (Il. II. 89), ebenso F. Qu. V. IV. 36 "a sort of Bees in clusters swarmed".

Bei Spensers Schilderung der Occasion verweist Glasenapp, gestützt auf Jortin, auf Phaedrus V. 8[1]); ich glaube, daß

---

[1]) Die Stelle bei Phaedrus heißt:
Cursu volucri, pendens in novacula,
Calvus, comosa fronte, nudo occipitio,
(Quem si occuparis, teneas; elapsum semel
Non ipse possit Juppiter reprendere)
Occasionem rerum significat brevem.

Homers Beschreibung des Thersites Spenser auch vorschwebte, da die Schmähsucht erwähnt wird.

Il. II. 217   φολκὸς ἔην, χωλὸς δ᾽ἕτερον πόδα
       219   ψεδνὴ δ᾽ἐπενήνοθε λάχνη
       221   τὼ γὰρ νεικείεσκε

F. Qu. II. IV. 4   Her other leg was lame . .
Her lockes, that loathly were and hoarie gray,
Grew all afore, and loosely hong unrold,
But all behinde was bald, and worne away . .
5 And ever as she went her toung did walke
In fowle reproch.

Auch folgendes Bild scheint von Homer zu stammen:

Il. II. 394   Ἀργεῖοι δὲ μέγ᾽ ἴαχον, ὡς ὅτε κῦμα
      ἀκτῇ ἐφ᾽ ὑψηλῇ, ὅτε κινήσῃ Νότος ἐλθών,
      προβλῆτι σκοπέλῳ.

F. Qu. I. XI. 21   He cryde, as raging seas are wont to rore
When wintry storme his wrathful wreck does threat;
The rolling billowes beate the ragged shore;
ebenso Il. XIV. 394.

Zeus will eine goldene Kette am Himmel befestigen, an welcher die anderen Götter ihre Ohnmacht ihm gegenüber erfahren sollen (σειρὴν χρυσείην ἐξ οὐρανόθεν κρεμάσαντες (Il. VIII. 19 ff.); Spenser spricht von einer vom Himmel herabreichenden Kette, an welcher ehrsüchtige Menschen emporstreben, und denkt hier jedenfalls an Homers Erzählung.

F. Qu. II. VII. 46   She held a great gold chain ylincked well,
Whose upper end to highest heven was knitt,
And lower part did reach to lowest Hell.

Die Worte "Brought forth with him the dreadfull dog of hell" (F. Qu. VI. XII. 35) sind eine Übersetzung des Verses: ἐξ Ἐρέβευς ἄξοντα κύνα στυγεροῦ Ἀΐδαο (Il. VIII. 368).

Ebenso stammt die Beschreibung des Abendsternes (F. Qu. I. VII. 30) aus Homer, Il. XXII. 317:

(οἷος δ᾽ ἀστὴρ εἶσι μετ᾽ ἀστράσι νυκτὸς ἀμολγῷ)
ἕσπερος, ὃς κάλλιστος ἐν οὐρανῷ ἵσταται ἀστήρ.

F. Qu. I. VII. 30        exceeding shone
Like Hesperus emongst the lesser lights;
ähnlich Ep. 95 More bright then Hesperus his head doth rere.

Die Stelle Il. XXIV. 359 ist übersetzt:
ὀρθαὶ δὲ τρίχες ἔσταν ἐνὶ γναμπτοῖσι μέλεσσιν,
στῆ δὲ ταφών.

F. Qu. I. II. 31     Astond he stood, and up his heare did
                                  hove;
And with that suddein horror could no member move.

Hier ist wieder ein deutlicher Beweis für das Vorliegen homerischen Textes, denn Vergil weicht von Homer ab:
Aen. II. 774    Obstupui, steteruntque comae, et vox fau-
                        cibus haesit [1]);
ebenso lautet Aen. III. 48.

Das gleiche Bild kommt nochmals vor:
F. Qu. V. VII. 20 with long locks up-standing, stifly stared.

Chapmans Übersetzung dieser Homerstelle lautet:
Upright upon his languishing head his hair stood, and
                                 the chains
Of strong amaze bound all his powers (Il. XXIV. 317).

Im folgenden bringe ich eine Reihe von Stellen aus der Ilias, die, ohne unmittelbare Übersetzungen zu sein, ganz homerischen Geist atmen und beweisen, wie sehr das griechische Vorbild in dem englischen Dichter lebendig war.

F. Qu. I. XI. 6    The God of warre with his fiers equipage;
eine Anspielung auf Il. IV. 439, wo Mars mit seinem Gefolge: Schrecken, Furcht und Zwietracht dargestellt wird.

F. Qu. II. XI. 19    Such as Laomedon of Phoebus race did
                                breed.
Laomedons Pferde erwähnt Homer in Il. V. 265.

. F. Qu. III. IV. 41    whereof wise Paeon sprong.
Homer nennt Paieon den Arzt der Götter, (Il. V. 401), sagt aber nicht — wie Spenser —, daß er ein Sohn Apollos war.

---

[1]) Ariost folgt Vergil.: Orl. Fur. I. 29 La voce, ch'era per uscir, fermosse; Orl. Fur. XXXXIII. 39 Per l'ossa andommi e per le vene un gelo; Nelle fauci restò la voce fissa.

F. Qu. I. IV. 17   Great Junoes golden chayre;
Junos Wagen wird von Homer in Il. V. 725 beschrieben.

Die Horen schildert Spenser nach Homer Il. V, 749
u. VIII. 394:

Then came the Howres . . . of mighty Jove,
. . who did them porters make
Of heavens gate.[1]

Als „Göttinnen der Jahreszeiten" behandelt er sie nach
Il. XXI. 450 in Ep. 100:

Ep. 100   Which doe the seasons of the yeare allot.

Das Bild vom Schlafe, der auf den Augen sitzt (Il. X. 91)
hat Spenser vielleicht im Sinne, wenn er sagt: eye-lids . . On
which the dreary death did sitt (F. Qu. II. I. 45).

Podaleirius, den Arzt der Griechen vor Troja (Il. XI. 833)
finden wir erwähnt:

F. Qu. VI. VI. 1  . . spright of Podalyrius did in it retaine.[2]

Wendungen wie in

F. Qu. I. VIII. 9   As when almighty Jove . .
Hurles forth his thundring dart
kommen öfter vor (F. Qu. I. V. 42; II. VI. 10. 50; IV. V. 37)
und gehen sicher auf Homer zurück (Il. XIV. 414).

Vergil bringt solche Bilder ebenfalls (Aen. IV. 592,
VIII. 427), steht aber in der Fassung unserem Dichter ferner.

F. Qu. I. VI. 10   As when a greedy Wolfe . .
A seely Lamb far from the flock does take,
. . A Lyon spyes fast running towards him,
The innocent pray in hast he does forsake,
erinnert an Il. XI. 474; ebenso besteht wohl eine Beziehung
zwischen F. Qu. IV. III. 16 und Il. XVI. 756; F. Qu. III. IV.
49, V. XII. 5 und Il. XXL. 493.

---

[1] Ovid macht Janus mit den Horae zu "porters of Heaven . ."
(Fast. 1).
[2] Ovid A. A. 2. 735 kann auch Quelle sein.

Für F. Qu. I. III. 31 scorching flames of fierce Orions hound kann Il. XXII. 29 Quelle sein:

Il. XXII. 29 ὅν τε κύν' Ὠρίωνος ἐπίκλησιν καλέουσιν.[1])

## Odyssee.

Auch in Homers Odyssee zeigt unser Dichter große Belesenheit; vergleiche die folgenden Stellen:

Od. II. 104 ἔνϑα καὶ ἠματίη μὲν ὑφαίνεσκεν μέγαν ἱστόν,
νύκτας δ'ἀλλύεσκεν, ἐπεὶ δαΐδας παραϑεῖτο.
ὣς τρίετες μὲν ἔληϑε δόλῳ.

So. 23    Penelope, for her Ulysses sake,
Deviz'd a Web her wooers to deceave;
In which the worke that she all day did make,
The same at night she did againe unreave.

Od. IV. 220 αὐτίκ' ἄρ' εἰς οἶνον βάλε φάρμακον, ἔνϑεν ἔπινον,
νηπενϑές τ' ἄχολόν τε, κακῶν ἐπίληϑον ἁπάντων.

F. Qu. IV. III. 42        a cup she hild
The which was with Nepenthe to the brim upfild
43 Nepenthe is a drinck of soverayne grace
Devized by the Gods, for to asswage
Harts grief.

Spenser suchte offenbar νηπενϑές τ'ἄχολον zu übersetzen: for to asswage harts grief.

Chapman hat (Od. IV. 294)   Infusing straight a medicine
to their wine,
That, drowning cares and angers, did decline
All thought of ill.

Für die Zauberin Acrasia (F. Qu. II. I. 51) war Homers Circe Vorbild:

Od. X. 195 εἶδον . . νῆσον
210 εὗρον δ' ἐν βήσσῃσι τετυγμένα δώματα Κίρχης
F. Qu. II. I. 51 Him fortuned . . .
To come, where vile Acrasia does wonne;

---

[1]) Sawtelle (The Sources of Spenser's Classical Mythology, New York 1896) verweist auf Hyginus (Poet. Astr. 2. Canis), ferner bei F. Qu. VII. VII. 12 auf Homer Il. XXIV. 62.

Acrasia, a false enchaunteresse,
That many errant knightes hath fowle fordonne;
Within a wandring Island.

Homer erwähnt nichts von einer wandernden Insel; doch
zeigt sich Spenser von der Schilderung der Circe, welche die
Menschen durch Zaubertrank in Schweine verwandelt, beeinflußt; vergleiche die folgenden Stellen:

Od. X. 235 ἀνέμισγε δὲ σίτῳ
φάρμακα λύγρ᾽, ἵνα πάγχυ λαθοίατο πατρίδος αἴης.
αὐτὰρ ἐπεὶ δῶκέν τε καὶ ἔκπιον, αὐτίκ᾽ ἔπειτα
ῥάβδῳ πεπληγυῖα κατὰ συφεοῖσιν ἐέργνυ.
οἱ δὲ συῶν μὲν ἔχον κεφαλὰς . .

F. Qu. II. I. 52　And then with words, and weedes, of
wondrous might,
On them she workes her will to uses bad.

II. V. 27　. . that Enchaunteresse
The vyle Acrasia, that with vaine delightes,
Does charme her lovers, and the feeble sprightes
Can call out of the bodies of fraile wightes;
Whom then she does transforme to monstrous hewes,
And horribly misshapes with ugly sightes,
Captiv'd eternally in yron mewes
And darksom dens . .

Auch Circe sperrte ihre Opfer ein:

Od. X. 241　ὣς οἱ μὲν κλαίοντες ἐέρχατο.

Vergil hat Homer ebenfalls benutzt; Picus wird in einen
Vogel verwandelt (Aen. VII. 192); die Genossen werden durch
Circes Zaubergesang verändert (Buc. VIII. 70).

Recht nahe folgt Spenser Homer bei der Beschreibung
der Qualen des Tantalus:

Od. XI. 582　καὶ μὴν Τάνταλον εἰσεῖδον κρατέρ᾽ ἄλγε᾽ ἔχοντα,
ἑσταότ᾽ ἐν λίμνῃ · ἡ δὲ προσέπλαζε γενείῳ.
στεῦτο δὲ διψάων, πιέειν δ᾽οὐκ εἶχεν ἑλέσθαι ·
ὁσσάκι γὰρ κύψει᾽ ὁ γέρων πιέειν μενεαίνων,
τοσσάχ᾽ ὕδωρ ἀπολέσκετ᾽ ἀναβροχέν . . .
588 δένδρεα δ᾽ὑψιπέτηλα κατ᾽ ἄκρηθεν χέε καρπόν . .

591 τῶν ὁπότ' ἰϑύσει' ὁ γέρων ἐπὶ χερσὶ μάσασϑαι,
    τὰς δ'ἄνεμος ῥίπτασκε ποτί νέφεα σκιόεντα.[1])

F. Qu. II. VII. 58    Deepe was he drenched to the upmost
                                                    chin,
    Yet gaped still as coveting to drinke
    Of the cold liquor which he waded in;
    And stretching forth his hand did often thinke
    To reàch the fruit which grew upon the brincke;
    But both the fruit from hand, and flood from mouth
    Did fly abacke, and made him vainely swincke.

Chapmans Wiedergabe dieser Homerstelle lautet:
Od. XI. 797    Oft as his scornful cup
    Th'old man would taste, so oft 'twas swallow'd up,
    And all the blacke earth to his feet descried,
    Divine power (plaguing him) the lake still dried.
    About his head, on high trees, clust'ring, hung
    Pears, apples . . . whose alluriug store
    When th'old soul strived to pluck, the winds from sight,
    In gloomy vapours, made them vanish quite.

Tantalus findet sich noch erwähnt in F. Qu. I. V. 35:
    There thristy Tantalus hong by the chin;
und in H. L. 200    Like Tantale, that in store doth sterved ly,
    So doth he pine in most satiety.

Auch bei der Schilderung der Scylla ist Homer Vorlage;
bei beiden Dichtern wird dem Steuermann direkt der Befehl
gegeben, den richtigen Kurs zu nehmen; Homer erzählt, daß
Scylla dem Schiffe 6 Gefährten des Odysseus entreißt; Spenser
spielt darauf an; beide erwähnen das von ferne vernehmbare
Getöse des Strudels; beide stellen die von Charybdis drohende
Gefahr als die größere hin, weil Charybdis das ganze Schiff
in Gefahr bringt, während Scylla nur einzelne Menschen be-

---

[1]) Die sich anschließende Beschreibung der Arbeit des Sisyphos
wird wohl Quelle für F. Qu. I. V. 35 sein: "And Sisyphus an huge round
stone did reele Against an hill, ne might from labour lin", doch ist
Homer ausführlicher. Ovid. (Met. IV. 459) und Vergil (Georg. III. 39)
stehen Spensers Text ferner.

droht (Od. XII. 109 — F. Qu. II. XII. 3: for yonder way we needes must pas).

· Od. XII. 201 ἀλλ' ὅτε δὴ τὴν νῆσον ἐλείπομεν, αὐτίκ' ἔπειτα
καπνὸν καὶ μέγα κῦμα ἴδον καὶ δοῦπον ἄκουσα.
τῶν δ'ἄρα δεισάντων ἐκ χειρῶν ἔπτατ' ἐρετμά ..

F. Qu. II. XII. 2  An hideous roring far away they heard,
That all their sences filled with affright;
And streight they saw the raging surges reard
Up to the skyes ..

Die Mahnung an den Steuermann:

Od. XII. 217  σοὶ δὲ, κυβερνῆϑ', ὧδ' ἐπιτέλλομαι ..
219 τούτου μὲν καπνοῦ καὶ κύματος ἐκτὸς ἔεργε
νῆα, σὺ δὲ σκοπέλων ἐπιμαίεο ..

lautet in F. Qu. II. XII. 3

Said then the Boteman, "Palmer, stere aright,
And keepe an even course; for yonder way
We needes must pas (God doe us well acquight!)".

Scylla raubt 6 Mann:

Od. XII. 245  τόφρα δέ μοι Σκύλλη γλαφυρῆς ἐκ νηὸς ἑταίρους
ἒξ ἕλεϑ', οἳ χερσίν τε βίηφί τε φέρτατοι ἦσαν.

F. Qu. II. XII. 4  Over the waves his rugged armes doth lift,
And threatneth downe to throw his ragged rift
On whoso cometh nigh; yet nigh it drawes
All passengers, that none from it can shift.

Vergil bringt eine ähnliche Schilderung (Aen. III. 240 ff.); doch zeigt es sich, daß Spenser ihm nur in der Beschreibung der Charybdis folgt.

Die Wiedersehensszene zwischen Odysseus und Penelope (Od. XXIII. 105) ist verwendet in F. Qu. V. VII, 39:

Od. XXIII. 105  τέκνον ἐμὸν, ϑυμός μοι ἐνὶ στήϑεσσι τέϑηπεν,
οὐδέ τι προσφάσϑαι δύναμαι ἔπος οὐδ' ἐρέεσϑαι,
οὐδ' εἰς ὦπα ἰδέσϑαι ἐναντίον.

F. Qu. V. VII. 39  Not so great wonder and astonishment
Did the most chast Penelope possesse
To see her Lord, that was reported drent
And dead long since in dolorous distresse,

Come home to her in piteous wretchednesse,
After long travell of full twenty yeares . .

Eine Anspielung allgemeiner Natur auf Odysseus findet
sich in Spensers lateinischem Gedicht an G. Harvey:

v. 90  Quod si quaesitum nec ibi invenerimus, ingens
Aequor inexhaustis permensi erroribus, ultra
Fluctibus in mediis socii quaeremus Ulyssis.

Auch hier lasse ich eine Reihe von Stellen folgen, welche
ihre Quelle in Homers Odyssee haben mögen, aber keinen
festen Beweis dafür liefern.

Die Liebesgeschichte von Venus und Mars ist erwähnt
in F. Qu. II. VI. 35

Mars is Cupidoes frend,
And is for Venus loves renowmed more
Then all his wars and spoiles, the which he did of yore;

ferner in F. Qu. III. VI. 24, XI. 36; IV. V. 5. Mui. 370.
Homer erzählt sie Od. VIII. 266 ff.; Vergil bringt sie kurz in
Georg. IV. 346; Ariost hat auch einen Vers darüber (Orl.
Fur. XV. 56). Die Stelle:

F. Qu. II. XII. 81        . . and threw
A subtile net, which only for that same
The skilfull Palmer formally did frame

kann eine Reminiscenz aus Od. VIII. 280 sein, wo Vulkans
Netz, mit dem er Venus und Mars zusammenfesselte, erwähnt
wird; vgl. auch Ariost Orl. Fur. XV. 56.

F. Qu. II. X. 3  Argument worthy of Maeonian quill;
Or rather worthy of great Phoebus rote,
Whereon the ruines of great Ossa hill,
And triumphes of Phlegraean Jove, he wrote . .

— eine Anspielung auf die Gigantomachie, die Spenser, da
er eben von der "Maeonian quill" spricht, aus Od. XI. 315
gekannt haben mag.  Vergil bringt sie in Georg. I. 281.[1])

Bei F. Qu. I. XI. 49 "wayes of living wight" sagt Kitchin:
"imitated from Homer's σκιόωντό τε πᾶσαι ἀγυιαί"; Spensers

---

[1]) Sawtelle weist auf Apollodorus 1. 6. 1 und Claudian (Gigant.),
wo die Quelle für das Epitheton "Phlegraean" zu liegen scheint.

Worte klingen homerisch, doch kann man nicht sagen, daß
er diese Stelle (Od. II. 388) nachahmt.

Bei Sh. Cal. March. 97: "And hit me running in the
heele" sagt E. K.: ""In the heele" is very poetically spoken,
and not without speciall judgement. For I remember, that
in Homer it is sayd of Thetis, that shee tooke her young babe
Achilles being newely borne, and, holding him by the heele,
dipped him in the River of Styx . ."

Aber E. K. hat Unrecht; dieser Mythus ist nach-
homerisch und findet sich erst bei Statius (Achill. I. 269) u.
Hyginus (Fab. 107).[1]

Es darf wohl erwähnt werden, daß einer von Spensers
Zeitgenossen unseren Dichter mit Homer vergleicht. Francis
Meres sagt in seinem "Comparative Discourse of our English
Poets with the Greeke, Latine, and Italian Poets" folgende
Worte: "As H o m e r and Virgil among the Greeks and Latines
are the chiefe Heroick Poets: so S p e n c e r and W a r n e r be our
chiefe heroicall Makers." [2]    Auch Sir Walter Raleigh mag
dieser Vergleich nicht ferne gelegen haben, wenn er sagt, daß
Homer für seinen Ruhm zittere, wenn sich die Faery Queene
ihm nahe (Gl. Ed. S. 5: A Vision upon this conceipt of the
Faery Queene, by W. R.). Spenser selbst endlich stellt eine
Beziehung zwischen Homer und sich her, indem er in seinem
Verse an Lord Buckhurst bittet, der mächtige Lord möge
sein Werk gegen einen Z ó i l u s schützen:

> But evermore vouchsafe it to maintaine
> Against vile Z o i l u s backbitings vaine.[3]

Zoilus war ein griechischer Rhetor (im 3. Jh. v. Chr.) und
hat durch seinen Tadel der Werke Homers ungefähr dieselbe
Berühmtheit erlangt wie Herostratus.

---

[1] Siehe Roscher, Griech. u. röm. Mythologie.
[2] Elizabethan Critical Essays, ed. by G. G. Smith, Oxford 1904.
[3] Gl. Ed., S. 9.

## Hesiod. [1]

Namen und Beschreibung der Echidna ist Hesiods Theogonie entnommen:

F. Qu. VI. VI. 10   E c h i d n a is a Monster direfull dred ...
Yet did her face and former parts professe
A faire young Mayden, full of comely glee;
But all her hinder parts did plaine expresse
A monstrous Dragon, full of fearefull uglinesse.

Theog. 297   Ἔχιδναν,... ἥμισυ μὲν νύμφην ἑλικώπιδα,
                               καλλιπάρῃον,
ἥμισυ δ᾽αὖτε πέλωρον ὄφιν, δεινόν τε μέγαν τε.

Sie ist durch Typhaon Mutter des Hundes Orthrus:

Theog. 306   Τῇ δὲ Τυφάονά φασι μιγήμεναι ἐν φιλότητι ...
Ὄρθον μὲν πρῶτον κύνα γείνατο Γηρυονῆϊ.

F. Qu. V. X. 10   O r t h r u s begotten by great T y p h a o n
                  And foule Echidna.

Dementsprechend nennt sie Spenser die Mutter und Typhaon den Vater des Blatant Beast:

F. Qu. VI. VI. 9   Begot of foule E c h i d n a, as in b o o k e s
                    is t a u g h t.
    11   There did T y p h a o n with her company ..
    12   Of that commixtion they did then beget
        This hellish D o g, that hight the Blatant Beast.

Eine Anspielung ist in F. Qu. V. XI. 23: Borne of the brooding of E c h i d n a base.   Auch die Gestalt der "Falsehood":

Halfe like a serpent horribly displaide,
But th'other halfe did womanshape retaine (F. Qu. I. I. 14)
ist Hesiods Darstellung nachgebildet.

Die Nacht wird die Mutter des Streites genannt:

Theog. 224   Νὺξ ὀλοή· μετὰ τὴν δ᾽ Ἀπάτην τέκε καὶ Φιλότητα,
... καὶ Ἔριν τέκε καρτερόθυμον.

---

[1] Reihenfolge der Autoren nach Christ, Geschichte der griechischen Litteratur, 4. Aufl., 1905.

Spenser mag dieses im Sinne gehabt haben bei
F. Qu. II. IV. 41   Acrates, sonne of Phlegeton and J a r r e.
But Phlegeton is sonne of Erebus and Night.

Sawtelle weist noch die Übereinstimmung in Zahl und
Beschreibung der Nereiden (F. Qu. IV. XI. 48 ff.) und der
Grazien (F. Qu. VI. X. 21 ff.) mit Theog. 243 ff. und 907 ff.
nach.

### Theognis.

Im Sh. Cal., Maye, hat Spenser 2 griechische Zitate:
Palinodes Embleme: Πᾶς μεν ἄπιστος ἀπιστεῖ.
Piers his Embleme: Τίς δ᾽ἄρα πίστις ἀπίστῳ;

E. K. sagt darüber: "Both these Emblemes make one
whole Hexametre. The first spoken of Palinodie, as in reproche of them that be distrustfull, is a peece of T h e o g n i s
verse, intending, that who doth most mistrust is most false.
For such experience in falshod breedeth mistrust in the mynd,
thinking no lesse guile to lurke in others then in hymselfe.
But Piers thereto strongly replyeth with an other peece of
the same verse, saying, as in his former fable, what fayth then
is there in the faythlesse? For if fayth be the ground of
religion, which fayth they dayly false, what hold is then
there of theyr religion? And thys is all that they saye."

Ich habe mehrmals die Elegien von Theognis durch-
gesehen, doch diesen Vers nicht gefunden; auch eine andere
Quelle konnte ich nicht entdecken.

### Aesop.

Die Fabel vom Pferde, welches den Menschen um Unterstützung gegen den Hirsch angeht und die Freiheit verliert,
ohne seinen Wunsch berücksichtigt zu sehen (Aes. Fab. 383),
erzählt Spenser im View. Irel. S. 658: "It will be like the
tale in A e s o p e of the wild horse, whoe, having enmitye
agaynst the stagg, came to a man to desire his ayde agaynst
his foe, who yeelding thereunto mounted upon his backe, and
soe following the stagge ere longe slewe him, but then when
the horse would have him light he refused, but kept him ever
after in his service and subjection." Der Dichter weicht

aber von Aesop darin ab, daß er den Hirsch von dem Menschen verfolgt und erschlagen werden läßt.

Auf die Fabel 339 *Κύων κρέας φέρουσα* spielt eine Stelle im Sh. Cal., Sept. 61 an: So lost the Dogge the flesh in his mouth.

Bei Sh. Cal., Mai 169 ff.:

Such faitors, when their false harts bene hidde,
Will doe as did the Foxe by the Kidde,

weist E. K. auf Aesop: "This tale is much like to that in Aesops fables, but the Catastrophe and end is farre different." Aesop hat diese Fabel nicht, aber Phaedrus, VII. 8, Lupus et Haedus; bei ihm ermahnt die Mutter das Lamm, die Tür vor den Feinden geschlossen zu halten; das Lamm gehorcht zu seinem Glücke, als der Wolf mit verstellter Stimme Einlaß begehrt, matris agnosco sonum, sed non figuram. Spenser bringt diese Geschichte breit ausgeführt (Vers 170—304), und seinem Zwecke entsprechend abgeändert; das Lamm läßt sich aber täuschen und wird die Beute des Fuchses; unter dem Fuchse will der Dichter die katholische Kirche darstellen, "the false and faithlesse Papistes", wie E. K. sagt; das erklärt, warum als Feind des Lammes der Fuchs an die Stelle des Wolfes tritt[1]); bemerkenswert ist, daß Spenser diese Substituierung an anderen Stellen aufrecht erhält:

F. Qu. VI. IX. 23    Sometimes I hunt the Fox, the v o w e d
foe unto m y L a m b e s.
Mui. 401    Like as a wily F o x e, that having spide
Where on a sunnie banke t h e L a m b e s doo play.

Auch bei Shakespeare finden wir diese Darstellung:

(Gentlemen IV. IV. 96):    thou hast entertain'd
A fox to be the shepherd of thy. lambs
The fox barks not when he would steal the lamb.
(2. Henry VI. III. I, 55.)

In der Februarekloge erzählt Spenser die Fabel von der Eiche und dem Brombeerstrauche (Vers 102—237), und sagt, daß er sie von Chaucer kenne:

---

[1]) Spenser folgt damit einem Brauche seiner Zeit; siehe Plessow, Max, Gesch. der Fabeldichtung in England ..., Palaestra, Bd. 52, 1906, S. LV.

.91  But shall I tel thee a tale of truth,
    Which I cond of Tityrus in my youth.

E. K. verweist aber richtig auf Aesop (Fab. 180); Spenser
hat die Erzählung für seinen moralisierenden Zweck um-
geändert; bei ihm wird die Eiche auf die Klage des eifersüchtigen Strauches hin gefällt, der Strauch beraubt sich dadurch selbst seines Schutzes gegen die Witterung und geht
zugrunde; bei Aesop dagegen widersteht das biegsame Rohr
dem Sturme und die stolze Eiche stürzt.

Aesops Fabeln waren schon 1484 von Caxton übersetzt
(The subtyl historyes and Fables of Esope whiche were trans-
lated out of Frensshe in to Englysshe by William Caxton;
Neuausgabe von Jacobs, 1889). Die von Spenser gebrachten
Fabeln haben bei Caxton den Titel: "The hors,, the hunter,
and the hert" (IV, 9); "The dogge and the pyece of flessh"
(I, 5); "The wulf and the kydde" (II, 9); "The tree and the
reed" (IV, 20). Ich finde keinen Anhaltspunkt dafür, daß
Spenser diese Übersetzung gekannt hat. Lateinische Aus-
gaben von Aesop gab es ebenfalls schon 1502 und 1503 in
England.

### Anakreon.

Spenser erwähnt Anakreon im H. H. B. mit höchstem
Lobe, indem er sagt, der Grieche hätte ein prachtvolleres
Bild der "Sapience" entwerfen können, als er, der "novice
of his Art" vermöge.

H. H. B. 217  But had those wits, the wonders of their dayes,
    Or that sweete Teian Poet, which did spend
    His plenteous vaine in setting forth her prayse,
    Seene but a glims of this which I pretend,
    How wondrously would he her face commend,
    Above that Idole of his fayning thought,
    That all the world shold with his rimes be fraught!
    How then dare I, the novice of his Art,
    Presume to picture so divine a wight ...

Nähere Berührungspunkte sind noch nicht gefunden.

## Aeschylus.

Bei Spensers Ausdruck "the ragged rocky knees" (F. Qu. I. IX. 34) verweist Kitchin auf Aeschylus „πετραία ἀγκάλη" (Prom. V, 1019), von dem Spensers Worte die wörtliche Übersetzung sind. Der Gebrauch des Wortes "knee" in dieser Bedeutung ist in der englischen Sprache selten; das Oxford Dictionary sagt: "knee — a natural prominence, as a rock or crag; rare". Ich finde dieses Bild auch weder in der griechischen noch in der lateinischen Sprache zum 2. Male. Dennoch ist es sehr fraglich, ob Spenser Aeschylus gelesen hat; es sind gar keine weiteren Anhaltspunkte vorhanden.

## Aristophanes.

Spenser sagt in F. Qu. I. V. 50:

Faire Sthenoboea, that her selfe did choke
With wilfull cord, for wanting of her will.

Kitchin bemerkt dazu: Stheneboea for love of Bellerophon made away with herself by drinking hemlock, not by the cord, as Spenser has it. Cp. Aristoph. Ran. 1082. In Heinrich Zedlers Universal-Lexicon (1732) finde ich in Band II unter Antea (= Stheneboea) den Bericht, daß „Antea einen Strick ergriff und sich selbst damit das Leben nahm". Zedler zitiert am Schlusse des Artikels: Fulgentius, Myth. III, 1; Homerus Il. VI. 160; Hyginus Fab. 1, 57; Apollodorus II. 2. 1; aber keine dieser Stellen erwähnt, daß sich Antea mit einem Strick ums Leben brachte; Apollodorus sagt, daß Bellerophon sie ins Meer stürzte; Hyginus berichtet einfach: Sthenoboea ne audita ipsa se interfecit.

Es muß noch eine Quelle geben, die Spensers und Zedlers Behauptung rechtfertigen[1]); bis jetzt war sie mir nicht auffindbar.

---

[1]) Sawtelles Bemerkung: "therefore Spenser is original in saying she did it by choking herself with a rope" wird dadurch hinfällig.

## Herodot.

Auf die Kenntnis Herodots deutet eine Stelle in dem Briefe, den Gabriel Harvey i. J. 1580 an Spenser schrieb. Da heißt es: "To be plaine, I am voyde of al judgment, if your "Nine Comedies", whereunto in imitation of Herodotus you give the names of the "Nine Muses" (and in one mans fansie not unworthily) come not neerer "Ariostoes Comoedies", eyther for the finenesse of plausible Elocution, or the rarenesse of Poetical Invention, then that "Elvish Queene" doth to his "Orlando Furioso" ...

Spenser soll also 9 Komödien geschrieben und jeder einzelnen den Namen einer Muse gegeben haben. Hierbei sei er Herodots Beispiel gefolgt, der den 9 Büchern seiner „Geschichten" je den Namen einer Muse als Titel vorsetzte (Klio, Euterpe, Thalia, Melpomene, Terpsichore, Erato, Polyhymnia, Urania, Kalliope). Wie hier so mag auch bei Spenser diese Einteilungsform eine rein äußerliche gewesen sein[1]); leider ist von den 9 Komödien nichts erhalten.

Der große griechische Geschichtsschreiber wird von Spenser öfter im View. Irel. zitiert: S. 630 "The Aegyptians likewise used it [= the mantell], as ye may redde in Herodotus". Die Kleidung der Ägypter beschreibt Herodot im II. Buch (Kap. 36 u. 37) seiner Historiae; von den Mänteln sagt er aber nichts.

Er ist ferner zitiert View. Irel. S. 632: "You may reade in Diodorus Siculus and in Herodotus, describing the manner of the Scythians and Persians coming to give the charge at theyr battells: at the which it is sayd, they came running with a terrible yell and hubbabowe, as yf heaven and earth would have gone togither."

Die Gebräuche der Scythen und Perser finden sich Buch IV, Kap. 59—82 und Buch I, Kap. 131—140 beschrieben, doch steht darin nichts von dem, was unser Dichter anführt.

---

[1]) Vgl. Goethes „Hermann und Dorothea", wo aber der Name der Muse stets auf den Inhalt des folgenden Gesanges weist.

Anschließend an diese Stelle im View. Irel. sagt Spenser:
"Besides, the same Herodotus writeth, that they used in
theyr battels to call upon the names of theyr captaynes or
generalls, and sometimes upon theyr greatest king deceased,
as in the battel of Tomyris agaynst Cyrus." Auch hier ist
das Zitat ungenau; es findet sich bei der Beschreibung
dieser Schlacht (Buch I, Kap. 214) nichts von dem erwähnten
Brauche.

Die Erzählung im View. Irel. S. 634: "Also the Scythians
used, when they would binde any solempne vowe or
combination amongest them, to drinke a bowle of
bloud togither, vowing therby to spend theyr last bloud
in that quarrell" scheint auf Buch IV, Kap. 70 zurückzugehen;
da heißt es: Ὄρχια δὲ ποιεῦνται Σκύθαι ὧδε πρὸς
τοὺς ἂν ποιέωνται· ἐς κύλικα μεγάλην κεραμίνην
οἶνον ἐγχέαντες αἷμα συμμίσγουσι τῶν τὸ ὅρχιον ταμνο-
μένων ... ἐπεὰν δὲ ταῦτα ποιήσωσι, κατεύχονται πολλὰ καὶ
ἔπειτα ἀποπίνουσι αὐτοί τε οἱ τὸ ὅρχιον ποιεύμενοι καὶ τῶν
ἑπομένων οἱ πλείστου ἄξιοι.[1]

Im View. Irei. S. 634 spricht Spenser von Homer und
sagt: "For Plutark (as I remember) in his Treatise of
Homer ... proveth it most strongly (as he thinketh) that he
was an Aeolian borne; for that in describing a sacrifice of the Greekes, he omitted the chinbone, the
which all the other Grecians (saving the Aeolians) doe
use to burne in theyre sacrifices: allso for that he maketh
the intralls to be rosted on five spittes, the which
was the proper manner of the Aeolians whoe onely,
of all nations and countreys of Grecia, used to sacrifice in
that sort, whereas all the rest of the Greekes used to rost
them on three spittes. By which he inferreth, necessarilye,
that Homer was an Aeolian." Ware bemerkt dazu (Coll. V,
S. 366): "Plutark .. Not he, but Herodotus, in the Life
of Homer." Es existieren 9 Vitae Homeri. Die erste davon
trägt den Namen des Herodot, ist aber eine Fälschung aus
der Zeit nach Strabon. Die Schrift Πλουτάρχου περὶ τοῦ βίου

---

[1] Mela, Chorogr. II, 1 bringt dieselbe Geschichte.

*καὶ τῆς ποιήσεως Ὁμήρου* ist aus zwei Schriften zusammengesetzt, von denen die erstere sicher nicht von Plutarch herrührt, und auch die zweite nur Excerpte aus Plutarch enthält.[1]) Spenser bezeichnet diese als seine Quelle. Die
Vergleichung ergibt jedoch, daß der Dichter dem pseudohero-
dotischen Texte folgt. Dort heißt es: Porro quod Aeolicus
fuit Homerus, et non Jonicus neque Doricus, partim e jam
dictis perspicuum esse poterit, partim etiam his coniecturis
deprehenditur; nam cum sacrificii ritum huius modi quendam
referat .., sic enim inquit „Protractas jugulant...“ In his
versibus de ilibus nulla mentio, quibus in sacrificiis
tamen utebantur caeteri, praeter unam Aeolicam gen-
tem, quae ilia non concremabat. Indicat praeterea his quoque versibus, quod Aeolicus cum esset, suae gentis ritibus usus
sit: „Tum segmina carnium ...“ Aeoles enim soli intestina
quinque verubus defixa torrebant, reliqui Graeci tribus.

Einige unsichere Hinweise auf Herodot sind die folgenden
Stellen:

F. Qu. I. IV. 27   Upon a camell — Herod. III. 102.

In der Bibel wird auch das Kamel als Lasttier genannt.
Gen. 37, 25; 1. Chron. 13, 40.

F. Qu. I. V. 47   King Croesus — Herod. I, 26, 33.

Der Reichtum des Croesus war sprichwörtlich und wird
überall erwähnt, Horaz epist. I. 11, 2; Ovid trist. III, 42.

F. Qu. II. IX. 21   King Nine — Herod. I, 179.

Diodorus bringt diese Geschichte auch (Bibliotheca II, 1ff.).

F. Qu. II. IX. 45   Troy, though richly guilt.

Dieses mag auf Herodots Beschreibung der Stadt Ag-
batana gehen (Buch I, 98).

F. Qu. II. X. 56   Semiramis, Thomiris —
ihre Geschichte erzählt Herodot Buch I, 184; 214.

## Xenophon.

Auf die Cyropädie findet sich eine Anspielung in Spensers
Brief an Sir Walter Raleigh: "For this cause is Xenophon

---

[1]) Christ, Geschichte der griechischen Literatur, S. 30, Anm.

preferred before Plato, for that the one, in the exquisite depth
of his judgement, formed a Commune welth, such as it should
be; but the other in the person of Cyrus, and the Persians, fashioned a governement, such as might best be: So
much more profitable and gratious is doctrine by ensample,
then by rule." Die Cyropädie war ca. 1555 ins Englische
übersetzt von Nic. Grimoald.

## Plato.

Unter den griechischen Schriftstellern nimmt für unsere
Quellenfrage Plato eine ganz hervorragende Stellung ein.
Spenser hat sich nicht allein mit den ihm von allen Seiten
zuströmenden platonischen Ideen begnügt, um einem Geschmacke seiner Zeit zu dienen [1]), sondern er hat sich mit
der Urquelle, den Schriften Platos, ernst befaßt; ja er war
ein so guter Kenner derselben, daß er von einem Freundeskreise ersucht wurde, die Interpretation des Textes zu übernehmen.

Wir besitzen hierüber einen längeren interessanten Bericht von Lodowick Bryskett in seinem "Discourse of Civill
Life; containing the Ethike part of Morall Philosophie" (ca.
1582). Wir entnehmen daraus, daß Spenser in Irland in der
Nähe von Dublin weilte und dort von mehreren Freunden,
unter denen sich Bryskett befand, gebeten wurde, Plato und
Aristoteles zu interpretieren. "There is a gentleman in this

---

[1]) Vgl. Lewis Einstein, The Italian Renaissance in England (New
York 1902, p. 83): "The Italian influence in conversation was largely felt
in Platonism, for the Platonic ideas of the Renaissance came from Italy
to England, not only through Petrarch's poetry, but by a hundred
different ways of which but little was from Plato himself. Those unable
to read Italian could find it expressed in Castiglione's "Courtier", and
Romei's "Courtier's Academy". Lodowick Bryskett, the friend of Sidney
and Spenser, in his "Discourse of Civil Life" was translating Giraldi
Cinthio's Platonic doctrines", und weiter (p. 345): "Cambridge was then
Platonic, which meant not only the influence of the master, but even
more of the fifteenth-century neo-Platonists whose aims had been directed
toward reconciling the doctrines of Plato with Christianity. Spenser
himself was perfectly familiar with Italian Platonism, and repeated its
current thoughts in his hymns on heavenly love and beauty."

company", spricht Lodowick Bryskett[1]), "whom I have had often a purpose to intreate, that as his leisure might serve him, he would vouchsafe to spend some time with me to instruct me in some hard points which I cannot of myselfe understand; knowing him to be not only perfect in the Greek tongue, but also very well read in Philosophy, both morall and naturall... of love and kindness to me, he encouraged me long sithens to follow the reading of the Greeke tongue, and offered me his helpe to make me understand it. But now that so good an oportunitie is offered unto me, to satisfie in some sort my desire; I thinke I should commit a great fault, not to myselfe alone, but to all this company, if I should not enter my request thus farre, as to move him to spend this time which we have now destined to familiar discourse and conversation, in declaring unto us the great benefits which men obtaine by the knowledge of Morall Philosophie, and in making us to know what the same is, what be the parts thereof, whereby vertues are to be distinguished from vices..."

Spenser lehnt die Aufforderung mit folgenden Worten ab: "sure I am that it is not unknowne unto you, that I have alreedy undertaken a work tending to the same effect, which is in heroical verse under the title of a "Faerie Queene" to represent all the moral virtues... And the same may very well serve for my excuse, if at this time I crave to be forborne in this your request, since any discourse, that I might make thus on the sudden in such a subject would be but simple, and little to your satisfactions. For it would require good advisement and premeditation for any man to undertake the declaration of these points that you have proposed, containing in effect the Ethicke part of Morall Philosophie. Whereof since I have taken in hand to discourse at large in my poeme before spoken, I hope the expectation of that work may serve to free me at this time from speaking in that matter... But I will tell you how I thinke by himselfe he may very well excuse my speech, and

---

[1]) Siehe Gl. Ed. S. XXXIII.

yet satisfie all you in this matter. I have seen (as he knoweth) a translation made by himselfe out of the Italian tongue of a dialogue comprehending all the Ethick part of Moral Philosophy written by one of those three he formerly mentioned (Alexander Piccolomini, Gio. Baptista Giraldi und Guazzo), and that is by Giraldi under the title of a Dialogue of Civil life . . ."

Dieser Bericht zeigt uns, in welchem hohen Ansehen der Dichter stand. Für die Quellenfrage erfahren wir aus seinem eigenen Munde, daß er sich in der Faerie Queene an Platos System der Ethik hält, mit der Absicht "to fashion a gentleman or noble person in vertuous and gentle discipline"; diesem System folgt er in der Tat zwar nur in Buch 1 u. 2 der Faerie Queene; aber die Ideen der platonischen Ethik gehen durch das ganze Werk. Mit der Untersuchung des Verhältnisses von Plato und Spenser hat sich eingehend Harrison befaßt.[1]) Der Einfluß des großen Philosophen war ein ganz enormer und ist fast in sämtlichen Werken Spensers fühlbar; ganz besonderen Ausdruck findet er in den "Hymnes", welche Harrison "the most comprehensive exposition of love in the light of Platonic theory in English" nennt.[2])

Da bei Harrison die einzelnen Stellen zerstreut liegen, bringe ich sie hier kurz zusammengefaßt.

## Symposium.

Platos Wort, daß das Gute auch schön ist (Kap. 21, 201) bringt Spenser in H. B. 139:

For all that faire is, is by nature good.[3])

Diotima nennt die Liebe ein Kind des Poros und der Penia (Kap. 23, 203); ebenso Spenser H. L. 43—59.

Die Weisheit gehört zu dem Schönsten, und Eros ist die Liebe zum Schönen (Kap. 23, 204); vgl. H. H. B. 183, 204.

Die Schönheit der Seele ist eine höhere als die des Körpers (Kap. 28, 210); vgl. Ep. 185, 186, F. Qu. II. IX. 3.

---

[1]) Harrison, J. S., Platonism in English Poetry. 1903.

[2]) Siehe auch: Sidgwick, Arthur H., The Influence of Greek Philosophy on English Poetry, Oxford 1906, S. 15 ff.

[3]) Vgl. Shakespeares "Virtue is beauty" (Tw. Night. III. 4. 403).

Das geistige Sehen wird durch stufenweise steigende Betrachtung des Schönen geschärft, bis die Seele zum Genusse des absolut Schönen gelangt (Kap. 29, 211) — H. H. B. 1—7 und 295—301; H. H. L. 281—287.

Die Liebe geht auf die Zeugung und Geburt im Schönen (Kap. 25, 206); nach der christlichen Lehre ist Gott selbst die Liebe; so erschafft er aus sich den Sohn (H. H. L. 29—35), die Engel (50—56) und nach deren Fall die Menschen (113 bis 119).

### Apologia.

Auf die Erklärung der Pythia, daß niemand weiser sei als Sokrates (Kap. 5, 21), spielt Spenser in F. Qu. II. IX. 48 an.

### Phaedo.

Die letzten Gespräche des Sokrates mit Kriton (Kap. 65, 66) berührt Spenser zweimal (F. Qu. II. VII. 52, F. Qu. IV. Introd. III), wobei er aber Kritias nennt. Offenbar war ihm die Geschichte des Theramenes bekannt (Cicero Tusc. Disp. I. 40), der durch seinen Freund Kritias auf ähnliche Weise wie Sokrates umkam.

Bei Sh. Cal. Nov. 180:

> We deeme of Death, as doome of ill desert;
> But knew we, fooles, what it us bringes until,
> Dye would we dayly, once it to expert!

bemerkt E. K.: "The very expresse saying of Plato in Phaedone." Sokrates sagt (Kap. 13): Οἶσθα, ἦ δ'ὅς, ὅτι τὸν θάνατον ἡγοῦνται πάντες οἱ ἄλλοι τῶν μεγάλων κακῶν εἶναι; und in Kap. 5: Ταῦτα οὖν, ὦ Κέβης, Εὐήνῳ φράζε, καὶ ἐρρῶσθαι καί, ἂν σωφρονῇ, ἐμὲ διώκειν ὡς τάχιστα.

Die Stelle F. Qu. I. IX. 41:

> The terme of life is limited,
> Ne may a man prolong nor shorten it

scheint auf Phaed. 6, 62 zurückzugehen; doch hat Cicero den gleichen Satz, Cato Maior, c. 20: senectutis autem nullus est terminus, recteque in ea vivitur, quoad munus officii exsequi et tueri possis.

### Phaedrus.

Platos Lehre von der Schönheit der Weisheit (Kap. 30, 250) hat auf Spenser am tiefsten gewirkt. Weisheit (Wahrheit) und Schönheit sind eins in Una. (Weisheit: F. Qu. I. VI. 19, 30; I. III. 6; I. X. 18; I. VI. 31; I. VIII. 1; Schönheit: F. Qu. I. III. 4; I. III. 5, 9; I. VI. 9, 15, 16, 18).

Die Macht der reinen sinnlichen Schönheit (Kap. 30, 250) schildert Spenser bei Pastorella (F. Qu. VI. IX. 9); die Scheu vor der höchsten Schönheit (Kap. 30, 251) erscheint bei F. Qu. IV. I. 13—15; VI. 21, 22 (Arthegall u. Britomart); das stumme Entzücken des Beschauers bei F. Qu. III. IX. 23.

Die Weisheit kann nur durch die Seele erblickt werden (Kap. 30. 250; Phaedo 34, Staat 7, 532). Der Red Cross Knight muß zur Vervollkommnung seines geistigen Sehens auf den Berg der Betrachtung steigen (F. Qu. I. X. 52, 58); das geübte Auge zeigt ihm dann Una schöner denn je (F. Qu. I. XII. 22, 23).

Das Adonisgärtchen, in welchem Pflanzen zu raschem Wachstum getrieben werden sollen (Kap. 61, 276), veranlaßte Spensers Symbolik vom Garten des Adonis (F. Qu. III. VI. 30, 32).[1])

Die Geschichte von Stesichorus (Co. Cl. 919) mag Spenser aus Phaedr. 20, 243 gekannt haben.

### Gorgias.

Platos Auffassung der σωφροσύνη (Kap. 59) entspricht die "Temperance" in F. Qu. II. XI. 2; II. I. 29, 54; ferner F. Qu. II. I. 5—7, II. 14.

### Politia.

Spenser erwähnt Platos „Staat" im Briefe an Sir Walter Raleigh: "For this cause is Xenophon preferred before Plato, for that the one in the exquisite depth of his judgement formed a Commune welth, such as it should be; but the other in the

---

[1]) Vgl. Shakespeare, Henry VI, I, 6:
Thy promises are like Adonis' gardens
That one day bloom'd and fruitful were the next.

person of Cyrus, and the Persians, fashioned a government, such as might best be.

Platos Dreiteilung der Seele (Buch IX, Kap. 7 (580); Buch IV, Kap. 16 (442)) verwendet Spenser; er trägt dem Guyon 6 Abenteuer auf, von denen 3 die Beherrschung des Zornes 1. F. Qu. II. I. 13, 26, 31

2.           II. IV. 7—14, 44

3.           II. IV. 42—44; V. 9. 13,

und die weiteren 3 die Herrschaft über die Begehrlichkeit verlangen 1. F. Qu. II. VI. 21. 26

2.           II. VII. 9, 11, 64

3.           II. I. 52, 53

mit dem Höhepunkt der Versuchung in Acrasias Bower of Bliss.

Die Vernunft ist dargestellt im Palmer, welcher ermahnt und lehrt: F. Qu. II. IV. 44; XII. 28, 29, 34, 69.

Dieser Seelenanalyse entsprechen auch die Charaktere der 3 Schwestern: Medina (Vernunft F. Qu. II. II. 14); Elissa (Zorn F. Qu. II. II. 35); Perissa (Begehrlichkeit F. Qu. II. II. 36); die beiden letzten haben charakterverwandte Liebhaber, Elissa den Hudibras (F. Qu. II. II. 17) und Perissa den Sansloy (F. Qu. II. II. 18).

## Timaeus.

Nach Platos Timaeus [1]) 28, 29 stellt Spenser Gottes Weltschöpfung als ein Werk nach einem höchsten Muster hin (H. B. 29—42). In F. Qu. III. VI. 32 nennt er die Gegenstände im Garten des Adonis nackte Kinder entsprechend Platos Auffassung von der Natur als einem Kinde (Tim. 50).

## Aristoteles.

Wie wir durch Lodowick Bryskett erfahren, muß Spenser in Aristoteles wohl belesen gewesen sein.[2]) Im Briefe an

[1]) Cicero hat diesen Dialog übersetzt (Tusc. Disp. I. 25).
[2]) Siehe Gl. Ed. S. XXXIII.

Sir Walter Raleigh[1]) erklärt der Dichter selbst, daß er die Aristotelischen Tugenden in seiner Faerie Queene darstellen wolle: "I labour to pourtraict in Arthure, before he was king, the image of a brave knight, perfected in the t w e l v e  p r i v - a t e  m o r a l l  v i r t u e s ,  a s  A r i s t o t l e  h a t h  d e v i s e d."[2]) Im besonderen soll aber Arthur der Repräsentant der μεγα- λοψυχία sein: "in the person of Prince Arthure I sette forth magnificence in particular; which vertue, for that (according to A r i s t o t l e and the rest) it is the perfection of all the rest, and conteineth in it them all, therefore in the whole course I mention the deedes of Arthure applyable to that vertue, which I write of in that booke."[3]) Diese Auffassung entspricht derjenigen des Aristoteles (Eth. IV, 3 (7)); Ἔοικε μὲν οὖν ἡ μεγαλοψυχία οἷον κόσμος τις εἶναι τῶν ἀρετῶν· μείζους γὰρ αὐτὰς ποιεῖ, καὶ οὐ γίνεται ἄνευ ἐκείνων. Bezüglich der übrigen Tugenden sagt der Dichter folgendes: "But of the XII other vertues, I make XII other knights the patrones, for the more variety of the history: Of which these three bookes contayn three. The first of the knight of the Red- crosse, in whome I expresse Holynes: The seconde of Sir Guyon, in whome I sette forth Temperaunce: The third of Britomartis, a Lady knight, in whome I picture Chastity." Spenser suchte also außer der magnificence noch 12 Tugenden zu behandeln; ein Blick auf die Faerie Queene lehrt, daß der Dichter recht bald von seinem Plane abweicht; Kitchin sagt richtig: "The second book covers almost the whole ground of the Aristotelian moral virtues; the first is really the triumph of Faith and Truth, and is far more intellectual and spiritual than moral."

Die philosophische Theorie über die Tugend hat Spenser dem Aristoteles entlehnt (Hoffmann). Sir Guyon (F. Qu. II. 1) ist der Vertreter der φρόνησις. Aristoteles stellt den Satz auf, daß die Tugend die Mitte hält zwischen den Extremen (Zuviel und Zuwenig), welche sich bekriegen und dem Mitt-

---

[1]) Siehe Gl. Ed. S. 3.
[2]) Aristoteles. Eth. III. u. IV.
[3]) Über diese Stelle siehe Max Hoffmanns Bemerkungen (Über die Allegorie in Spensers F. Qu. 1888, S. 3).

leren, der Tugend, entgegengesetzt sind.[1]) Diesem folgt Spenser in der Darstellung der 3 Schwestern Medina (Mitte), Perissa (Zuviel) und Elissa (Zuwenig) in F. Qu. II. II. 13, 14, 35, 36; den Charakter der 3 Schwestern hat er gemäß Platos Seelenteilung gebildet. Die gleiche Lehre des Aristoteles ist in F. Qu. IV. X. 32, 34 gezeichnet, wo Concord (das Vollkommene) mit ihren Söhnen Love und Hate (die Extreme) erscheint; ebenso in F. Qu. I. I, wo Holiness als die richtige Mitte zwischen Unglauben (F. Qu. I. II. 12) und falschem Gottesglauben (F. Qu. I. VIII. 46) dargestellt wird.

Guyon hat gegen die Repräsentantin der Unmäßigkeit, Acrasia, zu kämpfen (F. Qu. II. II. 44; IX. 9); sie stellt die Aristotelische ἀκρασία (Eth. VII. 7) dar; Phaon (F. Qu. II. IV. 36) gleicht dem Verbitterten des Aristoteles (Eth. IV. 5), Philotime, die Ehrsucht (F. Qu. II. VII. 49), entspricht der φιλοτιμία. Phaedria (F. Qu. II. VI. 3) scheint eine Nachbildung der Aristotelischen βωμολοχία (Eth. 4, 8) zu sein; sie haben verwandte Züge: Eth. 4, 8 οἱ μὲν οὖν τῷ γελοίῳ ὑπερβάλλοντες βωμολόχοι δοκοῦσιν εἶναι; vgl. F. Qu. II. VI. 6: For she in pleasant purpose did abound. Auch Guyon scheint Züge von Aristoteles' magnanimus hero zu haben:

Eth. IV. 3    δοκεῖ δὲ μεγαλόψυχος εἶναι μεγάλων αὐτὸν ἀξιῶν ἄξιος ὤν,

vgl. damit die selbstgefällige Beschreibung Guyons, F. Qu. II. VII. 2:

So Guyon . . . himselfe with comfort feedes
Of his owne vertues and prayse-worthy deedes.

Bei F. Qu. I. IV. 21: "like a Crane his necke was long" sei erinnert an Eth. III. 10: διὸ καὶ ηὔξατό τις ὀψοφάγος ὢν τὸν φάρυγγα αὐτῷ μακρότερον γεράνου γενέσθαι, ὡς ἡδόμενος τῇ ἁφῇ.

Im View. Irel. S. 639 ist Aristoteles zitiert: "Therefore it is written by Aristotle, that when Cyrus had overcome the Lydians that were a warlicke nation, and devised to bring them to a more peaceable life, he chaunged theyr

---

[1]) τὸ δ'ἴσον μέσον τι ὑπερβολῆς καὶ ἐλλείψεως . . . καὶ διὰ ταῦτ' οὖν τῆς μὲν κακίας ἡ ὑπερβολὴ καὶ ἡ ἔλλειψις, τῆς δ'ἀρετῆς ἡ μεσότης (Eth. II, 5, 8).

apparell and musick, and insteede of theyr shorte warlicke
coates, clothed them in long garments like women, and in
steede of theyr warlick musick, appoynted to them certayne
lascivious layes, and loose gigges, by which in shorte space
theyr myndes were so mollyfyed and abated, that they forgate
theyr former fierceness, and became most tender and effemin-
ate ..." Diese Erzählung findet sich nicht bei Aristoteles.
Spenser dachte wohl an eine Stelle bei Herodot; Kroesus rät
dem Cyrus: „... Ἄπειπε μέν σφι πέμψας ὅπλα ἀρήϊα μὴ κε-
κτῆσθαι, κέλευε δέ σφεας κιθῶνάς τε ὑποδύνειν τοῖσι εἵμασι καὶ
κοθόρνους ὑποδέεσθαι, πρόειπε δ' αὐτοῖσι κιθαρίζειν τε καὶ
ψάλλειν καὶ καπηλεύειν τοὺς παῖδας. Καὶ ταχέως σφέας, ὦ
βασιλεῦ, γυναῖκας ἀντ' ἀνδρῶν ὄψεαι γεγονότας, ὥστε οὐδὲν
δεινοί τοι ἔσονται μὴ ἀποστέωσι." (Hist. I, 155).

## Die Schriftsteller der nachklassischen Periode.
### Kallimachus.

Im View. Irel. S. 630 sagt Spenser: "The Aegiptians
likewise used it (= the mantell), as ye may reade in Herodotus, and may be gathered by the description of Bere-
nice, in the Greeke Comentaries upon Calimachus."

Unter den "Greeke Comentaries" versteht Spenser wohl
die Scholien zu Kallimachus; doch konnte ich darin diese
Stelle nicht finden. Man wird zunächst an die berühmteste
Elegie des Kallimachus, „das Haar der Berenike", denken, die
uns nur durch die klassische Übersetzung des Catull erhalten
ist.[1] Nun bestehen zu diesem Gedichte keine direkten
Scholien, sondern nur indirekte, d. h. solche zu anderen
Schriftstellern, in denen Kallimachus genannt wird, oder in
denen auf Grund der Ähnlichkeit mit Catulls Text gewisse
Stellen auf Kallimachus zurückgeführt werden; auch von diesen
geht keine auf den Vers, der für unsere Untersuchung in
Betracht kommen kann (non prius unanimis corpora con-
jugibus tradite, nudantes rejecta veste papillas, Vers 80).[2]

---

[1] Christ. Geschichte der griechischen Litteratur, S. 523.
[2] Die Scholien zu Catull siehe bei Ellis, Catulli Veronensis liber,
Oxonii 1878, S. 334.

## Theokrit.

E. K. war der festen Überzeugung, daß Theokrit eine der Hauptquellen für den Shepheards Calender war; er bringt ihn an erster Stelle in seinem Empfehlungsbriefe an Gabriel Harvey: "So flew Theocritus, as you may perceive he was all ready full fledged. So flew Virgile, as not yet well feeling his winges. So flew Mantuane, as not being full somd. So Petrarque. So Boccace. So Marot, Sanazarus and also divers other excellent both Italian and French Poetes, whose foting this Author every where followeth." Für die August- und Oktober-Ekloge gibt er Theokrit als Quelle an, während Spenser vielmehr Vergil (e. III.) und Mantuan (e. V.) folgt; ebenso für die Märzekloge, wofür Bions Vogelsteller Vorlage war. Der Grund, warum E. K. so gerne Theokrit zitiert, ist nicht leicht zu nennen; denn, wie aus seinem Kommentar hervorgeht, kannte er Vergil so gut wie Theokrit. Theokrit war der Bukoliker par excellence, und so mag sich das Bestreben, jede Hirtendichtung auf ihn zurückzuführen, erklären; Dryden macht es später ebenso, indem er im Shepheards Calender "an exact imitation of Theocritus" erblickt.

Diese Behauptung geht sicher zu weit. Spenser weicht von Theokrit nicht nur im Worte, sondern auch in der Auffassung der bukolischen Dichtung ab; während der griechische Dichter wirkliches Hirtenleben schildert, gibt uns Spenser nur die äußere Form dieses Lebens, um die eigenen Ideen und Wünsche vorzutragen; so hat es auch Vergil gehalten; seine Bukolik ist eine allegorische gleich der Spensers, und er ist hierin von Theokrit, der seine Vorlage war, so gut entfernt, wie unser Dichter.

Eine Verwandtschaft besteht aber doch zwischen Theokrits 8 zeiligem Idyll 19, dem „Κηριοκλέπτης" und zwischen Spensers "Epigrams" (Gl. Ed. S. 586/7). Eros, der Honigdieb, klagt seiner Mutter den Schmerz, den ihm eine kleine Biene zufügte, worauf die Mutter sagt:

οὐκ ἴσος ἐσσὶ μελίσσαις;
ὃς τυτθὸς μὲν ἔης, τὰ δὲ τραύματα ἁλίκα ποιεῖς.

In Spensers Epigr. IV wird Eros im Schlummer von einer Biene gestört, und er fängt sie, um sie zu töten; als sie ihn sticht und er weinend zu seiner Mutter kommt, sagt diese:

> 35. "Think now (quod she) my sonne how great the smart
>     Of those whom thou dost wound . . .

Die Idee, daß der Honigdiebstahl bittere Schmerzen bereiten kann, findet sich im Epigramm I:

> In youth, before I waxed old,
> The blynd boy, Venus baby,
> For want of cunning made me bold,
> In bitter hyve to grope for honny:
> But, when he saw me stung and cry,
> He tooke his wings and away did fly.

Aesops Fabel (214) „Apes et Pastor" behandelt den gleichen Gedanken.

## Moschus.

Spensers Beschreibung des Cupido (Sh. Cal. March. 79 ff.) stimmt überein mit der von Moschus id. II. gegebenen (Reissert, Anglia IX. S. 217).

## Bion.

Bions 2. Idyll, der Vogelsteller, ist Vorbild für Spensers Märzekloge des Shepheards Calender (Reissert, Anglia IX. S. 216). E. K. sagt unrichtig: "This Aeglogue seemeth somewhat to resemble that same of Theocritus."

## Apollonius Rhodius.

Bei F. Qu. II. IV. 3

> He saw from farre, or seemed for to see,

zitiert Kitchin Apollonius Rhodius, Argonautica IV. 1480:

> ἢ ἴδεν ἢ ἐδόκησεν ἐπαχλύουσαν ἰδέσθαι.

Die Anspielungen Spensers auf die Argonautenfahrt, F. Qu. IV. I. 23, II. 1, So. 44 sind allgemein gehalten, so daß ein weiterer Schluß auf die Quellenfrage nicht gezogen werden kann.

## Berosus. [1]

Ihn zitiert Spenser unter den vielen Quellen für die Geschichte der Besiedlung Irlands im View. Irel. S. 626; ich
konnte in den Antiquitates des Berosus nichts darüber finden.

## Diodorus Siculus.

Diesen Schriftsteller nennt Spenser viermal im View. Irel.,
aber die Zitate sind alle unzutreffend; annähernd richtig mag
allein das auf S. 633 sein: "For it is the manner of all Pagans
and Infidells to be intemperate in theyr waylinges of the dead,
for that they had noe fayth nor hope of salvation. And this
ill custome also is specially noted by Diodorus Siculus,
to have bene in the Scythians." Von den Scythen ($B\iota\beta\lambda\iota o$-
$\vartheta\dot\eta\varkappa\eta$ Buch II. Kap. 43 ff.) berichtet Diodorus in seiner Bibliothek solches nicht, wohl aber von den Ägyptern (Buch I.
Kap. 72); hier schildert er die übertriebenen Trauerfeierlich-
keiten beim Tode eines Königs.

Seite 630 des View. Irel. sagt Spenser: "Ireland is by
Diodorus Siculus, and by Strabo called Britannia, and
a part of Great Brittayne." James Ware widerlegt diese
Behauptung: "Iris is by Diodorus called a part of Brittaine:
but Ireland by neither of them Britannia." (Coll. V. S. 349).

Bei der Frage nach der Herkunft der Mantelbekleidung
ist ebenfalls Diodorus genannt: View. Irel. S. 630: "The Chal-
daeans also used it, as you may reade in Diodorus." Die
Geschichte der Chaldaeer bringt Diodorus in Buch II. Kap.
19 ff.; von Mänteln erwähnt er nichts.

Zum vierten Male ist Diodorus zitiert, View. Irel. S. 632:
"The manner of theyr raysing the crye in their conflictes and
at other troublesome times of uproare: the which is very
naturall Scythian, as you may reade in Diodorus Siculus.
Auch hiervon steht in der Geschichte der Scythen (Buch II.
Kap. 43 ff.) nichts.

---

[1] Berosus, Priester des Bel in Babylon. schrieb *$B\alpha\beta\upsilon\lambda\omega\nu\iota\alpha\varkappa\acute\alpha$*. Er
selbst sagt, daß er unter Alexander, dem Sohne Philipps, gelebt habe
(Christ, Gesch. d. griech. Litt.).

## Plutarch.

In F. Qu. V. VII. gibt Spenser eine Beschreibung von Isis und Osiris, die deutlich erkennen läßt, daß der Dichter Plutarchs Schrift: *Περὶ Ἴσιδος καὶ Ὀσίριδος* gelesen hat; vergleiche die folgenden Stellen:

F. Qu. V. VII. 2 For that Osyris, whilest he lived here,
  The justest man alive and truest did appeare.

Plut. Kap. 42 *ὁ γὰρ Ὄσιρις ἀγαθοποιός, καὶ τοὔνομα πολλὰ ηράζει, οὐχ ἥκιστα δὲ κράτος ἐνεργοῦν καὶ ἀγαθοποιὸν ὃ λέγουσι.*

Kap. 51 *τὸν δ' Ὄσιριν αὖ πάλιν ὀφθαλμῷ καὶ σκήπτρῳ γράφουσιν, ὧν τὸ μὲν τὴν πρόνοιαν ἐμφαίνειν, τὸ δὲ τὴν δύναμιν.*

F. Qu. V. VII. 3 His wife was Isis: whom they likewise made
  A Goddesse of great powre and soveraity,
  And in her person cunningly did shade
  That part of Justice which is Equity.

Kap. 2 *τοῦ δ' ἱεροῦ τοὔνομα καὶ σαφῶς ἐπαγγέλλεται καὶ γνῶσιν καὶ εἴδησιν τοῦ ὄντος. ὀνομάζεται γὰρ Ἰσεῖον ὡς εἰσομένων τὸ ὄν, ἂν μετὰ λόγου καὶ ὁσίως εἰς τὰ ἱερὰ παρέλθωμεν τῆς θεοῦ.*

Kap. 3 *διὸ καὶ τῶν ἐν Ἑρμοῦ πόλει Μουσῶν τὴν προτέραν Ἶσιν ἅμα καὶ Δικαιοσύνην καλοῦσι·*

Isis und Osiris werden dem Monde und der Sonne verglichen:

F. Qu. V. VII. 4
  to shew that Isis doth the Moone portend
  Like as Osyris signifies the Sunne.

Kap. 52 *εἰσὶ γὰρ οἱ τὸν Ὄσιριν ἄντικρυς ἥλιον εἶναι ...
τὴν δ' Ἶσιν οὐχ ἑτέραν τῆς σελήνης ἀποφαίνοντες· ὅθεν καὶ τῶν ἀγαλμάτων αὐτῆς τὰ μὲν κερασφόρα τοῦ μηνοειδοῦς γεγονέναι μιμήματα.*

Auf die letzte Stelle scheint sich Spensers:

  They wore rich Mitres shaped like the Moone,
  To shew that Isis doth the Moone portend

zu beziehen (F. Qu. V. VII. 4, noch deutlicher Vers 13).

Die Priester sind in Linnen gekleidet:

F. Qu. V. VII. 4 All clad in linnen robes with silver hemd.

Kap. 4 ... ἐφ' ὅτῳ τὰς τρίχας οἱ ἱερεῖς ἀποτίθενται καὶ λινᾶς ἐσθῆτας φοροῦσιν.

Die Priester essen kein Fleisch und trinken keinen Wein:

F. Qu. V. VII. 10

> Therefore they mote not taste of fleshly food,
> Ne feed on ought, the which doth bloud containe,
> Ne drinke of wine; for wine they say, is blood,
> Even the bloud of Gyants, which were slaine
> By thundring Iove in the Phlegrean plaine...

11  And of their vitall bloud, the which was shed
> Into her pregnant bosome, forth she brought
> The fruitfull vine; whose liquor blouddy red,
> Having the mindes of men with fury fraught,
> Mote in them stirre up old rebellious thought
> To make new warre against the Gods againe.

Plut. Kap. 4 οἱ δὲ τῶν ἐρίων ὥσπερ τῶν κρεῶν, σε-βομένους τὸ πρόβατον, ἀπέχεσθαι λέγουσι.

Kap. 6 οἱ δὲ βασιλεῖς καὶ μετρητὸν ἔπινον ἐκ τῶν ἱερῶν γραμμάτων, ὡς Ἑκαταῖος ἱστόρηκεν, ἱερεῖς ὄντες· ἤρξαντο δὲ πίνειν ἀπὸ Ψαμμητίχου, πρότερον δ' οὐκ ἔπινον οἶνον οὐδ' ἔσπενδον ὡς φίλιον θεοῖς, ἀλλ' ὡς αἷμα τῶν πολε-μησάντων ποτὲ τοῖς θεοῖς, ἐξ ὧν οἴονται πεσόντων καὶ τῇ γῇ συμμιγέντων ἀμπέλοις γενέσθαι· διὸ καὶ τὸ μεθύειν ἔκφρονας ποιεῖν καὶ παραπλῆγας, ἅτε δὴ τῶν προγόνων τοῦ αἵματος ἐμπιπλαμένους.

Die Erwähnung des Krokodiles, das zu Füßen der Isis liegt (F. Qu. V. VII. 6, 15, 22), scheint auf die von Plutarch genannte Verehrung dieses Tieres zurückzugehen:

Kap. 75 Οὐ μὴν οὐδ' ὁ κροκόδειλος αἰτίας πιθανῆς ἀμοι-ροῦσαν ἔσχηκε τιμήν, ἀλλὰ μίμημα θεοῦ λέγεται γεγονέναι, μόνος μὲν ἄγλωσσος ὤν.

## Herodianus.

Spenser zitiert im View. Irel. S. 633: "likewise theyr going to battell without armour on theyr bodies or heades,

but trusting onely to the thickness of theyr glibbes, the which
(they say) will sometimes beare of a good stroke, is mere
savage and Scythian, as ye may see in the sayd Images of
the old Scythes or Scottes, sett forth by Herodianus and
others."

In Herodians *Τῆς μετὰ Μάρκον βασιλείας ἱστορίαι* (l. 8)
konnte ich darüber nichts finden.

## Strabo.

Spenser erwähnt ihn im View. Irel. S. 626: "Now the
Scithyans never, as I can reade, of old had letters amongest
them: therefore it seemeth that they had them from that nation
which came out of Spayne, for in Spayne ther was (as
Strabo writeth), letters aunciently used." Dieses
steht im 3. Buche der Geographica, welches von Spanien
handelt; Strabo sagt dort von den Turdetani: *σοφώτατοι δ'*
*ἐξετάζονται τῶν Ἰβήρων οὗτοι καὶ γραμματικῇ χρῶνται καὶ τῆς*
*παλαιᾶς μνήμης ἔχουσι συγγράμματα καὶ ποιήματα καὶ νόμους*
*ἐμμέτρους ἑξακισχιλίων ἐπῶν, ὥς φασι· καὶ οἱ ἄλλοι δ'*
*Ἴβηρες χρῶνται γραμματικῇ.* (Kap. 6.)

Zum zweiten Male wird Strabo genannt im View. Irel.
S. 629: "Ireland is by Diodorus Siculus, and by Strabo
called Britannia, and a part of Great Brittayne." Dagegen
sagt James Ware (Coll. V. S. 349): "Iris is by Diodorus called
a part of Brittaine; but Ireland by neither of them Britannia."
Ebensowenig zutreffend ist das Zitat im View. Irel. S. 626,
wo von der Besiedlung Irlands die Rede ist.

## Claudius Ptolemaeus.

Den berühmten Astronomen in Alexandria erwähnt
Spenser in F. Qu. V, introd. 7:

> For since the terme of fourteene hundred yeres
> That learned Ptolemæe his hight did take.

Claudius Ptolemaeus von Alexandrien, der große Astronom
und Geograph, lebte ca. 150 n. Chr.; Spensers Zeitbestimmung
ist also richtig.

Bei der Geschichte der Besiedlung Irlands zitiert er ihn

unter der anderen großen Zahl (Gl. Ed. S. 626, View. Irel.);
doch konnte ich in seiner Geographie nichts darüber finden.

## Lucian.

Spenser wünschte von diesem Schriftsteller eine Ausgabe
im eigenen Besitze zu haben; er hatte dem Freunde Harvey
einen "Howleglas" geschenkt und erbittet sich dafür — unter
einer gewissen Bedingung — Harveys 4 bändigen Lucian. Die
Kenntnis von diesem freundschaftlichen Austausch verdanken
wir einem handschriftlichen Eintrag, der in einem Exemplar
des "Howleglas" in der Bodleiana sich befindet und der, nach
Colliers Angabe, von Harvey stammt.[1]) Der Wortlaut
ist folgender: "This Howleglasse with Skoggin, Skelton and
Lazarillo, given to me at London, of Mr. Spensar, XX. Dec.
1578, on condition that I would bestowe the reading of them
on or before the first of January imediately ensuing; otherwise to forfeit unto him my Lucian in fower vo-
lumes, whereupon I was the rather induced to trifle away
so many howers as were idely overpassed in running thorough
the foresaid foolish bookes; wherein me thought that not all
fower togither seemed comparable for false and crafty feates
with Jon Miller, whose witty shiftes and practices are reported
among Skelton's Tales." [2]) Ob Spenser nun doch seinen Lucian
bekommen hat, wissen wir nicht; jedenfalls aber zitiert er aus
ihm eine Stelle im View. Irel. S. 634; dort heißt es: "As for
example, ye may reade in Lucian, in that sweete dialogue, which is intituled Toxaris or of frend-

---

[1]) S. Herford, Ch. H., Studies in the Literary Relations of England
and Germany in the Sixteenth Century. Cambridge 1886. S. 288.

[2]) Zitiert nach Herford, S. 228. Über dieses jetzt seltene Exemplar
des "Howleglas", einen Druck William Coplands, siehe Näheres bei Brie,
Eulenspiegel in England, Palaestra 27, 1903, S. 7 u. 106. — Das denk-
würdige Buch scheint eine literarische Rolle zu spielen; offenbar ist
es das gleiche Exemplar, welches Harvey später in seinem Aufsatze:
"Against Thomas Nash" (1593) erwähnt. Harvey sagt: "So he may
soone make up the autenticall Legendary of his "Hundred merrie Tales",
as true, peradventure, as Lucians true narrations, or the heroicall históryes
of Rabelais, or the brave Legendes of Errant knights, or the egregious
prankes of Howleglasse . . . (Elizab. Crit. Essays, ed. b. Greg.
Smith 1904. II. S 272).

ship, that the common oath of the Scythians was by the swoord, and by the fire." Die Stelle lautet in *Τόξαρις ἢ φιλία*, 38: οὐ μὰ γὰρ τὸν Ἄνεμον καὶ τὸν Ἀκινάκην (ich schwöre beim Anemos und beim Akinakes). „Akinakes" war die Hauptwaffe der Scythen, der Säbel, genannt.

### Antoninus Liberalis.

Bei der Darstellung von Florimells Verfolgung durch den Schiffer, in dessen Boot sie sich geflüchtet hatte (F. Qu. III. VII. 27; VIII. 22 ff.) folgt Spenser dem Antoninus Liberalis, der ein gleiches Abenteuer der Britomartis (Kap. 40) erzählt (Koeppel, Arch. St. n. Spr. 107 S. 394). Es ist damit wohl eine sichere Spur der Kenntnis dieses Schriftstellers bei Spenser gefunden; es ist mir aber nicht gelungen, weitere Beweisgründe dafür hinzuzufügen.

### Musaeus.

Zu Vers 25 der Juniekloge: "But frendly Faeries, met with many Graces", bemerkt E. K.: "though there be indeed but three Graces or Charites or at the utmost but foure, yet in respect of many gyftes of bounty there may be sayd more. And so Musæus sayth, that in Heroes eyther eye there sat a hundred Graces. And, by that authoritye, thys same Poete, in his Pageaunts, saith, "An hundred Graces on her eyelidde sate".

Die Stelle bei Musaeus lautet: οἱ δὲ παλαιοὶ
Τρεῖς Χάριτας ψεύσαντο πεφυκέναι· εἰς δέ τις Ἡροῦς
Ὀφθαλμὸς γελόων ἑκατὸν Χαρίτεσσι τεθήλει
(Hero u. Leander, Vers 63—65).

Spenser hat bei der obigen Stelle in der Juniekloge nicht an Musaeus gedacht, sondern Horaz C. I. IV. 5 als Vorlage gehabt.

Dagegen deuten andere Stellen in Spensers Werken auf den von E. K. genannten Vers des Musaeus, z. B.

So. 40 When on each eyelid sweetly do appeare
An hundred Graces as in shade to sit;
ähnlich F. Qu. II. III. 25:
Upon her eyelids many Graces sate.

H. B. 253   Sometimes upon her forhead they behold
    A thousand Graces masking in delight.

Sh. Cal., April, 105
    Lo! how finely the Graces can it foote
    To the Instrument:
    They dauncen deffly, and singen soote,
    In their meriment.
    Wants not a fourth Grace, to make the daunce
                                even?
    Let that rowme to my Lady be yeven:
    She shal be a Grace,
    To fyll the fourth place,
    And reign with the rest in heaven.

Vielleicht können hierzu die Verse:

Mus. 61—63   *νισσομένης δὲ*
    *καὶ ῥόδα λευκοχίτωνος ὑπὸ σφυρὰ λάμπετο κούρης,*
    *πολλαὶ δ᾽ ἐκ μελέων Χάριτες ῥέον*
zitiert werden.

Recht deutlich ist die Anlehnung Spensers an Musaeus
bei der Schilderung Scudamours im Tempel der Venus (Warton);
wie Leander sich Hero, so nähert sich Scudamour der Womanhood:

Mus. 99   *Θαρσαλέως δ᾽ ὑπ᾽ ἔρωτος ἀναιδείην ἀγαπάζων,*
    *Ἠρέμα ποσσὶν ἔβαινε, καὶ ἀντίον ἵστατο κούρης.*
112 *Αὐτὰρ ὁ θαρσαλέως μετεκίαθεν ἐγγύθι κούρης,*
114 *Ἠρέμα μὲν θλίβων ῥοδοειδέα δάκτυλα κούρης.*

F. Qu. IV. X. 53
    Tho, shaking off all doubt and shamefast feare
    Which Ladies love, I heard, had never wonne
    Mongst men of worth, I to her stepped neare,
    And by the lilly hand her labour'd up to reare.

Hero weist Leander zurück:

Mus. 123
    *ξεῖνε, τί μαργαίνεις; τί με, δύσμορε, παρθένον ἕλκεις;*
126 *Κύπριδος οὔ σοι ἔοικε θεῆς ἱέρειαν ἀφάσσειν;*
worauf Leander entgegnet:

141 Κύπριδος ὡς ἱέρεια, μετέρχεο Κύπριδος ἔργα.
δεῦρ᾽ ἴϑι, μυστιπόλευε γαμήλια ϑεσμὰ ϑεαίνης·
παρϑένον οὐκ ἐπέοικεν ὑποδρήσσειν Ἀφροδίτῃ,
παρϑενικαῖς οὐ Κύπρις ἰαίνεται.

Womanhood spricht:

F. Qu. IV. X. 54     it was to Knight unseemely shame
Upon a recluse Virgin to lay hold,
That unto Venus services was sold.

worauf Scudamour antwortet:
Nay, but it fitteth best
For Cupids man with Venus mayd to hold,
For ill your goddesse services are drest
By virgins, and her sacrifices let to rest.

Eine allgemeine Anspielung auf Hero und Leander findet
sich in

H. L. 231     Witnesse Leander in the Euxine waves.
(Hellespont soll es heißen!)

Dafür, daß das Gedicht des Musaeus damals recht bekannt war, zeugt wohl auch die Tatsache, daß Chapman es
übersetzte[1]); ich habe seine Übersetzung mit Spensers Text
verglichen, fand aber keine Ähnlichkeit. Die gleiche Untersuchung machte ich mit Marlowes "Hero and Leander" (1598,
unvollendet), einem Bruchstück, welches Chapman sowohl wie
Henry Petowe fortsetzte.[2])

### Heliodorus.

Aus Heliodorus, Aethiop. V, p. 234 zitiert Kitchin
καϑαρὰς τὰς νύμφας καὶ ἀκοινωνήτους τοῦ Διονύσου,
F. Qu. II. I. 55
So soone as Bacchus with the Nymphe does lincke.

Dies allein genügt natürlich nicht zu einem Beweise für
Spensers Belesenheit in Heliodors Werken.

---

[1]) "The Divine Poem of Musaeus. First of all Bookes. Translated
according to the Originall. By Geo. Chapman. London 1616.
[2]) S. The Works of Christopher Marlowe, ed. Bullen, Band III.

### Plotinus.

Über den bedeutenden Einfluß des größten Neuplatonikers auf Spenser siehe Harrison (Enneades II. IV. 6 — F. Qu. III. VI. 38; VI. VII. 58; VII. VIII. 2; Enn. I. VI. 6 — H. H. B. 128—151 usw.).

---

# Römische Literatur.

Sehr vertraut zeigt sich Spenser mit den drei großen Dichtern der augusteischen Zeit, Vergil, Horaz und Ovid; Vergil besonders scheint sein Lieblingsdichter gewesen zu sein.

### Vergil.

Im Shepheards Calender (October v. 55 ff.) sagt Cuddie:

Indeede the R o m i s h  T i t y r u s, I heare,
Through his Mecænas left his Oaten reede,
Whereon he earst had taught his flocks to feede,
And laboured lands to yield the timely eare,
And eft did sing of warres and deadly drede ...

Diese Stelle wird von E. K. richtig kommentiert[1]); Spenser spielt auf Vergils Werke an; daß er Vergil den "Romish Tityrus" nennt, ist von besonderer Bedeutung. Vergil führt sich selbst als Schäfer "Tityrus" in seiner 1. Idylle ein. Spensers "Tityrus" war aber Chaucer: "The God of Shepheards, Tityrus[2]), is dead, who taught me homely, as I can,

---

[1]) "The Romish Tityrus", wel knowen to be Virgile, who by Mæcenas means was brought into the favour of the Emperor Augustus, and by him moved to write in loftier kinde then he erst had doen.

"Whereon", in these three verses are the three severall workes of Virgil intended, for in teaching his flocks to feede, is meant his A e g l o g u e s. In labouring of lands is meant his B u c o l i q u e s. In singing of warrs and deadly dreade, is his divine A e n e i s figured.

[2]) Ebenso Co. Cl. 2: The shepheards boy (best knowen by that name) That after Tityrus first sung his lay; siehe ferner F. Qu. IV. II. 32, Sh. Cal. Febr. 92 und das Schlußwort des Sh. Cal. (Gl. Ed. S. 486).

to make ..." (Sh. Cal. June 81 ff.), den er als seinen Lehrer preist; wenn er Vergil seinen "Romish Tityrus" heißt, so will der Dichter sicherlich seinem klassischen Lehrer ein Lob spenden. Gerne zieht Spenser eine Parallele zwischen sich und Vergil:

"So Maro oft did Cæsars cares allay" (Gedicht an Hatton, Gl. Ed. S. 7), ferner im Gedicht an Walsingham (Gl. Ed. S. 9), wo er Vergil den höchsten Preis zollt:

"That Mantuane Poetes incompared spirit,
Whose girland now is set in highest place,
Had not Mecænas, for his worthy merit,
It first advaunst to great Augustus grace,
Might long perhaps have lien in silence bace..."

Vergil wird auch unter den Dichtern genannt, welchen der Verfasser der Faerie Queene folgte: "I chose the historye of King Arthure .. in which I have followed all the antique Poets historicall: first Homere, who in the Persons of Agamemnon and Ulysses hath ensampled a good governour and a vertuous man, the one in his Ilias, the other in his Odysseis: then Virgil, whose like intention was to doe in the person of Aeneas ..." (Brief an Raleigh Gl. Ed. S. 3).

Die Begeisterung unseres Dichters für Vergil entsprang seiner genauen Kenntnis von Vergils Werken. Überall begegnen wir Spuren aus der Aeneis.

Die Bucolica waren wohl die Hauptquelle für den Shepheards Calender; die Georgica und Ciris waren Spenser wohl vertraut; der pseudo-vergilische Culex, nach des Dichters Meinung eine Schöpfung Vergils, wurde von ihm mit großer Mühe übersetzt.

### Aeneis.

In Buch III, Canto IX der F. Qu. wird in 4 Versen (40—43) der Inhalt der Aeneis angegeben (Zerstörung Trojas; Flucht des Äneas mit den Seinen; Irrfahrten des Äneas; Ankunft in Latium; Gründung von Alba Longa und von Rom durch Romulus); auf die Flucht des Äneas aus Troja findet sich eine Anspielung in H. L. 232.

Aus dem 1. Buche der Aeneis ist ein lateinisches Zitat entlehnt:

Aen. I. 327   „O — quam te memorem virgo? . . .
.  .  . o dea certe“,

Sh. Cal., April:
Thenots Embleme: O quam te memorem Virgo!
Hobbinols Embleme: O dea certe!

Diese ganze Vergilstelle findet sich übersetzt in F. Qu. II. III. 32 [1]:

Hayle, Groome! didst not thou see a bleeding
Hynde . . .
33   Wherewith reviv'd, this answere forth he threw:
"O Goddesse (for such I thee take to bee)
For nether doth thy face terrestrial shew,
Nor voyce sound mortall; I avow to thee
Such wounded beast as that I did not see. [2]

Vergleiche damit die folgenden Zeilen Vergils, die Rede der Venus an die Trojaner:

Aen. I. 321   Heus, inquit, iuvenes, monstrate, mearum
Vidistis si quam hic errantem forte sororum . . .
325 Sic Venus; et Veneris contra sic filius orsus:
Nulla tuarum audita mihi neque visa sororum,
O — quam te memorem, virgo? namque haud tibi
vultus
Mortalis, nec vox hominem sonat; o dea
certe.

Ein unzutreffendes Zitat aus Vergil bringt Spenser in seinem View. Irel. (Gl. Ed. S. 630). Eudoxus will mit einer Vergilstelle beweisen, daß Griechen und Römer schon Mäntel trugen und sagt: "And the auncient Latines and Romayns used it (= the mantell), as ye may reade in Virgill, who was a very auncient antiquarye, — that Euander, when Ænæas came unto him at his feast, did entertayne and feast

---

[1] Belphoebes Abenteuer mit Braggadocchio und Frompart.
[2] Siehe Vergils Vorbild bei Homer Od. VI. 149.

him, sitting on the grounde, and lying on mantells. In soe-
much as he useth this very word "Mantile" for a mantell.
"Mantilia humi sternunt".

Äneas' ist bei Euander zu Gast im 8. Gesange der Aeneis
(121 ff.); dort findet sich die Stelle nicht, ja überhaupt nicht
bei Vergil. Wäre zeigt (Coll. V. S. 357), daß das Wort mantile in Aen. I. 702 erscheint:

    . . . tonsisque ferunt mantilia villis,

aber in der Bedeutung von Handtuch.

Stellen, welche Spenser im Worte oder in der Idee nachgeahmt hat, finden sich, ausgenommen das 5., in jedem Buche
der Aeneis.

Die F. Qu. beginnt mit einer Nachahmung der Ein-
führungsverse zu Aeneis:

    Ille ego, qui quondam gracili modulatus avena
    Carmen, et egressus silvis vicina coegi,
    Ut quamvis avido parerent arva colono,
    Gratum opus agricolis: at nunc horrentia Martis —
Aen. I. 1  Arma virumque cano . . . [1])
F. Qu. I  Lo! I, the man whose Muse whylome did maske,
    As time her taught, in lowly Shephards weeds,
    Am now enforst, a farre unfitter taske,
    For trumpets sterne to change mine Oaten reeds,
    And sing of Knights and Ladies gentle deeds.

Für Spenser mögen die oben zitierten Verse dadurch
besonders verlockend geklungen haben, weil sie den gleichen
Entwicklungsgang der beiden Dichter ausdrücken: Vergils wie
Spensers erste große dichterische Leistung lag auf dem Gebiet
der Schäferpoesie.

Die Beschreibung der Wohnung der Nymphen in Aen.
I. 159 ist Vorbild für die Schilderung des Heimes der Mermayds, F. Qu. II. XII. 30

---

[1]) Tasso beginnt seine Gerusalemme Liberata ebenso:
    Canto l'arme pietose e'l Capitano.
Vergleiche auch Milton Par. Reg. 1. 1:
    I, who erewhile the happy Garden sung . . .

Est in secessu longo locus: insula portum
Efficit obiectu laterum . . .
Hinc atque hinc vastae rupes geminique minantur
In coelum scopuli, quorum sub vertice late
Aequora tuta silent . . . nympharum domus.

F. Qu. II. XII. 30

. . . Whereas those Mermayds dwelt: it was a still
And calmy bay, on th'one side sheltered
With the brode shadow of an hoarie hill;
On th'other side an high rocke toured still,
That twixt them both a pleasaunt port they made.

Vergil vergleicht in Aen. I. 498 die Dido mit Diana; in fast wörtlicher Anlehnung haben wir denselben Vergleich für Belphoebe:

Qualis in Eurotae ripis aut per juga Cynthi
Exercet Diana choros, quam mille secutae
Hinc atque hinc glomerantur Oreades: illa pharetram
Fert humero.

F. Qu. II. III. 31   Such as Diana by the sandy shore
Of swift Eurotas, or on Cynthus greene,
Where all the Nymphes have her unwares forlore,
Wandreth alone with bow and arrowes keene.[1]

Die Stelle in Vergils Aen. I. 393

Adspice bis senos laetantis agmine cycnos,
Aetheria quos lapsa plaga Jovis ales aperto
Turbabat coelo

verwendet Spenser, wenn Prinz Arthur den Maleger niederwirft,

F. Qu. II. XI. 43

As when Joves harnesse-bearing Bird from hye
Stoupes at a flying heron with proud disdayne.

Wie Vergil die Venus, so beschreibt Spenser die Belphoebe:

Aen. I. 402   Dixit, et avertens rosea cervice refulsit,

---

[1] Ähnlich Homer Od. VI. 102.

Ambrosiaeque comae divinum vertice odorem
Spiravere.

F. Qu. II. III. 22

  · And in her cheekes the vermeill red did shew
Like roses in a bed of lillies shed,
The which ambrosiall odours from them threw.

Vergils Ausdruck:

Aen. I. 724  Crateras magnos statuunt et vina coronant
Aen. III. 525  Tum pater Anchises magnum cratera corona
Induit,

folgt Spenser in

F. Qu. I. III. 31  Soone as the port from far he has espide,
His chearfull whistle merily doth sound,
And Nereus crownes with cups.[1])

Die Aufnahme des Aeneas bei Dido erscheint teilweise
wörtlich als die Einkehr Guyons bei Medina und ihren
Schwestern:

Aen. I. 753  Immo age et a prima dic, hospes, origine nobis
Insidias, inquit, Danaum casusque tuorum
Erroresque tuos,

und anschließend die Stelle aus Aen. II. 1:

Aen. II. 1  Conticuere omnes, intentique ora tenebant.
Inde toro pater Aeneas sic orsus ab alto:
Infandum, regina, iubes renovare dolorem.

F. Qu. II. II. 39  She Guyon deare besought of curtesie,
To tell from whence he came through jeopardy,
And whither now on new adventure bownd:
Who with bold grace, and comely gravity,
Drawing to him the eies of all arownd,
From lofty siege began these words aloud to sownd.
"This thy demaund, O Lady! doth revive
Fresh memory in me . . ."

Vergil vergleicht den Andrang der Feinde einem Berg-
strome; Spenser übernimmt dies:

---

[1]) Vgl. Homer Il. I. 470 κρητῆρας ἐπεστέψαντο ποτοῖο.

Aen. II. 305 .. aut rapidus montano flumine torrens
Sternit agros, sternit sata laeta boumque labores.

F. Qu. II. XI. 18
Like a great water flood, that tombling low
From the high mountaines, threates to overflow
With suddein fury all the fertile playne.[1])

Um die erneuerte Kraft des Ritters Cambell zu beschreiben, entlehnt unser Dichter Vergils Bild von der aus
dem Winterschlafe erweckten Natter:

Aen. II. 471
Qualis ubi in lucem coluber mala gramina pastus,
Frigida sub terra tumidum quem bruma tegebat,
Nunc positis novus exuviis nitidusque iuventa ...

F. Qu. IV. III. 23
So fresh he seemed and so fierce in sight:
Like as a Snake, whom wearie winters teene
Hath worne to nought, now feeling sommers might,
Casts off his ragged skin.[2])

Die Geschichte der Verwandlung von Menschen in Bäume
haben Vergil Aen. III. 23 (Geschichte des Polydorus), Tasso
G. L. 23. 41, 42 und Ariost O. F. 6. 28, 30. Spenser folgt
Ariost[3]), aber er muß doch zugleich Vergil im Gedächtnis
gehabt haben, wie die Stelle: "spare with guilty hands to
teare" = „parce pias scelerare manus" zeigt. Auch rufen
die in Bäume verwandelten Fradubio und Fraelissa dem
Ritter ihr „fiiehe l" zu, wie Polydorus dem Aeneas.

Aen. III. 42  Parce pias scelerare manus ...
Heu! fuge crudelis terras.

F. Qu. I. II. 31  "O! spare with guilty hands to teare
My tender sides ...
But fly, ah! fly far hence away ..."

Die weissagende Harpyie wird im engen Anschluß an
Vergils Worte erwähnt:

---

[1]) Vgl. Homer Il. IV. 452.
[2]) Vgl. Homer Il. XXII. 93.
[3]) S. Neil Dodge, Publ. of the Mod. Lang. Assoc. 12, 1897 S. 199.

Aen. III. 245   Una in praecelsa consedit rupe Celaeno,
          Infelix vates, rumpitque hanc pectore vocem . . .
258 Dixit, et in silvam pennis ablata refugit.

F. Qu. II. VII. 23   Whiles sad Celeno, sitting on a clifte,
          A song of bale and bitter sorrow sings . . .
          Which having ended after him she flyeth swifte.[1])

Bei der Beschreibung der Scylla und Charybdis folgt
Spenser teilweise Vergil, teilweise Homer. Die verschiedenen
Autoren lassen sich deutlich nachweisen, obwohl die Situation
bei den drei Dichtern ähnlich ist. In der Beschreibung der
Charybdis, nicht der Scylla, folgt Spenser Vergil.

Aen. III. 420   . . . laevum implacata Charybdis
          Obsidet, atque imo barathri ter gurgite vastos
          Sorbet in abruptum fluctus, rursusque sub auras
          Erigit alternos et sidera verberat unda.

F. Qu. II. XII. 3
          That is the Gulfe of Greedinesse, they say,
          That deepe engorgeth all this worldes pray;
          Which having swallowd up excessively,
          He soone in vomit up againe doth lay.[2])

Die Beschreibung des Ätna (Aen. 571) benutzt Spenser,
indem er die Wut des mit dem Ritter kämpfenden Drachens
mit den Ausbrüchen des Vulkans vergleicht.

Aen. III. 571   . . . sed horrificis juxta tonat Aetna ruinis;
          Interdumque atram prorumpit ad aethera nubem,
          Turbine fumantem piceo et candente favilla,
          Attollitque globos flammarum et sidere lambit etc.

F. Qu. I. XI. 44
          From his infernall fournace forth he threw

---

[1]) Vgl. Dante, Inf. 13. 10.
[2]) In der folgenden Strophe sagt Spenser:
          For, whiles they fly that Gulfes devouring jawes,
          They on this rock are rent, and sunk in helples wawes.
Spenser hatte hier wohl das bekannte „Incidit in Scyllam qui vult vitare
Charybdim" im Sinne. Über die Quelle dieses Wortes berichtet Büch-
mann, Geflügelte Worte, 1900, S. 456.

Huge flames that dimmed all the hevens light,
Enrold in duskish smoke and brimstone blew:
As burning Aetna from his boyling stew
Doth belch out flames, and rockes in peeces broke
... Enwrapt in coleblacke clowds and filthy smoke...

Ferner:

Aen. IV. 6   Postera Phoebea lustrabat lampade terras
Humentemque Aurora polo dimoverat umbram.

Diese Stelle übersetzt Spenser wörtlich:

F. Qu. II. III. 1
Soone as the morrow fayre with purple beames
Disperst the shadowes of the misty night.

Ähnliche Stellen kommen öfter vor:

F. Qu. III. X. 1   And fresh Aurora had the shady damp
Out of the goodly heven amoved quight.

F. Qu. V. V. 1
So soon as day forth dawning from the East
Nights humid curtaine from the heavens withdrew.

Ep. 21   ... the worlds light-giving lampe ...
... having disperst the nights unchearefull dampe.

An das bekannte "Auri sacra fames!" (Aen. III. 57) erinnert uns: O Sacred hunger of ambitious mindes (F. Qu.
V. XII. 1).

Andromaches Worte zu Ascanius:

Aen. III. 490   Sic oculos, sic ille manus, sic ora ferebat
sind, wie E. K. richtig bemerkt, die Quelle für

Sh. Cal. Maye 204   For even so thy father his head upheld,
And so his hauty hornes did he weld.

Merkur führt Jupiters Befehle aus:

Aen. IV. 242
Tum virgam capit; — hac animas ille evocat Orco
Pallentis, alias sub Tartara tristia mittit,
Dat somnos adimitque, et lumina morte resignat.

Ähnlich klingen die folgenden Verse:

M. H. T. 1292 He took Caduceus, his snakie wand,
With which the damned ghosts he governeth,
And furies rules, and Tartare tempereth.
. With that he causeth sleep to seize the eyes ...

F. Qu. II. XII. 41 Caduceus, the rod of Mercury,
With which he wonts the Stygian realmes invade ...
Th' infernall feends with it he can asswage ...
ähnlich auch F. Qu. IV. III. 42.

Spenser erwähnt öfter den Todesruf der Eule; ihr Sitz
ist da, wo die Verzweiflung wohnt. Bei Vergil wird Dido
durch ihren Ruf erschüttert:

Aen. IV. 462 Solaque culminibus ferali carmine bubo
Saepe queri et longas in fletum ducere voces.

F. Qu. I. IX. 33
On top whereof ay dwelt the ghastly Owle,
Shrieking his balefull note;
ähnlich F. Qu. I. V. 30, wo sie der "messenger of death" genannt ist, und F. Qu. II. XII. 36.[1])

Die Beschreibung von Didos letzten Stunden war Vorbild
für die Schilderung der sterbenden Amavia:

Aen. IV. 688 Illa, graves oculos conata attollere, rursus
Deficit.
Ter sese attollens cubitoque adnixa levavit,
Ter revoluta toro est, oculisque errantibus alto
Quaesivit coelo lucem ingemuitque reperta.

F. Qu. II. I. 45
Therewith her dim eie-lids she up gan reare
46 Thrise he her reard, and thrise she sunck againe
47 Then, casting up a deadly look.

Spenser bleibt diesmal weit hinter Vergils eindrucksvoller
Schilderung zurück.

Juno sendet Iris aus mit dem Befehle, eine Locke von
Didos Haar abzuschneiden, um so die Seele vom Leibe zu
lösen; das gleiche tut Guyon bei Amavia:

---

[1]) Ovid hat: ter omen funereus bubo laetah carmine fecit (Met.
X, 452).

Aen. IV. 693

    Tum Juno omnipotens . . . Irim demisit Olympo,
    Quae luctantem animam nexosque resolveret artus.

702                           Hunc ego Diti
    Sacrum iussa fero, teque isto corpore solvo.
    Sic ait, et dextra crinem secat.

F. Qu. II. I. 61

    The dead knights sword out of his sheath he drew,
    With which he cutt a lock of all their heare . . .

Vergil nennt Dido:

    misera ante diem (Aen. IV. 697);

Guyon sagt zu Amavia:

    What direfull chaunce . . . hath plaid this cruell part,
    Thus fowle to hasten your untimely date?

                                     (F. Qu. II. I. 44)

Dieser Ausdruck erscheint auch Ast. 176: did make untimely haste.

Spensers House of Mammon ist nach Vergils Unterwelt beschrieben:

Aen. VI. 268   Ibant obscuri sola sub nocte per umbram
              Perque domos Ditis vacuas et inania regna:
              Quale par incertam lunam sub luce maligna
              Est iter in silvis.

F. Qu. II. VII. 29   . . . For vew of cherefull day
              Did never in that house it selfe display,
              But a faint shadow of uncertein light . . .
              Or as the Moone, cloathed with clowdy night,
              Does show to him that walkes in fear and sad affright.

Aen. VI. 273

    Vestibulum ante ipsum primis in faucibus Orci
    Luctus et ultrices posuere cubilia Curae . . .

F. Qu. II. VII. 21

    By that wayes side there sate internall Payne,
    And fast beside him sat tumultuous Strife;

"tumultuous Strife" entspricht Vergils „discordia demens"

(Aen. VI. 280); "Fear" (v. 22), Vergils „metus" (276); Celéno (v. 23), den „Harpyien" (289).

Die Schilderung der Hölle (F. Qu. 1. V. 34) lehnt sich bald an Vergils, bald an Ovids Beschreibung der Unterwelt an.[1]

Cerberus wird besänftigt:

Aen. VI. 419   cui vates ... melle soporatam et medicatis frugibus offam
Obiicit. Ille fame rabida tria guttura pandens
Corripit obiectam atque immania terga resolvit
Fusus humi ...
Occupat Aeneas aditum custode sepulto.

F. Qu. I. V. 34
At them he gan to reare his bristles strong,
And felly gnarre, untill Dayes enemy
Did him appease; then down his tail he hong
And suffered them to passen quietly;
For she in hell and heaven had power equally.

Die letzte Zeile scheint eine Übersetzung von Aen. VI. 247 zu sein:

(voce vocans Hecaten) caeloque ereboque potentem.

Die Qualen der Schuldigen in der Unterwelt beschreiben auch Ovid[2] und Homer[3]; doch zeigt sich im einzelnen, daß Spenser bei der Erwähnung des Tityos und des Theseus dem Vergil folgt:

Aen. VI. 595   Tityon ... cui rostro immanis vultur obunco
Immortale iecur tondens ...

F. Qu. I. V. 35   And Tityus fed a vultur on his maw.

Homer spricht von zwei Geiern, Vergil nur von einem, Ovid drückt sich ganz allgemein aus.

Spensers: Theseus condemned to endlesse slouth by law (F. Qu. I. V. 35) liest sich wie eine Übersetzung des Vergilschen Verses:

---

[1] Ovid, Met. IV. 432 ff.
[2] Met. IV. 456.
[3] Od. XI. 576.

.    Sedet aeternumque sedebit infelix Theseus
(Aen. VI. 617).

Vergils Elysium und Spensers "House of Mammon" haben
beide zwei Tore: die des Mammon sind aus Elfenbein und
Silber, die des Elysiums aus Elfenbein und Horn:
>Aen. VI. 894
>Sunt geminae Somni portae quarum altera fertur
>Cornea . ..
>Altera candenti perfecta nitens elephanto.

>F. Qu. I. I. 40   Whose double gates he findeth locked fast
>The one fair fram'd of burnisht Yvory,
>The other all with silver overcast.[1])

Vergils Allecto wirft der Amata eine Schlange an die
Brust; ebenso handelt Envy gegenüber Artegall:
>Aen. VII. 346
>Huic dea caeruleis unum de crinibus anguem
>Coniicit inque sinum praecordia ad intima subdit.

>F. Qu. V. XII. 39
>Then from her mouth the gobbet she does take ...
>And at him throwes it most despightfully:
>The cursed Serpent ...

Die Stelle: pedibus timor addidit alas (Aen. VIII. 224)
übersetzt Spenser: Feare gave her winges (F. Qu. II. IV. 32).

Von der Beschreibung der Cyclopenwerkstätte (Aen. VIII.
418) finden sich Spuren in der Faerie Queene:
>Aen. VIII. 418
>Quam subter specus et Cyclopum exesa caminis
>Antra Aetnaea tonant ...
>424 Ferrum exercebant vasto Cyclopes in antro ...
>449                          Alii ventosis follibus auras
>Accipiunt redduntque; alii stridentia tinguunt
>Aera lacu.
>453 ... versantque tenaci forcipe massam.

---

[1]) Kitchin weist noch auf Homer Od. I. 592 hin; soll wohl Od. IV.
563 heißen.

Die Schilderung des House of Mammon lautet:

F. Qu. II. VII. 35

> Therein an hundred raunges weren pight,
> And hundred fournaces all burning bright:
> By every fournace many feendes did byde,
> Deformed creatures, horrible in sight;
> And every feend his busie paines applyde . . .

36 One with great bellowes gathered filling ayre,
> And with forst wind the fewell did inflame;
> Another did the dying bronds repayre
> With yron tongs, and sprinckled ofte the same
> With liquid waves, fierce Vulcans rage to tame . . .
> Some stird the molten owre with ladles great.[1])

Vergils „croceum cubile" (Aen. IX. 459 od. IV. 584) ist übersetzt. Vergleiche:

> Et jam prima novo spargebat lumine terras
> Tithoni croceum linquens Aurora cubile.

und: F. Qu. I. II. 7

> Now when the rosy fingred Morning faire,
> Weary of aged Tithones saffron bed.[2])

Der gleiche Satz erscheint unter Auslassung des Vergil-schen „croceum" in Ep. 76:

> The Rosy Morne long since left Tithones bed.

Den Vergleich:

> Qualis gemma micat, fulvum quae dividit aurum

(Aen. X. 135) wendet Spenser für Colins Geliebte an, die unter den Grazien erscheint:

F. Qu. VI. X. 12 . . . as a precious gemme
> Amidst a ring most richly well enchaced.

An Euanders Trauer über Pallas werden wir erinnert,

---

[1]) Homer beschreibt in ganz ähnlicher Weise die Werkstatt des Hephaestos (Il. XVIII. 469 ff.). Spenser hatte aber Vergil vor sich; sein „sprinckled ofte the same . . ." gibt Vergils „alii stridentia tinguunt . . ." wieder; Homer hat diese Worte nicht.

[2]) Homer hat bei der gleichen Stelle: ἀγανός (Il. XI. 1).

wenn wir vom Schmerze des Aldus über Aladine in der Faerie Queene lesen:

Aen. XI. 149 Feretro Pallanta reposto
Procubuit super, atque haeret lacrimansque gemensque
Et via vix tandem voci laxata dolore est:
Non haec, o Palla, dederas promissa parenti!

F. Qu. VI. III. 4 Ah, sory boy!
Is this the hope that to my hoary heare
Thou brings? aie me! is this the timely joy,
Which I expected long, now turnd to sad annoy?

Ahnlich sind auch die Worte des Aeneas über Pallas:

Aen. XI. 54 Hi nostri reditus expectatique triumphi?
Haec mea magna fides?

Auf die Erschlagung des Orsilochus durch Camilla:

Orsilochum fugiens . . . (Aen. XI. 694)

spielt an F. Qu. III. IV. 2:

But when I reade . . . how Camill' hath slaine
The huge Orsilochus . . .

Vulcan hat des Daunus Klinge geschaffen und in den Styx getaucht:

Aen. XII. 90 Ensem . . . Stygia candentem tinxerat unda.

So tauchte Merlin das Schwert in den Styx:

F. Qu. II. VIII. 20
And seven times dipped in the bitter wave.
Of hellish Styx.

Turnus schleudert einen gewaltigen Stein gegen Aeneas (Aen. XII. 896). Fast wortgetreu erscheint diese Stelle bei Spenser, wo Maleger Arthur angreift:

Aen. XII. 896 . . . saxum circumspicit ingens,
Saxum antiquum, ingens, campo quod forte iacebat,
Limes agro positus . . .
901 Ille manu raptum trepida torquebat in hostem.

F. Qu. II. XI. 35 Thereby there lay
An huge great stone, which stood upon one end,
And had not bene removed many a day:

Some l a n d - m a r k e  s e e m d  to be, or signe of sun-
dry way:
36 The same he snatcht, and with exceeding sway
Threw at his foe ...

Das Bild für den Zweikampf zwischen Aeneas und Turnus
übernimmt unser Dichter für den Kampf des Satyrane mit
Bruncheval und des Pyrochles mit Guyon:

Aen. XII. 716   Cum duo conversis inimica in proelia tauri
Frontibus incurrunt ...
Stat pecus omne metu mutum, mussantque juvencae
Quis nemori imperitet, quem tota armenta sequantur.

F. Qu. IV. IV. 18   So furiously they both together met...
As two fierce Buls, that strive the rule to get
Of all the heard;

und ebenso F. Qu. I. II. 16:
As when two rams, stird with ambitious pride,
Fight for the rule of the rich fleeced flocke.

Aen. XII. 923   Volat atri turbinis instar
Exitium dirum hasta ferens, orasque recludit
Loricae et clipei extremos septemplicis orbes.

F. Qu. II. V. 6
With that he drew his flaming sword, and strooke
At him so fiercely, that the upper marge
Of his sevenfolded shield away it tooke.[1]

(In F. Qu. II. III. 1 ist von einem "many-folded shield" die
Rede.)

Aeneas vergißt beim Anblick des Waffenschmuckes seines
Pallas die Regung des Mitleids. Diese fein empfundene Stelle
beeinflußte die Schilderung in F. Qu. I. V. 10:

Aen. XII. 940
Et jam jamque magis cunctantem flectere sermo
Coeperat, infelix humero cum apparuit alto
Balteus et notis fulserunt cingula bullis
Pallantis pueri, victum quem vulnere Turnus

---

[1] Homer erwähnt auch den siebenhäutigen Schild, Il. VII. 220.

Straverat atque humeris inimicum insigne gerebat.
Ille, oculis postquam saevi monumenta doloris
Exuviasque hausit, furiis accensus et ira
Terribilis: Tune hinc spoliis indute meorum
Eripiare mihi?

F. Qu. I. V. 10

At last the Paynim chaunst to cast his eye,
His suddein eye flaming with wrathfull fyre,
Upon his brothers shield, which hong thereby:
Therewith redoubled was his raging yre,
And said; Ah! wretched sonne of wofull syre ...

Eine Reihe von Stellen in Spensers Werken läßt eine
Verwandtschaft mit Vergils Aeneis nur vermuten:

Aen. I. 228   lacrimis oculos suffusa
F. Qu. III. VII. 10   her suffused eyes.

Aen. I. 461   ... sua praemia laudi
F. Qu. II. V. 26 for warlike praise.

Aen. I. 657   novas artes, nova pectore versat consilia.
Aen. XII. 397   agitare inglorius artes.
F. Qu. II. I. 1   His artes he moves.

Aen. I. 592
Quale manus addunt ebori decus, aut ubi flavo
Argentum Pariusve lapis circumdatur auro.

F. Qu. III. XII. 20   Her brest all naked, as nett yvory,
Without adorne of gold or silver bright,
Wherewith the Craftesman wonts it beautify.

F. Qu. II. IX. 41         as polisht yvory,
Which cunning Craftesman hand hath overlayd
With fayre vermilion or pure Castory.[1])

Aen. II. 557   et sine nomine corpus
F. Qu. IV. VIII. 49
Though namelesse there his bodie now doth lie.
ebenso R. T. 378   ... and nameles lie.

---

[1]) Homer gebraucht ein ähnliches Bild, spricht aber nicht von
Elfenbein, sondern nur von Gold und Silber (Od. VI. 232).

Aen. I. 411   At Venus obscuro gradientis aere saepsit
Et multo nebulae circum dea fudit amictu,
Cernere ne quis eos, neu quis contingere possit.

F. Qu. I. V. 13   when lo! a darkesome clowd
Upon him fell: he no where doth appeare,
But vanisht is.[1])

Helena hat sich beim Brande Trojas aus Furcht versteckt:

Aen. II. 568   tacitam secreta in sede latentem
Tyndarida adspicis.

Spenser schildert ihre Gefühle gerade entgegengesetzt:

F. Qu. III. X. 12   As Hellene, when she saw aloft appeare
The Trojane flames and reach to hevens hight,
Did clap her hands, and joyed at that dolefull sight.

Spenser hatte wohl die Geschichte des Deiphobus, Aen.
VI. 517, im Sinne:

Aen. III. 73   Sacra mari colitur medio gratissima tellus
Nereïdum matri et Neptuno Aegaeo
. . . Quam pius Arcitenens oras et litora circum
Errantem . . . revinxit
Immotamque coli dedit.

F. Qu. II. XII. 13
As th' Isle of Delos whylome, men report,
Amid th' Aegæan sea long time did stray,
Ne made for shipping any certeine port,
Till that Latona traveiling that way
Flying from Junoes wrath and hard assay,
Of her fayre twins was there delivered.[2])

Latonas Zwillinge erwähnt Vergil, Aen. XII. 198.

Aen. III. 192   nec jam amplius ullae
Apparent terrae, caelum undique et undique pontus.

---

[1]) Homer bringt den gleichen Vorgang; Äneas wird von Apollo
(Il. V. 344), und Paris von Aphrodite in einer Wolke entführt (Il. III. 380).
[2]) Ovid erzählt diese Geschichte ebenfalls:
Nescio quoque audete satam Titanida Coeo
Latonam praeferre mihi, cui maxima quondam
Exiguam sedem pariturae terra negavit.   (Met. VI. 186 ff.)

Co. Cl. 226   And nought but sea and heaven to us appeare.
— eine recht geläufige Ausdrucksweise.

Scudamours Schmerz ist ähnlich dem der Dido beschrieben:

Aen. IV. 68   Uritur infelix Dido totaque vagatur
Urbe furens qualis coniecta cerva sagitta.

F. Qu. IV. I. 49
Which when as Scudamour did heare, his heart
Was thrild with inward griefe: as when in chace
The Parthian strikes a stag with shivering dart.

Vergil erwähnt den Parther, der als Bogenschütze berühmt war, Aen. XII. 856:

Illa volat . . . Non secus, ac nervo per nubem impulsa
sagitta,
Armatam saevi Parthus quam felle veneni . . .

Junos zornige Rede an Venus (Aen. IV. 94) schwebte
vielleicht Spenser vor:

Magnum et memorabile nomen,
Una dolo divum si femina victa duorum est.

F. Qu. II. IV. 45   Vile knight,
That knights and knighthood doest with shame upbray,
And shewst th'ensample of thy childishe might,
With silly weake old woman that did fight!

Aen. IV. 278   consanguineus Leti Sopor

F. Qu. II. VII. 25
For next to death is Sleepe to be compard.[1])

Anders [2]) weist bei Shakespeares "sleep, death's counter-
feit" auf das „Somnus mortis imago" in den „Sententiae
Pueriles" hin. Spenser mag wie Shakespeare dieses Schul-
buch gekannt haben.

Tauben zeigen Aeneas den Zweig, mit dem er in Begleitung der Sibylla am Avernus hinabsteigt; Spensers Belphoebe wird von einer Taube zu ihrem Geliebten geführt:

---

[1]) Homer hat das gleiche Bild, Il. XIV. 231.
[2]) Anders, a. a. O., S. 48.

Aen. VI. 190   Geminae cum forte columbae
    Ipsa sub ora viri caelo venere volantes
    Et viridi sedere solo.
F. Qu. IV. VIII. 11
    Till that at length into that forrest wide
    She (= the Dove) drew her far, and led with slow
                                    delay.
    In th'end she her unto that place did guide,
    Whereas that wofull man in languor did abide.

Aen. VI. 127   Noctes atque dies patet atri janua Ditis
F. Qu. II. VII. 24   the gate of Hell, which gaped wide.

Aen. VI. 134 (VIII. 296)   Stygios innare lacus
F. Qu. II. V. 22   Stygian lake.

Aen. VI. 640   Largior hic campos aether et lumine vestit
    Purpureo.
F. Qu. II. III. 1
    Soon as the morrow fair with purple beames.

Aen. VII. 19   dea saeva potentibus herbis.
Sh. Cal. Dec. 88
    The power of herbs, both which can hurt and ease ...
    E. K. verweist auf Vergils Circe.[1])

Aen. IX. 5   Ad quem sic roseo Thaumantias ore locuta est.
F. Qu. V. III. 25
    As when the daughter of Thaumantes faire.[2])

Ein ähnliches Bild, wie Vergil, Aen. IX. 710:
    Talis in Euboico Baiarum litore quondam
    Saxea pila cadit, magnis quam molibus ante
    Constructam ponto iaciunt; sic illa ruinam
    Prona trahit, penitusque vadis illisa recumbit;
    Miscent se maria.
gibt Spenser in F. Qu. I. XI. 54:
    So downe he fell, as an huge rocky clift,
    Whose false foundacion waves have washt away,

---

[1]) Homer bringt die gleiche Geschichte, Od. X. 136 ff.
[2]) Vgl. Ovid, Met. XI. 647.

With dreadfull poyse is from the mayneland rift,
And rolling downe great Neptune doth dismay;

(ähnlich Aen. XII. 682).

Aen. IX. 432　candida pectora
F. Qu. II. I. 39　white alabaster brest. .

Aen. XI. 182　Aurora interea miseris mortalibus almam
Extulerat lucem, referens opera atque labores.
F. Qu. III. VIII. 51　till morrow next againe
Both light of heven and strength of men relate;

(ähnlich F. Qu. V. XII. 11; VI. V. 40).

Aen. XI. 610　fundunt simul undique tela
crebra nivis ritu.[1])
Aen. XII. 283　ferreus ingruit imber
F. Qu. H. XI. 18
Their fluttring arrowes, thicke as flakes of snow;

(ähnlich F. Qu. V. IV. 38).

F. Qu. II. VIII. 35
For in his shield, as thicke as stormie showre,
Their strokes did raine.

Aen. VII. 327　Odit et ipse pater Pluto, odere sorores
Tartareae monstrum.
F. Qu. VI. VI. 10　Echidna is a Monster direfull dred,
Whom Gods doe hate . . .
That even the hellish fiends affrighted bee.

Bei Sh. Cal. Febr. 215:
The blocke oft groned

zitiert E. K. "Saxa gemunt gravido" als ein Wort Vergils.
Weder er, noch Ovid oder Horaz haben diese Stelle.

Um festzustellen, ob Spenser Vergilübersetzungen
gekannt und benützt hat, hätte ich vor allem Phaers[2]) Übersetzung zum Vergleiche heranziehen müssen; dieselbe konnte
ich aber nicht erhalten. Dagegen stellte ich Vergleiche mit
Surreys Übersetzung des 2. und 4. Buches der Äneis (ca.

---

[1]) Ebenso Homer, Il. XII. 278.
[2]) Von Thomas Twyne vollendet, 1562 zuerst gedruckt erschienen.

1547) [1]) an. Fest (Über Surreys Vergilübersetzung . . . Palaestra 34, 1903) betont ihren Einfluß auf die folgenden Epiker, vor allem den auf Sackville. „Von Sackville," sagt Fest (S. 87), „geht die neue Rhetorik in die folgenden Epen über. Spenser steht ganz unter ihrem Einfluß. Hierfür zeugen die poetische Wortwahl, die schmückenden Beiwörter, die kühnen Satzkonstruktionen, Vergleiche, Personifikationen oder Lautbilder in seinen Dichtungen nicht minder als die Worte, unter denen er Sackville ein Exemplar der ersten Ausgabe der "Fairy Queen" 1590 übersandte."

Es gelang mir nicht, das Maß dieses Einflusses Surreys auf Spenser einzuschätzen.[2]) Wörtliche Anlehnungen konnte ich nicht finden; eine einzige Übersetzungsstelle will ich zum Vergleiche hier anführen:

Aen. IV. 68   qualis coniecta cerva sagitta
Spenser F. Qu. IV. I. 49   The Parthian strikes a stag
    with shivering dart.
Surrey IV. 88   like to a stricken hind with shaft.

Douglas' Übersetzung der Aeneis (1512) konnte ich zum Vergleiche heranziehen; Spenser scheint sie nicht benutzt zu haben.

Warton verweist bei dem Worte "whist" (F. Qu. VII. VII. 59) auf Stanyhursts Übersetzung des Vergil'schen: intentique ora tenebant; doch zeigt schon Collier (IV. S. 285) den Gebrauch dieses Wortes bei Marlowe und Nash.[3]) Stanyhursts Vergilübersetzung war auch zu schlecht, um Spenser zu dienen; sie war in wenigen Tagen im Ausland niedergeschrieben worden [4]); daß aber unser Dichter von ihr wußte, ist wahrscheinlich, weil er Stanyhurst zweimal im View. Irel. zitiert (Gl. Ed. S. 632 u. 633). Stanyhurst hatte eine "Descrip-

---

[1]) The Works of the English Poets from Chaucer to Cowper included the Series edited with Prefaces etc. by Dr. Samuel Johnson. London 1810. Vol. II. S. 338 ff.

[2]) Über Sackvilles Einfluß auf Spenser (F. Qu. II. VII.) handelt auch Glasenapp, a. a. O., S. 51 u. 52.

[3]) Surrey, Aen. II. 1 hat das Wort auch: they whisted all.

[4]) Schmidt, Stanyhursts Vergilübersetzung, Breslau 1887.

tion of Ireland" und eine "History of Ireland" geschrieben[1]), und so wird Spenser neben diesen vielleicht auch die Vergilübersetzung gekannt haben. Stanyhurst hat auch eine Geschichte Irlands von den 1. Anfängen bis auf Heinrich II. in lateinischer Sprache verfaßt.

Caxtons Aeneis kommt als Vorlage Spensers kaum in Betracht; sie ist nach einem französischen Prosaroman gefertigt; Douglas sagt von ihr, sie sähe der Dichtung Vergils so ähnlich, wie der Teufel dem heiligen Augustin.[2])

### Bucolica.

Wenn Spenser, "the prime pastoralist of England", die Anregung zu seinem Shepheards Calendar auch von Marot empfing, so gehen die Quellen des Gedichts doch in der Mehrzahl auf die Klassiker, besonders auf Vergil zurück.

Von den Eklogen Vergils war die 1. das Vorbild für die Juniekloge Spensers (s. Reissert, Anglia IX); die beiden Dichtungen stimmen in der Anlage vollkommen überein; desgleichen zeigt sich die Septemberekloge von Vergils E. I beeinflußt.

Während Vergil sich selbst als Schäfer „Tityrus" einführt (E. I), gibt Spenser diesen Namen seinem Meister Chaucer (June 81, Co. Cl. 2 usw.); dem Römer legt er den Titel eines "Romish Tityrus" bei (Oct. 55).

Aus Vergils E. II scheint die Stelle:

Rusticus es Corydon: nec munera curat Alexis (Vers 56)

den Vers Spensers:

His clownish gifts and curtsies I disdaine (Jan. 57)

beeinflußt zu haben.

Hobbinol sieht sich von Colin verschmäht, wie Vergils Corydon von Alexis. E. K. macht hier einen gelehrten Kommentar, der wohl Spenser vor ev. Angriffen schützen soll.

E. III. Dieses Gedicht ist Spensers Hauptquelle für die Augustekloge des Sh. Cal.; E. K. sagt hierzu: "In this Aeglogue

---

[1]) Erschienen 1577 im 1. Bande von R. Holinsheds Chronicles.
[2]) Wülker, Geschichte der englischen Literatur, 1900, S. 186.

is set forth a delectable controversie, made in imitation of that in Theocritus: whereto also Virgile fashioned his third and seventh Aeglogue." Spenser folgt genau Vergil. Die Frage ist aber doch zu stellen, ob Spenser nicht auch Vergils Vorbild, Theokrits id. 8, auf welches E. K. hinweist, gekannt hat. Reissert[1]) bejaht es; ich finde aber seine Beweise nicht durchaus zwingend.

Die Situation ist folgende. Bei Theokrit, id. 8, setzen die beiden Hirten ein Lamm und eine Pfeife als Pfand; bei Vergil e. 3: ein Lamm und zwei Becher; bei Spenser e. 8: ein Lamm und einen Becher. Das Bechermotiv hat Vergil aus Theokrits id. 1. 27 genommen, wo jedoch nur von einem Becher die Rede ist. Reissert sagt nun: „Spensers Darstellung läßt eine unmittelbare Benutzung Theokrits insofern vermuten, als beide von einem Gefäß mit mehreren bildlichen Darstellungen, Vergil von mehreren mit je einer Darstellung spricht; daß beide abweichend von Vergil die Bilder genau beschreiben (Such prettie descriptions useth Theocritus, to bring in his Idyllia E. K.), ja sogar beide dabei die dargestellten Handlungen in der Phantasie über den vom Künstler gewählten Augenblick hinaus verfolgen." Dagegen führe ich an, daß sich in der Beschreibung der Verzierung des Kruges Theokrit und Spenser nicht deutlich berühren, wohl aber Vergil und Spenser darin, daß sie beide von Wein- und Efeuranken sprechen (Vergil e. III 36, Spenser e. 8. 29).[2]) Dieses Moment erscheint mir bedeutender als das von Reissert angeführte; so gut Vergil entgegen seinem Vorbilde Theokrit von zwei Bechern spricht, so gut mag Spenser entgegen seinem Vorbilde Vergil nur von einem Becher reden. Gegen die Theokritvorlage spricht vielleicht ferner der Umstand, daß Spenser in seiner ganzen Austekloge sich eng an Vergils e. 3 anschließt; sollte er nun wirklich Theokrit auch vor sich gehabt haben, so wäre wohl anzunehmen, daß er aus der Idylle entlehnt, die Vergils Vorbild war (id. 8) und nicht auf die 1. Idylle zurückgreift.

---

[1]) a. a. O.
[2]) Theokr. Id. I. 29 spricht von Efeu und Helichrysos.

Reissert weist ferner darauf hin, daß die Art, wie der Schiedsrichter bei Spenser ernannt wird (v. 44), genau dem entspricht, was wir bei Theokrit lesen (V. v. 61). Die Übereinstimmung ist frappierend, doch führt Reissert selbst eine passende Parallelstelle aus Boccaccio XIII. 673 an.

Eine Anlehnung erblickt Reissert an Theokrit id. IX noch darin, daß nach Beendigung des Wettkampfes auch der Kampfrichter ein Lied singt, was sonst nicht vorkomme. Dies Moment ist ja wohl recht bemerkenswert.

Die sich berührenden Stellen in Vergils e. III. und in Spensers Augustekloge sind folgende: Es steht übel um die Herde, deren Hüter verliebt ist:

E. III. 3   Infelix o semper, oves, pecus! ipse Neaeram
  Dum fovet . . .
Aug. 19   ill may they thrive!
  Never knew I lovers sheepe in good plight.

ebenso Jan. 43:

E. III. 29   ego hanc vitulam . . . depono
Aug. 37   Thereto will I pawne yonder spotted Lambe.

E. III. 36   pocula ponam
  Fagina . . .
  Lenta quibus torno facili superaddita vitis
  Diffusos hedera vestit pallente corymbos.
  In medio duo signa . . .
Aug. 25   Then loe, Perigot, the Pledge which I plight,
  A mazer ywrought of the Maple warre,
  Wherein is enchased many a fayre sight . . .
  And over them spred a goodly wild vine,
  Entrailed with a wanton Yvie twine.

Die Stelle Vergils:

E. III. 33   Est mihi namque domi pater, et iniusta noverca,
  Bisque die numerant ambo pecus, alter et haedos

erscheint fast wörtlich übersetzt:

Sh. Cal. March. 40   For als at home I have a syre,

A stepdame eke, as whott as fyre,
That dewly adayes counts mine.[1])

Die Entscheidung des Schiedsrichters ist die gleiche bei beiden Dichtern:

E. III. 109 Et vitula tu dignus, et hic.
Sh. C. Aug. 131
    Fayth of my soule, I deeme ech have gayned.

An Vergils 3. Ekloge erinnert auch die Schäferszene in F. Qu. VI. IX; Vers 43 findet ein Ringkampf zwischen Coridon und Calidore statt, Schiedsrichterin ist Pastorella.

F. Qu. VI. IX. 43   Another time, when as they did dispose
    To practise games and maisteries to try,
    They for their Judge did Pastorella chose;
    A garland was the meed of victory:
    There Coridon forth stepping openly
    Did chalenge Calidore to wrestling game.

Die Namen Coridon und Meliboee in dieser herrlich gelungenen Schäferszene erscheinen in Vergils e. II und I; ebenso der Name Phyllis (Sh. Cal. Febr. 64) in Vergils e. III. 78; X. 41; E. K. sagt: "Phyllis ... the name is usuall in Theocritus, Virgile, and Mantuane."

Theokrit hat den Namen nicht.

Vergils „vir gregis ipse caper" e. VII. 7 übersetzt Spenser Sh. Cal. Febr. 80; F. Qu. VI. IX. 21: flocks father.[2])

Reissert[3]) weist darauf hin, daß Vergils Art des dichterischen Eigenlobes von Spenser angenommen wird; vergleiche Vergils e. IX und Sh. Cal. April 21; Aug. 50. 145. 190; Sept. 176; Oct. 88; Nov.

Wie sich Vergil als Tityrus (e. I) oder Menalkas (e. IX) einführt, so nennt sich Spenser im Sh. Cal. wie in der Faerie Queene[4]) Colin Clout.

---

[1]) Vgl. Theokrit id. VIII. 15.
[2]) Vgl. Theokrit, der Vergils Vorbild war,
    Id. VIII. 49 Ὦ τράγε, τᾶν λευκᾶν αἰγῶν ἄνερ.
[3]) a. a. O.
[4]) F. Qu. VI. X. 16
  . Poore Colin Clout, who knowes not Colin Clout?

Die 6. u. 10. Ekloge Vergils schließt damit, daß die Hirten eilen, vor sinkender Nacht die Herden nach Hause zu bringen. Spenser verwendet diesen Gedanken in

Co. Cl. 954 ... but that the glooming skies
    Warnd them to draw their bleating flocks to rest.

Die Stelle im Sh. Cal.

Dec. 79 To make fine cages for the Nightingale,
    And Baskets of bulrushes, was my wont ...

geht wohl auf Vergil e. X. 71 zurück.[1]

## Georgica.

Auf die Kenntnis von Vergils Georgica deuten einige Stellen.

Von Pan sagt Vergil:
    Pan, ovium custos.[2] (Georg. I. 17.)

Sh. Cal. Dec. 7

O soveraigne Pan! thou god of shepheards all
12 ... the flocks, which thou doest watch and warde;

(ebenso Marot, Egl. au roy, Œuv. I, S. 39).

Silvanus schildert Vergil G. I. 20:
    Et teneram ab radice ferens, Silvane, cupressum;

vergleiche damit Spenser, F. Qu. I. VI. 14:

... towards old Sylvanus they her bring;
Who ... his weake steps governing
And aged limbs on cypresse stadle stout.

Warton sagt, Silvanus finde sich nirgends als alt und hinfällig geschildert[3]; ich verweise dagegen auf Georg. II. 494: Panaque Silvanumque senem.

Vergils "Elysios campos" (G. I. 38) erscheint in Sh. Cal. Nov. 175 ... in Elisian fields[4]; dieser Ausdruck war sprichwörtlich.

---

[1] Vgl. Theokrit id. I. 52.
[2] Vgl. auch e. II. 33 Pan curat oves oviumque magistros
[3] Observ. I. S. 100.
[4] Vgl. Homer Od. IV. 464 Ἠλύσιον πεδίον.

Die Stelle G. II. 105:

　　Libyci velit aequoris idem

ist übersetzt

F. Qu. II. II. 22　on Lybicke Ocean wide,

und trägt mit dem Worte „Ocean" dem Doppelsinne des lateinischen „aequor" Rechnung (vgl. im deutschen „Sandmeer").

　　Für die Schilderung der Macht der Liebe, F. Qu. IV. X. 44 ff., war Lucretius Vorbild[1]); doch scheint Spenser auch Vergil im Sinne gehabt zu haben.

G. III. 245　Tempore non alio catulorum oblita leaena

　　　　　　Saevior erravit campis . . .

　　　　　　tum saevus aper, tum pessima tigris . . .

F. Qu. IV. X. 46

　　　　　　The Lyons rore; the Tygres loudly bray . . .

Die Georgica waren 1548 von Nicholas Grimoald ins Englische übersetzt.

## Ciris.

Britomartis und ihre Amme Glauke sind nach Vergils Scylla und ihrer Amme Carmes gebildet. Spenser folgt Vergil teilweise wörtlich in der Beschreibung der Beiden (Liebe der Britomartis, Verhalten der Amme).

Die Liebe verscheucht den Schlaf:

Cir. 174　Saepe etiam tristes volvens in nocte querelas.

F. Qu. III. II. 28　But sleepe full far away from her did fly:

　　　　　　In stead thereof sad sighes and sorrowes deepe . . .

Die Amme bemerkt es:

Ciris 224　O nobis sacrum caput, inquit, alumna,

　　　　　　Non tibi nequiquam viridis per viscera pallor

　　　　　　Aegrotas tenui suffudit sanguine venas,

　　　　　　Nec levis hanc faciem (neque enim pote) cura sub-

　　　　　　　　　　　　　　　　　　　　　　edit,

　　　　　　Haud fallor, (quod ut o potius, Rhamnusia, fallar!):

　　　　　　Nam qua te causa nec dulcis pocula Bacchi,

─────────

[1]) De rer. nat. I. 1.

Nec gravidos Cereris dicam contingere fetus;
Qua causa ad patrium solam vigilare cubile,
Tempore quo fessas mortalia pectora curas,
Quo rapidos etiam requiescunt flumina cursus?

F. Qu. III. II. 30

Ah! my deare daughter, ah! my dearest dread,
What uncouth fit, (sayd she) what evill plight
Hath thee opprest, and with sad drearyhead
Chaunged thy lively cheare, and living made thee dead?

31 For not of nought these suddein ghastly feares
All night afflict thy naturall repose . . .
Ne tastest Princes pleasures . . .

32 The time that mortall men their weary cares
Do lay away, and all wilde beastes do rest,
And every river eke his course forbears . . .

33 Ay me! how much I feare least love it bee!

Ciris 251 Haec loquitur . . .
Frigidulam iniecta circumdat veste puellam

F. Qu. III. II. 47 And the old-woman carefully displayd
The clothes about her round with busy ayd.

Ciris 257

Illa autem, Quid me, inquit, io nutricula, torques?
. . . Non ego consueto mortalibus uror amore

F. Qu. III. II. 35

"Ah! Nurse, what needeth thee to eke my payne?" . . .

36 "But mine is not" (quoth she) "like other wownd . . ."

Ciris 345 Incipit ad crebrosque insani pectoris ictus
Ferre manum, assiduis mulcens praecordia palmis;

ähnlich

F. Qu. III. II. 34

And every trembling joint and every vaine
Shee softly felt, and rubbed busily,
To doe the frosen cold away to fly.

Die Amme bringt ein Opfer, das Spenser fast wörtlich
ebenso beschreibt.

Ciris 369  At nutrix, patula componens sulfura testa,
   Narcissum casiamque herbas contundit olentes,
   Terque novena ligans triplici diversa colore
   Fila.  Ter in gremium mecum, inquit, despue virgo,
   Despue ter, virgo: numero deus impare gaudet.

F. Qu. III. II. 49
   But th'aged Nourse, her calling to her bowre,
   Had gathered Rew, and Savine, and the flowre
   Of Camphora, and Calamint, and Dill;
   All which she in a earthen Pot did poure . . .
  50 Then, taking thrise three heares from off her head,
   Them trebly breaded in a threefold lace,
   And round about the Pots mouth bound the thread.
   . . . thrise sayd she itt;
   "Come daughter, come; come, spit upon my face;
   Spitt thrise upon me, thrise upon me spitt;
   Th'uneven nomber for this busines is most fitt."[1]

## Culex.

Die Urteile über Spensers Übersetzung des Culex hat
Collier (Bd. IV, S. 353) zusammengestellt; sie ist frei und
trotz einiger Oberflächlichkeiten eine mühevolle Arbeit.[2]) Der
vielfach verdorbene und dunkle Text bot große Schwierigkeiten und gab dem Übersetzer, dessen eigene Fruchtbarkeit
lieber zur paraphrastischen als zur wörtlichen Übersetzung
neigte, wohl oft zwingenden Grund, sich vom Originale zu
entfernen.

Ich füge einige Übersetzungsproben bei.  Frei und sinn-
gerecht ist z. B. übersetzt:

Cul. 6  Quisquis erit culpare jocos Musamque paratus,
   Pondere vel Culicis levior famaque feratur.

---

[1]) Theokrit bringt diesen Brauch ganz kurz: id. VI. 30.  Upton
zitiert eine dem Spenser aber ferne stehende Stelle aus Petronius (Coll.
II. S. 380).

[2]) Über Spensers starke Übersetzungsfehler gegenüber den französischen Vorlagen schreibt Koeppel, Engl. Stud. XV, S. 74; er sagt, daß
des Dichters Übersetzungsweise vom Vorwurfe der Oberflächlichkeit
nicht befreit werden könne; diese Kritik paßt auch hierher.

Virg. G. 7

> But who such sports and sweet delights doth blame,
> Shall lighter seeme than this Gnats idle name.

Culex 24   Et tu, cui meritis oritur fiducia chartis,
> Octavi venerande, meis allabere coeptis!

Virgils Gnat 35

> And thou, most dread (Octavius), which oft
> To learned wits givest courage worthily,
> O come, (thou sacred childe) come sliding soft,
> And favour my beginnings graciously.

Etwas freier ist:

Culex 20

> Et tu, sancta Pales, ad quam bona turba recurrit
> Agrestum voti secura, tuere canentem
> Aerios nemorum tractus silvasque virentes:
> Te tutrice vagus saltus feror inter et antra.

Virgils Gnat 28

> ... (Adorne that God): and thou holie Pales,
> To whome the honest care of husbandrie
> Returneth by continuall successe,
> Have care for to pursue his footing light
> Throgh the wide woods and groves, with green leaves
> dight.
> Professing thee I lifted am aloft
> Betwixt the forrest wide and starrie sky.

Oft ist die Übersetzung wörtlich; als Beispiel diene der Schlußvers des Culex:

412 Parve Culex, pecudum custos tibi tale merenti
> Funeris officium vitae pro munere reddit.

Virgils Gnat 687

> To thee, small Gnat, in lieu of his life saved,
> The Shepheard hath thy deaths record engraved.

Diese Übersetzungsproben mögen die Art der ganzen Arbeit Spensers erkennen lassen; die Übersetzung ist bald frei, bald wörtlich; manche Stellen sind unklar.

Spenser hielt den Culex für eine Schöpfung Vergils; die heutige Forschung hat gezeigt, daß der Culex nicht von Vergil stammen kann (Schanz, Gesch. d. röm. Lit. 1889, S. 65).

Culex 231   Cimmerios lucos

gibt Spenser richtig

Vs. Gnat 370   Cymerian shades.

Der Ausdruck ist nicht zu häufig; Spenser hatte diese Vergilstelle wohl auch in den "Teares of the Muses" vor Augen:

v. 256   Darknesse more than Cymerians daylie night.

Vergil hat dieses Wort von Homer, Od. 11. 14.

Daß Spenser ein genauer Kenner Vergils war, melden uns auch die Urteile der Zeitgenossen.

William Webbe sagt in seinem Discourse of English Poetry (1586) "... his fine poeticall witt and most exquisite learning, as he shewed aboundantly in that peece of worke (= Sh. Cal.), in my judgment inferior to the workes neither of Theocritus in Greeke nor Virgill in Latine, whom he narrowly imitateth..."[1]

Ein gleiches Urteil finden wir von Francis Meres in seinem "Comparative Discourse of our English Poets with the Greeke, Latine, and Italian Poets", 1598. Er sagt: "As Theocritus is famoused for his Idyllia in Greeke, and Virgill for his Eclogs in Latine: So Spencer their imitator in his Shepheardes Calender is renowned..."[2]

Thomas Nash sagt in seiner "Reply to Harvey", 1592: "Homer and Virgil, two valorous Authors, yet were they never knighted, they wrote in Hexameter Verses: Ergo, Chaucer and Spencer, the Homer and Virgil of England, were farre overseene, that they wrote not all their Poems in Hexameter verses also."[3]

---

[1] Elizabethan Critical Essays, a. a. O., I, S. 232.
[2] Ebenda, II, S. 316.
[3] Ebenda, II, S. 240.

## Horaz.

Spenser scheint Horaz nicht nur in der Schule, sondern auch im späteren Leben gelesen zu haben. Wie bekannt, hat sich der Dichter in lateinischen Versen versucht; er folgt dabei offenbar dem Vorbilde der Horazischen Episteln. Das Gedicht „Ad ornatissimum virum, multis iam diu Nominibus[1]) Clarissimum G. H. Immerito sui, mox in Gallias navigaturi, εὐτυχεῖν" (Abschiedsgruß seines bald nach Gallien verreisenden Immerito an G. H.)[2]) ist im daktylischen Hexameter, dem Versmaße der Horazischen Satiren und Episteln, geschrieben. In diesem Gedichte sind einige Horazstellen verwendet.

    v. 59   Pater Ennius unus
        Dictus in innumeris sapiens: laudatur at ipsa
        Carmina vesano fudisse liquentia vino,

gibt in selbständiger Form den Vers wieder:
    Epist. I. 19. 7
        Ennius ipse pater nunquam nisi potus ad arma
        prosiluit dicenda;

    Zeile 80 erscheint das recht geläufige
        Omne tulit punctum, „qui miscuit utile dulci",
welches aus der Ars poetica (343) stammt.

    Auch das Versmaß für das "Iambicum Trimetrum":
        Unhappie Verse, the witnesse of my unhappie state,
(Gl. Ed. S. 707), scheint Spenser von Horaz genommen zu haben (vgl. Epode 17). Der Versuch, es im englischen Verse zu bringen, ist aber nicht glücklich zu nennen.[3])

    Deutliche Spuren lassen sich auch aus den Oden des Horaz bei unserem Dichter nachweisen.

    C. I. 4. 5   Jam Cytherea choros ducit Venus imminente Luna
        Junctaeque Nymphis Gratiae decentes
        Alterno terram quatiunt pede.

---

[1]) Vgl. Horaz, Carm. III. 9: Multi Lydia nominis.
[2]) Gl. Ed. S. 707.
[3]) Siehe darüber Hales (Gl. Ed. XXVIII ff.).

Diese Stelle hatte Spenser sicher im Sinne in Sh. Cal.
June 25:

> But frendly Faeries, met with many Graces,
> And lightfoote Nymphes, can chace the lingring Night
> With Heydeguyes, and trimly trodden traces,
> ... Will pype and daunce when Phoebe shineth bright.

Stemplinger, Ed. (Das Fortleben der Horazischen Lyrik
seit der Renaissance, 1906) macht auf folgende Stelle aufmerksam:

> C. I. 23   Nam seu mobilibus veris inhorruit
> Adventus foliis, seu virides rubum
> Dimovere lacertae,
> Et corde et genibus tremit.

> F. Qu. III. VII. 1
> Like as an Hynd forth singled from the heard,
> That hath escaped from a ravenous beast,
> Yet flyes away of her owne feete afeard,
> And every leafe, that shaketh with the least
> Murmure of winde, her terror hath encreast.

Das Horazische Victima nil miserantis Orci (C. II. 3. 24)
übersetzt Spenser:

> F. Qu. II. XII. 41
> (And Orcus tame) w h o m e   n o t h i n g   c a n   p e r s u a d e.

Aus der gleichen Ode entlehnt er die Verse:

> Divesne prisco natus ab I n a c h o,
> Nil interest, an pauper, et infima
> De gente sub divo moreris. (Victima nil miserantis
> Orci.)

> T. M. 447*   What oddes twixt Irus[1]) and old I n a c h u s,
> Twixt best and worst, when both alike are dedd;
> If none of neither mention should make,
> Nor out of dust their memories awake?

Diese Zeilen führen zu Horaz C. IV. 9. 25:

---

[1]) Vgl. Ovid, Trist. III. VII. 41
I r u s et est subito, qui modo Croesus erat.

Vixere fortes ante Agamemnona
Multi; sed omnes inlacrimabiles
Urguentur ignotique longa
Nocte, carent quia vate sacro.

Vergleiche damit:

R. T. 351  What booteth it to have been rich alive?
What to be great? . . .
How· manie great ones may remembred be,
Which in their daies most famouslie did florish;
Of whome no word we heare, nor signe we see, . . .
Because they living cared not to cherishe
No gentle wits . ·.
Which might their names for ever memorize.

Das bekannte „Crescentem sequitur cura pecuniam"
(C. III. 16. 17) erscheint in F.-Qu. VI. IX. 21

And store of cares doth follow riches store.

Den stolzen Dichtergesang „Exegi monumentum aere
perennius . . ." (C. III. 30) hatte unser Dichter wohl im Gedächtnis; wörtlich übersetzt sind folgende Verse:

Quod non imber edax, non Aquilo inpotens
Possit diruere, aut innumerabilis
Annorum series et fuga temporum,

in R. T. 402

(But wise wordes, taught in numbers for to runne,
Recorded by the Muses, live for ay;)
Ne may with storming showers be washt away,
Ne bitter-breathing windes with harmfull blast,
Nor age, nor envie, shall them ever wast.

An den Anfang der Ode lehnt sich an:

R. T. 407  In vaine doo earthly Princes, then, in vaine,
Seeke, with Pyramides to heaven aspired,
Or huge Colosses built with costlie paine,
Or brasen Pillours never to be fired . . .
To make their memories for ever live.

C. III. 30  Exegi monumentum aere perennius
Regalique situ pyramidum altius.

Im Sinne dieser Ode endigt auch der Shepheards Calender
(Gl. Ed. S. 486):

> Loe! I have made a Calender for every yeare,
> That steel in strength, and time in durance, shall out-
> weare;
> And, if I marked well the starres revolution,
> It shall continewe till the worlds dissolution . . .

Ovid führt denselben Gedanken aus (Met. XV. 871), doch
steht seine Fassung derjenigen Spensers ferner.

Anklänge an Horaz scheinen sich noch in folgenden
Stellen zu finden: „per inhospita Caucasa" (Gedicht an
G. Harvey, Vers 88) mag auf das Horazische „sive facturus
per inhospitalem Caucasum" (C. I. 22. 6) zurückgehen.

Die Stelle: Sublimi feriam sidera vertice (C. I. 1. 36),
beeinflußte vielleicht

F. Qu. I. VII. 8

> That with his tallnesse seemd to threat the skye

R. T. 421

> But Fame . . . with brave plumes doth beate the azure
> skie.

Sh. Cal. Jul. 99  he, that strives to touch a starre . . .

Doch hat Vergil ähnliche Bilder (Aen. III. 423: sidera ver-
berat unda; 574: sidera lambit).

Vergleiche auch:

C. I. 2. 34  Erycina ridens

> Quam Jocus circumvolat et Cupido;

ähnlich: F. Qu. IV. X. 42

> And all about her necke and shoulders flew
> A flocke of litle loves, and sports, and joyes.

Mui. 289  winged Love with his yong brother Sport.

Bei Sh. Cal. Sept. 54: And make a mocke at the blustring
blast verweist E. K. auf C. I. 14. 15: tu, nisi ventis

> Debes ludibrium, cave.

Der Vers:

> Who swelling sayles in Caspian sea doth crosse,
> And in frayle wood on Adrian gulf doth fleet,

(F. Qu. II. VII. 14) mag Horaz (C. II. 9. 2 u. C. III. 3. 5) zur Quelle haben: aut mare Caspium

> Vexant inaequales procellae (C. II. 9. 2);
>
> Auster dux inquieti turbidus Hadriae (C. III. 3. 5).

Der Bacchusruf "Iö tryumph"! (H. B. 267) stammt vielleicht aus C. IV. 249: „Iö triumphe" (vergleiche auch: Ep. 141 "iö Hymen").

Von den Sermones scheint Spenser folgende Stelle gekannt zu haben:

> II. 3. 267  in amore haec sunt mala: bellum,
>
> Pax rursum.

> F. Qu. II. II. 26  So love does raine . . .
>
> He maketh warre, he maketh peace againe;

ähnlich Sh. Cal. Jan. 54:

> Ah, God! That Iove should breede both joy and payne!

Sh. Cal. March Embleme:

> Of Hony and of Gaule in love there is store.

> F. Qu. IV. X. 1
>
> True he it said, w h a t e v e r m a n it s a y d,
>
> That love with gall and hony doth abound.

Dieser Vers scheint zu sagen, daß sich Spenser über die Quelle dieses Wortes nicht klar war. Terenz hat es auch: In amore haec omnia insunt vitia, iniuriae, bellum, pax rursum.

Vers 280 der „Ars poetica":

> Et docuit magnumque loqui nitique cothurno

ist übersetzt:

> How I could reare the Muse on stately stage,
>
> And teache her tread aloft in buskin fine
>
> > (Sh. Cal. Oct. 112).

Im lateinischen Gedichte an Harvey erwähnt unser Dichter die epikuräischen Lehren des Aristippus (v. 30 ff.); Horaz nennt Aristippus sehr gerne in seinen Episteln (I. 17, 14, 17; I. 1. 18).

Da es damals schon Horazübersetzungen gab, ist es möglich, daß Spenser solche gekannt hat. Collier bemerkt bei dem Worte "dumpish" (F. Qu. IV. II. 5), daß Drant in seiner Übersetzung des Horaz (1567) das Wort "dumpishness" bringe; aber ein Blick in das Oxford Dictionary lehrt, daß es zu Spensers Zeit recht gebräuchlich war (Spenser hat es zum zweiten Male in So. 4).

### Ovid.

Spenser hat Ovids Werke recht gut gekannt. Beweis dafür sind einige wörtliche Zitate, Übersetzungen und Anlehnungen. Aus Met. VI hat Spenser die Verse 70—82, 103—107 und 127—130 in seinem Muiopotmos übertragen. Hier hätte am besten die Untersuchung einzusetzen, ob Spenser auch Ovid-Übersetzungen gekannt hat; diejenige von Golding [1]) (1567), die zuerst in Betracht käme, ist mir nicht zugänglich.

Verglichen mit dem Verhältnis zu Vergil zeigt uns die folgende Untersuchung, daß Ovid dem Dichter weniger als Quelle gedient hat, als Vergil. Der Grund dafür liegt sicher darin, daß dem phantasiereichen Dichter der Faerie Queene die Technik Vergils mit der rasch fortschreitenden Handlung mehr Freude und Vorteil brachte, als die Dichtung Ovids — derselbe Grund, der Spenser in ein näheres Verhältnis zu Ariost als zu dem seelenverwandten Tasso setzte. Solche Vergleichung legt Wesen und Fähigkeiten des Dichters klar; Ovid war Shakespeares Lieblingsdichter. Goethe hatte Ovid unter dem Gesichtspunkte der Bildung der Phantasie zu seinem Liebling auserkoren.

Wörtlich zitiert finden sich bei Spenser folgende Stellen:

Met. III. 466 „Inopem me copia fecit"; so lautet Diggons Embleme: Inopem me copia fecit (Sh. Cal. September).

Fast. VI. 5 „agitante calescimus illo". Dieses ist Cuddies Embleme: Agitante calescimus illo, etc. (Sh. Cal. October).

---

[1]) Bei F. Qu. IV. VI. 20 "waters shere" bemerkt Todd: "seems copied from Golding's Ovid 4to 1587, Met. —: "The water was so pure and sheere." Spenser hat "fountain shere" in F. Qu. III. II. 44 u. III. XI. 7.

Im View Irel. sagt Eudoxus: For learning (as the Poet sayth) "Emollit mores, nec sinit esse feros" (Gl. Ed. S. 626). Das Zitat ist aus Ovids Epist. ex Ponto II. 9. 48.

## Metamorphoses.

Aus dem 1. Buche der Metamorphosen begegnen uns folgende Stellen bei Spenser: die Schilderung der verheerenden Macht des Wassers, Met. I. 272:

Sternuntur segetes, et deplorata coloni
Vota jacent; longique labor perit irritus anni.

F. Qu. II. XI. 18 ... water flood ... threates to overflow
With suddein fury all the fertile playne,
And the sad husbandmans long hope doth throw
Adowne the streame, and all his vowes make vayne;

ferner:

Met. I. 422 Sic ubi deseruit madidos septemfluus agros
Nilus, et antiquo sua flumina reddidit alveo,
Aethereoque recens exarsit sidere limus;
Plurima cultores versis animalia glebis
Inveniunt.

F. Qu. I. I. 21 As when old father Nilus gins to swell ...
But, when his later spring gins to avale,
Huge heapes of mudd he leaves, wherein there breed
Ten thousand kindes of creatures.

Met. I. 748 u. II. 531 sind Quelle für F. Qu. V. VIII. 40 u. I. IV. 17 (Sawtelle).

Der Beschreibung des Drachens, Met. III. 33 ff. folgt unser Dichter sehr nahe:

Met. III. 33 Igne micant oculi; corpus tumet omne veneno:
Tresque vibrant linguae: triplici stant ordine dentes.

F. Qu. I. XI. 14
His blazing eyes, like two bright shining shieldes,
Did burne with wrath, and sparkled living fyre.
8 His body ... was·swoln with wrath and poyson
13 Threeranckes of yron teeth enraunged were,

(In which yett trickling blood, and gobbets raw,
Of late devoured bodies did appeare.[1])

ferner:

Met. III. 41  Ille volubilibus squamosos nexibus orbes
Torquet, et immensos saltu sinuatur in arcus.

F. Qu. I. XI. 11
Whose wreathed boughtes when ever he unfoldes,
And thick entangled knots adown does slack.

ebenso:

Met. III. 63  Loricaeque modo squamis defensus, et atrae
Duritia pellis, validos cute reppulit ictus.

F. Qu. I. XI. 9  And over all with brasen scales was armd,
Like plated cote of steele, so couched neare
That nought mote perce; ne might his corse bee harmd
With dint of swerd;

ferner Ovids grauenvolle Schilderung:

Met. III. 69  fixumque hastile momordit,
Idque, ubi vi multa partem labefecit in omnem,
Vix tergo eripuit.  Ferrum tamen ossibus haeret.
Tum vero postquam solitas accessit ad iras
Plaga recens etc.

F. Qu. I. XI. 22
The steely head stuck fast still in his flesh,
Till with his cruell clawes he snatcht the wood,
And quite a sunder broke . . .
Trebly augmented was his furious mood.

Met. III. 253 ff. beeinflußte F. Qu. III. XI. 33 (Sawtelle).

Die Geschichte des Narcissus (Ovid, Met. III. 407 ff.) wird
zweimal erwähnt.  Deutliche Anlehnung zeigt sich in So. 35:

My hungry eyes . . .
In their amazement lyke Narcissus vaine,
Whose eyes him starv'd: so plenty makes me
poore;

hier ist die letzte Halbzeile die Übersetzung von

---

[1]) Vielleicht beeinflußt von: vidit . . . hostem tristia sanguinea lam-
bentem vulnera lingua (Met. III. 55).

Met. III. 466 „inopem me copia fecit."

Zum 2. Male erscheint die Erzählung in F. Qu. III. II. 44:
... fonder then Cephisus foolish chyld,
Who, having vewed in a fountaine shere
His face, was with the love thereof beguyld.

Bei der Beschreibung der Hölle war bald Vergil (Aen.
VI. 419) bald Ovid (Met. IV. 432, 449) Vorlage.

Met. IV. 432   Est via declivis, funesta nubila taxo:
Ducit ad infernas per muta silentia sedes.
Styx nebulas exhalat iners.

F. Qu. I. V. 31
By that same hole[1]) an entraunce, darke and bace,
With smoake and sulphur hiding all the place,
Descends to hell.

Ferner:
Met. IV. 449   Tria Cerberus extulit ora
F. Qu. I. V. 34   Before the threshold dreadfull Cerberus
His three deformed heads did lay along.

Arethusa wird von Diana in einer Wolke gerettet (Met.
V. 618); bei Spenser wird sie in einen Stein verwandelt; trotz
dieser Änderung ist Ovids Vorlage zu erkennen:

Met. V. 618   Fer opem, deprendimur, inquam,
Armigerae, Dictynna, tuae ...
Mota dea est.
632 Occupat obsessos sudor mihi frigidus artus:
Caeruleaeque cadunt toto de corpore guttae.
Quaque pedem movi, manat lacus ...

F. Qu. II. II. 8   And to Diana calling lowd for ayde,
Her deare besought to let her die a mayd.
The goddesse heard.
9 Lo! now she is that stone; from whose two heads,
As from two weeping eyes, fresh streames do flow.

---

[1]) Avernus war ein See; Spenser spricht von einer Höhle — vermutlich im Gedanken an Vergils Vers:
Spelunca alta fuit vastoque immanis hiatu (Aen. VI. 237).

Aus Met. VI sind ganze Stellen wörtlich übersetzt [1]):

Met. VI. 127   Ultima pars telae, tenui circumdata limbo,
Nexilibus flores hederis habet intertextos.
Non illud Pallas, non illud carpere Livor
Possit opus.

Mui. 297   And round about her worke she did empale
With a faire border wrought of sundrie flowres,
Enwoven with an Yvie-winding trayle:
A goodly worke, full fit for kingly bowres;
Such as Dame Pallas, such as Envie pale,
(That al good things with venemous tooth devowres)
Could not accuse.

Hieran schließt sich die Übersetzung der folgenden Verse:

Met. VI. 70   Cecropia Pallas scopulum Mavortis in arce
Pingit, et antiquam de terrae nomine litem.
Bis sex coelestes medio Jove sedibus altis
Augusta gravitate sedent.   Sua quemque Deorum
Inscribit facies.   Jovis est regalis imago,
Stare Deum pelagi, longoque ferire tridente
Aspera saxa facit, medioque e vulnere saxi
Exsiluisse ferum, quo pignore vindicet urbem.
At sibi dat clipeum, dat acutae cuspidis hastam:
Dat galeam capiti: defenditur aegide pectus.
Percussamque sua simulat de cuspide terram
Prodere cum baccis foetum canentis olivae:
Mirarique Deos.

101 Circuit extremas oleis pacalibus oras.

Mui. 305   She made the storie of the old debate
Which she with Neptune did for Athens trie:
Twelve Gods doo sit around in royall state,
And Jove in midst with awfull Majestie,
To judge the strife betweene them stirred late:
Each of the Gods, by his like visnomie
Eathe to be knowen; but Jove above them all,
By his great lookes and power Imperiall.

---

[1]) S. Sawtelle, a. a. O., S. 26.

Before them stands the God of Seas in place,
Clayming that sea-coast Citie as his right.
And strikes the rockes with his three-forked mace;
Whenceforth issues a warlike steed in sight,
The signe by which he chalengeth the place;
(That all the Gods, which saw his wondrous might
Did surely deeme the victorie his due:
But seldome seene, forejudgment proveth true.)

Then to her selfe she gives her Aegide shield,
And steelhed speare, and morion on her hedd,
Such as she oft is seene in warlicke field:
Then sets she forth, how with her weapon dredd
She smote the ground, the which streight foorth did
        yield
A fruitfull Olyve tree, with berries spredd,
That all the Gods admir'd: then, all the storie
She compast with a wreathe of Olyves hoarie.[1])

Ebenso sind folgende Zeilen übersetzt:

Met. VI. 103 Maeonis elusam designat imagine tauri
    Europen: verum taurum, freta vera putares.
    Ipsa videbatur terras spectare relictas
    Et comites clamare suas, tactumque vereri
    Assilientis aquae, timidasque reducere plantas.

Mui. 277 Arachne figur'd how Jove did abuse
    Europa like a Bull, and on his backe
    Her through the sea did beare; so lively seene,
    That it true Sea, and true Bull, ye would weene.
    She seem'd still backe unto the land to looke,
    And her play-fellowes aide to call, and feare
    The dashing of the waves, that up she tooke
    Her daintie feete, and garments gathered neare.

Die Geschichte von Theseus bringt Spenser in teilweise wörtlicher Anlehnung an Ovid:

Met. XV. 497

    Fando aliquem Hippolytum vestras (puto) contigit aures,

---

[1]) Diese langen Übersetzungsstellen lassen fast vermuten, daß sie frühere Arbeiten sind, welche der Dichter einfügte.

Credulitate patris, sceleratae fraude novercae
Occubuisse neci ...

524 Excutior curru. Lorique tenentibus artus
Viscera viva trahi ...
... fessamque videres
Exhalari animam: nullasque in corpore partes,
Noscere quas posses.

F. Qu. V. VIII. 43  Like as the cursed son of Thesëus,
That following his chace in dewy morne,
To fly his stepdames loves outrageous,
Of his owne steedes was all to peeces torne.

42 Torne all to rags, and rent with many a wound,
That no whole peece of him was to be seene.

43 So was this Souldan rapt and all to-rent,
That of his shape appear'd no litle moniment.

Die Unzahl mythologischer Anspielungen läßt wohl vermuten, daß der Dichter mit Vorliebe aus dem Sagenschatze der Ovidschen Metamorphosen geschöpft hat.

Da er aber Apollodorus, Diodorus Siculus, Hyginus, Natalis Comes u. a. gekannt hat, ist die Quelle schwer zu finden, wenn keine wörtlichen Anlehnungen vorliegen. Doch sei im folgenden eine Reihe von Stellen gebracht, bei denen die Vorlage Ovids am ehesten vermutet werden kann.

Die Geschichte des Prometheus erzählt Spenser in F. Qu. II. X. 70; ähnlich Ovid in Met. I. 80.

Das goldene Zeitalter beschreibt Ovid Met. I. 89:

Aurea prima sata est aetas, quae vindice nullo,
Sponte sua sine legem fidem rectumque colebat.

Spenser sagt:

But antique age, yet in the infancie
Of time, did live then like an innocent,
In simple truth (F. Qu. IV. VIII. 30).

Der Vers: Postquam, Saturno tenebrosa in Tartara misso (Met. I. 113), mag Spensers: That was the golden age of Saturne old (M. H. T. 151) veranlaßt haben.

Die Geschichte der Nymphe Syrinx (Sh. Cal. April 49)

erzählt E. K. in seinem Kommentar richtig nach Ovids Met.
I. 689, 698; doch zeigt der Text unseres Dichters gar keine
direkte Anlehnung.

Das prachtvolle Bild von der Sonne: "the great eye of
heaven" (F. Qu. I. III. 4) mag Ovids „mundi oculus" (Met.
IV. 228) als Quelle haben.

Die Geschichte von Salmacis wird abweichend von der
Fassung bei Ovid erzählt; bei letzterem macht der Fluch des
verfolgten Hermaphroditus die Quelle unheilvoll (Met. IV.
285)[1]), bei Spenser ein Machtspruch der Diana (F. Qu. I.
VII. 5. 6).

Ovids Bild, Met. VI. 455:

> Non secus exarsit conspecta virgine Tereus,
> Quam si quis canis ignem supponat aristis;
> Aut frondem positasque cremet foenilibus herbas;

mag unserem Dichter in Erinnerung geblieben sein bei

F. Qu. III. I. 47 Her fickle hart conceived hasty fyre,
> Like sparkes of fire which fall in sclender flex.

Die Geschichte des goldenen Vließes, Met. VII. 5, bringt
Spenser des öfteren: F. Qu. II. XII. 44, IV. I. 23 und V.
VIII. 47. Der Vers:

> Her mighty charmes, her furious loving fitt
> (F. Qu. II. XII. 44)

deutet vielleicht auf:

> Concipit interea validos Aeetias ignes (Met. VII. 9).

Unter den Quellen, die für diese Geschichte in Betracht
kommen können (Apollodorus I, 9; Apollonius Rhodius, Argonautica) wird Euripides' „Medea" wohl ausscheiden müssen,
da für Spensers Kenntnis dieses Dichters gar kein Beweis
vorhanden ist.

Ovids „Vipereas rumpo verbis et carmine fauces" (Met.
VII. 205) beeinflußte vielleicht

F. Qu. III. II. 15
> For pleasing wordes are like to Magick art,
> That doth the charmed Snake in slomber lay;

---

[1]) Nicht Met. XV. 17, wie Kitchin angibt.

doch sagt Vergil ähnlich: frigidus in pratis cantando rumpitur anguis (Buc. VIII. 71).

Für die Erwähnung des Proteus (F. Qu. I. II. 10) kann Met. VIII. 730 Quelle sein:

Met. VIII. 730
> Sunt, quibus in plures jus est transire figuras . . .
> Nam modo te iuvenem, modo te videre leonem.

F. Qu. I. II. 10 he could take
> As many formes and shapes in seeming wise,
> As ever Proteus to himselfe could make:
> Sometime a fowle . . .;

Doch ist Vergil Georg. IV. 440 und Homer Od. IV. 417 ähnlich. Für F. Qu. III. IV. 37: Proteus, father of false prophecis sei an Vergils: vates caeruleus Proteus (Georg. IV. 392) erinnert.

Die zu Spensers Zeit recht bekannte Geschichte der Atalanta (F. Qu. II. VII. 54)[1] mag aus Ovids Met. X. 560 stammen.

Die Erzählung von Deianira, die dem Herkules das mit dem Blute des Nessus getränkte Gewand gibt (F. Qu. I. XI. 27), steht bei Ovid Met. IX. 153; sie erscheint auch bei Apollodorus (II. 7) und Diodorus Siculus (IV. 36).

Die Hochzeit zwischen Peleus und Thetis fand nach Ovids Darstellung bei dem „sinus Haemoniae" (Met. XI. 229) statt, worauf sich Spensers Vers:

F. Qu. VII. VII. 12 On Hæmus hill . . .
> To celebrate the solemne bridall cheare . . .

zu beziehen scheint; Apollodorus berichtet (III. 13. 5), die Hochzeit sei auf dem Berge Pelion gefeiert worden.

Für F. Qu. I. III. 36: "Lethe lake" zitiert Kitchin Lucians „Λήθης ὕδωρ" (Dial. Mort. 13. 6); näher liegt Ovids „rivus aquae Lethes" (Met. XI. 603) oder Vergils „Lethaeumque amnem" (Aen. VI. 705).

---

[1] Kitchin sagt, daß Bacon häufig darauf anspielt; Apollodorus bringt sie ebenfalls (III. 9. 2).

Das Schicksal des Astyanax, der von den Mauern Trojas gestürzt wurde, erwähnt Ovid (Met. XIII. 415) und Spenser (F. Qu. II. XI. 45). Hyginus bringt die Erzählung ebenfalls (Fab. 109).

Für F. Qu. I. X. 66 (Geschichte des Tages) kann Ovid (Met. XV. 553) und Cicero (De Divin. II. 23) in Betracht kommen.

## Andere Werke Ovids.

Das sprichwörtliche gutta cavat lapidem; consumitur annulus usu (Ovid, Epist. ex Ponto IV. X. 5) ist verwendet:

So. 18  And drizling drops, that often doe redound,
The firmest flint doth in continuance weare.

und F. Qu. IV. XII. 7  The seas, I see, by often beating
Doe pearce the rockes, and hardest marble weares.

Aus den Heroides Ovids finden sich nur schwache und unsichere Spuren bei Spenser.[1) Wie E. K. richtig sagt, ist der Vers „Quod caret alterna requie, durabile non est" (Her. IV. 89) von Spenser im Sh. Cal. Sept. 240 übersetzt:

Whatever thing lacketh chaungeable rest,
Mought needes decay, when it is at best.

Die Geschichte der Hypsipyle, die allein ihren Vater rettete, während die Weiber auf Lemnos alle Männer ermordeten (F. Qu. II. X. 56), mag aus Ovid Her. VI. 135 oder Apollodorus 3. 6. 4 oder aus Chaucers "Legend of Good Women" genommen sein; ebenso die Erzählung von Acontius und Cydippe aus Ovid Her. XX u. XXI oder Aristaenetus I. 10.

Hero und Leanders Liebe, auf welche H. L. 231 anspielt, findet sich in Ovids Her. XVIII. XIX; doch steht Musaeus, den Spenser gelesen hat, näher.

An Vers 812 der Remedia amoris:
Contigimus portum, quo mihi cursus erat,

---

[1) Turberviles "Heroical Epistles" (1567) sind mir nicht zugänglich zum Vergleiche.

erinnert stark F. Qu. I. XII. 1:

> Behold! I see the haven nigh at hand
> To which I meane my weary course to bend.

An die Schilderung von Arion (Fast. II. 105) klingen Spensers Worte an:

Fast. II. 105 capit ille (Arion) coronam ...
111 Protinus in medias ornatus desilit undas.
> Spargitur impulsa caerula puppis aqua.
> Inde — fide maius — tergo Delphina recurvo
> Se memorant oneri supposuisse novo.
> Ille sedens citharamque tenet, pretiumque vehendi
> Cantat, et aequoreas carmine mulcet aquas.

F. Qu. IV. XI. 23 that was Arion crownd;
> Who, playing on his harpe, unto him drew
> The eares and hearts of all that goodly crew,
> That even yet the Dolphin, which him bore
> Through the Agæan seas from Pirates vew,
> Stood still by him astonisht at his lore,
> And all the raging seas for joy forgot to rore.

(Nochmals in So. 38).

Die Zusammenstellung läßt vermuten, daß bei der Beschreibung von Adicias Raserei (F. Qu. V. VIII. 46) folgende Ovidstelle von Einfluß war:

Fast. IV. 457 ... quales audire solemus
> Threïcias passis Maenadas ire comis.
> Ut vitulo mugit sua mater ab ubere rapto ...

F. Qu. V. VIII. 46
> Streight down she ranne, like an enraged cow
> That is berobbed of her youngling dere ...
47 Nor all the Moenades so furious were ...

Spenser nennt die Musen „Heliconian maides" (F. Qu. II. XII. 31), wofür Kitchin Pindars „Ἑλικώνιαι παρθένοι" zitiert (Isthm. 7. 126). Ovids „Heliconis alumnae" mag näher gelegen haben (Fast. IV. 193).

Bei Sh. Cal. April 118:

Chloris, that is the chiefest Nymph of all,
Of Olive braunches beares a Coronall:
Olives bene for peace,
When wars doe surcease.

sagt E. K. "Chloris, the name of a Nymph, and signifieth greenesse; of whome is sayd that Zephyrus, the Westerne wind, being in love with her, and coveting her to wyfe, gave her for a dowrie the chiefedome and soveraigntye of al flowres, and greene herbes, growing on earth."

E. K. erzählt nach Ovid, Fast. V. 195 ff.:
Chloris eram, quae Flora vocor . . .
Ver erat; errabam. Zephyrus conspexit; abibam,
Insequitur; fugio usw.

Spenser hat wohl auch diese Stelle gekannt; die Worte:
"Olives bene for peace,
When wars doe surcease"

entsprechen auch Ovid: Adjuvat in bello pacatae ramus olivae (Epist. ex Ponto I. 31).

Bei Vers 118 der Oktoberekloge im Sh. Cal.: Here we our slender pypes may safely charme bemerkt E. K.: "*Charme*, temper and order; for Charmes were wont to be made by verses, as Ovid sayth, "Aut si carminibus"." Diese Stelle habe ich nicht bei Ovid finden können.

## Publius Syrus.[1]

Zu der Stelle im Shepheards Calender
Febr. 33  The soveraigne of seas he blames in vaine,
That, once sea-beate, will to sea againe;

bemerkt E. K.: "The saying is borrowed of Mimus Publianus, which used this proverb in a verse. „Improbe Neptunum accusat, qui iterum naufragium facit."

Unser gelehrter Kommentator scheint an die Existenz eines alten Mimus Publianus geglaubt zu haben; es handelt

---

[1] Reihenfolge nach Schanz, Martin, Geschichte der römischen Literatur.

sich hier aber um die Mimi des Publius Syrus, welche Spenser
vor sich hatte. Der von E. K. richtig zitierte Vers gehört
nach der heutigen Forschung nicht mehr zu Publius Syrus,
wurde ihm aber zu Spensers Zeit zugeschrieben.

Ebenso verhält es sich mit dem Verse:
    amare et sapere vix deo conceditur,
übersetzt im Sh. Cal. March, als Willyes Embleme:
    To be wise, and eke to love,
    Is granted scarce to God above.[1]

In den heutigen Ausgaben des Publius Syrus sucht man
vergebens nach dieser Stelle; wohl aber ist sie in alten Ausgaben zu finden.

## Lucretius.

Die Anrufung der Venus am Beginne der „De rerum
natura" ist von Spenser, wie Jortin gefunden hat[2]), frei
übersetzt.

De rer. nat. I. 1
    Aeneadum genetrix, hominum divomque voluptas,
    Alma Venus, caeli subter labentia signa
    Quae mare navigerum, quae terras frugiferentis
    Concelebras, per te quóniam genus omne animantum
    Concipitur visitque exortum lumina solis:
    Te, dea, te fugiunt venti, te nubila caeli,
    Adventumque tuum; tibi suavis daedala tellus
    Summittit flores, tibi rident aequora ponti,
    Placatumque nitet diffuso lumine caelum.
    Nam simul ac species patefactast verna diei
    Et reserata viget genitabilis aura favoni,
    Aëriae primum volucres te, diva, tuumque
 .  Significant initum perculsae corda tua vi.

----

[1]) S. Anders. Shakespeare's Books, S. 279; vgl. Shakespeare:
            For to be wise and love
    Exceeds man's might; that dwells with Gods above.
                            (Troilus and Cress., III. II. 163.)
[2]) Coll. III, S. 265.

Inde ferae pecudes persultant pabula laeta
Et rapidos tranant amnis: ita capta lepore
Illecebrisque tuis omnis natura animantum
Te sequitur cupide quo quamque inducere pergis.
Denique per maria ac montis fluviosque rapacis
Frondiferasque domos avium campòsque virentis
Omnibus incutiens blandum per pectora amorem
Efficis ut cupide generatim saecla propagent.
Quae quoniam rerum naturam sola gubernas
Nec sine te quicquam dias in luminis oras
Exoritur neque fit laetum neque amabile quicquam...

F. Qu. IV. X. 44

"Great Venus!  Queene of beautie and of grace,
The joy of Gods and men, that under skie
Doest fayrest shine, and most adorne thy place;
That with 'thy smyling looke doest pacifie
The raging seas, and makst the stormes to flie;
Thee, goddesse, thee the winds, the clouds doe feare,
And, when thou spredst thy mantle forth on hie,
The waters play, and pleasant lands appeare,
And heavens laugh, and al the world shews joyous
cheare.

45 "Then doth the dædale earth throw forth to thee
Out of her fruitfull lap aboundant flowres;
And then all living wights, soone as they see
The spring breake forth out of his lusty bowres,
They all doe learne to play the Paramours;
First doe the merry birds, thy prety pages,
Privily pricked with thy lustfull powres,
Chirpe loud to thee out of their leavy cages ...

46 "Then doe the salvage beasts begin to play
Their pleasant friskes, and loath their wonted food;
... The raging Buls rebellow through the wood,'
And breaking forth dare tempt the deepest flood
To come where thou doest draw them with desire.
So all things else, that nourish vitall blood,
Soone as with fury thou doest them inspire,
In generation seeke to quench their inward fire.

47 "So all the world by thee at first was made,
And dayly yet thou doest the same repayre;
Ne ought on earth that merry is and glad,
Ne ought on earth that lovely is and fayre,
But thou the same for pleasure didst prepayre:
Thou art the root of all that joyous is.

Spenser zeigt sich hier wieder als meisterhafter Übersetzer. Hughes[1] nennt dieses Stück "one of the most elegant
translations in our language".

Die Stelle:

So easie was to quench his flamed minde
With one sweete drop of sensuall delight
(F. Qu. II. VI. 8)

geht nach Kitchins Dafürhalten auf Lucret., De rer. nat. IV.
1051 (1035), zurück:

. . . Veneris dulcedinis in cor
stillavit gutta.

Unsicher sind die Hinweise F. Qu. II. XII. 4 — Lucret.
VI. 901 (Kitchin), F. Qu. IV. XII. 17 — Lucret. II. 355
(Warton, Observ. II S. 233 f.).

### Caesar.

Im "View of the Present State of Ireland" zitiert Ire-
naeus, unter dessen Namen Spenser seine eigenen Ansichten
vertritt, des öfteren Caesar.

Gl. Ed. S. 621 ". . . like as all barbarous people are, as
Caesar in his Comentaryes sayth, very feareless of
daunger."

Ich konnte bis jetzt diese Stelle bei Caesar nicht finden.

Gl. Ed. S. 625 f. heißt es ferner:

". . . I do herin relye upon those Bards or Irish Chro-
niclers, though the Irish themselves, through theyr ignorance
in matters of learning and deepe judgement, doe most con-
stantly beleve and avouch them, but unto them besides I add

---

[1] S. Coll. III. S. 265.

my owne reading; . . . nevertheless there be some very
auncient authors which make mention of these thinges, and
some moderne . . . as namely, of the older C a e s a r, Strabo,
Tacitus, Ptolomie, Plinie, Pompeius Mela, and Berosus: of
the later, Vincentius, Aeneas Silvius, Luddus, Buckhanan; of
all which I doe give most credit unto Buckhanan . . ."

Weiter unten heißt es dann:

"Those Bardes, indede, C a e s a r writeth, deliver noe
certayne trueth of any thing . . ."

Sir James Ware bemerkt dazu: Concerning them [Bardes]
I finde no mention in Caesar's "Commentaries", but much
touching the Druides, which were the priests and philosophers
of the Gaules and British. „Illi rebus divinis intersunt (saith
he: De Bello Gall. l. 2) . . ." [1]) Die von Ware zitierte Stelle
findet sich im 6. Buche Kap. 13; sie enthält aber nicht, was
Spenser zitiert und beweisen will.

Auch bei der Geschichte der Besiedlung Irlands (View.
Irel. S. 626) zitiert Spenser C a e s a r. Dieser spricht von
Britannien und Irland im 5. Buche Kap. 12 u. 13 seiner Com.
de Bell. Gall.

Nochmals wird Caesar S. 635, View. Irel., genannt, da
lautet es: "And first the profession of theyr Bards who (as
C a e s a r writeth) were usuall amongest the Gaules; and the
same was also common amongest the Brittons, . . . for all the
fashions of the Gaules and Brittons, as he testifyeth, were
much like." Dieses scheint sich auf folgende Worte Caesars
zu beziehen: „Disciplina in Britannia reperta atque inde in
Galliam translata esse existimatur, et nunc, qui diligentius
eam rem cognoscere volunt, plerumque illo (= in Britanniam)
discendi causa proficiscuntur (De Bell. Gall. VI. 13, 11)."
Spenser stellt sich die Überlieferung umgekehrt vor wie Caesar;
das zeigt auch die folgende Behauptung: "The long dartes
came a l s o from the Gaules, as ye may reade in the same
C a e s a r, and in Jo. Bohemus" (View. Irel. S. 635). Diese
Stelle ist bei Caesar nicht zu finden. Wir sehen, daß Spenser

---

[1]) Coll. V. S. 341.

in seinen Zitierungen recht irrt; dennoch darf angenommen
werden, daß ihm die Lektüre Caesars wohl vertraut war,
gehörte dieser Schriftsteller ja damals schon zur Schullektüre.

## Cicero.

In der Geschichte von Irland sagt Spenser "For all is
the conquerours, as Tully to Brutus sayth" (Gl. Ed. S. 612).

Ich glaubte, diese Stelle in Ciceros „Orator ad M. Brutum" oder in den „Tusculanae disputationes ad Brutum"
finden zu können, hatte aber keinen Erfolg.

Ciceros vier Formen der perturbatio (Tusc. Disp. III. 11;
IV. 15, und De Fin. III. 10) hat der Dichter, wie Upton sagt
und Kitchin bekräftigt, in seiner Faierie Queene (II. V. 1)
ausgeführt.

Die Stelle:

"What Timon but would let compassion creepe
Into his brest, and pierce his frosen eares".

Daphnaïda (Vers 249)
spielt an auf Timons Menschenhaß. Unser Dichter hat möglicherweise aus Cicero, Laelius de amicitia, 87, geschöpft;
da heißt es:

„. . . congressus ut hominum fugiat atque oderit, qualem
fuisse Athenis Timonem nescio quem accepimus"; ebenso
Tusc. Disp. IV. 25.

Ciceros „ut sementem feceris, ita metes" (De orat. II.
65. 261) erscheint wiedergegeben:

Sh. Cal. Sept. 101

"As they han brewed, so let hem beare blame."

Doch ist derselbe Gedanke auch in der Bibel variiert
(vgl. Hosea 8, 7; Hiob 4, 8 usw.).

F. Beaumont (In a Epistle prefixed to Speght's Chaucer)
vermutet, daß Spenser im Gebrauche archaischer Worte
Ciceros Rat folgte: "Maister Spenser, following the counsel
of Tully in De Oratore for reviving of ancient words hath
adorned his own style with that beauty and gravity which
Tully speaks of and his much frequenting of Chaucer's an-

cient speeches causeth many to allow far better of him than
otherwise they would."

Bedeutsam ist, daß auch E. K. in dem Briefe, den er
dem Shepheards Calender voranschickt, Spensers Gebrauch
der archaischen Formen mit der Autorität Ciceros stützt
(Gl. Ed. S. 441).

## Statius.

Der Schlußvers von Spensers Shepheards Calender zeigt
eine wörtliche Anlehnung an Statius. Der römische Dichter
rät seinem Werke, sich nicht mit der Äneis zu messen;
Spenser warnt seinen Sh. Cal. davor, mit Chaucer oder Piers
Plowman in Wettkampf zu treten; beide Autoren wünschen,
daß ihr Werk den Großen verehrend in der Ferne folge:

Thebais XII. 816 ... nec tu divinam Aeneida tempta,
    Sed longe sequere et vestigia semper adora.

Spenser Gl. Ed. S. 486:

    Dare not to match thy pype with Tityrus his style.
    Nor with the Pilgrim that the Ploughman playde
                    awhyle;
    But followe them farre off, and their high steppes adore.

Ähnlichkeiten bestehen noch an folgenden Stellen:

Theb. IX. 554 ... ruit haud alio quam celsa fragore
    Turris, ubi innumeros penitus quassata per ictus
    Labitur effractamque aperit victoribus urbem.

F. Qu. I. VIII. 23 ... as a Castle ...
    By subtile engins and malitious slight
    Is undermined from the lowest ground,
    And her foundation forst, and feebled quight,
    At last downe falles ... and yields itselfe.

Kitchin sucht den auffallenden Gebrauch des Pronomens
"her" damit zu erklären, daß Spenser das lateinische "turris"
im Sinne hatte.

Vergleiche ferner:

Theb. X. 85 ... nulli penetrabilis astro
    Lucus iners

mit F. Qu. I. I. 7  A shadie grove . . .

Not perceable with power of any starr.

Ferner:

Silvae III. IV. 63  O sidere dextro edite

F. Qu. I. I. 27  . . . borne under happy starre.

und im lateinischen Gedichte Spensers an Harvey: Gl. Ed.
S. 708 v. 87 „saevo nos sidere nati", wo das Bild mit dem
entgegengesetzten Sinne gebraucht wird.

Silv. V. V. 2  Castaliae vocalibus undis . . .

The Teares of the Muses:

Gl. Ed. S. 500 v. 275

And speaking streames of pure Castaliou.

In den Ruines of Time erwähnt Spenser den nach-
homerischen Mythus von Achill, wonach dieser von seiner
Mutter in den Lethe getaucht wurde:

For not to have been dipt in Lethe lake,
Could save the sonne of Thetis from to die (V. 428).

Spenser mag diese Geschichte aus Statius (Achilleis I.
269) oder aus Hyginus (Fab. 107) gekannt haben.

## Cornelius Tacitus.

Im View. Irel. wird bei der Frage nach der Besiedlung
Irlands Tacitus zweimal zitiert (Gl. Ed. S. 626 und 627). An
der einen Stelle sagt unser Dichter sehr bestimmt: "and
Cornelius Tacitus also doth strongly affirme the same.
all which you must overthrowe and falsifye, or renounce your
opinion" (S. 627).

Ware hat den Irrtum Spensers nachgewiesen (s. Collier
V. S. 343 f.). Tacitus spricht von dem südlichen Wales (in
Julius Agricola), nicht aber von Irland.[1] Die Frage, ob
Spenser den Tacitus gelesen hat, wird dadurch schwankend;
doch glaube ich aus den bestimmten Worten des Dichters
schließen zu dürfen, daß ihm Tacitus nicht nur dem Namen
nach bekannt war.

---

[1] Spensers Hauptquelle für diese Frage ist, wie er selbst sagt (Gl.
Ed. S. 626), Buchanan (Rer. Scot. lib. I ff.).

Die von Kitchiu zitierte Stelle aus Tacitus (Hist. III. 24
abolere labem ignominiae) gegenüber F. Qu. II. IV. 45
abolish so reprochfull blott beweist nichts Zwingendes.

## Pomponius Mela.

„Chorographia", die älteste lateinische Geographie, hat
Spenser auch gekannt; er zitiert daraus im View. Irel. (Gl.
Ed. S. 626): "for the Gaules did first inhabite all the sea-cost
of Spayne . . . sundrye nations therin dwelling, which yet have
received theyr owne names of the Gaules, as the Rhegni,
Presamarci, Tamariti, Nerii, and divers others. All
which Pompeius Mela, being himself a Spanyard,
yet sayeth, to have discended from the Celties of Fraunce . . ."

Pompònius (nicht Pompeius) Mela stammte aus Tingentera
in Spanien; im 3. Buche der „Chorographia" beschreibt er die
äußere Küste Spaniens und sagt darüber im 1. Kapitel Nr. 11
folgendes: „partem quae prominet Praesamarchi habitant,
perque eos Tamaris et Sars flumina non longe orta decurrunt
. . . cetera super Tamarici Nerique incolunt in eo tractu
ultimi . . ."

Spenser hat wohl diese Stelle im Auge; von einer Ab-
stammung von den Kelten in Frankreich kann ich in Melas
Berichten nichts finden; ebensowenig spricht Mela von der
Besiedlung Irlands; doch wird er hierfür von Spenser zitiert
(Gl. Ed. S. 626).

## Plinius.

Bei der Geschichte der Besiedlung Irlands nennt Spenser
auch Plinius als Quelle (Gl. Ed. S. 626). Es ist aber hierüber
bei Plinius nichts zu finden.

Dagegen kannte der Dichter wohl die Geschichte des
Messala Corvinus aus Plinius; dieser erwähnt ihn:

Ictus lapide oblitus est litteras tantum; ex praealto tecto
lapsus matris et adfinium propinquorumque cepit oblivionem,
alius aegrotus servorum, etiam sui vero nominis Messala
Corvinus orator (Nat. Hist. VII. 24).

Spenser sagt Gl. Ed. S. 637 (A View . . .):

That is a most dangerous lethargie, much worse then that of Messala Corvinus, who, being a most learned man, through sickness forgate his owne name.

Von der Freundschaft des Ennius mit dem älteren Scipio erzählt Plinius ebenfalls und erwähnt daran anschließend das Verhältnis Vergils zu Augustus:

Hist. Nat. VII. 30: Prior Africanus Q. Enni statuam sepulchro suò inponi iussit . . . Divus Augustus carmina Vergili cremari contra testamenti eius verecundiam vetuit.

Der Zusammenhang läßt vermuten, daß Spenser diese Stelle im Gedächtnis hatte, wenn er im Gedichte an Sir Christopher Hatton sagt:

> So Ennius the elder Africane,
> So Maro oft did Cæsars cares allay (Gl. Ed. S. 7).

Im Shepheards Calender, Julye, spielt eine Stelle auf die Geschichte vom Tode des Äschylus an:

> 217 One daye he sat upon a hyll . . .
> An Eagle sored hye,
> That, weening his whyte head was chalke,
> A shell-fish down let flye:
> She weend the shell-fishe to have broke,
> But therewith bruzd his brayne.

Die Erzählung bringt Plinius kürzer:

Nat. Hist. X. 3  . . . Ingenium est ei testudinis raptas frangere e sublimi iaciendo, quae sors interemit poetam Aeschylum praedictam fatis, ut ferunt, eius diei ruinam secura caeli fide caventem.

Die Kenntnis von dem Fische Remora, der die Schiffe aufhielt, stammt vielleicht auch aus Plinius:

Nat. Hist. 32, 1  . . . cogit stare navigia . . . e nostris quidam Latine remoram appellavere eum . . .

Visions of the W. Van.

> A little fish, that men called Remora,
> Which stopt her course . . . (Vers IX. 10).

## C. Julius Solinus.

Solinus wird zweimal in der Geschichte Irlands zitiert:
... brode swoordes are proper Scythian ... And the
same also used the old Scottes, as ye may reade in Buckhanan, and in Solinus, where the pictures of them are in
the same forme expressed (Gl. Ed. S. 633).

In Solinus, Collectanea Rerum Memorabilium, finde ich
davon nichts; das gleiche gilt von dem zweiten Zitate: More-
over, theyr long brode shieldes ... are brought from the
Scythians, as ye may reade in Olaus Magnus, Solinus,
and others ... (Gl. Ed. S. 633).

Bei einer Reihe lateinischer Schriftsteller ist es fraglich,
ob sie Spenser gelesen hat:

## Plautus.

Upton (Coll. III. S. 315) macht auf folgende Stelle aufmerksam:

Casina A. V. S. II. v. 933
Ut senex hoc eodem poculo quo ego bibi biberet.

F. Qu. V. I. 15
That I mote drinke the cup whereof she dranke.

Er zeigt aber zugleich, daß dieses Wort auch in der
Bibel öfter erscheint (Matt. 26, 39; Psalms 75, 8; Isaiah 51, 17).

## Catullus.

Für den Vers:

F. Qu. III. XI. 45
High heven beholdés sad lovers nightly theeveryes

zitiert Upton (Coll. III. S. 58) Catull:
An quam sidera multa, cum tacet nox,
Furtivos hominum vident amores.
(Carmen VII. Zeile 7 u. 8).

## Cornelius Nepos.

Von Alcibiades und Themistocles weiß Spenser im View
Irel. folgendes zu berichten:

"...as we reade Alcibiades and Themistocles
did, whoe, being bannished out of Athens, fledd unto the
King of Asia, and there stirred them up to warr agaynst
theyr owne countrey, in which warres they themselves were
cheiftaynes (Gl. Ed. S. 637). Möglicherweise hat Spenser
Nepos' "Vitae" gekannt, doch ist es nach diesen nicht richtig,
daß die beiden die Perser gegen das eigene Vaterland führten.
Alcibiades ging als Verbannter aus Athen nach Sparta, wo
er gegen Athen agitierte (Corn. Nepos VII, Alcibiades, Kap. 4);
das Mißtrauen der Spartaner trieb ihn zu den Persern; auf
Veranlassung des persischen Statthalters Tissaphernes führte
er die Athener und schlug die Spartaner (Kap. 5); sein
wechselndes Schicksal führte ihn nochmals zu den Persern,
mit deren Hilfe er den endgültigen Sieg Athens über Sparta
herbeiführen wollte (Kap. 9); doch wird er auf Betreiben der
Tyrannen in Athen ermordet (Kap. 10).

So erzählt Nepos; von Themistocles hören wir, daß er
sich als Vertriebener an den Perserkönig Artaxerxes wandte
und ihm seinen Beistand in einem Kriege gegen Griechenland versprach (Nepos II, Themistocles Kap. 10); er kam
aber nicht mehr dazu, die Feinde gegen sein Vaterland zu
führen.

Plutarch bringt die Lebensgeschichte der beiden großen
Athener ebenfalls; Themistocles wählte den freiwilligen Tod,
um nicht gegen sein Vaterland ziehen zu müssen (Plutarch,
Themistocles Kap. 31). — Wir sehen, Spensers Angaben
stimmen mit diesen Berichten nicht überein; doch mag er,
wie öfters, so auch hier es nicht so genau genommen haben.

### Livius.

In der Geschichte von Irland sagt Spenser (Gl. Ed.
S. 672) "... and soe did Romulus (as you may reade)
devide the Romaynes into tribes, and the tribes into Centuries
or hundreds."

Livius erzählt (Ab urbe condita lib. I. cap. 13) ...itaque
cum populum in curias triginta divideret, nomina earum curiis
imposuit ... eodem tempore et centuriae tres equitum con-
scriptae sunt.

Ware (Coll. V. S. 465) zitiert neben Livius Sextus Aurelius Victor (De Viris illustribus urbis Romae), welcher das gleiche sagt (Tres equitum centurias instituit, plebem in triginta curias distribuit).

E. K. verweist auch einmal auf Livius im Shep. Cal., Dez. 87: "The soothe of byrdes by beating of their winges". Es käme für diese Stelle Kap. 36, Buch 1 in Betracht.

Die Sichelwagen erwähnt Spenser

F. Qu. V. VIII. 28 . . . a charret hye,
     With yron wheeles and hookes arm'd dreadfully;
er mag sie aus Livius (37, 41 falcatae quadrigae) gekannt haben. Jortin (Coll. III. S. 432) zitiert dafür Curtius (Hist. Alex. Magni IV. 9. 15); auch Valerius Flaccus erwähnt die Sichelwagen (6, 105, 387).

Livius wurde 1577 von A. Nevill ins Englische übersetzt.

## Seneca.

E. K. zeigt sich als feinsinniger Kommentator, wenn er im Shep. Cal., Nov. 55: Up, griesly ghostes! auf Seneca aufmerksam macht. E. K. sagt über diese Stelle: The manner of Tragicall Poetes to call for helpe of Furies, and damned ghostes: so is Hecuba of Euripides, and Tantalus brought in of Seneca . . ."

In ähnlicher Weise zeigt sich der Einfluß Senecas auf Shakespeare und das ganze elisabethanische Drama.[1]) Wir dürfen annehmen, daß auch Spenser die Tragödien Senecas wohl kannte.

Allerdings läßt sich mit Sicherheit kaum eine Spur in seinen Werken nachweisen. Kitchin verweist bei F. Qu. I. VII. 41: "great griefe will not be tould" auf Senecas: Curae leves loquuntur, ingentes stupent (Hippol. S. 92).

---

[1]) Vergleiche hierüber besonders Cunliffe, J. W., The Influence of Seneca on Elizabethan Tragedy, London 1894.

## Persius.

Bei F. Qu. IV. XI. 9:

All which, not if an hundred tongues to tell,
And hundred mouthes, and voice of brasse I had ...

zitiert Upton (Coll. III. S. 275) eine Stelle aus Persius:

Sat. V. 1

Vatibus hic mos est centum sibi poscere voces,
Centum ora, et linguas optare in carmina centum.

Persius war damals wahrscheinlich in den Schulen gelesen (Anders, a. a. O. S. 11).

## Lucanus.

Richard Carew sagt in seiner Abhandlung: "The Ex-
cellency of English" (ca. 1595) folgendes:

"Will you reade Virgill? take the Earll of Surrey:
Catullus? Shakespeare, and Marlowes fragment:
Ovid? Daniell: Lucane? Spencer ..."[1]

Obwohl Spenser von einem Zeitgenossen mit Lucan zusammen genannt wird, wissen wir doch nicht, ob er den römischen Epiker gelesen hat. Ackermann geht in seiner Arbeit
an Spenser vorüber.[2] Selbst Kitchin bringt nur einen entfernten Berührungspunkt: es ist die Geschichte des Antaeus,
die Spenser in F. Qu. II. XI. 44 vorführt:

Whom still he marked freshly to arize
From th'earth, and from her womb new spirits to
reprize.

Pharsalia 4. 642:

maiorque accepto robore surgit.
Quisquis inest terris in fessos spiritus artus
Egeritur.

---

[1] Smith, G. G., Elizabethan Critical Essays. II, S. 293.
[2] Ackermann, Rich., Lucans Pharsalia in den Dichtungen Shelleys.
Mit einer Übersicht ihres Einflusses auf die englische Literatur. Zwei-
brücken 1896. Progr.

Lucanus gibt einen Bericht von den Barden (Phars. I. 447) und wird deshalb von Ware [1]) zitiert für Spensers "traditions and remembrances of Bardes" (View. Irel. Gl. Ed. S. 625). Ich erwähne, daß Marlowe das erste Buch der Pharsalia übersetzt hat.

## Petronius Arbiter.

Das uns als Sprichwort geläufige „qualis rex talis grex" des Petronius (58. Satire) bringt Spenser im Sh. Cal. übersetzt:

Sike as the shepheards, sike bene her sheepe

(Sept. 141).

## Juvenal.

In der Stelle:

Nullum numen habes, si sit prudentia: nos te,
Nos facimus, Fortuna, deam caeloque locamus
. (10. Sat., v. 365).

erblickt Warton (a. a. O. II. S. 309) die Vorlage für

... each hath his fortune in his brest [2])
It is the mynd that maketh good or ill

(F. Qu. VI. IX. 29. 30).

Kitchin zitiert Juvenals

Tantis parta malis cura maiore metuque
Servantur. Misera est magni custodia census

(14. Sat., v. 303. 304)

bei F. Qu. II. VII. 12:

First got with guile, and then preserv'd with dread,
... Leaving behind them griefe and heavinesse.

## Apuleius.

Apuleius erzählt in seinen Metamorphosen die Geschichte von Cupido und Psyche und nennt Voluptas ihre Tochter; Spenser bringt diese Mythe.

---

[1]) Coll. V. S. 340.
[2]) Vgl. Schiller: Piccol. II. 6, In Deiner Brust sind Deines Schicksals Sterne.

Met. VI. 24  Sic rite Psyche convenit in manum Cupi-
dinis, et nascitur illis matura partu filia, quam Voluptatem
nominamus.

F. Qu. III. VI. 50
  Pleasure, the daughter of Cupid and Psyche late;
ferner in
H. L. 287
  There with thy daughter (— Love's) Pleasure they
  do play . . .

Die Liebe der beiden erwähnt Spenser nochmals in Muiopotmos v. 129 f.

## Claudianus.

Bei F. Qu. I. XII. 38:
  they sprinckle all the posts with wine,
verweist Kitchin auf Claudian, Epithalamium de nuptiis
Augusti: nectariis adspergere tecta fontibus (X. 209).

Claudians: aeterni patet indulgentia veris (Epith. de
nuptiis Honorii Augusti X. 55) beeinflußte nach Upton (Coll.
II. S. 459) Spensers Beschreibung der Gärten von Adonis:

F. Qu. III. VI. 42  There is continuall Spring . . . .

# Berichtigungen.

Seite 4, Anm. 1 lies: Spenser. By R. W. Church, S. 169.
„ 9, Zeile 34 lies: course.
„ 11, „ 11 ergänze: Siehe Gl.. Ed. S. 488.
„ 22, „ 20 lies: of his great godhed.
„ 23, „ 26 lies: were writt.
„ 34, „ 7 ergänze: F. Qu. VII. VII. 45.
„ 60, „ 16 lies: S. 630 des View. Irei.
„ 64, Anm. 1 ergänze: S. 288.

Lippert & Co. (G. Pätz'sche Buchdr.), Naumburg a. S

# MÜNCHENER BEITRÄGE

# ROMANISCHEN und ENGLISCHEN PHILOLOGIE.

### HERAUSGEGEBEN

VON

## H. BREYMANN und J. SCHICK.

---

### XXXIX.

DAS MÄRCHEN VON AMOR UND PSYCHE
IN SEINEM FORTLEBEN IN DER FRANZÖS., ITAL. UND
SPAN. LITERATUR BIS ZUM 18. JAHRHUNDERT.

LEIPZIG.
A. DEICHERT'SCHE VERLAGSBUCHHANDLUNG NACHF.
(GEORG BÖHME).
1907.

# DAS MÄRCHEN

VON

# AMOR UND PSYCHE

IN

SEINEM FORTLEBEN IN DER FRANZÖSISCHEN, ITALIENISCHEN
UND SPANISCHEN LITERATUR BIS ZUM 18. JAHRHUNDERT

VON

## Dr. BALTHASAR STUMFALL.

LEIPZIG.
A. DEICHERT'SCHE VERLAGSBUCHHANDLUNG NACHF.
(GEORG BÖHME)
1907.

Alle Rechte vorbehalten.

Seinem hochverehrten Lehrer

# Herrn Professor Dr. Breymann

in

dankbarer Gesinnung

gewidmet.

# Inhalt.

# Benützte Literatur.

Antonio, Nicolás: Bibliotheca hispana nova etc. Matriti. 1783—88. 2 Bde. Fol.

L. Apulei Fabula de Psyche et Cupidine. Praefatus atque interpretatus est J. W. Beck. Groningae. 1902. 8°.

Apuleius: Amor und Psyche. Ein Märchen. Herausgegeben und erklärt von Friedrich Norden. (Meisterwerke der Griechen und Römer in kommentierten Ausgaben. VI.) Leipzig u. Berlin. 1903. 2 Bändchen. 8°.

Baumeister, A.: Denkmäler des klassischen Altertums. München u. Leipzig. 1884—88. 3 Bde. 4°.

Basile, Giambattista: Der Pentamerone oder das Märchen aller Märchen. Aus dem Neapolitanischen übertragen von F. Liebrecht. Breslau. 1846. 2 Bde. 8°.

Becker, Phil. Aug.: Geschichte der Spanischen Literatur. Straßburg. 1904. 8°.

Bensserade, Monsieur de: Œuvres. Paris. 1689. 8°.

Berkum, A. v.: De middelnederlandsche bewerking van den Parthonopeusroman etc. Diss. Groningen. 1897. 8°. Cf. LBl. 1898, p. 61; Ro. XXVI, 574; Grö. Z. XXII, 543.

— —: Parthonopeus van Bloys. Op nieuw uitgegeven. In: Bibliotheek van middelnederlandsche letterkunde. Groningen. 1897 (achtenvijftigste aflevering) u. 1898 (tweeensestigste aflevering). 8°.

Blümner, H.: Das Märchen von Amor und Psyche in der deutschen Dichtkunst. Neue Jahrbücher f. d. kl. A. 1903. Bd. VI. 8°.

Boccatius, Joannes: De genealogia deorum gentilium libri XV. Venetiis. 1472. Fol. (Unpaginiert.)

Breymann, H.: Calderon-Studien. I. Teil: Die Calderon-Literatur. Eine bibliographisch - kritische Übersicht. München u. Berlin. 1905. 8⁰.

Brockhaus, H.: Kathā Sarit Sāgara. Die Märchensammlung des Sri Somadeva Bhatta aus Kaschmir. (Sanskrit u. deutsch herausgegeb.) Leipzig. 1839—66. 8⁰.

Bruni, Antonio: Epistole Eroiche. Posie. Libri due. In Venetia. 1678. 8⁰.

Calderon de la Barca, D. P.: Comedias. Coleccion mas completa que todas las anteriores, hecha é ilustrada por Don Juan Eugenio Hartzenbusch. Madrid. 1848—50. 4 Bde. gr. 8⁰.

— —: Autos sacramentales, alegoricos y historiales que saca a luz Don Pedro de Pando y Mier. Madrid. 1717. 6 Bde. 8⁰.

Chiabrera, Gabriello: Rime. In Roma. 1718. 3 Bde. 8⁰.

Chouquet, G.: Histoire de la musique dramatique en France. Paris. 1873. 8⁰.

Clément (F.) et Larousse, P.: Dictionnaire lyrique ou Histoire des Opéras. Paris. s. a. 8⁰.

Collignon, M.: Essai sur les monuments grecs et rom. relatifs au mythe de Psyché. Paris. 1877. 8⁰.

Conton, Luigi: Amore nella letteratura e nelle arti figurative degli antichi. Adria. 1902. 8⁰.

Couze, A.: De Psyches imaginibus quibusdam. (Diss.). Berlin. 1855. 8⁰.

Crapelet, G. A.: Partonopeus de Blois, publié pour la première fois, etc. Paris. 1834. 2 Bde. 8⁰.

Dassori, Carlo: Opere e Operisti. Dizionario lirico universale (1541—1902). Genova. 1903. 8⁰.

Dietze, J.: Zum Märchen von Amor und Psyche. In: Philologus, Ztschr. f. d. klass. Altertum. Bd. 59 (1900). p. 136 ff.

Dunlop, John Colin: History of Prose Fiction. London. 1896. 8⁰.

El·ster, J. Ch.: Die Fabel von Amor und Psyche nach Apuleius, lat. u. deutsch metrisch bearbeitet. Leipzig. 1854. 8⁰.

Erdmann, Hugo: Molières Psyché etc. Diss. (Königsberg). Insterburg. 1892.· 8⁰.

Fournel, V.: Les contemporains de Molière. Paris. 1866. 8⁰.

Fracastorii Hieronymi Veronensis Opera. Lugduni. 1591. 8⁰.

Friedländer, L.: Dissertatio, qua fabula Apuleiana de Psyche et Cupidine cum fabulis cognatis comparatur. Regimonti. 1860. 4⁰.

— —: Darstellungen aus der Sittengeschichte Roms. Leipzig. 1873. 3 Bde. 8⁰.

Furtwängler, A., in: Roscher's Lex. d. griech. u. röm. Mythol. 1884. I. (vgl. Eros; daselbst weitere Lit.-Ang.).

Gabrielli, Diamante: Psiche, Tragicomedia rappresentata in musica. Mantova. 1649. 8⁰.

Galeotto dal Carretto: Noze (sic!) de Psyche et Cupidine celebrate per lo magnifico Marchese — — —. Poeta in lingua Tosca non uulgare. Impresso in Milano MDXX. adi. XXVI. Maii. 8⁰.

—: Tempio de Amore. Venetia. 1524. 12⁰.

Gaspary, A.: Gesch. d. Ital. Litt. Berlin. 1885—88. 2 Bde. 8⁰.

Gröber, G.: Frz. Litt., im Grundr. d. rom. Philol. II, 1. Abt., p. 585.

Gubernatis, A. de: Storia universale della letteratura. Milano. 1883. 18 Bde. 8⁰. Cf. Bd. VII, 255 ff.

Günthner, E.: Calderon u. seine Werke. Freiburg. i. B. 1888. 2 Bde. 8⁰.

Heinrici, G.: Zur Geschichte der Psyche etc., in: Preuß. Jahrb. 1897. Dez. p. 390—418.

Kawczyński, M.: Ist Apuleius im Mittelalter bekannt gewesen?, in: Bausteine zur rom. Philol. Festgabe ·für Mussafia. Halle a. S. 1905. 8⁰.

— —: Parténopeus de Blois, poemat francuski etc. Krakau. 1901. 8⁰. Cf. LBl. 1902, XXIII, 28 ff. u. Förster's Cligès (große Ausg.) p. 339.

— —: Huon de Bordeaux, in: Bull. Ac. d. Sciences de

Cracovie. 1902. p. 139—149. Cf. LBl. 1904. Sp. 107.
Ro. 1903, XXXII, 478.

Keller, A. v.: Altfranz. Sagen. Heilbronn. 1882³. 8⁰.

Klein, J. L.: Geschichte des italienischen Dramas. Leipzig.
1866—68. 4 Bde. 8⁰.

— —: Geschichte des spanischen Dramas. Leipzig. 1871—75.
5 Bde. 8⁰.

Kölbing, E.: Über die verschiedenen Gestaltungen der
Partenopeus-Sage, in: Bartsch, Germ. Stud. Wien. 1875.
II, 55 ff.

— —: Beiträge zur vergleichenden Geschichte der romant.
Poesie und Prosa des Mittelalters. Breslau. 1876. 8⁰.

Kürschner, J.: Deutsche National-Litteratur. Berlin u.
Stuttgart. 1889. Bd. 147. 8⁰.

La Fontaine: Œuvres complètes, p. p. L. Moland. Paris.
1872—75. 7 Bde. 8⁰.

—: Œuvres, p. p. H. Regnier. (Grands Écriv. d. l. Fr.)
Paris. 1884—93. 11 Bde. 8⁰.

Latour, Antoine de: Psyché en Espagne. Paris. 1879. 8⁰.

Leyen, Fr. G. von der: Zur Entstehung des Märchens,
in: Herrigs Archiv für d. Stud. d. n. Spr. CXV, 18 ff.

Liebrecht, F.: Amor und Psyche — Zeus und Semele —
Purūravas und Urvaçī, in: Kuhn's Ztschr. f. vergl. Sprachforschung. Band XVII. (1868.)

Lippi, Lorenzo (Perlone Zipoli): Il Malmantile Racquistato. Colle note di Puccio Lamoni (e d'altri). In
Firenze. 1688. gr. 8⁰. In Venetia. 1748. 4⁰. In Firenze.
1750. 2 Bde. gr. 8⁰.

Look, Heinrich van: Der Partenopier Konrads von
Würzburg und der Partenopeus von Blois. Diss. (Straßburg). Goch. 1881. 8⁰.

Lorinser, Franz: Don Pedro Calderon's de la Barca
geistl. Festspiele. In deutscher Übersetzung mit erklären-
dem Commentar und einer Einleitung über die Bedeutung
und den Wert dieser Dichtungen. Regensburg. 1882—
87². 18 Bde. 8⁰.

Lucas, M. Hippolyte: Histoire philosophique et littéraire

du Théâtre Français depuis son origine jusqu'à nos jours. Paris. 1863. 3 Bde. 8⁰.

Marino: L'Adone del Cavalier —. Poema. In Parigi. 1623. Fol.

Martell, Daniel Ernest: The Dramas of Don Antonio de Solís y Rivadeneyra. Diss. Philadelphia. (International Printing Co.). 1902. 8⁰.

Martianus Capella. Franciscus Eyssenhardt rec. Lipsiae. 1866. 8⁰.

Maßmann, H. F.: Partenopeus und Melior. Altfrz. Ged. d. 13. Jahrh. etc. Berlin. 1847. 8⁰.

Menestrier, P.: Des ballets anciens et modernes. Paris. 1682. 8⁰.

Menghini, Mario: Scelta di Curiosità Letterarie inedite o rare dal secòlo XIII al XVII. Dispensa CCXXXIV. In Bologna. 1889. 8⁰.

Mercadanti, Christoforo: Psiche, Tragicomedia. In Viterbo. 1619. 8⁰.

Meyer, Gustav: Essays und Studien zur Sprachgeschichte und Volkskunde. Straßburg. 1885—93. 2 Bde. 8⁰. I, 145—277, bes. 195—207.

Moland, L.: Molière, sa vie et ses ouvrages. Paris. 1885. 8⁰.
— —: Molière et la comédie italienne. Paris. 1867. 8⁰.

Molière: Œuvres complètes, p. p. L. Moland. Paris. 1863 —64. 7 Bde. 8⁰.

—: Œuvres, p. p. Despois et Mesnard (Grands Écriv. d. l. Fr.). Paris. 1873—93. 11 Bde. 8⁰.

Monceaux, P.: Apulée magicien. Histoire d'une légende Africaine, in: Revue des deux Mondes. (1888.) 85. p. 571 ff.

Pasch, Konrad: Ausgewählte Schauspiele. Zum ersten Male aus dem Span. übersetzt etc. Freiburg i. B. 1891 ff. 7 Bändchen. 8⁰.

Pauly: Realencyclopädie der klass. Altertumswissenschaft. Stuttgart. 1862 (I. a.) 8⁰.

Poggii Florentini Oratoris clarissimi Opera. Argent. 1513. 2 Bde. Fol.

Poggio, Francesco di: La Psiche. Dramma musicale. Lucca. 1654. 8⁰.

**Preller**, L.: Griechische Mythologie. Berlin. 1887. (4. Aufl. bes. v. C. Robert). 8°.

**Primer**, P.: De Cupidine et Psyche. (Diss.). Breslau. 1875. 8°.

Recueil des Opéras représentés par l'Académie Royale de Musique à la Haye. 1726. 8°.

**Reimann**, A.: Des Apulejus Märchen von Amor und Psyche in der franz. Litteratur des XVII. Jahrhunderts. Gymn.- Progr. Wohlau. 1885. 4".

**Sauaro di Mileto**: La Psiche deificata dell Archidiacono — — —. In Bologna. 1668. 8°.

**Schack**, Ad. Frh. v.: Geschichte der dramatischen Lit. u. Kunst in Spanien. Frankf. a. M. 1854². 3 Bde. 8°.

**Schaller**, W.: De Fabula Apuleiana quae est de Psycha et Cupidine. Diss. Leipzig. 1901. 8°.

**Schanz**, M.: Gesch. d. röm. Lit. München. 1898—1905². 4 Bde. 8°.

**Schlegel**, Aug. Wilh. v.: Vorlesungen über dramatische Kunst und Litteratur. 3. Aufl., bes. v. E. Böcking. Leipzig. 1846. 3 Bde. 8°. Cf. Bd. II, 384 ff.

**Schmidt**, L.: Über Calderons Behandlung antiker Mythen, in: Neues Rhein. Mus. f. Philol. 1856. X, 313—357.

**Schmidt**, Friedr. Wilh. Valentin: Die Schauspiele Calderons dargestellt und erläutert. Elberfeld. 1857. 8°.

**Schneegans**, H.: Molière (Geisteshelden, Bd. 42). Berlin. 1902. 8°.

**Sismondi**, J. C. L. Simonde de: La Littérature du Midi de l'Europe. Paris. 1813. 4 Bde. 8°.

**Solis**, D. Antonio de: Comedias. Madrid. 1681. 8°.

**Ticknor**, Georg: Geschichte der schönen Literatur in Spanien. Deutsch mit Zusätzen herausgegeben von N. H. Julius. Leipzig. 1867. 2 Bde. u. Supplementband, bearbeitet von A. Wolf. Leipzig. 1867—68.

**Tiraboschi**, Girolamo: Storia della letteratura italiana. Milano. 1826. 16 Bde. 8°.

**Tyler**: Forschungen. Aus dem Englischen von H. Müller. Leipzig. 1866. 8°.

Udine, Hercole: Avvenimenti amorosi di Psiche. Venetia. 1626. 8⁰.

Vasari, Giorgio: Vite dei più eccellenti Pittori, Scultori e Architetti etc. Bologna. 1648. 3 Bde. 4⁰.

Voretzsch, C.: Einführung in das Studium der altfranz. Literatur. Halle a. S. 1905. 8⁰.

Weidling, Fr.: Drei deutsche Psychedichtungen. Jauer. (Vom Verleger O. Hellmann wurde mir auf Anfrage 1902 als Erscheinungsjahr angegeben.) 8⁰.

Weingärtner, F.: Die mittelengl. Fassungen der Parteno-peussage und ihr Verhältnis zum altfranz. Original. Diss. Breslau. 1888. 8⁰.

Wiese u. Pèrcopo: Geschichte der ital. Lit. Leipzig u. Wien. 1899. 8⁰.

Wotquenne, A.: Catalogue de la Bibliothèque du Conservatoire Royal de Musique de Bruxelles. Bruxelles. 1898—1902. 2 Bde. 8⁰. Dazu: Annexe I. Libretti d'Opéras et d'Oratorios italiens du XVIIᵉ siècle. Bruxelles. 1901. 4⁰.

Zeller, E.: Die Philosophie d. Griechen in ihrer geschichtl. Entwicklung. Tübingen bzw. Leipzig. 1856—68². 3 Teile. (4 Bde). 8⁰.

Zinzow, A.: Psyche und Eros. Ein milesisches Märchen, in der Darstellung und Auffassung des Apuleius beleuchtet etc. Halle a. S. 1881. 8⁰.

Während der Drucklegung habe ich noch eingesehen und benutzt:

Farinelli, A.: Note sul Boccaccio in Ispagna nell' Età Media, in: Herrigs Archiv f. d. Stud. d. n. Spr. CXIV ff.

Waldberg, Max Freiherr von: Der empfindsame Roman in Frankreich. I. Straßburg und Berlin. 1906. 8⁰.

# Vorwort.

In einer Reihe von größeren und kleineren Abhandlungen ist der Psychestoff bereits wissenschaftlicher Forschung unterzogen worden. Wenn ich es gleichwohl nicht als *acta agere* erachte, nochmals an eine Abhandlung über den gleichen Stoff heranzutreten, so bestimmen mich hierzu mehrfache Gründe. In erster Linie erstrecken sich die bereits erschienenen Abhandlungen über das Psychemärchen zum Teil nur auf das Entstehen des Märchens; zum Teil handeln sie nur über einzelne Psychedichtungen, und diejenigen selbst, welche eine Darstellung der gesamten Psychedichtungen in einer Sprache anstreben, sind, welches der Wert der Arbeit immer sein mag, noch ergänzungsbedürftig. Wie außerordentlich schwer und mühevoll es in der Tat ist, sämtliche Psychedichtungen auch nur einer einzigen Literatur ausfindig zu machen, davon habe ich mich mit dem Fortschreiten dieser Arbeit immer mehr überzeugen können. Die erste umfassendere Zusammenstellung der italienischen Psychedichtungen z. B. finden wir bei Menghini (1889), und doch ist hier kaum die Hälfte der in Wirklichkeit existierenden italienischen Psychedichtungen verzeichnet. Wie üppig in Italien namentlich die Psycheoper emporgediehen ist, darüber belehrt uns ein Einblick in den *Dictionnaire des Opéras* von Clément u. Larousse, sowie in das jüngste diesbezügliche Nachschlagewerk, Dassori's dickleibigen *Dizionario lirico universale*.

Und doch finden wir auch hier wieder einige bei Menghini verzeichnete Musikdramen nicht, die ihrerzeit großes Auf-

sehen erregten. Ein leider nur wenige Tage umfassender
Aufenthalt in der Bibliotheca Estense zu Modena hinwieder
spielte mir zwei Musikdramen in die Hände, die in keinem
der bezeichneten Werke zu finden sind.[1]) Wie sehr bedarf
es also da noch überall der Ergänzung! Ähnlich wie im
Italienischen liegen die Verhältnisse in anderen Literaturen.

Ein weiterer, und zwar der gewichtigste Grund endlich,
der mich der Befürchtung des *acta agendi* enthebt, liegt in der
Tatsache, daß in all den erwähnten Abhandlungen das
Quellen- und Abhängigkeitsverhältnis der einzelnen Dichtungen entweder gar nicht oder nur nebenbei ins Auge gefaßt
wurde. Die meisten Arbeiten bieten nicht viel mehr als eine
Inhaltsangabe einzelner Psychedichtungen. Eine Analyse der
Einzeldichtungen und mitunter sogar eine sehr eingehende,
wird freilich auch dieser Arbeit nicht erspart bleiben, jedoch
soll die Analyse nicht Selbstzweck, sondern nur Mittel zum
Zwecke sein. Sie wird besonders da einsetzen, wo der einzelne Autor selbstschaffend tätig ist, umgestaltend wirkt, oder
mehr oder minder deutlich von anderen Vorlagen abhängig
ist und anderen Autoren folgt.

Zum Schlusse dieser Vorrede sei noch bemerkt, daß ich
mich bei Zitaten stets an die Schreibweise der mir vorliegenden Drucke gehalten habe. Nur habe ich Wortkürzungen
aufgelöst und in einzelnen Fällen die gänzlich fehlende Inter-
punktion gesetzt.[2])

---

[1]) Sauaro di Mileto: *La Psiche deificata* etc. 1668. — *Psiche
serennata per Musica* d'Apostolo Zeno, *Venezia* 1744.

[2]) Z. B. in Galeotto's Drama.

# Einleitung.

Das Märchen von Amor und Psyche, welches ich als bekannt voraussetze, hat die erste uns vorliegende Bearbeitung von dem madaurensischen Redner und Schriftsteller Lucius Apuleius erhalten. Als Abfassungszeit des als Jugendwerk betrachteten Asinus Aureus, einer Art Rahmenerzählung, in welche unser Märchen eingeflochten ist, werden etwa die Jahre von 151—155 n. Chr. angenommen. [1])

In der Psycheerzählung vermag ich jedoch nicht ein speziell griechisches, bzw. milesisches Märchen zu erblicken, wie von verschiedenen Seiten darzulegen versucht worden ist. [2]) Ich schließe mich vielmehr der Meinung derjenigen an, welche jene Erzählung zur Klasse der allgemein verbreiteten Märchen rechnen und annehmen, daß ihr erst Apuleius das uns bekannte Gewand verliehen und den mythologischen Aufputz beigelegt hat. [3])

---

[1]) R h o d e , *Rhein. Mus.* 40, 73; F r i e d l ä n d e r , *Sittengesch.* I, p. XXIII.

[2]) Vgl. Z i n z o w , *Psyche u. Eros*, p. XXIX; D i e t z e , *Zum Märchen von Amor und Psyche. Philologus LIX*, 145, wo unsere Fabel „ein von Hause aus in Milet lokalisiertes Märchen" genannt wird. Vgl. ferner C o n t o n , *Amore nella Letteratura e nelle Arti figurative*, p. 31 f.; N o r d e n , F., *Amor und Psyche*, Einleitung, p. 24 ff.; S c h a n z , M., *Röm. Lit.-Gesch.* III, 117 u. a. m.

[3]) Vgl. F r i e d l ä n d e r , *Sittengesch.* I, 522 ff.; P r e l l e r , *Griech. Mythol.* (4. Aufl.), p. 506; G u b e r n a t i s , *Storia*, VII. 276: „*Amore e Psiche sono creature mirabili del mondo fantastico ariano, ed in questo mondo soltanto si muovono* "; M e y e r , G., *Essays u. Stud.* I, 195 ff.; M e n g h i n i , *Scelta di Curiosità*. Disp. CCXXXIV, p. XLVIII ff.; v. d. L e y e n , *Herrigs Archiv*, CXV, 18 ff. u. CXVI, 288 ff. u. a. m.

Zu dieser Annahme führen mich außer den in den zitierten Abhandlungen angeführten Beweisgründen besonders noch folgende Erwägungen. Wir wissen, daß jener allegorische Mythus von Amor und Psyche, der einer poetischen Reflexion über die Wechselbeziehungen zwischen Liebe und Seele, sowie dem Gedanken, daß Amor sowohl der Beseliger als auch der Peiniger der Seele ist, seinen Ursprung verdankt, mit unserem Märchen durchaus nicht identisch ist. Der Amor und die Psyche jenes allegorischen Mythus haben außer dem Namen nichts gemein mit dem Amor und der Psyche unseres Märchens. Dies ist klar ersichtlich aus den zahlreichen auf jenen Mythus bezüglichen Darstellungen, die uns erhalten geblieben sind, und in welchen Amor bald Psyche, Psyche bald Amor peinigend, dann auch wieder beide in inniger Vereinigung dargestellt sind.

„*Ex hac allegoria*", schreibt Friedländer, „*Apuleius praeter nomina nihil fere sumpsit, nisi quod duos amantes, postquam multa mala perpessi sunt, beatissimis nuptiis coniunctionem sempiternam inire fecit. Verum est Cupidinem a Psyche vulnerari, sed ab ea invita; et quod Psyche multis aerumnis premitur, id Cupidine non modo nolente fit sed etiam inscio.*" [1]

Damit ist genügend die trennende Kluft zwischen jenem Mythus und unserem Märchen gekennzeichnet.

Wie oben angedeutet, ist der Mythus sehr häufig Gegenstand der bildenden Kunst gewesen, dagegen findet sich „ein genauerer Anschluß an die Erzählung bei Apuleius, abgesehen von einigen Gemmen, nur bei einem Sarkophagdeckel, wo drei Szenen des Märchens mit künstlerisch schaffender Modifikation dargestellt werden". [2] Und selbst von diesen wenigen Bildwerken steht nicht fest, ob sie tatsächlich auf unser Märchen Bezug nehmen. [3]

---

[1] *Diss. [I.], qua fab. de Psyche et Cup. cum fabulis cognatis comparatur. Regimonti 1860.* Vgl. *Sittengesch.*, p. 535.

[2] Vgl. *Denkmäler des klass. Altertums*, herausgeg. v. A. Baumeister, II, 1423 ff.

[3] Friedländer stellt in Abrede, daß es antike Kunstwerke gebe, die auf der Erzählung des Apuleius beruhen (vgl. p. 3 d. Abhandlung!). Vgl. ferner Furtwängler, in Roscher's Lexikon, p. 1371: „Die Fabel

Nehmen wir nun wirklich an, daß besagte Bildwerke unter dem Einflusse unseres Märchens entstanden sind, so werden wir sicher nicht irre gehen, wenn wir jene Skulptur für nachapuleianisch, also tatsächlich von der Apuleianischen Psycheerzählung inspiriert ansehen und die Gemmen in die luxuriöse Zeit des kaiserlichen Rom verweisen. Denn gerade das so sporadische und der Zahl nach, gegenüber den Darstellungen aus dem Mythus, so verschwindend seltene Auftreten von Kunstwerken, deren Motive etwa unserem Märchen entlehnt sein mögen, drängt zu dem Schlusse, daß man auf jeden Fall erst sehr spät daran gegangen ist, diesen Stoff künstlerisch zu verwerten. Und daß, nachdem man einmal angefangen hatte, zu diesen Motiven zu greifen, es auch bei den Anfängen verblieb, hat seinen Grund darin, daß um jene Zeit die künstlerische Schaffenskraft und der künstlerische Tatendrang ihre frische Lebensfähigkeit bereits eingebüßt hatten.

Warum aber griff nicht die Vorzeit, jene Zeit, wo das künstlerische Können und Schaffen auf höchster Höhe standen, zu diesem für die Kunst doch so verlockenden Gegenstande? Fehlte etwa die Würdigung dafür und gilt demnach Friedländer's Ansicht: „Wenn es keine antiken Kunstwerke gibt, die auf der Erzählung des Apulejus beruhn, halte ich dies keineswegs für zufällig. Die klassische Kunst verschmähte ebenso ihre Gegenstände dem Volksmärchen zu entlehnen, wie die klassische Poesie. Allerdings hätte es geschehen können, seit das Märchen durch Apulejus in die Litteratur eingeführt war, aber damals war die productive Kraft der bildenden Kunst schon so gut wie erloschen"?[1])

Dieser Ansicht kann ich nicht bedingungslos beipflichten. Meines Erachtens erklärt sich diese Erscheinung in erster

---

des Apuleius, die Elemente eines echten sogenannten milesischen Märchens auf die Gestalten von Eros und Psyche übertragend, hat auf die antike Kunst keinerlei Einfluß mehr geübt." Ebenso entschieden negiert S t e p h a n i, *Compte-rendu*, 1877, p. 81, das Vorhandensein auch nur eines einzigen antiken Kunstwerkes, das auf die Erzählung des Apuleius zurückgeführt werden könnte. Vgl. J. W. B e c k, *L. Apulei fabula de Ps. e. C.*, p. XIII u. XX f.

[1]) *Sitt.-Geschichte*, p. 546.

Linie daraus, daß das Märchen eben vorher in dieser Gestaltung nicht bekannt war. Denn ich vermag nicht anzunehmen, daß, nachdem der vorher besprochene Mythus
von Amor und Psyche so oft Gegenstand künstlerischen
Schaffens gewesen war, nicht dieser oder jener Künstler
einmal zu diesem anziehenden Stoffe gegriffen und so eine
Fundstätte für zahlreiche Motive aufgedeckt hätte, um so
mehr als der Scharfblick jener Kunstepoche sich sicherlich
sofort über die in diesem Gegenstand liegende Formkraft
hätte klar sein müssen. Selbst zugegeben, daß der klassische
Geist nicht zum Volksmärchen griff, so hatte doch die Darstellung des Märchens, wenn sie in der uns überlieferten
Fassung schon vor Apuleius existierte, eine derart mythologische Färbung, daß sich von selbst die vermittelnde Brücke
bot, und daß es bei einer so oftmaligen künstlerischen Behandlung jenes allegorischen Amor- und Psychemythus doppelt
nahe liegen mußte, zu Darstellungen auch aus unserem
„Pseudomythus" zu schreiten. Wenn nun aber, trotz dieser
Sachlage, dem nicht so ist, so liegt der Gedanke nahe, daß
das Märchen zu jener Epoche in der uns bekannten Form
noch nicht existiert, sondern noch eine Gewandung getragen
hat, die dem eines Märchens ähnlicher war, und daß erst
Apuleius nach dem eigenen Gutdünken das ursprünglich im
Volksmunde kursierende, einfache Märchen mit dem mythologischen Aufputze versehen hat, *«perchè la povera ragazza,
che deve espiare le colpe della sua curiosità con lunghe indagini,
e con una serie di pene offri ad Apulejo una analogia con l'anima
che viene torturata da Amore, e poi, resa felice, riposa nelle sue
braccia. Per conseguenza Apulejo chiamò la bella figlia del re
Psiche, e in tal modo la semplice novella popolare fu trasportata
in aere simbolico ed allegorico. La cattiva suocera poi si dovette
naturalmente chiamar Venere.»*[1])

Für die Annahme, daß das einfache Volksmärchen,
welches der Apuleianischen Erzählung zugrunde liegt, erst
spät durch die entsprechenden Zutaten zum Psychemärchen
wurde, scheint auch der Umstand zu sprechen, daß Ovid

---

[1]) Menghini, *Scelta di Curiosità.* p. XCVIIIf.

dasselbe offenbar noch nicht gekannt hat.[1]) Denn es ist nicht
anzunehmen, daß die anmutige Erzählung von Amor und
Psyche nicht ihren vollen Zauber auf den Dichter der Metamorphosen ausgeübt hätte, der in so entzückender Weise die
einfache Liebesgeschichte der durch Elternzwist getrennten
Nachbarskinder besingt, und der es nicht verschmäht, alte
Volksmärchen aufzugreifen, wie z. B. die von ihm erzählte
Sage vom König Midas beweist.[2]) Können wir nun, wo jene
Züge, die am meisten dazu angetan waren, das Psychemärchen
als griechisches bzw. milesisches Märchen erscheinen zu lassen,
sich als Zutaten und zwar spät erfolgte Zutaten eines einzelnen Schriftstellers [3]) erweisen, annehmen, daß es sich wirklich
um ein rein griechisches, „von Hause aus in Milet lokalisiertes" Märchen handelt? Gewiß nicht![4]) Dies um so
weniger, als wir nicht übersehen können, daß unser Märchen,

---

[1]) J. W. Beck, L. Apulei Fabula, p. XIII.

[2]) G. Meyer, Essays u. Stud. I, 196 f.

[3]) Auch Kawczyński spricht in seinem Aufsatze „Ist Apulcius
im Mittelalter bekannt gewesen?" (in: Bausteine zur rom. Philol. Festgabe f. A. Mussafia, Halle a. S. 1905, p. 193 ff.) die Meinung aus, daß
die Erzählung von Amor und Psyche „durchaus eine künstlerische
Schöpfung ist". Freilich faßt K. das „künstlerische Schöpfung" in einem
viel weiteren Sinne als wir, schießt damit aber auch weit über das Ziel
hinaus. K. stellt sogar in Abrede, daß der Erzählung überhaupt ein
Volksmärchen zugrunde liege. „Es gibt in der Apuleianischen Erzählung
nichts [sic!], was aus dem Volke gekommen sein sollte" (p. 196) . . . .
„Man muß annehmen, daß römische Damen, vielleicht Pudentilla selbst,
störrischen Sklaven wirklich Körnerauslesen als Strafe aufzuerlegen
pflegten, und wenn hier Ameisen die Arbeit ausführen, so tun sie es
ausschließlich für die Geliebte Amors, des auch über sie allwaltenden
Gottes" (p. 197). Wozu diese und ähnliche unglaubliche Tüfteleien, wo
doch uralte Märchenmotive so unverkennbar auf der Hand liegen? —
Man vergleiche im folgenden die Besprechung der Partonopeusdichtung!

[4]) Die gegenteiligen Darlegungen von Zinzow und Dietze (vgl. p. 1,
Anm. 2 d. Abh.!) werden mit vollem Rechte auch von Schaller,
De Fabula Apuleiana etc., p. 40 ff. bestritten. Entschieden abzulehnen
sind indes jene Ausführungen, in welchen Sch. entgegen den von Friedländer (und Cosquin) vertretenen Ansichten, darzutun versucht, daß
Amor und Psyche nicht erst nachträglich mit dem alten Volksmärchen
in Beziehung gebracht worden seien. Vielmehr hätten wir in Amor
und Psyche die ursprünglichsten Gestalten der Erzählung zu erblicken,

trotz seiner stark mythologischen Färbung und seines ganzen
Apparates aus der Götterwelt eine große Anzahl von Märchen-
motiven enthält, die bei den verschiedensten Völkern heimisch
sind [1]), und die sich, trotz mancher Differenzierung im einzelnen,
doch im wesentlichen gleich geblieben,, entsprechend dem
Grimm'schen Satze: „In seiner Idee immer dasselbe, wird
ein Märchen vier- bis fünfmal jedesmal unter anderen Ver-
hältnissen und Umständen erzählt, so daß es äußerlich kann
als ein anderes betrachtet werden." [2])

Kein Zweifel also, daß wir es mit einem uralten, allgemein verbreiteten Volksmärchen zu tun haben, das auch
bei den Griechen und Römern im Volksmunde kursiert hat,
von Apuleius aufgefaßt und in das uns überlieferte, dem
Märchen ursprünglich fremde Gewand gesteckt wurde.[3]) Daß
sich diese Apuleianische Fassung aber späterhin großer Beliebtheit erfreute, das beweisen die zahlreichen literarischen
Bearbeitungen, welche die Folgezeit aufweist. Durch das
ganze Mittelalter hindurch scheint Apuleius bekannt gewesen

Gestalten, deren Charakter sich erst durch das Hinzutreten der bekannten Märchenmotive einem Wandel unterzogen habe. Vgl. Schaller,
*De Fab. Ap.*, p. 9 ff.

[1]) Menghini, Scelta, p. XCVIII ff., gibt davon eine treffliche
Übersicht.

[2]) Vgl. Friedländer, *Sittengesch.* I, 553 ff.; Beiträge von
A. Kuhn, wo ein reiches Material aufgestapelt ist. Ferner: *Die indi-
schen Sagen u. Mythen von Purūravas u. Urvaçī, von Basnack Dau u.
Tulisa, sowie den Celebesmythus von Kasimbaha u. Utahagi*, in: *Kuhn's
Ztschr. f. vergl. Sprachforschung*, XVII, 56 ff., Aufsatz von Liebrecht,
*Amor u. Psyche — Zeus u. Semele — Purūravas u. Urvaçī.* Ferner:
*Kathā Sarit Sāgara. Die Märchensammlung des Sri Somadeva Bhatta
aus Kaschmir, Sanskrit u. deutsch herausgegeben v.* Brockhaus, Leipzig.
1839, p. 76 f., 1843, II, p. 190; Dunlop. *History of Fiction*, p. 109 ff.;
Tylor's *Forschungen*, aus dem Englischen übersetzt von H. Müller,
Leipzig. 1866, p. 448 ff.

[3]) Gegen die Versuche Dietze's, Schaller's und des an
Dietze's Darlegungen sich anschließenden F. Norden, das erste
vorchristliche Jahrhundert als den Zeitraum darzutun, in welchem die
erste literarische, der Apuleianischen Fassung nahestehende Bearbeitung
(somit die Übertragung der Namen von Amor und Psyche etc. auf das
alte Volksmärchen) auf griechischem Boden stattgefunden habe, sprechen
die oben gepflogenen Erwägungen.

zu sein.[1]) Wohl mag hierzu die Sage von Apuleius dem
Zauberer, der bald nach seinem Tode mit Apollonius von
Tyana neben Christus gestellt wurde, beigetragen haben, um
so mehr als der Kirchenvater Augustinus durch seine Schriften
das Andenken an Apuleius wach erhielt. Dazu kommt, daß
im Mittelalter der Glaube an Zauberei und Magie. genährt
durch die von den Kreuzzügen zurückgebrachten Schilderungen,
Erzählungen und Mären aus dem zauber- und phantasiereichen
Orient, sehr lebendig war und die Magie selbst in einem gewissen Ansehen stand.[2])

So konnte das Interesse für einen Mann, der so hohen
Ruhm genoß, nicht erlahmen, und das mußte zur Abschrift
und Verbreitung seiner Werke führen. Daß hierin der eingangs erwähnte *Asinus aureus*, in welchem ein gewisser
Lucius seine Verwandlung in einen Esel und seine Abenteuer als solcher erzählt, als das Hauptzauberbuch allen voran-
ging, ist um so natürlicher, als man die wunderbare Erzählung
für bare Münze nahm und lange Zeit glaubte, Lucius Apuleius
sei identisch mit .dem Lucius der Erzählung und demnach
selbst der Held der Handlung. Schreibt doch noch Poggius:
„*Cum quondam qui de asino aureo inscribitur Apuleij librum le-
gissem: existimabam, aut sibi ipsi quod scripserat accidisse: aut
extitisse id inventum et commentum suum.*“[3]) Er berichtet dann
weiter, daß er die Werke des Philosophen Lucius einsehend
ein Buch gefunden habe, betitelt: Lucij asinus: „*Noscendi
quid is liber contineret cupidus*", fährt er dann weiter, „*legi quod
Apulejus sibi evenisse affirmat et illi contigisse: ut haud dubium
sit ab Lucio aut alio ex graecis eam fabellam adinventam.*“ Und
so habe er denn die Übersetzung aus dem Griechischen

---

[1]) Schanz, *Röm. Lit.-Gesch.* III, 142 f.
[2]) Robert, *Examen critique* zur Partonopeusausgabe, p. XXVI:
«*Il faut remarquer que, suivant les croyances du temps, la magie était
considérée comme une haute science, qui loin d'être incompatible avec la
religion, exigeait autant de foi que de savoir.*»
[3]) In der Einleitung zu *Lucii Philosophi Syri comoedia, quae
Asinus intitulatur per Poggium Florentinum e graeco in latinum tra-
ductus*", p. 52 ff. — Auch Sieder, der erste deutsche Übersetzer des
As. Aur., hat eine solche Verwandlung für glaublich gehalten. Vgl.
Norden, *Amor u. Psyche*, Einl., p. 16.

unternommen, nicht um Getanes (i. e. durch Apuleius) nochmal zu tun, sondern um darzulegen „*hanc veterem et ab Apulejo veluti innovatam comœdiam nequaquam esse pro vero accipiendam*".

Da nun unser Psychemärchen von Apuleius in diesen eben besprochenen Rahmen eingeschoben worden war — in *Lucij asinus* findet es sich nicht —, so hat es damit auch seine Verbreitung gefunden. Es liegt nun die Frage nahe, ob nicht das Mittelalter schon auf diese romantische Erzählung zurückgegriffen und sie in dieser oder jener Weise literarisch verwertet hat.

Diese Frage hat vielfach eine entschiedene Bejahung gefunden [1]), indem man auf den altfranzösischen Liebes- und Abenteuerroman *Partonopeus de Blois* verwies, welcher so viele mit unserem Märchen gemeinsame Züge aufzuweisen habe. Von all den Annahmen, daß die Sage von Partonopeus und der schönen Melior direkt durch das Märchen des Apuleius inspiriert worden sei, möge nur die jüngste Abhandlung hierüber, Kawczyński's bereits erwähnter Aufsatz in der Festgabe für Mussafia eine Besprechung finden, da mit der Annahme oder Ablehnung dieser Untersuchung auch alle vorhergehenden ähnlichen Behauptungen stehen oder fallen.

„Als die erste Nachbildung (des Apuleianischen Märchens), sagt K. (l. c., p. 199), tritt der Parténopeus auf. Um allen Zweifel über das wirkliche Verhältnis der beiden Dichtungen zu heben, erlauben wir uns, die Reihenfolge der Motive in der einen und der anderen in einer Parallele darzustellen." Es folgt nun eine Gegenüberstellung von je neun wichtigen Zügen, die unbestreitbar große Ähnlichkeit miteinander haben. Angesichts solcher Tatsachen möchte man auf den ersten Augenschein hin geneigt sein, obiges Urteil kurzerhand zu unterschreiben. Und dennoch ist Kawczyński's Ansicht entschieden abzulehnen. Wenn wir Umschau halten in der Sagen- und Märchenwelt der verschiedensten Völker, so sehen wir, daß überall ähnliche Erzählungen und Überlieferungen sich

---

[1]) Zusammenstellung bei Zinzow, *Eros u. Psyche*, p. XIII; daselbst auch Zinzow's abweichende Ansicht!

finden, die nicht selten die gleichen Züge aufzuweisen haben.[1]
Aus vielen greife ich ein Volksmärchen heraus, *Lo turzo d'oro*
in G. Basile's *Cunto de li Cunti.* Als Gegenbeweis gegen
Kawczyński's Behauptung gestatte man mir eine ähnliche
parallele Gegenüberstellung, wie K. sie uns vor Augen führt.

| Amor und Psyche. | Lo turzo d'oro. (Parmetellamärchen.) |
|---|---|
| 1. Psyche, die *jüngste* von drei Schwestern, kommt durch Zephyr in den Zauberpalast ihres Liebhabers, d. i. Amors. | 1. Parmetella, die *jüngste* von drei Schwestern, kommt durch Zauber in den feenhaften Palast ihres Liebhabers. |
| 2. Nachts teilt ein unbekannter Gatte Psyches Lager. | 2. Nachts teilt ein unbekannter Gatte Parmetellas Lager. |
| 3. Psyche ist es streng untersagt, nach dem Anblicke des bei ihr ruhenden Gatten zu streben. | 3. Parmetella ist es streng untersagt, nach dem Anblicke des bei ihr ruhenden Gatten zu streben. |
| 4. Psyches Neugierde und das Verlangen den Gatten zu schauen obsiegt, sie überschreitet das strenge Verbot und besieht den Geliebten beim Lichte. | 4. Parmetellas Neugierde und das Verlangen den Gatten zu schauen obsiegt, sie überschreitet das strenge Verbot und besieht den Geliebten beim Lichte. |
| 5. Psyche wird von dem verratenen Gatten unter bitteren Vorwürfen verstoßen und verfällt der Gewalt der bösen Mutter ihres Geliebten. | 5. Parmetella wird von dem verratenen Gatten unter bitteren Vorwürfen verstoßen und verfällt der Gewalt der bösen Mutter ihres Geliebten. |
| 6. Psyche hat sich einer Reihe der schwersten Prüfungen zu unterziehen, deren erste die mit Hilfe der Ameisen ausgeführte Körnerlese ist. | 6. Parmetella hat sich einer Reihe der schwersten Prüfungen zu unterziehen, deren erste die mit Hilfe der Ameisen ausgeführte Körnerlese ist. |
| 7. Die böse Mutter des Geliebten erkennt auf den ersten Blick, daß die Körnerlese nicht Psyches eigenes Werk gewesen und legt ihr sogleich eine zweite, noch viel schwierigere Arbeit auf, die im Sammeln von Wolle bösartiger Schafe besteht. | 7. Die böse Mutter des Geliebten erkennt auf den ersten Blick, daß die Körnerlese nicht Parmetellas eigenes Werk gewesen und legt ihr sogleich eine zweite, noch viel schwierigere Arbeit auf, die im Sammeln einer bestimmten Menge von Federn besteht. |
| 8. Psyche besteht alle Proben unter dem geheimen Einflusse Amors. | 8. Parmetella besteht alle Proben unter Beihilfe ihres Geliebten. |

---

[1] Friedländer, *Sittengesch. Roms* I, 553 ff.; A. Kuhn, *Beiträge.* Vgl. ferner G. Meyer, *Essays und Studien* I, 202 f., sowie Schaller, *De Fabula Apuleiana*, p. 18 ff.

9. Fast am Ende ihrer Leiden wird Psyche trotz Warnung nochmals das Opfer ihrer Neugierde.

10. Durch die Dazwischenkunft des Geliebten jedoch wird Psyche gerettet.

11. Endliche endgültige Vereinigung.

9. Fast am Ende ihrer Leiden wird Parmetella trotz Warnung nochmals das Opfer ihrer Neugierde.

10. Durch die Dazwischenkunft des Geliebten jedoch wird Parmetella gerettet.

11. Endliche endgültige Vereinigung.

In Kawczyński's Gegenüberstellung liegt also durchaus kein zwingender Beweis dafür, daß Partonopeus aus Apuleius geschöpft ist, sonst müßten wir angesichts der obigen Parallele auch für *Lo turzo d'oro* und all die verwandten echten, schlichten Volksmärchen die Apuleianische Erzählung als Quelle bezeichnen. Dies um so mehr, als das Märchen von Parmetella inhaltlich der Apuleianischen Erzählung in einigen wichtigen Punkten sogar noch bedeutend näher steht als die Partonopeussage. Fürs erste finden wir im Parmetellamärchen die Rollen nicht vertauscht wie in der französischen Dichtung.[1] Sodann verfällt Parmetella genau wie Psyche nach Übertretung des Gebotes der Gewalt der bösen Mutter ihres Geliebten. Drittens werden von dieser genau wie im Psychemärchen der Parmetella die schweren Prüfungen, deren erste hier wie dort

---

[1] Kawczyński's Erklärung hierfür, wie vielfach auch seine weitere Beweisführung — der Hauptbeweis ist besagte Parallele — ist äußerst hypothetischer Natur. Sein Streben, neue Gesichtspunkte zu eröffnen, geht entschieden zu weit. Es verleitet ihn zu ganz unglaublichen und ungeheuerlichen Kombinationen. Eine Stichprobe davon findet sich schon S. 5, Anm. 3, eine weitere möge hier folgen. Aus dem Apuleianischen Märchen ist nach K.'s Darstellung nicht nur der Partonopeus, sondern auch der Schwanenritter und ganz besonders Oberon hervorgegangen. Von letzterem sprechend führt K. in seinem Aufsatze Huon de Bordeaux (*Bulletin des Sciences de Cracovie*, 1902, p. 143 ff.) aus: «*Son affinité avec Amour ne peut plus être mise en doute. Il faut dire que c'est le même personnage, mais déguisé. Malgré cela il n'est pas difficile à reconnaître. D'abord il est petit. On voit généralement dans cette circonstance la preuve décisive qu'il appartient aux nains, aux alpes germaniques. Il est vrai que ces êtres sont de très petite taille, mais Amour a-t-il jamais été grand? Même chez Apulée on en parle comme d'un puerulus et les Amours sont toujours représentés chez les anciens comme enfants.*» ... «*Auberon n'est donc pas de provenance germanique.*» Diese und ähnliche Argumentationen sind geradezu kindlich.

die Körnerlese bildet, in der Absicht auferlegt, die verhaßte und ungewollte Schwiegertochter zu verderben. Wir finden nichts ähnliches in der Partonopeusdichtung, denn das schließliche Erkämpfen der Geliebten im Turniere nach vorausgegangenem tiefen Herzeleide kann nicht als Parallele gelten. Viertens ist sehr beachtenswert, daß Parmetella wie Psyche trotz aller Warnung im letzten Augenblicke noch ein zweites Mal das Opfer ihrer Neugierde wird. Zwar kommt auch Partonopeus in letzter Minute vor dem Turniere noch in große Gefahr, indem er auf seiner Fahrt von Salence nach Chief d'Oire nach Thenedon verschlagen, von dem grimmen Armant gefangen gesetzt und erst im letzten Augenblick, ohne Armant's Wissen, von dessen Weibe zum Turniere entlassen wird. Im Vergleiche zu der frappanten Übereinstimmung des Psyche- und Parmetellamärchens fällt aber letzteres kaum mehr in die Wagschale. Fünftens endlich wird Parmetella wie Psyche aus ihrer letzten Not durch das Dazwischenkommen des nunmehr versöhnten Geliebten gerettet, während in der Partonopeusdichtung Armant's Weib die rettende Hand bietet.

Sollte man in Anbetracht dieser auffälligen Übereinstimmungen nicht viel eher vermuten, das Parmetellamärchen habe in der Psycheerzählung seinen Ursprung zu suchen? Gewiß, — wenn dem Märchen von der goldenen Wurzel nicht bis zur Evidenz der Stempel des schlichten, unverfälschten Volksmärchens aufgeprägt[1]), und wenn die Zahl der verwandten Erzählungen der verschiedensten Nationen nicht so erheblich wäre.[2])

Wenn wir aber nun trotz der augenscheinlichen Ideenverwandtschaft zwischen dem Psychemärchen und der Erzählung aus dem Cunto de li Cunti uns hüten werden, zu behaupten, das Parmetellamärchen sei aus Apuleius geschöpft,

---

[1]) Wiese u. Pèrcopo, *Gesch. d. It. Lit.*, p. 453: „*Märchen waren, verändert und literarisch gesäubert, auch in die Novellensammlungen des 14. und 15. Jahrhunderts . . . eingefügt worden; aber in Basile's Cunto de li Cunti (Erzählung der Erzählungen 1634) sind sie rein aus dem Volksmunde und ohne Abschweifungen in ihrer ganzen ursprünglichen Naivität erzählt.*"

[2]) Friedländer I, p. 553 ff.; A. Kuhn, Beiträge.

um wie viel zwingender sind dann die Gründe, denen zufolge
wir jedes direkte Verhältnis zwischen Apuleius und dem
Dichter des Partonopeus ablehnen müssen!

Diese Darlegungen finden endlich in Gröber's Ausführungen zur Quellenfrage der Partonopeusdichtung eine
Bestätigung. Gröber schreibt: „So reizvoll und originell die
Erzählung (v. Part.) gegenüber dem, was die Zeit bietet, ist,
und so anmutend Gestalten wie Melior und Uraka erscheinen,
so liegt doch alles dem antiken, tiefsinnigen Mythus viel zu
fern, als daß an eine direkte Benutzung des Apuleius gedacht werden könnte. In solchen Fällen sprechen die altfrz.
Dichter von und mit ihren ·Quellen, metamorphisieren das
Vorgefundene nur unfreiwillig und hüten sich, es gänzlich zu
entstellen. · Die Umformung eines Amor, den jeder Dichter
im 12. Jahrhundert im Munde führte, zu einem so hetero-
genen Wesen wie Melior es ist, hätte damals nicht ihres-
gleichen gehabt." [1])

Freilich, daß die Psycheerzählung, die Partonopeusdichtung
und das Märchen von der goldenen Wurzel im innersten Wesen
genau ein und dasselbe sind, ist angesichts der beiden Gegen-
überstellungen evident. Sie sind ein und dieselbe Erzählung
aus dem reichen, allen abendländischen Völkern gemeinsamen
Märchenschatze, von welchem der oben zitierte Grimm'sche
Satz gilt.

Damit, glaube ich, ist auch genugsam Licht in das Dunkel
gebracht, das, wie Gröber (l. c., p. 588) ausführt, über der Frage
schwebt, wie der Dichter des Partonopeus „in der Verstoßung
der Liebenden aus gleichem Grunde wie im alten Mythus
und in den Folgen der Verstoßung mit dem Psychemärchen
zusammentreffen konnte". Der Partonopeusdichtung liegt
ohne jeden Zweifel eine im Volksmunde kursierende Erzählung zugrunde, die im Wesen mit dem Psyche- und
Parmetellamärchen identisch ist, die aber bereits die eine
Wandlung durchgemacht hat, daß an Stelle Amors, bzw.
des verzauberten Prinzen eine Fee als Gebieterin über den

---

[1]) *Grundr. d. rom. Phil.* II, 1. Abt., 587.

Zauberpalast auftritt.[1]) Naturgemäß ist es nunmehr ein Prinz, der auf wunderbare Weise in diesen Palast gelangt. Wie seinerzeit Apuleius, so hat im Mittelalter der Dichter des Partonopeus diese volkstümliche Erzählung aufgegriffen, sie lokalisiert, in einen geschichtlich gefärbten Rahmen gefaßt und mit romantisch-ritterlichen Zutaten versehen, ohne jedoch dem Wesen des Märchens erheblichen Eintrag zu tun. Daher und lediglich daher die auf den ersten Blick frappierende Übereinstimmung mit Apuleius.

Wir werden demnach von einer weiteren Besprechung des mittelfranzösischen Epos Abstand nehmen und zu ermitteln suchen, wann und wo uns die ersten freien literarischen Bearbeitungen des Psychenmärchens entgegentreten.

## Niccolò da Correggio.

Im Jahre 1491 verfaßte Niccolò da Correggio eine epische Dichtung, welche den Titel *Psiche* trägt. Das Gedicht besteht aus 187 Strophen, in welchen der Dichter seine eigene unglückliche Liebe besingt. Das Apuleianische Märchen findet sich als Episode in die gering gewertete Dichtung eingeschoben.[2]) Leider blieb mir dieser Text unzugänglich.[3])

## Galeotto dal Carretto.

Dem ersten Psycheepos sollte bald das erste Psychedrama folgen. Die zahlreichen lebhaften Dialogpartien der Apuleiani-

---

[1]) Dieser Zauberpalast kehrt oftmals im Märchen wieder. Besitzer desselben ist bald ein jugendschöner Prinz, bald eine mächtige Fee. In der Gruppe der mit den Psychemärchen identischen Erzählungen tritt das „Verbot des Schauens" als besonderes Charakteristikum hinzu.

[2]) Tiraboschi, *Storia* VI, 1323 f.; Menghini, *Scelta* CCXXXIV. p. CXIV; Wiese u. Pèrcopo, p. 252.

[3]) An eben zitierter Stelle schreibt Menghini: «*Non potemmo consultare il poemetto, che…fu per noi introvabile.*» War es Menghini, dessen Beziehungen zu den Bibliotheken seines Vaterlandes doch wesentlich günstigere waren als die meinen, unmöglich, sich das Epos zu verschaffen, so kann ich mich einigermaßen darüber trösten, daß auch meine Versuche gescheitert sind.

schen Erzähluug forderten von selbst zur Dramatisierung
heraus. In der Tat hat sich Galeotto dal Carretto,
der Verfasser dieses Dramas, besonders eng an jene Dialogpartien angeschlossen, wie die nachfolgende Analyse dartun
wird. Bevor ich noch in dieses Psychedrama Einsicht zu
nehmen Gelegenheit fand (was mir erst in letzter Stunde
gelang), hatte ich schon ziemlich sichere Anhaltspunkte dafür,
daß kein anderer als Apuleius Galeotto's Vorlage gewesen
sein konnte. Auf der Suche nach besagtem Drama stieß ich
auf Galeotto's *Tempio de Amore*[1]), ein äußerst langatmiges
Drama, in dem etwa vierzig allegorische Figuren auftreten,
welche zwischen Amor und dem von seinem Hofe verbannten
Phileno, letzterem teils freundlich, teils feindlich gesinnt eine
Mittlerstelle einnehmen. Die Dichtung enthält unter anderen
Schilderungen vor allem eine eingehende Beschreibung des
Amorpalastes, bzw. -tempels. Hierbei ist auch von Psyche
die Rede, freilich nur ganz nebenbei. Nach der Schilderung
des Bades heißt es:

... Jui in le parti che son piu secrete
La uolupta, de Psiche e damor nata,
Glintranti accepta son sue voglie liete ...

Diese Stelle verrät natürlich Apuleius. Daß Galeotto
diesen überhaupt gründlich gekannt hat, beweist der Umstand,
daß er dem Drama, wenn wir die epenhafte Dichtung so
nennen wollen, die ganze Erzählung des Goldenen Esels,
jedoch mit Umgehung der Episoden, einverleibt hat. Die
Richtigkeit unserer Folgerung bestätigt vollends ein Blick in
das Psychedrama selbst. Es betitelt sich: *Le Noze* [*sic!*] *di
Psyche e di Cupidine* und wurde in Mailand 1520 gedruckt.[2])
Ein Prolog, der die Komödie ankündigt, und eine kurze Inhaltsangabe, *Argumento*, geht der Dichtung voran. Alsdann
setzt die Handlung ein: „*Il Cosmo et endilithia* [!] *sua moglie
uano aloraculo Dappoline per intender qual sia quello che deue*

---

[1]) *Venetia* 1524 (*Bibliotheca Estense, Modena*). Erster Druck Milano.
1519. Vgl. Tiraboschi, *Storia* VII, 1869.

[2]) Tiraboschi, l. c. VII, 1869; ferner Menghini, l. c.; bei
Wiese u. Pèrcopo findet wohl der *Tempio de Amore*, nicht aber das
*Psychedrama* Erwähnung.

*essere marito di Psiche sua figlia.*" Bei Apuleius beginnt die
Erzählung echt märchenhaft „Es war einmal ein König und
eine Königin". Kein Name wird genannt. Hier heißt der
König Cosmo, die Königin Endilithia. Der Name der letzteren,
der weiter nichts ist, als verderbtes griechisches ἐντελέχεια,
verrät uns, daß diese Genealogie ihren Ursprung philosophischen Reminiszenzen verdankt. Nach Aristoteles ist ψυχή,
die Seele, jenes Prinzip, durch welches der Körper, der an
sich nur die „Fähigkeit" hat zu leben und zu empfinden,
wirklich lebt und empfindet. Dieses Prinzip (ψυχή) nannte
Aristoteles ἐνέργεια oder ἐντελέχεια. Hieraus erhellt, wie
man dazu kam, den Namen Entelechia (Endelechia, Endilithia!) mit dem Psychemärchen in Verbindung zu bringen.
Freilich ist der philosophischen Darstellung etwas Gewalt angetan worden, indem man die Entelechia zur Mutter Psyches
machte.

Diese Neuerung ist keineswegs Galeotto's eigenes Produkt.
Sie entstammt vielmehr der 1472 zum erstenmal gedruckten
*Genealogia deorum gentilium* des Boccaccio, der seinerseits,
wie er selbst angibt, die Idee dem Martianus Capella entlehnt hat.[1]) Doch ist nach Boccaccio, bzw. Capella der Vater
Psyches Apollo, der alles belebende Sonnengott. Offenbar
wollte Galeotto von dem Apuleianischen '*Erant in quadam
civitate rex et regina*' nicht abweichen. Da es aber nicht
gut anging, den Sonnengott zu einem sterblichen König herab-
zusetzen, so mußte Cosmus an seine Stelle treten.

Boccaccio's, bzw. M. Capella's Einfluß macht sich auch
bei späteren Psychedichtungen geltend. Wir werden finden,
daß Bracciolini in dem Bruchstücke seiner Psychedichtung
die Nymphe Endelichia und Apollo als Eltern Psyches anführt.[2]) Auch Calderon scheint der Auszug des Italieners
vorgelegen zu haben.

---

[1]) Boccatius, *Genealogia* etc. Liber V. Ferner Martianus
Capella, Eyssenhardt's Ausgabe, p. 4.

[2]) Eine verwandte Genealogie finden wir auch in einer neueren
deutschen Psychedichtung (Schulze), wo die Nymphe Aglaja Psyche's
Mutter, Apollo deren Vater ist. Vgl. Weidling, *Drei deutsche Psychedichtungen*, p. 7.

Schreiten wir indes zur Analyse des Dramas. Die königlichen Eltern nähern sich dem Tempel Apollos. Aus ihrem Munde erhalten wir Kunde von der Schönheit Psyches, zugleich spricht sich aber tiefe Besorgnis über das Geschick ihrer Tochter und Furcht vor dem Zorne der Venus aus. Apollo scheint den Zweck ihres Kommens schon im voraus zu kennen, denn schon tönt dem unglücklichen König das Orakel entgegen:

> Tua figlia lassarai qual morta al scoglio
> Che per sua sorte el ciel gli ha destinato,
> E moglie fia dun dio che col suo orgoglio
> Tremar fa el mondo el cel da ciaschun lato.

Also ein Gott soll nach dieser Fassung des Orakels Psyches Gatte sein, freilich ein fürchterlicher Gott, wie Apollo des weiteren kundmacht:

> E col ueneno suo da gran cordoglio
> A chi se inbatte astar sotto el suo stato,
> E qual serpente alato in laria uuola
> E fuor de petti humani spiriti inuola.

Die Spuren des Apuleianischen Einflusses sind unverkennbar, allerdings steht Galeotto's Orakel hinter seinem Vorbilde zurück. Der Doppelsinn, welcher in dem 'nec speres generum mortali stirpe creatum' liegt, entgeht Galeotto vollkommen, wie das „e moglie sia dun dio" beweist. Auch finden wir hier keine Spur von der schönen Steigerung im Apuleianischen Orakel, nach welchem die Menschheit, ja sogar Jupiter und selbst die stygischen Finsternisse vor dem Ungeheuer erzittern, welches der unglücklichen Psyche als Gatte bestimmt sei. Wehklagend zieht Cosmo von dannen. Die folgende kurze Szene führt uns Venus und Cupido vor Augen. Die Worte der Göttin klären über die Lage der Dinge mehr und mehr auf:

> Psiche e collei che ame uol farsi equale . . .
> Da mille bande uengon le persone
> Per contemplare costei la cui belleza
> E tanta e tale che non ha parangone . . .
> In honor suo si fanno altari e templi . . .

Gli altari mei cho in cipro, in papho et in gnido
De sacrificii restano deserti
Tal chin contempto uegiò ogni mio nido . . .

Ganz ähnlich erzählt Apuleius: '*Paphon nemo, Cnidon
nemo, ac ne ipsa quidem Cytherea ad conspectum deae Veneris
nauigabant*' . . . Auch die Anspielung auf das Urteil des
Paris hat Galeotto aus seiner Vorlage mit herübergenommen.
Dann aber fordrt die Göttin Amor auf, ihre Schmach zu
rächen:

Perho figliol in cui mia possanza hagio
Fache costei damor feruente acendi
Dun huom dextrema sorte al suo paragio.

Bei Apuleius lautet diese Stelle: '*Virgo ista amore flagrantissimo teneatur hominis extremi.*' Wieder tritt also der
Einfluß des Lateiners unverkennbar zutage, aber wieder reicht
die italienische Dichtung nicht an ihre Vorlage heran. Dort
eine leidenschaftliche, lebendige Sprache, hier ein verwässerter
Auszug.

Besser ist die sich anschließende Szene, die uns den
Trauerzug zum Aussetzungsfelsen vor Augen führt. Hierin
lehnt sich Galeotto stellenweise wortgetreu an Apuleius an.
Psyche sucht starken Mutes die jammernden Eltern und das
klagende Volk zu trösten, sie weist aber auch hin auf die
wahre Ursache ihres Unglücks:

Qui goderete i premii preclari
De mie belleze e uenustate egregia . . .
Prego ciaschun che pianger non mi degia
Che pianger doueuati alhora (quando
Era del patre mio nel aula regia
E) chel popul me andaua celebrando
Cum diuin culto e cum solemne honore . . .
Sol per cagion di uener saro mot(t)a . . .

Man vergleiche mit diesem kurzen Auszuge die entsprechende Stelle der lateinischen Erzählung: '*Haec sunt uobis
egregiae formonsitatis meae praeclara praemia . . . Cum gentes et
populi celebrarent nos diuinis honoribus . . . tunc flere . . . debuistis.
Iam sentio . . . solo me nomine Veneris perisse, etc.*'

Die folgende Szene, die übrigens ihre Nachahmung durch
Poggio gefunden zu haben scheint, ist der Apuleianischen
Darstellung fremd, entstammt also gänzlich der Feder Galeotto's. Amor tritt auf und beobachtet Psyche, um die auf-
getragene Rache zu vollführen. Aber wie schnell wandelt sich
im Herzen des Gottes das Rachegefühl in das gerade Gegenteil, als er der Psyche ansichtig wird:

> Oime che mi son ponto da me stesso!
> Ahi lasso, che per lei tuto quanto ardo
> Et esser suo pregion gia mi confesso!
> Quanto el suo uiso piu contemplo e guardo,
> Tanto maccende piu la fiamma molle
> . Che scie dai raggi del suo dolce sguardo.

Schließlich bittet er den Zephyr, die schöne Königstochter
nach seinem in anmutigem Tale gelegenen Palast zu tragen.

> Io non ferisco lei come me impose
> Cum grande affetto la mia matre bella . . .

Die nächste Szene führt uns den Palast Amors vor
Augen. Psyche, von Zephyr getragen, kommt dort an und
wird von einem unsichtbaren Chore begrüßt, der ihre Anmut,
die Pracht des Palastes und die Schönheit seines Beherrschers
rühmt.

Staunend ruft Psyche aus:

> Oime, doue son io? che albergo degno
> Vago et ornato e richo di tanto oro
> E questo oue hora per mia sorte uegno?

Eine der unsichtbaren Dienerinnen gibt ihr sofort Auskunft:

> Entra qua denuo, e non hauer timore!
> Eccoti el bagno et el tuo bel letto.
> Vi dormirai col sposo tuo signore,
> Ma prima te lauerai nel bagno netto,
> E poi che ben lauata tu sarai
> La cena prenderai per tuo dilecto.
> E poi la cena tu te spoglierai,
> E noi, tue ancille, te discalzaremo,

E tu nelletto te cor(r)icarai;
Iui col sposo noi te lassaremo.

Wie wir sehen, bemüht sich Galeotto möglichst alle Einzelheiten aus Apuleius in sein Drama herüberzunehmen, freilich
geht er hierbei, wie die eben zitierten Verse beweisen, in recht
geschmackloser Weise zu Werke.

Nachdem wir bei Apuleius die nächtliche Verbindung
Amors mit Psyche erfahren, lesen wir weiter: '*Interea parentes
eius indefesso luctu atque maerore consenescebant, latiusque porrecta
fama sorores illae maiores cuncta cognorant propereque maestae
atque lugubres deserto lare certatim ad parentum suorum conspectum
adfatumque perrexerant.*' Diese Stelle hat Galeotto veranlaßt,
uns eine Szene ähnlichen Inhalts vor Augen zu führen. Unmittelbar vom Palaste Amors hinweg werden wir in den
Königspalast zu den unglücklichen Eltern und den trauernden
Schwestern versetzt. Ein Klagegesang dringt an unser Ohr.
Aber schon werden wir wieder in den Amorpalast zurückgeführt, genau wie bei Apuleius, wo es unmittelbar im Anschluß an die oben zitierte Stelle heißt: '*Ea nocte ad suam
Psychen sic infit maritus:*' ... Auch der Wortlaut der von
Amor an Psyche gerichteten Warnung kann die Abhängigkeit
des Dramas von der lateinischen Vorlage nicht verleugnen.
Fast in jedem Verse finden sich wörtliche Anklänge an den
lateinischen Text. Als Beleg hierfür diene folgende Gegenüberstellung! Bei Apuleius lesen wir: '*Psyche, dulcissima et
cara uxor, exitiabile tibi periculum minatur fortuna saeuior ...
sorores iam tuae mortis opinione turbatae tuumque uestigium re-
quirentes scopulum istum protinus aderunt, quarum siquas forte
lamentationes acceperis, neque respondeas, immo nec prospicias
omnino; ceterum mihi quidem grauissimum dolorem, tibi uero
summum creabis exitium.*'

Galeotto überträgt diese Worte in folgende Verse:
Psiche, mia dolce e placida consorte,
Io uegio in te uno periculo eminente ...
Pianto han col patre tuo derotamente
Le tue sorelle, perche stiman tuti
Che le tue membre sian de uita spente.

2*

E . . .
Cerchando i toi uestigi al scoglio andrano
Cum ululati e miserabel luti.
Ma se soi stridi ale tue orechie iranno
Non gli responder, perche mi daresti
Non puocha doglia e tu nharesti danno.

Galeotto schließt sich also sehr eng an den Wortlaut
bei Apuleius an, freilich den schon mehrfach erhobenen Vorwurf, daß der Italiener seine Vorlage verwässere, können wir
auch hier nicht unterdrücken. Wie kraftvoll steigernd schließt
z. B. bei Apuleius die Rede Amors ab: 'Ceterum mihi quidem
grauissimum dolorem, tibi uero summum creabis exitium.' Wie
nichtssagend muten dagegen die Verse Galeotto's an:
[perche] mi daresti
Non puocha doglia e tu nharesti danno . . .

Bei Apuleius lesen wir dann weiter: 'sed eo simul cum
nocte dilapso diem totum lacrimis ac plangoribus misella con-
sumit' . . . Genau so Szenenwechsel bei Galeotto. Amor ist entschwunden; Psyche ergeht sich in Wehklagen über ihre Vereinsamung. Einige Zeilen hernach berichtet Apuleius, daß
Amor bei einbrechender Nacht wiederkehrt. Demgemäß führt
uns Galeotto nach abermaligem Szenenwechsel wieder Amor
und Psyche in ihrem Schlafgemach vor Augen. Es folgen,
untermischt mit Psyches stürmischen Bitten, die leise tadeln-
den Vorwürfe Amors, sein Nachgehen und eindringliches
Gebot, nicht auf Veranlassung der Schwestern hin nach seiner
Gestalt zu forschen. Wie im Vorausgehenden, schließt sich
auch hierin Galeotto seiner Vorlage getreulich an. Greifen
wir z. B. die Treuschwüre und Liebesbeteuerungen Psyches
als Beleg heraus! Bei Apuleius lautet diese Stelle: 'sed prius',
inquit, 'centies moriar quam tuo isto dulcissimo conubio caream!
Amo enim et efflictim te, quicumque es, . . . nec ipsi Cupidini
conparo. Sed istud etiam meis precibus, oro, largire et illi tuo
famulo Zephyro praecipe, simili uectura sorores huc mihi sistat.'
Galeotto hat diese Stelle, wenn auch etwas weitschweifiger
und unter Umstellung einzelner Sätze, getreulich übertragen:
Chiunche tu sei, io tamo e dei pensare
Che prima patirei ben mille morte,

Che mai della promessa ate manchare.
E certo esser tu dei, caro consorte.
Che se tu fusti el bel.garzon Cupido,
Come te amo, io non te amarei piu forte.
Ma se tu me ami asai, come mi fido,
Te prego che al tuo Zephiro comande
Che porti mie sorelle in questo nido.

Schon in der folgenden Szene sehen wir die beiden
Schwestern auf dem Wege zum Aussetzungsfelsen. Sie singen
eine Kanzone, in welcher das traurige Geschick Psyches beklagt wird. Diese Szene ist gleichfalls im wesentlichen bei
Apuleius vorgezeichnet, wie auch die Worte der Psyche auf
jene Klagen hin in beiden Fassungen genau übereinstimmen.
Apuleius: 'quid vos miseris lamentationibus nequiquam adfligitis?
quam lugetis, adsum. lugubres uoces desinite et diutinis lacrimis
madentes genas siccate tandem, quippe cum iam possitis, quam
plangebatis, amplecti'.

Galeotto: Ah, che, sorelle, maffligete tanto?
Eccoui quella per cui lacrimate.
Lassate donche el lamenteuol pianto,
E le bagnate guancie ue siccate,
Poi che ui lice di ueder collei
Qual dabracciar e di basar bramate.

Zephyr bringt sodann die Schwestern in den Palast, wo
ihnen die herrlichsten Speisen aufgetragen, und wo sie von
unsichtbaren Dienerinnen bedient werden. Nicht lange dauert
es, so stellt die eine Schwester die Frage nach Psyches Gatten.
Der lateinischen Vorlage entsprechend lautet die Antwort:

De prima barba el sposo mio formoso,
Qual ua caciando el giorno per ristoro;
Poi uien la notte e meco sta in riposo.

Nun wird Psyche ängstlich; sie beschenkt ihre Schwestern
noch reichlich mit Gold und edlem Gestein, dann aber drängt
sie dieselben zum Aufbruche. Apuleius faßt diese Stelle in
folgende Worte: 'et nequa sermonis procedentis labe consilium
tacitum proderetur, auro facto gemmosisque monilibus onustas eas
statim vocato Zephyro tradit reportandas.'

Bei Galeotto lesen wir ganz ähnlich:

Questi monili, queste gemme et oro
Vo che sian uostre . . .
Itene donche a uostri alberghi preste,
E tu, Zephiro mio, fa che le porti!

Die folgende Szene zeigt uns die beiden Schwestern auf ihrer Rückkehr von Psyche. Wie bei Apuleius klagen sie über das parteiische und ungerechte Schicksal, welches ihre jüngste Schwester, die doch von den gleichen Eltern stamme, so sehr bevorzuge. Psyches Gatte müsse wohl ein Gott sein, sie selbst aber werde wohl binnen kurzem der Unsterblichkeit teilhaftig werden. Hier wie bei Apuleius finden sich endlich die bitteren Klagen über ihre Gatten, die alt und gebrechlich seien, sowie der Vorsatz, Psyche zu stürzen und das, was sie gesehen, sorgfältig geheim zu halten. Wie Apuleius, so führt uns auch Galeotto sofort wieder zu Psyche zurück. Amor warnt neuerdings vor den Tücken der Schwestern. Er offenbart der Geliebten, daß sie einen S o h n empfangen, der unsterblich sein solle, wenn sie sich seinem Gebote füge, sterblich aber, wenn sie ungehorsam sei. Psyche ist hocherfreut „di questo figliol“, den sie im Schoße trage. Also wie Apuleius spricht auch Galeotto an dieser Stelle von einem „Söhnchen“. Wir sind überrascht, wenn uns am Schlusse der Apuleianischen Erzählung, nachdem zweimal ausdrücklich von einem zu erwartenden Söhnchen die Rede war [1]), die Geburt eines Töchterchens Voluptas vermeldet wird. In Galeotto's Drama, wir können dies gleich vorausnehmen, wird, wie bei Apuleius, am Schlusse die Geburt einer Tochter vermeldet. Auch im Tempio de Amore haben wir bereits von der uolupta, der Tochter Amors und Psyches gehört. Galeotto macht sich also mit Apuleius, im Gegensatz zu Udine, Chiabrera, Marino und Gabrielli, welche, wie wir sehen werden, ganz folgerichtig die Geburt eines Sohnes Diletto verzeichnen, einer auffälligen Inkonsequenz schuldig. Deutlich tritt auch im folgenden Galeotto's Abhängigkeit

---

[1]) Vgl. Schaller, *De Fab. Ap.* etc. p. 15f.: *Iam Friedländer Apuleio vitio dedit* etc.

von Apuleius zutage. Nach Schilderung von Psyches Freude über das verheißene Söhnchen lesen wir bei Apuleius: '*sed iam pestes illae taeterrimaeque furiae anhelantes uipereum uirus et festinantes inpia celeritate nauigabant.*' Dann den Faden der Erzählung wieder auf Psyche zurücklenkend fährt der Lateiner fort: '*tunc sic iterum momentarius maritus suam Psychen admonet*' ... Genau so führt uns Galeotto in einer kurzen Szene die ruchlosen Schwestern auf ihrer abermaligen Wanderung zum Palaste Amors vor Augen, um dann sofort wieder auf die Ereignisse dortselbst zurückzukommen. Nochmals warnt Amor dringend vor den tückischen Schwestern:

El sexo infesto et inimico sangue
Cum impeto efuror ha preso larme ...

Fast die nämlichen Worte finden wir in der lateinischen Erzählung: '*en sexus infestus et sanguis inimicus iam sumpsit arma*' ... Ebenso stimmen die beschwichtigenden Worte der Psyche und ihre abermaligen Bitten um Zulassung der Schwestern ziemlich genau mit Apuleius überein. Nicht minder klar tritt das Abhängigkeitsverhältnis in der folgenden Szene zutage. Die beiden Schwestern kommen in den Palast. Sie heucheln die lebhafteste Freude über Psyches Mutterschaft. Alle Zauberkünste des Palastes werden wieder in Bewegung gesetzt. Wieder fragt eine Schwester nach Psyches Gatten und diese, uneingedenk ihrer früheren Aussage, erwidert:

Eglie uno mercante pratico e sentito
Qual negociando ua per ste contrate,
Che del gran mare sono atorno el lito,
Et e nel mezo corso di sua etate
Et ha i capelli in capo gia canuti,
Come riccercha la uirilitate.

Reich beschenkt werden die Schwestern sodann wieder entlassen. Auf dem Rückwege tauschen sie ihre Vermutungen aus über Psyches u n g e h e u e r l i c h e L ü g e (*monstruoso mendatio*, ebenso Ap.),

Chel sposo suo qual dianzi giouene era
Gia sia canuto in cossi puoco spatio.

Sicherlich wisse Psyche nicht, wie ihr Gatte aussehe.
Wenn sie aber das Antlitz ihres Gemahles nicht kenne, so
sei sie gewiß Gattin irgend eines Unsterblichen und in kurzer
Zeit werde sie wohl Mutter eines Gottes sein. Gleichzeitig
gibt sich die Absicht des Schwesternpaares kund, Psyche zu
verderben. Wir sehen auf den ersten Blick wieder den engen
Anschluß Galeotto's an seine Vorlage. Auch die folgende
Szene zeigt die fast sklavische Abhängigkeit des Italieners
vom Lateiner. Bei letzterem schließt das Gespräch der
Schwestern mit den Worten: *'ergo interim ad parentes nostros
redeamus'* ... und dann erzählt er weiter: *'Sic inflammatae, pa-
rentibus fastidienter appellatis et nocte turbata uigiliis, perditae ma-
tutino scopulum peruolant'*.... Diese wenigen Zeilen haben
Galeotto veranlaßt, die nächste Szene wieder in den elter-
lichen Palast der Psyche zu verlegen. Hier berichten
die beiden älteren Töchter den unglücklichen Eltern, sie
hätten vergeblich überall nach Psyche gesucht, von ihr
jedoch keine Spur entdeckt. Cosmo bricht in laute Klagen
aus; nie werde man ihn wieder fröhlich sehen, und in ähnlicher Weise verleiht Edilithia ihrem Schmerze Ausdruck.
Doch nicht lange duldet der Neid die Schwestern im Hause
der Eltern. Unter dem Vorwande, in ihr eigenes Heim zu
den Gatten zurückkehren zu wollen, machen sie sich schleunigst
ein drittes Mal auf den Weg zu Psyche. Zephyr bringt sie
in der gewohnten Weise in den Palast. Schon sehen wir,
wie die beiden Unholdinnen ihr argloses Opfer mit giftiger
Rede bestricken:

> Psiche, ...
> Tu senza affanno qui beata sedi,
> E noi hauende de tue cose cura
> Habian dolor di quel che tu non uedi.
> Sapian di certo che di notte oscura
> Una gran biscia in molti nodi intorta
> Vene astar teco. E tu stai qui sicura!
> E molti caciatori lhanno scorta
> Gia molte sete ritornar dal pasto ...
> La risposta dapollo ben fu uera,

Che al patre reuelo che tua persona
A noze duna bestia dicata era . . .

Diese Worte sind zum Teil unverändert aus Apuleius herübergenommen. Man vergleiche damit folgenden Auszug aus dem lateinischen Text: '*tu quidem felix et ipsa tanti mali ignorantia beata sedes, nos autem, quae peruigili cura rebus tuis excubamus, cladibus tuis misere cruciamur. pro uero namque comperimus . . . multinodis uoluminibus serpentem . . . tecum noctibus adquiescere. et multi coloni quique circumsecus uenantur . . . uiderunt cum uespera redeuntem e pastu . . . nunc recordare sortis Pythicae, quae te trucis bestiae nuptiis destinatam esse clamauit.*' Psyche gesteht zu, daß sie ihren Gatten noch nie gesehen habe. Nur des Nachts komme er immer zu ihr, und wenn sie ihn um seinen Anblick anflehe, dann drohe er mit großem, zukünftigem Leide.

Der Rat der Schwestern, wie Psyche das Ungetüm bewältigen müsse, ist ganz Apuleianisch. Mit Messer und Licht müsse sie sich rüsten, den Unhold im Schlafe überraschen und gegen ihn den tödlichen Streich führen. Selbst bis ins einzelnste folgt Galeotto seiner Vorlage. Bei Apuleius heißt es z. B.: '*nec nostrum tibi deerit subsidium, sed cum primum illius morte salutem tibi feceris, anxiae praestolabimus cunctisque istis ocius tecum relatis uotiuis nuptiis hominem te iungemus homini*'. Galeotto bildet diese Stelle folgendermaßen nach:

E quando harai el fatto tuo compiuto
Insti contorni noi taspetteremo
E coi uicini ti daremo aiuto.
E a saluamento poi te guidaremo,
E cum noze uotiue e triumphante
Cum un marito human te giungeremo.

Die folgende Szene führt uns Psyche allein vor Augen. Ihre Schwestern haben sich wieder entfernt und die Unglückliche in ihren schrecklichen Zweifeln zurückgelassen. Ihre Gedanken beschäftigen sich nur mit ihrem Gatten:

In bestia lodio, e amolo in marito.
Hor uado, hor resto, hor temo et hor ardisco.

Diese Stelle ist eine und zwar recht armselige Nachahmung des Apuleianischen '*festinat, differt, audet, trepidat, diffidit, irascitur; et, quod est ultimum, in eodem corpore odit bestiam, diligit maritum.'*

Der Entschluß, dem Rate der Schwestern Folge zu leisten, gewinnt schließlich in Psyches Herzen die Oberhand. In einem neuen Auftritte — es ist dies die Eingangsszene des dritten Aktes — macht sich Psyche an die Ausführung des ihr von den ruchlosen Schwestern vorgeschlagenen Planes. Auch in der Darstellung dieser Vorgänge hält sich Galeotto genau an Apuleius. Mit Licht und Messer ausgerüstet naht Psyche dem Lager ihres Gatten. Sie verwundet sich an einem seiner Pfeile, gibt ihrem Entzücken über den unerwarteten Anblick Ausdruck, will Amor küssen — da entfällt ihrer Lampe ein Tropfen siedenden Öles und versengt Amors Schulter. Der verletzte Gott springt vom Lager auf, richtet zürnende Worte an Psyche, und verkündet, daß seine Rache bald über Psyches Schwestern kommen werde:

Ma auendicarmi non staro gia molto
Di quelle egregie tue consiliatrice . . .

Bei Apuleius lautet diese Drohung ganz ähnlich: *'Sed illae quidem consiliatrices egregiae tuae . . . dabunt actutum mihi poenas'.*

Amor ist entschwunden. In ihrer Verzweiflung will Psyche im nahe gelegenen Flusse den Tod suchen. Sie wird jedoch an das jenseitige Ufer getragen. Dort spricht Pan aufmunternde Worte zu ihr, und nun beginnen ihre Irrfahrten. Zunächst soll die arglistigen Schwestern gerechte Strafe treffen. Psyche begegnet einer der Verräterinnen auf der Straße und berichtet ihr die Ausführung der frevlen Tat und ihre Verstoßung. An ihrer Stelle aber habe sich Amor die Schwester zur Gattin erkoren.

Es folgt nunmehr eine ganz eigenartige Szene, die wir anderwärts nicht wieder antreffen, die also zu den wenigen Zügen eigener Erfindung gerechnet werden muß. Die törichte und nach Amors Liebe dürstende Schwester begibt sich schleunigst zu ihrem Gemahl und berichtet diesem in erheuchelter Trauer, ihr Vater sei gestorben. Der Gatte möge also ihre Reise in die Heimat gestatten. „Geh wenn es dir gefällt", erwidert der ob der Trauerkunde aufrichtig betrübte

Gatte, „wenn du aber den Toten beklagt hast, dann weile
nicht mehr allzulange bei deiner Mutter!" In der nächsten
Szene ist das gewissenlose Weib bereits unterwegs. Doch
nicht der Heimat streben ihre Schritte zu, sondern, wie ihrem
Selbstgespräche zu entnehmen ist, dem Aussetzungsfelsen, von
wo aus Zephyr sie in die Arme Amors führen soll. „Sie
stürzt sich in die Tiefe", besagt die Bühnenanweisung am
Schlusse des erwähnten Selbstgesprächs, „und bricht den
Hals". In ganz ähnlicher Weise findet die zweite Schwester
ihren Tod und die gerechte Strafe in der Tiefe des Abgrundes.
Während die beiden Gatten bei Apuleius nur nebenbei im
Laufe der Erzählung kurze Erwähnung finden, sind sie hier
handelnd eingeführt. Es ist dies eine Neuerung, die späterhin auch Mercadanti in seinem Drama verwendet hat.

In der folgenden Szene tritt Venus auf. Aus ihrem
Monologe können wir entnehmen, daß sie von allen Vor-
fällen der jüngsten Zeit unterrichtet ist:

Quel biancho ucel, che sta del mar su londe,
Mha datto, oime! pur dianzi tal nouella,
Chogni dolor nel petto mio sasconde.
Cum sua loquace e garrula fauella
Mha reuellato, come el mio figliolo
Arde damor dun mortal donzella ...

Alles, was Apuleius teils berichtend, teils als Rede und
Gegenrede zwischen Venus und der Möwe (*auis peralba illa
gauia*) zur Darstellung bringt, ist in diesem Selbstgespräche
enthalten. Venus eilt sodann unverzüglich zu Amor. Die
folgende Szene zeigt uns einen erregten Auftritt zwischen der
Göttin und ihrem Sohne. Ganz im Sinne des Apuleius folgt
hierauf auch die Begegnung mit Ceres und Juno. Alsdann
lenkt Galeotto wie Apuleius die Gedanken wieder auf Psyche
zurück, die sich schutzflehend den Heiligtümern der Ceres
und Juno naht. Doch keine Hilfe wird der Verlassenen zuteil. Die beiden Göttinnen wagen nicht, den Zorn der Venus
auf sich zu laden. In einer elenden Höhle muß Psyche
Schutz suchen. *Psiche se ne ua dentro ad una speluncha*, besagt
die hier eingeschobene Bühnenanweisung, *doue sta una pouera
donna da cui e racolta. Venere compare insieme cum Mercurio*

*al quale dice cosi* . . . Es ergeht an Merkur die Aufforderung, überall die Bekanntmachung zur Auslieferung der flüchtigen Psyche ergehen zu lassen. Schon die folgende Szene zeigt uns Merkur, wie er der erhaltenen Weisung nachkommt. Wir vernehmen hier aber keineswegs etwas von dem Kußversprechen; an seine Stelle ist die Drohung getreten, daß derjenige halb zu Tode gepeitscht werden solle, zu dessen Füßen die flüchtige Sklavin getroffen werde. Geängstigt durch diese drohende Ankündigung ruft die alte Frau Psyche zu:

> Vatene donche et escie fuor del speco,
> Che piu non uo che tu qui alberghi meco!

Psyche verläßt ihr Versteck und fällt sofort in die Hände der Consuetudine, die ihre Gefangene unter harten Worten in Gewahrsam nimmt und sie mitleidlos an den Haaren zerrt. Venus gießt über die gehaßte Rivalin ihren ganzen Spott und Hohn aus und übergibt sie der Sollicitudine und Tristitia zur Züchtigung.

Damit sind wir wieder auf bekanntem Boden angelangt. Ganz neu eingeschaltet ist dagegen die Szene in der Höhle des armen Weibes. Die Namen der drei Peinigerinnen Psyches sind natürlich Apuleius entlehnt, wie sich Galeotto im folgenden überhaupt wieder sehr eng an seine Vorlage anschließt. Eine kurze Szene drängt sich nun auf die andere. Es folgt die Körnerlese, die mit Hilfe der Ameisen vollzogen wird, als Psyche ob der unlösbaren Aufgabe schon verzweifeln will. Als Venus Psyche vor vollendetem Werke findet, ruft sie ihr zu:

> Ahi uille ancilla perfida et iniqua,
> Cum le tu man questa opra non facesti . . .

Man vergleiche hiermit den lateinischen Wortlaut: *'non tuum, nequissima, nec tuarum manuum istud opus'*. Apuleius fährt sodann in seiner Erzählung fort: *'Interim Cupido solus interioris domus unici cubiculi custodia clausus cohercebatur acriter.'* Demgemäß zeigt uns auch bei Galeotto der nächste kurze Auftritt den Liebesgott im Gewahrsam seiner zürnenden Mutter. Er klagt über seine Gefangenschaft und die Trennung von der Geliebten. Doch abermals wechselt nach Apuleiani-

schem Muster die Szene. Venus legt der verhaßten Nebenbuhlerin die zweite Probe auf:

> Vedi quel boscho cha un bel fiume a canto
> Doue son quelle peccore nitente
> Di color doro pretioso tanto
> Che errando uan uel pasculo fiorente
> Senza custode . . .
> Vatene donche e fa che piu non tardi,
> Recami qui de uel pretioso un fioccho!

Diese Stelle ist eine fast wörtliche Übertragung des
Apuleiauischen Textes: '*uidesne illud nemus, quod fluuio prae-
terluenti attenditur? . . . oues ibi nitentes, aurique colore florentes
incustodito pastu uagantur. inde de coma pretiosi uelleris floccum
mihi confestim . . . adferas censeo*'. Schon ist Psyche im Begriffe, sich aus Verzweiflung in den Fluß zu stürzen, als ihr
das Schilfrohr, genau nach Apuleianischer Art, die Anweisung
erteilt, wie sie, sicher vor den gefährlichen Tieren, sich die
goldene Wolle verschaffen könne. Sie tut, wie ihr das Schilfrohr
geraten hat und reich beladen kehrt sie mit der gewüuschten
Beute zu Venus zurück. Schon harret ihrer dort eine neue,
noch viel härtere Aufgabe. Die Göttin gebietet ihr, Wasser
zu holen am stygischen Quell. Durch Jupiters Adler erlangt
sie das gewünschte Naß und entgeht dem im Abgrunde
lauernden Drachen. Doch der Groll der Göttin ist immer
noch nicht bezwungen. Venus will die verhaßte Gegnerin
um jeden Preis verderben. Deshalb schickt sie dieselbe zu
Proserpina in die Unterwelt. Durch den Sprung von der
Höhe eines Turmes glaubt Psyche am schnellsten in den
Bereich der Todesschatten zu kommen und ihrer Peinigerin
auf immer zu entgehen. Doch der Turm hält sie von dem
Todessprunge zurück, fordert sie auf, den Gang in die Unterwelt anzutreten und gibt ihr genaue Anweisungen, wie sie
sich im Reiche des Todes zu benehmen habe. Auf all die
Erscheinungen und Lockungen der Unterwelt wird sie aufmerksam gemacht und zwar streng in der Reihenfolge, welche
die Darstellung des Apuleius dabei innehält. Nachdrücklich
wird ihr eingeschärft, wie sie sich gegen den Eseltreiber.
gegen Charon und den im Styx dahintreibenden Alten, gegen

die Spinnerinnen, den Höllenhund und gegen Proserpina zu verhalten habe. Den Abschluß all dieser Ratschläge bildet endlich die Warnung:

Giunta ala luce, accioche possi euadere
Dogni pericol, non aprir di Venere
El busciol, che in gran mal potresti cadere!

Mit ganz ähnlichen Worten schließt der Turm seine Anweisungen auch bei Apuleius: 'sed inter omnia hoc observandum praecipue tibi censeo, ne uelis aperire uel inspicere illam quam feres pyxidem'.

Psyche tritt alsdann ihren Gang in die Unterwelt an. Während nun Apuleius, wenn auch in gedrängter Form, ihre Wanderung und ihr Tun schildert, schiebt Galeotto, dem es doch zu schwierig dünken mochte, auch diese Partie szenisch darzustellen, zur Ausfüllung der Zwischenzeit einen Auftritt ein, der völlig eigener Erfindung ist. Es erscheint der Gatte von Psyches älterer Schwester und spricht seine Besorgnis aus über das unerklärlich lange Fernbleiben seiner Gemahlin. Er will sich auf den Weg machen, um nach ihr zu suchen. Zunächst gedenkt er, sich zu ihrer Schwester zu begeben, wo seine Gemahlin etwa verweilen könnte. Doch schon erblickt er den Gatten dieser Schwester, der mit bestürzter Miene und besorgtem Blicke vor seiner Behausung steht. Dem ankommenden Schwager berichtet er, es seien bereits mehrere Tage, daß auch er seine Gattin verloren habe. Da die ältere der beiden Schwestern vorgeschützt, sie wolle nach Hause eilen, um mit der Mutter den toten Vater zu beweinen, so begeben sich die beiden Männer zum Palaste des Cosmo, um sich Gewißheit zu verschaffen. Das Bild, welches wir aus diesem Auftritte von den beiden besorgten Gatten gewinnen, steht im schroffen Gegensatz zu jenem, das wir uns nach den Reden der beiden Schwestern von denselben bilden mußten.

Inzwischen hat Psyche ihre Aufgabe gelöst. Aus ihrem Munde vernehmen wir kurz ihre Erlebnisse im Totenreiche, die uns, wie oben erwähnt, Apuleius unmittelbar im Anschlusse an die Unterweisungen des Turmes erzählt. Bald folgt indes die Darstellung wieder ganz dem Faden der Apuleianischen

Erzählung. Geleitet von dem bekannten Motive, ihre Schönheit mit Proserpinas Gabe zu erhöhen, um dadurch Amor
mehr zu fesseln, öffnet sie die Büchse und sinkt, dem Tode
verfallen, zu Boden. Doch auch in dieser letzten Not wird
ihr Hilfe. Die Bühnenanweisung Galeotto's besagt: „*Cupido,
essendo guarito et usciendo per una fenestra sopra, gionge oue e
costei e reponendo nel busciolo el sono infernale e poi serrandola
cum la punta duna sua saetta la percuote e sueglia edicegli: (Ecco,
che anchor di nouo tu eri morta!)*" Genau so lesen wir bei
Apuleius: '*sed Cupido . . . reconualescens . . . per altissimam . . .
elapsus fenestram . . . Psychen accurrit . . . [et] . . . somno . . . rursum in pristinam pyxidis sedem recondito Psychen innoxio punctulo
sagittae suae suscitat et 'ecce', inquit, 'rursum perieras, misella,
simili curiositate'*. Nachdem Amor Psyche aus der Todesnacht
errettet und sie aufgefordert hat, unverweilt mit der Büchse
zu Venus zu eilen, entschwindet er. Während wir nun bei
Apuleius nur lesen: '*Psyche uero confestim Veneri munus re-
portat Proserpinae*', spricht Psyche hier in einem Monologe
die Erkenntnis aus, daß stets Amor ihr in den harten Prüfungen beigestanden sei. Ihr Selbstgespräch endet mit einer
Klage über das rasche Enteilen des Geliebten. Von der
Aufnahme, die Psyche bei Venus gefunden, lesen wir bei
Apuleius überhaupt nichts. Aus dem Umstande jedoch, daß
sich Jupiter im Rate der Götter ausdrücklich bei der Göttin
für Psyche verwendet und sie dadurch zu besänftigen sucht,
daß er Psyche zur Unsterblichen erhebt, müssen wir wohl
annehmen, daß ihr Widerwillen gegen Psyche immer noch
nicht geschwunden war. Ganz anders bei Galeotto, wo die
Göttin völlig umgewandelt erscheint.

> Oime, che certo amiratiua sono,
> Come tu mai da quella dea lhauesti.
> Hor ua chogni tua ingiuria te perdono
> Et ogni oltragio che gia me facesti.
> Vatene in pace e pensa di star lieta,
> Che la mia mente e uerso te quieta!

Eine ganz ähnliche Szene und den gleichen Wandel in
den Gefühlen der Venus werden wir später in dem Drama
des Mercadanti wiederfinden. Nach dieser Abweichung schließt

sich Galeotto in der folgenden Szene desto enger an Apuleius
an. Wir finden Amor bei Jupiter, durch dessen Vermittlung
die endliche Befreiung der Psyche aus ihrem Leide, eine Aus-
söhnung mit Venus und die endgültige Vereinigung der beiden
Liebenden herbeigeführt werden soll.. Die Bitte findet
Gewährung, doch muß sich Amor auch in der italienischen
Bearbeitung alle seine losen Streiche dem Höchsten der
Götter gegenüber zum Vorhalt bringen lassen:

> Figliol, ben che seruato lhonor degno
> Tu mai non habbi, ma ferito el petto,
> Col qual dispono ogni celeste segno,
> E fatto de lasciuie uoglie infetto,
> E contra lalma lege ad adulterii
> Tu fatto mhabbi el tristo cor sugetto,
> E puosta la mia fama in uituperii,
> E conuertito in bestie et in ucelli,
> Lassando el degno honor dę nostri imperii
> Io uo che dal mio petto se scanzelli
> Ogni tuo oltragio che gia fatto mhai
> Cum toi pongenti et aurei quadrelli.
> La gratia donche qual dimandi harai . . .

Bei Apuleius lautet die entsprechende Stelle: '*licet tu*',
*inquit* (sc. *Jupiter*), '*domine fili, nunquam mihi concessu deum decretum
seruaris honorem, sed istud pectus meum, quo leges elementorum
et uices siderum disponuntur, conuulneraris adsiduis ictibus cre-
brisque terrenae libidinis foedaueris casibus contraque leges . . .
turpibus adulteriis existimationem famamque meam laeseris . . . in
feras, in aues . . . serenos uultus meos sordide reformando, at
tamen . . . cuncta perficiam . . .*'

Während nun Apuleius rasch zum Schlusse eilt, führt
uns Galeotto noch eine Reihe umfangreicher Szenen vor Augen.
Im folgenden Auftritte werden durch Merkur alle Götter zu
einer großen Versammlung einberufen. Bei Apuleius lesen
wir, daß Jupiter zu verkünden befiehlt, *siqui coetu caelestium
defuisset, in poenam decem milium nummum conuentum iri.*
Ebenso verkündet auch bei Galeotto der Gott Merkur, daß,
wer immer Jupiters Befehl außer acht lasse,

> Sara dannato in dece marche doro.

Schon die nächste Szene versetzt uns in die Versammlung
der Götter. Sie alle sind sehr gespannt auf das, was Jupiter
ihnen zu verkünden habe. Feierlich besteigt dieser seinen
Thron und verwendet im Götterrate sein Ansehen und seine
Macht zugunsten der beiden Liebenden. Sich sodann an
Venus wendend fährt Jupiter begütigend fort, er wolle machen.

> Che sian le noze pare, congrue e iuste,
> Per che uoglio che guste (sc. Psiche) el suco dolce
> Dambrosia chel cel folce di dolceza
> E che tanto sappreza qui fra noi
> E fa immortal chi beue il liquor soi.

Venus erwidert, daß sie sich Jupiters Willen beuge und
geneigt sei, Psyche als Tochter anzunehmen:

> Ma questo in gratia uoglio che a le due
> Magior sorelle sue la uita rendi
> E che Mercurio a questo far descendi.

Merkur erhält sogleich den Befehl, zur Erde niederzu-
steigen, die beiden Schwestern wieder zum Leben zu erwecken
und dann Psyche zum Götterhimmel emporzugeleiten. Der
Gott der *mercadanti, latri, furfanti, arithmetici, cosmographi et
archimisti e giocatori*, wie er sich selber nennt, steigt unverweilt zu dem Tale nieder, wo die Leiber des neidischen Schwesternpaares liegen. Er berührt sie mit seinem
Heroldsstabe und ruft sie ins Leben zurück. Die beiden
Schwestern singen nach ihrer Wiedererweckung ein Lied, in
welchem sich ihre Reue über den begangenen Verrat ausspricht.

Eine neue Szene beschäftigt sich mit Cosmo, seiner
Gemahlin und den beiden Schwiegersöhnen. Falsch sei der
Bericht gewesen, erklärt Cosmo, der ihn tot gemeldet hat.
Doch sei sein Herz von Leid erfüllt, weil er nun wohl auch
die beiden älteren Töchter verloren habe, da sie die heimat-
liche Schwelle nicht betreten hätten. Während Cosmo diese
Befürchtung ausspricht, erblicken sie plötzlich die herannahende
Psyche. Es herrscht große Freude. Psyche erzählt alles,
was sich seit ihrer Aussetzung ereignet hat. Sie berichtet
auch den Tod der beiden Schwestern, deren Gatten ob der

schlimmen Kunde sehr betrübt sind. Sie müssen indes zu-
gestehen, daß der Tod nur die gerechte Strafe für das ruch-
lose Beginnen ihrer Frauen gewesen sei. Doch zur allgemeinen
Überraschung erscheinen alsbald die Totgemeldeten in der
Begleitung des Merkur. Dieser wendet sich zunächst an
Psyche, verkündet ihr den Götterbeschluß, daß sie sich als
Unsterbliche auf immer des Besitzes ihres Geliebten erfreuen
solle und ermahnt sie dann zur Versöhnlichkeit gegen ihre
Schwestern, über deren Wiedererweckung er Aufklärung gibt.
Psyche verzeiht den Reuigen freudigen Herzens. Dann nimmt
sie Abschied von Eltern und Anverwandten und steigt mit
Merkur zum Götterhimmel empor, während Cosmo und En-
dilithia und die übrigen nach Hause zurückkehren.

Galeotto weicht also in den letzten Szenen gänzlich von
der Knappheit und Kürze ab, mit welcher Apuleius die
Schlußereignisse darstellt. Eine ganze Reihe neu erfundener
Szenen reiht sich an schon bekannte an. Freilich hat der Stoff
durch diese Zutaten nicht gewonnen. Der Apuleianischen
Kürze gebührt entschieden der Vorzug. Gleichwohl hat späterhin M e r c a d a n t i einen großen Teil dieser Neuerungen
in seinem Drama verwertet, wie er überhaupt so ziemlich
alle neuen Züge in Galeotto's Psychedrama nachgeahmt hat.

Der Schluß des Stückes spielt sich im Götterhimmel ab.
Nach einer feierlichen Rede überreicht Jupiter der Psyche
den Unsterblichkeit verleihenden Nektar, vermählt sie sodann
mit Amor und gebietet den übrigen Göttern, ihr bestes
Können zur Verherrlichung des Festes aufzuwenden. Apollo
und die drei Grazien singen eine endlose Kanzone, die mit
dem Hinweis auf die nahe Geburt der *uoluptate* abschließt.
Ein von den drei Grazien *„in laude del santo matrimonio“* ge-
sungener Hymnus führt das in den letzten Partien recht er-
müdende Stück endlich vollends zu Ende.

Wenn schon ein Blick in den Tempio de Amore gelehrt
hat, daß Galeotto dal Carretto mit Apuleius in hohem Grade
vertraut war, so hat vollends die vorausgehende Analyse dargetan, daß der Italiener der Darstellung des afrikanischen
Rhetors bis ins einzelnste folgt. Unbekümmert um die Einheit
der Handlung und um bühnentechnische Schwierigkeiten reiht

Galeotto einfach Szene an Szene, wie er sie in der lateinischen Prosaerzählung vorfindet. Der Apuleianische Text ist nur dialogisiert; vielfach war auch die Dialogform bei Apuleius bereits vorgezeichnet, so daß Galeotto ganze Szenen nur in italienische Verse zu übertragen brauchte. Wörtliche Anklänge sind, wie obige Analyse dartut, in der Tat sehr zahlreich.

Die wenigen Szenen, die von der Apuleianischen Darstellung abweichen, sind keineswegs von einschneidender Bedeutung. Zunächst weist die Anordnung der Szenen bei Beginn des Dramas etwas selbständiges Gepräge auf. Auch spielen die Eltern der Psyche sowie ihre Schwäger in dem Drama eine bedeutendere Rolle als bei Apuleius, der sie in der ersten Hälfte seiner Erzählung wohl gelegentlich erwähnt, ihrer jedoch in der zweiten Hälfte nicht mehr gedenkt. Galeotto behält, wie wir gesehen haben, das königliche Elternpaar und die beiden Schwiegersöhne bis zum Schlusse des Dramas bei, und läßt selbst die beiden Schwestern wieder von den Toten auferstehen. Daß Galeotto in diesen Neuerungen für spätere Bearbeiter des Psychestoffes, namentlich für Mercadanti, vorbildlich geworden ist, haben wir schon im Laufe der Analyse bemerkt. Erwähnen wir noch den plötzlichen Gesinnungswandel der Venus bei der Rückkehr Psyches aus der Unterwelt, die ganz unnötige Szene in der Höhle des alten Weibes, sowie schließlich die nicht unbedeutenden Erweiterungen am Schlusse des Stückes, so haben wir die eigenartigen Partien der Dichtung schon so ziemlich erschöpft. Als sehr eigentümlich mag endlich noch die christliche Färbung hervorgehoben werden, die Galeotto zum Teil den Reden der Götter verleiht. Das biblische „*Vatene in pace, Gehe hin im Frieden!*" kehrt mehrmals wieder. Noch viel biblischer aber klingt stellenweise die Rede, die Merkur an Psyche richtet, bevor er sie in den Götterhimmel aufnimmt:

Psiche, quel alto omnipotente Gioue,
Che tuti i celi e luniuerso rege
E sopra i bon la sua gratia pioue,
Da te mi manda cum tal thema elege
Che dir te debba come hogi te accetta
De gli beati soi nel santo grege.

3*

Und schließlich heißt es:

Vientene, o Psiche, a poseder el regno!

Hiermit sind alle selbständigen Züge des Dramas erschöpft. In der einzigen noch erwähnenswerten Abweichung von Apuleius, die in der Benennung von ·Psyches Eltern mit den Namen Cosmo und Endilithia besteht, folgt Galeotto einer sekundären Quelle, der Genealogie des Boccaccio.

An Wert ist dieses Drama, gerade infolge der starken Anlehnung an Apuleius, dem ganz ungenießbaren *Tempio de Amore* entschieden überlegen. Mehr als historisches Interesse vermag indes auch diese Dichtung Galeotto's nicht wachzurufen.

## Don Juan de Mal Lara.

Die nächstfolgende Bearbeitung, die in der Mitte des 16. Jahrhunderts entstanden sein dürfte, stammt aus Sevilla und hat Don Juan de Mal Lara zum Verfasser. Es ist ein umfangreiches Epos in 12 Gesängen, welches jedoch niemals zum Drucke gelangt ist. Eine Handschrift befindet sich in der Nationalbibliothek zu Madrid, eine sehr genaue Kopie dieser Handschrift in Sevilla.[1] Im folgenden stütze ich mich auf Latour's eingehende Analyse.[2] Machen wir uns vorerst mit dem Inhalte und dem Gedankengange der Dichtung bekannt!

Gesang I berichtet die Geburt der Psyche, das Orakel und die Aussetzung auf einem Felsen. Im II. Gesang wird die Prinzessin durch Zephyr in den Palast Amors gebracht. Sie ist glücklich bis ihr (III. Ges.) die Versuchung in Gestalt der beiden Schwestern naht. Sie unterliegt ihr, übertritt Amors Gebot, wird von diesem verstoßen und will nun den Tod in den Wellen suchen. Pan hält sie aber zurück, tröstet sie und erzählt ihr das Schicksal der Syrinx. Der Schluß des dritten und der ganze IV. Gesang behandelt die Bestrafung der Schwestern: «*mais à la mort de la dernière le poète*

---

[1] Latour, *Psyché en Espagne*, p. XV.
[2] Ibd. p. 265 ff.

*a rattaché une fantaisie romanesque qui, en avançant, deviendra
quelque peu cynique. Le mari de sa seconde sœur s'éprend de
Psyché et se met à sa poursuite avec ses chevaliers.»* Im folgenden werden wir an Amors Krankenlager geführt. Sein Zorn
ist bereits geschwunden, schon klagt er sich der Härte und
Grausamkeit Psyche gegenüber an. *«Rien de ces regrets dans
Apulée»*, sagt Latour (p. 276). *«Le côté passioné du sujet ne
tient aucune place dans son récit.»* Diese Natürlichkeit leidenschaftlichen Empfindens tritt auch hervor in der Schilderung
des Zornes der Venus, nachdem sie durch die Möwe von allem
benachrichtigt ist. Mittlerweile sucht Psyche Zuflucht im
Tempel der Ceres und der Juno, indes vergeblich! Jedoch
will die letztere auch nicht, daß sie den vier Rittern zum
Opfer falle, die sie verfolgen und ihr nun hart auf den Fersen
sind. Deshalb bildet sie vier Scheinleiber von Psyches Gestalt
und läßt diese durch vier verschiedene Pforten ihres Tempels
nach den vier Himmelsrichtungen davoneilen. So werden
die vier Ritter getrennt, indem jeder einem dieser Phantome
nachjagt. Venus aber ist indessen zum Olymp emporgestiegen,
sich von Jupiter Merkurs Dienste zur Ausfindigmachung
Psyches zu erbitten. Auch hier, zwar etwas verändert, finden
wir das Kußversprechen. Psyche, überall gesucht und bedroht,
faßt den Entschluß, sich selbst ihrer Feindin auszuliefern,
indem sie hofft, hierdurch deren Zorn zu entwaffnen. So
begibt sie sich zum Venuspalaste auf Kythera. Es folgt eine
lange, phantasievolle Beschreibung des Palastes (VI. Ges.).
Psyche am Tore desselben zurücklassend, hält der Dichter
nun den Leser lange hin mit einem umfassenden Bericht über
das Geschick der vier den Phantomen nachjagenden Ritter.
Endlich erinnert er sich wieder Psyches. Diese betritt den
Palast. *Habitud* und *Tristeza* harren ihrer; doch auch eine
tröstlichere Gestalt, *Compasión*, hat Mal Lara diesen zur Seite
gestellt. Das *Mitleid* übermittelt Psyche einen Brief Amors
und besorgt auch das Antwortschreiben. Es beginnt nun,
wie bei Apuleius, Psyches Leidenszeit im Dienste der Venus.
Die Körnerlese, die Flockensammlung, das Schöpfen des
Wassers aus dem drachenbewachten Quell vollzieht sich wie
bei Apuleius, nur mit dem einen Unterschiede, daß bei Apu-

leius Psyche «*ne cherche que la mort: ici elle se résigne à vivre, s'il plaît à Cupidon.*»

Angesichts solcher Ergebung bildet sich am Hofe der Venus eine Partei zu Psyches Gunsten. Es kommt zur offenen Auflehnung gegen die Göttin, deren Schilderung die Hälfte des VII. Gesanges umfaßt. Psyche zittert vor ihren eigenen Parteigängern, weist lange die Huldigung der Menge zurück, jedoch vergeblich. Die erregte Menge bemächtigt sich ihrer und trägt sie im Triumphe der Göttin entgegen. Sobald aber Venus sich zeigt, gerüstet mit all ihren Reizen und dem ganzen überwältigenden Zauber ihrer Schönheit, da stürzt das wankelmütige Volk vor ihr auf die Knie, Psyche dem neuentfachten Grimme der Göttin überlassend. Kaum aus der Ohnmacht erwacht, die Psyche darob umfängt, wird sie zu Proserpina in die Unterwelt gesandt. Unendlich länger und schwieriger ist der Weg dorthin bei Mal Lara als bei Apuleius. Spielt in der Episode mit den vier Rittern ein Riese eine wichtige Rolle, so haben hier zunächst zwei Zwerge die Aufgabe, Psyche ans Ende der Welt zu führen. Wohl ist sie, als sie sich so getäuscht sieht, zu Tode betrübt, jedoch ihr Wille wird nicht wankend. Sie durcheilt ganz Persien, gelangt zu den Purpurinseln im persischen Golf, wo ihr eine Nymphe das Ende der Leiden prophezeit, ihr Anweisungen erteilt, wie sie in Plutos Reich gelange und ihr eine Pergamentrolle gibt, die sie jedoch erst beim Betreten der Unterwelt öffnen dürfe. Psyche durchschifft das rote Meer, gelangt durch den Kanal des Ptolemäus in den Nil und von hier aus in das mittelländische Meer und zum Kap Tänarum. Hier öffnet sie das Pergament, rüstet sich mit dem als nötig Bezeichneten, mit den Kuchen für Cerberus und wohlriechendem Holze, um ungefährdet den Pesthauch des Styx zu überwinden. Die Unterwelt ist die des Apuleius, wenn auch umfangreiche Schilderungen der Leichenbegängnisse und des Totengerichts bei den Ägyptern eingeschoben und die von Ovid geschilderten Gestalten der Unterwelt uns alle vor Augen geführt werden. Unterdessen hat Proserpina von dem Herannahen der Gesandten Aphrodites gehört und rüstet sich zu ihrem Empfange, Pluto indessen in voller Unkenntnis über das bevorstehende Ereignis lassend «*de peur qu'il n'en résulte un nouveau rapt, car déjà elle commençait à être jalouse de la nouvelle venue.*»

Auch fernerhin weiß sie jedes Zusammentreffen zwischen dem Beherrscher des Orkus und der schönen Sterblichen hintanzuhalten. Proserpina empfängt Psyche auf ihrem Throne sitzend, die Parzen zu ihren Füßen.

Von nun ab verliert sich die Dichtung immer mehr ins Unendliche; stets neue Einschaltungen und Episoden schieben den befriedigenden Abschluß ermüdend weit hinaus. So werden wir im IX. Gesang in all die Geheimnisse der weiblichen Verschönerungskünste eingeweiht. Psyche wird in Proserpinas „Schönheitskammer" geführt, einen ungeheuren Raum mit allen erdenklichen Giften und Salben. Nebenan ist ein Saal. voller Frauen in strahlender Schönheit, die jedoch verschwindet, sobald Proserpina's Kunstmittelchen durch Waschung beseitigt werden. Um kurz zu sein, Psyche erhält schließlich das gewünschte Schönheitsmittel, öffnet aber, ein zweites Mal strengem Gebote ungehorsam, das Gefäß und sinkt vom Todeshauche betäubt zu Boden. Schon ist indes Amor zu ihrer Rettung bereit. Aber noch nicht soll sie den Geliebten wiedersehen, denn schon enteilt dieser wieder; nur den dahinhuschenden Schatten vermag Psyches Auge noch zu erhaschen.

Auf dem Wege zu Venus, um sich ihres Auftrages vollends zu erledigen, wird Psyche von zwei Jägern verfolgt. Durch diese werden wir nach Babylon geleitet und treffen hier Psyches Eltern, die schon seit Merkurs Bekanntmachung auf der Suche nach ihrer Tochter sind, sowie die vier Ritter, versammelt um eine Statue, die sie für die in Stein verwandelte Psyche halten. Von den Jägern über ihren Irrtum aufgeklärt, machen sich alle, nicht ohne großen Tumult, aufs neue auf die Suche nach Psyche.

Unterdessen ist Amor zu Jupiter geeilt. Sein Flug geht über den Mond; hier der Palast der *Gunst*, die Amor für sich zu gewinnen sucht. Bei Jupiter findet Amor gütiges Gehör.

Inzwischen hat sich aber auch Aphrodites Groll in der stillen Zurückgezogenheit eines Landaufenthaltes bei den

Äthiopiern gelegt. Sie empfängt Psyche gütig und macht sie zur „Schlüsselbewahrerin" an ihrem Hofstaat. Gleichwohl weiß sie auch jetzt noch jede Annäherung zwischen den beiden Liebenden fernzuhalten; noch ist sie nicht geneigt, Psyche als Schwiegertochter anzunehmen.

Während sich aber Venus mehr und mehr an den Verkehr mit Psyche gewöhnt, tagt eine große Götterversammlung, in der alle Götter sich zugunsten der Liebenden aussprechen. Venus selbst stimmt schließlich zu unter der Bedingung, daß Psyche sich vorher in den Wassern der *Arete* ($\dot{\alpha}\varrho\varepsilon\tau\dot{\eta}$) reinige. Die im letzten Teile sehr schwierige Reise Psyches zu dem auf steiler Felsenhöhe thronenden Palaste der *Arete*, die Reinigung selbst in Glühhitze und Eiseskälte, aus der Psyche aber in erneuter, durchgeistigter Schönheit hervorgeht, umfassen den Schluß des IX., den ganzen X. und selbst noch einen Teil des XI. Gesanges.

Bevor aber Psyche endgültig mit dem Geliebten vereint wird, hat sie noch eine grausame Probe zu bestehen. Ein Bote erscheint und berichtet, daß Amor im Olymp mit einer Göttin von großer Schönheit Hochzeit zu halten gedenke. Wie vom Donner gerührt sinkt Psyche zu Boden. Inzwischen verbreitet sich überall die Kunde von Amors bevorstehender Hochzeit. Von allen Teilen der Erde eilen die Pilger herbei, dem Feste beizuwohnen und es mit zu verherrlichen.

Der Himmel öffnet sich, es erscheinen Amor und Venus, in ihrer Mitte eine jugendliche, verschleierte Gestalt. In unsäglichem Herzeleide ist Psyche nahe daran, abermals das Bewußtsein zu verlieren, aber nun ist es Amor genug der grausamen Prüfung. Er eilt zu ihr und preßt sie an seine Brust, während Venus sie und das umstehende Volk — auch Psyches Eltern sind darunter — über alles aufklärt. Mit dem Berichte von der Hochzeit Amors und Psyches, bei welcher Venus mit Merkur einen von Göttern und den Menschen bewunderten Tanz aufführen, sowie der Kunde von der Geburt eines Töchterchens *Idonea* wird der an die Apuleianische Darstellung sich lehnende Teil des Epos zum Abschlusse gebracht.

Damit ist aber Mal Lara's Dichtung noch nicht zu Ende.

Vorerst wird noch eine große Reise Amors und Psyches geschildert, die ausgehend von Cypern, wo ein neues goldenes
Zeitalter erblüht ist, die verschiedenen Inseln des ägäischen
Meeres mit Lieblingssitzen einzelner Gottheiten berührt, wobei es natürlich ohne große Festlichkeiten nicht abgeht.
Schließlich gelangen Amor und Psyche auch in das Reich
von Psyches Eltern, gerade recht, um diesen gegen einen
undankbaren Bruder des Königs zu helfen, welchem er während
seiner langen Abwesenheit die Regierung seines Reiches anvertraut hat. Hier spielen auch die Ritter, Riesen usw. ihre
Rolle zu Ende. Um endlich Eltern und Tochter, die sich nach
so langer Trennung wiedergegeben sind, nicht so unvermittelt abermals voneinander zu scheiden, bestimmt Jupiter
*«que Psyché restera avec ses parents jusqu'à ses couches».* Doch
nicht Voluptas heißt nach Mal Lara die frohe Tochter Amors
und Psyches, sondern, wie schon gesagt, Idonea.

Mit diesen summarischen Zügen ist der Aufbau der umfassenden Dichtung gekennzeichnet. In allen wesentlichen
Punkten folgt Mal Lara der Darstellung des Apuleius so
genau, daß über seine Quelle kein Zweifel obwalten könnte,
auch wenn er nicht selbst in der das Epos einleitenden
Widmung an Juana, Infantin von Spanien und Prinzessin
von Portugal, uns darüber aufklärte. Mal Lara spricht hierin
nämlich die Absicht aus, die Apuleianische Erzählung in der
allegorisch-theologischen Auslegung des Bischofs Fulgentius
zum Gegenstande seiner Dichtung zu machen. In unserer
Analyse jedoch findet sich kaum eine Spur von der Ausführung dieses Vorhabens. Allerdings ganz frei von religiös-
symbolischen Ideen ist die Dichtung keineswegs; man erinnere
sich nur an die Reinigung Psyches, wobei freilich an und für
sich gesonderte religiöse Anschauungen dichterisch vage ineinander verfließen. Der Reinigung Psyches in den „Wassern“
der „Arete“ bei „Feuerhitze und Eiseskälte“ liegt eine dreifache Reinigungsidee zugrunde. Zuerst wird die „Seele-$\psi v\chi\dot\eta$“
gereinigt im „Wasser“ der Taufe; dann hat sie selbst die
Reinigung und Reinerhaltung von Sünde und Schuld zu suchen
im Streben nach „Tugend-$\dot\alpha\varrho\varepsilon\tau\dot\eta$“, und was endlich nach der
Loslösung vom Leibe noch an Erdenschuld zu tilgen bleibt,

davon wird nach katholischer Lehre die Seele gereinigt im Fegefeuer, einem Orte, wo nach gewöhnlicher Vorstellung des Mittelalters wirkliche „Feuersglut" und „starrendes Eis" die Seele peinigt, bis sie völlig rein und frei von allem Irdischen sich aufzuschwingen vermag zur ewigen Liebe, dem himmlischen Amor.

Diese ganze Partie der Dichtung ist aber nicht der Allegorie des Fulgentius entnommen, nach welchem nur die bekannten von Venus der Psyche auferlegten Prüfungen jene Reinigung von Schuld versinnbilden, sondern wir haben hierin Mal Lara's eigenste Erfindung zu erblicken. Die allegorische Deutung im Sinne des karthagischen Bischofs ist in der Tat von Mal Lara nicht in die Darstellung des Psychemärchens selbst hineingezogen worden, sondern geht glücklicherweise jedem Gesange nur als Argument vorher.[1])

Mit dem Obigen ist aber Mal Lara's selbstschaffende Tätigkeit noch lange nicht erschöpft. Wir können all die Züge eigener Erfindung schlechthin in zwei Gruppen teilen, in eine solche, deren Ideen mit der Apuleianischen Darstellung in einem natürlichen, ungezwungenen Zusammenhang stehen, und eine zweite, deren Ideen der antiken Fassung stracks zuwiderlaufen. Als zur ersten Gruppe gehörig wäre etwa ins Auge zu fassen: Amors Reue über die Verstoßung der Psyche; des Volkes Parteinahme für Psyche; das Herumirren der Eltern Psyches auf der Suche nach ihrer unglücklichen Tochter und die schließliche Belohnung ihres Bemühens, dadurch daß sie endlich ihre Tochter finden und sie nun glücklich wissen; die Anweisung zum Gange in die Unterwelt durch eine Nymphe anstatt des toten, unbeweglichen Turmes, der Proserpina geheime Eifersucht und etwa noch als letztes erregendes Moment die Kunde von Amors Hochzeit mit einer lieblichen Göttin, um Psyches Glück nach Lösung des Rätsels um so vollständiger und den Abschluß ihrer Leiden um so wirksamer zu gestalten.

Zur zweiten Gruppe gehören die Erfindungen mittelalterlich-chevaleresker und religiös-symbolischer Natur. So

---

[1]) Latour, l. c., p. 272.

die Einführung von Riesen und Zwergen; die Irr- und Wanderfahrten der Ritter und der beiden Jäger, welche wie Psyches Wanderung an das Ende der Welt und in einigen Partien auch ihr Gang in den Hades, der Venus Aufenthalt in Äthiopien und endlich Amors und Psyches gemeinsame Fahrt von Insel zu Insel des ägäischen Meeres dem Dichter-Gelehrten Gelegenheit bieten, sein umfassendes Wissen auf den verschiedensten Gebieten zu zeigen. Hierher gehören ferner die von Juno geformten Scheinleiber Psyches, Amors Brief an Psyche und umgekehrt, Amors Reise zum Monde und endlich die bereits des längeren erörterte Reinigung Psyches.

Wenn wir hiermit auch nur die hauptsächlichsten Züge herausgegriffen haben, die für Mal Lara's Erfindungsgabe sprechen, so werden wir doch keinen Augenblick mehr im Zweifel sein, daß die selbstschöpferische Kraft des Dichters eine ganz bedeutende war. Eine andere Frage ist freilich die, ob Mal Lara mit seinen Neuschaffungen stets glücklich gewesen ist. Auch hierin haben wir zu unterscheiden, und zwar wieder nach den vorhin festgelegten Gruppen.

Die Neuerungen, welche der ersten Gruppe angehören, bedeuten, wenigstens der Idee nach, ausnahmslos eine Veredlung und Hebung der Apuleianischen Erzählung, wenn sie auch in der Art und Weise der Einführung und Darstellung nicht ausnahmslos gleich glücklich sind.

Die Erfindungen der zweiten Gruppe dagegen stehen häufig in schreiendem Gegensatze zu dem antiken Kleide, das die Erzählung im übrigen doch beibehält. Auch wirken sie, ungeachtet mancher Schönheiten, die an und für sich betrachtet, einzelnen Episoden nicht abzusprechen sind[1]), ermüdend und erlahmend auf das Interesse des Lesers, indem sie die Lösung des Knotens und den befriedigenden Abschluß endlos lange hinausschieben.

Ohne also wie Klein Mal Lara als Dichter sehr geringschätzig zu beurteilen[2]), ohne uns der Einsicht zu verschließen,

---

[1]) Latour, l. c., p. 272, 280, 291, 295 etc.
[2]) *Geschichte des Dramas*, IX, 182. Anm. 2.

daß die Erzeugnisse des spanischen Gelehrten durchaus nicht
jeder Schönheit und jedes Wertes bar sind[1]), ja daß sie die
Apuleianische Darstellung in manchen Punkten überragen,
müssen wir doch unumwunden einräumen, daß ihnen auch
unverkennbare Mängel anhaften. Aber diese Mängel erklären sich z. T. aus dem Geschmacke der damals sich
immer noch für chevalereske Ideen begeisternden Zeit, z. T.
auch aus einem gewissen Hange des gelehrten Verfassers,
seine Kenntnisse und sein ausgedehntes Wissen glänzen zu
lassen. So wurde die Dichtung viel zu breit, zu weitschweifig,
zu schwerfällig.[2])

## Striggio.

Im Jahre 1565 fand zu Florenz unter großem Pomp und
Aufwand die Vermählung Franz' von Medici mit der Erz-
herzogin Johanna von Österreich statt. Bei dieser Gelegenheit gelangte eine von Alessandrò **Striggio** komponierte
*Ballet-Oper* zur Aufführung[3]), welche die Liebe von Amor und

---

[1]) **Schack**, I, 244 ff.  Auch **Latour**. l. c., p. 272 kann sich
diesem Eindrucke nicht entziehen.

[2]) Der Vollständigkeit wegen sei noch erwähnt, daß **Fernando
de Herera**, angeregt durch das soeben besprochene Epos, die Liebe
Psyches und Mal Lara, den Sänger ihrer Liebe, in einem Sonette feiert,
das in deutscher Prosa nach Latour's Prosaversion (l. c., p. 302) etwa
lauten würde:
> „In ihrer endlosen Qual und ihrem bitteren Leide, auf der
> Höhe der See und in der Welt Wüsteneien, sucht, hoffnungslos,
> Psyche den süßen Gemahl, den herrlichen, verlorenen Amor,
>
> Als Kupido, durch seine eigenen Geschosse verletzt, seine Pfeile
> ergreift, des Olympus Höhen verläßt und, unter leichtem, glänzen-
> dem Schleier, Mal Lara verwundet,
>
> Der, in seine goldene Leier greifend, Psyche in ihren Freuden
> feiert und den wiedergefundenen Amor — es atmet sein Herz
> aus seinem Gesange.
>
> Glücklich der, dem die Liebe den Odem mitteilt, der unsere
> Sorgen zu wandeln vermag in Hoffnung und Furcht, in Lachen
> und Tränen."

[3]) Vgl. **Clément et Larousse**, *Dictionnaire*, p. 565; **Dassori,**
*Dizionario*, p. 429, Nr. 309 und p. 811.

Psyche zum Gegenstande hat und worüber uns Vasari eingehenden Bericht erstattet hat.[1]) Das Spiel gehört zur Klasse
jener dramatischen Produkte, welche unter dem Namen
*Zwischenspiele* bekannt sind. Sie bilden im allgemeinen ein
Gemisch von Pantomimen, prunkvollen Auftritten, Ballets und
szenischen Effekten, begleitet von Musik und Gesängen, von
Monologen und Zwiegesprächen. Wie der Name Zwischenspiel (Intermedio, Intermède, Entremes, Interlude) besagt,
hatten sie ursprünglich die Aufgabe, die Zeit zwischen den
einzelnen Aufzügen regelrechter Dramen auszufüllen, auch als
Vor- und Nachspiel zu dienen. Mit dem eigentlichen Schauspiele im Zusammenhange zu stehen, wie wir das in der
Molière-Corneille'schen *Psyche* finden, war keineswegs Er-
fordernis. Bevorzugt wurden Szenen aus der Mythologie.

Ob wir indes in dem oben genannten Zwischenspiele nicht
das eigentliche Festspiel selbst zu erblicken haben, ob also
die Zwischenspiele nicht bisweilen ihre ursprüngliche Bestimmung verloren haben, diese Frage mag füglich Zweifel
in uns wachrufen. Fournel[2]) scheint solcher Ansicht gewesen
zu sein, und auch ich möchte mich fast dieser Meinung anschließen, da uns Vasari, trotz der genauesten Beschreibung
der Zwischenspiele keine Silbe von einem anderen Drama
berichtet.

Gehen wir nun zu einer Betrachtung der einzelnen
Zwischenspiele über. In Zwischenspiel I steigt Venus auf
ihrem von zwei Schwänen gezogenen Wagen langsam zur
Erde nieder, begleitet von drei Grazien und den in die Farben
der vier Jahreszeiten gekleideten Horen. Alles geht sehr
langsam und feierlich unter Musikbegleitung vor sich. Auf

---

. [1]) V a s a r i , *Vite* etc. III, 545 ff., bzw. 600 ff.: *Descrizione dell'*
*Apparato per le nozze del Principe D. Francesco.* Wohl ursprünglich in
einer Separatausgabe, da T i r a b o s c h i , VII, p. 1539 nach Aufzählung
verschiedener Ausgaben der *Vite* (1550 [1], 2 Bde.; 1568 [2], 3 Bde., etc.)
berichtet: *Oltre quest'opera, abbiam de Vasari . . . . i Ragionamenti*
*sopra . . . . l'Apparato per le nozze del Principe D. Francesco.*

[2]) F o u r n e l , *Les Contemporains de Molière* II, 411: «*On avait*
*exécuté . . . la comédie de Psyché et l'Amour en six intermèdes: . . . c'était*
*une espèce de pantomime mêlée de chants avec de magnifiques décors et*
*changements à vue.*»

Erden erscheint Amor, umgeben von den vier Hauptleiden-
schaften, die im Gefolge der Liebe zu sein pflegen, der Hoffnung, der Furcht, der Freude und dem Schmerze. Sie tragen
als Diener dem Liebesgotte seine Gerätschaften nach. Die
Horen und die Grazien tanzen um Venus den wundervollsten
Reigen, nach dessen Abschluß die Göttin sich an Amor wendet,
diesem ihr Leid zu klagen:

A me, che fatta son negletta, e sola,
Non più gli altar, nè i voti,
Ma di Psiche devoti
A lei sola si danno: ella gl'invola:
Dunque, se mai di me ti calse, o cale,
Figlio, l'armi tue prendi,
E questa folle accendi
Di vilissimo amor d'uomo mortale.

Unter einem Blumenregen zieht sich Venus sodann zurück. Amor aber zeigt in einem folgenden Gesange sich
bereit, dem Wunsche der Mutter zu willfahren.

### Zwischenspiel II.

Amoretten, Zephyr, die Musik, *Gioco* und *Riso* treten auf
mit verborgenen Instrumenten und lassen Musik ertönen.
Dann vereinen sie · ihre Stimmen zu einem Chore, der von
Musikinstrumenten hinter der Bühne begleitet ist und zum
Inhalte hat, daß

Amor d'Amor ribello di se stesso

von Psyche bezwungen sei, und daß er ihr die Palme der
Schönheit zuerteile.

Das Zwischenspiel bringt zur Veranschaulichung, daß
Amor selbst der Macht der Liebe erlegen sei. Musik und
Gesang sollen sodann auch die von unsichtbaren Wesen aus-
gehenden Stimmen im Palaste Amors darstellen.

### Zwischenspiel III

wird eingeleitet durch Musik, ausgeführt von den auftretenden
*Betrügern*, erkenntlich an ihrer gefleckten Kleidung. Schließlich
vereinigen sie sich zu einem Chore, des Inhalts, daß niemand
dem Betruge die Herrschaft auf der Welt abzuerkennen ver-

mag, wenn doch schon „Amor seine Mutter in ihrem
Verlangen zu täuschen sich bestrebe; wenn das neidische
Schwesternpaar der Psyche nur Betrug und Täuschung allein
kenne; wenn Psyche selbst Amor Täuschung bereite." Sinn
und Zweck dieses Auftritts liegen auf der Hand.

Ein echtes Ballet-Entrée ist

## Zwischenspiel IV.

Eine Reihe allegorischer Figuren treten auf: Zwietracht,
Zorn, Grausamkeit, Rachelust, Raubsucht und zwei Lästri-
gonen. Dem Gedankengange nach schließt sich dieser Auftritt nach Vasari folgendermaßen an das vorausgehende
Zwischenspiel an. Der Betrug ist schuld an allem; er verursacht Beleidigungen, Mißstimmungen, Zwistigkeiten und
tausend andere Übel. Auch Amor hat er die Schulterwunde
durch die Laterne beigebracht, so daß er nicht mehr die
Herzen zu entflammen und so die Menschen zu verbinden vermag, das wirksamste Mittel gegen Zwietracht, Haß, Streit usw.
Zwei Furien gesellen sich schließlich noch zu den oben genannten Gestalten und das Zwischenspiel schließt mit einem
phantastischen Tanze und einem Gesange, in welchem zu
Kampf und Streit aufgefordert wird:

il nostro bellicoso carme
Guerra, guerra sol grida: e solo arm' arme.

Psyche hat also Amors Gebot bereits übertreten. Dies
ersehen wir auch aus

## Zwischenspiel V,

welches uns Psyche auf ihrem Gange zur Unterwelt darstellt.
Begleitet wird sie von „Eifersucht", „Neid", „Besorgnis" und
„Verachtung", die sie quälen und peinigen. Entsprechende
Musik ertönt dazu. Vasari berichtet weiter: „Aus einer
Öffnung in der Erde, wovon Rauch und beständig mächtiges
Feuer auszugehen schien, sah man den Cerberus mit seinen
drei Köpfen hervorgehen, welchem Psyche, entsprechend der
Fabel, einen der beiden Fladen hinwarf, welche sie in der
Hand hatte. Und kurz darauf sah man mit verschiedenen

Ungeheuern den alten Charon in seiner Barke erscheinen, in welche Psyche, von den vier genannten Peinigerinnen gehalten, eintrat." Es folgt nun ein Gesang Psyches, aus welchem die Verzweiflung ihres Herzens spricht:

Fuggi, mia speme, fuggi

E fuggi per non far più mai ritorno:

Sola tu, che distruggi

Ogni mia pace: a far vienne soggiorno,

Invidia, Gelosia, Pensiero e Scorno

Meco nel cieco Inferno,

Ove l'aspro martir mio viva eterno.

Zwischenspiel VI

endlich zeigt uns die schließliche Wiedervereinigung von **Amor** und **Psyche**, nachdem letztere glücklich aus der Unterwelt zurückgekehrt, Jupiter sich ins Mittel gelegt und Venus Gnade und Verzeihung gewährt. Jubelnde Musik und Freudengesang erschallt nun, in welchem natürlich auch eine entsprechende Huldigung an das Brautpaar eingeflochten ist. Mit einem sogenannten *grand ballet*, woran sich der allgemeine Ball zu schließen pflegte, hier ausgeführt von Amor und Psyche, Pan und neun Satyrn sowie vom Hochzeitsgotte Hymenäus selbst, fand das Festspiel seinen Abschluß.

Daß der Stoff zu diesem Festspiele aus Apuleius geschöpft ist, gibt uns Vasari selbst an, indem er berichtet, die Quelle sei „*quella affetuosa novella di Psiche e d'Amore tanto gentilmente da Apulejo nel suo asino d'oro descritta, di essa preso le parti che parvero più principali.*"

Das Festspiel ist mit ungewöhnlichem Pompe und bühnentechnischen Mitteln aufgeführt worden, woraus sich die sichtliche Begeisterung erklärt, mit welcher Vasari schildert.

Von Zwischenspielen dieser Art bis zu reinen Ballet-Entrées, wie wir sie im folgenden über den gleichen Gegenstand noch bei Benserade finden werden, ist nur mehr ein kleiner Schritt. Das balletartige Moment in den eben skizzierten Zwischenspielen steht ganz bedeutend im Vordergrunde, und Vasari's Bericht dazu bildet gewissermaßen das bei Ballets übliche erklärende Programm, welches die an und für

sich zusammenhangslosen Szenen untereinander verbindet.
Von diesem rein geschichtlichen Standpunkte aus sind obige
Zwischenspiele nicht ohne Interesse.

### Ercole Udine.

Dem eben besprochenen Festspiele zeitlich am nächsten
steht eine epische Bearbeitung des Psychemärchens von Ercole Udine: *Avvenimenti amorosi di Psiche. Poëma Eroico.*
Der mir vorliegende Druck ist vom Jahre 1626 und stammt
aus Venedig. Erdmann führt einen Druck von 1617 an.[1]
Doch scheint die Dichtung bereits 1598 auf 99 zum Abschluß
gelangt und in letzterem Jahre zum ersten Male gedruckt
worden zu sein, denn die «*erudita allegoria del Molto Illustre Re-
verendissimo P. Abbate Grillo*», wie es auf dem Titelblatte des
Druckes von 1626 heißt, ist datiert: *Di S. Giorgio maggiore le
19. di Aprile 1599.* Diese Allegorie, die im wesentlichen die
des Fulgentius ist, wurde offenbar aus dem ersten Drucke in
die späteren mit herüber genommen.

Bezüglich Udine's Dichtung scheint Menghini ein Irrtum
unterlaufen zu sein, wenn er berichtet: «*... nel secolo XVI
dell' angelica fanciulla si occupò ... Ercole Udine montavano che
compose su tale soggetto un dramma — non ancora pubblicato —
inviato il 10 di luglio 1598 dall' autore a Ferrante II Gonzaga.*»[2]
Der Irrtum ist um so augenfälliger, als Menghini sich für
seine Angabe auf Tiraboschi beruft. Bei letzterem nämlich
finden wir kein Drama erwähnt, die diesbezügliche Stelle[3]
lautet vielmehr: «*Di questo scrittore io ho più lettere inedite a
don Cesare e a don Ferrante II Gonzaga, copiate dagli originali
che se ne conservano nell' archivio di Guastalla, in una delle quali
de' 10 di luglio del 1599 manda al secondo un suo componimento
poetico intitolato La Psiche.*»

Dä, wie wir finden werden, in einer Reihe jüngerer Psychedichtungen sich Udine's Einfluß geltend macht, so mag dieses
Epos einer eingehenderen Besprechung unterzogen werden!

---

[1] *Molières Psyché* etc., p. 5, Lit.-Ang.
[2] *Scelta di Curiosità ... Disp.* CCXXXIV, p. CXV.
[3] VII, 1953.

Nach einem Berichte über seine bisherige dichterische
Tätigkeit [1]), einer Anrufung der Muse und einer Huldigung an
die Dame, welcher das Epos gewidmet ist, setzt der Dichter
mit dem eigentlichen Thema ein:

> Da sangue, e da parenti eccelsi, e regi,
> Tacciono il nome lor l'historie antiche,
> Nacquer tre figlie di costumi egregi,
> Di beltà rare, e di honestate amiche . . .

Psyche ist jedoch weitaus die schönste von den dreien,
und es folgt nun eine an Vergleichen reiche Beschreibung
ihrer Schönheit.  Kein Wunder, wenn bei solcher Anmut das
Volk aus nah und fern zusammenströmt,

> S'inchina à Psiche, adora lei qual Dea,
> A lei dà il pregio sol di Citerea.

Die „historie antiche“, welche den Namen der königlichen Eltern Psyches verschweigen, hat Udine zweifelsohne
bei Apuleius vorgefunden, denn Martianus Capella, Boccaccio und im Anschluß daran Galeotto dal Carretto, die
Udine allenfalls hätten vorliegen können, führen übereinstimmend Psyches Eltern mit Namen ein. Genau wie Apuleius
führt uns denn auch Udine nach der Schilderung von Psyches
Schönheit Venus in ihrem bitteren Selbstgespräche vor Augen,
in welchem sie sich über die Beeinträchtigung ihrer Ehre beklagt.  Haß- und neiderfüllt besteigt sie ihr Taubengespann,
um Amor zu suchen, der sie rächen soll.  Doch lange sucht
sie vergebens nach ihrem Sohne, bis ihr endlich Jupiter durch
Blitz und Donner ein Zeichen gibt.  Bei Schilderung dieser
Fahrt, die durch Italien geht, hat der Dichter Gelegenheit,
die Schönheit seines Vaterlandes zu preisen.  Endlich gelangt
sie zum Benaco, wo von Hirten und Nymphen eben ein frohes
Fest mit Musik, Gesang und Tanz gefeiert wird.  Doch Venus
macht die Freude verstummen, und ungeduldig fragt sie nach

---

[1]) U. übersetzte die Äneïde Vergil's in ottava rima (cf. Tiraboschi,
VII. 1953).
> Gia del figlio d'Anchise, e de la Dea
> L'arme, e gli errori in questo suon cantai . . .
> Vers 1 u. 2.

ihrem Sohne, kann jedoch über ihn erst Auskunft erhalten,
nachdem sie ihn genau beschrieben hat (Str. 23—28). Der
Dichter schildert hierbei unter der Personifikation Amors
alle die Künste und Listen, alle Freuden, Hoffnungen, Qualen
und Befürchtungen der Liebe. Wer Venus Auskunft zu erteilen vermag, soll von ihr zum Lohne einen Kuß erhalten.
Nun sind Nymphen und Hirten imstande, Auskunft zu geben:

> Te l'additiamo in quella regia stanza,
> Oue intento hà il pensiero, intento hà il ciglio
> Ad una imagin sola, che frà tante
> Hà non di Donna, ma di Dea sembiante.

Venus eilt zu dem besagten Palaste. Unsichtbar betritt
sie das Zimmer, wo Amor, der *indouino pittor*, beschäftigt ist.
Frauengestalten hat er gemalt, berühmte Frauen der Zukunft,

> Che vincerian di gloria anco l'antiche.[1])

Unsichtbar schreitet Venus von Bild zu Bild, von welchen
jedes eine durch Schönheit und Geburt berühmte Frauen-
gestalt darstellt.

> Ciascuna de l'Imagini dipinte
> Sotto i piedi un' Elogio scritto hauea.

Und nun kommt Venus zu dem Bilde, von welchem die
Nymphen oben berichtet haben:

> A l'imagine vien, dou' era fis[s]o
> Amor co'l guardo si, ch'altro non vede ...

Leonore von Medici ist es, welcher der Dichter seine
vornehmste Huldigung darbringt und welcher die Dichtung
auch gewidmet ist.

Nun entdeckt sich Venus ihrem Sohne, sich bitter be-
klagend, daß er sich ihrer Ehre so wenig annehme, obgleich
sie in so große Gefahr geraten sei durch die Schönheit einer
Sterblichen, der Psyche. Rächen soll er ihre beleidigte Gottheit an dieser Verwegenen und sie zwingen,

> si che diuenga moglie
> D'huom, ch'ami sempre, e non volente adore,

---

[1]) Strophe 32—48.

Huom il più vil, più misero, e più indegno,
E sdegno, e rabbia del suo Amor sia pegno . . .

Sie spricht es, und hinweg führt sie ihn, dorthin, wo
Psyche weilt. Sie zeigt ihm die verhaßte Feindin. dann verläßt sie ihn. Nachdem aber Amor solche Reize geschaut,
wird auch sein Herz gefangen, und er beschließt,

Di contentar, e à ubedir la Madre,
Senza offender beltà così leggiadre.

Damit schließt der erste Gesang ab. Wir ersehen aus
der vorausgehenden Analyse, daß der Dichter bis Strophe 14
genau der lateinischen Vorlage folgt, um sodann auf eine
der Apuleianischen Darstellung ganz fremde Weise fortzufahren.
Die Fahrt der Venus durch Italien, ihr Zusammentreffen und
ihre Unterredung mit den tanzenden Nymphen, Amors Aufenthalt und Beschäftigung in dem Palaste ist von Udine neu
in das Märchen eingeführt worden. Auch das Kußversprechen
ist eine Antizipierung, denn wir lesen ein gleiches bei Apuleius erst dort, wo Venus den Merkur entsandt hat, um alle
Welt aufzufordern, ihr die Psyche auszuliefern. Ebenso weist
der Schluß des Gesanges, Amors Fahrt durch die Luft an
Seite seiner Mutter zum Aufenthaltsorte der Psyche eine Abweichung von der lateinischen Fassung auf. Trotz dieser
Verschiedenheiten in der Darstellung indes bleibt der Einfluß
des Apuleius unverkennbar.

## II. Gesang.

Schon haben die beiden Schwestern Psyches, obwohl
weniger schön und älter, sich mit zwei mächtigen Königen
verheiratet, um Psyche selbst aber bewirbt sich niemand. Nun
folgt, ganz nach Apuleius, jenes klagende Selbstgespräch der
Psyche, worin sie ihre Schönheit verwünscht. Der Vater aber
fühlt und ahnt den Schmerz der Tochter, und so wendet er
sich an das Orakel von Milet — auch Apuleius nennt ausdrücklich Milet —, um sich Rats zu erholen. Das Orakel
aber, das unter schrecklichen Naturerscheinungen erteilt wird,
besagt: Mit Trauergeleite soll Psyche auf einen Felsen geführt und dort ausgesetzt werden. Nicht soll sie einen sterblichen Mann erwarten, sondern einen

Fiero, empio, e crudo, che qual foco, e lima
Arde, e corrode il tutto, e'n Ciel s'adduce,
Oue Gioue ne teme; e suoi disdegni
Porgon terror fin ne' Tartarei regni.

Zu Tode betrübt, kehrt der unglückliche Vater nach
Hause zurück, und in langem Trauerzuge wird Psyche zu
dem besagten Felsen geführt. Nochmals beklagt sie sich
über ihre Schönheit und vor allem über den Ruf ihrer Schönheit, der ihr größter Feind gewesen sei. Dann aber sich be-
zwingend, wendet sie sich an ihre Begleitung, insbesondere
an ihre Eltern, und trotz des furchtbaren Leids, das auf sie
hereingestürmt ist, sucht sie alle zu trösten; alsdann nimmt
sie Abschied.

Psyche ist nun allein, von schrecklicher Angst gequält
und in Tränen aufgelöst. Da vernimmt sie von ferne ein
Säuseln und Rauschen; Zephyr ist es, der sie wie Blütenduft
entführt. Auf blühender Wiese setzt er sie nieder und ver-
abschiedet sich mit zarten Worten. Psyche aber fällt in
Schlaf.

Dem Gange der Handlung nach hält sich also Udine
wieder ziemlich genau an Apuleius, doch ist das Gewand, in
welches die Ereignisse gekleidet sind, ein viel reicheres geworden. Die Schilderung der Naturereignisse bei Erteilung
des Orakels, des Trauergeleites und des Abschiedes ist sehr
ausgedehnt und zum großen Teil Produkt der eigenen Phantasie des Dichters.

## III. Gesang.

Aus tiefem Schlafe erwacht Psyche und Staunen ergreift
sie ob ihrer Umgebung. Ein süßes Flüstern dringt an ihr
Ohr; kristallhell sprudelt der Quell und die Vöglein im
Walde von Zypressen und Tannen vereinen ihren Gesang
wie zum Lobpreis ihrer Schönheit. Aus dem Haine tretend,
erblickt Psyche einen prächtigen Palast, dem sie ihre Schritte
zulenkt. Schon die Apuleianische Schilderung wird hier
breiter, und dementsprechend bringt Udine eine umfangreiche,
feenhafte Beschreibung des Amorpalastes, der, wie eine ge-

heimnisvolle Stimme der staunenden Psyche eröffnet, fortan
ihr eigen sein soll.

Ma non bramar veder quel, che non vedi!

setzt die Stimme sogleich warnend hinzu. Dann wird sie von
unsichtbarer Hand königlich bedient, zum Bade und hernach
zu Tische geleitet. Gesang und Musik ertönt. Eine Stimme
fordert sie auf, sich zu freuen und nicht zu trauern; denn
ein Gatte harre ihrer voll Schönheit und einzig wert ihrer
Liebe —, doch «*Creder ti basti*». Sodann wird sie in das
königliche Schlafgemach geführt, wo ihrer, wenn auch unsichtbar, Amor schon harrt. Der Liebesgott ergeht sich in
einem Selbstgespräch über seine Liebe und die, welche er
Psyche einflößen will. Aber er gedenkt auch mit einiger
Bangigkeit des Befehles seiner Mutter, denn:

In vece d'infiammarla ella mi accese.

Es folgt die Nacht, da Amor sich Psyche vermählt, sie
beruhigend und ihr Vertrauen einflößend. Mit Sonnenaufgang
aber entschwindet er, und als Psyche morgens erwacht, ist
der Gott dahin, und schon wird sie von unsichtbaren Händen
angekleidet und geschmückt. Süße Musik schlägt an ihr Ohr,
der Tag enteilt in mancherlei Kurzweil und Abwechslung.
So verfließen auch die folgenden Tage, und die Nächte
schwinden in Gemeinschaft mit dem geliebten, wennschon
ungekannten Gemahl. Psyche ist glücklich, desto unglück-
licher sind die Eltern zu Hause, im ungewissen über Psyches
Los. Sehnsüchtig verlangen sie nach Kunde von ihr, so daß
schließlich die beiden Schwestern Anstalten treffen, den Aussetzungsfelsen zu ersteigen. Amor aber, der das Kommende
ahnt und die Gefahr durchschaut, die seinem und Psyches
Glücke aus dem Zusammentreffen der letzteren mit den beiden
Schwestern erwachsen wird. ist von quälender Sorge erfüllt
und spricht seine Befürchtungen Psyche gegenüber offen aus.
Er berichtet ihr von dem Bemühen der Schwestern zu ihr
zu gelangen,

per parlarti,
E poi per sempre sconsolata farti.

Schon stehen sie, sagt Amor, auf dem Gipfel des Berges
und wehklagen, dich von einem Drachen getötet wähnend.

Ich werde sie durch Zephyr hierher bringen lassen, aber sei
du auf deiner Hut und glaube nicht ihren Worten, am aller-
wenigsten dann, wenn sie dir sagen, du müssest mich sehen
und wissen, wer ich sei (Strophe 55—57).

Psyche versichert ihn ihrer treuesten Liebe und ihrer
Standhaftigkeit. Er möge nicht fürchten, daß sie seinem
Verlangen entgegen handeln werde. Wenn sie aber beide so
unzertrennbar verbunden wären, warum sollte sie dann das
Zusammentreffen mit ihren Schwestern fürchten? Sie brenne
vor Begierde, sie zu sehen und ihnen all die Pracht und
Herrlichkeit zu zeigen, die sie umgebe. Solch stürmischen
Bitten gegenüber ist Amor machtlos. Aber nochmals warnt
er seine Geliebte:

> ... solamente in ciò, tu cauta sia
> Per loro à non scoprir la faccia mia.
> In ciò non udir' esse! ...

Der Morgen ist angebrochen, Amor enteilt; Zephyr hat
die beiden Schwestern gebracht. Von Psyche stürmisch begrüßt, besehen sie sich nun all die Zauberpracht des Palastes.
Und Psyche erklärt und erzählt alles, nur von ihrem Gemahle
wolle sie schweigen, denn ihr Mund sei unfähig, in der rechten
Weise von ihm zu sprechen:

> Son fatti di mie voglie i pensier sui,
> Egli non cerca più, ne più desia
> Che di me contentar, tal ch'io son esso,
> Et egli, ed io habbiamo un cor' istesso.

Die Schwestern geben unverhohlen ihrer Verwunderung
über das Geschaute Ausdruck, wünschen aber dringend, den
Gemahl ihrer Schwester zu sehen. Doch Psyche bedeutet
ihnen, sie könnten ihn nicht sehen, denn diese Stunden wären
ihm allein zur Verfügung. Es folgt die Schilderung ihres
Gemahls als Jüngling, der auf der Jagd weile. Reich beschenkt werden die beiden Schwestern schließlich von Zephyr
auf den Felsen zurückgebracht. Außer Psyches Bereiche,
geben sie ihrem Neide nun unverhohlen Ausdruck. Wird
sie nicht wie eine Göttin gehalten? Haben wir denn nicht
die gleichen Eltern? Weshalb solche Bevorzugung? Sie

habe solch einen edlen Gemahl, einen Heros, wenn nicht gar
einen Gott,

> E noi starem quì vili, e neghittose
> Seruendo à Rè decrepiti, e spiacenti?

Diese ungerechte Erhebung über sie heische Rache.

Zu Hause angekommen berichten sie den Eltern nichts
von dem Gesehenen, sondern tun, als ob ihr Nachforschen
erfolglos geblieben sei.

Was ergibt sich nun aus der Analyse dieses Gesanges?
In erster Linie spricht wohl Udine's Vorlage unverkennbar
aus all den einzelnen Momenten der Erzählung. Udine schließt
sich enge, von Strophe 71 ab oft wortwörtlich an Apuleius
an. Nur ein kleiner Unterschied in der Darstellung fällt auf.
Ohne von Psyche vorher bestürmt worden zu sein, sagt Amor
zu Psyche, er wolle durch Zephyr die Schwestern in den
Palast bringen lassen. Nun erst setzt Psyche mit ihren Bitten
und Versicherungen ein und weiß Amors Befürchtungen zu
beschwichtigen. Bei Apuleius hingegen fordert Amor die
Psyche auf, dem Rufen der Schwestern auf dem Felsen kein
Gehör zu geben, und erst durch Psyches unaufhörliche Tränen
und Bitten, läßt er sich schließlich mit Widerstreben be-
stimmen, den Schwestern durch Zephyr Zutritt zu seinem
Palaste zu verschaffen. Der Unterschied ist nicht wesentlich,
doch dünkt mich diese Stelle bei Apuleius um vieles besser.
Indes weist dieser Gesang auch einige Partien auf, die eine
Meisterschaft in der Schilderung bekunden. Psyches Erwachen
auf blumenbésäter, quelldurchrieselter Au, der Vöglein Will-
kommgruß aus dem Schatten des Waldes, der strahlende
Palast in seinem Hintergrunde, diese ganze Schilderung birgt
Schönheit und Anmut in sich. Mit großer Liebe und un-
leugbarer Kunstfertigkeit schildert Udine sodann auch den
von herrlichen Gärten umgebenen Palast, seine prächtigen
Säulenhallen und ragenden Giebel, seine reichen Portale und
königlichen Gemächer.

## IV. Gesang.

Die Schwestern haben ihre ruchlosen Pläne geschmiedet
und schon eilen sie neuerdings zum Felsen. Amor, der das

Unheil nahen sieht, spricht nachts zu Psyche: Bald werden
deine treulosen Schwestern wieder zu dir kommen, um in dir
den Wunsch nach meinem Anblicke wachzurufen und dadurch
unser beider Glück zu zerstören; aber laß dir meine Liebe
genügen und verschließ deine Ohren ihren trügerischen Worten!
Schon hast du einen Sohn empfangen, der sterblich sein wird,
wenn du mich geschaut, unsterblich aber, wenn du meinem
Verlangen dich fügest. Schon sind deine Schwestern auf dem
Felsen und Zephyr wird sie dir herbeiführen. Psyche gibt
neuerdings das heilige Versprechen, nichts gegen seinen Wunsch
und Willen zu tun und freut sich der Kunde über den zu
erwartenden Sohn, an welchem sie des Gatten Züge erkennen
werde. Der Tag bricht an, die Schwestern erscheinen. Sie
heucheln Liebe und Fürsorge. Ihr Neid steigert sich noch
mehr beim erneuten Anblicke all der Psyche umgebenden
Pracht. Wieder fragen sie nach ihrem Gatten, und Psyche,
uneingedenk dessen, was sie das letzte Mal von ihm berichtet
hat, schildert ihn als Kaufmann:

> Già per l'età 'l color, e 'l vigor manca,
> Et la già negra chioma hor se gli imbianca;

entsprechend dem Apuleianischen 'aitque maritum suum cursum
aetatis agere, interspersum rara canitie'. Da hält es die Schwestern
nicht länger mehr. Mit großer Eile verabschieden sie sich,
um unverzüglich ihre Gedanken zum Austausch bringen zu
können. „Woher dieser Widerspruch in der zweimaligen
Aussage über ihren Gemahl?" So kommen die beiden ruchlosen Weiber zu dem Schlusse, daß Psyche ihren Gemahl
überhaupt noch nicht gesehen habe. „Als Gatten und Sohn
hat sie zweifelsohne einen Gott, und sie wird eines Tages wohl
selber Göttin sein." Rasch ist ihr Plan gefaßt. Sie eilen
abermals zur Schwester, ihr den verderblichen Gedanken in
das Herz zu legen. „Voll Schmerz kommen wir zu dir, denn
wir wissen, daß ein schrecklicher Drache dein Gemahl ist.
Viele schon haben ihn den Fluß überschreiten und aus diesen
Wäldern gehen sehen, stets Menschenfleisch im Rachen. Auch
dir droht der Tod. Wenn du uns nicht glaubst, so glaube
doch dem Orakel, das genau alles vorherverkündigt hat!"

Und als sie sehen, welch niederschmetternden Eindruck
ihre Worte auf Psyche machen, da erteilen sie ihr mit erheucheltem Mitleide den Rat, eine Lampe im Schlafgemache
zu verbergen, sich mit einem scharfen Eisen zu bewaffnen,
den Gatten im Schlafe mit dem Lampenlichte zu überraschen
und ihn zu töten.

Zephyr bringt die Schwestern zurück. Psyche, auf die
ein Meer von Angst, Kummer, Sorge und Zweifel herein-
stürmt, verbleibt im Palaste. Die Nacht kommt. Amor
schläft. Leise bereitet Psyche ihr unseliges Werk. Aber
wie erstaunt sie, als sie statt des erwarteten Ungeheuers einen
Jüngling von unsterblicher Schönheit erblickt und an den
neben dem Bette liegenden Waffen Amor, den Liebesgott
selbst erkennt! An einem seiner Pfeile verwundet sie sich,
so in unauslöschbarer Liebe entbrennend. Der Tropfen siedenden Öles weckt Amor. Zürnend entflieht er. Von dem
Gipfel einer Zypresse aus richtet er noch vorwurfsvolle Worte
über die Unbeständigkeit und Untreue des Frauenherzens an
Psyche. „Verzweiflung wird dir bleiben", spricht er, „und
der Wunsch zu sterben; mir aber wirst du nicht folgen können.
Deine nichtswürdigen Schwestern aber werden ihre Tat mit
gerechter Strafe sühnen."

Amor verschwindet. Psyche aber folgt ihm mit dem
Auge, so weit dieses zu dringen vermag, dann bricht sie in
bittere Klagen aus. Der Palast verschwindet; es verschwinden
die Gärten, Wälder, Wiesen und Quellen; starrende Wildnis
und grausige Höhlen ringsum. Da will Psyche, um sich selbst
zu bestrafen und der Qual eines Lebens ohne Amor zu entgehen, den Tod suchen, sie stürzt sich in den nahen Fluß.

Diesen 4. Gesang könnte man eine versifizierte Übersetzung
des Apuleius nennen, so genau und streng hält sich Udine
in den einschlägigen Partien der Erzählung an seine lateinische Vorlage. Die Gespräche decken sich beinahe oft wortwörtlich, und auch das kleinste Detail finden wir in unserem
italienischen Epos wieder. Einzig die erwähnte lange Klage
und die Selbstgespräche bevor sich Psyche in den Fluß stürzt
entstammen der Feder Udine's. Aber gerade die sehr knappe
Fassung des Apuleius macht sich hier bedeutend wirkungsvoller.

Wir lesen dort nur: 'Sed ubi remigio plumae raptum maritum proverilas spatii fecerat alienum, per proximi fluminis marginem praecipitem sese dedit.' Dadurch zeigt sich Psyches Tat so recht als Tat der Verzweiflung, die nicht erst lange Erwägungen anstellt, sondern lediglich dem unwiderstehlichen, inneren Impulse folgend, zur Ausführung schreitet.

## V. Gesang.

Der Fluß, in welchen sich Psyche gestürzt hat, trägt sie unversehrt an das andere Ufer. Hier ist Pan, der in ihr die Hoffnung belebt, sie werde den Geliebten wiederfinden und der ihr den Rat erteilt, ihn zu suchen. Dankbar nimmt Psyche den Rat entgegen, und dann beginnt sie ihr ruheloses Wanderleben. Zuerst gelangt sie zur älteren Schwester, berichtet ihr, daß Amor sie·verstoßen habe und nun ihrer, der Schwester, begehre. Allsogleich eilt diese zum Felsen und wähnend, Zephyrs Hauch schon zu verspüren, stürzt sie sich blindlings in die Tiefe, um dort elend zu zerschellen. So trifft sie die gerechte Strafe für den treulosen Verrat. Auf gleiche Weise sühnt die zweite Schwester ihr Vergehen. Tag und Nacht ist nun Psyche auf ruheloser Irr- und Wanderfahrt, um Amor aufzusuchen oder wenigstens Kunde von ihm zu erlangen. Er aber liegt, an der Brandwunde krankend, in seinem Gemach im Olymp. Inzwischen erfährt Venus beim Baden durch die Möwe (gauio augello marin: avis peralba illa garia) alle Ereignisse der Zwischenzeit, ein Bericht, der sich besonders enge an die Apuleianische Darstellung anschließt.

Venus entbrennt in Zorn gegen Amor und in erneutem Haß gegen Psyche. Augenblicklich eilt sie zum Krankenlager des ersteren und überschüttet ihn mit den heftigsten Vorwürfen:

Cosi tua madre honori? . . .

Cosi ubedisti à quel, che ti fù detto?

Dieser heftigen Szene folgt jene bei Juno und Ceres, welche den Zorn der Göttin durch ihre vermittelnden und begütigenden Worte nur noch mehr entfachen. Ihr einziges Verlangen ist, Psyche in ihre Gewalt zu bekommen. Indessen irrt diese bald hoffend, bald verzweifelnd umher.

Überall glaubt sie den Geliebten zu erblicken, selbst im Echo seinen Namen zu vernehmen.

. Der Dichter schildert das glühende Verlangen Psyches, den Geliebten wiederzufinden, sehr eingehend. Apuleius überläßt es dem Leser selbst, sich den Seelenzustand der Gefolterten vorzustellen. · Auch dieser Gesang bestätigt von neuem, was wir in den vorausgehenden Gesängen bereits beobachtet haben: Udine schließt sich im Gange der Handlung bis ins Detail an Apuleius an. Bei Schilderung von Seelenzuständen jedoch, bei Beschreibung von Landschaften, kurz überall da, wo subjektives Schaffen und Denken, ohne dem Wesen der Vorlage irgendwie nahe zu treten, sich geltend machen konnte, liebt es Udine, seiner Phantasie und seinem eigenen Empfinden Ausdruck zu verleihen.

## VI. Gesang.

Noch im vorigen Gesange sahen wir Psyche einem Heiligtume zuwandern, welches in der Ferne sich erhebt. Es ist der Tempel der Ceres. Schutzflehend naht sich Psyche. Doch diese Göttin, sonst so milde, tritt ihr mit harter Rede entgegen:

> Ah miserella, ä che fuggire
> Quì di Ciprigna le minaccie, e l'ire?
> Ella ti cerca . . .

Da fällt Psyche auf ihre Kniee und fleht um Schutz. Ceres fühlt zwar Mitleid, doch sie fürchtet die Feindschaft der Göttin der Schönheit und Liebe, und so verweigert sie der Flüchtigen die Aufnahme. Psyche flieht weiter, von Land zu Land, von Stadt zu Stadt,

> Cercando il fuggitiuo irato amante.

Der Dichter ficht hier wieder eine längere Schilderung ein von dem Seelenschmerze der Psyche, sodann von dem Tempel der Juno, zu welchem sich die Flüchtige nunmehr begibt. Doch auch hier fleht sie vergebens um Schutz:

> Ogni legge mi vieta, ch'unqua io dia
> Hospitio à serui fuggitiui altrui . . .

lautet hier die abschlägige Antwort. Psyche ist nun völlig
zu Boden gedrückt. Von den trübsten Gedanken gequält
ruft sie aus:

> Se 'l Ciel mi niega aiuto, com' io scerno,
> A cui mi volgerò, forse à l'inferno?

Venus hat inzwischen vergeblich nach Psyche gesucht
So besteigt sie denn wieder ihren Taubenwagen und fährt
zum Olymp, sich Merkurs Hilfe zu erbitten. Sogleich ist der
Götterbote bereit; er steigt zur Erde nieder und gibt der
Venus Versprechen bekannt. Der glücklichste Liebhaber
solle der werden, der Psyche ausliefere, und wenn es eine
Frau sei:

> fia vincitrice
> De le pugne d'amor, e farà prede
> Di mille cori, . . .

Bei Apuleius finden wir an dieser Stelle das Kußversprechen. Da aber Udine dieses bereits im ersten Gesange
verwertet hat, sieht er sich veranlaßt, hier selbst ein Versprechen auszusinnen.

Nun liefert Psyche sich selbst der Göttin aus. Von
*Usanza* (*Consuetudo*), einer Dienerin der Venus in roher Weise
empfangen und mißhandelt, wird sie vor die Göttin geführt,
die sie mit grausamem Hohn überschüttet. *Cura* und *Tristezza*
(*Sollicitudo* und *Tristitia*) werden sodann gerufen, welchen
Psyche zu herzloser Züchtigung übergeben wird. Hierauf
wieder vor Venus geführt, ergießt diese ihren beißendsten Spott
abermals über sie und den zu erwartenden Sprößling. Dann
aber wird Psyche vor die Aufgabe der Körnerlese gestellt:

> Fà, le disse, che mentre io mi dimoro
> A la mensa (Ap.: ante istam vesperam)
> tù fin ponga al lauoro.

Mit diesen Worten läßt die stolze, unerbittliche Göttin
sie vor der scheinbar unlösbaren Aufgabe zurück.

Aus der Analyse dieses Gesanges erhellt ohne weiteres
wieder die Vorlage, nach welcher Udine sein Epos verfaßt hat.

## VII. Gesang.

Psyche blickt verzweifelnd auf ihre unlösbare Aufgabe, als ihr durch die Ameisen wunderbare Hilfe zuteil wird. Als Venus wieder erscheint, findet sie zu ihrer Überraschung und zu ihrem Ärger die Arbeit getan. Doch schon hat sie eine neue schwere Prüfung ausgesonnen. Es folgt die Sammlung der goldenen Wolle, welche Psyche, vom Schilfrohr beraten, glücklich ausführt. Eine dritte, noch viel grausamere Probe steht ihr indessen schon wieder bevor. Mit einer kristallenen Urne soll sie Wasser schöpfen am stygischen Quell, am unnahbaren, drachenbewachten Abgrunde. Doch Jupiters Adler steht ihr helfend zur Seite. Mit dem gewünschten Naß kehrt sie, stille Hoffnung hegend, zu Venus zurück,

> Che lei già diuorata esser credea.

Aber Psyches Bitte, ihr endlich Gnade und Verzeihung zu gewähren, findet kein Gehör. Nur die Vernichtung der verhaßten Feindin vermag den Haß und die Rachsucht der Göttin zu befriedigen. Deshalb erhält Psyche den Befehl, zu Proserpina in die Unterwelt hinabzusteigen, das bekannte Schönheitsmittel zu holen. Psyche gelangt zu einem hohen Turme, von dessen Zinnen sie sich stürzen will. Doch es spricht der Turm zu ihr:

> Frena le voglie tue precipitose,
> Vincerai de la Dea, l'ira, e 'l dispetto.

Wie bei Apuleius, so erhält auch hier Psyche die Anweisung, welche Mittel sie zu gebrauchen, welche Wege sie zu gehen, und wie sie sich zu verhalten habe, um zu ihrem Ziele zu gelangen. Psyche unternimmt den schweren Gang, ohne sich von all den Schrecken des Orkus abhalten zu lassen; glücklich gelangt sie zu Proserpina, richtet ihre Botschaft aus, erhält das Schönheitsmittel und kehrt dann zurück ans Tageslicht. Ungewohnte Fröhlichkeit regt sich in ihrem Herzen.

So genau folgt Udine seiner lateinischen Vorlage, daß er es selbst bei offenkundigen Geschmacklosigkeiten der Apuleianischen Fassung nicht wagt, eine Änderung vorzunehmen. Es widerstreitet unserem Empfinden, den toten, bewegungslosen Turm in menschlicher Rede eingeführt zu sehen. Mutet es uns auch poetisch an, wenn das immer bewegliche Schilf in Flüstern und Rauschen zu Psyche spricht; berührt es uns selbst nicht fremd, wenn Steine auf ihrer Wanderfahrt von Berg zu Tal untereinander oder mit Flüß und Bach Zwiesprache halten: so geht doch die Belebung regungslosen Mauerwerks über die Grenzen dichterischen Geschmackes hinaus. Auch Udine muß dies empfunden haben, doch offenbar glaubte er sich nicht berechtigt, sachliche Änderungen an der Apuleianischen Darstellung vorzunehmen.

## VIII. Gesang.

Psyche hatte den strengen Befehl erhalten, das Gefäß mit dem Schönheit spendenden Inhalte nicht zu öffnen. Da soll Psyche nochmals das Opfer ihres Ungehorsams werden. Durch die ausgestandenen Leiden glaubt sie, an ihrer Schönheit Einbuße erlitten zu haben. Das Mittel, ihre Schönheit in ihrem vollen Umfange wiederherzustellen, hat sie in ihren Händen. Der Gedanke an Amor, der Wunsch, ihm zu gefallen erhöht die Versuchung. So öffnet sie das Gefäß, aber ein tödlicher Hauch schlägt ihr ins Gesicht und beraubt sie der Sinne. Inzwischen ist Amors Körperwunde geheilt, und hoffend, daß Psyche auch seine Herzenswunde heilen werde, ist er seinem Krankenlager entflohen. Er trifft Psyche gerade als der tödliche Schlummer sie befängt. Da lodert mit verdoppelter Macht die alte Liebe wieder in ihm auf.

O ihr Augen, ruft er leidenschaftlich aus, nur allzu bedacht auf euer Unheil,

Troppo . . . al veder auidi, e presti,
Perche di nouo à riguardar foste osi?
Non bastaua l'error, che'n me facesti?

Mit einem seiner Pfeile erweckt er sodann Psyche zu neuem Leben und zu neuem Glücke, da sie endlich ihren Gatten wiedergefunden. Amor aber spornt seine Geliebte an, der Venus schleunigst das Schönheitsmittel zu überbringen, um endlich ihren Zorn zu besänftigen. So eilt Psyche zu

Venus. Mit demütigen Worten versichert sie ihre Unterwürfigkeit und in rührender Weise fleht sie für ihre Liebe:

Serua son del tuo figlio, e serua bramo
Di lui morir', e'l mio seruaggio sia
Sol testimon, el Cielo seco chiamo,
E 'l nume tuo, de l'innocenza mia,
E de la fede con che adoro, et amo
Voi madre, e figlio; ...

Solchen Worten gegenüber vermag auch Venus nicht völlig taub zu bleiben:

trà pietade, e sdegno
Hà il cor ...

Unterdessen ist Amor zu Jupiter geeilt, welchen er ungestüm bittet, den Sinn der Mutter zu wenden. Amor findet gnädiges Gehör. Allsogleich läßt der Beherrscher des Olymps eine große Götterversammlung einberufen und verkündet vor dem gesamten Rate, daß Amor seine Vermählung mit Psyche fordere. Tausend Klagen und tausend Übel würden durch Amors Vermählung auf Erden schwinden:

Ne quì mi opponga alcun, ch'anco inequali
Sian queste nozze, e non conformi a i riti,
Che se Cupido è Nume come nui
Io farò Psiche diua eguale ä lui.

Merkur wird sogleich zur Erde entsandt, um Psyche zum Götterhimmel emporzuheben. Auf Jupiters Geheiß wird ihr köstliche Ambrosia gereicht,

Perche ella più non sia soggetta à morte.

So wird sie zu neuem, unsterblichem Leben umgeschaffen. An diese Wandlung fügt der Dichter eine Betrachtung über die Vorsehung der ewig waltenden Gottheit.

Dann folgt die Hochzeitsfeier und die höchste Seligkeit vereint nach langer Trennung die Liebenden für immer:

Così trà lor viuace amor si mesce
Che non si cangia mai, ne mai vien meno.

Und dann lesen wir weiter:

Del parto il tempo vien, parto felice,

Che non reca dolor' à chi l'espone.
Nasce un bel figlio . . .
  Diletto è il nome suo.

Udine erzählt also auch im letzten Gesange wesentlich
dasselbe wie Apuleius, doch machen sich in der Darstellung
einige Unterschiede bemerkbar. Dinge, die Apuleius nur ganz
kurz andeutet, sind hier ausführlich geschildert, umgekehrt
sind längere Ausführungen in der Apuleianischen Fassung
hier nur kurz erwähnt. So berichtet Apuleius nach Wiedererweckung der Psyche nur: „Psyche ihrerseits beeilt sich,
Venus das Geschenk der Proserpina zu überbringen." Dann
folgt unmittelbar der Bericht von der Unterhandlung zwischen
Jupiter und Amor, während Udine in 68 Versen die Über-
bringung des Gefäßes, die Rede der Venus, die Bitte der
Psyche und das Schwankendwerden der Göttin berichtet.

Umgekehrt, während Apuleius ausführlich die Antwort
Jupiters auf Amors Bitte darlegt, in der letzterer sich sein
ganzes Sündenregister Jupiter gegenüber aufzählen lassen
muß, faßt sich Udine ganz kurz. Ebenso erwähnt unsere
italienische Bearbeitung die Hochzeit nur in wenigen Versen,
während sie von Apuleius in verhältnismäßig breiter Ausführung geschildert wird. Auch persönliche Reflexionen schiebt
unser Dichter ein. Man vergleiche hierzu Strophe 33—35,
wo er, wie bereits oben erwähnt, die göttliche Vorsehung und
Gerechtigkeit betrachtet. Endlich findet sich noch ganz am
Schlusse ein Unterschied zwischen Apuleius und Udine. Es
ist dies außer der im ersten Gesange beobachteten die einzige
sachliche Abweichung des Italieners vom Lateiner: Apuleius
berichtet die Geburt einer Tochter *Voluptas*, Udine mit mehr
Konsequenz als seine Vorlage die eines Sohnes *Diletto*. Diese
entschieden sachgemäße Umgestaltung bildet für mehrere
spätere Psychedichtungen ein charakteristisches Merkmal.
Chiabrera, Marino und Diamante Gabrielli berichten nach
Udine'schem Vorbilde die Geburt eines Söhnchens *Diletto*.

Über die Quelle, aus der Udine für sein Epos geschöpft
hat, kann allen vorausgehenden Erörterungen zufolge kein
Zweifel bestehen. Weder inhaltlich noch formal vermag die

Dichtung den Einfluß des Lateiners zu verleugnen. Außer den Abweichungen des ersten, des dritten und des letzten Gesanges haben wir ganz und gar die Apuleianische Darstellung. Selbst die erwähnten Abweichungen bedeuten nicht den leisesten Eingriff in das Wesen der Erzählung. Auch bezüglich der Sprache lassen sich unschwer Anlehnungen an die lateinische Vorlage erkennen.

In dieser bis ins einzelnste gehenden Abhängigkeit von der Vorlage liegt unseres Erachtens die Schwäche der Dichtung. Denn unter solch strenger Gebundenheit mußte das individuelle Moment verkümmern. Nur, wo es gilt, eine Landschaft, Gebäulichkeit, Seelenstimmung zu schildern, tritt es hervor. Und wenn auch gerade bei Szenen höchster seelischer Erregung und erdrückendsten Schmerzes die langen Reden und Reflexionen, weil psychologisch unwahrscheinlich, den Stempel eines unechten Empfindens tragen, so zeigen doch zahlreiche andere Stellen Anmut und Schönheit und einen gewissen natürlichen Fluß. Bei solcher Gelegenheit läßt der Dichter durchblicken, was in seinem Gemüte liegt, wie er fühlt und denkt. Von diesem Standpunkte aus ist es zu bedauern, daß aus dem eigentlichen Kern der Dichtung sich immer und immer nur Apuleius widerspiegelt.

## Chiabrera.

Auch einer der hervorragendsten Vertreter der klassizistischen Richtung, Gabriello Chiabrera, hat die Psychefabel teilweise in eine seiner Dichtungen, *L'Alcina Prigioniera*, eingeschoben. Die ränkevolle Alcina kommt zum Palaste des Amor, um dessen Beistand gegen ihre Gegnerin Melissa zu gewinnen. In der Schilderung dessen, was sich ihren Blicken bietet, ist die unserer Fabel entnommene Partie enthalten:

Siedegli (sc. al sagittario Infante)
appresso il poco noto in terra
Diletto.

Daß sich hierbei Udine's Einfluß geltend macht, ist auf den ersten Blick klar. Auch kurz nachher werden wir wieder an das Epos Udine's erinnert.

Mit Wohlgefallen, heißt es weiter, betrachtet man einen unsterblichen Köcher, welchen die erhabene Idalia ihm (Amor) erst vor kurzem gegeben hat:

> Questa formata di rubin fiammante,
> Da lunge abbaglia, e per tre giri aurati
> Cerchiata, in quattro spazj era distinta,
> Ben degno albergo degli strali ardenti.
> Quivi dentro, a veder gran meraviglia,
> Scolpita fu l'innamorata Psiche . . .

Nach Udine ist Amors Palast (bzw. einzelne Gemächer desselben) ausgestattet mit Darstellungen aus den Schicksalen Psyches. Diese Schilderung wird Chiabrera veranlaßt haben, in ähnlicher Weise die hauptsächlichsten Momente aus der Psychefabel vor Augen zu führen.

Die dargestellten Szenen sind: 1. Psyche beschaut ihren Geliebten; 2. Körnerlese; 3. Flockensammlung; 4. der Adler bringt Psyche das mit dem Wasser der stygischen Quelle gefüllte Gefäß zurück; 5. Psyches Gang zur Unterwelt und Erscheinen vor Tesiphone; 6. Psyche, nach Öffnung der Vase von Todesnacht umfangen, wird von Amor errettet, der

> in sull' Olimpio
> Degna la fa della nettarea mensa.

Diese Schilderung umfaßt nur 23 Verse und schließt sich dem Ideengange der Apuleianischen Erzählung völlig an. Als Vorlage können wir Udine bezeichnen, dessen Einfluß, wie wir gesehen haben, sich an zwei Stellen bemerkbar macht. Die Sprache ist erhaben, der Vers klassisch.

## Bracciolini.

Die nachfolgenden Seiten gelten der Besprechung einer in Oktaven abgefaßten Ependichtung, die jedoch Fragment geblieben ist, und die aus der Feder des Francesco Bracciolini dell Api (1566—1645) stammt. Das Epos wurde erst 1889 durch Menghini in der *Scelta di Curiosità letterarie*, Disp. 234 veröffentlicht. Das Manuskript, das bis auf kurze Zeit vor seiner Veröffentlichung mit vielen anderen

5*

Handschriften iu der Familie der Bracciolini verblieben
war, ist nunmehr Eigentum der Nationalbibliothek Vittorio
Emanuele zu Rom. Die Abfassungszeit dieses Bruchstückes
genauer zu bestimmen hält sehr schwer. Erdmann bezeichnet
das Ende des 16. Jahrhunderts als den Zeitpunkt seines Ent-
stebens.[1]) Jedenfalls ist als frühester *terminus a quo* das Jahr
1599 anzunehmen, in welchem die Udine'sche Dichtung erschien. Denn eine Bekanntschaft Bracciolini's mit dem Epos
Udine's scheint, abgesehen von einigen anderen Stellen, mit
Bestimmtheit aus der folgenden hervorzugehen. Wie Udine
erzählt auch Bracciolini, daß Psyche sich an den Fuß des
fliehenden Amor klammert, bis ihr die Kräfte schwinden.
Zwar mag Bracciolini diesen Gedanken zunächst aus der
*Genealogia* des Boccaccio entlehnt haben, auf welche wir bei
Besprechung dieses Fragmentes noch mehrfach zurückkommen
werden. Wörtliche Anklänge jedoch wie der gleiche Reim
*alto — salto — smalto*, sowie etwa das *„prender conviene…
il salto,“* wofür wir bei Udine lesen: *„conuiene da lui spiccarsi“* [2]), zeigen, daß sich hierbei auch Udine's Einfluß geltend
macht. Sichere Anhaltspunkte, denen zufolge die Dichtung
etwa in eine spätere Zeit zu verweisen wäre, liegen nicht vor.
Ebenso ist nicht ersichtlich, warum das Epos únvollendet geblieben ist.

Unterziehen wir indes die Dichtung einer eingehenderen
Betrachtung! Gleich eingangs fällt uns eine Abweichung
von der gewöhnlichen Darstellung in die Augen, auf welche
wir bereits in Galeotto's Drama gestoßen sind. Wie dort
bereits erwähnt, nimmt Bracciolini den Stammbaum der Psyche
aus der Genealogia des Boccaccio in sein Epos herüber.
Psyche ist nicht mehr die Königstochter, sondern die jüngste
von Drillingstöchtern, deren Mutter die Nymphe Endelechia,
deren Vater Apollo ist. Bracciolini schließt sich demnach
enger an Boccaccio an als Galeotto. Er behält als Vater
das naturbelebende Element, den Sonnengott bei, gibt aber
dafür das Apuleianische „Es war einmal ein König und

---

[1]) Molière's *Psyché*, p. 32.
[2]) Vgl. S. 72 f.

eine Königin" auf. Wie bei Apuleius und Udine wird
indes sodann von der Schönheit Psyches erzählt, die aller
Augen auf sich zieht, so daß sie selbst der Schönheit der
Venus den Rang streitig macht:

> Così rimane in Amatunta e Gnido
> all' alma dea che'l terzo ciel colora
> spento ogni altare ...

Es folgt das bittere Selbstgespräch der Venus, welches
damit endigt, daß sie beschließt, sich Sühne zu verschaffen.
Sie eilt zu ihrem Sohne, den sie nicht, wie bei Udine, erst
lange suchen muß, klagt ihm ihr Leid und fordert ihn zur
Rache auf:

> E trapassato alla fanciulla il petto
> fa che la piaga avvelenata e ria;
> facciala consumar per vile oggetto,
> e tu scegli il peggior ch'al mondo sia;
> e tra 'l fervor dell' amoroso affetto
> timor mescola, e invidia, e gelosia ...

Amor macht sich unverzüglich an die Ausführung des
erhaltenen Auftrages. Er findet Psyche auf einer Wiese
mit dem Winden eines Kranzes beschäftigt. Hieran knüpft
Bracciolini eine längere Naturschilderung. Alles scheint sich
vor Psyches Schönheit zu neigen; die Blumen nicken ihr zu;
das Bächlein hemmt seinen Lauf. Sodann schildert der
Dichter Psyches Schönheit, sowie die widerstreitenden Gefühle, die in Amor wach werden, und die ihren Abschluß
finden in einer glühenden Liebe zur Widersacherin seiner
göttlichen Mutter. Nicht strebt der nackte Schütze jetzt mehr,
ihrem Herzen die tödliche Wunde zu schlagen, nur mehr ihr
zu gefallen. Sogleich erhebt sich ein königlicher Palast,
schimmernd in edlem Gestein:

> E in mezzo all' odorifera verdura
> fermalo in un boschetto oltre una balza,
> loco opportuno e saggiamente eletto
> al suo furto, al suo fuoco, al suo diletto.

Von Zephyr in den Palast getragen, erwacht die staunende
Psyche aus dem Schlummer, in den jener sie gelächelt, und

sie sieht sich umgeben von dienstbereiten Pagen und Dienerinnen, die sie als Herrin all der erstaunlichen, ringsum auf-
gehäuften Pracht begrüßen. Es folgt das Mahl, und dann
wird sie zur Ruhe geleitet:

> In questo mentre il più pungente strale
> ma'l più soave, avea riscelto Amore;
> E di colpo dolcissimo e mortale
> trafitto a Psiche ascosamente il core.

Nicht ohne Pikanterie schildert Bracciolini in Strophe 33
und 34 sodann die Vermählung der Liebenden. Es folgt
Psyches Frage, wer ihr Gemahl sei und Amors Verbot. Die
Morgenröte verscheucht den Liebesgott:

> Timido acciò della novella sposa
> la genitrice sua non s'accorgesse
> vola il dì in cielo, e poi la notte ombrosa
> torna a colei che il divin cuore gli prese.

Eine derartige Begründung seiner Abwesenheit bei Tage
finden wir nur hier. Im folgenden aber hält sich Bracciolini
ganz an die bekannte Fassung, außer daß er Amors ein-
dringliche Warnungen vor den beiden Schwestern in eine
zusammenzieht. Psyche beruhigt ihren besorgten Gatten in
der bekannten Weise.

Wie diese Analyse ergibt, hat das Märchen manche
Wandlung erfahren. Zunächst ist Psyche die Tochter der
Nymphe Endelechia und des Phöbus. Wir haben bereits
gesehen, daß sich diese Umgestaltung unter dem Einflusse
des Boccaccio vollzogen hat. Auch weiterhin macht sich
dieser Einfluß immer wieder fühlbar, vor allem in den starken
Kürzungen, die Bracciolini vornimmt. Boccaccio, der in gedrängter Kürze einen Auszug aus Apuleius vermittelt, greift
natürlich nur das Wesentliche heraus. Daher kommt es,
daß Bracciolini, der diese Kürze nachahmt, des weiteren
nichts mehr von den Eltern Psyches berichtet, ebensowenig
von den Schwestern, von deren Verheiratung, von Psyches
ungewollter Ehelosigkeit, von dem Orakel, von dem traurigen
Zuge zum Aussetzungsfelsen und der Aussetzung selbst. Alle
diese Züge übergeht Bracciolini. Von einer blumigen Wiese

wird Psyche in den Amorpalast entführt und hier ganz
entgegen der Apuleianischen Darstelluug, von sichtbaren
Dienern und Dienerinnen empfangen:

> Paggi d'intorno a lei leggiadri e gai
> sollevan torce luminose e chiare;
> donzelle e donne ed altra orrevol gente
> sono a servirla, a riverirla intente.

Im zweiten Gesange finden wir die beiden Schwestern
bereits bei Psyche. Sie berichten, es sei die Kunde zu ihnen
gedrungen, Psyche habe sich vermählt, aber ihr eifersüchtiger
Gatte verberge sie

> qui fra le silvagge antenne.

Da aber vorhergesagt worden sei, — damit wird das
Orakel einigermaßen ersetzt — daß ein Ungeheuer sich solch
auserlesener Schönheit erfreuen sollte, so seien sie zu ihrem
einsamen Palaste gekommen, um sie wo möglich aus dem
ungeheuerlichen Zauber zu befreien:

> Ben esser può che questo tuo sì vago
> palagio opera sia d'empi demoni,
> e di te goda incantatore o mago
> di caratteri a forza o di sermoni.

Nunmehr hält sich Bracciolini wieder an die kurze Darstellung des Boccaccio. Psyche leugnet nicht, daß sie ihren
Gatten überhaupt nicht kenne; sie erzählt nicht das Märlein
von dem jagenden Jüngling und dem schon ergrauten Kaufmann. Keine weiteren Besuche der Schwestern werden mehr
vermeldet. Eine ganz ähnliche Zusammenfassung werden wir
in dem sogleich zu besprechenden Drama des Mercadanti
finden. Möglicherweise ist Mercadanti an dieser Stelle ebenfalls von Boccaccio beeinflußt worden. Freilich zwingende
Gründe für eine solche Annahme bestehen nicht, denn dem
Verfasser eines Dramas mußte daran liegen, sich in den einzelnen Szenen nicht zu wiederholen und einen zu häufigen
Szenenwechsel zu vermeiden. So kann Mercadanti hierbei
ganz aus eigenem Antriebe verfahren sein. Wie dem aber
auch sein möge, das eine ist sicher, der Geist, der uns an
dieser Stelle aus Mercadanti's Versen entgegen atmen wird,

ist unvergleichlich poetischer. Wenn irgendwo, so mußte an
dieser Stelle die Leidenschaft, echte glühende Leidenschaft
sprechen. Statt dessen bei Bracciolini nur kaltes Philo-
sophieren. In zwanzig frostigen Versen (Str. 14, 15 u. 16)
bildet Psyche nach Art der scholastischen Philosophie Schluß
auf Schluß und gelangt so zu dem Ergebnis, daß in den
Worten der Schwestern Wahrheit liegen müsse. Der Rat
der Schwestern und die Ausführung der verhängnisvollen Tat
entsprechen ganz der bekannten Fassung. Nur erinnert die
eingehende Schilderung mehr an Udine als an Apuleius.

Fast der ganze dritte Gesang wird von einer unserem
Psychemärchen fremden Episode ausgefüllt. Nur ein kleiner
Teil des Gesanges führt uns Bekanntes vor Augen. So finden
wir gleich eingangs die oben bereits erwähnte Szene, in der
Psyche sich an den fliehenden Amor klammert. Sowohl die
ausführliche Schilderung jenes Vorganges als insbesondere die
bereits angeführten wörtlichen Anklänge sprechen dafür, daß
sich Bracciolini an dieser Stelle im Banne der Udine'schen
Darstellung befindet. Er schreibt:

> E a lui per aria il piè sinistro abbraccia
> e stringe al sen con tutte due le braccia . . .
> E pure al seno il caro piè stringea
> mentr' ei s'innalza allo stellante polo;
> vola e tirala Amor per l'aer cieco
> da terra alzata, e la strascina seco.

Hierhin und dorthin geht Amors Flug. Mit allen Mitteln
sucht er sich von der verzweifelnden Umarmung Psyches zu
befreien:

> Con l'arco il viso a lei batte e percote,
> con la man frange il biondo crine errante,
> con la face l'abbronza . . .

Also grausam, um nicht zu sagen roh, ist hier Amors
Handlungsweise.

> Ma poi ch'ella durò tenace e franca
> per buona pezza a sostenersi in alto [1],
> sentendo alfin che la sua forza [2] manca
> prender conviene [3] abbandonata il salto [4]:

e lasciossi cader debile e stanca
d'un praticello in sull' erboso smalto[5.] ...

Bei Udine lauten die hier einschlägigen Verse:
Ond' essa in alto[1.] senza penne pende,
E senza forza[2.], e al fin pur le conuiene[3.]
Da lui spiccarsi, et con noioso salto[4.]
Quasi morta cader su 'l duro smalto[5.].

Die Wiese, auf welche Psyche stürzt, ist überschattet
von hochragenden Zypressen und hieran knüpft sich die oben
erwähnte Episode:

Musa ...
fammi risovvenir com' egli avvenne
che l'amato fanciul pianta divenne.

Diese eingeschobene Erzählung umfaßt die Strophe 12—18.
Von der Zypresse aus richtet Amor die letzten Worte an
Psyche, ihr mitteilend, daß er sie verstoße, und daß er um
ihretwillen dem Befehle seiner Mutter ungehorsam gewesen sei:
che per uom vil mi commandò ferirti.

Es folgt wie bei Udine eine lange Klage seitens der
Psyche, worauf sie ihren Tod in den Fluten sucht. Damit
endet der dritte Gesang und die Dichtung bricht an dieser
Stelle ab.

Aus der vorausgehenden Analyse geht hervor, daß
Bracciolini jedenfalls aus zwei Vorlagen geschöpft hat, nämlich
aus Boccaccio und aus Udine. Ob Bracciolini Apuleius selbst
benützt hat, ist nicht zu ersehen. Boccaccio verdankt Bracciolini außer Psyches Stammbaum noch die stellenweise stark
ins Auge fallende Kürze der Darstellung, Udine jene Partien,
die mit größerer Breite geschildert werden und die zum Teil
nicht aus Boccaccio zu schöpfen waren. Subjektivität macht
sich mehr nach der formalen Seite hin geltend; von den selbständigen Zügen ist der bedeutendste die Einschiebung der
Episode des dritten Gesanges, die besonders hinsichtlich der
Komposition entschieden als Mißgriff zu bezeichnen ist, wie
auch sonst die Dichtung von Geschmacklosigkeiten nicht frei
ist. So entsprechen die kalten, philosophisch trockenen Ver-
nunftschlüsse der Psyche, als sie von ihren Schwestern auf

ihre angeblich gefahrvolle Lage aufmerksam gemacht wird, wohl etwa dem Geschmacke der damaligen Zeit, dichterisch aber muten sie ganz und gar nicht an. Ebenso ist die Fluchtszene, die an und für sich schon als bizarre Idee angesprochen werden muß, durch Bracciolini noch bizarrer gestaltet worden. Hinwider vermögen wir einzelnen Partien einen gewissen Grad von Schönheit nicht abzusprechen, so der Schilderung der Kränze windenden Psyche, des sie belauschenden Amor usw.

Die Dichtung ist Bruchstück geblieben. Es drängt sich unwillkürlich die Frage auf, wie Bracciolini wohl den Abschluß gestaltet hätte. Der Apuleianischen Fassung zufolge zeigt sich nämlich Venus erst dann völlig entwaffnet, als Zeus die Psyche unter die Götter erhebt. In der „Sterblichen" findet Venus augenscheinlich das Haupthemmnis gegen Amors Wahl. Wie nun aber hier, wo Psyche zweifellos göttlichen Ursprungs ist? Hätte sich der Abschluß wohl ähnlich gestaltet wie in der deutschen Psychedichtung von Schulze, in welcher, wie wir schon gesehen [1]), Psyches Mutter die Grazie Aglaja, der Vater Apollo ist, und in welcher Venus sofort auf das Bekanntwerden von Psyches Abstammung hin umgestimmt wird?

## Mercadanti.

Der chronologischen Ordnung nach folgt nunmehr die dramatische Bearbeitung des Christoforo Mercadanti, Dottor di Legge Sarzanese. Gewidmet ist das Drama dem Bischofe Battista Salvago von Luni, Sarzana und Conte. Gedruckt wurde es in Viterbo 1619, aber abgefaßt schon 1618, wie wir aus des Dichters eigener Vorrede ersehen, welche datiert ist: *Di Sarzana li 13. d'ottobre 1618.*

In besagter Vorrede verweist Mercadanti darauf, daß die ursprünglich im Goldenen Esel des Apuleius erzählte Fabel von Amor und Psyche in der Folge verschiedentlich dargestellt worden sei, *„in poema Epico, hora in Rime, hora in*

---

[1]) Vgl. S. 15, Anm. 2.

*versi sciolti"*, und er spricht sodann die Hoffnung aus, daß die Fabel trotz seiner jungen Jahre vielleicht durch ihn *„poteua riceuere più leggiadra, e miglior forma in poema drammatico"*. Wie weit Mercadanti in seinem Bestreben erfolgreich gewesen ist, werden wir aus dem Folgenden ersehen.

Werfen wir zunächst einen Blick auf die handelnden Personen. Die beiden Schwestern Psyches tragen hier die Namen T i m b r i a und I t i l l a. Der König ist König A r g e o von T o s c a n a. Ihm zur Seite steht sein Berater A l c a n t e. Außerdem spielt noch eine bedeutendere Rolle die Amme der drei Prinzessinnen. Auch eine allegorische Figur, I n - v i d i a, ein Bote und das E c h o tritt hinzu. Die übrigen Personen kennen wir bereits aus Apuleius, bzw. Udine.

*La Scena si finge nella Valle di Magra, detta Lunigiana.*

### I. Akt.

Die erste Szene führt uns Venus und Invidia vor Augen. Sehr spät erst setzt die Handlung ein, denn Venus beklagt sich nicht nur über die Vernachlässigung ihres Kultes und über die Erhebung der Psyche, sondern noch viel mehr darüber, daß selbst Amor sie betrogen und anstatt, wie sie befohlen, ihre Gottheit zu rächen, die verhaßte Feindin zu seiner Gattin erhoben habe. Nun bespricht sie sich mit der I n - v i d i a, die ihr zur Rache verhelfen soll. Diese zeigt sich auch als willfährige Dienerin sogleich bereit, auf die Pläne der Venus einzugehen.

> Al cielo fra tanto
> Salir me'n vò‧racconsolata alquanto.
> Al mio gran padre, et à i superbi Dei
> Paleserò l'iniuria, e 'l lor fauore
> Richiederò per affrettar la pena
> A l'auersaria mia, nora profana.

Damit eilt die erzürnte Göttin dem Olymp zu.

Es treten nun Timbria und Itilla auf, begleitet von der Amme, aus deren Munde wir die Vorfabel erfahren. Drei Töchter hatte Argeo. Die beiden älteren waren bereits an

die Könige von Ligurien (Timbria) und von Latium (Itilla)
vermählt. Psyche allein verblieb der väterlichen Fürsorge.
Von nah und fern strömte das Volk zusammen, um ihre
göttliche Schönheit zu bewundern und ihr göttliche Ehren zu
erweisen. Aber auch nur Bewunderung und göttliche Ehrung
ward ihr zuteil; um ihre Hand bewarb sich niemand. Mit
Schmerz sah dies der königliche Vater und so wandte er
sich an das Orakel, um dort folgenden Bescheid zu erhalten:

> Angue crudel, c'hà l'ali, e'l mondo offende
> Con ferro, e foco, e tien soggetto il mare,
> L'infero, e'l ciel, nozze funebri, e care
> Da lei vestita à brun sù 'l sasso attende!

Es folgt die Schilderung von dem Schmerze der Eltern,

> La coraggiosa Psiche ...
> Sola color pur non cangiò,

sie tröstet vielmehr die klagenden Eltern und will den Zorn
der Gottheit durch das Opfer ihres Lebens besänftigen. Sie
drängt zum Aufbruch:

> Perchè tanto si tarda?

Man rüstet den traurigen Zug, und es geht hinaus zum
Meeresstrande:

> La doue Magra inhumidisce, e parte
> La dilettosa Etruria
> Da la Liguria alpestre.
> Erge di quà su la propingua riua
> Il minacciato sasso ...

Mutig steigt Psyche auf die Höhe des Berges, aber kaum
angekommen, wird sie durch die Lüfte entführt,

> Nè fu mai più veduta.

So ist man denn der Meinung, das vorherverkündete
Ungetüm habe Psyche getötet.

Die dritte Szene führt uns König Argeo mit seinem Berater Alcante vor Augen. Sie sind in das Tal gekommen,
wohin sie Psyche auf ihrem Trauerzuge das Geleite gegeben
haben und gedenken in traurigen Worten der Verschollenen.

Aber auch um seine beiden anderen Töchter erfaßt den
König Sorge. Im Traume hat er Psyche auf grüner Wiese
wandeln sehen, einen schönen Jüngling an ihrer Seite,

Quando improuisa inuida· lupa uscendo
Da la foresta, i giouannetti assalse,
Piagando, oime, col rugginoso dente
L'omero destro à l'innocente sposo.
Quindi partendo infellonita, e l'oltre
Figlie inermi incontrando in sù la via,
Ahi, quelle ancise, e diuorò con rabbia
Le lor tenere membra.

Darauf sei er an allen Gliedern zitternd aufgewacht.
Der Rat legt dem Traume keine große Bedeutung bei, doch
könne man ja anordnen, daß die beiden älteren Töchter sich
nicht aus dem Palaste entfernen sollten.

Wir sehen auf den ersten Blick, daß hier mit der Apuleianischen Erzählung eine bedeutende Wandlung vor · sich
gegangen ist. Bei Galeotto und Bracciolini sind, wie wir gesehen, die Eltern Psyches zwar auch mit Namen eingeführt.
Mercadanti geht aber noch viel weiter. Nicht allein, daß er
auch Psyches Schwestern bestimmte Namen beilegt, gibt er,
im Gegensatz zu Apuleius und allen bisher besprochenen
Psychedichtungen, die eine derartige Lokalisierung nicht
kennen, ganz genau den Ort der Handlung an. Ausdrücklich
wird das Tal von Magra als der Schauplatz bezeichnet, wo
die Ereignisse sich abspielen. Der königliche Vater Psyches
ist Gebieter über Toscana, die Schwiegersöhne herrschen über
Latium und Ligurien. Eine Reihe ganz neuer Gestalten
treten uns sodann in dem Drama entgegen, der Rat Alcante,
die Amme usw. In der Invidia ist natürlich der Neid der
beiden älteren Schwestern personifiziert, welcher der Göttin
als Werkzeug zu ihrer Rache dienen soll. Die Invidia, im
Dienste der Göttin, schleicht sich gewissermaßen in das Herz
der beiden Schwestern, denn der Neid der Schwestern stürzt
Psyche ins Unheil. Hierin liegt natürlich eine bedeutende
und zwar durchaus nicht geistlose Änderung des ursprünglichen Ideenganges. Denn nach den bisher besprochenen

Psychedichtungen erfährt Venus von dem Ungehorsame Amors
erst, als der Neid der Schwestern längst schon das Glück der
beïden Liebenden zerstört hat; erst nachdem Amor verwundet
in seinem Gemach im Olympe liegt; erst nachdem Psyche
bereits ihre Suche nach Amor angetreten und die geschwätzige
Möwe ihr alles verraten hat. Auch das die zweite Szene aus-
füllende Gespräch der beiden Schwestern und der Amme,
welches uns mit der Vorfabel bekannt macht, zeigt uns einige
Umgestaltungen. Es ist weniger Psyche, die ihre Ehelosigkeit beklagt, als ihr Vater Argeo, der mit tiefer Besorgnis
wahrnimmt, daß trotz der allgemeinen göttlichen Ehrung, die
Psyche zuteil wird, niemand sich um ihre Hand bewirbt.
Auch ist Psyche in dem Drama als wahre Heldin dargestellt.
Sie selbst drängt es, das Opfer zu sein.

> Perchè tanto si tarda?

Ganz neu ist wieder die dritte Szene, die Erzählung des
Traumes, der ein Hinweis ist auf das neue doppelte Unheil,
welches einerseits. Psyche durch den Verrat der Schwestern,
diese aber dann als gerechte Strafe für ihre Treulosigkeit
treffen soll. Neu ist endlich auch die Verfügung, gemäß
welcher die beiden älteren Prinzessinnen den Bereich des
Palastes nicht mehr verlassen sollen.

Es erhellt also schon aus dem ersten Akte die Schwäche
und die Stärke der Dichtung: ein Drama ohne Handlung,
jedoch mit interessanter Anordnung des Stoffes und kühnen,
neuen Zügen.

## II. Akt.

Die eben erwähnte Verordnung kommt zu spät, denn die
erste Szene des zweiten Aktes zeigt uns Timbria und Itilla
bereits bei Psyche. Letztere erzählt die Vorgänge seit ihrem
Verschwinden auf dem Felsen. Sie berichtet, wie sie in den
prächtigen Palast gekommen, von unsichtbaren Dienern empfangen und auf das sorgsamste bedient worden sei, ferner
von dem Bade, das man ihr bereitet habe, dem Mahle, den
herrlichen Gewändern, kurz von all ihrem Glück. Ja sie berichtet sogar, halten wir das wohl fest,

Hora fra gioie, e fra letitia immensa
Nuota il mio cor, essendo
Diletta moglie al dilettoso Amore,
Vero, e degno nipote al gran motore.

Wer ist glücklicher als ich, und wer kann einen besseren
Gemahl im Himmel, auf Erden und im Meere haben unter
allen Nymphen und Göttinnen als ich:

Si giouanetto Dio m'è dato in sorte?

Auf den Wunsch der Schwestern hin, ihren Gemahl zu
sehen, gesteht sie ganz der Wahrheit gemäß, daß er abends
mit anbrechender Dunkelheit komme und mit dem ersten
Morgengrauen wieder von ihr scheide:

Onde l'aspetto suo, le sue fattezze
Veduto io stessa unqua non hò ne vuole
Di sì rara ventura altri beare.

Die beiden Schwestern machen sich nun daran, den
Palast und den Garten zu besehen.

In der zweiten Szene erblicken wir Amor und Pan im
Zwiegespräche. Sie reden von Psyche, aber auch von Venus,
und der Gedanke an seine Mutter erfüllt Amor mit Unruhe.
Hatte sie ihm doch die Rache ihrer beleidigten Gottheit an
Psyche übertragen mit den Worten:

Prendi uno strai, piaga profonda in lei
Imprimendo con quel, che d'huom s'accenda
Il più vile, ed impuro, onde costretta
Da l'edaci sue fiamme ä quello in preda
Doni se stessa, e per vergogno cada
In eterno disprezzo appresso il Mondo.

Aber statt den Auftrag, der ihm geworden ist, zu er-
füllen, hat er sich in die seiner Mutter so verhaßte Gegnerin
selbst verliebt und ihr hier den prächtigen Palast errichtet.
Doch immer fürchtet er für die Zukunft. (Aus diesen Worten
Amors erfahren wir wieder einen Teil der Vorgeschichte.)
Pan spricht tröstende Worte und verheißt Psyche seinen
Schutz, soweit es in seiner Macht stehe.

Szene 3 führt uns wieder Argeo und Alcante vor Augen.
Letzterer ist bemüht, seinem königlichen Herrn die durch den
Traum erregten Sorgen zu verscheuchen. Doch schon kommt
die Amme, die auf ihrer Suche nach den beiden älteren
Töchtern des Königs sich bis in dieses Tal verirrt hat. Sie
erzählt, die Königin habe nach Timbria und Itilla verlangt.
Die Türen zu deren Gemächern seien jedoch abgeschlossen
gewesen. Auch im Garten habe sie überall gesucht, aber
vergeblich. Und nun sei sie allenthalben herumgeirrt, ohne
die geringste Spur von ihnen zu entdecken. Durch diese
Nachricht wird der König völlig niedergeschmettert; vergeblich sind alle Versuche seines Begleiters ihn zu trösten.

Indessen sehen wir Timbria und Itilla in der nächsten
Szene von ihrer Wanderung durch den Palast und die Gärten
zurückkommen. Der Neid regt sich in ihren Herzen ob all
der Pracht und Herrlichkeit, die sie geschaut. Sie entdecken
nun in Psyches Wesen nichts mehr als Hochmut und Anmaßung. Und das sollten sie ertragen? Sie sollten solche
Erhebung über sie mit ansehen und eines Tages gar erfahren,
daß sie einen göttlichen Sohn geboren habe? So kehren sie,
Schlimmes sinnend, zu Psyche zurück und heucheln Trauer
und tiefe Betrübnis, denn schlimme Kunde hätten sie für
die geliebte Schwester.

> Doue hai creduto infino a qui lo sposo
> Un nietoso garzon, nobile, e bello,
> Angue crudel, vilissimo, e deforme,
> Quando la notte oscura
> Di luminose stelle
> Fregia del ciel gli spatiosi campi,
> Celatamente viene
> Teco à giacer, si come
> L'Oracolo rispose, anzi da molti
> Fu veduto varcar souente il fiume
> Tutto macchiato, e lordo
> De l'innocente sangue
> Di gente, oime, sol per suo mezo essangue,
> E spirando veneno entrar nascoso
> Nel tuo giardino.

Doch Psyche weist diesen Gedanken zurück. Ihr Gefühl,
die Küsse des Geliebten zur Nachtzeit, seine trauten Reden
usw. haben ihr Sicherheit gegeben, daß er wirklich ein Jüngling ist. Aber die Schwestern berichten, daß Venus, ob ihrer
Schönheit erzürnt, einem Ungetüm die Gewalt gegeben habe,
Jünglingsgestalt anzunehmen, um sie desto sicherer zu täuschen,
bis sie Mutter geworden

> D'horridi mostri ä tua vergogna eterna
> Quando ciò noto fia.

Schließlich aber würde sie dem Ungeheuer zum Fraße
dienen. Doch Psyche ist keineswegs so schnell von dem Gehörten zu überzeugen:

> Come si presto hai penetrato, ahi lassa,
> De l'amorosa Dea gli eccelsi arcani?

entgegnet sie der Schwester, die ihr die obige Schreckens-
kunde bringt. Doch auch hierauf haben die ruchlosen Weiber
bereits ihre Antwort. Du kennst, sagen sie, Osiris, den alten
Priester Apollos; er ist es, der uns alles enthüllt hat. Wir
aber sind in schwesterlicher Fürsorge und Liebe zu deiner
Rettung gekommen usw. Das dringende Zureden der Schwestern,
ihre erheuchelte Angst und ihre gleißnerische Fürsorge bewirken schließlich, daß Psyche von Furcht ergriffen, ihre
Schwestern um Rat fragt, der in der bekannten Weise erteilt wird.

Wie wir sehen, finden sich im 2. Akte noch einschneiden-
dere Veränderungen als im ersten. Psyche kennt nach dieser
Darstellung nicht nur ihren Gemahl, sie erzählt es auch ihren
Schwestern, ja sie berichtet selbst, daß Amor nur im Dunkel
der Nacht zu ihr komme. Wie ganz anders bei Apuleius,
bei Galeotto und bei Udine! Ganz eigene Erfindung sodann
ist die zweite Szene zwischen Amor und Pan. Der Dichter
bedient sich ihrer, um den noch fehlenden und zum völligen
Verständnisse nötigen Teil der Vorfabel bringen zu können.
Auch die dritte Szene (zwischen dem Könige, Alcante und
der Amme) ist neu und bedingt durch die letzte Szene des
ersten Aktes.

Die drei Besuche der Schwestern sind nicht ungeschickt in einen einzigen zusammengezogen. Das Schwesternpaar findet hier bei seiner Wanderung durch die Gärten des Amorpalastes Zeit, seinen ruchlosen Plan zu schmieden. Auch hier zeigt Psyche den mehr erhabenen, festen Charakter, den wir schon im vorausgehenden haben kennen lernen. Sie ist nicht das schwache, augenblicklich betörte Mädchen. Die Schwestern haben ihre ganze Beredsamkeit aufzubieten, bis sie schwankend wird im Glauben an ihren Geliebten, und erst die Berufung auf Osiris, neuerdings eine Erfindung Mercadanti's, vermag ihre Überzeugung zu erschüttern. Mercadanti offenbart hier also eine ganz bedeutende persönliche Schaffenskraft. Nur an einigen Stellen scheint sich Udine's Einfluß geltend zu machen. So vor allem in der Aussage der beiden Schwestern, viele hätten den Drachen schon den Fluß überschreiten sehen, blutbefleckt und Menschenfleisch im Rachen. Auch die Erzählungen, welche den einzelnen auftretenden Personen in den Mund gelegt sind, gemahnen bisweilen an Udine.

## Akt III.

Psyche hat vollbracht, wozu die Schwestern sie gedrängt haben. Schmerzlich klagt sie über den treulosen Verrat, dessen Opfer sie geworden ist. Pan erscheint, ihr mit seinem Rate beizustehen. In erster Linie sollen die treulosen Schwestern ihren Frevel sühnen, und Psyche soll das Werkzeug dazu sein. Jedoch ihr ganzes Innere widerstrebt solchem Gebote. Sie ist aus edlem Blute und verabscheut niedere Tat. Aber Pan befiehlt. Gegen eine Gottheit haben ihre Schwestern gefrevelt, und dies heischt schwere Sühne. Widerstrebenden Herzens entschließt sich also Psyche zu dem Schritte.

Sie kommt zu den Schwestern und erzählt ihnen ihr Unglück. Mit Licht und Dolch ausgerüstet, sei sie an das Bett getreten und habe Amor gesehen. An einem seiner Pfeile habe sie sich verwundet, und schließlich sei Amor, durch einen Tropfen siedenden Öls an der rechten Schulter verbrannt, von dem Lager gesprungen, um in raschem Fluge zu

enteilen. Sie selbst aber habe sich mit beiden Händen an
ihn geklammert, um ihn nicht fort zu lassen, bis sein Zorn
sich gelegt:

> Ma riuolgendo à la finestra il corso,
> Quella s'apriò da se medesma, e fuori
> Per l'aria à volo à la sua gamba appesa
> Lungi mi tira. Io ritenerlo hormai
> Più non potendo, in alto
> Lasciailo, e caddi semiviua à terra.

Psyche schildert sodann in der bekannten Weise Amors
letzte Worte von der Zypresse aus und seinen Flug gegen
den Himmel. Sie sei aller Hoffnung beraubt, jemals seine
Liebe wieder zu gewinnen, denn der Schluß seiner vorwurfs-
vollen Rede sei gewesen:

> Eleggo
> Per mie fedeli amanti
> Le tue sagaci suore
> Che 'n lor si scorge ismisurato ardore,
> Maggior constanza, e non minor bellezza.

Sie brauchten sich auf dem bekannten Felsen nur den
Lüften zu überlassen. Die törichten Schwestern machen sich
ohne Verzug auf den Weg.

In der folgenden Szene wird uns Psyche auf ihrer Irr-
und Wanderfahrt vor Augen geführt. Wir vernehmen ein
leidenschaftlich klagendes Selbstgespräch, wozu das Echo immer
Antwort gibt. Schon im fünften Gesange bei Udine haben
wir, wenn auch noch nicht so stark ausgeprägt, ein Vorbild
zu dieser Szene, und in der Folge werden wir ähnliche Szenen
noch mehrfach antreffen.

Unterdessen sind die beiden Schwestern auf den Felsen
gelangt. Da steigen ihnen denn doch Zweifel auf, ob Psyche
wohl die volle Wahrheit gesprochen habe. Selbst arglistigen
Herzens fürchten sie ganz naturgemäß auch Arglist auf seiten
ihrer betrogenen Schwester. Doch ihr ungestümes Gelüsten
nach Amors Liebe läßt sie über alle Zweifel obsiegen, und
so stürzen sie sich gemeinsam in die Tiefe.

6*

Mittlerweile ist Psyche, Schutz suchend, zum Tempel der
Ceres gelangt. Doch diese ruft ihr entgegen, sie solle fliehen,
denn die zyprische Göttin suche sie überall. Und nun erfährt Psyche, daß, während sie mit Amor jene letzte Nacht
verbracht, jener

> augel marin loquace
> C'hauea, come io non sò, notitia intera
> D'ogni successo, à Citerea, ch'allhora
> Ne l'Ocean fra le Nereide ordiua
> Dolci carole, il tutto apriò, sì ch'ella
> Partendo irata, in sù l'aurato carro
> Da le candide sue quattro colombe
> Condotta fu velocemente al cielo.

Dort habe sie sich Merkurs Dienste erbeten, der sogleich
zur Erde niedergestiegen sei, um überall nach Psyche fahnden
zu lassen. Dem aber, der Psyche ausliefere, sei versprochen
worden

> Dei desiri amorosi il fin gradito.

Mittlerweile aber sei der verwundete Amor zum Himmel
gekommen, um Genesung von seiner Wunde zu suchen. Venus
habe ihn mit den heftigsten Vorwürfen empfangen:

> Questo è, maluagio, il filial rispetto
> C'hora tu m'hai, mentre ad amar t'inchini
> Donna odiosa, e mia riual, che tanto
> Le corna alzò de l'alterezza insana,
> Che di cozzar su la bellezza meco
> Hebbe ardimento? . . .

Alsdann habe Venus selbst sich aufgemacht, nach Psyche
zu suchen, um die verhaßte Gegnerin desto eher in ihre Gewalt
zu bekommen. So und ähnlich berichtet Ceres. Psyche aber,
von Schrecken erfüllt, bittet um Rat, wohin sie fliehen und
wo sie sich verbergen solle. Als sie jedoch die Absicht ausspricht, sich an Juno zu wenden, bedeutet ihr Ceres, daß
auch dies zwecklos sei

> Non lece a lei d'auenturarla, doue
> Certa ragion di Deità celeste
> Non poco offesa reste.

So beschließt denn Psyche, sich selbst der erzürnten
Göttin auszuliefern:

> Meglio è ch'io stessa incontri
> I minacciati affanni, andando à lei;
> Che forse entro il suo nido al mio Signore
> Ritrouerò già mansueto il core.

Von Venus mit grimmigem Hohne empfangen, wird
Psyche sogleich zwei Dienerinnen zur Züchtigung überwiesen.

Auch dieser Akt weist eine Reihe selbständiger Züge
auf. Pan ist es hier, der die Bestrafung der beiden Schwestern
fordert. Psyche selbst ist wieder in eigenartiger Weise charakterisiert. Nur gezwungen und mit innerem Widerstreben gibt
sie sich als Werkzeug zur Bestrafung der schuldigen Schwestern
her. Psyche erhält so wieder einen edlen Zug mehr und wird
uns menschlich näher gerückt. Nicht nacheinander, wie bei
Apuleius, geht Psyche von Schwester zu Schwester. Sie trifft
beide zusammen, und nun findet der Dichter Gelegenheit, die
Ereignisse der Zwischenzeit Psyche in den Mund zu legen.
Ebenso hat die Szene zwischen der schutzflehenden Psyche
und Ceres eine Umgestaltung gefunden, denn diese Göttin
ist es, welche hier Psyche mitteilt, daß der *augel marin loquace*
der Venus den Vorfall zwischen Amor und ihr verraten habe,
daß Venus sie suche, und daß es endlich zwecklos sei, sich
an Juno zu wenden. So kommt die Szene zwischen Juno
und der flüchtigen Psyche ganz in Wegfall, eine Änderung,
die keineswegs zu beklagen ist, da letztere Szene im wesentlichen nichts anderes ist als eine Wiederholung der Begegnung
zwischen Ceres und Psyche. Man kann sich tatsächlich nicht
verhehlen, daß Mercadanti mit Geschick diese Vereinfachung
eingeführt hat. Immerhin sind die Umgestaltungen in diesem
Akte nicht mehr so tiefgehend und umfassend. Andererseits
gewinnen wir allmählich bestimmtere Anhaltspunkte dafür,
daß Udine nicht ohne Einfluß auf Mercadanti gewesen ist.
So erinnert die ganze Darstellung der unheilvollen Tat Psyches
an Udine, ganz besonders die Stelle, wo Psyche erzählt, sie
hätte sich an den einen Fuß des fliehenden Amor geklammert,
bis ihr die Kräfte versagten. Den gleichen Gedanken finden

wir zwar bereits bei Apuleius vorgezeichnet, Udine hat denselben jedoch weiter ausgeführt (vgl. S. 72 f.).

Seite 63 des Druckes von 1626 findet sich in der Udineschen Dichtung außerdem ein auf verschiedene Episoden sich beziehender Kupferstich, der sich sicher auch schon in der von Erdmann[1]) erwähnten Ausgabe von 1617 findet, denn beide Drucke stammen aus Venedig und tragen genau den gleichen Titel. In einem Felde des erwähnten Stiches sehen wir den eben durch das Fenster entfliehenden Gott und Psyche, welche, an einen Fuß des entweichenden Amor geklammert, mit in der Luft schwebt. Dieser Druck von 1617 muß Mercadanti, der sein Drama 1618 abfaßte, vorgelegen haben, denn offenbar bezieht sich das oben zitierte

riuolgendo à la finestra il corso,
Quella s'apriò da se medesma,

auf besagte Darstellung. Die Beeinflussung Mercadanti's durch Udine scheint aus dieser Stelle mit Gewißheit hervorzugehen. Ebenso gemahnt, wie schon in der Analyse angedeutet wurde, die Szene zwischen der klagenden Psyche und dem antwortenden Echo an Udine. Endlich zeigt sich in dem Berichte der Ceres manche Ähnlichkeit mit Udine, namentlich fällt der eine Umstand auf, daß auch Mercadanti die Venus nicht das Kußversprechen für Psyches Auslieferung geben läßt, sondern sich hierbei der Darstellung Udine's anschließt.

## Akt IV.

Zunächst erfahren wir Näheres über das Geschick der beiden Schwestern. Überallhin hatte der König Boten ausgeschickt, nach Timbria und Itilla zu forschen. Einer dieser Boten berichtet, er sei in die Nähe des berüchtigten Felsens gekommen. Schreckliche Ungeheuer seien dem Wasser entstiegen, und im gleichen Augenblicke habe er aus der Höhe den Ruf vernommen: Zefiro vieni, worauf die Körper der beiden Königstöchter zerschmettert in der Tiefe angelangt und von den Ungeheuern verschlungen worden seien.

---

[1]) Molière's *Psyché*, p. 5, Lit.-Angabe.

In der zweiten Szene tritt uns wieder Psyche vor Augen.
In den Händen hält sie die Urne, welche sie an der Quelle
des Styx zu füllen hatte. Aus ihrem Selbstgespräche erfahren
wir all ihre Leiden, die sie erduldet hat, seitdem sie der
Macht der Venus verfallen war; es wird ferner berichtet, daß
sie, durch wunderbare Kräfte unterstützt, bisher alle Auf-
träge (Körnerlese, Wollflockensammlung, Schöpfen des stygischen Wassers) ausgeführt habe.

Szene 3 zeigt uns Psyche bei Venus. Daß die Sklavin
auch diese Aufgabe vollbracht hat, versetzt die Göttin in
Wut. In höchstem Zorne ruft sie ihr zu:

> Perfida maga, ah! sforzerai mai sempre
> Di natura, e del ciel l' lnuita forza?
> Non già, che'n parte io spingerotti, doue
> Nulla potran magici versi ed herbe.
> Vanne dunque veloce a i regni bui
> Ed in mio nome a la Reina chiedi,
> Che del più fino unguento, il qual talhora
> Logora in abbellirsi, un picciol vaso
> Per le tue man mi mandi.

Psyche beschließt angesichts dieses unausführbaren Auftrages und des unbesiegbaren Hasses der Venus, durch den
Sturz in den Abgrund ihrem Leben ein Ende zu machen.

Die folgende Szene bringt ein Zwiegespräch zwischen
Venus und Pan, welch letzterer begütigend auf die Göttin
einzuwirken sucht. Seine Worte haben auch einigen Einfluß,
so daß sie schließlich bemerkt:

> s'à pietade
> Le porte ischiuderò primiera causa
> Ne fian le tue parole.

An diese Szene schließt sich ein Zwiegespräch zwischen
Juno und Ceres, aus welchem wir entnehmen, daß beide bedacht sind, Psyche aus den Händen ihrer Peinigerin zu befreien.

Auch in diesem Akte fällt uns eine Reihe Neuerungen
auf. So ist schon die Art und Weise, wie der Tod der beiden
Schwestern berichtet wird, die Botenmeldung neu. Auch der

ausführliche Bericht der näheren Umstände bei deren Tod
hat weder bei Apuleius noch bei Galeotto und Udine etwas
Ähnliches. Völlig neu endlich sind die beiden letzten Szenen
des Aktes. Psyches Erzählung von den ausgestandenen Leiden
entspricht der gewöhnlichen Darstellung.

## Akt V.

Psyche eröffnet den letzten Akt. Sie kommt eben aus
der Unterwelt zurück, die Salbe der Proserpina in der Hand.
Wieder erzählt sie in einem langen Monologe ihre Erlebnisse,
von dem Augenblicke an, da sie den Turm betreten hat,
bis zum gegenwärtigen Zeitpunkte. Dann aber spricht sie,
die Vase mit der Schönheitssalbe betrachtend:

Ma sciocca io non sarei,
Se pria che giunga ä l'amorosa Dea,
Non adornassi anch'io
Del suo diuin composto il volto mio
Per comparir al mio Signor più bella?

Sie öffnet die Vase und sinkt wie tot zu Boden. Amor
erweckt sie mit seinem Pfeile wieder zum Leben. Mit leisem
Tadel ruft er ihr zu:

Ecco, misera Ninfa, ecco di nuouo
Non volendo ubidir, corresti à morte.

Dann teilt er der überraschten Psyche, die kaum ihr plötzlich erneutes Glück zu fassen vermag, mit, daß er ihr bei den
schweren Prüfungen immer die wunderbare Hilfe gesandt habe.
Während Amor sodann zu Jupiter eilt, kehrt Psyche zu
Venus zurück. Die Göttin ist sehr überrascht, Psyche unversehrt aus den Schauern der Unterwelt zurückkehren zu
sehen. Psyche fleht demütig um Verzeihung und Gnade.
Die nächsten Szenen spielen sich vor Jupiter ab. Zwar
muß sich Amor auch hier wie bei Apuleius und Galeotto
sein ganzes Sündenregister aufzählen lassen, aber er erlangt
dafür auch Gewährung seiner Bitte. Amor soll Psyche besitzen, letztere unter die Unsterblichen erhoben werden.
Auch Venus ist nun versöhnt und nimmt Psyche an Tochter
Statt an.

Die Schlußszenen endlich spielen sich auf Erden bei
Psyches Vater Argeo ab. Der Bote bringt ihm den Bericht
von dem Tode der älteren Töchter. Der König verwünscht
sein Schicksal und sein ganzes Leben. Alles Glück, alle
Freude und Hoffnung ist von ihm gewichen; er ist völlig gebrochen. Da erscheint Jupiter mit Venus, Amor und Psyche.
Nach so viel bitterem Leide soll dem alten Könige nun Ent-
schädigung werden. Jupiter legt das Orakel aus. Amor begrüßt den König als seinen Schwiegervater und verheißt ihm
in den elysischen Gefilden den glückseligsten Platz. Auch
der Traum des alten Königs wird von Jupiter entsprechend
gedeutet; die beiden Schwestern Psyches habe nur gerechte
Strafe getroffen, gleichwohl:

> Restituirui adunque
> Timbria, ed Itilla intendo;
> Perche festoso, e memorial sia
> Questo per sempre auenturoso giorno
> Ch'à la perpetua gloria
> Consacrerò de l'amorosa historia.

Sogleich erscheinen Timbria und Itilla; Jupiters Macht-
wort hat sie, in Nymphen verwandelt, dem Leben zurück-
gegeben. So läuft wie bei Galeotto der Schluß hinaus auf
ein „Ende gut, alles gut".

Der letzte Akt ist es also, in welchem der Einfluß eines
bestimmten Vorbildes am klarsten und unanfechtbarsten
zutage tritt. Schon die Eingangsszene des fünften Aktes,
das Auftreten der aus dem Totenreiche zurückkehrenden
Psyche gemahnt an Galeotto, da wir hier wie dort die in
der Unterwelt sich abspielenden Ereignisse aus dem Munde
der Psyche vernehmen. Wenn nun auch im Anschlusse daran
der abermalige Ungehorsam Psyches und ihre Errettung aus
Todesgefahr durch Amor in Übereinstimmung mit Apuleius
und allen bisher besprochenen Bearbeitungen des Psychemärchens dargestellt werden, so finden sich doch bald wieder
Berührungspunkte, die nur Galeotto und Mercadanti gemeinsam sind. Bei Galeotto spricht Psyche die Überzeugung
aus, daß Amor, wie in ihrer letzten Not, sie auch in all den

früheren Fährlichkeiten und Nöten unterstützt habe. Bei Mercadanti ist es Amor selbst, der Psyche gesteht, daß sie mit seiner Hilfe all die schweren Prüfungen bestanden habe. Ganz besonders aber sind es die Schlußszenen, die unverkennbar dem Drama Galeotto's entstammen. Wie in jener Dichtung der alte König durch Psyche sichere Kunde von dem Tode der älteren Töchter erhält, so hier durch den Boten. Wie endlich dort vollends durch die Wiederbelebung der beiden Schwestern ein glücklicher Abschluß angestrebt wird, so läßt auch Mercadanti das Schwesternpaar wieder vom Tode erstehen.

Werfen wir schließlich einen kurzen Rückblick auf das Drama als Ganzes, so haben wir hervorzuheben, daß trotz Wahrung all der einzelnen Episoden und Szenen der Apuleianischen Erzählung viel Eigenart und hochentwickelte Subjektivität sich in Mercadanti's Dichtung geltend macht, was besonders dann zutage tritt, wenn wir dieselbe mit dem Drama Galeotto's vergleichen. Mit Beginn des Stückes sind wir bereits *medias in res* geführt und erst nach und nach erfahren wir die Vorfabel. So gestaltet sich der Aufbau, vornehmlich der ersten drei Akte, in hohem Grade interessant. Die beiden letzten Akte allerdings verlieren durch Anfügung unnötiger Füllszenen, durch allzu lange, episch breite Berichte und durch nahezu burleske Ideen an Interesse. In seinem Verlangen, schließlich alles in Wohlgefallen aufgelöst zu sehen, streift Mercadanti fast an das Geschmacklose. Die Wiedererweckung der strafwürdigen Schwestern mag allenfalls noch angehen, zumal wir in der an ihnen vollzogenen Metamorphose eine gewisse Sühne für ihr Vergehen zu erblicken vermögen. Unwillkürliche Komik aber erweckt die Begrüßung des König-Schwiegervaters durch den Amor-Schwiegersohn. Auch sinkt die Psyche der beiden letzten Akte wieder auf das gewöhnliche Niveau der meisten Psychedichtungen dieser Zeit herab In den ersten drei Akten hingegen findet sich ein entschiedener Ansatz zu einer selbständigen Charakterzeichnung. Psyche ist hier die heldenmütige, starkherzige Königstochter, die mutig, den Zorn der Götter zu wenden, in den Tod geht. Und wieder zeigt sich ihr offener, vornehmer Charakter, als sie, entgegen der gewöhnlichen Darstellung, den Schwestern ohne

Falsch und Trug von ihrem Gatten Kunde gibt. Auch ist
sie hier nicht das wankelmütige, leichtbetörte Mädchen; nur
schwer, durch viele Beteuerungen und durch Berufung auf
das Orakel und den alten Priester Osiris gelingt es den
Schwestern, ihren Glauben an den Gatten wankend zu machen.
Und selbst, als sie sich von den treulosen Schwestern verraten sieht, schreckt sie zurück vor versteckter Rache und
legt so Zeugnis ab für den Adel ihres Blutes und ihrer Gesinnung. So gewinnt Psyches Gestalt entschieden unter der
Feder Mercadanti's; ihre Erscheinung wird edler, erhabener,
verklärter. Nur schade, daß diese Charakterzeichnung nicht
konsequent durchgeführt ist.

Was das Drama als solches anlangt, so erhellt aus der
vorhergehenden Analyse zur Genüge, daß der Stoff nur der
äußeren Form nach dramatisiert ist. Wirkliche Handlung fehlt
fast gänzlich. Die wichtigsten Ereignisse werden nur erzählt,
nicht dargestellt. So wird es dem Verfasser allerdings möglich,
all die einzelnen Episoden der Fabel in seinem Drama unter-
zubringen, ohne, wie Galeotto, zu einer Unzahl von Einzel-
szenen Zuflucht nehmen zu müssen. Die Dichtung wird
jedoch dadurch zum Drama ohne Handlung.

Was endlich die Quellen Mercadanti's betrifft, so ist
Apuleius, den er selbst als Quelle anführt, Udine und mehr
noch Galeotto zu nennen. Daß Galeotto's Drama indes nicht
die einzige Vorlage für seine Dramatisierung gewesen sein
kann, beweist außer den bereits gebrachten Belegen auch der
Umstand, daß das Drama Mercadanti's an mancher Stelle
Gedanken nach dem Apuleianischen Vorbilde oder gar in der
epischen Breite Udine's ausspinnt, welche bei Galeotto kaum
oder überhaupt nicht angedeutet sind.

### Marino.

Auch Marino, „der größte Epiker in der Periode des
Verfalls", hat in seinem *Adone*, erschienen 1623 zu Paris, das
Psychemärchen poetisch verwertet. Es findet sich im 4. Gesange des oben genannten Epos. Amor ist selbsterzählend
eingeführt.

Als Sprachprobe sei eine der ersten Strophen (ottava

rima) angeführt, die zugleich charakteristisch ist für die Art
und Weise, wie Marino ausschmückt und erweitert. Nachdem
er in den ersten drei Strophen die Schönheit der jüngsten
der drei Königstöchter geschildert und dann erzählt hat, wie
auf allen Wegen von allen Nationen und Stämmen die Leute
zusammeneilen, um Psyches Schönheit zu bewundern, fährt
er in Strophe IV fort:

> Dal desir mossi, e dala fama tratti
> Hor quinci or quindi Artefici, et Pittori
> Per fabricarne poi statue, e ritratti
> Veniano e con scarpelli, e con colori.
> E sospesi in mirarla, e stuppefatti,
> Immobili non men de' lor lavori,
> Dal attonita mano e questi e quelli
> Si lasciavan cader ferri, e pennelli.

Wie bei Apuleius, so erfahren wir auch hier den Namen
des gefeierten Mädchens in einer Parenthese. *Hoc enim nomine puella nuncupabatur: tal era il nome suo.* — Und weiter
lesen wir:

> Pafo d'habitator vota rimase,
> Restò Cithera abbandonata, e Cnido;
> Nessun più vi recava hostia ...

genau entsprechend dem Apuleianischen 'Paphon nemo, Cnidon
nemo ac ne ipsa quidem Cythera ad conspectum deae Veneris na-
vigabant. Sacra deae praetereuntur' ... Dem Sinne nach ganz
getreu, oft beinahe mit gleichem Wortlaute schließt sich
Marino an Apuleius an in der Schilderung der verlassenen
Tempel und Altäre der Venus und der göttlichen Verehrung
der Psyche, sowie des Zornausbruches und des Selbstgespräches
der vernachlässigten Göttin. Dann folgt allerdings eine Abweichung vom lateinischen Texte. Während wir dort nur
lesen: 'Et vocat confestim puerum suum' ..., geht Venus bei
Marino wie bei Udine auf die Suche nach Amor. Man vergleiche Strophe 23, bzw. 25—31 des vierten Gesanges in
Marino's Adone mit Strophe 13—19 des ersten Gesanges der
Dichtung Udine's, und man wird eine augenfällige Übereinstimmung der beiden Dichter feststellen können. Venus sucht

Amor in Italien. Eine Reihe von Punkten und Flüssen, die
sie auf ihrer Suche berührt, stimmen in beiden Fassungen
überein, doch verlegt jeder der beiden Dichter den Ort, wo
Venus ihren Sohn auffindet, in die Nähe seiner Heimat, und
so kommt es, daß die Wanderung der Venus durch Italien,
dessen Schönheit in beiden Dichtungen gerühmt wird, bei
Udine im Süden beginnt,

oue il terreno
Bagna Sebeto liquido, e giocondo,

und im Norden abschließt, wo der „Sohn des Benacus", d. h.
der *Mincio* (der Benacus ist der Lago di Garda und der
Mincio sein Sohn, weil er den Gardasee durchströmt), zum
Po herniedersteigt. Qui famosa citta . . . heißt es weiter, und
gemeint ist offenbar Mantua, die Heimat des Dichters.

Umgekehrt heißt es bei Marino: Giunge in Adria la bella,
dann gelangt sie zum Mincio und Benaco. und ihre Fahrt
endet am „schönen Sebethus", welcher nahe der Heimat Marino's, Neapel, den Vesuv in großem Bogen umfließend, dem
Golfe von Neapel zueilt:

Quivi tra Ninfe amorosette e belle
Trovommi,

erzählt Amor. Die weitere lange Einschiebung Udine's, die
wir oben besprochen haben, fällt also hier fort. Amor
soll, von seiner Mutter geleitet, Psyche, die verhaßte
Widersacherin, sogleich sehen. Wie Udine gleich bei Beginn
des Epos, findet Marino hier Gelegenheit, ausführlich die
Schönheit der Psyche zu besingen, und gleichzeitig erfahren
wir, welch tiefen Eindruck diese Schönheit auf Amors Herz
gemacht hat. Bei Apuleius nichts von alledem, und doch
sehen wir unmittelbar im folgenden, daß wieder der lateinische
Text zugrunde liegt. (*Interea Psyche cum sua sibi perspicua
pulchritudine nullum decoris sui fructum percipit* etc.) Psyche's
Trauer über ihre Ehelosigkeit, der Bericht über die Verheiratung der beiden älteren Schwestern an mächtige Könige,
das Befragen des Orakels durch den unglücklichen Vater
wird alles bei Marino noch getreuer der lateinischen Vorlage
nacherzählt, als Udine dies tut.

Es folgt das Orakel, bei dessen Wiedergabe sich Marino augenscheinlich bemüht, möglichst die Apuleianischen Worte beizubehalten:

> La fanciulla conduci in scoglio alpino
> Cinta d'habito bruno e funerale,
> Ne genero sperar dal tuo destino
> Generato d'origine mortale;
> Ma feroce, crudele, e viperino,
> Ch'arde, uccide, distrugge, e batte l'ale
> E sprezza Giove, ogni Nume eterno
> Temuto in terra, in Cielo, e nel' Inferno.

In ausführlicherer Weise ist die Klage des Vaters geschildert, doch stimmt die Antwort Psyches und der Versuch die Klagenden zu trösten, mit Apuleius wieder aufs genaueste überein. Eine Szene teils eigenster Erfindung, teils aber an Udine sich anlehnend, schiebt Marino im folgenden ein.[1]) Von dem am Meeresstrande gelegenen Felsen aus wendet sich Psyche flehend an das Meer und seine Gottheit und klagt diesen ihr Leid. Nicht über das Geschick, das sie so früh dem Tode weihen soll, klagt sie, sondern:

> Ch'io deggia entro il mio seno (oimè) nutrire
> Un mostro abominevole et horrendo,
> Questo innanzi al morir mi fa morire,
> Questo morte sprezzar mi fa morendo ... ·

Bei Udine finden wir an dieser Stelle einen verwandten Gedanken:

> Duolmi sol, che di lei fia possessore
> Chi del commun gioir d'ogni viuente
> Sarà, e di tutto il Mondo struggitore ....[2])

Ein solcher Gedanke findet sich weder bei Apuleius noch sonst bei einem der im vorhergehenden besprochenen Bearbeiter der Psychefabel.

Nymphen und Tritonen, heißt es weiter, lauschen ihrer Klage, dann aber vernimmt sie ein leises Rauschen, es ist Zephyr. Hier finden sich wiederum manche Berührungspunkte

---

[1]) Strophe 72—79.
[2]) II, 22; vgl. auch Str. 23.

zwischen beiden Ependichtern [1]); nur ist Udine in seinen
Schilderungen noch viel eingehender als Marino. Deshalb
bleibt letzterer, wenn auch immerhin bei Apuleius stark
zwischen den Zeilen lesend und von Udine inspiriert, dem
lateinischen Autor näher. Amor schildert sodann die Gefühle,
die ihn beim Anblicke der schlafenden Psyche durchzogen
und erzählt weiter, wie die Geliebte in den Palast kommt.
In der Schilderung des Palastes faßt sich Marino wieder viel
kürzer als Udine, der in einigen dreißig Strophen eine sehr
eingehende Beschreibung bietet.

'*Quid domina tantis obstupescis opibus?*' wird Psyche nach
Apuleius von den unsichtbaren Dienerinnen angesprochen.
Ganz ähnlich beginnt Marino: Di che stupisci? (93).

Im folgenden sodann, wo Udine wie Marino inhaltlich
der Fassung des Apuleius folgen, läßt sich gleichwohl zwischen
den beiden italienischen Epen so manche Übereinstimmung
finden, welche wir bei Apuleius vergeblich suchen. Zur besseren
Einsicht folge hier eine kurze Gegenüberstellung.

### Udine III, 54.

Ma quanto quì più lieta ella viuea
E trà maggior dolcezze, e più contenti,
Tanto più vita sconsolata, e rea
Facean altroue i miseri parenti:
E le sorelle, à cui ella apparea
Spesso inferma nel sonno eran dolenti,
Che temendo di sua fortuna fella
Bramauano d'udir di lei nouella.

### Marino IV, 102.

Ma quant' ella però contenta vive
Tanto menano i suoi vita scontenta.

. . . . . . . . . . . . . . .

Vigilando il pensier lor la descrive,
Dormendo il sogno lor la rappresenta;
Ond' alfin per saver ciò che ne sia,
Là dove la lasciar, prendon la via.

----

[1]) Vgl. Udine II, 31 mit Marino IV, 80!

Den Gedanken von der Betrübnis der Angehörigen finden
wir zwar auch bei Apuleius und ebenso hören wir von dem
Plane, nach Psyche zu forschen. Die Art und Weise der
Darstellung jedoch vermag in den italienischen Fassungen
eine gewisse Verwandtschaft nicht zu verleugnen, die sich bei
Apuleius nicht findet. Augenfälliger tritt kurz darauf die
Abhängigkeit der beiden italienischen Dichter voneinander
zutage. Bei Apuleius lesen wir: 'Quarum (sc. sororum) si quas
forte lamentationes acceperis, neque respondeas immo ne prospicias
omnino.' Psyche soll demnach nicht auf ihre Schwestern
achten, und Amor will nicht, daß sie zu seiner Geliebten gelangen. Entgegen dieser Darstellung ist es bei beiden
italienischen Dichtern Amor selbst, der verspricht, die beiden
Schwestern herbeibringen zu lassen, ohne daß wir vorher wie
bei Apuleius vernehmen, daß Psyche durch ihre Klagen und
Tränen Amor die Erlaubnis hierzu abnötigt:

Io vò che sian da Zefiro portate
Quì innanti à te del lor dolor pietosa,

(doch setzt er hinzu):

Le cose ch'à te fian da lor narrate
A creder tù sarai sempre ritrosa.
Udine III, 57.

Jo farò (se tu vuoi) per compiacerti,
Che sieno a te da Zefiro portate,
Ma ben t'essorto . . .
Fuggi le lor parole avelenate . . .
Marino IV, 104.

Es folgt nunmehr die Erzählung von dem ersten Besuche
der beiden Schwestern, von ihrem Gespräche bei ihrer Rückkehr usw. Hierbei schließt sich Marino wieder enge an den
lateinischen Text an. Die Schwestern sind wie dort einzeln
sprechend eingeführt, während wir bei Udine nur lesen:

Pur padre, e madre à noi l'istessi furo . . . III, 72
E noi mariti habbiamo . . . III, 73
E noi starem quì vili . . . III, 75 usw.

Erst am Schlusse dieser Aussprache lesen wir:
Così
Hor l'una, hor l'altra parla . . .

Nach Apuleius warnt Amor in der Zeit zwischen dem ersten und zweiten Besuche Psyche zweimal vor den Ränken der Schwestern. In dem italienischen Epos sind diese beiden Warnungen in eine zusammengezogen.

Marino hat hier wie auch im folgenden (zweiter und dritter Besuch der Schwestern) ziemlich stark gekürzt. Er bringt nur die Hauptmomente, sich dabei dennoch tunlichst an Apuleius haltend. Man vergleiche z. B. folgende Stellen:

Ap.: 'Tu quidem felix et ipsa tanti mali ignorantia beata sedes incuriosa periculi tui, nos autem, quae peruigili cura rebus tuis excubamus, cladibus tuis misere cruciamur.'

Marino: Tu secura quì siedi, e lieta stai;
E malcauta al periglio, e trascurata,
L'ignoranza del mal ti fà beata.
Ma noi, noi che sollecite ala cura
Dela salute tua siam sempre intente,
Habbiam del commun danno il cor dolente.

Udine bringt diese Stelle auch sehr sinngetreu, hält sich jedoch bei weitem nicht so genau an die Worte des Apuleius. Abweichend von der lateinischen Fassung schildert hingegen Marino den Drachen sehr ausführlich, viel ausführlicher selbst als Udine, denn er verwendet hierzu ungefähr 60 Verse. Den Hauptbeweis aber für die Wahrheit ihrer Rede läßt Marino die Schwestern genau wie Udine in die Berufung auf das Orakel legen:

S'a noi non credi . . .
Credi a quel, che mentir nè può, nè suole,
Del' oracol Febeo presagio fiero!

Bei Udine lautet diese Stelle:

E se non credi ä noi, credi à la voce,
A l'Oracol di Febo certo, e vero . . .

Selbständig ist die nachfolgende Schilderung der verschiedenen Leidenschaften, die Psyches Seele auf solch schreckliche Enthüllungen hin durchstürmen. Dann macht sich jedoch sofort wieder der Einfluß des Apuleius geltend. Die Schwestern sind fort, Psyche ist allein.

Apuleius berichtet von Psyche: '*Festinat, differt; audet, trepidat; diffidit, irascitur; et, quod est ultimum, in eodem corpore odit bestiam, diligit maritum*'.

Zum Teil sehr ähnlich, zum Teil genau so heißt es bei Marino IV, 156:

> Ancor dubbia e pensosa et ama, e teme
> Hor confida, hor diffida, hor vile, hor forte...
> In un corpo medesmo insieme insieme
> Abhorrisce il Serpente, ama il Consorte.

Auch weiterhin, in der Schilderung des Augenblicks, als Psyche, dem treulosen Rate der Schwestern gehorchend, das Verbot übertritt, schließt sich Marino ziemlich genau an Apuleius an. Wortwörtlich zum Teil finden wir Apuleius übertragen, wo Amor die Bestrafung der Schwestern vorherverkündet:

Ap.: '*Sed illae quidem consiliatrices egregiae tuae tam perniciosi magisterii dabunt actutum mihi poenas, te uero tantum fuga mea puniuero.*'

Marino: Ma quelle egregie Consigliere tue
> La pena pagheran de lor fallire.
> . . . . . . . . . . . .
> Te sol con la mia fuga io vò punire.
> IV, 171.

In der Klage jedoch, die sich Psyches Munde nach dem Entschwinden Amors entringt, erinnert Marino wieder mehr an Udine, denn bei Apuleius lesen wir nur:

'Psyche ... adfligebat lamentationibus animum'.

Sofort aber kommt Marino dann wieder auf die lateinische Vorlage zurück. Man vergleiche hierzu besonders die Stelle, wo Psyche sich in den Fluß stürzt!

Bei Apuleius lautet die Stelle: '*Sed mitis fluuius in honorem dei scilicet, qui et ipsas aquas urere consueuit, confestim eam super ripam florentem herbis exposuit.*' Marino gibt den gleichen Gedanken in folgender Weise wieder:

> Ma quel cortese e mansueto rio...
> Ricordeuole pur, che son quell'io,

Che sò fiamme destar trà l'acque istesse, ..
Del' altra riua insù le spiagge herbose
Con innocente vomito l'espose.

In der Rede des Pan ist Marino ausführlicher als Apuleius und selbst Udine, welch letzterer indessen bald nachher wieder unverkennbar seinen Einfluß geltend macht. Ein Vergleich zwischen Marino IV, 192 und Udine V, 19 lehrt uns, daß ersterer sogar den gleichen Reim gewahrt hat. Die ältere Schwester stürzt sich im Vertrauen auf Zephyrs Beistand in die Tiefe mit dem Rufe:

Vienne Zefiro ...
Vienne (dicea) tu condottier, tu s c o r t a
Preda ben degna, al mio Signor m i p o r t a!

Fast genau so lesen wir bei Udine:

Zefiro vieni, al mio Signor m i p o r t a!...
Tù il mio sostegno sia, tu la mia s c o r t a!

Und des weiteren — bei Apuleius finden wir nichts dergleichen — heißt es bei Udine:

Essa à l'hor sente un venticello, e s t i m a
Che sia Zefiro à lei d'Amor mandato;
Onde si getta da quell'alta c i m a ...

Ganz ähnlich und wieder unter Beibehaltung desselben Reimes sagt Marino:

Sente allhora spirar di sù la c i m a
Del' alta costa un ventolin sottile,
Onde fuor d'ogni dubbio attende e s t i m a,
Ch'a lei ne vegna il Precursor d'Aprile.

In den folgenden Teilen wahrt sich Marino in Darstellung und Sprache etwas größere Freiheit und ist weniger abhängig von dem lateinischen Autor sowohl wie von Udine. Dem Inhalte nach bleibt er gleichwohl in voller Übereinstimmung mit dem gewöhnlichen Lauf der Erzählung. In der Wiedergabe der Szene im Tempel der Ceres jedoch schließt er sich wieder ziemlich wortgetreu an den lateinischen Text an, nur spinnt er die einzelnen Gedanken in der Regel ein wenig weiter aus. So gibt er z. B. das beschwörende 'per laetificas messium cae-

7*

*rimonias'*, durch *per le cerimonie* || *e i lieti riti del tuo biondo frutto:* '*per tacita secreta cistarum*' durch *per gli occulti secreti e venerandi* || *del' auree ceste;* '*per famulorum tuorum draconum pinnata curricula et glebae Siculae sulcamina*' durch *per gli Dragoni che'l tuo carro imbriglia,* || *per le glebe fruttifere e feraci,* || *onde Sicilia ancor si merauiglia* usw. Ebenso steht die an Juno gerichtete Bitte dem Apuleianischen Wortlaute sehr nahe. Ganz im Gegensatze zu Udine bemüht sich Marino sichtlich mehr und mehr den Gang der Handlung zu beschleunigen. Daher ist er denn auch im folgenden vielfach kürzer als selbst Apuleius, wenn er auch dessen Gedankengang getreulich beibehält. Selbst den Wortlaut der lateinischen Fassung behält Marino häufig bei, so z. B. an der Stelle, wo Merkur als Gesandter der Venus das Versprechen bekannt macht, wonach derjenige, der Psyche in die Gewalt der Göttin bringe, erhalten solle: '*ab ipsa Venere septem sauia suauia et unum blandientis appulsu linguae longe mellitum*'. Bei Udine findet sich ein derartiges Versprechen, wie wir oben gesehen, schon im ersten Gesange, hier hat er nun ein anderes erfunden. Marino aber schreibt IV, 236 der lateinischen Vorlage folgend, wenn auch etwas verändernd:

> haurà di sette
> Baci soaui un guiderdon diuino,
> E più dolce fra gli altri un ne promette, ...
> In cui labro con labro il dente stringa,
> E di nettare e mel si bagni e tinga.

Auch im weiteren folgt er genau der lateinischen Darstellung bis zu Psyches Wanderung in die Unterwelt. Hier kürzt er bedeutend:

> Lascio di raccontar con qual cousiglio (Turm)
> Scese d'Abisso ale profonde conche,
> Con qual tributi senz' alcun periglio
> Passò di Pluto al' intime spelonche,
> E de' mostri d'Auerno al fiero artiglio
> Le forze tutte rintuzzate e tronche,
> Per via, che 'ndietro mai non riconduce,
> Ritornò salua a riueder la luce.

Schweigen will ich auch, sagt Amor, wie Psyche ein zweites Mal der Versuchung zum Opfer fällt, die Büchse öffnet und dem betäubenden Hauche zu erliegen droht.

Immer augenscheinlicher wird das Bestreben des Dichters, rasch zu Ende zu kommen. Der Rest der Erzählung ist sinngetreu, wenn auch formell freier, in der Apuleianischen Weise dargestellt, nur am Schlusse macht sich nochmals Udine's Einfluß geltend in den Versen:

E del mio seme entro il bel sen concetto
Nacque un figliuol, che si chiamò D i l e t t o.

Quellen- und Abhängigkeitsverhältnis glaube ich durch diese Besprechung und die eingestreuten Belege hinlänglich klargelegt zu haben. Es lassen sich mit Bestimmtheit zwei Vorlagen nachweisen, Apuleius und das Epos von Udine. Anhaltspunkte dafür, daß Marino etwa auch Galeotto und Mercadanti benutzt habe, vermochte ich nicht zu entdecken.

Das subjektive Moment tritt in der Dichtung Marino's noch viel mehr als bei Udine zurück. Es finden sich nur ganz wenige und unwesentliche Stellen, die Eigenart verraten. Wo wirklich eine kleine Abweichung von Apuleius zu konstatieren ist, da war Udine für Marino vorbildlich; sonst schwebt uns von Anfang bis zu Ende Apuleius vor Augen.

Eine Kritik, ob sie nun absprechend oder anerkennend lauten mag, kann sich also im wesentlichen nur auf die äußere Form, auf Sprache und Vers beziehen; inhaltlich würde die Kritik mehr oder minder immer wieder auf Apuleius zurückfallen. Nur eines wird man mit Recht einer abfälligen Beurteilung unterziehen, das ist die sklavische Abhängigkeit von seiner Vorlage, der Mangel an neuen Ideen und dichterischer Eigenart. Es ist aber auch das eine hervorzuheben, daß gerade diese Episode des Adone eine sehr glatte, von den Geschmacklosigkeiten des sogenannten Marinismus wenig berührte Sprache und einen leicht dahinfließenden, eleganten Vers aufweist.

### Bruni.

Eine der seltsamsten Bearbeitungen des Psychestoffes findet sich unter den Gedichten B r u n i 's. Aus der dem

zweiten Buche vorangehenden und an den Fürsten von Sul-
mona gerichteten Widmung ergibt sich die Abfassungszeit
dieser Bearbeitung, denn besagte Widmung ist datiert: Di
Corte 30. d'Aprile 1627.[1])

Der 4. Brief des zweiten Buches betitelt sich A m o r e à
P s i c h e. In der Vorrede zu diesem 4. Briefe liest man im
letzten Satze: *La fauola è in Lucio Apuleio*. Geschrieben ist
das etwa ein Dutzend Druckseiten umfassende Gedicht in
Terzinen. Die ersten drei Verszeilen klären über den augenblicklichen Stand der Dinge auf:

> Ne gli oneri bruciato, arso nel core
> Con la penna hor de' dardi, hora de l'ale
> Scriue à la bella Psiche amante Amore.

Amor greift zurück auf die Vergangenheit, wobei er
Psyche einen leisen Tadel nicht ersparen kann. Sie sei
schuld an allem Unglücke durch ihre Neugierde und den
kindischen Wunsch, ihn zu sehen. Er klärt sie sodann auf
über die Bewandtnis mit dem Orakel von Milet und die mit
dem Orakel zusammenhängenden Vorgänge, indem er dabei
stets den Hauptzügen des Märchens folgt. Schließlich spricht
er von den Prüfungen, die sie werde zu bestehen haben.
Seine Hilfe werde sich indes geltend machen und selbst bei
ihrem Gange in die Unterwelt werde ihr sein Geleit nicht
fehlen. Mit einer Aufmunterung schließt der Brief ab.

Bruni hat sich stofflich an die Idee des Psychemärchens
gehalten, die Idee der Darstellung jedoch, das Gewand, in
welches unser Märchen gesteckt wird, ist ebenso bizarr wie neu.
Daß Bruni, wie er in seiner Vorrede angibt, Apuleius
benützt hat, dürfen wir sicher annehmen; aber ebenso sicher
hat Bruni das bis 1627 schon mehrfach gedruckte Udine'sche
Epos und die damals so gewaltiges Aufsehen erregende
Dichtung Marino's gekannt.

### Calderon.

Wir müssen nunmehr unser Augenmerk auf einige
spanische Dramen richten, die keinen geringeren Verfasser

---

[1]) Benützt wurde die Ausgabe von 1678.

aufweisen als D o n  P e d r o  C a l d e r o n  de  l a  B a r c a.  Dreimal hat Calderon den gleichen Stoff dramatisch behandelt,
einmal in einem Lustspiel und zweimal in einem *Auto sacra-*
*mental.*  Streng chronologisch vorgehend müßten wir nach
Besprechung des Calderon'schen Lustspiels wieder auf italienische Psychedichtungen zurückkommen und sodann erst die
beiden Autos einer Betrachtung unterziehen.  Es wäre indes
verfehlt, eine Gruppe von Dramen, die in so engen Beziehungen zueinander stehen, um rein äußerer Gesichtspunkte
willen zu trennen.  Deshalb wollen wir die drei Dichtungen
in unmittelbarer Folge besprechen und mit dem etwa 1640 [1])
entstandenen Lustspiele *Ni  Amor  se libra de Amor* beginnen.
Es liegen mir vor die Hartzenbusch'sche Ausgabe [2]), die Übersetzungen von Pasch [3]) und Latour (l. c., p. 77 ff.) sowie die
Inhaltsangabe von Günthner (I, 291 f.).

## I. Jornada.

Das Stück setzt ein mit einem Opferfeste der Venus.
an welchem die jungen Mädchen zum Tempel der Göttin
wallen,

para que felices
Las haga en su casamiento.

Der Schauplatz der Handlung ist Egnidus (Knidos), wo
Psyches Vater Athamas König ist.  Arsidas, der König von
Cypern, und Aterons König Lidorus treten (von verschiedenen
Seiten kommend) auf, während im Hintergrunde ein Musik-
chor über die Bühne zieht, welchem Selenissa, die älteste
Tochter des Athamas, folgt.  Der Festzug bewegt sich, die
Göttin durch Lieder verherrlichend, zum Tempel der Venus.
Aus dem Gespräche der beiden Könige mit ihren Dienern
sehen wir sogleich, daß Selenissa (ihnen noch unbekannt)
tiefen Eindruck auf sie macht.  Als sich aber gleich darauf

---

[1]) H a r t z e n b u s c h, *Comedias* etc. IV, 675.  Ferner  S c h m i d t,
*Schauspiele ed. L. Schmidt* p. 521.

[2]) *Comedias* III, 657 ff.

[3]) Über  P a s c h  als Übersetzer ist zu vergleichen  B r e y m a n n,
*Calderon*, p. 81, 85 und namentlich p. 108.

Asträa in ganz ähnlichem Aufzuge ihrem Auge zeigt, schwindet
der erste Eindruck unter dem augenblicklichen, denn war ihr
Gedanke vorher:

> Yo mil veces infelice,
> Si la que mirando estoy,
> . . . no es Astrea (bzw. für Arsidas Selenissa),

so ist, wenn auch verschieden ausgedrückt, jetzt der beiden
gemeinsame Gedanke:

> Ya no importa que no sea
> Astrea (bzw. für Arsidas Selenissa) la que pasó
> Primero, si esta lo es.

Als aber in einem dritten festlichen Zuge ihnen Psyche
unter die Augen kommt, da sind beide in gleicher Weise von
ihrer Schönheit gefesselt, so daß Lidorus bangend ausruft:

> ¡Oh quiera el hado que esta fuese Astrea!

während Arsidas der Ausruf entschlüpft:

> ¡Oh quiera amor que Selenisa sea!

In der Absicht, Auskunft voneinander zu erlangen, nähern
sich die beiden Könige und erkennen sich in diesem Augenblicke zu ihrer Freude und ihrem Erstaunen als alte im
Unglück schon erprobte Freunde. Und nun erzählt ein Freund
dem andern, daß er sich bei König Athamas um eine Tochter
beworben habe und nun heimlich gekommen sei, um die ihm
zugesprochene Braut im stillen zu beobachten. Wie wir aus
dem Vorausgehenden schon entnehmen können, ist dem König
Lidorus Asträa, dem Arsidas die Selenissa zugesagt worden.
Ihr Zwiegespräch wird unterbrochen von einem wilden Ge-
tümmel. Man vernimmt die Rufe einer entfesselten Volks-
masse: Psyche Heil! Werft der Venus Bild zu Boden und
entheiligt den Altar! Es lebe Psyche, Tod der Venus!
Die beiden Könige erhalten sogleich über diesen plötzlichen Tumult Aufklärung durch Anteus, den Neffen des
Königs und Verlobten Psyches, der mit Zeichen der äußersten
Bestürzung des Weges kommt. Auf Befragen berichtet er
von der unvergleichlichen Schönheit Psyches, von ihren glänzenden Eigenschaften und dem festlichen Aufzuge der drei

Schwestern. Als dritte habe Psyche das Heiligtum betreten, und dort sei sie von der ganzen Versammlung als zweite Gottheit des Tempels begrüßt worden. Da sei aber in die Venusstatue auf dem Altare plötzlich Bewegung gekommen, und mit lauter Stimme habe sie die unglückselige Prophezeiung ausgesprochen:

> Infelice tu hermosura,
> Psíquis, será, pues tu dueño
> Un monstruo ha de ser.

Es zeigt sich sodann das empörte Volk, welches der König und Psyche selbst zu beschwichtigen suchen, denn durch Empörung lasse sich der Zorn des Himmels nicht besänftigen. Doch vergeblich, immer wieder ertönt der Gesang:

> Pues que Vénus invidia
> La beldad suya,
> Psíquis es la diosa
> De la hermosura!

Trotzdem Psyche diese Huldigung mit allen ihr zu Gebote stehenden Mitteln zurückweist, faßt der Neid im Herzen der Schwestern Wurzel.

> Muriendo de envidia voy
> De ver el comun afecto
> Que Psíquis ha merecido,
> Selenisa . . .,

äußert sich Asträa, und die Angeredete entgegnet in ähnlicher Weise:

> Si confieso
> La verdad, tambien, Astrea,
> Llevo el proprio sentimiento.

Der erste Aufruhr hat sich indessen gelegt, aber immer noch tönen aus der Ferne die Rufe des Volkes und sein Gesang. Es erscheint Amor, angezogen, wie er selbst bemerkt, durch dieses Lied. In bezug auf Venus sagt er:

> ¿Su templo . . .
> Sin culto ya, . . .
> Sin víctimas sus altares,
> Y su estatua derribada?

¿Su deidad tan profanada,
· Y yo con vida y sentido?

Psyche werde indes der Strafe nicht entrinnen, denn seine
göttliche Mutter kränken, das heiße ihn selbst beleidigen.
Seine Pfeile sollen das Werkzeug zur Rache sein.

Ziehen wir einen Vergleich mit den bisher besprochenen
Bearbeitungen des Psychemärchens, so werden wir jetzt schon
tiefgreifende Umgestaltungen gewahr. Eine Reihe lebendiger
und farbenprächtiger Szenen sind an unserem Auge vorüber-
gezogen. Die einen waren uns ganz neu; andere, die uns
dem Wesen nach bereits bekannt waren, sahen wir von einem
völlig neuen Geiste beseelt. Ganz neu ist der das Lustspiel
einleitende, festliche Aufzug der jungen Mädchen zum Tempel
der Venus. In mehr als einer Hinsicht neu ist auch das
Auftreten der beiden Könige Lidorus und Arsidas. Wenn
auch bei Apuleius und in den auf der Apuleianischen Darstellung fußenden Fassungen zweier Könige, als Gatten der
beiden älteren Schwestern, einigemale Erwähnung getan wird;
wenn bei Galeotto und Mal Lara die beiden Könige gelegentlich selbst handelnd vor Augen geführt werden, so vermögen
wir in ihnen doch nur Nebenfiguren zu erblicken, während
ihnen Calderon eine bedeutsame Rolle zuweist. Ferner sind
in allen bisher besprochenen Psychedichtungen die beiden
Könige nicht erst Bewerber, sondern längst schon die Gatten
der beiden älteren Königstöchter. Überdies zeigen sich Arsidas und Lidorus hier wenig geneigt, die beiden Prinzessinnen
zu ihren Gattinnen zu erheben, sobald die unvergleichliche
Schönheit Psyches ihre Herzen und Sinne gefangen hat. Die
beiden älteren Schwestern scheinen demnach viel eher Mangel
an Bewerbern zu haben als Psyche, die nicht nur in Arsidas
und Lidorus glühende Verehrer, sondern auch in Anteus einen
treuen Bräutigam zur Seite hat. Des weiteren kommt hier
die Vorherverkündigung, daß Psyche einem Ungeheuer zum
Gemahl bestimmt sei, aus dem Munde der Venus selbst,
während in den früheren Fassungen stets das Orakel von
Milet das Unheil ankündigt. Endlich haben wir bisher stets
gehört, daß Venus den Amor zum Rächer ihrer Ehre er-

wählt und ihn auffordert, ihr Sühne zu verschaffen. Hier fühlt sich Amor selbst angespornt, die Ehre seiner Mutter zu rächen. Trotz dieser großen Abweichungen jedoch bleibt die leitende Idee die gleiche. Die jüngste von drei Schwestern, an Schönheit den übrigen weit überlegen, erregt den Neid der Venus und der Schwestern. Es wird ihr vorherverkündigt, sie sei für ein Ungeheuer als Gattin ausersehen. Amor übernimmt es, seine Mutter zu rächen, verliebt sich aber selbst in Psyche. Dies ist der allgemeine, überall wiederkehrende Gedanke, und diesen hat Calderon aufgegriffen, um ihn in genialer, echt dichterischer und freier Weise zu verwerten.

Die nächsten Szenen spielen sich ab in einem Garten in der Nähe des königlichen Palastes. Zunächst treten Athamas und seine beiden älteren Töchter auf, welche ihren unglücklichen Vater zu trösten suchen. Doch er hat kein Gehör für ihre Worte, nur auf Psyche richtet sich sein Sinnen, von der wir vernehmen, daß sie sich in das einsamste Gemach des königlichen Palastes zurückgezogen hat. Nur den einen Rat, sich an Jupiters Orakel zu wenden, findet er für gut, und den will er sogleich in die Tat umsetzen.

Nun besprechen sich die beiden Schwestern über die ihnen bestimmten Gatten Arsidas und Lidorus. Weder Lust noch Qual bereite ihnen der Gedanke an die bevorstehende Heirat, denn sie hätten die ihnen bestimmten Gatten noch nicht gesehen, somit auch kein Urteil, ob die Wahl des königlichen Vaters ihrer eigenen Wahl entspreche.

Doch da erscheint Frissus, ein Diener des Anteus, welcher Arsidas und Lidorus erkannt, und verrät den Schwestern, daß die beiden Könige heimlich anwesend sind, um sich unerkannt nach den ihnen bestimmten Gemahlinnen umzusehen. Rasch ist der Entschluß der beiden Schwestern gefaßt:

> Si ellos han venido á vernos
> No creyendo sus oídos
> La opinion de nuestra fama,
> Hagamos las dos lo mismo.

Zu diesem Zwecke rät ihnen Frissus, sich im Garten zu verbergen. Er selbst werde die Könige herbeiführen, und

zwar einzeln, damit sie desto genauer ins Auge gefaßt werden
könnten. Um jedoch alles Auffällige zu vermeiden und die
beiden Fürsten nicht argwöhnisch zu machen, wenn man ihnen
allein Zutritt zum Garten gewähre, wolle er auch andere
Personen durch denselben führen. Selenissa und Asträa sind
damit einverstanden, und Frissus macht sich alsbald an die
Ausführung seines Planes. Am Eingange des Gartens begegnen ihm Lidorus und Arsidas, welche eben im Begriffe
sind, den Park zu betreten, von der stillen Hoffnung geleitet,
hier Psyche anzutréffen. Frissus wehrt ihnen anfänglich den
Eintritt, indem er auf das strenge Verbot hinweist, welches
Fremden den Zutritt zum Parke versagt. Mit scheinbarem
Bedenken läßt er sich schließlich zum Nachgeben bewegen,
jedoch könne er immer nur einen allein durch den Garten
führen. Arsidas wird zuerst durch den Park geleitet; vergeblich späht er nach Psyche, welche sein Herz sucht. Ohne
es zu ahnen, wird er aber selbst von Asträa und Selenissa
beobachtet, aus deren Ausrufen wir ersehen, daß beide
wünschen, er möchte nicht der ihnen bestimmte Bräutigam
sein. Während aber Frissus den Arsidas durch den Garten
führt, erscheint Amor, in schönen Kleidern, jedoch ohne
Bogen:

> Viendo que se me ha ocultado
> Psíquis con tanto retiro,
> Y que aunque dios, yo no entro
> Donde no hallo algun resquicio;
> En forma humana, despuesta
> La aljaba y el arco mio,
> Aquí vengo, por no ser
> En las señas conocido.

Frissus kommt zurück, und Amor begehrt Einlaß wie
die übrigen. Frissus, welchem der Fremdling ein willkommenes
Mittel ist, um die beiden Könige desto gewisser zu täuschen,
verspricht ihm Einlaß, doch müsse er noch warten. Zuerst
wird noch Lidorus durch den Garten geführt. Die Stimmung
der beiden Prinzessinnen in ihrem Versteck ist die gleiche
wie vorhin beim Anblicke des Arsidas. Aber ihre Stimmung

schlägt völlig um, als Amor erscheint. Beider Herzen fliegen
dem schönen Jüngling entgegen. Nicht hält es sie mehr in
ihrem. Verstecke und rasch drängt Frissus den schönen
Fremden zum Verlassen des Gartens:

> miéntras yo llego
> Haciéndôs espaldas, idos!

Sí haré,

entgegnet Amor; für sich aber bemerkt er:

> Esto es haberme dado
> Ocasion de que escondido
> Me quede en aquestas ramas
> Hasta lograr mis designios.

Die beiden Schwestern brennen vor Begierde, Aufschluß
über die drei Fremdlinge zu erhalten. Zu ihrer Enttäuschung
müssen sie jedoch erfahren, daß die beiden ersten Fremdlinge
die ihnen zugedachten Könige waren, während sie über den
dritten, der ihre Sinne gefangen genommen hat, keine Auskunft erhalten.

Diese ganze Szene ist vollkommen neu und geistiges
Eigentum Calderon's. Obwohl das Betreten des Gartens
durch die beiden Könige und Amor genau die Parallele zur
einleitenden Szene bildet, wirkt sie keineswegs erlahmend.
Im Gegenteile, selbst bei dem Leser, welcher die Fabel
wieder und wieder gelesen hat, vermag die ganze Situation
nur die lebhafteste Spannung auf die Weiterentwicklung der
Dinge hervorzurufen. Amor ist jetzt im Garten verborgen,
hier muß also die erste Begegnung mit Psyche statthaben.
Bald werden wir auch Zeugen derselben sein.

Tiefgebeugt kommt Athamas, das unheilvolle Orakel in
seiner Brust verschließend, vom Tempel Jupiters zurück.
Vergebens dringt Anteus in ihn, er möge ihm den Grund
seiner Niedergeschlagenheit enthüllen. Nur die halbe Wahrheit vermag der König über seine Lippen zu bringen. Psyche
solle auf den Berg Öta gebracht werden; dort solle sie ein
Opfer bringen, um Venus zu versöhnen. In Wirklichkeit
ist, wie wir ahnen können, Psyche selbst das Opfer. Der
unglückliche Vater fragt nach Psyche und wird von Flora.

einer Dienerin, zu ihr geleitet. Über ihrem Leide ist sie in
der Nähe auf einem weichen Rasen des Parkes eingeschlafen.
Worte tiefsten Kummers entringen sich den Lippen des
schmerzgebeugten Königs beim Anblick seiner schlummernden
Tochter, die nicht ahnt, daß schon weitere schlimme Kunde
über ihr Los im Herzen des Vaters sich birgt.

In diesen Auftritten liegt also seit einer Reihe von
Szenen wieder der erste Gedanke, der sich der gewöhnlichen
Fassung der Fabel enger anschließt: die Befragung des
Orakels, seine Antwort, das tiefe Herzeleid des Vaters über
die geforderte Aussetzung seiner Tochter. Ebenso entspricht
die folgende Szene vollständig der Darstellung des Apuleius,
birgt sie doch einen Grundgedanken, der schlechterdings nicht
zu übergehen war.

Kaum ist der König abgegangen, als Amor erscheint.
Im Gebüsche lauschend hat er aus dem Munde des Athamas
Jupiters Bestimmung vernommen:

> Que no ha de sanar de Vénus
> La ofensa aun Júpiter mismo,

bemerkt jedoch der Liebesgott,

> Sino yo, pues su venganza
> Me toca, como á su hijo.

So wendet er sich denn zu Psyche, die noch immer
schlafend daliegt. Aber die Waffe kehrt sich gegen Amor:

> *Ni Amor se libra de amor.*

Der erste Akt bildet demnach gewissermaßen die Exposition. Die dramatischen Voraussetzungen sind gegeben;
der Zuschauer ist bekannt gemacht mit den Helden der
Handlung, mit der Lage der Dinge. Ein zweifaches, bzw.
dreifaches erregendes Moment hat seine Aufmerksamkeit gefesselt, einmal das von Calderon in zwei Teile zerlegte Orakel,
dessen erster Teil, das

> tu dueño
> Un monstruo ha de ser,

der Venus selbst in den Mund gelegt ist, während sein zweiter
Teil, die Aussetzung, in Jupiters Orakel enthalten ist. Diese

Zerlegung des ursprünglichen Orakelspruches ist von hoher
dramatischer Wirkung. Ist der Zuschauer anfänglich noch
im Zweifel, ob der Wahrspruch der neidischen Venus an
der schuldlosen, lieblichen Psyche sich wirklich erfüllen
werde, so fühlt er nun, wo das Orakel Psyches Aussetzung
fordert, daß das Unheil, schnell vorwärts schreitend, unab-
wendbar sich über Psyche zusammenziehe. Da läßt plötzlich
ein neues Moment wieder einen Hoffnungsstrahl durch das
düstere Gewölk dringen, das sich über Psyches Haupte gesammelt hat: Amor entbrennt in Liebe zu Psyche. Er wird
also darauf bedacht sein, seine Macht den feindlichen Mächten
entgegenzusetzen. Aus diesen Gegensätzen heraus aber wird
sich Spiel und Gegenspiel, wird sich der Konflikt und seine
Lösung entwickeln müssen. Neben dieser Haupthandlung
wird noch eine Nebenhandlung herlaufen, die bedingt ist in
dem Verhältnis des Anteus zu Psyche, deren naher Ver-
wandter und treuer Verlobter Anteus ist.

Wie wir sehen, ist der Aufbau dieses Aktes echt dramatisch, ungekünstelt und natürlich; ein lebendiger, frischer
Zug geht durch das Ganze.

Der vorgefundene Stoff ist dichterisch frei, mit jener
Leichtigkeit und Zwanglosigkeit des geborenen Dramatikers
behandelt, die wir nur an den ersten Größen der dramatischen
Kunst bewundern.

## II. Jornada.

Unter heftigem Sturme landet der König und sein Gefolge mit Psyche auf einer wüsten Insel. In bewußtlosem
Zustande wird Psyche ans Land getragen. Als sie jedoch
erwacht, spricht sie Athamas gegenüber offen die Vermutung
aus, daß er ihr nicht die volle Wahrheit über das ihr bevorstehende Schicksal enthüllt habe. Oft habe er zu sprechen
begonnen, ohne den Gedanken aber zu Ende zu führen, und
während der ganzen Fahrt sei er voller Heimlichkeiten gewesen. Sie ahnt, daß neues Leid ihr drohe und bricht in
wilde Klagen aus, welche eine erneute Ohnmacht verstummen
läßt. Anteus ist bemüht, sie zum Bewußtsein zurückzubringen;
der König jedoch verwehrt es ihm und ordnet den sofortigen

Aufbruch an. Jetzt erst spricht er offen die volle, schwere Wahrheit aus. Hier auf dieser Insel soll er Psyche aussetzen. Anteus jedoch will nicht von Psyche weichen; er will sie verteidigen, den Kampf gegen alles für sie aufnehmen. Nichts gilt ihm mehr, weder Leben, noch Ehre, noch Seele. Mit Gewalt muß er auf das Schiff gebracht, gefesselt und geknebelt werden, um Psyche nicht aus ihrer Ohnmacht zu erwecken. Als diese endlich erwacht, sieht sie sich einsam auf der Insel zurückgelassen. Das Schiff ist schon draußen auf dem Meere. Auf ihr Rufen und Flehen gibt es keine Antwort, als die der eisernen Notwendigkeit. Athamas ruft ihr zu:

> No acuses mi amor; acusa
> Al influjo de tu estrella.
> Como hay superior deidad
> Que lo mande y lo consienta.
> Adios, Psíquis infelice.

(Frissus und Flora, die sich gleich anfänglich etwas von der Küste entfernt haben, um die Gegend auszukundschaften, kommen erst jetzt zurück und sehen sich so gezwungen, bei Psyche zu verbleiben. Frissus und Flora sind die Helden einer zweiten (komischen) Nebenhandlung.)

Während Psyche sich in Klagen ergeht, dringen plötzlich Stimmen an ihr Ohr, die sie als Göttin und Herrin willkommen heißen. Eine verschleierte Nymphe tritt aus einer Felsengrotte, eine brennende Fackel in der Hand, und führt sie in das Innere der Grotte.

Nun tritt Szeneriewechsel ein. Amors Palast taucht vor dem Auge des Zuschauers auf. Chöre begrüßen Psyche im Wechselgesange:

> ¿De qué alegres nuevas?
> De que viene Psíquis
> A ser deidad nuestra.
> Sea bien venida,
> Bien venida sea.

Als sie dann erstaunt frägt, wer denn der Herr des prächtigen Palastes sei, da tritt Amor von rückwärts, die Fackel verlöschend, hinzu und antwortet selbst:

Yo,
Que para hablarte encubierto,
El fuego apago que ves.

Denn niemals dürfe sie ihn sehen. Sie solle aber eine
sichere Zuflucht finden und alles haben, was ihr Herz begehre und wünsche. Sobald sie aber nach seinem Anblick
trachte. werde sich alle Pracht in Staub verwandeln. Bei
anbrechendem Tageslichte enteilt Amor.

Wir haben also in diesen Szenen eine Reihe von Punkten,
die als wesentliche Bestandteile der Psychefabel notwendig
gebracht werden mußten: die Aussetzung der Psyche, ihr
Eintritt in den Palast Amors, das Erklingen herrlicher Musik,
die Begrüßung als Herrin, Amors Erscheinen im Dunkel der
Nacht, sein strenges Verbot, ihn zu schauen. Freilich das
Gewand, in welches Calderon diese nackten Züge kleidete,
ist der gewöhnlichen Darstellung fremd, weil hervorgegangen
aus Calderon's ureigenster Schaffenskraft und Gestaltungs-
gabe. So ist der Aussetzungsort auf eine öde Insel verlegt.
Psyche ist sich noch immer im unklaren über ihr Geschick.
Bewußtlos wird sie auf dem Felseneiland zurückgelassen.
Erst von dem enteilenden Schiffe aus erhält sie die letzte
Aufklärung. Gänzlich neu ist die Szene mit Anteus, dem
Leben, Ehre, ja Seele nichts ist, wo es gilt, Psyche zur Seite
zu stehen. Außerdem ist von Wichtigkeit, daß Psyche nicht
allein ausgesetzt ist, sondern daß Frissus und Flora ebenfalls
auf der Insel verbleiben. So weist das Drama also eine
ganze Reihe bedeutender Wandlungen oder völlig neuer Erfindungen auf, welche Zeugnis ablegen von Calderon's indi-
viduellem Schaffen.

Ebenso zeigt der Schluß dieses Aktes, jenes Moment
vielleicht abgerechnet, wo Amor darauf hinweist, daß Venus
von Psyches Anwesenheit auf dieser Insel nichts wissen dürfe,
nur Szenen eigener Erfindung. Während in allen bisher besprochenen Darstellungen Psyche, vom Pfeile Amors getroffen,
sich diesem mit rückhaltsloser Liebe hingibt, sehen wir hier
das Gegenteil. Alle Liebesbeteuerungen Amors fruchten
nichts. Sie will fort aus dem Palaste, ihrem Geschicke überlassen sein. Dieses Verlangen wird um so ungestümer, als eben

des Anteus Stimme von außen ertönt, die ihren Namen ruft.
Anteus ist dem Schiffe entsprungen und schwimmend ans
Land zurückgekehrt, um Psyche Hilfe zu leisten. Als aber
Psyche ihrem Vetter und Bräutigam antworten will, verbietet
dies Amor. Eifersucht beginnt sich in ihm zu regen. Durch
Musik und Gesang läßt er ihr Rufen übertönen. Psyche
will entfliehen; doch diesem Vorhaben steht Amor ruhig
gegenüber:

> Que no huye de Amor quien
> De Amor á ciegas huye.

### III. Jornada.

Es ist Nacht; Musik ertönt. Frissus und Flora unter-
halten sich über Psyche und ihren unbekannten Gemahl.
Frissus möchte nur zu gerne wissen, wer Psyches Gatte sei.
Auch Flora vermag keinen Aufschluß zu geben, sie weiß nur

> que enamorada
> Dél está Psíquis, y tanto
> Sus perfecciones ensalza,
> Que está persuadida á que es
> Algun dios que á verla baja
> De las esferas, bien como
> Por Endimion Diana.

Wie bei Apuleius die beiden Schwestern, so sprechen
also hier Frissus und Flora die Vermutung aus, irgend ein
Gott müsse Psyches Gatte sein.

Es treten nunmehr Amor und Psyche auf. Eine trübe
Wolke hat sich über beider Liebesglück gelagert. Psyche
beklagt sich, daß sie nichts wisse von Vater, Schwestern und
Verwandten. Es erwecke in ihr Mißtrauen, daß er ihr
Sehnen und Verlangen nach den Lieben stets ungestillt ge-
lassen. Beschwichtigend erwidert Amor:

> Hoy
> Te daré noticias claras,
> No solo en voces que oigas,
> Mas si el valor non te falta,
> En imágenes que veas.

Nur müsse Psyche versprechen, bei dem matten Lichte,
das jene Schatten verbreiten würden, nicht nach ihm zu
blicken. Psyche gelobt dies, und unter dem Klange zauberhafter Musik taucht im Hintergrunde sogleich der Palast von
Egnidus auf. Asträa und Selenissa, Arsidas und Lidorus
sowie der König Athamas, Sänger und Musikanten erscheinen.
Es findet die Doppelhochzeit zwischen Lidorus und Asträa,
zwischen Arsidas und Selenissa statt. Aus den Selbst-
gesprächen der beiden Könige ersehen wir jedoch, daß ihr
Herz immer noch um die entschwundene Psyche trauert,
während umgekehrt die beiden Schwestern das Bild jenes
fremden Jünglings nicht aus ihrem Herzen zu verdrängen
wissen. Auch Athamas, scheinbar festfreudig gestimmt, klagt
im stillen:

> ¡Ay perdida Psíquis mía!
> Todo esto sin tí no es nada.

Da vermag sich Psyche nicht mehr zu beherrschen. Vater,
o mein Vater! ruft sie aus und unwillkürlich wendet sie sich
gegen den hinter ihr stehenden Amor um. Augenblicklich
entschwinden die Schatten; das Licht verlöscht. Psyche spricht
nun in flehendem Tone davon, wie sehr ihr Herz Verlangen
trage, von ihren Schwestern hier in all der sie umgebenden
Pracht gesehen zu werden.

> Perdona esta vanidad,
> Y crê, mi bien, que de tantas
> Finezas como te debo,
> Verme, fuera la mas alta,
> Mis hermanas tan gustosa,
> Tan rica, alegre y ufana.

Tränen verleihen ihren Worten noch größeren Nachdruck.
Da vermag Amor nicht länger zu widerstehen. Weine nicht,
spricht er, in diesem Augenblicke stoßen deine Schwestern
mit den eben angetrauten Gatten vom Lande, um in die
neue Heimat zu segeln, und Athamas gibt ihnen noch das
Geleite. Durch einen Sturm will ich sie hierher an das
Felseneiland verschlagen lassen.

Die nächste Szene führt uns eine Begegnung zwischen Amor und Anteus am Meeresgestade vor Augen. Anteus erkundigt sich nach Psyche; doch Amor, von Eifersucht erfaßt, bedeutet ihm, er möge die Hoffnung aufgeben, sie jemals wiederzusehen oder zu sprechen. Psyches Gatte sei ein wildes Ungetüm, von seiten dessen auch Anteus Gefahr drohe.

Amor ist kaum verschwunden, als die Landung des Schiffes erfolgt. Musik und froher Gesang schlagen an das Ohr der erstaunten Ankömmlinge. Doch schon eilt ihnen Psyche entgegen, sie in stürmischer Freude zu begrüßen. Sogleich werden sie alle in den Palast geführt, damit ihnen all die Herrlichkeit und das ihr beschiedene Glück offenbar werde. Aber schon sehen wir, wie der Neid sich im Herzen der Schwestern von neuem regt. Arsidas und Lidorus aber ergreift, obwohl vergeblich, das alte Sehnen nach Psyches Besitz. Nur Athamas ist wahrhaft glücklich. Indessen hat sich Anteus, der sich, um die Vorgänge abzuwarten, in ein nahes Versteck zurückgezogen hatte, von Frissus in den Palast führen lassen. Er tritt vor die erstaunte Psyche und berichtet, daß er viele, viele Tage herumgeirrt sei in den Bergen und in der Wildnis, um sich über ihr Schicksal zu vergewissern. Nun sei er zu der Überzeugung gelangt,

> Que el que á Psíquis adora,
> Un monstruo es que estos palacios mora,
> En ellos encantado,
> Porque de Vénus se cumpliese el hado.

Psyche weist indessen einen solchen Gedanken zurück; ein Gott sei vielmehr ihr Gatte. Freilich muß sie, hierüber befragt, zugestehen, daß sie weder den Gott kenne noch überhaupt jemals ihren Gemahl gesehen habe. Daraufhin schließen sich auch Athamas und die beiden anderen Könige der Überzeugung des Anteus an.

Psyche ist allein mit den beiden Schwestern im Palaste zurückgeblieben. Scheinbar mit Widerstreben und schwerem Herzen nähren sie in Psyche den schwarzen Argwohn, bis sie der unglücklichen Schwester die Überzeugung aufgedrängt haben, ihr Gatte sei ein verzaubertes Ungeheuer. Die folgen-

den Szenen brauchen nicht näher ausgeführt zu werden, denn
sie sind ganz im Sinne des Apuleius gehalten. Es sei nur
noch erwähnt, daß Amor unmittelbar vor seiner Flucht die
ungehorsame Psyche über alles aufklärt.

> A Vénus quise vengar,
> Mi madre, dándote muerte;
> Vi tu hermosura, y de suerte
> La idolatré singular,
> Que morí yendo á matar:
> Con que á Júpiter pedí
> Que se doliese de mí,
> Y entre mí y mi madre, él
> Mandó en su decreto fiel
> Que te trajesen aquí,
> Para que pudiese yo
> ¡Tanto me debiste, tanto!
> Tenerte en aqueste encanto,
> Donde Vénus lo ignoró.
> Ya con esa luz lo vió,
> Porque el prestado favor
> Término en su resplandor
> Quiso Júpiter que hallase:
> Con que no es posible pase
> Adelante nuestro amor.

Amor entschwindet und mit ihm unter Sturmeswehen der
Palast. Öde Felsen wieder ringsum und die wilde Meeres-
küste. Bestürzt eilen die drei Könige, Anteus, die beiden
Schwestern und das Gefolge zusammen. Psyche aber mißt
ihnen allein die Schuld bei an dem schrecklichen Unglücke.
Doch da sie sich nicht an allen zu rächen vermag, so will
sie in ihrem verzweifelten Schmerze Rache nehmen an sich
selbst, und so zückt sie den Dolch gegen ihr eigenes, von
Reue und Verzweiflung gefoltertes Herz.

Doch da erscheint Amor. „Halt ein und lebe!" ruft
er ihr zu. Ihr Leid und ihr tiefer Seelenschmerz hat seinen
Groll bezwungen, aber nicht allein den seinen, auch der harte
Sinn der Venus hat sich gebeugt:

Convencida de mi llanto,
En mi casamiento viene:
Con que diosa de Amor Psíquis
Vivirá adorada siempre.

Sodann begrüßt er den König Athamas mit würdevollen
Worten als seinen Vater und verheißt Lidorus und Arsidas
Glück mit Selenissa und Asträa (*aunque puede || Quejarse dellas
mi pecho*, fügt er bei). Dem Anteus aber kündet er eine
Braut aus königlichem Hause an,

Porque de tí (sc. Psíquis) no se acuerde.

Der dritte und letzte Akt nimmt also verhältnismäßig
die meisten Züge aus der Erzählung des Apuleius herüber,
d. h. er enthält am meisten von jenen wesentlichen Ideen der
Erzählung, die beigezogen werden mußten und die nicht verändert werden konnten, ·sollte nicht die Fabel in ihrem
innersten Kerne umgestaltet werden. Psyche lebt glücklich
im Palaste Amors und wird beseligt durch dessen Liebe.
Nur die Sehnsucht nach den Angehörigen trübt den hellen
Sonnenschein ihres Glückes. Sie bewegt den widerstrebenden
Gatten durch ihre Bitten und Tränen, die Schwestern (bzw.
Angehörigen) zu ihr kommen zu lassen. Durch diese wird
der Glaube Psyches an ihren Gatten zum Wanken gebracht
und der verhängnisvolle Rat erteilt. Psyche übertritt das
strenge Gebot und· naht, wie beraten, dem schlafenden Gatten
mit Licht und Waffe. Sie wird verstoßen. Tiefe, selbst-
anklagende Reue bewegt ihr Herz. Amors Aussöhnung, die
endliche Beugung des starren Sinnes der Venus, Psyches
schließliche Erhebung zur Göttin und endgültige Vereinigung
mit Amor bilden den Abschluß. Alle diese Gedanken sind
uns längst bekannt, und doch ist der ganze Akt von Anfang
bis zu Ende original, weil Calderon die entlehnten Züge mit
neuem Odem belebt. Es findet sich aber auch manche Szene
ganz eigener Erfindung in diesem Akte. Es sei nur erinnert
an die Vorführung von ·Psyches Angehörigen durch magische
Kräfte, an das Hochzeitsfest der Schwestern und das Erscheinen des Anteus. Ferner sei hingewiesen auf tiefgreifende
Umgestaltungen; so vor allem auf die Art und Weise, wie

Psyche hier zum Wanken und zu der unseligen Tat gebracht wird. Diese Szene ist von feiner Berechnung. Nicht auf e i n e n Ansturm vermag Psyches Glaube an ihren Gatten erschüttert zu werden. Wie sie erst allmählich ihr Herz Amor hingegeben, sich anfänglich gesträubt hat gegen die ihr angebotene, nicht gesuchte Liebe, so kann ihr, nachdem sie sich einmal als Amors Gattin glücklich gefühlt, auch die Meinung von ihrem Gatten nicht durch den bloßen Versuch der neidischen Schwestern genommen werden. Anteus gibt hier den Anstoß, und zwar spricht tiefe Überzeugung aus seinen unheilvollen Worten. Dennoch wird Psyche nicht wankend, und selbst dann ist ihr Glaube noch nicht erschüttert, als sogar ihr Vater und die beiden Könige die Überzeugung des Anteus teilen. Aufgabe der beiden Schwestern ist es, durch ihre gleisnerischen Worte den Argwohn in ihrem Herzen an die Stelle des Vertrauens zu setzen und sie zur unheilvollen Tat zu bewegen.

Eine weitere wichtige Änderung besteht in der starken Kürzung der Prüfungszeit unserer Heldin. Ihr tiefes Herzeleid über die unselige Tat und den Verlust des geliebten Gatten, ohne welchen das Leben für sie keinen Wert und nichts Begehrenswertes mehr hat, genügt, um Amor wieder zu versöhnen.

Werfen wir endlich noch einen kurzen Rückblick auf das ganze Drama! Was uns daran vor allem auffällt, das ist die Leichtigkeit und die natürlich ungezwungene Art, mit welcher der Dichter den vorgefundenen Stoff dramatisch behandelt, in ein neues, durchaus originales Gewand kleidet und mit einem neuen, frischen Geiste beseelt. So bleibt das schon in den ersten Szenen wachgerufene Interesse bis zum letzten Auftritte lebendig, ja es steigert sich von Szene zu Szene. Mit Recht hebt L. Schmidt die lebensvolle Frische der Gestaltung und Ausmalung der Dichtung hervor.[1]) Dies Lustspiel führt uns in der Tat prächtige Szenen voll frischen

---

[1]) *Über C.'s Behandlg. antiker Mythen*, in: *Neues Rhein. Mus. f. Philol.* (1856) X, 336. Ähnlich günstige Urteile finden wir bei S c h a c k III, 192; V a l. S c h m i d t, Schauspiele (1857) p. 311 ff.; S c h a e f f e r, II. 30; G ü n t h n e r, C. u. s. Werke I, 291·

pulsierenden Lebens vor Augen. Wenn Klein [1]) das Lustspiel eine „geringhaltige, festfeierliche Inszenierung" nennt,
so mögen wir ruhig einräumen, daß dieses Jugendwerk [2])
Calderon's nicht zu dem Tiefsinnigsten gehört, was der Dichter
geschaffen hat. Das eine aber steht fest, Calderon's Originalität,
ingeniöse Erfindungsgabe und dramatische Gestaltungskraft
sprechen klar und unverkennbar aus diesem Lustspiele. Eben
so sicher ist, daß Calderon's Bearbeitung des Psychemärchens
alle in diesem Rahmen zu besprechenden Psychedichtungen
weit hinter sich läßt, einzig ausgenommen das Molière'sche
Drama, über welches ich das Calderon'sche hinsichtlich der
noch ausgeprägteren Originalität stellen möchte, das seinerseits jedoch das spanische Drama stellenweise an Zartheit
der Empfindung und durch schärfere Zeichnung der Charaktere überragt.

Was endlich Calderon's Vorlage betrifft, so geht L. Schmidt's
Ansicht dahin, daß Calderon das Märchen wahrscheinlich gar
nicht in der Darstellung des Apuleius selbst, sondern nur in
dem Auszuge gelesen hat, den Boccatius davon in der Genealogia Deorum, lib. V, gibt. [3]) Calderon habe kein Detail aus
der Erzählung des Apuleius aufgenommen, das sich nicht
auch bei Boccatius finde. Andererseits sei bei ihm wie bei
Boccatius die Bestrafung von Psyches Neugierde auf das
kürzeste Maß zusammengezogen. Hier können wir noch hin-
zufügen, daß Calderon wie Boccaccio nur einen einzigen
Besuch Psyches seitens ihrer Schwestern bzw. Angehörigen
vor Augen führt. Außerdem verweist L. Schmidt darauf,
daß die italienischen Mythologen Calderon auch anderwärts
als nächste und hauptsächlichste Quelle der Mythenkenntnis
gedient haben. Diesem letzteren Punkte wohnt meines Erachtens verhältnismäßig am meisten Beweiskraft inne. Wenn
sich bei Calderon kein Detail findet, das nicht auch bei
Boccaccio vorgezeichnet ist, so hat das viel weniger seinen
Grund darin, daß der Dichter einer bestimmten Vorlage

---

[1]) *Gesch. des Dramas* **XI**, 2 p. 359, Anm. 3.
[2]) L. Schmidt, *Üb. C.'s Behandlg.* etc. p. 336.
[3]) *C.'s Behandlg. antiker Mythen*, p. 336 f.

folgt, als daß er eben nur jene Züge für sein Lustspiel verwertet, die den unverletzlichen Kern der Erzählung bilden.
Wir dürfen unbedingt annehmen, daß Calderon, auch wenn
ihm alle bisher besprochenen Bearbeitungen des Psychestoffes
vorgelegen hätten, keinen Zug mehr und keinen Zug weniger
in sein Lustspiel hinübergenommen haben würde. Darin liegt
eben Calderon's dramatische Kraft und Kunst, auf kurzen
Umrissen seine Dramen aufzubauen und den Stoff selbständig
zu gestalten. Was ferner die gänzliche Übergehung der verschiedenen Prüfungen Psyches nach ihrer Verstoßung anlangt,
so spricht L. Schmidt selbst die Überzeugung aus, daß diese
zu einer dramatischen Behandlung nicht geeignet waren. Aus
den gleichen Gründen mußten auch die drei Besuche der
Schwestern in einen zusammengezogen werden, und aus denselben Gründen hat Calderon die bei Boccaccio erwähnte Bestrafung der neidischen Schwestern übergangen. Es zwingt
also durchaus kein Umstand zur Annahme, daß Calderon die
Apuleianische Fassung des Psychemärchens nicht gekannt
habe. Andererseits müssen wir einräumen, daß Beweise für
die gegenteilige Annahme ebensowenig erbracht werden können,
und daß, wie wir oben schon angedeutet haben, Boccaccio's
kurzer Auszug aus Apuleius dem Dichter die dem Lustspiele
zugrunde gelegten knappen Umrisse ebensowohl vermitteln
konnte, als die Erzählung des afrikanischen Rhetors selbst.
Ja, da sich, wie L. Schmidt darlegt, auch anderweitig Boccaccio's Einfluß auf Calderon fühlbar macht, so wird sogar
wahrscheinlich, daß Calderon den Auszug des Italieners tatsächlich gekannt hat.[1]) Freilich wurde der Dichter dort schon
in den ersten Zeilen auf Apuleius selbst verwiesen, dessen
Werke um jene Zeit nicht bloß in Italien, sondern auch in
Spanien wohl bekannt waren, wie die Dichtung Mal Lara's
hinlänglich dartut. Die Annahme, daß Calderon die Apuleianische Darstellung überhaupt nicht gekannt habe, dürfte
also gerechtem Zweifel begegnen. Völlige Gewißheit in die

---

[1]) Vermutlich in der Bearbeitung des Baltasar di Vitoria
(*Teatro de los Dioses*). Cf. Farinelli, *Bocc. in Ispagna*, in *Herrigs
Archiv* CXVI, 77.

Sachlage zu bringen ist, meines Erachtens, nicht wohl möglich, da sichere Anhaltspunkte fehlen und im eigentlichen Sinne von einer Beeinflussung Calderon's durch irgend eine Vorlage nicht die Rede sein kann. Umgekehrt werden wir im Rahmen dieser Abhandlung noch zweimal auf Calderon'schen Einfluß stoßen, zunächst einmal bei Antonio de Solis, der in seinem Drama ganz besonders in Vorführung der Aussetzung Psyches Calderon ganze Szenen nachbildet, und weiterhin bei Molière, der Calderon die Gestalten des Kleomenes und Agenor verdankt.

Wie bereits oben (S. 103) bemerkt wurde, hat Calderon die Fabel von Amor und Psyche auch in zwei Autos verwertet. Das eine finden wir im ersten Bande der von Pando 1717 veranstalteten Ausgabe der Autos[1]), das andere ist im zweiten Bande zum Abdruck gelangt.[2]) Das erstere ist, wie das Titelblatt besagt, für Madrid, das letztere für Toledo bestimmt gewesen. Beide werden von einer Loa eingeleitet. Wenn auch beide Festspiele der leitenden Idee — Verherrlichung der Eucharistie — sowie dem Gange der Handlung nach eng miteinander verknüpft sind, so halte ich doch behufs übersichtlicherer Darlegung der Berührungspunkte und der Abweichungen der drei Calderon'schen Stücke untereinander, sowie zur genaueren Bestimmung des Verhältnisses der beiden Autos zur lateinischen Fassung eine gesonderte Besprechung für zweckentsprechend.

Um endlich im folgenden desto klarer zu sehen, wie verschiedenartig Calderon ein und denselben Stoff zu behandeln gewußt hat, wollen wir noch kurz die den beiden Autos gemeinsam zugrunde gelegte Fabel, auf welche sich mit einigen

---

[1]) Madrid (1717) I, 275; später von Apontes 1759 herausgegeben, s. Bd. II.

[2]) S. 47 ff.; später ebenfalls von Apontes veröffentlicht, s. Bd. I. Beide Stücke sind übersetzt worden von Lorinser, *D. P. C.'s d. l. B. geistl. Festspiele* etc. 1882—87[2]· *Amor und Psyche* in Band IV, *Psyche und Cupido* in Band XVI. *Amor und Psyche* wurde von Eichendorff 1853 in das Deutsche übertragen. Endlich ist noch zu erwähnen, daß beide Autos 1879 von Latour (l. c., p. 195 ff.) größtenteils in das Französische übersetzt worden sind.

Abweichungen in beiden Autos die Allegorie aufbaut, voraus-
schicken.

Ein König hat drei Töchter. Die zwei ältesten sind be-
reits vermählt, während die jüngste und schönste noch eines
Gemahles harrt. Sie hat jedoch unter der Mißgunst und dem
Neide ihrer beiden älteren Schwestern zu leiden. Ja, der
Vater beschließt sogar, dem Drängen und der Mißstimmung
der Majorität nachgebend, Psyche auf einem öden Felsen im
Meere auszusetzen. Tatsächlich wird sie dorthin verbracht
und zurückgelassen. Während sie aber Tod und Verderben
erwartet, eröffnet sich ihr ein herrlicher Palast, aus dem
Musik und Gesang ertönen und Stimmen unsichtbarer Wesen
sie als Herrin und Gebieterin begrüßen. Im Dunkel der
Nacht, also unsichtbar, tritt der Herr des Palastes zu ihr,
erklärt sie als seine geliebte Braut, stellt jedoch die Bedingung,
ihm rückhaltlos zu glauben und zu vertrauen, ohne ihn sehen
zu wollen. Psyche ist glücklich. Doch es kommen ihre
Schwestern und wissen den Glauben der Psyche zu erschüttern, so daß sie beschließt, in der folgenden Nacht
ihren Geliebten beim Scheine der Lampe zu schauen. Die
verhängnisvolle Nacht ist gekommen; Psyche wird noch ge-
warnt, vergeblich! Sie naht dem Geliebten mit dem Lichte.
Amor erwacht und entschwindet; mit ihm der Palast und all
das Glück und die Wonne Psyches. Sie bleibt im tiefsten
Elende zurück. Die bitterste Reue durchbohrt ihre Seele,
und dieser Reueschmerz sühnt ihr Vergehen und söhnt den
zürnenden Liebesgott wieder aus. Erbarmend nimmt er die
von Reue gefolterte und so sühnende Psyche wieder in erneuter Liebe auf.

Dies ist gewissermaßen das beiden Autos zugrunde liegende gemeinsame Schema. Daß diese Darstellung der Apuleianischen etwas näher steht als die im Lustspiele naturgemäß leichter sich umgestaltende Darstellung, die wir soeben
besprochen, fällt sogleich in die Augen. Daß das Orakel
hier gänzlich übergangen worden ist, hat einen inneren Grund.
Das Orakel paßte nicht in die Allegorie, die der Dichter zu
schaffen gewillt war. Viel näher lag es da, die beiden ge-
hässigen Schwestern (= erstes und zweites Zeitalter vermählt

mit Heiden- und Judentum), die in ihrem Hasse gegen die jüngere Schwester (= das dritte nachher mit dem Christentum vermählte Zeitalter) eins sind, den Anstoß zu Psyches Aussetzung geben zu lassen, was der Vater (= die an und für sich indifferente, aber der Mehrheit stets folgende Welt) auch annimmt.

Nach diesen Vorbemerkungen wollen wir jetzt auf die Besprechung der Autos selber eingehen. In dem im ersten Bande der genannten Ausgabe enthaltenen Auto ist der König die „Welt" (*El Mundo*), seine drei Töchter sind die drei „Zeitalter". Die älteste Tochter, welche das erste Zeitalter und die Zeit des Naturgesetzes versinnbildlicht, ist bereits vermählt mit *El Gentilismo*, dem Heidentume, der Verkörperung des Naturgesetzes. Die zweite Tochter, das zweite Zeitalter, hat zum Gemahle *El Hebraismo*, das Judentum, den Vertreter des geschriebenen Gesetzes. Unvermählt ist nur noch die jüngste Tochter, das dritte Zeitalter. Dieses stellt das Gesetz des neuen Bundes dar, zugleich aber auch die Kirche als Braut Christi und die einzelne Seele, deren Bräutigam der sakramentale Gott ist. Diese jüngste Tochter der „Welt" harrt noch ihres Bräutigams; doch spricht sie es selbst aus, daß er nicht mehr ferne sein könne, indem sie dem Judentum den Vorwurf macht, es handle gotteslästerlich,

> en la negacion
> del computo de Daniel,
> què ä sus semanas cumplió
> yà el numero . . .

Dadurch aber, daß *La Tercera Edad* die Fehler von Juden- und Heidentum freimütig aufdeckt und sich entschieden weigert, sich dem einen oder dem anderen anzuschließen — sie hofft auf den unbekannten Gott, welchen der Areopag anbetet — zieht sie sich deren Haß und Verfolgung zu, und zwar in desto höherem Grade, als unmittelbar darauf das Volk sich zugunsten der jüngsten Schwester erklärt:

> Viva nuestra Infanta, en quien
> es segunda perfeccion,
> siendo menòr en Edad,
> ser en belleza mayor.

Es bedeutet dieses Eintreten des Volkes zu ihren Gunsten, sowie das Hervorheben ihrer Schönheit, wie Lorinser [1]) in seinem vorzüglichen Kommentare bemerkt, „das allgemeine Verlangen nach der Erlösung, nach Eintritt eines besseren Zeitalters".

Zu dem Hasse der Schwestern tritt also jetzt noch ein neues Moment, der Neid. Im Verein mit ihren Gatten dringen sie deshalb in *El Mundo*, die Verwegenheit der *Tercera Edad* zu bestrafen. Und als jener sich unschlüssig zeigt, verlassen sie ihn unter wilden Drohungen. *El Mundo* gerät über diese Verwirrung unter seinen Töchtern in Verzweiflung. Geleitet von dem Gedanken, von zwei Übeln sei das kleinere zu wählen, und es sei weniger, eine Tochter aufs Spiel zu setzen als zwei zu verlieren, begibt er sich schließlich zu seiner jüngsten Tochter, gibt vor, er sei selbst von Zweifeln befangen und bereit insgeheim mit ihr zu opfern

> à esse Ignoto Dios que adoras,
> confessandole los dos,
> Divino, y Humano Dios,
> saliessemos ä deshoras
> de la noche, que yà cierra,
> à un escollo, que en el Mar
> sè yò, y ellas [2]) no; à labrar
> en la falda de su Sierra
> Altar, en que le adorèmos,
> sacrificandole en èl . . .

Das Schiff stehe bereit, und am folgenden Morgen könnten sie wieder zurückkehren. Die Fahrt wird unternommen, *La Tercera Edad* verräterisch zurückgelassen.

Nur eine treue Dienerin bleibt bei ihr, „*la Sencillez*", die „Einfalt", die Calderon als Charakteristikum des dritten Zeitalters der Arglist und Bosheit der beiden anderen Zeitalter gegenüberstellt.

In tiefstem Leide, weinend und klagend bleibt *La Tercera*

---

[1]) Bd. V, 368, Anm. (1. Aufl.)
[2]) sc. die beiden Schwestern.

*Edad* auf der Insel zurück. Doch bald wird sie durch verheißende Stimmen getröstet, und plötzlich taucht ein prächtiger Palast vor ihren Augen auf. Der Palast ist das Symbol der Kirche, welchen Amor-Christus für die gläubige Seele errichtet. Psyche, um diesen Namen auch hier zu gebrauchen, betritt den Palast, der in überirdischer Pracht und Majestät erstrahlt. Sie fragt, für wen all diese Herrlichkeit bestimmt sei und erhält die Antwort, es sei alles für sie bereitet von Amor. Sie fragt weiter:

> ¿què Amòr es esse, que
> yò no sè?

Da erscheint Amor, löscht das Licht aus und spricht in wunderherrlichen, hochpoetischen Worten von seiner urewigen Liebe zu Psyche:

> En tu busca ... vengo,
> en trage humilde, y vìl,
> de mi Patria, dexando
> el Solio de Zafir.

In dem Palaste, den tempelgleich seine Liebe ihr erbaut hat, soll als keusche Braut sie leben für und für. Doch nicht soll sie ihn sehen, verhüllt nur darf sie ihn schauen

> porque assi
> siempre hè de estàr contìgo,
> y no quiero te tì
> mas de creèr, que es obra
> de Amòr, sin inquirir,
> si debaxo de un blanco
> Velo, y un terso Virìl
> està yà el Dios de Amor.

Psyche wird hingerissen von der Liebe ihres Bräutigams und dem himmlischen Zauber seiner Worte und verspricht ihm vollen Glauben. Und als Amor sodann vom Hochzeitsmahle spricht und Gäste dazu zu laden gedenkt, da bittet *La Tercera Edad*, daß auch ihre Schwestern und deren Gatten, sowie ihr Vater unter den Geladenen seien.

„Es ist darunter," bemerkt Lorinser, „die gesamte Welt, Heidentum und Judentum zu verstehen, welche ebenfalls teil-

aehmen sollen an dem Hochzeitsmahle Christi." Amor entgegnet ihr:

> Mis puertas se han de abrir
> à todo el Mundo: à èl,
> y à ellos veràs aquì
> muy presto . . .

Dann fügt er aber warnend hinzu:

> Pero mira, que no
> lleguen ä pervertir
> tu Fè las dos Edades,
> que te echaron de sì.

Psyches Schwestern aber, vom Hasse, dem dämonischen
Wesen und Nebenbuhler Amors, der sich der Schwestern bedienen will, um Amors Absichten zu durchkreuzen, auf
sturmgepeitschtem Meere an das Eiland getrieben, sind schon
nahe. Amor entschwindet:

> ausentòse
> porque empezò à salir
> el Alva.

Schon steigt ein gewisses Bangen in Psyche auf, daß
sie das Verlangen, den Geliebten zu schauen, nicht werde
überwinden können. Es erscheinen die Schwestern mit ihren
Gatten und *El Mundo*, welcher die Insel nicht wieder zu erkennen vermag. Der prächtige Palast, der vor seinem Auge
sich auftut, die göttliche Musik, die ihm entgegentönt, läßt
das Heidentum hier den Lieblingsort irgend einer Gottheit
vermuten, das Judentum dagegen das Paradies erwarten.
Wie groß ist aller Erstaunen, als ihnen in *Tercera Edad* die
Herrin über all diese Pracht und Reichtümer entgegentritt!
Die Schwestern wie ihre Gatten heucheln Freude und beglückwünschen sie, innerlich aber vergehen sie vor Haß
und Mißgunst. Psyche lädt sie nun zum Hochzeitsmahle,
aber die Gäste weigern sich, Platz an der Tafel zu nehmen,
weil der Bräutigam noch nicht zugegen sei. „Wäre er wirklich nicht zugegen," erwidert Psyche, „so würde ich es nicht
sagen":

Debaxo de las Especies
de aquella candida Oblea
(que es el Velo, que le cubre)
està con Real assistencia
en Alma, y Cuerpo.

Doch nun tritt der Haß auf und flüstert den Geladenen
die aus dem Johannesevangelium bekannten Worte ein:

„Welch harte Rede! . . ."

Psyche ob der Torheit ihres Glaubens mit Spott über-
schüttend, ziehen sie dann ab. Psyche jedoch, die nun nicht
mehr das dritte, christliche Zeitalter bzw. die Kirche, sondern
die einzelne Seele, das einzelne Glied der Kirche darstellt,
wird nun langsam das Opfer des Zweifels:

Y què importa, . . .
pues hasta aora no soy
la Esposa, que saber quiera
de quien lo soy?

Ganz vorzüglich ist hier jener Teil der Allegorie, wo die
„Einfalt", die treue Stütze des Glaubens, einschlummert, und
an ihre Stelle die „Bosheit" tritt. Während sich Psyche noch
von jener bedient glaubt, ist längst schon die letztere an die
Stelle der Einfalt getreten.

So befiehlt denn Psyche, das Licht, das Amor aus-
gelöscht hat, wieder anzuzünden und es bereit zu halten, im
Falle sie seiner bedürfte. Schon erscheint Amor, das Antlitz
mit einem weißen Schleier umhüllt. Von dem Verhalten der
beiden Schwestern sprechend, setzen sich beide, während beständig bange Musik und warnende Gesänge ertönen. Amor
schlummert ein und für Psyche ist der Augenblick des Han-
delns gekommen. Sie läßt sich das Licht reichen und will
den Schleier lüften, um den Bräutigam zu schauen. Der
Zweifel hat über den Glauben gesiegt. Amor erwacht augenblicklich. „Halt ein, Weib, im frevelnden Beginnen!", ruft
er ihr zu und entschwindet. Der Palast kehrt ins Nichts zurück, Psyches Glück und Seligkeit des Herzens sind dahin.
Schwestern, Welt, Heiden- und Judentum stürzen herbei, zu
erfahren, was die Ursache solchen Aufruhrs sei. Doch Psyche

faßt endlich wieder Hoffnung. Aufrichtige, tiefe Reue sühnt ihr Vergehen. Der Palast erscheint wieder, der Bräutigam kehrt zurück, sie in erneuter Liebe aufnehmend und zugleich Heiden- und Judentum zum Gastmahle ladend.

Die Allegorie des letzten Teiles ist unschwer zu verstehen. Psyche, die einzelne Seele versinnbildlichend, wird im Glauben schwankend, sucht das Geheimnis der Eucharistie zu ergründen, fällt durch ihre Zweifelsucht in Sünde, die sie von der ewigen Liebe trennt. Sobald aber aufrichtige Reue durch die „Seele" zieht, ist die himmlische Liebe, der „Seelenbräutigam" wieder versöhnt und nimmt die reuige „Seele" wieder in Gnaden auf.

Betrachten wir schließlich das eben besprochene und auf seine allegorische Bedeutung hin geprüfte Auto noch kurz in seinem Verhältnis zur Apuleianischen Fassung des Psychemärchens und zu dem im vorausgehenden besprochenen Lustspiel des Dichters. Wie schon eingangs erwähnt, ist die Annäherung an die lateinische Fassung zum Teil bedeutender, als dies in dem besagten Lustspiel der Fall war. Andererseits finden sich aber neue Abweichungen, die im Lustspiele nicht vorhanden waren. So ist hervorzuheben die völlige Übergehung der Venus, sowie die Auslassung des Orakels. Auf die inneren Gründe dieser Umgestaltungen wurde bereits hingewiesen. Beide Punkte bilden aber in der Apuleianischen Erzählung wichtige Momente und auch im Calderon'schen Lustspiele haben sie Verwendung gefunden. Sodann ist es hier der Haß und der Neid der Schwestern, die Psyches Aussetzung bei dem wankelmütigen Vater durchsetzen. Bei Apuleius wie im Lustspiele war das hier in Wegfall gekommene Orakel die Veranlassung dazu. Auch übt der Vater *El Mundo* hier ganz im Gegensatz zu Apuleius förmlichen Betrug an seiner jüngsten Tochter. Im Lustspiele täuscht Athamas die Psyche zwar auch, doch geschieht dies nicht in böswilliger Absicht, sondern aus Mitleid und Erbarmen, um der geliebten Tochter das traurige Los möglichst lange zu verbergen. Eine ganz neue Gestalt endlich ist der „Haß", das dämonische Wesen, das im Kampfe mit Amor liegend, diesem die Psyche abspenstig machen will. Ein

weiterer Gegensatz zu Apuleius, der aber in dem Lustspiele
noch schroffer hervortritt, liegt darin, daß Psyche in dem·
Auto das Bewußtsein in sich birgt, daß der ihr bestimmte
Bräutigam nicht mehr ferne sein könne. Dagegen finden
sich, wie gesagt, in dem Auto Anlehnungen an Apuleius, die
wir in dem Lustspiele vergeblich suchen. Im Gegensatze zu
Selenissa und Asträa sind hier die beiden älteren Schwestern
schon längst vermählt. Nicht erst allmählich muß Amor
sich Psyches Liebe erobern, wie im Lustspiele; hier ist sie
ganz Liebe und Glaube.

Daß Lustspiel und Auto aber auch unter sich zahlreiche
Berührungspunkte haben, welche der Apuleianischen Darstellung fremd sind, ist kaum anders zu erwarten. Außer der
schon oben genannten teilweisen Übereinstimmung sind noch
eine· Reihe anderer Punkte hervorzuheben. Zu Schiffe wird
Psyche nach einer öden Felseninsel gebracht und dort ausgesetzt; doch nicht allein bleibt sie auf der Insel zurück. In
beiden Dichtungen wird der König mit seinen Töchtern durch
Sturm an die Insel geworfen, die er infolge ihrer Umwandlung
nicht mehr zu erkennen vermag. Bei Apuleius verschwindet
der König schon sehr bald aus der Erzählung, die Gatten der
beiden Schwestern werden nur genannt; endlich kommen n u r
die Schwestern zum Palaste der Psyche, und zwar aus eigenem
Antriebe. Die letzte bedeutende, dem Lustspiele wie den
beiden Autos gemeinsame Abweichung von Apuleius liegt
endlich in der völligen Übergehung all der bei diesem Autor
ausführlich erzählten Prüfungen der Psyche. In den Calderon'schen Bearbeitungen der Psychefabel söhnt schon tiefe
Reue den Liebesgott wieder aus. Bei Besprechung des Lust-
spieles haben wir bereits die Gründe hierfür erwogen. Bei
den· Autos tritt noch hinzu, daß diese Prüfungen schon um
der Allegorie willen in Wegfall kommen mußten. Der tiefe
Seelenschmerz und die bittere Reue sowohl über das be-
gangene ·Unrecht als auch über den Verlust des höchsten
Gutes genügen, um Psyches Bräutigam, der eben in der Allegorie der eucharistische Gott (Seelenbräutigam!) ist, wieder
auszusöhnen.

Bei Analysierung˙des zweiten für Toledo bestimmten

Auto, welches wie das eben besprochene den Titel *Psíquis y Cupido* führt, können wir uns insofern kürzer fassen, als im wesentlichen die gleiche Allegorie auf die oben skizzierte Fabel übertragen ist. Gleichwohl ist die Art und Weise der Darstellung wieder eine von den beiden besprochenen Psyche-dramen in manchen Punkten abweichende.

Calderon hat in diesem Auto den gleichen Vater, *El Mundo*, beibehalten. Seine beiden älteren Töchter sind dies-mal die „Idolatrie" und die „Synagoge", vermählt mit *La Gentilidad* und *El Judaismo*. Als Diener der Psyche tritt hier *El Alvedrio*, der Wille auf, der mit *La Fè*, wie vorher *la Sen-cillez* mit *Tercera Edad* aufs innigste verbunden ist, da zum „Glauben" der „Wille" unerläßlich ist.

Jenes Moment, welches diesem Auto das charakteristische Gepräge gibt, ist die Einführung von *La Apostasia* an Stelle des das dämonische Element, den Teufel versinnbildenden *El Odio*. Während dieser vor allem bestrebt ist, das erlösende Werk des himmlischen Cupido zu vereiteln, die Gründung seiner Kirche zu verhindern und dann wenigstens die Seele-Psyche ihres in der Vereinigung mit dem himmlischen Bräu-tigam bestehenden Glückes zu berauben, ist *La Apostasia* be-dacht, *La Fè*, d. h. den wahren Glauben bzw. die gläubige Seele auf ihre Bahnen zu locken und in ihre Fesseln zu zwingen. Schon ihr erstes Auftreten kennzeichnet ihr Wesen, denn sie selbst bezeichnet sich als *Caballo desbocado* und sagt von sich:

> yò solo fundo
> en razòn mi razòn, pues los Abismos
> de todos venço con mis silogismos.

*La Fè* hat demnach zwei Bewerber, die sich gegenseitig ihren Besitz streitig machen. In diesem Wettstreite, bzw. in dessen Ausgange wird also der Zielpunkt des Auto liegen. Das Auftreten der Apostasia belehrt uns, daß die Zeit der Handlung in diesem Stücke später anzusetzen ist als in dem vorher besprochenen. Es geht dies auch daraus hervor, daß Cupido schon von Anfang an als (heimlicher) Verlobter von *La Fè* auftritt. Das Christentum hat also bereits festen Fuß gefaßt, und *La Fè* ist nicht mehr erst wie *La Tercera Edad*

in Erwartung ihres Bräutigams. Ein weiterer Unterschied
liegt darin, daß hier die „Welt" selbst den Vorschlag macht,
sich an *La Fè* zu rächen und sie auszusetzen.

Fuera del Mundo la echêmos!

rufen alle haßerfüllt. So wird sie auf die Felsenklippe gebracht, aber nicht in Ohnmacht befangen oder heimlich zurückgelassen, sondern gewaltsam aus dem Schiffe gestoßen.

Auch nicht zum Hochzeitsmahle sollen die Schwestern
bzw. die Angehörigen zurückkommen, sondern mehr die Kirche
versinnbildlichend sagt *La Fè*, als sie deren Rufen unter den
Toren ihres Palastes hört:

> Abrìd todas essas Puertas,
> sin que à quien es se repàre,
> que à qualquiera que llamàre,
> las de la Fè estèn abiertas:
> à qualquiera abrid, y no
> las Personas exceptûeis.

Apostasia gibt hier ihrem durch die Schwestern ins
Schwanken gebrachten Glauben noch den letzten Stoß. Schon
glaubt jene das Spiel gewonnen. Jedoch nach vollbrachter Tat
weist *La Fè* die Apostasie entschieden ab und tiefe Reue vereinigt sie wieder mit Cupido. Während endlich in dem oben
besprochenen Auto sich das Heidentum glaubend beugt, ist
es hier die Welt, welche umgewandelt erscheint, wenn sie
spricht:

> A mi me reduze tanto,
> que desde oy tengo esperanças,
> que algun dia sereis todos
> Ovejas de la Cabaña
> de la Iglesia.

Bezüglich des Verhältnisses dieses Auto zu Apuleius wie
zu dem Lustspiele *Ni Amor se libra de amor* gelten die obigen
Ausführungen (s. S. 129 f.). Ebenso ist das Verhältnis der beiden
Autos zueinander im vorhergehenden schon dargelegt. Es er-
übrigt also nur noch zu erwägen, welcher Wert den beiden
Autos beizumessen ist, und welche Stellung sie unter den übrigen
Psychedichtungen einnehmen. Die hauptsächlichsten aner-

kennenden wie absprechenden Urteile über Calderon's Autos-
dichtungen im allgemeinen finden wir bei Günthner II, 307 ff.
verzeichnet. Bezüglich der eben analysierten Autos möchte
ich einige Gedanken anknüpfen an die abfällige Kritik Klein's,
des einseitigsten Beurteilers der Calderon'schen Muse. Klein
schreibt hierzu: „Die herrliche, durch Natur und Seelen-
symbolik vielleicht tiefsinnigste der griechischen Götterfabeln,
die Mythe von Amor und Psyche, hat Calderon unter dem
Titel *Psiquis y Cupido* in ein *Auto sacramental* umgewandelt,
wenig bekümmert um den wohl auch kaum von ihm erfaßten
psychokosmischen Sinngehalt der Mythe, wie aus seiner bis
zur Unvorstellbarkeit abstrakten allegorischen Vergeistlichung
dieser Mysteriendichtung zu erhellen scheint." [1] Hierauf bezüglich lautet außerdem die Seitenüberschrift: „Himmelschreiende Entweihung der griechischen Mythenpoesie."

Dieses Urteil scheint mir allzu schroff und einseitig zu
sein. [2] Von allen Schöpfungen Calderon's sind meines Erachtens die Autos für einen Nicht-Katholiken am schwierigsten
zu beurteilen. Wenn wir uns indes bei Beurteilung derselben
Land und Zeit vergegenwärtigen, wo sie entstanden sind;
wenn wir uns die Stellung und die religiöse Denkart des
Dichters vor Augen halten, so wird uns die Pflege dieser
Art dramatischer Poesie verständlich werden. Von diesem
Standpunkte aus wird der unbefangene Beurteiler, welcher
Denkart er auch sein mag, diesen geistlichen Festspielen eine
gewisse Würdigung nicht versagen können. Für ein volles
Verständnis der Sakramentspiele allerdings bildet eine tiefere
Vertrautheit mit der katholischen Lehre von der Eucharistie
eine *conditio sine qua non*. Diese Kenntnis bildet den Schlüssel,
welcher das Verständnis „der bis zur Unvorstellbarkeit ab-

---

[1] *Gesch. d. Dramas* 11, 2, p. 660. Ferner spricht er (ibd.; p. 670)
von C.'s „Kirchen- und Kirchhofdramatik. die, aus der Poesie der
Totenkränze hervorgegangen, diese in höchster Kunstvollendung darstellt", und fügt als abschließendes Urteil hinzu: „Und am Ende! Drei
oder vier, ich will sagen, ein halbes Dutzend Perlen als Reingewinn aus
einem berghohen Haufen verwester Austerschalen [!] — um solchen Preis
sage ich auch den drei Perlen: Favete et valete!"

[2] Breymann, *Calderonstudien* I, 237.

strakten, allegorischen Vergeistlichung dieser Mysteriendichtung" erschließt. Sobald wir aber ihren tiefen, ernsten
Gehalt erfassen und die Fülle erhabener Ideen verstehen gelernt haben, die diese Festspiele in sich bergen, werden wir
in unseren beiden Autos nicht mehr „eine himmelschreiende
Entweihung der griechischen Mythenpoesie", sondern im Gegenteil die erhabenste Gestaltung erblicken, welche die Psychefabel je erfahren hat.

Kehren wir indes von Spanien wieder nach Italien zurück,
wo wir unser Augenmerk zunächst einer Dichtung zuzuwenden
haben, die den Titel trägt: *La Psiche, Dramma Musicale di*

Francesco di Poggio.

Die Musik ist von Tomaso Breni. Aufgeführt wurde
das Musikdrama zu Lucca i. J. 1645; zum Drucke gelangte
es 1654.

Nach einer allegorischen Auslegung der Fabel setzt die
Handlung des Dramas ein.

I. Akt.

Der König und die Königin sind, ähnlich wie bei Galeotto, eben im Begriffe, sich unter Vermittlung ihres Augurs
an das Orakel zu wenden. Der König wird von trüben
Ahnungen geplagt; die Königin erblickt in Psyches Schönheit die Ursache alles Unglücks:

> Hormai troppo è dannosa
> Questa tanta bellezza;
> Deh, sia men bella, e troui un di marito.

In der zweiten Szene erscheint Venus mit Amor auf
einer mächtigen Muschel; Tritonen, Nereiden und Nymphen
sind in ihrem Gefolge. Venus macht in der bekannten Weise
ihrem Ärger Luft und fordert Amor zur Rache auf:

> Arda Psiche d'amor, ma per Amante
> Il più sozzo, il più vile, il più inconstante
> Che dal suo sen fecondo
> Habbia prodotto il mondo;
> E fatta preda d'un ignobil Foco.
> D'ogni età sia lo scherno, e d'ogni loco.

Amor sichert seiner Mutter Sühne zu. Der „Chor der Fremden", d. h. das Volk, das überall von Psyches Schönheit gehört hat, verkündet sodann ihr Lob, erklärt sie als einzig wahre Göttin der Schönheit und spricht mit Genugtuung von der Vereinsamung der Altäre der Venus:

> Disfatti ò rari
> Restan' gli Altari
> Di Citherea.
> Psiche è la Dea,
> Cui supplicanti
> Pregan gli Amanti.
> Ella sol, Venere nò,
> Tutto intende, e tutto può.

Als sodann Psyche und ihre Schwestern, die hier die Namen Elisa und Astrilla tragen, nahen, wissen sie sogleich, daß diese göttliche Erscheinung nur Psyche sein könne, denn

> Da la chioma sino al piè
> Quella nobile Beltà
> Tutta, tutta è Deità.

Vergeblich wehrt Psyche die göttlichen Ehren ab, die ihr vom Volke erwiesen werden, indem sie auf die wahre Venus hinweist. Doch schon sehen wir, wie Neid und Mißgunst im Herzen der Schwestern erwachen:

> Che applauso stolto
> Fanno a quel volto!
> Ridicolo spettacolo!

Da erscheint Venus in der Verkleidung einer Zigeunerin. Unter dieser unscheinbaren Gestalt will sie die Verwegenheit der Psyche auf die Probe stellen. *Per una rabbia d'Amor* habe sie diese Mißgestalt bekommen, berichtet sie der Psyche:

> „Deh porgi alcun remedio
> A la penosa mia deformità!"

Psyche wird indes der Antwort enthoben, denn eben kommen der König und die Königin klagend und trauernd vom Orakel zurück, dessen Ausspruch von dem Augur der Unheil ahnenden Psyche eröffnet wird:

Soura alto scoglio in sù le piagge estreme
Trà pompe funerali, haurà un marito
Viperino, inganneuole, et ardito
Fiero così che Gioue istesso il teme.

Psyche wehklagt über ihre Schönheit, die Ursache ihres
traurigen Geschickes.

Da me imparate, o Belle,
A non insuperbire!

Die verkleidete Venus aber triumphiert:

Hor son beata,
E vendicata!...
Hoggi sì conoscer puoi
Chi sia Venere di noi.

Astrilla aber sucht die Schwester (in erheucheltem Mitleid) zu trösten, ohne zu ahnen, welche Wahrheit in ihren
Worten liegt:

Psiche, tu piangi? ah nol douresti ancora.
Forse, forse uno Sposo
Haurai tutto gentil, tutto vezzoso.

Die Lektüre dieses ersten Aktes ruft in uns ein wunder-
liches Gemisch von Reminiszenzen wach. Galeotto dal Carretto, Calderon, Marino und Udine schweben uns vor Augen.
Die zwei ersten Szenen dieses Aktes sind zweifelsohne von
Galeotto inspiriert. Hier wie dort sind Psyches Eltern im
Begriffe, sich über das Geschick ihrer Tochter bei dem Orakel
Auskunft zu holen. Hier wie dort machen sich in dem Zwiegespräche der Eltern gewisse Befürchtungen geltend. Unmittelbar an diese Szene schließt sich sodann in beiden
Dramen die Unterredung zwischen Venus und Amor. Neu
ist in Poggio's Darstellung nur die Gestalt des Augurs und
die prunkvolle Szenerie, in welcher der Dichter die Venus
und ihren Sohn aufziehen läßt.[1]
Die nachfolgende Szene hingegen gemahnt stark an die
Eingangsszene des Calderon'schen Lustspiels. Schon die

---

[1] Man vergleiche übrigens Galatea's Meerfahrt (Rafael) in der
Farnesina!

Namen der beiden Schwestern Psyches haben Anklänge in beiden Spielen: Selenisa und A s t r e a in dem einen, Elisa und A s t r i l l a in dem anderen. Mehr als diese Namen fällt die Übereinstimmung der Ideen auf. In beiden Dramen werden trotz Psyches energischer Abwehr ihrer Schönheit göttliche Ehren erwiesen, ja das Volk empört sich sogar gegen Venus und beschimpft die Göttin. So weit endlich Psyche davon entfernt ist, solche Huldigungen anzunehmen und sich darüber zu freuen, im Herzen der Schwestern erwacht dennoch der Neid; sie mißgönnen Psyche solche Bevorzugung.

Wenn wir die auffällige Übereinstimmung dieser Szenen nicht auf Rechnung des Zufalles setzen wollen, so liegt die Annahme nahe, daß das spanische Lustspiel dem Italiener bekannt war. Da nach Hartzenbusch (vgl. S. 103) *Ni _Amor se libra de amor* noch vor 1640, das Musikstück Poggio's erst 1645 entstanden ist, so erscheint die Möglichkeit einer solchen Bekanntschaft zunächst nicht unwahrscheinlich. Schwierig gestaltet sich indes die Frage, wenn wir beachten, daß nach Calderon's und Salcedo's Zeugnis das Lustspiel vor 1664 noch *unediert* war [1]), denn wir werden damit auf den unzuverlässigen Boden der Hypothese gedrängt.

Wenn ferner die Venus als Zigeunerin verkleidet erscheint, so kann uns diese Idee nicht befremden. Die Zingareske war immer noch volkstümlich und zudem tritt Venus auch in Marino's Adone in der Verkleidung einer Zigeunerin auf. Es ist mehr als wahrscheinlich, daß Poggio durch diese Stelle des Adone zu der eben besprochenen Szene angeregt wurde. Das Wehklagen der Psyche, als sie ihr trauriges Los erfahren hat, besonders die Stelle, wo sie die Mädchen ermahnt, ob ihrer Schönheit sich nicht zu überheben, sondern von ihr zu lernen, erinnert endlich lebhaft an Udine, der Psyche bei ihrer Aussetzung gleiche Gedanken aussprechen läßt.

Der Idee nach neu ist die letzte Szene dieses Aktes, soweit die eine Schwester in Psyche scheinbar die Hoffnung zu erwecken sucht, der vom Orakel vorherverkündete Gatte sei schließlich doch kein Ungetüm, sondern ein schöner Jüngling.

---

[1]) S. B r e y m a n n, *Calderonstud.* I. 41.

Wie Astrilla auf einen solchen Gedanken kommt, bleibt uns
freilich ein Rätsel.

## II. Akt.

Die erste Szene führt uns Amor vor Augen. Seine Liebe
zu Psyche ist bereits vollendete Tatsache. Er ist entschlossen,
den Befehl seiner Mutter nicht auszuführen. Hieran schließt
sich der Abschied Psyches von ihren Eltern und dem sie
zum Aussetzungsfelsen begleitenden Volke. Sie versucht alle
zu trösten. Auch hier findet sich wieder der Gedanke, es
harre ihrer vielleicht doch ein edler Gemahl, der ihr Leben
schönen werde. Endlich reißt sie sich los und ersteigt den
am Meeresufer gelegenen Felsen:

> Hor, che si tarda più?
> Vieni, deh vieni, o tù,
> Che dei miei guai,
> Mostro crudel, godrai.

Da sie jedoch vergeblich wartet, sagt sie:

> Prenderò breue sonno:
> Sì, sì, dormi cor mio, dormi cor lasso,
> Che dal sonno à la morte è un breue passo.

Die nächste Szene zeigt uns Amor, begleitet von einem
Chor von Amoretten. Auf das Orakel Bezug nehmend, sagt
Amor:

> Dunque cibo sarà d'un mostro vio [?]
>   Il bell' Idolo mio?
> E mi vedrà questo medesmo instante,
>   E Vedouo, et Amante?
> Ah non sia vero, nò,
> Che colei, che scampò
> Da lo sdegno di Venere, e d'Amore,
> Sdegno incontri peggiore.

In solche Gedanken versunken, findet Amor die schlafende
Psyche. Rasch ist sein Entschluß gefaßt:

> Horsù voglio rapirla, e mi assicuro
> Ch'il Furto sia sicuro.

Dann aber steigen doch wieder Bedenken in ihm auf.
Er erinnert sich seiner Mutter und ihres Auftrages

Ma se mia Madre il sà,
Come? Come anderà?

Aber er überwindet diese Bedenken. Zephyr muß ihm
behilflich sein und Psyche in seinen Garten geleiten. „Doch,"
fügt er hinzu, „wenn du meiner Mutter begegnest

Dille, che è tua la preda;
Ma fà, ch'ella nel volto no la veda!"

Wieder wird uns in der folgenden Szene die Zigeunerin
i. e. Venus vor Augen geführt. Sie ist befriedigt ob der
schweren Strafe, die Psyche betroffen hat, hält sie doch den
Orakelspruch für die Folge der von Amor zu ihrer Genugtuung unternommenen Schritte: Elisa und Astrilla kommen
unter schadenfrohen Reden über Psyches Untergang hinzu
und lassen sich von der vermeintlichen Zigeunerin wahrsagen.
Venus liest die Gegenwart wie die Zukunft aus ihrer Hand:

State male à marito . . ., jedoch
Una bella Famiglia
Vi promette la Sorte
Con un nouo Consorte.

Astrilla wie Elisa klagen sodann in der bekannten Weise
über ihre Gatten, die alt, gebrechlich und eifersüchtig seien:

Ma se ben graue, et odiato nodo
Mi soggetta, e mi offende;
Pur son' io fortunata, e lieta godo
Hor, che Psiche la Diua,
Soura deserta riua,
Con degno Sposo, e meritato attende.

Der zweite Akt trägt, wie aus obiger Analyse zu ersehen
ist, ein mehr selbständiges Gepräge. Doch finden sich auch
Stellen, die auf fremden Einfluß hinweisen. So ist, wie bei
Udine und Mercadanti ausdrücklich gesagt, daß der Aussetzungsfelsen am Meeresstrande liege. An Mercadanti erinnert außerdem noch Amors Angst vor Entdeckung seitens
seiner Mutter. Man vergleiche mit dieser Partie Szene 2 des
zweiten Aktes in Mercadanti's Drama! Außer diesen Punkten
finde ich in diesem Akte keine nachweisbaren Anlehnungen

au frühere Bearbeitungen der Psychefabel. Jene Partien, die sich inhaltlich mit der landläufigen Darstellung decken, können ebensogut von dem einen wie von dem anderen der Autoren entlehnt sein, zu welchen wir bisher Beziehungen entdeckt haben.

Greifen wir indes noch jene Stellen heraus, die ganz oder wenigstens teilweise der Feder Poggio's ihre Entstehung verdanken. Der erste derartige Zug bedeutet eine psychologische Ungereimtheit, denn es scheint mir unmöglich, daß ein Mensch angesichts einer unmittelbar bevorstehenden großen Gefahr den Schlaf sucht und findet. Wieviel natürlicher ist doch an dieser Stelle Apuleius! Er berichtet, daß Psyche, von Zephyr sanft auf eine grünende Wiese gebettet, infolge der ausgestandenen Angst vor Mattigkeit einschläft. Dies aber erst, nachdem Psyche vom Aussetzungsfelsen entfernt und ihr keinerlei Leid zugestoßen ist. Außerdem ist es nach Poggio weder Amor selbst, der das Orakel veranlaßt hat, noch bezieht er es auf sich. Er scheint wie Psyche zu glauben, daß dieser ein wirkliches Ungeheuer vom Schicksal als Gatte beschieden sei.

Ganz neu ist endlich die Szene, in welcher die beiden Schwestern sich von der Zigeunerin-Venus wahrsagen lassen, wobei ihnen eine schöne Familie mit einem neuen Gatten angekündigt wird. Poggio nimmt diese Gelegenheit wahr, den Schwestern jetzt schon das bekannte Urteil über ihre Gatten in den Mund zu legen.

## III. Akt.

Nachdem wir eine Klage des Volkes über Psyches trauriges Geschick vernommen haben, wird uns diese selbst wieder vor Augen geführt. Sie erwacht aus ihrem Schlummer und wundert sich, daß das Ungetüm sie noch nicht getötet habe, mehr aber noch ist sie über ihre Umgebung erstaunt:

> Oue è lo scoglio? oue la Fera? et oue
> L'onde sonanti? ohimè, chi mi rapìo?
> Doue? doue son' io?

Von unsichtbaren Wesen ausgehende Stimmen geben ihr Aufklärung und Amor selbst macht sie sogleich mit den Bedingungen bekannt, an welche sich ihr Glück knüpft:

> ogni diletto haurai
> Con legge sol di non vedermi mai . . .
> Saria con tuo gran duolo
> Il perdermi, e il mirarmi un punto solo.

Dieses Verbot trifft Psyche sehr hart. Sie bricht in leidenschaftliche Klagen aus:

> Ingiustissima legge!
> S'il guardo non alletta,
> La dolcezza in amor non è perfetta.

Wenn ihr nicht erlaubt sei, ihren Gatten zu sehen, dann möge es ihr doch gestattet sein, sich des Anblicks der beiden Schwestern zu erfreuen. Nur ungern willigt Amor ein:

> Cauta, deh, taci i tuoi diletti, e i miei;
> E fuggi, o Cara, i lor consiglierei!

So ist eine Reihe von Ereignissen in eine einzige Szene zusammengedrängt, denn schon wird durch einen Chor von Amoretten Amors Wille dem Zephyr kund getan, die Schwestern Psyches in den Palast zu bringen. Jetzt erscheinen auch die Gatten von Astrilla und Elisa; sie geben nämlich ihren Gattinnen das Geleite zum Felsen, wo Psyche ausgesetzt ward. Ihre Reden werfen auf den Charakter der beiden Schwestern ein noch viel ungünstigeres Licht. Die Ankunft der Schwestern bei Psyche, ihre Aufnahme im Palaste und das Vorführen seiner Wunder, der Schwestern Frage nach dem Gatten, die Schilderung desselben als jungen Jägers usw. entspricht ganz der gewöhnlichen Darstellung. Der Schluß des Aktes gestaltet sich balletartig. Es findet sich an dieser Stelle der Vermerk: *Qui alcune delle Ancelle inuisibili di Psiche, prese forme di Nani, e di Caramogi, fanno scherzi varij, per applaudire all' arriuo delle due sorelle.*

In diesem Akte macht sich wieder der Einfluß des Galeotto dal Carretto geltend, denn hier wie dort treten (im dritten Akte) die Gatten der beiden älteren Schwestern auf, wofür wir in den übrigen italienischen Psychedichtungen jener Zeit keine Parallele finden.

Neu dagegen ist die erste Szene, die Klage des Volkes; neu auch der Gedanke, daß Psyche, unmittelbar, nachdem sie

erfahren hat, sie dürfe den Geliebten nicht sehen, sich unglücklich fühlt und sofort nach den Schwestern verlangt. In
den übrigen Szenen finden wir die bekannten Züge, die Poggio
wohl dal Carretto oder Udine entlehnt haben mag.

## IV. Akt.

Die erste Szene zeigt Psyche, wie sie nach Amor verlangt und ihn vergeblich 'sucht:

> Vienne trà queste Piante,
> O sospirato, ò mai non visto Amante.

Die Schwestern sind, wenn auch augenblicklich nicht bei
Psyche, immer noch im Palaste des Amor, der sich deshalb
ferne hält. In der nächsten Szene sind die drei Schwestern
wieder beisammen. Wieder wird Psyche um ihren Gatten
befragt:

> E questo ricco tuo vago Consorte
> Non si vedrà giamai?

Warum verleugnest du ihn? Wo hast du ihn verborgen?
Und nun gebraucht Psyche die Ausrede von dem schon
alternden Kaufmann. Sofort fallen ihr aber die Schwestern
ins Wort:

> Giouane, e Cacciatore
> Era pur dianzi il tuo leggiadro Amante;
> Nel girar di poc' hore
> Fatto è Vecchio, e Mercante?

Nun gesteht Psyche die Wahrheit; die Schwestern aber
betören in gemeiner und arglistiger Weise ihr Herz:

> Il tuo non visto Sposo
> Altro, Psiche, non è, che il Mago Aronte,
> Che in cento forme, e cento
> Si trasmuta à sua voglia . . .
> Le Verginelle semplicette inuola.
> Psiche, tu non sei sola. In varie guise
> Mille altre n'ingannò; poscia le uccise.

Zu ihrer Rettung erteilen sie der unglücklichen Schwester
den genugsam bekannten Rat. Sobald aber die ruchlosen·

Schwestern allein sind, enthüllen sie ihre wahren Gedanken.
Psyches Gemahl sei gewiß irgend ein Gott, aber sie wollten
nicht ruhen, bis ihre Schwester des unverdienten Glückes ver-
lustig sei. Es folgen die unheilvolle Tat Psyches und Amors
Flucht. Hier nun reiht sich eine ganz eigenartige Szene an.
Die beiden Schwestern nahen sich dem Liebesgotte. Er möge
sich trösten über Psyches Treulosigkeit:

> Forse in noi trouerai fede maggiore ...
> Caro Amore, Amor gradito,
> A non è temerità,
> Se à te chiede
> Nostra fede
> Di cambiar vecchio Marito
> Con tua giouine Beltà.

Doch es ereilt sie die gerechte Strafe. Unglücklich sollen
sie sein und weinen das ganze Leben hindurch! Amor verwandelt sie in Zypressen.

Psyche jedoch will den Tod im Wasser suchen, wird aber
von dem Flußgotte zurückgehalten. Amor ist indessen in
den Götterhimmel geeilt. Es folgt eine erregte Szene zwischen
Venus und Amor. Die Leidenschaft der Venus ist gut ge-
zeichnet. Amor spielt vor seiner Mutter eine wenig männliche
Rolle. Er ist hier völlig der von seiner Mutter ausgescholtene
Junge, der im Bewußtsein seiner Schuld vor dem mütterlichen
Strafgerichte steht:

> Errai, fù vero, errai,
> Perche quell' empia amai.
> Vendicarti io volea
> Quando secreto sconosciuto strale
> Fù cagion del mio male.

Ganz zerknirscht bittet er schließlich um Verzeihung.
Venus läßt sich denn auch erweichen:

> Horsù, te lo perdono,
> Se quella indegna fiamma
> Pure è ver, che sia spenta.

Alsdann überläßt sie den Amor der Sorge der Amoretten,
damit er von seiner Wunde genese. Gegen Psyche aber

richtet sich der ganze Zorn der Göttin. Schon erwacht indessen in dem wankelmütigen Amor aufs neue die Liebe:

> Ahi, che trà il mesto cenere
> Del mio passato amore
> Qualche fauilla di pietà s'afonde?
> Ahi! che dissi? che fei?
> O folli sdegni miei,
> In qual periglio, ohimè,
> Poneste Psiche, e me!

In der letzten Szene dieses Aktes wird uns Psyche nochmals vor Augen geführt, die auf der Suche nach Amor in
der Welt herumirrt. Pan, von Satyren umgeben, bezeugt ihr
sein Mitleid.

Werfen wir wieder einen Rückblick auf den eben analysierten Akt, so fällt uns sofort in die Augen, daß hier in
ganz ähnlicher Weise wie bei Mercadanti die drei Besuche
der Schwestern in e i n e n, allerdings etwas länger dauernden
zusammengezogen sind. Ebenso erinnert an den gleichen
Autor der Umstand, daß die beiden Schwestern sich g e m e i n -
s a m Amors Liebe hingeben wollen. Bezüglich der sich an
die gewöhnliche Fassung genau anschließenden Szenen ist
schwer zu entscheiden, welcher Autor Poggio's Vorbild im
einzelnen Falle gewesen ist. Völlig neu ist die Idee, die
beiden Schwestern p e r s ö n l i c h dem Liebesgotte ihre Liebe
anbieten zu lassen. Das Bestreben, diese Episode etwas zu
kürzen, scheint in Poggio diesen, wie mir scheint, nicht
glücklichen Gedanken angeregt zu haben. Auch die Art der
Bestrafung, die Verwandlung der Schwestern in Zypressen
ist neu. Recht wenig würdig und in ihrer Färbung neu ist
endlich die Rolle, welche der verwundete Amor vor seiner
empörten Mutter spielt.

## V. Akt.

Amor kämpft einen innerlichen Kampf. Er will, ihren
Undank zu strafen, Psyche nicht mehr lieben. Doch wie
schwer wird es ihm, sich zu diesem Vorsatze durchzukämpfen!
Schon im nächsten Augenblicke gibt er den gefaßten Entschluß

wieder auf. Zephyr erscheint, erzählt von dem Herzeleid der Psyche und ihrem trostlosen Wandern durch die Welt:

> E tu potrai, crudele,
> Lasciar in preda à questa indegna sorte
> Donna si coraggiosa, e si fidele?

Der letzte Schatten ist von Amors Liebe gewichen, glühender denn je flammt sie in seinem Herzen auf. Doch schon quält ihn wieder ein banger Gedanke:

> Ma il furor di mia Madre
> Come schiuar potrò?

Die Sehnsucht nach Psyche gewinnt die Oberhand. Leidenschaftlich ruft er Zephyr zu:

> Scorgi, ah scorgi i miei passi
> Doue Psiche, il mio Ben, prende soggiorno.
> Furtiuo e non veduto
> La seguirò, fin che si stanchi un giorno
> L'ira di Citherea.
> Vuò darle aita in ogni suo periglio;
> Trarrò dal tempo poi nouo consiglio.

Die folgende Szene zeigt uns Psyche. Tief gebeugt und halb verzweifelt wandelt sie ihren Weg. Da kommt Venus auf ihrem Taubenwagen zur Erde hernieder. Auf Psyches demütiges Flehen antwortet sie höhnend: „Wie, du wagst es, mich anzuflehen und glaubst ich werde dich nicht strafen?

> Tu che contro l'honor di mia Bellezza
> Alzar potesti il temerario ciglio;
> Che del mio stesso Figlio
> Sperasti in onta mia gli alti Himenei?"

Nur ein Weg wird zur Verzeihung führen. Steige hinab zur Unterwelt, zu Proserpina:

> Dille che Citherea
> Vuol due tepide stille
> Di liquide fauille,
> Per cui, mentre à l'età manca il calore,
> Possa una Vecchia ancora arder d'amore.

Poi torna ad aspettarmi in questo lido;
Vattene, et obedisci, ò quì t'uccido!

Psyche fleht Pluto um Hilfe an. Es öffnet sich die Erde,
und der Beherrscher des Hades fragt, wer sie sei. Als er
ihren Namen, ihr schweres Leid und den ihr gewordenen
Auftrag vernimmt, willfährt er gnädig ihrer Bitte um Zutritt
in das Reich der Toten. Auch Proserpina schenkt der
Flehenden ein gnädiges Gehör. Mehr von deiner Schönheit,
sagt sie, als von allem übrigen gewonnen, gebe ich dir dieses
goldene Gefäß; bringe es der Venus in meinem Namen:

Ma se vuoi giunger viua,
Del liquore Infernale
Non aprir mai, deh nò, l'Urna fatale!

Gleichwohl unterliegt Psyche der Versuchung. Ihr
Schwanken, der Widerspruch zwischen ja und nein ist treff-.
lich gezeichnet. Sobald sie aber vom Todeshauch umfangen
zusammenbricht, stürzt ein schrecklicher Drache auf sie los.
Doch schon ist Amor zu ihrer Rettung zur Hand. Er verteidigt Psyche in der dieser selbst unbekannten Gefahr.

Die folgende Szene spielt sich im Götterhimmel ab.
Jupiter, Juno, Merkur, Venus und Amor sind dort versammelt. Letzterer schildert seine und Psyches harte Prüfungen und bittet, man möge ihnen huldvoll und gnädig sein.
Venus aber will nichts davon hören. Entrüstet ruft sie Jupiter zu:

Tu 'l sai, ch'à un Mostro in sul marino scoglio
La condennasti à terminar la vita.
Costui pietoso un tempo al mio cordoglio
Giurò di vendicarmi;
Ma poi bugiardo, e perfido riuolse
Contra me sola i giuramenti, e l'armi;
Psiche à lui piacque. Et al dispetto mio,
In onta tua, tra le stellate soglie
Hor pensa il Pazzarello hauerla in moglie?

Es entwickelt sich im Rate der Götter ein regelrechtes
Wortgefecht, das endlich Zeus beilegt mit den Worten:

„Schweiget nun und höret, ihr Götter, meinen Urteilsspruch!"
Und sich an Venus wendend fährt er fort:

> „Non può, senza tuo danno, Amor languire
> E se languisce Amore
> Mai non sarà giocondo,
> Ma sempre lagrimoso, il Cielo, e'l Mondo.

Möge er also seine Psyche haben! So will es das Schicksal. Gib nach, meine Tochter! Mutter des Amor seiest du, Psyche sei seine Gemahlin!" Diese Worte bewegen Venus zum Nachgeben:

> Obedisco Gran Padre, e quí depongo
> Ogni passato sdegno . . .

Darauf spricht Zeus über Psyche die Unsterblichkeit aus, und alle Götter steigen zur Erde nieder, wo Psyche noch immer von tiefer Bewußtlosigkeit umfangen ist. Von Amor aus ihrem todesähnlichen Schlummer erweckt, ruft sie staunend aus:

> Chi da l'ombra di morte
> A vita mi richiama?
> Che veggio? . . .

Doch Jupiter selbst klärt sie über alles auf, und Venus sagt ihr:

> Psiche non più nemica,
> Ma Nuora, e figlia sei
> De' veri affetti miei.
> Ascendi lieta al sempiterno soglio
> Ch'io te contenta, e fortunata voglio.

Es herrscht nun allgemeine Freude und Lust, und am Schlusse des Aktes lesen wir die Bemerkung des Dichters:

> Quì ritornano tutti in Cielo, oue fatta immortale, vede
> Psiche terminate le sue longhe suenture, nelle desiderate
>
> *Nozze d'Amore.*

Der fünfte Akt bildet also ein Gemisch von Szenen eigener Erfindung und Szenen, die sich an schon Bekanntes anschließen. Von dem Seelenkampfe Amors, der auf dem Widerstreite seiner Liebe zu Psyche und der Furcht vor seiner

10*

Mutter beruht; von Zephyrs Vermittlung zugunsten Psyches;
von der Art und Weise wie Psyche in die Hände der Venus
gerät, lesen wir nichts in den anderen Darstellungen. Der
schneidend kalte Hohn, mit welchem Venus die flehende
Psyche aufnimmt, erinnert allerdings an Udine. Von den vier
Proben ist hier die letzte und härteste gewählt; die drei vorhergehenden werden nicht einmal erwähnt. Des schwierigen
und langen Weges zur Unterwelt wird Psyche hier auf ihr
Flehen hin von Pluto selbst enthoben. Proserpina sagt sodann der Psyche in klaren Worten den Tod voraus, wenn
sie die Vase öffne. Von dem Drachen, der in dem Augenblicke, als Psyche bewußtlos zusammensinkt, sich auf sie
stürzt, haben wir bisher noch nichts vernommen. Für die
Götterversammlung, die zwar schon bei Apuleius vorgezeichnet
ist, scheint mir wieder dal Carretto vorbildlich gewesen zu
sein. Neu ist endlich, daß die versammelten Götter sich zu
der noch immer bewußtlosen Psyche begeben und dann im
Verein mit ihr zur Hochzeit in den Götterhimmel zurückkehren.

Als Poggio an die Abfassung seines Dramas herantrat,
scheint er sich nach all den Autoren umgesehen zu haben,
die den gleichen Stoff schon vor ihm, sei es nun dramatisch,
sei es episch, behandelt hatten. Ziemlich zahlreich sind denn
auch die Spuren, die auf fremden Einfluß hinweisen. Galeotto
dal Carretto, Udine und Mercadanti haben ihm einzelne Szenen
und Ideen geliefert. Marino's Einfluß macht sich geltend,
und selbst an Calderon gemahnen einige Züge. Die Frage,
ob Poggio auch Apuleius vorgelegen hat, läßt sich ebenso
schwer bejahen wie verneinen. Allerdings die eingehende
Umschau, die Poggio unter den Psychedichtungen gehalten
hat, läßt es wahrscheinlich erscheinen, daß ihm die erste
literarische Bearbeitung der Fabel nicht unbekannt war. .

Aber auch selbständiges Schaffen weist das Drama in
ziemlich hohem Grade auf. Freilich sind seine Ideen nicht
immer glücklich zu nennen. Die schlafende Psyche auf dem
Gipfel des Aussetzungsfelsens, ihr unvermitteltes Verlangen
nach den Schwestern, nachdem sie kaum im Palaste Amors
angelangt ist, das persönliche Liebeswerben der beiden

Schwestern, die saft- und kraftlose Gestalt Psyches und vollends der weinerliche, knabenhafte Amor, all das sind Züge, die unseren Beifall nicht finden können. Glücklicher malt Poggio die Leidenschaftlichkeit, den Ingrimm und den Rachedurst der eifersüchtigen Venus. Auch weist das Stück mehrfach recht lebendige und selbst farbenprächtige Szenen auf, welche über die besprochenen Mängel etwas hinwegsehen lassen.

### Diamante Gabrielli.

Vier Jahre nach Poggio's Musikdrama entstand ein anderes, ebenfalls in Musik gesetztes Drama, betitelt *Psiche, Tragicomedia Rappresentata in Musica, e dedicata alla Serenissima Isabella Clara Archiduchessa d'Austria ... Nelle sue Augustissime Nozze col Serenissimo Carlo Secondo, Duca di Mantova. 1649.*

Den Namen des Verfassers erfährt man erst aus den dem Stücke beigefügten und dem Urheber gewidmeten Sonetten und Huldigungsgedichten.

Dem eigentlichen Drama geht ein Prolog, besser gesagt ein Vorspiel voraus, das von Venus, Triton, den Nereïden, Hymenäus und Jupiter zur Darstellung gebracht wird. Gleich eingangs erfahren wir, daß Venus tief gekränkt ist, weil

> in Pafo, et in Citèra orna gli altari
> Di cener freddo un infelice auanzo:
> Volge le spalle ad Amatunta, ä Cnido
> (O negletto mio Nume!) e là se'n corre,
> Ingannato il mortal, doue sol dansi
> A la profana Psiche,
> Come ä Dea di beltà, sourani onori.

Amor aber soll ihr Genugtuung und Sühne verschaffen. Von dem eben erscheinenden Hymenäus erfährt sie, daß Amor, „zwei erlauchte Herzen mit dem Bande der Liebe in eines zu verknoten", in den Fluren weile, welche der Mincio bespüle. Sofort eilt Venus dorthin, d. h. nach Mantua. Aus Jupiters Munde erfahren wir, daß Psyche zu Amors Gattin bestimmt sei. Bald werde Hymenäus, so bemerkt Jupiter diesem gegenüber, Amor in Liebe zu Psyche entbrannt sehen.

So ist der Zuschauer mit dem Wesentlichen der folgenden Handlung schon vertraut gemacht.

Wie bei Udine hat Venus ihren Sohn erst aufzusuchen, und wie dort die Nymphen, so gibt hier Hymenäus den Ort an, wo er zu finden ist. In beiden Fällen endlich sind es die Gestade des Mincio, wo Amor weilt. An die zweite Szene des Dramas von Poggio, den Aufzug der Venus mit einer Begleitschaft von Tritonen und Amoretten gemahnt auch hier das Auftreten der Venus; Triton und die Nereïden geben ihr das Geleite. Wie ferner bei Poggio Jupiter den Gedanken ausspricht, Psyche sei vom Schicksal dem Amor bestimmt, so auch hier, und wir werden sehen, daß dieser Gedanke an der Stelle wiederkehrt, wo Poggio ihn Jupiter in den Mund legt.

## I. Akt.

Die Eingangsszene führt uns vor Augen, wie Psyche vom Volke göttlich verehrt wird. Eine ähnliche Szene ist uns eben vorher bei Poggio aufgefallen. In der Luft erscheint sodann Venus im Taubenwagen. Amor ist bei ihr. Hier ist der Ort, so wendet sich die Göttin an ihren Sohn, wo mein Andenken entweiht wird und wo man der Schönheit Psyches göttliche Ehren erweist. Dann erteilt sie Amor den bekannten Auftrag. Mit seinem allgewaltigen Bogen möge er den Stolz der Übermütigen beugen und mit seinem Geschosse ihre Brust verletzen, daß sie entbrenne in Liebe:

> Del più difforme, e vile,
> Del più pouero d'oro, e di consiglio,
> Che calchi frà i mortali oggi il terreno ...

Venus enteilt. Amor aber zeigt in dem nun folgenden Monologe, daß er an Psyche keine Schuld finden könne, wenn ihr das Volk ob ihrer Schönheit göttliche Ehren erweise:

> Ben folle sei, se pensi
> O Venere, ch'io voglia
> Secondar la tua voglia.

Von Anfang au ist er also nach dieser Fassung gewillt, dem Gebote seiner Mutter nicht Folge zu leisten. In der nächsten Szene tritt uns Psyche entgegen, klagend über ihre Schönheit und die ihr darob zuteil gewordenen göttlichen Ehren. Mehr des Mitleides als des Neides sei sie würdig, da aus Ehrfurcht es niemand wage, ihr Gemahl zu werden. Es ist diese Szene schon bei Apuleius zu finden, und auch Udine hat sie getreulich aus der lateinischen Vorlage in sein Epos herübergenommen.

Die klagende Psyche soll indes viel eher ein Herz in Liebe entflammen, als sie es ahnt, denn schon vernehmen wir Amors Worte:

> Psiche, tu sei d'amor la vera Dea;
> Et io, ch'Amor non più, ma sono amante,
> Inuisibile or'ecco à tè ne vengo
> Vagheggiator del tuo diuin sembiante.

Die Königin, Psyches Mutter, tritt sodann auf und wir erfahren aus ihrem Munde, daß der König sich an das Orakel des Apollo gewendet hat, um sich Aufschluß über die seltsame Erscheinung zu erholen, daß Psyche von niemand zur Ehe begehrt werde. Während sie noch auf eine Wendung des Geschickes hofft, kehrt der König zurück, und von ihm erfährt sie die schreckliche Antwort des Orakels:

> Vanne, et à Psiche tua la Bara appresta;
> Traggila in alto scoglio, e l'abbandona;
> Che per Consorte il suo Destin le dona
> Fiero Mostro, c'hà l'ali, e'l Mondo infesta.

Eine ähnliche Szene finden wir nur bei dal Carretto und Poggio vorgezeichnet, sonst tritt Psyches Mutter überall völlig in den Hintergrund. Jedenfalls hat Diamante Gabrielli diese Szene Poggio nachgebildet; dafür sprechen eine Reihe anderer Anklänge an diesen Autor, wie wir noch in der Folge feststellen werden.

Auf zwei Vorlagen hat also bisher die Betrachtung dieses Musikdramas hingewiesen, auf Udine und auf Poggio. Neue Ideen fanden sich, das eigenartige und doch wieder **an die**

genannten Vorlagen erinnernde Vorspiel abgesehen, bisher nur
in geringer Anzahl.

## II. Akt.

Dieser Akt, der bei sieben kurzen Szenen sechsmal den
Ort der Handlung wechselt, beginnt mit dem Trauerzuge der
Psyche. Klagendes Volk und der unglückliche Vater geben
ihr das Geleite. Psyche zeigt sich heldenmütig und standhaft,
selbst von einer gewissen zuversichtlichen Hoffnung getragen:

> già nel mio petto
> Scende spirto miglior, che mi consola,
> E mi dice, che l'huomo al Ciel diletto
> Col sol morire al suo morir s'inuola.

Ganz neu ist die folgende Szene. Die Behausung des
Äolus wird uns vor Augen geführt. Amor erscheint und
bittet den Äolus, die auf der Höhe eines Felsens ausgesetzte
Psyche durch einen Wind

> *Ne l'Arcadi contrade*

verbringen zu lassen. Zum Lohne dafür verspricht er Äolus,
er werde ihm die Liebe der schönen Deiopaea verschaffen.
Der Gott der Winde sagt seine Dienste zu. Das Äolus
gemachte Versprechen erinnert wieder an Poggio. Dort lesen
wir an entsprechender Stelle:

> *Am.:*        Io ti prometto
> Non Anime seluagge, ò Donne alpine,
> Ma infinite Bellezze Cittadine.
> *Zefiro:*      Amor troppo sarà;
> Una sola Beltà, più non desio,
> Basta al bisogno mio.

Die einzig erwünschte Schönheit ist natürlich Flora.

Die folgenden zwei Szenen zeigen uns den Meeresstrand
mit Felsenriffen, auf deren höchstem Psyche ausgesetzt ist.
Sie ergeht sich in Vermutungen über das geflügelte Ungetüm,
das ihr als Gatte beschieden ist, sowie über die Ursache ihres
Geschickes. Von Psyche ungesehen, erscheint Amor ebenfalls
auf einer der Felsenspitzen, an seiner Seite der ihm von Äolus

zur Verfügung gestellte Zephyr.  Dieser trägt Psyche, Amors
Aufforderung gemäß, in die Arkadischen Wälder.  Amor
faßt den Entschluß, Psyche auf die Probe zu stellen.

> T'aggiungerò, mio bene, e per far proua,
> S'à cotanta beltate hai pari il senno,
> Vuò, che sembri confuso
> Con la luce del giorno il mio sembiante;
> E presente m'haurai
> Udito sì, ma non veduto amante.

Szene 5 versetzt uns in einen Wald, wo wir die beiden
Schwestern Psyches antreffen.  Sie ergehen sich in ihrem
Zwiegespräch in Klagen über ihre freudlose Ehe, die sie an
alte, gebrechliche Männer kettet; immerhin sei Psyche das
Geschick noch ungnädiger, ein Gedanke, den wir auch in
Poggio's Drama die Schwestern äußern hörten.  Psyches Los
ist ihnen völlig unbekannt, und so wollen sie sich darüber
Gewißheit verschaffen.  Deshalb wenden sie sich dem Aus-
setzungsfelsen zu, auf welchem Psyche ihrem Geschick über-
lassen worden war.  Die sechste Szene stellt eine anmutige
Wiese inmitten der arkadischen Wälder, am Gestade des
Alpheus dar.  Hier finden wir Psyche wieder.  Sie weiß
kaum, ob es Wirklichkeit oder ob es Traum ist, daß sie
durch die Lüfte hierher entführt ward.  Den Bewohner dieser
Wälder aber hält sie für den ihr vom Schicksal bestimmten
Gemahl:

> Ma perchè non mi incontra ò fiero, ö pio?

Da steigt vor ihren Augen ein stolzer Palast empor.
Von neuem glaubt sie zu träumen.  Furcht befällt sie, eine
Gottheit der Unterwelt sei mit diesem Palaste emporgestiegen,
um mit ihr die Hochzeit zu begehen.  Doch ein Chor unsichtbarer Amoretten fordert sie auf, sich ob ihres Glückes zu
freuen.  Und als sie fragt, warum kein lebendes Wesen sich
ihrem Auge zeige, erhält sie die Antwort:

> Di mirar viua figura
> Folle cura
> Non s'annidi entro al bel petto.
> Sconosciuto, il tuo Consorte

Fia ch'apporte
Al tuo cor sommo diletto.

Psyche erhält sodann die Aufforderung, den Palast zu betreten und damit schließt der zweite Akt. Wiederum ist es, wie wir gesehen haben, Poggio, der·seinen Einfluß geltend macht. Aber auch die selbständige Betätigung des Dichters tritt mehr hervor. So ist die Äolusszene vollständig des Dichters Erfindung. In die arkadischen Wälder wird Amors Zufluchtsort verlegt. Auch verleiht Gabrielli einzelnen Szenen, die im wesentlichen bekannte Vorgänge darstellen, eine eigentümliche, neue Färbung, so das Erscheinen Amors auf einem Felsenriffe in Psyches Nähe; die Wanderung der beiden Schwestern durch die Wälder, wobei ihnen schon das Gespräch über ihre Gatten in dèn Mund gelegt wird[1]); die Wiese am Gestade des Alpheus; Psyches Furcht, es sei eine Gottheit der Unterwelt mit dem Palaste emporgestiegen u. a. m.

## III. Akt.

In der ersten Szene treten uns Pan und Venus entgegen, welch letztere sich bitter über den undankbaren Sohn beklagt:

O figlio, ingrato figlio,
Così dunque t'accingi
De la tua madre à vendicar l'offese?

Pan, befragt, ob er Amor nicht gesehen habe, verneint dies und auf die Frage der Venus, wem jener stolze Palast gehöre, erwidert er in wohlwollender Schonung der beiden Liebenden:

L'alta Mole superba
L'Arcade Rè sù le ruine eresse
De la Reggia crudel, doue al gran Gioue
Apprestò Licaon la Cena infame.

Venus flieht den fluchwürdigen Ort, um ihren Sohn anderwärts zu suchen. Diese Szene ist völlig neu und Gabrielli's Erfindung.

---

[1]) Vgl. Poggio, p. 139 u. 140 d. Abh., Gespräch der beiden Schwestern, nachdem ihnen die Zigeunerin-Venus die Zukunft aus der Handfläche gelesen hat.

Im folgenden vernehmen wir eine Unterredung Psyches und Amors, welcher indes unsichtbar bleibt. Amor spricht zu Psyche:

Come pur desiasti
Da Zefiro portate
Riuedesti, ben mio, le tue Sorelle.

Mit meinen Bitten widersetzte ich mich vergebens. Doch unserem Glücke droht das Ende:

Inuide, e lusinghiere,
T'essorteranno, o Psiche,
Del mio volto à spiar la forma ignota.
Deh, se i nostri Imenei punto gradisci,
E se madre felice esser ti cale
D'alta prole immortale,
Chiudi l'orechie à le parole infide!
De la legge fatal, con cui t'accolsi,
Deh, ti souuenga, e credi,
Ch'io non ti vedrò più, se tu mi vedi.

Psyche gibt das feierliche Versprechen, Amors Gesetze nicht übertreten zu wollen.

In der nächsten Szene sehen wir die beiden Schwestern im Garten sich ergehen. Wie wir aus obigem Zwiegespräche ersehen haben, sind sie schon einige Zeit im Palaste. Auf ihrer Wanderung durch die Gärten haben sie nun Gelegenheit, ihre Gedanken und Eindrücke auszutauschen. „Was denkst du, Schwester," beginnt die eine, „könnte Psyche mehr Prunk entfalten, wenn sie Diana selbst in diesen Wäldern wäre? Mit Füßen tritt sie das Gold. Unsichtbare Dienerinnen stehen ihr, auf ihren Dienst bedacht, pünktlich zur Seite. Hast du gehört, wie sie dem Winde befahl nach ihrem Willen. Nicht wollte sie, daß er uns hierher trug um unserer Liebe willen, sondern um uns ihre über das Maß einer Sterblichen gehende Hoheit zu zeigen." „Nein, nein," fährt die zweite Schwester fort, „sie ist nicht besorgt um uns, da sie uns gleich nach unserer Ankunft schon wieder zum Aufbruche drängt. Sie will nicht, daß wir uns einen ganzen Tag der

Reize ihres Palastes erfreuen, und wir sind nicht einmal
würdig, ihren Gatten von Angesicht zu sehen."

> Stimo, che Nume ei sia; ch'oprar non puote
> Merauiglie sì grandi, altri, che un Dio.
> Ne Psiche, al creder mio,    ·
> Del suo diuino Amante
> Vide ancora il sembiante:
> Notasti ben, che nel formarlo ä noi,
> Fur varij i detti suoi.
> Or giouane il dipinse, or d'anni carco,
> Or à la caccia, or à le merci intento.

Wie enge schließt sich der Inhalt dieses Zwiegespräches
an das an, was sich bei Apuleius, Galeotto, Udine, Mercadanti findet! Da wir indes unmittelbar im folgenden wieder
ganz bestimmt an Udine gemahnt werden, so scheint dieser
auch hier vorbildlich gewirkt zu haben. Immerhin ist auch
Mercadanti's Einfluß nicht ausgeschlossen, denn die Zusammen-
ziehung der drei Besuche in einen einzigen, der nur durch
einen Gang der beiden Schwestern durch den Palast und die
Gärten in zwei Teile zerlegt wird, erinnert sehr an Mercadanti.
Da wir aber gesehen haben, daß auch Poggio nach Mercadanti's Vorbild, die drei Besuche in einen einzigen zusammengezogen hat, so kann nicht mit Bestimmtheit entschieden
werden, ob der eine oder der andere der beiden Autoren den
Diamante Gabrielli beeinflußt hat. Sehr wahrscheinlich haben
ihm beide Dramen vorgelegen.

Voller Neid beschließen die ruchlosen Schwestern Psyches
Verderben. Als Psyche sie einlädt, vor ihrem Weggange
nochmals in den Palast zu kommen und von ihren Schätzen
in Empfang zu nehmen, führen sie ihr Vorhaben aus. „Tief
schmerze es sie," sagen sie unter erheuchelter Trauer, „die
Überbringerinnen unheilvoller Kunde sein zu müssen. Aber
wenn sie, durch die Bande des Blutes und mehr noch durch
die Bande der Liebe mit ihr verbunden, die Wahrheit verschwiegen, wer würde ihr dann in der tödlichen Gefahr getreulich warnend zur Seite stehen?

> Monstruoso Serpente è il tuo Consorte,
> Uscir da questa selua

L'han veduto i Pastori . . .
Versa, mista di sangue,
Da l'empia bocca auuelenata spuma; . .
        e qui ti serba,
Onde di tè poi pasca il ventre ingordo."

Und die zweite Schwester fügt bekräftigend hinzu:

E se negar credenza altrui vorrai,
Non puoi negarla à *Febo*, il qual rispose,
Ch'à Mostro fier ti destinaua il Cielo.

Daß Udine hier wieder vorbildlich gewesen ist, steht außer
Zweifel. Zwar bringt auch Marino den gleichen Gedanken [1]),
aber an Udine erinnert erstens schon mehr der Wortlaut, denn
in seinem Epos heißt es:

E se non credi à noi, credi à la voce,
A l'Oracol di *Febo* certo, e vero.

Zweitens wird der Ausspruch des Orakels hier wie dort
gewissermaßen als der Haupttrumpf am Schlusse ausgespielt.
Allerdings bildet auch bei Marino der Hinweis auf das Orakel
den Kernpunkt in der Rede der Schwestern, aber einige
zwanzig noch folgende Verse schwächen die Wirkung wieder
ab. Gabrielli hat den dramatischen Effekt erkannt, der an
dieser Stelle in Udine's Darstellung liegt. Es folgt dann noch
Psyches Bitte um Rat, welcher ihr von den Schwestern in
der bekannten Weise erteilt wird.

Außer der ersten Szene, die sich zwischen Venus und
Pan abspielt und die völlig Gabrielli's Eigentum ist, finden
wir also in diesem Akte keine selbständigen Züge. Dagegen
enthält er mehrere Stellen, die fremden Einfluß verraten. So
macht sich Udine's Einfluß unstreitig geltend und auch Mercadanti, bzw. Poggio haben ihm als Vorbild gedient.

## IV. Akt.

Die ersten Szenen führen uns in bekannter Weise Amors
Flucht, Psyches Trauer und ihren Versuch in den Fluten des
Flusses den Tod zu finden, vor Augen. Der leidenschaftliche

---

[1]) Vgl. S. 57 u. 97.

Schmerz über Amors Flucht ist trefflich dargestellt. Es ist
der letzte Aufschrei ihres verzweifelnden Herzens, der aus
den Worten spricht:

> Ritorna, errai; son rea;
> Prendi di mè vendetta: Amor, m'uccidi!
> Scegli tù de tuoi strali ora il più crudo;
> Eccoti il petto ignudo!
> Ei non m'ode, e se'n fugge, et io pur viuo?
> Mori Psiche, infelice!
> Ecco il fiume t'inuita . . .

Der Flußgott hält sie indes zurück und sucht sie zu
trösten. Aber schon fällt Psyche in die Hände der Venus.
Um Gnade flehend wirft sie sich der Göttin zu Füßen, doch
mit Hohn wird sie zurückgestoßen:

> Or confessi l'error, che sei conuinta;
> Or mi conosci Dea, che m'hai presente;
> Or, che fuggir no 'l puoi, chiedi il castigo.
> Vieni, vieni pur meco:
> E voi, che più tardate,
> Voi sconosciute à gli occhi, e note à i cori,
> Fide ministre mie, Tristezza, e Cura?

Wie Poggio hat Diamante Gabrielli Psyches Schutzflehen
bei Ceres und Juno völlig übergangen und noch eher als
Poggio läßt er Psyche in die Hände der rachedurstigen Göttin
fallen.

Die folgende Szene versetzt uns in den Palast des Apollo,
wohin sich Amor nach seiner Flucht zurückgezogen hat. Hier
sucht er Heilung seiner Wunde. In einem königlichen, von
prächtigen Säulen getragenen Gemache liegend, hält er eben
Zwiesprache mit Apollo. Wir sehen, daß in Amor der Zorn
bereits der neuerwachten Liebe gewichen ist; daß er sich
Selbstvorwürfe macht, Psyche in ihrem Elende verlassen zu
haben, und daß er voll Sorge ist, es möchte ihr irgend ein
Unfall zugestoßen sein.

Auf den ersten Blick hin möchten wir behaupten, diese
Szene sei ohne Vorbild und entstamme gänzlich der Feder
Gabrielli's. Sehen wir jedoch näher zu, so finden wir, daß

wir hier nur eine Szene aus Poggio's Drama vor uns haben,
welcher Gabrielli ein etwas anderes Gewand gegeben hat.
An Stelle des Palastes der Venus setzt er den Palast des
Apollo; an Stelle des dort auftretenden Zephyr den Apollo.
Die Gedanken sind die gleichen: in Amor erwacht aufs neue
die Liebe, und Sorge erfüllt ihn ob Psyches Schicksal. Neu
dagegen sind in der Tat die beiden letzten Szenen dieses
Aktes. Pan ergeht sich in Reflexionen über den Zorn der
Götter, den man wohl bisweilen hat auflodern sehen, nie aber
in solch unversöhnlicher Weise. Eine Oreade aber bringt
Kunde von Psyche und spricht die Hoffnung aus, daß sich
schließlich doch alles zum Guten wenden werde. Schon habe
sie mit der Ameisen Hilfe die Körnerlese ausgeführt, und
Amors Zorn würde gewiß auch noch erlöschen.

Das selbständige Schaffen ist also in diesem Akte wieder
ein etwas entwickelteres, als im vorhergehenden Aufzuge.
Fremder Einfluß macht sich in Anlehnung an Poggio geltend.

## V. Akt.

Die ersten zwei Szenen spielen sich in der Unterwelt ab.
Zunächst sehen wir Psyche bei Proserpina, welche der Botin
der Venus die gewünschte Schönheitstinktur überreicht. Alsdann tritt uns Psyche am Ufer des Styx wieder entgegen;
sie verlangt von Charon übergesetzt zu werden. Der alte
Fährmann am Totenflusse ist sehr verwundert ob solchen
Verlangens, denn noch nie hat er jemand, den er in das
Reich der Schatten befördert, zurückgeleitet zum Tageslichte.
Aber auch jetzt vermag er jene Eigenschaften nicht zu verleugnen, über die der Spötter Lucian sich lustig macht. Besorgt fragt er:

> Mi desti allor la mia mercè?
> Ben pronta, lautet die Antwort,
> L'empia auaritia spenta
> L'huom più veder non pensi,
> Mentre viua frà 'morti anco mantiensi.

: Aber selbst Charons mitleidsloses Herz wird gerührt von
Psyches Liebreiz und Schönheit:

Condurroti à l'altra riua,
Bella diua. ·
D'altro premio non mi cale.

Die Idee von Charons Geiz ist dem Psychemärchen
keineswegs fremd. Bei Apuleius, Galeotto und Udine wird
seiner Erwähnung getan. Doch erweitert Gabrielli den Gedanken zu einer verhältnismäßig langen Szene.

Der folgende Auftritt zeigt Venus, die in ihrem Wagen
zum Götterhimmel emporsteigt. Sie klagt über die Macht
der wunderbaren Schönheit Psyches, die nicht nur Amor gewonnen, sondern sogar die Härte der Unterwelt besiegt habe.
Sie will sich nun an Jupiter wenden, um bei diesem Gerechtigkeit zu suchen. Venus ist unserem Auge entschwunden;
es erscheint wieder Psyche. Es erfolgt das Öffnen der Vase,
Psyches tödliche Betäubung und Amors Hilfeleistung. Die
leidenschaftliche Sprache, die Amor bei dem Wiedersehen
Psyches führt, erinnert an Udine. An Mercadanti dagegen
gemahnt in etwas die folgende Szene. Wie nämlich in
Mercadanti's Drama all die Erlebnisse auf ihrem Gange zur
Unterwelt Psyche in den Mund gelegt sind, so berichtet auch
hier die Psyche dem Amor all die Ereignisse des zwischen
Amors Flucht und dem gegenwärtigen Augenblicke liegenden
Zeitraums. Bei Schilderung der Flockenlese fügt sie bei,
daß sie ihr gelungen sei:

seguendo il buon consiglio
De la Ninfa gentil conuersa in canna.

Auch Udine läßt (Apuleius folgend) das Schilfrohr der
Psyche die nötigen Ratschläge erteilen, welche dieses dann
schließt mit einem Berichte über sich selbst:

Fui Ninfa, e'n vita amata, e non amante
Hor canna seruo al mio amator sonante.

Daß Gabrielli an dieser Stelle wieder von Udine beeinflußt ist, unterliegt keinem Zweifel.

Während die beiden Liebenden noch sprechen, steigt
Merkur vom Himmel hernieder und überbringt frohe Botschaft:
„Jupiter ruft, schönes Paar, dich zu sich. Es stand geschrieben

im Schicksalsbuche [1]), daß du, Amor, der Liebe Qualen erfahren solltest, damit du größeres Mitleid habest mit den
unglücklich Liebenden:

> Che, s'or viuono in pianti,
> D'infinito gioir saranno heredi,
> Quando di Psiche haurai
> Figlio immortal, che detto
> Sarà il Dio del *Diletto*...

Also auch hier wird wie bei Udine ein Sohn *Diletto* statt
einer Tochter *Voluptas* erwähnt. Bei Marino ist allerdings
auch von der Geburt eines Sohnes *Diletto* die Rede. Ohne
in Abrede zu stellen, daß Gabrielli auch die Dichtung
Marino's gekannt habe, müssen wir indes daran festhalten,
daß die maßgebende Vorlage für diese Umgestaltung jedenfalls Udine gewesen ist, dessen Einfluß sich das ganze Stück
hindurch immer wieder gezeigt hat.

Gemeinsam steigt schließlich Merkur mit den beiden
Liebenden zum Götterhimmel empor. In den Lüften erscheint
Fama und spricht das Vorhaben aus, Psyches Ruhm allüberall
zu verbreiten, eine Idee, die ganz neu ist.

Die achte und letzte Szene versetzt uns in die Götterversammlung. Psyche ist zur Göttin erhoben worden, Venus
ist versöhnt, und nun soll mit Gesang und Tanz, in voller
Festesfreude die Hochzeit Amors und Psyches begangen werden.

Udine, Poggio und vielleicht auch Mercadanti haben also
in dem letzten Akte sich als Vorbilder in manchen Punkten
erwiesen. Es finden sich indes auch ganz oder teilweise neue
Szenen. Unter diesen ist zu erwähnen Psyches Zwiegespräch
mit Charon, vor allem dessen Milde Psyche gegenüber. Ferner
ist es hier Venus, die sich an Jupiter wendet; Amors an
Jupiter gerichtete Bitten kommen ganz in Wegfall.

Prüfen wir noch einmal das ganze Drama bezüglich des
Quellenverhältnisses, so können wir mit Bestimmtheit Udine
und Poggio als Vorlage nennen. Auch hat es den Anschein,
als ob Mercadanti dem Dichter nicht unbekannt gewesen sei.
Daß Gabrielli noch andere Dichtungen über den Psychestoff

---

[1]) Vgl. S. 147 u. 150.

gekannt und eingesehen hat, ist nicht unmöglich, ja sogar
wahrscheinlich, doch bietet das Drama keine sicheren Anhaltspunkte hierfür.

Gabrielli's Amor und Psyche werden eher Anklang finden
können als die gleichen Gestalten bei Poggio. Amors leidenschaftliche Liebe ist annehmbar gezeichnet. Psyche ist mehr
die starkmütige Königstochter, wie wir sie bei Mercadanti
vorgefunden haben, ohne daß sie jedoch an jene Psyche heran-
reicht.

## Lorenzo Lippi.

Eine sehr eigenartige Bearbeitung des Psychemärchens
gehört der Mitte des 17. Jahrhunderts an. Sie stammt aus
der Feder des Lorenzo Lippi oder, wie sein Anagramm
lautet, Perlone Zipoli, des Verfassers des *Malmantile Racquistato*.[1] Im 4. und im 12. Gesange dieser heroisch-komi-
schen Dichtung werden Psyches Schicksale geschildert. Das
Gewand, welches Lippi für diese Erzählung wählt, steht, wie
wir sehen werden, dem ursprünglichen Märchen wieder sehr viel
näher als die Apuleianische Fassung. Lippi läßt Psyche selbst
ihre Leiden erzählen, und zwar dem Calagrillo, einer der
Hauptfiguren des Malmantile. Im 4. Gesange, Strophe 29,
V. 7 und Strophe 31 lesen wir von Psyches Erscheinen.[2]
Sie ist ganz in Trauer gekleidet und in Begleitung des Calagrillo, der ihr seinen Schutz angeboten hat. Das Dankgefühl
in ihrem Herzen macht sie mitteilsam und so berichtet sie:

> Signore (incominciò) devi sapere,
> Ch' io ebbi un bel marito; ma perch'io
> Dissi chi egli era contro al suo volere,
> Già per sett' anni n'ho pagato il fio; ...

Cupido sei ihr Gatte. Aber anstatt als schöner Knabe
sei dieser durch die Verwünschungen einer alten Hexe auf
die Welt gekommen:

> in forma d'una botta.

---

[1] Es lagen mir vor die Ausgaben v. J. 1688, 1748 u. 1750.
[2] P. 204, 334 u. I, 354 der zit. Ausgaben.

Als er, herangewachsen, sich vermählen wollte, habe·
weder Frau noch Mädchen sich gefunden,

> Che saper ne volesse o sentir nulla.

· Doch von ihrem Vater, ihrem Oheim und einem Bruder
sei sie ihm dann angetraut worden:

> Dicendomi, che m'hanno fatta sposa
> D'un giovanetto, ch'è sì bella cosa.

Als sie jedoch sein Gesicht, seine Gestalt und die häß-
lichen Glieder gesehen, habe sie sich wenig beglückt gefühlt ob ihrer Vermählung. Sobald sie indes allein gewesen,
habe der ihr aufgedrängte Gatte die abstoßende Hülle fallen
lassen und als herrlicher Jüngling sei er ihr entgegengetreten.
Streng habe er ihr aber untersagt, mit irgend jemand über
diese Verwandlung zu sprechen, sonst müsse er sie verlassen
und an einen Ort gehen, wo sie ihn nicht mehr finden könne:

> Ond' io promessi di non dir mai fiato,
> E che prima la morte avria sofferto,
> Che trasgredir d'un punto in fatti o in detti
> I suoi gusti, i suoi cenni, i suoi precetti.

Da sei sie aber von anderen Frauen des verächtlichen
Gemahls wegen verspottet worden, und von Zorn übermannt,
habe sie das Geheimnis preisgegeben. Nachts könnten sie
ihn in ihrer Kammer in seiner wahren Gestalt als *grazioso e
vago giovanetto* sehen. So sei das Geheimnis auch der Venus
zu Ohren gekommen, die sich heimlich in beider Schlafgemach geschlichen und Amor *la vesta da rospo* das „Krötengewand" weggenommen habe. Als Amor am frühen Morgen
den Verlust bemerkt habe, sei er sofort entflohen, und seit
jenem Augenblicke sei sie auf der Suche nach ihm. Wie
wir sehen ist das, was Lippi erzählt, ein echtes Volksmärchen,
in welchem wir statt Amor lediglich „verzauberter Prinz",
statt Venus „Stiefmutter", statt Psyche irgend ein armes,
schönes Mädchen oder eine liebliche Prinzessin einzusetzen
brauchen, um all das zu entfernen, was die Märchenillusion
noch etwa stört.

Gleich bei Beginn ihrer ruhelosen Wanderung begegnen
Psyche zwei Feen, von welchen die eine ihr eine Haselnuß,

die andere eine Kastanie gibt. Nur in der äußersten Not
dürfe sie die Früchte öffnen. Nach fünf Jahren kommt
Psyche durch eine Wüste und gelangt an den Fuß eines
Berges, wo ein Stier mit Hörnern aus Stahl ihr Leben bedroht. Sie öffnet die Nuß, *e n'esce un masso*. Dieser Felsen
ist von außen ein mächtiger Magnet und innen birgt er Feuer.
Der Stier wird infolge seiner Stahlhörner von dem magneti-
schen Felsen angezogen und rennt dagegen. Das Feuer lodert
auf und verzehrt ihn. So aus der Gefahr befreit, setzt Psyche
ihre Wanderung fort. Aber schon kommt ein schrecklicher
Greif mit Krallen aus Stahl. In ihrer Not öffnet Psyche die
Kastanie, und es geht daraus ein Löwe hervor, der sie vor
dem Untiere beschützt und es tötet. Psyche nimmt die Fänge
des Greifen mit sich. Eine Schar Mäuse, welche auf diese
Weise aus den Krallen des Untiers gerettet werden, geben
ihr von nun an ständiges Geleite. So kommt Psyche nach
weiteren zwei Jahren zu dem Orte, an dem Amor sich aufhält, eingeschlossen von einer unüberwindlichen Mauer mit
einem einzigen Zugange, den sieben aufeinanderfolgende Tore
verschließen. Die von Psyche geretteten Mäuse durchnagen
diese Tore und ermöglichen ihrer Herrin den Eintritt. Sie
findet ein Grab mit der Inschrift, daß Amor hier liege:

> Nè sorgerà, se pria colma di pianto
> Non sarà l'urna, che gli è quì da canto.

Fast hat Psyche die Urne mit ihren Tränen gefüllt; da
gedenkt sie, bevor Amor aus dem Grabe hervorsteige, noch
ihr von dem vielen Weinen entstelltes Gesicht zu waschen.
Aber während sie nach einer Quelle sucht, kommt die böse
Zauberin Martinazza. Mittels Rauch entlockt diese sich soviel Tränen, daß die Urne voll wird, worauf Amor sogleich aus dem Grabe hervorkommt. Martinazza führt ihn
hinweg, bringt ihn in das Schloß Malmantile und will ihn
zum Gemahl haben. So haben der Psyche die beiden Feen
erzählt,

> Che in due aquile essendo trasformate,
> Perchè lassù i' facea degli sbavigli,
> M'han trasportata quà ne' loro artigli.

Damit endet der vierte Gesang des Malmantile. Den
Abschluß dieser Episode finden wir sodann im 12. Cantare,
Strophe 50 ff.[1]), wo der Dichter sich wieder der Psyche erinnert. · Lippi erzählt weiter: Martinazza, die voraussieht,
daß sie Amor nicht länger als Gemahl werde zurückhalten
können, bannt ihn, damit ihn auch nicht andere besitzen, an
einen geheimen Ort. Schließlich finden sich Amor und
Psyche wieder und söhnen sich aus. Mit einer Doppelhochzeit (Celidora-Amostante und Amor-Psyche) schließt der zwölfte
und letzte Gesang des Malmantile Racquistato. Calagrillo
aber begleitet Amor und Psyche *all' amoroso regno.* Die Erzählung von Amor und Psyche ist also wieder ganz zum
Märchen geworden. Märchenmotiv schließt sich an Märchenmotiv, und manche Züge sind so grotesk und tragen so sehr
den Charakter der wilden, ungezügelten Volksphantasie, als
ob wir sie direkt aus dem Munde irgend einer Märchen-
erzählerin vernähmen. Die Märchenmotive des Malmantile
entstammen denn auch wirklich zum größten Teile den echten,
alten Volksmärchen des Pentamerone.[2]) So finden wir auch
all die wesentlichen Züge, durch welche Lippi die Psycheerzählung wieder vollends zum Märchen macht, bei Basile
vorgezeichnet. Der Darstellung Lippi's gemäß ist Amor
durch den Fluch einer übelgesinnten Fee in Gestalt einer
Kröte auf die Welt gekommen. Ähnlich lesen wir im Pentamerone, daß ein Königssohn durch die Verwünschung einer
bösen Fee auf s i e b e n Jahre in eine Schlange verwandelt
wird. Als diese Schlange herangewachsen ist, verlangt sie,
daß man sie verheirate. Ganz ähnlich fordert die Kröte ihre
Verehelichung, und wie die Schlange unter Abwerfung der
Abscheu erregenden Hülle sich in einen in voller Jugend-
schönheit prangenden Jüngling verwandelt, sobald er mit der
Geliebten allein ist, so wirft auch die Kröte, sobald sie mit
Psyche allein ist, ihr häßliches Gewand ab und erscheint als
der herrlichste aller Jünglinge. Wie in der Erzählung des
Pentamerone der königliche Vater der Braut das abgelegte

---

[1]) P. 540, 813 u. II, 859 der zit. Ausgaben.
[2]) Cf. W i e s e und P è r c o p o. *Gesch. d. it. Lit.*, p. 396.

Schlangengewand an sich reißt, so den seiner Erlösung nahen Prinzen zur Flucht zwingt und das Glück der beiden Liebenden scheinbar auf immer zerstört, so nimmt hier Venus ihrem Sohne das Krötengewand hinweg und führt damit scheinbar die Trennung der beiden Liebenden herbei.[1] Sodann überträgt Lippi fast das ganze Märchen von der Prinzessin Zoza und dem Prinzen von Rundfeld auf Psyche. Diese Erzählung bildet den sogenannten Rahmen, in welchen sämtliche übrigen Erzählungen des Pentamerone eingeschlossen sind. Ein altes Weib, dessen Zorn Zoza erregt hat, schleudert gegen die Prinzessin den Fluch, daß sie keines Gatten sich erfreuen solle, außer es gelinge ihr, den Prinzen von Rundfeld zu bekommen. Der Prinz sei von außergewöhnlicher Schönheit, aber durch die Verwünschungen einer Fee in Todesschlaf versenkt worden. Sein Grab decke ein Stein, auf dem geschrieben stehe, daß nur eine Jungfrau den Prinzen zu erlösen und zum Gemahl zu nehmen vermöge, die ein über dem Grabe an einen Haken aufgehängtes Krüglein in drei Tagen mit ihren Tränen fülle. Zoza beginnt sofort eine mühevolle Wanderfahrt. Von wohlgesinnten Feen erhält sie eine Walnuß, eine Kastanie und eine Haselnuß, die sie nur in höchster Not öffnen darf. Nach sieben Jahren der mühevollsten Pilgerfahrt gelangt Zoza nach Rundfeld, zu dem Marmorgrabe. Sie ergreift das Krüglein und beginnt mit dem nebenan befindlichen Springbrunnen um die Wette zu weinen. Schon hat sie das Gefäß fast bis zum Rande mit Tränen gefüllt, da vermag sie aus Müdigkeit den Schlaf nicht mehr zu bezwingen. Es kommt aber eine schwarze Sklavin des Weges (bei Lippi Martinazza), welche den Inhalt der Grabschrift auf dem Marmorstein wohl kennt. Als sie Zoza sieht, ahnt sie sogleich den Zusammenhang, windet der Prinzessin unbemerkt den Krug aus der Hand und füllt ihn selbst mit ihren Tränen. Sogleich entsteigt der Prinz seinem Marmorsarge, führt die Mohrin nach seinem Palaste und vermählt sich mit ihr unter großen Festlichkeiten. Mit Hilfe

---

[1] Das Tiergewandmotiv kehrt bei den verschiedensten Völkern in zahlreichen Variationen wieder.

der Feengeschenke gelingt es Zoza endlich, in den Besitz des
geliebten Fürsten zu kommen. Wie wir sehen, hat Lippi
diese Erzählung des Basile getreulich auf Psyche übertragen.
Nur erprobt Psyche die Kraft der Feengeschenke schon früher
als Zoza. Auch ist die wunderbare Hilfe, die Psyche durch
das Öffnen der Nuß und der Kastanie zuteil wird, verschieden
von der Hilfe, die Zoza findet. Der Magnetberg und der
Vogel Greif spielten schon vor alters in den Erzählungen des
Volkes eine große Rolle und vollends das erkenntliche Mäus-
chen, das demjenigen, dem es Dank schuldet, späterhin
Rettung bringt, kennen wir schon aus der Äsop'schen Fabel.
Im übrigen rettet auch bei Basile in dem „Mistkäfer, Feld-
maus und Grille" betitelten Märchen eine Maus dem armen,
vom Könige in den Löwenzwinger geworfenen Nardiello aus
Dankbarkeit das Leben, indem sie ihm mit ihren Zähnen
einen Weg ins Freie bahnt.

Von Beziehungen dieser Fassung des Psychemärchens
zur Apuleianischen Darstellung kann nicht gesprochen werden.

### Benserade.

Der chronologischen Reihenfolge nach ist nunmehr ein
Ballet zu besprechen, welches den Psychestoff zum Gegenstande
hat. In *Les Œuvres de M. de Bensserade*, Paris 1689, finden
wir in der dem zweiten Bande vorangestellten Inhaltsangabe
unter Nr. XI verzeichnet: Balet Royal de Psyché, ou de la
puissance de l'Amour, dansé par sa Majesté en 1656, p. 126.

Das Ballet ist in zwei Abschnitte geteilt, deren einer die
mannigfache Schönheit und die Reize des Amorpalastes vor
Augen führt, während der zweite darstellt, wie Amor Psyche
durch die Vorführung der von ihm vollbrachten, wunderbaren
Taten zu ergötzen sucht. Der Berührungspunkte mit unserer
Psychefabel sind es also sehr wenige. Die einzelnen Ballet-
Entrees hier wiedergeben zu wollen, wäre zwecklos, da sie
ja, wenn sie sich nur in irgend einer Weise auf die dem
Ballete zugrunde gelegte Idee bezogen, einen beliebigen Ge-
danken darstellen konnten und auch darstellen. [1])

---

[1]) Cf. Fournel, Bazin, Ménestrier, Marolles etc.

Von dem in Benserade's Werken, II. Band, Seite 154
nun folgenden *Balet Royal de l'Amour malade* nimmt Erdmann
in seiner Dissertation über Molière's Psyche an, daß es mit
dem Psychemärchen wohl in Zusammenhang stehe und eine
Fortsetzung des oben genannten Ballets sei. Nach allem,
was uns in Benserade's Werken vorliegt, kann einzig der
Titel zu dieser Annahme führen. Es wäre also in diesem
Falle dem Ballete jene Stelle der Psychefabel zugrunde
gelegt, die uns Amor, durch den Tropfen siedenden Öles
verwundet, krank darniederliegend darstellt. Unmöglich
ist die Richtigkeit dieser Annahme nicht, doch fehlen die
Beweise.

Ob Benserade durch Apuleius selbst oder durch den
Adone oder endlich durch andere italienische Dichtungen die
Anregung zu seinem Psyche-Ballet erhalten, entzieht sich
unserer Kenntnis. Wahrscheinlich jedoch ist, daß Marino's
damals so gepriesene Dichtung, die auch Benserade unmöglich entgangen sein kann, in erster Linie zur Abfassung
dieses Ballets Anlaß gegeben hat. Von den übrigen italienischen Dichtungen könnten in erster Linie die bei Vasari beschriebenen Zwischenspiele, die sich vielfach als echte Ballet-
Entrees erweisen [1]), für Benserade vorbildlich gewesen sein.

## Antonio de Solis.

Drei Jahre nach Benserade's Balletaufführung gelangt
in Spanien der Psychestoff wieder zur dramatischen Behandlung. D'. Antonio de Solis schrieb ein Lustspiel: *Triunfos
de Amor, y Fortuna. Con Loa, y Entremeses.*[2]) Gedruckt wurde
das Lustspiel mit den übrigen dramatischen Dichtungen des
Autors bereits 1660 im 13. Bande der Comedias escogidas.[3])
Auf dem Titelblatte des zu besprechenden Dramas heißt es: *Al
feliz nacimiento del Serenissimo Principe Don Felipe Prospero nuestro
Señor.* Es handelt sich um einen Sohn Philipps IV. von

---

[1]) Vgl. oben, S. 48 f.
[2]) Ticknor, *Geschichte* etc. II², 73; Latour, *Psyché*, p. 307 ff.
[3]) Benützt wurde die spätere Ausgabe v. Jahre 1681. Schaeffer,
*Geschichte* II, 151.

Spanien, den ersehnten Erben der spanischen Krone, dessen Geburt freudigst begrüßt wurde, da nun die Hand der Infantin Maria Theresia, um die sich Ludwig XIV. bewarb, frei wurde.[1])

Antonio de Solis hat hier in eigenartiger Weise zwei verschiedene Fabeln verquickt. Er sagt selbst in der Loa, daß das Ganze sei

> un duelo
> del Amor y la Fortuna,
> en que Amor toma el empeño,
> de hazer sin ella dichosos
> en Amor, y ella el intento
> de hazer en amor felizes,
> ò infelizes, compitiendo
> para prueba de estas dos
> paradoxas, los sucessos
> de Siques, y Endymion,
> que O v i d i o , y L u i c i o  A p u l e y o
> en menos felize siglo
> con mejor pluma escrivieron.

## I. Jornada.

Amor und Fortuna, von Ganymed und Morpheus begleitet, steigen auf ·den Wolken zur Erde herab. In der Mitte der Bühne steht eine dichte Baumgruppe, welche den Hintergrund verbirgt. Laute Klage dringt von dorther; eine Stimme beklagt sich über die Grausamkeit der Fortuna, eine andere über die Tyrannei Amors. Es sind zwei undankbare Sterbliche, berichtet Fortuna, welche sie auf Veranlassung der Venus hier *en la carcel de los Hados* in Ketten gelegt habe. Amor wie Fortuna sind ungehalten über die gegen sie erhobene Klage. Keine der beiden Gottheiten will an dem Unglücke dieser Sterblichen schuld sein. Amor schiebt vielmehr die Schuld auf Fortuna, diese umgekehrt auf Amor. Darüber entspinnt sich ein Streit. Amor erklärt, den Grund dieser Klagen beheben und den grausamen Kerker, trotz Fortuna, erbrechen zu wollen. Diese entgegnet jedoch, der

---

[1]) Die an diesen Prinzen geknüpften Hoffnungen sollten sich allerdings nicht erfüllen, denn er starb bald.

Wald, den er vor sich sehe und woraus die Klagen er.
tönen, sei

> la·selva horrorosa de los Hados,
> para carcel de amantes desdichados,
> destinada por leyes celestiales . . .

Sie allein besitze die Macht, in seine Schatten einzudringen.
Als Amor von der Bestimmung des Waldes hört, beharrt er
erst recht auf seinem Vorsatze und erklärt:

> Si amantes son, y amantes infelizes,
> yo soy Amor, y los harè felizes . . .
> No ha menester Fortuna, Amor constante,
> que el Amor es Fortuna del amanté.

Die Klagen im Walde der Schicksalsgottheiten erneuen
sich, und so macht Fortuna, um ihre beiderseitige Macht
am besten messen zu können, den Vorschlag:

> elige,
> que al que dexares, amparo,
> y al que amparares, persigo.

So ergreift denn Amor die Partei

> de aquella muger,
> que se estava lamentando
> de su Fortuna,

während diese sich für den erklärt, der sich über Amor beklagt. Sie wolle ihn in der Liebe glücklich machen, während
sie verfügen werde,

> que infeliz en Amor sea,
> la que el Amor ha amparado.

Im folgenden werden wir sodann aufgeklärt, daß jene
Stimmen Psyche und Endymion angehören. Nochmals stellt
Amor seine Aufgabe fest: Psyche habe er in der Liebe glücklich zu machen und wenn alle Gestirne sich dagegen mit
Fortuna verbündeten. Um dagegen Endymion in der Liebe
unglücklich zu machen, glaubt er seinen Bogen nicht ermüden
und seine Bleipfeile nicht verschwenden zu müssen, denn dafür
liege schon die beste Garantie in der Keuschheit der Diana.
Mit offenbarer Ironie fordert darauf Fortuna den Liebesgott
auf, seine Schutzbefohlene doch aufzusuchen, nachdem ihm

der Eintritt in den Wald verwehrt sei. Amor will sich aber
mit seinem Pfeile dorthin einen Weg bahnen, wenn Fortuna
ihm auch sagt:

> Al ayre vano
> le arrojas, pues tu veràs
> adonde le lleva el caso.

Der Pfeil schwirrt von der Sehne; die Erde erbebt und
es fällt die den Wald darstellende Mittelwand auf der Bühne.
Im Hintergrunde sehen wir einen Berg. Auf der einen Seite
ist Endymion, auf der anderen Psyche mit goldenen Fesseln
an den Felsen gekettet. Beide schlafen; doch ruht Endymions
Haupt im Schoße der Diana, während auf Psyche der Fuß
der Venus lastet. Diese Darstellung zeigt, was den beiden
im Traume für Bilder vorschweben. Außerdem werden diese
Traumbilder durch den Gesang zweier Chöre zur besseren
Veranschaulichung gebracht. Der erste Chor beginnt:

> Assi premia Diana
> afectos de un Amor,
> que huyendo del deseo,
> se acerca à la razon.

Darauf fällt der zweite Chor mit den Worten ein:

> Assi castiga Venus
> delitos de un error,
> que ha convertido en culto
> la humana adoracion.

Ausrufe, die die Gefühle verraten, welche die Schlafenden
im Traume beseelen, veranschaulichen die Sachlage noch mehr.
Endymion ruft aus:

> Què dichoso naci!

Und umgekehrt Psyche:

> Què desdichado soy!

Triumphierend fragt Fortuna:

> Lo has escuchado?

„Was liegt daran," entgegnet Amor, „wenn jene Lust
und jenes Leid nur Traumgebilde sind." Um das Bild zu
ändern brauche man die beiden nur zu wecken. Er ruft sie

deshalb laut bei ihren Namen. Sie erwachen, während Venus und Diana, d. i. die Traumgebilde, entschwinden.

Nun wandelt sich Endymions Freude in Trauer, da er sieht, daß alles nur Traum gewesen ist, während Psyches Trauer aus dem gleichen Grunde sich in Freude verwandelt. Amor aber fällt nun die wunderbare Schönheit der Psyche ins Auge:

> No vi en mi vida prodigio
> de perfecciones mas raro!
> esta es Deidad, ò muger?
> gastòse en ella el cuydado
> del Cielo? . . .

Nachdem Psyche von neuem über die unbarmherzigen Fesseln geklagt, tröstet er sie und verkündet ihr, er sei eben daran, ihr Hilfe zu bringen. „Schon haben ihre Augen angefangen, meinen Gegner zu schwächen", bemerkt Fortuna für sich:

> aora verà el Amor,
> à quien le rinde su engaño.

Mit diesen Worten steigt sie auf den Berg, welcher mit ihr samt Psyche und Endymion entschwindet. Amor bleibt allein zurück; leidenschaftlich ruft er aus:

> Detente, aguarda, Fortuna,
> que me lleuas un pedaço
> del coraçon, y me dexas . . .

So sehen wir, wie sehr Amors Herz bereits in Liebe zu Psyche entbrannt ist. In diesem Augenblicke entdeckt er Venus, die mit zwei aus Nymphen bestehenden Chören hinter dem Berge geweilt hat und nun sichtbar geworden ist. Die beiden Chöre singen abwechselnd von einer schweren Beleidigung der Venus, die Amor ungestraft lasse, und der Kehrreim ihrer Gesänge lautet stets:

> Para què, para què son
> sus flechas, ò para quando?

Da tritt Amor zwischen sie und gebietet Schweigen. „Amor lebt und Venus weint? Du beleidigt, meine Mutter?

Wer, wer hat sich unterfangen, dich zu beleidigen?" Nun erzählt die Göttin ihrem Sohne, wie sie kürzlich in ihrem uralten Heiligtume zu Paphos auf Cypern geweilt, wohin das Volk sich stets zu ihrem Preise gedrängt. Eben sei der Priester daran gewesen, ihr ein Paar Tauben zu opfern,

> quando entrò en el Templo . . .
> una muger, no sè,
> como diga lo que juzgo;
> hermosa, pero mortal;
> toda luz, mas con el humo
> de la materia, una llama,
> que no es elemento puro:
> un color, que es accidente:
> una pompa, que es tributo:
> y una, en fin, belleza · humana . . .

Das Volk, wie immer von neuen Eindrücken beherrscht, habe sie sogleich als eine neue, bessere Venus begrüßt. Ihre eigene Statue habe man vom Altare gestürzt und der Sterblichen die ihr gebührende Ehre erwiesen:

> Siques, Princesa de Egnido
> el pie sacrilego puso
> sobre mis Aras: que ultrage!

Während ihr Herz noch auf Rache sann, sei Endymion dazu gekommen:

> diziendo à vozes, que Siques
> (con que dolor lo pronuncio!)
> me vencia en hermosura,

daß indes Diana hinwieder Psyche an Schönheit weit übertreffe. Um Rache zu üben, habe sie die beiden Frevler auf ihren Wagen genommen und sie im Walde der Schicksalsgottheiten an Fortuna ausgeliefert. Doch hernach habe es sie wieder gereut, sie der Fortuna anvertraut zu haben:

> Tu (pues el agrauio es tuyo
> siendo mio) has de vengarme,
> que la Fortuna en sus triunfos,
> no aprisiona deliquentes,
> sino Infelizes . . .

Amor ist betrübt darüber, daß gerade Psyche, welche seine
Bewunderung und, wie er sich selbst gesteht, mehr als seine
Bewunderung wachgerufen hat, der Gegenstand des mütterlichen Hasses ist. Rasch ist jedoch sein Plan fertig. Indem
er Venus den Vorschlag macht, selbst. die Verfolgung Endymions zu übernehmen, während er Psyche folgen wolle,
hofft er seine Mutter zu täuschen. Venus ist einverstanden
und beide machen sich sogleich auf den Weg.

In der nächsten Szene werden uns wieder Psyche und
Endymion vor Augen geführt, die Palämon, dem alten Priester
der Fortuna folgend, von ihm Deutung des Orakels zu erlangen hoffen, das ihnen inzwischen in einem Fortunatempel
unter mächtigem Erbeben der Erde verkündet worden war:

Siques, a tirano dueño
te. reserua du destino;
Endimion los acasos
cuydaràn de tus alibios.

So hatte das Orakel gelautet. Endlich läßt Palämon
sich zur Deutung des Spruches bewegen. Versetzt in einen
Zustand heiliger Raserei spricht er: „Schon sehe ich euch
auf nie betretenem Wege in der geheiligten Behausung der
Fortuna. Was schaue ich! Was für ein wirres Gemisch
ist das von Göttlichem und Menschlichem?"

dexame, que no lo entiendo,
y solo puedo deziros,
Siques, Endimion, Fortuna,
· Venus, Diana, Cupido.

Es findet sodann ein Szeneriewechsel statt; der Wald
der Diana wird uns vor Augen geführt. Diana mit Gefolge
tritt auf; seitab sehen wir Psyche und Endymion; hinter der
Kulisse erscheinen Fortuna und Morpheus. Doris aus der
Geleitschaft Dianas hat bei der Verfolgung eines verwundeten
Ebers einen goldenen Pfeil gefunden und bringt ihn nun ihrer
Herrin. Fortuna wendet sich an Morpheus:

Esta flecha ha de empeçar
mi intento, ya que atreuido
la arrojò al ayre el Amor.

„Und du," fährt sie fort, „hast mir Beistand zu leisten:
der Traum soll Endymion glücklich, Psyche aber unglücklich
machen. Sodann sieh zu, daß Amor und Diana in meinen
Palast kommen":

> quan distinto
> es el amar con Fortuna,
> ò sin ella, y à este sitio . . .

Dann aber verursacht sie ein Geräusch, als ob das von
Diana verfolgte Wild sich im Dickicht befände. Diana ruft,
das Rauschen der Zweige gewahrend, aus:

> à esta parte he sentido
> mouerse las ramas . . .
> ä buen tiempo vino
> tu flecha, Doris.

Sie nimmt den goldenen Pfeil, der natürlich kein anderer
ist, als der von Amor in den Wald der Schicksalsgottheiten
entsandte, und schießt ihn in das Gebüsch. Das Geschoß,
von Fortuna gelenkt, trifft jedoch nicht das gewünschte Ziel,
sondern durchbohrt Endymion, der regungslos zusammenbricht.
Psyche eilt zu seiner Hilfe herbei, verwundet sich aber selber
schwer und stürzt ebenfalls bewußtlos zu Boden. Amor ist
schon lange auf der Suche nach Psyche. Eben kommt er
herbei und erfährt von Diana, welche sogleich Fortuna als
Anstifterin bezeichnet, den ganzen Vorgang. Als aber Amor
sich der Psyche nähern will, senkt sich eine Wolke über diese
und Endymion und entschwindet mit beiden. Auf dieser
Wolke sehen wir zwei allegorische Figuren *Felicidad* und
*Aversidad*, die berichten, Endymion und Psyche seien nicht
tot, sondern sie gingen ihrem Geschicke, diese Leiden, jener
Freuden, entgegen. Ein sich daranschließendes Duett feiert
Fortunas Triumph über Amor. Im Hintergrunde ist indessen
der Palast der Fortuna aufgetaucht. Amor beschließt, um
dem Rätsel auf den Grund zu kommen, sich in den Palast
zu begeben. Diana begleitet ihn.

Wieder ändert sich die Szene; sie zeigt uns das Innere
des Fortunapalastes. Aus der Höhe senkt sich langsam der
Thron der Göttin hernieder. Im dem Saale sehen wir

Morpheus, der Endymion und Psyche eingeschläfert hat.
Wieder treten die schon beschriebenen Traumbilder vor ihre
Seele. Amor und Diana aber schließen gewissermaßen ein
Bündnis gegen Fortuna, denn die keusche Diana haßt En-
dymion und seine Torheiten: „Ich will. sehen," sagt sie, „ob
sein Glück (Fortuna) mehr vermag, denn meine Abneigung."
Und Amor setzt hinzu:

> Y yo si el hazer dichosos
> es dado al Amor rendido.

Damit schließt die erste Jornada ab.

Werfen wir einen Rückblick auf das Ganze! Was vor allem
auffällt, das ist der Einfall, die Endymion- und die Psychefabel miteinander zu verquicken. Freilich ob der Gedanke
einer derartigen Verquickung ein glücklicher gewesen, bleibt
eine andere Frage, deren Beantwortung wir uns für später
vorbehalten wollen. Der Endymionsage werden wir indes,
da unsere Untersuchung sich lediglich auf das Psychemärchen
bezieht, nur so viel Aufmerksamkeit zollen, als zum Verständnis des Ganzen nötig ist. In den sich an jeden Akt
schließenden Erwägungen können wir sie füglich ganz übergehen.

Nach Solis' Darstellung wird also Psyche von Venus
selbst aus ihrem Tempel zu Paphos hinweggeführt und der
Fortuna überliefert, welche die Rivalin der Venus im Walde
der Schicksalsgottheiten festhält. Hier vernimmt Amor zufällig ihre Klagen und erhält von Fortuna die nötige Aufklärung. In dem *duelo* mit Fortuna, welcher die beiderseitige
Macht und Kraft messen soll, ergreift Amor Psyches Partei,
um jedoch bald von den Reizen des Mädchens sein Auge be-
stechen, sein Herz in Liebe entbrennen zu lassen. Zwei
Punkte hat also bis hierher das Drama mit der Apuleianischen Fassung gemeinsam, erstens die Eifersucht der Venus,
die durch Psyches Schönheit und die der verhaßten Nebenbuhlerin zuteil werdende göttliche Verehrung wachgerufen
wird, und zweitens die Liebe Amors zu Psyche, sobald er sie
zum ersten Male erblickt. Doch schon wird sie seinem Auge
wieder entrissen. Statt ihrer steht Venus, seine Mutter, ihm

gegenüber, welche — hier setzt wieder die bekannte Fassung ein — sich über die ihr zuteil gewordene Unbill bitter beklagt. Und wie sie bei Apuleius selbst ihrem Sohne Vorwürfe macht, daß er so wenig auf ihre Ehre bedacht sei, so erhebt hier der die Göttin umgebende Chor Anklage gegen Amor. Dieser aber ist sogleich bereit, seiner Mutter Sühne zu verschaffen, freilich ohne zu ahnen, gegen wen er seine Waffen werde richten müssen. Sobald er jedoch den Bericht der Venus vernommen und erfahren· hat, daß Psyche es sei, die den Groll seiner Mutter erregt hat, ändern sich seine Absichten. Bei Apuleius ist die Sachlage eine etwas andere. Auf die Aufforderung der Venus hin ist Amor sofort gewillt, die gewünschte Rache zu vollziehen. Er weiß, daß Psyche die Feindin seiner Mutter ist, aber er hat Psyche vordem noch nie gesehen. Ihr erster Anblick aber lähmt schon seine Waffen und er beschließt, Venus zu täuschen. In diesem Vorsatze kommen beide Fassungen wieder auf gemeinsamen Boden, um denselben aber allsogleich wieder zu verlassen.

Holen wir hier nach, daß Solis' *Siques* offenbar eine Anlehnung an Calderon's *Psiquis* ist, daß Psyche wie bei Calderon als die Tochter des Königs von *Egnido* erscheint, und daß endlich auch die Schilderung der Venus, wie das Volk im Tempel zu *Pafo* sich zugunsten der Psyche auflehnt, stark an Calderon erinnert. Auch das Folgende weist Calderon's Einfluß auf. Wie in dem Lustspiele *Ni Amor se libra de amor* im Venustempel das bekannte Orakel zur Hälfte der Psyche selbst erteilt wird, so wird auch bei Solis der Psyche im Tempel der Fortuna der erste Teil des Orakels kundgegeben. Solis' eigener Erfindung gehören dagegen die letzten Szenen dieses Aktes an. So die Deutung des Orakels durch Palämon, welcher jedoch das Rätsel eher noch unlösbarer macht, anstatt den Knoten zu lockern, die seltsame Verwundung Psyches durch Amors Pfeil und ihr Aufenthalt im Palaste der Fortuna, drei Szenen, die unseren Beifall schwerlich finden werden.

## II. Jornada.

Der Schauplatz der Handlung ist abermals der Wald der Schicksalsgottheiten, der, wie schon im ersten Akte zu er-

sehen ist, auf einer Insel im Meere, angesichts der Insel
Egnidus (Knidos), Psyches Heimat, zu suchen ist. Ein hoher
Felsen nimmt den Vordergrund der Bühne ein. Coridon und
Dorinda aus Psyches Dienerschaft treten auf. Aus ihrem
Munde vernehmen wir, daß inzwischen ein Monat verflossen
ist. Psyche selbst ist noch nicht sichtbar, doch hören wir
ihren Klageruf. Es ist hier aus Calderon's Lustspiel fast
ganz genau jene Szene herübergenommen, die uns die Aus-
setzung der Psyche auf der öden Felseninsel vor Augen führt.
Psyche erwacht aus ihrer Ohnmacht und sieht das Schiff des
Vaters bereits weit draußen auf dem Meere. So auch hier.
Vergeblich fleht sie ihren Vater und dessen Vasallen an. Sie
bekommt nur die eine Antwort aus der Ferne zurück, daß
eine höhere Macht sie zwinge, so zu handeln:

> Fuerçan las vozes del cielo.

Auch Coridon und Dorinda entsprechen dem Frissus und
der Flora des Calderon'schen Lustspiels. Hier wie dort bildet
die Liebe dieses Dienerpaares den Stoff einer heiteren Nebenhandlung; hier wie dort bleibt das Paar bei der ausgesetzten
Psyche zurück.

Endlich erscheint Psyche auf der Höhe des Felsens. Sie
klagt über die Härte der Fortuna. Doch Zephyr und Flora
schweben hernieder und teilen ihr mit, daß ihre Leiden nun
enden sollen. Sie selbst stünden in Amors Diensten. Glücklich solle sie in den Armen eines Herrschers leben, der sich
ihr ganz hingebe. Höchst überrascht entgegnet Psyche:

> Permitidme que os pregunte . . .
> si esse amante que os embia
> puede (siendo yo infeliz)
> hazerme feliz?

Und die Antwort darauf lautet:

> No, si procurares verle.
> Si amarle sin verle, si.

Die beiden Boten verschwinden, der Felsen mit ihnen,
und statt seiner taucht die Fassade des Amorpalastes auf.
Furcht und Hoffnung ringen in Psyche um die Oberhand;

doch trägt die letztere den Sieg davon. Ein solcher Palast
müsse sicher einen großmütigen Herrn haben, und so betritt
sie, da die Nacht schon nahe ist, mit Coridon und Dorinda
das Gebäude. Auch diese Stelle vermag den Calderon'schen
Einfluß nicht zu verleugnen. Desgleichen ist die folgende
Szene von Calderon inspiriert. Psyche ist im Palaste und
bewundert die erstaunliche Pracht, die sich ihrem Auge bietet.
Wundersame Musik erklingt und wir hören Amors Gesang,
in welchem er zu Psyche von seiner Liebe spricht. Diese
Art des Liebesgeständnisses finden wir bei Calderon nicht
nur im Lustspiele, sondern auch in den beiden Autos!

Es erscheint sodann eine Schar Nymphen, die huldigend
vor Psyche niederknien und sie als Herrin begrüßen. „Staune
nicht!" sagen sie, „der erhabene Gebieter über diese Wälder
ist dein Sklave, und mit ungeduldigem Gehorsam erwartet er
die Erlaubnis, dich zu sprechen. Und da du durch dein
Stillschweigen sie erteilst, so löscht die Lichter aus!" Auch
das Verlöschen der Lichter, als Amor sich Psyche nahen
will, gemahnt wieder an Calderon.

Amor tritt an Psyche heran, gesteht ihr nochmals seine
Liebe und bezeichnet sich auf die Frage, wer er sei, nur als
un dichoso, un fuego.

Sie dürfe nicht erfahren, wer er eigentlich sei. Da erscheint der von Fortuna gesandte Morpheus, ein verborgenes
Licht in der Hand, welches er plötzlich enthüllt. Amor ist
gezwungen, zu entweichen und flieht, sein Angesicht verbergend,
von dannen. Morpheus aber versichert Psyche, er habe Mitleid mit ihr ob der Gefahr, in der sie schwebe. Und um sie
vollends zu täuschen und sie glauben zu machen, es spreche
die Stimme des Himmels aus ihm, zählt er ihr alles auf, was
sich seit ihrem Verweilen im Palaste der Fortuna zugetragen
habe, wie sie wieder nach Hause gekommen sei, wie man ob
der vielen Schicksalsschläge sich Auskunft beim milesischen
Orakel erbeten und von ihm erfahren habe:

> Dexala en el escollo de los hados,
> donde esposo la aguarda un mostro fiero,
> viuora razional, que al cielo escupe
> mortal contra inmortales su veneno.

12*

Dein Vater, so fährt Morpheus fort, erschrak, verschwieg
das Orakel und setzte dich auf diesem Felsenriffe aus.

Durch diese Aufzählung der wichtigsten Tatsachen, die
wir uns als zwischen erster und zweiter Jornada liegend zu
denken haben, werden wir, allerdings ziemlich spät, aufgeklärt,
wie Psyche, die wir am Schlusse des ersten Aktes doch in
der Gewalt der Fortuna sahen, dazu kommt, von ihrem Vater
ausgesetzt zu werden. Daß an dieser Stelle dem Autor
wieder Calderon vorgeschwebt hat, ist klar. Denn nur bei
Calderon finden wir, daß Psyche auf einer Insel ausgesetzt
wird, nur bei ihm wird erzählt, daß der König das Orakel,
dessen zweiten Teil wir hier vernehmen, verschweigt.

Psyche muß zugestehen, daß sich alles so verhalten hat,
worauf Morpheus fortfährt: Dieses Ungeheuer ist es, das
dich in all dieser Pracht gefangen hält. Deine Ehre und
dein Leben stehen auf dem Spiele. Ohne seinen Tod ist
deine Freiheit unmöglich. Sein Tod hängt aber nach Schick-
salsbestimmung davon ab, daß du ihn zuvor siehst. Nachdem
der trügerische Gott Psyche noch Licht und Stahl ausgehändigt
hat, entschwindet er.

Die unmittelbar folgenden Szenen beschäftigen sich nur
mit Endymion, der auf Fortunas Anstiften die schlafende
Diana belauscht und ein von Morpheus gemaltes Bild der
schlafenden Diana aus den Händen dieses Gottes empfängt.
Während der ganzen Zwischenzeit hat aber Venus weder von
Amor noch von den beiden Flüchtlingen etwas vernommen.
Nun will sie bei Fortuna und Morpheus sich erkundigen.
Von diesen geleitet, gelangt Venus denn auch in einen Garten,
wo Amor und Psyche, Diana und Endymion weilen. Der
Zuschauer hat gewissermaßen ein dreifaches Schauspiel vor
sich, das sich zu gleicher Zeit abspielt, da Venus, Fortuna
und Morpheus schon Zuschauer einer doppelten, gleichzeitigen
Handlung auf der Bühne sind. Venus erkennt, daß sie von
Amor hintergangen worden ist, da sie ihn mit der ihr so
verhaßten Rivalin in inniger Vereinigung sieht. Endymion
andererseits ist glücklich im Anblicke seines Gemäldes. Sobald jedoch Amor und Endymion schlummern, naht beiden
das Verhängnis, hier indem Diana ihm das Bild entreißt, dort

indem Psyche mit dem Lichte und dem Dolche naht, um das vermeintliche Ungeheuer zu schauen und zu töten. Mit Psyches Verstoßung, mit dem Entschwinden Amors und Dianas, sowie des Palastes endet der zweite Akt.

Die zweite Jornada zeigt uns wieder unleugbar den Einfluß Calderon's, andererseits aber auch einzelne Züge, die bei Calderon übergangen sind und sich nur in der Apuleianischen Fassung finden.

Die Zerlegung des Orakels in zwei Teile, das von dem König beobachtete Schweigen über das Orakel, die Art und Weise der Aussetzung Psyches, ihre Aufnahme in den Amorpalast, Amors Liebeserklärung, all diese Züge entsprechen, wie wir schon in der Analyse dargetan haben, ganz und gar der Calderon'schen Darstellung. Andererseits erinnert die Einführung Zephyrs in das Drama, wozu Solis allerdings noch die Flora fügt, sowie die ausdrückliche Erwähnung des milesischen Orakels an Apuleius. Eine tiefer greifende Änderung besteht in der Übertragung der Rolle der neidischen Schwestern auf den Gott Morpheus.

### III. Jornada.

Abermals haben wir eine längere Zwischenzeit anzunehmen. Psyche und Endymion treten auf; beide klagen über ihr hartes Geschick. So erfahren wir aus Psyches Munde, was sich alles zugetragen hat, seit sie Amor mit dem Lichte genaht und ihn durch den Tropfen siedenden Öles verwundet hat. Lange ist sie herumgeirrt, stets nach Amor verlangend und suchend. Eines Tages kommt sie schutzflehend zu Ceres, doch diese weist sie aus Furcht vor Venus ab. Von dieser Göttin erfährt Psyche auch, daß Venus schon lange nach ihr suche, um sie einem grausamen Tode zu weihen. Da liefert Psyche sich selbst aus, um durch jenen letzten Schmerz ihren Leiden ein Ende zu machen. Von Venus wird sie als Sklavin behandelt; die schwersten Arbeiten werden ihr auferlegt. Aber eine geheime, übernatürliche Macht steht ihr helfend zur Seite. Eingehend wird die dritte Probe berichtet:

> Mandòme un dia traer,
> llena del nociuo humor

de la fuente, en que el Cocito
su primer vena adquirió
una ampolla de cristal.

Sie kommt in einen schrecklichen Wald, in den das
Sonnenlicht nicht zu dringen vermag. Hier vernimmt sie das
erste Rauschen der Quelle, die ihr Gefängnis durch einen
unnahbaren Felsspalt verläßt. Die weitere Schilderung entspricht völlig der Apuleianischen. Aber nachdem sie das
Wasser in ihrem Besitz hat, kommt Fortuna zu ihr, ver-
gießt ihr dasselbe und fordert sie auf, Amor zu suchen, der
sich in den Wäldern von Paphos verborgen halte. Sogleich
macht sich Psyche auf, ihn zu suchen. Sie findet ihn jedoch
nicht, und nur das Echo gibt ihr Antwort auf ihren Klageruf. Dazu weiß sie, daß Venus sie verfolgt, aufs äußerste
über ihre Flucht erbittert. Soweit sind wir bei Beginn dieser
Jornada. Nun setzt die Handlung wieder ein. Ungesehen
von Psyche und Endymion, zwischen den Kulissen, tritt Fortuna
mit Palämon auf. Die Göttin fordert die Beihilfe ihres
Priesters, um Psyche in erneutes Leid zu stürzen, Endymion
hingegen glücklich zu machen. Zu diesem Zwecke soll er
die beiden zu einem Hirtenfeste bringen, welchem auch Amor
und Diana beiwohnen. Fortuna selbst aber will den Eifer
der Venus und des Merkur anregen, Psyche zu suchen. Es
folgt ein Szeneriewechsel. Vor unseren Augen spielt sich ein
ländliches, von Hirten veranstaltetes Fest ab. Amor und
Diana befinden sich im Schäferkostüm unter den Hirten.
Aus den Gesprächen Amors mit Diana sowie aus seinen Gesängen können wir entnehmen, daß, so sehr er sich über
Psyches Treulosigkeit beklagt, seine Liebe doch noch nicht
geschwunden ist, sondern daß vielmehr seine Gedanken stets
bei Psyche weilen. Und als sodann Merkur erscheint und
verkündet, daß sich die Gunst der Venus in hohem Grade
erwerben werde, wer ihr Psyche und Endymion ausliefere,
und demzufolge sich die Hirten augenblicklich auf die eben
herankommenden Flüchtlinge stürzen, da tritt Amor für Psyche
ein und weist die Hirten zurück, während Diana, Endymions
Huldigung verabscheuend, in den Wald enteilt. Aber bittere
Vorwürfe kann Amor der treulosen Psyche nicht ersparen.

Diese verteidigt sich damit, daß ein Gott ihr gesagt habe,
ihr Gatte sei ein Ungeheuer. Die Furcht habe sodann das
Übrige bewirkt. Mehr als alle ihre Worte jedoch wirken auf
Amor ihre Schönheit und ihre Tränen:

> Acaba,
> no llores, ni digas mas,
> que eres muy hermosa (ingrata)
> y aunque te disculpas mal,
> te basta para razon
> parecer bien, y llorar.

Aber Fortuna und Palämon erscheinen, und letzterer
führt Psyche hinweg. Amor, welcher ihr sofort folgen will,
wird von Fortuna zurückgehalten mit den Worten:

> No podràs (sc. seguir),
> que el Amor sin la fortuna
> aun yerra en el acertar.

Die eigentliche Handlung drängt nun rasch zum Schlusse.
Durch Fortunas Walten und den Gesang der Sirenen fällt
Amor in die Hände der Venus. Sie steigen zum Götterhimmel empor, wo über Psyches und Endymions Schicksal
entschieden wird. Endymion wird, wie er sich gewünscht, der
ewige Schlaf verliehen, um darin glücklich zu sein, Psyche
aber erhält die Unsterblichkeit. Schließlich findet zwischen
Amor und Fortuna noch ein leidenschaftlicher Streit statt
über die Beantwortung der Frage, wer den Sieg davongetragen
und demnach die größere Macht gezeigt habe. Jupiter legt
sich ins Mittel, indem er ein beide Teile befriedigendes Urteil
fällt. Psyche jedoch, mit der Unsterblichkeit beschenkt, wird
in den Götterhimmel als Amors Gattin aufgenommen.

Die Erzählung von Psyches Irr- und Wanderfahrten, wie
wir sie aus ihrem eigenen Munde vernehmen, ihr Schutzflehen
bei Ceres, ihre freiwillige Auslieferung an Venus, das Schöpfen
des Wassers aus der stygischen Quelle entspricht völlig der
Apuleianischen Darstellung, wenn Solis sich auch gezwungen
sieht, da und dort zu kürzen. Neu aber ist die Idee, nach
welcher Fortuna der Psyche das mühsam erlangte Wasser

verschüttet und sie zur Flucht nach den Wäldern von Paphos anregt. Neu ist auch der Gedanke, nach welchem das Wiedersehen der beiden Liebenden bei einem Schäferfeste stattfindet. Nur in der Rolle des Merkur finden wir wieder Bekanntes. Aber während nach Apuleius niemand weiß, wo die verfolgte Psyche herumirrt, stürzen sich hier die Hirten sofort auf sie, als sie ihrer ansichtig werden. Ebenso ist uns neu, daß es in erster Linie Psyches Tränen sind, die Amor zur sofortigen, völligen Aussöhnung veranlassen. Die nachfolgenden Szenen sind gänzlich Solis' Eigentum, abgesehen von dem einen Gedanken, daß Psyche durch Jupiter die Unsterblichkeit erlangt und schließlich endgültig mit Amor vereinigt wird.

Ziehen wird das Endergebnis aus den gepflogenen Erwägungen! Diese haben gezeigt, daß Solis, nicht wie er selbst angibt, nur Apuleius als Vorlage benutzt hat, sondern daß er vielmehr eine Reihe von Ideen im ersten und vornehmlich im zweiten Akte Calderon verdankt. Im dritten Akte ist Calderon's Einfluß nicht mehr zu verspüren.

Daß Solis bei der Verquickung zweier verschiedenartiger Stoffe unsere Fabel auch häufig um- und neugestalten mußte, war von vornherein nicht anders zu erwarten. Was diese Verschmelzung selbst anlangt, so ist sie keineswegs eine glückliche Idee zu nennen. Sie ist entschieden zu ungunsten der Erzählung ausgefallen. Oft wird der Gang der Handlung recht schleppend und schwerfällig. Vor allem die oft wiederholten Entführungen der Psyche durch Fortuna und ihre Helfer wirken ermüdend und erlahmen unser Interesse. Das Drama ist ein Ausstattungsstück, bei welchem viel Pracht und mächtiger Pomp entfaltet werden konnte. Wenn es, wie Erdmann hervorhebt, in ganz Europa große Bewunderung erfahren hat[1]), so ist dies in erster Linie das Verdienst dieser äußeren Glanzentfaltung. Das Drama an und für sich ist ein plumpes Machwerk.[2])

---

[1]) Molières *Psyché*, p. 40.
[2]) Vgl. Martell, *The Dramas of Solis*, p. 49.

### Sauaro.

Die Solis' Drama zeitlich am nächsten stehende Bearbeitung des Psychemärchens treffen wir wieder in Italien an. Es bandelt sich abermals um eine Art Musikdrama. Der Titel lautet :

La Psiche Deificata
Dell Archidiacono Sauaro di Mileto.
Posta in Musica da Mauritio Cazzati.
Cantato in Bologna 1668.

Das Stück zerfällt in zwei Abschnitte und wird zum Teil erzählt, zum Teil dargestellt. Es beginnt erzählend (il Testo):

Già tra notturne piume,
De l'alato fanciul di Citerea
Gl'inuisibili amplessi
Con diuieto fatal Psiche godea,
Quando di veder vaga
Il suo diletto ignoto,
Che dormía dolcemente,
Dal letto muta, e tacita discese
E d'accesa lucerna al picciol lume
Desiosa mirando,
Vide in volto mortal, beltà di Nume.

Die folgenden Szenen werden dargestellt. Psyche nähert das Licht dem Antlitze des Schlafenden und gibt ihrer Überraschung Ausdruck in leidenschaftlich frohen Gesängen:

O Dio che veggio, o Dio
A sì legiadra vista il cor vien meno.
Dunque in vece d'un mostro
Sì legiadro fanciul m'accoglie in seno.

O ihr betrügerischen Schwestern! Ruchlos ist euer Sinn. Ihr sagtet mir, daß ein schrecklicher Drache im Bette mich umarme, und nun schaue ich in seinem Gesichte, in seiner Miene die Schönheit des Paradieses. Dann erblickt sie den Bogen, den Köcher und die Pfeile und erkennt daran den Gott Amor. An dieser Stelle setzt der erzählende Text wieder ein. Während Psyche so den Geliebten betrachtet, fällt ein

Tropfen siedenden Öles auf dessen Schulter. Amor erwacht infolge des dadurch verursachten Schmerzes und ruft aus (Darstellung):

> Ah! chi mi brucia, ohimè?
> Di qual nouo splendor rimiro i rai?
> Questa, o ingrata, è la fè?

Aber deinen Verrat wirst du büßen. Fliehen werde ich für immer von dir. Damit reißt er sich von Psyche los, die nicht von ihm lassen will:

> Ti seguirò nel Cielo, e nel' Inferno.

Es folgt nun eine Szene, in welcher Psyche ihr verlorenes Glück beklagt, während das Echo auf ihre Klagen Antwort gibt. Diese Echoszene kehrt seit Udine immer wieder. Im Musikdrama ließ sich damit offenbar musikalischer Effekt verbinden. Hier enthält die Antwort des Echos zugleich eine Verheißung für Psyche, denn die einzelnen Worte zusammengesetzt ergeben:

> Spera. Il Nume. D'Amor. Sarà. Tuo. Sposo.

Psyche faßt daraufhin neue Hoffnung.

Nun setzt der Text wieder ein. Venus, erzürnt über die Liebe ihres Sohnes, schickt indes Psyche, um sie in die äußerste Gefahr zu bringen, unter einem leeren Vorwande zur Beherrscherin der Unterwelt.

Der Gang Psyches zum Hades wird wieder dargestellt. Die Unglückliche klagt:

> O mio fato crudele,
> O mia sorte funesta;
> In tanti acerbi mali
> Chi ristoro m'appresta?

Psyche gelangt sodann zum Acheron. Charons Diener aber will sie nicht übersetzen:

> Ma qual nouo Destino
> Ti sforza à penetrar di Stige al regno?

Psyche berichtet den ihr zuteil gewordenen Befehl. Es wird schließlich Charon selbst herbeigerufen. Auch dieser

weigert sich. Erst neulich, sagt er, sei er um das Fahrgeld
betrogen worden. Als ihm aber Psyche den Fahrpreis an-
bietet (und Momus sich ins Mittel legt), läßt er sich bewegen,
Psyche an das andere Ufer zu bringen. Dies sind die wesentlichen Züge des ersten Teiles.

II. Teil.

Es wird erzählt: Durch einen Diener erfährt Pluto, daß
*una vaga Donzella* sich schutzflehend vor ihm neige und um
Audienz bei der Königin der Unterwelt nachsuche. Von
Venus gesandt komme sie in das Reich der Toten. Psyche,
deren Ruf auch bis hierher gedrungen ist, wird sogleich
vorgelassen. (Darstellung.) Proserpina nimmt sie sehr gnädig
auf, überreicht ihr das Gefäß mit der Schönheitssalbe und
warnt sie:

> Prendilo, e così chiuso
> A Citherea lo reca.
> Guarda di non aprirlo! . . .

Psyches Rückkehr, die Öffnung der Vase, ihre todähnliche
Betäubung und Rettung durch Amor schließt sich an diese
Szene. Dann aber sehen wir Amor bei Jupiter, der ihm im
voraus Gewährung seiner Bitte zusichert, was immer es sei.
So spricht denn Amor von seiner Liebe zu Psyche und er-
bittet sich diese als Gemahlin. Merkur unterstützt Amors
Bitten, so daß Jupiter schließlich spricht:

> Per la Stigia Palude,
> Al Ciel tremendo, Io giuro,
> Che se la bella Venere vorrà,
> Psiche legiadra, e vaga
> Sposa d'Amor sarà.

Aber schon erscheint Psyche. *Venere è contentissima*
berichtet sie; ihr Gang zur Unterwelt habe diesen Wandel
im Sinne der Göttin bewirkt. So werden sich denn die Liebenden gegenseitig zugesprochen. Psyche trinkt alsdann Unsterblichkeit im Nektar der Götter, und das Ganze findet
seinen Abschluß in einem jubelnden Gesange über die glückliche Vereinigung von Amor und Psyche.

Savaro hat die Fabel einer bedeutenden Kürzung unterzogen. Er hat nicht nur die ersten drei Prüfungen Psyches übergangen, sondern auch alle jene Züge und Ereignisse, welche den Geschehnissen im Amorpalaste vorangehen. Venus ist hier auf Psyche nur deshalb erzürnt, weil die Sterbliche ihrem göttlichen Sohne Liebe eingeflößt hat. Wir vernehmen dagegen nichts von der Eifersucht der Venus, von dem an Amor ergangenen Auftrage, von dem Orakel und Psyches Aussetzung. Der Gedanke, nach welchem Psyche ein Ungeheuer zum Gatten haben soll, scheint bei Savaro von den neidischen Schwestern völlig neu ersonnen zu sein. Jetzt erst sind wir an dem Punkte angelangt, an welchem das Singspiel einsetzt. Die Szenen, welche im ersten Teile vor Augen geführt werden, schließen sich im allgemeinen ganz genau an die Apuleianische Darstellung an. Etwas fremder gestaltet sich der zweite Teil, vornehmlich in den Eingangsszenen, so das Auftreten Plutos und die außerordentlich freundliche Aufnahme Psyches bei Proserpina. Ebenso fällt auf, daß hier Merkur bei Jupiter den Fürbitter für Amor macht, ferner Jupiters augenblickliches Zugeständnis gegenüber Amors Forderungen, vor allem aber das unvermittelte und unerwartete *Venus è contentissima.*

Was die Frage nach Savaro's Vorlage anlangt, so hält es schwer, hierin zu einem sicheren Resultate zu kommen, denn die Szenen, die uns Savaro vor Augen führt, sind entweder eigenes Produkt des Verfassers, oder sie schließen sich der gewöhnlichen Fassung des alten Märchens in einer Weise an, daß man unmöglich bestimmen kann, ob diese oder jene Vorlage zugrunde liegt. Nur drei Stellen konnte ich ausfindig machen, deren Spuren mit einiger Sicherheit auf Diamante Gabrielli und auf Poggio hinweisen. Gabrielli und Savaro haben jene eine Szene gemeinsam, in welcher Psyche mit Charon wegen der Überfahrt über den Styx verhandelt, nur hat Savaro die Szene noch etwas weiter ausgedehnt. An Poggio erinnert der Umstand, daß Savaro wie jener, ohne nur mit einem Worte die ersten drei Proben zu erwähnen, die Wanderung der Psyche zur Unterwelt vor Augen führt. An Poggio gemahnt ferner noch die Aufnahme der Psyche

bei Proserpina und deren ausdrückliche Warnung vor dem
Öffnen des Gefäßes, während nach der gewöhnlichen Fassung
doch der Turm diese Warnung ausspricht. Was Savaro's
Bekanntschaft mit den beiden Musikdramen noch wahrscheinlicher macht, ist die Tatsache, daß dieselben mit außerordent-
lichem Beifall aufgenommen worden waren, wie in Poggio's
Dichtung die Vorrede des Druckers an den Leser, bei
Gabrielli eine Reihe von Huldigungsgedichten beweist, welche
an den Autor ob seiner Dichtung gerichtet worden waren.
Als Savaro sich mit dem Gedanken trug, den Psychestoff in
einem Singspiele zu verwerten, wird er dann naturgemäß in
erster Linie auf jene Psychedichtungen zurückgegriffen haben,
die für musikalische Aufführung bestimmt waren.

Literarischer Wert ist Savaro's Dichtung in keiner Beziehung beizumessen. Sie kann für uns nur von Interesse
sein als Glied in der langen Kette von Dichtungen, die bis
in die neueste Zeit das Geschick der lieblichen Psyche behandeln.

## La Fontaine.

Die bisher besprochenen Psychedichtungen gehören fast
ausnahmslos der italienischen und spanischen Sprache an. Auf
dem Gebiete der französischen Literatur sind wir bisher nur
einem Ballet begegnet, welches die ihm zugrunde liegende
Idee der Psychefabel entlehnt hat. Erst La Fontaine er-
öffnet eine Reihe von Psychedichtungen, die bis in die neuere
Zeit hereinreicht. La Fontaine wählt zur Darstellung der
Fabel gelegentlich mit Versen untermischte Prosa. Der
Titel seines Romans lautet: *Les Amours de Psyché et Cupidon.*
Zur Veröffentlichung gelangte das Werk im Jahre 1669.

Eine ziemlich eingehende Analyse der La Fontaine'schen
Erzählung finden wir bei Reimann[1]), so daß ich wohl mit
Recht von einer neuen Inhaltsangabe Abstand nehmen kann,
wenn auch Reimann die Abweichungen von Apuleius hätte
schärfer hervorheben sollen. Nur eines ist noch ergänzend zu
berichten, was in jener Analyse fast gar keine Beachtung

---

[1]) *Des Apuleius Märchen* etc. 1885.

gefunden hat, das ist der stark satirische Zug der von Anfang bis zum Ende hervortritt, sobald es gilt, den weiblichen
Charakter, die weibliche Eitelkeit, Eigenliebe und Untreue,
den unbezwinglichen Stolz und die unbeugsame Unversöhnlich-
keit des Weibes bei Beleidigungen zu schildern. Dieser Zug
ist um so weniger außer acht zu lassen, als er dem Ganzen
eine eigentümliche, charakteristische Färbung verleiht.

Was die Quellenfrage betrifft, so gibt der Autor selber,
in der Vorrede zu dem Roman seine Vorlage an: «*Apulée me
fournissoit la matière*», schreibt La Fontaine. «*Presque toutes
les inventions sont d'Apulée, j'entends les principales et les meilleures. Il y a quelques épisodes de moi.*»

Wenn auch Apuleius die Quelle La Fontaine's gewesen
ist, so dürfen wir dennoch annehmen, daß der Gedanke an
die Bearbeitung dieses Stoffes von anderer Seite in ihm wachgerufen worden ist. Wir haben im Vorausgehenden zur
Genüge gesehen, welcher Beliebtheit die Apuleianische Fabel
sich seit dem 16. Jahrhundert erfreut hat. Literatur und
Kunst griffen zu dem für beide gleich anziehenden Stoffe.
In Frankreich selbst war 1623 Marino's Adone erschienen,
welcher die Erzählung von der schönen, unglücklichen Psyche
als Episode enthält. Im Jahre 1656 war im Louvre zu Paris
vom Könige in eigener Person das oben besprochene Ballet
*Psyché ou la Puissance de l'Amour* getanzt worden. All diese
Umstände konnten La Fontaine nicht entgangen sein. Auch
hatte er 1658 bereits, offenbar von Marino angeregt, einen
*Adonis* geschrieben. Und so hat sicherlich der vierte Gesang
des *Adone*, d. i. die Psycheepisode, ebenfalls La Fontaine angeregt, den gleichen Stoff zu behandeln. Allerdings ist dies
auch alles, was die französische Bearbeitung derjenigen Marino's
verdankt. «*La Fontaine se garda bien de suivre un aussi mauvais modèle*», sagt Moland in der Einleitung zu dem genannten
Romane. Es ist indes sehr wahrscheinlich, daß La Fontaine
auch noch andere italienische Psychedichtungen eingesehen
hat. So erinnert die *Meerfahrt der Venus in Begleitung von
Tritonen und Nereiden* an das Drama des Diamante Gabrielli,
bzw. Poggio. An Gabrielli's Drama erinnert sodann eine
Idee, die wir anderwärts nicht wieder finden. „Schon stehen

zwei Personen am Fuße des Berges und suchen dich. *Ich würde sie vertreiben, wenn das Schicksal es zuließe.*" Amor kann also nicht verhindern, daß die Schwestern zu Psyche kommen. Den gleichen Gedanken aber spricht Amor auch bei Diamante Gabrielli aus. Psyche habe nun ihre Schwestern gesehen, *verweigern habe er es nicht können*, und seine Bitten seien fruchtlos gewesen. Trotz solcher Anklänge dürfen wir aber doch daran festhalten, daß Apuleius die eigentliche Vorlage La Fontaine's gebildet und daß er aus dieser Quelle geschöpft hat, wie er selber sagt, «*selon la liberté que je me donne*». Der Gang der Handlung ist bei La Fontaine in der Tat im wesentlichen derselbe wie bei Apuleius. Die Personen sind die gleichen und wenn auch Episoden echt La Fontaine'schen Geistes in die Erzählung eingeschoben sind, die Vorlage tritt immer wieder deutlich hervor. Und dennoch, La Fontaine hat ganz etwas anderes hervorgebracht als der lateinische Autor. Apuleius hat gewissermaßen das Gerippe geliefert, La Fontaine aber die Form und vor allem den Geist dazu geschaffen. Von dem ursprünglichen Märchen finden wir keine Spur mehr. Hatte Apuleius den Märchencharakter schon stark verwischt, so läßt die La Fontaine'sche Fassung einen Gedanken an die ursprüngliche, primitive Gestalt der Fabel überhaupt nicht mehr aufkommen. An die Stelle schmuckloser Darstellung und schlichtester Einfachheit treten Kunst, Reflexion und Satire. Letztere ist nicht etwa bloß zufällig und gelegentlich, sondern gewollt und konsequent durchgeführt. Sie ist es, welche die La Fontaine'sche Bearbeitung am weitesten von Apuleius und den gewöhnlichen Darstellungen abrückt. Sie verändert das gesamte Bild und verleiht der Erzählung in erster Linie den neuen, ihr an und für sich durchaus fremdartigen Geist. Vielleicht ist Menghini mit Rücksicht auf diese im ersten Augenblicke seltsam und fremdartig berührende Erscheinung hin zu seinem absprechenden Urteile gekommen, welches den Roman als eine «*ben misera cosa*» bezeichnet.[1]) Ich kann mich dieser Ansicht nicht anschließen. Die Satire La Fontaine's ist so fein, so wahr,

---

[1]) *Scelta di Curiosità*, p. CXIX.

manchmal selbst beißend, dabei aber stets so humorvoll,
daß sie gewissermaßen wie eine neue, frische Ader neues
frisch pulsierendes Leben in die ganze Erzählung bringt.[1]
Dabei ist die Sprache so glatt und gerundet, daß wir den
Roman, wie sehr er auch manchmal den Geschmack der Zeit
verrät, selbst heute noch mit Interesse und Vergnügen lesen.

## Molière.

Wir kommen nunmehr zur Besprechung einer der be-
kanntesten und weitaus schönsten Psychedichtungen seit Apuleius bis auf unsere Tage. Die Form der Dichtung ist
die dramatische und der Verfasser des Dramas ist Molière.
Quinault hat den Text der Gesangspartien beigesteuert,
Lulli die Musik dazu geschrieben. Das an szenischer Pracht
reiche Drama wurde am 17. Januar 1671 vor Ludwig XIV.
in den Tuilerien und am 24. Juli desselben Jahres im *Palais
royal* zur Aufführung gebracht.[2]

Hierzu stehen außer den diesbezüglichen Notizen in den
verschiedenen Abhandlungen über Molière und seine Werke
die ausführlichere Besprechung Reimann's[3] und vor allem
Erdmann's[4] Untersuchung zu Gebote. In letzterer Abhandlung
ist auch das Quellenverhältnis eingehend behandelt. La Fontaine,
Poggio und Calderon haben einigen Einfluß auf Molière ausgeübt. Es erübrigt nur noch einiges wenige hinzuzufügen.
Zu den Seite 34 angeführten, an Poggio gemahnenden Zügen

---

[1] Von anderen Gesichtspunkten ausgehend beleuchtet v. Waldberg in seinem unlängst erschienenen Werke *„Der empfindsame Roman
in Frankreich"* die unverkennbaren Spuren sentimentaler Neigungen, die
in La Fontaine's Roman zutage treten (vgl. I, 37 ff.). Doch gewinnt
das scherzhaft ironische Element immer wieder die Oberhand über das
empfindsame. Häufig ist es ganz unmöglich, eine scharfe Grenze
zwischen beiden zu ziehen. Dies gilt besonders von den p. 39 des
zitierten Werkes angeführten Partien: „Der Ἔρος φιλόνεικος des antiken
Romans ist hier ein weinerlicher Pantoffelheld..." etc. — Man vergleiche hierzu die Gestalt Amors bei Poggio!

[2] Lucas, *Histoire* etc. III, 300.

[3] *Des Apuleius Märchen* etc. 1885.

[4] Molière's *Psyché*, Diss., Insterburg. 1892.

ist noch zu bemerken, daß die 7. Szene des ersten Aktes bei Molière ein Vorbild hat im zweiten Akte des italienischen Musikdramas, denn auch dort finden wir die schadenfrohen Reden der beiden älteren Schwestern über Psyches Untergang.

Was das Verhältnis von Molière's *Psyché* zu Calderon's *Ni Amor se libra de amor* anlangt, so ist daran festzuhalten, daß dem Lidorus und Arsidas des spanischen Dramas der Kleomenes und Agenor Molière's entsprechen. Einige Änderungen mußten sich ergeben, da Molière die entbehrliche Figur des Anteus mit den Gestalten der beiden Könige verschmolzen hat. Daher auch der Zug, daß sie sich mutig der Gefahr, dem drohenden Tode entgegenstürzen, nur um Psyche zu retten. Auch Anteus verachtet Leben, Ehre, ja Seele, wo es gilt für Psyche einzustehen; mutig wirft er sich ins Meer, um die Geliebte aus dem drohenden Unheil zu erretten. Diese Züge hat Molière auf Kleomenes und Agenor übertragen. Die Frage endlich, ob Molière den Apuleius selbst eingesehen und aus ihm etwa jene Partien geschöpft habe, die keine Abweichung von der gewöhnlichen Fassung des Märchens aufweisen, bezeichnet Erdmann (S. 40) als möglich, jedoch unbestimmbar. Mich dünkt indes, daß diese Frage zu bejahen sei. Schon im Prologe macht sich meines Erachtens der Einfluß des Apuleius geltend und zwar an jener Stelle, wo Venus Amor gegenüber in leidenschaftliche Klagen ausbricht über die Vernachlässigung ihrer Gottheit. Treffend und mit feiner Steigerung malt da der Dichter die Selbstqual der Göttin, die ihren Höhepunkt erreicht in dem Gedanken an die Schadenfreude und den Spott der einst mit ihr um den Preis der Schönheit rivalisierenden Göttinnen. Sie hört sie im Geiste schon triumphieren:

> Vante, vante Vénus, les traits de ton visage;
> Au jugement d'un seul tu l'emportas sur nous;
> Mais, par le jugement de tous,
> Une simple mortelle a sur toi l'avantage.

Diese Stelle erinnert an jenes bittere Selbstgespräch der Venus, das mit den Worten beginnt: *En rerum prisca parens* ... und genau mit dem bei Molière verwerteten Gedanken abschließt: *Frustra me pastor ille, cuius iustitiam fidemque magnus comprobauit Iupiter, ob eximiam speciem tantis praetulit deabus.*

Die von Venus an Amor gerichtete Aufforderung, ihre Ehre zu rächen, faßt Poggio, wie wir gesehen, in die Worte:

> Arda Psiche d'amor, ma per Amante
> *Il più* sozzo, *il più* vile, *il più* inconstante
> Che dal suo sen fecondo
> Habbia prodotto il mondo.

Bei Molière lautet diese Stelle:

> *Du plus* bas, *du plus* vil, *du plus* affreux mortel
> Fais que jusqu'à la rage elle soit enflammée.

Die von Erdmann (S. 34) hervorgehobene Ähnlichkeit des zweiten Verses in der italienischen Fassung mit dem ersten Verse bei Molière ist nicht abzuleugnen, aber dennoch glaube ich, daß sich Molière inhaltlich noch viel strenger an den lateinischen Wortlaut hält: *uirgo ista amore flagrantissimo teneatur hominis extremi, quem et dignitatis et patrimonii simul et incolumitatis ipsius fortuna damnauit, tamquam infimi . . .*

So sehr viel kürzer Molière den Gedanken auch zu fassen gewußt hat, er überträgt doch alle wesentlichen Punkte teils wörtlich teils etwas freier ins Französische. Man beachte folgende Gegenüberstellung:

1. tu plus bas (sc. mortel): tamquam infimi (sc. hominis)
2. du plus vil        : quem dignitatis et
3. du plus affreux    : incolumitatis ipsius
                   (fortuna damnavit)
4. fais que *jusqu'à la rage*: amore *flagrantissimo*
   elle soit enflammée    teneatur

Ein Vergleich der Fassungen des Orakels endlich zeigt auf den ersten Blick nicht nur die Übereinstimmung des Sinnes, sondern auch einzelner Wendungen. So entspricht dem

> Montis in excelsi scopulo desiste puellam
> ornatam mundo funerei thalami.
> nec speres generum mortali stirpe creatum,
> sed saeuum atque ferum uipereumque malum . . .

bei Molière

Qu'au sommet d'un mont elle soit promptement
En pompe funèbre menée!
Que l'on ne pense nullement
A vouloir de Psyché conclure l'hyménée
[mais que]
Pour époux elle attende en ces lieux (constamment)
Un monstre dont on a la vue empoisonnée.

Endlich liegt gar kein Grund vor, aus den bedeutenden
und zahlreichen Abweichungen des Dramas von der Apuleianischen Darstellung zu schließen, daß Molière Apuleius nicht
benutzt habe, da ersterer durchaus nicht der Mann war, der
sklavisch nachahmte oder durch die Form eines aufgegriffenen
Stoffes in seiner Bewegungsfreiheit sich beirren ließ. Wo
Molière seinen Stoff auch entlehnt, er wandelt ihn stets in
sein geistiges Eigentum um. Auch dürfen wir nicht vergessen, daß Molière nicht nur Schauspieldichter, sondern
selbst Schauspieler war, der bei einer außerordentlichen
Bühnenkenntnis sofort mit scharfem Auge die Schwierigkeiten erfaßte, welche sich in manchen Punkten der Inszenierung entgegenstellen mußten. Diese durch geschickte
Anordnung des Stoffes, durch entsprechende Umgestaltungen
zu vermeiden, verstand Molière in seinem Psychedrama vor-
trefflich.

Das Molière'sche Drama gehört unstreitig zu dem
Schönsten, was auf dem Gebiete der Psycheliteratur hervorgebracht worden ist. Die Charakterzeichnung ist es in erster
Linie, was das Drama weit über alle vorausgehenden Psychedichtungen erhebt. Mag Calderon's Lustspiel noch so mächtig
und vorteilhaft von allen übrigen Dramen dieser Art ab-
stechen, mag es an Kühnheit und Genialität der Erfindung
Molière's Stück überragen, an Schärfe der Charakterzeichnung
sowie an Innigkeit und Wahrheit des Empfindens erreicht es
nicht die Höhe des französischen Dramas. Es sei nur erinnert an den reizenden Auftritt, als Psyche unbewußt das
Geständnis ihrer Liebe ablegt, vor allem aber an die herrliche Szene, die uns Psyches Abschied von dem unglücklichen,
greisen Vater vor Augen führt.

### Th. Corneille bzw. Fontenelle.

Wir kommen endlich zur Besprechung der letzten Psyche-
dichtung des siebzehnten Jahrhunderts, die einer der drei
bedeutendsten romanischen Sprachen zuzuweisen ist. Sie ge-
hört wieder der französischen Literatur an und trägt den
Titel *Psyché, Tragédie lyrique.* Ursprünglich war sie Thomas
Corneille zugeschrieben, dann aber von Fontenelle als
Eigentum beansprucht worden. Zum erstenmal gelangte sie
zur Aufführung am 9. April 1678 in der *Académie Royale de
Musique* und wurde ebendort 1702 und 1703 wiederholt.[1])
Die Musik ist von Lulli. Den Text finden wir im 2. Bande
des *Recueil des Opéras, représentés par l'Académié Royale de
Musique* 1726.

Die Quelle, aus welcher der Verfasser dieses Musikdramas
geschöpft hat, ist auf den ersten Blick ersichtlich, denn wir
sehen, daß der ganze Prolog aus Molière's Psyche herübergenommen ist. Nur der Schluß des Vorspieles ist etwas
gekürzt worden.

Den ersten Akt eröffnen wie bei Molière Aglaure und
Cidippe. Aus ihrem Gespräche erfahren wir, daß die ganze
Gegend bisher von einem fürchterlichen Drachen verheert
worden sei. Venus habe das Ungetüm in das Land geschickt
aus Zorn über die der Psyche vom Volke erwiesenen göttlichen Ehren. Durch ein Opfer solle aber nunmehr das Land
von dem Unheile befreit werden.

In dem weiteren Gespräche geben sie sodann ihrer Verwunderung Ausdruck, daß Psyche bei all ihrer Schönheit
noch niemals geliebt habe:

Qui brave trop l'Amour doit craindre sa colère.

Neu ist also und meines Erachtens nicht unschön die
Idee, welche die Befreiung des Landes von dem durch Venus
gesandten Ungetüm an die Vollziehung eines (augenblicklich
noch unbekannten) Opfers knüpft. Aber bald macht sich der
Molière'sche Einfluß wieder geltend. Schon den Gedanken,
daß Amors Zorn reize, wer zu sehr seiner Macht trotze, finden
wir dort vorgezeichnet in der Szene, wo Psyche am Aus-

---

[1]) Lucas, *Histoire* etc. III, 319.

setzungsfelsen mit sich zu Rate geht, was eigentlich ihr grausames Geschick verschuldet habe. Und vollends steht das Stück Molière's vor unserem Auge, wenn wir unmittelbar hernach den Diener Lychas — bei M. heißt er Glykas — auftreten sehen, der wie dort die Schwestern mit dem Inhalte des Orakels bekannt macht. Der König habe zuerst das wahre Opfer verschwiegen, — man vergleiche Calderon und Solis — und es sei Psyche, die nach Weisung des Orakels auf dem bezeichneten Felsen dem Ungeheuer geopfert werden müsse. Die beiden Schwestern erblicken in dieser Bestimmung einen Racheakt der Venus und beklagen gemeinsam mit Lychas das unglückliche Opfer. Die beiden Schwestern sind also hier veredelt und menschlicher dargestellt. Wir werden auch sehen, daß in dieser Fassung nicht sie es sind, welche die Psyche ins Unglück stürzen, sondern Venus selbst.

Es schiebt sich sodann das erste Zwischenspiel von Molière's Psyche ein, nur ist dasselbe etwas verlängert, da der italienischen Plainte stets die französische Nachahmung folgt.

In der nächsten Szene tritt uns Psyche selbst vor Augen, die von dem ihr drohenden Geschicke noch keine Ahnung hat. Sie weiß die Betrübnis der beiden Schwestern sowie des Vaters nicht zu deuten, und erst auf ihr Drängen hin wird sie über das Orakel aufgeklärt. Wir erblicken hierin wieder eine Neuerung. Daran schließt sich die Abschiedsszene, die weiter nichts ist als eine schwache Nachahmung jener prächtigen ersten Szene des zweiten Aktes der Molière'schen Psyche, wo der todunglückliche Vater von seiner Tochter scheidet. Psyche steigt alsdann entschlossen den Felsen hinan; sie ruft dem Vater noch aus der Höhe zu, ihre Entschlossenheit müsse ihm gefallen, wenn er sie liebe, und schon sieht der König, wie sie von den Winden entführt wird. Auch hierin zeigt sich wieder der Einfluß Molière's. Aber wie unendlich zarter hat letzterer die Heldin trotz all ihrer Festigkeit gezeichnet! Bei Fontenelle artet Psyches Heroismus geradezu in Gefühllosigkeit aus.

Aus dem zweiten Zwischenspiele und dem dritten Akte des Molière'schen Stückes hat Fontenelle im allgemeinen den zweiten Akt zusammengesetzt. Vulkan ist mit acht Zyklopen

eben daran, die letzte Hand an die Vollendung und Ausschmückung des Amorpalastes zu legen. Zephyr vertraut ihm
an, daß all diese Pracht für Psyche bestimmt sei, die er eben
auf Amors Geheiß entführt habe und die nun auf schwellen-
dem Rasen zwischen Rosen und Jasmin schlummere. Mit
Vergnügen vernimmt Vulkan solche Kunde, weiß er doch,
daß diese Sterbliche die Eifersucht der Venus erregt hat.
So kann er sich durch seine Dienstleistung an seiner Gemahlin rächen:

> Je suis ravi de m'employer pour elle.
> Vénus m'a fait d'étranges tours
> Sur la Foy conjugale.

Die Idee, daß Zephyr dem Vulkan berichtet über den
ihm von Amor zuteil gewordenen Befehl ist uns neu, und
ebenso Vulkans Freude, seiner flatterhaften Gattin einen
Streich spielen zu können.

Es folgt nun aber als Balletteinsatz das vollständige
zweite Zwischenspiel Molière's, dem sich jedoch wieder neue,
bisher nirgends vorgezeichnete Szenen anschließen. Es erscheint Venus auf ihrem Wagen und überrascht Vulkan bei
seiner Arbeit:

> Quoy, vous vous employez pour la fière Psyché;
> Pour une insolente mortelle?

Ist diese Szene zwischen Venus und Vulkan also an und
für sich schon neu, so muß uns des weiteren noch auffallen,
daß Venus hier bereits in alles eingeweiht ist. Sie weiß für
wen der Palast bestimmt ist, sie weiß demgemäß auch, wie
Amor ihren (im Prologe ausgesprochenen) Befehl Folge ge-
leistet hat.

Vulkan gießt sodann seine Satire aus über die Eifersucht
der Venus und erklärt, um dieselbe noch mehr zu reizen,
auch er würde, wenn er von Natur aus mehr dazu geschaffen
wäre, Psyches Reizen huldigen. Der Zorn der Göttin richtet
sich endlich auch gegen Amor:

> C'est lui qui le premier trahit mes intérêts.
> Il sçaura que je suis sa Mère!

Der Palast erscheint alsdann in seiner Vollendung, in voller Pracht und Herrlichkeit (4. Szene). Psyche tritt auf, sieht den prunkvollen Bau, erblickt in der Vorführung solcher Schönheiten vor ihrem Tode eine erneute Grausamkeit des Geschickes und ruft nach dem ihr bestimmten Ungetüm. All diese Züge entsprechen genau der zweiten Szene des zweiten Aktes bei Molière. Als Antwort tönt ihr eine Symphonie entgegen. Verborgene Nymphen und Zephyre fordern sie auf, ihr Herz der Liebe zu erschließen. Ein Gott sei es, dem sie ihre Liebe widmen müsse. Und auf Psyches Frage, wer dieser Gott sei, entgegnet Amor selbst, jedoch unsichtbar:

> C'est moi, Psyché, . . .
> Le Destin vous défend de me voir comme Dieu
> Ou ma perte aussitôt vous coûtera des larmes.
> Pour me montrer à vous, je vay dans ce Palais
> Prendre d'un Mortel la figure.

Diese Szene erinnert fast an Calderon. Zwar entsprechen die letzten zwei Zeilen der eben zitierten Verse völlig der Darstellung Molière's. Jedoch die Art und Weise, wie Psyche von dem unsichtbaren Chore begrüßt, und wie die von Psyche gestellte Frage nach dem unbekannten Beherrscher dieses Palastes von Amor selbst beantwortet wird (*Yo . . . C'est moi . . .*), ruft uns unwillkürlich das Calderon'sche Lustspiel ins Gedächtnis zurück.[1]

Freilich Molière's Einfluß tritt sofort wieder in den Vordergrund. Es folgt jene Szene, die uns das Erwachen der Liebe in Psyches Herzen vor Augen führt. Es ist dies eine freilich sehr verwässerte Nachahmung der 3. Szene des III. Aktes bei Molière. Psyche ist hier nicht mehr jene lieblich naive Mädchengestalt, der die Liebe bisher noch ein fremder Begriff gewesen, und die Amor in aller Treuherzigkeit die seltsamen Regungen ihres Herzens gesteht. Schon drängt sich auf die Frage Psyches, ob sie keine Rivalin werde zu fürchten haben, die andere:

> Mais laisserez-vous ignorer qui vous êtes,
> Vous qui me promettez de m'aimer à jamais?

---

[1] Vgl. S. 112 f.

Amor bedeutet ihr, wenn sie einmal wisse, wer er sei
(d. h. wenn sie seinen Namen erfahre), werde sie auch suchen,
ihn zu sehen, und das verbiete das Geschick:

Me voir dans mon éclat c'est me perdre à jamais.

Damit nichts den Frieden ihrer Liebe störe und sie beide
in Verborgenheit in diesem Palaste leben könnten, habe er
das Orakel erteilen lassen. Psyche weiß nach dieser Fassung
also, daß ein Gott ihr Gemahl ist, nur darf sie seinen Namen
nicht erfahren und noch weniger ihn sehen.

Das dritte Zwischenspiel des Molière'schen Stückes bildet
den Abschluß dieses Aktes.

Starke Umgestaltungen zeigt uns der Beginn des dritten
Aktes. Im schönsten Gemache des Amorpalastes finden wir
Venus vor, aus deren Selbstgespräch wir ersehen, daß sie
höchlichst über all die Pracht erzürnt ist, die einzig für ihre
Nebenbuhlerin bestimmt ist. Aber sie weiß, daß Psyche vor
Begierde brennt, ihren Gatten zu sehen; sie weiß auch, daß
mit der Erfüllung dieses Verlangens Psyches Verderben zusammenhängt, und darauf fußt ihr Plan. Der eben erscheinenden Psyche gegenüber gibt sie sich als Nymphe aus,
von Amor zu ihrer Unterhaltung bestimmt. Diese klagt
schließlich der vermeintlichen Nymphe ihr Leid ob des stets
unerfüllten Herzenswunsches, den Gemahl einmal in seiner
wahren Gestalt zu schauen:

Que ne m'est-il permis de vous tirer de peine!

bemerkt Venus in schlauer Berechnung. Psyche weiß nun,
daß ihr von dieser Seite Erfüllung ihres sehnlichsten Wunsches
werden kann und dringt mit Bitten in ihre Begleiterin, bis
diese, anscheinend mit Widerstreben, ihr eine Lampe gibt
und sie auf einen Vorhang aufmerksam macht, der einen
Alkoven verdeckt. Hier schlummert Amor. Psyche tritt ein
und erkennt Amor selbst in ihrem Gemahl. Dieser aber erwacht und entflieht mit kurzen Worten:

Tu m'as veu, c'en est fait, tu vas me perdre. Adieu.

Wie wir sehen, hat Fontenelle die Fabel in diesen Partien stark umgestaltet. Meines Erachtens ist die Idee, nach
welcher die Rolle der Schwestern auf Venus selbst übertragen

wird, nicht unschön. Freilich werden wir uns fragen, warum
sich Venus ihrer Feindin nicht sofort versichert, sobald sie
sie antrifft. Zur Erklärung müssen wir wohl annehmen, daß
dies außer der Macht der Göttin lag, solange Psyche sich
Amors Liebe und Schutz erfreute. Sobald sie jedoch von
Amor verstoßen ist, verfällt sie der Gewalt der erbitterten
Venus.

Doch verfolgen wir den Gang der Handlung in unserem
Drama weiter! Der Palast ist entschwunden; statt seiner
sehen wir eine öde, von einem Fluß durchzogene Landschaft.
Während sich Psyche in leidenschaftlichen Wehklagen ergeht,
erscheint die vermeintliche Nymphe, in welcher jedoch Psyche
zu ihrem Schrecken bald die Venus erkennt. Heftige Vorwürfe! Es wird ihr schließlich der Befehl, zu Proserpina in
den Hades hinabzusteigen. Da tritt die Verzweiflung an
Psyche heran.

> Pourquoy chercher le chemin des Enfers?

fragt sie sich selbst.

> C'est la mort, c'est la mort qui me le doit apprendre.

Sie will in den Wogen des Flusses ihren Tod suchen.
Doch der Flußgott hält sie ab von ihrem Beginnen. Noch
sei es zu früh, alle Hoffnung sinken zu lassen:

> Il faut vivre, l'Amour l'ordonne.

Er will sie für den Weg zur Unterwelt vorbereiten, und
so verschwinden beide in den Wellen.

Auch hier zeigen sich wieder Neugestaltungen. Erst dann
will Psyche den Tod in den Fluten suchen, als sie den anscheinend unausführbaren Befehl erhält. Ganz neu ist sodann,
daß der Flußgott die Rolle des Turmes übernimmt.

Der vierte Akt führt uns Psyche in der Unterwelt vor
Augen. Sie klagt über die Schrecken des Tartarus, mehr
aber noch über den Verlust der Liebe Amors. Dämonen
huschen über die Szene und schließlich erscheinen drei Furien,
die Psyche um Mitleid anfleht und bittet, sie zu Proserpina zu
führen. Doch ihre Bitten finden stets nur die eine Antwort:

> Non, n'attends rien de favorable,
> Jamais dans les Enfers on ne fut pitoyable.

Es folgt nun ein Balleteinsatz. Dämonen führen einen gespenstischen Tanz auf, um der Sterblichen die Schrecken der Unterwelt vor Augen zu führen. Der Idee nach entspricht dieser Einsatz dem vierten Zwischenspiele der Molièreschen Dichtung.

Doch schon macht sich Amors Hilfe bemerkbar. Zwei Nymphen erscheinen und berichten, Amor habe durch Merkur die Proserpina über alles unterrichtet, und diese sende durch ihre Hände die gewünschte Schönheitssalbe. Dann geben sie, die drohenden Dämonen verscheuchend, Psyche das Geleite.

Der vierte Akt ist also an Handlung ziemlich arm. Durch Balleteinsätze täuscht Fontenelle indes darüber hinweg. In der Vorführung der Unterwelt folgt er zum Teil Molière, zum Teil ist er aber auch selbständig. Die Eröffnung des Aktes entspricht ganz der des fünften Aktes bei Molière. Auch der besprochene Balleteinsatz entspricht, wie wir gesehen, dem vierten Zwischenspiele des Molière'schen Stückes. Neu dagegen ist der letzte Teil des Aktes. Daß Merkur auf Amors Anordnung hin in der Unterwelt den Vermittler spielt, daß daraufhin der Psyche die gewünschte Schönheitssalbe von zwei Nymphen schon entgegengebracht wird, bevor sie die Beherrscherin der Unterwelt nur darum bittet, ist ohne Vorbild.

Der fünfte Akt endlich versetzt uns in die Gärten der Venus. Psyche tritt auf und öffnet, geleitet von den bekannten Motiven, die Büchse. Kraftlos bricht sie zusammen. So findet sie Venus, die sich freut, daß die verhaßte Rivalin endlich ihren Lohn empfangen hat. Doch Merkur erscheint und berichtet, daß Amor sich an Jupiter selbst gewendet habe, und daß er alle Welt, auch die Götter, mit seinem Zorne bedrohe, wenn seine Bitte kein Gehör finde. Gleichwohl bleibt Venus hart. Es erscheinen Jupiter und Amor: „Will Venus widerstehen," spricht Jupiter, „hat sie noch nicht genug gezürnt und darf sich ihr Sohn nicht schmeicheln, daß sein Leid die Mutter rühre?" Erzürnt erwidert die Göttin:

> Quoy, je souffrirai qu'à mon Fils
> Une simple Mortelle aspire?

Daraufhin verspricht Jupiter Psyches Erhebung zur Göttin.
Venus zeigt sich nun einverstanden und gibt Psyche dem Leben
zurück. Es wird nun großartige Hochzeit gefeiert, die alle
Götter zusammenführt. Das letzte Intermedium bei Molière
bringt schließlich das Stück Fontenelle's zum Abschlusse.

Mehrere Stellen können wieder den Einfluß Molière's
nicht verleugnen. Wie bei Molière kommt Venus auch hier
zu der vom Todeshauche betroffenen Psyche. In beiden
Dramen ist es Venus, von welcher das Leben der Psyche ab-
hängt. Ebenso entsprechen sich die Drohungen Amors für
den Fall, daß Psyche sterbe, und endlich liegt hier wie dort
der Hauptgrund, warum sich Venus der Vermählung der
beiden Liebenden so hartnäckig widersetzt, darin, daß Psyche
eine Sterbliche ist. Aber auch Neuerungen finden sich in
diesem Akte wieder. Im Garten der Venus öffnet Psyche
die Büchse; kraftlos, doch noch nicht besinnungslos sinkt sie
zusammen, Venus tritt statt Amors zuerst zu ihr hin, Merkur
kommt hinzu und schließlich auch noch Jupiter und Amor.
Stoffliche Umwandlungen weist also dieser Akt nicht auf,
wohl aber eine Verlegung und Verschiebung der Szenen.

Werfen wir einen Rückblick auf Fontenelle's Drama, so
müssen wir bezüglich der Quellenfrage Molière als das Vorbild desselben bezeichnen. Sein Einfluß liegt klar zutage,
dagegen läßt sich eine andere Quelle mit Bestimmtheit nicht
nachweisen. Ob Calderon's Lustspiel Fontenelle wirklich bekannt gewesen, läßt sich aus den zwei an Calderon gemahnenden Stellen nicht klar genug ersehen. Anhaltspunkte, die
für weitere Vorlagen sprächen, vermochte ich nicht zu entdecken. Was jedoch Fontenelle's Verhältnis zu Molière anlangt, so ist dasselbe, ganz abgesehen von der gänzlichen Entlehnung der meisten Zwischenspiele, dem Gange der Handlung
wie den einzelnen Ideen nach oft ein recht enges. Trotzdem
bleibt Fontenelle in der Zeichnung der Charaktere weit hinter
Molière zurück. Verschiedene Stellen liefern den deutlichen
Beweis für das Bestreben Fontenelle's, die Charaktere der
Tragikomödie nachzubilden, doch es gelingt ihm nicht. Die
schönsten und packendsten Szenen bei Molière sind bei ihm
verwässert und verflacht.

Trotz der vielfach recht fühlbaren Abhängigkeit von
Molière weist Fontenelle's Drama aber auch eine ganze Reihe
von Szenen auf, die aus der Feder des Verfassers geflossen
sind. Nicht samt und sonders werden diese Neuerungen unseren
Beifall finden, aber es sind einige unter ihnen, über welche
die Fabel sich nicht zu beklagen hat. Wenn hier die beiden
Schwestern, die unglückliche Psyche in aller Aufrichtigkeit
des Herzens beklagen, wenn Venus in Verkleidung, wie im
Märchen die böse Stiefmutter, der verhaßten Feindin mit dem
verderblichen Rat an Stelle der leiblichen Schwestern zur
Seite steht, so trägt dies nur zur Veredlung der Erzählung
bei. Auch sonst finden wir, namentlich im zweiten Akte,
manche neue Szene, die Interesse erweckt.


Mit der Besprechung des oben behandelten Dramas bin
ich am Schlusse meiner Arbeit angekommen. Die große Anzahl von Dichtungen, die im Laufe des 16. und 17. Jahrhunderts das Psychemärchen zum Gegenstand hatten, spricht
lebhaft für die Beliebtheit dieses Stoffes. Und diese Vorliebe
nimmt in den folgenden Jahrhunderten nicht nur nicht ab,
sondern zeigt im Gegenteile noch eine Steigerung. Ein Einblick in die betreffenden Werke von Clément und Larousse,
von Chouquet, von Dassori, von Wotquenne usw. führt uns
noch eine erstaunliche Anzahl von Psychedichtungen vor
Augen. Wohl an die hundert Male ist das Psychemärchen
literarisch verwertet worden. Außer im Lateinischen, wurden
die Geschicke der lieblichen Psyche im Italienischen, Französischen, Spanischen, Deutschen, Englischen und Dänischen
dramatisch und episch behandelt. Eine umfassende Arbeit
ist also für eine Abfassung der Gesamtgeschichte des Psychemärchens noch zu leisten. Doch hoffe ich, daß die vorliegende
Untersuchung die Grundlage hierzu bilden kann. Ich hoffe
auch meiner vornehmsten Aufgabe, der Darstellung des Ab-
hängigkeitsverhältnisses der einzelnen Erzählungen voneinander
in der Hauptsache gerecht geworden zu sein. Auf Apuleius,
als die primäre Quelle, laufen bei der Mehrzahl der Dichtungen die Fäden zurück. Freilich bekunden auch jene

Bearbeitungen, in welchen der Apuleianische Einfluß nicht
zu verkennen ist, fast durchgehends noch eine gewisse Ab-
bängigkeit von sekundären Quellen. Vor allem ist es Udine,
dessen Einfluß sich weithin verfolgen läßt. Doch auch sonst,
namentlich unter den italienischen Psychedichtungen, treten
verschiedene Beziehungen zutage.

Wenn eine Abschätzung der einzelnen Dichtungen auch
ergibt, daß die größere Zahl derselben kaum auf mehr als
historisches Interesse Anspruch zu erheben vermag, so dürfen
wir doch nicht verkennen, daß sich manch schöne Partie und
manche Idee in ihnen findet, die eine Veredlung und Ver-
feinerung des Apuleianischen Märchens bedeutet. Auch dürfen
wir nicht außer acht lassen, daß sich unter den zahlreichen
Bearbeitern der Fabel Namen von hohem Klang und unter
den Dichtungen Erzeugnisse befinden, welche das gewöhnliche
Niveau weit überragen und sich bleibenden Wertes erfreuen
werden.

Lippe                                        . S.

# MÜNCHENER BEITRÄGE

ZUR

# ROMANISCHEN UND ENGLISCHEN PHILOLOGIE.

HERAUSGEGEBEN

VON

## H. BREYMANN UND J. SCHICK.

---

XL.

JEAN DE LA TAILLE UND SEIN SAÜL LE FURIEUX.

————— ⚛ —

LEIPZIG.
A. DEICHERT'SCHE VERLAGSBUCHHANDLUNG NACHF.
(GEORG BÖHME).
1908.

# JEAN DE LA TAILLE

## UND SEIN

# SAÜL LE FURIEUX.

VON

## Dr. A. WERNER.

LEIPZIG.

A. DEICHERT'SCHE VERLAGSBUCHHANDLUNG NACHF.

(GEORG BÖHME).

1908.

Alle Rechte vorbehalten.

# Herrn Professor Dr. Karl Vollmöller

in Dankbarkeit und Verehrung

gewidmet.

# Vorwort.

Von den französischen Tragödiendichtern des 16. Jahrhunderts sind manche wiederholt Gegenstand eingehender Untersuchungen gewesen. Jean de La Taille ist von der literarischen Forschung — wenigstens in Deutschland — etwas stiefmütterlich behandelt worden. Diese Lücke ausfüllen zu helfen ist der Zweck der vorliegenden Arbeit. Ich beschränke mich auf des Dichters Tragödie Saül le furieux. Der Quellenuntersuchung folgt der Neudruck der seltenen Tragödie. Dem Ganzen gehen biographische Bemerkungen voran, die hauptsächlich zu den ausführlichen Abhandlungen Maulde's und Baguenault's Stellung nehmen.

Die Arbeit verdankt ihr Entstehen einer von Herrn Geh. Hofrat Prof. Dr. H. Breymann gegebenen Anregung. Es drängt mich an dieser Stelle, ihm für seine orientierenden Winke und stets hilfsbereite Unterstützung bei Abfassung meiner Untersuchung den wärmsten Dank auszusprechen.

Zu Dank verpflichten mich die öffentlichen Bibliotheken zu München, Wolfenbüttel, Dresden, Berlin, Paris und London, die mir in bereitwilliger Weise das Quellenmaterial zur Verfügung stellten.

# Inhalt.

## 2. Teil: Text.

# Benützte Literatur.

Anecdotes dramatiques. Paris. 1775. 3 Bde. 8⁰.

Annales dramatiques. Paris. 1809—1812. 9 Bde. 8⁰.

Ariosto, L.: Orlando furioso. Herausgeg. v. V. Gioberti. Terza edizione. Firenze. 1854. 2 Bde. 8⁰.

Baguenault de Puchesse, G.: Étude biographique et littéraire sur deux poètes du XVI$^e$ siècle Jean et Jacques de La Taille. Orléans. 1889, in: Lectures et Mémoires de l'Académie de Sainte-Croix 1891. Bd. VI, S. 299—360.

Béauchamps: Recherches sur les Théâtres de France depuis l'année onze cens soixante-un jusques à present. A Paris. 1735. 4⁰.

La Sainte Bible. A Lyon. Par Jan de Tournes. MDLIIII. (Exemplar der Wolfenbütteler Bibliothek.)

Braine, C., Debarbouiller, J., Lapierre, Ch. F.: Hommes illustres de l'Orléanais etc. Orléans. 1852. 2 Bde. 8⁰.

Brunet, J. Ch.: Manuel du libraire et de l'amateur de livres. 5. Aufl. Paris. 1860—65. 6 Bde. 8⁰. Dazu: Supplément par P. Deschamps et G. Brunet. Paris. 1878—80. 2 Bde. 8⁰.

Büttner-Wobst, Th.: Die Abhängigkeit des Geschichtsschreibers Zonaras von den erhaltenen Quellen, in: Commentationes Fleckeisenianae. Lipsiae. 1890. S. 121 —170.

Creizenach, W.: Geschichte des neueren Dramas. Halle. 1893—1903. 3 Bde. 8⁰.

Darmesteter et Hatzfeld: Le 16ᵉ siècle en France. 5. Aufl. Paris. 1894. 8⁰.

Dictionnaire dramatique, contenant l'histoire des théâtres. Paris. 1776. 8⁰.

Dumoulin, J.: Vie et Œuvres de Fédéric Morel, Imprimeur à Paris depuis 1557 jusqu'à 1583. Paris. 1901. 8⁰.

Ebert, A.: Entwicklungsgeschichte der französischen Tragödie, vornehmlich im XVI. Jahrhundert. Gotha. 1856. 8⁰.

Essais historiques sur l'origine et les progrès de l'art dramatique en France. Paris. 1791. 3 vols. 8⁰.

Extrait généalogique de la maison de Boudaroy par Lancelot de La Taille. 1608. Ms. fol.

Faguet, E.: La tragédie française au XVIᵉ siècle. (1550—1600.) Paris. 1883. 8⁰.

Gaillon, Vic. de: Notice biographique et littéraire sur Jean et Jacques de La Taille, Poëtes françois, in: Bulletin du Bibliophile. 1857. S. 415 ff.

Gallia Christiana, in Provincias ecclesiasticas distributa etc. Opera et studio Domni Dionysii Sammarthani. Lutetiae Parisiis. 1715—1865. 16 Bde. fol.

Gérou, D. G.: Bibliothèque des auteurs et écrivains de la ville, duché et diocèse d'Orléans. 3 Bde. 4⁰. Ms.

Goujet, l'abbé: Bibliothèque française ou l'histoire de la littérature française. Paris. 1741 ff. 18 Bde. 8⁰.

Grässe, J. G. Th.: Lehrbuch einer allgemeinen Literärgeschichte. Dresden und Leipzig. 1837—1859. 9 Bde. 8⁰.

— —: Trésor de Livres rares et précieux. Leipzig, Paris. 1900. 7 Bde. 4⁰.

Haag, Eug. et Em.: La France protestante ou Vies des Protestants français etc. Paris. 1846—59. 9 vols. 8⁰.

Histoire universelle des théâtres de toutes les nations. Paris. 1779—81. 13 Bde. 8⁰.

Holl, Fritz: Das politische und religiöse Tendenzdrama des 16. Jahrhunderts in Frankreich. München. 1903. 8⁰. (Münchener Beiträge Heft XXVI.)

Josephe, Flave: Les Antiquitez. Lyon, Bourgoing. 1558. fol.

Kulcke, O.: Seneca's Einfluß auf Jean de La Taille's La Famine ou les Gabéonites, in: Zeitschrift für neufrz. Sprache und Literatur. 1885. Bd. VII, Suppl. III.

La Chenaye-Desbois, de et Badier: Dictionnaire de la Noblesse, contenant les Généalogies, l'Histoire et la Chronologie des Familles nobles de la France etc. 3e édition. Paris. 1873. 19 Bde. 4⁰.

La Croix du Maine et Du Verdier: Les Bibliothèques françoises. Nouv. édit. revue etc. par Rigoley de Juvigny. Paris. 1772. 6 Bde. 4⁰.

Lalanne, L.: Dictionnaire historique de la France. Deuxième édition. Paris. 1877. 8⁰.

Lanson, G.: Histoire de la littérature française. Paris. 1903. 8e édition revue. 8⁰.

[La Porte, l'Abbé de, et Chamfort]: Dictionnaire dramatique contenant l'Histoire des Théâtres etc. Paris. 1776. 3 Bde. 8⁰.

La Taille, Jehan de: Les Œuvres poetiques de ... Paris. 1572, 1598, 1601 und 1602. 8⁰ und p. p. René de Maulde. Paris. 1878—1882. 4 Bde. 8⁰.

[La Vallière, le Duc de]: Bibliothèque du théâtre françois depuis son origine. Dresden. 1768. 3 Bde. 8⁰.

Lelong, J.: Bibliothèque historique de la France contenant le Catalogue des Ouvrages etc. Nouvelle édit. revue, corrigée etc. par Fevret de Fontette. Paris. 1768—1778. 5 Bde. fol.

Léris: Dictionnaire portatif, historique et littéraire des théâtres. 2e édit. Paris. 1763. 8⁰.

Lintilhac, E.: Précis historique et critique de la littérature française depuis les origines jusqu'à nos jours. I. Des origines au XVIIe siècle. Paris. 1890. 8⁰.

Lotheissen, Ferd.: Zur Kulturgeschichte Frankreichs im 17. und 18. Jahrhundert. Wien. 1889. 4 Bde. 8⁰.

Maittaire, M.: Historia aliquot typographorum parisiensium vitam et libros eorum complectens. Londres. 1757. 8⁰.

[M a u p o i n t]: Bibliothèque des théâtres, contenant le catalogue alphabétique des pièces dramatiques. Paris. 1733. 8⁰.

Le Mïstére du Vieil Testament p. p. James de Rothschild. Paris. 1878 ff. 5 Bde. 8⁰.

Moréri, L.: Le grand Dictionnaire historique. Paris. 1759. 10 Bde. fol.

Morf, H.: Geschichte der neueren französischen Literatur. XVI.—XIX. Jahrhundert. Erstes Buch: Das Zeitalter der Renaissance. Straßburg. 1898. 8⁰.

Morin, G.: Histoire générale des pays du Gastinois, Senonois & Hurpois etc. Paris. 1630. 8⁰.

Mouhy, Le Chevalier de F.: Tablettes dramatiques. s. l. 1763. 8⁰.

— —: Abrégé de l'Histoire du théâtre françois etc. Nouvelle édit. Paris. 1780. 3 Bde. 8⁰.

Nicéron, P. P.: Mémoires pour servir à l'histoire des hommes illustres. Paris. 1727—1745. 43 Bde. 8⁰.

Nouveau Dictionnaire historique. Caen. 1779. 4. Aufl. 6 Bde. 8⁰.

Parfaict, Les frères: Histoire du théâtre français depuis son origine jusqu'à présent etc. Paris. 2ᵉ éd. 1745—49. 15 vols. 8⁰.

— —: Dict. des théâtres de Paris. 7 Bde. Paris. 1756. 8⁰.

Ranke, L. v.: Die Tragödien Senekas, in: Abhandlungen und Versuche. Neue Sammlung. Leipzig. 1888. 8⁰.

Rigal, E.: Le Théâtre de la Renaissance, in: Petit de Jullevilles Histoire. Paris. 1897. III, 261 ff.

— —: La mise en scène dans les tragédies du XVIᵉ siècle, in: Revue d'Histoire littéraire de la France 12ᵉ année, No. 1. Janvier-Mars 1905. S. 1—150.

Roth, Th.: Der Einfluß von Ariost's Orlando furioso auf das französische Theater. Leipzig. 1905. 8⁰. (Münchener Beiträge Heft XXXIV.)

Sainte-Beuve, Ch. A.: Tableau historique et critique de la Poésie française du Théâtre français. Paris. 1843. 8⁰.

Seneca, L. A.: Tragœdiae ed. Fr. Leo. Berolini. 1878—79. 2 Bde. 8⁰.

Seneca, L. A.: Opera rec. Haase. Leipzig. 1872—74.
3 Bde. 8⁰.

Suard, J. B. A.: Coup d'œil sur l'histoire de l'ancien
théâtre français, in: Mélanges de littérature publiés par
J. B. A. Suard. Bd. IV. Par. 1804. 8⁰.

Tivier, H.: Histoire de la litt. dramatique en France depuis
ses origines jusqu'au Cid. 1873. 8⁰.

Joannis Zonarae Annales. Editio em. et cop. consilic
B. G. Niebuhrii. Ex recensione Mauricii Pinderi. Bonnae.
1841—1897. 3 Bde. 8⁰.

Nicht konnte eingesehen werden: Colletet, Histoire des
poëtes françois, Ausgabe von Bever, und Liron, Bibliothèque
Chartraine.

# I. Teil.

# Abhandlung.

# Einleitung.

Aus dem 16. Jahrhundert sind nur spärliche Nachrichten über unseren Dichter vorhanden. Es darf nicht verwundern, wenn Ronsard, der „König" der Pleiade, der hier und da einen zeitgenössischen Dichter apostrophiert, einen „Untertan" übersieht.[1]) Aber auch in den Schriften Dubellay's, der nach verschiedenen Zeugnissen in freundschaftlichem Verhältnisse zu Jean de La Taille stand, ist nichts über ihn zu entdecken.[2]) Pasquier nennt in seinen *Recherches* nicht einmal seinen Namen.[3]) Indes läßt sich nicht leugnen, daß er sich unter den zeitgenössischen Dichtern, *«qui fourmillaient lors en France»*[4]), einen Platz an der Sonne erkämpft hat. Wir brauchen dem übertriebenen Lobe, das er (übrigens ganz in der Art seiner Zeit) sich selbst spendet, keinen Glauben zu schenken. Beweis genug ist uns, daß Morel, der Imprimeur du Roy, den Druck seiner Gedichte übernahm.[5]) Für das

---

[1]) *Abbrégé de l'art poétique* (1564) III, 127, 128: *Vous êtes mes sujects et je suis seul votre roy.* Allerdings schreibt Ronsard (VII, 330): *«Je ne veux particulièrement nommer les bons Poëtes pour estre en petit nombre et de peur d'offenser ceux qui ne seroient couchez en ce papier.»* Ich halte aber dafür, daß diese Vorsicht nicht zugunsten La Taille's gedeutet werden kann. Übrigens erscheint dieser mit seinen größeren dichterischen Schöpfungen erst 1572 in der Öffentlichkeit.

[2]) Vgl. z. B. Vapereau, *Dictionnaire*, S. 1198.

[3]) Auch in de Thou's *Histoire universelle* ist La Taille nicht erwähnt; desgleichen nicht bei Perrault, Rapin, Ménage, Bayle, Sainte-Marthe u. a.

[4]) La Taille, Vorrede zu Jacques' Gedichten, f. 71v.

[5]) Morel war auch der Verleger der Werke Dubellay's.

Ansehen des Dichters bei seinen Zeitgenossen spricht auch die Tatsache, daß seine Gedichte innerhalb dreißig Jahren dreimal neu aufgelegt worden sind. La Taille wurde gelesen. Goujet nennt deshalb mit Recht Jean de La Taille einen *«Poëte François estimé en son temps».*[1]

La Croix du Maine und Du Verdier, in deren *Bibliotheques* Jean de la Taille zuerst Aufnahme findet, beschränken sich der Anlage ihrer Kompendien entsprechend auf kurze biographische Notizen und die Aufzählung der Werke des Dichters, die bis zum Jahre 1584 im Druck vorlagen.[2]

In Morin's *Histoire générale*, die bei der Darstellung der Genealogie des Hauses Bondaroy Lancelot, den damals lebenden Repräsentanten der La Taille'schen Familie in den Vordergrund stellt, wird der Dichter Jean de La Taille als Vater Lancelot's nur kurz erwähnt.

Unter den Sammelwerken des 18. Jahrhunderts, in denen wir den Namen La Taille wiederfinden, nennen wir als erstes Maupoint's *Bibliothèque des Théâtres*, die indes manche irrtümliche Angaben hat.[3] Ausführlichere biographische Mitteilungen bringen Beauchamps[4] und Nicéron[5], welch letzterer sich übrigens stark an Beauchamps anlehnt. Die Brüder Parfaict schreiben die erste Kritik über die dramatischen Erzeugnisse La Taille's.[6] Mouhy, der als Plagiator der Werke Beauchamps' und der Frères Parfaict zur Genüge

---

[1] *Bibl. franç.*, VII, 377. Dieses Urteil Goujet's ist von verschiedenen anerkannt und übernommen worden, so von Dézobry, *Dictionnaire général*. Paris. 1889, II, 2722: *«Jean de la Taille eut une grande réputation de son temps.»* Vgl. *La Grande Encyclopédie* XXI, 995: *«Il [Jean de La Taille] eut de son temps une réputation que la postérité n'a pas ratifiée.»*

[2] I, 589 f. und IV, 519 f. Du Verdier druckt außerdem einen Teil der Vorrede Jeans zu Jacques' Gedichten ab.

[3] Darauf haben vor allem hingewiesen Nicéron XXXIII, 238; Goujet VII, 378.

[4] *Recherches* II, 32 f.

[5] *Mémoires* XXXIII. 235 ff.

[6] *Histoire du Théâtre* III, 332 ff.

gebrandmarkt ist [1]), bietet nichts Neues [2]); ebensowenig Léris. [3])
La Valliere gibt neben´ kargen biographischen Notizen
Inhaltsangaben der dramatischen Werke des Dichters. [4])

Es folgen die *Anecdotes dramatiques* [5]) und das *Dictionnaire
dramatique* [6]), die beide schon Gedrucktes nur wiederholen.
Ausführlicher berichtet über die Familie des Dichters, seinen
Lebensgang und seine Werke La Chesnaye-Desbois in
seinem *Dictionnaire de la Noblesse.* [7]) Das *Nouveau Dictionnaire* [8]),
die *Histoire universelle des Théâtres* [9]), die *Essais historiques* [10]) und
*Annales dramatiques* [11]) bringen mit wenig Änderungen, was
Beauchamps, Nicéron u. a. vor ihnen schon gesagt haben.
Damit haben wir so ziemlich alle aufgezählt, die sich bis
zum Beginne des 19. Jahrhunderts mehr oder weniger eingehend mit La Taille und seinen Werken beschäftigt haben.
Freilich wird nur wenig geboten, aber auch dies Wenige bedarf noch vielfach der Berichtigung. [12])

Erst als man anfängt, die einzelnen Phasen der französischen Literatur zum Gegenstand gründlicher Forschungen
zu machen, erscheint auch La Taille wieder auf dem Plan.
Sainte-Beuve zitiert ihn ·in seinem *Tableau* zu wiederholten
Malen. [13]) Die Verfasser der *Hommes illustres de l'Orléanais* [14])

---

[1]) Vgl. Stiefel, *Über die Chronologie,* S. 2 f.

[2]) Der *Abrégé de l'histoire* Mouhy's folgt im ganzen den *Tablettes*
mit wenig Änderungen.

[3]) *Dictionnaire,* S. 469.

[4]) *Bibliothèque* II, 162 ff.

[5]) III, 277 u. a. a. O.

[6]) S. 570.

[7]) XII, 578 ff. Irrtümlicherweise nennt Ches. Desb. Jean de La
Taille den Verfasser der *Manière de faire des vers françois comme en
grec et en latin.*

[8]) VI, 454.

[9]) XII, 2. Teil, 128 ff.

[10]) II, 57 ff.

[11]) V, 304 u. a. a. O.

[12]) Baguenault hat recht, wenn er sagt: Die Biographen unseres
Dichters schreiben das Wenige, das sie über ihn vorfinden, ab «*sans se
compléter*».

[13]) 97, 98, 135, 208 usw.

[14]) I, 115 ff.

und der *France protestante*[1]), auch Gaillon in seiner. *Notice biographique et littéraire*[2]) bringen wieder nur Wiederholungen bekannter Dinge. Ebert weist La Taille auf Grund seiner Bibeltragödien einen Ehrenplatz an.[3]) Tivier würdigt eingehend das dramatische Talent des Dichters.[4])

Im Jahre 1878 unternimmt es René de Maulde, die Werke La Taille's zu veröffentlichen.[5]) Ihm bleibt vor allem auch das Verdienst, mehr Licht in den Lebensgang des Dichters gebracht zu haben. Auch Maulde's Angaben enthalten manches schiefe Urteil, sind aber als die erste grundlegende Arbeit anzusehen. Es folgt 1883 Faguet's Dissertation mit ausführlicher Würdigung der Tragödien des Dichters.[6]) Sie beschränkt sich aber hauptsächlich auf kritisch-technische Erörterungen. Ganz unzuverlässig sind die historischen Angaben.[7])

Als letzte ausführliche Schrift über den Dichter und seine Schöpfungen kommt Baguenault in Betracht.[8]) Es läßt

---

[1]) VI, 369 ff.

[2]) *Bulletin du Bibliophile*, 1857, .S. 415 ff.

[3]) *Entwicklungsgeschichte*, S. 134.

[4]) *Histoire de la litt. dram.*, S. 489 ff.

[5]) *Œuvres de Jean de La Taille etc.*, Paris. 1878—1882, 4 Bde. Kulcke (*J. de La Tailles Famine*) hat die Forschungsergebnisse Maulde's unberücksichtigt gelassen.

[6]) *La tragédie franç.*, S. 140 ff.

[7]) Vgl. Stiefel's Urteil (Literaturbl. f. germ. u. rom. Phil. 1885 Sp. 377—78): „*Eine durch Selbständigkeit, fleißiges Studium, richtiges Urteil, sowie frische anregende Darstellung ausgezeichnete Arbeit, in der gleichwohl der Gegenstand noch lange nicht erschöpfend behandelt wird, und die eine gründliche Überarbeitung wünschenswert erscheinen läßt.*" Zehn Jahre später glaubt Lintilhac nochmals eine Lanze für Faguet und seine These brechen zu sollen. Er schreibt (*Précis hist.*, S. 208): «*Les remarques critiques de M. Faguet subsistent, et, cette erreur de fait redressée une fois pour toutes, sa thèse reste le plus précieux guide auquel nous puissions renvoyer le lecteur pour la tragédie du XVIᵉ siècle*», ein Urteil, welches dem Forscher eine sichere Grundlage für seine Studien nicht bieten kann.

[8]) *Étude biographique et littéraire de deux frères-poètes du XVIᵉ siècle*. Die Schrift, welche als Sonderausgabe 1889 erschien, ist vergriffen. Sie wurde in den *Mémoires et Lectures de l'Académie de Sainte-Croix* 1891, Bd. 6 abgedruckt.

sich nicht leugnen, daß der verwandtschaftlicher Beziehungen zu unserem Dichter sich rühmende Verfasser mit großer Hingabe sich seiner Aufgabe zu entledigen gesucht und alles zusammengetragen hat, was seiner Arbeit von Nutzen sein konnte.[1]) Es lassen jedoch manche Stellen eine bestimmte Tendenz erkennen, die zur Vorsicht mahnen.

Seit dieser Zeit scheinen die Akten über unseren Dichter wieder geschlossen zu sein. Die neueren Literarhistoriker machen in ihren allgemeinen Kompendien sich das eine oder andere Resultat der Forschung zunutze. Die Vorsicht aber, mit der sie zu Werke gehen, ist ein deutlicher Beweis, daß noch mancher Punkt eingehenden Studiums bedarf, um als letztes Resultat Anerkennung zu finden.

---

[1]) l. c., S. 304, Anm. 1.

# Zur Biographie des Dichters.

Die Biographie Jean de La Taille's [1]) weist immer noch große Lücken auf. Die überlieferten Dokumente waren nicht imstande, dieselben vollständig auszufüllen. Das Versäumte läßt sich schwer nachholen. Die hauptsächlichste Quelle waren für die meisten seiner Biographien die Vorreden, die er seinen Dichtungen und jenen seines Bruders Jacques voraufgeschickt hat. Wichtiges Material enthalten auch die von Maulde [2]) und Baguenault aufgefundenen handschriftlichen Urkunden. Es ist diesen beiden letzteren gelungen, die magere Biographie La Taille's, wie sie die *Nouvelle Bio-*

---

[1]) Der Dichter selbst leitet seinen Familiennamen von *Thalie*, einer der neun Musen ab. S. II. Teil, Text, S. 16, *Invocation à Dieu*. Diese Etymologie klingt unwahrscheinlich. Ich habe sonst nirgends einen Versuch einer etymologischen Erklärung gefunden. Es sei aber auf zwei Möglichkeiten hingewiesen: de la Taille = de la taille, Erhebung der Berufsbezeichnung zum Familiennamen, oder Saint-Agil = [Sain]t-Ail(le) = Taille, mit später hinzugefügtem Adelsprädikat = de (la) Taille. · Vgl. Schätzer, *Herkunft und Gestaltung der französischen Heiligennamen*, in: *Rom. Forsch.* XXII, S. 26 f. La Taille weist selbst auf seine adlige Abstammung hin in der Vorrede zu Jacques' Gedichten: *Œuvres* 1572, S. 70$^v$: «*[Jacques et] moy issus de maison moyenne en biens, mais de Noblesse si certaine, qu'on ne luy peut reprocher le contraire, au moins depuis trois cens ans.*» Ein glücklicher Zufall will es, daß die Behauptung La Taille's durch eine Urkunde aus dem Jahre 1123 (*Gallia Christiana. Parisiis* 1770, fol. Bd. XII. *Eccl. Autissiodor* XIV, S. 109) ihre Bestätigung findet. Dort ist ein Wilegmus de Talia, der als Zeuge in einer gerichlichen Angelegenheit auftritt, genannt.

[2]) Siehe Maulde, *Œuvres*, 1878, S. 78.

*graphie* u. a. enthalten, in etwas zu erweitern.[1]) Indes muß
jetzt schon betont werden, daß auch sie vielfach auf mehr
oder weniger glückliche Kombinationen angewiesen waren.
So stimmen denn auch die Resultate ihrer Forschungen nicht
immer miteinander überein.

Es wird zunächst unsere Aufgabe sein, die Lebensgrenze
des Dichters zu bestimmen.[2]) Als Todesjahr, das wir zunächst feststellen wollen, wird 1607 und 1608 genannt[3]),
wahrscheinlich weil er damals (1607) sein letztes Gedicht
(*Le Duel*) herausgab. Nach dieser Zeit dringt in der Tat
nichts mehr von ihm in die Öffentlichkeit.

Die einzige bis jetzt auffindbare Notiz über das Alter
des Dichters findet sich in dem *Extrait généalogique de la Maison
de Bondaroy,* der im Jahre 1608 von Lancelot de La Taille
niedergeschrieben wurde.[4]) Sie lautet: «*Du depuis [Jean de
la Taille] est mor en sa maison de Bondaroy agé de 97 ans*».
So wurde sie wenigstens von einigen Biographen des Dichters
gelesen und von anderen übernommen.[5]) La Taille müßte
also wenigstens 1630 noch am Leben gewesen sein. So behauptet auch B a g u e n a u l t auf Grund der angeführten ur-
kundlichen Notiz und sucht, da er besonderes Gewicht auf
die hohe Altersangabe des Schriftstückes zu legen scheint,
seine Behauptung durch die Tatsache zu erhärten, daß Lancelot noch im Jahre 1627 nicht in Bondaroy, sondern auf

---

[1]) K u l c k e's biographische Notizen sind eine genaue Übersetzung
jener der *Nouvelle Biographie générale.*

[2]) Als Ort seiner Geburt wie seines Todes wird übereinstimmend
Bondaroy bei Pithiviers im heutigen Departement Loiret genannt. Bondaroy zählt jetzt nicht ganz 300 Einwohner.

[3]) So von P a r f a i c t, *Histoire* III, 332, G r ä s s e, *Lehrbuch,* § 139,
S. 513, L a l a n n e, *Dictionnaire historique* II[e] édit. Paris. 1877, S. 1692,
*Nouv. Biogr. gén.* XXIX, Sp. 793, *La grande Encyclopédie* u. a.

[4]) Die aus 17 Folioblättern bestehende Handschrift ist im Besitze
des Herrn von La Taille des Essarts in Versailles. Angaben über das
Alter des Dichters sind weder in den übrigen Familienurkunden, noch
auch in den Registern der Kirchenfabrik von Bondaroy bzw. Pithiviers
zu finden.

[5]) Vgl. *Dictionnaire de la Noblesse* XII, 578; H a a g, *La France
protestante* VI, 370 u. a.

dem von seiner Frau als Mitgift in die Ehe gebrachten
Schlosse von Baigneaux wohnte.[1]) Baguenault folgert daraus,
daß Lancelot die Erbschaft seines Vaters 1627 noch nicht
angetreten habe. Dem muß aber entgegengehalten werden,
daß das Schloß Bondaroy bereits 1617. in den Besitz eines
Jacques de Guéribalde übergegangen und damit eine Über-
siedelung Lancelot's ausgeschlossen war.[2]) Gegen das vermeintliche hohe Alter des Dichters spricht auch eine Urkunde
aus dem Jahre 1593, nach welcher La Taille die Heerbann-
pflicht auf seinen Sohn Lancelot übertragen ließ, weil er schon
„zu alt und hinfällig" war.[3]) Es ist doch kaum glaub-
würdig, daß er, ein gebrechlicher Greis, sich noch 37 Jahre
durchs Leben geschleppt haben sollte.

Auch Maulde findet diese Altersangabe übertrieben[4]),
was ihn jedoch nicht abhält zu schreiben: «*Il [Jean de La
Taille] avait sû, somme toute se conserver, à ce qu'on dit, en état
suffisant pendant quatre-vingt-dix-sept années lorsqu'un jour, dans
son manoir de Bondaroy, il lui arriva de mourir.*»[5]) Ein besonders beweiskräftiges Zeugnis dafür, daß La Taille nicht
bis 1630 gelebt hat, gibt uns vor allem auch Morin in seiner
*Généalogie* der Schloßherren von Bondaroy. Morin, der sein
Werk in den 20er Jahren des 17. Jahrhunderts vollendet
hatte, führt als Repräsentanten des Hauses Bondaroy den
damals lebenden Lancelot de La Taille, den Sohn unseres
Dichters, an.[6]) Wäre Jean de La Taille noch am Leben gewesen, hätte Morin ihn sicher nicht übersehen.

---

[1]) Um seiner Behauptung größeres Gewicht zu verleihen, führt B.
das Zeugnis des im allgemeinen verlässigen Goujet ins Feld.

[2]) Vgl. Maulde, l. c., 1878, S. 76, Note C. — Von Baguenault
übrigens selbst erwähnt S. 305f.

[3]) Urkunde vom 14. September 1593: «*Lancelot de la Taille, escuyer, fils dudit Jean, auroit esté receu à servir a la convocation du ban et
arriere-ban au lieu dudit Jean de la Taille, son pere, qui lors estoit trop
vieil et caduc.*» — Nach Lelong, *Bibl. hist.*, t. IV, Part. II, App. S. 271,
der als Geburtsjahr Jean de La Taille's 1536 und als Todesjahr 1638
annimmt, hätte der Dichter gar ein Alter von 102 Jahren erreicht.

[4]) *Œuvres*, 1878, S. 77, Note D.

[5]) l. c., S. 5.

[6]) Vgl. oben S. IV.

M a u l d e nimmt 1611 als Todesjahr des Dichters an.[1])
Seine Quellen sind noch vorhandene Besitzurkunden.; in diesen
sind Schriftstücke zitiert, die auf die Erbfolge La Taille's im
Jahre 1612 Bezug. nehmen. Indes erscheinen diese Akten
ohne besondere Beweiskraft. Es ist doch möglich, daß der
Übergang des väterlichen Erbes auf den Sohn nicht schon
beim Tode des Vaters, sondern erst später gerichtlich ver-
brieft wurde. Eine direkte Veranlassung hierzu war ja
auch durch die in jener Zeit abgeschlossene Ehe zwischen
Lancelot und seiner ihm am 11. Oktober 1611 angetrauten
Braut vorhanden.

Wir haben keinen Grund, die Glaubwürdigkeit der zeitgenössischen Niederschrift anzuzweifeln und halten mit Recht
1608 als Todesjahr des Dichters fest. Andererseits steht
außer Frage, daß hinsichtlich der Zahl 97 ein Leseversehen
vorliegt. Bei näherer Prüfung der in arabischen Ziffern geschriebenen Zahl kam ich zu der Meinung, daß sie ebensogut für 74 gelesen werden kann.[2]) G é r o u (*Bibliothèque*)
behauptet, daß La Taille im Alter von 75 Jahren gestorben sei.

Als Geburtsjahr des Dichters, das von den Literarhistorikern gleichfalls verschieden angegeben wird, würde sich
danach 1533 ergeben.[3]) Es ist leider auch nicht e i n e auf die
Geburt La Taille's bezügliche Urkunde erhalten. Von vielen
Literarhistorikern wird deshalb ein Geburtsjahr überhaupt
nicht angegeben, so von P a r f a i c t, L é r i s, M o u h y, La
V a l l i è r e, A n e c d o t e s d r a m a t i q u e s, D i c t i o n n a i r e

---

[1]) *Œuvres*, 1878, S. 77, Note D.

[2]) Einige haben 71 gelesen, so L é r i s, *Dictionnaire*, S. 613.

[3]) Vgl. G é r o u, *Bibliothèque*. Dazu B r a i n e, *Hommes illustres*,
I, 120. — B e a u c h a m p s (*Recherches* II, 32) behauptet, La Taille sei
gegen 1536 geboren. Vgl. L e l o n g, *Bibl. hist.*, t. IV, Part. II, App.
S. 271. N i c é r o n, der sonst Beauchamps' biographische Notizen fast
wörtlich übernimmt, verlegt das Geburtsjahr des Dichters gegen 1540.
Dies tun nach Nicéron weitaus die meisten, besonders die neueren
Literarhistoriker. M a u l d e kann sich nicht entschließen, einer der drei
Zahlen den Vorzug zu geben und schreibt allgemein (*Œuvres*, 1878, S. 7)
«*S'étant trouvé naître avant la fin de la première moitié du XVIe siècle
notre poëte est de ce temps-là.*»

Louis de La Taille — Jacqueline de l'Estendart de Heurteloup

vermählt 2. September 1532.

1. Jean
geb. 1533
vermählt mit
Charlotte du Moulin
1575
gest. 1608.

2. Jacques
geb. 1542
gest. 1562

3. Paschal
geb. 1549
gest. 1562

4. Angelique
geb. 1557
gest. 1571

5. Valentin
Seigneur de
Faronville et
de Fresnay

1. Jean
gest. 1604

2. Lancelot
vermählt 1611 mit
Antoinette de Savigny
du Monceau

3. Isabelle
geb. 1589
gest. 1607

1. 2 Mädchen

2. Nicolas [1]
vermählt 1647 mit
Elisabeth de Guignolet

Maria
vermählt 1680 mit
André de la Sainxe,
Seigneur d'Orneville.

[1] Mit ihm stirbt die männliche Linie aus. Die direkte Linie des Dichters erlosch nach 4 Generationen. Die noch lebenden Abkömmlinge mit dem Namen La Taille sind Nachkommen von Seitenlinien.

dramatique u. a. Auch die Zeitgenossen La Taille's La
Croix du Maine und Du Verdier wissen kein Geburtsjahr zu nennen, erst Rigoley de Juvigny hat als solches
1540 in der Neuausgabe hinzugefügt.

Feste, durch Urkunden verbürgte Daten, die weitere
Kombinationen gestatten, sind das Vermählungsjahr der Eltern
unseres Dichters (1532) und das Todesjahr seines jüngeren
Bruders Jacques (1562), der im Alter von 20 Jahren starb,
also 1542 geboren war.

Da Jacques das zweitgeborene [1]) Kind seiner Eltern ist,
bleibt für die Geburtszeit Jeans ein Spielraum von 8 Jahren,
1533—1541.[2]) Es hindert also nichts, die Geburtszeit des
Dichters weiter zurückzulegen und zu behaupten, daß er
schon 1533 geboren wurde. In der Tat scheint mancher
Grund für die Richtigkeit dieser Annahme zu sprechen, so
vor allem das eigenartige Verhältnis unseres Dichters zu
seinem Bruder Jacques. Er nennt diesen nicht etwa «*frère
cadet*», sondern «*jeune frère*».[3]) Wäre Jean, wie viele Literarhistoriker behaupten, nur um zwei Jahre früher geboren als
sein Bruder, so wäre diese Bezeichung weniger berechtigt gewesen. Was mich in meiner Annahme bestärkt, sind die
eigenartigen Äußerungen der Zuneigung Jeans zu seinem
jüngeren Bruder. Diese durch Jean verherrlichte Liebe ist
nicht die Liebe zweier gleichaltriger Brüder.[4]) Es tritt vor
allem ein Zug väterlicher Fürsorge des älteren Bruders
dem jüngeren gegenüber klar zutage. Für Jean war sein
jüngerer Bruder Jacques (das Lieblingskind der Familie, er
trug den Namen der Mutter) der Gegenstand der zärtlichsten
Sorgfalt. Obgleich Jean seine Studien bereits abgeschlossen
hatte, siedelte er wieder nach Paris über, wohl um dem lite-

---

[1]) Jean bezeichnet ihn als seinen «*second frere*» (Vorrede zu Jacques'
Gedichten).

[2]) Rigal, *Le théâtre*, in: Julleville, tom. III, S. 281 gibt einen
Spielraum von 10 Jahren (1532—1542).

[3]) Maulde, *Œuvres*, 1880, S. CXCII.

[4]) Vgl. *L'Épitaphe de Jacques de la Taille son frère* (Maulde,
l. c., 1880, S. LXVIII) und das Sonnet: *L'Autheur à la Mort* (Maulde,
l. c., 1880, S. CXCII).

rarischen Leben näher zu sein, sicherlich aber auch, um dem
aufstrebenden Dichtergeiste seines jungen Bruders mit Rat
und Tat zur Seite zu stehen.[1]

Soviel Mühe einerseits die Feststellung der Lebensgrenze
des Dichters macht, so schwer ist es andererseits den Biographen geworden, seine Lebenszeit lückenlos auszufüllen.
Man hat versucht, seine r e l i g i ö s e n und seine p o l i t i s c h e n
Ansichten, sowie seine l i t e r a r i s c h e Tätigkeit klarzulegen.
Das Leben unseres Dichters fällt bekanntlich in das Zeitalter
der Reformation, einer Zeit, welche überraschende Gegen-
sätze, die verschiedenartigsten Gestaltungen und Bestrebungen
aufweist, gewaltigen Kampf und versöhnende Milde, moralische
Größe und finstere Verbrechen, Hoheit und Gemeinheit. Es
ist eine Zeit, in welcher alle Formen des Lebens durch-
einanderwirbeln.[2]

So ist es denn auch schwer, sich von den religiösen Ansichten des Dichters einen k l a r e n Begriff zu machen. Auch
nicht e i n e Äußerung über seine religiöse Anschauung hören
wir aus seinem Munde. Da sein Vater Hugenotte war, so
genoß Jean zweifellos eine Erziehung im Geiste der neuen
Lehre, wie ihn auch die Verfasser der *France protest.* u. a.
zu den Ihrigen rechnen.[3] Trotzdem sehen wir ihn später
einmal in den Reihen der Katholiken gegen seine Glaubensgenossen zu Felde ziehen. Daher hat denn auch Baguenault
versucht, aus unserem Dichter einen Katholiken zu machen.[4]
Er beruft sich überdies (S. 312 f.) hauptsächlich auf einige
Stellen in La Taille's *Courtisan retiré,* wo es heißt:

> *Quantes fois ay-ie creu que ceux avoient commise*
> *Quelque faute execrable envers Dieu ou l'Eglise;*
> *Ou pippé un mineur, fait quelque meschant tour,*
> *Qui venoient faire ainsi penitence à la Court! . . .*
> *Surtout n'oublie Dieu que du dois requerir;*

---

[1] Siehe Vorrede zu Jacques' Gedichten.
[2] Lotheissen, *Kulturgeschichte Frankreichs,* S. 4.
[3] Auch Lalanne, *Dict. hist.,* S. 1692 nennt La Taille kurzweg
einen Calvinisten. Vgl. Holl, *Das pol. u. rel. Tendenzdrama,* S. 179 f.
[4] l. c., S. 311: «*Tout porte à croire qu'il resta plutôt catholique.*»

*Mais, aiant bien vescu, appren à bien mourir,*
*Et sois sobre de vin, d'habit et de viande.*[1]

W.ollte man das Gegenteil beweisen, so würde diese Stelle ebensogute Dienste leisten. Es ist eben nichts schwerer, als in einer Zeit des Umsturzes scharfe Grenzen zu ziehen. Tatsache ist, daß La Taille sich öffentlich niemals für eine der beiden Konfessionen erklärt hat. Das muß notgedrungen auch Baguenault zugestehen: «*S'il ne cessa de célébrer les avantages de la concorde et de la paix, il évita toujours aussi de se prononcer entre les deux partis.*»[2]

Der ganze Wirrwarr theologischer Zänkereien und der bis zur Erbitterung gesteigerte Haß der konfessionell verhetzten Menge gleiten an ihm ab, ein Umstand, der uns den Dichter um so sympathischer macht.[3] Er ist kein religiöser Parteikämpfer, sondern will in erster Linie ein Edelmann sein, nicht nur der Geburt, sondern auch der Gesinnung nach.

Treffend charakterisiert La Taille selbst seinen Standpunkt durch folgende Verse in seinem *Courtisan retiré* (Maulde, Œuvres, 1882, S. XXIV):

*«Mais pourquoy seul en vain me rompe-je la teste,*
*Puisque seul je ne puis appaiser la tempeste?*
*Il faut que maugré moy je cede à la fureur;*
*Ne pouvant donner ordre a la commune erreur,*
*Il faut caler la voile.»*

Auch nach seiner **politischen** Richtung ist er frei von allem Parteihader. Vor seinen Landsleuten steht er als steter Mahner zum Frieden. Siebenmal läßt er seine *Remonstrance* neu auflegen[4]) und wird nicht müde durch die

---

[1]) Maulde (*Œuvres*, 1878, S. 31) sagt: «*La Taillé fut protestant, puisqu'il l'indique dans ses vers.*» Maulde unterläßt es, diese Verse zu zu zitieren und bleibt damit den Beweis für seine Behauptung schuldig.

[2]) Baguenault, l. c., S. 313. — Auf die konfessionelle Gleichgültigkeit des Dichters hat auch Maulde hingewiesen, l. c., I. Notice, S. 1: «*Il a aimé quasi-protestantisme et quasi-catholicisme.*»

[3]) Maulde, *Œuvres*, 1878, S. 29: «*La Taille est moins huguenot que chrétien.*»

[4]) 1562, 1563, 1568, 1569, 1570, 1571, 1580.

Aufzählung der Leiden, die der Religions- und der damit heraufbeschworene Bürgerzwist über sein unglückliches Vaterland immer wieder von neuem bringt, vom Kriege abzumahnen. Um dieser Mahnung volles Gewicht zu verleihen, legt er sie dem König selbst in den Mund. Nichts findet sich darin zugunsten oder ungunsten der einen oder anderen politischen Partei. Da er die Schäden der Zersplitterung nur zu deutlich kennt, weist er mehr als einmal auf die schlimmen Folgen hin, welche die Invasion fremder Heere stets für die Hilferufenden hat. Nicht das konfessionelle Bekenntnis, sondern der Patriotismus ist ihm der sichere Leitstern in den trüben Zeiten der Religionskämpfe. Das die Gemüter der Hugenotten so tief erregende Blutbad von Vassy berührt ihn nur wenig. Mit dem Ausbruche des ersten Religionskrieges steht er in den Reihen der Königlichen.[1]) Er machte nachgewiesenermaßen zwei Feldzüge mit, den ersten im Frühling 1562, nachdem er kurz vorher seinen von der Pest hingerafften Lieblingsbruder Jacques begraben hatte. Der Marsch geht von Paris nach Orleans. Nach Eroberung einiger hugenottischer Plätze wird vor Blois ein festes Lager bezogen. Der Dichter bezeichnet seinen Aufenthalt im Lager vor Blois als einen «*long séjour*». La Taille hat aber auch an dem von hier nach dem Norden unternommenen Zug der größeren Heeresabteilung teilgenommen und in der Schlacht bei Dreux mitgekämpft. Baguenault bezweifelt dies, da der Dichter selbst nichts über seine Teilnahme an dieser Schlacht sage, während er doch sonst jede Gelegenheit ergreife, seine Kriegstaten zu rühmen. Nach Abschluß des Friedens von Amboise 1563 kehrte La Taille in die Heimat zurück. Der Waffenlärm rief ihn wohl erst wieder bei Ausbruch des dritten Religionskrieges ins Feld (August 1568). Diesmal sehen wir ihn mit dem größten Teile des französischen Adels auf seiten der Hugenotten kämpfen.[2]) Ob ihn verwandtschaftliche Beziehungen zu hervorragenden Hugenottenführern auf deren Seite zogen,

---

[1]) «*Es premiers troubles il estoit à la bataille de Dreux.*» (*Extrait généalogique.*)

[2]) l. c., S. 316.

läßt sich nicht entscheiden. Jedenfalls war eine durchgreifende Änderung in seiner politischen Gesinnung während der fünfjährigen Kriegspause vor sich gegangen. Seine Tapferkeit, die er selbst in hohen Tönen singt, seine Verwundung in der Schlacht von Arnay-le-Duc und seine Begegnung mit dem nachmaligen König Heinrich IV. —, all das ist aus den zeitgenössischen Berichten zur Genüge bekannt. Dabei läßt sich nicht in Abrede stellen, daß zwischen seinen Lobliedern auf die soldatische Tapferkeit und seinen fast unmännlichen Klagen über unausbleibliches Mißgeschick im Kriege ein auffallender Widerspruch besteht. Man wird also der Behauptung, daß er ein besserer Soldat als Dichter gewesen sei[1]), berechtigte Zweifel entgegenstellen.

La Taille war und wollte Christ, Patriot, vor allem aber Dichter sein. Als solcher steht er uns am nächsten. Ehe wir uns nun der Würdigung seiner Tragödie «Saül le furieux» zuwenden, sei hier in aller Kürze noch daran erinnert, daß er an einem Pariser Collège unter Marc-Antoine Muret humanistische Studien betrieb und sich dann in Orléans der Rechtswissenschaft widmete. Allein er vermochte dem *droict civil* keinen Geschmack abzugewinnen. Die Werke Ronsard's und Dubellay's weckten in ihm das Verlangen nach literarischer Beschäftigung.[2])

Aus den seinen größeren Werken vorausgeschickten Episteln erfahren wir, daß La Taille schon im Jahre 1562 eine reiche literarische Tätigkeit hinter sich hatte. So lagen

---

[1]) Siehe *Le nouveau Dict. hist.* (VI, 454): «*Le guerrier valoit mieux en lui que le poète et le prosateur*». Vgl. *La Grande Encyclopédie* XXI, 995: «*Il servit sous Henri IV dans ce guerres de religion et même s'y distingua, quoiqu'il eût peu de goût pour les armes.*»

[2]) Vgl. Beauchamps II, 32. — Parfaict III, 332 setzt Du Bartas für Du Bellay. (Mouhy II, 28 schreibt wie gewöhnlich die Stelle nach.) Ich weiß nicht, auf Grund welcher Anhaltspunkte Parfaict hier den Gascogner Dichter Du Bartas nennt, dessen erstes Werk erst 1574 gedruckt wurde. Lavallière (I, 162) scheint Zweifel gehegt zu haben; er traut weder Beauchamps noch Parfaict und schreibt: «*Séduit par la lecture des ouvrages de Ronsard et d'autres Poètes contemporains.*»

vor allem seine größeren Gedichte *Saül le furieux, les Corri-vaux* und *le Négromant* schon im Ms. vor.[1])

Gehen wir nach diesen Vorbemerkungen zu der Tragödie Jean de La Taille's über.

## Ausgaben des Saül.

Als Jahr des ersten Druckes des *Saül* findet man 1562 angegeben. In diesem Jahre soll nach Beauchamps von Frederic Morel in Paris eine Ausgabe in 8⁰ hergestellt worden sein mit dem Titel: *Saül le Furieux, Tragedie prise de la bible, faite selon l'art, et à la mode des vieux poëtes tragiques, avec un traité de l'art de la tragedie.*[2]) Diese Ausgabe wird von vielen Literarhistorikern nicht erwähnt. Sie kennen nur jene vom Jahre 1572 (Paris, Frederic Morel 8⁰).[3])

Hat überhaupt eine Ausgabe vom Jahre 1562 existiert? Diese Frage muß verneint werden. Beauchamps' Angabe, die von den späteren Literarhistorikern kritiklos übernommen wurde, ist falsch. Wenn auch Beauchamps als fleißiger und zuverlässiger Arbeiter bekannt ist[4]), so finden sich doch bei ihm eine Reihe bedauerlicher Irrtümer.[5])

---

[1]) Vgl. Maulde, l. c., 1879, p. I. Vorrede zu *Les Corrivaux*, dazu das von Jacques de La Taille gedichtete Sonett (p. III). Siehe auch unten S. XXf.

[2]) Beauchamps, *Recherches* II, 32; La Vallière, *Bibl.* I, 162; Mouhy, *Abrégé*, S. 209; ebenso setzen Léris III, 337, *Annales drama-tiques* VIII, 257 und Godefroy (S. 729) dem Titel der Tragödie die Zahl 1562 bei und lassen uns im Zweifel, ob sie damit das Abfassungs- oder Druckjahr bezeichnen wollen. Die Brüder Parfaict (III, 337) er-wähnen eine Ausgabe der Werke Jacques de La Taille's, die im Jahre 1562 von seinem Bruder Jean besorgt worden sein soll.

[3]) La Croix du Maine I, 590; vgl. hierzu I, 435; desgleichen Du Verdier IV, 519, Nicéron XXXVI, 236; vgl. hierzu XXXIII, 244 usw. Mit ihnen stimmen überein Graesse, § 139, S. 513; Brunet, *Manuel du Libraire* III, 869; Maulde, *Œuvres* 1880. *Note zur Remon-strance*, S. III; vgl. 1878, S. 44. *La Grande Encyclopédie* XXI, 995 usw. — Darmesteter, *Le seizième siècle*, gibt kein Druckdatum.

[4]) Vgl. Stiefel, *Über die Chronologie*, S. 2.

[5]) Dannheisser, zit. von Böhm, *Beiträge*, S. 28.

Auch die neuesten Untersuchungen Dumoulins[1]) zeigen klar, daß die erste Ausgabe des Saül nicht schon 1562, sondern erst 1572 erschienen ist.[2]) Dieselbe trägt den Titel: *Savl le firievx, | Tragedie prise de la | Bible, | Faicte selon l'art d* à la mode des | vieux Authcurs Tragiques. | Plvs, | Vne Remonstrace faicte pour le Roy Charles IX, | à tous ses subiects, à fin de les encliner à la paix. | Avec | Hymnes, Cartels, Epitaphes, Anagrammatismes, | et autres Œuvres d'vn mesme autheur. | A Paris. | Par Federic Morel Imprimeur du Roy. | M.D.LXXII. | Avec Priuilege dudit Seigneur.*[3])

Noch dreimal wurde die Saultragödie gedruckt: 1598 vom Sohne Frederic Morel's zu Paris[4]), 1601 zu Rouen gleichfalls mit dem Titel der Erstausgabe (de l'Imprimerie de Raphael du Petit Val, Libraire & Imprimeur ordinaire du Roy)[5]), 1602 von Rob. Fouet in Paris unter dem Titel: *«Les œuvres poëtiques de Jehan de la Taille (de Bondaroy) . . . Cont. tragedies, de feu Jacques de la Taille son frère.»*

In Deutschland ist (mit Ausnahme des Wolfenbütteler Exemplars mit dem Druckjahr 1602) in öffentlichen Bibliotheken die Ausgabe des Saul nicht vorhanden. Das Exemplar der Wolfenbüttler Bibliothek (173, 80, 22, 35, 31 Bll.) ist unvollständig. Die Sondertitel der vier Unterabteilungen fehlen.[6]) Die Ausgabe von 1572 enthält auf der

---

[1]) *Vie et œuvres*, S. 203; vgl. dazu Delaruelle's Besprechung in der *Revue d'Histoire litt. de la France* VIII. 515—517.

[2]) Vgl. Maittaire, *Historia*, S. 63.

[3]) Zu meinen Untersuchungen benützte ich das unter Inv. Réserve Yf 3964—5 an der Pariser Nationalbibliothek eingetragene Exemplar. Die Tragödie umfaßt die ersten 36 Blätter, danach folgen bis Blatt 80 andere Gedichte Jean und Jacques de La Taille's. Dem Werke ist noch beigebunden die Regulus-Tragödie von Jean Debeaubrueil (Lymoges 1582).

[4]) Vgl. Brunet III, Sp. 870.

[5]) 1606 wurde sie von dem nämlichen Verleger einem Sammelbande: *Diverses tragédies sainctes* einverleibt.

[6]) Die Bemerkung Darmesteter's (*Histoire* II, 335) könnte vermuten lassen, daß Maulde auch die Tragödien *Saül* und *La Famine* neu herausgegeben hat. Es fehlen jedoch diese beiden. Neuerdings hat Schlensog die Vorrede zum *Saül* in seiner Diss. *Lucelle* etc. abgedruckt. Die Ausgabe Maulde's, die übrigens nur in 350 numerierten Exemplaren

Rückseite des Titels ein Sonett, mit dem sich Jean de La
Taille als Dichter vorstellt. Die 8 folgenden lateinischen Verse
dienen demselben Zwecke; f. 2—6 enthalten die Abhandlung
*De l'Art de la Tragedie*. Vor dem *Argument* der Tragödie (f. 7)
steht in Sonettform eine *Invocation à .Dieu*. Die Tragödie
selbst umfaßt ff. 8—35 inkl.; f. 36 bringt ein Sonett: *Au
tres-illustre Prince de Navarre Henry de Bourbon*.

Alle Neudrucke der Tragödie haben die Ausgabe von
1572 zur Vorlage. Sie weisen, wie die Anmerkungen des
unten folgenden Textes der Tragödie aus dem Jahre 1572
(verglichen mit jener von 1598, die von allen die meisten
Unterschiede zeigt) ersehen lassen, nur eine geringe Anzahl
von orthographischen Varianten auf.

## Zeit der Abfassung des Saül.

Über die Zeit der Abfassung seines *Saül* gibt der Dichter
selbst Auskunft und zwar in der Vorrede zu seiner *Remonstrance*.[1] Die letztere wurde nach des Dichters Worten:
«*Parmy les armes, durant le long séjour de vostre [Charles IX.]
camp près Bloys*»[2] abgefaßt, am 19. Oktober 1562 mit königlichem Privilege versehen und dem Verleger Morel zwecks
Drucklegung noch im Jahre 1562 übergeben. Wenigstens
führt sie Dumoulin unter diesem Jahre auf.[3] Im Drucke
erschien sie allerdings erst im Frühjahr 1563. In der Vorrede bemerkt der Dichter: «*Sire, mais qu'il ait pleu à ce grand
seigneur des Roys d'appaiser ces tempestes, en regardant vostre
Royaume en pitié, vous pourrez rencontrer trop plus de plaisir en*

---

(100 exemplaires, papier de Hollande, No. 1 à 100, 250 exemplaires,
papier de Vélin, No. 101 à 350) hergestellt wurde, ist längst vergriffen. —
Es ist mir erst nach vielen vergeblichen Versuchen gelungen, in den
Besitz eines antiquarischen Exemplars zu gelangen.

[1] La Croix du Maine hat Jacques de La Taille, Jean's Bruder,
als Verfasser des *Saül* genannt (*Bibliothèques* I, 434); diesen Irrtum hat
Rigoley de Juvigny (*ebenda* I, 435) berichtigt (vgl. Nicéron,
*Mémoires* XXXIII, 244).

[2] Vorrede zur Remonstrance 1563, Maulde, *Œuvres*, 1880, S. V.

[3] l. c., S. 178. Vgl. auch Dumoulin, *Vie*, S. 40.

*d'autres choses que j'ay de meilleure estoffe comme en une tra-*
*gédie que j'ay faicte selon le vray art, de la mort*
*misérable du Roy Saül, dont parlent les Sainctes Lettres.»*[1])

Der Saül lag demnach vor Beginn des Feldzugs, Anfang
Mai 1562, sicher schon im Manuskript vor. Wir gehen wohl
nicht fehl, wenn wir den Beginn der Abfassung der Tragödie
noch ins Jahr 1561 verlegen [2]), nicht aber in das Jahr 1568,
wie Ebert annahm.[3]) Dieser verweist dabei auf die *Histoire
universelle des Théâtres* XII, 2, S. 132—148 und die *Bibliothèque
du Théâtre français*, I, S. 163 f. Wie diese ließ er sich wohl
dabei durch die Vorrede des Dichters zu seiner Tragödie
verleiten.[4])

### Aufführung der Tragödie.

Eine Aufführung hat die Tragödie wohl nicht erlebt;
wenigstens ist eine solche bisher nicht nachgewiesen worden.
Allerdings behauptet das *Journal du Théâtre français*, daß der
*Saül* durch die *Acteurs amateurs du collège de Reims* im Jahre
1562 auf die Bühne gebracht worden sei, eine Ansicht, welche
von Faguet kritiklos übernommen worden ist. Doch haben
Rigal[5]) und vor kurzem auch Lanson [6]) den wohlgelungenen
Nachweis geliefert, daß die Renaissancetragödien des 16. Jahrhunderts auf den ö ffentlichen Bühnen nicht zur Aufführung
gelangt sind. Daß Jean de La Taille allerdings den sehn-
lichen Wunsch hegte, sein Stück aufgeführt zu sehen, erkennt
man aus einer Stelle in der Vorrede zur Remonstrance, wo
es heißt [7]): *«[La mort du Roy Saül, lequel] auroit toutefois trop
d'heur si par vostre commandement venoit (estant accompaigné
d'une mienne comédie faicte de mesme) à se monstrer devant vostre*

---

[1]) M a u l d e, *Œuvres*, 1880, S. VI.

[2]) Vgl. M o r f, l. c., S. 204.

[3]) l. c., S. 134.

[4]) f. 2: *«qui m'a fait non seulement voir les deux rencheutes de nos
folles guerres».* Siehe unten II. Teil, Text, S. 9.

[5]) *Le Théâtre français avant la période class.*. S. 117 f.

[6]) *Rev. d'Hist. litt.*, 1903, X, 177 ff., 413 ff.; vgl. auch R o t h, *Ariost's
Orlando furioso*, S. 106.

[7]) M a u l d e, l. c., S. VI.

*Majesté en un théatre qui fust un peu plus paisible que celuy d'à
present, où se jouent tant de piteuses tragédies.*» In der Ausgabe
der Remonstrance von 1580 fehlt dieser Teil der Vorrede.
Ob La Taille's Wunsch, die Aufführung seiner Tragödie auf
der Hof- oder einer Kollegienbühne, mittlerweile in Erfüllung
gegangen war, muß dahingestellt bleiben.

## Die Quellen.

Der Dichter selbst gibt uns Aufschluß über die Quellen,
die er zu seiner Tragödie benutzt hat. So sagt er in der
Vorrede: «*M'estant principalement aidé de la Bible, à sçauoir des
liures des Roys et des Chroniques d'icelle, et puis de Josephe et de
Zonare grec*». (Siehe unten II. Teil, Text, S. 15 f.)
Eine seiner Hauptquellen ist also die B i b e l, und zwar
diente ihm nicht etwa der lateinische Text der Vulgata,
sondern eine französische Übersetzung als Vorlage. Das
nachfolgende, vom Dichter dem Buche *Ecclesiasticus* [1]) entnommene Zitat (siehe II. Teil *Art de la Tragedie*, S. 15) setzt
uns in den Stand, die von ihm benützte Bibelübersetzung zu
bestimmen. Dieses Zitat: «*Et apres qu'il fut mort il prophetisa,
et monstra au Roy la fin de sa vie, et esleua sa voix de la terre
en prophetie*» stimmt genau mit der Stelle der französischen
Bibelübersetzung: La Sainte Bible. A Lyon. Par Jan de
Tovrnes MDLIIII. in-fol. überein. [2])
Als zweite Quelle dient La Taille Flavius J o s e p h u s.
Auch hier gab der Dichter einer Ausgabe in seiner Muttersprache den Vorzug, und zwar benutzte er: Les Antiquitez
de Fl. Josephe. Lyon, Bourgoing 1558. in-fol. Das als Argument seiner zweiten Tragödie (*La Famine*) vorgesetzte Zitat

---

[1]) Irrtümlicherweise schreibt La Taille dieses Buch dem S a l o m o n
als Verfasser zu, während es nach dem Urteile aller Bibelexegeten von
S i r a c h herrührt.

[2]) Ich benützte das Exemplar der Wolfenbüttler Bibliothek. Die
Pariser Nationalbibliothek besitzt dieselbe Ausgabe mit dem Druckjahr
MDLIII (Rés. Inv. A: 13798). Es ist die von den Genfer Pastoren oder
Calvin selbst revidierte Ausgabe der Lefèvre'schen Übersetzung, also
eine französische Hugenottenbibel. Vgl. G r a e s s e, *Trésor* I, 375.

stimmt wenigstens mit der dem VII. Buche der *Antiquités* entnommenen Stelle gleichfalls wörtlich überein.

Als dritte Quelle nennt La Taille das Geschichtswerk des Z o n a r a s. Wenn wir der Angabe des Dichters Glauben schenken dürfen, dann hat er den griechischen Text benützt, obwohl ihm lateinische Übersetzungen [1]) und auch eine französische [2]) zur Verfügung standen. Die Geschichte Sauls ist übrigens von Zonaras inhaltlich ziemlich genau dem Texte des Josephus und der Bibel entsprechend knapp wiedergegeben. (Vgl. B ü t t n e r - W o b s t, *Die Abhängigkeit*, S. 170).

Außer diesen von dem Dichter selbst angeführten Hauptquellen lassen sich jedoch noch manche andere nachweisen, so vor allem Seneca, Ariost, Horaz und Cicero.

Folgende Werke, die denselben Stoff behandeln, sind von La Taille nicht benützt worden.

An dramatischen Bearbeitungen waren (vor 1562) in D e u t s c h l a n d zwei vorhanden: 1. *Dasz alle hohe gewaltige Monarchien von Gott eingesetzt vnd geordnct, die grossen mechtigen Potentaten vn Herrn zu straffen, recht wider gewalt auffzurichien, auch wid' dieselbigen sich niemand setzen, verachten noch emporen soll wirdt durch das exempel des Künigs Samuelis vnd Saulis klärlich angezeygt ... durch* Wolfgang S c h m e l t z l, Burger zu Wienn. *Im 1551. Jar. Gedruckt zu Wienn in Oesterreich durch Egidium Adler 1551. In-8⁰.* — Dieses Stück schließt sich enge an die Bibel an. La Taille's Saul hat mit ihm außer der Bibelquelle nichts gemein. Auch die Abfassungsart spricht gegen eine Benutzung durch La Taille. Ebensowenig hat La Taille, wie vorauszusehen war, 2. H a n s S a c h s' «*Tragedia (Mit 14 Personen: die Veruolgung König Dauid von dem König Saul. Hat 5 Actas»)* verwertet, wahrscheinlich hat er sie gar nicht gekannt. Übrigens spielt in diesem Stücke nicht Saul, sondern David die Hauptrolle.

R o t h s c h i l d (*Le Mistére*, Bd. IV, S. XLIII) zitiert zwei

---

[1]) Z. B. *Joannis Z o n a r a e Monachi, qui olim Byzantii Magnus Monachi excubiarum seu Biglae... Basileae, Per Joannem Oporinum. 1557.*

[2]) Z o n a r e, *Chroniqves ou Annales, disposees en trois parties,* trad. *p. J. Millet.* Lyon. 1560. In-fol.

spanische Stücke: *Tragedia de Amon y Saul und Tragedia de Jonatas.* Dieselben sind verloren gegangen.

In **Italien** war ebenfalls eine wiederholt neu gedruckte dramatische Bearbeitung des Saulstoffes vorhanden.[1]) Es liegt die Vermutung nahe, daß La Taille, dem die italienische Sprache und Literatur nicht fremd war[2]), das italienische Bibelstück als Quelle benutzt habe. Eine Vergleichung der französischen Tragödie mit der italienischen *Rapresentatione*[3]) zeigt jedoch, daß eine Benützung ausgeschlossen ist. Inhaltlich lehnt sich das italienische Stück enge an die Bibel an. Es ist nicht anzunehmen, daß La Taille sich auf dem Umwege über eine italienische Vorlage den Stoff zu seiner Tragödie verschafft hat. Dieser stand ihm in seiner Muttersprache ebensogut und bequemer zur Verfügung. Von dem, was von dem italienischen Dichter aus Eigenem dazu gegeben ist, findet sich in der französischen Tragödie keine Spur.

In **Frankreich** selbst lag die Geschichte des Saul nur im *Mistére du Vieil Testament* nach mittelalterlicher Art dramatisch bearbeitet vor. Dieses Mysterium war bis zum Jahre 1542 schon dreimal im Druck erschienen und unserem Dichter sicherlich zugänglich gewesen. Die überraschend große Anzahl wörtlicher Anklänge könnte auch eine starke Anlehnung des Dichters an das Mysterium vermuten lassen. Indessen halte ich es für gewagt, zu behaupten, La Taille, der Verächter des Mittelalters, hätte die Darstellung des Königs Saul dem *Mistére du Vieil Testament* entnommen. Gehört dieses doch zu den Stücken, die nach seiner Meinung *«ne peuuent estre que choses ignorantes, malfaites, indignes d'en faire cas, et qui ne deussent seruir de passetemps qu'aux varlets et menu populaire, et non aux personnes graues»* (II. Teil, Text, S. 12). Viele wörtliche Anklänge lassen sich übrigens auf die gemeinsame

---

[1]) *La Rapresentatione || della distructione di Saul || et del pianto di David || Stampata in Fiorenza || per Zanobi tozi da prato. || In nel mese || di Maggio 1547. In-4°.*

[2]) Vgl. seine Übersetzung von Ariost's Negromant ins Französische. Siehe auch **Roth**, *Der Einfluß*, S. 246.

[3]) Exemplar der Riccardiana in Florenz.

Bibelquelle zurückführen. Wir brauchen also das *Mistére* bei unserer Quellenuntersuchung nicht zu berücksichtigen.

Nach diesen einleitenden Bemerkungen wenden wir uns der Besprechung der einzelnen Akte zu.

## I. Akt.[1]

Ort der Handlung: Im israelitischen Lager vor dem Zelte Sauls.

Saul und seine drei Söhne Jonathas, Abinad und Melchis treten auf. Saul ist seiner Sinne nicht mächtig. Er wähnt sich seinen Feinden gegenüber, will ein Blutbad anrichten und sich auf seine Söhne stürzen, läßt aber, als ihm Jonathas entgegentritt, davon ab und verschwindet in seinem Zelte.

In Seneca's *Hercules furens* findet sich eine ähnliche Stelle. Ich lasse die beiden Texte folgen:

### Saul (v. 1 ff.)

*Las mon Dieu qu'est-ce cy? que voy-ie mes soldarts?*
*Quell' eclipse obscurcit le ciel de toutes parts?*
*D'où vient desia la nuict, et ces torches flambantes*
*Que ie voy dans la mer encontre val tombantes?*
*Tu n'as encor, Soleil, paracheué ton tour,*
*Pourquoy doncques pers tu ta lumiere en plein iour?*

### Herc. fur. (939 ff.)

*Sed quid hoc? medium diem*
*Cinxere tenebrae. Phoebus obscuro meat*
*Sine nube vultu. Quis diem retro fugat*
*Agitque in ortus? Unde nox atrum caput*
*Ignota profert? Unde tot stellae polum*
*Implent diurnae?* [2]

---

[1] Die Tragödie ist in fünf Akte eingeteilt. Eine Einteilung der Akte in Szenen fehlt. Ich habe die Zählung der Akte vorgenommen und zitiere danach. Die Tragödie hat genau 1500 Verse.

[2] Juno hat die Eumeniden zu Hilfe gerufen:
«*Adsint ab imo Tartari fundo excitae*
*Eumenides, ignem flammeae spargant comae,*
*Viperea saevae verbera incutiant manus*».
(*Herc. fur.* v. 86 ff.).

Dem Wutanfalle des Vaters zu steuern, wünscht Abinade
David mit seiner Harfe herbei (v. 27 f.):

> *Ah que n'est or icy la puissante harmonie*
> *De ta harpe ô Dauid pour chasser sa manie!*

David ist, so weiß Melchis zu berichten, zu den Philistern
übergegangen, um gegen Israel zu kämpfen. Jonathas nimmt
den Freund gegen solch schlimmen Verdacht in Schutz. Er
ist fest überzeugt, daß dieser dem israelitischen Heere sich
anschließen wird, sobald er die amalekitischen Räuber bestraft hat.

· Im Folgenden wird auf den bevorstehenden Kampf gegen
die Philister hingewiesen, aus deren Lager der Kriegslärm
.zu den Israeliten herüberdringt. Nun muntern sich die drei
Brüder gegenseitig zum Kampfe auf. Jonathas erscheint dem
biblischen Berichte entsprechend als der tapferste. Trotz
mancher schöner, dramatisch wirksamer Stellen ist die im
Drama notwendig fortschreitende· Handlung doch eigentlich
lahm gelegt. Der Dichter, der den Eingang der Tragödie
so lebendig zu gestalten verstand, hat mit dieser auf nicht
weniger als 138 Verse sich erstreckenden Unterhaltung der
Söhne Sauls sein Verdienst geschmälert.

Unter den Quellen, die hier in Betracht kommen, ist
neben der Bibel[1]) vor allem Josephus zu nennen.

Der Mutlosigkeit Abinades begegnet Jonathas mit dem
Hinweise auf den mit seinem Volke Israel verbündeten mächtigen Gott (v. 61 ff.):

> *N'est ce pas Dieu qui peut en souflant seulement*
> *Mil et mil esquadrons deffaire en vn moment*
> *Voudroit-il bien qu'on vist son Arche venerable*
> *Honorer de Dagon le temple abominable?*
> *Nous irons en bataille auec l'aide de Dieu,*
> *Plus seure que le fer, la lance, et que l'Epieu:*
> *Fussent ils cent fois plus, s'il prend nostre defense*
> *Contre eux ses ennemis feront ils resistance?* usw.

Vgl. hierzu Josephus (II, 6): *Parquoy vous appuyans sur*

---

[1]) Der Vergleich eines guten Staatsmannes mit einem wachsamen
Hirten (v. 47 ff.) erinnert an die Bibel.

*le fort secours de celuy, qui de petites choses en peut faire
des grandes, et qui peut affoiblir la puissance de ceux-cy, ne vous
estonnez point de tout l'appareil des E. — Dieu peut faire baisser
les montagnes, et en faire des plaines, et conuertir la mer en
terre ferme.* (In der Bibel nicht enthalten.)

Jos. (IV, 1): *Et quant et quant delibererent de batailler, quoy
qu'il en aduinst, se promettans l'ayde de Dieu, non point tant
au regard de Moyse, que de ce qu'ils estoyent sous la proteccion
de Dieu desia depuis leurs ancestres: et que maintenant il ne leur
refuseroit point la victoire, s'ils se portoyent vaillemment.*

Jos. (VI, 2): *Vous obtiendrez vne liberté et nouuelle victoire
sur voz ennemix: et rien de tout cela ne se fera ne par armes,
ne par vertu ne force corporelle ne par multitude de gens.* — (Nicht
in der Bibel.) Auf die Anbetung der Bundeslade durch
Dagon ist von Jos. (VI, 1) hingewiesen: *Autant de fois qu'ils
venoyent au temple, ils le [Dagon] trouuoyent couché par terre, et
comme prosterné pour adorer.* Vgl. Zonaras I, 26.
(Nicht in der Bibel.)

Jonathas mahnt aber auch auf die eigene Kraft zu vertrauen, die ihnen schon zu manchem schönen Siege verholfen
habe. Dieser Aufmunterung läßt Jonathas eine Aufzählung
der von Israel schon besiegten Feinde folgen (Bib. I. Reg.
14, 47, Jos. VI, 5, Zon. I, 28). — Überdies ist ihnen ja
der Krieg aufgedrungen, sie kämpfen also einen gerechten
Kampf.[1])

«*De defendre sa vie est-il pas raisonnable?*» (v. 80).

*Neccessité nous force*[2]), ruft Jonathas aus, und wenn es
doch einmal zu sterben gilt, dann doch lieber in der Jugend
den Heldentod fürs Vaterland, denn als Greis, der «*inutile
à la chose publique, sans estre à la fin ny honoré, ny plaint*» in
die Unterwelt steigt wie ein ausgelöschtes Brandscheit.

Es ist schwer, für die begeisternden Reden des Dichters,
die dieser Jonathas in den Mund legt, eine bestimmte Quelle

---

[1]) Zum Einwande des Abinade (v. 85), daß das Schlachtenglück
wechselvoll sei vgl. Jos. XIV, 17: *Qu'il devoit en outre penser que Dieu
gouuerne la balance de la guerre, et que l'issue des batailles est incertaine:*
[2]) Jos., *Guerre des Juifs*, III, 7: *Il n'y a rien qui combate mieux
en guerre, que la necessité.*

zu nennen. Wir vermuten hier wohl mit Recht eine ziemlich
starke Ursprünglichkeit des Dichters. Indes lassen sich einige
Anklänge an Horaz, z. B. Oden I, 9, 31. II, 11 feststellen.
Auch Josephus' *Guerre des Juifs* ist reich an solchen Kampf-
reden (vgl. I, 13).

Mit der Bitte an den Chor, von Gott den Sieg für Israel
zu erflehen, eilt Jonathas, gefolgt von seinen beiden nun gleichfalls von Begeisterung für den heiligen Kampf erfüllten
Brüdern, zur Schlacht.[1]

Der Chor erfüllt Jonathas' Bitte.

Hinsichtlich der Quellen zum ersten Chorgesang gilt dasselbe wie das von den Reden Jonathas' Gesagte.

## II. Akt.

### Ort der Handlung: Vor dem Zelte Sauls.

Im ersten Akte ließ der Dichter Saul in einem Wutanfall auf die Bühne treten. Diese Wut steigt zu einer
solchen Heftigkeit, daß Saul alles, was ihm in den Weg tritt,
niederstoßen will. Rasend stürzt er sich in sein Zelt und beginnt ein grausames Morden. Darüber berichtet nun der erste
Waffenträger Sauls in ausführlicher Schilderung, während der
Wütende drinnen im Schlafe liegt. Jetzt erscheint auch dieser
auf der Bühne, leidend noch unter den Nachwirkungen seines
Anfalles, bis er allmählich zu sich kommt.

Wie der Anfang der Tragödie, so atmen auch die einleitenden Verse des zweiten Aktes ganz antiken Geist. Wir
haben nicht den biblischen Saul vor uns, der in seiner Wut
einmal das Schwert nach seinem Nebenbuhler wirft, sondern
ein rasendes Ungetüm, das seine Hände förmlich im Blute
badet (v. 226 ff.):

> «*Il detranche les vns, les autres il assomme,*
> *D'autres fuyent l'horreur de son bras assommant:*
> *Mais or ie l'ay laissé de sang tout escumant.*»

---

[1] Melchis v. 139 f.:
> *Allons doncques, allons, c'est vne sainte guerre,*
> *S'armer pour le salut de sa natiue terre.*

Wir denken an Ajas' wahnsinniges Gebaren beim Nieder-
metzeln der Schafe. Und der Vers 251:

> «*Mon arc, que ie decoche à ces monstres cornus*»,

könnte vermuten lassen, daß La Taille wirklich bei der Abfassung dieses Teiles seiner Tragödie Sophocles' wütenden
Helden vor Augen gehabt habe. Nachfolgende Vergleichung
jedoch läßt klar ersehen, daß nicht der Ajas des griechischen
Tragikers, sondern der Hercules des Seneca den Stoff zu
seiner Darstellung geliefert hat.

Vom Morden müde fällt Saul in Schlaf. So meldet der
Waffenträger (v. 228 ff.):

> «*Mais or ie l'ay laissé de sang tout escumant,*
> *Cheut dans son pauillon, où sa fureur lassee.*
> *Luy a quelque relasche à la parfin causee,*
> *Et dort aucunement, d'icy ie l'oy ronfler,*
> *Ie l'oy bien en resuant sa furie souffler*».

Auch in Seneca stürzt Hercules, der (auf offener Bühne)
Weib und Kind getötet hat, in erlahmender Kraft und von
Schlaf überwältigt zu Boden (v. 1043 ff.):

> *An video Herculis*
> *Manus trementes? Vultus in somnum cadit*
> *Et fessa cervix capite submisso labat;*
> *Flexo genu jam totus ad terram ruit, ...*
> *Sopor est: reciprocos spiritus motus agit.*

Der Schlaf beider Helden ist durch unruhige Träume
gestört.

### Saul (v. 233 ff.):

> *Il repaist maintenant son ame d'vn vain songe,*
> *Ores ses bras en l'air et ses pieds il allonge,*
> *Ores en souspirant resue ie ne sçay quoy:*
> *Par ainsi son esprit de sa fureur n'est coy.*

### Hercules (v. 1082 ff.):

> *En fusus humi saeva feroci*
> *Corde volutat somnia. Nondum est*
> *Tanti pestis superata mali;*
> *Clavaeque gravi lassum solitus*

*Mandare caput quaerit vacua*
*Pondera dextra, motu iactans*
*Brachia vano.*

Wie das Meer noch unruhig ist, selbst wenn der Sturm sich schon gelegt hat, so gewinnen auch die Helden nur allmählich ihre innere Ruhe wieder.

### Saul (v. 237 ff.):

*Ores sur vn costé, or sur l'autre il se vire,*
*Pendant que le sommeil luy digere son ire:*
*Mais comme l'Ocean du vent d'Ou-est soufflé*
*Se tempeste long temps et deuient tout enflé,*
*Et iaçoit que du vent cesse la rage horrible,*
*Son flot n'est pas pourtant si tost calme et pai-*
*sible,*
*Ainsi de son esprit la tourmente, et les flots*
*Qu'esmouuoit sa fureur, ne sont or en repos:*
*Car tantost estendu, gisant comme vne beste,*
*Il regimboit du pied et demenoit la teste.*

### Herc. fur. (v. 1088 ff.):

*Ne adhuc omnes*
*Expulit aestus, sed ut ingenti*
*Vexata noto servat longos*
*Unda tumultus et iam vento*
*Cessante tumet.*

Seneca schließt mit dieser Stelle und mit einem Gebete des Chores den 4. Akt seiner Tragödie. Am Eingange des 5. Aktes tritt uns Hercules in vollkommener Ruhe entgegen. Wir können darin keinen Verstoß gegen das Gesetz der Wahrscheinlichkeit seitens des Dichters finden. La Taille dagegen steht mitten im Akte. Unmöglich konnte er dem Beispiele Seneca's folgen; er mußte den Übergang von der höchsten Raserei zum allmählich eintretenden Gemütsgleichgewicht in seinem Helden dem Zuschauer vorführen. Dies hat nun La Taille auch getan. (Einige Stellen sind dem *Herc. fur.* entnommen):

*Mais le voicy leué, voyez comme ces yeux*
*Estincellent encor' d'vn regard furieux!*

läßt er den Waffenträger ausrufen (v. 247 ff.). Saul begrüßt den angebrochenen Tag, er sieht nackte Ungetüme in den Wolken miteinander kämpfen und verlangt nach einem Bogen, um sie herabzuschießen (v. 250 ff.):

*ça ça qu'on m'appareille*
*Mon arc, que ie decoche à ces monstres cornus*
*Qui dans ces nues la se combattent tous nus.*[1]

Auch die folgende Stelle zeigt eine Anlehnung an den Text der Herculestragödie:

### Saul (v. 254 ff.):

*Ie veux monter au ciel, que mon char on attelle,*
*Et comme les Geants entassants monts sur monts,*
*Ie feray trebuscher les Anges et Dæmons,*
*Et seray Roy des Cieux, puis que i'ay mis en fuite*
*Mes ennemis, dont i'ay la semence destruite.*

### Herc. fur. (v. 958 ff.):

*In alta mundi spatia sublimis ferar.*
*Petatur aether ...*
*Bella Titanes parent,*
*Me duce furentes; saxa cum silvis feram*
*Rapiamque dextra plena Centauris iuga.*
*Iam monte gemino limitem ad superos agam:*
*Videat sub Ossa Pelion Chiron suum,*
*In caelum Olympus tertio positus gradu*
*Perveniet aut mittetur.*

In den folgenden vier Versen (259 ff.), die La Taille dem Waffenträger Sauls in den Mund legt, wird das Zusichkommen des Königs angedeutet und Gott gebeten, die Wut von ihm zu nehmen:

*Mais que regarde il? helas qu'est-ce qu'il fait?*
*Ie le voy tout tremblant, tout pensif, et deffaict.*

---

[1] Vgl. hierzu *Herc. fur.* (v. 989 f.):

*Excutiat leves*
*Nervus sagittas: tela sic mitti decet Herculea.*

*O quelle face ardente! ô Dieu ie te supplie,*
*Qu'auecques son sommeil s'en aille sa follie.*

Vgl. hierzu das Gebet des Chores in *Herc. fur.* (v. 1092 f.):

*Pelle insanos*
*Fluctus animi, redeat pietas*
*Virtusque viro.*

Die ersten Worte Sauls nach überstandenem Wutanfalle
sind gleichfalls dem lateinischen Dichter entnommen (v. 263 ff.):

*Mais quel mont est-ce icy? suis-ie soubs le réueil*
*Ou bien soubs le coucher du iournalier Soleil?...*
*D'où sont ces Pauillons? quel pais est-ce icy?*

Vgl. damit **Herc. fur.** 1138 ff.:

*Quis hic locus, quae regio, quae mundi plaga?*
*Ubi sum? sub ortu solis, an sub cardine*
*Glacialis ursae?*

Die dichterische Darstellung des allmählichen Erwachens
aus der geistigen Verwirrung zeigt große Ähnlichkeit auch
mit jener in Ariost's *Orlando furioso*, wo der Held nach Ver-
übung wahnsinniger Streiche sich nach und nach wieder beruhigt (Ges. 39, Str. 58 f.):

*Come chi da noioso e grave sonno,*
*Ove a veder abbominevol forme*
*Di mostri che non son, nè ch'esser ponno,*
*O gli pai cosa far strana ed enorme,*
*Ancor si maraviglia, poi che donno*
*È fatto de' suoi sensi, e che non dorme;*
*Così, poi che fu Orlando d'error tratto,*
*Restò maraviglioso e stupefatto . . .*
*Pur pensando riguarda, e non favella,*
*Com' egli quivi, e quando si condusse.*
*Girava gli occhi in questa parte e in quella,*
*Nè sapea immaginar dove si fusse.*[1]

---

[1] Roland (Ges. 39, Str. 59) sieht erstaunt, daß er nackt ist:
*Si maraviglia che nudo si vede,*
Saul fragt verwundert:
*Mais qui m'a tout le corps saigneusement noircy?*

Wie in der Senecatragödie Amphitryon seinem Sohne
den wirklichen Tatbestand schrittweise vor Augen führt, so in
der Saultragödie der Waffenträger. Dieser erinnert Saul
daran, daß sein Heer vor der Schlacht mit den Philistern
stehe und seine Söhne mit einer großen Abteilung schon das
Lager verlassen hätten, um den Kampf mit dem Feinde zu
beginnen. Da tritt dem Könige Saul seine traurige Lage in
ihrem ganzen Umfange vor die Seele. Von Gott und den
Menschen verlassen[1]) findet er keinen Ausweg aus seiner Not
(v. 289 f.):

> Mais or' que feray-ie! vne fois DIEV me chasse,
> Me bannit et forclôt de sa premiere grace.[2])

Alles nimmt ein Ende, soll der Zorn Gottes ewig dauern?
Die beiden folgenden Verse sind Horaz (Oden II, 9, v. 1 ff.
und 10, 15) nachgebildet:

> Helas, tousiours le vent la grande mer n'esmeut,
> Tousiours l'hyuer ne dure, et l'air tousiours ne pleut.

Auf die Frage Sauls, warum Gott ihn mit solchem Hasse
verfolge, gibt der Waffenträger Antwort, indem er den König
daran erinnert, daß er dem Amalekiterkönig Agag das Leben
geschenkt und das Beste von der Beute geschont habe, das

---

[1]) v. 295: Ie suis hay de toy, et des hommes aussi.

[2]) Ähnliche Klänge finden wir in dem Trauerliede des Dichters
über den Tod seiner Schwester (Cantique à Dieu, Maulde, Œuvres,
1880, S. CLVI ff.).

> Puisque le temps, les astres et les cieux,
> Tous conjurez, ce semble, à mon malheur,
> M'ont adjousté dueil sur dueil, pleur sur pleur.
> Misere sur misere:
> Pleurs & soupirs, faittes que de mes yeux
> S'élance une rivière!
> O souverain Moteur de l'univers,
> Jusques à quand as tu deliberé
> De m'oublier, moy, làs, desesperé,
> Me bannir de ta grâce,
> Me chastier, me guigner de travers
> Avec hydeuse face!
> Jusques à quand m'as tu abandonné,
> De m'affliger n'estant point encore las?

nach dem ausdrücklichen Befehl Gottes hätte vernichtet werden sollen. Saul fühlt keine Reue. Er, der ehemalige Eiferer für das Gesetz Gottes, begreift dieses nicht mehr.

> *O que sa Prouidence est cachee aux humains!* [1]
> *Pour estre donc humain i'esprouue sa cholere,*
> *Et pour estre cruel il m'est donc debonnaire!*

ruft er aus und setzt damit menschliche Rücksicht über den widernatürlichen Befehl Gottes. Saul begründet seinen Standpunkt mit dem Hinweise darauf, daß sowohl Sieger als auch Besiegter dem Geschicke unterworfen seien und der Sieger gut daran tue, statt auf seine Macht zu pochen, Rücksicht auf sein Ansehen zu nehmen (vgl. hierzu Cic. *de off.* I, 19).

Seiner ernsten Mahnung, das Strafgericht Gottes nicht von neuem herauszufordern, läßt nun der Waffenträger eine lange Aufzählung der Taten des Königs folgen, die er doch alle der Güte Gottes zu danken und also keinen Grund habe, «*d'accuser ainsi le celeste maistre*» (Vers 325 ff.).

La Taille folgt dabei genau seinen biblischen Quellen, gibt aber dabei dem Texte des Josephus den Vorzug, so z. B. verwebt er die Erklärung seines Gewährsmannes, warum der Ammoniterkönig Naases den Einwohnern der Stadt Jabes gerade das rechte Auge ausstechen wollte, in seine Dichtung, v. 353 ff.:

> *Et vouloit tout expres n'arracher que l'œil dextre,*
> *Afin que la rondelle empeschant la senestre*
> *Ils n'eussent plus d'adresse aux armes, pour seruir*
> *A la chose publique.*

Jos. VI, 5: *Il faisoit arracher l'œil dextre tant à ceux qui s'estoyant renduz de leur bon gré, qu'à ceux qui auoyent esté pris par force: afin qu'ils fussent dutout inutiles à la guerre et à la bataille, pour-ce que le bouclier otoit la veuë à l'œil gauche.*

Die Rede des Waffenträgers macht auf Saul nicht den gewünschten Eindruck. Er ist entschlossen zu sterben, nach-

---

[1] Vgl. *Cantique à Dieu* (CLIX):
> *Comme aux mortels il te plaist de celer*
> *Ta haute providence!*

dem ihn zu verderben Gott einmal beschlossen hat. Die
weiteren Mahnungen, daß Gott denen, die ihre Fehler ein-
gestehen, Verzeihung gewährt[1]), schneidet Saul kurz ab mit
den Worten (v. 421 f.):

> *Há, ne m'en parle plus, c'est follie d'attendre*
> *Que le Seigneur daignast seulement me defendre.*

Saul verzweifelt an der Verzeihung und damit an der
Hilfe Gottes, die er zum bevorstehenden Kampfe gegen den
an Zahl bedeutend stärkeren Feind so notwendig braucht.
Würde Gott, so spricht er, auf den Sieg der Israeliten bedacht sein, so hätte er ihm dies längst kund getan, sei es
durch einen Engel, sei es durch einen Seher oder durch
Träume. Gott schweigt. In seiner Not ruft er aus (v. 429 f.):

> *Samuel, Samuel veritable Prophete,*
> *Qu'ores n'es tu viuant! las que ie te regrette,*
> *Car tu me dirois bien ce que faire il me faut.*

Ein letztes Mal wendet er sich an Gott (v. 432 ff.):

> *Mais toy mesmes Seigneur respons moy de la haut:*
> *Dois-ie aller contre Achis? dois-ie les armes prendre?*
> *Le vaincray-ie ou non? ou si ie me dois rendre?*
> *Que de grace ta voix m'annonce l'vn des deux.*

Umsonst, Gott hört ihn nicht mehr. Diese Stelle ist
wohl eine der ergreifendsten der ganzen Tragödie. In lebens-
voller Darstellung zeigt uns der Dichter den unglücklichen
König, wie er, kurz vorher noch stolz auf seine Menschenrechte
pochend, sich trotzig gegen Gott auflehnt, es aber aus Liebe
zu seinem Volke über sich gewinnt, in seiner Verzweiflung
nochmals zu dem aufzuschreien, von dem er keine Hilfe erwarten kann.

Als Quelle unseres Dichters kommt hier hauptsächlich
Josephus in Betracht, der wieder ausführlicher als die Bibel
berichtet (Zonaras faßt sich noch kürzer als die Bibel).

Wie Josephus, so gibt auch der Dichter den Grund an,
warum Saul so große Furcht vor den Philistern befällt.

---

[1]) Tragödie v. 417 ff. Dieser Gedanke findet sich häufig nicht
nur in der Bibel, sondern auch bei Josephus.

v. 439 f.:

*Ie suis toul esperdu pensant qu'ils sont s i f o r t s ,*
*Et qu'on n'euitera l' h o r r e u r de cent mil' morts.*

J o s. VI, 15: *Là il fut grandement effrayé, considerant en*
*soy-mesme que ses ennemix estoyent beaucoup plus f o r t s , faisant*
*son conte de sentir bien tost quelque desconfiture h o r r i b l e .* (Nicht
in der Bibel.)

Von allen verlassen, will Saul seine Zuflucht zur Wahrsagerei nehmen. In der nun folgenden Rede und Gegenrede
Sauls und seines Waffenträgers für und gegen diesen Plan
begegnen wir der oft von Philosophen und Dichtern des
Altertums behandelten Frage über das Verhalten des Menschen
zu seinem künftigen Schicksal. Ausführlichen Erörterungen
über diese Frage begegnen wir vor allem in Cicero's *Tusc.*
*disp.* lib. III. Auch in Josephus finden sich Anklänge.

v. 455 f.: Saul.

   *La sçachant on voit comme il s'y fault gouuerner.*

                    L'Escuyer.

   *La sçachant pensez vous la pouuoir destourner?*

                    Saul.

   *Le prudent peut fuir sa fortune maligne.*

                    L'Escuyer.

   *L'homme ne peut fuir ce que le ciel destine.*

Cic. *Tusc. disp.* III, 22: *Videtur praecaveri potuisse, si pro-*
*visum esset.*

Josephus *Guerres des Juifs* VII, 12: *Mais voyla, les hommes*
*ne peuuent euiter leur destinée, encore qu'ils l'ayent preueu.*

                    Saul.

   *Le malheur nuit plus fort venant à despourueu.*

                    L'Escuyer.

   *Mais il cuit d'auantage apres qu'on l'a preueu.*

Cicero, *Tusc. disp.* III, 14, 19, 22: *Ergo id quidem non*
*dubium, quin omnia quae mala putentur, sint improvisa graviora. —*
*Sentit omnia repentina et necopinata esse graviora. — Etiam*
*Chrysippo ita videri scio, quod provisum ante non sit, id ferire*
*vehementius.*

Josephus II, 3: *Mais Dieu annonce de bonne heure ces choses aux hommes, non point pour les estonner ne contrister: mais afin qu'estans aduertiz, ils remedient et pouruoyent à la necessité, et ne soyent si griefuement opprimez, et si mal-heureusement surpris du mal qui leur est bien prochain.*

Jos. V, 12: *Car cecy aduient ordinairement, que les choses qui suruiennent soudain et sans y penser, sont plus griefues à porter.*

Saul macht sich nun mit seinen beiden Waffenknechten auf den Weg nach Endor. Der Chor beschließt den Akt mit 12 sechszeiligen Strophen, worin er um Befreiung von den feindlichen Philistern bittet, dann aber in heftigen Worten den Gang Sauls zur Hexe tadelt und ein förmliches Anathem ausspricht über die Zunft der Traumdeuter, Wahrsager und Totenbeschwörer. Von einigen biblischen Anklängen abgesehen, dürfen wir wohl wie den ersten Gesang so auch diesen als ursprüngliches Produkt des Dichters betrachten.

## III. Akt.
### Ort der Handlung: Vor dem Hause der Hexe in Endor.

Dieser dramatisch wirksamste Teil der Tragödie beginnt mit einer kurzen Episode. Ein amalekitischer Überläufer erscheint auf der Bühne und meldet dem Chor, daß David nicht, wie man angenommen hatte, als Bundesgenosse mit dem Philisterfürsten Achis ins Feld gezogen sei, da ihm die Philister Mißtrauen entgegengebracht haben. Er selbst sei mit seinen Landsleuten, die Davids Burg Siceleg geplündert hatten, von diesem überrascht worden und nur durch eilige Flucht dem sicheren Tode entgangen. Der Chor teilt dem Flüchtlinge mit, daß in der Nähe die Schlacht zwischen den Philistern und den Israeliten beginne, worauf dieser sofort ins israelitische Lager eilt.

Die von v. 553—596 reichende Episode ist für den Fortgang der Handlung von großer Wichtigkeit. Der Dichter hat durch sie dreierlei erreicht:

1. David hat (vgl. v. 31 ff.) die amalekitischen Räuber schon bestraft, ist also auf dem Rückwege begriffen; sein Erscheinen auf der Bühne im fünften Akte wird deshalb nicht überraschen.

2. Der amalekitische Soldat, der gleichfalls im fünften
Akte auftritt und David die Krone Sauls überbringt, ist dem
Zuschauer bereits vorgestellt.

3. Der Dichter läßt außerdem den Zuschauer wissen,
daß nun die Entscheidungsschlacht beginnt. Vielleicht lag
es auch im Plane des Autors, mit dieser Episode über den
Ortswechsel einigermaßen hinwegzutäuschen.

Inhaltlich schließt sich La Taille eng an seine Quelle an,
nur hat er von den drei Berichten, die der Hauptsache nach
miteinander übereinstimmen, jenen des Josephus ausgiebiger
benützt.

So lassen sich z. B. bei der Schilderung des Überfalles
der Amalekiter Anklänge an Josephus feststellen:

> *Les vns yures, et las, les autres endormis.*

Jos. VI, 15: *Il y en auoit d'autres qui estoyent assopis de
vin et de sommeil.* (Weder in der Bibel noch bei Zonaras.)

Noch spricht der Chor zum Amalekitersoldaten, der
eilends abgeht, da erscheint auch schon Saul mit der Hexe,
begleitet von den beiden Waffenträgern. Nachdem Saul die
Hexe vollster Verschwiegenheit versichert und so ihr Vertrauen gewonnen hat, erklärt sie sich bereit, seinem Wunsche
gemäß den Geist Samuels zu zitieren.

La Taille lehnt sich auch hier wieder enge an die Saul-
berichte an. Der breiteren Darstellung des Josephus gibt
er indes wiederum den Vorzug. Zonaras' kurze Angaben
scheiden aus.[1]

Trag. v. 599 ff.:      La Phitonisse.

> *Quiconques sois, Seigneur, qui viens, comme tu dis,*
> *Au secours de mon art d'vn estrange pais,*
> *Quel tort l'auroy-ie fait, que tu viens icy tendre*
> *Vn tel laqs à ma vie, à fin de me surprendre?*
> *Es tu donc à sçauoir les cruels chastiments*
> *Qu'a faicts le Roy Saul sur tous les Negromants?*

---

[1] I, 32: *Ἐγγαστρίμυθον ἐζήτησε καὶ ἐπορεύθη πρὸς αὐτὴν μεταμ-
φιασάμενος ἵνα μὴ ὅστις εἴη ἐπιγνωθῇ, καὶ ᾔτησεν ἀναχθῆναι αὐτῷ τοῦ
Σαμουὴλ τὴν ψυχήν.*

### Saul.

*N'ayes crainte de rien, ô Dame, i'en atteste*
*Le grand DIEV de la haut, et la vouste celeste,*
*Que ie tiendray ce cas si secret, que le Roy*
*N'en pourra iamais estre aduerty de par moy,*
*Et qu'il ne te fera iamais chose nuisible,*
*Mais plustost tout honneur, et bien, à son possible.*

**Bibel, I. Reg. 28, 9 f.:** *La femme lui dist: Voici, tu scez que Saul ha fait, comment il ha extirpé les enchanteurs et devins de la terre; donq cherches tu occasion contre mon ame pour me faire mourir? Et Saul lui iura par Seigneurs, disant: Aussi vray que le Seigneur vit, aucun mal ne t'aduiendra pour ceci.*

**Josephus VI, 15:** *La femme ny vouloit entendre, ains disoit qu'elle vouloit obeïr à l'edict du Roy, et ne rien faire, qui contreuint à son ordonnance, par laquelle il auoit chassé telle maniere de gens qui se meslent de deuiner, hors de son royaume. Et elle luy disoit: Je ne t'ay fait aucun desplaisir: et maintenant pourquoy me dresses-tu des embusches, afin que ie soy surprise en faisant ce qui est defendu, et que puis apres ie soye tirée à la mort? Mais Saül luy feit serment qu'il n'y auroit homme qui en sceust iamais rien, et qu'il ne communïqueroit la response qu'elle luy donneroit, et la mettroit hors de tout dangier.*

Saul stellt der Hexe auch eine Belohnung in Aussicht (v. 610); diese verzichtet jedoch darauf, sie verlangt nur Schweigen (v. 611)[1]:

*Ie ne veux que le taire en cecy pour loyer,*

und erklärt sich mit ihrer Frage:

*En quoy doncques veux tu ma science employer?*

bereit, die Bitte Sauls zu erfüllen.

Schon vor seinem Auftreten auf der Bühne hat Saul der Hexe über das Motiv seiner Handlungsweise Mitteilung gemacht (v. 613):

*Or tu as ma fortune et ma destresse ouye*

---

[1] Die drei Quellen enthalten nichts davon. Indes scheint Josephus, der an anderer Stelle die Uneigennützigkeit der Hexe in lobenden Worten hervorhebt (VI, 15), hier nicht ohne Einfluß gewesen zu sein.

und ersucht sie, nun Samuel aufzuwecken, der ihm in seiner Not Rat erteilen soll.

Die Entscheidung über die Frage, ob der Geist Samuels selbst oder irgend ein Phantom auf die Beschwörung der Hexe erschienen sei, überläßt der Dichter den Theologen.[1] Die Meinung der Hebräer sowie der neuen Skeptiker, daß die Zauberin nur einen Teufel oder einen bösen Geist, nicht den wirklichen Geist des Verstorbenen zitiert habe, weist er zurück, da er sich sonst die Stelle *Eccles.* Kap. 46 nicht erklären könne:

> *Et apres qu'il fut mort, il prophetisa, et monstra au Roy la fin de sa vie, et esleua sa voix de la terre en prophetie.*

Der Geist Samuels muß also auf der Bühne erscheinen, wo er Saul sein Ende verkünden soll.

> *Fay moy venir icy par charmes et par vers*
> *L'Esprit de Samuël du plus creux des enfers* [2]),
> *Afin qu'en ce soudain et important affaire*
> *Il me baille conseil sur ce que ie dois faire* (v. 615 ff.).

Nun beginnt die große Beschwörungsszene (v. 619 ff.). Die in ihrer Kunst bewanderte Hexe geht mit großer Zuversicht ans Werk. Schon 20 Jahre tot, soll der Prophet gleichwohl heraufkommen und zwar wird sie ihn durch ihre Dämonen zwingen. Außerdem belehrt sie den Zuschauer, daß sie zweierlei Zauberformeln zur Anwendung bringen werde: *inuocations* und *coniurations*; jene werde sie von ihrem jetzigen Standpunkt aus (*icy*), diese abseits (*à l'escart*) sprechen.

Die Hexe ruft zuerst die Erdgeister an, die alle Geheimnisse unter dem Monde kennen; dann wendet sie sich an die dienenden Geister, die sie in ihrem Zauberring eingeschlossen hält. Nun kommen die Teufel an die Reihe, die die ersten Menschen im Paradies zum Genusse des verbotenen Apfels verführt haben, dann Satan und Belzebub, Leviathan und

---

[1] Siehe *Art de la Tragedie*, II. Teil, S. 14.

[2] Josephus (VI, 15): «*Fay moy venir l'ame de Samuel.*» Nach der Bibel erscheint Samuel, ohne von der Hexe gerufen zu sein. Josephus schreibt (VI, 15): «*Elle n'ayant iamais sceu qui auoit esté Samuel, le feit venir.*» Zonaras (I, 32) hat: Ἐπῳδαῖς τισιν ἀναχθῆναι δοξάσῃ.

Belfegore. Den Schluß bilden die Engel, die wegen ihrer
Anmaßung mit Lucifer aus dem „Olymp" in die Tiefe der
„Unterwelt" gestürzt worden sind. Gott und seinen Engeln
zum Trotze sollen sie Samuel aus der Tiefe heraufbringen
und zeigen, daß sie Herren über die Natur sind, daß sie den
Himmel blutig machen und die Sterne, die Sonne und den
Mond verzaubern können. Niemals komme das letzte Gericht
und niemals der Messias, dessen Erscheinen schon von manchen
Propheten verkündet worden sei. Als Samuel zu zögern
scheint, ruft sie den großen Gott, dessen Namen sie nicht zu
nennen wagt, und droht ihren Dämonen mit Züchtigung, wenn
sie sie im Stiche lassen. Nun eilt sie hinein, um ihre Beschwörungen zu beginnen.

Diese *invocations,* die auf den modernen Leser einen
lächerlichen Eindruck machen [1]), sind ein neuer Beweis dafür,
daß es La Taille an der nötigen Kraft gebrach, seinem dramatisch sicherlich wirksamen Gedanken poetischen Schwung
zu verleihen.

Was die Quellen zu diesen 38 Verse zählenden Geister-
anrufungen betrifft, so mußte der Dichter, den die Bibel und
Josephus hier im Stiche lassen und auch Zonaras diese Beschwörungen nur andeutet [2]), nach außerbiblischen Mustern
suchen. Schon im Mittelalter war bekanntlich die Magie zu
einer Art Systematik ausgebildet, theoretisch gelehrt und mehr
noch praktisch betrieben worden. Die Werke der Dichter
wimmeln von Geisterbeschwörungen und Zauberspuk. Und
wie beliebt dieser Stoff noch bei den Dichtern des 16. und

---

[1]) Es genüge eine Probe aus dem *Grand Parangon der Nouvelles
nouvelles* (1535): *Je te jure, triste Pluto, seigneur de la profondité infernale ... capitaine de la court dampnée, ... gouuerneur des tourmens
et tourmenteurs des ames pecheresses ... administrateur de toutes les
choses noires du Royaume stigié et ligué avec toutes les larves et ombres
infernales et litigieuses ... moy, Celestine, la plus congnue clientule te
conjure par le vertu et force de ces lettres rouges ... que sans tarder tu
viengnes obeir à ma voulenté ... si tu ne le fays incontinent tu me tien-
dras pour mortelle ennemye, je fraperay avec lumiere tes prisons tristes
et obscures, je accuseray cruellement tes mensonges ... et de rechef, je te
conjure, et reconjure ainsi confiant à ma grant puissance ...*

[2]) Vgl. oben S. XL. Anm. 2.

17. Jahrhunderts war, erkennen wir aus der grundlegenden Untersuchung von E. Friedrichs (1908).

Einige Züge scheint La Taille dem von ihm bevorzugten Ariost und zwar dessen *Orlando furioso* (Ges. III) entnommen zu haben. Um ihre Zukunft zu erfahren, kommt Bradamante zu Melissa, die folgendermaßen beschrieben wird (III, 8):

> «*Discinta e scalza, e sciolte avea le chiome.*»

Vgl. hierzu Saul v. 681:

> «*Et toute decheuelée.*»

Melissa ist bereit, ihr zu enthüllen, was der Himmel über sie beschlossen hat (III, 9):

> «*E qui son stata acciò ch'io ti riveli*
> *Quel c'han di te già statuito i cieli.*»

Zu diesem Zwecke führt sie Bradamante in die Grotte Merlins, des «*savio mago*»[1]), dessen lebendiger Geist den toten Körper noch nicht verlassen hat. Von ihm soll Bradamante ihr zukünftiges Geschick erfahren. Merlin beginnt auch alsbald zu sprechen (III, 16):

> «*Appena ha Bradamante dalla soglia*
> *Levato il piè nella secreta cella,*
> *Che 'l vivo spirto dalla morta spoglia*
> *Con chiarissima voce le favella.*»

Auch Melissa hat Gewalt über die Dämonen (III, 21):

> «*Poi scioglie il libro, e coi demonj parla.*»

La Taille läßt die Hexe ihre Zauberformel hersagen, während der Epiker seiner Zauberin ein Buch in die Hand gibt. Dagegen fehlt in der Tragödie der Zauberring nicht, der im *Orlando furioso* eine so große Rolle spielt.[2])

Melissa zitiert eine Menge Geister, die nach dem von ihr gezogenen Kreise drängen (III, 22):

> «*Eccovi fuor della prima spelonca*
> *Che gente intorno al sacro cerchio ingrossa.*»

---

[1]) III, 11: «*Col corpo morto il vivo spirto alberga.*»

[2]) Saül v. 634: «*Vous aussi que ie tiens dans ma Bague sacree.*»

Nun folgt der Dichter wieder dem biblischen Berichte. Die Hexe, welche den Betrug Sauls durchschaut hat, macht ihm darüber Vorwürfe (v. 693 ff.). Nach Josephus hat Samuel ihr mitgeteilt, daß sie den König vor sich habe.[1]) La Taille ist dem Wortlaute der Bibel gefolgt, die nicht angibt, wie die Hexe Saul erkannt hat.[2])

Mit den folgenden Versen schließt sich La Taille nicht bloß inhaltlich, sondern auch teilweise wörtlich an den Text der Bibel und des Josephus an, wie nachfolgende Gegenüberstellung ersehen läßt.

Tragödie. Saul (v. 696 ff.):

*Ie suis tel que tu dis, mais de moy n'ayes crainte.*
*Qu'as tu veu?*

La Phitonisse:

*Vn Esprit plein de diuinité.*
*O qu'en luy reluisoit vne grand' maiesté!*

Saul:

*Comme est-il?*

La Phitonisse:

*Il est vieil, d'vn port moult venerable,*
*Gresle, et tout reuestu d'vn surplis honorable.*

Bibel (I. Reg. 28, 13 ff.): *Et le Roy lui dist: Ne crains point, qu'as tu veu? Et la femme respondit à Saul: J'ay veu des Dieux montans de la terre. Derechef dist: Quelle est sa forme? Elle respondit: C'est vn vieil homme qui monte, qui est couuert d'vn manteau.*

Jos. VI, 5: *Et le Roy luy respondit que c'estoit luy voirement: et luy demanda pourquoy elle estoit si espouantée. La femme dit, que c'estoit pource qu'elle voyoit monter vn homme qui auoit la face diuine. Puis apres il luy demanda, quel estoit le trait de son visage, de quel aage il estoit, et comment il estoit habillé. Elle dit, que c'estoit vn homme vieil, ayant le regard venerable et reuestu d'vn ornement de Sacrificateur.*

---

[1]) Jos. VI, 5: «*Car Samuel luy avoit déclaré.*»
[2]) Der Dichter (Vers 714 ff.) läßt übrigens Samuel erst durch die Hexe zum Sprechen zwingen.

Nachdem Saul erkannt hat, daß der so Geschilderte
Samuel ist, gerät er in große Verwirrung (v. 703 ff.).

Zu aller Entsetzen erscheint nun, von der Hexe geführt,
Samuel[1]), den die Zauberin zum Sprechen zu bewegen sucht
(v. 721):

> Or ça vien derechef,
> Et sans nous faire icy des signes de ton chef,
> Dy nous d'vn parler vif ce que le Roy doit faire,
> Et si ses trois Enfans du combat militaire
> Viendront vainqueurs, ou non.

Der Chor, der schon wiederholt über solch unerhörte
Dinge seinem Unwillen Ausdruck verliehen hat, lenkt nun
unsere Aufmerksamkeit auf Saul, der die Ankunft Samuels
kaum erwarten konnte[2]) und jetzt kein Wort hervorbringt.
Überwältigt von der Majestät des vom Todesschlaf auf-
geweckten Propheten sinkt er auf die Knie und neigt das
Haupt (v. 728):

> Mais, le genouil en terre, il encline sa teste.

Vgl. hierzu die Quelle des Dichters:

Bibel: [Saul] s'enclina sus sa face en terre, et l'adora.
Josephus: [Saul] se prosterna sur sa face et l'adora.

Nun beginnt der Prophet zu sprechen. Indem er sich
zuerst an die Hexe wendet, macht er ihr Vorwürfe darüber,
daß sie durch ihr verwerfliches Handwerk seine Grabesruhe
gestört habe. Größer noch ist sein Zorn auf den König, der
sich aber ein Herz faßt und Samuel um Rat und Auskunft
bittet. Darauf folgt die Verkündigung des Strafgerichts
Gottes durch den Propheten.

Der Bericht der Bibel und des Josephus ist vom Dichter
wiedergegeben.[3])

---

[1]) Die drei Quellen berichten nichts davon, daß Saul beim Anblicke Samuels in Furcht geriet.

[2]) v. 701 f. sagt Saul zur Hexe:

> Va, fais venir celuy à qui tu as parlé,
> C'est Samuel pour vray, lequel m'a decelé.

[3]) Zonaras' gekürzter Text lautet: Εἶπε Σαούλ «θλίβομαι σφόδρα ὅτι
συνήχθησαν κατ' ἐμοῦ οἱ ἀλλόφυλοι καὶ ὁ κύριος ἀφέστηκεν ἀπ' ἐμοῦ». τὸ

Tragödie. Samuel (v. 740 ff.):

*Et toy Roy plus maudit, as-tu bien pris l'audace*
*De troubler le repos aux esprits ordonné,*
*Veu qu'encores ie l'ay d'autrefois pardonné?*

## Saul:

*Pardonné moy encor, Prophete venerable,*
*Si la necessité et l'estat miserable*
*Où ie suis, me contraint de rompre ton sommeil,*
*A fin qu'en mon besoing i'aye de toy conseil,*
*Or sçaches qu'il y a cy pres une tempeste*
*De Philistins armez pour foudroyer ma teste,*
*Les Prophetes et DIEV, le Ciel, la Terre, et l'Air,*
*Coniurants contre moy, ie t'ay fait appeller.*

## Samuel:

*Si DIEV, la Terre, et l'Air coniurent ton dommage,*
*Pourquoy me cherches tu? que veux-tu d'auantage,*
*Si par m'estre importun tu ne peur reculer*
*Aux maux qu'il pleut à Dieu par moy te reueler?*
*Mais tu veux, adioustant offense sur offense,*
*Que ie prononce encor ta derniere sentence.*

*Sçaches doncques, que DIEV est ia tout resolu*
*De bailler ton Royaume à un meilleur Esleu,*
*C'est Dauid dont tu as par ta maligne enuie*
*Tant de fois aguetté la iuste et droitte vie:*
*Mais tes faicts sur ton chef à ce coup recherront,*
*Car ton Regne et ta vie ensemble te lairront.*
*Tantost au[x] bas enfers ie te verray sans doubte,*
*Toy, et ton peuple aussi qu'Achis doit mettre en route.*
*Par ainsi tes enfans seront pour tes forfaicts*
*Tantost auec leurs gens ruinez et deffaicts.*

Bibel. I. Reg. 28: *Et Samuel dist à Saul: Pourquoy
m'as tu esmu de m'auoir fait monter? Saul respondit: J'ay grande
angoisse: car les Philistins bataillent contre moy, et Dieu s'est*

---

δὲ τοῦ Σαμουὴλ. φάντασμα ἀπεκρίθη ὡς «πεποίηκέ σοι ὁ κύριος ὅσα προμε-
μήνυκεν δὶ ἐμοῦ, καὶ ἀφαιρεῖται σου τὴν βασιλείαν καὶ δίδωσιν αὐτὴν τῷ
Δαβίδ, καὶ τὸν λαὸν ὑποτάσσει τοῖς πολεμίοις. σὺ δὲ καὶ οἱ υἱοί σου αὔριον
πεσεῖσθε». καὶ ἐλυπήθη σφόδρα τούτων ἀκούσας Σαοὺλ καὶ ἀπῆλθε.

*retiré d'auec moy, et ne m'ha plus respondu, ne par les mains des Prophetes, ne par songes: pour ce ie t'ay appellé, à fin que tu me montres que ie doy faire. Et Samuel dist: Pourquoy m'interrogues tu, puis que le Seigneur s'est retiré d'auec toy et est fait ton ennemi? le Seigneur te fera comme il ha parlé par moy: et le Seigneur coppera le Royaume d'entre tes mains, et le baillera à David ton prochain. Le Seigneur baillera Israel auec toy es mains des Philisthins et demain toy et tes fils serez auec moy: le Seigneur aussi baillera le camps d'Israel es mains des Philistins.*

*Josephus VI, 5: L'ame de Samuel luy demanda, pourquoy il l'auoit fait remuer du lieu ou il estoit: et Saül respondit, qu'il auoit esté contreint de ce faire: car les ennemiz s'estoyent assemblez en grand nombre bien prests à donner la bataille: et Dieu ce pendant luy auoit oté tout conseil, et ne doignoit plus luy faire sauoir les choses à venir, ne par les Prophetes, ne par les visions des songes, ou autrement, parquoy il estoit venu au refuge vers luy, ayant bien experimenté en plusieurs sortes le soing qu'il auoit eu de ses affaires. Samuel preuoyant que le dernier iour du Roy estoit bien prochain, luy respondit: «C'est folie à toy, de t'enquerir des choses à venir, veu que tu cognois que Dieu t'a delaissé. tant y a que ie te diray cecy: que Dieu a ordonné que Dauid soit Roy, et viendra à bout de toutes guerres à son souhait: et quant à toy tu perdras et le royaume et la vie. Saches donq que ton armée tombera par le glaiue des ennemiz, et toy aussi y seras occy auec tes fils, et seras demain auec moy.*

Um das Maß der Leiden des Königs voll zu machen, verkündigt ihm Samuel noch, daß das ganze Saulsche Geschlecht von der Erde vertilgt werden solle (v. 767—772).[1]

Wie die Bibel und Josephus, so gibt auch der Dichter den Grund der göttlichen Strafe an (v. 773 ff.)[2]:

---

[1] Diese im Interesse einer erhöhten tragischen Wirkung vom Dichter eingefügte Prophezeiung ist weder in der Bibel, noch in Josephus oder Zonaras enthalten. Dagegen wird die Vernichtung der Nachkommenschaft Sauls in der Bibel (Reg. II, 21), von Jos. (VII, 12) und von Zonaras (II, 6) berichtet.

[2] Zonaras hat dies unterlassen. Siehe S. XLIV, Anm. 3.

*Et le tout pour autant qu'à la diuine roix*
*Obeï tu n'as point ainsi que tu deuois,*
*Qu'executé tu n'as sa vengeance dépite,*
*(Comme ie t'auois dit) contre l'Amalechite.*

**Bibel.** I. Reg. 28: *Pourtant que tu n'as point
parfait l'ire de la fureur contre Amalec.*

**Jos.** VI, 5: *Pource que tu n'as obeï à Dieu en bataillant
contre les Amalecites, et n'as fait conte ce, qu'il t'auoit
commandé par moy quand ie viuoye.*

Der Dichter hat sich offenbar bemüht, diesen Höhepunkt
seiner Tragödie dramatisch wirksam zu gestalten. Dies ist
ihm auch im ganzen gelungen, obgleich nicht verschwiegen
werden darf, daß er nur seiner Quelle zu folgen brauchte, um
diese tragische Wirkung zu erzielen. Einige erweiternde Zu-
sätze wären besser weggeblieben. Sie haben die hochernste
dramatische Situation eher abgeschwächt, um nicht zu sagen
gestört. So z. B. läßt der Dichter, als Samuel die Hexe wegen
ihrer verwerflichen Kunst, die Geister der Toten zu be-
unruhigen, verflucht hat, den Propheten fortfahren (v. 735 f.):

*Qui desseches touiours par ton faulx sorcelage,*
*Les vaches et les bœufs de tout le voisinage.*

Nachdem Samuel wieder verschwunden ist, stürzt Saul,
durch die Weissagung des Propheten niedergeschmettert, ohn-
mächtig zu Boden. Tief ergriffen von dem unglücklichen
Lose des Königs, sucht die Hexe ihn wieder aufzurichten, und
spricht ihm Mut zu. In bitteren Worten beklagt Saul sein
Geschick, für das er Gott selbst verantwortlich macht. Der
Tod ist ihm willkommen, da er vom Leben nichts mehr zu
erwarten hat.

Zu den Worten der Hexe (v. 787 ff.) vgl. Sen. *Oedip.* 81 ff.:

*Quid iuvat, coniunx, mala*
*Gravare questu? regium hoc ipsum reor:*
*Adversa capere, quoque sit dubius magis*
*Status et cadentis imperi moles labet,*
*Hoc stare certo pressius fortem gradu:*
*Haud est virile terga Fortunae dare.*

Cic. *Tusc.* II, 21:

*Conqueri fortunam adversam, non lamentari decet,*
*Id viri est officium: fletus muliebri ingenio additus.*

Dazu Cic. *Tusc.* II, 13, 22, 24; III, 17, 28; IV, 28.
Sen. *ad Marc.* 3. *Hipp.* 404.

Zur Klage Sauls hat der Dichter reichen Stoff in den
Tragödien Seneca's gefunden. So im *Oedip.* v. 6 ff. *Thyest.*
604 ff. *Herc. fur.* 384 f. *Herc. Oet.* 644 ff. usw. Siehe auch
Sen. *de brev. vit.* 17. *ad Marc.* 15. *ad Helv.* 6 u. 7. Cic. *Tusc.*
III, 19. Hor. *Od.* I, 34, 35; III, 29. Josephus I, 13.

Josephus hat seine Schilderung der geschichtlichen Ereignisse unterbrochen, um der «*Courtoisie*» der Hexe gegen
Saul Worte des Lobes zu widmen. Entsprechend der Jo-
sephischen Darstellung hat nun auch der Dichter diese seltene
Eigenschaft hervorgehoben, indem er die Hexe sprechen läßt:

*Tu sçais que i'ay esté moy ton humble seruante,*
*A tes commandements n'aguéres obeissante:*
*Tu sçais que i'ay pour toy mis ma vie en hasart,*
*Qu'à toy ont esté prompts mon labeur et mon art.*
*Si donc à ta parole en tout i'ay esté preste . . .*

Vgl. oben S. XXXIX, Anm. 1. Der (in der Bibel und
in Jos., nicht aber in Zonaras enthaltenen) Einladung der
Hexe, an ihrem Mahle teilzunehmen, leistet der König nur
mit Widerstreben Folge.

Der Chor beschließt den Akt mit einem langen Klage-
liede, in welchem er zunächst den bedauernswerten König in
seinem gegenwärtigen Elende betrauert, dann aber Gottes
Huld und Erbarmen für das schwergeprüfte Volk erfleht.

## IV. Akt.
### Ort der Handlung: Vor dem Zelte Sauls.

Was der Geist des Propheten geweissagt hat, ist teilweise
schon eingetroffen. Ein Soldat bringt soeben die Meldung,
daß die Philister infolge eines kühnen Überfalles Herren des
israelitischen Lagers geworden und die drei Söhne Sauls getötet sind. Auch Saul wird dem Feinde in die Hände fallen,
wenn er sich nicht durch schleunige Flucht rettet. Ihm liegt

jedoch der Gedanke daran fern; entschlossen zu sterben, bittet er seinen Waffenträger, ihn mit seinem Schwerte zu töten. Dieser weigert sich aufs entschiedenste, ist vielmehr bemüht, im Herzen Sauls Vertrauen auf Gott wachzurufen.

Saul wiederholt seine erste Bitte. Da der Waffenträger sich auch jetzt nicht willfährig zeigt, so rafft sich Saul plötzlich auf, eilt in das nahe Schlachtgetümmel, um in heldenmütigem Kampfe den in sichere Aussicht gestellten Tod zu finden.

Seine Begleiter bewundern seine Tapferkeit, würdig des höchsten Ruhmes bei der Mit- und Nachwelt. Der Chor der Leviten hingegen ist anderer Anschauung. Er sieht in der Tat Sauls nur einen feigen Selbstmord. Den für das Vaterland gefallenen Soldaten jedoch zollt er den Tribut des Dankes und der Anerkennung.

Der 4. Akt ist jener Teil der Tragödie, der fast keine Entlehnungen aus den biblischen Berichten aufweist.

Der Schlachtbericht des Soldaten hat in dem von La Taille so geschätzten Ariost herrliche Vorbilder.

Um einer unumgänglichen Forderung der Renaissancedramatik zu genügen, hat der Dichter in diesen Akt zahlreiche lehrhafte Stellen und Sentenzen eingestreut. Es berührt eigentümlich, wenn La Taille seinen Helden, der den Schlachtentod sucht und jeden Augenblick von den Feinden überrascht werden kann, in Gemeinschaft mit seinem Waffenträger Gemeinplätze aus den Schriften der alten Dichter und Philosophen rezitieren läßt.[1]

Der Aufmunterung des Waffenträgers (v. 1019 ff.), tapfer gegen das Schicksal anzukämpfen[2]), begegnet Saul mit dem

---

[1]) Der v. 960 ff. zum Ausdruck gebrachte Gedanke, daß die Kinder für die Sünden der Eltern büßen müssen, erinnert zunächst an die Bibel (z. B. I. *Mos.* 20, 5; *Ezech.* VI, 11, 12), findet sich aber auch bei Cic. *de nat. deor.* III, 38. Hor. *Od.* II, 1; III, 6.

[2]) Die Mahnung das Schicksal zu besiegen ist bei Seneca häufig, so *Phön.* 188 ff.:

> At hoc decebat roboris tanti virum,
> Non esse sub dolore nec victum malis
> Dare terga.

Vgl. *ad Marc.* 6 *Helv.* 15. Siehe auch oben S. XLVIIf.

Hinweis, daß er besser daran getan hätte, den Klippen des Schicksals aus dem Wege zu gehen:

*Et que i'eusse tousiours chez mon pere hors des flots*
*Et des escueils du sort vescu seur en repos!*

Das vom Meere genommene Bild finden wir in Seneca häufig wieder. Es genüge eine Stelle (*Herc. Oct.* 694 ff.):

*Stringat tenuis littora puppis*
*Nec magna meas aura phaselos*
*Jubeat medium scindere pontum:*
*Transit tutos Fortuna sinus*
*Medioque rates quaerit in alto,*
*Quarum feriunt sipara nubes.*

Der Palast des Königs ist größeren Gefahren ausgesetzt als die niedrige Hütte des gemeinen Mannes (v. 1031 f.).

*Heureuse et plus qu'heureusè est la basse logette,*
*Qui n'est iamais aux vents ny aux foudres subiecte!*

Auch diesen Gedanken treffen wir bei Seneca wieder (*Phaed.* 1126 ff.)

*Servat placidos obscura quies*
*Praebetque senes casa securos.*
*Non capit unquam magnos motus*
*Humilis tecti plebeia domus.*
*[Circa regna tonat.]*

Vgl. hierzu Sen. *Thy.* 390 ff. und 467 ff. *Ag.* 57 ff. *Oed.* 6 u. a. Hor. *Od.* II, 10, 16; III, 1. *Ep.* II. *Sat.* I, 3. Cic. *Tusc.* III, 24.

Der Waffenträger hält jenen für glücklicher, der den ungelehrigen Haufen meidet und Wege geht, die zum ewigen Ruhme führen (v. 1033 ff.). Die Verse erinnern an Horaz (*Od.* II, 16. *Epod.* 16).

Auch die folgenden Verse der Wechselrede zwischen Saul und seinem Waffenträger enthalten noch manche lehrhafte Stelle, wie sie so häufig bei Seneca, Horaz, Cicero u. a. wiederzufinden sind. — Zum Schlusse des Aktes schlägt der Dichter wieder andere, seines Helden und seiner Tragödie würdigere Töne an. Nachdem Saul vergebens von seinem Waffenträger verlangt hat, ihn zu töten, stürzt er sich mit den Worten in den Kampf (v. 1085 ff.):

*Ie ne veux abbaissant ma haute maiesté,*
*Euiter le trespas qui prefix m'a esté:*
*Ie veux donc vaillamment mourir pour la patrie,*
*Ie veux m'acquerir gloire en vendant cher ma vie.*

Noch einmal ruft er seine Söhne und verschwindet im Kampfgewühl, den Heldentod zu suchen.

Saul ist in der Tat ein Held und La Taille hat dies im Gegensatz zur Bibel ganz besonders hervorgehoben.[1] Wie sehr auch die spätere Geschichtsschreibung wohl im Interesse der Priesterschaft und des glücklicheren Herrscherhauses von Juda das Bild Sauls getrübt hat, aus den einzelnen Zügen, welche die Überlieferung unverwischt bewahrt hat, leuchtet doch der großartige Heldencharakter hervor. Es gereicht Jean de La Taille zu hoher Ehre, daß er dieses Moment erkannt und an der „ersten tragischen Gestalt in der Welthistorie"[2] seine dichterische Kraft versucht hat. Freilich müssen wir auch hier das Verdienst des Dichters beschneiden im Hinblick darauf, daß seiner Auffassung des Heldencharakters Sauls nicht das primäre Recht gebührt, sondern seiner Hauptquelle, dem Josephus.

Der zweite Waffenträger Sauls ruft aus (v. 1099 ff.):

*O Roy tu monstres bien ton cœur estre heroïque,*
*De preuenir ta mort pour la chose publique,*
*Sans la vouloir fuir: ô Prince vrayment fort,*
*Qui vas en la battaille, où tu sçais qu'est ta*
*mort!*

---

[1] Creizenach (*Geschichte etc.*, II, 460 f.) findet es merkwürdig, daß der streng calvinistische Dichter sich gegen den parteiischen Bericht des biblischen Erzählers aufzulehnen scheint. Demgegenüber muß betont werden, daß La Taille, wenn wirklich, dann im Grunde ein recht lauer Hugenotte war und nicht daran dachte, konfessionelle Rücksichten auf literarisches Gebiet zu übertragen (vgl. oben S. XIV f.).

[2] Ranke, *Weltgeschichte*, 1, Leipzig. 1881. Bd. I, S. 59.

4*

*Ceux qui vont en la guerre esperant la vic-*
*toire*
*Meritent moins que luy et d'honneur et de gloire,*
*Lequel sçachant mourir contre le Palestin,*
*Court neantmoins hardy au deuant du Destin.*

*Vous Roys aimants l'honneur, venez icy apprendre*
*Combien pour la Patrie il vous faut entreprendre,*
*Mesprisants les dangers et le certain trespas.*

**Vgl. hierzu Jos. VI, 15:** *Mesprisans dangiers ou bien
la mort, quand elle se presentera, ils [les Rois] ne reculent, et ne
facent difficulté d'endurer et soustenir toutes choses pour le bien
publique . . . Il y a icy vn exemple notable en Saül, Roy des
Hebrieux . . . car combien qu'il sceust ce qui luy deuoit aduenir,
et que le Prophete l'eust aduerty de sa mort, tant y a qu'il ne
l'a point voulu euiter . . . . mais s'exposant au dangier . . .
il a reputé, que ce luy seroit vne chose honneste de mourir en la
bataille . . . Parquoy il me semble que se personnage-cy a esté
vn homme vrayment iuste, magnanime, et prudent . . . quant à
ceux, qui entrent en bataille auec vne certaine esperance, qu'ils obtiendront la victoire, il me semble qu'ils ne
meritent point que les historiens ou autres auteurs leur donnent
tiltre de magnanimité ou de force . . . je ne pense point qu'on puisse
à bon droit appeler forts et magnanimes, et contempteurs des
dangiers, sinon ceux, qui sont imitateurs de Saul . . . ie suis
de ceste opinion, que celuy, qui ne pourra attendre que toutes choses
fascheuses, et sera aduerty, qu'il deura necessairement mourir en
la bataille, et toutefois sans s'estonner aucunement il se presente
hardiment à la mort, est digne d'estre estimé homme vaillant, fort,
et courageux.*

Der Chor beschließt den Akt mit einem Hinweis auf
das Verbot des Selbstmordes. Cicero, aus dem wahrscheinlich unser Dichter geschöpft, hat dieses Verbot wiederholt
ausgesprochen. Die Verse 1122—1136 geben die Lehre des
römischen Philosophen wieder.

*Doncques veux tu par courroux,*
*Par desespoir ou manie,*

*Rompre à force l'harmonie*[1])
*Que DIEV a formee en toy,*
*Veu qu'il n'est rien à la loy*
*De Nature si contraire,*
*Que son chef-d'œuure deffaire?*
*Pource, l'ame iointe au corps*
*Ne doit point saillir dehors,*
*Si DIEV, qui dans nous l'a mise,*
*N'a son issue permise:*
*Ainsi comme le soldart,*
*Sur peine de mort, ne part*
*Du lieu où la guerre on meine,*
*Sans congé du Capitaine.*

Cic. *Somm. Scip.* 3: *Qua re et tibi, Publi, et piis omnibus retinendus animus est in custodia corporis nec iniussu eius, a quo ille est vobis datus, ex hominum vita migrandum est, ne munus humanum adsignatum a deo defugisse videamini.*

Vgl. hierzu Cic. *Tusc.* I, 30: *Vetat enim dominans ille in nobis deus, iniussu hinc nos suo demigrare. Vir sapiens nec tamen illa vincla carceris ruperit (leges enim vetant), sed tamquam a magistratu aut ab aliqua potestate legitima, sic a deo evocatus atque emissus exierit.*

An einer anderen Stelle (*De senect.* 20) läßt Cicero Pythagoras das Verbot des Selbstmordes aussprechen:

*Vetatque Pythagoras iniussu imperatoris, id est dei, de praesidio et statione vitae decedere.*[2])

---

[1]) Cic. *Tusc.* I, 18: *Membrorum vero situs et figura corporis, vacans animo, quam possit harmoniam efficere, non video.*

[2]) Auch bei Josephus (*Guerre* I, 13) finden wir eine Warnung vor dem Selbstmorde: *Comment, mes amys et compagnons. sommes nous doncques si connoiteux de nostre mort, que nous voulons mettre en dissention, nostre ame et nostre corps, deux choses si vnies concordantes et amyables en eulx? Si aucun Romain ne me veult tuer, me dois ie moymesmes deffaire de mes propres mains?*

## V. Akt.

### Ort der Handlung: Vor dem Zelte Sauls.

David hat die Amalekiter gezüchtigt, weil sie die Burg Sikeleg geplündert und zerstört haben. Eben ist er von dem siegreichen Kampfe zurückgekehrt, da tritt ihm ein amalekitischer Soldat, der, vor Sikeleg dem Tode entronnen, im israelitischen Lager Aufnahme gesucht hat, entgegen und überreicht ihm die Königskrone mit der Meldung, daß Saul gefallen sei. In der Hoffnung, sich bei David in besondere Gunst zu setzen, fügt er in lügenhafter Weise hinzu, daß er selber Saul auf sein Bitten getötet habe. David gerät über diese Nachricht in größte Bestürzung und Trauer, aber auch in heftigen Unwillen über den Königsmörder. Alle Entschuldigungen desselben sind nutzlos; seiner nunmehrigen Versicherung, Saul habe sich in sein eigenes Schwert gestürzt, schenkt David keinen Glauben. Er gibt seinen Leuten den Befehl, den Missetäter auf der Stelle zu töten.[1])

Der Dichter folgt auch hier seinen Quellen, die in der Hauptsache miteinander übereinstimmen. Einige in der breiteren Darstellung des Josephus enthaltene Gedanken hat er verwertet. So z. B. bittet Saul den Soldaten, ihn zu töten (v. 1213 f.):

> De peur, dit il, que ie ne sois icy
> Rencontré vif de quelque incirconcy.

Jos. VII, 1: afin qu'il ne tombast vif en la main des ennemiz. (Zonaras hat hier den Text des Josephus genau kopiert.)

Auch auf die folgenden Verse, in denen der Dichter die edle Gesinnung Davids gegen seinen Feind nachdrücklich hervorhebt, scheint folgende Stelle bei Josephus (VII, 1) nicht ohne Einfluß gewesen zu sein:

---

[1]) Faguet ist der Meinung, daß der Soldat an den Boten in der Antigone erinnere (*Thèse*, S. 154). Warum sollen wir aber an dieses für einen französischen Renaissancedramatiker ferngelegene Vorbild denken? Wenn wirklich eine Erinnerung an die Antike herauskonstruiert werden soll, so war unserm Dichter der *miles gloriosus* der römischen Komödie doch näher gelegen.

*Dauid estoit homme si vertueux, et d'vne si bonne affeccion*
*enuers Saül, que combienque Saül luy eust dressé des embusches*
*mortelles par plusieurs fois: se neantmoins il fut non seulement*
*fort contristé de sa mort . . .* (Nicht in der Bibel.)

Nun tritt Sauls Waffenträger auf, der seinem Herrn in
den Kampf gefolgt war und erstattet David einen wahrheits-
getreuen Bericht über Sauls Ende, wie auch über des Siegers
Grausamkeit, der, anstatt die Gebeine des Königs und seiner
Söhne zu begraben, die Leichname der Gefallenen in Stücke
zerhauen ließ. David erhebt die Totenklage über die gefallenen Helden Saul und Jonathas. Er gedenkt des innigen
Freundschaftsbundes, der ihn mit letzterem verknüpfte, und
der zärtlichen Sorgfalt, die ihm der treue Freund in schlimmen
Tagen erwies, da er von Saul verfolgt wurde. David gelobt
diese Liebe solange er atme im Herzen zu bewahren und sie
an den Nachkommen Jonathas' zu betätigen. Schließlich
fordert er das ganze Volk auf, den Tod seiner Helden und
Führer zu beweinen. Allen kommenden Geschlechtern soll
der Ruhm der gefallenen Krieger verkündet werden.

Damit schließt der V. Akt und die Tragödie. Dem ausführlichen mit reicher Dichterphantasie ausgestatteten Berichte des Waffenträgers über den Tod Sauls und seines
Waffenträgers liegen die wenigen Zeilen der Bibel, des Josephus und Zonaras zugrunde, in denen kurz das Ende der
Helden gemeldet wird. Das Klagelied Davids ist eine er-
weiterte Übersetzung seines Bogenschützenliedes, einer der
herrlichsten Schöpfungen hebräischer Poesie.[1] Das Bogen-
schützenlied ist nur in der Bibel enthalten.

---

[1] Die Verse 1484 ff.:
> Aumoins adieu cher amy ie te dis,
> Et garde encor nostre amitié, de sorte
> Qu'apres ta mort elle ne soit point morte,

finden wir als Schlußverse des *Cantique à Dieu sur la mort d'Angélique
de La Taille, sa sœur* wieder (Maulde, *Œuvres*, 1880, S. CLX); vgl.
oben S. XXXIII):
> Mais, pour le moins, Adieu te dis, ma sœur,
> Adieu, et garde en sorte
> Nostre amitié que mesme apres ta mort
> Elle ne soit point morte.

Fassen wir zum Schluß das Resultat der obigen Untersuchung kurz zusammen, so ergibt sich, daß La Taille als
Quellen zu seiner Tragödie hauptsächlich Josephus und
die Bibel benutzt hat. Was Zonaras betrifft, den La Taille
ebenfalls als eine der von ihm benützten Quellen angibt, so
ist eine Anlehnung an dessen Darstellung seitens unseres
Dichters nicht ersichtlich. Bezüglich der beiden anderen
Quellen ist zu sagen, daß er dem Texte des Josephus vor
jenem der Bibel den Vorzug gegeben hat. Gewiß hält sich
Josephus in seinem Berichte in den Hauptzügen an die Bibel;
aber gerade der König Saul ist von Josephus anders dargestellt worden, als von der Bibel. Der biblische Erzähler
gibt uns ein düsteres Bild des Königs, der, so vielverheißend
er auch seine Laufbahn beginnt, einem selbstverschuldeten,
unglücklichen Ende entgegengeht. In seiner Verblendung
sucht Saul auf einem vom Gesetze streng verbotenen Weg,
nämlich durch Vermittlung der Wahrsagerin, in seiner Verzweiflung das Dunkel seines Geschickes zu durchdringen und
stürzt sich freiwillig in das selbstverschuldete Verderben. Die
schreckliche Strafe, die ihn ereilt, ist somit wohl begründet.
Wir bekommen von Saul den Eindruck eines verstockten
Bösewichts, der sein Unheil selbst heraufbeschwört. · Josephus
dagegen hat uns Saul menschlich näher gerückt. Gewiß
feiert auch der jüdische Geschichtsschreiber den israelitischen
König nicht als sündenlosen Heiligen, aber er findet es doch
erklärlich, wenn Saul nicht immer das Wort des Propheten
und seines Gottes wörtlich erfüllt. Wie er Saul als Helden
feiert trotz seiner menschlichen Schwächen, haben wir S. LI
gesehen. Damit glauben wir aber auch die psychologische
Erklärung gegeben zu haben, warum La Taille den Bericht
des Josephus bevorzugt hat. La Taille mußte seinen dramatischen Stoff idealisieren, dazu hatte ihm Josephus am besten
den Weg gezeigt. Wie genau er diesem gefolgt, zeigt besonders auch der Umstand, daß er vielfach wörtlich den Text
seines Gewährsmannes übernimmt. Wir haben gesehen, daß
er, wenn der Text der Bibel mit dem des Josephus übereinstimmt, fast regelmäßig dem letzteren den Vorzug gibt.
Wenn La Taille's *Saül* vor der Kritik nicht standgehalten

hat, so trägt daran vor allem die antikisierende Richtung jener Zeit die Schuld.[1]) Unser Dichter sagt zwar in der Vorrede: «*Je n'ay des histoires fabuleuses mendié icy les fureurs d'vn Athamant; d'vn Hercules, ny d'vn Roland, mais celles que la Verité mesme a dictees, et qui portent assez sur le front leur saufconduit par tout.*» Er hat jedoch nicht die ganze Wahrheit gesagt. Denn Saul ist nach seiner Darstellung nicht mehr der biblische Saul mit seinem unglücklichen selbstverschuldeten Ende, aber auch nicht der reine Heldencharakter, wie er uns nach den Berichten des Josephus in dem jüdischen König entgegentritt. Der Dichter wollte eine Tragödie «*à la mode des vieux poètes*» schreiben. Da lag es für ihn nahe, einen Helden zu suchen, der für den seinigen Vorbild sein sollte. Er fand ihn im *Hercules furens* des Seneca. Wie störend die Anleihen aus dieser Seneca'schen Tragödie im *Saül furieux* wirken, zeigt vor allem der durch nichts motivierte Wutanfall Sauls im Anfang des II. Aktes, wo Saul seine ganze Umgebung vernichtet. Es macht den Eindruck, als ob La Taille diese und andere Stellen aus dem Hercules nur seinem Zwecke zu Liebe, antik zu erscheinen, in die Tragödie eingefügt hat.

Wir müssen hier noch die Frage erörtern, ob La Taille nicht aus griechischen Vorbildern geschöpft hat. Für unsere Tragödie käme hauptsächlich der Ajas des Sophokles und der rasende Hercules des Euripides in Frage. Entlehnungen aus dem Ajas lassen sich nicht nachweisen. Aber auch der rasende Hercules kommt als Quelle für den wütenden Saul nicht in Betracht. Daß in der französischen Tragödie (wie in der griechischen) die Mordszene hinter die Bühne verlegt ist, darf wohl kaum auf den Einfluß des griechischen Tragikers zurückgeführt werden. La Taille erfüllt nur ein festes Gesetz der Renaissancedramatik, das er selbst in klaren Worten ausspricht: «*se garder de ne faire chose sur la scene qui*

---

[1]) Der *Saül* La Taille's hat alle Stadien der Kritik durchlaufen. Es mag genügen, zwei Urteilen Raum zu gewähren. Parfaict, *Histoire* II, 332 f.: «*Saul le Furieux et les Gabeonites sont deux Tragédies si misérables, qu'il n'est pas possible d'en soutenir la lecture.*» Rigal, *Le théâtre*, S. 286: «*Il [J. de La Taille] marque l'apogée de la tragédie du XVIᵉ siècle comme œuvre dramatique.*»

*ne s'y puisse commodément et honnestement faire, comme de n'y faire executer des meurtres, et autres morts»* (s. II. Teil, Text, S. 11). Der Grund, warum La Taille den lateinischen Dichter bevorzugt, ist nicht etwa in der Unkenntnis der griechischen Sprache zu suchen. La Taille liebte das Griechische. Er trieb es im Pariser Collège unter keinem geringeren als Muret und als für Dorat ein Lehrstuhl für Griechisch errichtet war, riet er seinem Bruder Jacques, dessen Vorlesungen zu hören. Der innere Grund, daß die Werke der Römer mehr Beziehungen mit der Dichtung der Renaissance gemeinsam hatten, fällt wohl auch bei La Taille's Tragödie ins Gewicht. Wie die meisten seiner Zeitgenossen sah auch er die Griechen nur «*à travers Senèque*».

Störend wirken die vielen in die Tragödie eingestreuten Gemeinplätze, die hauptsächlich den römischen Philosophen und Dichtern Cicero und Horaz entlehnt sind. Der biblische Charakter der Saultragödie wird durch die zahlreichen Entlehnungen aus den heidnischen Dichtern verdunkelt.

Es ist La Taille nicht gelungen, die alttestamentliche Religiösität der Juden an die Stelle der mythischen Religiosität der Alten zu setzen. Das war einem späteren und größeren Dichter vorbehalten.

Lippert & Co. (G. Pätz'sche Buchdr.) Naumburg a. S.

## II. Teil.

# Text des Saül le furieux.[1]

---

[1] Der nachfolgende Text der Tragödie stellt einen Neudruck der Ausgabe vom Jahre 1572 (*A*) dar. Eine genaue typographische Nachbildung des Originals wurde nicht angestrebt, dagegen seine orthographische Gestalt beibehalten. Die Seitenzahlen der alten Ausgabe sind in eckigen Klammern dem Texte beigefügt, die Druckbesserungen der Ausgabe *A*, sowie die Varianten der Ausgabe *B* (1598) in den Anmerkungen angegeben. Siehe auch I. Teil unter: Ausgaben des Saül le furieux.

LAVTHEVR MESME, AV LECTEVR.

Tu peus icy me voir du tout. Lecteur,
   Me voir en face, en l'esprit, et au cueur,
   (A fin que mort. ie puisse immortel viure.)
Par ce Portrait tu peus voir mon visage
   Tiré au vif, mon esprit par ce Liure,
   Et par la Guerre, où ie fus, mon courage.

IN VTRVMQUE PARATVS.

# SAVL LE FVRIEVX.

TRAGEDIE PRISE DE LA

## BIBLE,

FAICTE SELON L'ART & A LA MODE DES
VIEUX AUTHEURS TRAGIQUES.

A PARIS.

PAR FEDERIC MOREL IMPRIMEUR DU ROY.

M. D. LXXII.

*Auec Priuilege dudit Seigneur.*

L'Avthevr.

I'ay trop long temps esté sans me faire cognoistre,
  Il fault sortir au iour, il fault qu'à ceste fois
  I'esclaircisse mon nom, à fin que le François
Sçache au temps à venir que le Ciel m'a fait naistre.
Loing, loing de moy sois tu Peuple ignorant et traistre,
  Qui enuieusement delachant tes abboys
  Grinces la dent dépite aussi tost que tu vois
Quelqu'vn de qui l'honneur peu ä peu vient ä croistre:
Sçaches que ie ne suis de ses imitateurs,
  Enflez de mots obscurs, qui serfs admirateurs
  Haussent les grands aux Cieux par flatterie auare:
Ie ne veux point ainsi les Muses valleter,
  Ny en tonnant des mots si haultement vanter
  Ceulx qui les princes sont d'ignorance barbare.

### Luy encor en Latin.

Jam siluit nostrum satis obluctata tenebris
Fama diu Nomen: iam, iam se ostendere luci
Fas est, atque hominum tandem volitare per ora.
Hinc procul indoctum vulgus, procul esto maligna
Turba nouis Vatum, quae laudibus inuida latras:
At tu Mnemosynes Templum mihi fama reclude:
Vosque mihi Musae currum concedite vestrum,
Quo super Astra vehar domito liuore triumphans.

### In vtrvnqve paratvs.

---

Z. 2 faut *B* — Z. 3 esclarcisse *A* — Z. 6 deláchant *A* — Z. 7 dépite
*fehlt B* — Z. 8 *nach* croistre *ein Punkt B* — Z. 12 *nach* valleter *ein*
*Punkt B* — Z. 13 hautement *B* — Z. 14 Ceux qui les Princes *B* —
Z. 19 *nach* Vatum *kein Komma B* — Z. 20 recluda *B.*

# De l'Art de la Tragedie.

A

## Treshaulte Princesse Henriette De Cleues, Duchesse de NEVERS,
### Ian De la Taille de Bondaroy.

Madame, combien que les piteux desastres aduenus na-
gueres en la France par nos Guerres ciuilles, fussent si grands,
et que la mort du Roy HENRY, du Roy son Fils, et du Roy
de Nauarre, vostre Oncle, auec celle de tant d'autres Princes,
Seigneurs, Cheualiers et Gentils-hommes, fust si pitoiable qu'il
ne faudroit ia d'autre chose pour faire des Tragedies: ce
neantmoins pour n'en estre du tout le propre subiect, et pour
ne remuer nos vieilles et nouuelles douleurs, volontiers ie m'en
deporte, aimant trop mieux descrire le malheur d'autruy que
le nostre: qui m'a fait non seulement voir les deux rencheutes
de nos folles guerres, mais [2ᵛ] y combattre, et rudement y
estre blessé: ie veux sans plus, icy vous dedier vne Tragedie
du plus miserable Prince qui porta iamais Couronne, le
premier que iamais DIEV esleut pour commander sur son
Peuple, le premier aussi que i'ay esleu pour escrire, ä fin
qu'en vous faisant vn tel present, ie puisse quant et quant
monstrer à l'œil de tous vn des plus merueilleux secrets de
toute la Bible, vn des plus estranges mysteres de ce grand
Seigneur du monde, et vne de ses plus terribles prouidences.

---

Z. 1 *nach* Madame *kein Komma* A — Z. 12 *nach* blessé *ein*
*Punkt* B — icy vo' dedier *A B*.

Or à fin que du premier coup vous y rencontriez le plaisir
que ie desire, i'ay pensé de vous donner quelque ouuerture,
et quelque goust d'vne Tragedie, et en dechifrant les principaux poincts, vous en pourtraire seulement l'ombre, et les
premiers traicts.

La Tragedie donc est vne espece, et vn genre de Poësie
non vulgaire, mais autant elegant, beau et excellent qu'il est
possible. Son vray subiect ne traicte que de piteuses ruines
des grands Seigneurs, que des inconstances de Fortune, que
bannissements, guerres, pestes, famines, captiuitez, execrables
cruautez des Tyrans: et bref, que larmes et miseres extremes,
et non point de choses qui arriuent tous les iours naturellement et par raison commune, comme d'vn qui mourroit de
sa propre mort, d'vn qui seroit tué de son ennemy, ou d'vn
qui seroit condamné ä mourir par les loix, et pour ses de-
merites: car tout cela n'esmouueroit pas aisément, et à peine
m'arracheroit il vne larme de l'œil, veu que la vraye et seule
intention d'vne tragedie est d'esmouuoir et de poindre mer-
ueilleusement les affections d'vn chascun, car il faut que le
subiect en soit si pitoyable [3] et poignant de soy, qu'estant
mesmes en bref et nument dit, engendre en nous quelque
passion: comme qui vous conteroit d'vn à qui lon fit mal-
heureusement manger ses propres fils, de sorte que le Pere
(sans le sçauoir) seruit de sepulchre à ses enfans: et d'vn
autre qui ne pouuant trouuer vn bourreau pour finir ses
iours et ses maux, fut contraint de faire ce piteux office de
sa propre main. Que le subiect aussi ne soit de Seigneurs
extremement meschants, et que pour leurs crimes horribles
ils meritassent punition: n'aussi par mesme raison de ceux
qui sont du tout bons, gents de bien et de saincte vie, comme
d'vn Socrates, bien qu'à tort empoisonné. Voila pourquoy
tous subiects n'estants tels seront tousiours froids et indignes
du nom de Tragedie, comme celuy du sacrifice d'Abraham,
où ceste fainte de faire sacrifier Isaac, par laquelle Dieu

·   Z. 4 nach poincts kein Komma A — Z. 11 nach bref kein
Komma A — Z. 18 Tragedie B — Z. 19 fault B — Z. 21 nach dit
kein Komma A — Z. 25 nach autre ein Komma B — Z. 29 ceulx B —
Z. 30 gens B — Z. 31 Voyla B.

esprouue Abraham, n'apporte rien de malheur à la fin: et
d'vn autre où Goliath ennemy d'Israël et de nostre religion
est tué par Dauid son hayneux, laquelle chose tant s'en faut
qu'elle nous cause quelque compassion, que ce sera plustost
vn aise et contentement qu'elle nous baillera. Il faut tousiours
representer l'histoire, ou le ieu en vn mesme iour, en vn mesme
temps, et en vn mesme lieu: aussi se garder de ne faire
chose sur la scene qui ne s'y puisse commodément et honnestement faire, comme de n'y faire executer des meurtres,
et autres morts, et non par fainte ou autrement, car chascun
verra bien tousiours que c'est, et que ce n'est tousiours que
faintise, ainsi que fit quelqu'vn qui auec trop peu de reuerence, et non selon l'art, fit par fainte crucifier en plein
thea- [3ᵛ] tre ce grand Sauueur de nous tous.  Quant à
ceulx qui disent qu'il fault qu'vne Tragedie soit tousiours
ioyeuse au commencement et triste à la fin, et vne Comedie
(qui luy est semblable quant à l'art et disposition, et non du
subiect) soit au rebours, ie leur aduise que cela n'aduient pas
tousiours, pour la diuersité des subiects et bastiments de
chascun de ces deux poëmes.  Or c'est le principal point
d'vne Tragedie de la sçauoir bien disposer, bien bastir, et la
deduire de sorte, qu'elle change, transforme, manie, et tourne
l'esprit des escoutans de çà de là, et faire qu'ils voyent maintenant vne ioye tournee tout soudain en tristesse, et maintenant au rebours, à l'exemple des choses humaines.  Qu'elle
soit bien entre-lassee, meslee, entrecouppee, reprise, et sur
tout à la fin rapportee à quelque resolution et but de ce
qu'on auoit entrepris d'y traicter.  Qu'il n'y ait rien d'oisif,
d'inutile, ny rien qui soit mal à propos. Et si c'est vn subiect
qui appartienne aux lettres diuines, qu'il n'y ait point vn tas
de discours de Theologie, comme choses qui derogent au vray
subiect, et qui seroient mieux seantes à vn Presche: et pour
ceste cause se garder d'y faire parler des Personnes, qu'on
appelle Fainctes, et qui ne furent iamais, comme la Mort, la
Verité, l'Auarice, le Monde, et d'autres ainsi, car il faudroit

---

qu'il y eust des personnes ainsi de mesmes contrefaittes qui y prinssent plaisir. Voila quant au subiect: mais quant à l'art qu'il fault pour la disposer, et mettre par escript, c'est de la diuiser en cinq Actes, et faire de sorte que la Scene estant vuide de Ioueurs vn Acte soit finy, et le sens aucunement parfait. Il fault qu'il y ait vn Chœur, c'est à dire, [4] vne assemblee d'hommes ou de femmes, qui à la fin de l'acte discourent sur ce qui aura esté dit deuant: et sur tout d'obseruer ceste maniere de taire et suppleer ce que facilement sans exprimer se pourroit entendre auoir esté fait en derriere: et de ne commencer à deduire sa Tragedie par le commencement de l'histoire ou du subiect, ains vers le milieu, ou la fin (ce qui est vn des principaux secrets de l'art dont ie vous parle) à la mode des meilleurs Poëtes vieux, et de ces grands Œuures Heroiques, et ce à fin de ne l'ouir froidement, mais auec ceste attente, et ce plaisir d'en sçauoir le commencement, et puis la fin apres. Mais ie serois trop long à deduire par le menu ce propos que ce grand Aristote en ses Poëtiques, et apres luy Horace (mais non auec telle subtilité) ont continué plus amplement et mieux que moy, qui ne me suis accommodé qu'à vous, et non aux difficiles et graues oreillés des plus sçauants. Seulement vous aduiseray-ie, qu'autant de Tragedies et Comedies, de Farces, et Moralitez (où bien souuent n'y a sens ny raison, mais des paroles ridicules auec quelque badinage) et autres ieux qui ne sont faicts selon le vray art, et au moule des vieux, comme d'vn Sophocle, Euripide et Seneque, ne peuuent estre que choses ignorantes, malfaites, indignes d'en faire cas, et qui ne deussent seruir de passetemps qu'aux varlets et menu populaire, et non aux personnes graues. Et voudrois bien qu'on eust banny de France telles ameres espiceries qui gastent le goust de nostre langue, et qu'au lieu on y eust adopté et naturalisé la vraye Tragedie et Comedie, qui n'y sont point en- [4ᵛ] cor à grand' peine paruenues, et qui toutefois auroient aussi bonne grace en nostre langue Françoise, qu'en la Grecque et Latine.

---

Z. 3 *nach* disposer *kein Komma B* — Z. 9 supplier *A* — Z. 29 vallets *B*.

Pleust à Dieu que les Roys et les grands sçeussent le plaisir que c'est de voir reciter, et representer au vif vne vraye Tragedie ou Comedie en vn theatre tel que ie le sçaurois bien deuiser, et qui iadis estoit en si grande estime pour le passetemps des Grecs et des Romains, ie m'oserois presque asseurer qu'icelles estans naifuement iouees par des personnes propres, qui par leurs gestes honestes, par leurs bons termes, non tirez à force du latin, et par leur braue et hardie prononciation ne sentissent aucunement ny l'escolier, ny le pedante, ny sur tout le badinage des Farces, que les grands dis-ie ne trouueroient passetemps (estans retirez au paisible repos d'vne ville) plus plaisant que cestuy-cy, i'entens apres l'esbat de leur exercice, apres la chasse, et le plaisir du vol des oiseaux. Au reste ie ne me soucie (en mettant ainsi par escript) d'encourir icy la dent outrageuse, et l'opinion encor brutale d'aucuns qui pour l'effect des armes desestiment et dedaignent les hommes de lettres, comme si la science, et la vertu, qui ne gist qu'en l'esprit, affoiblissoit le corps, le cœur et le bras, et que Noblesse fust deshonoree d'vne autre Noblesse, qui est la Science. Que nos ieunes courtisans en haussent la teste tant qu'ils voudront, lesquels voulants honnestement dire quelqu'vn fol, ne le font qu'appeller Poëte ou Philosophe, soubs ombre qu'ils voient (peut estre) ie ne sçay quelles Tragedies, ou Comedies qui n'ont que le tiltre seulement sans le subiect, ny la disposition, et vne infinité de Rymes sans [5] art ny science, que font vn tas d'ignorants, qui se meslants auiourd'huy de mettre en lumiere (à cause de l'impression trop commune, dont ie me plains à bon droit) tout ce qui distille de leur cerueau mal tymbré, font des choses si fades, et malplaisantes, qu'elles deussent faire rougir de honte les papiers mesmes, aux cerueaux desquels est entree ceste sotte opinion de penser qu'on naisse, et qu'on deuienne naturellement excellent en cest art, auec vne fureur diuine sans suer, sans feuilleter, sans choisir l'inuention, sans limer les vers,

---

Z. 16 *nach* d'aucuns *ein Komma B* — Z. 24 *nach* Tragedies *kein Komma B* — Z. 28 *nach* droit *statt der Schlussklammer ein Komma A* — Z. 33 excellént *B.*

et sans noter en fin de compte qu'il y a beaucoup de Rymeurs, et peu de Poëtes. Mais ie ne dois non plus auoir de honte de faire des Tragedies, que ce grand empereur Auguste, lequel nonobstant qu'il pouuoit tousiours estre empesché aux affaires du monde, a bien pris quelquefois le plaisir de faire vne Tragedie nommee Aiax, qu'il effaça depuis, pour ne luy sembler, peut estre, bien faitte: mesmes que plusieurs ont pensé que ce vaillant Scipion auec son Lælius a fait les Comedies que lon attribue à Terence. Non que ie face mestier ny profession de Poësie: car ie veux bien qu'on sçache que ie ne puis (à mon grand regret) y despendre autre temps (à fin qu'on ne me reproche que i'en perde de meilleur) que celuy que tels ignorants de Cour employent coustumierement ä passer le temps, ä iouer et à ne rien faire, leur donnant congé de n'estimer non plus mes escripts que leurs passetemps, leurs ieux, et leur faineantise. Mais ce pendant qu'ils pensent, que si lon est fol en Ryme, qu'ils ne le sont pas moins en Prose, comme dit Du-Bellay. N'est ce pas plus grande [5ᵛ] mocquerie ä eulx d'engager leur liberté, et la rendre miserablement esclaue, de laisser legerement le paisible repos de leur maison de forcer leur naturel, bref de ne sçauoir faire autre chose que de contrefaire les grands, d'vser sans propos de finesses friuoles, de prester des charitez, de faire vertu d'vn vice, de reprendre à la mode des ignorants ce qu'ils n'entendent pas, et de faire en somme profession de ne sçauoir rien? Pour conclusion, ie n'ay des histoires fabuleuses mendié icy les fureurs d'vn Athamant, d'vn Hercules, ny d'vn Roland, mais celles que la Verité mesme a dictees et qui portent assez sur le front leur saufconduit par tout. Et par ce qu'il m'a esté force de faire reuenir Samuël, ie ne me suis trop amusé ä regarder si ce deuoit estre ou son esprit mesmes, ou bien quelque fantosme, et corps fantastique, et s'il se peut faire que les esprits des morts reuiennent ou non, laissant la curiosité de ceste dispute aux Theologiens. Mais tant y a que i'ay leu quelque Autheur, qui, pensant que ce fust l'ame vraye de Samuël qui reuint, ne trouue cela im-

Z. 28 dictées B.

possible, comme disant qu'on peult bien pour le moins faire
reuenir l'esprit mesmes d'vn trespassé, auant l'an reuolu du
trespas, et que c'est vn secret de Magie. Mais i'auray plustost
fait de coucher icy les propres mots latins de cest Autheur
nommé Corneille Agrippe, qui sont tels en son liure de
la vanité des Sciences, alleguant Sainct Augustin mesmes,
(*Aù lieu où il parle de Magie.*) *In libris Regum legimus Phyto-
nissam mulierem euocasse animam Samuëlis: licet plerique inter-
pretentur non fuisse animam Prophetae, sed malignum spiritum
qui sumpserit illius imaginem: tamen Hebræorum magistri dicunt,
quod · etiam* [6] *Augustinus ad Simplicianum fieri potuisse non
negat, quia fuerit verus spiritus Samuëlis, qui ante completum
annum à disessu ex corpore facile euocari potuit, prout docent
Goetici.* Combien· qu'vn autre en ses Annotations Latines sur
la Bible, allegue Sainct Augustin au contraire: toutefois ie
trouue qu'Agrippe (homme au reste d'vn merueilleux sçauoir)
erre grandement (dont ie m'esmerueille) de penser que Samuël
reuint dans l'an de sa mort, veu que Iosephe en ses Antiquitez
(*Liure 6.*) dit notamment que Saul regna viuant Samuël dix-
huit ans, et vingt apres sa mort, au bout desquels on fit
reuenir par enchantements l'ombre du Prophete. Sainct Paul
aux Actes des Apostres (*Chap. 13*), adioustant encor deux
ans au regne de Saul, plus que Iosephe, raconte là qu'il
regna XL. ans. Ie sçay que les Hebrieux, et qu'auiourd'huy
les plus subtils en la Religion tiennent sans doubte, que c'estoit
vn Diable ou dæmon que fit venir la Phytonisse, et non
l'esprit vray de Samuël. Mais d'autre part ie voudrois bien
qu'ils m'eussent interpreté ou accordé ce que dit Salomon en
son Ecclesiastique, qui parlant de Samuël dit ainsi (*Chap. 46*):
*El apres qu'il fut mort il prophetisa, et monstra au Roy la fin de
sa vie, et esleua sa voix de la terre en prophetie.* Et si ma Muse
s'est (comme maugré moy) en s'esgayant quelque peu espaciee
hors les bornes estroictes du texte, ie prie ceulx la qui le
trouueront mauuais, d'abbaisser en cela vn peu leur sourcy
plus que Stoique, et de penser que ie n'ay point tant desguisé
l'histoire, qu'on n'y recognoisse pour le moins quelques traicts,
ou quelque ombre de la verité, comme vraysemblablement la
chose est aduenue: m'estant prin- [6ᵛ] cipalement aidé de la

Bible, à sçauoir des liures des Roys et des Chroniques
d'icelle, et puis de Iosephe et de Zonare grec. Or par ce
que la France n'a point encor de vrayes Tragedies, sinon
possible traduittes, ie mets ceste cy en lumiere soubs la
faueur du nom de vous, Madame, comme de celle qui presque
seule de nostre aage fauorisez les arts et les sciences, qui
seront tenues aussi pour ceste cause de vous publier à la
posterité, pour luy recommander vostre gentil esprit, sçauoir
et courtoisie, à fin qu'elle entende que vous auez quelquefois
fait cas de ceulx qui ont quelque chose oultre ce vulgaire
ignorant et barbare. Car i'ay autrefois conclud que vous
serez ma seule Muse, mon Phœbus, mon Parnasse, et le seul
but où ie rapporteray mes escripts. Mais il semble qu'il ne
me souuienne plus que ie fais icy vne Epistre et non vn Liure.

Pour donc faire fin, ie supplie DIEV, Madame, qu'il
n'aduienne à vous, ny à vostre excellente maison, chose dont
on puisse faire Tragedie.

### INVOCATION A DIEV.

Ie ne daigne inuoquer ces Muses en mes vers,
    Ne ma Thalie aussi de qui mon nom se tire,
    Ie ne daignerois plus de ces Fables escrire,
    N'inuoquer le secours d'vn tas de Dieux diuers :
Ie t'inuoque plustost Seigneur de l'vniuers,
    Vien t'en à moy de grace et ton esprit m'inspire,
    A fin que par mes vers à ton beau Ciel i'aspire,
    Non point aux vains honneurs d'vn tas de lauriers verds:
Vien conduire ma plume, à fin qu'à ton honneur
    Le premier ie descriue auecques vn hault style,
    Le premier Roy qu'au Monde as esleu d'vn clin d'yeux:
Aiant tant de faueurs, ie te promets Seigneur,
    De ne chanter que toy, faisant ton Euangile,
    Ta grandeur et ton nom retentir iusqu'aux Cieulx.

Le Prophete Samuël auoit vn iour commandé à Saul
(qui est le Roy que Diev esleut iadis à la requeste du peuple
d'Israël) qu'il eust ä mettre ä sac, et à mort non seulement
les personnes, mais tout ce qui respireroit dans vne ville
nommee Amalec, à cause d'vne vieille offense dont la diuine
Maiesté se vouloit lors resentir.   Ce que n'aiant du tout executé Saul, ains aiant par mesgarde, ou par quelque raison
humaine, reserué le plus beau bestail (comme en intention
d'en faire sacrifice ä Diev) et aiant pour quelque respect
sauué vif d'vn tel massacre Agag le Roy de ces Amalechites:
il ne cessa depuis d'estre en la male-grace de Diev, d'aller
en decadence, et de perdre par interualle son sens (luy qui
auoit eu du commencement tant de triomphes, de bien et
d'honneurs) tant qu'à la fin Dieu luy suscite icy un puissant
ennemy, à sçauoir Achis Roy des Philistins : et luy aduindrent
les pitoyables choses que facilement (tout cela presupposé)
on entendra assez par le discours de la Tragedie.

---

## LES PERSONNAGES.

Le Roy Saül.

Ionathe,
Abinade, et } *fils de Saül.*
Melchis,

Le Premier Escuyer }
Le Second Escuyer } *de Saül.*

La Phytonisse *Negromantienne.*

L'Esprit de Samuël.

Vn Soldat Amalechite.

Vn Gendarme.

Dauid.

Le Chœur, ou l'Assemblee des Presbtres Leuites.

---

Z. 7 Negromancienne *A.*

# SAVL LE FVRIEVX

### Tragedie.

## Acte Premier.

SAVL *tout furieux*, IONATHE.

A b i n a d e et M e l c h i s.

### SAVL.

LAs mon Dieu qu'est-cẹ cy? que voy-ie mes soldarts?
Quell' eċlipse obscurcit le ciel de toutes parts?
D'où vient desia la nuict et ces torches flambantes
Que ie voy dans la mer encontre val tombantes?
Tu n'as encor, Soleil, paracheué ton tour,    5
Pourquoy doncques pers tu ta lumiere en plein iour?

### IONATHE.

Mais, Sire, qui vous trouble ainsi la fantaisie?
Est-ce doncques l'humeur de ceste frenaisie
Qui par fois vous tourmente et vos yeux esblouit?

### SAVL.

Sus doncques, ce pendant que la Lune reluit,    10
[8ᵛ] Chargeons nos ennemis: sus donc, qu'on les saccage,
Qu'on face de leurs corps vn horrible carnage,
Qu'on aille de leur sang la plaine ensanglanter.
Ne les voy-ie pas là parmy l'air volleter?
Allons apres, à fin que de mon cymeterre    15

---

3 *Nach* nuict *ein Komma A* -- 10 *nach* reluit *kein Komma A* —
12 carnage: *A* — 14 voy ie *B*.

Ie les face tomber presentement par terre.
Mais n'en voy-ie pas trois qui me regardent tant?
Ca, que de mon Epieu, puis qu'ils vont m'espiant,
Ie les enferre tous.

### IONATHE.

            Mais que voulez vous dire,
20   De vouloir furieux vos trois enfans occire,
Et moy vostre Ionathe? Or voila l'insensé
Qui dans son pauillon tout ä coup s'est lancé,
Et qui m'eust fait oultrage en sa folle cholere,
Comme s'il n'estoit plus le Roy Saul mon pere.

### Abinade, Melchis, Ionathe.

#### ABINADE. ·

25   O Que ceste Fureur le prend mal à propos,
Tandis que nous auons la guerre sur le dos!
Ah que n'est or icy la puissante harmonie
De la harpe ô Dauid pour chasser sa manie!

### MELCHIS.

Mais Dauid n'est icy, et dit on qu'il s'est mis
30   Pour seruir d'vn Chef mesme au camp des Ennemis.

### IONATHE.

Non non, toute l'armee à la fin s'est deffaitte
De luy, tenant sa foy et sa loy pour suspecte,
Et s'en va maintenant en son bourg Sicelec,
Qu'on dit estre pillé par la gent d'Amalec,
35 [9] Et s'il en a vengeance il ne tardera gueres
Qu'il ne vienne en ce lieu.

### ABINADE.

            Mais n'oyez vous mes Freres
Le retentissement dont se plaignent les vaux,

---

17 voy ie *B* — 18 m'espiant. *B*. — 24 Saül *B* — 28 manie? *B.*

Et le hennissement que font tant de cheuaux?
N'oyez vous point le cry, le bruit et la tempeste
Du camp des Philistins qui contre nous s'appreste?　　40
En voyant de si pres flamboyer l'appareil
D'Achis nostre ennemy, faut il auoir sommeil?

MELCHIS.

Mais las que ferons nous? le Roy ne peut entendre
Au maniment public.

IONATHE.

　　　　　C'est à nous à le prendre,
En laissant nostre Pere hors de son sens aller,　　45
Et parlant maintenant de ce qu'il faut parler.
Pensons doncques à nous, et auec diligence
Epluchons les moiens pour nous mettre en defense,
Ressemblants au pasteur, lequel d'vn soing qu'il a,
Sur ses trouppeaux paissants iette l'œil çà et là,　　50
Pour voir si deuers luy le loup vient des montaignes,
Ou s'il sort point des bois pour descendre aux campaignes :
Que si lon est pesant, nos peuples receuront
Vne grande vergongne auiourd'huy sur le front,
Nostre Cité sera pleine de volleries,　　55
Nous serons exposez à mille mocqueries,
Nos Femmes auiourd'huy, nos Enfans orphelins
Seront deuant nos yeux la proye aux Philistins.

ABINADE.

Mais quoy de les combattre aura on le courage,
Veu qu'ils ont par sus nous de gents tel aduantage?　　60

[9ᵛ]　　　　　　　IONATHE.

N'est ce pas Dieu pui peut en souflant seulement
Mil et mil esquadrons deffaire en vn moment?
Voudroit-il bien qu'on vist son Arche venerable
Honorer de Dagon le temple abominable?

---

54 aujourd'huy *B* — 57 aujourd'huy *B* — 62 Mil, et mil *A* —
63 veist *B*.

65 Nous irons en battaille auec l'aide de DIEV,
Plus seure que le fer, la ɪance, et que l'Epieu:
Fussent ils cent fois plus, s'il prend nostre defense
Contre eux ses ennemis feront ils resistance?
Puis nous ne sommes pas aux armes apprentis,

70 Qui tant de peuples forts auons assubiectis,
Tesmoings ces Philistins, tesmoings sont les Moabes,
Et le cruel Naasés, et la ville de Iabes
Deliuree par nous, tesmoing le dur courroux
De DIEV contre Amalec executé par nous,

75 Tesmoings les Roys de Sobe, et la gent Idumee,
Qui de ses palmes vit honorer nostre Armee.
Si doncques nous sçauons nos ennemis donter,
Qu'est ce qui nous pourroit ores espouuanter
Aiant de nostre part la querelle equitable?

80 "De defendre sa vie est il pas raisonnable?
Loinct qu'encore la terre où ·sont nos ennemis,
Et tous les ·biens qu'ils ont nous sont de DIEV promis.
Ne nous tiennent ils pas l'heritage fertile,
Le terroir dont le miel, et dont le laict distille?

ABINADE.

85 Mais vous sçauez aussi combien est le hasart
Des battailles douteux pour l'vne et l'autre part.

IONATHE.

Nous vainqueurs serions nous vaincus des Infideles,
Vaincus autant de fois qu'ils ont esté rebelles?
Ne vit on pas leurs corps infecter les chemins ·

90 [10] Iusqu'aux murs d'Ascalon, et iusques dans leurs fins,
Estant suiuis de nous quand Dauid fit sus l'herbe
Choir l'orgueil et le tronc du Geant trop superbe?
Et de nos mains iadis s'en sauua il aucun,
Quand nous fusmes contraints de les poursuiure à ieun?

95 Deuons nous donc pallir de voir icy l'armee

---

66 epieu *B* — 68 resistence *B* — 72 *nach* Iabes *ein Komma A* —
76 *nach* Armee *ein Komma A* — 80 deffendre *A* — 85 hazard *B* —
87 Infidelles *A* — 91 Estants *B*.

Qui nous fait enrichir d'or et de renommee?
Vit on pas vn Sanson apprester aux mastins
Par vn seul os fatal mil corps des Philistins?
Donc ne faut que par nous laschement se destruise
La gloire qu'on nous a de si long temps acquise.    100

### MELCHIS.

Quoy? ·voulez-vous Ionathe, ainsi sans autre esgard
Iouer de nostre reste, et nous mettre au hazard?

### IONATHE.

Necessité nous force: et puis qu'il faut qu'on meure,
Vault il pas mieux mourir vaillamment ä ceste heure,
Qu'attendre les vieux ans pleins d'oisifue langueur,    105
Ennemis de vertu, de force et de vigueur?
Qu'on louë qui voudra la vieillesse debile,
Pour son graue conseil, pour son aduis vtile,
"Il n'est que l'ardeur ieune, et d'auoir au menton
"Plustost l'or que l'argent.  Voire encore deust on    110
Esprouuer mil hazards, et par mainte aduenture
Sacrer son nom heureux à la gloire future:
Hastons nous donc, auant que le destin tardif
Nous face languir vieux en vn lict maladif,
Et prodiguons disposts ceste mórtelle vie,    115
Qui d'vne autre eternelle apres sera suiuie.
Ie me tuerois plustost que de me veoir si vieux
Trainner dessus trois pieds mes iours tant ennuyeux,
Aux hommes desplaisant, fascheux, melancholique,
[10ᵛ] Et. du tout inutile à la chose publique,    120
Puis sans estre à la fin ny honoré, ny plaint,
Deualler aux enfers comme vn tison estaint.
Pour doncques n'enuieillir, allons nostre iouuence
Et son printemps offrir par le fer de la lance
A l'immortalité, receuant mille coups,    125
Plustost en l'estomac qu'vn seul derriere nous,
Allons mourir pour viure, en faisant vne eslite

---

96 qu'enrichir *A* — 110 argent, voire *A*, argent. voire *B* — 111
hazarts *A* — 113 *nach* tardif *ein Komma A* — 116 *nach* suiuie *ein
Komma A* — 119 fasheux *B*.

De mille morts, plustost que de prendre la fuitte :
Mordons auant le champ couuert de nostre sang,
130 Que reculler vn pas de nostre premier rang.

### MELCHIS.

La donc, mes Freres chers, qu'vne braue victoire
Face de nostre nom perenniser la gloire,
Ou receuons au moins vn glorieux trespas,
Dont de mil ans le los deffaict ne sera pas :
135 Car quand nous serons morts .vne dolente tourbe,
Tenant sus nostre corps la face long temps courbe,
Nous ira regrettant et vantant nos valeurs,
Respandra dessus nous vne pluie de fleurs.
Allons doncques, allons, c'est vne sainte guerre,
140 S'armer pour le salut de sa natiue terre.
Aions tous auiourd'huy la victoire ou la mort.

### IONATHE.

Mais ne sommes nous pas tous d'vn semblable accord ?

### ABINADE.

Doncques que tardons nous, hé voulons nous attendre
Que ce fier Roy Achis nous vienne icy surprendre?
145 Mais par vn contr' assault monstrons luy qu'à son dam
Il assault ses vainqueurs.

### MELCHIS.

           Voyons donc nostre Camp,
[11] Allant de rang en rang, et par vn beau langage
Faisons à nostre peuple enfler tout le courage,
Faisons luy tenir ordre, à fin que le Soldat,
150 Et tous nos gents soient prests pour marcher au combat,
Diuisant à nous trois nostre Armee commune,
Et puis d'vne bataille essayons la fortune.

### ABINADE.

Tenons les premiers rancs : mais quoy ? ie sens mes pieds
Estre, ce m'est aduis, à la terre liez.

---

141 aujourd'huy *B* — 151 Diuisants *A*.

IONATHE.

Ia ia mon cœur bouillant de donner la battaille      155
Ne se peut contenir qu'à cest'heure il n'y aille,
Mais mon pied m'a fait presque en chancelant tomber.

MELCHIS.

Ne voy-ie pas d'en haut vn gauche esclair flamber?

IONATHE.

Ne laissons pas d'aller: est il aucun presage
Qui, puisse abastardir nostre ferme courage?      160
Non, non, sus donc marchons, et vous, ô sacré Chœur,
Priez Dieu ce pendant qu'Israel soit vainqueur.

LE CHŒUR DES PRESBTRES LEVITES.

PVis que nous prions pour tous,
D'aller en guerre auec vous
Nous sommes exempts et quittes,      165
Nous dis-ie Presbtres Leuites:
Allez donc Princes heureux,
Allez Princes valeureux,
Et par vos vertus guerrieres
Chassez hors de nos frontieres      170
L'outrecuidé Philistin:
[11ᵛ] Allez, monstrez le chemin
De combattre à vos Gendarmes:
Donnez premiers les alarmes:
Et puis que vostre valeur,      175
Vostre sang et vostre cueur
Des le berceau vous incite
Au salut Israëlite,
Monstrez qu'à bon droit du Roy,
Qui premier a par sa loy      180
La Iudee assubiectie,
Vostre naissance est sortie.

---

156 aille: *B* — 161 Non non, sus donc marchons: et *A* — Non,
non. sus donc marchons. et *B* — 172 montrez *B* — 176 cœur *B*.

Mais toy, Ionathe, sur tous
Le plus beau, gentil et doux,
185    Que le Soleil voye au monde,
Et en qui sur tous abonde
La grace de tant de biens
Que Dieu eslargit aux siens,
Toy dis-ie vertueux Prince,
190    A qui le courage grince
De battailler, tu seras
Nostre Escu, et chasseras,
Esbranslant ton cymeterre,
L'ennemy de nostre terre,
195    Comme tu feis l'autre fois,
Quand de luy tu triomphois,
Et que tu pauois la voye
De son sang et de sa proye.
    Mon Dieu qu'on seroit content,
200    Si tu en faisois autant
Comme tu en feis adoncques!
Mais ne te verrons nous oncques
Dessus vn char glorieux
[12] Reuenir victorieux,
205    Et la gent Israëlite
Triompher soubs ta conduitte,
Enrichie du butin
Du rebelle Palestin?
Tous ont desia ceste attente,
210    De baiser la main vaillante,
Qui nous aura tant occis
De peuples incirconcis:
Lors chascun d'vn nouueau Psalme
Merçira Dieu de ta Palme.
215    O que puisses tu de bref,
Portant sus ton noble chef

---

183 Mais, toy Jonathe, *B* — 188 Dieu *B* — 190 *nach* grince *ein Komma A* — 192 escu *B* — 199 *nach* content *kein Unterscheidungszeichen A B* — 213 psalme *B* — 214 palme *B*.

La couronne paternelle,
Regir ton peuple fidele.
Mais, quoy qu'il en doiue eschoir
O Dieu soit fait ton vouloir.                    220

## Acte Devxieme.

### Le Premier Escvyer de Saul.

MOn Dieu quelle fureur et quelle frenaisie
A n'agueres du Roy la pensee saisie!
O spectacle piteux de voir leans vn Roy
Sanglant et furieux forcener hors de soy,
De le voir massacrer en son chemin tout hòmme!   225
Il detranche les vns, les autres il assomme,
D'autres fuyent l'horreur de son bras assommant:
Mais or ie l'ay laissé de sang tout escumant,
[12ᵛ] Cheut dans son pauillon, où sa fureur lassee,
Luy a quelque relasche à la parfin causee,       230
Et dort aucunement, d'icy ie l'oy ronfler,
Ie l'oy bien en resuant sa furie souffler.
Il repaist maintenant son ame d'vn vain songe,
Ores ses bras en l'air et ses pieds il allonge,
Ores en souspirant resue ie ne sçay quoy:        235
Par ainsi son esprit de sa fureur n'est coy.
Ores sur vn costé, or sur l'autre il se vire,
Pendant que le sommeil luy digere son ire:
Mais comme l'Ocean du vent d'Ou-est soufflé
Se tempeste long temps et deuient tout enflé,     240
Et iaçoit que du vent cesse la rage horrible,
Son flot n'est pas pourtant si tost calme et paisible,
Ainsi de son esprit la tourmente, et les flots
Qu'esmouuoit sa fureur, ne sont or en repos:
Car tantost estendu, gisant comme vne beste,      245
Il regimboit du pied et demenoit la teste.
Mais le voicy leué, voyez comme ces yeux
Estincellent encor' d'vn regard furieux!

---

. .. 218 *nach* fidele *ein Komma A* — 219 Mais quoy ... eschoir *A* —
235 résue *B* — 239 d'où est *A*.

### Savl et l'Escvyer.

VOyla le iour venu, ia l'aurore vermeille
250 A bigarré les cieux: ça ça qu'on m'appareille
Mon arc, que ie decoche à ces monstres cornus
Qui dans ces nues la se combattent tous nus.
L'Esc. Hé quelle resuerie a troublé sa ceruelle!

### Savl.

Ie veux monter au ciel, que mon char on attelle,
255 Et comme les Geants entassants monts sur monts,
Ie feray trebuscher les Anges et Dæmons,
[13] Et seray Roy des Cieux, puis que i'ay mis en fuite
Mes ennemis, dont i'ay la semence destruite.

### L'Escvyer.

Mais que regarde il? helas qu'est-ce qu'il fait?
260 Ie le voy tout tremblant, tout pensif, et deffaict.
O quelle face ardente! ô Dieu ie te supplie,
Qu'auecques son sommeil s'en aille sa follie.

### Savl, reuenant à soy.

Mais quel mont est-ce icy? suis-ie soubs le réueil
Ou bien soubs le coucher du iournalier Soleil?
265 Est-ce mon Escuyer, et la trouppe Leuite
Que ie voy? qu'ay-ie fait, qu'on prend pour moy la fuite?
Mais qui m'a tout le corps saigneusement noircy?
D'où sont ces Pauillons? quel pais est-ce icy?
Mais dy moy où ie suis, mon Escuyer fidele.

### L'Escvyer.

270 Ne vous souuient il plus, ô Sire, qu'on appelle
Ce mont cy Gelboé, où vous auez assis
Vostre Camp d'Israël pour marcher contre Achis,
Qui a campé cy pres sa force Philistine,
Pour du tout renuerser vostre Armee voisine,

---

259 regarde- il B — 266 fait qu'on A — 268 pauillons B — 269
fidele? A.

Contre qui ia vos Fils auec vne grand'part 275
Du peuple sont allez hors de nostre rampart,
Pour donner la battaille? or qu'on se delibere,
Ou d'y pouruoir bien tost, ou d'auoir mort amere.
Reprenez vostre force et vostre sens rassis,
A fin que ne soyons proye aux Incirconcis. 280
Mais vous estes muet et deuenez tout blesme.

### Savl.

Ha ha ie sens, ie sens au plus creux de moy mesme
Ramper le souuenir de mes cuisans ennuis,
Qui rafreschit les maux où abismé ie suis,
[13ᵛ] Ie sens dedans le cueur des pensers qui me rongent, 285
Et qui dans vne mer de tristesses me plongent:
Aumoins en sommeillant poussé de ma fureur
Ie trompois mes ennuis par vne douce erreur.
Mais or' que feray-ie! vne fois Diev me chasse,
Me bannit et forclôt de sa premiere grace. 290
Helas tousiours le vent la grande mer n'esmeut,
Tousiours l'hyuer ne dure, et l'air tousiours ne pleut,
Tout prend fin.  Faut-il donc que ta longue cholere,
O grand Diev, dessus moy sans cesse perseuere?
Ie suis hay de toy, et des hommes aussi: 295
I'ay cent mille soucis, nul n'a de moy soucy:
Mais dy l'occasion d'vne si grande haine,
Dy la raison pourquoy i'endure telle peine?
Mais helas qu'ay-ie fait, qu'ay-ie lás merité,
Que tu doiues ainsi tousiours estre irrité? 300

### L'Escvyer.

Ne vous souuient il plus que Diev par son Prophete
Vous commanda vn iour de faire vne deffaite
Sur tous ceulx d'Amalec, qui nous feirent arrests
Quand nous veinsmes d'Ægypte, et qu'il voulut expres

---

278 amere, B — 281 blesme? A — 288 erreur, A — 290 forclost
B — 292 pleut. B — 293 fin, faut-il A, fin. faut-il B — 294 nach Diev
kein Komma A — 301 prophete B — 304 veismes A.

305 Qu'on n'espargnast aucun, mais quand vous ruinastes
Ce bourg, vous et vos gents de malheur pardonnastes
Au bestail le plus gras, et contre le vouloir
Que Dieu par Samuel vous fit ainsi sçauoir,
Tout ne fut mis à sac, ains par grand courtoisie
310 Au triste Roy Agag vous laissastes la vie,
Plustost que de souiller dedans son sang vos mains?

#### Saul.

"O que sa Prouidence est cachee aux humains!
Pour estre donc humain i'esprouue sa cholere,
Et pour estre cruel il m'est donc debonnaire!
315 [14] Hé Sire, Sire lás! fault il donc qu'vn vainqueur
Plustost que de pitié vse fier de rigueur,
Et que sans regarder qu'vne telle fortune
Est aussi bien à luy qu'à ses vaincus commune,
Egorge tant de gents? vault il pas mieux auoir
320 Esgard à quelque honneur, qu'à nostre grand pouuoir?

#### L'Escuyer.

Gardez de parler, Sire, ainsi sans reuerence
Du destin de la haut, et par inaduertance
Vn plus grand chastiment du Seigneur n'accroissez,
Mais plustost sa Iustice humble recognoissez,
325 Sans accuser ainsi vostre celeste Maistre.
Ne vous souuient il plus de vostre premier estre?
    Songez en premier lieu que vous estes le fils
D'vn simple homme des champs qui estoit nommé Cis,
Issu de Beniamin, race la plus petite,
330 Et la derniere encor du peuple Israëlite,
Dont le moindre il estoit. Songez doncques au temps
Que l'vn de ses trouppeaux s'esgara par les champs,
En reuenant au soir sans aucune conduitte,
Et qu'il vous commanda d'aller à la poursuitte.
335    Songez qu'aiant long temps par monts, par bois erré,

310 roy *B* — 310 laissates *A* — 314 debonnaire. *A* — 318 qu'a
*A* — 324 iustice *B* — 325 Maistre: *A* — 331 estoit: songez *A* —
estoit. songez *B* — 334 poursuitte: *A*.

Sans pouuoir rencontrer le bestail adiré,
En fin il vous aduint l'aduenture fatalle
Qui vous a fait auoir la dignité Royalle,
Car le grand Samuël Prophete et Gouuerneur
D'Israël estoit lors atiltré du Seigneur 340
A espier le temps que vous estiez en questes,
A fin que vous aiant dit nouuelles des bestes,
Il vous sacrast le Roy des hommes Hebrieux,
Le premier, et plus grand qui fut iamais sur eux.

Songez qu'aiant le regne il vous a fait acquerre 345
[14ᵛ] La victoire en tout lieu qu'ayez mené la guerre.

Songez premierement que des le premier an
Entra dans vos pais vn merueilleux tyran,
C'est à sçauoir Naasés le Roy des Ammonites,
Qui brauant fourrageoit vos bourgs Israëlites. 350
Il estoit si cruel et fier, qu'aux Hebrieux
Qui se rendoient ä luy il creuoit l'vn des yeux,
Et vouloit tout expres n'arracher que l'œil dextre,
Afin que la rondelle empeschant la senestre,
Ils n'eussent plus d'adresse aux armes, pour seruir 355
A la chose publique: il vous doit souuenir
Qu'il veint assiëger la ville renommee
De Iabes, qu'vn herault apres l'auoir sommee,
Pressa les Citoiens d'aduiser promptement,
Ou de se rendre serfs, perdant l'œil seulement, 360
Ou d'attendre le sac et la mort douloureuse,
Et qu'iceux estonnez d'offre si rigoureuse,
Tost despescherent gents vous requerir secours,
Aiant pour cest effect eu tresues pour sept iours:
Vous inspiré de Dɪᴇv leuastes vne Armee 365
Comme vous de vengeance, et d'ardeur enflammee,
Et vinstes courageux deliurer la Cité
D'vn siëge, d'vn sac, et d'vne cruauté,
Vous surpristes Naasés, vous fistes vn carnage
De luy, de tout son camp, et de tout son bagage, 370

---

344 eux: *A* — 346 guerre *A* — 355 armes pour *A* — 367 vintes *A* —
Cite *B*.

Ce qui vous donna lors grand' reputation,
Et grand' authorité vers toute nation.
　　Songez apres au temps que ces Philistins mesme
Armerent contre vous vne puissance extréme,
375 Qui en nombre sembloit le grand sable des Mers,
Et que malicieux destournerent nos fers,
Mesmes nos Armuriers, à fin que n'ayant lance
[15] Ny armes, ne peussions leur faire resistance.
　　Songez qu'en tel estat, n'estant accompagné
380 Que d'vn camp desarmé et d'vn peuple estonné,
Vostre seul fils Ionathe auecques son adresse
Hardy vous deliura d'vne telle destresse,
N'ayant qu'vn Escuyer surprit les ennemis,
Dont il en tua vingt qu'il trouua endormis,
385 Et leur fit tel effroy, que tous prindrent la fuitte,
Iettans leurs armes bas : vous donc à la poursuitte
Accreustes le desordre, et auec leurs cousteaux
Vous les fistes seruir de charongne aux corbeaux :
Mais au lieu d'honorer Ionathe et sa vaillance,
390 Il eut presque de vous la mort en recompense,
A cause de ce miel qu'il mangea, sans sçauoir
L'Edict pui defendoit de ne manger qu'au soir.
　　Et bref, songez vn peu à tant d'autres Victoires
Que DIEV vous fit auoir, et qui sont prou notoires.
395 Doncques pour tant d'honneurs ce bon DIEV merciez,
Et pour si peu de mal point ne l'iniuriez,
Qui vous a pourchassé de sa benigne grace
Les Sceptres que par fer et pàr feu lon pourchasse.

## SAVL.

Ie sçay bien qu'aux mortels appeller il ne faut
400 De son Arrest fatal decidé de la haut,
Mais il a maintenant esmeu la Palestine.
A fin d'executer l'Arrest de ma Ruine,
Donc ie veux assouuir sa rigueur, et suis prest
De mourir maintenant, puis que ma mort luy plaist.

---

377 n'ayants *B* — 402 ruine *B*.

L'Escvyer.

Ne vous desesperez, mais auecques fiance,    405
Et bon espoir prenez vos maux en patience,
Et vous ramenteuez la haine qu'à grand tort
[15 ᵛ] Vous portez à Dauid d'auoir fait mettre à mort
Auec toute sa race Achimelec Prophete,
A cause que Dauid fit chez luy sa retraicte,    410
Et d'auoir deuil dequoy Dauid et Ionathas
S'ayment fidellement.

Savl.

      Mon Fils ne doit il pas
Haïr aussy celuy qu'à bon droit ie soupçonne
Qu'il ne luy oste un iour l'estat de ma Couronne?

L'Escvyer.

Mais sans tant desguiser les maux qu'auez commis,  415
Priez Dieu qu'ils vous soient par sa bonté remis,
«L'inuoquant de bon cœur: à l'heure qu'on l'inuoque
«On gaigne sa faueur: mais lors on le prouoque
«Au iuste accroissement de sa punition,
«Quand on se iustifie auec presumption.    420

Savl.

Há ne m'en parle plus, c'est follie d'attendre
Que le Seigneur daignast seulement me defendre,
Veu qu'ores il me hait, car si i'estois aymé
De luy comme deuant, il m'eust or informé
De ce que ie ferois: mais ny par les messages    425
Des Anges ou Voyans, ny par aucuns presages
Ny par les visions qu'on voit à son sommeil,
Il ne m'en a donné response ny conseil.
Samuel, Samuel veritable Prophete,
Qu'ores n'es tu viuant! las que ie te regrette,    430
Car tu me dirois bien ce que faire il me faut.

---

419 *Nach* punition *kein Komma A* — Vers 420 ohne Anführungs-
zeichen in *A* — 431 faut: *A*.

Mais toy mesmes Seigneur respons moy de la haut:
Dois-ie aller contre Achis? dois-ie les armes prendre?
Le vaincray-ie ou non? ou si ie me dois rendre?
435 Que de grace ta voix m'annonce l'vn des deux.
[16] Mais puis qu'en te taisant respondre ne me veux,
Ie ne puis qu'esperer la victoire certaine
Qu'auront tant d'ennemis, et ma honte prochaine.
Ie suis tout esperdu pensant qu'ils sont si forts,
440 Et qu'on n'euitera l'horreur de cent mil' morts.
Las depuis que. i'ay pris le Royal Diadesme
Le Soleil est venu en son cours quarantiesme,
Et dois-ie desormais me r'empestrer au soing
D'vne guerre, sur l'aage, où i'ay plus de besoing
445 De paix et de repos?

L'ESCVYER.
　　　　Mais laissons ce langage,
Qu'il ne face faillir ä nos gents le courage.

SAVL.
I'ay l'esprit si confus d'horreur, de soing, d'effroy,
Que ie ne puis resoudre aucun aduis en moy:
Voila pourquoy ie veux soigneusement m'enquerre
450 De ce qu'il aduiendra de la presente guerre,
Pour voir à nous sauuer ou par honneste accord,
Ou par mort violente, ou par vn grand effort.

L'ESCVYER.
Vous voulez donc sçauoir vne chose future?
«Mais on peche en voulant sçauoir son aduenture.

SAVL.
455 La sçachant on voit comme il s'y fault gouuerner.

L'ESCVYER.
La sçachant pensez vous la pouuoir destourner?

SAVL.
«Le prudent peut fuir sa fortune maligne.

---

444 *Nach* guerre *kein Komma A.*

L'Escvyer.

«L'homme ne peut fuir ce que le ciel destine.

Savl.

[16 ᵛ] «Le malheur nuit plus fort venant à despourueu.

L'Escvyer.

«Mais il cuit d'auantage apres qu'on l'a preueu.　　460

Savl.

Bref ie sçauray mon sort par l'art de Negromance.

L'Escvyer.

Mais Diev l'a defendu: mesme aiez souuenance
D'avoir meurtry tous ceux qui sçauoient ces secrets.

Savl.

Hïer ie despechay vn Escuyer expres,
Pour sonder finement si en quelque village —　　465
Mais le voicy desia qui a fait son message.

Le Second Escvyer.

On m'a, Sire, aduerty qu'icy pres est encor'
Vne Dame sorciere au lieu quon dit Endor,
Qui sçait transfigurer son corps en mille formes,
Qui des monts les plus hauts fait deualler les Ormes, 470
Elle arreste lé cours des celestes Flambeaux,
Elle fait les esprits errer hors des tombeaux,
Elle vous sçait tirer l'escume de la Lune,
Elle rend du Soleil la clarté tantost brune
Et tantost toute noire en murmurant ses vers,　　475
Bref elle fait trembler s'elle veut l'vniuers.

Savl.

Allons nous trois chez elle, et faut quoy qu'il aduienne,
Que ie conduise à chef ceste entreprise mienne,

468 qu'on B.

Puis que i'ay par son art à me rendre aduisé,
480 Allons pour l'asseurer en habit desguisé.

[17]                 LE ĈHŒUR DES LEVITES.

O DIEV qui francs nous rendis
    Du penible ioug d'Ægypte,
Et qui aux deserts iadis
    Nous as seruy de conduitte
485     Aiant dans l'onde abismee
    D'vn tyran l'ire, et l'armee :
    Or de ces incirconcis
    Deliure ta gent fidelle,
    Icy leur camp ont assis
490 Pour nous mettre à mort cruelle :
    Ce sera vne grand' honte
    Si leur force nous surmonte.
        Ils publieront en tous lieux
    Que ta force est bien petite,
495 Puis que sauuer tu ne peux
    Ton cher peuple Israëlite,
    Et d'vne telle victoire
    Ils se donneront la gloire.
        Mais nostre punition
500 En vn autre temps differe,
    Car la grand' subiection
    Nous donne assez de misere,
    Estant subiects d'vn fol Prince
    Qui regit mal sa Prouince.
505     Israël donc est lassé
    De ses premieres demandes,
    Puis que tu és insensé,
    O toy, qui premier commandes,
    Et qui encores appliques
510     Ton esprit aux arts magiques,
    [17 v] Que maudit soit l'inuenteur
    De la Magie premiere,

_____

484 a B — 486 armée B.

Et qui premier Enchanteur
Trouua premier la maniere
D'ouurir les portes aux choses                 515
Que le Seigneur tenoit closes.

Car vrayëment non moins nuit
Ceste Auant-science à l'homme,
Que le pernicieux fruict
De l'abominable Pomme.                         520
Garde, ô Roy, qu'il ne te nuise
De parfaire ton emprise.

Maudicts soient les Negromans,
Maudictes soient les Sorcieres,
Qui s'en vont desendormans                     525
Les vmbres aux Cymetieres,
Violant les choses sainctes
Pour venir ä leurs attaintes.

Que la curiosité
De ces Deuins soit maudicte                    530
Qui à tort la dignité
Des Prophetes contr'imite,
En pippant les ames folles
De leurs vanitez friuolles.

Soit qu'ils deuinent par l'air,                535
Par feu, par terre, ou fumiere,
Ou par l'eau d'vn bassin clair,
Ou dedans vne verriere,
Ou par les lignes des paumes,
Ou par mil autres fantaumes.                   540

Tels furent les Enchanteurs
Que l'Ægypte encore prise,
[18] Et qui vains imitateurs
De ce que faisoit Moyse,
Par leurs arts pleins de blasphemes            545
Faisoient ses miracles mesmes.

Tels furent ceulx que Saül
Fit mettre au fil de l'espee,
Et dont il n'eschappa nul
Qui n'eust la teste couppee :                  550

Mais luymesme (ö grand' follie!)
Il croit ore à la Magie.

## Acte troisieme.

### Vn Soldat Amalechite, et les Levites.

EN quel danger de mort, et en quelle surprise
Ay-ie esté ce iourd'huy? qui eust creu l'entreprise?

### Les Levites.

555 D'où s'en fuit cestui-cy? d'où luy vient tel effroy?
Pourquoy regardet-il si souuent derrier soy?

### Le Soldat.

Suis-ie icy en seurté du danger des espees,
Dont à grand' peine i'ay les fureurs eschappees?
O Dauid trop heureux de surprendre auiourd'huy
560 Ceulx qui t'auoient surpris!

### Les Levites.

       Il faut parler à luy.
Mais dy nous qui tu es, et d'où est la venue?
Est-ce point quelque allarme à noz gents suruenue?

[18ᵛ]       Le Soldat.

Ie suis Amalechite, et si ne viens point or
De vostre camp Hebreu qui n'a desastre encor
565 Mais ie viens lás d'vn camp, non plus camp, ains deffaitte,
Que sur ceux d'Amalec Dauid n'aguere a faicte.

### Les Levites.

Quoy? Dauid n'est il pas au camp des ennemis
Qui l'ont fait chef entre eux?

### Le Soldat.

       Ils l'ont en fin démis.
Il est bien vray qu'estant pour la grand' malueillance
570 Du cholere Saul tousiours en deffiance,

Au seruice d'Achis, comme desesperé,
(Ainsi qu'on voit souuent) il s'estoit retiré :
Mais les Seigneurs du camp furent d'aduis contraire,
De ne s'aïder point d'vn antique aduersaire,
Bien qu'on l'eust appointé, et que du Roy Achis   575
Il eust le bourg Sicelle assis dans ces pais,
Ne se pouuant fier á vn tel personnage
Qui ne pourroit complaire à son Roy, qu'au dommage
De leurs chefs : ce pendant nous autres d'Amalec
Le sçachants en tel lieu pillons son Sicellec,   580
Qu'il trouue retournant presque reduit en cendre :
Mais ie ne sçay comment il a peu nous surprendre,
Car aiants enleué bestail, femmes, enfans,
Vers nostre region nous allions triomphans,
Lors.que voicy Dauid auec ses gents de guerre,   585
Qui ia loing nous surprend en mangeant contre terre,
Les vns yures, et las, lés autres endormis,
Tant qu'il a ce iourd'huy nos gents en pieces mis.
Il reprent le butin : sans plus quatre cents hommes
S'en sont fuis comme moy sur des bestes de sommes. 590

[19]            LES LEVITES.
Voila ce qu'à bon droit vous auiez merité.

           LE SOLDAT.
Mais voila comment i'ay ce massacre euité.

           LES LEVITES.
Mais où veux tu soldat t'en aller ä cest' heure ?

           LE SOLDAT.
Chercher en vostre Camp la fortune meilleure.

           LES LEVITES.
Tu y peus donc aller, car les deux camps sont prests 595
De se charger l'vn l'autre, et sont icy aupres.
Voicy auec le Roy vestu d'estrange guize
La Dame Phitonisse. ö damnable entreprise !

La Phitonisse, Savl,

Le premier et second Escuyer.

QViconques sois, Seigneur, qui viens, comme tu dis,
600 Au secours de mon art d'vn estrange pais,
Quel tort t'auroy-ie fait, que tu viens icy tendre
Vn tel laqs à ma vie, à fin de me surprendre?
Es tu donc ä sçauoir les cruels chastiments
Qu'a faicts le Roy Saul sur tous les Negromants?

SAVL.

605 N'ayes crainte de rien, ö Dame, i'en atteste
Le grand Diev de la haut, et la vouste celeste,
Que ie tiendray ce cas si secret, que le Roy
N'en pourra iamais estre aduerty de par moy,
Et qu'il ne te fera iamais chose nuisible,
610 [19ᵛ] Mais plustost tout honneur, et bien, à son possible.

LA PHITONISSE.

Ie ne veux que le taire en cecy pour loyer.
En quoy doncques veux tu ma science employer?

SAVE.

Or tu as ma fortune et ma destresse ouye,
Et si doncques tu as de me seruir enuie,
615 Fay moy venir icy par charmes et par vers
L'Esprit de Samuël du plus creux des enfers,
A fin qu'en ce soudain et important affaire
Il me baille conseil sur ce que ie dois faire.

LA PHITONISSE.

Ce n'est pas le premier que mon merueilleux sort
620 A rendu esueillé du somme de la mort.
Et bien que le Soleil ait la vingtiesme année
Depuis que ce prophete est defunct, ramenee,
Ie ne lairray pourtant de contraindre auiourd'huy
Son Esprit ä venir en ce lieu maugré luy,

Et ce par mes Dæmons, desquels l'esclaue bande,   625
Forcee de mes vers, fait ce que ie commande.
Aiant donc fait icy les inuocations,
I'iray faire ä l'escart mes coniurations.
  O Dæmons tout-sçachants espars dessoubs la Lune
Si i'ay iamais de vous receu faueur aucune,   630
Si ie vous ay tousiours dignement honorez,
Si ie ne vous ay point dans vn cerne enserrez,
Venez tous obeir à ma voix coniuree :
Vous aussi que ie tiens dans ma Bague sacree,
Comme esclaues esprits, si i'ay appris de vous   635
Tout ce que i'ay voulu, venez me seruir tous :
Et vous Diables lesquels fistes au premier homme
Gouster à ses despens de la fatale Pomme,
[20] Vous, gloire des Enfers, Sathan et Belzebus,
Qui faictes aux humains commettre tant d'abus,   640
Et toy Leuiathan, Belial, Belfegore,
Tous, tous ie vous appelle : et vous Anges encore
Que l'arrogance fit auecques Lucifer
Culbuter de l'Olympe au parfond de l'enfer :
Si ie vous ay voué des le berceau mon ame,   645
Si de vous seuls dépend de ma vie la trame,
Venez faire vn grand faict, faisant venir d'embas
L'esprit d'vn qui faisoit de vous si peu de cas :
Monstrez vostre puissance à la semence humaine,
Monstrez si la Magie est vne chose vaine :   650
Le faisant maugré luy, voire maugré son Dieu,
Et les Anges aussi, reuenir en ce lieu :
Monstrez si vous sçauez contraindre la Nature,
Et si chasque element cede à vostre murmure :
Monstrez que vous pouuez les cieux ensanglanter,   655
Les Astres, et Phœbus, et la Lune enchanter.
Venez donc m'aïder. ainsi la grand' lumiere
N'illumine iamais la iournee derniere,
En laquelle icy bas on n'habitera plus,
Dieu damnant les mauuais, et sauuant ses esleus :   660
Ainsi iamais iamais ne vienne ce Messie
Duquel on vous menaçe en mainte prophetie.

Esprit de Samuel que tardes tu là bas?
Mais quoy? il semble ä veoir que tu ne faces cas
665 De mon art, de mes vers, de moy, ny de mon ire.
M'as tu donc ä mespris? ne te puis-ie donc nuire?
Mais si nostre fureur tu poursuis d'allumer,
Ie iure ce grand Dieu, que ie n'oze nommer,
Qu'à la fin tu viendras, car la haste me presse.
670 Suis-ie donc vne vaine et folle enchanteresse?
[20 ᵛ] Ay-ie donc desappris tout ce que ie sçauois?
Qui t'inuoqueroit donc d'une Thessalle voix,
Prompt tu obeïrois, et tu ris ma puissance!
Mais de vous, mes Dæmons, si tardifs ie m'offense,
675 Que ie peux chastier, s'vne fois mon courroux
S'enflambe à vostre dam. aydez donc, ou ie vous.

LES LEVITES.

Mais où s'en court sans le Roy
Ceste Dame enchanteresse,
Qui de murmurer en soy
680      Des vers furieux ne cesse,
Et toute decheuelée,
Où va elle ainsi troublee?

SAVL.

Helas quelle horreur i'ay! ia tout mon poil s'herisse
Des hurlements que fait leans la Phitonisse,
685 Qui veut faire en secret ses coniurations!
Que t'en semble Escuyer? quest-ce que nous ferons?
En l'oyant bien d'icy ie sens dans ma poictrine
Errer vn auant-crainte, et le cueur me deuine
Ie ne sçay quel malheur. lás ostez moy d'icy
690 Foudres et tourbillons. mais venir la voicy.

LE I. ESCVYER.

Sire, que songez vous? voulez vous donc parfaire
Ce que vous sçauez bien estre à DIEV tout contraire?

LA PHITONISSE.

Tu m'as donc abusee, ö miserable Roy,

Qui soubs vn faulx habit t'es peu celer à moy,
Et duquel à la fin i'ay sçeu toute la feinte.       695

### Savl.

Ie suis tel que tu dis, mais de moy n'ayes crainte.
Qu'as tu veu?

### La Phitonisse.

Vn Esprit plein de diuinité.
O qu'en luy reluisoit vne grand' maiesté!

### Save.

Comme est-il?

### La Phitonisse.

Il est vieil, d'vn port moult venerable      ,
Gresle, et tout reuestu d'vn surplis honorable.    700

### Savl.

Va, fais venir celuy à qui tu as parlé,
C'est Samuel pour vray, lequel m'a decelé.
Ie suis plus que la mer esmeu quand pesle-mesle
La tourmentent les vents, la tempeste et la gresle.
Mais quelle frayeur i'ay, que mes pauures Enfans   705
Du Combat où ils sont ne viennent triomphans!

### Le I. Escvyer.

Las qu'est-ce que ie voy? bon Dieu quelle merueille?
Quel fantosme est-ce là? Song'ay-ie, ou si ie veille?
Est-ce donc Samuel que luysant en blancheur
Ceste Sorciere améne? ô que i'ay de frayeur!   710

### Les Levites.

Permettez vous cecy, ô Dieu, ô Ciel, ö Terre!

### La Phitonisse.

Sire, il ne reste plus que maintenant s'enquerre
De ce que lon voudra, car ie vas redoubler
Mes coniurations pour le faire parler.

LES LEVITES.

715 La voyla qui encor regroumelle à l'oreille
De ce dolent Esprit qui encor ne s'esueille
Par ses murmures vains. que n'as-tu obscurcy
Tes rayons, ô Soleil, en voyant tout cecy?
O qu'on luy fait souffrir! mais le Seigneur celeste
720 [21ᵛ] Qui tel art tout contraire à sa grandeur deteste,
Cecy ne peult permettre.

LA PHITONISSE.

Or ça vien derechef,
Et sans nous faire icy des signes de ton chef,
Dy nous d'vn parler vif ce que le Roy doit faire,
Et si ses trois Enfans du combat militaire
725 Viendront vainqueurs, ou non.

LES LEVITES.

Lás vne froide peur
Serre si fort du Roy la voix, l'ame, et le cueur,
Qu'il ne sçait or par où comméncer sa requeste,
Mais, le genouil en terre, il encline sa teste
Deuant la maiesté de ce vieillard si sainct,
730 Qui secouant le chef, d'vn parler tout contrainct
Va rompre son silence.

L'ESPRIT DE SAMVEL.

O mauditte Sorciere,
Pourquoy me fais-tu veoir deux fois ceste lumiere?
Faulse Sorciere, helas, qui par vers importuns
Vas tourmentant tousiours les esprits des defuncts,
735 Qui desseches tousiours par ton faulx sorcelage,
Les vaches et les bœufs de tout le voisinage,
Qui effroyes tousiours au son de quelque sort
Les meres lamentans de leurs enfans la mort,
Vses-tu donc vers moy de magique menace?
740 Et toy Roy plus maudit, as-tu bien pris l'audace
De troubler le repos aux esprits ordonné,
Veu q'encores ie t'ay d'autrefois pardonné?

SAVE.

Pardonné moy encor Prophete venerable,
Si la necessité et l'estat miserable,
[22] Où ie suis, me contraint de rompre ton sommeil, 745
A fin qu'en mon besoing i'aye de toy conseil,
Or sçaches qu'il y a cy pres vne tempeste
De Philistins armez pour foudroyer ma teste,
Les Prophetes et DIEV, le Ciel, la Terre, et l'Air,
Coniurants contre moy, ie t'ay fait appeller. 750

SAMVEL.

Si DIEV, la Terre, et l'Air coniurent ton dommage,
Pourquoy me cherches tu? que veux-tu d'auantage.
Si par m'estre importun tu ne peux reculer
Aux maux qu'il pleut à Dieu par moy de reueler?
Mais tu veux, adioustant offense sur offense, 755
Que ie prononce encor ta derniere sentence.
    Sçaches doncques, que DIEV est ia tout resolu
De bailler ton Royaume à vn meilleur Esleu,
C'est Dauid dont tu as par ta maligne enuie
Tant de fois aguetté la iuste et droitte vie : 760
Mais tes faicts sur ton chef à ce coup recherront,
Car ton Regne et ta vie ensemble te lairront.
Tantost au bas enfers ie te verray sans doubte,
Toy, et ton peuple aussi qu'Achis doit mettre en route.
Par ainsi tes enfans seront pour tes forfaicts 765
Tantost auec leurs gens ruinez et deffaicts.
    Encor apres ta mort toute ta race entiere
Rendra compte au Seigneur de ta vie meurtriere,
Car tes Fils, tes Nepueux, et ton genre total,
Auec mille malheurs verront leur iour fatal. 770
Par trahison les vns receuront mort piteuse,
Et le reste mourra en vne croix honteuse :
Et le tout pourautant qu'à la diuine voix
Obeï tu n'as point ainsi que tu deuois,
Qu'executé tu n'as sa vengeance dépite, 775
[22ᵛ] (Comme ie t'auois dit) contre l'Amalechite.

LES LEVITES.

Voyla l'esprit de Samuël
Qui, au somme perpetuel
Aiant ses yeux clos lentement,
780 Est disparu soudainement.

SAVL.

O le piteux confort ä mon mal qui rengrege!
O quel creuecueur i'ay! retenez moy, ie, ie, ie.

LES LEVITES.

O que maintenant est le Roy
En vn merueilleux desarroy,
785 Lequel git tout éuanouy
Pour le propos qu'il a ouy.

LA PHITONISSE.

Mon triste cueur tu fends d'vne douleur extreme
O Roy plus malheureux que la misere mesme!
Mais reuien t'en vn peu, vers chascun monstre toy
790 Non point femme, mais homme, et non homme, mais Roy.
«Le cry, le pleur oisif, et la complainte vaine,
«Ne font que plus en plus augmenter nostre peine.

SAVL.

O grandeur malheureuse, en quel gouffre de mal
M'abismes-tu helas, ô faulx degré Royal!
795 Mais qu'auois-ie offensé quand de mon toict champestre,
Tu me tiras, ô DIEV, enuieux de mon estre,
Où ie viuois content sans malediction,
Sans rancueur, sans enuie, et sans ambition,
Mais pour me faire choir d'vn sault plus miserable,
800 D'entree tu me fis ton mignon fauorable,
(O la belle façon d'aller ainsi chercher
Les hommes, pour apres les faire trebuscher!)
[23] Tu m'allechas d'honneurs, tu m'esleuas en gloire,
Tu me fis triomphant, tu me donnas victoire,
805 Tu me fis plaire ä toy, et comme tu voulus

Tu transformas mon cueur, toy-mesme tu m'esleus,
Tu me fis sur le peuple aussi hault de corsage,
Que sont ces beaux grands Pins sur tout vn païsage,
Tu me fis sacrer Roy, tu me haulsas expres
A fin de m'enfondrer en mil malheurs apres!            810
Veux-tu donc (inconstant) piteusement destruire
Le premier Roy qu'au monde il pleut à toy d'eslire!

### LA PHITONISSE.

Pren espoir, ta douleur, qui à compassion
Pourroit flechir vn Roc, vn Tigre, ou vn Lion,
Peut estre flechira Dieu qui est pitoyable.            815

### SAVL.

O que cest heure' la me fut bien miserable,
Quand de mon toict i'allay chercher quelque bestail!
On m'attiltra bien lors tout ce malheur Royal,
Qui fait que mon vieil heur ä present ie regrette!
Mais pourquoy changeat-on ma paisible houlette         820
En vn sceptre si faulx, si traistre, et si trompeur!

### LA PHITONISSE.

Hé Sire, Sire, oublie (en m'oyant) tout ce pleur,
Tu sçais que i'ay esté moy ton humble seruante,
A tes commandements n'agueres obeissante:
Tu sçais que i'ay pour toy mis ma vie en hasart,       825
Qu'à toy ont esté prompts mon labeur et mon art.
Si donc à ta parole en tout i'ay esté preste,
Ores ne m'esconduy d'vne seule requeste:
Fay moy ceste faueur d'entrer chez moy, à fin
De te renforcer mieux en y prenant ton vin,            830
Le Soleil te void vuide et à ieun à cest' heure.

[23ᵛ]                    SAVE.

Que ie mange pour viure, et Dieu veut que ie meure!
Ha ie luy complairay!

LA PHITONISSE.

Mais pour desplaire au sort
Mange plustost pour viure, et puis qu'il veut ta mort.

SAVL.

835 Mais par la faim au moins pourront estre finees
Et mes longues douleurs et mes longues annees.

LA PHITONISSE. .

O vous ses seruiteurs taschez à le flechir,
Pour le faire chez moy quelque peu rafreschir.

SAVL.

Celuy ne doit manger à qui la mort est douce.
840 Mais où est-ce qu'ainsi maugré moy lon me pousse?

LES LEVITES.

LAs ô Roy que t'a profité
D'auoir contre DIEV suscité
Du mort Prophete le sommeil
Pour luy demander son conseil?
845     La faim, le long ieune, et l'horreur
De ta mort proche auec la peur
Ont affoibly tes sens si fort,
Qu'on te méne helas comme mort.
    Quelle pitié! quel creuecueur!
850 Hé Dieu que sa dure langueur,
Sa misere et sa passion
Nous donne de compassion!
    O qu'il nous fait grande pitié,
Ne degorgeant point la moitié
855 [24] De mil et mil soupirs ardens
Qu'il retient cachez au dedens!
    O que dur est l'Arrest cruel
Prononcé par toy Samuel!
Tu as à luy et à ses fils
860 Vn trespas malheureux prefix.

Est il au monde vn tel tourment
Que sçauoir l'heure et le moment
De la mort qui nous doit happer
Sans que nous puissions l'eschapper?

Que fera maintenant le Roy      865
En tel trouble et en tel effroy?
Quel remede tant soit subtil
A sa dure mort aura il?

Son futur ·trespas quel qu'il soit
D'vn bon exemple seruir doit.      870
De ne prattiquer vn tel art
A tel pris et à tel hazart.

Ne sçauoit il pas bien que DIEV
L'auoit au grand peuple Hebrieu
Par Moyse assez defendu?      875
Ha pauure Roy que songeois-tu!

Ne sçauois tu la dure fin
Qu'eut celuy qui en son chemin
Fut empesché, non sans danger,
Par le celeste messager? *      Balaam.   880

Mais puis que tout seul tu ne meurs
On n'en doit tant faire de pleurs
Qu'on n'aye de ton Peuple ennuy,
Qui doit lás mourir auiourd'huy!

O DIEV quels pechez, quels forfaicts      885
Si horribles auons nous faicts,
[24ᵛ] Pour lesquels souffrir nous deussions
Si horribles punitions?

Faut-il donc que ton peuple amy
Soit la proye de l'ennemy,      890
Et que son corps paisse inhumé
Le loup ou le chien affamé?

Fais tu cela pour esprouuer
Si nous sommes au temps d'hyuer
Aussi paisibles èt contents,      895
Comme alors que rit le printemps?

S'il est ainsi ne murmurons
Mais patiemment endurons

Tout cela qui vient de sa main,
900     Soit rigoureux ou soit humain.
    Le Roy est donc l'occasion
De ceste malediction,
Et du desastre vniuersel,
Qui doit accabler Israël.
905     Lás ô Roy que ta proufité
D'auoir contre DIEV suscité
Du mort Prophete le sommeil,
Pour luy demander son conseil!

## Acte quatrieme.

SAVL, vn GENDARME *se sauuant de la bataille*,

Le premier et second Escuyer.

[25]            SAVL:

TV m'as doncques, Seigneur, tu m'as donc oublié,
910 Donc en ton cueur seellee est ton inimitié
D'vn seau de diamant, plus doncques tu ne m'aimes,
Tu eslis donc des Roys de mes ennemis mesmes:
Et bien ayme les donc et fauorise les:
Mais ie vas, puis qu'ainsi en mes maulx tu te plais,
915 Finir au camp mes iours, mon malheur et ta haine.
Mais que veut ce Gendarme accourant hors d'haleine?

LE GENDARME.

Sire, tout vostre camp par les Incirconcis
Est rompu et deffait, et vos trois Fils occis.

SAVL.

Mes Enfans sont occis! ô nouuelles trop dures!
920 O qu'en briefs mots tu dis de tristes aduentures!
Vrays doncques sont les dicts du sage Samuël!
O DIEV, s'il m'est permis de t'appeller, cruel!
Mes gens et mes Fils morts! Mais conte moy la sorte:
D'escouter son malheur le chetif se conforte.

## Le Gendarme.

Vous sçauez, Sire, assez que le superbe Achis   925
Pres ce mont Gelboé son camp auoit assis,
Et que vos Fils suiuis du peuple Israëlite
S'estoient si pres campez au champ Iezraëlite:
Or comme ce iourd'huy pour tousiours approcher
L'ennemy nous venoit sans cesse écarmoucher,  930
Voz Fils nous donnants cœur attaquent de furie
L'ecarmouche, et s'en est la battaille ensuiuie:
On n'oit que cris, que coups, et que cheuaux hennir,
[25ᵛ] On voit le prochain fleuue en pourpre deuenir,
On ne voit que choir morts, on n'oit qu'Allarme, Allarme, 935
On voit tout pesle-mesle et soldat et gendarme,
Chacun par sa finesse et vertu se deffend:
L'vn vainq, l'autre est vaincu, et l'autre est triomphant.
Là fortune long temps tint sa ballance egalle:
Mais apres, ô malheur! soit que l'ire fatalle   940
Du ciel nous ait causé ce sort malencontreux,
Ou que nous n'estions pas assez de gents contre eux,
Nous vinsmes peu à peu reculler en arriere.
Incontinent voz Fils par menace et priere,
Et par nous remonstrer incitent nostre cœur  945
A reprendre sa place et premiere vigueur,
Et pour nous faire auoir plus de force et prouësse
Ils fendent courageux des ennemis la presse
Auec leur vaillant bras: mais estant à la fin
De la foulle accablez, cederent au Destin,   950
Et ia de voz enfans il ne restoit à l'heure,
Que Ionathe, lequel sentant mainte blesseure,
Sans vouloir se sauuer, sentant son sang saillir,
Sentant non le courage ains sa force faillir,
Il rendit l'ame au ciel par ses faicts heroiques  955
Entre mille fers nuds, et entre mille piques,
Et dans son poing aiant encor son coutelas,
Et les sourcils dressez il tombe mort, helas,
Sur le lieu qu'il auoit de morts paué n'aguere.

SAVL.

960 O lamentables Fils, ô defortuné Pere!
Fault-il que dessus vous tombe le triste fais
Des pechez et des maux que vostre pere a faicts!

LE GENDARME.

Adonc voyant leur mort nous prenons tous la fuitte,
[26] Car qui eust peu durer contre vne telle suitte
965 De gents comme ils estoient? les vns donc sont destruis
Et le reste captif hors ceux qui s'en sont fuis.
Voicy les ennemis lesquels apres moy viennent
Qui vous mettront ä mort si iusqu'à vous paruiennent:
Quant à moy ie m'en vas me sauuer quelque part.

SAVE.

970 Que ie m'en fuye donc? ou que ie sois couhart!
Venez venez plustost mes ennemis me prendre,
Et que le mesmes fer lequel a fait descendre
Mes Enfans aux Enfers, mes iours vienne acheuer,
Venez vostre fureur en mon sang dessoiuer.
975 Helas apres mes Fils, moy meschant dois-ie viure?
Ne les deuois-ie pas plustost au combat suiure?
Pourquoy viurois-ie plus estant de DIEV hay,
Estant de mille maulx tous les iours enuahy?
Mourons, car par ma mort doit estre du Prophette
980 La dure prophetie entierement parfaicte.
Mourons, mourons: et toy mon Escuyer loyal,
Qui m'as seruy tousiours en mon bien, en mon mal,
Ie te pry par l'amour que tu dois à ton Maistre,
Et par la loyauté qu'en toy ie cognois estre,
985 Fay moy ce dernier bien, si ton feal desir
Continue tousiours à me faire plaisir:
De grace vien m'occire, et deliure ma vie
Du mal insupportable où elle est asseruie:
Voila mon sein, ma gorge, et par où tu voudras
990 Ie suis prest d'esprouuer la roideur de ton bras.

LE I. ESCVYER.

Lás, que voulez vous faire? ô la bonne nouuelle

Qu'auroit Achis, sçachant que ceste main cruelle
Vous eust chassé du corps la vie qui deffend
[26 ᵛ] Qu'il n'est pas dessus nous comme il veut triumphant.
Il sçait bien que tousiours il n'aura la victoire     995
Sinon par vostre mort: aussi est il notoire
Que vous nous pourrez bien tousiours remettre sus:
Mais lás si vous mourez, nous serons tous deceus
D'espoir, et seruirons au Palestin inique.
Viuez donc non pour vous, mais pour le bien publique. 1000
   Vous pourrez bien tousiours reuaincre et battailler,
Mais nostre fil couppé ne se peut refiler.
L'homme sage iamais son trespas ne desire.
Helas seroit il bon qu'on allast vous occire,
Et qu'apres vostre corps à mil hontes subiect,    1005
Fust deuoré des chiens et des bestes de Geth,
Et que vostre despouille en ce lieu rencontree
Rendist la Deité d'Astarot honoree?

SAVL.

Mes Fils sont morts pour moy, dois-ie estre paresseux
Et laschement ingrat à mourir apres eux?    1010
Dois-ie doncques auoir pompeuse sepulture,
Et les pauures Enfans seront aux chiens pasture?
Et la pitié peut estre emouuera quelqu'vn
De nous ensepuelir dans vn tombeau commun,
Ou si les ennemis leur font ignominie,    1015
Ie leur feray par tout fidelle compaignie:
Au moins ne dois-ie pas soustenir leur meschef?
Doncques de me tuer ie te prie derechef.

LE I. ESCVYER.

Il ne fault point qu'ainsi vostre vertu succombe,
Ny que du premier choc de Fortune elle tombe:    1020
Et si vous n'estes point des ennemis vainqueur,
La fortune vainquez d'vn magnanime cueur.

---

998 *nach* mourez *kein Komma A B.*

[27]
### Savl.

O que le Ciel m'eust fait de faueurs liberalles
Si ie n'eusse gousté de ces douceurs Roÿalles.
1025 Et que i'eusse tousiours chez mon pere hors des flots
Et des escueils du sort vescu seur en repos!
Mais maintenant, ô Diev, ces grandeurs ie dépite,
Ie remets en tes mains ma couronne mauditte,
Dont tu m'as fait auoir le miserable honneur,
1030 Sans l'auoir pourchassé, comme tu sçais, Seigneur.
Heureuse et plus qu'heureuse est la basse logette,
Qui n'est iamais aux vents ny aux foudres subiecte!

### Le I. Escvyer.

I'estimerois plustost celuy trois fois heureux
Qui s'est desenfouy du peuple tenebreux,
1035 Et de la sotte tourbe, à celle fin qu'il aye
Vn eternel renom par vne vertu vraye :
Comme vous qui auez hors du vulgaire obscur
Esclarcy vostre nom à tout aage futur,
Et gaigné par vos faicts vne eternelle gloire,
1040 Dont le siecle à venir ne rompra la memoire.

### Savl.

Helas moy qui deuant n'auois aucun defaut,
Le sort m'a esleué pour tomber de plus haut,
Car en tout l'vniuers nul homme ne se treuue
Qui sente plus que moy de ces faulx tours l'épreuue.

### Le I. Escvyer.

1045 Diev sans cesse ne donne aux iustes leur souhait,
Ains par fois les chastie, et pourtant ne les hait.

### Savl.

Diev voudroit donc aux siens faire ennuy et dommage?

### Le I. Escvyer.

Non autrement sinon pour sonder leur courage,
[27ᵛ] Ainsi qu'on vit iadis qu'Abram il esprouua,
1050 Et nostre vieil Ayeul, qui ioyeux retrouua

Son Ioseph plein d'honneurs : mais durant leur destresse,
Durant qu'ils halletoient soubs le dur ioug d'angoisse,
Et durant leur fortune, estoient contre son choc
Plus durs que n'est en Mer contre les vents vn Roc :
Ainsi ne vous laissez abbattre à la Fortune,             1055
Esperez que tousiours viendra l'heure opportune,
Et maistrisant constant l'inconstance du sort,
Monstrez que vrayement vous estes d'vn cueur fort,
Diev (peut-estre) voiant vostre constance ferme,
Bening vous fera veoir de voz trauaux le terme.          1060

#### Savl.

Arriere espoir, arriere, vne mort tost sera
Celle qui de mes maux le but terminera.

#### Le I. Escvyer.

Mais sçachant vostre mort fuiez l'heure mortelle.

#### Savl.

Mais ie veux magnanime aller au deuant d'elle.

#### Le I. Escvyer.

Ha pourquoy voulez vous l'esperance estranger?          1065

#### Save.

Pour ce qu'elle ne peut dans mon Ame loger.

#### Le I. Escvyer.

Vous aurez la Fortune vne autrefois meilleure.

#### Save.

O malheureux celuy qui sur elle s'asseure.
Par ainsi ie te pry derechef, derechef,
Par ton poingnart fay moy sauter du corps le chef,      1070
Ainsi semblable deuil tourmenter ne te puisse,
Ainsi vn meilleur Roy apres moy vous regisse.
Ie crains qu'auec vn ris ce peuple incirconcy,
[28] Ne remporte l'honneur de me tuer icy.

### Le I. Escvyer.

1075 Que ce grand Diev plustost escarbouille ma teste
De son foudre éclattant, auant que ie m'appreste
De toucher vostre chef, que Diev a eu si cher,
Que mesmes l'ennemy ne l'a osé toucher.

### Savl.

Es tu donc scrupuleux? mais dequoy as tu crainte,
1080 Si tu m'es impiteux par vne pitié feinte?
Bien bien puis que si fort de m'occire tu feins,
I'emploiray cóntre Achis et contre moy mes mains:
Ie vas rallier gens et leur donner courage,
Ie vas sur l'ennemy faire encor quelque charge:
1085 Ie ne veux abbaissant ma haute maiesté,
Euiter le trespas qui prefix m'a esté
Ie veux donc vaillamment mourir pour la patrie,
Ie veux m'acquerir gloire en vendant cher ma vie,
Car aiant fur¡eux maint ennemy froissé,
1090 Ma main, et non mes pieds (si ie reste forcé)
Me fera son deuoir.

### Le I. Escvyer.
Lás de frayeur ie tremble.
Vous voulez vous tuer?

### Savl.
I'oy, i'oy mes Fils, ce semble,
Qui m'appellent desia: ô mes Fils ie vous suy,
Ie m'en vas apres vous.

### Le I. Escvyer.
Déa [sic!] où s'est il fuy?
1095 Soit qu'il veuille mourir, ou soit qu'il veuille viure,
Allast-il aux enfers, par tout ie le veux suiure.
Voudroit il donc combattre et puis apres mourir?
[28ᵛ] Ie ne le lairray point, quoy qu'il veuille courir.

---

1078 touher A B.

### Le Second Escvyer.

O Roy tu monstres bien ton cueur estre heroique,
De preuenir ta mort pour la chose publique,     1100
Sans la vouloir fuir : ô Prince vrayment fort,
Qui vas en la battaille, où tu sçais qu'est ta mort !
   Ceux qui vont en la guerre esperant la victoire
Meritent moins que luy et d'honneur et de gloire,
Lequel sçachant mourir contre le Palestin,     1105
Court neantmoins hardy au deuant du Destin.
   Vous Roys aimants l'honneur, venez icy apprendre
Combien pour la Patrie il vous faut entreprendre,
Mesprisants les dangers et le certain trespas.
Quant ä moy ie suiuray ce Prince pas à pas,     1110
Quand ie deburoy mourir d'vne playe honorable,
Afin d'en rapporter nouuelle veritable.

### Les Levites.

O Roy cent fois malheureux,
Es tu bien si rigoureux
A toy mesme, et si rebelle     1115
Que tourner ta main cruelle
Contre toy mesmes, à fin
D'importuner ton Destin ?
As tu donc le cueur si lasche
Que supporter il ne sçache     1120
Les malheurs communs à tous ?
Doncques veux tu par courroux,
Par desespoir ou manie,
Rompre à force l'harmonie
Que Diev a formee en toy,     1125
Veu qu'il n'est rien à la loy
[29] «De Nature si contraire,
«Que son chef-d'œuure deffaire ?
«Pource, l'ame iointe au corps
«Ne doit point saillir dehors,     1130
«Si Diev, qui dans nous l'a mise,
«N'a son issue permise :

«Ainsi comme le soldart,
«Sur peine de mort, ne part
1135 «Du lieu où la guerre on meine,
«Sans congé du Capitaine.
      Mais, mais fuyons de ces lieux
Qui nous seront ennuyeux
Et ä iamais execrables,
1140 Fuyons ces lieux miserables,
Sus qui ce iourd'huy sont morts
Tant de gens vaillants et forts.
Mais quelle chose, ö Gendarmes,
Qui estes morts aux Allarmes
1145 Pour nous, aurez vous en don
De nous pour vostre guerdon?
Sinon des pleurs et complaintes
Des soupirs et larmes saintes,
Telles que font les Parents
1150 Sur leurs heritiers mourants.
Donc ô valeureux Gendarmes
Qui estes morts aux Allarmes,
(Puis que nous n'auons loisir
Vous faire plus de plaisir)
1155 Receuez de nous ces plaintes,
Ces soupirs, ces larmes saiuctes,
Telles que font les parents
Sur leurs heritiers mourants.


[29ᵛ]                 **Acte cinqvieme.**

LE SOLDAT AMALECHITE.

QVelle pitié d'vne gent déconfite!
1160 Quelle pitié de voir vn peuple en fuite,
De voir les chiens qui se paissent des corps,
De voir les champs tous coüuerts d'hommes morts,
De veoir les vns qui respirent encore,
Comme on peut voir au camp d'où ie viens ore,
1165 Et d'où i'apporte vn precieux butin,
Comme y estant couru à ceste fin.

Quelle pitié d'y voir la folle gloire,
De ceux qui ont d'autre costé victoire,
Et d'y voir mesme Achis comme au milieu
Blasphemer (las!) contre Saul et Diev,       1170
D'y voir le cry, le bruit, et l'allegresse
Qu'il fait autour de son feu de liesse,
Criant qu'il est de Saul auiourd'huy
Victorieux, maugré son Diev et luy,
Et qu'inutile au Ciel ce Dieu reside,      1175
Puis que son peuple et son Oinct il n'aïde,
Et qu'il appert qu'il n'est, qu'il n'est pas tel
Qu'vn Astarot, et pource à son Autel
Appendre il veut les armes et la teste
Du Roy Saul en signe de conqueste.      1180
Qu'est cestuy cy? c'est ce Dauid Hebrieu,
Qui vient du bourg de Sicelle en ce lieu,
Victorieux, car il vient de deffaire
Mes Compagnons d'ont i'eschappay n'aguere :
[30] Taisant cela, ie luy vas presenter      1185
Ce qu'à Saul ie viens courant d'oster,
A celle fin que des dons il me face,
Ou pour le moins que ie sois en sa grace.
Il vient ä point, car d'vn parler menteur
Ie me feindray du Royal meurtre autheur.      1190

#### DAVID, et ce SOLDAT AMALECHITE.

A La parfin la gent Amalechite
A la parfin a esté déconfite,
Elle a senty quelles sont nos valeurs.
Ainsi, ainsi aduienne à tous voleurs.
Mais qui pourroit te rendre dignes graces      1195
De tant de biens que sur moy tu amasses,
O eternel, qui tousiours me soustiens?
Mais qui es tu qui deuers moy t'en viens?

#### LE SOLDAT.

Ie suis, Seigneur, soldat Amalechite,
Qui m'en viens or du Camp Israëlite,      1200

Vous supplier de receuoir (de moy
Vostre vassal) la Couronne du Roy.

#### DAVID.

Lás! de quel Roy?

#### LE SOLDAT.

   Du Roy vostre Beau-pere,
Et vostre hayneux, lequel est mort n'aguere
1205 En la battaille en laquelle au iourd'huy
Tout Israël est mort auecques luy.
Là se voyant chargé de mainte playe,
En vain panché sur son glaiue il essaye
A se tuer, et comme il ne peust lors
1210 [30ᵛ] Pour sa foiblesse outrepercer son corps,
M'apperceuant et aiant sceu mon estre,
Il me pria d'aïder à sa dextre,
De peur, dit il, que ie ne sois icy
Rencontré vif de quelque incirconcy,
1215 Lequel me prenne et dessus moy exerce
Sa tyrannie et cruauté peruerse:
Alors voyant en quel mal il estoit,
Et quelle angoisse au cueur il supportoit,
Voyant aussi l'ennemy le poursuiure
1220 De telle ardeur qu'il ne pouuoit plus viure,
Ie le tuay, et trebuscher le feis
Dessus le corps de Ionathe son fils.

#### DAVID.

Saul est mort! lás est-il bien possible!
O grand malheur! ô Fortune terrible!
1225 Ie ne veux plus viure apres Monseigneur,
Dont i'ay receu tant de bien et d'honneur!

#### LE SOLDAT.

Mais qui vous fait ainsi voz habits fendre,
Veu qu'on l'a veu souuent les armes prendre
Encontre vous?

DAVID.

C'estoit l'Esprit maling
Qui l'affligeoit, car il n'estoit enclin                    1230
De sa nature à telle chose faire,
Et ne fut oncques vn Roy plus debonnaire.

LE SOLDAT.

C'estoit helas, vostre ennemy mortel.

DAVID.

Iamais iamais ie ne l'ay tint pour tel:
Mais toy meschant, n'as tu point eu de crainte  1235
[31] D'ozer toucher celuy que l'huyle sainte
Auoit sacré? as tu sans plus voulu
Meurtrir celuy que DIEV nous a esleu?
Veu que moy-mesme estant mon aduersaire,
Ie ne l'ay fait quand ie le pouuois faire?       1240
Et tu l'as fait, estant comme tu dis
Amalechite et d'estrange pays?

LE SOLDAT.

Sire il estoit en vne telle presse
De Philistins, et en telle destresse,
Qu'il fust en brief de la vie priué,             1245
Par l'ennemy ou par luy captiué,
Où il se fust tué de sa main mesme,
Pour mettre fin ä ses peines extrémes.
Moy donc piteux ie feis grace à ses mains,
De ne toucher à leurs membres germains.          1250

DAVID.

Sus sus Soldats, empoignez le sur l'heure,
Et le tuez. Ie veux, ie veux qu'il meure.

LE SOLDAT.

Qu'ay-ie commis pour estre ainsi puny?

1234 tins _A B._ — 1252 tuez. ie veux ie veux _A B._

DAVID.

Pour t'estre au sang du Christ diuin honny.

LE SOLDAT.

1255 Mais dois ie donc souffrir la mort cruelle
Pour la douleur d'vne simple nouuelle?
Ie ne l'ay fait ny par inimitié
Que i'eusse au Roy, ny par ma mauuaistié,
Sinon à fin que plaisir ie luy feisse,
1260 Et vostre grace aussi ie desseruisse.

DAVID.

Tu parle' en vain.

[31ᵛ]                    LE SOLDAT.
                        Helas, ie vous requiers
Par cè grand DIEV Pere de l'vniuers,
Humble pardon, ainsi chascun vous prise,
Et le Seigneur ainsi vous fauorise,
1265 Et dans vos mains le sceptre en bref tombé
Dessoubs vos loix rende vn chascun courbé.
Non, non ie n'ay, (ce grand Seigneur i'en iure)
Fait à l'Enfant de Cis aucune iniure:
Il s'est occis, soy-mesmes s'est souillé
1270 Dedans son sang, et meurtry ie ne l'ay.

DAVID.

O malheureux qui tes fautes allonges,
Et par mensonge excuses tes mensonges!

LE SOLDAT.

Mais mon mentir ne cause point de maulx.

DAVID.

«Il n'est rien pis que les mensonges faulx.

LE SOLDAT.

1275 «Bien, i'ay failly: mais quoy, dessus la terre
«Est il aucun qui aucunefois n'erre?

---

1275 *Nach* Bien *kein* Komma *B.*

DAVID.

Il faut, il fault ces vains propos laisser.

LE SOLDAT.

Mais ie ne pense en rien vous offenser :
Si toutefois vous y trouuez offense,
Vsez vers moy de douceur et clemence.          1280

DAVID.

Tu pers ton dire.

LE SOLDAT.

       Et combien qu'il ne serue,
Si ne mouray-ie auec la langue serue :
[32] O cruel homme, inciuil, rigoureux,
Qui dans l'horreur d'vn antre tenebreux
As resucé d'vne fiere Lionne                    1285
Auec le laict sa rage plus felonne.
Meschant, peruers, ie ne croy que tu sois
Celuy qu'on dit en tous lieux si courtois,
Mais i'ay espoir que ceste tyrannie
A la par fin ne sera impunie.                   1290
Ie pry que DIEV, qui voit tout de son œil,
Le Foudre sien darde sur ton orgueil,
Et s'il aduient par le Destin celeste
Que tu sois Roy, que la Faim, que la Peste,
Et que la Guerre infectent tes païs,           1395
Que contre toy s'arment tes propres Fils.

DAVID.

Va, va meschant saluër la lumiere
Qu'ores tu vois, et qui t'est la derniere :
Et vous amys auec vostre pongnart
Qu'on me l'enuoye abboyer autre part :          1300
Tombe sur toy ce sang, et cest outrage,
Aiant porté contre toy tesmoignage.

LE SECOND ESCVYER, et DAVID.

O Deconfort ! ô quel Prince auiourd'huy
Tu as perdu Israël plein d'ennuy !

1305 Ha Sort leger, flateur, traistre et muable,
     Tu monstres bien que ta Rouë est variable!
     Puis que celuy que tu as tant haussé,
     Est tellement par toy-mesme abbaissé:
     Ie dis Saul, que de rien tu feis estre
1310 Vn Empereur, et presque vn DIEV terrestre,
     [32ᵛ] Tant qu'il sembloit aux Estoilles toucher:
     Mais maintenant tu l'as fait trebucher
     Du haut en bas, et soymesmes occire,
     A fin qu'il vist et luy et son empire
1315 Cheuts en vn iour, tant que l'infortuné
     Pis que deuant est en rien retourné!
          «O pauure Roy tu donnes bien exemple,
     «Que ce n'est rien d'vn Roy, ny d'vn Regne ample!
     «Tu monstres bien, qu'on ne doit abboyer
1320 «Aux grands Estats, ny tant nous employer
     «A mendier l'honneur de .Tyrannie,
     «Puis que cela t'a fait perdre la vie!
     Mais n'est-ce pas Dauid qu'icy ie voy,
     Tenant des-ia la Couronne du Roy?
1325 Comme il l'œillade!

#### DAVID.

                    «O Couronne pompeuse!
     «Couronne, helas, trop plus belle qu'heureuse!
     «Qui sçauroit bien le mal et le meschef
     «Que souffrent ceux qui t'ont dessus le chef,
     «Tant s'en faudroit que tu fusses portee
1330 «En parement, et de tous souhaittee
     «Comme tu es, que qui te trouueroit,
     «Leuer de terre il ne te daigneroit.
          Mais voicy l'vn des gents du Roy, peut estre
     Qu'il sçait comment il va du Roy son Maistre,
1335 Et comme on a deffait au vray les siens.
     Hâ triste amy d'où est-ce que tu viens?

#### LE II. ESCVYER.

Du Camp, helas!

DAVID.

Et bien, quelle nouuelle?

LE II. ESCVYER.

Le Roy est mort d'vne mort bien cruelle.
Car il n'a sceu trouuer oncq des bourreaux
Pour luy finir et ses iours et ses maux,                1340
Et a fallu que de sa main propice
Luy-mesme ait fait ce pitoyable office.

DAVID.

Dis-tu qu'il s'est de luy-mesmes deffaict?
O la pitié! mais conte moy ce faict.

LE II. ESCVYER.

Estant venu n'aguere sur l'issue                         1345
De la bataille, et la voyant perdue,
Et ses fils morts, d'vn magnanime cueur
Il s'auisa de laisser au vainqueur
Par ses haults faicts vne victoire amere.
Il s'en court donc, et donne de cholere                  1350
Dans l'ennemy, qu'il fausse vaillamment:
Et comme on voit vn Lion escumant
Tuer, naurer, et faire vn prompt carnage
D'vn bestail seul qui paist en quelque herbage,
Ainsi i'ay veu ce furieux Saul                           1355
Casser, froisser, rompre, et n'espargner nul:
Mais à la fin sur luy se r'allierent
Quelques Archers, qui honteux le chargerent
Auec leurs traicts dont il fut fort blessé
En combatant, si qu'estant repoussé                      1360
Il fut contraint de reculer en arriere,
Mais en courant (estant suiuy derriere)
Il rencontra de ses fils trespassez
Les corps sanglans, et les tint embrassez.
Mais lors voyant qu'il alloit choir en vie               1365

Vers 1361 *hat eine Silbe zuviel.*

Entre les mains de la force ennemie,
[33ᵛ] En regardant Ionathe auec sanglos
Il dit en bref, Est-ce icy le repos,
O mes enfans, que par vostre prouësse
1370 Vous promettiez à ma foible vieillesse?
Est-ce ainsi qu'heriter tu deuois
A nostre sceptre, ô Ionathe, autrefois
Ma seule gloire, et ores ma misere?
Mais il est temps que vostre dolent pere
1375 Vous accompagne, ô mes fils plus heureux.
Ayant ainsi fait ses plainctes sur eux,
Iettant par tout son œil felon et vague,
Il se lança sur sa meurtriere dague,
Tant qu'il mourut.

### David.

O pitoyable Roy!

### Le II. Escvyer.

1380 Mais ce qui donne à mon cueur plus d'effroy,
C'est qu'aussi tost que la playe mortelle
Fut veuë (helas) de l'Escuyer fidelle
(A qui le Roy auoit deuant eu vain
Requis le bras ·pour le tuer soudain)
1385 Il se pasma, puis le poil il s'arrache,
Et dans son sein les ongles il se cache,
Il se demaine, il se meurtrit le front,
Tout depité ses vestements il rompt,
Il crie, il hurle, et son maistre il appelle:
1390 Mais quand il vit que la mort eternelle
Auoit ses yeux clos eternellement,
Et que ses cris ne seruoient nullement,
Suyuons le donc (dit-il) puis qu'il m'incite
A mespriser ceste vie maudite:
1395 Mourons, mourons, et remportons l'honneur
[34] D'auoir suiuy son mal comme son heur.
Ainsi a dit, et s'enferrant la pointe
De son espee il a sa vie estainte,

N'ayant le Roy en son aduersité
Non plus laissé qu'en sa felicité,                    1400
Mais finissant par la mesmes espee
Qui fut au sang de son maistre trampee :
Digne vrayement, digne de tout honneur
D'ainsi tomber aux pieds de son Seigneur,
D'ainsi garder (non point comme vn barbare)   1405
Sa ferme foy, si miserable, et rare.

### DAVID.

Sois tu de DIEV, ô Palestin maudit,
Qui d'Israël tout le peuple as destruit.   ·

### LE II. ESCVYER.

Encor apres vne mort si horrible
Le fier Achis ne se monstre paisible,               1410
Et tant s'en fault qu'il permette les os
Du Roy Saül prendre en terre repos,
Que mesme il va en pieces (quel exemple
De cruauté!) les mettre dans son temple!
Si que les Dieux qu'oncques vif n'adora,         1415
Apres sa mort il les honorera.

### DAVID.

O Palestin enflé de vaine Pompe
Garde toy bien que l'orgueil ne te trompe,
Et qu'à la fin le sort pour ta fierté
En ton malheur ne se monstre irrité!              1420
O Gelboé que ta cyme arrousee   .
Ne soit iamais de pluye ou de rousee,
[34ᵛ] Et soient tes champs de l'Auant-chien tairis,
Puis que sur toy tant de gens sont peris,
Puis que sur toy, ô montagne maudite,           1425 ·
Est mise à mort la fleur Israëlite.
    Vous d'Israël les filles qui de moy
Chantiez iadis, pleurez ce vaillant Roy,
Ce vaillant Roy qui en diuerses guises
Enrichissant d'or voz robbes exquises            1430

Ne vous souloit d'autre estoffe vestir
Que d'Ecarlatte, et de Pourpre de Tyr:
De son sang, lás! la campagne il a tainte,
Comme n'estant sacré de l'huile sainte:
1435 Las il est mort, et mon Ionathe aussi,
O Ionathas mon soing et mon soucy!
Las trespassé qu'auec[que] toy ne suis-ie,
Ie fusse mort heureux, où ie m'afflige
De mille morts, tant me tourmente fort,
1440 En y pensant, ta violente mort!
Helas où est ce beau corps tant aymable,
Et ce visage à chacun agreable?
　　Ha cher Ionathe, amy loyal sur tous
L'amour de toy m'estoit cent fois plus doux,
1445 Cent fois plus cher que la plaisante fiamme
Dont nous brulons en aymant quelque femme!
　　Helas, Helas, quand pourray·ie oublier,
Cent fois ingrat, ce tien propos dernier
Quand tu me dis: O cher Dauid que i'aime
1450 Plus que mes yeux, ny que ma vie mesme,
Ie vas mourir, et suis certain que Diev
T'a confermé le Royaume Hebrieu,
Mais si ie meurs ie te prie de grace
Qu'il te souuienne apres moy de ma race.
1455 [35] Tousiours, tousiours de ce bien-heureux iour
Qui nous lia d'vn reciproque amour
Au cueur i'auray la souuenance emprainte,
Et ne sera oncq la memoire estainte
De tes bienfaicts: souuent par propos doux
1460 Tu m'as du pere appaisé le courroux,
Et quand pour luy i'errois, comme sauuage,
Souuent d'auis, d'espoir, et de courage,
Tu m'as aidé, et bref souuent pour moy
Tu as ton pere esmeu encontre toy.
1465 　　Ha Ionathas, ie serois bien barbare,
Et plus cruel qu'vn Scythe, ou qu'vn Tartare,
Si t'oubliant ie ne traictois les tiens
Comme mes fils si à regner ie viens:

Mais quel plaisir sans toy regnant auray-ie
Puis qu'vn tel dueil de toutes parts m'assiege? 1470
Mais pourquoy seul pleuray-ie? qu'vn chacun
Pleure plustost, estant ce mal commun,
Car tu pers ores, ö peuple Israëlite,
Ton ferme escu, ta force, et ta conduitte.
Combien, combien l'ennemy par sa mort          1475
En deuiendra d'orenauant plus fort?
Doncques, amy, sus vne estrange terre
En ta ieunesse és tu mort en la guerre
Sans sepulture? ô dure cruauté
Des cieux malings! mais vn heur t'est resté,     1480
C'est d'estre mort au milieu de l'armee
Changeant ta vie en vne renommee
Que tu auras mourant pour ton païs,
Aumoins adieu cher amy ie te dis,
Et garde encor nostre amitié, de sorte          1485
Qu'apres ta mort elle ne soit point morte,
[35ᵛ] Qui de ma part viüra par l'vniuers
Tant qu'on verra l'Epitaphe, et les vers
Que i'en feray: mais oy Saül, mes plaintes,
Mes vrays souspirs, et mes larmes non faintes, 1490
Tu veux mourant accompagner ton fils
Pour n'estre point separez morts ny vifs:
O que beaucoup auront sus vous enuie
Qui finissez vaillamment vostre vie,
Qui par voz morts acquerez vn renom          1495
Lequel doit rendre immortel vostre nom,
Car on peult dire (estant tous deux par terre)
Que sont esteins les foudres de la guerre.
Tu fus, ô Roy, si vaillant et si fort
Qu'autre que toy ne t'eust sceu mettre à mort. 1500

Fin de la Tragedie.

AV TRES-ILLVSTRE PRINCE
DE NAVARRE HENRY
DE BOVRBON.

QVi veult voir les effects de Fortune maligne,
    Combien elle est peruerse et constamment muable,
    Qu'il vienne se mirer au portraict admirable
    D'vn Roy que ie descris d'vn vers non assez digne:
D'vn Roy à qui Fortune expressément benigne
    Octroya pour vn temps sa rouë fauorable,
    Afin qu'il veist apres mille fois miserable,
    De sa grand' inconstance vn plus euident signe.
Doncques, Prince qui sçals de Fortune l'orage
    Brizer par ta constance en son heur obstinee,
    Si tu desires voir quelque chose nouuelle,
Vien icy voir vn Roy, qui n'ayant tel courage
    Que tu as, s'est la mort à luy mesmes donnee,
    Et ie luy ay donné vne vie eternelle.

# MÜNCHENER BEITRÄGE

ZUR

# ROMANISCHEN UND ENGLISCHEN PHILOLOGIE

HERAUSGEGEBEN

VON

## H. BREYMANN UND J. SCHICK.

---

XLI.

## DIE MAGIE IM FRANZÖSISCHEN THEATER DES XVI. UND XVII. JAHRHUNDERTS.

———— ⚬ ————

LEIPZIG.
A. DEICHERT'SCHE VERLAGSBUCHHANDLUNG NACHF.
(GEORG BÖHME).
1908.

# DIE MAGIE

## IM

# FRANZÖSISCHEN THEATER

DES

## XVI. UND XVII. JAHRHUNDERTS

VON

## DR. ERNST FRIEDRICH.

———— ⚬ ————

LEIPZIG.

A. DEICHERT'SCHE VERLAGSBUCHHANDLUNG NACHF.
(GEORG BÖHME).
1908.

Alle Rechte vorbehalten.

# Vorwort.

Die vorliegende Arbeit verdankt ihre Entstehung der Anregung meines hochverehrten Lehrers, Herrn Professors Dr. Breymann. Das Material zu derselben wurde hauptsächlich in den drei großen Pariser Bibliotheken gesammelt und dann in München im Jahre 1906 ausgearbeitet. Allen denen, die mir bei dem Zustandekommen dieser Arbeit behilflich waren, insbesondere meinem verehrten Lehrer, Herrn Professor Dr. Breymann, der mich stets mit seinem Rate bereitwillig unterstützte, fühle ich mich zu lebhaftem Danke verpflichtet. Ebenso schulde ich aufrichtigen, herzlichen Dank Herrn Professor Dr. J. Schick für die von ihm in so liebenswürdiger Weise gewährte Unterstützung bei der Korrektur dieser umfangreichen Arbeit. Auch den Verwaltungen der Münchener Kgl. Staatsbibliothek und der Universitätsbibliothek, sowie der Bibliothèque Nationale, der Bibliothèque Sainte-Geneviève und der Bibliothèque de l'Arsenal zu Paris, welche stets alle meine Wünsche mit gewohnter Bereitwilligkeit und Zuvorkommenheit zu erfüllen bestrebt waren, spreche ich an dieser Stelle meinen Dank aus.

München, Weihnachten 1907.

# Inhalt.

## II. Teil.

### Die Magie im französischen Theater des 16. und 17. Jahrhunderts.

# Benützte Literatur.

## A. Texte.

Ambillou, René Bouchet, Sieur D': Sidere, pastorelle de l'invention du sieur d'Ambillou (in 5 Akten u. Prosa, einige Szenen in Alexandrinern), plus Les Amours de Sidere, de Pasithée et autres poésies du mesme autheur. Paris, Rob. Estienne, 1609, XVIII, 136 S. 8⁰.

Anonym: La Magicienne Etrangère. Tragédie en 4 actes. Par vn bon François, nepueu de Rothomagus (Pierre Mathieu). Rouen, Dav. Geoffroy et Jacq. Besogne, 1617, 32 S. 8⁰ [Bibl. Nat. inv. Réserve: Yf 3 917].

—: Tragédie du Marquis d'Ancre ou La Victoire du Phœbus François contre le Python de ce temps (in 4 Akten u. Versen). Paris, s. ed. 1617, 31 S. 8⁰.

—: Cléonice ou L'Amour Téméraire, tragicomédie pastorale (in 5 Akten u. Alexandrinern) par P. B. (Passart). Paris, Rouffet et Jean Martin, 1630, XIV, 106 S. 12⁰.

Ariosto, Ludovico: Il Negromante, commedia. Vinegia, Nic. d'Aristotile, 1528, 69 S. 12⁰.

— —: Orlando Furioso secondo l'edizione del 1532, con commenti di Pietro Papini. Firenze, Sansoni, 1903, XIII, 465 S. 8⁰.

Banchereau, Richemont: Les Passions Egarées, Tragi-Comédie. Paris, Claude Collet, 1632, VI, 145 S. 8⁰.

Baro, Balthasar: Cariste ou Les Charmes de la Beauté, Poème dramatique (in 5 Akten u. Versen), VIII, 119 S.,

· in: Recueil de Comédies, Bd. 28, Paris, Ant. de Sommaville, 1684. 4⁰ — [Bibl. Nat. inv. Réserve: Yf 367.—Yf 371].

B a s i r e , G e r v a i s d e , D'A m b l a i n v i l l e : Arlette, Pastorale ou fable bocagère de l'invention du sieur de Basire
(in 5 Akten u. Alex.). Paris, Rolet Boutonné, 1638, IX,
198 S. 12⁰.

B a u t e r , C h a r l e s : La Rodomontade, Tragédie. Paris,
Clovis Eve, 1605, 49 S. 8⁰.

— —: La Mort de Roger, Tragédie. Paris, ibd., 1605,
36 S. 8⁰.

B l a m b e a u s a u l t : L'Instabilité des Félicités Amoureuses,
ou La Tragi-Pastoralle des amours infortunées des Phélamas et Gaillargeste. De l'invention de I. D. L., sieur
de Blambeausault (Laffémas?) (in 5 Akten u. Versen).
Rouen, Claude le Villain, 1605, XIII, 187 S. 12⁰.

B o i s r o b e r t , F r a n ç o i s l e M e t e l d e : Les Rivaux Amis,
Tragicomédie. Paris, A. Courbé, 1639 ², VIII, 125 S. 4⁰.

B o u n i n , G a b r i e l : La Soltane, Tragédie par —, Lieutenant
de Chasteauroux en Berry. A Paris, chez Guill. Morel,
imprimeur du Roy, 1561, XVI, 74 S. 4⁰ [Bibl. Nat. inv.
Réserve: Yf 1567 u. Yf 563]. — Neu herausgeg. von
Stengel u. Venema. Marburg, Elwert, 1888, 64 S. 8⁰.

B o u r s a u l t , E d m e : Choix de pièces du théâtre françois.
Chefs-d'œuvre d'Edme Boursault. Paris, Veuve Duchesne,
1783, 442 S. 12⁰.

— —: Le Mort Vivant, Comédie. Paris, N. Pépigné, 1662,
VI, 51 S. 12⁰.

B r i d a r d : Uranie. Tragédie-pastorale dédiée à Mademoiselle de Bourbon par le sieur de Bridard (in 5 Akten
u. Alex.). Paris, J. Martin, 1631, XVI, 120 S. 8⁰.

B r i n o n , P i e r e d e : La Tragédie des Rebelles où, sous les
noms feints, on void leurs conspirations, machines, mono-
poles, assemblées, pratiques et rebellions découvertes, par
P. D. B. (Pierre de Brinon) (in 5 Akten u. zehnsilbigen
Versen). Paris, Veuve Ducarroy, 1622, VIII, 31 S. 8⁰.

B r u n o , G i o r d a n o : Le Opere Italiane, ristampate da Paolo
de Lagarde. Gottinga, 1888, 2 vol., 400 u. 400 S. 8⁰.

C a l d e r o n : El Astrólogo Fingido, in der Ausg. von Hartzen-

busch, Comedias de Don Piedro Calderon de la Barca,
Bd. I, Madrid, Rivadeneyra, 1848, LXXVI, 610 S. gr. 8⁰.

C. A. Seigneur de C.: L'Heureux Désespéré. Tragi-comédie-
pastorelle (in Prosa u. Versen) par —. Paris, Cl. Collet,
1613, IX, 94 S. 8⁰.

Champmeslé: La Coupe enchantée, comédie (in 1 Akt u.
Prosa), 48 S., in: Les Œuvres de Champmeslé, seconde
partie. Paris, Jacques Ribou, 1735. 8⁰.

Chrestien, Nicolas, Sieur des Croix: Les Amantes
ou La Grande .Pastorelle, enrichie de plusieurs belles et
rares inuentions, et releuée d'intermèdes héroyques à
l'honneur des François (in 5 Akten u. Zehnsilbern),
216 S., in: Le Théâtre des Tragédies Françoises, Bd. I.
Rouen, Dav. du Petit Val, 1620. 12⁰.

Cinq Auteurs: L'Aveugle de Smyrne. Tragi-comédie par
les —. Paris, A. Courbé, 1638, VIII, 146 S. 4⁰.

Cinthio, Giovan Battista Giraldi: Egle, Favola di
Satiri (in 5 A. u. V.), in: Aminta, Alceo, Egle. Favole
Teatrali del secolo XVI. Venezia, Antonio Zatta, 1786,
p. 191—304. 12⁰.

Corneille, Thomas: Théâtre. Bd. I, III u. V. Amsterdam, Henry Desbordes, 1701. 12⁰.

— — et de Visé: La Devineresse ou Les Faux Enchantements. Comédie en 5 actes et en prose. Paris, C.
Blageart, 1680, VIII, 218 S. 12⁰.

— — — —: La Pierre Philosophale, comédie mêlée de
Spectacles (nur Inhaltsangabe). Paris, Blageart, 1681,
34 S. 4⁰ — [Bibl. Nat. inv. Réserve: Yf 718].

Crosilles, Jean-Baptiste de: La Chasteté Invincible
ou les parfaits Amours de Tircis et Uranie. Bergerie
en prose (in 5 Akten, mit Chören in Versen). Rouen,
Simon Février, 1633, IV, 222 S. 8⁰.

Desmarets, Jean, Sieur de Saint-Sorlin: Les Visionnaires, comédie en 5 actes en vers. Paris, Jean
Camuset, .1637, VIII, 102 S. 4⁰.

Donneau, Jean, s. Visé.

Dupeschier, Pierre: L'Amphithéâtre Pastoral, ou le
Sacré Trophée de la fleur de lys triomphante de l'ambition

espagnole, poëme bocager de l'inuention de P. Dupeschier,
Parisien. Paris, Abrah. Saugrain, 1609, IX, 164 S. 12⁰.

Du Ryer, Isaac: Le Temps perdu et les Gayetés d'Isaac
du Ryer, seconde édition reueue et augmentée (Widmung
an den Herzog von Bellegarde). Paris, Jean Regnoul,
1609, 172 S. 12⁰.

— —: La Vengeance des Satyres, paſtorelle préſentée dans
la grande salle de l'Egliſe du Temple de Paris, de l'inuention du sieur du Ryer, sécretaire de la chambre du
Roy (in 5 Akten u. Alex.) auec quelques meſlanges du
meſme autheur. Paris, Touſſainct du Bray, 1614. 12⁰.

— —: Le Mariage d'Amour, pastorelle de l'inuention du sieur
Du Ryer (in 5 Akten u. Alex., Intermèdes u. Prolog),
auec quelques meſlanges du meſme autheur. Paris,
Pierre des Hayes, 1621. 12⁰.

Filleul, Nicolas: Les Théâtres de Gaillon, Dédiés à la
Royne (4 Eklogen, La Lucrèce, trag., Les Ombres,
pastorelle, in 5 Akten u. Versen, 26 S., Vers pour la
Maſcarade d'apres les Ombres). Rouen, Georges Loyselet,
1566, 4⁰ — [Bibl. Nat. inv. Réserve: Yᵉ 426].

Frenicle, Nicolas: Palemon, fable bocagere et paſtoralle
(in 5 Akten u. Alex.). Paris, Jacq. Dugaſt, 1632, VIII,
142 S. 8⁰ (Priv. v. 24. Jan. 1629).

Gillet de la Tessonnerie: Le Triomphe des Cinq Passions,
Tragicomédie. Paris, Touſſainct Quinet, 1642, XIV,
127 S. 4⁰ — [Bibl. Nat. inv. Réserve: Yf 252—56].

— —: Francion, Comédie en 5 actes en vers. Paris, ibd.,
1642, VI, 140 S. 4⁰.

— —: Le Campagnard, Comédie par Monsieur Gillet. Paris,
Guill. de Luyne, 1657, IV, 193 S. 12⁰.

Guarini, Battista: Pastor Fido, pastorale. Venezia,
Bernardo Giunti, 1585, 216 u. 168 S. 12⁰.

— —: Le Berger Fidele, faict italien ɔt françois pour l'utilité
de ceux qui désirent apprendre les deux langues. Paris,
M. Guillemet, 1610. 12⁰.

— —: Le Berger Fidèle, traduit de l'italien de Guarini en
vers françois. Paris, Claude Barbin, 1672, 276 S. 8⁰.

— —: Opere. Verona, Tumermani, 1737. 12⁰.

Hardy, Alexandre: Le Théâtre d'Alexandre Hardy.
Bd. I. Paris, Jacques Quesnel, 1624, 8⁰ (Priv. v. 8. Okt.
1622). — Bd. II, ibd., 1626, 8⁰. — Bd. III, ibd., 1632,
8⁰. — Bd. IV, Rouen, Dav. du Petit Val, 1626, 8⁰ —
[Bibl. Nat. inv. Réserve: Yf 2977]. — Le Théâtre d'Alexandre Hardy. Erster Neudruck der Dramen von Pierre
Corneille's unmittelbarem Vorläufer nach den Exemplaren
der Dresdener, Münchener u. Wolfenbüttler Bibl., von
E. Stengel. Marburg, Elwert, u. Paris, Le Soudier,
1883—84, 5 vol. 8⁰.

Hauteroche, Noel de: La Dame Invisible ou l'Esprit
Folet. Comédie en 5 actes en vers. Paris (sur le quai
des Augustins), 1685, X, 118 S. 12⁰.

De La Croix: La Climène, tragi-comédie-paſtorale par le
sieur de la Croix. Paris, J. Corrozet, 1629, X, 81 S. 8⁰.
(Priv. v. 24. Nov. 1628).

La Fontaine, Jean de: Œuvres, publ. par H. Regnier
(Grands Ecrivains de la France).

— —: Fables, Edit. Thirion. Paris, Hachette, 1898, 414 S. 12⁰.

— —: La Coupe Enchantée, s. Champmeslé.

Lambert: La Magie sans Magie, Comédie en 5 actes et
en vers. Paris, Charles de Sercy, 1661, IV, 84 S. 12⁰ —
[Bibl. Nat. inv. Réserve: Yf 3, 742—46].

La Morelle: Endimion ou Le Ravissement, tragicomédie
pastorale (in 5 Akt. u. Zehnsilb.), dédiée à Madame la
Duchesse d'Orléans par le sieur de la Morelle. Paris,
Henri Sarca, 1627, XIV, 108 S. 8⁰.

Larivey, Pierre de: Les Eſprits, Comédie en 5 actes et
en proſe (1579), in: Fournier, Ed.: Le Théâtre français
au XVIᵉ et au XVIIᵉ siècle, Bd. I, p. 144—228. Paris,
Laplace Sanchez, s. a. 8⁰.

— —: Le Fidelle, Comédie en 5 actes en proſe. Troyes,
Pierre Chevillot, 1611, 149 Fol. 12⁰.

Lasphrise, Capitaine: Nouvelle Tragicomique, 47 S.
in: Les Premieres Œuvres Poétiques du Capitaine Laſ-
phriſe. Paris, Jean Gosselin, 1597. 12⁰ — [Bibl. Nat.
inv. Réserve: Yᵉ 2,017].

La Taille, Jean de, De Bondaroy: Le Négromant,

comédie en 5 actes et en prose, 121 S., in: Bd. III der Œuvres, publ. par Renaud de Maulde. Paris, Léon Willem, 1870 ff., 4 vol. 8⁰.

L. C. D. (Discret): Les Nopces de Vaugirard ou Les Naïvetés Champeſtres, paſtoralle comique dédiée à ceux qui veulent rire (in 5 Akt. u. Alex.). Paris, Jean de Guignard, 1638, XIV, 144 S. kl. 8⁰ — (Priv. v. 22. Mai 1638).

Le Sage: Le Diable boiteux. Paris, Garnier, s. a., XXXVIII, 396 S. 8⁰.

Louvaret Le Jeune: Urgande, Tragédie en 3 actes en prose. Paris, Christophe Ballard, 1679, IV, 26 S. 4⁰.

Mainfray, Pierre: Cyrus Triomphant, ou la Fureur l'Aſtiage Roy de Mede, Tragédie en 5 actes en proſe avec des chœurs. Rouen, Raph. du Petit Val, 1618, V, 47 S. 8⁰.

Mairet, Jean de: La Silvie du sieur Mairet, Tragicomédie paſtorale, dédiée à Monſeigneur de Montmorency (in 5 Akt. u. Alex.). Paris, Frç. Targa, 1628, X, 136 S. 8⁰ — (Priv. v. 17. Sept. 1627).

— —: La Silvanire ou La Morte Vive du Sr. Mairet, tragicomédie pastorale dédiée à Madame la Duchesse de Montmorency, auec les figures de Michel Lasne (in 5 Akt. u. Alex.). Paris, Fr. Targa, 1631, LII, 186 S. 8⁰. — Neu herausgeg. von R. Otto. Bamberg, Buchner, 1890, CXVII, 159 S. 8⁰.

— —: La Virginie, Tragi-comédie. Paris, Ant. de Sommaville, 1635, XIV, 128 S. 4⁰.

— —: Roland Furieux, Tragi-comédie. Paris, Augustin Courbé, 1640, XII, 108 S. 4⁰.

Millet, Jean: Pastorale ou Tragicomédie de Janin ou de la Hauda (in 5 Akten u. Versen). Représentée en la ville de Grenoble. Lyon, Nicol. Gay, 1650⁴, IV, 120 S. 8⁰.

Molière, Jean-Baptiste: Les Plaisirs de l'Isle Enchantée, Ballet. Paris, Rob. Ballard, 1664, 96 S. f⁰.

— —: Œuvres Complètes. Paris, Baudouin frères, 1828³, 6 vol. 8⁰.

— —: Œuvres, publ. par Despois et Mesnard (Gr. Ecr. de la Fr. 8, 1—6). Paris, Hachette, 1873—81, 6 vol. 8⁰.

Montemayor, Jorge de: Los siete libros de la Diana. En Venecia por Jo. Comenzini, 1574, 224 Bl. 12⁰.

— —: Los Siete Libros de la Diana, nueuamente añadida... Anvers, Pedro Bellero, 1575, 244 Bl. 12⁰.

— —: Les Sept Livres de la Diane, traduits en françois. Rheims, Jean de Foigny, 1578, IV, 203 Bl. 12⁰.

— —: La Diane, diuiſée en trois parties et traduite d'Eſpagnol en François. Reueüe et corrigée. Tours, Jamet Mettayer, 1592. 12⁰.

Montchrestien, Antoine de: Les Tragédies d'Antoine de Montchrestien plus une Bergerie en prose et en vers (VIII, 86 S.) et un poëme de Susan. Rouen, Pierre de la Motte, 1627. kl. 8⁰.

Montreux, Nicolas de (Ollenix du Montsacré): Les Bergeries de Juliette diuiſées en II liures à 5 jornées. Paris, Gilles Beys, 1585, 2 vol., 270 fol., 33 Bl. und 482 Bl. 12⁰.

— —: Athlette, paſtourelle ou fable bocagere. Paris, Gilles Beys, 1587 ², 34 Bl. 8⁰.

— —: La Diane d'Ollenix du Montsacré, gentilhomme du Maine, pastourelle ou fable bosquagere. Tours, Jamet Mettayer, 1594, IX, 58 S. 12⁰ (Priv. v. 30. Okt. 1593).

— —: L'Arimene ou Le Berger désespéré, pastorale par Ollenix du Montsacré, gentilhomme du Maine. Paris, Abrah. Saugrain, 1597, 47 S. 12⁰.

Mouqué, Jean: L'Amour Desplumé ou La Victoire de l'Amour Divin, Pastoralle Chrestienne (in 5 Akt. u. Versen) de l'inuention de Jean Mouqué, Boullenois. Paris, Charles Chapelain, 1613, VII, 58 S. 8⁰.

Ouville, Antoine Le Métel, Sieur D': L'Esprit Folet, Comédie en 5 actes en vers. Paris, Touss. Quinet, 1642, VIII, 143 S. 4⁰.

— —: Jodelet Astrologue, comédie. Paris, Cadin Besogne, 1646, VII, 126 S. 4⁰.

Pérez, Alonso: La Diana de Jorge de Monte Maior. Alcalá, s. ed. 1564. 8⁰.

Polo, Gaspar Gil: Primera parte de Diana enamorada. Cinco libros que proſiguen los siete de la Diana de Jorge

de Monte Mayor. Valencia, Juan Mey, 1564. 12⁰. —
Anvers, Gil Stelsio, 1574. 12⁰.

Poullet, Pierrard: Clorinde ou Le Sort des Amants,
pastorale de l'invention de P. Poullet (in 5 Akt. u. Versen).
Paris, Ant. du Brueil, 1598, 78 Bl. 12⁰.

Quinault, Philippe: La Comédie sans Comédie. Paris,
Guill. de Luyne, 1657, XIII, 96 S. 12⁰.

— —: Roland. Tragédie en musique représentée devant sa
Majesté à Versailles le 8 Janvier 1685. Paris, Christophe
Ballard, 1685, VIII, 66 S. 4⁰.

Racan, Messire Honorat de Bueil, Chevalier,
Marquis de: Les Bergeries de —, dédiées au Roy.
Lyon, Nic. Gay, 1635, XLII, 192 S. 8⁰.

Rayssiguier: Tragicomédie Pastorale où les amours d'Astrée
et de Céladon sont meslées à celles de Diane, de Sil-
uandre et de Paris, auec les inconstances d'Hylas (in
5 Akt. u. Alex.), par le sieur de Rayssiguier. Paris,
Nic. Bessin, 1630, XXVIII, 107 S. 8⁰.

Regnard, Jean-Franç.: Œuvres complètes. Nouv. éd. par
Alfred Michiels. Paris, A. Delahays, 1854, 2 vol. 8⁰.

Rotrou, Jean: La Bague de l'Oubli, comédie en 5 actes
en vers. Paris, Frç. Targa, 1635, XVIII, 120 S. 8⁰.

— —: L'Innocente Infidélité, Tragi-comédie. Paris, Ant. de
Sommaville, 1638, II, 93 S. 4⁰ — [Bibl. Nat. inv. Rés.:
Yf 362—66].

Sannazaro, Jacopo: Arcadia. s. l. 1519, 80 fol. 8⁰. —
Kritische Ausgabe s. Scherillo.

Sorel, Charles: Le Berger extravagant. Rouen, Jean
Berthelin, 1646, 3 vol. 8⁰.

— —: La Vraie Histoire de Francion, composée par Charles
Sorel, sieur de Souvigny. Nouvelle édit. avec avant-
propos et note par Emile Colombey. Paris, Ad. Delahays,
1858, 539 S. 8⁰.

Tasso, Torquato: Aminta, favola boschereccia. In Vinetia
presso Aldo, 1589, 92 S. 12⁰.

— —: La Gerusalemme e l'Aminta. Parigi, Baudry, 1836,
2 vol., XXX, 422 S. u. 410 S. 8⁰.

— —: Gerusalemme, s. Solerti.

Tasso, Torquato: Aminta. Neu herausgeg. v. Achille
Mazzoleni. Bergamo, Bolis, 1895. 8⁰.

— —: Opere minori, s. Solerti.

Trotterel, Pierre, Sieur d'Aves: La Driade Amoureuse, pastoralle de l'inuention de — (in 5 Akt. u. Versen).
Rouen, Raphael du Petit Val, 1606, XII, 254 S. 12⁰.

— —: L'Amour Triomphant, pastorale-comique en 5 actes
en prose. Paris, Sam. Thiboust, 1615, XIV, 371 S. 8⁰.

— —: Philistée, Pastorale de l'inuention du sieur d'Aves,
dédiée à Madame la Marquise de Londes. Rouen, Dav.
du Petit Val, 1627, XVI, 291 S. 12⁰.

D'Urfé, Hon.: L'Astrée de Messire Honoré d'Vrfé, où sous
personnes de Bergers et d'autres sont deduits les diuers
effects de l'honnette amitié. Dédiée au Roy. Première
Partie, Paris, Remy Dallin, 1618, VIII, 387, fol. 8⁰;
Seconde Partie, ibd., 1618, IV, 423 fol. 8⁰; 3ᵉ Partie,
Paris, Olivier de Varennes, 1619, XII, 548 fol. 8⁰;
4ᵉ Partie, Paris, I. Sanlecque, 1624, VIII, 945 S. 8⁰;
La Conclusion et dernière partie d'Astrée . . ., composée
sur les vrais mémoires de feu Mre. Honoré d'Vrfé Par
le Sr. Baro. Paris, François Pomeray, 1627, XXXII,
900 S. 8⁰.

— —: La Sylvanire ou La Morte Vive, fable bocagere (in
5 Akt. u. Versen, mit Chören). Paris, Rob. Fouet, 1627,
XXXVIII, 429 S. 8⁰ (Priv. v. 12. April 1625).

Vega Carpio, Félix Lope de: Arcadia. Roman pastoral
en cinq chants, en prose et en vers. Madrid, Juan de
la Cuesta, 1605, 312 Bl. 12⁰.

— —: Arcadia. Lerida, Margarit y Menescal, 1612, 270 Bl. 12⁰.

— —: Docena Parte de las Comedias. En Madrid, Por la
viuda de Alonso Martin, 1619, X, 280 Bl. 4⁰.

— —: Colleccion de las obras sueltas etc., Bd. IV. Madrid,
A. de Sancha, 1776, XXIV, 536 S. 4⁰.

— —: Obras, publicadas por la Real Academia española.
Madrid, Sucesores de Rivadeneyra, 1890—1902, 13 vol. 4⁰.

— —: Arte nuevo etc., ed. Morel-Fatio. Paris, 1901. 8⁰.

Veins, Aymard (Émard) de: La Sophronie, tragédie en
5 actes en vers. Rouen, Dan. Couturier, 1599, 136 S. 12⁰.

Veronneau, Sieur de: L'Impuissance, tragicomédie pastorale (in 5 Akt. u. Versen). Paris, Touss. Quinet, 1634, VI, 126 S. 8⁰. — Neugedr. in: Ancien Théâtre franç. Bibl. Elzévir. Bd. III. Paris, P. Jannet, 1856. 8⁰.

Visé, Jean Donneau de, s. Corneille, Thomas.

## B. Literarhistorische Untersuchungen.

Albert, Maurice: Les Théâtres de la Foire (1660—1789). Paris, Hachette, 1900, 312 S. 8⁰.

Allais, Gustave: Malherbe et la poésie française à la fin du 16e siècle (1585—1600). Thèse. Paris, E. Thorin, 1892, 424 S. 8⁰.

Ancien Théâtre Français. Collection des ouvrages les plus remarquables depuis les mystères jusqu'à Corneille. Paris, P. Jannet, 1854—57, 10 vol. 16⁰.

Anhorn, Bartholomäus: Magiologia. Christliche Warnung für dem Aberglauben und Zauberey. Basel, Joh. Heinr. Meyer, 1674, 1107 S. 12⁰.

Annales dramatiques ou Dictionnaire général des Théâtres. Paris, 1808—12, 9 vol. 8⁰.

Anonym: La Cabale des Reformez (par Guill. de Raboul). Montpellier, Le Libertin, 1597, 224 S. 8⁰.

—: Confession faite par Meffire Lovys Gaufridi. Paris, s. ed. 1611, 14 S. 8⁰.

—: Histoire véritable de la vie de Jean Foutanier. Paris, s. ed. 1621, 16 S. 8⁰.

—: Discours de l'origine des mœurs, fraudes et impostures des Ciarlatans, par I. D. P. M. O. D. R. Paris, s. ed. 1622, 51 S. 8⁰ — [Bibl. Nat.: H. 16 936—47].

—: Edicte d'Espagne contre les Illuminez. Paris, s. ed. 1623, 16 S. 8⁰.

—: Effroyables Pactions faites entre le Diable et les prétendus Invisibles. Paris, s. ed. 1623, 29 S. 8⁰.

—: Discours Admirable d'un Magicien. Paris, s. ed. 1626, 15 S. 8⁰.

—: La Superstition du Temps Reconnuë aux Talismans, figures Astrales, et Statuës fatales. Paris, Veuve Gervais Alliot et Gilles, 1668, XXIV, 226 S. 12⁰ (par le R. Père François Placet) — [Bibl. Nat. inv. Rés.: R 2,580].

Anonym: Superstitions Anciennes et Modernes (d'après le P. Pierre Le Brun et l'abbé J.-B. Thiers). Amsterdam, J. F. Bernard, 1733—36, 2 vol., XX, 340 u. IV, 477 S. f⁰.

— : Superstitions et Prestiges des Philosophes ou des démonolâtres du siècle des lumières par l'auteur des «Précurseurs de l'Anti-Christ» (l'abbé Jean Wendel-Wurtz). Lyon, Rusand, 1817, VIII, 230 S. 8⁰.

Arnaud, Charles: Les Théories dramatiques au XVIIᵉ siècle. Paris, Picard, 1888, 364 S. 8⁰.

Arnould, Louis: Racan (1589—1670). Histoire anecdotique et critique de sa vie et de ses œuvres. Thèse présentée à la Faculté des lettres de Paris. Paris, Armand Colin, 1896, XXXVI, 772 S. gr. 8⁰.

Banti, Charlotte: L'Amyntas du Tasse et l'Astrée d'Honoré d'Urfé. Milan, Bouillon, 1895, 104 S. gr. 8⁰.

Baret, Eugène: De l'Amadis de Gaule et de son influence sur les mœurs et la littérature au XVIᵉ et au XVIIᵉ siècle. Paris, Firmin-Didot, 1873², X, 234 S. 8⁰.

Bayle: Dictionnaire historique et critique. Rotterdam, R. Leers, 1697, 2 vol., IV, 1359 S. u. 1331 S. f⁰.

Beauchamps, P. Fr. Godard de: Recherches sur les Théâtres de France depuis 1161 jusques à présent (3 Parties in 1 Bd.). Paris, Prault Père, 1735, XVI, 166, 334 u. 221 S. 4⁰.

Becq de Fouquières, Louis: L'Art de la mise en scène. Essai d'esthétique théâtrale. Paris, G. Charpentier, 1884, XI, 285 S. 12⁰.

Bernard, Aug.: Les d'Urfé, souvenirs historiques et littéraires du Forez au XVIᵉ et au XVIIᵉ siècle. Paris, Imprimerie Royale, 1839, VI, 500 S. 8⁰.

— — : Recherches bibliographiques sur le roman d'Astrée, in: Bulletin du bibliophile, août 1859. 8⁰.

Birch-Hirschfeld, Adolf: Geschichte der französ. Litteratur seit Anfang des 16. Jahrhunderts. Stuttgart, Cotta, 1889, 302 u. 50 S. 8⁰.

Bizos, Gaston: Études sur la vie et les œuvres de Jean Mairet. Thèse. Paris, Thorin, 1877, 400 S. 8⁰.

Blanc, Joseph: Bibliographie italico-française universelle. Paris, Welter, 1886, 2 vol., 1038 col. u. 1889 col. 8⁰.

Bobertag, Felix: Geschichte des Romans und der ihm verwandten Dichtungsgattungen in Deutschland. Berlin, Simion, 1876 u. 84, 2 vol., VIII, 475 S. u. VII, 272 S. 8⁰.

Bodin, Jean: De la Demonomanie des Sorciers. Paris, Jacq. du Puys, 1581, XII, 256 Bl. 4⁰.

— —: De Magorum Daemonia seu detestando Lamiarum ac Magorum cum Satana commercio Libri IV. Francofurti, Wolfgang Richter, 1603, VI, 557 S. 8⁰.

Boguet, Henry: Discours de Sorciers, auec six aduis en faict de sorcellerie. Lyon, Pierre Rigaud, 1608, XXX, 550 S., 93 S. u. 32 S. 8⁰.

Böhm, Karl: Beiträge zur Kenntnis des Einflusses Seneca's auf die in der Zeit von 1552 bis 1562 erschienenen französischen Tragödien. Erlangen u. Leipzig, Deichert, 1902, XVI, 163 S. 8⁰. (Münch. Beitr. Nr. XXIV.)

Bolte, Joh.: Molière-Übersetzungen des 17. Jahrhunderts, in: Herrig's Archiv, Bd. 82, 1889, p. 81—132. 8⁰.

Bonafous, Norbert: Étude sur l'Astrée et sur Honoré d'Urfé. Thèse. Paris, Firmin-Didot, 1846, III, 282 S. 8⁰.

Bonnefon, Paul: Essai sur la société française du XVIIe siècle. Paris, Colin, 1903, XV, 426 S. 8⁰.

Bourciez, Edouard: Les mœurs polies et la littérature de cour sous Henri II. Thèse. Paris, Hachette, 1886, 437 S. 8⁰.

Boysse, Ernest: Le Théâtre des Jésuites. Paris, Vaton, 1880, III, 370 S. 8⁰.

Breymann, Herm.: Calderon-Studien. I. Teil: Die Calderon-Literatur. München u. Berlin, Oldenbourg, 1905, XII, 313 S. 8⁰.

Brown, Thomas: Essai sur les Erreurs Populaires ou Examen de plusieurs opinions reçues comme vrayes, qui sont fausses ou douteuses. Traduit de l'anglais par l'abbé J.-B. Souchay. Paris, P. Witte, 1738, 2 vol., XXX, 546 S. u. VIII, 342 S. 12⁰.

Brunnetière, Ferd.: Études Critiques sur l'histoire de la littérature française. L'influence de l'Espagne dans la littérature française, in: La Revue des Deux Mondes, mai 1891, CIV, 215—226. 8⁰.

Brunnetière, Ferd.: Études Critiques sur la littérature française. 4e série. Paris, Hachette, 1891, 385 S. 8⁰.

Buchetmann, Fr. Edm.: Jean Rotrou's Antigone und ihre Quellen. Erlangen u. Leipzig, Deichert, 1901, XVI, 268 S. 8⁰ (Münch. Beitr. Nr. XXXII).

Buhle, Joh. Gottl.: Über den Ursprung und die vor-nehmsten Schicksale des Ordens der Rosenkreuzer und Freymaurer. Göttingen, Röwer, 1804, XII, 418 S. kl. 8⁰.

Campori, Giuseppe: Notizie per la vita di Lodovico Ariosto. Firenze, Sansoni, 1896, 109 S. 8⁰.

Cañete, Manuel: Teatro español del siglo XVI. (Col. de escritores castellanos Bd. 28). Madrid, M. Tello, 1885, VIII, 360 S. 8⁰.

Carducci, Giosué: Studi letterari. Livorno, Vigo, 1874, X, 447 S. 8⁰.

— —: Su l'Aminta di Torquato Tasso, saggi tre. Firenze, Sansoni, 1896, 113 S. 8⁰.

— —: L'Aminta e la vecchia poesia pastorale. — Su Ludo-vico Ariosto e Torquato Tasso. Studi, in: Opere di G. Carducci, pag. 351—378. Bologna, Zanichelli, 1905, 537 S. 8⁰.

— —: Su l'Orlando Furioso, saggio. Ibd., p. 261—326. 8⁰.

Castillon, M. L.: Essai sur les erreurs et les superstitions. Amsterdam, Arckée et Merkus, 1765, VIII, 491 S. 12⁰.

Celler, Ludovic: Les Décors, les costumes et la mise en scène au XVIIe siècle (1615—1680). Paris, Lipmannshon et Dufour, 1869, 162 S. 12⁰.

Chappuzeau, Samuel: Le Théâtre françois diuisé en trois livres. Lyon, Michel Mayer, 1674, XLII, 284 S. 12⁰. — Neu herausgeg. von Georges Monval. Paris, Bonnassies, 1875, XX, 183 S. 8⁰.

Chasles, Émile: La Comédie en France au 16e siècle. Paris, Didier, 1862, 214 S. 8⁰.

Chasles, Philarète: Études sur l'Espagne et sur l'in-fluence de la littérature espagnole en France et en Italie. Paris, Amyot, 1847, 460 S. 8⁰.

Collin de Plancy: Dictionnaire Infernal ou Bibliothèque Universelle sur les Êtres, les Personnages, les Livres, les Faits et les Choses, Magie, Divination, Prodiges etc., Paris, P. Mongie, 1825—26, 4 vol. 8⁰.

Courval, Thomas Sonnet, Sieur de: Satyre contre les Charlatans et pseudomanciens empyriques (Alchimistes, Magiciens, Fondeurs d'or potable etc.). Paris, Rolet Boutonné, 1621, 54, 212 u. 101 S. 8⁰.

— —: Œuvres poétiques, neu herausgeg. von Prosper Blanchemain. Paris, Libr. des Bibliophiles, 1876, 3 vol. kl. 8⁰.

Creizenach, Wilh.: Geschichte des neueren Dramas. Halle a. S., Niemeyer, 1893 ff., 3 vol. u. Index-Bd. 8⁰.

Dacier, E.: La Mise en scène à Paris au dix-septième siècle. Mémoire de Laurent Mahelot et Michel Laurent, publié avec une notice et des notes. Paris, Société de l'hist. de Paris, 1901, 62 S. 8⁰.

Dannheisser, Ernst: Studien zu Jean de Mairet's Leben und Wirken. Münch. Diss. Ludwigshafen a. Rh., s. ed., 1888, 112 S. 8⁰.

— —: Zur Geschichte des Schäferspieles in Frankreich, in: Ztschr. f. frz. Spr. u. Litt. 1889, XI, 65—89. 8⁰.

— —: Zur Chronologie der Dramen Jean de Mairet's, in: Rom. Forsch. V, Nov. 1889, 37—64. 8⁰.

— —: Zur Geschichte der Einheiten in Frankreich, in: Zeitschrift f. frz. Spr. u. Litt. XIV, 1892, 1—70. 8⁰.

Darmesteter et Hatzfeld: Le Seizième siècle en France. Paris, Delagrave, 1878, X, 301 S. 8⁰.

Del Rio, Martinus: Disquisitionum magicarum libri sex in tres tomos partiti. Moguntiae apud Joannem Albinum. Anno MDCIII. XXIV, 276, 268 u. 258 S. 4⁰.

Démogeot, Jacques: Tableau de la littérature française au XVIIᵉ siècle avant Corneille et Descartes. Paris, Hachette, 1859, XVI, 496 S. 8⁰.

Despois, E.: Le Théâtre français sous Louis XIV. Paris, Hachette, 1874, IV, 419 S. 8⁰.

Dictionnaire des Théâtres de Paris. Paris, Lambert, 1756, 6 vol. 8⁰.

Doumic, René: Histoire de la littérature française. Paris, P. Delaplane, 1900 ¹⁶, VIII, 624 S. 8⁰.

Du Gérard: Table alphabétique et chronologique des pièces

representées sur l'ancien Théâtre Italien, depuis son établissement jusqu'en 1697 qu'il a été fermé. Paris, Prault, 1750. 8⁰.

E n g e l, E d u a r d : Geschichte der franzos. Literatur. Leipzig, Friedrich, 1897 ⁴, IV, 560 S. 8⁰.·

E n n e m o s e r, J o s. : Geschichte der Magie. Leipzig, Brockhaus, 1844, XLVIII, 1001 S. 8⁰.

F a g u e t, É m i l e : La Tragédie française au seizième siècle (1550—1600). Paris, Hachette, 1883, 391 S. 8⁰.

—— —: Seizième siècle. Études Littéraires. Paris, Soc. franç. d'Impr., 1898, XXXIII, 425 S. 8⁰.

— —: Dix-septième Siècle. Études Littéraires. Paris, ibd., 1898, VII, 580 S. · 8⁰.

F e u g è r e, L é o n: Les Femmes Poètes au XVIᵉ siècle. Paris, Didier, 1860, XX, 391 S. 8⁰.

F i t z m a u r i c e - K e l l y, J a i m e : The Bibliography of the Diana enamorada, in: Revue hispanique, 1895, II, 304— 311. 8⁰.

— —: Historia de la literatura española desde los origenes hasta el año 1900. Traducida del inglés y anotada por D. Adolfo Bonilla y San Martín. Madrid, La España Moderna, 1901, XLII, 4, 9 u. 607 S. 8⁰.

F i s c h e r, K l e m e n s: Über Montchrestien's Tragödien. I. Teil. Jahresber. d. Gymn. zu Rheine. Rheine, Altmeppen, 1893, 32 S. 4⁰.·

F o f f a n o, F r a n c.: L'«Amadigi di Gaula» di Bernardo Tasso, in: Giorn. Stor. della lett. ital. 1895, XXV, 248—310. 8⁰.

F o u r n e l, V i c t o r: Curiosités Théâtrales anciennes et modernes, françaises et étrangères. Paris, Delahays, 1859, VIII, 404 S. 12⁰.

— —: La Littérature indépendante et les écrivains oubliés. Essais de critique et d'érudition sur le XVIIᵉ siècle. Paris, Didier, 1862, VIII, 484 S. 12⁰.

— —: Tableau du Vieux Paris. Les spectacles populaires et les artistes des rues. Paris, Dentu, 1863, VI, 420 S. 8⁰.

— —: Les Contemporains de Molière. Recueil de comédies rares ou peu connues jouées de 1650 à 1680, avec

l'histoire de chaque théâtre. Paris, Didot frères, 1863—
1875, 3 vol. 8⁰.

Fournel, Victor: La Pastorale dramatique au XVIIe siècle,
in: Le Livre, 1880, 306 ff. 4⁰.

— —: Le Vieux Paris. Fêtes, Jeux et Spectacles. Tours,
Alfr. Maine et Fils, 1887, 526 S. 4⁰.

— —: Le Théâtre au XVIIe siècle. La Comédie. Paris,
Lecène, Oudin et Cie, 1892, 416 S. 8⁰.

Fournier, Édouard: Le Théâtre français au XVIe et
au XVIIe siècle. Paris, Laplace Sanchez, s. a. 2 vol. 12⁰.

— —: Variétés Historiques et littéraires. Recueil de pièces
volantes rares et curieuses en prose et en vers. Paris,
Jannet, 1855—63, 10 vol. 12⁰.

— —: L'Espagne et ses comédiens en France au XVIIe siècle,
in: Revue des Provinces, 15. Sept. 1864. 8⁰.

— —: L'Espagne et la France, in: Revue bleue, 1879,
janvier. 8⁰.

Funck-Brentano: Die berühmten Giftmischerinnen und die
schwarze Messe zur Zeit Ludwigs XIV. Nach den Archiven
der Bastille. Stuttgart, Franckh [1906²], XVII, 209 S. 8⁰.

Furetière, Ant.: Le Roman bourgeois. Paris, A. Quentin,
1880, 422 S. 8⁰.

Gallardo, Bartolomé José: Ensayo de una biblioteca
española de libros raros y curiosos ... Madrid, Rivadeneyra, 1863—89, 4 vol. 8⁰.

Garasse, François (père Jésuite): La Doctrine Curieuse
des Beaux Esprits ou prétendus tels. Paris, Séb. Chap-
pelet, 1623; XVI, 1025 S. 4⁰.

Garinet, Jules: Histoire de la Magie en France depuis
le commencement de la monarchie jusqu'à nos jours.
Paris, Foulon et Cie, 1818, LIII, 363 S. 8⁰.

Genest, l'abbé: Dissertation sur la Poésie pastorale; ou de
l'Idylle et de l'Églogue. Paris, Coignard, 1707, XVI,
249 S. 8⁰.

Germa, Bernard: L'Astrée d'Honoré d'Urfé. Sa com-
position, son influence. Toulouse, Privat, 1904, 328 S. 8⁰.

Godet, Phil.: Le Roman de l'amour platonique: L'Astrée
d'Honoré d'Urfé, in: La Vie Contemporaine, 1893, déc. 8⁰.

Goujet, l'abbé Cl. P.: Bibliothèque française ou Histoire de la littérature française ... La Haye, J. Neaulme, et Paris, 1740 ff., 18 vol. 8⁰.

Graesse, J. G. Th.: Bibliotheca magica et pneumatica, oder Bibliographie der wichtigsten in das Gebiet des Zauber-, Wunder-, Geister- und sonstigen Aberglaubens vorzüglich älterer Zeit einschlagenden Werke. Leipzig, Engelmann, 1843, IV, 175 S. 8⁰.

Grawe, Ludw.: Edme Boursault's Leben und Werke. Diss. Münster i. W. Lingen, Veldemann, 1887, 51 S. 8⁰.

Grün, K.: Kulturgeschichte des 16. Jahrhunderts. Leipzig u. Heidelberg, Winke, 1872, VI, 415 S. 8⁰.

Henne am Rhyn, Otto: Kulturgeschichte des deutschen Volkes. Berlin, Grote, 1886, 2 vol. gr. 8⁰.

Histoire Universelle des Théâtres de toutes les nations. Paris, Vve Duchesne, 1779—81, 13 vol. 8⁰.

Hoensbroech, Graf von: Das Papsttum in seiner sozial-kulturellen Wirksamkeit. Bd. I: Inquisition, Aberglaube, Teufelsspuk und Hexenwahn. Leipzig, Breitkopf u. Härtel, 1900, L, 683 S. gr. 8⁰.

Holl, Fritz: Das politische und religiöse Tendenzdrama des 16. Jahrhunderts in Frankreich. Erlangen u. Leipzig, Deichert, 1903, XXVI, 219 S. 8⁰ (Münchener Beiträge Nr. XXVI).

Jarry, J.: Essai sur les œuvres dramatiques de Jean Rotrou. Thèse. Lille, Quarré et Paris, Durand, 1868, 327 S. 8⁰.

Klein, J. L.: Geschichte des Dramas. Leipzig, Weigel, 1865—76, 4 vol. gr. 8⁰.

Kleinpaul, Rud.: Modernes Hexenwesen. Spiritistische und antispiritistische Plaudereien. Leipzig, Naumann, 1900, VIII, 238 S. 8⁰.

Klingler, Oskar: Die Comédie-Italienne in Paris nach der Sammlung von Gherardi. Ein Beitrag zur Literatur- und Sittengeschichte Frankreichs im 17. Jahrhundert. Züricher Dissertation. Straßburg, Trübner, 1902, VI, 232 S. 8⁰.

Kluge, Friedr.: Etymologisches Wörterbuch der deutschen Sprache. Straßburg, Trübner, 1894 ⁵, XXIV, 453 S. gr. 8⁰.

Knörich, W.: Zur Kritik des Preziösentums, in: Kört.'s Zeitschrift, XI, 1889, 167—176. 8⁰.

Körting, Heinrich: Geschichte des französischen Romans im 17. Jahrhundert. Leipzig, Frank, 1887, XII, 285 S. gr. 8⁰.

Kopp, Hermann: Die Alchemie in älterer und neuerer Zeit. Heidelberg, 1886, 2 vol. 8⁰.

La Croix du Maine, Fr. et Du Verdier, Ant.: Bibliothèque Françoise. Paris, Abel L'Anglier, 1584/85, 2 vol., 4⁰. Neue verbesserte Ausg. von Rigoley de Juvigny. Paris, Saillant et Nyon, 1772/73, 6 vol. 4⁰.

La Croix, Paul: XVII⁰ siècle. Lettres, sciences et arts (1590—1700). Paris, Firmin-Didot, 1882, VIII, 581 S. gr. 8⁰.

Laharpe, J. F.: Cours de littérature ancienne et moderne. Paris, Lefèvre, 1816, 4 vol. 8⁰.

Lancre, Pierre de: Tableau de l'inconstance des mauvais anges et démons, où il est amplement traité des Sorciers et de la Sorcellerie, etc. Paris, Nic. Buon 1613, XL, 590 S. 4⁰.

Langheim, Otto: De Visé, sein Leben und seine Dramen. Marbg. Diss. Marburg, s. e., 1903, 108 S. 8⁰.

Lanson, Gustave: La Littérature sous Henri IV. Antoine de Montchrestien, in: La Revue des Deux Mondes, 15. Sept. 1891. 8⁰.

— —: Étude sur les rapports de la littérature française et de la littérature espagnole au XVII⁰ siècle, in: Revue d'Hist. littér. de la France, IV, 15 janvier 1897, 16—73. 8⁰.

— —: Histoire de la littérature Française. Paris, Hachette, 1902 ⁷, XVI, 1182 S. 8⁰.

— —: Études sur les origines de la tragédie en France, in: Revue d'Hist. litt. de la France, X, 1903, N. 2 (avril-juin). 8⁰.

Lanza, s. Solerti.

Larousse, Pierre: Dictionnaire Complet illustré. Paris, Libr. Larousse, 1902 ¹¹⁸, 1464 S. 12⁰.

La Vallière, L.-C.: Bibliothèque du Théâtre françois. Dresde, Michel Groll, 1768, 3 vol. 8⁰.

Le Breton. André: Le Roman au XVIIIe siècle. Paris, Société Franç., 1898, 396 S. 8⁰.

Le Brun, Pierre: Lettres qui découvrent l'illuſion des Philoſophes ſur la Baguette et qui détruiſent leurs ſyſtèmes. Paris, Jean Boudot, 1693, XVIII, 88 S. 12⁰.

— —: Histoire Critique des Pratiques Superstitieuses. Amsterdam, J. F. Bernard, 1733, 3 vol. 8⁰.

— —: Superstitions, s. Anonym.

Lecky, William Edw. Hartpole: Geschichte des Ursprungs und Einflusses der Aufklärung in Europa. Deutsch von H. Jolowicz. Leipzig u. Heidelberg, Winter, 1873, 2 vol., XXVIII, 317 S. u. VIII, 323 S. 8⁰.

Lehmann, Alfr.: Aberglaube und Zauberei. Deutsch von Petersen. Stuttgart, Enke, 1898, XII, 556 S. gr. 8''.

Lembert, Raimund: Der Wunderglaube bei Römern und Griechen. Jahresb. üb. d. kgl. Realgymnasium zu Augsburg 1905. Augsburg, Lit. Instit., 1905, 63 S. 8⁰.

Léris, A. de: Dictionnaire portatif historique et littéraire des théâtres. Paris, Jombert, 1763², XXXIV, 730 S. 8⁰.

Le Sage et d'Orneval: Le Théâtre de la Foire ou l'opéra-comique. Paris, Étienne Gaucan, 1724, 9 vol. 12⁰.

Leykauff, Aug.: François Habert und seine Übersetzung der Metamorphosen Ovids. Leipzig, Deichert, 1904, XI, 123 S. 8⁰ (Münch. Beitr. Nr. XXX).

Limiers, Henri Philippe: Histoire du Règne de Louis XIV. Amsterdam, aux dépens de la Compagnie, 1719, 10 vol. 8⁰.

Loménie, Louis de: L'Astrée et le roman pastoral, in: La Revue des Deux Mondes, juillet 1858, 446—480. 8⁰.

Lotheissen, Ferd.: Geschichte der französischen Literatur im 17. Jahrhundert. Wien, Gerold Sohn, 1877—84, 4 vol., 8⁰; 1897², 2 vol. 8⁰.

Magnin, Charles: Les Origines du théâtre antique et moderne, ou Histoire du genre dramatique depuis le 1er jusqu'au 16e siècle. Paris, Aug. Endes, 1868, XXXII, 522 S. gr. 8⁰.

Mahelot, Laurent: Recueil de décorations qui ont servi

aux comédies, opéras et ballets donnés pour Louis XIV. —
[Bibl. Nat.: msc. fr. 24 330.]

Malebranche, Nicolas: De la Recherche de la Vérité,
où l'on traite de la nature de l'homme, et de l'usage
qu'il en doit faire pour éviter l'erreur dans les sciences.
Cologne, G. le Jaune, 1682 ⁴, 3 vol. 12⁰.

Mangold, Wilh.: Archivalische Notizen zur französischen
Literatur- und Kulturgeschichte des 17. Jahrhunderts.
Progr. des Askan. Gymn. zu Berlin 1893. Berlin,
Gaertner, 1893, 25 S. 4⁰.

Marsan, Jules: La Pastorale dramatique en France à la
fin du XVIᵉ et au commencement du XVIIᵉ siècle.
Thèse. Paris, Hachette, 1905, XII, 526 S. gr. 8⁰.

Martinenche, E.: La Comedia espagnole en France de
Hardy à Racine. Thèse. Paris, Hachette, 1900, XI,
434 S. 8⁰.

Maupoint: Bibliothêque des Théâtres français. Paris,
Pierre Prault, 1783, 3 vol. 8⁰.

Maury, Louis Ferd. Alfr.: La Magie et l'Astrologie
dans l'antiquité et au moyen-âge. Paris, Didier, 1860,
450 S. 8⁰.

Mazzoleni, Achille: La Poesia drammatica pastorale in
Italia. Bergamo, Bolis, 1888, 80 S. 8⁰.

Menéndez y Pelayo, Marcelino: Historia de las ideas
estéticas en España, tomo I⁰. (Coleccion de escrit.
castell. 8.) Madrid, P. Duleull, 1883, XX, 437 S. 12⁰.

— —: Nueva Biblioteca. Origenes de la Novela. T. I⁰.
Madrid, Baillez-Baillière, 1905, DXXXIV S. gr. 8⁰.

Morel-Fatio, Alfr.: L'Espagne au XVIᵉ et au XVIIᵉ
siècle. Documents historiques et littéraires. Heilbronn,
Henninger, 1878, XI, 696 S. 8⁰.

— —: La Comédie espagnole du 17ᵉ siècle . . . (Leçon
d'ouverture). Paris, Vieweg, 1885, V, 40 S. 8⁰.

— —: Études sur l'Espagne. 1ᵉʳᵉ série. Paris, Bouillon et
Vieweg, 1888, XI, 245 S. 8⁰.

Morf, H.: Die französische Literatur zur Zeit Franz' I. (1515
—1547), in: Herrig's Archiv XCIV, 1895, 207 ff. 8⁰.

Mouhy, Chevalier de: Tablettes Dramatiques. Paris, Seb. Jorry, 1752, XII, 322 S. 8⁰.

— —: Abrégé de l'Histoire du Théâtre français depuis son origine jusqu'au premier juin de l'année 1780. Paris, L'Autheur, L. Jorry et J.-G. Mérigot le jeune, 1780, 2 vol. 8⁰.

Mourier, Ath. et Deltour, F.: Notice sur le Doctorat ès lettres suivie du catalogue et de l'analyse des thèses françaises et latines admises par les facultés des lettres depuis 1810. Paris, Delain frères succ., 4ᵉ édit., s. a. XII, 442 S. gr. 8⁰.

— —: Catalogue et analyse des thèses latines et françaises admises par les facultés des lettres (1880—99). Paris, Delain frères succ., 1881 ff., 7 vol. 8⁰.

Naudé, Gabriel: Inſtruction à la France ſur la vérité de l'hiſtoire des Frères de la Roze Croix. Paris, s. ed., 1623, 117 S. 8⁰ [Bibl. Nat.: H. 16, 936—947].

— —: Apologie pour tous les grands personnages qui ont eſté fauſſement ſoupçonnez de Magie. La Haye, Adrian Vlac, 1653, XXIV, 615 S. 8⁰.

Neuhous, Henri: Advertissement Pieux et très utile des Frères de la Rosee-Croix. Paris, s. ed., 1623, 62 S. 8⁰.

Nicéron, J.-P.: Mémoires pour servir à l'histoire des hommes illustres dans la république des lettres. Paris, Briasson, 1729—45, 43 vol. 8⁰.

Nisard, Charles: Mémoires du Père François Garasse pour les années 1624, 1625, 1626. Paris, P. Amyot, 1860, XXXII, 311 S. kl. 8⁰.

Nisard, Désiré: Histoire de la littérature française. Paris, Firmin-Didot, 1841 ff., 4 vol. 8⁰.

Parfaict, Les Frères Fr. et Cl.: Histoire du Théâtre françois depuis son origine jusqu'à présent. Paris, P. G. Le Mercier, 1745—49 ², 15 vol. 8⁰.

— —: Dictionnaire des Théâtres de Paris. Paris, ibd., 1756, 6 vol. 8⁰.

Pèrcopo, Erasmo: La prima imitazione dell'Arcadia, ecc. Napoli, Pierro, 1894, 240 S. 8⁰.

Perrin, Émile: Étude sur la mise en scène, 72 S., in:

Noël et Stoully: Annales du Théâtre et de la musique. 8e Année, Paris, Charpentier, 1883. 8⁰.

Petit de Julleville, Louis: Histoire du Théâtre en France. Paris, P. Cerf, 1885—86, 2 vol., 363 u. 361 S. 8⁰.

— —: Histoire de la langue et de la littérature française des origines à 1900. T. III: Le seizième siècle. Paris, Arm. Colin, 1897, 864 S. 8⁰.

Petitot, Bernard: Répertoire du Théâtre français ou recueil des tragédies et comédies restées au théâtre depuis Rotrou. Paris, Porlet, 1803 ff., 35 vol. 8⁰

Pfleiderer, Edm.: Theorie des Aberglaubens (Sammlung gemeinverständlich-wissensch. Vorträge, Heft 167). Berlin, C. Habel, 1875, 43 S. 8⁰.

Philipp, K.: Pierre du Ryer's Leben und dramatische Werke. Leipzig. Diss. Zwickau, Eichhorn, 1905, 130 S. 8⁰.

Placet, s. Anonym.

Plancy, s. Collin.

Pougin, Arthur: Dictionnaire historique et pittoresque des Théâtres. Paris, Firmin-Didot, 1885, XV, 775 S. gr. 8⁰.

Prat, H.: Études littéraires. 1ère partie. Moyen-âge et XIVe jusqu'à XVIIe siècle. Paris, Firmin-Didot, 1847—1860, 8 vol. 8⁰.

Puibusque, Adolphe de: Histoire comparée des littératures espagnole et française. Paris, Dentu, 1843, 2 vol. 8⁰.

Raboul, s. Anonym.

Rambaud, Alfr.: Histoire de la civilisation française. Paris, Arm. Colin, 1855 u. 87, 2 vol. 8⁰.

Reynier, Gust.: Thomas Corneille, sa vie et son théâtre. Thèse. Paris, Hachette, s. a., III, 386 S. gr. 8⁰.

Rigal, Eugène: Alexandre Hardy et le théâtre français à la fin du 16e et au commencement du 17e siècle. Paris, Hachette, 1889, XIV, 715 S. 8⁰.

— —: Le Théâtre français avant la période classique. Paris, Hachette, 1901, VIII, 363 S. 8⁰.

Robiou, Félix: Essai sur l'histoire de la littérature et des mœurs pendant la première moitié du XVIIe siècle. Paris, Doumiol, 1858, VII, 677 S. 8⁰.

Römer, Mathäus: Der Aberglaube bei den Dramatikern des 16. Jahrhunderts in Frankreich. Rostock. Diss. München, Wolf, 1903, X, 52 S. gr. 8⁰.

Rossi, Vittorio: Battista Guarini ed il Pastor Fido. Torino, E. Loescher, 1886, XVI, 323 S. 8⁰.

Rossman, Gust.: Der Aberglaube bei Molière. Programm-abhandlung des Kgl. Gymn. zu Burg. Burg, Hopfer, 1898, 20 S. 4⁰.

Roth, Th.: Der Einfluß von Ariost's Orlando Furioso auf das französische Theater. Leipzig, Deichert, 1905, XXII, 263 S. 8⁰ (Münch. Beitr. Nr. XXXIV).

Roy, Émile: La vie et les œuvres de Charles Sorel sieur de Souvigny (1602—1674). Paris, Hachette, 1891, II, 443 S. 8⁰.

Sainte-Beuve: Tableau historique et critique de la poésie française et du théâtre français au XVIᵉ siècle. Paris, Charpentier, 1843, 508 S. kl. 8⁰.

Saint-Marc Girardin, M.: Cours de littérature drama-tique, ou de l'usage des passions dans le drame. Paris, Charpentier, 1849, 5 vol. kl. 8⁰.

— —: Tableau de la littérature française du seizième siècle. Paris, Didier, 1862, IV, 425 S. 8⁰.

Salverte, Eusèbe: Des sciences occultes ou Essai sur la magie, les prodiges et les miracles. Paris, Sedillot, 1829, 2 vol., VII, 412 S. u. 384 S. 8⁰.

Saxius, Crist.: Onomasticon Litterarium. Utrecht, Wild u. Altheer, 1775—90, 7 vol. 4⁰. — Suppl.-Bd. ibd. 1803. 4⁰.

Schack, Adolf, Freiherr von: Geschichte der dramati-schen Literatur und Kunst in Spanien. Berlin, Duncker u. Humblot, 1845/46, 2 vol. 8⁰. — 2. Aufl. Frankfurt a. M., Baer, 1854, 3 vol. u. Nachträge. 8⁰.

Scherillo, Michele: Arcadia di Jacopo Sannazaro secondo i manoscritti e le prime stampe, con note ed introduzione. Torino, Loescher, 1888, CCXCIV, 370 S. 8⁰.

Schmidt, Friedr. Wilh. Val.: Über die Amadisromane, in: Wiener Jahrbücher, XXXIII, 1826, 16—75. 8⁰.

— —: Die Schauspiele Calderon's. Elberfeld, Friederichs, 1857, XXXV, 543 S. 8⁰.

Schönherr, Joh. Georg: Jorge de Montemayor und sein
Schäferroman die „siete libros de la Diana". Leipzig.
Diss. Halle a. S., Karras, 1886, 78 S. 8⁰.

Solerti, Angelo: Opere minori in versi di Torquato Tasso.
Edizione critica. Volume Terzo: Teatro. Bologna, Zanichelli, 1895, CLV, 531 S. 8⁰.

— —: Gerusalemme liberata, poema eroico. Edizione critica
sui manoscritti e le prime stampe. Firenze, Barbèra,
1895—96, 3 vol. 8⁰.

— — e Lanza, Domenico: Il teatro Ferrarese nella se-
conda metà del secolo XVI, in: Giorn. stor. ecc. XVIII,
1891, 148—185. 8⁰.

Sorel, Charles: La Bibliothèque françoise. Paris, Compagnie des libraires du Palais, 1664, XII, 400 S. 12⁰.

Steffens, Georg: Rotrou-Studien. I. J. de Rotrou als
Nachahmer Lope de Vegas. Götting. Diss. Oppeln,
Eug. Frank, 1891, V, 104 S. 8⁰.

Stiefel, Arth. Ludw.: Unbekannte italienische Quellen
Jean de Rotrou's. Oppeln u. Leipzig, Frank, 1891, IX,
159 S. 8⁰.

— —: Über die Chronologie von Jean de Rotrou's dramatischen Werken, in: Zt. f. frz. Spr. u. Lit. XVI, 1894,
1—49. 8⁰.

— —: Einfluß des italienischen Dramas auf das anderer
Länder, in: Vollmöll. Krit. Jahresber. IV, 1895/96, II,
155 ff. 8⁰.

— —: Stoffgeschichte, in: Jahresber. f. n. d. Lit. 1899, X,
I, 7.

— —: Die Nachahmung italienischer Dramen bei einigen
Vorläufern Molière's, in: Z. f. nfrz. Spr. u. Lit. XXVII,
1904, 189 ff. 8⁰.

Suard, J.-B. A.: Mélanges littéraires, t. IV. Paris, Dentu,
l'an XIII (1804), 581 S. 8⁰.

Suchier und Birch-Hirschfeld: Geschichte der französischen Literatur. Leipzig u. Wien, Bibl. Inst., 1900,
XII, 733 S. gr. 8⁰.

Thiers, Jean-Baptiste: Traité des Superstitions selon
l'Écriture Sainte. Paris, Ant. Dezallier, 1679, 2 vol. 12⁰.

Thiers, Jean-Baptiste: Superstitions, s. Anonym.

Ticknor, George: A History of Spanish Literature. New-York, Harper and London, Murray, 1849, 3 vol. 8⁰.

Toldo, P.: La Comédie française de la Renaissance, in: Rev. d'Hist. litt. de la Fr. IV, 1897, 366—392. 8⁰.

Torraca, Francesco: Gl'imitatori stranieri di Jacobo Sannazaro. Torino, Loescher, 1882, 103 S. 16⁰.

— —: La Materia dell'Arcadia del Sannazaro. Città di Castella, Lapi, 1888, 130 S. 8⁰.

Viollet le Duc: Ancien Théâtre français. Paris, Jannet, 1854—57, 10 vol. 16⁰.

Walde, Alois: Lateinisches etymologisches Wörterbuch. Heidelberg, Winter, 1906³, XLVII, 870 S. 8⁰.

Weinberg, Gust.: Das französische Schäferspiel in der ersten Hälfte des 17. Jahrhunderts. Frankfurt a. M., Knauer, 1884, V, 143 S. 8⁰.

Wendel-Wurtz: Superstitions, s. Anonym.

Wenzel, Guido: Pierre de Larivey's Komödien und ihr Einfluß auf Molière, in: Herrig's Arch. 1889, Bd. 82, 63—80. 8⁰.

Ziegler, Theob.: Die geistigen und sozialen Strömungen des 19. Jahrhunderts. Berlin, Bondi, 1901², VIII, 746 S. 8⁰.

Außerdem wurden benutzt die bekannten Nachschlage-werke von Barbier, Brunet, Cat. Soleinne, Didot's Nouv. Biogr., Grässe's Trésor, La Grande Encyclopédie, Hain's Repertorium, Jal's Dict., Mayer's Répert. alphab. des Thèses etc., Michaud's Biogr. univ., Petzold's Biblioth., Quérard's La France litt. u. seine Superch. litt., Stein's Manuel de Bibliogr. générale, Vapereau's Dictionnaire univ. und Dict. des Contemporains.

# Einleitung.

Aberglaube und Zauberei sind so alt wie die Menschheit. Der natürliche Mensch ist leichtgläubig und phantastisch veranlagt. Er nimmt die Eindrücke neuer Gegenstände in sich auf, ohne die Gegenstände selbst näher zu prüfen, und je seltsamer diese Eindrücke sind, desto tiefer prägen sie sich ihm ein. Da er mit den neuen Eindrücken oft nichts anzufangen weiß, läßt er seine Phantasie ihr Spiel mit ihnen treiben. Die Phantasie verwirklicht alle Träume, alle Illusionen, und gibt ihnen eine Wichtigkeit, welche die Vernunft zum Schweigen bringt, die Sinne betört und alle Fähigkeiten in Fesseln schlägt. Sie stürzt die Ordnung der Natur um, sie belebt die Welt mit Wesen, die gar nicht existieren, kurz sie ist jene zauberhafte Macht, die die menschlichen Leidenschaften bald erregt, bald beschwichtigt, die dem menschlichen Geiste Furcht und Schrecken einflößt und ihn in die Banden des Aberglaubens schlägt. Der Aberglaube aber hinterläßt auf seinem Wege unauslöschliche Spuren: Greuel der Zauberei, rauchende Scheiterhaufen.

Seit den ältesten Zeiten haben die Priester aller Religionen wunderbare Handlungen ausgeführt und sie als untrügliche Zeichen ihrer göttlichen Mission hingestellt, und von heiligem Schrecken ergriffen, hat die Menge sich gebeugt. Jahrhundertelang hat die Menschheit geglaubt und gehorcht. Die Weltgeschichte ist voll von wunderbaren Erzählungen, die wir heute vom Standpunkte der modernen Wissen-

schaft aus verächtlich zurückweisen, und doch verdienen
sie das höchste Interesse. Hat nicht der Glaube an das
Wunderbare einen mächtigen Einfluß auf die Geschicke der
Menschheit geübt? Ist er nicht zu allen Zeiten eins der macht-
vollsten Mittel der Zivilisation gewesen? In den Erzählungen
wunderbarer Ereignisse, über die wir heute meist lächelnd
die Achsel zucken, ist nicht alles Lüge oder Illusion. Die
Leichtgläubigkeit und die Erfindungsgabe haben ihre Grenze,
und bei näherer Betrachtung der wunderbaren Begebenheiten
zeigt es sich, daß sehr viele von ihnen durch natürliche Ur-
sachen zu erklären sind.

Auf dem Gebiete des Wunderbaren müssen wir scheiden
zwischen Wunder einerseits und magischer Operation anderer-
seits. Alle Wunder gehen auf göttlichen Eingriff zurück,
wobei allerdings ein Mensch der Vermittler sein kann. Die
Kunst, wunderbare Wirkungen unabhängig von göttlicher
Macht hervorzubringen, nennen wir Magie im ursprünglichsten
Sinne des Wortes. In seinem umfangreichen Werke über
„Aberglaube und Zauberei", wohl dem besten wissenschaftlichen
Werke über den Gegenstand, stellt Lehmann[1]) den Aber-
glauben der Magie gegenüber im Verhältnisse von Theorie zu
Praxis, und definiert die Magie folgendermaßen: „Jede Hand-
lung, die aus Aberglauben entspringt, ist Magie oder Zauberei,
und jede Handlung, die von abergläubischen Vorstellungen
aus aufgefaßt wird, wird als magisch aufgefaßt", und unter
Aberglaube versteht Lehmann „jede Annahme, die entweder
keine Berechtigung in einer bestimmten Religion hat oder im
Widerstreit steht mit der wissenschaftlichen Auffassung der
Natur in einer bestimmten Zeit".[2])

---

[1]) p. 6 u. 9. Den genauen Titel des Werkes siehe im Verzeichnis
der benützten Literatur.

[2]) Von dieser Definition ausgehend, behandelt Roemer (*Der Aberglaube bei den Dramatikern des 16. Jahrhunderts in Frankreich*) unter
den verschiedenen Arten des Aberglaubens an erster Stelle den „Teufels-
aberglauben" (S. 5). Er sieht also den Glauben an den Teufel als Aberglauben an, weil er keine Berechtigung habe in einer bestimmten Religion. Dieser Schluß ist falsch, denn wenn wir auch vom modernen,
wissenschaftlichen Standpunkte aus den Teufelsglauben als Aberglauben

In den ältesten Zeiten berührten sich Wunder und Magie sehr häufig. Bei den alten orientalischen Völkern waren die Magier Priester der Gottheit und als solche wirkten sie Wunder im Namen und in der Kraft der Gottheit. Ihre Kenntnis geheimer Wissenschaften befähigte sie jedoch, auch aus eigener Kraft wunderbare Wirkungen hervorzubringen, sie waren also auch Zauberer. Unter Magie verstand man die Geheimwissenschaft, welche es ermöglichte, Dinge zu vollführen, die über die Macht eines gewöhnlichen Sterblichen hinausgingen. Die Magie als Wissenschaft bildete den Gegenstand der Studien der antiken Magier. Eine Kenntnis geheimer Wissenschaften führte leicht zum Mißbrauch der sich daraus ergebenden Überlegenheit über die unwissende Menge, und so kommt es, daß die Zauberer schließlich mehr oder weniger zu Bösewichten wurden.

Bei den Chaldäern, die eine umfangreiche Dämonenlehre ausgebildet hatten, zerfielen die Magier in verschiedene Klassen: Beschwörer, Ärzte, Zauberpriester, Astrologen und Wahrsager.[1]) Sie kannten bereits Talismane und Amulette, wie sie zur Abwehr böser Geister, Krankheit und sonstigen Schadens noch im 17. Jahrhundert in allen europäischen Ländern getragen wurden. Die Astrologie wurde von ihnen zuerst ausgebildet, ebenso die Traumdeutung[2]), die Geomantie oder Auslegung geometrischer Figuren, sowie die Mantik oder

---

ansehen, so dürfen wir doch nicht vergessen, daß gerade die christliche Kirche es war, die den Glauben an die Existenz und die Macht des Teufels nicht nur zuließ, sondern sogar forderte. sind doch viele aufgeklärte Männer, die die Existenz des Teufels und somit die Wirksamkeit der Zauberei leugneten, deswegen als Ketzer verdammt worden. Selbst der Reformation ist es nicht gelungen, den Aberglauben völlig auszurotten. „Aberglauben gibt es auch unter den Protestanten nur zu viel; selbst im *aufgeklärten* Berliner Milieu gedeihen Schatzgräber und Zauberer, Teufelsbanner und Verfertiger von Liebesträuken usw." (Ziegler, *Die geistigen u. soz. Strömungen etc.*, 1901, S. 464.)

[1]) Aus der Bibliothek von Ninive ist uns ein umfangreiches magisches Werk in Keilschrift erhalten. Über die Magie der Chaldäer vgl. man Maury, *La Magie etc.*, p. 22 ff. und Lehmann, *Aberglaube etc.*, p. 23 ff.

[2]) Cf. Buch Daniel, Kap. II.

1*

die Auslegung des Vogelfluges und der Eingeweide der Opfer-
tiere. Die Mantik und Astrologie bildeten zusammen eine
besondere Wissenschaft, die Auguralwissenschaft.

Die chaldäische Magie verbreitete sich zunächst nach
Medien. Bei den Persern war durch die Lehre Zoroasters
alle Zauberei streng verboten. Erst unter Cyrus gelangte
die chaldäische Magie am persischen Hofe zu Ansehen.
Die Juden brachten bei der Rückkehr aus dem Exil die
chaldäische Magie mit in ihre Heimat, und entwickelten sie
in der Kabbala zu einer Geheimwissenschaft, die dann auf
Umwegen durch die Mauren nach Europa kam und im Mittelalter und bis in die Neuzeit hinein in den europäischen
Ländern eine große Rolle spielte. Durch die Perserkriege
gelangte die Magie auch nach Griechenland. Unter Alexander
dem Großen wurde ganz Griechenland mit Magiern über-
schwemmt. Gleichzeitig kam die ägyptische Magie nach
Griechenland.[1]) Als die Araber später Ägypten eroberten,
eigneten sie sich die erhaltenen Reste der ägyptischen Magie
an und bildeten auf dieser Grundlage ihre Astrologie und
Alchimie aus, die sie zusammen mit der jüdischen Kabbala
nach Spanien brachten, von wo sich die Magie dann nach
dem übrigen Europa verbreitete.[2])

Bei den Griechen läßt sich die Magie schwer von dem
Götter- und Heroenkultus unterscheiden, und die in der
griechischen Literatur so häufig wiederkehrenden Erzählungen
von Orakeln, Metamorphosen, Totenbeschwörungen und anderen
magischen Operationen sind zumeist mehr als mythologische
Wunder denn als Zauberei aufzufassen. Auch bei den Römern
berührten sich Magie und Religion aufs engste.[3]) Die Römer
glaubten an Gespenster, d. h. die Seelen böser Menschen, die
zur Strafe auf der Erde umherirren müssen und *strigae*, Zauber-
weiber oder Hexen, genannt wurden. Die römische Mantik

---

[1]) Über die Magie der Ägypter vgl. man Maury, *La Magie
etc.*, p. 38 ff. Über Magie und Astrologie bei den Griechen cf. ibid.
p. 49 ff.

[2]) Cf. Lehmann, l. c., p. 40 f. Über die *jüdische* Kabbala cf. ibd.
p. 110 ff., u. Lecky, *Geschichte etc.*, I, 34.

[3]) Über die Magie der Römer cf. Maury, l. c., p. 70 ff.

war durchaus religiöser Natur.[1]) Der Begriff des Wunders
war für die Römer nicht derselbe wie für uns.[2]) In allen
Erscheinungen, die sie nicht zu erklären vermochten, sahen
sie das Wirken der Gottheit. Cicero (*De Divinatione*, I, 6, 11 ff.)
unterscheidet zwei Arten der Weissagung, eine künstliche und
eine natürliche. Zu der ersteren rechnet er das Weissagen
aus den Eingeweiden, aus dem Vogelfluge, aus der Beobachtung der Gestirne und durch Lose, die Deutung der Blitze
und anderer Naturerscheinungen, zu der anderen Art dagegen
die Träume und die Prophetie. Zu Offenbarungen der
Gottheit bedurfte es gewisser Zwischenwesen „von über-
menschlicher Größe und Schönheit". Von da ist nur ein
Schritt zum Gespensterglauben. Sueton berichtet von Ge-
spenstererscheinungen, die er *umbrae* nennt. Die Prophetie
ist den Römern ursprünglich fremd, sie kam aus Griechenland herüber. Ihr äußeres Merkmal ist die Ekstase, weshalb
die griechischen Seher μάντεις, d. h. Rasende, hießen. (Von
μάντις, μαντία abgeleitet: Nekromantie, Chiromantie u. a.)
Bekanntlich nannten die Römer die Seher *vates*. Von staats-
wegen wurde die Prophetie abgelehnt, im Privatleben der
Römer scheint sie aber eine große Rolle gespielt zu haben.
Die Römer glaubten an die Vorbedeutung der Träume,
leugneten jedoch den Einfluß derselben auf die Staats-
angelegenheiten. Die Traumdeuter waren deshalb verachtet.
Die Römer unterschieden staatliche und nicht staatliche Prodigien.[3]) Alle Himmelserscheinungen, wie Sonnen- und Mond-
finsternisse, Kometen usw. hatten eine besondere Vorbedeutung.
Natürliche und wirklich überraschende Ereignisse stehen im
römischen Wunderglauben oft nebeneinander. Besonders
häufig sind die Wunder (Prodigien) im Tierreich, und sie
werden systematisch studiert. Die dazu berufenen Beamten

---

[1]) Lehmann, l. c., p. 52.

[2]) Das Folgende ist aus Lembert, *Der Wunderglaube bei Römern
u. Griechen, I. Teil.*

[3]) *Prodigium*, von *aio, agio*, ich sage, abgeleitet. bedeutet ursprünglich das Vorhergesagte. Im Französischen dagegen wird *prodige* in der
Bedeutung von Wunderbarer, überraschender Handlung gebraucht.

sind die *Auguren*[1]), die Beobachter des Vogelfluges, und die *haruspices*, die Eingeweidebeschauer. Vielfach wurden ganz natürliche Begebenheiten zu Wundergeschichten aufgebauscht.[2])

Im Mittelalter spielten der Aberglaube und die Zauberei in allen europäischen Ländern eine große Rolle.[3]) Der Dämonenglaube ist dem innersten Wesen des Christentums zwar zuwider, hat aber unter jüdischem und griechischem Einflusse in der christlichen Lehre seine Stelle behauptet, und da besonders eine Anzahl Kirchenväter wie Justinianus martyr, Origines, Tertullian u. a. die Existenz von Dämonen verfochten und eine vollständige Dämonenlehre ausbildeten, ist es nicht zu verwundern, daß die römische Kirche schließlich die Zauberei, die sich ja auf ein Bündnis mit den Dämonen gründet, für durchaus wirklich und deshalb sehr gefährlich ansah. Die heidnische Magie wurde somit von einer göttlichen zu einer teuflischen, schwarzen Magie herabgewürdigt, an ihrer Wirklichkeit durfte jedoch nicht gezweifelt werden.

In Deutschland gelangten als Zauberer der Alchimist Albertus Magnus (1193—1280)[4]), die legendare Persönlichkeit des Doktor Faust und sein Schüler Wagner zu einiger Berühmtheit, in der Schweiz der Alchimist Theophrastus Paracelsus Bombastus (1493—1541)[5]), in Italien der Astrolog Cosimo Ruggieri (gest. 1615)[6]), der auf Marie de Médicis großen Einfluß gewann, und der Zauberer Arnold von Villanova, in Spanien der Mönch Olerius aus Barcelona und der Alchimist Raimundo Lulio (1236—1315)[7]), in Portugal Bandarra, in Frankreich Michael Nostradamus (Michel de Notre-

---

[1]) *Augur* oder *auger*, entstanden aus *avis* und einem bisher etymologisch noch nicht ganz aufgeklärten Verbalnomen (cf. W a l d e, *Lateinisches etymolog. Wrtb.*, p. 55.

[2]) Cf. die bei L e m b e r t, *Der Wunderglaube etc.*, zitierten Stellen aus Livius, Sueton, Tacitus, Curtius Rufus u. a.

[3]) Vgl. darüber M a u r y, *La Magie etc.*, p. 151 ff. Daselbst weitere Literaturangaben.

[4]) Cf. M a u r y, l. c., p. 213.

[5]) Cf. ibd. u. L e c k y, *Geschichte des Ursprungs etc.*, I, 34 u. 221.

[6]) Cf. M a u r y, p. 215.

[7]) Cf. ibd.. p. 213.

Dame, 1503—1566) [1]), den Catherine de Médicis als Astrologen schätzte, Triscalenus Cenomanus, der vor Karl IX. seine Zauberkünste produzierte, in England der Prophet Martinus Caledonius (ca. 448), die Mönche und Schwarzkünstler Roger Bacon [2]), Bungay [3]), Michael Scot und viele andere.

Mit dem Fortschritt der Wissenschaft verloren der Dämonenglaube und die Zauberei immer mehr von ihrem Kredit, und der modernen Wissenschaft ist es teilweise gelungen, die Menschheit aus den Fesseln des Aberglaubens und von dem Schreckgespenst der Zauberei zu befreien. Im 16. und 17. Jahrhundert aber wurzelte die Zauberei noch tief im Volksleben und selbst in den Klassen der Gebildeten aller Länder Europas und nicht zum wenigsten Frankreichs. Der Aberglaube und die Zauberei, die so tief in das Leben der Völker eingriffen, fanden natürlich in der Literatur und besonders im Drama einen Widerhall. In der Tat finden sich in Frankreich im 16. und 17. Jahrhundert eine große Anzahl von Dramen, in denen die Magie eine bedeutende Rolle spielt. [4]) Diese nun klarzustellen ist der Zweck der nachfolgenden Untersuchungen.

In seiner 1903 erschienenen Abhandlung über den „Aberglauben bei den Dramatikern des 16. Jahrhunderts in Frankreich" hat der Verfasser — M. Roemer — nur das 16. Jahrhundert in das Auge gefaßt, weil er von der Annahme ausging, daß bereits im 16. Jahrhundert der Aberglaube in

---

[1]) Cf. ibd., p. 215; Goujet, *Bibl. franç. etc.*, l. c., XIII, 435. S. auch den historischen Roman *Nostradamus* von Michel Zévaco (*Matin*, 1907, 13. April ff.).

[2]) Cf. Maury, p. 213; Charles, *Roger Bacon, sa vie, ses ouvrages, ses doctrines, d'après des documents inédits.* Thèse (zit. bei Mourier et Deltour, *Notice etc.*, l. c., p. 202); Lecky, l. c., I, 215, II, 235.

[3]) Cf. Robert Greene's Drama *Friar Bacon and Friar Bungay* (aufgef. ca. 1591; cf. Wülker, *Gesch. der engl. Lit.* 1906², I, 267f.).

[4]) Vor dem 16. Jahrhundert spielt die Magie im französischen Theater keine Rolle. In den Misterien, Moralitäten und Farcen ließ sie sich nicht gut verwenden. Im 18. Jahrhundert verschwindet die Magie wiederum aus den französischen Dramen; das Publikum war der fortwährenden Wiederholung ähnlichen Zauberspuks müde, auch hatte der Glaube an die Magie stark abgenommen, wenn er auch noch nicht gänzlich ausgerottet war.

Frankreich ein fast überwundener Standpunkt gewesen sei,
und er daher wohl vermutete, daß sich in den Dramen des
folgenden Jahrhunderts nichts mehr davon finden würde. Daß
diese Annahme eine irrige ist, werden wir später erörtern.
Der Verfasser hat auch nur die bedeutenderen Schriftsteller
des 16. Jahrhunderts berücksichtigt und gibt als Grund dafür
an, daß die „Dramatiker zweiten und dritten Ranges ja doch
nur die Anschauungen ihrer bedeutenden Vorbilder wieder-
spiegeln". Aber bei der Untersuchung über die Verwendung
des Aberglaubens oder der Zauberei im Theater dürfen
die weniger bedeutenden Autoren keineswegs vernachlässigt
werden, weil sie vielleicht mehr noch als die Schriftsteller
ersten Ranges Zugeständnisse an den Geschmack des Publikums
machen, und dies um so mehr, als sie gerade wegen ihrer
geringeren Begabung nicht etwas durchaus Originelles zu
schaffen imstande sind, ihre Stücke also besonders vom
kulturgeschichtlichen Gesichtspunkte aus Interesse gewähren.
Während Roemer in den meisten Fällen nur Stücke bespricht,
in denen sich Andeutungen auf irgendwelche abergläubische
Anschauungen finden, haben wir in der vorliegenden Arbeit
mehr die Magie als den Aberglauben, also mehr die Praxis
als die Theorie berücksichtigt, und zwar aus dem Grunde,
weil das Vorkommen magischer Operationen den Aberglauben,
der ja die Grundlage der Zauberei bildet, *eo ipso* voraussetzen
läßt. Weiter haben wir im Gegensatze zu Roemer die Rolle
der Magie im Rahmen der dramatischen Handlung besonders
klarzustellen versucht. Was endlich die Stellung der Autoren
zum Aberglauben betrifft, so hat Roemer in einem besonderen
Abschnitte nachzuweisen versucht, daß die Autoren des 16.
Jahrhunderts den Aberglauben gewissermaßen mit überlegenem
Lächeln betrachten.[1]) Wir werden jedoch sehen, daß selbst

---

[1]) Cf. p. 49: „*Förmlich zur Korrektion und Rechtfertigung lassen
die Autoren durch den Mund einer aufgeklärten Persönlichkeit oder des
Chores, der, souverän über den handelnden Personen stehend, des Dichters
persönliches Urteil repräsentiert, ihre gegenteiligen Ansichten über abergläubische Gedanken aussprechen, sobald sie solche zur Verwendung
bringen.*" Er zitiert sodann (S. 49 u. 50) aus Montchrestien, Jodelle und
Garnier ein paar Stellen, in denen dies allerdings zutrifft. Diese wenigen

im 17. Jahrhundert noch manche Autoren nicht nur den
Aberglauben, sondern auch die Zauberei in ihreń Stücken
ganz ernsthaft behandeln.

Das für unsere Untersuchung in Frage kommende Material ist außerordentlich umfangreich. Es dürfte wohl kaum
möglich sein, alle Stücke, in denen die Magie eine Verwendung
gefunden hat, zu besprechen, sind doch viele derselben äußerst
selten, andere überhaupt nicht erhalten, und von manchen ist
nicht einmal der Inhalt, sondern bloß der Titel überliefert.
Wir haben jedoch nach Möglichkeit auch die minder bedeutenden Autoren des 16. und 17. Jahrhunderts berücksichtigt, und an einer immerhin recht großen Anzahl von
Dramen ein Bild von der Würdigung, welche die Autoren
des genannten Zeitraumes der Magie zuteil werden ließen, zu
geben versucht.

Was endlich den Plan der ganzen Arbeit betrifft, so
haben wir in einem besonderen Teile die Verbreitung des
Aberglaubens und der Zauberei in Frankreich in dem hier
in Frage kommenden Zeitraume besprochen[1]), um auf dieser
Grundlage die Rolle, welche die Magie im französischen Drama
spielt, zu untersuchen. Endlich haben wir außer dem Umstande, daß das Vorkommen der Magie in den Dramen dieser
Epoche unzweifelhaft als ein Reflex der Zeit aufzufassen ist,
für dasselbe noch eine Anzahl besonderer Gründe, die in der
Nachahmung fremdländischer Werke zu suchen sind, in einem
besonderen Abschnitte beizubringen versucht.

---

Fälle hat *jedoch* der Verfasser durchaus verallgemeinert, ohne genügendes
Beweismaterial für seine Schlußfolgerung zu erbringen.

[1]) Diese für die kulturgeschichtliche Untersuchung (I. Teil) besonders
benützten Werke sind zu Beginn des betreffenden Abschnittes aufgeführt,
die übrigen Werke, die zur allgemeinen Orientierung über diese Frage
dienten, siehe im Verzeichnis der benützten Literatur.

# Die Magie in Frankreich im 16. und 17. Jahrhundert.

## A. Traktate, insbesondere zeitgenössischer Schriftsteller, über die Verbreitung des Aberglaubens und der Zauberei in Frankreich im 16. und 17. Jahrhundert.

> Tu a l'occhio immobile
> De l'alchimista,
> Tu de l'indocile
> Mago a la vista,
>
> Del chiostro torpido
> Oltre i cancelli,
> Riveli fulgidi
> Cieli novelli.
>
> Giosuè Carducci: A SATANA.

Zur Klarstellung der Frage, wie weit in Frankreich der Aberglaube und die Zauberei noch im 16. und 17. Jahrhundert verbreitet waren, scheint es angezeigt, nicht nur aus allgemeinen Werken über die Magie zu schöpfen, sondern hauptsächlich auf solche zurückgreifen, welche in Frankreich während oder bald nach der uns interessierenden Periode erschienen sind. Dem modernen Forscher ist es nicht immer ganz leicht, festzustellen, inwieweit diese oder jene zauberische Handlung oder der Glaube daran zu einer bestimmten Zeit eine Rolle gespielt hat, während der zeitgenössische Beobachter sich leichter hierüber Rechenschaft geben kann. Wir haben uns im wesentlichen an die folgenden Werke gehalten: B o d i n, *De la Démonomanie des Sorciers, 1581*; B o g u e t, *Discours des Sorciers, 1608*; B r o w n, *Essai sur les Erreurs Populaires, 1738*; C a s t i l l o n, *Essai sur les Erreurs et Superstitions, 1765*; D e L a n c r e, *Tableau de l'inconstance des mauvais anges et démons, 1613*; N a u d é, *Instruction à la France sur la vérité de l'histoire des Frères de la Roze Croix, 1623* und *Apologie etc., 1653*; T h i e r s, *Traité des Superstitions, 1679*; L e B r u n, *Histoire Critique des Pratiques Superstitieuses, 1733*; G a r a s s e, *Doctrine Curieuse, 1623*; A n o n y m, *Superstitions Anciennes et Modernes, 1733—36* (Neubearbeitung der beiden Werke von Thiers und Le Brun); A n h o r n, *Magiologia, 1674* (deutsches Werk, das aber interessante Angaben über französischen Aberglauben und französische Zauberei enthält), sowie mehrere anonyme Werke: *La Cabale des Réformez, 1597, La Superstition du Temps, 1672* und *Superstitions et Prestiges des Philosophes ou des Démonolâtres 1817 u. a.*[1]) Wie sehr noch im 17. Jahrhundert an die Zauberei geglaubt wurde, geht schon aus dem Umstande hervor, daß alle zu jener Zeit erschienenen Traktate über die Zauberei dieselbe nicht als etwas Unsinniges hinstellen, sondern sie im Gegenteil als durchaus real betrachten und als höchst gefährlich und verwerflich bekämpfen.

W a h r s a g e r e i. — Die Weissage- und Wahrsagekunst war außerordentlich verbreitet. Alle Welt, besonders die weibliche Welt, lief zu den Wahrsagerinnen.[2]) Zur Wahrsagerei wurden Luft, Erde, Feuer und Wasser zu Hilfe genommen (*Divination des quatre éléments*). Nach dem Vorbilde der Römer entnahm man gewissen Anzeichen in der Natur, in der Tier- und Pflanzenwelt bestimmte Vorbedeutungen. Thiers erwähnt diese Art der Wahrsagerei als *Divination des Augures ou Auspices*, wobei er wieder *Augures naturels* (Beobachtung von Naturerscheinungen, Wachstum der Pflanzen usw.) und *Augures artificiels* unterscheidet.[3]) Zu den letzteren

---

[1]) Die genauen Titel dieser Werke siehe im Verzeichnis der benützten Literatur.

[2]) Cf. L a F o n t a i n e's Fabel *Les Devineresses*.

[3]) In Deutschland nannte man dieses erste Begegnen von Menschen

rechnet er die große Bedeutung, die man gewissen Ereignissen
und Begegnungen zuschrieb (*Divination des événements ou des
rencontres*). Man fürchtete z. B. ein Unglück, wenn einem
am frühen Morgen ein Priester, ein Mönch, ein Hase, eine
Schlange, eine Eidechse, ein Hirsch oder Reh, ein Wolf, eine
Grille, eine Kröte, eine lasterhafte Frau oder eine Frau ohne
Kopfbedeckung begegnete.[1]) Gewisse Wochentage und Jahreszeiten galten für günstig, andere für ungünstig zur Ausführung
von Unternehmungen irgendwelcher Art. Thiers bezeichnet
diesen Aberglauben als *vaines observances* und verurteilt ihn,
wie alle derartigen Theorien, aufs strengste. Zur Entscheidung
von zweifelhaften Fällen irgendwelcher Art nahm man gern
seine Zuflucht zum Los. Man unterschied *sortes divisoriae*
(*sorts de partage*), *sortes consultatoriae* (*sorts de consultation*) und
*sortes divinatoriae* (*sorts de divination*). Der Pater Le Brun
unterscheidet nach dem für ihn wichtigeren theologischen
Gesichtspunkte ein *Sort naturel*, ein *sort divin* und ein *Sort
diabolique*. Der Ausdruck *sortilège*, der ursprünglich ein solches
zauberisches Los bedeutete, wurde allmählich zu der Bedeutung
von *Verzauberung* verallgemeinert. Die Anwendung der Lose
konnte nach Thier's Ansicht mit oder ohne Beihilfe von
Dämonen ausgeführt werden.

Traumdeutung. — Auch der Glaube an die Vorbedeutung der Träume und die sich daraus ergebende Kunst
der Traumdeutung, eines der wichtigsten Zweige der uralten
Magie der orientalischen Völker, war nach dem Zeugnis
Thiers' in Frankreich sehr verbreitet (und ist es auch heute
noch im Volke).[2]) Thiers unterscheidet vier Arten von
Träumen: Die *Songes Divins*, die durch göttliche Eingebung
zustande kommen, die *Songes Naturels*, die durch das Temperament des Menschen bedingt sind, die *Songes Moraux*, die
in den menschlichen Leidenschaften ihre Ursache haben, und

---

oder Tieren den „Angang" (Cf. Henne am Rhyn, *Kulturgeschichte*,
I, 80).

[1]) Über die *augures* vgl. man auch De Lancre, *Tableau etc.*,
p. 9 ff, 106 u. 510 ff.

[2]) Über die Traumdeutung im Altertum und im Mittelalter vgl.
man Maury, l. c., p. 229 ff.

die *Songes Diaboliques*, Einflüsterungen des Teufels. Die kirchlichen Autoritäten verurteilten den Glauben an die Träume, mit Ausnahme natürlich der *songes divins*, sowie die Auslegung derselben aufs strengste.

W ü n s c h e l r u t e. — Zur Entdeckung von verborgenen Schätzen und Quellen bediente man sich der Wünschel- oder Glücksrute (*baguette divinatoire*). Dieses Instrument ist von jeher mit dem Nimbus der Zauberei umgeben worden (vielleicht, weil man es mit dem Stabe Mosis in Verbindung brachte), während es, wie neuere Versuche beweisen, lediglich auf einer allerdings noch nicht erklärten Naturkraft beruht.[1] Nach dem allgemeinen Glauben mußte diese Rute von einer Haselstaude, mit Vorliebe einer solchen, auf welcher Mistel wuchs, in einer bestimmten Jahreszeit zu einer bestimmten Stunde der Nacht und unter bestimmten Zauberformeln geschnitten werden. Le Brun widmet der Wünschelrute, die er für zauberisch und deshalb für verwerflich hält, mehrere Abhandlungen.[2] Er gibt an, daß die Wünschelrute früher meist von einem Haselnußstrauch oder einem Mandelbaum, neuerdings aber aus Eisen, Silber, Fischbein und anderen Stoffen gemacht werde. Sie diene dazu, Wasser in der Erde zu entdecken, in diesem Falle nehme man einen gabelförmigen Zweig. Zur Entdeckung von Schätzen bediene man sich eines geraden Stabes, den man auf der flachen Hand tragen müsse. Um zu erfahren, ob dieses oder jenes Metall in der Erde verborgen sei, befestige man ein Stück von dem betreffenden Metall an der Spitze des Stabes. Wenn das Metall im Boden vorhanden sei, so drehe sich die Rute sehr schnell. Es komme auch vor, daß die Spitze nach unten zeige, daß der Stab zerbreche usw. Anhorn berichtet, daß die Rute mit beiden Händen über dem Kopfe gehalten werde; wenn ein Schatz in der Erde liege, biege sie sich, wie fest man sie auch halten

---

[1] Cf. die durch den Prinzen Carolath in Homburg im August 1906 vor dem Deutschen Kaiser ausgeführten Experimente mit der Wünschelrute, sowie die Versuche Uslar's in Afrika.

[2] *Histoire Critique de l'Origine et du Progrès de l'usage de la Baguette parmi toutes les Nations* (*Livre Septième* seiner *Hist. Crit. des Superstitions*), und *Lettres qui découvrent, etc.*

möge, mit einem Ende nach unten (letzteres scheint nach modernen Experimenten richtig zu sein). In der anonymen Neubearbeitung des Werkes von Le Brun. wird der Gebrauch der Wünschelrute durch Abbildungen erläutert. Der Stab wird bald vor der Brust, bald mit ausgestreckten Armen zwischen zwei Fingern, bald mit der Spitze nach vorn oder nach unten gehalten. Die Stäbe sind teils gerade, teils wellen- oder gabelförmig. Vielfach glaubte man auch mit Hilfe der *baguette divinatoire* verlorene Gegenstände, sowie Diebe und Mörder entdecken zu können. Thiers, der an die Kraft der Wünschelrute glaubt, berichtet, daß der *Prévôt de l'Isle de France, Monsieur* Francine de Grandmaison, der das Amt eines *Intendant des Eaux* bekleidete, oft Gelegenheit gehabt habe, die Wirkung der Wünschelrute nicht nur zur Quellenentdeckung, sondern auch zum Aufspüren von Verbrechern zu erproben, wobei es jedoch zuweilen auch vorgekommen sei, daß der Stab versagt habe. Im Jahre 1641 wurde die Baronin von Beausoleil wegen Gebrauchs der Wünschelrute zur Entdeckung von Minen in Vincennes eingesperrt.[1] Im Jahre 1692 behauptete Jacques Aymard, ein Bauer aus der Dauphiné, mittels der Wünschelrute Diebe und Mörder entdecken zu können, und die Richter nahmen wirklich seine Mitwirkung bei der Suche nach Verbrechern in Anspruch (Rambaud, ibd.). Das Quellensuchen mit Hilfe der Wünschelrute war in Frankreich bis zur Zeit der Revolution im Schwunge. Die Zauberer bedienten sich allgemein dieses Stabes bei ihren Operationen, der Ausdruck *baguette divinatoire* wurde zu *baguette magique* verallgemeinert. Weitere, kompliziertere Arten der Wahrsagerei werden wir im Zusammenhange mit der Zauberei besprechen.

Astrologie. — Der Wahrsagerei verwandt, wenn auch ihrem Wesen nach ungleich höher stehend, ist die Astrologie, die Kunst, aus den Konstellationen den Charakter und die künftigen Geschicke der Menschen abzulesen.[2] Die Astrologie

---

[1] Rambaud, *Hist. de la Civilis. franç.*, II, 566 ff.
[2] S. die Abbildungen astrologischer Instrumente im Anhang 1, Fig. 2 u. 3. Über die Astrologie vgl. man insbesondere Lehmann, l. c., p. 133 ff. u. Lecky, l. c., I, 32, 37 u. 215.

ist so eng mit der Astronomie verknüpft, daß selbst bedeutende Vertreter dieser Wissenschaft sich von den Fesseln *jener* Afterwissenschaft nicht ganz frei zu machen vermochten. Kepler glaubte an die Astrologie. Er stellte verschiedenen Fürsten das Horoskop und verfaßte einen Almanach, der Voraussagungen enthielt. Die Astrologie, von den Chaldäern und Ägyptern ausgehend, verbreitete sich durch Vermittlung der Griechen und Römer nach dem mittleren und nördlichen Europa. Im Mittelalter waren Albertus Magnus und sein Schüler, Thomas von Aquino, ihre bedeutendsten Vertreter, im 16. Jahrhundert wurden Tycho-Brahé, im 17. Kepler, der doch gewiß ein wissenschaftlicher Geist ersten Ranges war, zu Verteidigern der Astrologie.[1]) Karl V. von Frankreich und Ludwig XI. unternahmen nichts, ohne die Gestirne zu befragen. Ludwig XIV. begünstigte die Astrologie, sein Leibarzt Valot glaubte fest daran. Er verkündete nach gewissen Konstellationen und nach der Richtung des Windes große Epidemien voraus. Man unterschied zwischen *astrologie naturelle* und *astrologie judiciaire*. Die erstere war eine Art Meteorologie, die letztere dagegen entsprach der Bedeutung, die wir heute dem Worte Astrologie beilegen. Während des ganzen 17. Jahrhunderts war die Astrologie in Frankreich im vollsten Schwunge. Catherine de Médicis und die Damen ihres Hofes glaubten an die Astrologie, und die Königin erbaute zu astrologischen Zwecken ein Observatorium, das heute noch steht. Der Punkt der Ekliptik, der im Augenblicke der Geburt eines Menschen am Horizont aufging, wurde das Horoskop (*horoscope* oder *ascendant*) genannt, nach ihm glaubte man, die zukünftigen Geschicke des Menschen bestimmen zu können. Bei der Geburt eines Prinzen war es besonders üblich, das Horoskop zu stellen, um die späteren Geschicke des Neugeborenen zu ermitteln. Die Astrologen hatten zu diesem Zwecke den Sternenhimmel in 12 Teile, welche *les maisons du ciel* genannt wurden, eingeteilt. So unterschieden sie das Haus des Lebens, des Reichtums, der

---

[1]) Cf. Rambaud, *Hist. de la Civil.*, I, 360 ff. Über Thomas von Aquino cf. Lecky, l. c., I. 51, 59, 268, 280, II, 2, 113, 207, 241 f.

Gesundheit, der Ehren und Würden, der Heirat usw. Die
Gestirne verkündeten dem Neugeborenen dieses oder jenes
Schicksal, je nachdem sie sich in dem einen oder anderen
dieser Himmelshäuser befanden. Außerdem hatten die
Himmelskörper noch besondere Eigenschaften: Die Sonne
galt für wohltätig und günstig, der Mond für kalt und melan-
cholisch, Saturn für kalt und mürrisch, Jupiter für maßvoll
und wohlwollend.[1] Wer unter dem Zeichen des Mars geboren war, galt als für die kriegerische Laufbahn bestimmt;
wer unter dem der Venus oder des Merkur zur Welt kam,
war glücklich in der Liebe bzw. in den Geschäften.[2] Ludwig XIII. war unter dem Zeichen der Wage geboren, woraus
man vielfach seinen Beinamen *Le Juste* erklärte.[3] Ludwig XIV. war der letzte König von Frankreich, dessen
Horoskop gestellt wurde. Unter seiner Regierung glaubte
alle Welt an die Astrologie. Er selbst schrieb die meisten
seiner Erfolge den ihm günstigen Sternen zu. Noch im Jahre
1664 erschreckte ein Komet die abergläubische Bevölkerung
Südfrankreichs.

Années climatériques. — Der Glaube, daß jedes
7. oder 9. Jahr besonders kritisch sei, war nach Brown noch
im 18. Jahrhundert verbreitet. Man nannte diese Jahre
*Années climatériques*. Das 63. (7 mal 9.) Lebensjahr galt für
besonders gefährlich, auch das 49. (7 mal 7.) und das 81.
(9 mal 9.) waren gefürchtet. Die besondere Bedeutung, die
man diesen Zahlen beilegte, läßt sich teils auf antike Reminiszenzen, teils auf astrologische Vorstellungen zurückführen.
9 deutet die Zahl der Musen, 7 die Anzahl der Weltwunder,
die 7 Tore Thebens, die 7 Mündungen des Nil, die 7 Weisen
Griechenlands, die 7 Planeten, die 7 Mondphasen, die 7 Ringe,
mit denen nach der Anschauung Philos der Himmel umgeben

---

[1] Cf. *Wallensteins Tod*, V, 3, Wallenst.: „... und dahin steht der
Jupiter. Doch *jetzt* deckt ihn die Schwärze des Gewitterhimmels!...
Mir däucht, wenn ich ihn sähe, wär' mir wohl.“

[2] Cf. Rambaud, *Histoire de la Civ.*, I, 360 ff.

[3] Cf. Rambaud, l. c., II, 566. Nach einer anderen Version verdankte der König, der ein großer Freund der Jagd war, jenen Beinamen
seiner Sicherheit im Schießen.

war, usw. an. Ein weit verbreiteter Aberglaube war der, daß man während der Hundstage, die unter dem Einflusse des Hundes, eines südlichen Sternbildes, stehen, keine Heilmittel gebrauchen dürfe, sondern der Natur die Heilung aller Krankheiten überlassen müsse. Brown bemerkt dazu: «*Je ne nie pas l'influence des étoiles, mais je crois qu'on en fait souvent de fausses applications.*» [1])

Eine allerdings mehr scherzhaft zu nehmende Geschichte von drei sogenannten *Astrologues Judiciaires*, namens Mauregard, Petit und Larivey, ist bei Fournier [2]) abgedruckt.

Thiers erwähnt die *astrologie judiciaire* als eine besondere Art der Wahrsagerei, die von der Kirche verdammt werde.

**Talismane und Amulette.** — Da die Astrologen vielfach drohendes Unheil verkündeten, sahen sie sich gleichzeitig auch nach Abwehrmitteln gegen dasselbe um. Auch hierzu lieferte ihre Kunst ihnen das geeignete Material. Die Talismane und Amulette sind, welchem Zwecke sie auch dienen mögen, ursprünglich nichts anderes als Zeichen und Nachbildungen bestimmter Gestirne. Unter *anneaux constellés* verstand man in Frankreich von den Astrologen unter gewissen Konstellationen hergestellte und durch eingeritzte Zauberzeichen zauberkräftig gemachte Amulette.[3]) Sie können jedoch nur von einer Person, die an ihre Wirkung unbedingt glaubt, mit Erfolg hergestellt werden. Placet erklärt das Wesen der Talismane folgendermaßen [4]): «*Talifman n'eft autre chofe que le fceau, le figne, le caractere d'vne conftellation faite, grauée ou cifelée fur vne pierre fympathetique, ou fur vn métail correfpondant à l'Aftre, par vn ouurier qui ait l'efprit arrefté et attaché à l'ouurage et à la fin de son ouurage, fans eftre diftrait ou diffipé en d'autres penfées eftrangeres, au iour et heure du planette, en vn lieu fortuné, en vn temps beau et ferain, et quand*

---

[1]) B r o w n, *Essai sur les erreurs populaires*, I, 499 ff.

[2]) F o u r n i e r, *Variétés historiques et littéraires*, II, 211—220. Diese Anekdote hat, wie Fournier bemerkt, Bezug auf das 11. Buch von Sorel's *Histoire Comique de Francion* (Paris, 1663, 8°, p. 604).

[3]) S. unten Anhang I, Fig. 4.

[4]) *La Superstition du Temps, Reconnuë aux Talismans, figures Astrales et statues Fatales*, l. c., p. 108.

*il eſt en la meilleure diſpoſition dans le ciel qu'il peut eſtre, afin d'attirer plus fortement ſes influences, par vn effet dépendant du meſme pouuoir et de la vertu de ſes influences.»* Placet zitiert dann einige von ihm für verwerflich angesehene Rezepte zur Herstellung von solchen Talismanen, z. B.:

*Pour guerir des maux de teſte* (p. 109): «*Grauez la figure du Belier auec celle de Mars, qui eſt vn homme armé auec ſa lance, et de Saturne qui eſt vn vieillard tenant vne faux à la main, tous deux eſtants directes, et Jupiter n'eſtant point en Aries, ny Mercure au Taureau: ou marquez simplement le Belier le Soleil y eſtant.*»

*Pour la ioye, beauté et force du corps* (p. 110): «*Grauez l'image de Venus, qui eſt vne Dame tenant en main des pommes et des fleurs en la face de la Balance, des Poiſſons, ou du Taureau.*»

*Pour guerir la goutte* (p. 112): «*Grauez la figure des Poiſſons, qui ſont deux Poiſſons, l'vn ayant la teſte d'vn coſté, et l'autre de l'autre, ſur or, ou argent, ou sur de l'or meſlé d'argent, quand le Soleil eſt aux Poiſſons, libre d'infortune, et que Jupiter Seigneur de ce signe eſt auſſi fortuné.*»

*Pour eſtre heureux en marchandiſe et au jeu* (p. 115): «*Grauez l'image de Mercure ſur de l'argent ou ſur de l'eſtain, ou ſur vn métail compoſé d'argent, d'eſtain, et de Mercure, portez-la ſur vous, ou la mettez dans vn magaſin du Marchand, il proſperera en peu de temps d'vne façon preſque incroyable.*»

*Pour eſtre courageux et victorieux* (p. 116): «*Grauez l'image de Mars en la premiere face du Scorpion.*»

*Pour auoir la faueur des Rois, des Princes, et des Grands, et meſme pour guerir les maladies* (p. 116): «*Grauez l'image du Soleil, qui eſt vn Roy aſſis dans vn Trône, ayant vn Lion à ſon coſté ſur de l'or très-pur, et très raffiné, en la premiere face du Lion, et qu'il ſoit fort et fortuné.*»

*Pour acquerir des richeſſes, et meſme pour guerir des maux froids* (p. 118): «*Grauez la figure de l'Eſcreuiſſe à l'heure du Saturne, le Cancre eſtant au milieu du Ciel, et Saturne à la seconde face ſur du plomb affiné, ou ſur de l'argent, ou ſur de l'or.*»

Diese Beispiele mögen genügen. Sie zeigen, welche Verbindung die Phantasie zwischen den Himmelskörpern und den Vorgängen auf der Erde hergestellt hatte. Das Metall oder

der Stein, aus dem der Talisman gefertigt wird, muß gewissermaßen das Symbol des betreffenden Planeten sein. Nur wenn
der Talisman von einem an seine Wunderkraft oder besser
Zauberkraft glaubenden Arbeiter unter den richtigen Voraussetzungen angefertigt wird, gleitet der Dämon sich in das
Bild hinein und macht es dadurch wirksam. Die notwendige
Mitwirkung des Dämons führt uns auf ein anderes Kapitel
der Zauberei, die Dämonenbeschwörung, auf die wir später
noch zurückkommen werden.

Chiromantie. — Im Zusammenhang mit der Astrologie
steht die Chiromantie, die Kunst, das zukünftige Geschick
eines Menschen aus seinen Handlinien zu lesen. Diese Art
der Wahrsagung gelangte aus dem Orient, wahrscheinlich
durch die Zigeuner, nach Frankreich und steht dort heute
noch in großem Ansehen bei dem Volke. Im 16. und 17.
Jahrhundert fand sie in den höchsten Kreisen der Gesellschaft Glauben. Thiers unterscheidet eine *chiromantie physique*,
welche einen Teil der Physiognomik bilde, und eine *chiromantie
astrologique*, welche unbedingt verwerflich sei. Die letztgenannte
Art der Handlesekunst gründet sich in der Tat auf astrologische Vorstellungen.[1]) Der Mensch wird als Mikrokosmos
aufgefaßt, seine Organe stehen unter dem Einflusse der
Gestirne. Die Handfläche wird in 7 Planetenregionen eingeteilt, die durch die Handlinien begrenzt werden. Man
unterschied folgende drei Hauptlinien:

*1. Die Lebens-, Herz- oder Alterslinie unterhalb des Daumens;
sie geht vom Puls aus und deutet bei kräftiger Entwicklung und
gehöriger Länge auf langes Leben;*

*2. die Leber- oder Naturlinie, welche mitten über die Hand
läuft und am Mondberge, d. h. dem fleischigen Teile der Hand, der
sich, gegenüber dem Daumen, von der Handwurzel nach dem kleinen
Finger hin erstreckt, endigt;*

*3. die Venuslinie (ligne thérale, ligne mensale), die am Zeige-
finger beginnt und am kleinen Finger endigt.*

*Außer diesen Hauptlinien wurden noch 11 Nebenlinien unter-
schieden. Die von den Linien umgrenzten Räume wurden mit*

---

[1]) Rossmann, *Der Aberglaube bei Molière*, p. 9 f.

2*

besonderen Namen bezeichnet, sie hießen „Tisch", „Marshöhle" oder „Dreieck" usw. Die fleischigen Erhöhungen unter den Fingern bezeichnete man als Berge. Unter dem Daumen lag der Venusberg, unter dem Zeigefinger der Jupiterberg, unter den übrigen Fingern bzw. der Saturn-, Sonnen- und Merkurberg. Die verschiedenen Meister der Chiromantie hatten jedoch verschiedene Auffassungen von Anzahl und Bedeutung dieser Linien und Figuren.[1])

Metoposkopie. — Die Metoposkopie, mit der Chiromantie nahe verwandt, beschäftigt sich mit der Deutung der Stirnlinien. Man unterschied gewöhnlich 6 horizontale und eine senkrechte Stirnlinie, die, von oben nach unten, folgende Namen trugen: Saturnal-, Jovial-, Martial-, Venus-, Solar-, Lunar- und Mercuriallinie.

Übernatürliche Wesen. — Der Glaube an übernatürliche Wesen aller Art, der für das Mittelalter, welches keine Grenze zwischen Natürlichem und Übernatürlichem zu ziehen verstand, etwas ganz Selbstverständliches war, hat sich bis ins 17. Jahrhundert hinein erhalten. Außer einer großen Zahl von Wesen, die die römische Kirche als Bewohner des Himmels und der Hölle anerkannte, existierten in der Phantasie nicht nur des Volkes, sondern auch der sogenannten Gebildeten, eine Reihe von Wesen, welche die Geschicke der Menschen günstig oder ungünstig beeinflußten. Die Feen, mit ihrem Zauberstabe (baguette magique) bewaffnet, welche Frauen der Druiden und als solche unsterblich sind, leisten den unglücklichen Liebhabern Beistand gegen andere, finstere Mächte. Sie wohnen in geheimnisvollen Grotten, tanzen bei Mondschein im Walde, bringen manchmal einem Prinzen bei seiner Geburt Geschenke und zeigen sich überhaupt nur besonders begünstigten Menschenkindern. Die einen sind gütige, anmutige Wesen, die den Vorzug ewiger Jugend genießen, andere sind unveränderlich alt und häßlich und sinnen nur auf Böses. Ähnliche Wesen sind die Elfen (Elben), ebenfalls Bewohner oder Bewohnerinnen — es gab männliche

---

[1]) Cf. Piccolomini, III, 4, Thekla: „Auch meine Hand besah er (Seni), schüttelte das Haupt bedenklich, und es schienen ihm die Linien nicht eben zu gefallen."

und weibliche Elfen — der Wälder; sie spielen in den Sagen
der germanischen Völker eine große Rolle. Das Wasser be-
völkern die Nymphen oder Undinen, die durch ihre blendende
Schönheit manchen Ritter anlocken und dem Tode preisgeben.
Sie bilden sich aus dem Wasser selbst. Die Sylphen sind
Bewohner der Luft und sind den Erdgeistern feindlich. Die
Erdgeister, Gnomen oder Zwerge, sind Hüter unterirdischer
Schätze, ihre Freundschaft ist deshalb sehr begehrenswert.
Die Salamander oder Feuergeister bilden sich aus den feinsten
Teilchen des Feuers, dessen Sphäre sie bewohnen.[1]) Die
*ogres* [2]), dem Reiche der Finsternis angehörig, lauern auf
kleine Kinder, um sie zu verschlingen. Die Gulen (*goules*),
der orientalischen Dämonologie angehörende Wesen, gehen
des Nachts auf den Friedhöfen umher, scharren die Leichname aus und nagen an den Gebeinen der Toten. Vampire
flattern des Nachts umher und saugen schlafenden Menschen
das Blut aus. Menschen, die sich durch Zauberkunst in
Wölfe verwandeln, greifen als Werwölfe (*loups-garous*) den
verspäteten Wanderer an. Die Seelen von Kindern, die gestorben sind ohne die Taufe empfangen zu haben, schweben
als Irrlichter (*feux-follets*) in sumpfigen Gegenden umher und
locken den Wanderer auf falsche Fährte. Eine Unzahl von
Geistern aller Art (*faunes, sylvains* u. a.) beleben die Wälder.
In der Bretagne wohnen die *korrigans* unter alten Stein-
denkmälern, kommen des Nachts hervor und zwingen den
verirrten Wanderer, in ihrem Reigen mitzutanzen, bis er tot
zu Boden fällt. In Toulouse fürchtet der verspätete Wanderer
die Begegnung der *male beste*, in Tarascon die der *Tarasque*. In
der Provence schleppen nächtlicherweile die *dracs* die kleinen
Kinder in ihre unterirdischen oder unterseeischen Wohnungen.
Im Osten Frankreichs jagt Hellequin in stürmischen Nächten
mit seinen höllischen Geistern durch die Wälder. Heinrich IV.
will im Jahre 1599 den wilden Jäger (*Grand Veneur*) im
Walde von Fontainebleau gesehen haben.[3]) Andere Geister

---

[1]) Cf. den Ausspruch Wallensteins (Wall. Tod, II, 2): „...Der
wohnt im leichten Feuer mit dem Salamander ...“

[2]) Im Deutschen fehlt ein entsprechender Ausdruck dafür.

[3]) Garinet, *Hist. de la Magie en France*, 171.

sind den Menschen wohlgesinnt. Die Kobolde (*lutins*) sind neckische Wesen, die dem Menschen allerlei Streiche spielen. In der Dauphiné vollenden die Heinzelmännchen (*solèves*) nachts das Tagewerk des fleißigen Arbeiters. In der Normandie treibt der *Gobelin*, ein schelmischer Kobold, sein Wesen, spielt oft den Bauern böse Streiche, unterstützt aber die tüchtigen Hausfrauen. In der Franche-Comté bringt der boshafte *folletot* Unordnung unter die Kühe. Der Glaube an Gespenster, die nächtlicherweile in alten Gemäuern spuken (*spectres*, *fantômes*, *revenants*)[1]), lebt heute noch im Volke. Garinet berichtet von mehreren Gespenstergeschichten, die allgemein Glauben fanden, z. B. von einer Verstorbenen, die ihrem Manne erschienen sei, und von Geistern, die im Jahre 1580 in einem Hause in Tours spukten. Jedes alte Schloß hatte seinen Schutzgeist (*bon génie*), seine Weiße Dame oder sonstige Gespenster.

Spiritus familiares. — Eine andere Art von Geistern, die der Mensch sich untertan machen konnte, waren die Spiritus Familiares (*Esprits familiers*). Theophrastus Paracelsus soll einen solchen im Knopfloch getragen haben. Gewöhnlich sperrte man diesen Hausgeist in eine Flasche[2]) und nahm seine Hilfe zu jedem wichtigen Unternehmen in Anspruch. Bei Fournier[3]) ist die Geschichte eines Zauberers aus Moulins abgedruckt, der im Jahre 1623 für 10 Taler einen Flacon (*phiolle*) erworben hatte, in dem sich eine weißliche Flüssigkeit befand. Wenn er etwas wissen wollte, sagte er: «*Phiolle, fay-moy sçauoir cecy ou cela*». Darauf legte er sich schlafen, und während seines Schlafes wurde ihm alles, was er zu wissen begehrte, enthüllt. Der Pariser Gerichtshof verurteilte ihn deswegen als Zauberer zum Feuertode. Von Heinrich III. wird erzählt, daß er einen Spiritus fa-

---

1) Über den im 17. Jahrhundert allgemein verbreiteten Geister- und Gespensterglauben cf. Le Loyer, *Traité des Spectres*, 1615 (zitiert bei Maury, *La Magie etc.*, p. 219), und De Lancre, *Tableau des mauvais anges et démons*, p. 379 ff.

2) Cf. Le Sage, *Le Diable Boiteux*, I, 1.

3) *Variétés historiques et littéraires*, V, 199 ff.

miliaris besessen habe mit Namen *Terragon*, der einer von den 16 in der Schule Solimans aufgezogenen Geister gewesen sei.[1]

Z a u b e r e i. — Wie der Glaube an Geister, so hat sich auch die darauf gegründete Zauberei sehr lange in Frankreich behauptet. Unter Karl IX. gab es allein in Paris mehr als 30000 Schwarzkünstler, die sich, wie es scheint, z. T. sogar aus den Kreisen der Gebildeten rekrutierten. Im Louvre soll eine regelreichte Zauberschule unter Leitung Heinrichs III. bestanden haben.[2] In Toulouse wurden im Jahre 1577 über 400 Personen der Zauberei schuldig befunden. Anhorn unterscheidet in seiner *Magiologia* natürliche und künstliche Magie, welch letztere mit teuflischer Zauberei gleichbedeutend und deshalb höchst verwerflich sei. Mit Rücksicht auf ihre verschiedenen Wirkungsgebiete unterscheidet er drei Arten von Zauberei: *Magia Divinatoria*, d. h. zauberische Weissagung und Offenbarung verborgener Dinge, *Magia Praestigiatoria*, d. h. „zauberische Blenderey", und *Magia Operatrix*, d. h. eine „wirkhafte Zauberey". In Frankreich war es üblich, zwei Arten von Zauberei zu unterscheiden.

W e i ß e  u n d  s c h w a r z e  M a g i e. — *Magie blanche* nannte man die Kunst, durch Fingerfertigkeit und mit Hilfe von gewissen physikalischen Kenntnissen überraschende, ans Wunderbare grenzende Wirkungen zu erzielen.[3] Die schwarze Magie (*magie noire*) dagegen brachte auf Grund eines Paktes mit dem Teufel oder, wie man sich zumeist ausdrückte, mit dem Dämon (Thiers unterscheidet einen *pacte tacite* und einen *pacte exprès*) übernatürliche Wirkungen hervor. Da die Kirche den Teufel als leibhaftig existierend ansah und sogar jeden, der

---

[1] G a r i n e t, *Hist. de la magie en France*, p. 153.

[2] Id. ibd., p. 153. — In Spanien bestanden nach Angabe Anhorn's solche Zauberschulen zu Toledo und Salamanca, letztere wurde von Kaiser Karl V. aufgehoben. In Italien soll auch eine solche bestanden haben. Auf einer Zauberschule zu Krakau soll der Doktor Faust die Zauberei erlernt haben (A n h o r n, *Magiologia*, p. 233 ff.).

[3] Die weiße Magie (*magie blanche*) ist nichts anderes als Taschenspielerkunst und nicht, wie R o s s m a n n (*Der Abergl. bei Molière*, p. 14) meint, eine unschuldige Art der Magie, die sich im Gegensatze zur schwarzen Magie an gute Geister wandte und das Wohl der Menschen im Auge hatte.

seine Existenz zu leugnen gewagt hätte, aufs strengste bestrafte, so zweifelte natürlich niemand an der Möglichkeit und Wirksamkeit solcher Bündnisse mit dem Bösen. Thiers unterscheidet drei Arten der Zauberei, nämlich die *magie naturelle*, die ungewöhnliche Wirkungen hervorbringe durch geschickte Nutzbarmachung der Naturkräfte, die *magie artificielle*, die solche Wirkungen durch rein menschliche Kunst erziele, und die *magie diabolique*, welche auch *magie noire* oder *magie superstitieuse* genannt werde und sich auf einen Pakt mit Satan gründe.[1] Die schwarze Magie mußte um so unheimlicher und furchtbarer erscheinen, als der Glaube an den Teufel, die Dämonen und alles was damit zusammenhängt, nicht nur das ganze Mittelalter beherrschte, sondern noch bis in das 17. Jahrhundert und darüber hinaus die Geister im Banne gehalten hat. Besonders das unwissende Volk sah in allen unangenehmen Naturerscheinungen die Hand des Bösen. Nicht nur berufsmäßige Zauberer nahmen seine Hilfe in Anspruch; zahlreiche Legenden berichten von Menschen aller Stände und Berufsklassen, die in schwieriger Lage sich nicht anders zu helfen wußten, als ihre Seele dem Teufel zu verschreiben, der ihnen dafür das Gelingen ihres Unternehmens zusicherte. Die Phantasie hat diese Geschichten mit schaurigen Einzelheiten, wie z. B. das Schreiben des Paktes mit dem eigenen Blute, ausgeschmückt. Manchmal wurde Satan, trotz aller seiner Schlauheit, bei dem Handel betrogen, oftmals aber nahm der Gottlose, der sich ihm hingegeben, ein Ende mit Schrecken.

„Magiciens" und „Sorciers". — Unter denen, welche die schwarze Magie ausübten, unterschied man gewöhnlich zwei Klassen. Die *magiciens* beschäftigten sich mit Wahrsagerei, Auffindung von Dieben und verlorenen Gegenständen usw., und waren vielfach bemüht, denen, die sich an sie wandten, wirklich einen Dienst zu leisten.[2] Die *sorciers*

---

[1] Über solche Teufelspakte vgl. man insbesondere De Lancre, l. c., p. 176 ff.

[2] Die *magiciens* übten also, wenigstens der ursprünglichen Bedeutung des Wortes nach, etwa die Kunst aus, die Rossmann irrtümlich als weiße Magie bezeichnet (s. oben die Anmerkung zu S. 23).

(Hexenmeister)[1]) dagegen waren nur auf Schandtaten bedacht, sie verhexten Menschen und Tiere (*jeter un sort sur qn.*), beschworen Unwetter herauf, sandten Ungeziefer in Felder und Gärten.[2]) Man wandte sich an sie, wenn man seinem Feinde Schaden antun wollte. Im Gegensatze zur Magie, die wenigstens nicht unbedingt das Böse bezweckte, nannte man die Operationen der *sorciers sorcellerie*. Die Unterscheidung wurde jedoch nicht immer streng durchgeführt, so daß die Begriffe *magicien, sorcier, enchanteur* und *magie, sorcellerie, enchantement* vielfach verwechselt wurden. Da die Einbildung alle angeblich magischen Operationen der *sorciers* als wirklich und wirksam erscheinen ließ, so konnten sie in der Tat viel Unheil anrichten. Um jemanden umzubringen ohne ihm selbst nahe zu treten, fertigte der Zauberer eine Statuette, die die Gesichtszüge der betreffenden Person trug, aus neuem Wachs. Dieses Wachsbild (*figure de cire vierge*) wurde dann unter Lächerlichmachung des Taufritus mit dem Namen der betreffenden Person benannt. Unter der rechten Schulter wurde das Herz, unter der linken die Leber einer Schwalbe befestigt, und die Statuette sodann mit neuen Nadeln durchstochen und schließlich unter Begleitung von Zauberformeln bei langsamem Feuer verbrannt, worauf die betreffende Person sterben mußte. Oft genügte auch das Durchstechen der Herzgegend oder eines anderen Teiles des Wachsbildes, und der Betreffende starb infolge einer Wunde an demselben Körperteile. Diese magische Operation nannte man das *maléfice d'envoultement (envoûtement)*. Die Mitglieder der *ligue* durchstachen bei jeder Messe ein auf dem Altar stehendes Wachsbild Heinrichs III., um so den König umzubringen.[3])

Andere Malefizien. — Eine andere Art von *maléfice*

---

[1]) Die deutschen, auf die Magie bezüglichen Ausdrücke entsprechen nicht immer genau den französischen, auch ist im Deutschen die magische Terminologie nicht so umfangreich wie im Französischen.

[2]) Über Mißernten, welche die Zauberer heraufbeschworen, cf. Boguet, *Disc. des Sorciers*, p. 244.

[3]) Garinet, l. c., p. 153, nach Pierre de l'Étoile, *Véritable Fatalité de Saint-Cloud*, art. 8. Über das *envoûtement* vgl. auch Boguet, *Discours etc.*, l. c., p. 197.

war das *chevillement.* Der Zauberer schlug einen Nagel oder
einen Zapfen (*cheville*) in eine Wand, indem er bei jedem
Hammerschlage den Namen der verhaßten Person aussprach.
Ein weiteres *maléfice* wurde mit Hilfe eines Bogens ausgeführt.
Der Zauberer schoß am Karfreitag, nachdem er dem Teufel
gehuldigt hatte, verzauberte Pfeile auf ein Kruzifix ab und
sprach dabei den Namen seines Feindes aus, den ein unsichtbarer Pfeil gleichzeitig treffen mußte. Die Zauberer
verfertigten auch Flintenkugeln, die niemals ihr Ziel ver-
fehlten. Thiers definiert das *maléfice* als eine Kunst, anderen
zu schaden im Namen des Dämons, und unterscheidet 7 verschiedene Möglichkeiten, einem Menschen Schaden zuzufügen:

1. Einem Manne eine sündige Liebe zu einem Weibe
einflößen und umgekehrt;

2. einem Menschen Haß oder Neid gegen einen andern
einflößen;

3. einem Manne oder Weibe die Geschlechtskraft entziehen;

4. einen Menschen an irgend einem Teile seines Leibes
erkranken machen;

5. einen Menschen sterben machen;

6. einen Menschen seiner Vernunft berauben;

7. irgendwelche Gelegenheiten ergreifen, um einem Menschen zu schaden.

Um ihren Mitmenschen auf eine der genannten Arten zu
schaden, bedienten sich nach Thiers die Zauberer der folgenden drei Malefizien:

1. Des *maléfice sommifique*, welches in der Verabreichung
eines Schlaftrunkes, begleitet von Zauberformeln, besteht;

2. des *maléfice amoureux* oder *philtre*, welches in der Verabreichung gewisser aphrodisischer Mittel besteht, ebenfalls
unter Sprechen von Zauberformeln;

3. des *maléfice ennemi*, welches alle zauberhaften Handlungen umfaßt, die dazu dienen, einem Menschen Schaden
zuzufügen, z. B. einen Menschen mit Hilfe des Dämons,
Tiere durch Berührung mit dem Zauberstabe krank oder die
Milch der Kühe versiegen zu machen, einen Besen in Wasser
zu tauchen, um Regen zu machen, Wölfe in eine Herde zu

schicken, Wachsbilder zu zerstechen, zu verbrennen oder am Feuer zu schmelzen, um einen Menschen umzubringen, und anderes mehr.[1])

Liebeszauber. — Verschiedene Arten von Liebeszauber (*philtres*) [2]) werden bei Anhorn erwähnt, z. B. Zauberringe (*annuli intoxicati*), in denen ein Spiritus familiaris oder sonstiger Geist steckt und die dem Träger die Liebe der von ihm begehrten Person sichern, und Liebessäcklein (*sacculi amoris*), die im Namen der begehrten Person gemacht sind und dem Träger deren Liebe sichern, sobald sie unter seiner linken Achsel warm geworden sind. Er nennt solche Mittel zauberische Liebesmittel, im Gegensatze zu den natürlichen, die aus bestimmten Teilen von Tieren oder aus gewissen Pflanzen hergestellt sind. So z. B. die Alraunenwurzel (*Mandragora*), die für ein „lieb-bewegendes Mittel" gehalten werde.[3]) Garinet (p. 135) berichtet nach Le Loyer die Geschichte eines jungen Mannes, der, nachdem er einem Fräulein eine Zeitlang ohne Erfolg den Hof gemacht hatte, sich an einen *sorcier* wandte. Dieser gab ihm gewisse Pulver, die in einem angeblich ganz neuen Pergament (*parchemin vierge*, Jungfernpergament) eingeschlossen waren. Der junge Mann warf dieses Zaubermittel (*charme*) in den Busen seiner Angebeteten, welche sich alsbald besessen glaubte und gegen ihn Klage erhob. Er wurde verhaftet, und blieb, obgleich er Berufung einlegte, im Gefängnis, weil die Untersuchung ergeben hatte, daß es sich in der Tat um sogenanntes Jungfernpergament gehandelt, daß dieses ein Liebesmittel (*philtre*) enthalten habe und daß letzteres ein Gift sei. Diese Geschichte soll sich im Jahre 1580 zugetragen haben.

Ligaturen. — Nestelknüpfen. — Eine große Zahl zauberischer Handlungen knüpfte sich an die Eheschließung.

---

[1]) Über die Malefizien cf. De Lancre, *Tableau etc.*, p. 350 ff. u. Boguet, *Discours etc.*, 214, 273 ff. u. 419 ff.

[2]) Über die *philtres* cf. Boguet, l. c., p. 4 ff.

[3]) Die Mandragora wurde schon im Altertum als Aphrodisiacum geschätzt, cf. *Genesis*, XXX, Vers 14—18. Vgl. auch Boguet, l. c., p. 116. Weiteres über die Mandragora s. unten S. 33 f. bei *Pflanzenaberglaube*.

Durch sogenannte Ligaturen (*ligatures*) glaubte man, einen jungen Ehemann an der Ausübung seiner ehelichen Pflichten verhindern zu können. Anhorn behauptet, es gäbe wohl 50 verschiedene Arten, um eine Frau, hauptsächlich aber einen Mann an der Ausübung der geschlechtlichen Funktionen zu verhindern. Die gebräuchlichsten Malefizien dieser Art waren das Schloßschließen, das Anhorn nur erwähnt, ohne es näher zu erklären, und das Nestelknüpfen. Der Nestelriemen (*aiguillette*) bildete einen Teil der Kleidung des 16. Jahrhunderts und diente zur Befestigung der Kniehosen. Durch die symbolische Handlung des Verknüpfens dieses Riemens (*nouement d'aiguillette*) glaubte man den Ehemann zeugungsunfähig machen zu können. Thiers betont ausdrücklich, daß dieses *maléfice* nicht bloß in der Einbildung der Leute bestehe, sondern durch Mitwirkung des Teufels tatsächlich wirksam sei. Die Wirkung des Zaubers dauerte so lange, bis der Riemen wieder aufgeknüpft wurde.

Verhexung. — Mit dem Begriff des maléfice deckt sich vielfach der der Verzauberung oder Verhexung (*charmes, enchantement, ensorcellement*). Auch hier tut die Einbildung alles, so daß oft der angeblich davon Betroffene durch Suggestion des Zauberers oder durch Autosuggestion tatsächlich krank wurde oder sonstigen Schaden erlitt. Anhorn unterscheidet die Bezauberung durch Fingerfertigkeit von der Bezauberung durch zauberische Verblendung, durch die z. B. ein Mensch sich einbilden könne, ein Wolf (Werwolf) zu sein. Diesen Zustand nannte man Lykanthropia.[1] Auf dem Lande ist heutzutage der Glaube an die Kraft der *charmes* noch nicht ausgestorben.[2] Der böse Blick (*le mauvais œil*) z. B.

---

[1] Über die Lykanthropie vgl. man Boguet, *Discours*, l. c., p. 339, De Lancre, *Tableau etc.*, l. c., p. 279, 282, 289, 295, sowie Lecky, *Geschichte etc.*, l. c., I, 58 f. u. 76.

[2] Im Jahre 1906 bildete in Paris eine Frau namens Ernestine Lejeune sich ein, ihre Tochter sei als kleines Kind verhext worden (sie sprach von einem *sort jeté jadis sur la fillette par une sorcière malfaisante*). Diesen Zauber glaubte sie am wirksamsten zu bekämpfen, indem sie ihre Tochter fortwährend prügelte. Die Polizei schickte diese Verrückte in die Infirmerie spéciale du Dépôt (cf. *Le Matin*, 16. Mai 1906).

ist heute noch sehr gefürchtet als Ursache der Krankheiten des Viehes. Castillon erzählt von einem Spanier, der einen so bösen Blick hatte, daß die Fensterscheiben eines Hauses, das er nur anblickte, zerbrachen.[1])

Schutzmittel gegen Zauberei. — Gegen alle diese Malefizien hatten die Zauberer natürlich auch Schutzmittel (*préservatifs, phylactères*) erfunden. Le Brun unterscheidet *préservatifs naturels* und *préservatifs miraculeux*. Um sich vor schädlichem Zauber bei der Hochzeit zu schützen, steckte man, bevor man sich zur Einsegnung in die Kirche begab, Salz in die Taschen, oder mit besonderen Zeichen versehene Nägel oder Sous-Stücke in die Schuhe, man ging an dem Kruzifix vorüber ohne seine Ehrfurcht zu bezeugen, oder man ließ den Ehering absichtlich fallen, der Ehemann goß den ersten Tropfen aus einem frisch angestochenen Faß Weißwein durch den Ehering seiner Gattin, man ließ sich vor dem Altar mit Stöcken auf Kopf und Fußsohlen schlagen, man zog am Hochzeitstage zwei Hemden übereinander und zwar das eine verkehrt an, oder man rieb die Türpfosten des Hauses, in dem die jungen Eheleute schlafen sollten, mit Wolfsfett ein und ähnliches mehr. Thiers ermahnt, man solle nicht ein *maléfice* durch ein anderes gut zu machen suchen, und betont, daß es nicht erlaubt sei, die Eheschließung in einem solchen Falle zu erneuern (einige Geistliche, z. B. der Pater Reynaud, erlaubten in diesem Falle die Erneuerung des Ehebündnisses). — Die Zauberer verfertigten Amulette und Talismane, die dem Träger Macht und Reichtum verschaffen, ihn vor schädlichem Zauber bewahren, ihn unsichtbar machen, ihm im Kampfe den Sieg verleihen sollten. So konnte man sich durch Tragen eines Zauberhemdes, das von einer Jungfrau in einer einzigen Nacht gewebt sein mußte, hieb-, stich- und kugelfest machen.[2]) Vor jedem Zweikampf mußte der Beweis erbracht werden, daß keiner der Gegner einen Talisman

---

[1]) Cf. Dumont, *Voyages*, livre III (zit. bei Castillon, *Essai sur les erreurs etc.*). Über den bösen Blick vgl. man Boguet, l. c., p. 189.

[2]) In Deutschland war diese Zauberkunst unter dem Namen Passauer Kunst bekannt und besonders während des dreißigjährigen Krieges im Schwunge; vgl. hierüber Henne am Rhyn, l. c., II, 130.

oder irgend einen der Zauberei verdächtigen Gegenstand bei sich trage. Besonders beliebt waren Amulette aus Bernstein. Catherine de Médicis soll einen Talisman, bestehend aus der Haut eines totgeborenen Kindes und mit geheimnisvollen Figuren und Schriftzügen bedeckt, immer auf der Brust getragen haben. Garinet (p. 152) erwähnt eine Medaille, auf der sie als heidnische Göttin, umgeben von magischen Zeichen, dargestellt sei.

Metamorphosen. — Die Zauberer standen in dem Rufe, sich und andere in Tiere verwandeln zu können. Rambaud erzählt folgendes Beispiel: Ein Jäger wird von einer Wölfin angegriffen und schneidet ihr eine Tatze ab. Als er bald darauf in ein nahe gelegenes Schloß kommt, findet er die Herrin desselben im Bette liegend; es fehlt ihr eine Hand: sie wird als Hexe verbrannt. Diese historisch beglaubigte Begebenheit wird auch bei Garinet erzählt.[1]

Arten von Zauberei. — Die Zauberer verstanden durch allerlei geheimnisvolle Prozeduren verlorene Gegenstände herbeizuschaffen, Diebe zu entdecken und ähnliches. Anhorn[2] erwähnt verschiedene Arten dieser Zauberei, nämlich die Schlüsselzauberei (*Kleidomantia*), die Kopfzauberei (*Kephalomantia*, Erscheinenlassen eines Kopfes, der dann befragt wird), die Schildzauberei (*Aspidomantia*), ferner die Becken-, Bauch-, Spiegel-, Kristall-, Sieb-, Zangen- und Axtzauberei. Thiers erwähnt diese Arten der Zauberei als «*Divination qui se fait par le moyen d'vn sas* (Haarsieb) *ou d'vn crible* (Sieb), *d'vne hache ou d'vn anneau*». Die Beckenzauberei wurde nach Anhorn folgendermaßen ausgeführt: Der Zauberer nimmt ein mit Wasser gefülltes Becken, legt einige mit geheimnisvollen Zeichen versehene Stückchen Silber- oder Goldblech hinein und beschwört sodann den Teufel. Zunächst läßt sich ein unbestimmtes Geräusch vernehmen, woraus man schließen kann, daß der Teufel anwesend ist. Der Zauberer legt ihm dann Fragen vor, die der Teufel mit leiser, aber vernehmlicher

---

[1] Garinet, *Hist. de la Magie*, l. c., p. 149. Über dieses Ereignis s. unten im Abschnitt B. Über die Verwandlung von Menschen in Tiere cf. Boguet, l. c., p. 338.

[2] Anhorn, *Magiologia*, l. c., p. 520.

Stimme beantwortet. Die Bauchzauberei (*Gastromantia*) ist nichts anderes als Bauchrednerei *(ventriloquisme)*. Bodin zitiert folgenden Fall von Siebzauberei (*Coscinomantie*) [1]:

«*J'ay appris de Maiftre Antoine de Laon, Lieutenant Général de Ribemont, qu'il y eut vn Sorcier qui découvrit vn autre Sorcier avec vn tannis* (Sieb), *après avoir dit quelques paroles et qu'on nommoit tous ceux qu'on foupçonnoit. Quand on venoit à nommer celuy qui eftoit coupable du crime, alors le tannis fe mouvoit fans ceffe, et le Sorcier coupable du fait venoit en la maifon, comme il fut averé, et depuis il fut condamné. Mais on devoit auffi faire le procés à celuy qui vfoit du tannis. Tout cela fe fait par art diabolique, afin que ceux qui voyent cette merveille, paffent plus outre pour fçavoir toute la Sorcellerie.*»

Die Spiegel- oder Kristallzauberei (*Katoptromantie, Krystallomantie*) wurde in ähnlicher Weise ausgeführt. Der Zauberer nahm einen sehr klaren Spiegel, beschwor den Teufel mit gewissen Zeremonien und Zauberformeln, und erblickte schließlich die Personen oder Gegenstände, über die er Auskunft wünschte, in dem Spiegel oder dem Kristall.[2] Ein Franzose soll einen gestirnten Zauberspiegel besessen haben, in dem er dem König von Frankreich alles zeigte, was an anderen Fürstenhöfen vorging (Anhorn). Bodin zitiert folgendes Beispiel von Beckenzauberei, die mit Hilfe eines Zauberringes ausgeführt wurde [3]:

«*... et en pareil cas la Dactylomantie avec l'anneau fur le verre d'eau de laquelle vfoit vne fameufe Sorciere Italienne en Paris l'an 1562 en marmotant je ne fçay quelles paroles, et devinoit parfois ce qu'on demandoit par ce moyen, et neanmoins la plufpart y eftoient trompez ... Toutefois il y en a qui appellent cette forte Hydromantie, et difent que la Dactylomantie f'entend des anneaux où les Sorciers portent les efprits qu'ils appellent familiers, que les Grecs appellent δαίμονας παρέδρους.*»

---

[1] *De la Démonomanie des Sorciers, livre IV, Disquis. Magic., cap. 2.*
[2] Dieselbe Art der Zauberei wurde in England ausgeführt (cf. das oben S. 7 zitierte Drama von Robert Greene.
[3] *De la Demonomanie etc., livre II, cap. 1.*

Auch ein Beispiel von Axtzauberei (*Axinomantie*) erwähnt
Bodin [1]):

«*Par ainſi ceux qui prennent la hache et la mettent droit à
plomb, en diſant quelques paroles ſaintes, ou Pſalmes, et puis
nomment les noms de ceux deſquels on ſe doute, pour découvrir
quelque choſe à la prolation de celuy qui eſt coupable, que la hache
ſe mouve, c'est vn art diabolique, que les Anciens appelloient Axinomantie.*»

Totenbeschwörung. — Die Zauberer vermochten
nicht nur Geister und Dämonen, sondern auch Seelen Verstorbener heraufzubeschwören. Man nannte diese Kunst, die
im XI. Gesange der Odyssee ein klassisches Beispiel besitzt,
Nekromantik (*nécromantie*).

Tier- und Pflanzenaberglaube. — Die Zauberer
pflegten auch Tiere, z. B. Ratten, Wölfe, Schlangen usw. zu
beschwören, um sie ihren Zwecken nutzbar zu machen.[2])
Überhaupt spielten gewisse Tiere und Pflanzen in der Zauberei
eine große Rolle. Teils sind diese abergläubischen Anschauungen Reminiszenzen aus der antiken Mythologie, teils Neuschaffungen des mittelalterlichen, bis ins 17. Jahrhundert
hinein fortdauernden Aberglaubens. Der Salamander spielte
als Elementargeist (Geist des Feuers) eine große Rolle in den
Lehren der Alchimisten. Vermöge seines großen Feuchtig-
keitsgehaltes vermag er mitten im Feuer zu leben. Der
Phönix lebt nur als ein einziges Exemplar in der Welt, sein
Leben dauert ein paar Jahrhunderte, bis er sich selbst in
Feuer verzehrt und aus der Asche neu ersteht.[3]) Er war
schon im Altertum berühmt, ebenso der Basilisk (*coccatrix*).[4])
Letzterer war äußerst selten und sehr gefürchtet, denn wenn
ein Mensch und ein Basilisk sich begegneten, mußte derjenige
von beiden sterben, der von dem anderen zuerst erblickt wurde.
Um einen Basilisk zu erzeugen, mußte man zwei Hähne in
eine Grube einsperren, wo dieselben ein Ei legten. Dieses Ei

---

[1]) Ibd. livre II, cap. 1.
[2]) S. unten den Titelkupfer zu Anhorn's *Magiologia* im Anhang I.
[3]) Cf. Castillon, l. c., p. 270.
[4]) Über den Basilisk cf. Boguet, l. c., p. 190, u. De Lancre,
l. c., p. 167.

mußte von einer Kröte ausgebrütet werden, dann kam aus
ihm ein Basilisk hervor. Der Basilisk spielte in der Alchimie
eine geheimnisvolle Rolle.[1] Auch an den Vogel Greif
(Gryphon, Griffon), sowie an den Schwan knüpften sich allerlei
Legenden. Ein Überbleibsel des gallischen Heidentums ist
der Glaube an die Zauberkraft der Mistel (gui). Die Druiden
pflegten die Mistel unter feierlichen Zeremonien zu pflücken.
Lange Zeit galt diese Pflanze als Universalmedizin, insbesondere
als Konzeptionsmittel. Noch im 17. Jahrhundert schrieb man
der Mistel die Kraft zu, die Epilepsie zu heilen. Heute noch
ist es in Frankreich und England üblich, in der Weihnachts-
zeit das Zimmer mit Mistelzweigen zu schmücken. — Die
Mandragora (Alraunenwurzel) haben wir als als Aphrodisiacum schon erwähnt.[2] Infolge einer unbestimmten Ähnlichkeit hielt man diese langhaarige, nach unten zu gespaltene
Wurzel für anthropomorph, d. h. man glaubte in ihr ein
kleines, haariges Männlein zu erblicken.[3] Man bildete sich
sogar ein, bei diesen Wesen einen Unterschied der beiden
Geschlechter wahrzunehmen.[4] Nach dem Glauben des Volkes
wuchs diese Wurzel unter dem Galgen, sie stieß, wenn man
sie ausriß, einen leisen Schrei aus. Man bewahrte sie, mit
einem Mäntelchen bekleidet, zu Hause auf und sah sie gewissermaßen als Schutzgeist des Hauses an, ja man ver-
wechselte sie sogar mit einem Heinzelmännchen (Anhorn).
Martinus Del Rio [5] erzählt eine derartige Geschichte. Als er

---

[1] Cf. Rambaud, *Hist. etc.*, I, 361 ff.

[2] Der Wortstamm *run* bezeichnet in allen germanischen Dialekten
etwas Geheimnisvolles, auf die Zauberei Bezügliches: got. *rûna*, Geheimnis, ahd. *alrûna*, mhd. *alrûne*, nhd. *Alraun, Hellrun*, ahd. *rûnên*,
mhd. *rûnen*, nhd. *raunen* (Kluge, *Etym. Wörtb.*[5], p. 10 u. 296); cf. alt-
engl. *burgrune, hellerune* (Hexe) usw.

[3] Vgl. unten Anhang I, Fig. 1, 4, 5, 6 u. 7.

[4] Cf. Brown und Anhorn. Derselbe Aberglaube war im 17.
Jahrhundert auch in Deutschland verbreitet; cf. Henne am Rhyn,
l. c., II, 130, woselbst zwei *jetzt* in der Kaiserl. Hofbibliothek zu Wien
aufbewahrte Alraunen Kaiser Rudolfs II., von denen die eine für ein
Männchen, die andere für ein Weibchen gehalten wurde, abgebildet sind.

[5] *Difquifitionum Magicarum libri sex* (Colonia. 1679), lib. I, cap. 2
§ 6, p. 574 (zitiert bei Anhorn).

im Jahre 1578 das Amt eines Richters bekleidete, sei ihm
unter den konfiszierten Schriftstücken eines der Zauberei angeklagten Lizentiaten außer einem mit wunderlichen Zeichen
beschriebenen Zauberbuche auch ein kleiner Kasten aufgefallen, in dem ein altersschwarzes Alraunenmännlein gelegen habe, mit langem Haar, aber ohne Bart, welches zur
Zauberei und Vermehrung des Geldes gedient habe. Als er
ihm die Arme ausgerissen, hätten einige anwesende Personen
ihm ein großes Unglück prophezeit, er habe aber darüber
gelacht, und als er das Alraunenmännlein samt dem Kästchen
und dem Zauberbuche ins Feuer geworfen habe, habe er
nichts anderes als den Geruch einer verbrennenden Wurzel
wahrgenommen.

Zauberische Heilungen. — Die Zauberer, die sich
Eingriffe in alle Gebiete des menschlichen Lebens erlaubten,
vermaßen sich auch, kraft ihrer Verbindung mit den Geistern
der Hölle allerlei Krankheiten heilen zu können.[1] Außer
gewissen Zeremonien und Zauberformeln wandten sie zu diesem
Zwecke Zaubersalben und allerlei Präparate aus dem Tier- und
Pflanzenreich an, z. B. vierblättrige Kleeblätter, Schwalben-
herzen, Bärenhaare u. a. m.[2] Bei Vergiftungen galt der
Atem eines Esels als wirksames Gegengift. Bei Blutfluß
ließ man Blut aus der Nase auf zwei kreuzweise übereinander
gelegte Embryonen träufeln, oder man legte sich einen Schlüssel
auf den Rücken. Zahnschmerzen heilte man durch Berührung
mit dem Zahn eines Toten. Die Krätze vertrieb man, indem
man sich nackt in einem Haferfelde umherwälzte. Zur Be-
ruhigung des Hustens brauchte man nur in das Maul eines
Frosches zu spucken. Durch sogenannte sympathische
Mittel glaubte man Wunden selbst aus der Entfernung heilen
zu können. Der Pater Placet zitiert in einem Traktat[3] unter
anderen folgendes Beispiel für den Glauben an die Heilkraft

---

[1] Cf. Boguet, l. c., p. 247 ff. u. De Lancre, l. c., p. 350.
[2] Über Zaubersalben cf. Boguet, l. c., p. 165 u. De Lancre,
l. c., p. 106 ff.
[3] *La Poudre de Sympathie soupçonnée de Magie, Contre vn Liure
anonyme* (von einem gewissen abbé D. B.) *intitulé: Poudre de Sympathie Victorieuse* (Paris. 1638), chap. IV, p. 22 ff.

der sympathetischen Mittel: «*On trempe vn linge dans le sang
ou pus de la playe du blefsé, on met vn peu de poudre* (sympathetisches Pulver) *fur ce fang, et on le garde en vn lieu
temperé, ce qu'eftant reiteré cinq ou six iours, quelques fois, les
parties diuifées fe reioignent, la playe fe referme, et le blefsé se
retrouue fain, quand il feroit à plus de mille lieuës du linge où
eft appliqué la poudre.*»

Der Verfasser berichtet weiter von anderen, ähnlichen
Prozeduren zur Heilung von Wunden und Krankheiten. Der
Glaube an die Wirkung der Sympathie war in Frankreich in
den höchsten Kreisen verbreitet.[1] Ein Beispiel dafür findet
sich, wie wir später sehen werden, in der *Astrée* des Honoré
d'Urfé.[2]

**Wunderdoktor.** — Die Einrenkung zerbrochener
Glieder übernahm ein besonderer Wunderdoktor, der *rebouteur*
oder *rebouteux*. Besonders gut mußte sich der Henker darauf
verstehen, der auch die Glieder so geschickt zu zerbrechen
verstand. Er lieferte zwei vortreffliche Mittel, den Strick
und das Fett von Gehenkten (*La corde et graisse de pendu*).
Auf dem Gebiete der empirischen Heilmethoden[3] berührt
sich die Zauberei mit der Quacksalberei, so daß der Unterschied zwischen Zauberern und Quacksalbern nicht immer
mit Klarheit festzustellen ist. Sobald außer pharmazeutischen
Mitteln geheimnisvolle Zeremonien und Zauberformeln eine
Rolle dabei spielen, haben wir es mit Zauberei zu tun. Auf
die Quacksalberei im eigentlichen Sinne werden wir noch
zurückkommen.

**Schäfer als Zauberer.** — Der Besitz geheimnis-
voller Kenntnisse irgendwelcher Art mußte in den Augen

---

[1] In Deutschland hört man heute noch auf dem Lande oft sagen,
für diese oder jene Krankheit müsse man „Sympathie gebrauchen".

[2] S. unten S. 94 ff.

[3] Ein weit verbreiteter Glaube, der jedoch mehr als Wunderglaube
aufzufassen ist, ging dahin, daß die Könige von England und Frankreich die Gabe besaßen, durch bloßes Händeauflegen die Skrofeln
(*écrouelles*) zu heilen, wobei sie die Worte sprachen: „Le Roy te touche
et Dieu te guérit" (cf. Boguet, Thiers, Le Brun, Anhorn, Rambaud, l. c.).

3*

des Volkes einen Menschen als Zauberer erscheinen lassen.
Daher galten die Schäfer nicht nur beim Volke, sondern allgemein für Zauberer, und gelten in manchen Gegenden unter
der Landbevölkerung auch heute noch dafür. Allein mit ihren
Herden, mußten sie die Ärzte ihrer Tiere sein, und sie besaßen in der Tat eine Reihe medizinischer und anderer, geheimer Kenntnisse. Es kam wohl auch vor, daß sie kranke
Menschen durch allerlei Geheimmittel heilten. Die französische Gesetzgebung hat lange Zeit die Schäfer als der Zauberei
verdächtig betrachtet. In dem *Préambule du Conseil d'Etat du
Roi* vom 15. September 1751 heißt es:

«*Fait pareillement S. M. défense à tous bergers de menacer,
maltraiter, faire aucun tort . . . aux fermiers ou laboureurs qu'ils
servent ou à ceux qu'ils ont servis . . . ainsi qu'à leurs familles,
bergers ou domestiques; à peine contre les dits bergers, pour les
simples menaces, de cinq années de galères, et pour les mauvais
traitements, de neuf années . . .*» [1]

Aus der Höhe der angedrohten Strafen geht in der Tat
hervor, daß es sich hier um vermeintliche Zauberei handelt,
die ja als das schrecklichste aller Verbrechen galt.

Merkmale der Zauberer und Hexen. — An verschiedenen Merkmalen erkannte man die Zauberer und Hexen.
Die Wasserprobe (*L'épreuve de l'eau froide*) kam nach Thiers
in Westfalen um das Jahr 1560 auf und kam gegen Ende
des 16. Jahrhunderts von Deutschland nach Frankreich.[2] Im
Jahre 1568 soll von dieser unsinnigen Sitte zum erstenmal
in Frankreich Gebrauch gemacht worden sein. Man warf die
der Zauberei verdächtige Person dreimal ins Wasser, nachdem
man ihr die rechte Hand an den linken Fuß gebunden hatte.
Ging der Betreffende unter, so war er unschuldig, schwamm
er dagegen oben auf, so war seine Schuld erwiesen, denn man
nahm an, daß der Teufel die Zauberer außerordentlich leicht
mache. Auch durch Rasieren der Haare am ganzen Körper
glaubte man die Zauberer zum Geständnis zu bringen, da
gerade in den Haaren der Teufel stecken sollte. In Toulouse

---

[1] Zitiert bei S a l v e r t e, *Des Sciences Occultes*, II, 19.
[2] Cf. J o h. W i e r, *De Præstigiis Dæmonum* (1564).

war es üblich, die Angeklagten in einen eisernen Käfig einzusperren und dann unterzutauchen. Der Pariser Gerichtshof
sah zuerst die Unsinnigkeit dieses Verfahrens ein. Im Jahre
1601 wurde die Wasserprobe in Paris verboten, in einigen
Provinzen dagegen, besonders in der Bourgogne, blieb sie bestehen. So wurden bei einem Hexenprozesse in Montigny-
le-Roi noch im Jahre 1696 viele Personen der Wasserprobe
unterworfen. Da man annahm, daß die Stelle des Körpers,
die der Teufel mit seiner Kralle berührt habe, unempfindlich
geworden sei, stach man die der Zauberei Angeklagten mit
langen Nadeln, oft bis auf die Knochen, um die unempfindlichen Stellen zu finden. Da aber solche partielle Unempfind-
lichkeit sich bei hysterischen Personen sehr häufig findet, so
wurden viele unglückliche Opfer der geistlichen und der weltlichen Obrigkeit auf dieses Diagnostikon hin dem Scheiterhaufen überliefert (Garinet, Rambaud).

Hexenwahn und Hexensabbat. — Gerade diese
Verfolgungen vermehrten aber nur die Zahl der Zauberer und
Hexen.[1]) Durch die gegen sie gehäuften Beschuldigungen,
unterstützt durch angebliche Beweise, wurden unzählige, geistig
nicht normale und besonders hysterische Personen dazu gebracht, daß sie sich selbst in der Tat für Zauberer oder Hexen
hielten, und man hat zahlreiche Beispiele dafür, daß sie sich
sogar oftmals selber anzeigten. Aus dieser krankhaften Über-
reizung der Geister, welche jene ganze Zeit beherrschte, erklärt sich auch die angebliche Teilnahme gewisser Leute —
nicht nur derer, die sich bereits für Zauberer hielten — an
den Zauberer- und Hexenversammlungen, dem sogenannten
Hexensabbat.[2]) Nervös überreizte Personen, die fortwährend
von diesem oder jenem erzählen hörten, er habe dem Sabbat
beigewohnt und diese oder jene Zeremonien dabei ausführen
sehen und selbst mitausgeführt, kamen durch Suggestion oder
Autosuggestion leicht soweit, daß sie sich einbildeten, selbst

---

[1]) Über Hexenwahn in Frankreich cf. De Lancre, l. c., p. 88,
96, 133, 169, 199, 541 u. a.

[2]) Beschreibungen des Hexensabbats s. bei Boguet, l. c., p. 95,
104, 108, 120, 124ff., 132ff., 183, 327ff., 542ff., 546, bei De Lancre,
l. c., p. 118ff. u. bei Garinet, l. c., p. XL—LIII.

auch dabei gewesen zu sein. Nach dem allgemeinen Glauben des 17. Jahrhunderts versammelte der Teufel die ihm untergebenen Geister, Dämonen, Hexen und Zauberer vorzugsweise in der Nacht vom Freitag auf Samstag (daher die Bezeichnung *Sabbat*) an einem Kreuzwege oder in der Nähe eines Teiches, weil die Teilnehmer der Versammlung das Wasser peitschen mußten, um einen Orkan heraufzubeschwören. Alle Vegetation verschwindet an dieser · Stelle, denn die Teufel haben heiße Füße.[1]) Die Versammlung findet meist bei Nacht statt. Wenn ein Hammel in einer Wolke erscheint, so bereiten sich die Zauberer zum Aufbruche, denn ein Zuspätkommen zum Sabbat wird mit einer Geldstrafe geahndet. Sie brauchen dann nur einen Besenstiel mit ihrer Zaubersalbe einzureiben, so trägt der Besen sie durch den Kamin hindurch und durch die Luft zum Versammlungsort. In Italien machte der Teufel es seinen Getreuen noch leichter, er nahm die Gestalt eines Bockes an und trug sie auf seinem Rücken zum Sabbat. In der Versammlung ist der Teufel Herr und Meister und verlangt unbedingten Gehorsam. Er erscheint zumeist in der Gestalt eines sehr großen Bockes, mit drei oder vier Hörnern und einem langen Schwanz, unter dem ein menschliches Gesicht sichtbar ist, das die Zauberer · zum Zeichen ihrer Ehrfurcht küssen müssen. Der Teufel besichtigt zunächst alle Anwesenden, die er an den gezeichneten, unempfindlichen Körperstellen erkennt. Wer noch kein Zeichen hat, wird mit einem solchen versehen. Sodann wird die Zeremonie eröffnet mit dem Gesange:

*Alegremos, alegremos, que gente ve tenemos.*[2])

Die Anwesenden leisten darauf dem Teufel den Eid auf ein mit schwarzen Zeichen beschriebenes Buch. Sie töten ungetaufte Kinder, um aus ihrem Fleisch die Zaubersalbe zu bereiten, mit deren Hilfe sie in die Versammlung gelangen. Sie müssen ferner von ihren Schandtaten Rechenschaft ablegen. Wer nicht genug Übel angerichtet hat, wird bestraft.

---

[1]) G a r i n e t, nach S t r o z z i, *Del Palagio degli Incanti, libro* I V. *cap.* 4.

[2]) G a r i n e t, l. c. — Der Umstand, daß die französischen Zauberer sich einer solchen spanischen Zauberformel bedienen, läßt darauf schließen, daß die französische Zauberei vielfach von der spanischen abhängig war.

Darauf wird der sogenannte Krötentanz (*danse des crapauds*)
aufgeführt. Daran schließt sich das Festmahl, das aus merkwürdig zubereiteten Kröten und anderen widerlichen Speisen
besteht. Der Teufel parodiert sodann die Messe und andere
kirchliche Handlungen. Die schönste Hexe wird darauf zur
Königin des Sabbats erwählt und wird des Teufels Gemahlin.
Ein Reigen, bei dem die Tanzenden sich den Rücken zu-
drehen, sowie eine widerliche Orgie beschließen die Zeremonie.
Beim ersten Hahnenschrei geht die Versammlung auseinander.

Hexenprozesse. — Gerade im 16. und zu Beginn
des 17. Jahrhunderts nahmen die Verfolgungen gegen die
Zauberer und Hexen an Heftigkeit zu. Im Jahre 1577 ließ
der Gerichtshof zu Toulouse 400 Zauberer verbrennen. Bodin,
ein Rechtsgelehrter aus Angers, veröffentlichte im Jahre 1581
das schon mehrfach erwähnte Werk *De la Démonomanie des
Sorciers.*[1]) Er behauptete, es gäbe in Frankreich 1 800 000
Zauberer, die er am liebsten alle verbrannt hätte. In der
Tat überlieferte er eine große Zahl dieser Unglücklichen dem
Scheiterhaufen. Die Richter Boguet zu Saint Claude in der
Franche Comté, Le Loyer in der Provinz Anjou und Pierre
de Lancre in der Provinz Béarnais standen ihm an Grausamkeit nicht nach. Eine Menge von Abhandlungen über die
Zauberei erschienen zu jener Zeit, so z. B. *De l'Impofture et
Tromperie des diables, enchanteurs, noueurs d'aiguillettes et autres*
von Pierre Massé[2]), der schon erwähnte *Discours des Sorciers etc.* von Boguet (1606)[3]), das *Tableau de l'Inconftance
des mauvais anges et démons* von Pierre de Lancre (1612),
ein *Traité des Spectres* von Le Loyer[4]) sowie ein Traktat
über die Zauberei von demselben.[5]) Allenthalben lodern die
Flammen der Scheiterhaufen. In Deutschland werden allein
im Bistum Trier 600 Zauberer verbrannt. In Spanien, wo

---

[1]) Das Werk wurde im Jahre 1603 ins Lateinische (s. Verz. der
ben. Lit.) und bald danach ins Italienische übersetzt (cf. Maury, l. c.,
p. 219).

[2]) Paris. 1579, 8° (zit. bei Maury, *La Magie etc.*, p. 219.).

[3]) Wieder gedruckt Lyon. 1608 (s. im Verz. der Ben. Lit.).

[4]) Paris. 1615, 8° (zit. bei Maury, l. c., p. 219).

[5]) Zit. bei Rambaud, *Hist. etc.*

Del Rio im Jahre 1600 seine *Recherches Magiques* veröffentlicht, wütet die Inquisition schlimmer als anderswo. In Genf
läßt der Bischof in einem einzigen Jahre (1515) 500 Zauberer
verbrennen. In Italien wütet um das Jahr 1520 ein Mönch
aus Arezzo, der den bezeichnenden Beinamen *Grillandus* trägt.
In England schreibt König Jakob I. im 17. Jahrhundert eine
Dämonologie.[1]) Obwohl schon im Jahre 1564 Jean de Wier
in seinem Werke *Des Prestiges Du Démon* mit großer Augen-
scheinlichkeit nachgewiesen hatte, daß die Zauberer nichts
anderes seien, als unglückliche, an Halluzinationen leidende
Menschen, die eher Mitleid als Strafen verdienten, dauerten
dennoch die Hexenprozesse, unauslöschliche Schandflecke der
Weltgeschichte, bis in die zweite Hälfte des 17. Jahrhunderts
hinein fort. Der Philosoph Gassendi, ein Geistlicher aus dem
südlichen Alpengebiet (1592—1635), bewies schließlich durch
ein unwiderlegbares Experiment, daß der ganze Hexensabbat
nur in der Einbildung der Leute existiere. Er begab sich in
ein Alpendorf, dessen Einwohner sich fast alle für Zauberer
hielten. Einigen derselben verabreichte er ein Getränk, das
einer dieser Zauberer selbst bereitet hatte, und das sie in
einen tiefen Schlaf fallen ließ. Als sie erwachten, erzählten
sie sämtlich, sie seien beim Hexensabbat gewesen. Alle Anwesenden hatten aber feststellen können, daß keiner von ihnen
sein Bett verlassen hatte.[2])

Unter dem Einflusse Pierre Séguier's (1588—1672) ent-
schloß sich das Pariser Parlament, die vermeintlichen Zauberer
künftig nur zu bestrafen, wenn sie wirkliche Verbrecher seien.
Im Jahre 1660 wurde zu Paris ein Hufschmied als Zauberer
verhaftet, aber wieder freigelassen. In den Provinzen dagegen
wüteten die Gerichte noch lange Zeit gegen die Zauberer fort.

Alchimie. — Die Afterwissenschaft der Alchimie steht
zur Chemie im selben Verhältnis wie die Astrologie zur
Astronomie. Die Alchimie ist insofern von nicht zu unter-
schätzender Bedeutung, als aus ihren törichten und phantastischen Versuchen heraus sich die positive Wissenschaft der

---

[1]) Cf. Rambaud, l. c. u. Anhorn, l. c.
[2]) Rambaud, l. c., II, 154.

Chemie entwickelt hat.[1]) Lemery, ein französischer Gelehrter des 17. Jahrhunderts aus Rouen (1645—1740), war einer der ersten, die die Chemie von dem ihr anhaftenden Aberglauben frei zu machen suchten. Die Alchimie scheint schon von den Griechen und Römern betrieben worden zu sein. Von den Arabern besonders ausgebildet, gelangte sie durch die Mauren nach Spanien und von da nach dem übrigen Europa. Im Mittelalter spielte sie eine besonders große Rolle. In Deutschland betrieb Albertus Magnus, der den französischen Alchimisten später als Autorität galt, die Alchimie aufs Eifrigste. Er kannte bereits die Salpetersäure, die er als aqua prima oder aqua philosophica ersten Grades bezeichnete. Alsdann fand er einige neue chemische Verbindungen, die er als aqua secunda, aqua tertia und aqua quarta bezeichnete. Letztere würde auch Mineralwasser (eau minérale) oder Philosophenessig genannt. Thomas von Aquino, sein Schüler in den Geheimwissenschaften, behauptete schon, auf chemischem Wege künstliche Edelsteine herstellen zu können.[2]) In England beschäftigte sich der Mönch Roger Bacon (1214—1294), einer der vielen, denen die Erfindung des Pulvers zugeschrieben wird, mit der Alchimie; er wurde der Zauberei angeklagt und beteuerte vergeblich, daß es überhaupt keine Zauberei gäbe. In Spanien war der Philosoph und Alchimist Raimundo Lulio (1236—1315) ein Vorläufer der Chemie. Petrarca nannte die Alchimie „eine Kunst zu lügen und zu betrügen, von der nichts zu erhoffen sei als Rauch, Asche, Schweiß und

---

[1]) Über die Alchimie vgl.: Hoefer, *Histoire de la Chimie*, Paris, 1866[2], 2 vol, 8°; Kopp, Herm., *Gesch. der Chemie*, Braunschweig, 1843—47, 8°; id. *Beiträge zur Gesch. der Chemie*, ibd. 1869, 8°; id. *Die Alchimie in älterer u. neuerer Zeit*, Heidelb. 1886, 2 Bde., 8°; Berthelot, *Origines de l'Alchimie*, Paris. 1885, 8°. Von älteren Werken über die Alchimie mögen hier Erwähnung finden: Anon., *Speculum Alchimiae*, Basel. 1572; Anon., *Theatrum Chimicum*, Straßbg. 1657[2], 6 Bde., 8°; Manget, *Bibliotheca Chimica Curiosa*, Genève, 1702, 8°; Fabricius, *Bibliotheca Graeca*, Hambg. 1724, Bd. XII; Ideler, *Physici et Medici Graeci minores*, Berlin. 1841—42, 2 Bde., 8°. — Über weitere, allgemeine Werke cf. *La Grande Encyclop.*, II, 24.

[2]) Cf. Rambaud, l. c., I, 361 ff.

Seufzer, Spott und Schande".[1]) Die Alchimisten vermengten
wissenschaftliches Verfahren mit abergläubischen Vorstellungen.
Von der Annahme ausgehend, daß alle Metalle aus zwei Elementen, Schwefel und Quecksilber, zusammengesetzt seien,
glaubten sie durch neue Verbindungen dieser beiden Elemente
jedes Metall in ein anderes verwandeln zu können. Diese
Lehre von der Transmutation der Metalle bildete die Grundlage ihrer törichten Versuche, die nun hauptsächlich darauf
gerichtet waren, künstliches Gold herzustellen. Die dazu er-
forderliche Vorstufe, die sie zunächst zu finden sich bemühten,
nannten die französischen Alchimisten das *Grand Elixir*, das
*Grand Mystère* oder die *Pierre Philosophale* (Stein der Weisen).
Im 15. Jahrhundert war der Glaube an die Möglichkeit,
künstliches Gold herzustellen, in Frankreich allgemein verbreitet, zumal das Gold in dieser Zeit selten war. Am ge-
suchtesten war das spanische Gold, das angeblich eine geheimnisvolle Zusammensetzung hatte: es enthielt Bestandteile
des Basilisks, jenes sagenhaften Geschöpfes, von dem schon die
Rede gewesen ist.[2]) Am Hofe Karls VII. von Frankreich
beschäftigte man sich eifrig mit der Alchimie. Der Alchimist
Nicolas Flamel (gest. zu Paris 1418) behauptete, in einem
alten hebräischen Buche das Geheimnis des Goldmachens gefunden zu haben. Er wurde in der Tat reich, aber wohl aus
dem einfachen Grunde, weil er durch allerlei trügerische Versprechen den Leuten das Geld aus der Tasche zu ziehen verstand, wie denn überhaupt neben den ernstlich forschenden
Alchimisten eine ganze Anzahl von Betrügern den Laien
durch Verkauf angeblicher Geheimrezepte zur Herstellung
des *or philosophique* viel Geld abschwindelten. In den bei
den chemischen Versuchen sich bildenden Gasen, die leicht
Explosionen verursachten, glaubte man in den Metallen verborgene Geister (*esprits métalliques*) zu sehen. Zwecks sicheren
Gelingens ihrer Experimente schlossen deshalb die Alchimisten
oft einen Pakt mit diesen Metallgeistern. Auch die Astrologie spielte bei ihren Versuchen eine Rolle, denn gewisse

---

[1]) Zitiert bei A n h o r n, *Magiologia*, p. 920.
[2]) S. oben S. 32 f.

Gestirne hatten auf das Gelingen der chemischen Experimente
einen großen Einfluß. Die Alchimie berührte sich also mit
verschiedenen anderen Zweigen der Magie. Deshalb be-
deuteten für den Laien die Bezeichnungen *physicien, alchimiste,
astrologue* und *magicien* ungefähr dasselbe. Der Stein der
Weisen bildete nicht nur die notwendige Vorstufe zur Herstellung des Goldes, sondern man schrieb diesem Phantasie-
gebilde auch andere, kostbare Eigenschaften zu, z. B. daß
es dem Besitzer Gesundheit und ewige Jugend verschaffen
würde. Schon Paracelsus behauptete, ein Rezept gefunden
zu haben, welches gestattete, das Leben mehrere Jahrhunderte
hindurch zu verlängern.

Rosenkreuzer. — Ähnlichen Chimären huldigte die
geheimnisvolle Sekte der Rosenkreuzer (Rosenkreuzbrüder,
*Frères de la Rose-Croix*).[1) Diese Geheimgesellschaft soll in
Deutschland gegründet worden sein, sich dann aber, wie aus
den Abhandlungen von Naudé und Garasse hervorgeht, nach
Frankreich und Spanien verbreitet haben. Ihr Gründer soll
ein Deutscher namens Christian Rosenkreutz [geb. 1378(?)],
von vornehmen aber armen Eltern stammend, gewesen sein.
Mit sechzehn Jahren verließ er das Kloster, in dem er lateinisch und griechisch gelernt hatte, und wurde nun von ein
paar Zauberern, in deren Gesellschaft er die nächsten Jahre
verbrachte, in die Geheimwissenschaften eingeweiht. Im Alter
von 21 Jahren begab er sich auf Reisen. Hauptsächlich
weilte er in der Türkei und in Arabien, wo er allerlei weitere
Geheimwissenschaften und fremde Sprachen erlernte. Mit
einer allerdings ungewöhnlichen Bildung ausgestattet, bildete

---

[1) Die folgenden Angaben über diese, in legendäres Dunkel ge-
hüllte Geheimgesellschaft sind den diesbezüglichen Traktaten von N a u d é ,
G a r a s s e , N e u h o u s und einigen anon. Abhandlungen (s. die genauen
Titel im Verz. der ben. Lit.) entnommen. Sie geben natürlich nicht
eine streng historische Darstellung der Entwicklung dieses Geheimbundes; es handelt sich auch hier nicht um eine solche, sondern nur
darum, festzustellen, welche Ansichten über das geheimnisvolle Treiben
dieser Sekte, die auch in der *Pierre Philosophale* ihren Widerhall findet,
in dieser Zeit in Frankreich verbreitet waren. — Über die Rosenkreuzer
cf. B u h l e , *Über den Ursprung und die Schicksale des Ordens der Rosenkreuzer*, Göttingen. 1803, 8⁰.

er sich schließlich ein, er sei dazu berufen, die ganze Welt
zu reformieren. Nachdem er in Spanien versucht hatte,
eine Geheimgesellschaft zu gründen, aber infolgedessen des
Landes verwiesen worden war, verwirklichte er seinen Plan
in Deutschland. Ohne in seinem Leben irgend eine Krankheit gehabt zu haben, soll er im Jahre 1484 im Alter von
106 Jahren gestorben und in einer nicht näher bekannten
Gegend Deutschlands in einer Grotte beigesetzt worden sein.
Nach einer anderen Version wäre die Gesellschaft der Rosenkreuzer erst 120 Jahre nach seinem Tode an seinem Grabe
gegründet worden. Die geheimnisvolle Höhle, von der natürlich niemand zu sagen wußte, wo sie sich befand, war nach
dem Glauben der Rosenkreuzer durch eine Sonne erleuchtet,
daher auch alle diejenigen, die zu der Sekte gehörten, „Er-
leuchtete" (*Illuminés*) genannt wurden. Über der Gruft des
Ordensstifters befand sich ein runder Altar, und auf demselben eine mit geheimnisvollen Inschriften bedeckte Kupfer-
platte. Die Grotte war außerdem mit hellen Lampen, kleinen
Glöckchen und geheimnisvollen Büchern ausgestattet. Der
Pater Garasse [1]) leitet den Namen *Rose-Croix* davon ab, daß
die Gesellschaft in Deutschland, wo alle Welt gern ins Wirts-
haus gehe (!), gegründet worden sei und zwar in einer Kneipe.
In den deutschen Kneipen hänge nämlich stets ein Kranz
aus Rosen an der Decke, als Symbol dafür, daß man alle
unbedachten, in der Hitze des Weines gesprochenen Worte
vergessen solle, und er zitiert mit Bezug auf diese sinnbild-
liche Bedeutung des Kranzes ein Distichon Martials:

Inde ROSAM mensis hospes suspendit amicis,
Conviva vt ſub eâ dicta tacenda ſciat.

Er zitiert auch ein deutsches Sprichwort: „Ich sage dir
das unter der Rose", was soviel heißen solle, als: im Geheimen. Da nun die Brüderschaft alle Ursache habe, ihre
Schandtaten geheim zu halten, und weil sie zwischen Gläsern
und Bechern gegründet worden sei, hätten ihre Mitglieder
sich als *Fraternité de la Croix des Roses* bezeichnet. Die
Rosenkreuzer behaupteten, oder bildeten nach dem Berichte

---

[1]) Garasse, *La Doctrine Curieuse etc.*

Naudé's sich ein, alle Tugenden in der höchsten Potenz zu
besitzen, alle Sprachen zu verstehen und zu sprechen, alle
Geheimnisse zu kennen, sich unsichtbar machen und alle
möglichen Gestalten annehmen zu können und ähnliche Torheiten mehr. Einer ihrer Sätze lautete: *A nemine videri aut
agnosci possumus, nisi habeat oculos aquilae.* Die Ordensregel
schrieb ihnen vor, Gutes zu tun, Kranke unentgeltlich zu
heilen und ähnliches mehr. Naudé ist jedoch überzeugt, daß
sie ganz grobe Betrüger waren, und außer ein paar Taschen-
spielerkunststückchen überhaupt nichts verstanden. Garasse
berichtet, daß sie vorgäben, die Geheimnisse der Kabbala
und der Alchimie zu kennen (*savoir souffler*). Er meint jedoch:
«*Quant à souffler, ie fuis affeuré qu'ils y entendent parfaictement,
et que iournellement ils font cette merueille, car en foufflant verre
dans les tauernes, qui font leurs fourneaux, leur[s] creufets et leur[s]
boutiques, ils tirent à eux les piftolles, ils y vont le matin à vne
piftolle pour tefte, le foir à deux: ie ne puis m'imaginer d'où c'eft
que des pauures gens, yffus de bas lieu, tels que font les dogmati-
fans de l'impiété peuuent tirer tant d'argent, fi ce n'eft qu'ils le
tirent en foufflant, de la bourfe, et de la liberalité malemployée
des ieunes Seigneurs qui leur donnent des penfions et des piftolles
à centaines.*»

Es scheint also, daß die Rosenkreuzer sich durchweg auf
Kosten leichtgläubiger Menschen bereicherten. Garasse kommt
zu dem Schlusse, daß die Rosenkreuzbrüder, die er als *meschants belistres* bezeichnet, für die Religion, den Staat, die
gute Sitte und die menschliche Gesellschaft überhaupt gefährlich seien und deshalb als böse Menschen und Zauberer
verurteilt werden müßten.

Welche Reklame sie zu machen verstanden, geht aus
einem bei Naudé zitierten Manifest hervor, das die Rosenkreuzer im Jahre 1623 erließen:

«Nous deputez au College principale des Freres de
la Roze-Croix, faisons séjour visible et inuisible en cette
ville (um welche Stadt es sich handelt, gibt der Verf.
nicht an), par la grace du Treshaut, vers lequel se
tourne le cœur des Justes; Nous montrons et enseignons
sans liures ny marques à parler toutes sortes de langues

des pays où voulons estre, pour tirer les hommes nos semblables d'erreur de mort.›

In einer anderen Abhandlung über die Rosenkreuzer, welche betitelt ist:

Advertissement Pieux et très utile, des Frères de la Rosee-Croix: s'il y en a?
Quels ils sont
à sçavoir D'où ils ont pris ce nom
Et à quelle fin ils ont espandu leur renommée?
par Henri Neuhous de Dantzic, Maistre en médecine et Philosophie
écrit en latin et traduit en françois,

werden uns verschiedene in jener Zeit über die Rosenkreuzer verbreitete Anschauungen mitgeteilt, z. B.: «*Quelques uns disent que ces frères de la Roxee-Croix ont trois collèges, l'un aux Indes en une Isle tousjours flottante sur la mer, un autre en Canada et le troisième en la ville de Paris en certains lieux souterrains. Ils se rendent visibles et invisibles quand bon leur semble, promettent toutes sortes de choses, font profession de deviner sans magie.*›
Der Verfasser erzählt sodann ein paar von den Rosenkreuzern ausgeführte Gaunerstücke und sucht auf jede Weise nachzuweisen, daß sie grobe Betrüger seien. Durch Vertrag mit dem Dämon erlangten die Rosenkreuzer ein übernatürliches Wissen und Können. Diese ihre Wissenschaft nennt Thiers *art notoire* und zitiert eine diesbezügliche Schrift von Erasmus, die betitelt ist: *Ars Notoria*. Allerlei Geschichten waren im Umlauf über das geheimnisvolle Treiben dieser Gesellschaft. In einer anonymen Schrift[1]) aus dem Jahre 1623 wird erzählt, daß am 23. Juni dieses Jahres die „Unsichtbaren“, die 36 Mann stark und in sechs Banden geteilt seien, zu Lyon ihre Generalversammlung abgehalten hätten. Durch Vermittlung eines *anthropophage-nigromancien* sei Astarot[2]), einer der Fürsten der

---

[1]) Der Titel lautet: *Effroyables Pactions faictes entre le Diable et es prétendus Inuifibles auec leurs damnables inftructions, perte déplorable de leurs escoliers et leur miférable fin* (vgl. das Verz. der ben. Lit.). Neugedruckt bei Fournier, *Var. hist. et litt.*, IX, 275—307.

[2]) *Astaroth, Belphégor* und *Léviathan* nahmen unter den höllischen

Hölle, in der Versammlung erschienen, alle Anwesenden hätten ihn ehrfurchtsvoll begrüßt und sodann einen Pakt mit ihm geschlossen. Nachdem alle Mitglieder den Pakt unterzeichnet und jeder eine Kopie desselben erhalten hat, wird derselbe verlesen:

Articles accordez entre le Nigromancien Respuch et les Députez pour l'Establissement du College de Rose-Croix:

«*Nous soubs-fignez, certifions deuant le Très-Hault, en la préfence de nos Genyes (génies), auoir fait les accords et pactions qui enfuiuent. C'eft affauoir: Nous qui prenons aujourd'hui le tiltre de Députez pour l'eftabliffement du College de Rose-Croix eftans au nombre de 36, promettons de receuoir dorefnauant le commandement et la loi du grand Sacrificateur Refpuch, Renonceons au Baptefme, Chrefme et Onction, que chacun de nous ont pu recepuoir fur les fonds du Baptefme fait au nom du Chrift, Deteftons et abhorrons toutes prières, Confeffion, Sacrements et toute croyance de Réfurrection de la Chair, Proffeffons d'annoncer les inftructions qui nous feront données par noftre dit Sacrificateur par tous les cantons de l'Vniuers, et attirer à nous les hommes nos femblables d'erreur et de mort: A quoy nous engageons noftre honneur et noftre vie, fans efpérance de pardon, grâce ni remiffion quelconque, et pour preuue de ce, nous auons d'vne lancette ouuert la veine du bras de noftre cœur, pour en tirer du fang et figner d'iceluy noz noms et noz furnoms que nous auons pofez de noz mains en fin de chacun article: Voilà pour ce qui regarde noz volontaires.*» *Moyennant lesquelles promeffes ie promets ausdits Dé-*

---

Geistern eine hervorragende Stelle ein. Ihnen wurden deshalb auch die vornehmeren Aufgaben zuteil, sie wurden von Satan ausgeschickt, um die Fürsten der Erde zu betören, politische Unruhen heraufzubeschwören und die Kriegsfackel zu entzünden, während die übrigen Teufel es auf weniger hochgestellte Persönlichkeiten abgesehen hatten. So war z. B. *Lucifer* der Teufel der Marktschreier, *Uriel* der der Kaufleute und Handwerker, *Belzebub* der böse Geist der Geleitsdamen und Pagen, *Flagel* der Dämon der Juristen, während *Asmodée*, der „hinkende Teufel", der Anstifter unerlaubter Liebschaften und Mißehen war. Cf. Le Sage, *Le Diable boiteux*, I, 1, p. 9 ff. — Über *Astarot* vgl. man auch De Lancre, l. c., p. 11.

*putez tant en general qu'en particulier, de les faire tranfporter d'vn moment à l'autre, du Leuant au Couchant, et du Midi au Septentrion, toutes fois et quantes que la penfée leur en prendra, et les faire parler naturellement le langage de toutes les Nations de l'Vniuers, couuerts des habits du païs, en telle forte qu'ils feront cogneus comme légitimes du païs et d'auoir tousiours leur bource pleine de la monnoye où ils fe trouuent.*

*Item de les rendre inuifibles, non feulement en particulier ains en public, et entrer et fortir dans les palais et maifons, Chambres et Cabinets quoy que tout foit clos et fermé à cent ferrures.*

*Item de leur donner l'efloquence pour attirer les hommes à eux et les enfeigner en la mefme croyance, et leur promettre de la part du Très-Hault faire mefme merueille en faifant le ferment et proteflations cy-dessus.*

*Item de leur donner le pouuoir non feulement de dire les Horofcopes des chofes paffées et préfentes ny des futures, mais de dire jufqu'aux penfées du cœur le plus fecret.*

*Item ie leur donne parole qu'ils feront admirés des Doctes et recherchez des Curieux en telle forte que l'on les reconnoîtra pour être plus que les Prophètes Antiens qui n'ont enfeigné que de fadaifes. Et pour les inftruire parfaictement en la cognoiffance des merueilles que ie leur promets, incontinant qu'ils auront prêté le ferment de fidélité és mains de celuy qui viendra de la part du Tres-haut, il leur fera deliuré à chacun d'eux un Anneau d'or enchaffé d'un Saphir, foubs lequel fera un demon qui leur feruira de guide, En temoing de quoy i'ay figné de ma main ces préfentes Articles, et fellé de l'Anneau de mon maiflre, par lequel ie promets faire ratifier dans ce iourd'huy le préfent accord pour ma décharge et contentement d'vn chacun. Faict le 23 Juin 1623.»*

Nach Verlesung des Paktes nimmt Astarot die Gestalt eines göttergleichen Jünglings' an mit langem, goldblondem Haar, umarmt sämtliche Anwesende und verspricht ihnen seinen Beistand unter der Bedingung, daß sie ihm den Treueid leisten. Alle heben die Hand und Astarot spricht die Eidesformel:

*«Vous promettez tous en général et en particulier de ne iamais defroger aux Articles que vous auez soubfcripts par voflre sang, de voz noms et furnoms, quoy qu'il arriue ou puiffe arriuer? et de*

*fermer l'oreille aux Predicateurs de l'Euangile de Christ, ains de viue voix publier, annoncer, et prefcher par toutes Nations où vous ferez enleué felon voz penfées, la verité du regne du Tres-Hault, duquel ie fuis le meffager afin que par voz predications, leçons publiques, ou particulieres vous attiriez à vous et à nous les erreurs des hommes de ce fiècle qui croyent l'immortalité de l'âme.»*

Nachdem alle Anwesenden *Ja* gesagt hatten, ratifiziert Astarot den Pakt im Namen seines Meisters und verschwindet. Darauf gibt der Nekromant den Anwesenden den *souffle de grâce*. Die „Unsichtbaren" entkleiden sich und werden von dem Nekromanten an verschiedenen Körperstellen mit einer Salbe bestrichen [1]), und schließlich flüstert er einem jeden ins Ohr: «*Allez et jouiffez maintenant de l'effet de mes promeffes.*» Sodann gibt er jedem einen Ring mit den Worten: «*Il ne vous refte plus que d'aller recognoiftre la cour de noftre maiftre qui se tient à cent lieuës d'icy et receuoir de lui de département de vos voyages.*» Ein starker Wind trägt sie nun zu dem Versammlungsorte der Zauberer. Daselbst werden sie von dem „Meister" gezeichnet und sodann in 6 Gruppen eingeteilt: 6 für Spanien, 6 für Italien, 6 für Frankreich, 6 für Deutschland, 4 für Schweden und 2 für die Schweiz, und je 2 für Flandern, Lothringen und die Freigrafschaft Burgund. Der Teufel hat sie jedoch betrogen. Die für Frankreich bestimmten Brüder kommen am 14. Juli nach Paris und nehmen vorsichtigerweise getrennte Wohnungen. Bald jedoch fängt das Geld, das der Teufel den „Unsichtbaren" verschafft hat, in ihren Börsen an, unsichtbar zu werden. Sie gewinnen keine Anhänger und da sie ihre Miete nicht bezahlen können, verlassen sie heimlich ihre Quartiere. Die Mietgeber hüten sich natürlich, Klage zu erheben, da sie fürchten müssen, selber bestraft zu werden, weil sie Zauberer geherbergt. Die sechs Abgeordneten wagen zwar nicht, ihre Lehre offen zu verkünden, versprechen aber, ihre Geheimnisse denen zu offenbaren, die ihrer Gesellschaft beitreten wollen. Während der Nacht schlagen sie folgendes Manifest an:

---

[1]) Fournier bemerkt hierzu, daß schon in der antiken Magie sich die Sitte finde, sich durch Salben unsichtbar zu machen, und daß die thessalischen Hexen besonders dieses Verfahren anwandten.

«*Nous Deputez du College de Rose-Croix donnons aduis à tous ceux qui desireront entrer en nostre société et congrégation; de les enseigner en la parfaicte cognoissance du Tres-hault, de la part duquel nous ferons ce jourd'huy assemblée, et les rendrons comme nous de visibles inuisibles, et d'inuisibles visibles, et seront transportez par tous les païs estrangers où leur désir les portera. Mais pour paruenir à la cognoissance de ces merueilles, nous aduertissons le lecteur que nous cognoissons ses pensées que si la volonté le prend de nous venir voir par curiosité seulement, il ne communiquera iamais auec nous, mais si la volonté le porte reellement et de faict de s'inscrire sur le registre de nostre confraternité nous qui iugeons des pensées, nous luy ferons voir la verité de noz promesses, tellement que nous ne mettons point le lieu de nostre demeuré puisque les pensées jointes à la volonté reelle du lecteur seront capables de nous faire cognoistre à luy et luy à nous.*»

Das vielversprechende Manifest erregt natürlich allgemeines Staunen. Man fragt sich, ob diese Leute gottgesandte Propheten oder Zauberer, denen der Teufel solche Macht verliehen hat, oder ob sie vielleicht bloß Schwindler sind. Ein Advokat, der das Plakat liest, ist besonders erbaut von den darin gegebenen Versprechungen, da er etwas auf dem Gewissen hat und nun, um der Polizei zu entgehen, gerne die Kunst, sich unsichtbar zu machen, erlernt hätte. Einer der Brüder tritt zu ihm, erklärt ihm, er kenne seine geheimen Wünsche, und fordert ihn auf, am selben Abend an eine bezeichnete Stelle zu kommen. Der Advokat begibt sich dorthin, derselbe Bruder .erscheint, verbindet ihm die Augen und führt ihn zur Versammlung des Ordens. Dort nimmt man ihm die Binde ab, und er gewahrt fünf Persönlichkeiten in der Tracht der römischen Senatoren. Zunächst muß er den Treueid leisten und versprechen, auf die Segnungen der christlichen Religion zu verzichten, täglich dem Teufel zu huldigen usw. Er wird dann mit einer Zaubersalbe eingerieben, und muß nun ein Festmahl geben, bei dem die Brüder auf seine Kosten tüchtig essen und trinken. Zum Schluß wird ihm empfohlen, am nächsten Tage im Flusse zu baden, um seinen alten Glauben vollends abzuwaschen, und er wird mit verbundenen Augen aus der Versammlung geführt. Am Tage darauf ertrank er im Flusse, und trotz eifrigen Suchens fand man von seiner Leiche keine Spur; er war also ein „Unsichtbarer" geworden. Der Verfasser schließt mit einer Warnung vor dem Streben nach übermenschlichem Wissen, und fordert den Leser auf, mit ihm Gott zu bitten, er möge Frankreich vor diesen Betrügern bewahren. Auch in Spanien hatten die Rosenkreuzer sich breit gemacht, hier wurden sie *Alumbrados* genannt und von der Inquisition mit großer Anstrengung ausgerottet.[1] Naudé zitiert noch einige auf die Rosenkreuzer bezügliche Schriften.[2] In einem weiteren, bei Fournier abgedruckten Traktat soll, wie in den vorhergehenden, die Gottlosigkeit der Rosenkreuzbrüder dargetan werden.[3] Es heißt unter anderem: Sie träten alle höheren Mächte mit Füßen und lästerten Gott durch *enchantement, prestiges, sabbat, et autres impiétez execrables, dont ils enbabouinent les simples.* Sie widerstreiten Gott und wollen selber angebetet sein. Ihre schwarze und kabbalistische Kunst besteht in gewissen Zeichen, *figures, cernes, ablutions, sacrifices, invocations des noms divins,* ... *et veulent tenir tout le monde en branle sous leur baguette magicienne,* und sie merken garnicht, daß sie sich mit solchen Handlungen selber in die Hölle bringen. In Frankreich erschienen sie, wie aus diesem Schriftstück hervorgeht, im Jahre 1604, nachdem die „Eröffnung des Grabes ihres Meisters den Jüngern die großen Geheimnisse enthüllt hatte, die in goldenen Buchstaben geschrieben waren". Kopp[4] erwähnt drei anonyme, auf den Bund der Rosenkreuzer bezüg-

---

[1] Cf. das *Edicte d'Eſpagne contre la déteſtable ſecte des Illuminez. Eſleuez és Archeueſché de Seuille et Eueſché de Cadiz* (s. im Verz. der ben. Lit. unter Anonym).

[2] Jean Robert, père Jésuite, *Goclenius Heautontimorumenos* (cf. Sommervogel, *Bibl. de la Compagnie de Jésus, Section 17*); Libavius, *De philosophia harmonica magica fratrum de Rosea Cruce* und Postel, *De Orbis terrae concordia.*

[3] *Examen sur l'inconnue et nouvelle caballe des frères de la Rosée-Croix, habituez depuis peu de temps en la ville de Paris. Ensemble l'histoire des mœurs, costumes, prodiges et particularitez d'iceux. Maleficos non patieris venire. Exode 22.* Paris, Pierre de la Fosse, 1623, 8⁰ und Paris, 1624, 8⁰ (Fournier, *Var. hist. et litt.*, I, 115—126).

[4] *Die Alchemie in älterer und neuerer Zeit*, II, 1f.

4*

liche Schriften aus dem Anfange des 17. Jahrhunderts. Es
sind dies eine „Fama Fraternitatis oder Entdeckung der
Brüderschaft des hochlöblichen Ordens der R. C." (1610),
eine „Confessio Fraternitatis" aus demselben Jahre und die
„Chymische Hochzeit Christiani Roseükreuz".[1])
Quacksalberei. — Mit der Alchimie berührt sich
die Quacksalberei (charlatanisme), die z. T. auf chemischen und
pharmazeutischen Kenntnissen beruhte, z. T. aber auch zauberischen Handlungen und allerlei Hokuspokus ihr Ansehen verdankte. Der Ausdruck charlatan [2]) hatte verschiedene Be-
deutungen. Er bezeichnete einerseits empirische Ärzte, die
allerlei geheimnisvolle Mittel verschrieben, sowie Schwindler
aller Art, die den Leuten durch Versprechungen und trügerische Heilmittel das Geld aus der Tasche zogen, und andererseits Gaukler, Akrobaten, Seiltänzer und Ähnliches mehr
(jongleurs, bateleurs, faiseurs de tours, prestidigitateurs, etc.),
welche in Paris besonders auf dem Pont Neuf ihr Wesen
trieben.[3]) Die Quacksalber behaupteten unter anderem, gegen
Gift gefeit zu sein. „Sie essen," heißt es in der anonymen

---

[1]) Straßburg 1616, 8°. Das Stück ist bei Fournier, Variétés etc.,
I. 126 unter dem Titel Les Noces Chimiques de Christian Rosen-
kreuz, Straßburg 1618, 8° erwähnt. Es bleibt dahingestellt, ob die
deutsche oder die französische Fassung die ursprüngliche ist. — Weitere
Literaturangaben über die Rosenkreuzer s. Kopp. Die Alchimie etc..
II, 1 ff. — Über die Kabbala vgl. A. Jellineck, Beiträge zur Geschichte
der Kabbala, Heft 1 u. 2, Leipz. 1851—52, 8° und Auswahl kabbalisti-
scher Mystik, von dems. Leipz. 1852. 8°; Jost, Adolf Jellineck und die
Kabbala. Leipz. 1852. 8°, sowie den Artikel über die jüdische Kabbala
in der Realencyclopädie für protestantische Theologie und Kirche, 1857,
VII, 193 ff.

[2]) In einer anonymen Abhandlung über die Charlatane (Bibl.
Nation. Inventaire H. 16936/47) wird folgende Etymologie des Wortes
gegeben: «Ce mot de Ciarlatan, lequel parmi nous ne fignifie autre chofe
qu'un qui monte en banc, aux Italiens Saltimbanco, Latins: Gefticulator,
Grecs χειρονόμος, a tiré fon origine d'une contrée de l'Umbrie nommée
Cerrettanum (deren Bewohner, Cerettani genannt, sehr abergläubisch
gewesen seien), de là par quelques changements le mot de ciarlatans(?).
En latin gefticulatores ou Ludiones; les auteurs latins les appellent fou-
vent: Hiftriones (Iftria, d'où ils font d'abord venus), ou bien parce que
Hifter en langue florentine fignifie un farceur et un bouffon.»

[3]) Cf. Fournel, Le Vieux Paris, p. 187 ff., 245 ff. u. 395 ff.

Abhandlung über die «Ciarlatans» (s. Anmerkung), „bevor sie Gift nehmen, eine Menge Lattich und fette Kaldaunen (*trippes grasses*), bis sie den Magen ganz voll haben, so daß sie das Gift samt dem Lattich wieder ausspeien. Das dumme Volk glaubt dann, sie seien in der Tat gegen Gift gefeit. Sie behaupten unter anderem. Arsenik sei ein wirksames Gegengift. Um dem Volke dies zu beweisen, führen sie eine Person vor, die so tut, als sei sie vergiftet, die Augen verdreht und dem Tode nahe zu sein scheint. Die Quacksalber geben ihr dann Kandiszucker, der wie Arsenik aussieht, zu essen, und die betreffende Person wird sogleich wieder gesund ... Wenn auch ihre Mittel in Wirklichkeit ohne Erfolg bleiben, so verdienen sie doch viel Geld damit. *Leurs mœurs font d'eſtre vagabonds, venir dans les tauernes et cabarets, eſtre bateleurs, pariures, babillards, putaſſiers, ioueurs, menteurs, trompeurs.* Die Charlatane galten in der Tat in Frankreich für ehrlos und konnten deshalb vor Gericht nicht vereidigt werden. Im Jahre 1610 veröffentlichte der Arzt Courval Sonnet einen Traktat über die Charlatane: *Les Tromperies des Charlatans découvertes*, und im Jahre 1622 ein anderer Arzt eine *Discours de l'origine des mœurs, fraudes et impostures des Charlatans* betitelte gelehrte Abhandlung.[1] Eine Geschichte aus dem Jahre 1623, betitelt *Les Estranges Tromperies de quelques charlatans nouvellement arrivés à Paris ... par C. F. Duppé*[2] ist bei Fournier[3] abgedruckt. Wiederholt schritten die Obrigkeiten gegen das Treiben der Charlatane ein. So heißt es z. B. in einer Polizeiverordnung vom 30. März 1635 unter anderem: *Sont aussi faites défenses ... à tous vendeurs de thériaques, arracheurs de dents, joueurs de tourniquets, marionnettes et chanteurs de chansons, de s'arrêter en aucun lieu et faire assembler du peuple.*[4] Daß die Charlatane noch lange in Frankreich ihren Kredit beim Volke behielten, erhellt aus der großen Popula-

---

[1] Cf. Fournel, *Le Vieux Paris*, p. 187 ff.

[2] Paris, Rob. Daufresne, 1623, 8°.

[3] *Variétés hist. et litt.*, III, 273—282.

[4] Cf. Fournel, *Le Vieux Paris etc.*, p. 190. — Weitere Literaturangaben über die Quacksalberei in Frankreich s. ibd., cap. VI, VII u. IX.

rität Cagliostro's (1743—1795), der nichts anderes als ein geschickter Gaukler war.

Verbreitung des Aberglaubens in Frankreich. — In seiner Untersuchung über die Träger des Aberglaubens in den französischen Dramen des 16. Jahrhunderts kommt Roemer zu dem Resultate, es seien durchweg „Leute aus den niedersten Volksklassen, wie Dienstmägde, Dirnen, Zauberinnen, Charlatane, Quacksalber und betrügerische Gauner", welche den Aberglauben in der Renaissancedramatik verträten.[1]) Wir werden jedoch im zweiten Teile unserer Abhandlung sehen, daß die Träger des Aberglaubens in den französischen Dramen des 16. und selbst noch des 17. Jahrhunderts keineswegs immer den niedrigsten Volksklassen angehörten. Aus jener unrichtigen Erwägung zieht nun Roemer den Schluß, daß im 16. Jahrhundert der Aberglaube (und somit auch die Zauberei) überhaupt nicht mehr ernst genommen worden sei: „Eine Zeit," sagt er, „die solche Repräsentanten des Aberglaubens stellt, kann es mit demselben unmöglich ganz ernst mehr nehmen." Verfasser ist jedoch im Irrtum, denn noch im folgenden Jahrhundert glaubte alle Welt, hoch und niedrig, arm und reich an Dämonen, Geister, Astrologen und Zauberer. Wenn Heinrich IV. von dem Astrologen Larivière das Horoskop seines Sohnes stellen ließ, wenn Urbain Grandier unter der Anklage, einen Pakt mit Satan geschlossen zu haben, dem Scheiterhaufen überliefert wurde, wenn Ludwig XIII. sich mit Wahrsagern umgab, wenn Catherine de Médicis und ihre Umgebung nichts unternahmen, ohne die Astrologen zu befragen, wenn der Herzog von Bellegarde einen Zauberspiegel gegen seinen verhaßten Rivalen Concini gebrauchte und sich der Fürstin Conti gegenüber rühmte, ein Zauberer habe ihm ein wirksames Mittel gegeben, um den allmächtigen Maréchal d'Ancre auszustechen und selber die Liebe Marie de Médici's zu gewinnen, wenn im Jahre 1616 ganz Paris daran glaubte, daß zwei Astrologen vom Teufel geholt worden seien, wenn im

---

[1]) *Der Aberglaube bei den Dramatikern des 16. Jahrhunderts in Frankreich,* p. 48 f.

selben Jahre ein Priester gehängt wurde, weil man bei ihm
zwei Zauberstreifen aus Pergament gefunden hatte, wenn
Marie de Médicis an die Astrologie glaubte, wenn Leonora
Galigaï, jener stolze und kühne Geist, ihre Träume künftiger
Größe zum großen Teil auf die Verkündigungen der Astro-
logen stützte, wenn endlich Lafontaine sagt:

Charlatans, faiseurs d'horoscope,<br>
Quittez les cours des princes de l'Europe!

so kann man gewiß nicht behaupten, daß die Renaissance
den Aberglauben stark erschüttert hätte [1]) oder daß er nur
noch in den unteren Volksschichten verbreitet gewesen wäre.
Im folgenden Abschnitte werden wir in einer Reihe historischer Ereignisse einen neuen Beweis dafür finden, wie stark
der Aberglaube im 16. und selbst noch im 17. Jahrhundert
in Frankreich wurzelte. [2])

Magistra veritatis historia!

## B. Historische Fakta,
### welche für die Verbreitung des Aberglaubens und der Zauberei in Frankreich sprechen.

(Vorgehen der weltlichen und der geistlichen Behörden
gegen die Zauberei.)

Eine Reihe von historischen Begebenheiten läßt deutlich
erkennen, wie tief im 16. und selbst noch im 17. Jahrhundert

---

[1]) Daß die italienische Renaissance den Aberglauben nicht vernichtet hatte, erhellt schon daraus, daß gerade Catherine und Marie de
Médicis mit ihrem Gefolge (Concini, Leonora Galigaï u. a.) eine Fülle
abergläubischer Ideen aus Italien mit nach Frankreich brachten.

[2]) Daß die Magie selbst zu Beginn des 18. Jahrhunderts ihren
Kredit noch nicht verloren hatte, geht aus einer Äußerung Madame
Palatine's hervor, die am 8. Oktober 1701 schreibt: „Es ist nicht zu
glauben, wie einfältig man in Paris ist. Alle wollen für Meister gelten
in der Kunst des Geisterbeschwörens und anderen Teufeleien" (Corre-
spondance de Madame, duchesse d'Orléans. Übersetzt von Em. Jaeglé.
Paris, 1890 [2], 4 Bde, 8⁰, I, 248. Zitiert von Funck-Brentano, *Die
berühmten Giftmischerinnen etc.*, p. 209).

der Aberglaube in Frankreich wurzelte, wie sehr noch die
Zauberei in den Köpfen der Leute spukte und wie furchtbar
ernst man es damit nahm. Die weltlichen und geistlichen
Obrigkeiten sahen sich häufig veranlaßt, gegen die vermeintlichen Zauberer und Hexen, die in manchen Fällen wirkliche
Verbrecher, zumeist aber arme, schwachköpfige und an fixen
Ideen leidende Menschen waren, vorzugehen. Die Prozesse
gegen die Zauberer, Hexen, Astrologen und alle diejenigen,
die sich mit Magie befaßten, sowie die Beschlüsse der französischen Synoden und Konzilien dürften hier von besonderem
Interesse sein. Wir beschränken uns bei der Angabe derselben auf das 16. und 17. Jahrhundert. Die folgenden Fakta,
. die wir in chronologischer Reihenfolge geben, sind hauptsächlich der anonymen Neubearbeitung[1]) der Werke von Thiers
und Le Brun sowie der schon mehrfach erwähnten *Histoire
de la Magie en France* von Garinet entnommen.

1515. Im Jahre 1515 verdammt die Synode zu Paris die
Zauberer und Dämonenbeschwörer (Sentiments des Status
Synodaux de Paris en 1515. Thiers, I. Partie, livre I,
chap. 4, p. 7).

1521. In der Franche Comté werden drei Männer als
Werwölfe verbrannt. Auf der Folter hatten sie gestanden,
vier junge Mädchen gefressen zu haben. In der Jakobiner-
kirche zu Poligny wird ein Bild aufgehängt, welches die Ver-
brennung der drei Werwölfe darstellt. Im selben Jahre wird
ein Advokat verbrannt, der sich dem Teufel verschrieben
hatte, um Schätze zu finden (Garinet, p. 118).[2])

1524. Die Synode zu Sens verdammt die Dämonenbeschwörer (Thiers, I. Partie, livre I, c. 4, p. 7 ff.) und stellt
fest, daß es eine große Sünde sei, die Wahrsager zu befragen
(Thiers, I, L. III, c. 1, p. 36 ff.).

1526. Im Jahre 1526 wird ein Teufel ausgetrieben, der
sich im Kloster Saint Pierre festgesetzt hatte (Garinet, p. 119,
Hoensbroech, p. 496).

1528. Das Provinzialkonzil zu Bourges verdammt die

---

[1]) *Superstitions anciennes et modernes.*
[2]) Vgl. auch Hoensbroech, *Das Papsttum etc.*, p. 496.

Dämonenbeschwörer (Thiers, I, I, c. 4, p. 7 ff.) und befiehlt den Priestern, die Zauberer anzuzeigen (ibd., Livre IV, c. 1, p. 90 ff.).

1539. Jean Berquin wird in Paris verbrannt, weil er den Teufel angebetet hatte (Garinet, p. 120 und Hoensbroech, p. 496).

1540. Zu Toulouse wird eine Frau wegen Unzucht, zu der der Teufel sie angestiftet hatte, verbrannt (Garinet, nach Henri Estienne).

1545. Das Provinzialkonzil zu Rouen beschließt: Die Dämonenbeschwörer sollen öffentlich Buße tun, mit einer Mitra auf dem Kopfe, und wenn sie reuig sind, soll der Priester sie absolvieren, ihre Strafe müssen sie aber trotzdem abbüßen. Im Falle sie nicht reuig sind, sollen sie mit lebens-länglichem Gefängnis bestraft werden (Thiers, I, I, c. 4).

1548. Ein Pfarrer aus Saint-Jean wird zu Lyon als Zauberer verbrannt (Garinet, nach Bodin).

1551. Das Provinzialkonzil zu Narbonne verdammt die Dämonenbeschwörer und Wahrsager; die Priester, die es unterlassen, die Zauberer anzuzeigen, sollen exkommuniziert werden (Thiers, I, I, c. 4, p. 9 ff. und I, III, c. 1, p. 36 ff.). — Ungefähr zur selben Zeit wird ein Zauberer aus der Auvergne, der durch Zauberworte (*paroles charmées*) kranke Pferde geheilt hatte, zu Gefängnis verurteilt (Garinet, nach Bodin).

1556. Einer Hexe aus Bièvres bei Laon wird der Prozeß gemacht, sie gesteht, mit dem Teufel geschlechtlichen Ver-kehr gehabt zu haben und wird verurteilt, erwürgt und dann verbrannt zu werden. Durch einen angeblichen Irrtum des Henkers wird sie jedoch lebendig verbrannt (Garinet, nach Bodin).

1557. 400 Zauberer und Hexen werden zu Toulouse ver-urteilt und zwar die meisten zum Feuertode, weil man an ihrem Körper das Brandmal des Teufels gefunden hatte: „omnes a Diabolo notam inustam certo loco habebant" (zitiert bei Thiers, I, IX, nach Petrus Gregorovius Tholosanus, *Syntag. iuris univers.* cap. 21).

1559. Ein Konzilbeschluß verdammt die Wahrsager (Thiers, I, Livre III, cap. 1, p. 36 ff.).

1560. Ein Konzilbeschluß verdammt die Astrologen (Thiers I, L. III, 7, p. 50 ff.).

1561. Einer Anzahl Hexen aus Vernon wird der Prozeß gemacht, weil sie am Hexensabbat teilgenommen und sich in Katzen verwandelt hätten. Da die Anklage jedoch lächerlich erschien, ließ der Bailli sie fallen (Garinet, nach Bodin). Einer der wenigen Fälle, wo ein Richter sich einsichtsvoll zeigte!

1564. In Poitiers gestehen drei Zauberer und eine Hexe, die Türschwellen von Schafställen mit einer Salbe bestrichen zu haben, um das Vieh sterben zu machen, am Sabbat teilgenommen und den Teufel in Gestalt eines schwarzen Bockes angebetet zu haben. Sie werden verurteilt, verbrannt und hingerichtet zu werden (Garinet, p. 124, nach Bodin, p. 95, und nach Serchier, *Antidémon Historical*, p. 346).

1565. Konzilbeschlüsse verdammen die Wahrsagerei sowie die *astrologie judiciaire* (Thiers, I, L. III, 1, p. 36 ff. u. 7, p. 50 ff.).

1566. Nicolas Aubry zu Laon, der von Belzebub und 29 anderen Dämonen besessen war, wird exorziert (Garinet, p. 125).

1571. Ein Zauberer namens Fiers-Echelles gibt eine Beschreibung des Sabbats und gesteht, vor dem König allerlei Zauberkunststückchen ausgeführt zu haben. Er wird als gewöhnlicher Charlatan begnadigt, da er sich aber von neuem mit Zauberei befaßt, wird er zum Tode verurteilt und auf der Place de la Grève hingerichtet (Garinet).

1573. Gille Garnier aus Lyon wird von dem Gerichtshof zu Dôle zum Tode verurteilt, weil er am Freitag nicht gefastet und als Werwolf kleine Kinder gefressen habe. In dem Urteil vom 15. Januar 1573 heißt es: «Vu le procès criminel du procureur général, même les réponses et confessions réitérées et spontanément faites par le defendeur, ladite Cour (de Dôle), par arrêt, le condamne à être ce jourd'hui conduit et traîné ä revers sur une claie par le maître exécuteur de la haute justice, depuis ladite conciergerie, jusque sur le tertre de ce lieu et illec par ledit exécuteur être brûlé tout vif et son corps réduit en cendres» (Garinet, p. 130). Das Urteil wird am 18. Januar 1573 vollstreckt (cf. Anhorn, II, c. 6).

1574. In Paris wird ein Edelmann enthauptet, weil man bei ihm ein Wachsbild gefunden hatte, das an der Stelle des Herzens mit einem Dolch durchstochen war (Garinet, p. 130). Im selben Jahre wird Cosimo Ruggieri gefoltert, weil er versucht habe, mit Hilfe seiner Zauberkunst (*charmes*) den König Karl IX. umzubringen. Die öffentliche Meinung ging dahin, der König sei verhext (*enroûté*) worden (Garinet).

1575. Das Provinzialkonzil zu Chartres verdammt die Zauberer (Thiers, I, L. VI, p. 90 ff.).

1576. Marguerite Pajot wird zu Tonnerre hingerichtet, weil sie an einer Versammlung von Dämonen und Zauberern (Hexensabbat) teilgenommen und durch Berühren mit einem Zauberstabe Menschen und Tiere getötet hatte (Garinet, p. 131, nach Bodin).

1577. Catherine Dorée wird zu Creuvres als Hexe verbrannt, weil sie auf Befehl des Teufels, der ihr in der Gestalt eines schwarzen Mannes erschienen war, ihr Kind getötet hatte (Garinet). Am 11. Januar desselben Jahres wird am selben Orte Barbe Sorée als Hexe verbrannt, *laquelle confeffa avoir guary quelques uns qu'elle avoit enforcelez après avoir fendu un pigeon et mis fur l'eftomac du patient, difant ces mots: «Au nom du Pere et du Fils et du S. Efprit, de S. Antoine et de S. Michel l'Ange, tu puiffes guerir du mal» enjoignant de faire une neufvaine par chacun an à l'Eglife du village* (Garinet, p. 131). Im selben Jahre wird zu Maube bei Beaumont die Hexe Bérande verbrannt. Beim Gange zum Scheiterhaufen beschuldigte sie ein junges Mädchen, ebenfalls beim Hexensabbat gewesen zu sein; als dasselbe verneinte, rief sie ihm zu: «*No sabes tu pas que la sarre cop que nos hem lo barran à la crotz d'au pastis, tu la portaves po topin de les poisons?*» [1] Da das Mädchen so bestürzt war, daß es nichts darauf zu antworten vermochte, wurde es ebenfalls hingerichtet (Garinet, p. 132, nach Bodin). — Im folgenden Jahre verurteilt das Pariser Parlament Jacques Rollet als Werwolf, weil er einen Knaben gefressen hätte (Garinet, nach De Lancre, *Arrêts notables*

---

[1] Ne sais-tu pas que la dernière fois que nous fîmes la danse, à la croix du pâté, tu portais le pot de poisons?

*de Paris*, p. 785). Am 30. April desselben Jahres wird zu Ribemont Jeanne Harvilliers aus Varbery bei Compiègne als Hexe lebendig verbrannt; sie hatte gestanden, von ihrem neunten Lebensjahre an die Konkubine Belzebubs gewesen zu sein, der ihr in der Gestalt eines schwarzen Ritters erschienen sei (Garinet, p. 133, nach Bodin). Am 2. Oktober desselben Jahres wird Marie Chorropique wegen des gleichen Verbrechens (*pour s'être donnée charnellement à un grand homme noir*) erdrosselt und verbrannt (Garinet, p. 134, nach De Lancre, p. 106).

1579. Je mehr die Gerichte gegen die Zauberer wüten, desto größer wird ihre Zahl. Die Bischofsversammlung zu Melun (1579) verdammt die Wahrsager und schärft den Priestern ein, ihre Gemeinden genau zu beobachten, um etwaige Zauberer herauszufinden (Thiers, I, III, c. 1, p. 36 ff. und I, I, c. 6, p. 10 ff.). Laut Beschluß derselben Versammlung sollen alle Charlatane, Wahrsager, Nekromanten u. a. (*pyromanciens, chiromanciens, hydromanciens*) mit dem Tode bestraft werden (Garinet).

1580. Ein junger Mann wird eingesperrt und schuldig befunden, einen Liebeszauber (*philtre*) gegen ein Fräulein gebraucht zu haben[1]) (Garinet, p. 136, nach Le Loyer, *Traité des Spectres*).

1581. Das Konzil zu Rouen verdammt die Wahrsager und verbietet bei Strafe der Exkommunikation, Zauberbücher (*grimoires*) zu lesen oder nur im Hause zu haben (Thiers, I, III, c. 1, p. 36 ff.). Aus demselben Jahre berichtet Garinet folgende Geschichte: Ein Bauer unterhielt geschlechtliche Beziehungen mit einem weiblichen Dämon (*démon succube*). Derselbe gab ihm einen vergifteten Apfel, der Sohn des Bauern aß davon und starb. Der Dämon versprach, den Sohn wieder zu beleben, wenn der Bauer ihn anbeten wolle. Der verzweifelte Vater wirft sich vor ihm auf die Knie und alsbald wird sein Sohn wieder lebendig. Der Vater jedoch wird verrückt und stirbt nach Jahresfrist.

1582. Zu Boissy werden zwei Frauen als Hexen ver-

---

[1]) S. oben S. 27.

brannt. Der Franziskanernovize Abel de Larue, genannt *le casseur* oder *le noueur d'aiguillettes*, wird zu Coulommiers am 22. Juli desselben Jahres lebendig verbrannt. Er hatte gestanden, daß der Teufel ihm als ein großer, bleicher Mann in schwarzem Gewand und mit Kuhfüßen erschienen sei. Nachdem er einen Besenstiel mit einer Zaubersalbe eingerieben, sei er auf demselben in Begleitung des Teufels zum Sabbat geritten, woselbst der Teufel die Gestalt eines schwarzen Bockes angenommen und sich von den Anwesenden in der üblichen Weise habe huldigen lassen (Garinet, p. 139). Im selben Jahre werden in Soissons fünf Personen für besessen erklärt.

1583. Drei große Konzilien befassen sich mit der Zauberei: Das zu Bordeaux spricht sich gegen die *Divination des Rencontres* [1]) aus und verdammt diejenigen, welche infolge irgend einer Begegnung ein angefangenes Werk aufgeben. Dasselbe Konzil verdammt die Astrologie und empfiehlt den Priestern, alle Kalender mit astrologischen Angaben zu beschlagnahmen. Das zu Tours spricht sich gegen die Zauberei aus, verpflichtet die Priester, alle Zauberbücher zu beschlagnahmen und verbietet, ohne Erlaubnis des Bischofs Exorcismen auszuführen. Das Konzil zu Reims befiehlt die Nestelknüpfer (*noueurs d'aiguillettes*) [2]) zu exkommunizieren und verbietet das. Tragen von Amuletten als Schutzmittel gegen das Nestelknüpfen. Es werden ferner genaue Regeln für die Exorzismen vorgeschrieben (Thiers, I, I, c. 6, p. 10 ff., III, c. 1, p. 36 ff. u. c. 3, p. 42 ff. VI, c. 2, p. 95 ff. u. c. 3, p. 104 ff.).

1584. Das Konzil zu Bourges beschließt, wer einen Wahrsager konsultiere, solle mit dem Tode bestraft werden. Da der Gebrauch eingerissen sei *de nouer l'aiguillette pour empêcher la fin du mariage*, sollen die Nestelknüpfer exkommuniziert werden. Die Gläubigen werden aufgefordert, auf Gott zu vertrauen und sich bei Tage zu verheiraten (Thiers, I, III, c. 1, p. 36 ff., L. VI, c. 1, p. 90 ff., und Garinet).

---

[1]) S. oben S. 12.
[2]) S. oben S. 27 f.

1585. Ein ähnlicher Konzilbeschluß wird bezüglich der Wahrsagerei gefaßt (Thiers, I, III, c. 1, p. 36 ff.).

1586. Am 25. Juli 1586 wird zu Neufville-le-Roi in der Picardie Marie Martin als Hexe verbrannt, weil sie sich einem Dämon mit Namen Cerberus hingegeben hatte, der ihr als schwarzgekleideter Mann mit schwarzem Bart erschienen war, und weil sie am Sabbat teilgenommen hatte (Garinet, p. 147).

1588. Die Frau eines auvergnatischen Edelmannes wird zu Riom als Werwölfin verbrannt, weil ein Freund ihres Gemahls auf der Jagd einen Wolf verwundet und ihr Gemahl am selben Abend an ihr die gleiche Wunde gefunden hatte (Garinet, p. 149, nach Boguet, *Disc. des Sorciers*).

1589. Das Pariser Parlament verurteilt 14 Personen als Zauberer zum Tode, weil sie unempfindliche Stellen am Körper hatten. Da die Verurteilten Berufung einlegten, wurde eine aus einem Chirurgen und zwei Leibärzten des Königs bestehende Kommission ernannt, welche feststellte, daß die Anklage irrig sei und man es mit schwachköpfigen Menschen zu tun habe. Daraufhin wurden die Angeklagten freigesprochen (Garinet, p. 150, nach Pigray, *Chirurgia Petii Pigrei*, 1609 8⁰).

1590. Das Provinzialkonzil zu Toulouse schärft den Priestern ein, ihre Gemeindeglieder genau zu beobachten, um etwaige Zauberer herauszufinden (Thiers, I, I, c. 6, p. 10 ff.), verdammt die Astrologen (Thiers, I, III, c. 7, p. 50 ff.), sowie die Wahrsagerei (ibd., I, IV, c. 5, p. 66 ff.), und verbietet alle Beschwörungen (*Conjurations, Bénédictions ou Oraisons*) zur Heilung von Krankheiten, Vertreibung der Ratten und Abwendung von Sturm und Regen, ebenso die Exorzismen, welche nichts anderes als Beschwörungen seien (ibd., I, VI, c. 2, p. 95 ff.).

1595. In Bordeaux wird ein Haus von Rechts wegen für unbewohnbar erklärt, weil es von Dämonen heimgesucht sei (Garinet, p. 156).

1596. Am 21. September dieses Jahres prügelten sich zwei Priester in der Heilig-Geist-Kirche. Der eine war ein Zauberer und hatte nach beendeter Messe die Haube eines neugeborenen Kindes auf dem Altar liegen lassen, die der andere ihm entreißen wollte (Gárinet, nach dem *Journal de Henri IV.*).

1597. Chamouillard wird verurteilt, gehängt, erwürgt und verbrannt zu werden, weil er gegen Mlle de la Barrière Malefizien und Ligaturen angewendet hatte (pour avoir maléficié et lié une demoiselle de la Barrière, qui s'apprêtait à jouir des plaisirs de l'hymen, Garinet, p. 158). Zu Riom wird im selben Jahre Vidal de la Porte verurteilt *à être pendu, étranglé, brûlé et reduit en cendres*, weil er durch Nestelknüpfen junge Männer, Hunde und Katzen zeugungsunfähig gemacht hatte (Garinet, p. 158, nach Salgues).

1598. Am 25. Mai 1598 wird zu Chalu der Priester Pierre Azpetit als Zauberer verbrannt; auf der Folter gestand er, die Nestel geknüpft und am Sabbat teilgenommen zu haben (Garinet, p. 160). Im selben Jahre wird Jacques d'Autun zu Rennes als Werwolf verurteilt (Garinet, p. 160) und Françoise Secretain der Zauberei schuldig befunden, weil sie einem kleinen Mädchen namens Louise Maillot 5 Teufel in einer Brotkruste zu essen gegeben habe, worauf das Mädchen besessen geworden sei. In der Kirche von St-Baume wurden die Teufel, welche Loup, Chat, Chien, Joli und Griffon hießen, aus ihr vertrieben (Garinet, p. 161, nach Poguet). Marthe Brossier wird in Paris für besessen erklärt. — Der Tod der Gabrielle d'Estrées wird teuflischer Zauberei zugeschrieben (Garinet, p. 166).

1599. Die Hexe Colas de Betoncourt wird zu Dôle verbrannt, weil sie mit dem Teufel geschlechtlichen Verkehr unterhalten hatte (Garinet, p. 158). Zu Monmorillon werden im selben Jahre mehrere Zauberer, darunter zwei Priester, verbrannt, und zu Saint-Flour wird ein Mönch, der sich mit dem Teufel eingelassen hatte, von dem Vertreter des Bischofs und von dem Abte von Librac dem weltlichen Arm übergeben, der ihn zum Erdrosseltwerden verurteilt (Hoensbroech, p. 501 f., nach Bernou, *Archives de Lot et Garonne*, p. 52).

1600. Am 17. September 1600 wird Rollande de Vernois als Hexe lebendig verbrannt, weil sie den Teufel in Gestalt eines schwarzen Katers verehrt hatte. Vor der Hinrichtung werden ihr zwei Teufel ausgetrieben (Garinet, p. 164). Das

Parlament zu Bordeaux verurteilt mehrere Werwölfe, die kleine Kinder gefressen hatten (ibd., p. 175).

1602. Im Jahre 1602 wütet Boguet, ein Richter im Jura, aufs grausamste gegen die Zauberer.[1])

1603. In Douai werden 150 Zauberer und Hexen verbrannt (Garinet, p. 175).

1606. Am 14. Juli dieses Jahres wird Françoise Bos aus Guenille in der Auvergne verhaftet, weil sie einen Dämon in ihrem Zimmer eingeschlossen hatte (Garinet, p. 175, nach De Lancre, *Arrêts Notables*, p. 793).

1607. Das Provinzialkonzil zu Malines verdammt die Wahrsager und Astrologen und verbietet alle Arten von Beschwörungen und Exorzismen (Thiers, I, III, c. 1, p. 36 ff., III, c. 7, p. 50 ff. u. VI, c. 2, p. 95 ff.).

1609. Heinrich IV. beauftragt den Richter Pierre de Lancre, die Gegend von Labourd von Zauberern zu säubern. Es werden langwierige Untersuchungen angestellt. Mehrere Priester waren beschuldigt, Messen zu Ehren des Teufels (*messes noires*) gelesen zu haben. Frauen, die gerne tanzten, waren der Teilnahme am Sabbat verdächtig. Die 19 jährige Marie Aspilecute gesteht, den Teufel beim Sabbat verehrt zu haben (Garinet, p. 177). Im selben Jahre wird Isaac de Queiran in Bordeaux als Zauberer verbrannt, weil er gestanden hatte, am Sabbat teilgenommen und ein Kind durch Verhexung stumm gemacht zu haben (Hoensbroech, nach Bernou, *La chasse aux sorciers dans le Labourd*, Agen, 1897, p. 49). Im selben Jahre verdammt das Provinzialkonzil zu Narbonne die Wahrsagerei, insbesondere die Beobachtung der Auspicien (divination des augures ou auspices), sowie alle Arten von Beschwörungen und Exorzismen (Thiers, I, III, c. 1, p. 36 ff., c. 2, p. 40 ff. u. VI, c. 2, p. 95 ff.).

1610. In Bordeaux werden vier Zauberer, die sich vom Teufel hatten durch die Wolken tragen lassen, verbrannt (Garinet, p. 177). Ein Hexenprozeß erregt im selben Jahre in Marseille großes Aufsehen. Madeleine de la Palud und Louise Copeau glaubten sich besessen. Vier Pater trieben

---

[1]) S. oben S. 39.

die Teufel aus. Als am 13. Dezember 1610 das Protokoll
aufgenommen wird, erklärt der Teufel, La Palud sei von
ihrem Beichtvater, Louis Gaufridi, verhext worden. Ein anderer Besessener bestreitet diese Behauptung, da aber Madeleine vor Gericht aussagt, sie sei in der Tat von Gaufridi
verhext worden und habe infolgedessen unempfindliche Stellen
am Körper, wird dem Priester der Prozeß gemacht. Der
Gerichtshof von Aix erklärt sich für besonders kompetent
und läßt bei Gaufridi eine Haussuchung abhalten, bei der
jedoch keine corpora delicti (*pactes, cédules* oder ähnliches)
gefunden werden. Monatelang treiben nun Bischöfe, Priester
und Mönche ein widerwärtiges Spiel mit dem unglücklichen
Mädchen. Am 5. Januar 1611 erklären 20 Dämonen, La
Palud nun verlassen und in Grandier fahren zu wollen. Die
Exorzisten bewaffnen sich mit Stöcken und schlagen in die
Luft, um die Dämonen zu vertreiben. Der Bischof von Marseille versucht vergeblich, Gaufridi zu retten. La Palud erklärt, Gaufridi habe am Sabbat zu Ehren Lucifers die Messe
gelesen und ähnliches mehr. Am 30. Januar wird das Mädchen für eine „Prinzessin des Sabbats" erklärt. Am 17. Februar
werden zwecks Auffindung der unempfindlichen Stellen ihre
Füße mit Nadeln durchstochen. Dieselbe Prozedur wird am
1. März mit Gaufridi vorgenommen, der vergebens seine Unschuld beteuert. Am 3. April wird er dem weltlichen Arm
übergeben. Er muß mit entblößtem Haupt, einem Strang um
den Hals und einer brennenden Kerze in der Hand öffentlich
Buße tun, und wird am 30. April 1611 lebendig verbrannt
und seine Asche in alle Winde verstreut. Nach seinem Tode
lassen die Exorzisten eine angeblich von ihm verfaßte Confessio erscheinen, in der er sich selber als *Prince des Magiciens*
bekennt. La Palud wird freigesprochen, aber 42 Jahre später
wegen Zauberei zu lebenslänglichem Gefängnis verurteilt
(Garinet, p. 178 ff.).[1]

1611. Zu Dôle werden zwei Zauberer zum Scheiterhaufen verurteilt (Garinet, p. 190) und zu Agen wird den
Hexen Jeanne Monthillet und Jeanne Luppere der Prozeß

---

[1] Vgl. auch De Lancre, l. c., p. 181 ff.

gemacht. Sie müssen, nur mit einem Hemde bekleidet, vor
dem Portal des Domes stehen, dann sollen sie auf einem
öffentlichen Platze erdrosselt und verbrannt werden. Vorher
sollen sie gefoltert werden, damit sie ihre Mitschuldigen angeben (Hoensbroech, p. 501, nach Bernou, *Archives de Lot-et-
Garonne*, p. 51).

1612. Ein Zauberer rät dem Herzog von Bellegarde,
einen Zauberspiegel zu benützen, in dem er sehen könne, auf
welche Art Concini und Leonora die Freundschaft der Königin
erworben hätten, und wie er sie selbst erlangen könne. Die
Königin erfährt davon und bringt die Sache vor Gericht. Da
sich aber das Gerücht verbreitet, daß man auf Kosten eines
Edelmannes den Günstling der Königin (Concini) bereichern
wolle, wird die Sache totgeschwiegen, so daß Bellegarde dem
Scheiterhaufen entgeht.[1] Am 16. Februar desselben Jahres
werden zu Vesoul zwei Zauberer verbrannt (Garinet, p. 190).
In Beauvais werden aus der Besessenen Denyse de La Caille
mehr als 60 Teufel ausgetrieben (Garinet, p. 191). Zur
gleichen Zeit verdammt die Synode zu Envers die Astrologie
(Thiers, I, III, c. 7, p. 50 ff.).

1613. Ein Edelmann soll mit dem Geiste einer Verstorbenen geschlechtlichen Verkehr unterhalten haben (Histoire
prodigieuse d'un gentilhomme, auquel le diable a apparu, et
avec lequel il a conversé sous le corps d'une femme morte,
en 1613. Garinet, p. 192).

1614. Im Mai 1614 werden drei besessene Frauen in
Flandern zu lebenslänglichem Gefängnis verurteilt, weil sie
unter besonders merkwürdigen Umständen am Sabbat teilgenommen hatten (Garinet, p. 195).

1616. Zu Aix wird am 18. November 1616 ein Priester
als Zauberer gehängt und verbrannt (Garinet, p. 199).

1617. Nachdem am 24. April 1617 Concino Concini,
der allgemein verhaßte Maréchal d'Ancre, von dem Hauptmann der Leibwache, Vitry, auf der Zugbrücke des Louvre
erschossen worden war, wurde seiner Gemahlin, Leonora
Galigaï, die, gleich ihm, der Zauberei verdächtig war, der

---

[1] A r n o u l d, *Racan etc.*, p. 88; daselbst weitere Literaturangaben.

Prozeß gemacht. Als der Präsident Courtin sie fragt, durch welches Zaubermittel sie die Königin bezaubert habe, antwortet. Leonora stolz: «*Mon sortilège a été le pouvoir que les âmes fortes doivent avoir sur les âmes plus faibles.*» Unter den Prozeßakten produzierte man ein paar angebliche Talismane sowie einen Brief, den Leonora an die Hexe Isabella diktiert haben sollte (Garinet, nach Legrain, Liv. 10). In ihrem Zimmer werden drei Bücher mit Zauberzeichen, fünf Rollen Sammet, der angeblich dazu hatte dienen sollen, die Geister vornehmer Leute zu bannen, sowie eine Anzahl Amulette, die sie getragen hatte,. aufgefunden. Bei der Untersuchung ergibt sich, daß Leonora und ihr Gatte Wachsbilder benutzt hatten, und daß sie Zauberer, Hexen, Astrologen, insbesondere den berühmten Cosimo Ruggieri häufig befragt hatten (Ruggieri wurde nach dem Tode Karls IX. gefoltert). Es wird auch bewiesen, daß die Gatten ein paar Geistliche, welche Zauberer waren, aus Nancy hatten kommen lassen, daß diese in Concini's Garten räucherten und Beschwörungen ausführten, daß endlich Leonora bei solchen Gelegenheiten Hahnenkämme und Nieren von einem Widder zu essen pflegte. Sie wird verurteilt *à avoir la tête tranchée, et à être brûlée après sa mort.* Das Urteil wird am 6. Juli 1617 vollstreckt (Garinet, p. 199 ff.). — Aus diesem Prozesse geht zur Genüge hervor, welch finsterer Aberglaube zu jener Zeit in Frankreich in den höchsten Kreisen herrschte. Leonora und Concini waren unzweifelhaft schlimmerer, wirklicher Verbrechen schuldig, so daß beide den Tod verdient hatten, aber durch die Begründung des Urteils gegen Leonora muß die französische Justiz des 17. Jahrhunderts in einem sehr trüben Lichte erscheinen.

1618. Die Synode zu Saint-Malo verdammt die *Coscinomantie*, d. h. das Wahrsagen mit Hilfe des Siebes (*sas*, oder *crible*, Thiers, I, III, c. 4, p. 44 ff.).[1]

1619. Drei Frauen, Claire Martin. Jeanne Guierne und

---

[1] Diese Art der Zauberei war schon bei den Römern und Griechen üblich (cribro divinare, κοσκίνῳ μαντεύεσθαι, cf. Bodin, *De la Démonomanie etc.*, IV, 2).

Jeanne Cagnette hatten nächtlicherweile zu Zauberzwecken auf dem Kirchhofe Saint-Sulpice ein *cœur de mouton, plein de clous à lattes, lardé en forme demi-croix, et force bouquets y tenant* vergraben. Claire Martin, die als die schlimmste der drei Zauberinnen erkannt wurde, wird am 14. August vor dem Kirchhof Saint Sulpice bei der Porte Saint-Germain und auf dem Pont Saint Michel gepeitscht, mit der Lilie gebrandmarkt und verbannt, und sie gibt zu, diese Strafen verdient zu haben (Garinet, p. 201 f.).

1620. Am 26. Juni 1620 werden zu Clairac sechs Zauberer, die sich dem Teufel verschrieben hatten, erdrosselt und verbrannt (Hoensbroech, p. 501, nach Bernou, p. 51, *Archives de Lot-et-Garonne*).

1623. Zu Moulins wird ein Zauberer lebendig verbrannt, weil er einen Dämon in eine Flasche eingeschlossen und mit ihm einen Pakt gemacht hatte.[1]

1628. Desbordes, ein Kammerdiener des Herzogs Karl IV. von Lothringen, wird als Zauberer verbrannt, weil er mit Hilfe des Teufels auf einer Jagd aus einer kleinen Holzschachtel ein vollständiges Mittagessen hervorgezaubert hatte, und weil drei Gehängte auf seinen Befehl vom Galgen herabgestiegen waren und sich dann selbst wieder aufgeknüpft hatten (Hoensbroech, p. 499, nach Garinet, p. 204).

In den Jahren 1629—1634 spielt sich ein Prozeß ab, der eine traurige Berühmtheit erlangt hat und das 17. Jahrhundert im trübsten Lichte erscheinen läßt. Politische Intrigen und ein finsterer, religiöser Wahnsinn brachten einen Priester auf den Scheiterhaufen, dessen einziges Verbrechen war, sein Herz der Liebe nicht verschlossen zu haben. Urbain Grandier, Pfarrer zu Loudun, hatte wegen seiner großen rhetorischen Erfolge sowie seines natürlichen Hanges zur Galanterie viele Neider und Feinde. Diesen war es ein leichtes, durch allerlei

---

[1] Cf. das bei Fournier, *Var. hist. et litt.*, V, 199—207 abgedruckte diesbezügliche Schriftstück, welches betitelt ist: *Discours admirable d'un magicien de la ville de Moulins qui avait un démon dans une phiole, condamné d'estre bruslé tout vif après arrest de la Cour de Parlement. A Paris, chez Antoine Vitry, au collège Saint Michel* (1623, 8°).

Verleumdungen den Priester in einem schiefen Lichte erscheinen zu lassen. Nachdem verschiedene falsche Anklagen
gegen ihn erhoben worden waren, erlangten seine Feinde
während seiner Abwesenheit von Loudun am 22. Oktober 1629
einen Haftbefehl gegen ihn. Man lockt ihn nach Poitiers,
wo er in ein finsteres Gefängnis geworfen wird. Der Bischof
der Diözese exkommuniziert ihn und verdammt ihn, jeden
Freitag bei Wasser und Brot zu fasten. Nachdem er das
Gefängnis verlassen hatte, beschuldigten ihn seine Feinde, an
der Besessenheit mehrerer Nonnen aus Loudun schuld zu
sein; er wird aufs neue eingesperrt. Die Besessenheit der
Nonnen und die nun folgenden Teufelsaustreibungen führten
zu den widerwärtigsten Szenen. Am 26. April 1633 suchte
man nach Teufelsabzeichen an seinem Körper, wobei der
Untersuchende sich eines Betrugs schuldig machte. Bald
bohrte er mit dem spitzen Ende der Sonde bis auf die
Knochen, bald berührte er ihn nur mit dem stumpfen Ende
des Instrumentes, so daß natürlich manche Stellen unempfindlich erscheinen mußten. Am 18. August 1634 wird er zum
Feuertode verurteilt. Nachdem er drei Stunden lang gefoltert worden und seine Beine ganz zerschlagen waren, wird
er zum Scheiterhaufen getragen. Mit engelgleicher Geduld
erträgt er seine furchtbaren Leiden und kein Wort des Zornes
gegen seine teuflischen Peiniger kommt über seine Lippen.
Er soll erst gehängt und dann verbrannt werden, die fanati-
schen Mönche setzen es jedoch durch, daß er lebendig verbrannt wird. Als eine kleine Mücke um den Scheiterhaufen
fliegt, erklären die Mönche, dies sei Belzebub, der Gott der
Mücken, der komme, seine Seele zu holen. Der Prozeß Urbain
Grandier's ist einer der größten Schandflecke der Weltgeschichte und beweist, in welch finsterem Aberglauben das
17. Jahrhundert noch befangen war (Garinet, p. 205—224).

    1631. Ein Konzilbeschluß verdammt die Wahrsager und
und Astrologen (Thiers, I, L. III, c. 7, p. 50 ff.).

    1638. Bei der Geburt Ludwigs XIV. (5. September 1638)
stellt der Astrolog Morin sein Horoskop (Nostradamus hatte
dies für Catherine de Médicis sowie alle Kinder der großen
Herren des französischen Hofes getan).

1641. Die Baronin von Beausoleil wird zu Vincennes eingesperrt, weil sie zur Entdeckung von Goldminen eine Wünschelrute gebraucht hatte (Rambaud, II, 566 ff.).

1643. In Louviers glauben sich einige Nonnen besessen. Die Pförtnerin des Klosters namens Madelaine Bevan gesteht, am Sabbat teilgenommen und sich mit einem höllischen Dämon verheiratet zu haben, worauf der Zauberer Mathurin Picard sie zur Würde einer Prinzessin des Sabbats erhoben habe. Der Bischof von Evreux erkennt ihre Aussagen für richtig und verurteilt sie am 12. März 1643 zu lebenslänglichem, dreimal wöchentlichem Fasten bei Wasser und Brot. Die Priester Picard und Thomas Boullé, ihre Mitschuldigen, werden zu Rouen am 21. August 1647 zum Feuertode verurteilt. Da ersterer kurz zuvor gestorben war, läßt der Bischof seinen Leichnam ausgraben und mit dem lebenden Boullé zusammen verbrennen (Garinet, p. 237 ff.). Im selben Jahre werden in der Bourgogne eine Anzahl Zauberer, denen das Volk die Schuld an einer Mißernte zuschrieb, verfolgt. Einige von ihnen werden jedoch, da man in ihnen Verrückte erkennt, wieder losgelassen (Garinet, p. 246).

1653. In Paris verbreitet sich eine Panik, weil ein Geist in der Rue des Ecouffes umgehe. Der Geist entpuppt sich jedoch als ein toller Hund (Garinet). Im selben Jahre wird La Palud[1]) wegen Zauberei zu lebenslänglichem Gefängnis verurteilt.

1660. Zu Paris wird ein Hufschmied als Zauberer verhaftet, aber wieder frei gelassen (Rambaud, II, 154 ff.). Unter dem Einflusse Séguier's gingen die Pariser Gerichte jetzt vernünftiger zu Werke und bestraften hinfort nur wirkliche Verbrecher. In den Provinzen dagegen wird weiter gegen die Zauberer gewütet.

1664. Ein Konzilbeschluß verdammt wiederum die Wahrsagerei (Thiers I, III, c. 1, p. 36 ff.).

1665. Einen analogen Konzilbeschluß zitiert Thiers (ibd., c. 3, p. 42 ff.) aus dem Jahre 1665.

1670. 14 Zauberer sollen zu Rouen verbrannt werden,

---

[1]) S. oben S. 64 f.

Colbert verhindert jedoch die Vollstreckung des Urteils und läßt sie als Verrückte ärztlich behandeln (Rambaud, II, 154 ff.).

1672. Das Parlament zu Rouen verhaftet eine Anzahl Zauberer, der König befiehlt jedoch, sie freizulassen, wogegen das Parlament Einspruch erhebt (Garinet, p. 247).

1673. Die Synode zu Agen verdammt die Wahrsagerei, insbesondere die *divination des rencontres,* welche eine teuflische Einflüsterung sei, sowie die obenerwähnte *coscinomantie* und die *chiromancie astrologique* (Thiers, I, III, c. 3, p. 42 ff., c. 4, p. 44 ff. und c. 7, p. 50 ff.).

1677. Am 5. Dezember 1677 wird der Alchimist Louis de Vanens verhaftet.[1])

In den Jahren 1679/80 erregte in Paris der Prozeß der Wahrsagerin, Zauberin und Giftmischerin Catherine Montvoisin, geb. Deshayes, gewöhnlich *la Voisin* genannt, das größte Aufsehen. Diese Frau war wohl die berühmteste Zauberin und zugleich eine der berüchtigsten Verbrecherinnen, die die Geschichte Frankreichs aufzuweisen hat. Als Giftmischerin stand sie der berüchtigten Marquise de Brinvilliers nicht nach.[2]) Leute aus den vornehmsten Kreisen, besonders Damen, konsultierten sie tagtäglich. Man ließ sich von ihr aus den Linien der Hand wahrsagen, hauptsächlich aber verlangte man von ihr Mittel, um sich lästiger Personen zu entledigen, und unter dem Vorwande, allerlei Zaubermittel zu vertreiben, verkaufte sie tödliche Gifte in Mengen. Jeden Morgen war ihr Wartezimmer voll besetzt. Mit ihrem schändlichen Gewerbe verdiente sie jährlich 50000 bis 100000 Franken! In der Pariser Lebewelt spielte sie eine große Rolle und hatte eine Anzahl Liebhaber, die sie fürstlich unterhielt, und die den vornehmsten Kreisen angehörten. Wenn sie Audienz gab, erschien sie in einem Gewande, das 15000 Livres gekostet

---

[1]) Funck-Brentano, *Die berühmt. Giftmischerinnen etc.,* p. 72. — Da sich unter den Alchimisten vielfach Falschmünzer verbargen, so war das Vorgehen der Obrigkeiten gegen dieselben oftmals durchaus gerechtfertigt.

[2]) Cf. den Abschnitt über die Marquise de Brinvilliers in Funck-Brentano, *Die berühmten Giftmischerinnen,* p. 1 ff.

hatte. Ihre Wahrsagekunst stützte sich hauptsächlich auf
die Physiognomik, die sie gründlich studiert hatte. Auch mit
Astrologie befaßte sie sich und diskutierte mit den Professoren
der Sorbonne über derartige Fragen. Auf Wunsch ließ sie
den Teufel erscheinen, der auf vorgelegte Fragen Antwort·
gab, und führte zur Zufriedenstellung ihrer Kunden alle
Arten von magischen Operationen und Beschwörungen aus.
Zugleich war sie Hebamme und befaßte sich vorzugsweise
mit Kindesabtreibungen. Lesage, ihr Compagnon, war vor
allem ein geschickter Taschenspieler, der unter dem Vorwande,
alle Geheimnisse der Kabbala zu kennen, nicht nur Laien,
sondern selbst andere Zauberer zu betrügen verstand. So
ließ er z. B. die Fragen, die seine Kunden dem Teufel vor-
zulegen wünschten, auf Zettel schreiben, die er, anscheinend
in kleinen Wachskugeln verborgen, ins Feuer warf, um sie
durch die Flammen dem Teufel zuzuschicken. Ein paar
Tage später brachte er sie, mit der Antwort des Teufels versehen, wieder zum Vorschein (cf. Funck-Brentano, p. 87). Am
12. März 1679 wurde die Voisin verhaftet und unter der Beschuldigung, eine große Anzahl unehelicher Kinder umgebracht,
Gift verkauft und sich mit Wahrsagerei und Magie befaßt
zu haben, in der Bastille eingesperrt. Nachdem der Prozeß
der Marquise de Brinvilliers, die im Jahre 1676 wegen Giftmischerei öffentlich .enthauptet und verbrannt worden war,
eine bisher ungeahnte Welt des Verbrechens aufgedeckt
hatte [1]), wurde nach der Verhaftung der Voisin zur Ab-

---

[1]) Cf. Limiers, *Hist. du Règne de Louis XIV*, IV, 18—20:
«*Depuis l'invention diabolique de la Marquise de Brinvilliers dont le procès
a fait tant de bruit dans le Royaume, le poison étoit devenu si commun,.
que les femmes s'en servoient ordinairement pour se défaire de leurs maris,
et les maris de leurs femmes, et les enfants pour avoir la succession de
leurs pères et mères; tellement qu'on l'appeloit la poudre de succession.
Plusieurs personnes de marque furent soupçonnées; mais rien n'éclata
jusqu'à l'aventure que je vais rapporter. Une certaine Sage-Femme (elle
se nommoit la Voisin) qui se mêloit de maléfice, avoit été mise en prison
avec un homme (nommé Le Sage) qui en étoit aussi soupçonné. Outre
la poudre de succession que la première avoit donnée à plusieurs personnes, elle étoit accusée d'avoir non seulement suffoqué, mais réduit en
cendres un grand nombre d'enfants, nés hors du mariage, pour empêcher*

urteilung ·der Zauberer und Giftmischer, hauptsächlich aber der letzteren, die sich in erschreckender Weise in Frankreich breit machten, im Jahre 1679 ein besonderer Gerichtshof, die sogenannte „Glühende Kammer" (la Chambre Ardente), eingesetzt. . Ihren Beinamen verdankte die Kammer dem Umstande, daß sie ihre Sitzungen in einem mit schwarzem Tuch ausgeschlagenen und mit Pechfackeln erleuchteten Raume hielt. Nach einer anderen Version sollte dieser Name andeuten, daß ihre Urteile meist auf Feuertod lauteten.[1]) Die glühende Kammer hielt unter dem Vorsitze des Präsidenten Louis Boucherat, Grafen von Comtaus, im Arsenalgebäude am 10. April 1679 ihre erste und am 21. Juli 1681 ihre letzte Sitzung ab. Ihre Urteile waren unwiderruflich. Von 442 Angeklagten verurteilte sie jedoch nur 36 zum Tode und zum peinlichen Verhör, und 23 zur Verbannung, so daß jene Erklärung ihres Namens, die denselben mit den von ihr verhängten Urteilen in Zusammenhang bringt, nicht ganz berechtigt erscheint. Unter den Personen, welche die Voisin als Mitschuldige angab, befanden sich die Marquise d'Alluye, die Herzogin von Bouillon, beide der Giftmischerei beschuldigt, die Herzogin von Foix (deren ganzes Verbrechen darin bestand, daß sie Quacksalbermittel zur Entwicklung ihres Busens gebraucht hatte), die Prinzessin Tingry, die Gräfin von Roure, Frau von Polignac, welche sich eines · philtre bedient hatte, um die Liebe des Königs zu gewinnen, und beschuldigt wurde,

---

que le crime ne vînt au jour (hauptsächlich aber wurden diese Kinder zu den Greueln der „Schwarzen Messe" gebraucht. cf. Funck-Brentano, p. 83 f.). Cette femme voyant qu'il n'y avoit plus d'espérance de sauver sa vie, accusa, pour gagner du temps, plusieurs Dames et Seigneurs de la cour, que la Chambre Ardente résolut de faire arrêter. Mais ayant premièrement donné avis au Roy, Sa Majesté eut la bonté d'en faire avertir quelques uns, afin qu'ils s'éloignassent s'ils étoient coupables (als Ludwig XIV. erfuhr, daß selbst Frau von Montespan, seine Maitresse, mit Hilfe der Voisin versucht hatte, ihn zu vergiften, ließ er die Sitzungen der „Glühenden Kammer" suspendieren, cf. Funck-Brentano, p. 101 ff.). La Sage-Femme fut enfin condamnée à avoir la main coupée, après la lui avoir percé d'un fer chaud, et à être brulée toute vive: ce qui fut exécuté le 22 Février de l'année suivante (1680).»

[1]) Garinet, l. c., p. 249.

ihren Diener, der ihr Geheimnis entdeckt hatte, umgebracht
zu haben, ferner die Gräfin Soissons, beschuldigt, daß sie ihren
Gemahl habe vergiften wollen und daß sie Zaubermittel gebraucht habe, um die Liebe des Königs zu gewinnen, endlich
der Herzog von Montmorency-Luxembourg, welcher Beschwörungen ausgeführt haben sollte, um verlorene Gegenstände wiederzufinden. Letzterer hatte außerdem, wie Lesage
behauptete, einen Pakt mit dem Teufel geschlossen, um eine
gewisse Frau Dupin umzubringen, und dem Bruder derselben
vergifteten Wein gegeben. Wahr ist nur, daß er sich einmal von Lesage das Horoskop hatte stellen lassen. Der
Herzog wurde zusammen mit der Voisin, der Vigoureux,
ihrer Helfershelferin und deren Bruder Lesage, der am
17. März 1679 bereits verhaftet worden war, in der Bastille
eingekerkert. Nach 14 monatlicher Haft wurde er am 14. Mai
1680 freigesprochen, aber auf 28 Meilen von Paris verbannt.
Die übrigen in den Prozeß verwickelten hochgestellten Persönlichkeiten wurden ebenfalls wieder in Freiheit gesetzt und
zwar angeblich aus Mangel an Beweisen. Die am meisten
kompromittierte Gräfin Soissons hatte sich rechtzeitig durch
Flucht nach Brüssel gerettet. Die Hauptschuldige, Catherine
de Montvoisin, wird am 22. Februar 1680 auf der Place de
Grève zu Paris verbrannt; ihre Mitschuldigen, ihre Dienerin
Vigoureux, der Priester Lesage und einige andere werden
teils zum Strang, teils zu den Galeeren verurteilt. Vierzehn
Monate hatte der Prozeß der Voisin gedauert. Nach ihrer
Verurteilung werden noch die Prinzessin von Polignac, die
Maréchale de la Ferté, die Prinzessin von Tingry und andere
Damen der Aristokratie wegen Gebrauchs von Philtren be-
straft.[1]

1682. Ludwig XIV. erläßt eine Ordonnanz gegen die
Wahrsager und Zauberer, die sich aber nur auf eine Kategorie
von Zauberern bezieht, die wirkliche Verbrecher und dadurch

---

[1] Über den sensationellen Prozeß der Voisin vgl. man Garinet,
l. c., p. 348—351; Langheim, *De Visé etc.*, p. 57 ff.; Reynier, *Thomas
Corneille etc.*, p. 61 ff. u. 295 ff.; einen Artikel von Clément in der
*Revue des Deux Mondes*, 15. Jan. 1864 (zit. bei Reynier), der besonders
viele Einzelheiten bietet, sowie Funck-Brentano, l. c., p. 77 ff.

gemeingefährlich waren (Rambaud, II, 566 ff.). Aus demselben Jahre berichtet Garinet eine Geistergeschichte. In
einem alten Schlosse ging ein Geist um. Madame Deshou-
lières, die sich nicht vor Geistern fürchtete, dringt mutig in
das Schloß ein, und es gelingt ihr, den Geist zu erwischen:
es ist ein Hund, der in dem alten Gemäuer sein Nachtquartier
aufgeschlagen hatte (Garinet, p. 253).

1687. Durch einen Urteilsspruch der *Tournelle*[1]) vom
2. September 1687 wird ein Schäfer namens Pierre Hocque
zur Galeerenstrafe verurteilt. Er war beschuldigt, durch eine
Beschwörungsformel 395 Schafe, 7 Pferde und 11 Kühe aus
dem Viehstande des Steuereinnehmers Eustache Visié zu Pacy-
en-Brie getötet zu haben. Da aber nach der Verurteilung
des Schäfers das Sterben unter dem Viehstande Visié's fort-
dauerte, versuchte man, den Urheber des Übels zu veranlassen,
den Zauber zu lösen. Ein von Visié bestochener Galeeren-
sträfling namens Beatrix wußte Hocque sein Geheimnis zu
entlocken. Er hatte in der Tat eine Giftformel über jenes
Vieh ausgesprochen, und die Schäfer Bras-de-Fer und Courte-
Epée besaßen nun die Macht, an seiner Stelle den Bann zu
lösen. Hocque ließ sich schließlich überreden, Bras-de-Fer
zu beauftragen, den Bann zu lösen, doch kaum war ein dies-
bezüglicher Brief abgeschickt, so geriet Hocque in die größte
Verzweiflung, da er nun sterben müsse. Nachdem er sich
ein paar Tage in furchtbaren Krämpfen gewunden hatte, starb
er. „Und zwar geschah dies eben um jene Zeit“, so heißt
es im Urteil der Tourelle, „als Bras-de-Fer anfing, den Zauber
zu lösen“, und die Richter fügten die Bemerkung hinzu: „Es
steht erwiesenermaßen fest, daß Pierre Hocque gestorben,
weil Bras-de-Fer den Giftbann über die Pferde und Kühe
gehoben hat, sintemalen es ebenso wahr ist, daß von dieser
Zeit an dem Eustache Visié keine Pferde oder Kühe mehr
krepierten“ (Funck-Brentano, p. 68—69).

1691. Zu Brie werden am 18. Dezember 1691 drei
Schäfer, die angeklagt waren, die Herden von Passy verhext

---

[1]) Das peinliche Parlamentsgericht wurde *La Tournelle* genannt
(cf. Funck-Brentano, l. c., p. 34).

zu haben, gehängt und verbrannt. Im selben Jahre glaubte man Marie Volet besessen; zum Glück findet sich ein einsichtsvoller Arzt, de Rhodes, der in dem Zustande des Mädchens eine Krankheit erkennt und ihr eine Mineralwasserkur verordnet (Garinet).

Im 18. Jahrhundert fängt der Teufel an, seinen Kredit mehr und mehr zu verlieren. Es finden sich aufgeklärte Geister, die es wagen, an seiner Existenzberechtigung zu zweifeln, und wenn auch hier und da unwissende und fanatische Richter noch manches unglückliche Opfer dem Scheiterhaufen überliefern, so stehen von hier ab diese Fälle doch mehr und mehr vereinzelt da.[1])

---

[1]) 1710. Eine Frau aus Lyon glaubt sich besessen, sie wird bei Wasser und Brot eingesperrt und wird bald wieder gesund (Garinet, p. 256).

1718. Zu Bordeaux wird ein Zauberer (*noueur d'aiguillettes*) lebendig verbrannt (ibd., p. 256).

1726. Arnold Paul wird angeklagt, ein Vampir zu sein. Der Bailli läßt ihm einen Pfahl ins Herz stoßen und ihm den Kopf abschlagen (ibd.).

1731. Zu Marseille erregt der Prozeß des Jesuiten Girard, der sich die scheußlichsten Ausschreitungen gegen ein Mädchen namens Cadière, sein Beichtkind, erlaubt hatte, großes Aufsehen. Girard wird der Zauberei angeklagt, verteidigt sich aber sehr geschickt, und obwohl er wirkliche Verbrechen begangen hatte, wird er, infolge Bestechlichkeit der Richter freigesprochen; sein Opfer, Cadière, verschwindet spurlos (ibd., p. 257).

1733. Ein Priester treibt aus einigen Besessenen zu Landes die Teufel aus (ibd., p. 272).

1746. Zaubererversammlungen in einem Speicher zu Amiens, Teufelsaustreibungen des Priesters Languet (ibd., p. 279).

1751. Edikt gegen die der Zauberei verdächtigen Schäfer (siehe oben, S. 36).

Einige weitere, aber vereinzelte Fälle von Zauberer- und Hexenprozessen s. bei Garinet, p. 281 ff.).

## II. Teil

# Die Magie im französischen Theater
# des 16. und 17. Jahrhunderts.

## A. Gründe für das häufige Vorkommen der Magie im Drama.

### 1. Das Theater ein Spiegelbild der Zeit.

Nachdem die vorausgehende kulturgeschichtliche Betrachtung uns gezeigt hat, wie tief noch im 17. Jahrhundert der Aberglaube, die Magie und alles, was damit zusammenhängt, in Frankreich nicht nur im Volke, sondern auch in den Klassen derer, die sich Gebildete nannten, wurzelte und wie furchtbar ernst es die Obrigkeiten mit den imaginären Verbrechen der Teufels- und Dämonenbeschwörung, der Wahrsagerei, Astrologie sowie aller Zweige der Zauberei nahmen, kann es uns nicht wundern, wenn wir im französischen Theater dieser Epoche eine große Anzahl der oben besprochenen abergläubischen Anschauungen und magischen Operationen wiederfinden. Zum Teil sind dieselben, wie eine eingehende Besprechung der in Frage kommenden Stücke dartun wird, unzweifelhaft als ein Spiegelbild der ganzen, mit Zauberei gewissermaßen imprägnierten Zeit anzusehen. Einige Autoren bringen sogar, wenn auch mit großer Vorsicht, Hexenprozesse und andere brennende Tagesfragen aus dem Gebiete der Magie auf die Bühne. Aber auch für Stücke, denen keine direkte, geschichtliche Veranlassung zugrunde liegt, haben

die Autoren vielfach ihren Stoff, soweit derselbe auf die
Magie Bezug hat, dem Leben und Treiben jener Zeit entnommen. Wenn wir auch annehmen dürfen, daß aufgeklärte
Geister, wie die Schriftsteller des 17. Jahrhunderts es vielfach waren, nicht immer selbst an die Magie geglaubt haben,
so haben sie dennoch magische Operationen häufig auf die
Bühne gebracht und sie noch dazu oftmals mit großer
Wichtigkeit und dem Anscheine nach ganz ernsthaft behandelt. In diesem Punkte sahen sie sich eben genötigt,
dem Geschmacke des damaligen Theaterpublikums gewisse
Zugeständnisse zu machen. In der Tat muß das Publikum
alle Darstellungen überraschender, übernatürlicher und wunderbarer Ereignisse sehr geliebt haben, wie aus dem Umstande
hervorgeht, daß Stücke, in denen die magische Operation im
Mittelpunkt steht, und die im übrigen zumeist recht schwach
sind, oftmals einen überraschend großen Erfolg zu verzeichnen
hatten. Aus dem von Buscambille gesprochenen Prologe
eines *Impatience* betitelten Stückes [1]) geht zur Genüge hervor,
welche Freude das Publikum an überraschenden Verwandlungen (*machines*) und phantastischen Darstellungen aller Art
(*feintes*) hatte. Es heißt dort unter anderem: «*Si l'on vous
donne quelque excellente paftorale, où Mome ne trouveroit que redire,
celuy-ci la trouve trop longue, fon voifin trop courte. Eh quoi!
dit un autre, allongeant le col comme une grue d'antiquité, n'y
devroient-ils pas mêler des intermèdes et des feintes? ... Mais
comment appelez-vous, lorsqu'un Pan, une Diane, un Cupidon,
s'infèrent dextrement au fujet? Quant aux feintes, je vous entens
venir, vous avez des fabots chauffez; c'eft qu'il faudroit faire voler
quatre diables en l'air, vous infecter d'une puante fumée de foudre,
et faire plus de bruit que tous les armuriers de la Heaumerie.
Voilà vraiment bien débuté; notre théâtre facré aux Mufes qui
habitent les montagnes pour fe reculer de bruit, deviendroit un banc
de charlatan. Hélas, meffieurs, c'eft votre chemin, mais non pas
le plus court; s'il nous arrive quelques fois de faire un tintamarre
de fufées, ce n'eft que pour nous accomoder à votre humeur ...»*
Die Autoren sahen sich also oft genötigt, auf Kosten einer

---

[1]) Erwähnt bei P a r f a i c t, *Histoire,* IV, 147.

vernünftigen Handlung ihre Stücke mit solch phantastischen und zauberhaften Darstellungen anzufüllen, um dem Geschmacke ihrer Zuschauer gerecht zu werden.

Die typischen Figuren des französischen Schäferdramas sind durchschnittlich Diana, Amor, der Satir und der Zauberer oder die Zauberin. Der Zauberer (bald *magicien*, bald *sorcier* genannt), der im 16. und 17. Jahrhundert die Geister so lebhaft beschäftigte, ist vor allem eine der Hauptpersonen der französischen Pastorale. Meist ist es ein Greis von furchtbarem und abschreckendem Äußeren, mit gefurchter Stirn und struppigem Haar. Die Schäfer fürchten und verehren ihn. Er bewohnt eine zwischen Gestrüpp verborgene Höhle, seine Umgebung besteht aus Schlangen, Drachen, Retorten und Destillierkolben. Seine Macht ist unbegrenzt, nur gegen Amor vermag er nichts. Keine andere dramatische Gattung eignete sich zur Verwendung von magischen Handlungen so gut wie die Pastorale, die am Ende des 16. und in der ersten Hälfte des 17. Jahrhunderts in hoher Blüte stand. In den meisten Pastoralen ist die Handlung recht dürftig, und auch nur wenige üben durch wirklich poetische Naturschilderung einen gewissen Reiz. Die meisten begnügen sich mit unwahrscheinlichen Geschichten von geraubten oder in ihrer frühesten Jugend vertauschten Kindern, die dann zum Schluß eine noch unwahrscheinlichere Erkennungsszene herbeiführen, oder mit geheimnisvollen Orakeln, die sich schließlich erfüllen. So wird die Handlung mehr als unwahrscheinlich und durch fortwährende Wiederholung derselben Motive langweilig. Zur Hebung der Handlung werden dann zahllose Episoden eingeflochten, in denen allerlei Satyre, Nymphen, Druiden und Zauberer eine Rolle spielen. Das Publikum, das soeben noch an den Misterien, Moralitäten und Farcen sich erbaut und ergötzt hatte, und das eine wirkliche Komödie oder Tragödie noch nicht kannte, verlangte auch weder eine streng durchgeführte Handlung, noch eine wirkliche Charakterzeichnung. Mehrere aufeinander eifersüchtige Liebhaber, ein Entführer (in den Pastoralen ist es meist der Satyr), der seine Freveltat mit einer Tracht Prügel büßt, unglückliche Liebhaber, die unter der Bosheit eines Zauberers oder einer Zauberin zu

leiden haben, oder vom Schicksal mehr begünstigte Bewerber,
die von irgend einer gütigen Fee an das Ziel ihrer Wünsche
geführt werden, das sind Intrigen, die dem Geschmacke des
damaligen Publikums vollkommen entsprachen. Daher auch
die in der französischen Pastorale ständig wiederkehrenden
Typen des *satir* und des *magicien*.

Von 75 Stücken, die uns im folgenden Abschnitte näher
beschäftigen werden, weil in ihnen die Magie eine gewisse,
bald mehr, bald minder scharf gekennzeichnete Rolle spielt,
sind 39, also über die Hälfte, Pastoralen, wenn sie auch von
ihren Verfassern nicht immer so bezeichnet wurden. Die Bezeichnungen *pastorale*, *comédie-pastorale*, *tragédie-pastorale*, *tragi-
comédie-pastorale*, *fable bocagère*, *poème bocager* oder *bergerie*, bedeuten im Grunde immer dasselbe. Die übrigen sind Komödien,
Tragikomödien und Tragödien[1]), in diesen Stücken ist jedoch
die Verwendung der Zauberei, wie wir sehen werden, vielfach
auf fremde Einflüsse zurückzuführen.

## 2. Italienische Vorbilder.

Mit der italienischen Renaissance beginnt der Einfluß
der italienischen Literatur auf die französische.[2]) Die französische Pastorale ist zunächst völlig von der italienischen
abhängig.[3]) Die großen italienischen Vorbilder sind Sannazaro's *Arcadia*, ein Hirtenroman in Prosa, Tasso's *Aminta*, ein
lyrisch-musikalisches Schäferspiel, und Guarini's *Pastor Fido*,
die beste der zahlreichen italienischen Nachbildungen des
Aminta.

Die *Arcadia*[4]), die ein Schäferroman sein will, bringt

---

[1]) Auch diese Bezeichnungen sind im 16. und 17. Jahrhundert nicht
immer ganz passend, jedenfalls haben sie zumeist nicht die heutige Bedeutung.

[2]) Vgl. hierzu die Literaturangaben bei Marsan, *La Pastorale
dramatique etc.*, p. 488 f.

[3]) Über die italienische Pastorale cf. Carducci, *Dello svolgimento
della letteratura nazionale, Studi letterari*; Mazzoleni, *La Poesia drammatica pastorale in Italia*; Roth, *Der Einfluß Ariosts etc.*, p. 67 ff.,
sowie die Literaturangaben bei Marsan, *La Pastorale etc.*, p. 488 f.

[4]) Die *Arcadia* war zwischen 1481 und 1486 entstanden (cf. LBl.

keine der Wirklichkeit entsprechende Schilderung des Land-
lebens, sondern das Schäfergewand dient hier schon wie später
in allen französischen Schäferromanen und Schäferdramen,
vornehmen Herren und Damen des Hofes als Maske. Wir
haben hier bereits den richtigen Salonschäfer. Die Nichtigkeit der Handlung wird durch eine elegante Sprache und
phantasiereiche Ausschmückung des Ganzen ausgeglichen,
oder wenigstens auszugleichen versucht. Zauberei im eigentlichen Sinne kommt in der *Arcadia* nicht vor, dagegen ist das
mythologische Element stark vertreten.[1]) So wird z. B. eine
Zauber- oder Wunderquelle Amors, der wir später noch begegnen
werden, erwähnt. Wer aus ihr trinkt, aus dessen Herzen
schwindet jede Spur von Liebe (. . . *dicendo, in una terra di
Grecia -(della quale yo ora non so il nome) essere il fonte di Cupidine, del quale chiunche beve, depone subitamente ogni suo amore*).[2])

f. germ. u. rom. Phil. 1895, XVI, col. 236) und zuerst gedruckt Venedig.
1502 unter dem Titel *Libro Pastorale Nominato Arcadia De Jacobo
Sannazaro Neapolitano Con gratia et privilegio* (cf. Scherillo, *Arcadia
di J. Sannazaro etc.*, l. c., p. XXXI, weitere Ausgaben s. id. ibd.
p. XXXV ff.). Über Quellen, Bedeutung und Nachahmungen der *Arcadia*
vgl. man insbesondere Torraca, *Gl'imitatori stranieri dell'Arcadia*,
1882; *La Materia dell'Arcadia*, 1888; Scherillo, *Arcadia etc.* (Kritische
Ausgabe), 1888; Marsan, *La Pastorale etc.*, 1905, p. 102 ff., 147 f.,
483. u. 498 (daselbst weitere Literaturangaben), und Menéndez y
Pelayo, *Nueva Biblioteca*, I. Introduccion, p. CDXXIV ff. — Über
klassische und italienische Vorbilder der *Arcadia* cf. Scherillo, p. LI ff.,
LXXVII, CXIII ff., CXLI ff., CLX, CXCI ff., und Torraca, *La Materia
etc.*, p. 127 ff. — Über spanische Übersetzungen der *Arcadia* sowie
den Einfluß derselben auf die spanische Literatur cf. Scherillo. l. c.,
p. CCXLIV, CCXLVII f. u. CCLI ff. — Über französische Nachbildungen
der *Arcadia* cf. Torraca, *Gl'imitatori etc.*, p. 36 ff., 40 ff., 44 ff., 51 ff.,
58 ff., 66 ff.; Bobertag, *Gesch. des Romans etc.*, l. c., I, 423 ff. u. 430,
u. Scherillo, *Arcadia*, p. CXLV ff.

[1]) Über Spuren von Aberglauben in der *Arcadia* cf. Scherillo,
l. c., p. CLX. Über das Mythologische in der *Arcadia* cf. Torraca,
*Gl'imitatori etc.*, p. 18 u. 31, und id. *La Materia etc.*, p. 26 ff., 84 ff., 99 ff.
u. 120 ff.

[2]) Scherillo, *Arcadia*, p. 171; die Zauberquelle Amors wird
schon von Plinius dem Älteren erwähnt, sie findet sich dann wieder bei
Boccaccio (*Fonti*), bei Bojardo (*Orlando innamorato* I, III, 33 f.), bei
Ariost (*Orl. fur.* I, 78) und bei Tasso (*Gerusalemme conquistata*, l. XXI,
ott. 89 ff.); cf. Scherillo, *Arcadia*, p. CLX ff.

Den Gegenstand des *Aminta*[1]) bildet der endliche Sieg eines
verliebten Schäfers über eine spröde Schäferin. Denselben
Gegenstand hatte Dante schon in seiner *Vita nuova* und
Sannazaro in seiner *Arcadia* behandelt, und in allen italienischen
und französischen Pastoralen kehrt später diese Intrige bis
zum Überdruß wieder. Der Schäfer Aminta schmachtet für
die spröde Schäferin Silvia, die nur dem Vergnügen der
Jagd lebt. Aminta befreit sie aus den Händen eines wol-
lüstigen Satyrs, der sie im Bade überrascht hat, die stolze
Schöne bezeugt ihm jedoch mehr Groll über seine Indiskretion
als Dankbarkeit für den ihr geleisteten Dienst. Der unglückliche Liebhaber will sich einen Dolch ins Herz stoßen,
wird aber noch rechtzeitig daran gehindert. Schließlich stürzt
er sich von einem Felsen herab. Jetzt endlich regt sich
Mitleid und mit ihm zugleich das Gefühl der Liebe im Herzen
der spröden Schäferin. Zum Glück hatte eine aus der Fels-
wand vorspringende Wurzel den Sturz Amintas gemildert.
Silvia findet ihn bewußtlos in der Tiefe der Schlucht liegend,
sie klagt verzweifelt über den vermeintlichen Tod ihres Geliebten *e giunse viso a viso e bocca a bocca*. Ihre Tränen rufen
den Geliebten zum Leben zurück. Nebenfiguren sind Dafne,
die Begleiterin der Silvia, Tirsi, der Vertraute Amintas, ein
Bote, eine Botin, Amor und der Chor der Hirten.
Während der *Aminta* ein bloßes dramatisches Idyll ist,
erscheint der Pastor Fido schon als ein richtiges dramatisches Gedicht mit komplizierterer Handlung und eingeflochtenen
Episoden.[2]) Im Gegensatze zum *Aminta* haben wir hier zwei

---

[1]) Der *Aminta* entstand im Jahre 1573 und wurde wiederholt am
Hofe von Ferrara aufgeführt. Näheres über den *Aminta* s. in Wein-
berg, *Das französ. Schäferspiel*, 1884, p. 2 ff.; Dannheisser, *Zur
Gesch. des Schäferspiels etc.*, in Kört.'s Z. 1889, XI, 65 ff.; Mazzo-
leni's Ausg. des *Aminta*, Bergamo. 1895; Carducci, *Su l'Aminta di
T. Tasso*, 1896, p. 27 ff.; Julleville, *Le seizième siècle*, 1897, III;
Marsan, *La Pastorale dram. etc.*, 1905, p. 33 ff., 150 ff.. 483 u. 498 (da-
selbst weitere Literaturangaben) (vgl. das Verzeichnis der ben. Lit.). —
Über französische Übersetzungen des *Aminta* cf. Marsan, l. c., p. 152.

[2]) Der *Pastor Fido* wurde 1581 begonnen, aber erst 1589/90 vollendet (cf. Solerti e Lanza, *Il teatro ferrarese*, in: *Giorn. stor.* 1891,
XVIII, p. 178 ff.); wann die erste Aufführung stattfand, ist ungewiß,

Liebespaare: Mirtil liebt die Schäferin Amarillis und Dorinde
den Schäfer Silvio. Mirtil ist der später zu einer typischen
Figur gewordene Liebhaber, der trotz seiner Treue und Selbst-
losigkeit bei seiner grausamen Schönen kein Gehör findet.
Umgekehrt zeigt Silvio sich anfangs ebenfalls spröde gegen
die Schäferin Dorinde, denn er kennt kein anderes Vergnügen
als die Jagd; bald jedoch faßt er eine heimliche Zuneigung
zu ihr. Nebenfiguren sind der Satir und die Schäferin
Corisque. Auf dem Höhepunkt der Handlung läßt sich die
Intrige durch folgendes Schema darstellen, wobei die Pfeile
die Richtung der Liebe der einzelnen Personen bezeichnen:

*Satir* → *Corisque* → *Mirtil* → *Amarillis* → *Silvio* ← *Dorinde.*

Amarillis, die sich als Verlobte einer Treulosigkeit schuldig
gemacht und somit nach den arkadischen Gesetzen den Tod
verdient hat, soll geopfert werden. Mirtil erbietet sich, an
ihrer Stelle zu sterben. Da enthüllt der alte, blinde Prophet
Tirenio die vornehme Herkunft Mirtils, so daß, da die beiderseitigen Väter nun zufriedengestellt sind, seiner Vereinigung
mit Amarillis nichts mehr im Wege steht. Das Stück schließt
mit einer Doppelhochzeit und einer Lobpreisung des treuen
Hirten, des *Pastor Fido.* Die Opferszene und die Erkennungsszene des V. Aktes werden wir in einer ganzen Reihe französischer Pastoralen wiederfinden.

Wenn auch die drei genannten Werke in keinem direkten
Zusammenhange mit dem Vorkommen der Magie im französischen Theater stehen, so kommen sie doch im allgemeinen
als Vorbilder der französischen Pastorale in Betracht, und
die Pastorale war es ja gerade, die die Verwendung der
Zauberei im Theater am leichtesten gestattete. Die drei
genannten Werke wurden frühzeitig ins Französische übersetzt
und bald in der ganzen Lesewelt Frankreichs bekannt.[1])

---

vielleicht schon im Jahre 1590 (cf. id. ibd. p. 182). — Erster Druck
1590. Siehe Rossi, *Battista Guarini etc.,* 1886 (dazu LBl. 1891, XII,
376 ff.; Giorn. stor. 1886, VIII, 425). Über Guarini und den *Pastor
Fido* vgl. man ferner Weinberg, *D. franz. Schäferspiel,* 33 ff., 59 u.
138 ff.; Dannheisser, *Z. Gesch. d. Schäfersp.,* 66 ff.; Marsan, *La
Past. dram. etc.,* p. 37 ff., 49 ff., 154, 484 u. 498 f.

[1]) *L'Arcadia de Meffire Sannazar, gentilhomme napolitain, excellent*

Neben den genannten großen italienischen Vorbildern kommen für das französische Schäferdrama eine Anzahl weniger bekannter italienischer Pastoralen als Vorbilder in Betracht. Ist auch, wie Dannheißer[1]) bereits bemerkt hat, den bedeutenderen italienischen Pastoralen die Zauberei fremd, so spielt sie doch in einigen der weniger bedeutenden eine gewisse Rolle. Groto's *Pentimento amoroso*, Cremonini's *Alceo* und seine *Pompe Funebri*, Isabella Andreini's *Mirtilla*, Bracciolini's *Amoroso sdegno*, Bonarelli's *Filli di Sciro*[2]) u. a. wurden von den französischen Dramatikern des 16. und 17. Jahrhunderts häufig nachgeahmt. Besonders sind einige Episoden aus den genannten italienischen Werken in der französischen Pastorale typisch geworden: Die Gegenüberstellung von Keuschheit und Liebe, der wollüstige Satyr, der Selbstmordversuch des unglücklichen Liebhabers, das Erscheinen Amors als *deus ex machina*, das geheimnisvolle Orakel, welches meist der Vorgeschichte des Stückes angehört, die Metamorphosen, besonders in den Eklogen Calmo's, in denen die Magie einen breiten Raum einnimmt, in der *Egle* Cinthio's, in der *Mirzia* Epicuro's, in der *Calisto* Groto's u. a., ferner die Verkleidungen und endlich die bei den Italienern überaus beliebten Erkennungsszenen (riconoscimenti).[3]) Hardy entlehnt mehr als eine seiner Intrigen der *Arcadia*, dem *Aminta*, dem *Pastor Fido* und der *Egle* des Giraldi Cinthio.

---

*poëte entre les moderns, mife d'italien en françoys par* Jehan Martin. *Paris, Vafcofan*, 1544, 8° (Druckpriv. vom 1. Apr. 1543). — Der *Aminta* war bereits 1584 zweimal ins Französische übertragen worden. Dann wieder 1591 u. 1596 von G. Belliard (neu aufgelegt 1598, 1603 u. 1609). — Cf. Banti, *L'Amyntas du Tasse et l'Astrée d'Honoré d'Urfé*. — Über die ersten französischen Übersetzungen des *Pastor Fido* s. Rossi· l. c.; Stiefel, LBl. 1891, XII, col. 382; Arnould, *Racan*, 194 ff.; Marsan, l. c., 154 ff. u. 198 ff.

[1]) Z. f. nfrz. Spr. u. Lit. 1889, XI, 69.

[2]) 1629 von Ducros ins Französische übertragen (cf. Mairet, *Silvanire*, herausgeg. von Otto, 1890, p. LV f.).

[3]) Cf. Marsan, l. c., chap. I. u. II. — Über die frühesten französischen Übersetzungen der Werke Groto's, Ongaro's, Isabella Andreini's, Francesco Bracciolini's, Bonarelli's, Cesare Cremonini's u. anderer, cf. Marsan, p. 155 u. 490 ff.

Zwei weitere, große italienische Vorbilder nicht nur der französischen Pastorale, sondern des französischen Dramas überhaupt waren Ariost's *Orlando Furioso* und Tasso's *Gerusalemme Liberata*. Im *Orlando Furioso* finden sich magische Operationen aller Art.[1]) Die Zauberquellen, von denen die eine Liebe einflößt, die andere dagegen die Liebe erkalten macht[2]), haben einen französischen Autor, wie wir später sehen werden, zu direkter Nachahmung veranlaßt, ebenso finden sich die Zauberinnen Alcina und Logistilla[3]) im französischen Theater wieder, wie denn überhaupt der *Orlando Furioso* sich in Frankreich einer sehr großen Beliebtheit erfreute. Auch in der *Gerusalemme Liberata* kommen eine Anzahl Dämonen, Zauberer und Zauberinnen vor, wie Belzebù[4]), Armida[5]), Idraote[6]), Ismeno[7]) u. a., und eine Reihe magischer Elemente wie die Verzauberung des Waldes durch Ismeno[8]), Armidas Zauberinsel[9]) und Zauberpalast[10]) geben dem Dichter Anlaß zu schaurig-schönen Schilderungen. Auch

---

[1]) Cf. Roth, *Der Einfluß von Ariost's Orl. Fur. etc.*, p. 67 ff.

[2])     *E questo hanno causato due fontane*
     *Che di diverso effetto hanno liquore,*
     *Ambe in Ardenna, e non sono lontane:*
     *D'amoroso disio l'una empie il core;*
     *Chi bee dell' altra, senza amor rimane,*
     *E volge tutto in ghiaccio il primo ardore.*
     *Rinaldo gustò d'una, e amor lo strugge:*
     *Angelica dell'altra, e l'odia e fugge.*

     (*Orlando Furioso*, c. I, 78; Ausg. von Papini, p. 12.)

Die eine der beiden Quellen war von Merlino verzaubert worden, während der anderen von Natur diese Zauberkraft innewohnte. S. oben S. 81, Anm. 2.

[3]) Cf. *Orlando Fur.* VII, 76—80.

[4]) Cf. *Gerusalemme* lib. VII, 49 ff.

[5]) Cf. ibd. IV, 13 ff., 28 ff., 82 ff., 87 ff., V, 61, 79, VII, 36 ff., X. 69 ff., XIV, 65 ff., XVI, 1 ff., 17 ff., 24 f., 35 ff., 65 ff., XVII, 33 ff., 43 ff., XVIII, 25 ff., XX, 22, 61 ff., 117, 127, 131 ff.

[6]) Cf. ibd. IV, 20 ff., X, 70 ff., XVII, 35.

[7]) Cf. ibd. II. 1 ff., 10, X, 7, XII, 17, 42 ff., XIII, 1 ff., 13 ff. XVIII, 47 ff., 87 ff.

[8]) Cf. ibd. III, 74 ff., XIII, 2 ff., XIV, 14, XVIII, 10 ff.

[9]) Cf. ibd. XIV, 69 ff., XV, 37 ff.

[10]) Cf. ibd. XV, 66 u. XVI, 1 ff.

der Hexensabbat wird von Tasso erwähnt, und mit folgenden Worten beschrieben[1]):

*Sorge non lunge a le christiane tende*
*Fra solitarie valli alta foresta,*
*Foltissima di piante antiche orrende,*
*Che spargon d'ogni intorno ombra funesta.*
*Qui ne l'ora che 'l sol più chiaro splende,*
*E luce incerta e scolorita e mesta,*
*Quale in nubilo ciel dubbia si vede,*
*Se 'l dì a la notte o s'ella a lui succede.*

*Ma quando parte il sol, qui tosto adombra*
*Notte, nube, caligine ed orrore,*
*Che rassembra infernal, che gli occhi ingombra*
*Di cecità, ch'empie di téma il core;*
*Né qui gregge od armenti a'paschi, a l'ombra*
*Guida bifolco mai, guida pastore;*
*Né v'entra peregrin, se non smarrito,*
*Ma lunge passa e la dimostra a dito.*

*Qui s'adunan le streghe ed il suo vago*
*Con ciascuna di lor notturno viene;*
*Vien sovra i nembi, e chi d'un fèro drago,*
*E chi forma d'un irco informe tiene:*
*Concilio infame, che fallace imago*
*Suol alletar di desiato bene*
*A celebrar con pompe immonde e sozze*
*I profani conviti, e l'empie nozze.*

Viele der im französischen Drama des 17. Jahrhunderts so häufig wiederkehrenden Zaubergeschichten sind Reminiszenzen aus Ariost und Tasso, und bei einigen französischen Stücken liegt sogar, wie wir späterhin sehen werden, bewußte Nachahmung vor.

## 3. Spanische Vorbilder.

Während noch unter Henri IV. durch den Einfluß der Marie de Médicis und ihrer Umgebung italienische Sitten am

---

[1]) Cf. ibd. XIII, 2 ff. (in der Ausgabe von Solerti, Bd. III, p. 85 f.).

französischen Hofe vorherrschend waren und gleichzeitig die
französische Literatur unter dem Einflusse der italienischen
stand, wird im 17. Jahrhundert der italienische Einfluß in
Kunst und Leben mehr und mehr durch den spanischen ver-
drängt. Anne d'Autriche brachte am französischen Hofe
spanische Sitte zur Geltung. Seinen Höhepunkt erreicht der
Einfluß Spaniens unter der Regierung Philipps IV. Alles,
was von Spanien kam, Sitten, Moden und literarische Erzeugnisse, fand von vornherein Anklang und Nachahmung.[1]
Spanien, das von der italienischen Renaissance weit weniger
berührt worden war als Frankreich, und das in Europa der
Vorkämpfer des strengsten Katholizismus geblieben war,
besaß einen großen Schatz altüberlieferter Geschichten von
Riesen, Zwergen, Feen und Zauberern. Diese Freude an
wunderbaren Erzählungen spiegelt sich in seiner Literatur
wieder. Der Ritterroman, zu dem im Mittelalter Frankreich das
Vorbild geliefert hatte, wurde in Spanien im 16. Jahrhundert mit
Vorliebe gepflegt und mit unzähligen Wunder- und Zaubergeschichten ausgestattet. Nichts ist Wirklichkeit in diesen
Erzählungen. Wunderbare Ereignisse aller Art, phantastische
Abenteuer, Ritter, die mit übermenschlichen Kräften begabt
sind und Frauen von überirdischer Schönheit, geheimnisvoll
wirkende Kräfte, Feen und Zauberer, Paläste aus Kristall,
brennende Seen und schwimmende Inseln, Riesen, Zwerge,
Drachen, geflügelte Rosse und Ungeheuer aller Art, das sind
die Personen und Gegenstände jener Ritterbücher, die sich
in Spanien und bald auch in Frankreich einer großen Beliebtheit erfreuten.[2] Das große Vorbild einer endlosen Reihe
solcher Ritterbücher, die im 16. Jahrhundert nicht bloß
Spanien, sondern auch ganz Frankreich überschwemmten, ist
der *Amadis de Gaula*[3], der den Franzosen besonders durch

---

[1] Über Verbreitung spanischer Moden unter Ludwig XIII. cf.
Chasles, *Études sur l'Espagne*. — Literaturangaben über den
spanischen Einfluß auf die französische Literatur s. bei Marsan, l. c.,
p. 489 f.

[2] Über spanische Ritterbücher vgl. man insbesondere Menéndez
y Pelayo, *Nueva Biblioteca*, I, Introd., p. CLXXXVI ff.

[3] Als Verfasser des *Amadis* sah man lang den Portugiesen Vasco

die im Auftrag Franz I. von Frankreich von Herberay
des Essarts geschriebene Übersetzung [1]) zugänglich gemacht
und von der gesamten Lesewelt Frankreichs verschlungen
wurde. Der Inhalt des *Amadis*, der für die französische
Literatur von so großer Bedeutung wurde, ist im wesentlichen folgender. Der Held Amadis ist ein natürlicher
Sohn des Königs Perion von Frankreich und der Prinzessin
Elisena, Tochter des Königs der Bretagne. Elisena setzt
ihren Sohn auf dem Meere aus, er wird von einem schottischen
Edelmann gefunden und nach England gebracht. Inzwischen
hat der König seine Geliebte geheiratet und mit ihr einen
zweiten Sohn, Galaor, gezeugt. Die Abenteuer dieser beiden
Brüder sowie die Liebesgeschichte von Amadis und Oriana,
Tochter des Königs Lisuarte von England, nehmen einen
sehr breiten Raum ein. Amadis entführt seine Geliebte, und
beide erleben zahllose Abenteuer und Verzauberungen in
allen möglichen und unmöglichen Ländern, wie z. B. den
Zauber auf der festen Insel [2]), das Erscheinen der Zauberin

---

de Lobeira, einen Edelmann vom Hofe Johanns I. an; Fitzmaurice-
Kelly (l. c., p. 175) gibt jedoch den Portugiesen Joham de Lo-
beira (1261—1325) als Verfasser an. Die älteste bekannte spanische
Version des *Amadis de Gaula* erschien 1508 zu Saragossa und befindet
sich jetzt im Brit. Mus. (cf. Vollmöller, *Zum Amadis*, in: Rom.
Forschg. X, 1899, 179). Garcia Rodriguez de Montalvo fügte zu
den ursprünglichen 4 Büchern des Amadis die Geschichte des Esplandian
als fünftes hinzu (cf. Fitzmaurice-Kelly, l. c., p. 175 ff.). — Über
Quellen, Bedeutung und Einfluß des *Amadis von Gallien* vgl. man ferner
Val. Schmidt, *Über die Amadisromane*, in: Wiener Jahrbücher 33,
1826, 16—75; Saint-Marc Girardin, *Cours de litt. dram.*, 1849,
III, 4; Baret, *De l'Amadis de Gaule etc.*, 1853, l. c.; Weinberg,
*Das franz. Schäferspiel*, p. 14 ff.; Birch-Hirschfeld, *Gesch. d.
franz. Lit. etc.*, 1889, p. 200 ff., Foffano, *L'Amadigi di Gaula*,
in: *Giorn. stor.* XXV, 1895, 249 ff., daselbst weitere Literaturangaben;
Menéndez y Pelayo, *Nueva Biblioteca*, 1905, I, Introd., p. CXCIX ff.
u. CCXVI ff.

[1]) Nicolas de Herberay, Seigneur des Essarts, *Les
Livres I à XII de l'Amadis de Gaule ...*, Paris, V. Sertenas, 1540—56,
3 vol. f⁰.

[2]) Buch II, Kap. 1 u. Buch IV, Kap. 40 (cf. Val. Schmidt,
*Über die Amadisromane*, p. 27).

Urganda auf zwei feurigen Gallerien[1]) und anderes mehr,
bis endlich Amadis die Zustimmung des Königs vón England
zu seiner Heirat mit Oriana erlangt. Auch in zahlreichen
Nachbildungen des Amadis[2]) spielen die Zauberinnen Urganda[3]),
Melie[4]), Cirfea[5]) und Armida[6]) und der Zauberer Alquif[7])
eine große Rolle, und Schilderungen verzauberter Paläste,
Inseln und Länder, wie die Schlangeninsel[8]), die Schlösser
des Spiegels der Liebe[9]), der Grausamkeit[10]), der Wunder
der Liebe[11]), die Insel des bezauberten Bettes[12]), die Hölle
des Anastarax[13]) u. a. nehmen in denselben einen breiten
Raum ein.

Zu zahlreichen Nachahmungen regte ferner Montemayor's
Schäferroman *Los siete libros de la Diana*[14]) an. Die *Diana*
erschien wahrscheinlich 1558/59[15]) und wurde im Jahre 1578,

---

[1]) Buch II, Kap. 17 (cf. ibd., p. 28).

[2]) So besonders in dem anonym erschienenen *Septimo libro de
Amadis en el qual se trata de los grandes fechos en armas de Lisuarte
de Grecia, fijo de Esplandian, y de Perion de Gaula. Sevilla,
Crombérger*, 1525, f⁰, neu aufgelegt Toledo. 1539, Lisboa. 1587, Zaragoza,
1587 (zitiert von Val. Schmidt, 1. c., p. 30 u. 37), in Juan Diaz. *El
octavo libro de Amadis, que trata de las estrañas aventuras y grandes
proezas de su nieto Lisuarte, y de la muerte del Rey Amadis. Sevilla, Cromberger*, 1826 (zitiert ihd., p. 38), und in dem anonym erschienenen Roman *Feliciano de Silva*, der 1553 ins Französische, 1573 ins
Deutsche und 1775 ins Italienische übersetzt wurde (zit. ibd., p. 50).

[3]) *Lisuarte*, I, cap. 40, fol. 108v. (cf. Val. Schmidt, 1. c., p. 39).

[4]) Ibd. I, cap. 54 (cf. ibd.).⁻

[5]) Ibd. II, cap. 8, fol. 12v., cap. 59, fol. 111 (cf. id. ibd., p. 44 u. 48).

[6]) Ibd. I, cap. 22, fol. 60v. u. II, cap. 375ff. (cf. id. ibd., p. 55).

[7]) Ibd. I, cap. 49, fol. 108v., cap. 54, fol. 113r., II, cap. 59, fol.
111ff., *Feliciano de Silva*, II, cap. 375ff. (cf. id. ibd. p. 38, 43, 48 u. 60).

[8]) *Lisuarte*, I, cap. 18 (cf. id. ibd., p. 41).

[9]) *Feliciano de Silva*, I, cap. 13, fol. 31r. u. cap. 46, fol. 115 (cf.
id. ibd., p. 54).

[10]) Ibd. I, cap. 19, fol. 15r. ⎫
[11]) Ibd. I, cap. 43, fol. 105ff. ⎬ (cf. id. ibd., p. 55).
[12]) Ibd. II, cap. 54ff. ⎪
[13]) Ibd. I, cap. 5, fol. 11. ⎭

[14]) Cf. Schönherr, *Jorge de Montemayor etc.*; Menéndez y
Pelayo, *Nueva Biblioteca*, I, Introd., p. CDXLVIIIff.

[15]) Torraca (*Gl'imitatori etc*, p. 19) und Scherillo (*Arcadia*

dann wieder 1582 bzw. 1587 und von neuem 1592 usw. ins
Französische übersetzt.[1]) Wahrscheinlich hat Montemayor
einen im Jahre 1554 zu Ferrara erschienenen Schäferroman,
*Menina e Moça*, von dem Portugiesen Ribeiro, den er persönlich kannte, als Vorbild benützt.[2]) In· der *Diana* spielt die
Magie eine große Rolle. Die Dianapriesterin Felicia, die
eine große Wahrsagerin und Zauberin ist, heilt durch einen
Zaubertrank Sireno, Sylvano und Selvagia von ihrer Liebespein. Eine Nymphe heilt durch Zauberkraft Wunden und
flößt durch einen Zaubertrank Liebe ein. In der *Diana* haben
wir ferner, ähnlich wie im *Pastor Fido* und in vielen anderen
italienischen Pastoralen [3]), jene eigenartige Verwicklung, die
dadurch herbeigeführt wird, daß jede der Personen eine
andere Person liebt, als die, von welcher sie selber geliebt
wird, so daß sich folgendes Schema ergibt:

*Selvagia* → *Alanio* → *Ismenia* → *Montano* → *Selvagia.*

Zum Unterschiede vom *Pastor Fido* ist hier die Kette von
Liebhabern, deren ursprüngliches Vorbild sich bei Horaz
(Lib. I, Ode 33) findet, in sich geschlossen. Diese Liebhaber-
kette, die in der spanischen Pastorale [4]) ganz gewöhnlich ist,
wird durch Montreux' *Bergeries de Juliette* (1585) auch in
Frankreich heimisch und kehrt nun in den französischen
Pastoralen bis zum Überdruß wieder.[5]) Eine derartig· ver-
wickelte Anordnung ermöglichte jeden beliebigen Eingriff in

---

etc., p. CCXLIV) sind dèr Ansicht, daß die *Diana* schon 1542 erschienen sei; Fitzmaurice-Kelly (*The Bibliography of the Diana
Enamorada*, in: La Revue hispan. (1895) II, 304 ff.) erklärt diese Meinung
für irrig und kommt zu dem Resultat, daß das Erscheinungsjahr wahrscheinlich 1558/59 sei.

[1]) Über die frühesten französischen Übersetzungen und Nach-
ahmungen der Diana cf. Marsan, l. c., p. 502 ff. Der erste Teil der
Übersetzung vom Jahre 1592 ist von Collin. die übrigen sind von
Gabriel Chappuy übersetzt (cf. das Verz. der ben. Lit.).

[2]) Cf. Schönherr, l. c.. p. 28 und Marsan, l. c., p. 115.

[3]) Z. B. in der *Theonemia*, einer Ekloge des Giraldi Cinthio,
neu herausgegeben von Carducci (cf. Marsan, l. c., p. 189).

[4]) Literaturangaben über die spanische Pastorale s. bei Marsan,
l. c., p. 484 ff.

[5]) Über den Einfluß der *Diana* auf die französische Literatur cf.
Lanson, *Études sur les rapports etc.*, p. 61 ff.

die Handlung und ließ durch ihren absurden und unwahren
Charakter einen übernatürlichen Eingriff als zur Lösung des
Konfliktes geradezu notwendig erscheinen. Die Magie er-
scheint in besonderem Maße dazu geeignet, aus einer solchen
Lage einen Ausweg zu bahnen. Mit dem Vorbilde dieser
Intrige hat die spanische Pastorale also auch indirekt einen
Anstoß zur Verwendung der Magie im französischen Schäfer-
spiel gegeben. Gil Polo schrieb im Jahre 1564 eine Neubearbeitung der *Diana* unter dem Titel *Primera parte de
Diana enamorada* und im selben Jahre verfaßte Alonso Pérez
eine weitere Bearbeitung unter dem Titel *La Diana de Jorge
de Monte Maior.*[1] Auf sie folgt eine lange Reihe von Nachahmungen, in denen besonders ein ungeheurer, mythologischer
Apparat in Bewegung gesetzt wird, was natürlich auch die
Verwendung von Magie in denselben begünstigte. Weitere,
sehr beliebte Vorbilder sind die 1539 erschienenen *Epistolas
familiares* von Guevara, die bereits 1540, dann wieder 1556
und 1573 ins Französische übersetzt wurden, ferner von
Guevara *El Reloj de Principes* (1529), welcher unter dem Titel
*Horloge des Princes* bereits 1531, dann noch sehr oft übersetzt
wurde, und von Huarte das *Examen de ingenios* (1575), welches
Chappuy im selben Jahre unter dem Titel *Examen des Esprits*
ins Französische übertrug.[2]

In der Titelheldin der *Celestina*, einem dramatischen
Roman (Salamanca, 1500 oder 1501)[3], der von Germond de
Lavigne ins Französische übersetzt wurde, haben wir ein
interessantes Beispiel einer Kupplerin, Quacksalberin und
Hexe, wie sie sich in den französischen Dramen von Larivey's
*Le fidelle* (1611) bis zur *Devineresse* von Thomas Corneille und
de Visé (1679) häufig findet, die Beschwörungen und allerlei
magische Operationen ausführt, hauptsächlich aber ihre allzu
leichtgläubigen Kunden betrügt.

---

[1] Über die Bearbeitungen des A. Pérez und des G. Polo cf. Menéndez y Pelayo, *Nueva Bibl.*, I, Introd., p. CDLXXVIIIff.

[2] Die drei genannten Werke von Guevara und Huarte sind
zitiert bei Martinenche, *La Comedia espagnole etc.*, p. 301ff.

[3] Der wirkliche Autor der Celestina, die meist dem Fernando de
Rojas zugeschrieben wird, ist immer noch unbekannt.

Außer den in der Art der Eklogen Vergil's gehaltenen
Eklogen von Encina und Garcilaso fanden ferner Werke
größerer Meister, z. B. die *Galatea*, ein Schäferroman von
Cervantes (1585) und die *Arcadia*, ein Schäferroman von
Lope de Vega[1]), der im wesentlichen eine Nachahmung der
*Arcadia* des Sannazaro[2]) und der *Galatea* darstellt, in Frank-
reich zahlreiche Nachbildungen.

Während in der zweiten Hälfte des 16. Jahrhunderts
das französische Theater sich an spanische Schäferromane und
Schäferdramen anlehnte, wurde ihm im folgenden Jahrhundert
durch die spanische Komödie neuer Stoff zugeführt.[3]) Rotrou,
Scarron, Pierre und Thomas Corneille, Molière und andere
schöpfen fortwährend aus spanischen Quellen. In Spanien
werden in jener Zeit Stücke mit großem scenischem Apparat,
selbst wenn derselbe nichts oder nur sehr wenig mit der
Handlung zu tun hat, mehr und mehr beliebt. Der italienische Maschinenbauer Cosimo Loti, den König Philipp zu
diesem Zwecke hatte kommen lassen, verstand es, die spanischen Stücke mit feuerspeienden Bergen, Erdbeben, Zauber-
palästen, Götterversammlungen, Szenen aus der Unterwelt
und mythologischen Wundergeschichten aller Art auszustatten.
Bei einem so phantastischen scenischen Apparat war die
Verwendung von Magie im Theater ganz angezeigt. Lope de
Vega spricht sich in seiner Poetik abfällig über die große
Vorliebe des Publikums für solche Zaubergeschichten aus,
welcher er allerdings öfters Zugeständnisse zu machen sich
genötigt sieht[4]):

> *Verdad es que yo he escrito algunas vezes*
> *siguiendo el arte que conocen pocos,*
> *mas, luego que salir por otra parte*
> *veo los monstruos de apariencias llenos,*

---

[1]) *Obras etc., publ. por la Real Acad. esp.,* V (1895), 705—750.

[2]) S. oben S. 80 f.

[3]) Cf. Fournier, *L'Espagne et ses comédiens etc.,* 1864; Martinenche, *La Comedia espagnole etc.*

[4]) *Arte Nuevo de hacer comedias en este tiempo. Dirigido á la
Academia de Madrid* (Colleccion de las obras sueltas etc., IV, 406); ed.
Morel-Fatio, Paris (1901), S. 12 f.

*a donde acude el vulgo y las mugeres*
*que este triste exercicio canonizan,*
*a aquel habito barbaro me buelvo,*
*y, quando he de escrivir una Comedia,*
*encierro los preceptos con seis llaves,*
*saco a Terencio y Plauto de mi estudio,*
*para que no me den voces, que suele*
*dar gritos la verdad en libros mudos,*
*y, escrivo por el arte que inventaron*
*los que el vulgar aplauso pretendieron;*
*porque, como las paga el vulgo, es justo*
*hablarle en necio para darle gusto.*

Viele dieser Ausstattungsstücke wurden in Frankreich
nachgeahmt, und mit ihnen kam wiederum ein gut Teil
Zauberei in das französische Drama hinein. Direkte Nachahmungen, wie die des *Astrologo fingido*, der *Dama duende*, der
*Sortija del olvido* und anderer werden wir an passender Stelle
besprechen.

## 4. Klassische Vorbilder.

Nachdem die humanistische Bewegung die großen Meister
der lateinischen und griechischen Literatur erschlossen hatte,
erfreuten sich besonders die Metamorphosen Ovid's, die den
Franzosen durch zahlreiche Übersetzungen zugänglich gemacht
worden waren, in Frankreich großer Beliebtheit.[1]) Durch sie
wurde man vertraut mit jenen anmutigen Erzählungen von
wunderbaren Verwandlungen aller Art, die bald in der
französischen Pastorale Nachahmung fanden. Zudem lieferte
die klassische Mythologie eine Fülle von Stoff für Wunder-
und Zaubergeschichten aller Art. Die in der französischen
Pastorale so häufig wiederkehrenden mythologischen Scenen
sind aber nicht bloß Reminiszenzen aus den klassischen
Dichtern, sondern haben meist auch eine allegorische Be-

---

[1]) Cf. L e y k a u f f, *François Habert etc.*, p. 37 ff. Über weitere französische Übersetzungen klassischer Schriftsteller cf. G o u j e t, *Bibl. franç.*,
Bd. IV, V u. VI; B i r c h - H i r s c h f e l d, *Geschichte der franz. Lit.*
p. 110 f. u. Anm. p. 9 ff.

deutung. Der Venuskultus z. B. versinnbildlicht das Treiben der galanten Welt, die Schäferinnen, die sich als Priesterinnen dem Dienste Dianas weihen, sind nichts anderes als junge Mädchen, die aus Liebesgram ins Kloster gehen. Außer in den Werken Ovid's finden sich zahlreiche Spuren von Zauberei in den ebenfalls in dieser Zeit häufig ins Französische übersetzten Schriften von Vergil, Horaz, Theocrit, Tibull und Lucian.[1])

### 5. Die *Astrée* des Honoré d'Urfé.

Als das Ergebnis aller der soeben besprochenen Werke ist die *Astrée* Honoré d'Urfé's, jener große Moderoman des 17. Jahrhunderts, der von der Lesewelt des gesamten Europa verschlungen wurde, anzusehen. Die *Arcadia*, der *Aminta*, der *Pastor Fido*, die *Diana* und noch manche andere italienische und spanische Quellen finden sich darin zu einem allerdings nicht immer harmonischen Ganzen verschmolzen. Der elegante, geradezu raffinierte Stil, die liebliche Naturschilderung und mehr als eine der zarten Liebesgeschichten sind d'Urfé's eigenes Verdienst. Unzweifelhaft aber hat er mehr als eine Verwicklung den Italienern entliehen. Ein das Ganze durchwehender, platonischer Zug erinnert an die Lyrik Petrarca's, während das ritterlich-romantische Element auf den Amadis von Gallien zurückzuführen ist. Alcidon, Lydias, Ligdamon, Rosiléon, Godomar, Andrimarte sind richtige Ritter spanischen Schlages. Die magischen Operationen, die d'Urfé in seinem Werke, wenn auch maßvoll, verwendet, um dem Geschmacke seiner Leser gerecht zu werden, sind Reminiszenzen aus den Metamorphosen Ovid's, aus dem *Amadis*, aus dem spanischen Schäferdrama, besonders der *Diana* Montemayor's. Da die *Astrée* direkt oder indirekt das Vorbild der meisten französischen Pastoralen geworden ist, müssen wir einen Augenblick bei ihr verweilen. [2]) Der Grundgedanke

---

[1]) Über das Vorkommen von Zauberei bei diesen Schriftstellern cf. Weinberg, *Das franz. Schäferspiel*, p. 138 f.

[2]) Über Quellen, Bedeutung und Nachahmungen der *Astrée* vgl.

des Ganzen ist das Verlangen der Zeit nach Ruhe und Frieden. Den Greueln des Krieges stellt der Verfasser ein Bild paradisischen Friedens gegenüber. Eine liebliche Landschaft, in der der Krieg gänzlich unbekannt ist, bildet den Schauplatz der Handlung. Die Frauen herrschen seit uralten Zeiten in diesem idealen Lande, dessen Bevölkerung aus Schäfern und Schäferinnen besteht, die dem Prinzip des *dolce far niente* huldigen und ihr ganzes Leben im Liebesgenusse hinbringen. Die sentimentale, platonische Liebe des Schäfers Céladon zu der spröden Schäferin Astrée, die ihn mit Härte zurückweist, bildet den Gegenstand der Handlung, die durch zahlreiche Episoden unterbrochen wird. In der irrigen Meinung, daß ihr Liebhaber ihr untreu geworden sei, verbannt Astrée ihn aus ihrer Gegenwart. Der Unglückliche stürzt sich in die Fluten des Lignon, wird aber von den Nymphen gerettet, deren eine, Galathée, sich in ihn verliebt. Trotz der bestrickenden Reize Galathées und ungeachtet der grausamen Behandlung von seiten Astrées bleibt Céladon der letzteren treu. Diese einfache Geschichte, die jedoch fünf Bände füllt, hat die französischen Dichter des 17. Jahrhunderts über die Maßen begeistert und zu zahlreichen Nachahmungen angespornt. Außer den Gestalten Astrées, Céladons, Daphnis', Chloës, Tircis' und Philis' sind auch eine Anzahl Nebenfiguren zu ständigen Typen der französischen Pastorale geworden: Der Schäfer Sylvandre, der Diana anschmachtet, der unbeständige Hylas, der in weisen Ratschlägen unerschöpfliche Druide Adamas, den d'Urfé an die Stelle des heidnischen Priesters bei Guarini gesetzt hat, unter dem sich aber der christliche Priester verbirgt, die Priesterinnen (*filles druides oder Vestalinnen*), in denen christliche Nonnen verkörpert sind, die schmachtenden Schäfer und Schäferinnen, die Nymphen, die Ritter, die Zauberquelle Amors, deren Vorbild sich bei

---

man insbesondere B e r n a r d, *Les d'Urfé etc.*, 1839, l. c.; B o n a f u s, *Étude sur l'Astrée etc.*, 1846, De L o m é n i e, *L'Astrée etc.*, 1858, B e r n a r d, *Recherches bibliographiques etc.*, 1859; F e u g è r e, *Les 'Femmes poètes etc.*, 1860, p. 233 ff.; W e i n b e r g, *Das fr. Schäferspiel*, 1884. p. 1 f., 4 f., 59 f.; G e r m a, *L'Astrée etc.*, 1904, M a r s a n, *La Past. dram. etc.*, 1905, p. 265 ff.

Sannazaro, Ariost u. a. findet[1]), alle diese Elemente kehren im französischen Schäferdrama beständig wieder. Die Charakterzeichnung aber wird von d'Urfé's Nachahmern durchweg vernachlässigt, während e r sie scharf durchgeführt hat. Mélandre ist die Heldin ritterlicher Abenteuer, Floriante der Typus des leichtsinnigen, Aymée der des ernsthaften Mädchens, Phylis, die Freundin Astrées, verkörpert die treue Freundschaft, Hylas den frivolen Lebemann, Corilas den leidenschaftlichen, Lycidas den schmachtenden Liebhaber.

Nicht zum wenigsten haben die in die Astrée eingeflochtenen magischen Szenen zur Nachahmung angespornt. Ein Zauberspiegel, den wir in Racan's *Bergeries* und in d'Urfé's *Silvanire* wieder finden werden, spielt im ersten Teile des Gedichtes eine große Rolle. Die Quelle der Wahrheit Amors, die dem Orlando Furioso entlehnt ist[2]), läßt (im III. Teile des Romans) die Liebenden in ihren klaren Fluten das Bild des oder der Geliebten erblicken und gibt ihnen über die wahren Gefühle des anderen Teiles Aufschluß. Fortwährend kommen die Schäfer und Schäferinnen zu dieser Zauberquelle, um sich bei ihr über das, was ihr Herz am meisten beunruhigt, Gewißheit zu holen. So poetisch aber der Gedanke eines Liebesorakels auch sein mag, so wirkt doch die fortwährende Befragung desselben langweilig.

Auch ein sympathetisches Mittel spielt in der Astrée eine Rolle.[3]) Um den lästigen Anträgen des Adrast zu entgehen, hat sich Célidée auf den Rat des Schäfers Thamyre, der sie liebt, das Gesicht mit einem Diamant zerkratzt. Ein paar Monate später gibt Damon ihr das Mittel an die Hand, ihre verlorene Schönheit wieder zu erlangen: er rät ihr, die Narben wieder aufzureißen, das Blut auf kleine Stäbe träufeln zu lassen und diese dem Olicarsis zu schicken. Dieser reibt die Stäbe mit einer sympathetischen Salbe (*onguent de sympathie*) ein, und im gleichen Augenblick erhält Célidée, obwohl weit von ihm entfernt, ihre frühere Schönheit wieder.

---

[1]) S. oben, S. 81 u. 85.
[2]) Cf. R o t h, *Der Einfluß von Ariost's Orl. Fur. etc.*, S. 241 f.
[3]) S. oben, S. 34 f.

Der erste Teil der Astrée erschien im Jahre 1607, der zweite 1610, der dritte 1618 (nicht erst 1619, wie Bonafous meint), der vierte und fünfte Teil wurden im Jahre 1627 von Baro, dem Sekretär d'Urfé's, veröffentlicht. Gleich nach ihrem Erscheinen ruft die Astrée auf allen literarischen Gebieten Nachahmungen ins Leben [1]), die erst gegen das Ende des 18. Jahrhunderts wieder vom französischen Büchermarkt verschwinden.

Sorel hat in seinem Roman *Histoire Comique de Francion* [2]) (1623), auf den wir bei Besprechung der Komödie *Francion* von Gillet de la Tessonnerie, deren Vorbild er gewesen ist, noch zurückkommen werden, die Ritter und Schäfer lächerlich zu machen versucht. Diese Parodie, sowie sein *Berger Extravagant* [3]) vermochten jedoch ebensowenig die Pastorale in Frankreich auszurotten, wie der *Don Quijote* in Spanien imstande gewesen war, die Ritterbücher gänzlich der Verachtung preiszugeben. Die naiven Gestalten der Ritter und Schäfer behaupten sich noch lange auf dem französischen Theater. Noch jahrzehntelang singen Ritter und Schäfer ihre Liebespein, ritzen die Namen geliebter Wesen in alle Bäume ein, werden Liebespaare durch die Laune Amors getrennt und dann wieder vereint, stellen Schäfer und Schäferinnen sich gegenseitig Fallen und retten sich gegenseitig das Leben, füllen abwechselnd Abneigung und Liebe, Mitleid und Hingebung die Herzen, trotzen Liebende mit kühnem Mut Löwen, Bären, Ebern, Satyrn und allerlei Ungeheuern, entzünden Zauberquellen, Zauberspiegel, Liebestränke und allerlei andere magische Operationen stürmische Leidenschaften oder unterdrücken die aufkeimende Liebe in

---

[1]) Über den Einfluß der *Astrée* auf den französischen Roman vgl. man B o b e r t a g, *Gesch. des Romans etc.*, 1876; K ö r t i n g, *Gesch. des franz. Romans etc.*, 1887; L e B r e t o n, *Le Roman etc.*, 1890; G o d e t, *Le Roman etc.*, 1893.

[2]) Über Charles Sorel cf. F u r e t i è r e, *Le Roman bourgeois*, 1880, p. 217, 234, 239; R o y, *La Vie et les œuvres etc.*, 1894, p. 60 ff. u. 404 ff.; über die verschiedenen Ausgaben des *Francion* cf. ibd.; M a r s a n, *La Past. dram.*, p. 420 f.

[3]) Über die verschiedenen Ausgaben des *Berger Extravagant* cf. R o y, *La vie etc.*, p. 407 f.

den Herzen, werden eine Menge phantastischer, übernatürlicher Kräfte in Bewegung gesetzt, um die psychologisch ganz unmotivierbare Handlungsweise der Personen zu erklären, um eine zu einfache Intrige komplizierter zu gestalten, in einer friedlich dahinfließenden Handlung plötzliche, überraschende Wendungen herbeizuführen, um vor allem unentwirrbare Situationen zu klären. Auf diesem Boden bewegen sich die französischen Schäferdramen, *Bergeries*, *Pastorales*, *Comédies Pastorales*, *Tragédies-Pastorales*, *Pastorales Dramatiques* oder *Héroïques* oder wie ihre Verfasser sie sonst bezeichnen mögen, bis endlich durch das Vorbild der spanischen *Comedia* wirkliche Handlung in diese verworrenen Gebilde hineinkommt, die faden Liebesgeschichten der Schäfer und Schäferinnen, denen selbst eine manchmal recht poetische Naturschilderung keinen wirklichen Reiz zu verleihen vermag, durch eine andere Liebe, eine Liebe, die großer Opfer fähig ist, die tragische Liebe, ersetzt werden und so die Pastorale sich allmählich zur wirklichen Tragikomödie entwickelt.

## B. Die Rolle der Magie im Rahmen der dramatischen Handlung.

Bei einer Untersuchung über die Frage, welche Rolle nun die Magie, die, wie die vorausgehenden Untersuchungen gezeigt haben, im 16. und 17. Jahrhundert im öffentlichen wie im Privatleben der Franzosen einen außerordentlich wichtigen Platz einnimmt, in den französischen Dramen jener Epoche spielt, ließe sich an eine Anordnung des Stoffes nach rein dramaturgischen Gesichtspunkten denken. In diesem Falle wären die Stücke, in denen die Magie eine durchgreifende Rolle spielt, in der Weise zusammenzustellen, daß in einer Gruppe von Stücken die Magie zur Schürzung des Knotens, in einer anderen zur Lösung des Konfliktes dienen würde. Da jedoch in vielen Stücken die Beteiligung der Magie an der Entwicklung der Intrige nicht scharf gekennzeichnet ist, diese Dramen also außerhalb der genannten Einteilung stehen würden, läßt sich eine solche nicht streng folgerichtig durchführen. Es ist deshalb vorzuziehen, im An-

schluß an unsere kulturhistorische Studie über die Magie in
Frankreich im 16. und 17. Jahrhundert die in den Dramen
dieser Epoche vorkommenden magischen Operationen nach
rein technischen — wenn man bei der Magie von Technik
reden darf — Gesichtspunkten zu ordnen, wobei sich allerdings die Notwendigkeit ergibt, manche Stücke, in denen
magische Operationen verschiedener Art vorkommen, in zwei
oder mehr Kapiteln zu behandeln. Wird dadurch auch zu·
weilen der Inhalt eines Stückes etwas auseinandergerissen, so
ermöglicht doch diese Disponierung eine zusammenhängende
Betrachtung des Auftretens der Magie im französischen Theater,
auf die es uns ja mehr als auf die Analysen einzelner Stücke
ankommt.

## 1. Wahrsagerei und Traumdeutung.

Um vom Einfacheren zum Komplizierteren fortzuschreiten,
beginnen wir mit der Wahrsagerei und Traumdeutung, die
sich im französischen Drama des 16. und 17. Jahrhunderts
häufig findet. Um eine lange Wiederholung desselben Themas
zu vermeiden, mögen einige Beispiele genügen.

In der *Nouvelle Tragicomique* (1597) des Capitaine Laſ-
phriſe[1]) handelt es sich um die Entdeckung eines Diebes. Der

---

[1]) Marc de Papillon war Offizier und hatte nach seinem Rücktritt
vom Dienste den Titel *Capitaine* erhalten. Aus diesem Grunde und weil
er das Gut Lasphrise, welches von den Ländereien von Vauberault in der
Touraine abhängig war, als Lehen besaß, ließ er sich *Capitaine Lasphrise*
nennen. Er nannte sich auch *Cadet de la Maiſon de Vauberault*. Seine
Mutter hieß Marie Prevoſt, Demoiſelle de Vauberault. Marc de Papillon
wurde zu Amboise geboren. Als Knabe schon verriet er militärisches
Talent. Mit 12 Jahren konnte er bereits Waffen tragen und mit 14
wurde er Soldat. Während er in Le Mans in Garnison stand, verliebte
er sich in Renée de Poulchre, die in einem Kloster erzogen wurde, fand
aber trotz seiner dringlichen Anträge kein Gehör bei ihr. Als Offizier
war er wegen seiner Tapferkeit sehr geachtet. Gegen Ende seines
Lebens zog er sich, da er kränkelte, von der militärischen Laufbahn
zurück und verlegte sich auf die Schriftstellerei. Seine unglückliche
Liebe spricht aus seinen Sonnetten, Stanzen, Elegien und Liedern, die
voll sind von einer unnatürlichen Sentimentalität. Sein *Recueil*, der in
Rouen am 25. November 1599 erschien (Druckprivileg vom 31. Januar
1597), enthält folgende Gedichte: *Le Délice d'amour; La Nouvelle in-*

Grundbesitzer Dominicq hat seinen Intendanten in Begleitung
eines Dieners zu einem seiner Pächter geschickt, um eine
Summe von 6000 Franken einzuziehen. Auf dem Rückwege
ist der Intendant von einem Räuber erschlagen und beraubt
worden, während der Diener sich hat retten und seinem Herrn
die schlimme Kunde überbringen können. Ein Freund des
Gutsherrn rät diesem, sich zwecks Entdeckung des Diebes an
einen Zauberer zu wenden, von dem Maître Griffon, sein Advokat, ihm erzählt habe:

> *Icy pres il y a vn homme plus qu'humain,*
> *Qui fçait tout, qui void tout, qui en vn tourne-main*
> *Vous apprendra le nom de ce traiftre homicide,*
> *D'où il vient, où il va, où fouuent il refide,*

---

connüe, *historiette* (aus dem Jahre 1579, dem Herrn von Beauvais Nangy
gewidmet); *L'Allufion*, («*pièce énigmatique, remplie de mots barbares,
fous lefquels il cherche à couvrir des idées qu'un refte de pudeur l'em-
péchoit de dévoiler plus clairement*», bemerkt dazu Goujet, XV, 19 ff.); *Diverfes Stances d'amour; Diverfes Poëfies; Le Fléau Féminin* (eine Satire,
in der er diejenigen lächerlich macht, die er in seinen vorhergehenden
Gedichten in den Himmel gehoben hatte); *Defaveu du Fléau Féminin;
Enigmes; Louange du Chien; Le Bouquet de Coquette* (1581); *Stances
à la Louange de Bachus; Carefme-Prenant*; 4 Elegien an den König;
*Stances sur l'amour conjugal* (1600); Stanzen auf die Heirat Heinrichs IV.
mit Marie de Médicis; 56 Stanzen und 4 Sonnette an den König und die
Königin. Alle diese Gedichte zeugen mehr von gutem Willen als von
Begabung; das einzige Gedicht, das sich über das Niveau der übrigen
etwas erhebt, ist das *Tombeau* oder *Epitaphe de fes amis*, dem auch die
obigen biographischen Angaben entstammen. Sein einziges dramatisches
Werk ist die uns hier interessierende *Nouvelle Tragicomique* aus dem
Jahre 1597; über eine Aufführung derselben ist nichts bekannt. Das
Stück ist gedruckt in den *Premières Œuvres Poétiques du Capitaine
Lafphrife*, Paris, 1597 (s. das Verz. der ben. Lit.), neu aufgelegt 1599
(ibd. 683 S. 12⁰). Das Stück ist ein Einakter. ohne Szenenunterscheidung. —
Über Papillon's Leben und Werke vgl. man Beauchamps, *Recherches
etc.*, 1735, 2, 70; Goujet, *Bibliothèque etc.*, 1740, XV, 14 ff.; Mouhy,
*Tablettes dram.*, 1752, Auteurs, 49, Pièces, 167; id. *Abrégé etc.*. 1780,
I, 340, II, 261 (daß Mouhy's Angaben wenig zuverlässig sind, ist zuletzt
von Böhm, *Der Einfluß Seneca's*, p. 29 betont worden); De Léris,
*Dictionnaire etc.*, 1763, 651; La Vallière, *Bibliothèque etc.*, 1768,
I, 322 ff.; Quérard, *La France litt.*, 1827, IV, 593; Brunet, *Manuel
etc.*, 1860, III, 863; Sainte-Beuve, *Tableau historique etc.*, 1843,
p. 240 f.

*Ceſt homme non mortel (mais ce Prophète exquis)*
*N'eſt gueres loing d'icy, et s'appelle Magis,*
*Faictes venir Griffon, et qu'il aille à ceſte heure*
*Le trouuer promptement, il ſçait où il demeure.*

Dominicq läßt den Advokaten Griffon holen, der ihm
jedoch von seinem Vorhaben, den Zauberer zu konsultieren,
abrät, weil das eine gefährliche Sache sei, auch sei derselbe
ein Dummkopf:

*Griff.* *Monſieur, ſi me croyez vous prendrez autre voye,*
*Elle eſt toute illicite, en elle on ſe fouruoye.*
 *Dom.* *On ne s'y peut tromper: car ſi Magis ne ſçait*
*Qui eſt ce fier larron, ie quitteray ce faict.*
*Griff.* *Comment le diroit-il? C'eſt vne groſſe teſte,*
*Vn homme mal formé qui n'eſt rien qu'vne beſte.*

Dominicq besteht jedoch darauf, Griffon solle den
Zauberer konsultieren. Unterwegs fragt der Advokat ein
paar Hirten nach der Wohnung des Zauberers. Sie erwidern ihm:

*Le voylà dans ceſte antre aupres de ce vallon,*
*Où il prend ſon plaiſir d'entretenir Echon,*
*Qui par le doux murmur des gentilles Naiades*
*Reſpond plus plaiſamment à ſes chanſons gaillardes.*

Griffon findet ihn in seiner Höhle. Der Zauberer wirft
ihm vor, daß er ihn beschimpft habe, er wiederholt ihm alle
beleidigenden Ausdrücke, die er gebraucht hat, und gibt so
gleich einen Beweis seines außergewöhnlichen Wissens. Nachdem der Advokat ihn um Verzeihung gebeten, enthüllt
ihm Magis, wo der Dieb zu finden sei, und benutzt diese
Gelegenheit, um sich seiner übermenschlichen Macht zu rühmen:

*Magis.* *Il ne faut pour cela inuoquer les Démons,*
*Ie ſçay tout quand ie veux ſans coniurations,*
*Ie fay trembler la terre à ma ſeule parole,*
*Nothus s'en va, s'en vient et le grondant Æole,*
*Le paſſé m'eſt preſent, le futur i'appren bien,*
*Rien ne m'eſt inconneu: car ie n'ignore rien,*
*Tu le reconnoiſtras dés ceſte nuict prochaine.*

*Va à Paris aupres du petit fainct Anthoine,*
*En vne hoftellerie où pend le plat d'eftain,*
*Tu verras Furcifer le meurtrier inhumain:*
*Car c'eft en ce quenton que Venus la fecrette*
*Fait ordinairement fa diuerfe retraite;*
*Deguifée elle y vient iouïr de volupté,*
*Comme eftant de Paris l'endroit plus efcarté,*
*Dont par vn doulx exemple ou belles ou hideufes*
*Des Dames de ce lieu font toufiours amoureufes,*
*En ieuneffe elles font le bel aftre iumeau,*
*Et feruent en vieilleffe à tirer le rideau,*
*Que fi sterilité eftoit venue au monde,*
*En ce champ Anthonin, elle feroit feconde.*
*Qui veult auoir lignée y face quelque vœu,*
*Y offre fa chandelle, il en aura dans peu,*
*Noftre Dame d'argent eft là qui fait merueille,*
*Elle eft fertilement fur toute nompareille,*
*Et nul tant foit-il laid, difforme, au nez tortu,*
*Riand en Saint Medard, glorieux, fans vertu,*
*En ce lieu cul-butant n'aura la porte clofe,*
*Il fera bienuenu (et fi bien dire i'ofe)*
*Que de Palefrenier il deuiendra feigneur ...*
*Or Furcifer ayant ce doulx air efprouué,*
*Apres auoir ioüé de l'or du brigandage,*
*Il ioindra gayement la belle Gonophage,*
*(Femme que tu connois) non par ce nom icy*
*Que ie luy ay donné, le meritant ainfi,*
*Puis tu te fouuiendras pres du lict defhonnefte*
*Que Magis au gros chef n'eft rien moins qu'vn[e] befte.*

Griffon bittet den Zauberer nochmals um Verzeihung
wegen der ihm zugefügten Beleidigung und verspricht ihm
eine gute Belohnung für den Fall, daß der Dieb und das
verlorene Geld wieder gefunden werden. Der Advokat begibt
sich nun in Begleitung einiger Polizisten zu dem von Magis
bezeichneten Hause und läßt die Türe desselben mit Gewalt
öffnen. Zu seinem größten Erstaunen findet er hier den
Dieb in zärtlicher Umarmung mit seiner eignen Frau!
In seiner Bestürzung läßt Griffon den Dieb entkommen.

Nach mehreren heiteren Zwischenfällen versöhnt sich der
Advokat mit seiner untreuen Gattin, während von dem Diebe
und dem gestohlenen Gelde gar nicht mehr die Rede ist, der
Zauberer also auch um die versprochene Belohnung kommt.
— Die Magie ist also hier insofern ernst zu nehmen, als das
von dem Zauberer Vorhergesagte wirklich eintritt. Die
Handlung ist jedoch schlecht durchgeführt, und die magische
Operation, die den Mittelpunkt des Stückes zu bilden ver-
sprach, tritt plötzlich ganz in den Hintergrund.

Ein Beispiel von Wahrsagerei oder vielmehr eine Prophe-
zeihung findet sich in der *Sophronie* (1599), einer Tragödie
des Aymard de Veins[1]), deren Gegenstand der *Gerusalemme
Liberata* Tasso's entnommen ist.[2]) Gottfried marschiert an
der Spitze der Kreuzfahrer gegen Jerusalem. Aladin, der
König von Jerusalem, rüstet sich mit seinen Mannen zum
Widerstand, da verkündet ihm der Zauberer Ismen[3]), die
Stadt werde uneinnebmbar sein, wenn ein Bild der Jungfrau
Maria, das sich in der Kirche der Christen befinde, in der
Moschee aufgestellt würde. Der Sultan schickt sogleich
Soldaten ab, um das wunderkräftige Bild zu holen, da man
es aber nicht findet, glaubt Aladin, die Christen hätten es
absichtlich versteckt, und er gibt Befehl, alle Christen in der
Stadt zu töten. Ein christliches Mädchen, Sophronie, be-
schließt, sich für ihre Glaubensgenossen zu opfern, und er-

---

[1]) Aymard, oder Emard de Veins, von dessen Leben nichts
bekannt ist, hinterließ nur zwei Stücke: *La Clorinde, Tragédie en cinq
actes et en vers d'AE. S. D. C.* (Aymard, Sieur de Coudray), Paris, Ant.
du Breuil. 1599, 12⁰. Das Stück ist eine Nachahmung der Episode von
Tancred und Clorinde aus der *Gerusalemme Liberata; La Sophronie,
Trag. en cinq actes et en vers.* Paris, Ant. du Breuil, 1599, 12⁰ u. Rouen,
Dan. Couturier, 1599, 12⁰. Über eine Aufführung beider Stücke ist
nichts bekannt. — Über A. de Veins ist zu vgl. Beauchamps,
*Recherches*, 2, 71; Parfaict, *Histoire*, III, 546; Mouhy, *Tabl. dram.*,
Auteurs 54 u. Pièces 54; id. *Abrégé*, I, 99, II, 347; De Léris, *Dict.*, 698;
La Vallière, *Bibl.*, I, 325f.; Brunet, *Manuel*, V, 1114.

[2]) Der Inhalt des Stückes deckt sich vollständig mit der Episode
von Sofronia und Olindo, *Gerus. Lib.*, II, 14—54.

[3]) Über den in der *Gerus. Lib.* häufig auftretenden Zauberer Ismeno vgl. oben, S. 85.

klärt, sie habe das Marienbild weggenommen. Der Sultan
läßt sie ins Gefängnis führen. Als Olind, ihr Geliebter, dies
erfährt, eilt er zu Aladin und klagt sich selber des gleichen
Vergehens an, um so seine Geliebte zu retten, worauf der
Sultan beide zum Tode verurteilt. Im Augenblick der Hinrichtung erscheint plötzlich Clorinde, eine einflußreiche Persönlichkeit, und bittet den König um Gnade für die Liebenden.
Jetzt endlich läßt Aladin sich erweichen, er begnadigt die
beiden und vermählt sie miteinander. — In diesem recht
verworrenen Stücke steht die Prophezeiung des Zauberers
anfangs im Vordergrunde. Die angefangene Intrige ist jedoch nicht durchgeführt, und wir erfahren nicht, ob sich die
Weissagung später erfüllt oder nicht. Der Spruch des
Zauberers gibt also nur den Anstoß zu einer Intrige, die
dann anderweitig ihre Lösung findet.

In einer leider nicht zugänglichen, *L'Heureux Désespéré*
(1613) betitelten Pastorale von C. A. Seigneur de C.[1]) treten
Feen auf, welche die Zukunft vorhersagen, und deren Weis-
sagungen sich erfüllen. Es ist dies jedoch ein mythologisches
Stück, in dem die Zauberei nur eine untergeordnete Rolle zu
spielen scheint.

Ein Beispiel für die Traumdeutung haben wir in Pierre
Mainfray's Tragödie *Cyrus Triomphant ou la Fureur d'Astiages*
(1618).[2]) Hier handelt es sich natürlich um einen Magier im

---

[1]) *L'Heureux Désespéré, Tragi-comédie-pastorelle*, par C. A. Seigneur de C. Paris, Claude Collet, 1613. 8°. Im Catalogue Soleinne steht
unter Nr. 956, daß in der Ausgabe das erste C. durch anderen Druck
hervorgehoben ist, so daß es sich wohl um einen Titel handeln kann.
Der Verfasser könnte also wohl der Comte Adrien, Seigneur de Cormeil
oder de Chabannois sein, von dem Mouhy (*Abrégé*, II, 3) folgendes Stück,
allerdings als sein einziges Werk erwähnt: *Floride, ou L'Heureux
Evénement des Oracles, ou Célidor et Célinde*. Paris, Touffainct Quinet,
1632, 8°.

[2]) Tragödie in 5 Akten, mit Chören. Das Stück wurde in Rouen
im Jahre 1618 aufgeführt und daselbst auch gedruckt (Raphael du Petit
Val, 1618, 16°). Vom demselben Verfasser, über dessen Leben nichts
bekannt ist, haben wir noch folgende Stücke: *Les Forces Incomparables
et Amours du Grand Hercule*, Trag., Troyes, Nicol. Oudot, 1616, 8° und
ibd. 1618, 8°; *La Chasse royale* (Com. in 4 Akten u. in Versen), *Conte-*

antiken Sinne. Astiages hat einen beängstigenden Traum
gehabt und verlangt nun von den Magiern die Auslegung
desselben. Der Magier Mantheon sucht ihn zu beruhigen,
indem er sagt, man dürfe den Träumen keine allzugroße Bedeutung beimessen, sie seien nichts als Rauch und trügerischer
Schein:

> ... *Vne feinte, vne chimère, vne idée, et vn vent*
> *Qui nos efprits laffez la nuict va deceuant:*
> *Ou le refouuenir d'vne chofe paffée,*
> *Qui s'offre efpouuantable à noftre âme oppreffée.*

Der Verfasser spricht in diesen Worten seine eigene
Ansicht über die Träume aus, in dem Munde eines medischen
Magiers aber klingen diese Verse sehr unwahrscheinlich. Da
der König sich jedoch in seinem Glauben an die Träume
nicht irremachen läßt, legt Areolle, ein zweiter Magier, den
Traum aus: Des Königs Tochter Mandane wird einen Sohn
gebären, der ihn enttronen wird. Im weiteren Verlaufe des
Stückes erfüllt sich die Prophezeiung, trotz aller von dem
Könige ergriffenen Vorsichtsmaßregeln. — Hier haben wir es
also, was die Wahrsagung betrifft, lediglich mit einer überlieferten Erzählung zu tun.

Ähnlich wie in dem vorhergehenden Stücke ist die Magie
in H a r d y ' s Tragödie *La Mort d'Alexandre* (1621) verwandt.[1]
Auch hier wird der Wert der Prophezeiungen und der Traum-

---

nant la *subtilité dont vfa vne Chaffeufe vers vn Satyre qui la pourfuiuoit
d'amour.* Troyes, ibd. 1625, 8º; *La Rhodienne ou La Cruauté de Soli-
man,* Trag., 1620, Rouen, Raph. du Petit Val, 1621, 16º (Andere Ausg.
zusammen mit dem *Cyrus Triomphant,* Rouen, ibd. 1618—21, 2 vol., 12º).
Über Pierre Mainfray vgl. man B e a u c h a m p s, *Rech.*, 2, 89; P a r f a i c t,
*Hist.,* IV, 283 f., 332 ff.; M o u h y, *Tabl. dram.,* Auteurs 46, Pièces 48,
50, 116, 201; id. *Abrégé,* I. 90, 94, 366, 414, II, 212; D e  L é r i s, *Dict.,*
630; La  V a l l i è r e, *Bibl.,* I, 470 ff.

[1] Über Hardy (geb. zw. 1569 u. 1575, cf. Körting's Z., XII, 238)
vgl. man insbesondere La  C r o i x, *XVIIe siècle,* 1882, p. 261 ff.;
W e i n b e r g, *Schäferspiel etc.,* 1884. p. 31 ff.; R i g a l, *Al. Hardy,* 1889;
dazu *Journ. des Sav.* 1890, déc., 752 ff.; D a n n h e i s s e r, *Z. Gesch. des
Schäferspiels etc.,* p. 68; B r u n e t i è r e, *Étude critiques, 4e série,* 1891,
1—25; D a n n h e i s s e r, *Z. Gesch. der Einheiten,* 1892, p. 204; M a r s a n,
*La Past. dram. etc.,* 1905, p. 237 ff.

deutung in Frage gezogen, aber dennoch gehen die Voraus-
sagungen in Erfüllung, was ja durch den gegebenen, historischen Stoff bedingt ist. Im 2. Akte tritt ein chaldäischer
Wahrsager auf, der den König beschwört, Babylon zu verlassen, da ihm daselbst der Tod bevorstehe. Nach langem
Zögern erklärt Alexander sich bereit, dem Rate zu folgen,
der Philosoph Aristarque bestreitet jedoch den Wert solcher
Voraussagungen, und der König läßt sich auch von ihrer
Nichtigkeit überzeugen. Im folgenden Akte verschwören sich
Cassandra, Jollas und Philipp gegen Alexander und im
4. Akte reichen sie ihm Gift. Trotz eines Traumes (5. Akt),
der ihm seinen nahen Tod verkündet hat, bleibt der König
furchtlos. Bald jedoch erfüllt sich die Prophezeiung von
seinem Tode.

Ein weiteres Beispiel für den Glauben an die Vorbedeutung der Träume haben wir in P i e r r e  B r i n o n's *Tragédie des Rebelles* (1622).[1]) Meris hat einen beängstigenden
Traum gehabt und erzählt denselben dem Schäfer Tirsis.
Dieser glaubt nicht an Träume und hält ihm vor:

> *As-tu encor l'esprit si estranger,*
> *De mettre foy au songe mensonger?*
> *Ce n'est que vent, ce n'est que resuerie*
> *Qui met ton ame et ton cœur en furie . . .*
> *Vrayment i'aurois bien tost l'ame restreinte*
> *Si ie voulois prendre garde aux courbeaux,*
> *Qui iour et nuict branchez sur leurs rameaux,*
> *Crient tousiours d'vne voix effroyable*
> *Sur mes brebis quant elles vont au fable.*

---

[1]) B e a u c h a m p s (*Rech.* 2, 86) gibt als Entstehungsjahr 1628 an,
in diesem Jahre aber erlebte das Stück bereits seine 2. Auflage. P i e r r e
B r i n o n wurde zu Rouen geboren, woselbst er später Conseiller am
Parlament war. Er starb ca. 1658. Außer dem obigen haben wir fol-
gende Stücke von ihm: *Baptiste ou La Calomnie*, Trag., Rouen, Osmont,
1613, 12⁰; ibd. 1614, 12⁰; *Jephté*, Trag., ibd. 1614, 12⁰ u. 1615, 12⁰;
*L'Ephésienne*, Tragicomédie en 5 actes, ibd. 1614, 12⁰. — Über B r i n o n
cf. B e a u c h a m p s, *Rech.*, 2, 86; P a r f a i c t, *Hist.*, IV, 188 ff.; M o u h y,
*Tabl. dram.*, Pièces 31, 85, 123; id. *Abrégé*, I, 165, 247, II, 61; D e L é r i s,
*Dict.*, 522.

Ein Magier im antiken Sinne spielt in Mairet's Tragi-komödie *La Virginie* (1633)[1]) eine große Rolle.[2]) Der gelehrte Magier Calidor hat in der Zukunft gelesen, daß Periander, der Sohn des Königs von Thracien, und Virginie, die Tochter des Königs von Epirus, eines Tages ihren beiderseitigen Eltern verhängnisvoll werden würden. Um die Erfüllung dieser bedrohlichen Weissagung zu verhindern, werden die beiden Kinder dem Magier anvertraut, der, um ganz sicher zu gehen, sich mit ihnen nach Rom zurückzieht, sie daselbst wie Bruder und Schwester erziehen läßt und das Gerücht verbreitet, Periander und Virginie seien gestorben. Inzwischen stirbt der König von Epirus. Die Weissagung geht schließlich doch in Erfüllung, wenn auch nicht in tragischer Weise. Periander verwundet im Kampfe seinen eigenen Vater, und Virginie wird die unfreiwillige Ursache einer betrügerischen Handlung einer Amme, welche beinahe der Königin von Epirus das Leben gekostet hätte. Schließlich löst sich alles in Wohlgefallen auf, und Periander vermählt sich mit Virginie. — Die Weissagung des Magiers steht also hier im Mittelpunkte der Handlung, sie dient zugleich zur Schürzung und zur Lösung des Knotens.

Den oben erwähnten[3]) sensationellen Prozeß der Wahrsagerin, Zauberin und Giftmischerin Catherine Monvoisin benützten Thomas Corneille und De Visé[4]) als Stoff zu

---

¹) Siehe Z. f. nfrz. Spr. u. Lit. 1892, XIV, 27.

²) Über Mairet's Leben und Werke cf. Beauchamps, *Rech*, 2, 112 ff.; Parfaict, *Hist.*, IV u. V; Mouhy, *Tabl. dram.*, Auteurs 17, Pièces 26, 62, 145, 162, 173, 204, 213, 216; id. *Abrégé*, I, 50, 119, 294, 420, 439 f., 444, 447, 492, II, 212 ff.; De Léris, *Dict.*, 630; La Vallière, *Bibl.*, II, 88 ff., 99 f., 105; Sainte-Beuve, *Tableau etc.*, 1843, p. 255 ff.; Weinberg, *Schäferspiel*, p. 89 ff., 109 ff.; Dannheisser, *Studien etc.*, 1888; id. *Z. Chronologie etc.*, 1889, Marsan, l. c., p. 371 ff.

³) Siehe oben S. 71 ff.

⁴) Über Th. Corneille vgl. man Quérard, *La France litt.*, II, 292 f.; Brunet, *Manuel etc.*, II, 287; Fournel, *Le Théâtre etc.*. 1892, p. 230 ff., 241 ff.; Breymann. *Calderon-Studien*, I, 115, 116, 120, 122; Reynier, *Thomas Corneille, etc.*; über Jean Donneau de Visé cf. Beauchamps, *Recherches*, 2, 246 ff.; Goujet, *Bibl.*, VII,

einer Komödie, welche sie *La Devineresse ou les faux Enchantements* (1679) betitelten.[1]) Es konnte natürlich keine Rede davon sein, die ganze Geschichte der Giftmordprozesse auf die Bühne zu bringen, denn das würde der König nicht erlaubt haben, da zu viele hochgestellte .und ihm nahestehende Persönlichkeiten daran beteiligt waren, sondern es handelte sich darum, unter Vermeidung aller Darstellungen wirklicher Verbrechen ein paar komische Szenen aus der Fülle des vorhandenen Stoffes auszuwählen. Die Heldin des Stückes, die nicht den Namen *Voisin*, sondern den ähnlich klingenden Namen *Jobin* führt, ist keineswegs eine Giftmischerin oder überhaupt eine Verbrecherin, auch nicht eine wirkliche Zauberin, sondern lediglich eine Wahrsagerin, die durch Schlauheit und Geschicklichkeit die Dummheit der Leute auszubeuten weiß, so daß das Stück lediglich als eine heitere, durch allerlei eingeflochtenen, aber durchaus nicht ernst zu nehmenden Zauberspuk sehr packende Posse erscheint. Wie die Wahrsagerin in der Komödie aufzufassen ist, geht aus ihrer eigenen Äußerung (I, 10) hervor: «*Je me trouve sorcière à bon marché; trois paroles prononcées au hazard, en marmottant, sont mon plus grand charme, et les enchantements que je fais demandent plus de grimaces que de diablerie.*» — Den Hauptanteil an der Komödie hatte Thomas Corneille, obgleich der eitle De Visé das Stück als lediglich von ihm verfaßt hinstellte. Im *Mercure Galant* vom Januar 1710, p. 281—282 (zitiert bei Parfaict) sagt er, er habe, dem Drängen der

---

197; Parfaict, *Hist.*, X, 79 ff., 156 ff., 166 ff., 179 ff., XI, 7, 34 ff., 133 ff.. 198 ff., XII, 152 ff., 220, 225 ff., XIII, 394, XIV, 2; Mouhy. *Tabl. dram.*, Auteurs 31. Pièces 23, 50, 57, 65, 67, 69, 82, 110, 130, 157, 215, 235 ff., 239, 241; id. *Abrégé*, I, 20, 30, 42, 53, 94, 106, 124, 130. 134, 159, 220, 297, 487, 489, 495 f.. 498, II, 352; De Léris, *Dict.*, 700; La Vallière, *Bibl.*, III, 75 f.; Langheim, *De Visé, sein Leben etc.*, 1903. — Über den Anteil des Polizeidirektors La Reynie an dem Zustandekommen der obigen Komödie cf. Funck-Brentano, *Die berühmt. Giftmischerinnen*, p. 201 ff.

[1]) Die Originalausgabe s. im Verz. der ben. Lit. Das Stück wurde wiederholt neu aufgelegt, so z. B. Hollande, Dan. Elzévier et A La Sphère, 1680, 12°; Bruxelles, P. Marto, 1680, 12°; Paris, Gandouin, 1737 (Bd. VIII des *Théâtre Français*), 8°.

Schauspieler nachgebend, die Geschichte der Voisin in einer
Komödie dargestellt, die jedoch nur aus einer Anzahl lose
aneinander gereihter Szenen bestehe, da der Stoff sich für
eine zusammenhängende Intrige nicht eigne. Eine, wenn
auch sehr einfache Intrige, ist jedoch vorhanden. Eine
Frau (die Gräfin), ist auf die Wahrsagerinnen ganz versessen,
ihr Liebhaber, der Marquis, bemüht sich, sie von dieser Torheit zu bekehren, und eine Nebenbuhlerin sucht die Heirat
zwischen beiden zu hintertreiben. Diese Intrige findet im
letzten Akt ihre Lösung durch die Entlarvung der Wahrsagerin. Die übrigen Personen stehen teils auf seiten der
Gräfin, teils halten sie zu dem Marquis, einige der auftretenden Personen haben allerdings mit beiden gar nichts zu
tun. Die Moral des Stückes ist die, daß es keine Zauberer
gäbe, wenn es nicht Leute gäbe, die dumm genug wären, an
die Existenz und Macht derselben zu glauben. Diesen Gedanken führt der Verfasser (denn wir haben hauptsächlich
Thomas Corneille als solchen anzusehen) in der Vorrede zu
der *Devineresse* aus.[1])

---

[1]) *Tant de gens de toutes les conditions ont esté chercher les Devineresses, qu'on ne doit point s'étonner si on a trouvé bien de faire
quelques applications ... Comme la véritable comédie n'est autre chose
qu'un portrait des défauts des hommes mis dans un grand jour, on n'en
tireroit pas de profit si le sujet étoit déguisé. Mille et mille gens se
sont trouvez dans les divers caracteres dont la Comédie de la Devineresse
est composée, et c'est parce qu'ils s'y sont trouvez, qu'elle a pu leur estre
utile. Quant au spectacle, il n'y a point esté mis comme absolument
nécessaire, la plûpart des Devineresses s'estant servies de Bassins pleins
d'eau, de Miroirs & d'autres choses de cette nature, pour abuser le public.
Je sçay qu'il y a des Esprits. forts qu'elles ne pourroient tromper; mais
comme presque toutes les Personnes qui les consultent, vont chez elles
accompagnées seulement de leurs faiblesses, qu'elles sont timides et naturellement portées à tout croire, avec toutes ces dispositions jointes à la
peur qui trouble l'esprit, & qui empesche de bien examiner ce qu'on voit,
on se persuadera sans peine, qu'elles se laissent tromper d'autant plus
facilement, qu'elles cherchent en quelque façon à estre trompées. Ce qui
contribue encor beaucoup à les faire tomber dans le panneau, c'est que
tout ce qu'on leur fait voir paroist dans des lieux disposez exprés, s'estant
trouvé quelques uns de ces Trompeurs qui par les fentes d'une Muraille
dont on ne pouvoit presque s'apercevoir ont à force de souflets, fait enfler
et sortir des Figures faites de véritables peaux d'Hommes courroyées.*

Die Handlung spielt in der Wohnung der Frau Jobin, die wie die Voisin sich mit großem Luxus umgibt, Diener und Kammerzofen hat und in der Soubrette Mathurine eine Vertraute besitzt, die an die Vigoureux, die Vertraute der Voisin, erinnert, wie auch ihr Kompagnon Duclos leicht den Komplizen der Giftmischerin, Le Sage, erkennen läßt. Die Gräfin von Astragon, der Marquis, ihr Liebhaber, Monsieur Gillet, ein Pariser Bürger, Monsieur de la Giraudière, Madame de la Jublinière, die Marquise und ihr Liebhaber, der Chevalier, Herr und Frau Troufignac, Madame des Roches, Madame de Clérimont, alle diese Persönlichkeiten, die unter ihren fingierten Namen die in den Giftmordprozeß verwickelten Personen darstellen sollen, kommen nacheinander in die Sprechstunde der Wahrsagerin, um sie in wichtigen Angelegenheiten zu konsultieren. Madame Jobin umgibt sich mit dem Nimbus einer Zauberin und streut den Leuten tüchtig Sand in die Augen. Als die Gräfin sie zu sprechen wünscht, wird sie von Mathurine, der Kammerzofe, empfangen und aufgefordert, ein wenig zu warten, da Madame Jobin beschäftigt sei (I, 4):

*La Comtesse. Quelqu'un est-il avec elle?*

*Mathurine. Non, mais elle s'est enfermée là-haut dans sa chambre noire. Elle a pris son grand Livre, s'est fait apporter un verre plein d'eau, et je pense que c'est pour vous qu'elle travaille.*

*La Comt. Il faut bien que chacun vive de son métier.* (Der Marquis kommt hinzu, I, 5.)

*Le Marq. . Le métier est beau de parler au Diable, selon vous s'entend, Madame; car je ne suis pas persuadé que le Diable se communique aisément. A dire vray, j'admire la plûpart des femmes. Elles ont une délicatesse d'esprit admirable, ce n'est qu'en les pratiquant qu'on en peut avoir, et elles ont le faible de courir tout ce qu'il y a de Devins.*

*La Comt. Ce sont tous Fourbes?*

*Le Marq. Fourbes de Profession, qui ne sçavent rien, et qui éblouissent les crédules . . .*

---

*Jugez apres cela de leur adresse, & si au lieu des Timides dont je viens de vous parler, ces sortes de Gens n'estoient pas capables d'embarasser les Personnes les plus résoluës.*

Sie sprechen weiter darüber, wie die Wahrsagerin es anfange, sich mit dem Teufel in Verbindung zu setzen:

*La ·Cont. Il* (der Teufel) *ne lui parle pas toujours quand elle veut, et elle a besoin quelques fois de plusieurs jours pour le conjurer.*

*Le Marq. Voilà l'adresse. Elle prend du temps pour s'informer de ce qui luy ·est inconnu . . .*

Die Gräfin läßt sich indessen in ihrem Glauben an die Wahrsagerin nicht irre machen, so daß schließlich der Marquis ironisch bemerkt:

*Je me rends Madame et je croy présentement Mad. Jobin la plus grande magicienne qui fut jamais; car à moins qu'elle ne vous eust donné quelque charme, vous n'entreriez pas si obstinément dans son party.*

Die Gräfin erwidert, sie werde ihm nicht eher glauben, als bis er ihr beweise, daß bei allem, was die Wahrsagerin ausführe, nichts Übernatürliches sei, was sie, die Gräfin, nicht selbst auch vollbringen könne.

Madame Jobin erscheint (sc. 6). Der Marquis hat sich inzwischen verkleidet und spielt nun die Rolle eines Dieners der Gräfin:

*Mad. Jobin. Vous n'avez qu'à éloigner ce Laquais, vous verrez de vos propres yeux ce que fait présentement vostre Amant* (sie spricht also ohne es zu wissen die Wahrheit). *Mais ne tremblez pas, car celuy que je feray paroistre d'abord est un peu terrible.*

Die Gräfin leistet der Aufforderung, den Diener hinaus-zuschicken, nicht Folge, weil sie sich fürchtet:

*La Comt. Comment? Le Diable! La seule pensée me fait mourir de frayeur.*

*Mad. Jobin. Il n'est point méchant, il ne faut qu'avoir un peu d'assurance.*

*La Comt. Je vous remercie de vostre Diable. Je ne voudrois pas le voir pour tout ce qu'il y a de plus précieux au monde.*

*Mad. Jobin. Je retourne donc dans ma chambre et viendray vous dire ce que j'auray veu.*

(sc. 7) *Le Marquis. Eh! Madame, que ne l'engagiez-vous à*

*faire paroistre son Diable? Elle vous auroit manqué de parole, ou
je vous aurois fait connoistre la tromperie.*

    La Comt. *Comment? vous vous seriez résolu à le voir?*

    Le Marq. *Assurément.*

    La Comt. *Mais elle vouloit qu'on vous mist dehors, et
j'aurois esté la seule qui l'aurois veu.*

    Le Marq. *N'est-ce pas là une conviction de la Fourbe? Il
ne luy faut que des Femmes, et un laquais mesme luy est suspect.*

(sc. 8.) Madame Jobin, die inzwischen vermutlich an der
Türe gelauscht hat, kommt zurück und verkündigt der Gräfin,
sie habe ihren Geliebten, als Lakai verkleidet, in Unterredung
mit einer Dame gesehen. Die Gräfin ist verblüfft über
dieses außergewöhnliche Wissen. Die Wahrsagerin entläßt
sie mit der Ermahnung, ein andermal keinen Lakai mit-
zubringen, und als die beiden das Zimmer verlassen haben,
ruft sie mit hämischer Freude aus (sc. 10):

*Je me trouve sorciere à bon marché. Trois paroles pronon-
cées au hazard en marmotant, sont mon plus grand chàrme, et
les Enchantements que je fais demandent. plus de grimaces que de
diableries.*

In der folgenden Szene erscheint der biedere Bürger
Gilet bei der Wahrsagerin, um sie zu konsultieren:

    M. Gilet. *Bonjour, Madame, on dit que vous sçavez tout.
Si cela est, vous connoissez ma maitresse.*

Da der Herr ihr unbekannt und sie über seine Verhältnisse
keineswegs unterrichtet ist, gibt Madame Jobin ausweichende
Antwort. Er erzählt ihr, er habe Unglück in der Liebe gehabt
und wolle nun im Waffenhandwerk sein Glück versuchen.
Zu diesem Zwecke verlangt er von ihr ein Mittel, welches
unverwundbar mache. Nach einigem Zögern erwidert die
Wahrsagerin:

*Vous avez une physionomie qui m'empesche de vous refuser.
J'ay ce qu'il vous faut ... Hola! Qu'on m'apporte une de ces
Epées qui sont dans mon cabinet. Elle est enchantée. Il ne
m'en reste plus que deux, et il me faut plus de six mois à les
préparer.*

    M. Gilet. *Et quand je l'auray, ne faudra-t'il plus que j'aye
peur?*

*Mad. Job. Si on vous dit quelque chose de fâcheux, vous n'aurez qu'à la tirer, et incontinent vous ferez fuir, ou desarmerez vos Ennemis . . . Tenez, quand vous vous trouverez en occasion de dégainer, mettez les quatre premiers doigts sur le dessus de la garde, et serrez le dessous avec le petit doigt. Tout le charme consiste en cela . . . Quand vous ne ferez que frapper vostre Ennemi à la jambe, le coup iroit droit au cœur.*

Hocherfreut geht Gilet mit seinem Zauberdegen ab, nachdem die Wahrsagerin ihm eingeschärft hat, tiefes Schweigen über das Geheimnis des Degens zu bewahren. An der Türe trifft er mit Du Clos, dem Vertrauten Madame Jobin's, zusammen und gerät mit ihm in Streit. Du Clos droht, ihn zum Fenster hinaus zu werfen. Beide ziehen den Degen, Gilet allerdings etwas ängstlich. Er faßt jedoch im Verträuen auf die Zauberkraft seiner Waffe bald Mut und mit den Worten: *Epée enchantée, je me recommande à toi* führt er einen Hieb auf seinen Gegner. In diesem Augenblick läßt Du Clos absichtlich seinen Degen fallen, und Gilet geht triumphierend ab. Die Zauberklinge hat sich glänzend bewährt! — In der 15. Scene stellt La Giraudière an die Wahrsagerin das Ansinnen, sie solle ihm ein Paar Pistolen, die man ihm gestohlen habe, wiederschaffen. Zufällig ist Madame Jobin über den Vorfall unterrichtet und gibt, wenn auch anscheinend zögernd, seinem Drängen nach:

*Qu'on m'apporte un bassin plein d'eau. Un verre me suffiroit, mais je veux que vous voyiez vous-mesme les choses destinctement; et afin que vous ne croyiez pas que j'aye aucun interest à vous éblouïr, je vous déclare que je ne veux point de vostre argent . . . Approchez. Regardez dans ce Bassin. Ne voyez-vous rien ?*

*La Gir. Non.*

*Mad. Job. Penchez-vous de la maniere que je fais et regardez fixement sans détourner les yeux du Bassin. Ne voyez-vous rien ?*

*La Gir. Rien du tout.*

*Mad. Job. Rien du tout ? il faut donc que vous ne voyiez pas bien, car je voy quelque chose, moy.*

*La Gir. Vous voyez ce qu'il vous plaist, mais cependant c'est moy qui dois voir.*

In diesem Augenblick wird von der Zimmerdecke mit
Hilfe eines Zickzacks eine Leinwand herabgelassen, auf welche
zwei Pistolen, auf einem Tische liegend, gemalt sind. Dieses
Bild spiegelt sich in dem Wasserbecken wieder, und La Giraudière ruft erfreut aus:

*Ah! Je commence. Oüy, je vois mes Pistolets, ils sont sur
la Table d'un cabinet, où il me semble avoir quelquefois entré.
Je . . . je ne vois plus rien! Où diable faut-il que je les aille
chercher? Je ne puis me remettre le cabinet.*

*Mad. Job. Il me semble que j'ay assez fait pour vous, de
vous faire voir le lieu où vous touverez vos Pistolets.*

La Giraudière erwidert, sie hätte ihm lieber gleich den
Dieb zeigen sollen, dann hätte er ihn erwischen können. Die
Wahrsagerin läßt sich schließlich dazu herab, ihm noch
weitere Enthüllungen zu machen:

*Mad. Job. J'ay commencé, et il ne faut pas faire les choses
à demy pour vous. Regardez encore dans le Bassin, mais n'en
détournez pas la veuë, car la figure de celuy qui a pris vos Pistolets
n'y paroistra qu'un moment.* (Er soll die Augen nicht davon
verwenden, damit er nicht sehen kann, was im Zimmer vor
sich geht!) *Que voyez-vous?*

*La Gir. Rien encor. (Le mesme Zigzag fait voir un Portrait.)
Ah! je roy . . . c'est Valcreux, un de mes plus intimes amis.
Je luy cachay une Epée il y a quelque temps, il a voulu à son
tour me faire chercher mes Pistolets, je cours chez luy.*

Er geht ab. Madame Jobin freut sich, daß ihr der Betrug gelungen ist; sie vermutet, er werde diese Geschichte
der Gräfin erzählen und dieselbe dadurch in ihrem Glauben
an ihre übernatürliche Kunst noch bestärken. Sie geht nun,
die nötigen Vorbereitungen zu treffen, um die übrigen Kunden,
deren Besuch sie heute noch erwartet, zu düpieren.

(Akt II, sc. 1.) Die Wahrsagerin verspricht Madame
Noblet, die in den Marquis verliebt ist, die geplante Heirat
desselben zu hintertreiben.

(sc. 2.) Madame Jobin wird durch den Besuch ihres
Bruders, Monsieur Gosselin, überrascht, den sie seit 10 Jahren
nicht gesehen hat. Sie will ihn zärtlich begrüßen, aber er

wehrt ihr ab mit den Worten: *Ne m'approche pas, tu m'étouf-*
*ferois peut-estre en m'embrassant, ou tu me ferois entrer quelque*
*Démon dans le corps.* Er erzählt ihr dann, daß man viel von
ihr spreche, und daß man ihn seiner Stelle als *procureur*
*fiscal* entsetzen wolle, weil er der Bruder einer Hexe sei:

   *M. Goss. Ne m'embrasse pas. te dis-je, je ne veux non plus*
*de toy que du Diable, à moins que tu ne renonces à toutes tes*
*Sorcelleries.*

Sie erklärt ihm jedoch, sie sei keine Hexe, nur seien die
Leute dumm genug, sich von ihr betrügen zu lassen:

   *. Mad. Job. . . . Les Sorcelleries dont on m'accuse, et d'autres*
*choses qui paroistroient encor plus surnaturelles, ne veulent qu'une*
*imagination vive pour les inventer, et de l'adresse pour s'en bien*
*servir. C'est par elles que l'on a croyance en nous. Cependant*
*la Magie et les Diables n'y ont nulle part. L'effroy où sont ceux*
*à qui on fait voir ces sortes de choses, les aveugle assez pour les*
*empescher de voir qu'on les trompe.*[1]) *Quant à ce qu'on vous*
*aura dit que je me mesle de deviner, c'est un Art dont mille Gens*
*qui se livrent tous les jours entre nos mains, nous facilitent les*
*connoissances. D'ailleurs, le hazard fait la plus grande partie du*
*succès de ce Mestier. Il ne faut que de la présence d'Esprit, de la*
*hardiesse, de l'intrigue, sçavoir le monde, avoir des Gens dans les*
*maisons, tenir un Registre des incidens arrivez, s'informer des*
*commerces d'amouretes, et dire sur tout quantité de choses quand*
*on vous vient consulter. Il y en a toujours quelqu'une de véri-*
*table, et il n'en faut quelques fois que deux ou trois dites ainsi*
*par hazard, pour vous mettre en vogue. Apres cela, vous avez*
*beau dire que vous ne sçavez rien, on ne vous croit pas, et bien*
*ou mal on vous fait parler. Il se peut qu'il y en ait d'autres qui*
*se meslent de plus que je ne vous dis; mais pour moy, tout ce*

---

[1]) Ein Beispiel dafür, daß die angeblichen Zauberer und Hexen
bloß Betrüger waren und meist selbst gar nicht daran dachten, irgendwelche Dämonen zu Hilfe zu nehmen, vielleicht selbst gar nicht an die
Existenz derselben glaubten, während die kirchliche und weltliche Obrigkeit sie gerade wegen dieses angeblichen Verkehrs mit dem Dämon
zum Scheiterhaufen verdammte, ja sogar alle diejenigen aufs strengste
bestrafte, welche die Existenz der Dämonen oder die Möglichkeit, einen
Pakt mit ihnen zu machen, zu leugnen wagten.

*que je fais est fort innocent. Je n'en veux à la vie de personne,
au contraire je fais du plaisir à tout le monde, et comme chacun
veut estre flaté, je ne dis jamais que ce qui doit plaire. Voyez,
mon Frere, si c'est estre Sorciere qu'avoir de l'Esprit, et si vous
me conseilleriez de renoncer à une fortune, qui me met en pouvoir
de vous estre utile.*

*Goss. Tu as bonne langue, et à t'entendre il n'y a point de
diablerie dans ton fait, mais je crains bien . . .*

Sie beschwichtigt indessen seine Bedenken und sagt ihm,
er könne sich ja selbst davon überzeugen, daß alles auf
natürliche Weise zugehe. Da gerade wieder jemand ange-
meldet wird, fordert sie ihren Bruder auf, sich zu verstecken,
und so die Unterredung anzuhören. (sc. 4.) Madame de la
Jublinière verlangt etwas Übernatürliches zu sehen, sonst
wolle sie der Wahrsagerin nicht glauben. Madame Jobin
entgegnet:

*C'est là ce qui m'a fait estre si longtemps sans vous rien
dire. Il m'a fallu Conjurer les Esprits les plus éclairez; et comme
ils ne m'offroient rien qui ne vous pust plus laisser dans quelque
doute, j'ay attendu que j'aye pû les forcer à vous aller éclaircir
vous-mesme chez vous.* Heute Nacht würden die Geister zu
ihr kommen, sie solle sich deshalb in ihrem Zimmer ein-
schließen: *Attachez-vous à ce que je vay vous dire. Il y a dans
vostre Alcove un petit cabinet sur lequel sont des Porcelaines. La
grosse Urne qui est au milieu, tombera d'elle-mesme à quelque
heure de la nuit. Si elle se casse, votre Mary mourra le premier;
et si elle ne se casse point, ce sera vous qui marcherez la premiere.
Cette marque est aussi surnaturelle qu'il y en ait, et vous voyez
bien que je ne suis pas de ces femmes qui n'ont que de l'adresse
et des paroles.*

Damit jeder Verdacht eines Betruges ausgeschlossen
scheint, versichert sie ausdrücklich, sie werde nicht etwa in
ihre Wohnung kommen, um irgendwie das Fallen der Urne
zu veranlassen. Madame de la Jublinière und Mademoiselle
Du Verdier, ihre Zofe, fangen an sich zu fürchten:

*Mlle du Verd. Vous sçavez que dés qu'il est nuit je ne fais
pas trois pas que je ne m'imagine avoir quelque Fantôme à ma
queue . . . On dit qu'un Esprit est un lourd frappeur.*

Nachdem die beiden Damen sich zurückgezogen haben, erscheint eine Bäuerin und fragt (sc. 5):

*Bonjour, Madame. Est-ce vous qui sçavez tout?*

Die Wahrsagerin fragt sie, was sie wünsche, worüber die Bäuerin sehr verwundert ist, denn da sie ja alles wisse, müsse sie doch auch ihr Anliegen bereits kennen. Natürlich gibt Madame Jobin eine ausweichende Antwort. Die Bäuerin möchte wissen, ob ihr Geliebter ihre Liebe erwidere. Die Wahrsagerin, die über den Fall nicht unterrichtet ist, gerät in einige Verlegenheit. Schließlich entläßt sie die Bäuerin, nachdem sie ihr um teures Geld ein Quacksalbermittel verkauft hat, und bemerkt zu sich selber, daß es leichter sei, eine *dame d'esprit* zu düpieren als eine solche Unschuld vom Lande. — Die Marquise möchte wissen, was aus ihrem Liebhaber, dem Chevalier, der sie nach einem Wortwechsel verlassen hat und den sie nun weit von Paris glaubt, geworden ist. Die Wahrsagerin verspricht, ihr ihren Geliebten zu zeigen. Dies ist um so leichter, als der Chevalier Paris gar nicht verlassen hat. Allein mit dem Chevalier, gibt sie diesem die nötigen Instruktionen (sc. 8):

*Voicy un miroir que j'avois fait préparer pour une autre affaire, je m'en serviray pour vous. Quand vostre marquise sera icy, et que vous m'aurez entendu faire une maniere d'invocation, vous n'aurez qu'à venir derriere ce miroir baisant son portrait. Elle vous saura bon gré de cette marque d'amour.*

Die Marquise läßt sich aus den Linien der Hand wahrsagen (sc. 10). Madame Jobin versichert ihr, alle Linien deuteten auf großes Glück, sie sagt ihr ferner, sie sei Witwe, habe viele Verehrer, und ähnliche Gemeinplätze. — Dame Françoise verlangt ein Heilmittel für eine Geschwulst, an der sie leide (sc. 11). Madame Jobin erwidert:

*Il faut que vous trouviez quelqu'un assez charitable pour recevoir vostre enflure; car comme elle vient d'un Sort qui doit avoir toûjours son effet, je ne puis la faire sortir de vostre corps qu'elle ne passe dans celuy d'un autre, Homme ou Femme, comme vous voudrez.*

Inzwischen ist Du Clos hinzugekommen. (Bühnenanweisung: *Elle les touche tous deux, et prononce quelques paroles barbares.*)

Sogleich verspürt die Patientin die Wirkung des Zaubers: *Dame Fr. Ah, ah, je sens que l'enflure s'en va, je desenfle! Du Cl. Ah, oüy, l'enflure, l'enflure vient, j'enfle.*

Dame Françoise erklärt sich geheilt und geht freudestrahlend ab. Sie steht jedoch im Dienste der Wahrsagerin, und das ganze Manöver ist bloß ausgeführt worden, um die Marquise, die zugegen war von der Kunst Madame Jobin's zu überzeugen. Da die Marquise nun ihren Geliebten zu sehen wünscht, tut die Wahrsagerin so, als ob sie ihn mit Hilfe eines Geistes erscheinen lassen könne:

*Esprit qui m'obéis, je te commande de faire paroistre la personne qu'on souhaite voir.*

Sie befiehlt sodann Maturine, den Vorhang von dem Spiegel wegzuziehen, da der Chevalier jetzt erscheinen werde. In der Tat erscheint dieser alsbald (Bühnenanweisung: *On voit paroistre le Chevalier dans le miroir*); er blickt auf ein Bild, in dem die Marquise ihr eigenes erkennt. Da er gleich wieder verschwindet, gebietet Madame Jobin ihrem Geiste, ihn von neuem erscheinen zu lassen. (Bühnenanweisung: *Le Chevalier paroist une seconde fois dans le miroir.*) Gosselin, der aus seinem Verstecke das alles mitangesehen hat, ist höchlich überrascht. Madame Jobin versichert, er werde noch größere Wunder sehen:

*Quand je vous auray montré certaines machines que je fais agir dans l'occasion, vous me direz si dans la suite de votre Procès vous ne voudrez vous servir, ny de mon argent, ny de mes amis.*

III. Akt, sc. 1. Auf die Frage, ob ihre Herrin wirklich alles wisse, erwidert Maturine dem Marquis:

*Elle ne montre pas tout ce qu'elle a; je vois seulement un gros vilain oyseau dans sa chambre, qui ne mange point, voler sur son épaule dés qu'elle l'appelle: il luy fourre son bec dans l'oreille pour luy iargonner je ne sçay quoy: il a un bien laid langage que je n'entens point, mais il faut bien qu'elle l'entende, elle: car apres qu'ils ont esté ainsi quelque temps, elle n'a plus qu'à ouvrir la bouche pour prédire le passé, le présent et l'avenir.*

Weiter will sie nichts sagen; als der Marquis ihr aber zwei Piaster in die Hand drückt, fährt sie bereitwillig fort:

*Quand elle veut faire ses grandes Magies, elle s'enferme dans un Grenier où elle ne laisse iamais entrer personne: ie m'en fus il y a trois iours regarder ce qu'elle faisoit par le trou de la serrure. Elle estoit assise, et il y avoit un grand Chat tout noir, plus long deux fois que les autres Chats, qui se promenoit comme un Monsieur sur les pates de derriere: il se mit apres à l'embrasser avec ses deux pates de devant, et ils furent ensemble plus d'un gros quart d'heure à marmotter.*

Plötzlich sei die Katze gegen die Türe gesprungen, so daß sie sich habe flüchten müssen. — Der Marquis und die Gräfin, die sich verkleidet hat und provenzalisch *(languedocien)* spricht, damit die Wahrsagerin sie nicht erkennen soll, befragen sie, ob sie Aussicht hätten, einander zu heiraten. Die Wahrsagerin fertigt einen Talisman an und überreicht ihn der Gräfin mit den Worten (sc. 4):

· *Madame dira quelques paroles sur le papier, et avec le temps le papier touché fera son effet.*

Dem Marquis entlockt dieses Versprechen ein ungläubiges Lächeln.

*Le Marq. Madame Jobin est aussi peu Sorciere que moy et son Esprit familier n'est autre chose que la foiblesse de ceux qui l'écoutent.*

Madame Jobin protestiert:

*Voulez-vous que je fasse paroistre l'esprit qui me parle; vous l'entendrez ... Afin que vous souffriez la veuë plus aisement, vous ne verrez qu'une teste qu'il animera, mais ne témoignez pas de peur; car il hait à voir trembler, et ie n'en serois pas la maistresse.*

*La Comtesse. Amen, amen, Mousseu, yeu nay qué faire ni d'esprit ni de testo, per estre assegurado: car saveu tout aissci.*

*Le Marq. Préparez vostre plus noire magie, vous verrez si ie suis Homme à m'épouvanter.*

Madame Jobin ist nun doch einigermaßen in Verlegenheit. Sie weiß, daß der Marquis nicht eher zu spotten aufhören wird, als bis sie ihn überzeugt hat, daß sie wirklich eine Zauberin ist. Jetzt gilt es also, ihre Rolle gut zu spielen. Du Clos hat inzwischen über alle in Betracht kommenden

Personen Erkundigungen eingezogen und teilt seiner Komplice
die Ergebnisse seiner Nachforschungen mit (sc. 8). — Madame
des Roches verlangt ein Schönheitsmittel (sc. 9). Bereitwillig
geht die Wahrsagerin darauf ein:

*C'est un secret éprouvé cent fois. Ie n'ay pour cela qu'à vous
faire changer de peau.*

Die Dame ist entsetzt. Zu diesem Zwecke, fährt Madame
Jobin fort, müsse sie 14 Tage lang in ihrem Zimmer bleiben,
ohne sich von jemandem sehen zu lassen. Eine Pomade, die
sie ihr geben wolle, werde dann unmerklich die Haut ihres
Gesichtes ablösen. Diese Zauberpomade, die den Mund
kleiner, das Auge *plus fendu* mache, und der Nase die richtige Proportion gebe, werde in 2 Tagen fertig sein. Madame
des Roches verlangt ferner ein Mittel um eine schöne Stimme
zu bekommen; die Wahrsagerin verspricht ihr eine Flüssigkeit (*un sirop*), die binnen dreier Monate ihre Wirkung tun
werde, aber sehr teuer sei! Es handelt sich nun darum,
den Marquis, der nicht an Madame Jobin's Zauberkunst
glauben will, von der Realität derselben zu überzeugen (sc. 10).
Er hält sie für eine Betrügerin:

*Avouez que vostre plus grande science est de sçavoir bien
tromper. Je vous en estimeray encore davantage. Ie loueray vostre
esprit et, si vous me voulez apprendre vos tours d'adresse, ie vous
les paieray mieux que ne font les faibles à qui vous faites peur
par là.*

Madame Jobin ist entrüstet:

*C'est trop m'insulter, gardez de vous en trouver mal. Je n'ay
aucun dessein de vous nuire; on pourroit prendre ici mon parti et,
quoique vous ne voyiez personne, on vous entend.*

*Le Marq. Vous parlez à un homme assez intrépide. Je me
moque de tous vos diables. Faites-les paroistre, ie les mettray peut-
estre bien à la raison.*

(Bühnenanweisung: *La Devineresse paroist en furie, marche
avec précipitation, regarde en haut et en bas, marmote quelques
paroles, apres quoy on entend le Tonnerre et on voit de grands
éclairs dans la cheminée.*)

*Quelle bagatelle! ie feray tonner aussi quand il me plaira.
Mais il me semble que i'ay vû tomber quelque chose. Encore un*

*bras et une cuisse* (durch das Erscheinen eines in Stücke zer-
legten menschlichen Körpers soll ihm Angst gemacht werden).

*Mad. Job.* Il faut voir le reste.

*Le Marq.* Ie le verray sans trembler.

(Bühnenanweisung: *Les autres parties du corps tombent par
la cheminée.*)

*Mad. Job.* Peut-estre. De plus hardis que vous ont eu peur.
D'où vient ce silence? Vous estes tout interdit.

*Le Marq.* Ie ne m'estois pas attendu à cette horreur. Vn
corps par morceaux! Assassine-t'on icy les gens?

*Mad. Job.* Si vous m'en croyez, Monsieur, vous sortirez.

Der Marquis versichert sie vergeblich seiner Un-
erschrockenheit:

*Mad. Job.* Ne le cachez point: vous voilà ému.

*Le Marq.* I'ay un peu d'émotion, ie vous le confesse, mais
elle ne m'est causée que par le malheur de ce misérable.

*Mad. Job.* Puisque son malheur vous touche tant, ie veux
luy rendre la vie. (Bühnenanweisung: *Elle fait un signe de la
main, le Tonnerre et les Eclairs redoublent, et pendant ce temps
les parties du corps s'approchent, se rejoignent, le corps se leve,
marche et vient jusqu'au milieu du Théâtre.*) [1]

Der Marquis fragt entsetzt:

*Où donc est tout ce que i'ay vu? Il me semble qu'un homme
a fait quelques pas vers moi: ie serois bien aise de luy parler.
Qu'est-il devenu?*

Madame Jobin beruhigt ihn:

*Ie veux faire finir la frayeur où ie vous voy.* (Bühnenanweisung: *Elle parle au corps dont les parties se sont jointes.*)

---

[1] Diese scheinbar magische Operation wird einfach mit Hilfe von
Lichtbildern ausgeführt. Durch Projektionen, die auf eine lebende
Person geworfen werden, läßt sich dieselbe vor den Augen der Zuschauer anscheinend in ein Skelett oder jede beliebige andere Gestalt
verwandeln, und ebenso kann eine lebende Person plötzlich an die Stelle
des noch in Verwandlung begriffenen Bildes treten. Eine solche Verwandlung bildet heutzutage z. B. eine Hauptattraktion in dem *Cabaret
du Néant* im Montmartre-Viertel zu Paris. Für die Bühnentechnik des
17. Jahrhunderts ist die Darstellung einer derartigen Verwandlung als
eine hervorragende Leistung zu bezeichnen.

*Retournez au lieu d'où vous venez, et remettez-vous dans le mesme état où vous estiez avant le commandement que ie vous ay fait de paroistre.* (Bühnenanweisung: *Le corps s'abysme dans le milieu du Théâtre.*)

Obgleich es dem Marquis bei dieser Szene gegruselt hat und er noch am ganzen Leibe zittert, versichert er, er fürchte sich nicht, und verspricht der Wahrsagerin sogar 100 Pistolen, wenn sie ihm den leibhaftigen Teufel zeige. Wenn sie das vermöge, wolle er sie für die geschickteste Frau der Welt halten (an wirkliche Zauberkunst will er also, wie es scheint, selbst dann nicht glauben). Madame Jobin verspricht ihm, seinen Wunsch am nächsten Tage zu erfüllen. Auf die Frage, ob er dabei auch seines Lebens sicher sei, antwortet sie, es werde ihm nichts zustoßen, es sei denn, daß er vor Furcht sterbe! Der Marquis zieht sich mit zweifelhaften Gefühlen zurück. Da er schon beim Anblick des zerstückelten Körpers gezittert habe, bemerkt Madame Jobin zu sich selbst, werde ihm wohl das Erscheinen des Teufels einen noch größeren Schreck einjagen.

Akt IV, sc. 1. Als sich der Marquis am folgenden Tage wieder zu der Wahrsagerin begibt, trifft er im Vorzimmer einen *Financier*, der ihm zur Warnung erzählt, wie schwer Madame Jobin ihn selbst betrogen habe. Er hatte sie kürzlich um die Zukunft befragt, und dabei zog sie unter allerlei Hokuspokus einen Vorhang vor einem Spiegel zurück. In diesem Spiegel sah er eine schlanke Brünette, jung und von hervorragender Schönheit, aber sehr einfach gekleidet. Dies sei seine Zukünftige, erklärte Frau Jobin. Die schöne Dame öffnete ein Schränkchen, dem sie fünf oder sechs Pakete Papiere entnahm, dann verschwand alles wieder. Seine Gedanken aber weilten nun Tag und Nacht bei der Schönen. Als er eines Abends in der Oper auf dem Amphitheater saß, setzte sich eine Dame, die eine Maske trug, neben ihn und knüpfte bald ein Gespräch mit ihm an. Sie stellte sich wie eine Unschuld vom Lande, und erzählte ihm, sie sei wegen eines Prozesses nach Paris gekommen. Dabei fielen ihm die vielen Papiere ein, die die Dame im Spiegel aus einem Schrank genommen hatte. Da nahm die Dame die Maske

ab, und er erkannte in ihr die schöne Brünette! Natürlich
machte er ihr nun eifrig den Hof und sah seine Bemühungen
mit Erfolg gekrönt. Sie erlaubte ihm sogar, sie in ihrer
möblierten Wohnung zu besuchen (!). Er eilte nun wieder
zur Wahrsagerin und bat sie, ihre Geister zu beschwören,
um zu erfahren, wer die Schöne sei, und erhielt die Antwort,
sie sei eine vornehme und sehr reiche Dame (!). Täglich be-
fragte er nun Madame Jobin und erfuhr so durch Vermittlung des vermeintlichen *spiritus familiaris* die geheimsten Gedanken seiner Angebeteten. Auf diese Weise konnte er
alle ihre Wünsche erfüllen, noch ehe sie dieselben ihm
gegenüber geäußert hatte, was natürlich nicht verfehlte, einen
tiefen Eindruck auf sie zu machen. So erfuhr er eines Tages,
seine Schöne erwarte einen Kreditbrief von 200 Louis, der
aber bis jetzt ausgeblieben sei. Als galanter Verehrer eilte
er gleich zu seiner Geliebten und überreichte ihr 200 Louis.
Der erwartete Brief kam 2 Tage darauf wirklich an, und er
bekam sein Geld zurück. Er ahnte jedoch nicht, daß dieses
ganze Manöver nur den Zweck hatte, ihm noch mehr Geld
abzunehmen.[1] Es währte nicht lange, da verkündete der *Démon*,
wenn die Dame 2000 Taler (*Écus*) zur Stelle hätte, so würde
sie ihren Prozeß gewinnen. Er beeilte sich, ihr diese Summe
zu übermitteln, die sie nach einigem Zögern annahm. Nun
ist sie spurlos verschwunden unter Zurücklassung eines Briefes,
in dem sie ihm für seine Freigebigkeit dankt und höhnisch
bemerkt: «*Je ne vous dis point ny quand ie vous rendray vos
deux milles Ecus, ny quand ie viendray vous épouser. Qu'a-t-on
à dire à un homme qui devine tout.*» Der Marquis ist nun zur
Genüge über Madame Jobin aufgeklärt!

M. Gilet ist mit dem Chevalier in Streit geraten und
zieht sogleich seinen Zauberdegen gegen ihn. Der Degen entfällt jedoch seiner Hand. Hat er etwa den kleinen Finger
nicht an die richtige Stelle gelegt? Madame Jobin, die um
keine Antwort verlegen ist, erklärt ihm diesen Zwischenfall:
Der Chevalier hat ebenfalls einen verzauberten Degen von ihr
bekommen und zwar vor 3 Monaten schon. Wenn zwei

---

[1] Ganz wie die modernen Bauernfänger!

Gegner solche Zauberklingen besitzen, siegt der, welcher die
seinige zuerst bekommen hat. Mit dieser Erklärung gibt
Gilet sich zufrieden (sc. 5).

Inzwischen hat sich die Voraussagung Madame Jobin's
betreffs der Urne der Madame de la Jublinière wirklich erfüllt. Die Kammerzofe, Mademoiselle Du Verdier, die mit
der Wahrsagerin unter einer Decke steckt, unterrichtet sie
nun über das Vorgefallene, damit Madame Jobin sich, wenn
ihre Herrin sie aufs neue konsultiere, in ihrer Antwort danach
richten könne: Sie hatte einen Faden mittels einer losen
Schlinge an der Vase befestigt. Geraume Zeit nachdem sie
und ihre Herrin zu Bett gegangen waren, zog sie an dem
Faden, und die Urne fiel zu Boden. Vor Schreck verkroch
Madame de la Jublinière sich in ihrem Bett. Erst nach
langer Zeit bat sie ihre Zofe, nach der Urne zu sehen. Die
Urne war ganz geblieben, dagegen war der Deckel entzwei
gebrochen. Nun sei ihre Herrin von Madame Jobin's Kunst
vollkommen überzeugt. Die Wahrsagerin wird ihr das Phä-
nomen so deuten, daß ihr Gemahl infolge einer Verletzung
am Kopfe sterben werde (sc. 7).

La Giraudière berichtet, hocherfreut, er sei wieder in
den Besitz seiner Pistolen gelangt. Er fordert die Wahrsagerin auf, ihm ein paar Damen zu zeigen, deren Liebe er
gewinnen könne. Zu diesem Zwecke muß wieder eine Beschwörung ausgeführt werden. Madame Jobin hat die nötigen
Vorkehrungen schon getroffen:

*J'ay fait l'invocation la plus nécessaire, et l'obscurité va regner*
*icy.* (Bühnenanweisung: *Une nuit paroist.*)

*La Gir. Qu'est-cecy?*

*Mad. Job. Voicy la Lune. Comme elle nous preste sa clarté*
*pour tous nos ministeres, il faut qu'elle la continuë icy, pendant*
*que ie vay coniurer l'Enfer de faire paroistre le Bouc.*

*La Gir. (voyant paroistre une Figure de Bouc): Je sçay*
*qu'il est en veneration parmy vous.*[1]

Nachdem der Bock wieder verschwunden ist, will sie ihm

---

[1] Siehe oben S. 37 ff. die Beschreibung des Hexensabbats.

einige von den Schönen zeigen, die sich in ihn verlieben werden.

(Bühnenanweisung: *Elle prononce un mot inconnu, et il passe une Figure de Caprice.*)

*Mad. Job. Ce n'est pas-là ce que ie demande.* (Bühnenanweisung: *Vn Demon paroist avec une Bourse ouverte.*) *Vous royez pourquoy ils se font prier, ie voulois vous épargner vostre argent, mais . . .*

La Giraudière begreift, daß er zahlen muß und zieht seine Börse, die die Wahrsagerin ihm abnimmt mit dem Bemerken, aus seiner Hand werde der Dämon sie nicht annehmen. (Bühnenanweisung: *Vne autre Figure paroist icy ayant une Epée à ses pieds.*)

*Mad. Job. Par l'Epée que celuy-cy vous montre sous ses pieds, il vous avertit d'oster la vostre. J'avois oublié de vous dire qu'on ne paroist iamais devant eux l'Epée au costé.*[1])

La Giraudière entledigt sich, wenn auch ungern, seines Degens. Nach Erfüllung dieser Formalitäten zeigt sie ihm seine Zukünftigen (Bühnenanweisung: *Plusieurs Figures de Femmes paroissent icy l'une apres l'autre*). Die eine hat einen gewissen Embonpoint, und neben ihr steht ein gedeckter Tisch. Eine andere ist etwas magerer, und ein Löwe, der neben ihr liegt, deutet auf cholerisches Temperament. Weiter erblickt er eine reizende Brünette, die sehr feurig zu sein scheint, neben ihr liegen Musikinstrumente; mit dieser will er recht oft in die Oper gehen. Eine Blonde gefällt ihm ebenfalls, aber ein Gemälde an ihrer Seite deutet auf Leichtfertigkeit. Nachdem die Bilder[2]) verschwunden sind, gibt Madame Jobin ihm seinen Degen zurück, und er geht sehr befriedigt ab, während sie sich ihres schnöden Gewinnes freut (sc. 9).

Akt V, sc. 2. Monsieur De Troufignac bittet die Wahrsagerin, seine untreue Gattin, die ihn verlassen habe, herbeizuzaubern. Sie hält ihm einen Talisman hin, auf den er

---

[1]) Damit es sich nicht *jemand* einfallen lassen kann, auf die vermeintlichen Dämonen einzuhauen, was den Darstellern dieser Rollen schlecht bekommen würde!

[2]) Es sind einfach Lichtbilder, die auf eine weiße Wandfläche projiziert werden.

blasen muß: *Pour montrer que vous consentez au charme soufflez trois fois là-dessus. Plus fort. Encor plus fort.* Sobald seine Frau kraft dieses Zaubers wieder auf der Bildfläche erschienen sei, werde sie ihr einen Zaubertrank geben, den er aber im voraus bezahlen müsse. Der Zauber scheint in der Tat sehr wirksam zu sein, denn im Augenblick, als er die Treppe hinunter gehen will, erblickt er seine Frau, die ihrerseits die Wahrsagerin zu konsultieren kommt. Madame Jobin bedeutet ihm, sich zu verstecken:

 *Mad. Job.* (*Feignant de tracer des Figures sur ses Tablettes*): *La première lettre de vostre nom?*

 *Mad. de Trouf.* *Un C.*

 *Mad. Job.* *De vostre surnom?*

 *Mad. de Trouf.* *Une S.*

Madame Jobin verkündet ihr mit Wichtigkeit, daß sie seit einem Jahr verheiratet sei und einen sehr bäuerischen Mann habe. Die Dame verlangt nichts Geringeres von ihr, als daß sie sie in einen Mann verwandle, damit sie ihren Gemahl, den sie verabscheue, recht schlagen könne. Madame Jobin rät ihr jedoch, sich mit ihm zu versöhnen; sie werde ihrem Gemahl ein Pulver geben, das Liebe zu seiner Gattin in ihm erwecken werde.

 sc. 4: Madame de Clérimont konsultiert die Wahrsagerin. Diese will den Kopf des *Idole d'Abelanecus* erscheinen lassen, der ihr etwas verkünden soll. Die Dame fürchtet sich. Madame Jobin geht hinaus und kommt gleich darauf wieder. (Bühnenanweisung: *On apporte une Table sur laquelle la Teste est posée.*[1]) *La Teste tourne d'elle mesme à droite et à gauche.*) Da Madame de Clériment dies für eine Vision hält, spricht der Kopf zu ihr: *Je t'ordonne de me venir toucher pour voir si c'est une vision.* (Bühnenanweisung: *La Dame estant proche de la Table, la Teste remuë les yeux. La Dame fait un grand cry et recule, Du Clos la retient.*) Madame de Clérimont, die am ganzen Leibe zittert, berührt schließlich den Kopf, weicht aber gleich wieder entsetzt zurück. Sie soll nun diesès selt-

---

[1]) Es ist der heute unter den Zauberkunststücken der Variété-Theater sehr beliebte *truc* des Enthaupteten.

same Orakel befragen. Nach einigem Zögern sagt sie in ängstlichem Tone:

*Dy-moy, Madame la Teste, si ie suis toujours aimée de Monsieur Du Mont.*

*La Teste. Oüy.*

*Mad. de Clér. Aime-t-il Madame de la Jubliniere?*

*La Teste. Non.*

*Mme de Cl. Et ne va-t-il pas chez elle?*

*La T. Quelques fois, mais c'est seulement pour obliger un amy.*

Madame de Clérimont will weiter nichts wissen, zahlt und geht ab.

Es handelt sich nun darum (sc. 5), den Marquis durch das Erscheinen eines leibhaftigen Teufels endgültig von der Zauberkunst der Wahrsagerin zu überzeugen. Ihr Bruder, Monsieur Gosselin, gibt sich dazu her, den Teufel zu spielen. Er wird in ein schwarzes, mit Flammen bemaltes Gewand gesteckt, an Armen und Beinen mit Schuppen bedeckt, es werden Hörner auf seinem Kopf und lange Krallen an seinen Händen und Füßen angebracht und er wird hinter einer Wand versteckt. Nachdem der Marquis erschienen ist, beginnt die Wahrsagerin ihren Hokuspokus (Bühnenanweisung: *Elle fait des cernes et dit quelques paroles*). Dann verlangt sie gleich Geld, denn umsonst könne man den Teufel nicht erscheinen lassen. Nachdem der Marquis gezahlt hat, verkündet sie ihm, er werde nun einen der mächtigsten Dämonen der Hölle sehen, er solle nur nicht ängstlich sein. Sie zeigt ihm dann eine Wand, von deren Festigkeit er sich überzeugen könne, und aus der der Teufel hervorkommen werde. Nun beschwört sie den mächtigen Höllenfürsten:

*Allons, Madian, par tout le pouvoir que i'ay sur vous, faites ce que ie vous diray. Montrez-vous.*

Der Teufel erscheint (Bühnenanweisung: *Mr. Gosselin commence icy à paroistre vestu en Diable*).

Der Marquis geht jedoch kühn auf ihn los und hält ihm eine Pistole vor mit den Worten:

*Parle ou ie te tuë. Qui es-tu?*

Madame Jobin ruft entsetzt aus:

*Qu'osez-vous faire? Vous estes perdu.*

Le Marq. *Je me connois mieux en Diables que vous.*

(Bühnenanweisung: *Il sort des éclairs des deux costés de la trape.*)

Le Marq. *Vostre enfer ridicule ny tous vos éclairs ne m'étonnent pas, si tu ne parles, c'est fait de toy.*

Nun muß Gosselin wohl oder übel aus der Rolle fallen: *Quartier, Monsieur, ie suis un bon Diable.*

Der Marquis will aber der Sache auf den Grund gehen, und als er den Teufel aufs neue bedroht, gesteht Gosselin: *Eh, Monsieur, ie ne suis qu'un pauvre Procureur Fiscal, que gagneriez-vous à me tuer!*

Der Marquis ruft erstaunt aus: *Le Diable un Procureur fiscal!*

Diese Lösung hatte er wohl nicht erwartet. Nun sie entlarvt ist, muß die Wahrsagerin klein beigeben. Sie bittet ihn, weiter keinen Lärm um die Geschichte zu machen, sie sei dafür bezahlt worden, seine geplante Heirat zu verhindern, und aus diesem Grunde habe sie ihn zu täuschen gesucht. Die Gräfin (letzte Szene), die alles mitangehört hat, ist nun zur Genüge aufgeklärt. Voller Eutrüstung verlangen die Betrogenen ihr Geld zurück. Madame Jobin verspricht, das Geld zurückzugeben. Sie will sich nun in ein anderes Stadtviertel zurückziehen und dort neue Opfer suchen. Von irgend einer Bestrafung ist nicht die Rede. Der Verfasser läßt durchblicken, daß, nachdem die Intrige nun ihre Lösung gefunden hat, der Marquis und die Gräfin sich heiraten werden. Der Marquis möchte nun noch wissen, wer diese ganze Intrige angestiftet hat. Madame Jobin, die sich stets mit der nötigen Unverschämtheit aus der Affaire zu ziehen weiß, geht mit den Worten ab: *Il ne me souvient plus de rien, voilà tout ce que i'ay à vous dire (!).*

Die Gräfin verliert, obgleich sie tüchtig betrogen worden ist, den Humor nicht: *Sortons d'icy: Vous aurez toute liberté d'en rire avec moy,* worauf der Marquis fröhlich erwidert:

*Allons, Madame, je me tiens assuré de mon bonheur, puisque
j'ay eu l'avantage de vous detromper.*

Das Stück wurde zum ersten Male am 19. November 1679,
also noch zu Lebzeiten der *Voisin*, aufgeführt. Der Erfolg
des Stückes war um so größer, als man zur Zeit seiner
Premiere das Urteil in dem Prozesse der Voisin von einem
Tage zum anderen erwartete, und man in den Personen der
Komödie mehr oder weniger die in den Prozeß verwickelten
Persönlichkeiten erkannte. Madame de Clérimont, die ihren
Liebhaber wieder herbeizaubern möchte, ist das Bild der
Gräfin Soissons, wenn auch weniger unsympathisch und dafür
mehr lächerlich. La Giraudière, der die Hilfe der Wahrsagerin in Liebesangelegenheiten in Anspruch nimmt, ist das
abgeschwächte Bild des Herzogs von Luxembourg. Madame
de Troufignac, die ihren alten Ehegatten verabscheut und
sich seiner entledigen möchte, erinnert lebhaft an Frau von
Soissons sowie Frau von Bouillon. Die Herzogin von Foix,
die für ihre Eitelkeit so schwer büßen mußte, finden wir in
der naiven Bäuerin wieder, die für teures Geld sich ein
Quacksalbermittel aufschwatzen läßt.

Der Erfolg der *Devineresse* war, wie De Visé im *Mercure*
vom Januar 1710 sagt, *un des plus prodigieux du siècle.*
Am 31. Dezember 1679 betrug die Einnahme 1300 Livres.
Während des Monats Januar 1680 betrugen die Einnahmen
durchschnittlich mehr als 1000 Livres, anfangs Februar, also
kurz vor der Hinrichtung der *Voisin*, ergaben sich die Summen
von 1342, 1399 und 1595 Livres.[1] Das Stück erlebte im
Théâtre Guénégaud 47 Aufführungen, von denen die letzte
am 10. März, also kurz nach der Hinrichtung der Giftmischerin, stattfand. Das Aufsichtspersonal mußte wegen des
großen Andranges vermehrt werden. Als der Andrang nach-
ließ, verfielen die Verfasser auf eine geschickte Reklame:
Sie ließen in Paris allenthalben eine Art illustriertes Programm verteilen, in dem die hauptsächlichsten *trucs* der
Komödie abgebildet und erklärt waren. Dieses illustrierte

---

[1] Cf. Reynier, *Thomas Corneille*, p. 61f.

Programm ist uns erhalten.[1]) Der Text des Stückes fand
bei den Buchhändlern einen riesigen Absatz. Auch unberech-
tigte Abdrucke wurden in Umlauf gebracht.[2])

Was nicht zum wenigsten zum Erfolge der *Devineresse*
beitrug, war die Besetzung der Titelrolle durch den Schauspieler Hubert, der solche Rollen mit Meisterschaft zu spielen
verstand. Endlich mußte die Inszenierung dieses Ausstattungs-
stückes, mit Verwandlungen, Geistererscheinungen usw., bei
dem sensationslustigen Publikum das höchste Interesse erwecken.[3]) Eine Gestalt, die aus einer Wand hervortritt, los-
gelöste Glieder, die sich zu einem Körper vereinigen, ein auf
dem Tische liegender, sprechender Kopf, das Erscheinen eines
leibhaftigen Teufels, alle diese Elemente dienen hier nicht
bloß zur Ausschmückung der Komödie, sondern sind aufs
engste mit der Handlung verknüpft.

Die *Voisin* ist es auch, von der Lafontaine sagt[4]):

*Une femme à Paris faisait la pythonesse:*
*On l'allait consulter sur chaque événement:*
*Perdait-on un chiffon, avait-on un amant,*
*Un mari vivant trop, au gré de son épouse,*
*Une mère fâcheuse, une femme jalouse,*
   *Chez la devineresse on courait*
*Pour se faire annoncer ce que l'on désirait ...*

In dem illustrierten Programm der *Devineresse* wird das
Publikum in den folgenden Versen aufgefordert, sich das
Stück anzusehen, um sich über die Betrügereien der Wahrsagerinnen und Zauberinnen klaren Wein einschenken zu
lassen:

   *Vous que les devineresses*
   *On su tant de fois duper,*

---

[1]) Bibliothèque de l'Arsenal, B. L. 9 830 *bis.*
[2]) Cf. *Mercure*, Febr. 1680, p. 345, zit. bei Reynier, l. c., p. 62.
[3]) Cf. Fournel, *Les Contemporains etc.*, III, App., p. 545 ff.
[4]) *Les Devineresses.* Fabel XV der Ausg. von E. Thirion, 1898.
Diese Fabel, welche im Jahre 1678 veröffentlicht wurde, schrieb La
Fontaine in dem kurzen Zeitraume zwischen den beiden großen
Giftmordprozessen (dem der Marquise de Brinvilliers, 1676, und dem der
*Voisin,* 1679—80).

*Venez pour vous détromper*
*Apprendre ici leurs adresses . . .*

*Leurs miroirs dits enchantés*
*Et leurs hiboux ridicules*
*Sont des pièges inventés*
*Pour attraper les crédules . . .*

*Quand d'un discours engageant*
*L'artifice impénétrable*
*T'a pu laisser sans argent,*
*Elles t'ont fait voir le diable! . . .*

*Mais de l'avenir enfin*
*Qui leur a dit les merveilles,*
*Puisque leur propre destin*
*N'est connu d'aucune d'elles!*

*Telle menace un marquis*
*D'avoir la tête coupée,*
*Qui quelquefois, ayant pris,*
*Se trouve bien attrapée.*

*Afin qu'à fuir leurs panneaux*
*Tout le monde s'étudie,*
*On en a fait des tableaux*
*Qu'on voit dans la comédie.*

*Ils plaisent aux spectateurs,*
*Mais je crains bien, pour tout dire,*
*Qu'à la fin les vrais acteurs*
*N'y trouvent pas de quoi rire.*

## 2. Astrologie und Chiromantie.

Mit der Wahrsagerei berühren sich die Astrologie und die Chiromantie, die es sich ja auch zur Aufgabe machen, die Zukunft zu erforschen, wenn auch mit ganz anderen Mitteln als jene. Die Zahl der Dramen, in denen sich Andeutungen auf die Sterndeute- und die Handlesekunst finden, ist so groß, daß es zu weit führen würde, alle jene Stellen, an denen diese beiden Wissenschaften erwähnt werden, hier anzuführen. Wir wollen uns deshalb hauptsächlich mit den Stücken befassen, in denen die Astrologie — von der Chiromantie trifft das nicht zu — wirklich innerhalb des dramatischen Aufbaues eine Rolle spielt.

Ein Beispiel für den Glauben an die Astrologie haben wir in Troterel's Pastorale *L'Amour Triomphant* (1615).[1] Eine Bergnymphe (Oréade) und ihre Begleiterin, die Nymphe Philodice, zeigen sich allen Bewerbern gegenüber durchaus spröde. Die Ursache hiervon hat, wie Philodice erzählt, ein Astrolog, der ihre Horoskope gestellt hat, erklärt: Das Gestirn, welches ihre Geburt dominiert, ist der Mond, der feucht, kalt, und der Liebe feindlich ist.[2] Indessen sei es, wie er sagte, möglich, daß mit der Zeit und durch veränderte Lebensweise diese feuchtkalte Stimmung, die in den beiden

---

[1] *L'Amour Triomphant, Pastorale comique* (5 Akte, Prosa), *où, fous les noms du Berger Pirandre et de la Belle Oréade, font décrites les aventures de quelques grands Princes, par Pierre Troterel, Sieur d'Aves, Efcuyer.* Paris, Samuel Thibouſt, 1615, 8° (Druckprivileg vom 7. Aug. 1615, Widmung an P. de Rouxel, Seigneur de Medavi. Wann das Stück aufgeführt wurde, ist ungewiß. Über dasselbe vergleiche man besonders Marsan, *La Past. dram.*, p. 319 ff. Von Troterel haben wir ferner folgende Stücke: 1606 *La Driade Amoureuse, pastorale* (in 5 Akten u. Alexandrinern, der Gönnerin des Verfassers, Charlotte de Haute-Mer, gewidmet), Rouen, Raphael du Petit Val, 1606, 12°; 1610 *Théocris, tragédie* (in 5 Akten u. Alex.); 1612 *Les Corrivaux, comédie facétieuse* (in 5 Akten u. Versen, mit einem Prolog). Rouen, Raph. du Petit Val, 1612, 12°; 1615 *Sainte Agnès, tragédie*; 1619 *Gilette, comédie* (in 5 Akten u. 8 silbigen Versen). Rouen, Raph. du Petit Val, 1619, 12°; neu aufgelegt als *Comédie facétieuse*, ibd. 1620, 8°; 1624 *Pasithée, tragi-comédie*; neu aufgel. 1626; 1626 *Aristène, pastorale* (in 5 Akten u. zehnsilbigen Versen); 1627 *Philisthée, pastorale*; 1632 *La Vie et la Conversion de Guillaume, Duc d'Aquitaine, tragédie écrite en vers, et disposée par actes pour estre représentée sur le Théâtre.* Liebesgeschichten bilden den Gegenstand seiner sämtlichen Stücke. — Über Troterel cf. Beauchamps, *Recherches*, 2, 85; Parfaict, *Hist.*, IV, 131 f., 163 ff., 210 ff., 313 ff., 375 f.; Mouhy, *Tabl. dram.*, Auteurs 54, Pièces 17, 24, 75, 112, 177, 183, 223; id. *Abrégé*, I, 32, 43, 223, 360, 373, 427, 463, II, 343; De Léris, *Dict.*, 696; La Vallière, *Bibl.*, I, 374, 379, 381 f., 384; Weinberg, *Schäferspiel*, 53 f.; Fournel, *Le Théâtre au XVII^e siècle*, 1892, l. c., II, 111; Marsan, l. c., 298 f., 309 ff., 319 ff.

[2] Vgl. oben S. 16.

Mädchen vorherrsche, sich auf eine andere Person übertrage, so daß sie doch für Liebe empfänglich werden könnten.

In B o i s r o b e r t' s Tragikomödie *Les Rivaux Amis* (1638) [1]) läßt Jarbe, der Herzog von Calabrien, das Horoskop seines Sohnes stellen. Der damit beauftragte Astrolog verkündet

---

[1]) In 5 Akten und Versen, aufgeführt 1639, gedruckt im selben Jahre (Paris, A. Courbé, 4°; neu aufgelegt ibd. 1639, s. das Verz. der ben. Lit.). — François Le Metel, Sieur de Boisrobert, Abbé de Châtillon-sur-Seine, Aumônier du Roi, Conseiller d'État u. Mitglied der Franz. Akademie, lebte von 1592 bis 1662. Er war der Sohn eines Anwalts zu Rouen. Wegen seines hervorragenden Geistes und Konversations-talents wurde er von Richelieu besonders begünstigt, erhielt die Abtei Chatillon und wurde geadelt. Richelieu schätzte ihn vorzüglich wegen seiner Gabe, ihn durch allerlei heitere Erzählungen zu zerstreuen; wenn der Kardinal schlechter Laune war, riet ihm zuweilen sein Leibarzt *de prendre quelques prises de Boisrobert.* Wegen seiner Lebensführung fiel Boisrobert in Ungnade, jedoch nur vorübergehend. — Außer dem obigen Stücke verfaßte Boisrobert folgende dramatische Werke: *Pirandre et Lisimène, ou La Belle Lisimène, ou L'Heureuse Tromperie, Trag.* 1634, 4°; *Les Deux Alcandres*, Paris, A. Courbé, 1640, 4°; *Palène Sacrifiée, Tr.-Com.*, ibd. 1640, 4°; *Le Couronnement de Darie, Trag.*, 1642. 12°; *Les Deux Semblables* (dasselbe Stück wie *Les Deux Alcandres*); *La Vraye Didon, ou Didon la Chaste, Trag.* 1642; *La Jalouse d'Elle-Mesme, Com.* (in 5 A. u. Versen), 1650, 4°; *Cassandre, Conte de Barcelone, Tragi-com.* 1654, 4°; *La Belle Plaideuse, Com.* (in 5 A. u. Versen) 1655, 12°; *Les Trois Orontes, ou Les Trois Semblables, Com.* (5 A. u. Verse) 1653, 4°; *Les Généreux Ennemis, Com.* (in 5 A. u. in Prosa), aufg. 1654 im Th. de l'Hôt. de Bourg., gedruckt 1655, 12°; *L'Amant Ridicule, Com.* (in 5 Akt. u. V.), aufgef. am 4. Febr. 1655, gedr. im selben Jahre, 12°; 1655 *Les Apparences Trompeuses, Com.* (in 5 A. u. V.), 1656, 12°; *La Belle Invisible ou La Constance Eprouvée, Com.* (in 5 A. u. V.), 1656, 12°; *Les Coups d'Amour et de la Fortune, ou l'Heureux Infortuné, Com.*, 1656, 12°; *Théodore, Reine de Hongrie, Trag.* (in 5 A. u. V.), 1658, 12°. — Über Boisrobert's Leben u. Werke cf. B e a u c h a m p s , *Rech.*, 2, 133; G o u j e t , *Bibl.*, XIII, 5, 8, XV, 137, 220, 343, 346, XVI, 63, 164, 228, XVII, 5 f., 54, 67 f., 115, 306, 401; P a r f a i c t , *Hist.*, V, 8 ff., 421 f., VI, 100, 110, 162, 203, VII, 72 ff., 252 ff., 313 ff., 361 ff., 411 ff., VIII, 66, 92, 111, 115, 152, 161, 195 ff.; M o u h y , *Tabl. dram.*, Auteurs 5, Pièces 7, 11, 21, 33, 41, 61, 66, 71, 103, 109, 121, 127, 174, 203, 224; id. *Abrégé*, I, 12, 21, 40, 61, 81, 126, 136, 218, 350, 378, 418, 463, II, 40 f.; La V a l l i è r e , *Bibl.*, II, 380, 386 f.; *Nouv. Biogr. Gén.*, VI, 448; F o u r n e l , *Les Contemporains etc.*, I, 59 ff.; id. *Le Th. au 17e s.*, 33 ff.; B r e y m a n n , *Calderon-Studien*, I, 117 f.

dem Vater, sein Sohn werde eines Tages in Liebe zu seiner eigenen Schwester entbrennen, und seinen Vater bekriegen. Um dieses Unheil abzuwenden, vertraut der Herzog den Knaben einem seiner Untertanen an, der ihm seine Herkunft verheimlicht und ihn unter dem Namen Phalante wie sein eigenes Kind aufzieht. Trotz dieser Vorsichtsmaßregeln geht, wie in Mainfray's *Cyrus Triomphant.*[1]) die Prophezeiung des Astrologen in Erfüllung. Phalante kommt an den Hof von Tarent und zeichnet sich durch tapfere Taten aus, so daß der König Jolas ihm eine seiner Schwestern zur Frau verspricht. Da sich jedoch diplomatische Schwierigkeiten zwischen den Höfen von Tarent und Calabrien erheben, wird Phalante als Gesandter zu Jarbe geschickt, und verliebt sich bei dieser Gelegenheit in des Herzogs Tochter Bérénice, also in seine leibliche Schwester. Die Liebenden schwören sich ewige Treue. Aus diplomatischen Rücksichten sieht sich aber Bérénice genötigt, den König von Tarent zu heiraten. Trotz dieses Versuchs einer Versöhnung kommt es schließlich zwischen beiden Fürsten zum Krieg, und Phalante kämpft in den Reihen der Tarentiner, der Feinde seines Vaters. Nach einer Reihe von weiteren Zwischenfällen klärt sich alles auf, und Phalante vermählt sich mit der Prinzessin von Tarent. — Die Prophezeiung des Astrologen nimmt also eine wichtige Stellung im dramatischen Aufbau des Stückes ein, soweit von einem solchen bei dieser mit lose zusammenhängenden Ereignissen überladenen Handlung überhaupt die Rede sein kann. Die Prophezeiung geht in Erfüllung, aber ohne schlimme Folgen.

Mit einem angeblichen Astrologen haben wir es zu tun in D'Ouville's[2]) Komödie *Jodelet Astrologue* (1646), einer

---

[1]) Siehe oben S. 104 f.

[2]) Antoine le Métel, Sieur d'Ouville, der Bruder Boisroberts, schrieb folgende Werke, die zum größeren Teile Übersetzungen aus dem Spanischen sind: *Les Trahizons d'Arbiram, tragi-comédie,* 1637, gedr. 1638, 4⁰; *Elite des Contes,* 1641 (eine Sammlung humoristischer Erzählungen); *L'Esprit Folet, comédie,* aufgeführt 1641, gedr. 1642 (Priv. vom 23. Dez. 1641); *La Dame Invisible, com.* (in 5 A. u. V.), 1641, 4⁰; *Contes aux heures perdues,* 1642; *L'Absent chez soy, com.* 1643, 4⁰ (nach Lope de Vega's *El ausente en su lugar*); *Les Fausses Véritez,* 1643, 4⁰, eine

mittelmäßigen Bearbeitung von Calderon's *El Astrólogo fingido* (1646), den zwei Jahre später Thomas Corneille · in seinem *Feint Astrologue* ebenfalls nachahmte. Die spanischen Namen seines Vorbildes hat D'Ouville durch französische ersetzt. Timandre, ein Pariser Edelmann, liebt eine junge Pariserin namens Liliane, die aber seine Anträge zurückweist. Jodelèt, der Kammerdiener des Timandre, erfährt durch Liliane's Zofe Nise, mit der er ein Verhältnis hat, daß ihre Herrin mit einem Kavalier namens Tindare, den man seit sechs Monaten in Italien glaube, der sich aber in Paris bei einem seiner Freunde versteckt habe, ein Liebesverhältnis unterhalte und ihn allabendlich in ihrem Garten empfange. Jodelet berichtet das Gehörte seinem Herrn, der voller Entrüstung die Geliebte zur Rede stellt; seine Vorstellungen machen jedoch keinen Eindruck. Da ersinnt Jodelet eine List. Er gibt sich für einen hochgelehrten Astrologen aus und macht Liliane glauben, er sei durch seine Wissenschaft über alles, was in der Welt vorgehe, unterrichtet. Tindare hat noch eine andere Geliebte, Jacinte, die von seinem gegenwärtigen Aufenthalte in Paris nichts weiß. Jodelet verspricht ihr, er werde ihren in Italien weilenden Liebhaber herbei-

---

Kompilation der beiden Stücke Calderon's *Los empeños de un acaso* und *Casa con dos puertas mala es de guardar*; *La Dame Suivante*, com. (in 5 A. u. V.), 1645, 4°; *Les Morts Vivants*, tragicom., 1646, 4°, nach Sforza d'Oddi's *I Morti Vivi* (Perugia. 1576; cf. Z. f. nfrz. Spr. u. Lit., XVII, 199 u. 234 ff.); *Jodelet Astrologue*. com., 1646 (s. oben); *Aymer sans sçavoir qui*, com. (in 5 A. u. V.), 1646, gedr. 1647, 4° (wie Stiefel, *Die Nachahmung etc.*, 1904, p. 216 ff. nachgewiesen hat, eine Nachahmung von Piccolomini's *Hortensio*); *La Coifeuse à la mode*, com., 1646, gedr. 1647, 4° (in 5 A. u. V.); *Les Soupçons sur les apparences*, héroïco-comédie, 1650 (od. 1651), Paris, Touss. Quinet, 1651, 4°. — Über D'Ouville's Leben und Werke cf. Beauchamps, *Rech.*, 2, 160; Goujet, *Bibl.*, XVII, 94 f.; Parfaict, *Hist.*, V, 353 ff., VI, 159 ff., 220 ff., 379 ff., 411 f., 415, VII, 2 ff., 52 ff., 273 ff.; Mouhy, *Tabl. dram.*, Auteurs 48 f., Pièces 2, 6, 55, 65, 87, 94, 130, 162, 218, 229; id. *Abrégé*, 1, 2 f., 10, 102, 123 f., 186, 261, 330, 450, II, 257 f.; De Léris, *Dict.*, 561 f.; Fournel, *Le Th. au 17e siècle*, 24 ff.; Martinenche, *La Comedia etc.*, p. 401; Stiefel, *Die Nachahmung ital. Dramen etc.*, 1904, 190 ff. (daselbst weitere Literaturangaben); Breymann, *Calderon-Studien*, I, 116, 118, 120.

zaubern, so daß sie ihn noch am selben Tage bei sich sehen
könne. Darauf überbringt er dem Timandre einen gefälschten
Brief von Jacinte, in dem er gebeten wird, zu ihr zu kommen.
Tindare folgt der Einladung. Als Jacinte ihn erblickt, glaubt
sie ein Gespenst zu sehen, und schließt ihm die Tür vor der
Nase zu. Es folgen eine Reihe weiterer Zwischenfälle, an
denen der falsche Astrolog jedoch nicht beteiligt ist. — Die
angebliche Kunst des Astrologen dient also hier zu einer
Intrige, die jedoch nicht streng durchgeführt ist. Die Bezeichnung *Astrologue* ist hier nicht im eigentlichen Sinne des
Wortes zu nehmen, sondern bedeutet einen Zauberer im allgemeinen, wie in La Taille's *Négromant*.

Zwei Jahre später erschien eine Komödie von Thomas
Corneille, die betitelt ist: *Le Feint Astrologue* (1648)[1]) und
die ebenfalls eine Nachbildung des *Astrólogo fingido* Calderon's
ist, wie der Verfasser in der Vorrede selbst sagt. Während
das Stück D'Ouville's mehr eine Übersetzung der spanischen
Komödie ist, haben wir in der Komödie Corneille's eine freie
Bearbeitung derselben. Alle Szenen, die ihm unnötig erschienen, ließ der französische Verfasser fort. Hier ist es
nicht der Diener, sondern sein Herr, Don Ferdinand, der
die Rolle des falschen Astrologen spielt und zwar mit mehr
Geschick und größerem Erfolge, als bei D'Ouville.[2]) Die Szene
ist wie bei Calderon in Madrid. Der falsche Astrolog wird
bald so bekannt, daß ganz Madrid von ihm spricht (Akt II,
sc. 1). Er hat sich, um sich auch wirklich etwas über die
astrologische Wissenschaft zu unterrichten, einen Almanach

---

[1]) Rouen, Laurens Maury pour Charles de Sercy à Paris, 1651, 4⁰
(Originalausgabe. Paris. Nat. Bibl. Inv. Rés. Yf. 704, 4⁰; ferner ein
zweites Exemplar ibd. Rés. Yf. 705, 4⁰); wieder gedruckt Rouen, L. Maury,
1653, 12⁰ (Paris. Nat. Bibl. Inf. Rés. Yf. 3099, 8⁰). — Bruxelles, F. Foppens,
u. Leyden, Elzévier, 1654, 12⁰; Paris, Ant. de Sommaville, 1656, 12⁰. —
Über Th. Corneille s. oben S. 107.

[2]) Der falsche Astrolog oder Zauberer findet sich bereits in Ariost's
*Negromante* (1528), auf den wir bei Besprechung des *Négromant* von
J. de la Taille zurückkommen werden, und im *Candelaio* (1582) des
Giordano Bruno, wo Scaramura diese Rolle mit Geschick spielt. Eine
direkte Nachahmung liegt jedoch nicht vor.

und einen *Traité de la sphère* angeschafft. Als er mit Don
Louis von seiner Weisheit spricht, fragt dieser ihn:

> *Vous connoiſſez du moins les maiſons du ſoleil?*

Don Fernand erwidert stolz:

> *Je connois meſme encor le Zenith, l'Ecliptique,*
> *Le Tropique du Cancre, et le Pole Antarctique,*
> *Les termes de Iupin s'oppoſant à Venus.*

In der folgenden Szene (II, 2) sucht Philippin, der Diener
Don Fernand's, Lucrèce von der Gelehrtheit seines Herrn zu
überzeugen:

> *. . . ſçachez en deux mots que Don Fernand mon maiſtre,*
> *Celuy qu'icy préſent vous voyez interdit,*
> *Pour l'eſprit qu'il poſſede a le corps trop petit.*
> *Dedans l'Aſtrologie il n'a point ſon ſemblable,*
> *Enfin c'est un prodige, ou plûtoſt un vray diable,*
> *Rien pour luy n'eſt ſecret, et ſans de grands efforts,*
> *Je penſe qu'il feroit meſme parler les morts.*

Béatrix, die Kammerzofe der Lucrèce, fragt erstaunt:

> *Ton maiſtre eſt Aſtrologue?*
> Phil.                              *Aſtrologiſſime!*

Don Fernand will dies anscheinend nicht zugeben, aber
Philippin läßt sich nicht beirren:

> *Vous eſtes Aſtrologue, ou jamais il n'en fut.*
> *Je ſçay qu'en l'avouant je perds tous mes ſervices,*
> *Mais j'aime Béatrix Reyne des Béatrices,*
> *De tout ſoupçon icy j'ay deu la dégager.*

Zu Lucrèce gewendet fährt er fort:

> *Depuis plus de huit jours il me fait enrager;*
> *Il contemple le Ciel aux nuits les plus obſcures,*
> *Il feüillette un grand livre, et fait mille figures.*
> *C'est ſans doute par là qu'il a ſceu vos amours.*

Don Fernand gebietet ihm Schweigen, aber Philippin
fährt fort:

> *Je n'ay rien dit, Monſieur, qui ne ſoit véritable.*
> *Ne me fiſtes-vous pas encorë hier au ſoir*
> *Remarquer un jardin dans un large miroir,*

*Et quelque temps après ne vis-je pas paroiſtre*
*Un homme qu'attendoit Madame à la feneſtre?*

Don Fernand muß schließlich zugeben, daß er Astrolog ist:

*Il me perdra d'honneur s'il en dit davantage,*
*Pour peu qu'il parle encor vous me croiriez ſorcier;*
(Für einen Zauberer will er doch nicht gelten)
*Mais puiſque je voudrois en vain vous le nier*
*Madame, j'avoueray qu'en mon voyage en France*
*Du grand Noſtradamus j'acquis la connoiſſance,*
*Avec tant de bonheur, qu'il m'enſeigna ſon art,*
*Et n'eut point de ſecrets dont il ne me fiſt part . . .*
*En aſſez peu de temps j'appris l'Aſtrologie . . .*

Die Astrologie sei eine vornehme Wissenschaft, aber das
Volk verabscheue sie, weil es glaube, sie beruhe auf einer
Verbindung mit den Dämonen. Don Fernand findet allmählich Glauben. Als Leonardo, der Vater der Lucrèce,
sie fragt, was sie mit Don Fernand zu schaffen habe, erwidert
sie (sc. 3):

*C'eſt curiosité, je ne le puis nier,*
*Depuis deux ou trois jours j'ay ſceu par une amie*
*Qu'il eſtoit fort expert dedans l'Aſtrologie,*
*Et je le conſultois pour ſçavoir au certain*
*A quel époux le Ciel a deſtiné ma main.*

Erfreut über diesen Erfolg, bemerkt Don Fernand zu
Philippin:

*Elle veut éprouver ſi ma ſciënce eſt vraye.*

Leonardo zeigt sich jedoch skeptisch, er will ihn prüfen,
ob er wirklich etwas von Astrologie verstehe:

*Souvent un Aſtrologue en menſonges nous paye,*
*Et l'effet rarement confirme ſon rapport.*
*Mais que vous a-t'il dit qui vous trouble ſi fort?*
*D. Fern. Je luy parlois, Monſieur, de certaine diſgrâce*
*Dont je voy clairement que le Ciel la menace,*
*Elle s'en faſche un peu, comme vous pouvez voir.*
*Leon. Mais en ſi peu de temps qu'avez-vous pû ſçavoir?*

*D. Fern.* *Que l'époux trop heureux que le Ciel luy destine*
    *Est pauvre, et pour tout bien n'a que sa bonne mine.*
*Leon.* *Il ne faut pas ainsi craindre legerement,*
    *Ma fille.*
*Beatr.* (leise): *De quel front le bon Cavalier ment!*
*Lucr.* *Cette prediction me met beaucoup en peine.*
*Leon.* *Ne vous allarmez pas, je puis la rendre veine* [sic!].

Lucrèce läßt sich indessen in ihrem Glauben an den
Astrologen nicht irre machen:

    *Toutefois Don Fernand qui me predit ce point*
    *Est un grand Astrologue, et ne se trompe point,*
    *Bien d'autres en ma place auroient inquietude.*
*Leon.* *Certes, l'Astrologie est une grande étude,*
    *Bien digne d'occuper un esprit curieux,*
    *Et noble d'autant plus qu'elle est attachée aux Cieux* [sic!],
    *Si vous la possedez dans un degré suprême,*
    *Peu sçavent les moyens d'y reüssir de mesme,*
    *La speculation n'est pas bonne pour tous.*

Er habe übrigens selbst in seiner Jugend sich viel damit
beschäftigt. Daß er jemanden vor sich habe, der mehr von
der Astrologie versteht, wie er, hat Don Fernand wohl nicht
erwartet!

*Leon.* *Dites-moy cependant. Auriez-vous pour suspect*
    *Saturne regardant Venus d'un triste aspect*
    *Et peut-on justement tirer un bon augure*
    *De la conjonction d'Hecate avec Mercure?*
*D. Fern.* (leise): *Il parle Hebreu pour moy, je suis pris, c'en*
                                *est fait!*

Philippin bemerkt zu Don Louis:
    *Il auroit besoin d'estre Astrologue en effet!*

D. Fernand merkt, daß nur Frechheit ihn retten könne:
    *N'importe, efforçons-nous, et payons d'imprudences.*

Er antwortet seinem Examinator aufs Geratewohl:
    *Pour vous dire en deux mots, Monsieur, ce que je pense,*
    *Venus aux amoureux promet beaucoup de biens,*
    *Et Saturne peut tout sur les Saturniens:*
    *Mais la triplicité de cette conjecture,*

*Ainſi que l'Union d'Hecate avec Mercure,*
*Combinant leurs aſpects, ou les retrogradant*
*Sur l'horizon fatal d'un bizarre aſcendant,*
*Pourroit paralaxer ſur un cerveau ſi tendre . . .*

Leonard fordert ihn auf, sich deutlicher auszudrücken.

*D. Fern.*  *Ce ſont termes d'art.*

Daß Leonard diese Ausdrücke durchaus nicht verstehen kann, erklärt Don Fernand sehr einfach durch die Bemerkung, die astrologischen Ausdrücke wechselten mit der Zeit, z. B. habe auch Nostradamus ganz andere Worte gebraucht als die jetzt üblichen! Don Fernand atmet erleichtert auf, als Leonard sich zurückgezogen hat:

*D. Fern.* (zu Don Louis, sc. 5):  *Que tout à l'heure, amy, j'eſtois*
*embaraſſé!*
*Mon aventure est rare et digne qu'on l'admire.*

*D. Louis.*  *Sçachez que Philippin m'en a dejà fait rire,*
*Et qu'à dix pas d'icy nous écoutions comment*
*Le vieillard vous parloit Aſtrologiquement.*

Don Louis meint, Leonard habe ihn wohl nicht ganz verstehen können, worauf Don Fernand erwidert, er habe sich selber am wenigsten verstanden, er fürchte überhaupt, daß das Vergnügen nicht mehr lange dauern werde, denn über kurz oder lang müßten die Leute doch merken, daß er kein Astrolog sei. Philippin beruhigt ihn:

*Qu'importe, vous direz tantoſt ouy, tantoſt non,*
*Vous aurez quelque égard à l'âge, à la perſonne,*
*Et du reſte, Monſieur, Dieu la leur donne bonne,*
*Jamais un Aſtrologue eſt-il garand de rien?*

Einen ähnlichen Rat gibt ihm sein Freund, Don Louis:

*Le hazard fait ſouvent prophetiſer fort bien.*
*Vous devez ſeulement mettre beaucoup d'étude*
*A ne rien affirmer avec[que] certitude,*
*Du preſent, du paſſé diſcourir rarement,*
*Toûjours de l'avenir parler oſcurement,*
*Examiner la choſe, en peſer l'importance.*

Die Chiromantie wird als ein Zweig der Wissenschaft Don Fernand's in Szene 6 erwähnt, wo Don Louis sagt:

*Il a ſceu de ma vie, et presqu'en un moment.*
*Ce qu'on ne peut ſçavoir que par enchantement,*
*Et cela, de ma main tirant des Conjectures,*
*Et puis ſur du papier traçant quelques figures.*

Ein weiteres Beispiel für die Chiromantie haben wir in der 2. Szene des III. Aktes, wo Leonor an den Astrologen das Ansinnen stellt, ihren abwesenden Geliebten (Don Juan) herbeizuzaubern. Don Fernand fragt sie zu diesem Zwecke zunächst nach seinem Namen, dann verlangt er, ihre Hand zu sehen, die er stillschweigend einen Augenblick betrachtet. Jacinde, die Zofe der Leonor, fragt Philippin, worin denn die Zauberkunst seines Herrn eigentlich bestehe. Philippin erwidert:

*C'est que toûjours en poche il a quelque Démon.*

Jacinte ist entsetzt:

*Un Démon! et tu ſers un tel maiſtre:*
*Phil.*                                          *Qu'importe!*
*Un Diable quelquefois n'eſt pas mauvaiſe eſcorte,*
*J'entens un familier, ne t'épourante pas.*

Inzwischen hat Philippin ein Briefchen, das Don Fernand von Leonor hat schreiben lassen, Don Juan überbracht. Dieser begibt sich am Abend zu Leonor, die in ihm einen Geist zu sehen glaubt und entsetzt zurückweicht. Leonard will die Kunst des Astrologen in Anspruch nehmen, um einen gestohlenen Diamanten wieder herbeizuschaffen (IV, 8). Da Don Fernand hierzu keineswegs imstande ist, gesteht er ihm schließlich, er sei gar kein Astrolog. Leonard hält diese Versicherung aber für übergroße Bescheidenheit und besteht weiter darauf, ihn als einen großen Gelehrten anzusehen. Philippin unterhält sich mit Mendoce, dem Diener Leonard's, über die große Macht des Astrologen, der alle Teufel in seiner Gewalt habe (V, 8). Er tut, als ob er selbst auch etwas von Zauberei verstehe, er beschreibt mit einem Stabe einen Zauberkreis, und spricht mit halblauter Stimme geheimnisvolle Worte. Dann fordert er Mendoce auf, sich in den Zauberkreis hineinzustellen.

*Mendoce.   Qu'eſt-ce que tu marmotes?*

*Phil.* *Quelque diable Folet suivra ta mule en queue.*

*Mend.* *Il eſt donc des Diables Muletiers?*

*Phil.* *Doutes-tu qu'il n'en ſoit presque de tous métiers?* [1])

 *Il en eſt de Sergens, il en eſt de Notaires,*

 *Il en eſt de Barbiers comme d'Apothicaires,*

 *Il en eſt de Greffiers, il en eſt de Voleurs,*

 *Il en eſt de dévots, et de momopoleurs [!]*

 *Il en eſt de tout poïl, il en eſt de tous âges,*

 *Il en eſt d'uſuriers, et de prêteurs ſur gages,*

 *De Souffleurs d'Alchimie, et de Rogneurs d'écus,*

 *Il en eſt de Jaloux, il en eſt de Cocus.*

*Mend.* *De cocus?*

*Phil.*   *Sans cela, d'où leur viendroit les cornes?*

 *Il en eſt de lourdauts, de hargneux et de mornes.*

 *Il en eſt d'enjoués, il en eſt de grondans,*

 *De danſeurs ſur la corde, et d'arracheurs de dents;*

 *Il en eſt de village, il en eſt du grand monde,*

 *Il en eſt à la mode, il en eſt à la fronde.*

 *Enfin, que te dirai-je? il en eſt de galans,*

 *De bréteurs, de filoux, et de paſſe-volans,*

 *Il en eſt de mutins, il en eſt d'admirables,*

 *Il en eſt de méchans, ainſi que tous les Diables . . .*

Schließlich heiratet Don Juan Leonor, und der falsche Astrolog, der somit seinen Zweck erreicht hat, gesteht seinen Betrug ein, und die von ihm Hintergangenen söhnen sich mit ihm aus.

Eine ähnliche Geschichte von einem angeblichen Astrologen wird uns in der Komödie *Le Campagnard* (1657) des Gillet de la Tessonnerie vorgeführt.[2]) Das Stück stellt

---

[1]) Diese satirische Aufzählung der verschiedenen Berufsklassen ist eine Nachbildung der 8. Szene des II. Aktes des *Esprit Folet* von d'Ouville, der sie seinerseits der *Dama duende* (Ende der ersten Jornada) des Calderon entlehnt hat.

[2]) Gillet de la Tessonnerie wurde 1620 geboren und starb ca. 1660. Er bekleidete das Amt eines *Conseiller des Monnaies*. Im Alter von 19 Jahren begann er seine Tätigkeit als Theaterdichter. Wir haben folgende Stücke von ihm: *Le Triomphe des Cinq Passions, Tragicomédie en 5 actes en vers*, 1642, 4°; *La Belle Quixaire, Trag.*, 1639 auf dem

eine Satire auf die Edelleute aus der Provinz dar, die den
großen Herrn spielen wollen und sich dabei lächerlich machen,
deshalb ist es für die Charakterisierung der französischen Gesellschaft des 17. Jahrhunderts von Interesse. Der Verfasser
muß, wie aus der Komödie hervorgeht, die Astrologie und
die Chiromantie genau gekannt haben. Der Held des Stückes
ist ein Edelmann vom Lande, kurzweg *Le Campagnard* genannt, der das Opfer eines angeblichen Astrologen wird,
welcher seine Gutmütigkeit und Unerfahrenheit aufs gröb-
lichste mißbraucht. Er ist nach Paris gekommen, um Phénice,
die Nichte des biederen Bürgers Bazile, zu heiraten. Das
Mädchen besitzt jedoch bereits einen anderen Liebhaber in
Gestalt des Pariser Edelmannes Léandre, der sich natürlich
den unwillkommenen Nebenbuhler vom Halse zu schaffen
sucht. Zu diesem Zwecke erwirbt er sich die Beihilfe des
schlauen Anselm, der alsbald das Vertrauen des *Campagnard*
zu gewinnen weiß. Er gibt sich ihm gegenüber für einen
Astrologen aus und erklärt ihm, er habe sein Horoskop gestellt (Bühnenanweisung: *Anselm fait semblant de lire un grand*

---

Th. du Marais aufgeführt. gedr. 1643, 4°; *La Belle Policrite, Tragi-com.*
1639; *La Mort du Grand Promedon, ou l'Exil de Néré* (dasselbe Stück
wie das vorhergehende) Paris, Touss. Quinet, 1642, 4°; *Francion, Com.*
Paris, ibd. 1642. 4°; *L'Art de régner ou le Sage Gouvernement, Tr.-Com.*,
Paris, ibd. 1645, 4° u. 1649, Leyde, Elzevier, 12° (cf. B r e y m a n n, *Calderon-
Studien*, I, 110); *Le Grand Sigismond, Prince Polonois, ou Sigismond,
Duc de Varsovie, Tr.-Com.* 1646, Paris, Touss. Quinet, 1646, 4°; *Le Dé-
niaisé, com.* (in 5 A. u. Versen) Paris, ibd. 1648, 4°. Leyde. Elzevier,
1649, 12°; *Isidore, Trag.* 1648; *Le Campagnard, Comédie en 5 actes en
vers*, Paris, Guillaume de Luynes, 1657, 12°. Dieses Stück, das letzte
des Verfassers, wurde, wie sein erstes, im Théâtre du Marais aufgeführt.
Die Gebrüder Parfaict heben besonders hervor, daß dieser fast vergessene
Autor einer der ersten gewesen sei, die selbständige Stücke verfaßten,
ohne, wie es damals üblich war, den Stoff den Spaniern und Italienern
zu entnehmen. Daß dies indes unrichtig ist, geht aus den von Stiefel
gegebenen Ausführungen hervor, s. Herr. Arch. 1899, CIII, 301 ff. —
Über Gillet de la Tessonnerie's Leben und Werke cf. B e a u c h a m p s,
*Rech.*, 2, 167 f.; P a r f a i c t, *Hist.*, VI, 14, 78, 172 ff., 177 ff., 358, VII,
1 f., 106, 207 f., VIII, 182 ff.; M o u h y, *Tabl. dram.*, Aut. 53, P. 41, 187,
213, 232; id. *Abrégé*, I, 46, 76, 111, 131, 401. II, 171; D e L é r i s, *Dict.*,
585; L a V a l l i è r e, *Bibl.*, II, 310 ff.; F o u r n e l, *Les Contemporains etc.*,
III, 105 ff.; id. *Le Th. au 17e siècle*, 103, 124.

*papier qu'il tire de sa poche).* Der Campagnard fürchtet sich,
Anselm beruhigt ihn:

*Armez-vous de refolution,*
*Vous avez pris naiffance au figne du Lion;*
*Sous fa tête où l'on voit quatre étoiles femées,*
*Qui d'un feu toujours vif femblent être allumées,*
*Il eft l'onzième figne, et des plus capitaux,*
*Etant particulier de trente partiaux,*
*Le nom d'Algebaac eft celuy qu'on luy donne.*

*Jodelet* (Diener des *Camp.):* *O Dieux, ce nom tout seul, tueroit*
*une perfonne.*

*Ans. Vous avez fur le chef deux fignes fort menus ...*
*Votre an climaterique* [1]) *eft proche d'arriver,*
*Mercure ayant reçu Mars, qui le vient trouver,*
*Promet un grand défordre en votre mariage,*
*Le quadrat de Vénus encore davantage,*
*Vous rendant malheureux pour avoir trop vécu ...*
*Je ne fçay point mal, qui ne vous arrive,*
*Si vous n'abandonnez l'objet qui vous captive;*
*Des monftres, un déluge, et des embrafements,*
*Des prifons, des douleurs, et des baniffements ...*

Durch diese unheilvollen Ankündigungen erschreckt, verzichtet der Campagnard auf Phénice, richtet aber nun seine
Blicke auf Philis, die zweite Nichte Bazile's. Anselme aber
weiß auch diesmal wieder seine Pläne zu durchkreuzen. Er
führt sich als Astrolog bei Philis ein, um ihr die Zukunft zu
enthüllen (Akt IV, sc. 3).

*Anselme.* *... Voftre main feulement.*
*Et dites, f'il vous plaift, quel mois vous eftes née.*
*Philis. L'onzième de Juillet.*
*Ans.* *Vous ferez fortunée,*
*Et jufqu'à trente ans en fort bonne fantée.*
*Enfuite vous aurez quelque incommodité,*
*Des douleurs d'eftomach, de tefte et de poitrine:*
*Vous eftes bileufe, et replete, et fanguine,*
*Cette ligne qui prend du pouce au mitoyen,*

---

[1]) Siehe oben S. 16 f.

*Vous promet des honneurs, avec beaucoup de bien,*
*Celle que vous voyez qui coupe fous l'indice,*
*Montre que vous aurez ny fraude ny malice.*
*Cet angle qui s'eftend au mont de Jupiter,*
*Fait voir que vous aurez vn Grand à redouter.*
*Ce cercle qui paroift deffus l'auriculaire,*
*Joint auec cette croix qu'on voit fous l'annulaire,*
*M'apprend qu'ayant pour vous Mercure et le Soleil,*
*Vous aurez et prudence, et force, et bon confeil.*
*Vers la table quadrangle eft vne grande ligne*
*Qui menace vos jours d'vn accident infigne,*
*Et vous doit faire craindre vn voyage fur l'eau;*
*Deuers l'obruticon eft vn petit rameau,*
*Qui prend en fe brifant la ligne temporelle,*
*Qui vous menace encore d'vne grande querelle.*
*Deffous cette jointure eft vn certain grand trait*
*Qui reprend la taffette en ce cercle qu'il fait*
*[Et] vous doit faire peur pour voftre renommée.*[1]
*Vn oncle et deux coufins vous font morts à l'armée,*
*Vous aurez quatre fœurs dans la Religion,*
*Dont déjà deux ou trois on fait Profession.*
*Vn frère vous eft mort par vne maladie,*
*Vous auez échappé d'vn fort grand incendie*[2]
*Et fi j'ofe parler fur ce mont de Vénus,*
*J'obferue certains traits qui me font inconnus.*
                    *... Vous aurez de l'amour,*
*Et craignez toutes fois qu'il ne paroiffe au jour.*
*Vous voyez fort fouuent l'objet qui vous captiue;*
*Mais parmy les tranfports d'vne ardeur exceffiue,*
*Vne fainte pudeur contraignant vos defirs,*
*Tempere vos regards et retient vos foûpirs.*

*Phil.*   *Ah certes voftre efprit n'eut jamais de femblable.*
*Ans.*   *Vous reconnoiffez bien que je fuis veritable?*
*Phil.*   *De grace, que ma fœur n'en fçache jamais rien.*

---

[1] Siehe oben S. 19 f.
[2] Also nicht bloß die Zukunft, sondern auch die Vergangenheit kennt er.

*Ans.* *Celuy que vous aimez n'a pas beaucoup de bien,*
    *Mais il eſt honneſte homme, et fera quelque choſe*
    *En vous prenant pour femme, ainſi qu'il ſe propoſe.*
    *Quand voſtre ame eſt en feu, ſon cœur ſe ſent brûler,*
    *Si vous diſſimulez, il n'oſeroit parler,*
    *Si voſtre mal eſt grand, ſa douleur eſt extrême,*
    *Et vous l'aimez enfin bien moins qu'il ne vous aime.*

Philis ist freudig überrascht, da sie in dieser Beschreibung
ihren Geliebten Léandre zu erkennen glaubt:

*Ans.* *Du malheureux Cliton les ſoins ſont ſuperflus,*
    *Et du beau Campagnard l'amour eſt inutile,*
    *Mais je vous veux ſeruir en confident habile,*
    *Et dire à cet amant qu'il ſe peut exprimer.*
*Phil.* *Helas, c'eſt . . .*
*Ans.*         *Il n'eſt pas beſoin de le nommer,*
    *Ma ſcience m'apprend par vn pouuoir ſuprême*
    *Ce qui ſe fait ſur terre, et dedans le Ciel meſme,*
    *Il ſçait peindre.*
*Phil.*         *Ah c'eſt trop, je m'abandonne à vous.*
*Anselme (bas, en ſortant):* *O fortuné Léandre,*
    *Quel ſeruice important viens-je encore te rendre!*

Nun wird die Verwicklung immer größer. Cliton, der
bisherige Liebhaber der Philis, verläßt die Undankbare und
macht Phénice den Hof. Léandre kommt zu Philis, unter
dem Vorwande, ihr Porträt zu malen. Der Provinz-Edelmann
kommt dazu, Léandre geht mit dem Degen auf ihn los und
nimmt ihm das Versprechen ab, auf Philis zu verzichten.
Phénice läßt sich schließlich von Cliton entführen. Das Stück
schließt mit einer Aufforderung an den Baron vom Lande,
nicht mehr nach Paris zu kommen, sondern künftig in der
Provinz zu bleiben. Die angebliche astrologische Wissenschaft
des schlauen Anselm steht also im Mittelpunkte der Handlung
und dient zur Schürzung wie zur Lösung des Knotens.

Eins der weniger guten Stücke Molière's verdient hier
besondere Beachtung, weil es gewissermaßen eine Satire auf
die Astrologie darstellt. Es ist dies das Comédie-Ballet,
welches betitelt ist *Les Amants Magnifiques* (1670). Das Stück

spielt im griechischen Altertum. Eriphile, die Tochter der
Fürstin Aristione, liebt den tapferen Heerführer Sistrate, der
ihre Liebe erwidert, aber mit Rücksicht auf den Standes-
unterschied nicht um ihre Hand anzuhalten wagt. Zwei
galante junge Fürsten, Iphicrate und Timoclès, machen
der Prinzessin den Hof, werden aber von ihr abgewiesen.
Die beiden wenden sich nacheinander an den Hofastrologen
Anaxarque, der schlau genug ist, jedem einzelnen von ihnen
seinen Beistand zuzusagen, um so eine doppelte Belohnung
einzustecken. Die Mutter der Prinzessin befragt ebenfalls
den Astrologen, der ihr erwidert, die Gestirne müßten darüber entscheiden, wen Eriphile zum Gemahl nehmen solle
(Akt III, sc. 1):

*Anax. J'ai commencé, comme je vous ai dit, à jeter pour
cela les figures mystérieuses que notre art nous enseigne; et j'espère
vous faire voir tantôt ce que l'avenir garde à cette union sou-
haitée ... Les épreuves, Madame, que tout le monde a vues de
l'infaillibilité de mes prédictions sont les cautions suffisantes des
promesses que je puis faire. Mais enfin, quand je vous aurai fait
voir ce que le ciel vous marque, vous vous règlerez là dessus à
votre fantaisie.*

. In einer Grotte hat er eine kunstvolle Maschine aufgestellt, mittels deren die Göttin Venus erscheint und Aristione
verkündet, der Wille der Götter sei, daß sie ihre Tochter
demjenigen zur Frau geben solle, der ihr das Leben retten
werde. Die Fürstin ist bereit, die Entscheidung der Götter
abzuwarten. Anaxarque freut sich über das Gelingen seiner
List und äußert zu seinem Sohne Cléon (IV, 4):

*Notre Venus a fait des merveilles, et l'admirable ingénieur qui
s'est employé à cet artifice a si bien disposé tout, a coupé avec tant
d'adresse le plancher de cette grotte, si bien caché ses fils de fer et
tous ses ressorts, si bien ajusté ses lumières et habillé ses personnages, qu'il y a peu de gens qui n'eussent été trompés, et comme
la princesse Aristione est fort superstitieuse[1]), il ne faut point
douter qu'elle ne donne à pleine tête dans cette tromperie.*

---

[1]) Dieser Ausdruck ist hier nicht am Platze, denn wenn eine
griechische Fürstin an die Göttin Venus glaubt, so kann man sie deswegen nicht abergläubisch nennen.

Damit das Orakel der Götter sich erfülle, soll Cléon mit
sechs als Piraten verkleideten Männern die Fürstin bei ihrem
abendlichen Spaziergange am Meeresufer überfallen; der Prinz
Iphicrate, den er dazu ausersehen hat, weil er ihm mehr Geld
gegeben hat als der andere, wird dann aus seinem Versteck
herbeieilen und die Fürstin aus den Händen der Piraten befreien. Das angebliche Orakel der Götter erfüllt sich jedoch
in anderer Weise, als der schlaue Astrolog es sich gedacht
hatte. Aristione wird auf einem einsamen Waldwege von einem
wütenden Eber angegriffen, und der tapfere Sostrate, der
gerade hinzukommt, rettet ihr das Leben. So wird er der
Gemahl der Prinzessin. Anaxarque aber bekommt von den
beiden Fürsten, deren Leichtgläubigkeit er so schnöde mißbraucht hat, eine Tracht Prügel.

Anspielungen auf die Chiromantie finden sich bei Molière
im *Avare* (II, 5), im *Amour Médecin* (II, 6), im *Mariage Forcé*
(sc. 9 u. 10) und in den *Fourberies de Scarron* (I, 2 u. III, 3).[1]
Auch in der oben besprochenen Komödie *La Devineresse*
(1679) findet sich eine Anspielung auf die Astrologie.[2] Der
Marquis äußert, er glaube, daß ein ungünstiger Stern im
Augenblicke seiner Geburt am Himmel gestanden habe (III, 3).
Ein Beispiel für die Chiromantie in demselben Stücke (II, 10)
haben wir bereits erwähnt.[3]

In dem satirischen Stücke *La Pierre Philosophale* (1681)
von Thomas Corneille und De Visé, das wir in dem
Kapitel über die Alchimie besprechen werden, wird der
Astrologie Erwähnung getan. Gabalis sagt (Akt II), er habe
das Horoskop des Herrn Maugis gestellt (*tiré la figure de
sa natalité*) und daraus ersehen, zu welchem Berufe er bestimmt sei.

In den meisten der hier besprochenen Stücke wird also
die Astrologie nicht mehr ernst genommen. Aus dieser Tatsache dürfen wir jedoch nicht schließen, daß im 17. Jahrhundert der Glaube an die Astrologie überhaupt bereits ge-

---

[1] Cf. Roßmann, *Der Abergl. bei Molière*, p. 9.
[2] Siehe oben S. 107 ff.
[3] Siehe oben S. 117.

schwunden gewesen sei [1]), wohl aber dürfen wir sagen, daß die Autoren dieser Stücke dem Glauben an die Astrologie damals nicht mehr huldigten.

## 3. Übernatürliche Wesen.

Übernatürliche Wesen wie Feen, Dämonen, sowie Geistererscheinungen aller Art (*fantômes, spectres, revenants*) finden sich in den französischen Dramen der uns interessierenden Epoche häufig. Wir werden in diesem Kapitel nur solche übernatürliche Wesen behandeln, die unabhängig von der Aktion eines Zauberers in die Handlung eingreifen. Die auf Befehl erscheinenden Geister und Dämonen müssen wir in dem Kapitel über Dämonenbeschwörung behandeln.

In einem Hofballet von Durand, betitelt *La Délivrance de Renaud* (1617) [2]), treten eine Anzahl allegorischer Personen in der Gestalt von Dämonen auf. Die Dekoration zeigt das Gebirge der Genien, die der Zauberin Armide untertan sind. [3]) Steile Felsen, in denen 14 übereinanderliegende Grotten sichtbar sind, türmen sich im Hintergrunde auf. Der König spielte die Rolle des Feuergeistes, um, wie der Verfasser in der Vorrede sagt, zu bezeugen, *qu'il avait des feux pour la reine, de la bonté pour ses sujets, de la puissance contre ses ennemis; puis encore parce que le feu purge les corps impurs, comme le roi pourgeoit ses sujets des mauvaises pensées; parce que ce feu est près de Dieu, et qu'il est le roi des éléments.* Sein Kostüm bestand aus einem Tricot mit kurzem Rocke, der mit nach oben gerichteten Flammen bemalt war. Vor dem Gesichte trug er eine Maske und auf dem Kopfe einen flammenartigen Haarschmuck. Ferner treten ein Wassergeist und ein Luftgeist auf, letzterer mit Flügeln, Vogelschwanz und einer Federhaube. Der Dämon der Jagd erscheint mit einem Jagdhorn in der Hand und einem Eberkopfe, der böse Geist der Ver-

---

[1]) Siehe oben S. 14 ff. u. S. 54 f.

[2]) Die Musik dazu ist von Guédron. Das unter Laubwerk verborgene Orchester bestand aus 64 Singstimmen, 28 Violinen und 14 Harfen. Cf. Celler, *Les Décors etc.*, p. 6 ff.

[3]) Über die aus der *Gerusalemme Liberata* entlehnte Persönlichkeit Armide's s. oben S. 85.

rückten ist durch ein mit Köpfen von Irrsinnigen bemaltes
Gewand gekennzeichnet. Zu beiden gesellt sich das Irrlicht
(*Esprit folet*) und alle zusammen tanzen mit den Dämonen
des Spiels und des Geizes einen Reigen. Darauf folgt die
Befreiung Renauds. Zwei Ritter treten auf, der eine trägt
einen Schild von blendendem Glanze, der andere hält einen
Zauberstab in der Hand. Das Gebirge dreht sich um sich
selbst, die Felsen verschwinden, und an ihrer Stelle erscheinen
wundervolle Gärten mit Quellen und Springbrunnen. Die
Ritter schlagen mit dem Zauberstabe auf den Boden, sogleich
hört das Wasser auf zu fließen, und aus der Tiefe der Quelle
steigt eine Nymphe mit wallendem Haar empor. Durch lieblichen Gesang und Lautenspiel sucht sie die Freunde Renauds
zu betören. Die Ritter bleiben jedoch standhaft und zwingen
die Nymphe, wieder in ihre Quelle hinabzusteigen. Nachdem
die Verführungskünste der Quellnymphe erfolglos geblieben
sind, erscheinen 6 allegorische Ungeheuer und greifen die
Ritter an. Es sind dies 2 Rechtsgelehrte, mit einer Sutane
bekleidet, auf dem Kopfe ein viereckiges Barret, an dem die
Flügel und Füße einer Eule befestigt sind; 2 Bauern mit
Hundeköpfen und Hundetatzen; 2 Kammerzofen mit Affen-
köpfen, Affenhänden und Affenbeinen (eine Satire auf Rechtsgelehrte, Bauern und Kammerzofen). Während die Ritter
mit diesen Untieren kämpfen, erblickt man im Hintergrunde
Renaud zu Füßen Armides liegend. Die Ritter reißen ihn
von ihr los, Renaud erkennt seine bisherige Verblendung und
wirft nun alle Schmuckgegenstände, mit denen Armide ihn
behängt hatte, von sich. Armide, verzweifelt über die Mißerfolge ihrer Nymphe und ihrer Ungeheuer, ruft ihre Dämonen
zu Hilfe. Diese erscheinen jedoch ihr zum Spott in Gestalt
von Krebsen, Schildkröten und Schnecken. Als Armide die
ungehorsamen Dämonen wegen dieses frechen Spottes zur Rede
stellt, schälen diese sich aus ihren Verkleidungen heraus und
erscheinen nun vom Kopfe bis zu den Hüften als alte Frauen,
von den Hüften bis zu den Füßen aber als Männer. Zum
Schlusse wird Armide von ihren Dämonen fortgetragen. Sie
verwandelt die Zaubergärten wieder in kahle Felsen mit unheimlichen Höhlen und Grotten.

In der bereits erwähnten *Tragédie des Rebelles* (1622)
Pierre Brinon's[1]) erscheint im dritten Akte ein Teufel
auf der Bühne. Er ist gerade aus der Hölle emporgestiegen
und will nun den Einwohnern von La Rochelle Schrecken
einflößen. Palemon ist entsetzt:

> *Ah, quel encombre, ah quel malheureux aftre*
> *Nous a verfé ce terrible defaftre,*
> *Tout eft perdu.*
> *Meris.*          *Qui a-il Palemon?*
> *Qui te pourfuit? Quel horrible Demon*
> *Te paffe au cœur?*
>     (Bühnenanweisung: *Bruit.*)
> *Palemon.*   *Mon cœur fremit, les membres me frifonnent,*
> *De tous coftez les ombres m'efpionnent,*
> *Je fens venir Hecate et fes compaignes,*
> *La terre en fend . . .*
>     (Bühnenanweisung: *Frappant de fon bafton.*)
> *Dites Demons, quel deftin nous menace,*
> *J'en fuis douteux, rempliffez moy d'audace.*

Eine unsichtbare Stimme gibt ihm Antwort auf seine
Frage: Die Aufrührer werden das Stadttor verbarrikadieren,
um den König am Betreten der Stadt zu verhindern, aber
der Himmel wird dennoch dem Könige den Sieg verleihen.

In der *Les Noces de Vaugirard ou Les Naïvetés Champêtres*
(1638) betitelten Pastorale von L. C. D.[2]) verfällt der unglückliche Liebhaber Polidas auf den sonderbaren Einfall,
sich in eine von Geistern bewohnte Höhle zu stürzen, um so
seinem traurigen Leben eine Ende zu machen. Bevor er den
verzweifelten Schritt tut, ritzt er die folgenden Verse in die
Rinde eines Baumes ein:

---

[1]) Siehe oben S. 106.

[2]) Aufgef. 1638, gedr. 1638, 8⁰ (s. das Verz. der ben. Lit.). Hinter
dem Titel steht der Zusatz *Dédiée à ceux qui veulent rire, par L. C. D.*,
was darauf schließen läßt, daß der Verfasser Discret ist, von dem wir
eine Komödie *Alison* (1637, 12⁰, dann wieder 1641, 12⁰) haben, die hinter
dem Titel den ähnlich klingenden Zusatz aufweist: *Dédiée ci-devant aux
jeunes veuues. ou aux vieilles filles.* Cf. Parfaict, *Hist.*, V, 423 ff.,
388; Mouhy, *Abrégé*, I, 338, II, 130.

*C'eft affez, fus Démons de cette grotte fombre,*
*Receuez-moy la bas et faites que mon ombre*
*Ne reçoiue aucun mal sans l'avoir mérité.* ·
*Pefez mon innocence et ma fidélité,*
*Surtout permettez-moy qu'en la plaine Elizée*
*Ie voye la beauté qui m'a la mort caufée.*

Die Lösung des Konfliktes führt der Schatten des Zauberers Castrape herbei, der plötzlich als *deus ex machina* erscheint, um den Anwesenden den Willen des Himmels zu verkünden (letzte Szene des V. Aktes):

*Approchez cefte grotte et me preftez filence:*
*Ie fors des noirs palais de l'abyfme infernal,*
*Pour venir empefcher voftre deffein brutal:*
*Je fuis l'ombre fans corps du renommé Caftrape,*
*Fils d'vn Dieu, né d'vn Roy, et nepueu d'vn Satrape:*
*Dont le pouuoir cogneu fur la terre en tous lieux* ·
*Le fit craindre autrefois des hommes et des Dieux:*
*Quand pour exécuter quelque rare entreprife,*
*Il falloit par mon art captiuer la franchife:*
*De la terre, et la mer, du Ciel et des enfers,*
*Mettre les Dieux captifs, et les Demons aux fers.*
*L'eau montoit dans le Ciel, le Ciel eftoit fur terre,*
*Les Eléments trembloient, j'enfermois le Tonnerre . . .*

Er ist aus seinem Grabe hervorgekommen, um die Liebenden Polidas und Liliane miteinander zu vereinigen. Da jedermann sich gern seiner Entscheidung anpaßt, entläßt er sie mit den Worten:

*Allez iouyr chacun de douceurs amoureufes,*
*Ie retourne au feiour des ames bien heureuses.*

Als eine Satire auf den weit verbreiteten Geister- und Gespensterglauben erscheint D'Ouville's Komödie *L'Esprit Folet* („Der Kobold") (1641).[1] Florestan, ein junger Provenzale, ist vor kurzem nach Paris gekommen und im Hause eines Freundes abgestiegen. Angélique, die Schwester dieses Freundes, verliebt sich in den jungen Mann. Mittels einer

---

[1] Über D'Ouville cf. oben S. 134 f.

geheimen Tür geht sie in seiner Abwesenheit in seinem Zimmer aus und ein, kramt in seinen Papieren, wirft seine Sachen durcheinander, kurz, gebärdet sich ganz wie ein Heinzelmännchen. Florestan beunruhigt sich nicht weiter, er ist bloß neugierig, wie dieses Abenteuer verlaufen wird. Sein Diener Carille jedoch hält diese geheimnisvollen Vorgänge für das Wirken eines Geistes und fürchtet sich nicht wenig. Sein Herr, der nicht an Geister glaubt, sucht ihn zu beruhigen (Akt II, sc. 8):

Car.　*Mais n'est-il point d'esprits?*

Flor.　　　　　　　　*D'esprits, c'est le vieux jeu.*

Car.　*De Familiers?*

Flor.　　　　*Non plus.*

Car.　　　　　*De Folets?*

Flor.　　　　　　　*Aussi peu.*

Car.　*De Sorciers?*

Flor.　　　　*Point du tout.*

Car.　　　　　　*De larues au teint blesme?*

Flor.　*Quelle folie? ô Dieux!*

Car.　　　　　*Des enchanteurs?*

Flor.　　　　　　　　*De mesme.*

Car.　*Des Nigromantiens?*

Flor.　　　　　*Imaginations!*

Car.　*Des Farfadets?*

Flor.　　　　*Ce sont pures impressions.*

Car.　*N'est-ce point vne Fée?*

Flor.　　　　　*O l'estrange chimere!*

Car.　*Ou le Moine Bouru?*

Flor.　　　　*Maraux, te veux-tu taire?*

Car.　*Seroit-ce point vne ame en peine?*

Flor.　　　　　　　*Et tu prétends*
*Qu'elle me fist l'amour? as-tu perdu le sens?*

Car.　*Vn succube?*

Flor.　　　*Es-tu fol?*

Car.　　　　*Vn Lutin?*

Flor.　　　　　*Ce sont des Fables.*

Car.　*A ce coup ie vous tiens, et n'est-il point de diables?*

Flor.　*Ouÿ; mais ils ne font rien sans vn divin pouvoir.*

Carille schwebt indessen in beständiger Furcht (Akt III, sc. 3):

> *Car.*        *Dois-ie pas avoir crainte*
> *Que cet Esprit Folet me donne vne atteinte?*
> *Je crains trop d'esprouver [ce] que pese sa main.*

Carille hat im Dunkeln einen Schlag bekommen und glaubt, der Dämon habe ihn gepackt, um ihn zu erwürgen (sc. 5). So geht es weiter in den folgenden Szenen. Er schwebt fortwährend in der größten Angst, da er auf Schritt und Tritt fürchtet, dem Teufel zu begegnen. · Die Kammerzofe der Angélique macht sich über den ängstlichen Carille lustig und sucht seine Furcht noch zu erhöhen. Schließlich werden die Umtriebe Angélique's erkannt, und das Stück schließt mit einer Heirat zwischen ihr und Florestan.

Es handelt sich also hier nicht um wirkliche Magie, und aus der Rolle, die der Verfasser den abergläubischen Diener spielen läßt, geht hervor, daß D'Ouville selbst nicht mehr an Geisterspuk glaubte. Das Stück ist eine Nachahmung von Calderon's Komödie *La Dama duende*.[1]) Hauteroche schrieb im Jahre 1685 ein Stück ähnlichen Inhalts, welches *La Dame Invisible* betitelt ist und auf die Komödie D'Ouville's zurückgeht.[2])

Aus dem Jahre 1662 haben wir eine Komödie von **Boursault**, betitelt *Le Mort Vivant*[3]), in der eine ganz

---

[1]) Über **Calderon's** *La Dama duende* cf. **Schmidt**, *Die Schauspiele etc.*, 1857, p. 18 f.; **Fournel**, *Le Théâtre etc.*, p. 24; **Stiefel**, *Die Nachahmung etc.*, p. 264.·

[2]) Cf. **Breymann**, *Calderon-Studien*, I, 118 f.

[3]) In 3 A. u. V. Aufgeführt im Hôtel de Bourgogne im April 1662, gedr. Paris, N. Pépigné, 1662, 12⁰, dann wieder 1694, 12⁰; das Stück geht auf **Sforza d'Oddi's** Komödie *I Morti vivi* zurück (cf. **Fournel**, *Les Contemp.*, I, 94). Edme Boursault wurde 1638 zu Mussy-l'Evêque geboren, war Finanzmann und heiratete eine gewisse Michele Milly, mit der er zehn Kinder hatte. Er starb am 15. Sept. 1701. Außer dem obigen· haben wir folgende Werke von ihm: *Le Médecin Volant*, com. (in 1 A. u. V.), aufg. im Nov. 1661 im Hôtel de Bourgogne. Paris, N. Pépigné, 1665, 12⁰ (cf. **Fournel**, *Contemp.*, I, 93; **Kugel**, in: Z. f. nfrz. Spr. u. Lit. 1898, XX, 25 ff.); *Les Cadenas ou Le Jaloux Endormi*, com. (in 1 A.

ähnliche Intrige vorkommt. Stephanie liebt einen jungen Mann
namens Lazarille. Fabrice, ein anderer Liebhaber Stephanies,
sucht sich diesen unbequemen Nebenbuhler durch List
vom Halse zu schaffen. Er fordert deshalb seinen Diener
Guzman auf, die Rolle eines Geistes zu spielen. Der Diener
führt den Befehl aus und erscheint dem Lazarille als der
Geist seines vor wenigen Tagen gestorbenen Vaters, und befiehlt ihm, sofort in seine Heimat zurückzukehren. Die
Wirkung dieses Spukes wird aber durch Hinzukommen des
Vaters des Lazarille, welcher gar nicht gestorben war, ver-

---

u. V.), aufg. am 18. Dez. 1663 im Théâtre du Marais. Paris, J. Guignard,
1662, 12⁰; *Le Portrait du Peintre ou La Contre-critique de l'Ecole des
Femmes*, com. (1 A. u. V.), aufg. am 19. Okt. 1663 im Hôtel de Bourgogne (daß dieses von Blumenthal, *Diarium u. Relationen*, veröff.
von Mangold. *Archivalische Notizen*, 1893, p. 5 ff. angegebene Datum
der Erstaufführung richtig ist, hat Mangold, p. 6 ff. nachgewiesen); *Les
Nisandres, ou Les Menteurs qui ne mentent point*, com. (in 5 A. u. V.),
aufg. im Juni 1664 im H. de Bourg. Paris, N. Pépigné, 1664, 12⁰; dasselbe Stück in 3 Akten ibd. 1665, 12⁰; *La Satire des Satires*, com. (in
1 A. u. V., nicht aufgef.). Paris, Ribou et Gabr. Quinet, 1669, 12⁰; *Les
Yeux de Philis changez en Astres, pastorale* (in 3 A. u. V.), aufg. 1665
im H. de Bourg.; *Germanicus, ou La Princesse de Clève, trag.*, 1670, 12⁰;
*La Comédie sans Titre, ou Le Mercure Galant*, in 5 A. u. V., aufgef.
am 5. März 1683. Paris, Th. Guillain, 1683, 12⁰; *Maria Stuart, trag.*,
1683; *Les Fables d'Esope*, com., in 5 A. u. V., aufg. 18. Jan. 1690. Paris,
Th. Girard, 1690, 12⁰; *La Feste de la Seine, Divertissement en 1 acte
en musique*, 1690; *Phaëton, com. héroïque*, in 5 A. u. V., aufg. 1691.
Paris, J. Guignard, 1693, 12⁰; *Les Mots à la Mode*, com., in 1 A. u. V.,
ibd. 1694, 12⁰; *Méléagre, tragédie en musique*, in 5 A. u. V., 1694; *Esope
à la Cour, com. héroïque*, in 5 A. u. V., Paris, Fr. Le Breton, 1702, 12⁰;
Gesamtausgabe der Werke Boursault's Paris, Le Breton et Vᵛᵉ de Ribou,
1725, 3 vol., 12⁰. Boursault's Stücke wurden oft aufgeführt, z. T. mit
großem Erfolg. — Über Boursault's Leben und Werke cf. Beauchamps,
*Rech.*, 2, 232; Goujet, *Bibl.*, XVII, 328 f., XVIII, 278; Parfaict,
*Hist.*, IX, 107 f., 383 ff., XII, 130 f., 146 ff., 367 ff., 401 ff., XIII, 156 f.,
257 f., 386, XIV, 288 ff.; Mouhy, *Tabl. dram.*, Aut. 6, Pièces 40, 57,
111, 149, 153, 155 f., 162, 181, 189, 191, 208, 240; id. *Abrégé*, I, 73, 105.
170, 217, 221, 302, 311, 314, 317, 329, 368, 386, 391, 430, 497, II, 51 f.;
De Léris, *Dict.*, 519 f.; Fournel, *Les Contemporains etc.*, I, 113 ff.;
id. *Le Théâtre etc.*, 270 ff., 279 ff.; Grawe, *Edme Boursault's Leben etc.*,
1887; Hoffmann, *Boursault etc.*, Straßburg 1903 (cf. LBl. f. germ.
u. rom. Phil., 1906, Sp. 147).

eitelt. Durch eine Erkennungsszene ergibt sich die Lösung des Konfliktes. — Der Geisterglaube ist also auch in diesem Stücke nicht ernst zu nehmen.

Eine Geistererscheinung spielt in Molière's Prosa-komödie *Don Juan ou Le Festin de Pierre* (1665)[1], welche Thomas Corneille auf Wunsch der Witwe Molière's unter dem Titel *Le Festin de Pierre* (1677)[2] in Verse umsetzte, eine wichtige Rolle. Die Handlung ist die gleiche wie in der Mozart'schen Oper *Don Juan*. Im III. Akt kommt Don Juan auf den tollen Einfall, das Grabgewölbe des Kommandeurs zu besuchen. In übermütiger Laune sagt er zu seinem Diener Sganarelle:

*Demande-lui s'il veut venir souper avec moi.*

Zu seinem größten Erstaunen neigt das Steinbild das Haupt. Im IV. Akt erscheint der steinerne Gast wirklich und lädt sich selbst zum Abendessen ein. Im V. Akt erscheint der Geist wieder. Er faßt den Frevler bei der Hand, Don Juan durchläuft es wie Feuer, unter Donner und Blitz tut sich die Erde auf und verschlingt ihn. Denselben Gegenstand hatten vorher schon De Villiers[3] und Dorimond

---

[1] Ausg. der Werke Molière's in *Les Grands Écrivains de la France*, V, 1 ff. Über das Stück vgl. man insbesondere Fournel, *Le Th. au 17e siècle*. p. 153 ff.; Roy, *La vie et les œuvres, etc.*, p. 139 ff.

[2] Das Stück wäre nach Mangold, l. c., p. 8 am 21. Januar 1664 und nach Fournel, *Le Théâtre etc.*, p. 192 am 15. Februar 1665 zum ersten Male aufgeführt worden; Reynier (*Thomas Corneille*, p. 232 ff.) hat jedoch nachgewiesen, daß als Datum der Erstaufführung die 12. Febr. 1677 anzusetzen ist, und daß die Originalausgabe des Stückes unter dem Titel *Le Festin de Pierre, Comédie mise en vers sur la prose de feu M. de Molière* 1683 (Paris, Th. Guillain, 12º) erschien. — Über das Stück vgl. man ferner Beauchamps, *Rech.*, 2, 194 ff.; Fournel, *Le Théâtre etc.*, p. 153, 196, 199, 230 ff., 243; Reynier, *Thomas Corneille*, p. 232 —244. Über die Figur des Don Juan, welche sich schon bei Tirso de Molina findet (cf. Fournel, *Le Théâtre etc.*, p. 150) siehe Stiefel, *Stoffgeschichte*, 1899, 74 a f.

[3] *Le Festin de Pierre ou le Fils Criminel, tragicomédie en 5 Actes en vers.* Aufg. 1659, gedr. Paris, Ch. de Sercy, 1660, 12º; neu gedr. in der Vollmöller'schen Sammlung franz. Neudrucke, Heilbronn, 1881, 8º (cf. Fournel, *Les Contemporains etc.*, I, 295 ff.); über De Villiers cf. Mouhy, *Abrégé*, I, 117, 194.

unter dem Titel: *Le Festin de Pierre ou Le Fils Criminel* [1]),
und J. B. Dumenil unter dem Titel: *Le Nouveau. Festin de
Pierre ou l'Athée foudroyé* [2]) behandelt.

Die Tragödie *Urgande* von Louvaret le jeune (1679) [3])
ist voll von Zauberei und Geistererscheinungen. Ein Schatten,
ein Phantom, Wald- und Luftgeister, Harpyen, Dämonen
und Furien greifen nacheinander in die Handlung ein. Licormas, der Geliebte der Zauberin Urganda, einer in den
spanischen Ritterromanen häufig wiederkehrenden Persönlichkeit [4]), ist ihr untreu geworden. Die Zauberin kündigt ihm
eine furchtbare Strafe an:

*A quels périls tu vais t'expofer, infortuné Licormas, toutes
les horreurs imaginables ne font point à comparer à celle que ie
te prépare, tout ce que la nature et l'Enfer ont de plus terrible,
Spectres, Monftres, Efprits, Demons, Furies, Difcorde fe plairont à
te tourmenter, que ta fidelle Urgande n'en fouffre encore dauantage.*

Die vier Winde tragen Licormas fort. — Licormas verliebt sich in die Göttin Iris. Ein Phantom erscheint und
tadelt ihn deswegen (II, 2):

*Porte ailleurs tes defirs*
*Iris eft immortelle,*
*Et blâme les foupirs*
*Que tu pouffes pour elle.*

Licormas sieht sich plötzlich von Geistern umgeben, er
will auf sie einhauen, aber die Geister verschwinden, und er
schlägt in die Luft.

In der Komödie *La Pierre Philosophale* (1681) von Thomas
Corneille und De Visé ist nicht nur die Rede von Ele-
mentargeistern, sondern Luftgeister (Silphen), Wassergeister

---

[1]) *Le Festin de Pierre ou le Fils Criminel, tragicomédie* (aufg. zu
Lyon 1658). Lyon, Ant. Offray, 1695, 12°; cf. Mouhy, *Abrégé*, I, 194;
Reynier, *Thomas Corneille*, p. 232 ff.

[2]) Tragicomédie. Paris, Bienfait, 1670, 12° (cf. Reynier, p. 234 f.).

[3]) *Tragédie en 3 Actes et en Prose, ornée d'Entrées de Ballet, de
Machines et de Changements du Théâtre.* Aufg. am 25. Jan. 1679 vor
dem König zu Saint-Germain-en-Laye. Über Louvaret, von dem nur
dieses Stück bekannt ist, cf. Mouhy, *Abrégé*, I, 495, II, 209; De Léris,
*Dict.*, 628.

[4]) Siehe oben S. 89.

(Undinen), Erdgeister (Gnomen) und Feuergeister (Salamander) treten sogar in dem Stücke auf und greifen in die Handlung ein. Da diese Geistererscheinungen mit der Alchimie in enger Verbindung stehen [1]), werden wir sie in dem Kapitel über die Alchimie behandeln.

Die Komödie *L'Esprit Folet ou La Dame Invisible* (1684) von Hauteroche [2]) und Thomas Corneille [3]) zeigt einen ganz ähnlichen Gang der Handlung wie das oben besprochene Stück D'Ouville's. Der Diener Scapin glaubt, es gehe ein Gespenst im Hause seines Herrn um, und schwebt deshalb in der fürchterlichsten Angst. Zum Schlusse klärt sich natürlich alles auf (V, 16):

*Scapin.*        *Tout franc, j'ay cru que fans reffource,*
*Un Lutin pour longtemps m'alloit mener en courfe,*
*Voilà comme fouvent furpris à l'inpourveu,*
*Tel qui penfe avoir veu le Diable, n'a rien veu.*

---

[1]) Siehe oben S. 42.

[2]) Noël le Breton, Sieur de Hauteroche (? 1619—1707), berühmter Schauspieler, spielte zuerst in der Truppe des Théâtre du Marais, dann im Hôtel de Bourgogne und später in der vereinigten Truppe des Marais und des Hôtel de Bourgogne. Im Jahre 1682 zog er sich vom Theater zurück. Er schrieb folgende Stücke: 1662 *Le Deuil, Com. en 1 acte en vers,* 1680, 12⁰; 1668 *L'Amant qui ne flatte pas, Com. en 5 a. en v.,* 1669, 12⁰; 1669 *Le Souper mal appreté, Com. en 1 a. en v.,* 1670, 12⁰; 1672 *Les Apparences Trompeuses, ou Les Maris infideles, Com. en 3 a. en v.,* 1673, 12⁰; 1674 *Crispin Médecin, Com. en 3 a. en prose,* 1680, 12⁰; 1674 *Crispin Musicien, Com. en 5 a. en v.,* 1674, 12⁰; 1678 *Les Nouvellistes, Com. en 3 a. en v.* (nicht gedruckt); 1678 *Les Nobles de Province, Com. en 5 a. en v.,* 1678, 12⁰; 1684 *Le Cocher Supposé, Com. en 1 a. en prose,* 1685, 12⁰; 1686 *Le Feint Polonois, ou La Veuve Impertinente, Com. en 3 a. en prose,* 1686, 12⁰; 1690 *Les Bourgeoises de Qualité, Com. en 5 a. en v.,* 1691, 12⁰. Über Hauteroche's Leben und Werke cf. Beauchamps, *Rech.,* 2, 253; Parfaict, *Hist.,* X, 290 ff., 406 ff., XI, 241 ff., 250, 392 f., 397 ff., XII, 81 ff., 121 f., 427 ff., 441 f., XIII, 186; Mouhy, *Tabl. dram.,* Aut. 16, P. 11, 21, 32, 37, 55, 63, 69, 87, 130, 149, 165, 167, 188, 218; id. *Abrégé,* I, 26, 41, 59, 68, 101, 120, 133 f., 261 f, 303, 337, 450, II, 192 f.; De Léris, *Dict.,* 594 f.; Quérard, *La Fr. litt.,* IV, 40; Fournel, *Le Théâtre etc.,* 253; Breymann, *Calderon-Studien,* I, 118 f. u. 121.

[3]) Über Th. Corneille's Anteil an dem Stücke cf. Reynier, *Thomas Corneille,* p. 63 u. 245.

In seinem Vorwort sagt der Verfasser, er habe das Stück
D'Ouville's umgearbeitet, um einer Prinzessin zu Willen zu
sein, die von jenem Stücke nicht befriedigt gewesen sei. Die
Grundlage seines Stückes aber bilde die Komödie Calderon's
*La Dama duende.* Außerdem habe er ein paar Szenen eines
anderen spanischen Stückes, *El Escondido y la Tapada* (eben-
falls von Calderon) [1]) verwandt, soweit sie ihm für seinen
Zweck passend erschienen.

In Quinault's Oper *Roland* (1685) sind eine ganze Reihe
von übernatürlichen Wesen in die Handlung eingeflochten. [2])
Schon gleich im Prolog sehen wir Demogorgon, König der
Feen, auf seinem Throne sitzen, umgeben von Feen und Erdgeistern. In dem Stücke treten Sirenen, Flußgötter, Waldgeister (*Silvains*), Feen, von denen Logistilla die mächtigste
ist [3]), Geister verstorbener Helden, verzauberte Liebhaber
sowie einige allegorische Gestalten wie *La Gloire*, *La Terreur*
und *La Renommée* auf. Die Handlung, auf die wir später

---

[1]) Cf. Schmidt, *Die Schauspiele Calderons*, p. 60.

[2]) Philipp Quinault (1635—1688), Freund und Mitarbeiter Lulli's,
war der Sohn eines Bäckers. Er schrieb seine ersten Stücke, während
er als Clerc bei einem Advokaten tätig war. Er war als Dichter besonders für die Lyrik sehr begabt. Die Spötteleien Boileau's vermochten
seinem dichterischen Ruhm nichts anzuhaben. Im Jahre 1670 wurde er
Mitglied der franz. Akademie. Er war außerordentlich produktiv, schrieb
31 Stücke (17 Komödien, Tragödien und Tragikomödien, und 14 Opern),
und seine Stücke blieben z. T. lange auf dem Repertoir. Die 12 ersten
seiner Dramen erschienen in Amsterdam (Wolfgang), 1663, 2 vol. 12º.
Eine Gesamtausgabe seiner Werke erschien zu Paris, 1739, 5 vol. 12º.
Über Quinault's Leben u. Werke vgl. man Beauchamps, *Rech.*, 2,
209ff.; Goujet, *Bibl.*, XVIII, 340, 342; Parfaict, *Hist.*, VII, 422ff.,
VIII, 27ff., 106ff., 129ff., 137, 154, 164, 196, 211, 226ff., 274, 418f., X,
357, XI, 51, 121f.; Mouhy, *Tabl. dram.*, Aut. 24, Pièces 6, 10f., 26, 41,
50, 55, 57, 61, 92, 96, 109, 141, 157, 178, 203, 219; id. *Abrégé*, I, 17, 49,
62, 75, 94, 105, 180, 253, 285, 318, 417, 443, II, 287f.; De Léris, *Dict.*,
664f.; La Vallière, *Bibl.*, III, 43ff.; Quérard, *La Fr. litt.*, VII,
403ff.; Brunet, *Manuel*, IV, 1019; Fournel, *Les Contemporains etc.*,
I, 1ff.; Roth, *Der Einfluß etc.*, 180ff., 252; Breymann, *Calderon-
Studien*, I, 122 (Literaturangaben).

[3]) Über die dem *Orlando Furioso* entliehene Figur der Zauberfee
Logistilla s. oben S. 85.

noch zurückkommen müssen, stellt eine Verquickung von klassischer Mythologie und Zauberei dar.

Eine Geistererscheinung haben wir ferner in einem Stücke aus dem Repertoir der Comédie Italienne (N. 39 des Repertoirs von Gherardi)[1]), von Regnard, welches betitelt ist *La Naissance d'Amadis* (1694).[2]) Perion, ein irrender Ritter, verliebt sich in die Tochter des Königs von Gallien, die sich ihm hingibt. Das Liebesverhältnis der beiden wird entdeckt, und nach den Gesetzen des Landes sollen sie den Feuertod erleiden. Im Augenblicke, da die Strafe vollzogen werden soll, entsteigt ein Geist dem Scheiterhaufen und verkündet, daß aus der Verbindung der Liebenden der Amadis hervorgehen werde, worauf ihnen verziehen wird. Das Stück ist eine Parodie auf die Geschichte von der unehelichen Geburt des berühmten Helden, wie sie im Amadisroman erzählt wird.

Feen sowie ein *ogre*[3]) treten in einem anderen Stücke der Comédie Italienne auf, welches betitelt ist: *Les Fées ou Contes de ma mère l'Oie*, von Dufresny und Barrante (1697).[4]) Eine Inhaltsangabe des Stückes wird in dem Kapitel über Verschiedene Arten der Zauberei gegeben werden.

---

[1]) *Le Théâtre Italien ou Recueil de toutes les scènes Françoises qui ont été jouées sur le Théâtre Italien de l'Hôtel de Bourgogne, A Paris, chez Guill. de Luyne et le sieur de Gherardi.* M.DC.XCIV. av. Priv. du Roy (cf. Klingler, *Die Comédie-Italienne*, p. 41).

[2]) *Comédie en 1 acte en vers.* Über Jean-François Regnard's Leben u. Werke cf. Beauchamps, *Rech.*, 2, 283 ff.; Parfaict, *Hist.*, XIII, 381 f., XIV, 26 f., 36 ff., 71 ff., 164 ff., 171, 374 f., 467 ff., 479 ff.; Mouhy, *Tabl. dram.*, Aut. 24, P. 26, 30, 68, 72, 132, 137 f., 149, 156, 200, 211, 234; id. *Abrégé*, I, 51, 131, 139, 265, 278, 316, 412, 436, 449, 486, II, 292 ff.; De Léris, *Dict.*, 669 f.; Nisard, *Hist. de la litt. fr.*, IV, 215 ff.; Fournel, *Le Théâtre etc.*, 340 ff.; Cherrier, *Bibliographie et Iconographie des Œuvres de Jean François Regnard* (zit. von Klingler, p. 210); Klingler, *Die Comédie-Italienne*, p. 210 ff.

[3]) Siehe oben S. 21.

[4]) Nr. 55 des Repertoirs von Gherardi. — Von Charles Dufresny, Sieur de la Rivière (1648—1724), Architekt der kgl. Gärten, haben wir folgende dramatische Werke: *L'opéra de Campagne*, com., *Les Adieux des Officiers*, com., *Attendez-moi sous l'orme*, com., *Le Négligent*, com., 1692; *Le Bal, ou Le Bourgeois de Falaise*, com., 1696; *La Noce interrompue*, com., *Le Malade sans maladie*, com., 1699; *L'Esprit de Contra-*

## 4. Zauberei.

### a) Beschwörungen.

Die Anrufung der Geister und Dämonen bildet in der Zauberei ein wichtiges Mittel zum Zweck. Der Zauberer vermag gewisse schwierige Operationen nicht aus eigener Macht zu vollbringen, er bedarf dazu der Mithilfe eines Geistes, eines Dämons. Er schließt mit ihm einen Pakt unter schauerlichen Bedingungen. In vielen Fällen genügt es auch, den Dämon bloß anzurufen und zur Mitwirkung bei der auszuführenden magischen Operation aufzufordern. Bald wird ein einziger, bald mehrere, bald ein ganzes Heer von Dämonen heraufbeschworen. Solche Beschwörungsszenen bildeten für die Dramatiker des 16. und 17. Jahrhunderts ein willkommenes Mittel, das sensationslustige Publikum mit Gruseln zu erfüllen. Vielfach sind derartige Szenen nur lose mit der Handlung verknüpft, die Beschwörung bleibt ohne Erfolg und es ist nicht weiter die Rede davon. In anderen Fällen dagegen scheinen die Autoren die Sache ernst zu nehmen, das gewünschte Resultat wird erzielt, und der Zauberer trägt seinen Lohn oder seine Strafe davon, je nachdem seine magische Operation segensreich oder verderblich gewesen ist.

Das erste Beispiel von Dämonenbeschwörung haben wir

---

diction, com., 1700; *Le Double veuvage*, com., 1702; *Le Faux honnête homme*, com., *Le Marquis Bailli*, com., 1703; *Le Faux instinct*, com., 1707; *Le Jaloux honteux de l'être*, com., 1708; *La Joueuse*, com., 1709; *L'Amant masqué*, com., 1709; *La Coquette de village, ou Le Lot supposé*, com., 1715; *La Réconciliation normande*, com., *Le Dédit*, com., *Le Légataire*, com., 1719; *Le Mariage fait et rompu*, com., 1721. — Über Dufresny's Leben u. Werke cf. Beauchamps, *Rech.*, 2, 280; Parfaict, *Hist.*, XV, 395 ff.; Mouhy, *Tabl. dram.*, 11; id. *Abrégé*, II, 139 ff.; De Léris, *Dict*, 566; Fournel, *Le Théâtre etc.*, 323 ff.; Klingler, *La Com.-Ital.*, 213 f. — Claude-Ignace Brugière, sieur de Barrante (1670 —1745) aus Riom in der Auvergne, studierte in Paris die Rechte und war später in seiner Vaterstadt als Advokat tätig. In Paris befreundete er sich mit Regnard und verfaßte gemeinschaftlich mit ihm einige Stücke für das *Théâtre Italien*, eine Übersetzung des Apulejus, einen Kommentar zu Petronius sowie eine Sammlung französischer Epigramme (cf. Klingler, p. 219).

in Bounin's Tragödie *La Soltane* (1560).[1]) Hier ist es nicht ein Zauberer, sondern die Sultanin selber, die die Dämonen zu Hilfe ruft, damit sie verhindern sollen, daß ein Fremdling den Thron besteige:

> *Vous Demons empanés et Manes fouterrains*
> *Toy Belphegor iffu des creux du plus bas eftre,*
> *Qui me fis la vertu des fept herbes connoiftre,*
> *Toy chauueur Thanagan auanfant fon trépas, ...*
> *Sus donc preftement, qu'vn chacun foit en armes:*
> *Sus Demons nuict-vagans que l'on coure à ces charmes.*

An einer anderen Stelle ruft der Prinz Mustapha ebenfalls die Geister der Nacht (*Demons nuict-vagans*) an. Beide Beschwörungen scheinen aber erfolglos zu bleiben.

Eine scherzhafte Geisterbeschwörung wird in Larivey's Komödie *Les Esprits* (1579) ausgeführt.[2]) Ein paar junge

---

[1]) Gabriel Bounin (gest. 1590) stammte aus Chateauroux in Berry und bekleidete daselbst das Amt eines Bailli und eines Maître des Requêtes des Herzogs von Alençon, nachdem er in Paris die Rechte studiert hatte. Er erhielt ferner die Titel Lieutenant de Chateauroux und Conseiller du Roi. Er hinterließ folgende Werke: *Les Economiques*, eine Übersetzung des Ariost, 1564; *La Soltane, tragédie, suivie d'une pastorale à quatre personnages*, 1560, gedr. 1561, neu herausgegeben von Stengel u. Venema. Marburg, 1888, 8⁰ (vgl. dazu die Besprechung von Mahrenholz, in: Z. f. neufr. Spr. u. Litt., 1889, XI, 145 ff.); Ode über die *Médée* des Jean de la Péruse; *Les Joies et Allégresses pour le bien veignement et entrée du prince François, fils de France et frère unique du roi, en la ville de Bourges*, Paris, 1576, 4⁰; *Tragédie sur la défaite de la Piaffe et de la Picquorée, et banissement de Mars, à l'introduction de paix et saincte justice*. Paris, J. Mestayer, 1579, 4⁰; *Satire au Roy contre les républicains, auec l'Alectromachie, Jouste des coqs, poème dramatique* (aufg. 1586) *et autres poésies françaises et latines*. Paris, G. Morel, 1586, 8⁰. — Über Bounin's Leben und Werke cf. Beauchamps, *Rech.*, 2, 31; Parfaict, *Hist.*, III, 325 ff.; Mouhy, *Tabl. dram.*, Aut. 5 f., P. 8, 67, 86 f., 177, 216; id. *Abrégé*, I, 14, 129, 445, 453, II, 49 f.; De Léris, *Dict.*, 518; Brunet, *Manuel*, I, 1173.

[2]) In 5 A. und in Prosa, aufg. 1579, gedr. 1611, 12⁰, abgedruckt in Fournier, *Le Th. Fr. etc.*, I, 144 ff. — Pierre de Larivey (oder La Rivey) stammte aus Troyes in der Champagne. Die Übersetzung der *Huit dernières nuits de Straparole* ist sein erstes Werk. Wir haben folgende Stücke von ihm: *Le Laquais, com.*, in 5 A. u. Pr.;

Leute haben im Hause des alten Geizhalses Severin allerlei
Unfug verübt und sich dann versteckt, um ihm Angst zu
machen. Als der Alte abends nach Hause kommt, findet er
die Türe verschlossen, und sein Diener Frontolin ruft ihm
aus dem Innern des Hauses zu, er werde gut daran tun,
wieder umzukehren, da das Haus voller Teufel sei. (Bühnenanweisung: *il (Frontolin) crache, et ceux dedans font bruict*).
Severin ist entsetzt (II, 3): *Helas! que dis-tu? Est-il vray?
Pleine de Diables!*

> *Front. Escoutez: les oyez-vous pas? Or sus, vous voyez si
> je dis vray.*
>
> *Sev. Helas! oy.*

Er fürchtet, die Teufel möchten ihm seine schönen Möbel
zerschlagen, und schwört, indem er das Zeichen des Kreuzes
macht, er werde sie mit Feuer vertreiben. Der Diener entgegnet, dies sei nicht das geeignete Mittel, da die Teufel das
Feuer nicht fürchten. Severin droht, den Geistern den Hals
abzuschneiden.

> *Front. S'ils vous entendoient, ils vous feroient bien parler
> autre langage; veu mesme qu'ils jettent des pierres et tuilleaux aux
> passans qui ne leur demandent rien* (Bühnenanweisung: *il crache,
> et ceux de dedans jettent des tuilles*).

---

*Le Morfondu,* com., en 5 a. et en pr.; *Le Jaloux,* com., en 1 a. et
en pr. avec un prologue; *La Veuve,* com., en 5 a. et en pr.; *Les Escoliers,* com., en 5 a. et en pr.; diese Stücke sind gedr. in: *Les six
premières comédies facétieuses de Pierre Larivey, Champenois.* Paris, Abel
l'Anglier, 1579, 12° (320 S.), zweite Ausg.: Lyon, Benoist Rigaud, 1597,
622 S. 12°. Weitere Ausgaben: Rouen, Raph. du Petit Val, 1600,
1601, 1611; *Les Tromperies, Comédie,* 1611, 12°; *La Constance,* com.,
en 5 a. et en vers, 1612, 12°; *Le Fidelle,* com., en 5 a. en prose, aufg. 1597,
gedr. 1611 (Troyes, Pierre Chevillot, 12°). Sämtliche Komödien sind neu
gedruckt in *Ancien Théâtre Français,* V, VI u. VII. Über Larivey's
Leben u. Werke cf. Beauchamps, *Rech.,* 2, 67; Parfaict, *Hist.,*
III, 157 ff., 395 ff., 409 ff., IV, 150 ff.; Mouhy, *Tabl. dram.,* Aut. 45, P.
58, 79, 87, 100, 122, 136, 162, 231, 235; id. *Abrégé,* I, 197, 243, 276,
329, 335, 479, 488, II, 202; De Léris, *Dict.,* 611; Brunet, *Manuel,*
III, 839 ff.; Wenzel, *P. de Larivey's Komödien etc.,* 1889; Otto's Ausg.
von Mairet's *La Silvanire,* 1890, XLVII f.; Roemer, *Der Aberglaube
etc.,* 1903, 7 ff., 14, 17 ff., 28 f., 45, 48.

11*

*Sev. Oh! ils me gasteront donc tout mon logis.*

*Front. Pensez qu'ils ne l'amendront pas! Voyez comme les cailloux vollent. Retirez-vous, qu'ils ne vous blessent.*

Nun beginnt Severin doch, sich zu fürchten:

*Pourront-ils bien jetter jusqu'icy?*

*Fr. Non, non, comme je pense.*

*Sev. Combien y-a-il que ceste malediction est aduenue? car jamais je n'en ay esté aduerty.*

*Fr. Je ne sçay. Mais il y a environ deux nuicts que, passant par icy, j'oy qu'ils faisoient un tel bruict qu'il sembloit que le ciel ruynast.*

*Sev. Ne dis pas cela, tu me fais peur.*

*Fr. Les Voisins disent que quelques fois ils chantent et jouent des instrumens, mais plus la nuict que le jour, et que la pluspart du temps ils ne font point de bruict.*

Während dieser Unterhaltung machen sich die jungen Leute im Hause über die Angst des Alten lustig. Der Diener rät ihm, einen Nekromanten oder Zauberer kommen zu lassen, um die Geister durch Beschwörung zu vertreiben:

*Sev. S'en iront-ils?*

*Fr. Oy, résolument.*

*Sev. N'y retourneront-ils point apres?*

*Fr. Peut-estre.*

Jedenfalls will Severin, sobald nur erst die Teufel vertrieben sind, sein Haus verkaufen. Inzwischen hat Frontolin wieder gespukt und die vermeintlichen Geister im Innern machen wieder Lärm. Der Geizhals fürchtet, die Teufel möchten ihm sein Geld nehmen, und versteckt deshalb seine Börse in einem Loch in der Mauer. Frontolin macht sich anheischig, einen Zauberer zu holen (sc. 4). Er kennt einen, der wohl der größte *chasse-diables* von Frankreich ist:

*Sev. Mais comment les chassera-il, s'ils ont verouillé les huis et fenestres sur eux?*

*Fr. Par conjurations qui entrent par tout.*

*Sev. Sortiront-ils par les huis ou par les fenestres?*

*Fr. Voilà une belle demande! Ils sortiront par où ils voudront, et en sortant bailleront un signe, affin qu'on cognoisse qu'ils n'y sont plus et s'en sont allez.*

Frontolin hat den Zauberer, Monsieur Josse, herbeigeholt (III, 2). Severin fragt ihn, was er mit seinem großen Stabe anfangen wolle:

Sev.  *Que voulez-vous faire de ceste baquette?*

M. Josse.  *Elle est bonne à mille choses et autres.*

Sev.  *A quoy?*

M. J.  *A se soutenir, à frapper, à faire des cernes et autres affaires.*

Sev.  *Quoy! vous ne m'entendez-pas? je dis si elle est bonne pour les esprits?*

M. J.  *Pour les esprits? Il n'y a rien pire ny plus dangereux.*

Sev.  *Pourquoy l'avez-vous donc apportée?*

M. J.  *Pour les chasser et tourmenter.*

Monsieur Josse zieht nun sein Zauberbuch aus der Tasche und beginnt die Beschwörung, nachdem er die Anwesenden aufgefordert hat, sich der Türe zuzukehren. Severin fürchtet sich und fragt, ob er die Beschwörung nicht ohne ihn ausführen könne, allein der Zauberer erwidert: «*Il est requis que le maistre de maison y soit présent et que vous m'aydiez. Aprochez donc, et vous mettez à genoux en ce cerne.*» Er muß noch näher herankommen und darf sich nicht umschauen. Nun spricht Monsieur Josse die Beschwörungsformel, die Severin nachsprechen muß:

*Barbara piramidum sileat miracula memphis.*

Severin kann jedoch die lateinischen Worte nicht wiederholen und bittet den Zauberer, die Beschwörung französisch auszuführen, vielleicht verstünden auch die Geister französisch eher als lateinisch. Monsieur Josse beschwört daher auf französisch:

*Esprits maudits des infernalles ombres,*
*Qui repairez ceans soir et matin,*
*Je vous commande au nom de Severin,*
*Qu'en deslogiez sans nous donner encombres.*

Severin bittet ihn:

*Ne parlez point de moy: commandez-leur en vostre nom.*

*M. J. Laissez-moi faire, et ne vous souciez que de dire
vostre Ave.*

(Bühnenanweisung: *Ils font bruict en la maison.*)

Der Zauberer wiederholt die Beschwörung, diesmal aber
in seinem eigenen Namen:

*Je vous commande, ô esprits contrefaicts* [1]),
*Au nom de moy, que pouvez bien cognoistre,*
*Que, delaissans ce logis à son maistre,*
*Vous en sortiez pour n'y rentrer jamais.*
*Sev. C'est assez, messire Josse, helas! c'est assez.*
*M. J. Si vous voulez qu'ils sortent, regardez! c'est à ce coup.*
*Je vous enjoints encore, et vous commande,*
*Par la vertu de ce nom: Astriel,*
*Que promptement sortiez de ceste hostel*
*Avec tous ceux qui sont de vostre bande.*

Frontolin, der die Stelle der Geister vertritt, erklärt mit
unheimlicher Stimme, sie würden nicht gehen. Severin gruselt
es, alle Haare stehen ihm zu Berge. Der Zauberer beschwört
nun die Teufel beim Namen Gottes:

*Je vous commande et enjoints, de par Dieu,*
*Esprits, luytons, farfadets, qu'à ceste heure*
*Vous me disiez sans plus longue demeure,*
*Pourquoy ainsi vous occupez ce lieu.*

Der Teufel erwidert: *A cause de l'abominable avarice de
Severin.* Der Geizhals ist wütend und will sich entfernen,
Monsieur Josse aber ruft ihm mit drohender Stimme zu:

*Venez ça; si vous bougez d'icy et levez tant soit peu un des
genoux, je m'en iray et laisseray les esprits si longtemps en vostre
maison qu'ils s'ennuyront.*

Auf die wiederholte Aufforderung des Zauberers, das
Haus zu räumen, erwidert Frontolin:

*Nous sortirons, nous sortirons.*

---

[1]) Man dachte sich die Geister und Dämonen menschenähnlich, aber
mißgestaltet, cf. die Auffassung des Zauberers Ismen von den Dämonen
in Chrestien's *Grande Pastorelle.*

*M. J. Les avez-vous entenduz? Quel signe nous donnerez-*
*vous par lequel nous puissions cognoistre que serez sortis?*
*Fr. Nous ruynerons ceste maison.*
*Sev. Non, non, demeurez-y plutost.*
*M. J. Nous ne voulons point de ce signe; faictes en un autre.*
*Fr. Nous osterons l'anneau du doigt de Severin.*

Severin wundert sich, daß die Geister trotz seiner Hand-
schuhe den Ring haben sehen können!

*M. J. Ce signe ne nous plaist; donnez-nous en un autre.*
*Fr. Nous entrerons au corps de Severin.*

Das will der Alte noch weniger, und so muß er sich
schließlich dazu verstehen, den Ring herzugeben. Da er sich
aber gar zu sehr fürchtet, verbindet M. Josse ihm die Augen:

*M. J. Nous sommes contens que preniez l'anneau de sire*
*Severin, moyennant que promettez sur vostre foy (!) de restablir*
*tous les dommages que luy avez faicts.*
*Fr. Nous promettons.*
*M. J. Sortez donc sans nous faire mal ny desplaisir. Seigneur*
*Severin, ne bougez, n'ayez peur, je suis avec vous; prenez courage*
*et tendez bien droict le doigt.*
*Sev. Jésus, que j'ai peur!*

Nun wird ihm der Ring abgestreift:

*M. J. C'est faict. Or sus, entrons en la maison.*

Er empfiehlt dem Alten aber, die Binde noch nicht abzunehmen, da die Geister noch in der Nähe seien. Severin
bittet ihn:

*Dictes leur qu'ils s'en allent de tout point.*

M. Josse beruhigt ihn:

*Ils s'en iront bien.*

Dem Zauberer bietet Severin als Lohn ein Abendessen
an, das dieser jedoch mit Rücksicht auf den Geiz des Alten
dankend ablehnt. Severin erklärt, er würde ihm unzweifelhaft den Ring gegeben haben, wenn die Geister ihn nicht an
sich genommen hätten (!). Die Zauberei ist also hier scherzhaft aufgefaßt, der Zauberer ist ein Schwindler und der angebliche Geisterspuk dient ebenfalls bloß einer Betrügerei.

Ein weiteres Beispiel von Geisterbeschwörung haben wir
in Montreux's Pastorale *Athlette* (1585).[1]) Die Zauberin
Delfe, die eine unheimliche Grotte bewohnt, rühmt sich, daß
die Geister ihr untertan seien und sie überhaupt die ganze
Welt in ihrer Gewalt habe. Ihren Wohnort bezeichnet sie
selbst als ein

*antre hideux,*
*Où le foleil au fort de sa carrière*
*Ne fift iamais reluire fa lumière,*

---

[1]) Athlette, pastourelle ou fable bocagère, par Ollenix du Mont-
Sacré, gentilhomme du Maine. Paris, Gilles Beys, 1585, 8⁰. Paris, ibd..
1587, 8⁰; Lyon, Veyrat, 1592, 8⁰. Tours, G. Drobet. 1592, 12⁰. Das
Stück wurde im Jahre 1585 aufgeführt. Die Originalausgabe ist François
de Bourbon, Prince de Conti, gewidmet. — Nicolas de Montreux (1561
—1608) stammte aus Le Mans und war der Sohn des Nic. de Montreux,.
sieur de la Mesnerie (cf. La Croix du Maine, l. c., p. 350). Er veröffentlichte unter dem Pseudonym Ollenix du Mont-Sacré eine Anzahl
Romane und Theaterstücke, die größtenteils minderwertig sind. Außer
der *Athlette* haben wir von ihm folgende Werke: *Les Bergeries de Juliette,*
*en 4 Livres*, 1587—98, 8⁰ (Nachahmung der *Diana* Montemayor's); *Pre-*
*mières Œuvres Politiques, Chrétiennes et Spirituelles*, Paris, 1587; *Le*
*Jeune Cyrus, Trag. tirée du grec de Xenophone*, aufg. zu Poitiers 1581,
nicht gedr.; *La Fable de Diane, Past. en 3 a. en vers*, aufg. am 30. Oktober 1593, gedr. Tours, Jamet Mettayer, 1594, 12⁰ (Priv. v. 30. Oktober
1593); *La Tragédie d'Isabelle*, 1594; *La Trag. de Cléopatre*, aufg. u. gedr.
in Lyon (1595, 12⁰); *L'Arimène ou (Le) Berger désespéré, Past. en 5 a.*
*en vers*, aufg. am 25. Febr. 1596, gedr. Paris, Abr. Saugrain 1597, 12⁰. Nantes,
Pierre Dorion, 1597, 12⁰; *Les Amours de Cléandre et de Domiphille*, 1597,
12⁰; *Le seizième livre d'Amadis de Gaule*, 1597, 16⁰; *La Sophonisbe, Trag.*
*Rouen*, 1601, 12⁰; *Joseph le Chaste, Com. en 5 a. en vers*, 1601, 12⁰. Nicht
gedr.: *La Joyeuse, com., Hannibal, Trag., Camma, Trag., Paris et Oenone,*
*trag., La Decevante, com.;* Der II. Bd. der *Histoire de Troubles de*
*Hongrie*, 1608, 4⁰. Montreux starb vermutlich 1608, denn von diesem
Datum an erschien nichts mehr von ihm, während er sonst fast jedes
Jahr ein oder mehrere Erzeugnisse seiner schriftstellerischen Tätigkeit
auf den Büchermarkt brachte. — Über Montreux's Leben und Werke
cf. Beauchamps, *Rech.*, 2, 52f.; Parfaict, *Hist.*, III, 453, 477, 495 ff.,
526, IV, 44f.; Mouhy, *Tabl. dram.*, Aut. 20, P. 20, 24, 26, 41, 50, 52,
66, 132f., 134; id. *Abrégé*, I, 37, 43, 51, 75, 94, 97, 128, 135. 264, 267,
270, 358, II, 243f.; De Léris, *Dict.*, 195, 496; La Vallière, *Bibl.*,
260 ff., 265; Didot, *Biogr. gén.*, XXXVI, 397; Brunet, *Manuel*, III,
1871 ff.; Körting, *Gesch. des frz. Rom.*, I, 67; Rigal, *Le théâtre franç.*
etc., 114; Roth, l. c., 194 f. (Literaturangaben); Marsan, l. c., 505.

Antre où l'horreur demeure nuict et iour,
Et les esprits de l'infernal seiour,
Esprits affreux, dont l'orgeilleuse bande,
Faict à l'inftant ce que ie leur commande,
Quand les pieds nuds, les cheveux esuentez,
Et les deux yeux roulant de tous coftez,
Le sein ouuert, les manches delacées,
Et jusqu'au coude ardamment retroufées ;
Au creux d'vn cerne, ayant la verge au poing
Ie les coniure à mon plus grand befoing,
En remafchant d'vne eftrange manière,
Tous les propos de l'art d'vne forcière,
Pour affembler par vn coniurement,
Ceux de l'Enfer et ceux du Firmament.
La terre au bruict de mes paroles tremble.
L'eau et le feu confufément i'affemble.
L'air fe ternift, et au fon de mes vers,
Le Cours du Ciel chemine de trauers.
Deffus la mer la plus fiere tempefte,
Soubz le vouloir de mes charmes s'arrefte.
Le cours de l'eau, qui roule d'vn hault mont
Quand il me plaift, retourne contremont.
Du blond foleil les torches lumineufes,
Quand il me plaift, paliffent ténébreufes.
Ie rens le front de la Lune argenté,
Par mes propos, nocturne et fans clarté.
Le fein des prez verdoyant de nature,
A mon plaifir, prend nouuelle teinture,
Et les foreftz, vertes au temps d'efté
Changent de tein félon ma volonté.
Pluton me crainct, Minos et Radamante
Tremblent de peur, foubz les vers que ie chante :
Et bref le ciel, la terre, les enfers,
Et l'océan fremiffent foubz mes vers.
Ie rens au bal de ma langue docilles
Les animaux, de leur nature agilles.
Le bon limier ne crainct tant le chaffeur,
Que chacun d'eux redouble ma grandeur,

*Bref tout me crainct, les Nimphes de Diane,*
*Vont honorant Delfe Magicienne.*

Nur Gott Amor wagt es, ihr zu widerstreiten, und ihm gegenüber ist sie machtlos!

Eine Beschreibung von dem Äußeren eines Zauberers und Beschwörers gibt in J a c q u e s  d e  F o n t e n y 's[1]) Pastorale *Le Beau Pasteur* (1587) der Schäfer Firmot, der sich über den Anblick des Zauberers Urchio entsetzt:

> . . . *voyant fes yeux ardans*
> *Cachés fous vn taillis de fourcils, ie meftonne,*
> *I'ay le fang tout caillé et le cœur me friffonne,*
> *Voyant fa barbe grife et la blanche fores*
> *De fon poil mal rongné craffeufement efpes . . .*

In M o n t r e u x 's Pastorale *L'Arimène*[2]) dient die Beschwörung der Dämonen zur Lösung der recht verworrenen Handlung. Die Verwicklung wird durch die oben besprochene Liebhaberkette nach Vorbild der Diana Montemayor's gebildet. Die Personen lieben sich nach folgendem Schema:

> *Floridor (chevalier errant)* ⎫
> *Cloridan →  Clorise →  Arimène* (Schäfer)  ⎬ → *Alphise* (Schäferin).
> (Schäfer)  *Circiment* (Zauberer) ⎭

Die Intrige ist genau die gleiche wie zu Beginn der *Bergeries de Juliette.* Der irrende Ritter Floridor hat das

---

[1]) Jacques de Fonteny, Mitglied einer Confrérie de la Passion, schrieb folgende Stücke: *La Chaste Bergere*, Past. 1587, 12⁰, ²1615, 12⁰; *Le Beau Pasteur*, Past., 1587, beide Stücke gedr. in: *Les Ebats Poétiques ou Le Bocage d'Amour*, Paris, P. J. Corrozet, 1587, 12⁰ u. ibd. 1615, 12⁰; *La Galathée divinement délivrée, Pastourelle en 5 a. en v.* 1587; *Mylas, Past., L'Amour Vaincu, Past., La Chasteté repentie*, Past., alle drei in Alexandrinern, Paris, ibd.. 1587. 12⁰; *Les Reffentiments de J. de Fonteny pour fa Célefte*, Paris, ibd., 1587, 12⁰; *Anagramme und Sonnette an die Königin Marguerite de Valois*, 1606. 4⁰; *Les Bravacheries du capitaine Spavente* (aus dem Italien. des Fr. Andreini übersetzt). Paris, 1608, 12⁰. — Über Fonteny's Leben u. Werke cf. B e a u c h a m p s, *Rech.*, 2, 47; G o u j e t, *Bibl.*, VIII, 131; M o u h y, *Tabl. dram.*, Aut. 48, P. 124; id. *Abrégé*, I, 90, 360, II, 158 f.; D e  L é r i s, *Dict.*, 578.

[2]) Aufg. mit großem Luxus am 25. Febr. 1596 auf Kosten Philipp Emanuels von Lothringen, Herzogs von Mercœur, im großen Saale des Schlosses zu Nantes; gedr. 1597, s. M a r s a n, l. c., S. 505.

Glück, Alphise aus den Händen eines Wilden, der sie entführt hatte, zu befreien, doch wird ihm der erhoffte Lohn nicht zuteil, denn das Mädchen wird plötzlich bewegungslos, der Zauberer Circiment, Floridors Nebenbuhler, hat sie verhext. Inzwischen hat Arimène erfahren, daß seine Geliebte entführt worden ist, und faßt den verzweifelten Entschluß, sich ins Meer zu stürzen. Clorise fordert den von ihr verschmähten Cloridan auf, ihren Geliebten Arimène zu retten. Cloridan leistet dem Befehle der Grausamen Folge, er kann es aber nicht überleben, Clorise mit seinem Nebenbuhler vereint zu sehen, und will sich den Tod geben. Jetzt endlich läßt Clorise sich erweichen, sie verzichtet auf den soeben dem Tode entrissenen Arimène und reicht Cloridan ihre Hand. Arimène findet seine Geliebte Alphise in lethargischem Schlafe, hält sie für tot und will sich aufs neue umbringen. Jetzt sieht sich der Zauberer Circiment veranlaßt, die Verwicklung zu lösen. Er beschwört die seiner Macht unterworfenen Dämonen und erfährt von ihnen, daß Alphise und Floridor seine eigenen Kinder sind. Sogleich löst er den Zauber, den er aus Eifersucht über Alphise verhängt hat, vereinigt Arimène mit Alphise und heilt kraft seiner Zauberkunst Floridor von seiner Leidenschaft. — Eine komische Szene, die in keinem engeren Zusammenhang mit der Haupthandlung steht, wird durch Turluquin, den Diener Floridor's, und den Pedanten Assave, der auch in Clorise verliebt ist, herbeigeführt. Turluquin hat auf Befehl des Zauberers von dessen Dämonen eine Tracht Prügel bekommen, weil er ihn in seinen magischen Operationen gestört hatte. Noch schmerzt ihn sein Rücken, da trifft er den Pedanten, er hält ihn für einen Teufel und gibt ihm eine Tracht Prügel, um sich für die von den Dämonen erhaltenen Schläge zu rächen. Bei der Aufführung trug der Zauberer ein Gewand aus schwarzem Satin *à la mode des anciens mages d'Egypte.*[1]) Die Magie, die im Rahmen der Handlung als real aufgefaßt ist, dient also hier zugleich zur Schürzung und zur Lösung des Knotens.

Ein Jahr nach diesem Schäferspiele Montreux' erschien

---

[1]) Cf. Marsan, l. c., p. 447.

die Pastorale *Clorinde ou Le Sort des Amants* [1]) von Piérard
Poullet, die eine ganz ähnliche Handlung zeigt. Das Schema
der Liebhaber ist hier folgendes:

*Mélisse* —→ *Raymond* ⇄ *Clorise* ←— *Philère*
(Fee) (Schäfer) (Schäferin) (Schäfer)

Clorinde entflieht mit ihrem Geliebten Raymond. Die
Fee Mélisse, ihre Rivalin, ruft die Dämonen an, um von ihnen
Auskunft über das Versteck der beiden zu bekommen. Die
Geister geben ihr folgende Antwort:

*Il eſt dans le Gyron de Clorinde endormi,*
*Tel qu'autrefois Adon, alors que la Cyprine*
*Luy mignardoit la proie en ſa molle poitrine.*

Mélisse befiehlt ihren Dämonen, den Schäfer auf einen hohen
Berg zu tragen, während sie Clorinde verzaubert. Clorinde
befreit ihren Geliebten mit Hilfe eines Zauberspiegels, ist
aber über seine Feigheit empört und gibt ihn auf, um sich
Philère zuzuwenden, der ihrer Liebe würdiger ist, während
Raymond sich mit der Liebe der Fee Mélisse tröstet, die hier
nicht als Hexe, sondern jung, leidenschaftlich und einigermaßen sympathisch erscheint.

In Hardy's Pastorale *Alphée ou La Justice d'Amour* (1606),
die wir später noch näher besprechen werden [2]), ruft die Hexe,
als sie von den Schäfern bedroht wird, die Hilfe der Dämonen
an (V, 3):

---

[1]) *Past. en 5 a. en prose et en vers.* Aufg. 1597, gedr. Paris, Ant.
Du Brueil, 1598, 12⁰. Über eine Entlehnung Borée's (*La Justice d'Amour*)
aus der *Clorinde* Poullet's, cf. Marsan, l. c., p. 337). Von Piérard (oder
Picard) Poullet aus Tierrache sind folgende weitere Werke bekannt: *Charite
ou Tragédie de Piérard Poullet*, in 5 A. mit Chören, Orléans, Fabian Hotot,
1595, 12⁰; *Traité des Tombes et Sépultures des défunts*, Paris, Léonard,
1612, kl. 8⁰. Über Poullet's Leben u. Werke cf. Beauchamps, *Rech.*,
2, 69; Parfaict, *Hist.*, III, 536; Mouhy, *Tabl. dram.*, Aut. 50, Pièces
54; id. *Abrégé*, I, 99, II, 282; De Léris, *Dict.*, 661; La Vallière,
*Bibl.*, I, 298 f.; Brunet, *Manuel*, IV, 849; Weinberg, *Schäferspiel*, 19 f.
[2]) Siehe unten S. 203 ff. Über Hardy's Leben u. Werke vgl. oben
S. 105; über die Zeitbestimmung der Stücke Hardy's s. unten S. 203 f.,
Anmerkung.

*Hofles de l'air, fauorables demons,*
*Par le pouuoir de la Diue aux trois noms,*
*A coups d'éclairs, de tonnerre, et de grefle*
*Bouleuersez cette troupe rebelle.*

Die Dämonen wagen jedoch nicht zu erscheinen, da Amor, gegen den sie nichts ausrichten können, persönlich in die Handlung eingreift. Hardy hat, wie wir später noch sehen werden, überhaupt die Zauberei in seinen Stücken nicht ernst genommen.

In Dupeschier's allegorischem Stücke *L'Amphithéâtre pastoral* (1609) erscheint Ambition als *Nimphe Magicienne.*[1]) Sie verliebt sich in den Schäfer Lys-de-Fleur, der seinerseits die Nymphe Francia liebt.

Schema: *Ambition* → *Lys-de-Fleur* → *Francia.*

Um ihn für sich zu gewinnen, sucht die Zauberin der Nymphe glauben zu machen, ihr Liebhaber sei tot. Sie errichtet ein Grabmal und schreibt den Namen des Schäfers darauf. Sodann beschwört sie ein Phantom, das Francia unter der Gestalt des Lys-de-Fleur erscheint und sie auffordert, für ihn im Tempel Amors ein Opfer darzubringen, ohne welches seine Seele keine Ruhe finden könne. Francia hält natürlich ihren Geliebten für tot und ist in Verzweiflung. Die List der Zauberin bleibt aber ohne nachhaltige Folgen, da Francia sich bald von dem Betruge überzeugt.

In Larivey's Komödie *Le Fidelle* (1611) wird eine Geisterbeschwörung ausgeführt, die zu einer magischen Operation das Gelingen geben soll.[2]) Victoire, die Frau des alten

---

[1]) In 5 A. u. Versen. Pierre Du Peschier, aus Paris, ist außer durch das obige Stück bekannt durch eine Satire an Balzac, betitelt: *La Comédie des Comédies*, gedr. unter dem Namen Du Barry, Paris, La Coste, 1629, 8°. (Ein Freund Balzac's veröffentlichte im Jahre 1630 eine Polemik gegen du Peschier's Comédie des Comédies unter dem Titel: *L'Amphitrite, ou Le Théâtre renversé de la Comédie des Comédies abattues*, Lyon, 1630, 12°); *La Charité ou L'Amour Sanguinaire*, Trag. in 5 A. Paris, J. Promé, 1624, 12°; *Le Théâtre renversé*, com., 1629. 12°. — Über Du Peschier's Leben u. Werke cf. Mouhy, *Abrégé*, I, 105, II, 270f.; De Léris, *Dict.*, 569; La Vallière, *Bibl.*, I. 433ff., II, 42; Bolte, *Molièreübersetzungen etc.*, 1889, p. 110; Marsan, l. c., p. 237f., 302.

[2]) Über Pierre de Larivey s. oben S. 162 f., Anm.

Cornille, wendet sich an die Zauberin Meduse, damit diese ihr helfen soll, die Liebe des jungen Fortuné zu gewinnen. Die Zauberin fertigt ein Wachsbild an, und begibt sich am Abend mit Victoire und deren Zofe auf den Kirchhof, um die Beschwörung auszuführen.[1]) Dies muß in der Dunkelheit geschehen, denn, sagt Meduse, *ceſte première heure de la nuict eſt fort proppre à contraindre les eſprits.* Sie beschwört die Dämonen, deren Namen sie auf das Wachsbild geschrieben hat, damit sie ihrer Operation ein sicheres Gelingen geben sollen:

*Je vous coniure ô Demons, qui eſtes eſcrits ſur ceſte image, à ſçauoir Nettabor, Tentator, Vigilator, Somniator, Aſtarot, Berligue, Buffon, Amachon, Suchon, Suſtain, Aſmodeus ... Je vous coniure, miniſtres de Sathan, par l'eſpouuantable vertu d'Amour, par la très grande puiſſance de Venus, par l'arc, par les traits, par le bandeau et par les ailes de ſon enfant, par les alegreſſes et par les douleurs, par les haines et par les amitiez, par les larmes et par les ſoupirs, par les ris et par les deſirs des femmes amoureuſes, qu'alliez tout à ceſte heure trouuer Fortuné, et que ne ceſſiez de le contraindre et tourmenter iuſques à ce qu'il vienne icy. Faictes-luy vn lict de douleurs et vn cheuet d'eſpines, de ſorte qu'il ne prenne iamais repos iuſques à ce qu'il ait fait la volonté de Victoire. Amen.*

Da tritt plötzlich aus dem Beinhaus eine Gestalt. Es ist der Pedant Josse, der auf den Gräbern Lichtstümpfchen gesammelt hat, um dabei abends zu studieren. Meduse und ihre Begleiterin halten ihn für einen Geist und eilen erschreckt davon. Die Zauberin, die soeben noch Geister beschworen hat, fällt beim Anblick eines vermeintlichen Geistes schon aus der Rolle, ihre Zauberkunst ist also nicht ernst zu nehmen.

In Chrestien's[2]) *Les Amantes ou La Grande Pastorelle* (1613) rühmt der Zauberer Ismen sich (II. Akt), daß alle

---

[1]) Die mit Hilfe dieses Wachsbildes ausgeführte Operation des *envoûtement* (cf. oben S. 25) werden wir in dem Abschnitt über Liebeszauber besprechen.

[2]) Nicolas Chrestien, Sieur des Croix (1540—1596?), war der Sohn des Guillaume de Chrestien, des Leibarztes des Königs Franz I. Wegen seiner hervorragenden Gelehrsamkeit betraute man ihn mit der Erziehung Heinrichs IV. Bei der Einnahme von Vendôme wurde er von den Anhängern der *ligue* gefangen genommen. Als eifriger Protestant geriet

Dämonen ihm gehorchen müssen, und daß er mit ihrer Hilfe
alles ausführen könne, was er wolle. Zugleich setzt er seine
Auffassung von den Dämonen auseinander: Die bösen Geister
wurden in die Hölle hinabgestürzt. Die weniger schlimmen
Dämonen dürfen in der Tiefe der Erde wohnen und die
Schätze der Erde bewachen,

> Dont ils font Roys, pour en tromper le monde,
> Qui fur leur foy infidelle fe fonde.

Andere boshaftere Geister leben auf der Erde, sie sind
es, die den Zauberern ihre Macht verleihen. Wieder andere
leben in den Tiefen des Meeres, beherrschen die tobenden
Wogen und veranlassen den Untergang der Schiffe, andere
erregen heftige Stürme auf der Erde und vernichten die Ernte
durch ihren giftigen Hauch. Keiner dieser Dämonen hat
menschliche Gestalt:

> Ils ont bien vn femblant vfité
> Mais il y a defectuofité:
> Au lieu de doigts l'vn de griffes s'efcorte,
> Au lieu d'orteils l'autre des ongles porte,
> Au lieu de poil, des crins iniurieux:
> Bref qui d'entre eux en homme fe transforme,
> Pour noftre bien defaut de quelque forme,
> Car le parfaict de ce myftere faint
> Eft referué au feul Fils du Dieu craint . . .

---

er mit Ronsard in Streit. Er bekleidete die Stelle eines kgl. Biblio-
thekars. Folgende seiner Dramen sind uns erhalten: *Albouin ou La
Vengence Trahie, Trag. avec des Chœurs,* aufg. 1608, gedr. 1608, 12⁰;
*Amnon et Thamar, trag. avec des chœurs,* aufg. u. gedr. 1608, 12⁰; *Les
Portugais Infortunés, Trag.* (in 5 Akten mit Chören u. einem Prol.),
aufg. 1608, gedr. Rouen, Theodor Roinfarde, 1608, 12⁰; *Le Ravissement
de Céphale, Trag. avec Prologue et machines,* aufg. 1608 in Florenz bei
der Hochzeit des Königs, gedr. Rouen, ibd. 1608, 8⁰; *La Grande Pastorelle,*
aufg. u. gedr. 1613 (s. das Verz. der ben. Lit.). — Über Chrestien de
Croix cf. Beauchamps, *Rech.,* 2, 77 f.; Goujet, *Bibl.,* II, 526, VIII,
132, XIII, 434; Parfaict, *Hist.,* IV, 113 f., 176 ff.; Mouhy, *Tabl.
dram.,* Aut. 39, P. 7, 12, 45; id., *Abrégé,* I, 11 f., 23, 28, 86, 405, II, 87 f.,
106; De Léris, *Dict.,* 534; La Valliere, *Bibl.,* I, 416; Brunet,
*Manuel,* I, 1183; Weinberg, *Schäferspiel,* 54 ff.; Menéndez y Pelayo,
*Nueva Bibl.,* I, Introd., CDLXXIII.

Die Geister können also menschenähnliche Gestalt annehmen, wobei sie aber durch ihre Mißgestaltung als Dämonen
kenntlich sind. Ismen beschwört sodann die Dämonen, die
ihm gehorchen: Beliad, Sathan, Milledefaut, Torchebinet,
Saucierain, Grihaut, Francipoulain, Noridor, Asmodeus, Astarot
u. a. Die Geister eilen herbei und bieten ihm ihre Dienste
an. Ismen fordert sie auf, ihm die Schäferin, für die sein
Herz entflammt ist, zu verschaffen.[1]) Die Dämonen versprechen, seinem Wunsche zu willfahren. Welche Mittel
dabei anzuwenden sind, erfahren wir nicht. Der Zauberer
entläßt die Geister mit den Worten:

> *Retournez donc au Royaume noircy:*
> *Et cependant ie m'en vay dans mon antre,*
> *Où du foleil iamais la clarté n'entre,*
> *Il eft tout plein d'horreur et d'obfcurité,*
> *Et des démons feulement habité,*
> *Lieu conuenable à ma fcience noire,*
> *Qui d'horreurs fait fa plus viue gloire.*
> *Il deuiendroit vn lumineux feiour,*
> *Si i'y voyois Elice, mon amour.*

Die Reden des Zauberers sind höchst verworren und
voll von Widersprüchen. Einmal verbietet er den Dämonen,
irgend einem Menschen Schaden zuzufügen, und dann wieder
rühmt er sich seiner schwarzen Kunst, die gerade in Greueln
ihre Ehre suche. Ismen gebraucht aber seine Kunst nicht
bloß zu seinem eigenen Vorteil, er stellt sie auch in den Dienst
anderer. Da es sich hierbei aber um andere Gebiete der
Zauberei handelt, werden wir später darauf zurückkommen.
Zum Schluß nimmt der alte Zauberer Vernunft an. Er verzichtet auf seine unsinnige Liebe zu der jungen Schäferin,
auch entsagt er seinen Dämonen, die ihn im Stiche gelassen
und dadurch ihr Unvermögen bewiesen haben. Er will überhaupt der schwarzen Kunst entsagen und sein Wissen nun in
den Dienst der Menschheit stellen:

> *Je veux d'orefnauant*
> *Quitter cet art inconftamment fauant . . .*

---

[1]) Über die Intrige des Stückes s. unten S. 211.

*Par le trauail d'vn fçauoir plus parfaict*
*Que la magie, execrable en effect,*
*Je vous renonce, ô demons de l'auerne,*
*Vn autre efprit maintenant me gouuerne.*

Eine Geisterbeschwörung, die jedoch nur eine neben-
sächliche Rolle spielt, haben wir in H a r d y ' s Pastorale *Corine*
*ou Le Silence* (1614).[1]) Die Handlung ist in diesem einfachen,
dramatischen Idyll sehr geringfügig. Corine und Melite sind
beide in den naiven Calisto verliebt, der nicht weiß, was Liebe
ist. Schließlich verspricht er, diejenige zu heiraten, die am
längsten stumm bleiben werde. Die beiden Mädchen schweigen
nun um die Wette.[2]) Das Stummsein der beiden erregt in
Arcadien große Aufregung. Der Vater Melite's ist tief betrübt, ebenso der in Melite verliebte Schäfer Arcas. Die
Magie ist machtlos. Calisto hat sich aus dem Staube
gemacht, und es bedarf der gemeinsamen Aktion von Venus,
Cupido und der Zauberin Merope, auf deren Befehl eine
Truppe von Geistern erscheint und ihm eine Tracht Prügel
verabreicht, um den jungen Mann eines besseren zu belehren.
Die Naivität Calisto's ist sehr stark übertrieben; sie wirkt
nicht nur lächerlich, sondern geradezu abstoßend. Das Stück
ist unzweifelhaft das schwächste, das Hardy geschrieben hat.[3])

---

[1]) Über die Zeitbestimmung des Stückes s. unten S. 203 f., Anm.

[2]) Die stumme Frau ist ein schon in den französischen Farcen sehr
beliebtes Motiv.

[3]) Im Vorwort zur *Corine* (Bd. III seiner Werke) sagt Hardy:
*L'inuention de ce poëme est dûë à la galantise italienne, qui nous en
donna le premier modelle; ses principaux et plus célèbres auteurs sont
Tasse, Guarini et autres sublimes esprits ... Ce sont les docteurs du pays
latin, sous lesquels i'ay pris mes licences et que i'estime plus que tous les
rimeurs d'auiourd'huy ...»* Von spanischen Vorbildern dagegen schweigt
Hardy. Daraus darf man jedoch nicht schließen, daß er ausschließlich
italienische Vorbilder vor Augen gehabt hätte. Wenn er auch mit bezug
auf *Corine* sagt: *Elle n'a mendié son inuention de personne*, so geht
daraus nicht unbedingt hervor, daß das Stück wirklich seine eigenste
Erfindung ist. R i g a l (*Alex. Hardy*, p. 234 ff. u. 517 ff.) gibt zu, daß
Hardy den Italienern und Spaniern einiges entlehnt habe, aber vielleicht
ohne des Italienischen und Spanischen mächtig zu sein. Für *Corine*
läßt Rigal die Frage der Entlehnung offen. Mit Bezug auf Hardy's

Marsan bemerkt dazu recht witzig: «*La France d'Henri IV est maladroite, décidément, à peindre la chasteté masculine*» (p. 243). Was die Magie anlangt, so begegnen wir bei Hardy immer einer scherzhaften Auffassung derselben, sie dient ihm nur zur Ausschmückung seiner Stücke.

In Troterel's[1] Pastorale *L'Amour Triomphant*[2] spielt der Zauberer, der den allegorischen Namen Démonace trägt,

---

Abhängigkeit von den Spaniern spricht Marsan (l. c., p. 242) die Ansicht aus, daß Hardy die *Diana* Montemayor's zum mindesten gekannt, wenn auch in diesem Falle nicht als Vorbild benützt habe.

[1] Über den Verf. s. oben S. 132, Anm.

[2] *L'Amour Triomphant, Pastorale comique en 5 Actes et en Prose), par Pierre Troterel, Escuyer, Sieur d'Aves, où soubs les noms du Berger Pirandre et de la belle Oreade du mont Olympe sont descrittes les amoureuses auentures de quelques grands Princes. Le tout enrichy de plusieurs belles remarques, inuentions, histoires, raisons et discours tirez de la Philosophie, tant moralle, que naturelle.* — Über eine Aufführung des Stückes ist nichts bekannt. In seinem Vorwort, welches überschrieben ist: *Aux Fidelles Amans,* sagt der Verfasser, er wolle seine Leser oder Zuschauer in diesem Stücke mit der pythagoräischen Lehre von der Seelenwanderung bekannt machen. Pythagoras habe durch die Metempsychose die gegenseitige Zuneigung zweier Liebenden versinnbildlichen wollen, *qui meurent en eux pour viure en la chofe aimée.* Der Liebende denkt und handelt nicht aus sich selber, *bien que la penfée foit la principale action de l'amour.* Das Sein und das Handeln sind zwei parallele Linien, die in demselben Zentrum zusammenlaufen. Die Seele des Liebenden lebt also nicht in ihm selber, da er nicht in sich selber handelt; er lebt also gar nicht in sich selbst. Wer immer liebt, ist tot, oder vielmehr er lebt in einem anderen Menschen. Folglich ist der Tod unzertrennlich von der Liebe. Pythagoras sagt, die Seele des Tugendhaften geht nach dem Tode des Menschen in den Körper eines anderen Menschen über, die Seele eines lasterhaften Menschen aber in den Leib eines Tieres. Ebenso, sagt Troterel, lebt die Seele des tugendhaften Liebhabers nach seinem Tode in dem Körper der von ihm geliebten Person wieder auf, wenn sie dessen würdig ist. Der lasterhafte Mensch, dessen Seele in einen Tierleib übergeht, versinnbildlicht den egoistischen und materiell gesinnten Liebhaber, der die vergänglichen Schätze der tugendhaften Schönheit vorzieht. Der Verfasser ermahnt deshalb die Liebenden, nur tugendhafte und schöne Frauen zu lieben, den Mädchen rät er, nur den tüchtigen und edeldenkenden Liebhabern Gehör zu schenken. *Ces belles Nymphes et ces fages Bergers, defquels vous ouyrez l'hiftoire tout maintenant, pratiquans la Metempficofe de Pythagore de cette mefme façon que ie viens de vous dire ont aimé les*

die Rolle eines Bösewichts. Er gebraucht seine Kunst zu seinem eigenen Vorteil und zum Schaden anderer. Die Oreade (Bergnymphe) ist die Tochter eines Günstlings des Königs von Cypern (cf. die *Licoris* von Basire d'Amblainville, 1614); die Anträge des Prinzen Turlin zurückweisend, lebt sie mit ihren Nymphen nur der Jagd. Der Zauberer Démonace und der Schäfer Pirandre bestürmen sie mit Liebeserklärungen, sie ist dem letzteren nicht abgeneigt, möchte aber lieber ihre Freiheit bewahren. Démonace beschwört seinen Dämon (*spiritus familiaris*), damit er ihn an den Ort führe, wo die Oreade sich aufhält (Akt I):

«*Coniuration.*»

*Efprit qui t'es fubmis de franche volonté,*
*Et mefme par contract, à me faire feruice,*
*Vien maintenant à moy; car ie fuis tourmenté*
*Autant que ie fus onq' d'vn amoureux fupplice.*

Der Geist erscheint und erwidert:

*De la Sphere du feu, que voifine les Cieux,*
*Le haut fon de tes vers a mon oreille atteinte,*
*Sus, raconte-moy donc quel tourment ennuyeux*
*Te faict ores lafcher vne fi trifte plainte?*

Démonace eröffnet ihm, daß er in ein Mädchen verliebt sei, dessen Namen er jedoch nicht nennt. Der Dämon scheint aber schon Bescheid zu wissen:

*Arrefte, c'eft affez; i'entens ce que tu veux,*
*Et m'en vay la trouuer, à fin de la contraindre*
*De venir en ce lieu, pour amortir tes feux,*
*Car fi tu n'en iouïs, tu ne peux les efteindre.*

---

*chofes belles et bonnes, et non les difformes et vicieufes.* (Der Verf. huldigt also der naiven, antiken Anschauung, daß die Tugend stets in einem schönen Körper lebe, und daß andererseits Lasterhaftigkeit und körperliche Häßlichkeit identisch seien!) *Le deuoir vous oblige à les imiter, et pour moy ie vous y exhorte en particulier, ne vous perfuadant rien de parole que ie ne veuïlle moy-mefme executer par effet, afin qu'à mon exemple vous foyez animez dauantage.*

Der Dämon verschwindet, erscheint aber bald darauf von
neuem, um dem Zauberer zu melden, daß er der Oreade
gegenüber machtlos sei, und er rät ihm, lieber auf sie zu
verzichten; sie müsse unsterblich sein oder doch wenigstens
unter dem besonderen Schutze einer Gottheit stehen. Démonace
verwünscht ihn, da er ihm nichts nützen könne, worauf der
Dämon droht, ihn von nun an gänzlich im Stiche zu lassen:

> *Ingrat, fuy loing d'icy; tu peux faire ton conte*
> *Qu'à tes vœux ie ne puis deformais confentir,*
> *Puifque de mes biens-faicts ie tire de la honte,*
> *N'efpere, à ton malheur, qu'vn tardif repentir.*

Vergebens versucht der Zauberer, ihn zurückzuhalten,
und beklagt sich über den nicht gerechtfertigten Zorn des
Geistes, der um so heftiger sei, als dieser Dämon die Sphäre
des Feuers bewohne, welches ja das Prinzip der Leidenschaft
sei. Trotz ihres cholerischen Temperaments aber seien die
Feuergeister allein imstande, Liebe einzuflößen, «*car ils pré-*
*fident au faict d'amour, et pouffent nos inclinaifons, mefme contre*
*noftre volonté, d'autant plus que le feu a ie ne fçais quel rapport*
*à l'amour*». Aus diesem Grunde hatte er sich diesen Dämon
zu seinem Werkzeuge erwählt. Nun aber, nachdem er ihn
so grausam enttäuscht, bleibt ihm nichts anderes übrig, als
zu sterben. Sein Diener Morosophe spricht ihm Mut zu und
rät ihm, den Dämon zurückzurufen und ihn diesmal höflicher
zu behandeln. Etwas später entschließt sich Démonace, dem
Rate seines Dieners folgend, den Dämon aufs neue zu beschwören, damit er ihm das Mittel an die Hand geben solle,
das Herz der schönen Oreade zu gewinnen. Für den Fall,
daß er Erfolg habe, verspricht er seine Hilfe seinem Diener,
der bisher denselben Mißerfolg bei der Begleiterin der Oreade
gehabt hat:

> *Démonace. Efprit Tenarien, qui vers moy te viens rendre,*
> *Auffitoft que ie veux quelque chofe entreprendre,*
> *Maintenant ie t'inuoque, accours iufques icy,*
> *Affin de me tirer de ce nouueau foucy.*

Der Dämon erscheint sogleich:

*Ie n'eftois pas fi loing pour crier dc la forte,*
*Eh bien, que me veux-tu? quel foucy te tranfporte?*
*Dy le moy promptement, car i'ay hafte d'aller*
*Treuuer mes Compagnons qui volent parmy l'air,*
*Afin de l'esmouuoir d'vne forte tempefte*
*Pour faire submerger vne nauire prefte*
*A defmarer du port: Sus donc, depefche toy,*
*Et me dy quel foucy te donne de l'efmoy?*

Démonace. *Mon Démon, fi iamais tu voulus me complaire,*
*Monftre toy maintenant defireux de le faire;*
*Va t'en d'vn pas volant reuoir mon coriual,*
*Et fay-le trebufcher dans l'abyfme infernal,*
*L'enuoyant, fi tu peux, d'vn coup pouffé de rage,*
*Es riues où Charon aux morts donne paffage.*

Le Dém. *Pour donner vne fin au mal qui te poffede,*
*Ie m'en vay faire effay de mes derniers efforts,*
*Mais fi ie ne l'enuoy au Royaume des Morts,*
*Iamais à ton tourment n'efpere aucun remede.*

**Der Dämon verschwindet in den Lüften.**

Démonace. *Quel diable de courier! comme il fend les nuës*
                                    *à pied!*

Da plötzlich ertönt ein Höllenlärm, und der Zauberer
ruft entsetzt aus:

*Tout eft perdu, c'eft qu'il eft pourſuiuy d'vn autre*
*Efprit qui l'a mis en fuite.*

Der Schutzgeist des Schäfers Pirandre, des Rivalen des
Zauberers hat den Dämon angegriffen. Dieser ruft seine
Genossen zu Hilfe:

*O Sylphes, ô Lutins, ô Larues fantaftiques*
*Qui glacez de frayeur les cœurs plus heroïques,*
*O Lares, Gnenomons, Tifiphone, Alecton,*
*Et tous vous autres fleaux du regne de Pluton,*
*Haftifs venez à moy pour me tirer de peine.*

Auf sein Hilfegeschrei eilt der Dämon Onoselide aus der
Hölle herbei, aber der gute Genius Pirandre's schlägt ihn in
die Flucht. Morosophe, der Diener, fürchtet sich beim Anblick so vieler Geister, aber sein Herr beruhigt ihn, indem

er ihm erklärt, daß er einen Zauberkreis gezogen habe, in
den die Dämonen nicht hineintreten können. Morosophe aber
bemerkt ängstlich: *Mais ils ont les griffes affez longues pour
m'atteindre dè loing.*

Der Dämon des Zauberers hat inzwischen von dem guten
Genius eine Tracht Prügel bekommen, und er geht, sich in
der Versammlung der Dämonen Rat zu holen, was nun zu tun
sei. — Daß der Verfasser diese Beschwörungsszenen nicht
ernst gemeint hat, geht aus einer Äußerung hervor, die er
dem Diener des Zauberers in den Mund legt. Morosophe
erklärt in einem Monologe, er würde sich nie dazu verstehen,
die Götter mit Gebeten zu belästigen oder die Dämonen zu
beschwören, wie sein Herr es tue, um von ihnen irgendwelche
Hilfe zu erlangen: «*Toutes ces manieres de proceder ne font que
fuperftitions, autant vaines que ridicules.*» Immerhin aber spielt
die Magie im Rahmen der Handlung eine wichtige Rolle.[1]

In Racan's *Bergeries* (1618) findet sich ebenfalls eine
Beschwörungsszene.[2] Alcidor und Lucidas bewerben sich um

---

[1] Die nebensächlichen Geschichten, mit denen die Haupthandlung
umgeben ist, sind Reminiszenzen aus der Astrée: Die Geschichte des
Prinzen Turlin, von Philodice erzählt (I, 1 u. II, 2), die Geschichte
Calistène's (I, 4), die Geschichte Aronthe's (II, 1), die Geschichte
Pirandre's (III, 1 u. V, 7), die Geschichte des Zauberers Démonace
(II, 5). Alle diese Erzählungen holen sehr weit aus und machen da-
durch die Handlung, die sie fortwährend unterbrechen, sehr schleppend,
gerade wie in der Astrée. Auch der Umstand, daß Troterel diese
Pastorale in Prosa geschrieben hat (nur die Beschwörungen sind in
Versen), während die beiden vorhergehenden Stücke in Alexandrinern
geschrieben sind, weist auf den Einfluß der Astrée hin.

[2] *Les Bergeries ou Artenice, Past. en 5 a. en vers, avec un prologue
de la Nymphe de la Seine et des chœurs.* Aufg. 1618 im Hôtel de
Bourgogne (cf. La Croix, *XVII^e siècle*, 1882, p. 271), gedr. Paris,
Touss. du Bray, 1618, 8°; ibd. 1623, 8°; bei J. Martin, 1633, 8°; bei
Nic. Le Clerc, 1698, 8°. Über die Entstehungszeit des Stückes cf.
Arnould, *Racan*, 1896, p. 183 ff.; Marsan, l. c., p. 324 ff. (daselbst
weitere Literaturangaben). — Über Honorat de Bueil, Marquis de Racan
cf. Beauchamps, *Rech.*, 2, 97; Goujet, *Bibl.*, XII, 245. XIV, 213,
XV, 183, 185, XVI, 63, 107, 166, XVII, 205; Parfaict, *Hist.*, IV,
288 f.; Mouhy, *Tabl. dram.*, Aut. 4, P. 36; id., *Abrégé*, I, 65, II, 34,
288 f.; De Léris, *Dict.*, 667; La Croix, *XVII^e siècle*, 271 f.; Weinberg, *Schäferspiel*, 60 ff.; Arnould, l. c.; Marsan, l. c., p. 324 ff. —

die Gunst der Schäferin Artenice, welche die Liebe des ersteren
erwidert, den anderen dagegen verschmäht.[1]) Lucidas sucht
in seiner Verzweiflung Hilfe bei dem Zauberer Polistène, den
er von Jugend auf kennt und sehr hoch schätzt. Er begegnet
zufällig dem Zauberer,

> qui tout feul fe promeine,
> Vn liure dans fa main, au long de cette plaine.

Lucidas redet ihn ehrfurchtsvoll an und trägt ihm sein
Anliegen vor. Polistène verspricht ihm seine Hilfe. Da
Alcidor von Ydalie geliebt wird, will er der Artenice die
beiden in einem Zauberspiegel in zärtlicher Umarmung
zeigen, und so die Eifersucht der Artenice erwecken, was
sie von ihrer Leidenschaft für Alcidor heilen wird. Es gelingt Lucidas, Artenice zu überreden, mit ihm in die Höhle
des Zauberers zu kommen. — Polistène erwartet die beiden
in seiner Grotte (II, 4). Schon von weitem hört Artenice ihn

> fur le haut de ces monts,
> D'vne voix éclatante inuoquer les démons.[2])

Noch ist er unsichtbar in der Tiefe der Höhle. Mit
sonorer Stimme spricht er eine lange und feierliche Tirade,
um einen Eindruck von seiner Zaubermacht zu geben:

> Au creux de ces rochers d'où l'eternelle nuict
> A chaffé pour iamais la lumière et le bruict:
> I'ay choifi mon feiour loin de la multitude,
> Pour iouïr en repos du plaifir de l'eftude.

---

Über französische Vorbilder der *Bergeries* cf. Marsan, p. 126 ff. Über
italienische Entlehnungen cf. Arnould, p. 575, wo die Entlehnungen
Szene für Szene nachgewiesen sind.

[1]) Das Schema der Liebenden ist hier folgendes:

*Tisimandre*
(Schäfer)  →  *Ydalie*  →  *Alcidor*  ⇄  *Artenice*  →  *Tisimandre*
(Schäferin)    (Schäfer)   (Schäterin)
*Satyr*

*Lucidas*
(Schäfer)

Die Kette ist also hier in sich geschlossen.

[2]) Arnould (p. 268) vermutet in dieser Stelle eine Nachahmung
Vergil's (Ekl. I, 57):

> Hinc alta sub rupe canet frondator ad auras.

*Par elle tous les iours comme maiſtre abſolu,*
*Ie fais faire aux Demons ce que i'ay reſolu,*
*Et mon pouuoir cogneu de tous les coings du monde*
*Met [sens] deſſus deſſous le Ciel, la terre et l'onde:*
*Des iours ie fais des nuicts, des nuicts ie fais des jours,*
*J'arreſte le ſoleil au milieu de ſon cours,*
*Ou. la honte qu'il a d'obeïr à mes charmes*
*Souuent luy fait noyer ſon viſage de larmes:*
*Les brouillards par le frein de mes enchantements*
*Dans le vague de l'air changent leur mouuements,*
*Et portent où ie veux ſur l'onde et ſur la terre*
*La tempeſte, le vent, la greſle et le tonnerre.*
*Quand le fier Aquilon, l'horreur des matelots*
*Met la guerre ciuile en l'empire des flots,*
*Bien qu'il ait de Neptune irrité la puissance,*
*Mon ſeul commandement excuſe ſon offenſe:*
*Bref, ie ſuis tout puiſſant ſi toſt que des Enfers*
*Mon art a déliuré les eſprits de leurs fers:*
*N'eſt-il pas vray, Demons, ſpectres, images ſombres,*
*Noirs ennemis du iour, phantoſmes, lares, ombres,*
*Horreur du genre humain, trouble des éléments?*
*Qu'eſt-ce qui vous rend ſourds à mes commandements?*
*Que retardez-vous tant? he quoy! troupe infidelle,*
*Ne cognoiſſez-vous pas la voix qui vous appelle?*
*Descouurez des Enfers le funeſte appareil,*
*Que l'horreur de la nuict faſſe peur au ſoleil,*
*Faictes couler le Styx deſſus noſtre hemiſphere,*
*Et faictes seoir Pluton au thrône de ſon frere,*
*Tonnez, greſlez, ventez, eſtonnez l'vniuers,*
*Monſtrez voſtre pouuoir et celuy de mes vers.*

Der Zauberer zieht nun um Lucidas und Artenice den
Zauberkreis (*le cerne magique*) und schickt sich an, die Beschwörung auszuführen. Er hat nur das Bedenken, das
Mädchen könnte sich vor den unheimlichen Blitzen und dem
gräßlichen Geschrei der von ihm beschworenen Geister
fürchten. Da jedoch Artenice verspricht, mutig zu sein, beginnt er die Beschwörung, nachdem er seinen Besuchern eingeschärft hat, die Grenze des Zauberkreises, den er auf dem

Boden beschrieben hat, ja nicht zu überschreiten. Auf Befehl
des Zauberers wird es dunkel.[1]) Beim Anblick der scheuß-
lichen Ungeheuer, die nun unter Blitz und Donner erscheinen,
der feurigen Lanzen und der Flammengarben, die aus dem
Boden emporlodern, fällt den beiden doch das Herz in die
Schuhe und Lucidas ruft entsetzt aus:

> *D'horribles tourbillons, d'efclairs et de tempeftes*
> *Dans ce nuage efpais s'affemblent fur nos teftes.*

Da plötzlich verziehen sich die schwarzen Wolken und
die Geister verschwinden auf ein Zeichen des Zauberers, der
nun den Zauberspiegel herbeiholt, in dem er Artenice das
trügerische Bild zeigen will.[2]) Im folgenden Akte gibt
Artenice eine Beschreibung dieser Beschwörungsszene, in der
sie die Schrecken der Geistererscheinungen noch übertreibt:

> *. . . Lucidas et moy confultans les myfteres,*
> *Que Poliftène obferue en fes grottes aufteres;*
> *. . . Si toft que le vieillard imprimant fur l'argile*
> *Eut acheué fon cerne, ou pluftoft noftre azile,*
> *Et qu'il eut par trois fois inuoqué les demons,*
> *D'vne voix eftouffée en fes foibles poulmons,*
> *Dans l'air clair et ferain maints nuages s'étendent,*
> *Des morts, pafles et froids, fortent du monument,*
> *Il femble que l'enfer s'affemble au firmament,*
> *L'air eclatte frappé de maint coup de tonnerre,*
> *Et l'ombre de la nuict enuironne la terre:*
> *A l'heure la frayeur commence à me faifir,*
> *Tous mes fens eftonnez ne fçauent que choifir,*
> *Mes vœux font fans effect aufsi bien que mes larmes*
> *Le vieilard cependant continuoit fes charmes,*
> *Vn orage bouffy, qui fe fendit en deux,*
> *Peuple . l'obfcurité de phantofmes hideux,*
> *D'où des lances de feu, de refpect retenues,*

---

[1]) Bühnenanweisungen sind nicht vorhanden, doch läßt sich die
magische Operation aus der Erzählung, die Artenice im III. Akte davon
gibt, leicht rekonstruieren.

[2]) Die mit Hilfe des Zauberspiegels ausgeführte magische Operation
werden wir in einem späteren Abschnitte behandeln.

*Defcendent fur ma tefte, et remontent aux nuës:*
*Et lors pour tefmoigner fon pouuoir fouuerain,*
*Ses feuls commandements rendirent l'air ferain,*
*Des tourbillons efmeus calmerent l'infolence,*
*Et mefme aux Zephirs impoferent filence.*

Die magische Operation ist also hier durchaus ernst genommen, was schon aus der ehrfurchtsvollen Haltung des
Lucidas dem Zauberer gegenüber hervorgeht.

Eine ganz untergeordnete Rolle spielt die Magie in
Hardy's Pastorale *Le Triomphe d'Amour* (1623). [1]) Die
Schäferin Clytie ist von zwei Satyren entführt worden. Ihr
Geliebter, der Schäfer Céphée, der sie lange vergeblich gesucht hat, wendet sich schließlich an die Zauberin Philire,
um mit Hilfe ihrer schwarzen Künste den Verbleib des
Mädchens in Erfahrung zu bringen. Die Zauberin beschreibt
um sich den Zauberkreis, läuft wie rasend in dem Kreise hin
und her und beschwört unter heftigem Wackeln des Kopfes
die Dämonen der schwarzen Kohorte (IV, 2):

*Quelqu'vn de vous en diligence sorte;*
*Quelqu'vn de vous me réponde, léger,*
*Où est Clytie, et comment son berger*
*La doit recouure. Or, sus, que l'on se hâte,*
*Par le pouuoir que j'ai reçu d'Hécate,*
*Par ces neuf mots que je vais murmurer!*
*Que tardez-vous? Ah! c'est trop endurer!*
*Si vne fois la colère m'allume,*
*Tous chatiés ainsi: que de coutume . . .*

---

[1]) Über die Zeitbestimmung des Stückes s. unten S. 203 f., Anm. Die
Pastorale, das letzte Stück des Verfassers, wurde im Theater des Hôtel
de Bourgogne aufgeführt, und 1623 gedruckt. Es scheint, wie Marsan
(p. 247) ausführt, daß Hardy an verschiedenen Stellen die *Galathée divinement déliurée* (1587) von Jacques de Fonteny benützt hat. Céphée,
geführt von seinem Hunde, ist auf der Suche nach seiner Geliebten, die
ihm der Satyr entführt hat. Er hört von weitem ihre Klagen (IV, 3
u. 4). In der *Galathée* sind (im V. Akt) Calomachite und Timale auf
der Suche nach einem jungen Mädchen, das Cunivasilas entführt hat.
Sie hören von weitem ihre Klagerufe, als Cunivasilas ihr Gewalt antun will.

*Ah: je prévois maintenant à ce bruit*
*Qu'vn prompt effet mes commandements suit.*

Pisandre, der Begleiter des Céphée, erbleicht vor Schreck,
während dieser in seiner Liebe zu Clytie den Mut findet, der
unheimlichen Szene furchtlos beizuwohnen.

*Pisandre. C'est fait de nous! l'enfer sort de la terre,*
*Pluton lui-même a brandi ce tonnerre;*
*Regarde en l'air, des escadrons menus,*
*Au mandement de ces charmes venus.*
*Dieux, quelle horreur! de son bon sens sortie,*
*On la diroit en rage convertie,*
*L'œil égaré, ses cheveux blancs épars*
*Autour du col flottant de toutes parts,*
*Pleine d'écume et sa bouche entr'ouverte*
*Trop curieux, je piège notre perte.*

Céphée ermutigt ihn:

*Courage! elle a leur tempête accoisé.*

Nach dieser umheimlichen Beschwörungsszene erklärt die
Zauberin, daß sie das Versteck Clytie's nicht wisse, Diana
aber werde es offenbaren. Die Zauberin ist also nicht ernst
zu nehmen, da sie ihr Unvermögen selbst eingesteht.

In der Pastorale *Endimion ou Le Ravissement* (1627) von
La Morelle ruft der Zauberer Asterodian die Götter der
Unterwelt an.[1]) Diese Beschwörungsszene ist jedoch mehr als
eine Reminiszenz aus der klassischen Mythologie denn als ein
Zauberakt aufzufassen.

Ein weiteres Beispiel von Dämonenbeschwörung haben
wir in De La Croix's Pastorale *La Climène* (1628).[2]) Si-

---

[1]) Von demselben Verfasser ist außer dem obigen nur noch ein
Stück bekannt, welches betitelt ist: *Philine ou L'Amour Contraire, Trag.,*
*Dédiée à Madame la princesse le Guémené, par le sieur de la Morelle.*
Paris, Martin Collet, 1630, 8° (in 5 A. u. Alex.). Cf. Beauchamps,
*Rech.*, 2, 108; Parfaict, *Hist.*, IV, 467f.; Mouhy, *Tabl. dram.*. Aut. 47;
id., *Abrégé*, I, 372, II, 246; De Léris, *Dict.*, 609; La Vallière, *Bibl.*,
I, 567 ff.

[2]) *Tragi-comédie-pastorale, en 5 a. en vers.* Aufg. 1628, gedruckt
1629, 8°. Von Antoine de la Croix (Advokat des Parlaments) haben

landre, ein verkappter Prinz, ist in heftiger Liebe zu der Schäferin Climène entbrannt. Da er aber in dem Prinzen Alcidor und in dem reichen Liridas zwei Nebenbuhler hat, nimmt er in seiner Verzweiflung seine Zuflucht zu einem Zauberer, der ihm den Beistand der höllischen Mächte verspricht (III, 2):

*Le magicien. Dans les sainctes horreurs de l'eternelle nuict*
*De ces sombres forests, loing des gens et du bruict,*
*Qui pourroit me troubler, i'entretiens solitaire*
*Vne troupe d'esprits pour compagne ordinaire:*
*Si bien que ie commande enfermez dans mes fers,*
*Le ciel, le feu, l'air, l'eau, la terre et les enfers.*

In langen Tiraden ergeht er sich darüber, daß Himmel, Erde, Feuer, Luft und Wasser sowie die ganze Hölle ihm untertan seien. Es steht in seiner Macht, Regen und Hagel fallen zu lassen, Überschwemmungen herbeizuführen, der Erde Fruchtbarkeit zu verleihen oder durch große Trockenheit die Saaten verdorren zu machen. Pluto fürchtet ihn und schickt ihm auf seinem Befehl die Geister der Unterwelt, die er aufs grausamste bestraft, wenn sie sich vermessen, ihm ungehorsam zu sein. Silandre läßt sich durch die tönenden Worte und die äußere Erscheinung des Zauberers betören:

*Sil. Ha le voila qui resue, il porte quelque liure,*
*Il a sa verge en main. Quel port maiestueux!*
*Comme vn bonnet de nuict luy couure les cheueux,*
*Il confond quelques mots, auant qu'il se retire,*
*Je m'en vais l'appeller.*

Er trägt ihm sein Anliegen vor. Der Zauberer verspricht ihm seine Hilfe:

wir noch folgende Werke: *L'Inconstance Punie ou Melanie, Tragi-com.* 1630, 8°; *Les Enfans dans la Fournaise, Tragi-com.* (der Königin von Navarra gew.), 1661, 8°; *Nabuchodonosor, Tragi-com. Par A.D.L.C.* Paris, 1661. 8°; *La Guerre Comique, ou La Défense de l'Ecole des Femmes* (nicht aufg.), 1664. 12°. — Über De La Croix cf. Beauchamps, *Rech.*, 2, 30; Goujet, *Bibl.*, III, 411; Parfaict, *Hist.*, IV, 401 ff.; Mouhy, *Tabl. dram.*, Aut. 40, P. 53, 83, 127; id., *Abrégé*, I, 98, 161, 256; La Vallière, *Bibl.*, II, 33 ff.; Brunet, *Manuel*, IV, 1; Weinberg, *Schäferspiel*, 116 ff.

*Il suffit, c'eſt aſſez, ce liure et ce baſton*
*Luy changeront le cœur, vien, prenons ce canton,*
*Ce cerne que ie fais eſt ma ſeure defence,*
*De peur que quelque eſprit (trop) bienueillant ne m'offence,*
*Entrons tous deux dedans . . .*

Da Silandre sich vor den Geistern fürchtet, verspricht
der Zauberer ihm, er werde sie vor seinen Augen unsichtbar
bleiben lassen, nur werde er den Pulver- und Schwefeldampf,
den die Dämonen ausatmen, wahrnehmen. Silandre erbleicht:

*Sil.*       *. . . quel terrible murmure*
*J'entens dedans ce coing! quelle fumée obſcure*
*S'éleue dedans l'air!*

Nun beginnt die eigentliche Beschwörung:

*Puiſſances de la nuict, troupe malencontreuſe*
*Qui croupis [!] au limon des mareſts d'Achereuſe,*
*Sortez Dires d'enfer, quittez voſtre ſeiour,*
*Venez pour m'obeyr veoir noſtre iour.*
*Sil.*      *Non, qu'ils n'approchent pas,*
*Ie friſſonne d'horreur, ie ſuis pres du treſpas.*
*Mag.* *Vous qui ſçauez lier les libres volontez,*
*Qui les affermiſſez dans leur captiuitez,*
*Ioignez d'vn nœud eſtroit qu'on ne puiſſe comprendre*
*Et Silandre à Climène, et Climène à Silandre.*

Ein unsichtbarer Geist überreicht dem Zauberer ein
Zauberarmband, zugleich hört man die Stimme eines Dämons:

*Ce que tu veux eſt fait, attens ie vais ietter*
*Vn charme qui pourra Silandre contenter,*
*Reçois ce bracelet, et dedans l'eſcriture*
*Qui eſt à l'vn des bouts, tu ſçauras l'auanture.*

Die Beschwörungsszene ist hier ernsthaft aufgefaßt. Wir
werden in dem Abschnitt über Liebeszauber noch auf das
Stück zurückkommen.[1])

---

[1]) Die drei ersten Akte dieser Pastorale sind eine stellenweise
wörtliche Nachahmung der *Isabelle* von Paul Ferry. Jordan weist in
seiner *Histoire d'un voyage littéraire fait en 1733 en France, en Angle-
terre et en Hollande* (La Haye, 1735, p. 47, zitiert bei Marsan, p. 342)

Im Gegensatze zu den vorhergehenden Stücken greift in
Bridard's Pastorale *Uranie* (1631)[1] ein Zauberer und Beschwörer ungerufen in die Handlung ein. Der König von
Phrygien will seine Tochter Uranie mit einem mächtigen
Fürsten verheiraten. Uranie hat jedoch ihr Herz dem Prinzen
Florilame geschenkt. Melante, die Mutter des Prinzen, widersetzt sich seiner Vereinigung mit Uranie. Da greift plötzlich
der Zauberer Alcandre ein. Als Melante mit ihrem Vertrauten Tersange die unglückliche Neigung ihres Sohnes und
die Mittel, einer Heirat zwischen ihm und Uranie vorzubeugen,
bespricht, ertönt plötzlich ein Donnerschlag, so daß Tersange
erschreckt ausruft:

> *Mais d'où peut prouenir ce grand coup de tonnerre,*
> *C'eſt de l'inimitié du ciel et de la terre;*
> *Bon Dieux! elle frémit et ne ſubſiſte pas,*
> *L'image de la mort ſe peint deſſous mes pas,*
> *Le ſoleil a perdu ce feu qui nous eſclaire,*
> *A fin de ne voir pas le ciel en ſa colère,*
> *Sans pluyes et ſans vents l'orage ſuruenu*
> *Semble nous menacer d'vn deſaſtre incognu . . .*
> *D'où viennent ces Demons! Ces importuns ſuiuants,*
> *Ces fantoſmes hideux, et ces Larues de vents!*

darauf hin, daß La Croix mit seiner *Climène* sich eines Plagiats schuldig
gemacht habe: «*Je trouvay ce même jour la Climène, tragi-comédie
par le Sr de la Croix, imprimée à Paris, 1632, in-8°. Voici ce que je
trouvai écrit ſur le premier feuillet de la main de Paul Ferry, ministre
de Metz ...: La plupart de cette Climène a été plagiarisée et prise et
dérobée de mon Isabelle, comme j'ai dit à l'imprimeur étant à Paris
en 1634; et pour cette cause l'ay acheptée après avoir reconnu le larrecin
en y lisant sans y penser: et m'a dit l'imprimeur que le Sr de la Croix
qui s'en dit l'autheur est un avocat.* — Paul Ferry.»
    [1]) *Tragédie-pastorale en 5 a. en vers, dédiée à Mlle de Bourbon* (mit
einem *argument* und einem *avis au lecteur*). Paris, J. Martin, 1631, 8°;
ibd. 1648, 8°. Eine Tragikomödie, betitelt: *Agrimée, ou l'amour extravagant, dédiée à Madame de Chalais par S. B.* (Paris, J. Martin, 1629,
12°, in 5 A. u. Alex.) scheint ebenfalls von Bridard zu sein, denn eins
der Gedichte, die dem Stücke vorausgehen, ist mit seinem Namen unterzeichnet (Priv. vom 3. Dez. 1628). — Über Bridard vgl. man Beauchamps, *Rech.*, 2, 116; Mouhy, *Tabl. dram.*, A. 36, P. 238; id., *Abrégé,*
I, 495; II, 60 f.; De Léris, *Dict.*, 522; La Vallière, *Bibl.*, II, 283 ff?

*Comme ils vont murmurant, voyez comme ils paſliſſent,*
*Deſia d'eſtonnement mes ſentiments fremiſſent;*
*Rentrez dans vos cachots, eſprits, priuez de corps,*
*On n'a que faire icy du langage des morts!*

Alcandre ist es, der seine Dämonen zugunsten der beiden
Liebenden beschwört. Bei seinem Anblick fährt Tersange,
der sich bisher so furchtlos gezeigt hat, bestürzt fort:

*Mais qui eſt ce vieillard qui ſortant d'vne flâme*
*A pas lents et comptez approche de Madame?*
*Pourquoy l'enflame-t'il d'vne noire vapeur?*
*Helas! mes ſentiments ſont tous glacez de peur,*
*Et crains fort en voyant la Princeſſe en la ſorte*
*Que cette ombre entretienne vne perſonne morte.*

*Alc.*   *Eſprits qui m'aſſiſtez en mes enchantements,*
*Qui donnez tous vos ſoins à mes contentements,*
*Portez ceſte Princeſſe au creux de la cauerne,*
*Et qu'vn chacun de vous entre apres en ce cerne;*
*Il eſt temps de chaſſer cet aſſoupiſſement*
*Pour luy faire eſcouter mon aduertiſſement.*

*Ters.*  *Porter dans les Enfers vne perſonne viue?*

Der Zauberer beruhigt ihn mit der Versicherung, daß
er ihnen wohlgesinnt sei. Die Geister haben ihm verkündet,
daß Uranie und Florilame füreinander bestimmt sind. Er
ermahnt deshalb Melante, der Vereinigung ihres Sohnes mit
Uranie nichts in den Weg zu legen. (Bühnenanweisung:
Donner und Blitz.) Melante erschrickt sehr

*O Dieux, c'eſt à ce coup que nous ſommes perdus.*

Tersange sucht sie zu beruhigen. Die Geister verschwinden, es wird wieder hell, und jetzt erst werden beide
sich über die gehabten Visionen klar. Melante hat, während
sie wie erstarrt dastand, Florilame und Uranie mitten unter
Schäfern und Herden in einem Walde erblickt, wie sie sich
zärtlich umschlungen hielten. Sie versteht, daß die Vereinigung der beiden Liebenden unausbleiblich ist, und gibt
nun ihre Einwilligung dazu. — Die Magie bringt also hier
reale Wirkungen hervor und nimmt eine wichtige Rolle im

Rahmen der Handlung ein, denn sie führt die Lösung des Konfliktes herbei.

Eine Dämonenbeschwörung nach allen Regeln der Kunst findet sich in de Crosille's *Chasteté Invincible ou Tircis et Uranie* (1633).[1]) Da der Schäfer Driope nicht an die Macht des Zauberers Licandre glauben will, sucht dieser ihm allerlei Beweise seiner Kunst zu geben, aber Driope läßt sich nichts vormachen und antwortet sehr nüchtern und humorvoll auf die phantastischen Vorschläge des Zauberers.

*Lic. Veux-tu que ie faffe defcendre d'Offa et de Pélion les aunes et les pins? et puis ie les ferai danfer en rafe campagne.*

*Driope. Les Coups de hache les font defcendre tous les iours, et les flots les font danfer quand ils feront des mats de navire.*

*Lic. Veux-tu que je faffe venir les ténébres en plein midi?*

*Dr. Vne tonne, vn berceau, vn bois fort épais feront tout de même.*

*Lic. Veux-tu que ie faffe marcher les ombres?*

*Dr. Chacun fait marcher la fienne, pourvu qu'il fe pourmeine au foleil.*

*Lic. Veux-tu que ie faffe revenir les efprits?*

---

[1]) *Chasteté Invincible ou Tircis et Uranie, bergerie en 5 a. en prose, avec des chœurs en vers.* Paris, Sim. Février, 1633, 8⁰. — Die zweite Ausgabe (1634) ist betitelt: *Bergerie de Monsieur de Crosilles.* — Jean Baptiste de Crosilles (oder Croisilles), abbé de St. Ouen, genannt Ogier, lebte bis 1651. Er war Mitglied einer Art Akademie, die bei Michel Marolles abgehalten wurde und in der der französische Sprachschatz und neue Werke geprüft wurden. Er hatte mehrere Gönner, darunter den Duc d'Uzes, Chevalier de Vendôme, und den Grafen von Soissons, der ihn im Jahre 1637 fallen ließ, als man ihn beschuldigte, trotz seines geistlichen Berufes sich verheiratet zu haben. Infolge dieser Beschuldigung war de Crosilles 10 Jahre im Gefängnis, erst 1651 wurde er freigesprochen und starb im selben Jahre in äußerster Armut. Nach dem Zeugnis des abbé de Marolles zeichnete sich de Crosilles durch große Beredsamkeit aus, seine Werke dagegen sind recht mäßig. Er verfaßte eine Anzahl Episteln, die dem Herzog von Rételois gewidmet sind und in weniger als 2 Jahren 4 oder 5 Auflagen erlebten (1619). Ferner wird ihm eine Komödie *Clytie* zugeschrieben. — Über De Crosilles' Leben u. Werke cf. Beauchamps, *Rech.*, 2, 131 ff.; Goujet, *Bibl.*, XVI, 144 ff.; Mouhy, *Tabl. dram.*, A. 10, P. 226; id., *Abrégé*, I, 468, II, 107 f.; La Vallière, *Bibl.*, II, 376 ff.; Brunet, *Manuel*, II, 430.

*Dr. L'eau iettée fur le vifage n'y manque point.*

*Lic. Veux-tu que ie faffe marcher les rochers et les arbres?*

*Dr. Thyrfis le fait en y grauant fes vers, et arec tant de perfection, que c'eft un vrai miracle.*

*Lic. Veux-tu que ie faffe foupirer le marbre et reuenir les morts?*

Driope entgegnet, wenn er das vermöge; so müsse er doch auch imstande sein, in Uranie Liebe zu dem Schäfer Tirsis zu erwecken. Wenn er dieses Wunder vollbringen könne, wolle er ihm auch die übrigen glauben. Licandre macht sich anheischig, in dem Mädchen, das ihren Liebhaber bisher immer kalt von sich gewiesen hat, diese wunderbare Wandlung hervorzubringen, und schickt sich an, zu diesem Zwecke die Geister zu beschwören. Zugleich gibt er dem ungläubigen Driope einige Erklärungen über die Art und Weise, wie man Dämonen beschwöre:

*Commençons donc à celebrer les myfteres . . . L'adiuration doit preceder l'inuocation, par l'adiuration nous coniurons les Deitez malignes de nous laiffer en repos; par l'inuocation nous implorons l'affiftance des bons Demons.*

*Première Adiuration.*

*Noir Chaos, pafles Deeffes,*
*Haines, enuies, trifteffes,*
*Ennemis du iour,*
*Eloignez vous d'icy, faictes place à l'amour.*

*Seconde Adiuration.*

*Trois cent Dieux mal-faisans, trois preftres, trois Bellones,*
*Trois Gueules de Cerbere, et trois teftes aufsi,*
*Trois Hecates, trois nuicts, trois Furies felonnes,*
*Tenez vous dans l'Enfer, ne venez point icy.*

*Troisiesme Adiuration.*

*Appaifons Proferpine en la loüant,*
*Loüons-la en la redoutant;*
*Cent couleuvres formant vn renimeux ombrage,*
*Grouilent fur l'affreux cuir de fon fombre vifage.*
*Toute pleine d'horreur, poil infect et baueux,*
*Qui faict tous ces cheueux.*

Die nun folgende *Invocation* zugunsten des unglücklichen

Liebhabers werden wir in dem Abschnitt über Liebeszauber
besprechen.

In D e s m a r e t s' Komödie *Les Visionnaires* (1637) [1])
kommt zwar keine Dämonenbeschwörung vor, jedoch glaubt
eine abergläubische Person an eine solche. Es werden uns
hier eine Reihe von Menschen vorgeführt, die jeder von einer
besonderen Verrücktheit befallen sind. Der Verfasser erklärt
in der Vorrede, daß es sich jedoch nur um solche Verrückt-
heiten handle, wegen deren man niemanden einsperre: ‹ *Tous les*
*jours nous voyons parmi nous des esprits semblables, qui pensent*
*pour le moins d'aussi grandes extravagances, s'ils ne les disent.*›
Einer von diesen Leuten ist Artabaze, ein prahlerischer, aber
feiger Soldat, ein richtiger *Capitan*; er bildet sich ein, die
ganze Welt erobert zu haben, und verlangt von jedermann
als tapferer Soldat geehrt zu werden. Jedoch fürchtet er sich
vor dem Dichter Amidor, dessen poetische und überschwäng-
liche Ausdrücke er für magische Worte und Namen von
Dämonen hält (Akt I, sc. 2):

*Amid. Je sors des antres noires du mont Parnassien,*
  *Où le fils poil-doré du grand Saturnien*

---

[1]) Com. en 5 a. en vers. Aufg. 1637, gedr. 1637, 4°. — Das Stück hatte
viel Erfolg. — Jean Desmarets, Seigneur de Saint-Sorlin (1596—1676)
war *Contrôleur Général de l'extraordinaire des Guerres*, Generalsekretär
der Marine und Mitglied der franz. Akademie. Er stand in hoher Gunst
bei Richelieu und war dessen literarischer Ratgeber. Religiös-mystisch
veranlagt, schrieb er eine Anzahl Werke dieser Art. Despreaux macht
sich in seinen Satiren lustig über ihn. Desmarets verfaßte ein Sonnet,
das als Inschrift auf der Reiterstatue Ludwigs XIII. auf der Place Royale
angebracht wurde. In seinen Romanen behandelt er vielfach Gegenstände aus der klassischen Mythologie. Er schrieb außer dem obigen
folgende Dramen: *Erigone, Trag. en pr.* 1639, 12°; *Mirame, Trag.*
1639, f°; *Scipion, Trag.* 1639, 4°; *Roxane. Trag.* 1640, 4°; *Le Sourd,*
*Com. en 1 a. en v.* (nicht aufg. und nur als msc. erhalten); *Annibal,*
*Trag.* und *Le Charmeur Charmé. Com.* blieben unvollendet. · Das Verzeichnis seiner Werke s. bei B r u n e t, *Manuel du Libraire*, II, 632 ff. —
Über Desmarets de Saint-Sorlin cf. B e a u c h a m p s, *Rech.*, 2, 142;
G o u j e t, *Bibl.*, I, 11 ff., III, 123, 147, 299, V, 91 ff., 228 ff., VII, 221,
XVI, 80, XVII, 419; P a r f a i c t, *Hist.*, V, 180 ff., 384 ff., VI, 17 ff., 50,
59, 266; De L é r i s, *Dict.*, 556; La V a l l i è r e, *Bibl.*, II, 574 ff.;
N i s a r d, *Histoire etc.*, IV, 2 ff.; D a n n h e i s s e r, *Z. Geschichte etc.*, 1892,
p. 39 u. 64; F o u r n e l, *Le Théâtre etc.*, 14, 53 f.; 111.

> *Dans l'esprit forge-vers plante le Dithirambe,*
> *L'Epode, l'Antistrophe, et le tragique Iambe.*

*Art.* *Quel prodige est-ce-cy? Je suis saisi d'horreur.*

**Er ergreift die Flucht.** Der Zufall will es, daß er ihm
aufs neue begegnet (III, 2):

*Amid.* *Au secours Polhymnie, Erato, Therpsicore,*

*Art.* *Fuyons, ceste fureur le va reprendre encore!*

> *... Il parle à ses demons,*
> *Son œil n'est plus si doux, il fait mille grimaces,*
> *Et masche entre les dents de certaines menaces.*
> *Voyez comme il nous lance vn regard de trauers.*

In sc. 3. unterhalten sich beide über ein Theaterstück:

*Amid.* *J'ay le roole en ma poche, il est fort furieux,*
> *Car ie luy fay tuer ceux qu'il aime le mieux.*

*Art.* *C'est donc quelque demon, quelque beste effroyable,*
> *Ah! ne le tuez point.*

*Amid.* *Ce n'est rien de semblable.*
> *Cela n'est qu'vn esprit.*

*Art.* *Quoy, qui donne la mort?*
> *Vous estes donc Sorcier?*

*Amid.* *Ne craignez point si fort.*

*Art.* *Ah Dieux! ie suis perdu, ma valeur ny mes armes*
> *Ne sont point par malheur à l'espreuue des charmes.*

*Amid.* *Ce ne sont que des Vers.*

*Art.* *C'est ce qui me fait peur.*

Eine ähnliche komische Szene spielt sich im IV. Akte
(sc. 2) ab zwischen Artabaze und Melisse, einem jungen
Mädchen, welches die Geschichte Alexanders des Großen gelesen und sich sterblich in diesen Helden verliebt hat:

*Mel.* *Faites-moy donc entendre, est-ce métamorphose*
> *Qui vous fait Artabaze, ou bien metempsicose?*

*Art.* *Quoy? vous dites aussi des mots de sorcier?*
> *Qui fit la tragédie?*

*Mel.* *Invincible guerrier,*
> *Alors qu'on vous creut mort par charme ou maladie,*
> *Ce fut donc vn sorcier qui fit la tragédie?*

*Art.* *Il est vray que de peur i'en ay pensé mourir.*
> *Vous a-t'on dit l'effroy qui m'a tant faict courir?*

*Mel.*   *Quoy donc? il vous fit peur, ô valeur sans seconde.*

*Art.*   *Il m'a faict disparoistre aux yeux de tout le monde.*

*Mel.*   *Vous disparustes donc par vn charme puissant?*

*Art.*   *Par des mots qui pourroient en effrayer vn cent.*

      *Par vn certain Demon qu'il portoit dans sa poche.*

*Mel.*   *O Dieux.*

*Art.*          *Nul de sa mort ne fut iamais si proche.*

Durch diese Erzählung hat er sich selbst von neuem
Angst gemacht, so daß er es für ratsam hält, die Flucht zu
ergreifen:

*Mel.*   *Helas! où courez-vous?*

*Art.*          *Le sorcier me peut prendre.*

Das Stück hatte einen außerordentlich großen Erfolg,
der allerdings wohl auf die besondere Begünstigung, die
Richelieu ihm zuteil werden ließ, zurückzuführen war.

Ein Beispiel von Totenbeschwörung haben wir in G i l l e t's
Tragikomödie *Le Triomphe des Cinq Passions* (1642).[1]) Arthemidor, ein griechischer Edelmann, sucht sich vergeblich
von den Leidenschaften des Ehrgeizes, des' Jähzornes, der
Liebe und der Eifersucht frei zu machen. Er sucht deshalb
einen weisen Zauberer auf und bittet ihn, er möge ihn von
diesen Leidenschaften befreien. Nachdem der Zauberer vergeblich versucht hat, den Edelmann durch Vernunftgründe
zu bekehren, verfällt er auf ein wirksameres Mittel. Er läßt
eine Anzahl bekannter Helden des Altertums nacheinander
aus der Unterwelt emporsteigen, um an diesen Beispielen zu
zeigen, wie gefährliche Leidenschaften große Männer ins Unglück gestürzt haben. Er führt Arthemidor an einen für die
magische Operation besonders geeigneten Ort, der indes nicht
näher bezeichnet wird, und fordert ihn auf, den Reden der
Schatten aufmerksam zu lauschen. Ein Vorhang hebt sich,
und es erscheint in einem Tempel Manlius, der von seinem
eigenen Vater zum Tode verurteilt wird, weil er gegen dessen
ausdrückliches Verbot eine Schlacht, wenngleich siegreich, geliefert hatte. Das zweite Bild, welches der Zauberer heraufbeschwört, zeigt Rhadamiste und Pharasmane. Ersterer hatte

---

[1]) Über Gillet de la Tessonnerie cf. oben S. 142 f., Anm.

den König von Armenien besiegt und ihn erdrosseln lassen.
Nach Vorführung dieser beiden Szenen erscheint Arthemidor
sichtlich bewegt; der Zaubergreis zeigt ihm nun, in der richtigen Erkenntnis, daß die Liebe eine stärkere Leidenschaft
sei als Ehrgeiz und Habsucht, den Antiochus, der sich in
Liebe zu Stratonice, seiner Stiefmutter, verzehrt. Arthemidor
bittet ihn nun, er möge ihn auch von der Eifersucht heilen.
Der Zauberer führt ihm die Geschichte eines gewissen Emilius
vor, dessen sehr eifersüchtige Gattin ihm, als er auf die Jagd
ging, heimlich folgte, in der Erwartung, ihn mit einer Maitresse
zu ertappen. Emilius hält im Halbdunkel des Waldes seine
Gattin für einen Hirsch und schießt einen Pfeil auf sie ab.
Zum Schluß wird die Geschichte der Bisathia, Tochter des
Königs der Massilier, vorgeführt. In dem Glauben, daß ihr
Geliebter ihr untreu geworden sei, gibt sie ihn der Rache des
Königs preis, der ihn umbringen läßt. Sie bereut jedoch bald
ihre Grausamkeit und begeht Selbstmord. Der Zauberer entläßt nun den Edelmann, in dem eine sichtliche Wandlung
vor sich gegangen ist, mit der Ermahnung, aus diesen Beispielen eine Lehre zu ziehen. — Der Zauberer spielt in diesem
Stücke eine sympathischere Rolle als sonst. Er ergeht sich
nicht in langen Tiraden über seine ungewöhnliche Kunst,
sondern führt vernünftige Reden und ist nur von dem Wunsche
beseelt, dem Edelmanne zu helfen. Die Magie bringt hier im
Rahmen des Stückes, das jedoch in seiner Gesamtheit alle-
gorisch aufgefaßt ist, reale Wirkungen hervor.

Ein *Spiritus familiaris* wird in T h o m a s  C o r n e i l l e 's
Komödie *Le Feint Astrologue* (1648) erwähnt.[1]) Jacinte fragt
Philippin, was seinem Herrn ein so ungewöhnliches Wissen ver-
leihe. Philippin erwidert:

> *C'est que toujours en poche il a quelque Démon.*
> *Jac. Un Démon! et tu sers un tel maistre?*
> *Phil.*                                        *Qu'importe!*
> *Un Diable quelquefois n'est pas mauvaise escorte,*
> *J'entens un familier, ne t'épouvante pas.*

---

[1]) Über die *spiritus familiares* cf. I. Teil, S. 22 f. Über das Stück
cf. oben S. 136 ff.

Geisterbeschwörungen sowie eine Fülle anderer magischer Operationen finden sich im V. Akte von Quinault's *Comédie sans Comédie* (1654), welcher unter dem Titel *Armide et Regnault* ein Stück für sich bildet.[1]) Diese *Tragi-comédie en machines* ist ein richtiges Ausstattungsstück, mit Verwandlungen, großartiger Szenerie und allerlei zauberhaften Begebenheiten. Gleich in der ersten Szene erscheint Armide, die mächtige Zauberin, in der Luft schwebend.[2]) Sie ruft ihre Geister an:

> *Miniſtres dont les ſoins ſont mes plus fortes armes,*
> *Demons à me ſeruir engagez par mes charmes,*
> *Changez ces lieus couuerts et de ſang et de pleurs,*
> *En vne iſle agréable et couuerte de fleurs.*

In der Tat verwandelt sich alsbald die Szene in eine märchenhafte Insel, zu der eine prächtige Brücke führt. Armide läßt sich auf der Zauberinsel nieder und fährt, zu den Geistern gewendet, fort:

> *Et vous à qui ie dois les hautes connoiſſances*
> *De la plus aſſeurée et noble des ſciences,*
> *D'vn Art qui, quand ie veux, trouble ou calme les Mers,*
> *Et fait pallir les Cieux, ou trembler les Enfers. . . .*

Vierzig christliche Ritter hatte sie durch ihre Zauberkünste gebannt und bei sich festgehalten, aber Renaud hat sie sämtlich befreit. Deshalb sinnt Armide auf Rache und beschwört zu diesem Ende ihre Dämonen, insonderheit den Schatten Hidraot's:[3])

---

[1]) Jeder der 5 Akte dieser Komödie bildet ein Stück für sich. Der erste Akt ist eine Art Prolog zu den folgenden, der II. eine Pastorale, *Clomire* betitelt, der III. eine Komödie, *Le Docteur de Verre*, der IV. eine Tragikomödie, *Clorinde*, der V. eine *Tragi-comédie en Machines*, betitelt *Armide et Regnault*. Die *Comédie sans Comédie* entstand im Jahre 1654, wurde im folgenden Jahre aufgeführt und im Jahre 1657 gedruckt (die Ausg. s. im Verz. der ben. Lit.). Über Quinault cf. oben S. 159.

[2]) Über die Zauberin Armide, die der *Gerusalemme Liberata* entlehnt ist, cf. oben S. 85.

[3]) Die Figur des Zauberers ist Tasso's *Gerusalemme Liberata* entnommen (s. oben S. 85).

*Je vous coniure donc, Ombre qui m'eſtes chere,*
*Par les Ondes du Styx que tout l'Enfer reuere,*
*Par le cercle d'Hecate et ſes trois diuers noms,*
*Et par le noir Trident du Prince des Demons,*
*Pour aux iours de Renauld enſemble faire la guerre,*
*De ſortir à l'inſtant du centre de la Terre.*

Die Erde öffnet sich, der Schatten Hidraot's steigt empor
und verspricht ihr den Beistand der Unterwelt zur Ausführung
ihrer Rache.

In M o l i è r e ' s Festspiel *Les Plaisirs de l'Iſle Enchantée*
(1664) beschwört im *4e entrée du Ballet du Palais d'Alcine* [1])
die Zauberin Alcina ihre Geister, damit sie ihr Beistand
leisten sollen. Zwei derselben erscheinen und machen tolle
Sprünge um sie herum. In der folgenden Szene (*5e entrée de
Ballet*) erscheinen noch weitere Dämonen und versichern die
Zauberin ihrer Ergebenheit. Hier sind die Beschwörungsszenen nicht ernst zu nehmen, sondern lediglich zur Ausschmückung der Handlung eingeflochten.

In Molière's *Pastorale Comique* (1666) [2]) finden sich unter den
Personen des Ballets eine Anzahl Zauberer (*magiciens dansants*
und *magiciens chantants*). In der zweiten Szene des I. Aktes
führen die Zauberer unter Gesang und Tanz eine Beschwörung
aus, die den Zweck hat, den Liebhaber Lycas zu verschönen.
Sie schlagen mit ihren Zauberstäben auf die Erde, aus der
sogleich eine Anzahl Dämonen hervorkommen. Die Dämonen
tanzen um Lycas herum und bekleiden ihn mit einem seltsamen Gewand, während die Zauberer singen:

*Ah qu'il est beau*
*Le Jurenceau!*
*Ah qu'il est beau, qu'il est beau!*
*Qu'il va faire mourir de belles!*
*Auprès de lui les plus cruelles*
*Ne pourront tenir dans leur peau . . .*

---

[1]) Die Handlung des *Ballet du Palais d'Alcine* ist der Alcina-
Episode aus Ariost's *Orlando Furioso* (VII, 76—80) entnommen. Cf.
R o t h, *Der Einfluß Ariost's etc.*, p. 220 ff.

[2]) Aufgef. am 2. Dez. 1666 (cf. Œuvres compl. de Molière, Paris,
Baudouin, 1828, IV, 37).

Die Zauberer scheinen sich aber über Lycas lustig zu machen. Sie wiederholen nochmals denselben Refrain, und während die Dämonen ihren Tanz fortsetzen, verschwinden die Zauberer in der Erde. — Die Magie scheint hier, wie in den meisten Pastoralen, dazu zu dienen, der verzweifelten Lage eines von seiner Angebeteten verschmähten Liebhabers abzuhelfen. Da das Stück jedoch nur als Fragment erhalten ist, läßt sich die Rolle der Magie nicht genauer bestimmen.[1])

Eine Komödie in 3 Akten und Versen von N é e l, betitelt *L'Illusion Grotesque ou Le Feint Négromancien* (1678) konnte wegen der Seltenheit der Ausgabe nicht eingesehen werden.[2]) Vermutlich handelt es sich hier um einen Schwindler wie der falsche Astrolog bei Thomas Corneille, derjenige in d'Ouville's *Jodelet Astrologue*, in Gillet's *Le Campagnard* und in La Taille's *Le Négromant*.

Eine schwindelhafte Teufelsbeschwörung führt in der oben besprochenen Komödie *La Devineresse* (1679) die Titelheldin aus. Diese angeblich magische Operation haben wir bereits besprochen (s. oben S. 127 f.).

In Q u i n a u l t's Oper *Roland* (1685, cf. oben S. 159 f.) beschwört im V. Akte die gütige Fee und Zauberin Logistilla, in deren Palaste sich die Handlung abspielt, die Schatten der Helden des Altertums, damit sie ihr helfen sollen, Roland von seiner Verblendung zu heilen (V, 2):

> *O vous dont le nom plein de gloire*
> *Dans la Nuit du Trepas n'eſt point enſevely,*

---

[1]) Molière verbrannte diese Pastorale vor seinem Tode. Nur der Text der Lieder ist in der Partitur Lulli's erhalten. Da aber der Dialog fehlt, ist der Gang der Handlung nicht ersichtlich (cf. Œuvres compl. Paris, Baudouin, IV, 39).

[2]) Louis Balthazar Néel, Advokat, geb. zu Rouen und gest. zu Rouen 1754, verfaßte mehrere wenig bedeutende Werke: *L'Illusion Grotesque ou Le Feint Négromancien*, com. *en 3 actes et en vers*, Rouen, Ant. Maury, 1678, 12°; *Voyage de Paris à Saint-Cloud par mer et retour de Saint-Cloud à Paris par terre, en deux parties.* 1749, 12°, 1781, 12°; *Histoire du Maréchal de Saxe*, 1752, 12°; *Histoire de Louis, Duc d'Orléans*, 1752, 12°. — Über Néel cf. B e a u c h a m p s, *Rech.*, 2, 260; M o u h y, *Tabl. dram.*, A. 43, P. 48, 107, 177; id. *Abrégé*, I. 90, 360, II. 158 f.; D e L é r i s, *Dict.*, 644; Q u é r a r d, *La Fr. litt.*, VI, 398.

*Vous dont la celebre memoire*
*Triomphe pour jamais du Temps et de l'Oubly,*
*Venez, Heroiques Ombres,*
*Venez feconder mes efforts :*
*Sortez des Retraites fombres*
*Du profond Empire des Morts.*

Die Schatten erscheinen. Logistilla, die Feen und die Schatten der Helden singen zusammen:

*Roland, courez aux armes.*
*Que la Gloire a de charmes!*
*L'amour de fes divers appas*
*Fait vivre au delà du Trepas.*

Die Stimmen der Helden erwecken Roland aus seiner Betäubung, während der Chor der Schatten singt:

*Sortez pour jamais en ce jour*
*Des liens Honteux de l'Amour.*

### b) Verwandlungen.

Nach dem Vorbild der in Frankreich so beliebten Metamorphosen Ovid's [1]) finden sich in einer großen Anzahl französischer Dramen des 16. und 17. Jahrhunderts solch zauberhafte Verwandlungen.

Eine Metamorphose haben wir in Montreux's Pastorale .*La Diane* (1593).[2]) Die Schäferin Diane ist ihrem bisherigen Geliebten Fauste untreu geworden und hat sich dem Schäfer Nymphis zugewendet, der aber unerbittlich bleibt, da er sein Herz der Schäferin Julie geschenkt hat und seine Liebe erwidert sieht. Da Julie die Liebesanträge des Ritters Hector zurückweist, will dieser sich mit Nymphis schlagen. Bei dieser verwickelten Situation

(Schema: *Fauste* → *Diane* → *Nymphis* ⇄ *Julie* ← *Hector*)

kommt das unerwartete Eingreifen eines Zauberers, wie sich

---

[1]) Cf. oben S. 93.

[2]) *La Diane d'Ollenix du Mont-Sacré, Gentilhomme du Maine, pastourelle ou fable bosquagere* (in 3 A. u. V.). Tours, Jamet Mettayer, 1594. 12⁰ (Priv. v. 30. Oktob. 1593). Über Nic. de Montreux cf. oben S. 168, Anm.

denken läßt, sehr erwünscht. Der Zauberer Elymant gibt
Faustus eine Flüssigkeit, mit der er sich das Gesicht benetzen
soll. Kaum ist dies geschehen, da erscheint Faustus in den
Augen Diana's unter der Gestalt des Nymphis. Das Mädchen
läßt sich täuschen, und verspricht, ihn zu heiraten. Sie merkt
jedoch den Betrug, als sie bald danach eines zweiten Nymphis
ansichtig wird. Der wirkliche Nymphis versichert sie aufs
neue seiner Abneigung, während der Pseudo-Nymphis aus
Verzweiflung über ihre erneute Zurückweisung sich ins Meer
stürzen will. Jetzt endlich läßt die grausame Schöne sich
erweichen und reicht Faustus die Hand zum Ehebunde. Ob
der Pseudo-Nymphis durch ein erneutes Eingreifen des Zauberers
seine ursprüngliche Gestalt wiedererhält, bleibt dahingestellt.
Elymant, der es sich zur Aufgabe gemacht hat, die Situation
zu retten, kommt gerade rechtzeitig hinzu, um einen Zweikampf zwischen Hector und Nymphis zu verhindern, und versöhnt die beiden Nebenbuhler, indem er ihnen enthüllt, daß
sie Brüder sind. Durch einen Zaubertrank, den Elymant ihm
reicht, wird Hector von seiner Leidenschaft geheilt, und
Nymphis heiratet Julie. — Die Magie ist also hier als real
aufgefaßt, da sie unverkennbare Wirkungen hervorbringt. Sie
dient nicht nur zur Belebung der Handlung, sondern führt
die Lösung des Konfliktes herbei.

In Bauter's Tragödie *La Mort de Roger* (1605) [1] nimmt
die Königin Alcina, die in Zauberkünsten erfahren ist, um

---

[1] Aufg. 1605. — Charles Bauter, aus Paris (ca. 1580 bis ca. 1630)
schrieb unter dem Pseudonym Meliglosse die folgenden Stücke: *La
Rodomontade*, *Trag.*, *La Mort de Roger*, *Trag.*, beide Ariost's Orlando
Furioso entlehnt, François de Miroir, Sieur du Tremblay, Lieutenant
Civil de la Prévôté et Vicomte de Paris gewidmet. Orig.-Ausg. Paris,
Clovis Eve, 1605, 8°, beide zus. neu gedr. Troyes, Nic. Oudot, 1619, 8°;
*Les Amours de Catherine Scelles* (seine Geliebte), 1605, kl. 8° (154 p.).
Eine Elegie an den Sieur de Castel. 1600 ein Stück auf die Hochzeit
Heinr. IV. u. Marie de Médici's, über das weiter nichts bekannt ist. —
Über Bauter's Leben u. Werke cf. Goujet, *Bibl.*, XV, 104 ff.; Par-
faict, *Hist.*, IV, 75 f., 77 ff.; Mouhy, *Tabl. dram.*, A. 33, P. 204; id.,
*Abrégé*, I, 419 f., II, 23; De Léris, *Dict.*, 634 f.; La Vallière, *Bibl.*,
I, 365 f.; Quérard, *Les Supercheries lit.*, II, col. 1101; Brunet,
*Manuel*, III, 1590; Roth, l. c., S. 131 ff.

sich an Roger, der ihr untreu geworden ist, zu rächen, die
Gestalt Renaud's an, ihren Begleiter Cannelon verwandelt
sie in die Gestalt Richardet's.[1])

Mehrere Metamorphosen finden sich in Troterel's
Pastorale *La Driade Amoureuse* (1606).[2]) Die Personen lieben
sich hier wieder nach dem Schema der spanischen Liebhaberkette, so daß ein Eingreifen der Zauberei sehr angebracht
erscheint. Das Schema ist hier folgendes:

$$\text{Silvain} \to \text{Driade} \to \text{Mirtin} \to \left. \begin{matrix} \textit{Satyr} \\ \textit{Mélice} \\ \textit{Cydon} \end{matrix} \right\} \to \text{Terpin}$$

Die Kette ist hier also nicht geschlossen. Der Wald-
geist (*Silvain*) verwandelt seinen Nebenbuhler Mirtin in einen
Baum.[3]) Der gütige Zauberer Herlin gibt ihm seine ursprüngliche Gestalt wieder und vereinigt ihn mit der Driade.
Terpin, Mélice's Geliebter, wird von Mirtin getötet, aber von
dem Zauberer Herlin wieder erweckt. Durch die Drohungen
seines Rivalen Cydon eingeschüchtert, verzichtet er auf Mélice.
Cydon rettet Mélice von den Angriffen des Satirs und sieht
sich dafür belohnt. Arbas, in Pasquise verliebt, kann trotz
des Beistandes des Zauberers nichts bei ihr ausrichten und
will sich deshalb das Leben nehmen. Auf Befehl Apollo's
schenkt sie schließlich dem unglücklichen Arbas ihre Liebe. —
Das Stück stellt eine Verquickung von Mythologie und Zauberei dar. Die Magie spielt darin eine große Rolle, indem sie
verschiedentlich zur Verwicklung beiträgt und auch die Lösung
derselben herbeiführt.

Mehrere Metamorphosen haben wir in Hardy's Pastorale
*Alphée ou La Justice d'Amour* (1606)[4]). Das Schema der
Liebenden ist hier das folgende:

---

[1]) Über die Alcina-Episode in Ariost's *Orlando Furioso* cf. Roth,
l. c., p. 220 ff.

[2]) Über Troterel cf. oben S. 132.

[3]) Cf. Marsan, p. 309. Die Nebenhandlung, an der Florise, Eurialle
und Ariston beteiligt sind, scheint Chrestien des Croix als Vorbild für eine
ähnliche Intrige in seiner *Grande Pastorelle* (1613) benützt zu haben.

[4]) Es ist sehr schwer, wenn nicht unmöglich, genau festzustellen,
wann Hardy seine Pastoralen schrieb. Er hat seine sämtlichen Werke

erst ziemlich spät dem Druck übergeben und, wie es damals üblich war, an das Ende eines jeden Bandes eine Pastorale gesetzt. So sind nur 5 seiner Pastoralen in den 5 Bänden seiner Werke gedruckt worden, und zwar in Zwischenräumen von je vier Jahren: Die *Alphée* am Ende des ersten Bandes (1606), die *Alcée* am Ende des II. (1610), die *Corine* am Ende des III. (1614), *L'Amour Victorieux* am Ende des IV. (1618) und *Le Triomphe d'Amour* am Ende des V. Bandes (1623). Diese Chronologie ist, wie Marsan (p. 239) ausführt, ganz willkürlich, und wir haben deshalb für eine genaue Zeitbestimmung keine Anhaltspunkte. *Alphée* wird im Titel des ersten Bandes als *Pastorale nouvelle* bezeichnet, woraus Rigal schließt, daß sie kurz vor der Veröffentlichung dieses Bandes geschrieben sein müsse. Dieser Schluß ist jedoch recht unsicher. In bezug auf *Alcée* und *Corine* sagt Hardy selbst, daß es Jugendwerke seien, von den 6 Stücken des I. Bandes sagt er in der Widmung dieses Bandes an den Herzog von Aloyn: «*Ce n'est qu'un bouquet bigarré de six fleurs vieillies depuis le temps d'une jeunesse qui me les a produites*» und im Vorwort zu *Corine* sagt er: «*Quinze jours de passe-temps* (das Stück ist auch danach!) *me l'ont mise sur pied, il y a plus de douze ans*», wonach die Brüder Parfaict, die das Stück in das Jahr 1602 setzen, recht haben könnten. Marsan (p. 239) weist darauf hin, daß *Alcée* mit Rücksicht auf den etwas archaischen Stil und *Corine* in Anbetracht der naiven Auffassung des Stoffes sehr wohl Jugendwerke des Dichters sein könnten, und daß *Le Triomphe d'Amour*, eine kompliziertere Bearbeitung desselben Stoffes wie *Alcée* und *L'Amour Victorieux* mit dem *satyre raisonneur* Werke des gereifteren Dichters sein könnten, er fügt aber selbst hinzu, daß dies eine unsichere Konjektur sei. Rigal (*Alex. Hardy*, p. 62 ff.) setzt als äußerstes Datum für die Werke Hardy's 1628 an; die Tragödie *La Mort d'Alexandre* setzt er ins Jahr 1621, die Frage der Zeitbestimmung der Pastoralen Hardy's läßt Rigal offen, nur betont er (p. 76), daß die von den Gebrüdern Parfaict gegebenen Zahlen sehr willkürlich seien. — Auf dem Titelblatte wird das obige Stück als *pastorale de l'inuention d'Alexandre Hardy* bezeichnet, was jedoch nicht unbedingt wörtlich zu nehmen ist. Das gleiche steht z. B. hinter dem Titel der *Clorinde* des P. Poulet, der *Infidelles Fidelles* des Pasteur Calianthe, der *Instabilité des Félicités Amoureuses* von Blambeausault etc. Marsan (p. 242) ist deshalb der Ansicht, daß Hardy, selbst wenn er, was jedoch nicht erwiesen ist, des Spanischen unkundig gewesen sei, ihm doch die spanischen Werke, die damals sehr verbreitet waren, in zahlreichen französischen Übersetzungen zugänglich gewesen sein müssen. Montreux, Des Croix und viele andere haben das französische Publikum mit dem Werke Montemayor's bekannt gemacht. Wenn daher Hardy der *Diana* Montemayor's seine Tragikomödie *La Félismène* (cf. Sainte-Beuve, *Tableau etc.*, p. 245 ff.) entnommen habe, so wäre es zu verwundern, wenn er in seinen Pastoralen von der *Diana* unabhängig wäre (Marsan, p. 243 f.). Eine direkte Nachahmung läßt sich nicht nachweisen.

*Melanie* —➤ *Eurialle* —➤ *Dryade* —➤ *Satyr* —➤ *Magicienne* —➤
*Daphnis* —➤ *Alphée*.[1])

Isandre, ein alter arkadischer Schäfer, besitzt eine Tochter
namens Alphée, die wegen ihrer Schönheit im ganzen Lande
bekannt ist. Da ihm aber durch ein Orakel prophezeit worden
ist, daß, wenn er seine Tochter jemals verheirate, daraus
seinem Hause eine große Gefahr erwachsen werde, so hält er
sie von jedem Verkehr ängstlich fern. Der Zufall fügt es
jedoch, daß bei Gelegenheit des Festes der römischen Hirten-
göttin Pales das Mädchen die Bekanntschaft des Schäfers
Daphnis macht, woraus sich bald ein Liebesverhältnis zwischen
beiden entwickelt. Die Folge davon ist, daß Alphée von
ihrem Vater strenger denn je bewacht wird. Corine, eine
alte Hexe, ist leidenschaftlich in Daphnis verliebt, der natürlich ihre Anträge mit Verachtung zurückweist. Als sie nun
vollends von seinem Verhältnis zu Alphée erfährt, schwört
sie, eine furchtbare Rache an ihm zu nehmen:

> *Tu ne sçaurois échapper ma vengeance,*
> *Tu ne sçaurois, Tygre au visage humain,*
> *Parer les coups de ma fatale main:*
> *Te prendre à moy, vermisseau temeraire!*
> *A moy, qui fay la Lune obscure et claire?*
> *Qui puis d'vn champs transporter les moissons?*
> *Muer le corps en diuerses façons?*
> *Faire fremir l'Erebe à ma parole . . .*

Da Corine das junge Paar bei dem Vater Alphée's verleumdet hat, stellt Daphnis sie darüber zur Rede und droht,
sie zu bestrafen. Die Hexe verwandelt ihn in einen Felsen
(**IV, 2**):

> *Sus, que ce corps me deuienne vn rocher,*
> *Que le supplice imite la nature*

---

[1]) Im Argument der *Alphée* sagt Hardy, er habe seine Zuschauer
entzücken wollen *par ce mélange agréable d'amours contraires*, er meint
damit diese von Montreux, Racan, Troterel, Poullet u. a. bereits an-
gewendete Liebhaberkette nach dem Vorbild der *Diana* Montemayor's.
Daß das damalige Theaterpublikum von diesen unsinnigen Intrigen ent-
zückt war, ist denkbar, für den heutigen Geschmack aber ist eine derartige Verwicklung höchst unerquicklich.

*D'vn, qui témoigne à la race future*
*Jusqu'où s'étend le sublime pouuoir*
*De notre occulte et plus qu'humain sçauoir.*

Als Alphée hinzukommt und den Verlust ihres Geliebten beweint, verwandelt die Zauberin sie in eine Quelle (IV, 5).

*Corine. Plus que iamais dure ma haine ardente,*
*Fontaine aupres de ton aymé rocher,*
*Tu peux des pleurs tout à l'aise épancher.*

Aber selbst damit begnügt sich ihre Wut noch nicht, und als der unglückliche Vater um Gnade für seine Tochter bittet, verwandelt sie ihn in einen Baum:

*Corine. Arbre, ie veux que tu suiues la trace*
*De mon Narcisse, ainsi que ta race,*
*Que triple exemple à la postérité,*
*Sous mon sçauoir effroyable irrité,*
*Chacun fremisse, ô stupide canaille*
*N'estime pas que le nombre préuaille,*
*Corine peut vn monde exterminer,*
*Qui se voudroit aduersaire estimer.*

Die Schandtaten der Hexe haben indessen die ganze arkadische Schäfergemeinde gegen sie aufgebracht, und die Schäfer verlangen von ihr, sie solle den drei verzauberten Personen ihre frühere Gestalt wiedergeben. Corine weigert sich und ruft eine Truppe von Satiren zu Hilfe, die Schäfer verscheuchen sie jedoch durch Prügel. Darauf ruft sie die Dämonen an (cf. oben S. 172 f.), aber vergeblich, denn Amor erscheint in einer leuchtenden Wolke und löst den Zauber durch Berührung mit seinem Stabe. Corine unterwirft sich der größeren Macht des Liebesgottes, der ihr verzeiht und ihr obendrein noch den alten Isandre zum Manne gibt. Zum Dank für diese glückliche Wendung opfern die Hirten der Göttin Venus und ihrem Sohne zwei Tauben, während der Chor der Hirten singt:

*Allons célébrer ce beau jour*
*Qui nous éclost vn miracle d'amour.*

Die Magie spielt im ersten Teile dieses Stückes eine ausschlaggebende Rolle. Der Höhepunkt der Handlung, die

mehr eine Intrige nach Art der spanischen Comedia als
eine Pastorale ist, wird am Ende des IV. Aktes mit dem
Triumph der Zauberin erreicht, die alles, was ihr nicht zu
Willen war, niedergeschmettert hat. Die Magie, die hier ausschließlich das böse Prinzip darstellt, beschränkt sich darauf,
die Verwicklung aufs äußerste zu steigern, während das gute
Prinzip, durch Amor vertreten, die glückliche Lösung herbeiführt.

Eine durch einen Zauberring bewirkte Metamorphose
steht in Ambillou's Pastorale *Sidère* (1609) im Mittelpunkte
der Verwicklung. [1]) Nach einem Orakelspruch der Göttin
Ceres dürfen die Sizilianer und Afrikaner keine Heiraten untereinander schließen. So ist eine Heirat zwischen dem afrikanischen Schäfer Hanno und der sizilianischen Nymphe Sidère,
die jener leidenschaftlich liebt, unmöglich. Bald aber verläßt
Hanno seine Geliebte, um sein Herz der arkadischen Nymphe
Pasithée zu schenken. Als er aber erfährt, daß Sidère inzwischen sich in den sizilianischen Schäfer Amynte verliebt
hat, erfaßt ihn heftige Eifersucht und er verläßt Pasithée, um
zu Sidère zurückzukehren, zumal ein Orakelspruch der Göttin
Venus ihm die Möglichkeit einer Heirat mit Sidère in Aussicht
stellt. Pasithée fühlt sich ihrerseits nach dem Verschwinden
ihres Geliebten von Eifersucht verzehrt und folgt ihm. Kraft
eines Zauberringes, den sie trägt, hat sie die Gestalt Sidère's
angenommen. Sie erklärt (III, 4) ihrer alten Dienerin die
Zauberkraft des Ringes folgendermaßen:

---

[1]) *Sidère, Pastorelle de l'invention du sieur d'Ambillou* (in 5 A.
u. Prosa). *Plus les amours de Sidère, de Pasithée et autres poésies du
même autheur.* Paris, Rob. Etienne, 1609, 8°, Priv. v. 22. Sept. 1609,
Widmung an die Prinzessin von Conti. Am Ende des Bandes ein paar
Stanzen an die Königin, an Scévole de Sainte-Marthe, den Oheim des
Verfassers, an Mr. und Mme. de Brezé, an Isabelle de Mornay, an Mr.
Bertaut u. a. René Bouchet, sieur d'Ambillou, geb. 1590 zu Poitiers als
Sohn einer Schwester von Scévole de Sainte-Marthe, bekleidete, wie
Beauchamps, Goujet, Mouhy und De Léris sich ausdrücken, *une petite
charge de judicature en province.* Sein Bruder, Jacques Bouchet, Ad-
vokat in der Bretagne, war ebenfalls Dichter. Von René Bouchet ist
außer dieser Pastorale nichts bekannt (cf. Beauchamps, *Rech.*, II, 83;
Goujet, *Bibl.*, XV, 54 ff.; Mouhy, *Tabl. dram.*, A. 35; id., *Abrégé*,
I, 438, II, 48; De Léris, *Dict.*, 517 f.; Brunet, *Manuel*, I, 223).

*Ceſte Agathe que tu me vois à la main, fait de moy ceſte metamorphoſe. C'eſt l'anneau de Cephale que l'Aurore luy donna: celuy qui le porte au doigt peut soudain changer de forme, eſcriuant autour du cercle le nom de la perſonne qu'il veut repreſenter: C'eſt par luy que Cephale ſe deſguiſa, quand il voulut tenter ſa Procris. O ſexe de verre, qu'on ne doit iamais eſprouuer! ... Cephale apres ſes deſaſtres, errant par l'Arcadie ietta ceſt anneau par dépit dans le canal de mon pere Alphée, qui le recueillit, et le mit à la main d'Arethuſe ... Mon pere ſoulait nous conter qu'au bords de la mer glacée ... il y a vne eſpece de taureau ſauuage, qui prend toutes ſortes de couleurs; et que Protée plongea neuf fois ceſte bague dans le ſang de ce taureau, y dit des paroles ſacrées, et luy donna ceſte propriété de transformer. De faict, ſi toſt que ie me ſuis aperceue de la fuyte de Hanno, i'ay graué le nom de Sidere, et la vertu ſecrete de la pierre a monſtré ſon effect acouſtumé: Je ſuis deuenue Sidere.*

Ein Satyr, der in Sidère verliebt ist, trifft Pasithée, die er für Sidère hält und entführen will. Hanno kommt hinzu, er will den Satyr töten, aber sein Wurfspieß trifft Pasithée. In dem Glauben, er habe Sidère getötet, will er sich selbst den Tod geben. Sophie, die treue Dienerin Pasithée's, beweint den Tod ihrer Herrin; ihre Tränen benetzen den Zauberring und verwischen die Schriftzeichen, welche die Metamorphose bewirkt hatten. Alsbald erkennt Hanno Pasithée, deren Wunde von Damon, dem Vertrauten Hanno's, geheilt wird. Es stellt sich heraus, daß der Orakelspruch der Götter, der Sidère dem Schäfer Hanno versprach, Pasithée in der Gestalt Sidère's gemeint hatte. So wird die Vereinigung beider gefeiert, während Sidère Amynte heiratet. Zu diesem recht schwachen Stück scheint d'Ambillou die *Diana* Montemayor's und die *Astrée* d'Urfé's benützt zu haben.[1] Einige Szenen erinnern auch an den *Pastor Fido* Guarini's, z. B. das Orakel und die Szene in der Grotte.[2] Die Magie, die sich hier

---

[1] Cf. die auf der Ähnlichkeit Ligdamon's und Lydias' beruhende Intrige in der *Astrée*.

[2] Cf. Marsan, l. c., p. 309.

auf die klassische Mythologie gründet, wird als real aufgefaßt, sie dient zur Schürzung wie auch zur Lösung des Knotens.

Eine eigenartige Metamorphose haben wir in Isaac Du Ryer's Pastorale *La Vengeance des Satyres* (1610).[1]) Im V. Akte, der mit der vorausgehenden Handlung gar nichts zu tun hat, nehmen die Satyre, die von den Schäfern Prügel bekommen haben, eine eigenartige Rache. Sie bestreuen den Boden mit einem Zauberpulver, welches jeden, der bis zum nächsten Regenfall darauf tritt, unbeweglich werden läßt. Die Schäfer und Schäferinnen, ein ganzer Hochzeitszug, die Satyre selber, die die Unvorsichtigkeit haben, darauf zu treten, sowie der alte Silène bleiben nacheinander wie versteinert stehen. Die ersten Regentropfen beleben die Unglücklichen wieder.

Wie in dem vorhergehenden Stücke ist es auch in Mouqué's Pastorale *L'Amour Desplumé ou La Victoire de*

---

[1]) Den genauen Titel s. im Verz. der ben. Lit. Isaac Du Ryer, Vater des bekannteren Pierre Du Ryer (cf. über dens. die Arbeit von Philipp, 1904, 1. c.), bekleidete eine Stelle als Sekretär des Herzogs Roger de Bellegarde. Da er bei seinem Gönner in Ungnade fiel, sah er sich genötigt, anderweitig seinen Unterhalt zu verdienen. Da seine schriftstellerische Tätigkeit nicht ausreichte, um seine Familie zu ernähren, nahm er eine Stelle als Schreiber im Zollhafen von St. Paul in Paris an. Er starb ca. 1631. Seine kleineren Gedichte, Sonette, Stanzen, Lieder, Oden etc. und ein Teil seiner Dramen sind gedruckt in *Le Temps Perdu et les Gayetés d'Isaac Du Ryer*, die zweite Ausg. dieses Sammelbandes erschien 1609 (cf. ben. Lit.), die 3. 1610, eine weitere 1624 mit einigen Veränderungen und Zusätzen. Seine Pastorale *Les Amours Contraires* (in 3 A. u. V.) wurde 1610 aufgeführt und in dem genannten Sammelbande gedruckt, seine *Pastourelle* ist eine Neubearbeitung derselben, ebenfalls in 3 Akten, und die Pastorale *La Vengeance des Satyres* ist eine Erweiterung der beiden vorhergehenden Stücke, in 5 Akten, d. h. der Stoff der drei Akte der beiden Stücke ist hier auf 4 Akte verteilt, und ein fünfter Akt, der mit den Vorausgehenden gar nichts zu tun hat, zugefügt. *L'Amour Mariage*, Past. in 5 A. u. V. wurde 1631 aufg. u. im selben Jahre gedruckt. In welcher Weise der Verfasser in der *Pastourelle*, in den *Amours Contraires* und der *Vengeance des Satyres* denselben Stoff behandelt und in dem letzteren Stücke etwas mehr verteilt hat, um 5 Akte herauszubekommen, stellt Marsan (p. 312) sehr übersichtlich in folgendem Schema dar:

*l'Amour Divin* (1612)[1]), einem allegorischen Stücke, ein Satyr, also nicht ein berufsmäßiger Zauberer, der eine Metamorphose bewirkt.[2]) Erbost über den Widerstand der Schäferin Claricée, der er hat Gewalt antun wollen, verwandelt der Satyr sie in einen Felsen. Als er Francine vergewaltigen will, schlägt diese ihn mit ihrem Schäferstabe zu Boden, ein Beweis dafür,

| *Pastourelle et Amours Contraires.* (3 actes). | *Vengeance des Satyres.* (Actes I à IV). |
|---|---|
| I, 1. — *Coridon dit son amour pour la bergère Lilis, et Tillis célèbre la beauté de Clorise.* | I, 1. |
| I, 2. — *Mais Clorise aime Coridon et Lilis est éprise de Tillis.* | II, 1. |
| II, 1. — *Deux satyres forment le projet d'enlever les bergères.* | III, 1. |
| II, 2. — *Coridon et Tillis battent les satyres, mais chacun d'eux par erreur délivre la bergère qu'il n'aime pas.* | III, 2. |
| III, 1. — *La sorcière Dorinde célèbre son pouvoir.* | IV, 1. |
| III, 2. — *Obéissant à Dorinde, Coridon reporte sur Clorise l'amour qu'il éprouvait pour Lilis.* | IV, 2. |
| III, 3. — *Le Temps ordonne à Cupidon de rendre Tillis amoureux de Lilis.* | IV, 3. |
| III, 4. — *Désolé d'abord, Tillis se rend à la volonté de Cupidon. Silène célèbre le retour de la paix.* | IV, 4. |

*Quelques Variantes ou additions de détails insignifiantes.*

(*La tirade de Silène disparaît, la pièce n'étant pas achevée.*)

Über Isaac Du Ryer's Leben und Werke cf. Beauchamps, *Rech.*, 2, 80; Goujet, *Bibl.*, XV, 276, XVI, 165 f.; Mouhy, *Tabl. dram.*, A. 51, P. 16, 18, 147, 208, 234; id., *Abrégé*, I, 31, 33 f., 296 f., 430, II, 309 f.; De Léris, *Dict.*, 571; La Vallière, *Bibl.*, I, 412 f., 423; Knörich, *Zur Kritik etc.*, 1889, p. 168; Marsan, 299 ff.

¹) Von Jean Mouqué aus Boulogne ist außer diesem Stücke (den genauen Titel s. im Verz. der ben. Lit.) nichts bekannt. Cf. Beauchamps, *Rech.*, 2, 86; Mouhy, *Tabl. dram.*, A. 47, P. 15, 70; id., *Abrégé*, I, 29, II, 249; De Léris, *Dict.*, 642; La Vallière, *Bibl.*, I, 443 ff.

²) Die Intrige des Satirs bildet nur die Nebenhandlung in dem Stücke, das in seiner Gesamtheit auf mythologischer Grundlage beruht.

daß es mit der Zauberkraft des Satyrs nicht weit her ist!
Doris, der Geliebte Claricée's, findet sie in ihrem versteinerten
Zustande, er küßt den Felsen und erstarrt selbst. Sein Vater
kommt hinzu, und in dem Glauben, daß sein Sohn schlafe,
rührt er ihn an, um ihn aufzuwecken, ·und fällt selbst wie
leblos zu Boden. Diese aufeinanderfolgenden Verwandlungen
dreier Personen, die einer den anderen zu retten versuchen,
erinnert lebhaft an Hardy's *Alphée* (cf. oben S. 203 ff.). Der
auf den drei Personen liegende Zauber wird, hier gerade wie
dort, schließlich durch das Eingreifen einer Gottheit, die hier
als *Suprême Puissance* bezeichnet und nicht näher genannt
wird, gelöst.

Die spanische Liebhaberkette veranlaßt, wie dies zumeist
der Fall ist, das Eingreifen der Magie zur Lösung des Konfliktes in Chrestien's Schäferspiel *Les Amantes ou La Grande
Pastorelle* (1613).[1]) Die Personen lieben sich nach folgendem
Schema:

$$Ismen\ (magicien) \rightarrow \left. \begin{array}{c} Elice \\ Filine \end{array} \right\} \rightarrow Delfis \rightarrow Floris \rightarrow$$

$$\rightarrow \left. \begin{array}{l} Satyre \\ Ariston \\ Briarée \end{array} \right\} \rightarrow Cloride \rightarrow Eurialle \rightarrow Floris$$

Die Kette ist also hier, wenigstens zum Teil, in sich geschlossen. Der unglückliche Liebhaber Eurialle bekommt
von dem Satyr ein Zauberkraut, kraft dessen er in den Augen
der Schäferin Floris die Gestalt Aristons, ihres Geliebten,
annehmen kann. In der Tat hält Floris ihn für Ariston und
schwört ihm ewige Treue. Bald aber wird sie durch das Erscheinen des wirklichen Ariston über ihren Irrtum aufgeklärt.

In Hardy's *Corine* (1614, cf. oben S. 177) verwandelt
die Zauberin Merope einen Satyr, dessen Liebesanträge ihr lästig
sind, in einen Baum. Durch Eingreifen der Venus und Amors
wird die Lösung des Konfliktes herbeigeführt und auch der
Satyr entzaubert unter der Bedingung, daß er sich hinfort
eines besseren Lebenswandels befleißige.

---

[1]) Siehe oben S. 174 ff.

In der gleichen Weise wird in der anonymen Pastorale
*La Folie de Silène* (1623) [1]), in der das Schema der Liebenden
das Folgende ist:

*Satyre* → *Corille* (Schäferin) → *Tyrsis* (Schäfer)

ein Versuch zur Lösung des Konfliktes durch Zauberei gemacht. Der Satyr verwandelt seinen lästigen Rivalen Tyrsis
in eine Myrte. Am Schlusse des Stückes wird jedoch der
Zauber wieder gelöst, und der Schäfer erhält seine frühere
Gestalt wieder.

Eine ähnliche Metamorphose kommt in La Morelle's
*Endimion ou le Ravissement* (1627) vor. [2]) Die Schäferin Roselle
wird von zwei Hirten, Philidon und Daphnis, geliebt, erwidert
aber die Liebe keines von beiden. Daphnis entführt das
Mädchen mit Hilfe seines Freundes Janot. Philidon holt die
beiden ein, es kommt zum Kampfe, und er befreit Roselle aus
den Händen ihrer Entführer, nachdem er beide verwundet
hat. Die beiden suchen den Zauberer Asterodan auf, erzählen ihm eine ergreifende Geschichte von dem Raub der
Schwester Daphnis', bei welcher Gelegenheit sie verwundet
worden seien, und bitten ihn, den Räuber zu bestrafen. Philidon's Hoffnung, daß Roselle zum Dank für ihre Befreiung
ihn mit ihrer Liebe beglücken werde, wird getäuscht; sie erweist sich nach wie vor unerbittlich. In seiner Verzweiflung
zieht der Schäfer einen Dolch, um seinem Leben ein Ende
zu machen. Roselle glaubt ihn verwundet, und läßt sich
endlich erweichen. Doch als sie ihn ihrer Liebe versichern
will, macht sich der von Asterodan verhängte Zauber fühlbar.
Philidor bemerkt zu seinem Entsetzen, wie sein Körper sich
mit einer Rinde überzieht und er sich lebend in einen Baum
verwandelt. Als Roselle bei diesem Anblick einen Schmerzens-
laut ausstoßen will, verwandelt sie selbst sich in einen Felsen. [3])
Philidon, der trotz seiner nunmehrigen Zugehörigkeit zum

---

[1]) Aufg. 1623, gedr. 1625, 8°. Eine Ausgabe des Stückes konnte
leider nicht eingesehen werden. Cf. die Inhaltsangabe bei Parfaict,
IV, 374 f. Über eine andere Episode dieses Stückes, die eine Nachbildung der *Filli di Sciro* zu sein scheint, cf. Marsan, l. c., p. 341.

[2]) Über La Morelle cf. oben S. 187.

[3]) Cf. Hardy's *Alphée*.

Pflanzenreich den Gebrauch der Sprache nicht verloren hat,
bittet Diana um Hilfe. Die Göttin gibt ihm seine natürliche
Gestalt wieder. Zufällig kommt Endimion in die Nähe der
versteinerten Schäferin, er hört Seufzer aus dem Stein ertönen,
und eine geheimnisvolle Stimme klärt ihn über diese Metamorphose auf. Auf seine Bitten gibt Diana ihm einen Pfeil,
er berührt damit den Stein und sogleich erscheint Roselle in
ihrer natürlichen Gestalt. Sie verliebt sich in ihren Befreier,
welcher ebenfalls in Liebe zu ihr entbrennt und Diana untreu
wird. Zum Schlusse erscheint Amor und bringt alles wieder
in Ordnung. Die Hochzeit Philidons und Roselles wird im
Beisein Dianas, Cupidos und Endimions gefeiert. Magie und
klassische Mythologie sind in dem Stücke miteinander verschmolzen. Die Magie, welche hier lediglich das böse Prinzip
darstellt, dient zur Schürzung des Knotens, während durch
ein mythologisches Wunder die Lösung herbeigeführt wird.

Eine Zauberpomade, die Metamorphosen bewirkt, gibt
in der Pastorale *Cléonice ou l'Amour Téméraire* (1630) von P. B.[1]
ein wirksames Mittel ab, um die Verwicklung auf den Höhepunkt zu bringen. Zum Verständnis der äußerst komplizierten
Handlung ist es notwendig, die Vorgeschichte ausführlich
darzustellen. Cleonice, die Tochter des sizilianischen Fürsten
Gerstan, und Polemon, der Sohn eines anderen sizilianischen
Fürsten, Calistor, waren einander schon vor ihrer Geburt versprochen worden. Die Frau des Hirten Philidas hatte jedoch
den jungen Prinzen mit ihrem eigenen Sohn Polidor heimlich
vertauscht, so daß der Sohn des Hirten als Prinz unter dem
Namen Polemon, der wirkliche Prinz dagegen im Hause des
Hirten aufgezogen wurde. Diese Verwechslung, auf der die
ganze Handlung aufgebaut ist, führt durch das Eingreifen
eines Zauberers, der die beiden jungen Leute aufs neue miteinander vertauscht, zu einer äußerst verworrenen Lage.
Cleonice lernt den falschen Polemon kennen, und beide verlieben sich ineinander. Während einer längeren Abwesenheit

---

[1] Beauchamps schreibt das Stück einem gewissen Passart zu.
Ob es aufgeführt wurde, ist ungewiß. Cf. Parfaict, *Hist.*, IV, 476 ff.;
Mouhy, *Tabl. dram.*, 52; La Vallière, *Bibl.*, II, 79 ff.; Weinberg,
*Schäferspiel*, 121 ff.

ihres Geliebten trifft sie den Pseudo-Polidor, der ihr Liebeserklärungen macht, aber abgewiesen wird. Er entreißt ihr
ein Armband, das ihr Geliebter ihr geschenkt hatte. Als
dieser den Raub des Armbandes erfährt, fordert er seinen
Rivalen zum Zweikampf heraus, in welchem er jedoch selbst
fällt. Der falsche Polidor erhält von einem Zauberer eine
Büchse mit einer Zaubersalbe, die die Eigenschaft besitzt,
den, der sie bei sich trägt, in einer beliebigen Gestalt erscheinen zu lassen (III, 3):

> *Le Magicien.* *Ceſte boëte fatale aura bien la puiſſance*
> *De captiuer des yeux toutes les facultez,*
> *Pour ne cognoiſtre rien que par tes volontez; ·*
> *Poureu que deſſus toy touiours elle puiſſe eſtre,*
> *Pour qui que tu voudras tu te feras cogneſtre.*

Dieses Mittel wendet der Pseudo-Polidor mit Erfolg an.
Nachdem er mit dem Erschlagenen die Kleider gewechselt
hat, gibt er sich in den Augen Cleonice's die Gestalt ihres
Geliebten. Cléonice läßt sich täuschen, sie hält ihn für ihren
Geliebten und schwört ihm ewige Treue. Inzwischen hat der
alte Philidas erfahren, daß sein Sohn im Zweikampf getötet
worden ist, und er glaubt in dem Pseudo-Polidor, der jetzt
die Gestalt Polemon's angenommen hat, den Mörder seines
Sohnes zu sehen. Als dieser ihm jedoch die Zauberbüchse
in die Hand drückt, erkennt er in ihm seinen Sohn. Aber
auch Cleonice erkennt jetzt, daß es nicht ihr Geliebter war,
dem sie soeben Treue geschworen hat, und sie droht, sich an
ihm zu rächen. Durch einen Orakelspruch klärt sich zuletzt
alles auf. Die Magie steht also hier im Mittelpunkt der
Handlung, sie bringt tatsächliche Wirkungen hervor, und führt
zum Höhepunkt des Konfliktes, während die Lösung durch
eine Art Erkennungsszene (*reconnaissance*), wie sie nach dem
Vorbild der Italiener[1]) in den mehr oder weniger guten
Stücken dieser Zeit mit Vorliebe angewendet wird, sich
ergibt.[2])

---

[1]) Cf. oben S. 84.

[2]) Die Handlung erinnert an die *Diane* Montreux's, an die *Grande
Pastorelle* Chrestien's und die *Sidère* des Bouchet d'Ambillou (cf. Marsan,
p. 409).

Eine nur untergeordnete Rolle spielt die Magie in Banchereau's Tragikomödie *Les Passions Egarées ou Le Roman
du Temps* (1632).[1]) Eine Zauberin, die in Calianthe verliebt
ist, nimmt die Gestalt der von Calianthe geliebten Artemice
an, um so die Liebe des jungen Mannes zu gewinnen, was
ihr auch gelingt. Im weiteren Verlauf dieses höchst verworrenen Stückes ist dann von der Zauberin nicht mehr
die Rede.

In Thomas Corneille's *Circé* (1675)[2]) verwandelt die
Zauberin Circe, die in Glaucus verliebt ist, welcher sie aber
zurückweist, da er sein Herz Silla geschenkt hat, ihre verhaßte Rivalin in ein scheußliches Ungeheuer. Circe verschwindet, ihr Palast stürzt zusammen, und Glaucus sieht
sich plötzlich allein an einem einsamen Strande. Da erscheint
Neptun auf den Meeresfluten, gleichzeitig zeigt sich Jupiter
in den Wolken des Himmels. Die beiden Götter geben Silla
ihre ursprüngliche Gestalt wieder und erheben sie, um sie für
das ausgestandene Übel zu entschädigen, zu dem Rang einer
Nereide.

---

[1]) Richemont Banchereau, Advokat des Parlaments, wurde 1612 zu
Saumur geboren. Er schrieb zwei Stücke, die im Jahre 1632 gedruckt
wurden: *L'Espérance Glorieuse, ou Amour et Justice, Tragi-com. en 5 a.
et en vers*, Paris, Cl. Collet, 8⁰ und *Les Passions Egarées ou Le Roman du
Temps, Tragi-com. en 5 a. et en vers*, Paris, ibd. 8⁰. Trotz seiner Minder-
wertigkeit wurde dieses Stück von Racan, Mairet, Desfontaines und anderen zeitgenössischen Autoren sehr gelobt (cf. Parfaict, *Hist.*, IV,
531 f.). Über Banchereau vgl. man ferner Mouhy, *Tabl. dram.*, P. 177;
id., *Abrégé*, I, 360, II, 15 f., 295 f.; La Vallière, *Bibl.*, II, 304, 308 f.

[2]) *Tragédie-lyrique* (Oper) *ornée de machines, de changements de
théâtre et de musique.* Paris, Pierre Promé, 1675, 12⁰ (Orig.-Ausgabe).
Das Stück, in dem außer der Titelheldin keine Personen von Homer
vorkommen, wurde am 17. März 1675 im Theater Guénégaud aufgeführt
(cf. Reynier, l. c., p. 275). Das *livre de sujet* (eine Art Programm mit dem
Texte der Lieder) erschien in Paris bei Pierre Bessin, 1675, 4⁰ (Orig.-
Ausg. *Achevé d'imprimer* vom 14. März 1675). Neudruck der Circe
*Suivant la copie imprimée . . .*, Hollande, (A la Sphère) 1690, 12⁰; *Prologue et Divertissements nouveaux par les Sieurs Dancourt et Gilliers
pour la tragédie de Circé*, Paris, P. Ribou, 1705, 4⁰; *Avis de la Comédie
de Circé, avec la basse continue*, Paris, C. Ballard, 1716, 4⁰. Mlle Molière
soll in der Rolle der Circe bezaubernd schön gewesen sein (cf. Reynier,
p. 379). Das Stück erlebte 75 Aufführungen in kurzer Zeit.

Eine Reihe von Metamorphosen haben wir endlich in der
oben schon besprochenen Tragödie *Urgande* (1679) von Louvaret.[1]) Die Zauberin Urganda verwandelt durch Berührung
mit ihrem Zauberstabe zehn alte Weiber in Geister (I, 6):

 *Urg. Efprits, allez armer les Enfers, et vous, ne me quittez pas.*

Fünf der so geschaffenen Geister steigen in die Hölle
hinab, die übrigen fünf entschweben mit Urganda durch die
Luft. Im II. Akt (sc. 5) verwandelt Urganda ihren untreuen
Liebhaber Licormas durch Berührung mit ihrem Zauberstabe
in einen Felsen. Im III. Akt (sc. 5) fordert Licormas eine
Anzahl Waldgeister auf, seiner Geliebten Iris zu huldigen.
Urganda läßt sie zur Strafe dafür, daß sie sich anschickten,
ihren Rivalen zu huldigen, in den verschiedenen Stellungen,
die sie gerade einnehmen, erstarren.

### c) Vorspiegelungen.

Die Zauberer ließen oft vermittels eines Zauberspiegels,
eines Wasserbeckens (cf. oben S. 30 ff.) oder auch ohne besondere Werkzeuge vor dem geistigen Auge der abergläubischen Leute entfernte Personen und Gegenstände erscheinen.
Der Zweck dieser magischen Handlung konnte verschieden
sein. Bald handelte es sich um Wiederfinden verlorener oder
gestohlener Gegenstände, dann war dieser zauberische Akt
ein Mittel der Wahrsagung, bald sollte diese Prozedur als
Grundlage für anderweitige magische Operationen dienen.
Es empfiehlt sich deshalb, diesen Zweig der Zauberei in einem
besonderen Abschnitte zu behandeln.

In Troterel's *L'Amour Triomphant* (1615)[2]) haben wir
ein Beispiel von Spiegelzauberei (Katoptromantie, cf. oben
S. 31) als Grundlage für weitere magische Operationen. Der
Zauberer Démonace läßt seinen Rivalen, den Schäfer Pirandre,
in einem Spiegel erscheinen, um ihn so vor Augen zu haben,
während er sein Maleficium gegen ihn ins Werk setzt:

 *A cet effet i'ay pris mon miroir pour le voir au naturel re-*
*présenté dans cette glace, cela faict, i'ay formé vne image de cire . . .*

---

[1]) Siehe oben S. 157.
[2]) Cf. oben S. 132 f. u. 178 ff.

Ein interessantes Beispiel von Kristallzauberei (Chry-
stallomantia) findet sich in Racan's *Bergeries* (1618, cf. oben
S. 182 ff). Der unglückliche Liebhaber Lucidas, der von
Arténice, seiner Geliebten, stets zurückgewiesen wird [1]), hat
sich an den Zauberer Polistène gewendet, der ihm versprochen
hat, mit Hilfe eines Zauberspiegels die Eifersucht der Schäferin
Arténice wachzurufen und ihm so ihre Liebe zu gewinnen.
Lucidas redet dem Mädchen vor, daß ihr Geliebter Alcidor
ihr untreu geworden sei und nun in einem vertraulichen Verhältnis zu Ydalie stehe. Um sich selbst hiervon zu überzeugen, brauche sie nur mit ihm zu Polistène zu gehen, derselbe werde ihr zeigen, was zwischen beiden vorgehe. Arténice
geht sofort auf diesen Vorschlag ein, und beide begeben sich
in die Grotte des Zauberers. Dieser beschwört die Dämonen
unter Blitz und Donner und fordert sie auf, seiner magischen
Operation das Gelingen zu sichern:

> *Et vous qui dans vn verre en formes apparentes,*
> *Imitez des abfents les actions préfentes,*
> *Faites voir Ydalie auec son fauory*
> *Joüir des priuautez de femme et de mary . . .*

Dann heißt er die beiden in den Spiegel sehen:

> *Tenez, ieunes bergers, confiderez ce verre,*
> *C'est le portrait [fort] vif des fecrets de la terre.*
> *Maintenant que mon art à fa puiffance ioint*
> *Luy fait rendre à nos yeux les obiects qu'il n'a point,*
> *Commencez-vous à voir?*

In der Tat beginnt das Zauberbild in dem Kristall sichtbar zu werden.

> *Lucidas.*          *Nous commençons à peine*
> *A descouurir un peu des deux bords de la Seine,*
> *Qui ferrant dans fes bras ces beaux champs plantureux,*

---

[1]) Das Schema der Liebhaber ist folgendes:

Hier ist also die Kette geschlossen.

*Fait cognoiſtre à chacun l'amour qu'elle a pour eux! ...*
*Voyez-vous au deſſous de ce petit couppeau*
*Le Berger Alcidor qui garde ſon troupeau?*
Art.  *Ouy certes ie le voy bien près de ſa maiſtreſſe,*
*On recognoit aſſez le deſir qui les preſſe.*
Luc.  *Le vermillon leur vient, ils entrent dans le bois,*
*Tous deux ſous vn ormeau s'aſſiſent [!] à la fois,*
*Que ie vois de baiſers prins à la deſrobée.*

Arténice ist außer sich über das, was sie gesehen hat.
Sie glaubt, diese Schmach nicht überleben zu können und
faßt den Entschluß, sich dem Dienste Diana's zu weihen.
Als ihr Vater sie nach der Ursache dieses Entschlusses fragt
(Akt III), erzählt sie ihm, auf welche Weise sie sich von der
Untreue ihres Geliebten hat überzeugen können:

... *Lucidas et moy conſultans les myſtères*
*Que Poliſiène obſerue en ſes grottes auſtères;*
*Deſcouuriſmes au iour d'vn criſtal enchanté*
*Ce que le bois cachoit dans ſon obſcurité.*
     ... *Je rougis quand i'y penſe,*
*Et ma condition ne peut auoir diſpenſe*
*De conter deuant vous de quelles actions*
*Ils taſchoient d'aſſouuir leurs folles paſſions;*
... *Il préſente à mes yeux le criſtal enchanté,*
*Dont l'oracle muet m'apprit la vérité ...*

Sie erzählt sodann ausführlich, wie sie in dem Zauber-
kristalle Alcidor und Ydalie inmitten des Waldes in zärt-
licher Umschlingung gesehen habe. Da niemand an der
Wirklichkeit des in dem Spiegel Gesehenen zweifelt, droht der
Vater des Mädchens Alcidor schreckliche Rache, während
ein Priester Ydalie wegen ihres angeblichen Vergehens mit
Alcidor einsperrt. Bei dem Verhöre Ydalie's stellt sich heraus,
daß sie in der Tat am Morgen in Gesellschaft Alcidor's am
Ufer der Seine gewesen ist, sie beteuert jedoch ihre Unschuld.
Es folgen eine. lange Reihe von Zwischenfällen, die wenig
Interesse bieten.[1]) Die Lösung ergibt sich schließlich durch

---

[1]) Cf. die genaue Analyse bei Arnould, Racan, p. 223 ff.

eine Erkennungsszene. Der Zauberer spielt hier die Rolle
eines boshaften Intriganten. Seine Zauberkunst ist zwar sehr
einleuchtend, führt aber nicht zu dem gewünschten Resultat.
Die Handlung ist schlecht durchgeführt und mit einer Reihe
unnützer Zwischenfälle überhäuft.[1]) Die Sprache dagegen ent-
behrt nicht eines gewissen Reizes.

Von dem Erscheinenlassen einer entfernten Person ohne
Spiegel, Wasserbecken oder ähnliche Werkzeuge ist in De
Crosille's *Chasteté Invincible* (1633)[2]) die Rede. Der unglückliche Liebhaber Tircis bittet den Zauberer Licandre, er
möge ihm doch, da er von Uranie stets abgewiesen werde,
wenigstens ihr Bild fortwährend vor Augen zaubern, so daß
es ihm nicht nur im Schlafe, sondern auch im wachen Zustande stets vorschwebe, und er seine Geliebte nach Herzens-
lust anschauen könne. Licandre erwidert jedoch, daß dies
nicht nur schwer auszuführen, sondern auch für den, der
solche Visionen habe, mit Lebensgefahr verbunden sei, denn
wie die Körper es mit den Körpern halten, so halten es die
Geister mit den Geistern. Eine Seele, die solche Visionen
begehre, beweise dadurch, daß sie ihren Körper zu verlassen
wünsche. Auch seien solche Visionen nach seiner und seiner
Kollegen Ansicht nur bei der Nacht möglich, welche die
Mutter, im Schlafe, der der Bruder des Todes sei, oder in
Zeiten des Kummers und der Krankheit, die ebenfalls zum
Tode hinführen. Im Hinblick auf die Gefährlichkeit einer
solchen Vision verzichtet Tircis auf einen durch Zauberei
ermöglichten Anblick seiner Geliebten.

In Thomas Corneille's Komödie *Le Feint Astrologue*

---

[1]) Mit dem Ende des III. Aktes konnte das Stück ganz gut ab-
schließen, da die Liebenden vereinigt sind. Da aber Damokles seine
Tochter mit dem Tode bedroht, ergibt sich aus dieser neuen Schwierigkeit die Intrige des IV. Aktes. Mit dem IV. Akte konnte wiederum
die Handlung ihr Ende erreichen, da am Ende desselben alle Liebenden
sich zusammengefunden haben. Da verbietet wiederum die Göttin der
Arténice, einen Fremden zu heiraten, was einen V. Akt nötig macht. —
Die Intrige ist dem *Pastor Fido*, der *Astrée* und z. T. dem *Aminta* entnommen, cf. Arnould, p. 254. Über den Erfolg der *Bergeries* cf. id. ibd.

[2]) Cf. oben S. 192 f.

(1648)[1]) ist die Rede von einem Spiegel, in dem man entfernte Personen sehen kann. Philippin, der Lucrèce von der Zauberkunst seines Herrn erzählt (II, 2), sagt unter anderem zu Don Fernand, der sein astrologisches Wissen nicht Wort haben will, gewendet:

> *Ne me fiftes-vous pas encore hier au foir*
> *Remarquer vn jardin dans vn large miroir,*
> *Et quelque temps après ne vis-je pas paroiftre*
> *Vn homme qu'attendoit Madame à la feneftre?*

Auf welche Weise in der oben besprochenen *Devineresse* (1679) die Titelheldin in einem Wasserbecken angeblich mit Hilfe ihrer Zauberkunst entfernte Gegenstände erscheinen läßt, haben wir bereits im Zusammenhange besprochen (cf. oben S. 113 f.). Auch einen ebenfalls mit ganz natürlichen Mitteln von der Wahrsagerin ausgeführten, sogenannten Spiegelzauber haben wir behandelt (cf. oben S. 117 f.).

In der später noch zu besprechenden Komödie *La Pierre Philosophale* (1681) von T h o m a s  C o r n e i l l e und D e  V i s é läßt der Graf Gabalis angeblich kraft seiner kabbalistischen Kunst die weit entfernte Höhle, in der sich das Grab des Gründers des Rosenkreuzerbundes befindet[2]), vor den Augen des abergläubischen Maugis mit solcher Deutlichkeit erscheinen, daß dieser selber in der Grotte zu weilen glaubt.

### d) Liebeszauber.

In der Zauberei, die ja zumeist in den Dienst der menschlichen Leidenschaften gestellt wurde, nahm der Liebeszauber die vornehmste Stelle ein. Wer „kein Glück in der Liebe" hatte, der suchte mit Hilfe von geheimnisvollen Rezepten dieses Ziel zu erreichen. Die Magie verfügte über die mannigfaltigsten Mittel, Liebe zu erwecken oder zu unterdrücken. Wir werden in diesem Abschnitte, in dem natürlich nur die direkt zur Erweckung oder Unterdrückung von Liebe dienenden Prozeduren zu behandeln sind, eine Anzahl der im

---

[1]) Cf. oben S. 136 ff. u. 197.
[2]) Über die Rosenkreuzer vgl. oben S. 43 ff.

ersten Teile (cf. oben S. 27) besprochenen Arten des Liebeszaubers im französischen Drama der uns interessierenden
Epoche wiederfinden.

In Montreux's *Athlette* (1585)[1]) haben wir es mit einer
Zauberin zu tun, die, obwohl in allen Zweigen der schwarzen
Kunst erfahren, dennoch auf dem Gebiete der Liebe mit den
ihr zu Gebote stehenden Mitteln nichts zu erreichen vermag,
weil Gott Amor ihren Bestrebungen gegenüber sich feindlich
verhält. Nachdem die Zauberin Delfe in einer langen Tirade
sich ihrer großen Macht gerühmt hat, muß sie doch zu ihrer
Beschämung gestehen: '

> *Amour eſt ſeul, qui ſuperbe en ſes armes, ·*
> *N'a point ſoucy de mes nocturnes charmes,*
> *Et qui ſe rit des cernes que ie faicts,*
> *Que par mon art, quand ie veux ie deffaicts . . .*
> *Et quoy, fault il qu'vn enfançon ſans yeux*
> *Vaincque tout ſeul ce qui dompte les Dieux?*

In Anbetracht ihres schon sehr vorgerückten Alters wagt
sie es kaum einzugestehen, daß sie die Glut der Liebe in
sich fühlt:

> *Que dira l'on, que mes deux yeux collez*
> *Par l'aage vieil, ſoient d'amour affollez?*
> *Que dira l'on, ſi l'on ſçait que mon ame*
> *S'eſchauffe encor d'vne nouuelle flamme? . . .*

Der Schäfer Ménalque ist es, für den sie in leidenschaftlicher Liebe glüht. Er behandelt sie jedoch mit Verachtung,
da er die schöne Schäferin Athlette liebt, und das Glück genießt, von ihr wieder geliebt zu werden.

> *Delfe. Mais que ferai-ie? Eh bien, il faut aymer,*
> *Et par mon art mon angoiſſe charmer:*
> *I'ayme Menalque, et fault que toute caſſe*
> *Comme ie ſuis, que Menalque i'embraſſe,*
> *Soit par mon art, ſoit par ma loyauté,*
> *Ie veux iouir de ſa belle beauté.*

---

[1]) Cf. oben S. 168 ff.

Vergeblich sucht sie das Herz des Schäfers zu gewinnen, er verabscheut sie.

*Menalque. Tu perds ton temps, . . .*
*Appartient-il vn baiſer ſeulement,*
*A celle là, qui par enchantement,*
*Et par ſes vers, aux hommes faict la guerre,*
*Et pert les fruicts et les biens de la terre?*
*Qui faict mourir les ieunes arbriſſeaux,*
*Et par ſon art nuiſt à tous animaux?*
*Va Delfe, va, en tes cauernes ſombres*
*Et là t'arreſte à careſſer les ombres,*
*C'eſt ton meſtier, cela te viendra mieux,*
*Que de chercher à faire vn amoureux . . .*

Er fordert sie auf, da sie ja alles könne, sich selber von ihrer Leidenschaft zu heilen. Lieber wolle er sterben, als der Geliebte einer Hexe sein.

*Men. Va Delfe, va, inuoque par tes cris*
*Pour t'acoller, quelqu'vn de tes eſprits,*
*Et ſi tu veux, fay luy prendre la forme*
*De mon viſage, et en moy le transforme:*
*Par ce moyen, tu tromperas tes yeux,*
*Gouſtant le fruict qui t'eſt ſi précieux.*

Delfe beschließt, sich zu rächen und ihre Nebenbuhlerin umzubringen. Sie gibt dem Schäfer Rustic, der ebenfalls in Athlette verliebt ist, aber bisher nur Mißerfolge zu verzeichnen hatte, einen vergifteten Apfel, und macht ihn glauben, daß, sobald Athlette davon gegessen habe, ihre Liebe zu Menalque ersterben und sie sich ihm zuwenden werde:

*Tiens ceſte pomme, enchantée en la ſorte,*
*Que l'amitié d'Athlette ſera morte*
*Enuers Menalque, auſſi toſt qu'elle aura*
*Mordu dedans, et qu'elle en gouſtera.*

Da Rustic fürchtet, das Mädchen werde von ihm nichts annehmen, bittet er Menalque, ihr den Apfel zu überreichen, was dieser ahnungslos ausführt. Kaum hat Athlette von dem Apfel genossen, so verspürt sie auch schon die Wirkung

des tödlichen Giftes. Als Menalque seine Geliebte sterbend
findet, will er sich das Leben nehmen. Die Zauberin jedoch, die ihre Bosheit bereut, verhindert ihn daran, und
gibt Athlette ein Gegengift, während sie gleichzeitig ihre
Schläfen mit einem von ihr selbst bereiteten Öle reibt. Das
Mädchen kommt wieder zu sich. Alle diese interessanten Begebenheiten spielen sich jedoch nicht auf der Bühne ab,
sondern werden uns von dem Schäfer Tircis erzählt. Die
Hauptpersonen treten nach dem Zwiegespräch der Zauberin
mit Rustic überhaupt nicht mehr auf(!).

*Tircis.* `...` *helas! qui euſt penſé,*
*Qu'vne ſorciere, en ſes vers euſt oſë*
*Faire mourir vne belle Bergere,*
*Puis la remettre en ſa forme premiere,*
*Et luy r'ouurir par magiques accords,*
*Quand il luy pleuſt, les yeux à demy morts?*

Er erzählt, wie die Hexe Rustic in die Tiefen ihrer
schaurigen Höhle geführt, ihm den Apfel gegeben habe, und
wie sie schließlich noch gerade rechtzeitig hinzugekommen
sei, um das sterbende Mädchen zu retten:

*Delfe la priſt, et d'vne herbe luy frotte*
*Le front ſueux, et par vne boiſſon*
*Qu'elle aualla, ſurmonta le poiſon,*
*Tant que l'on veid, ſur l'heure la Bergere*
*Qui retourna en ſa forme premiere.*

Darauf gab die Hexe Rustic einen Zaubertrank, der ihn in
tiefen Schlaf verfallen ließ. Als er erwacht, fühlt er sich von
seiner Liebe zu Athlette befreit. Schließlich heilt sie sich
selbst von ihrer Leidenschaft, so daß der Hochzeit der beiden
Liebenden nun nichts mehr im Wege steht. — In diesem
sehr schwachen Stück dient die Magie gleichzeitig zur Schürzung und zur Lösung des Knotens. Sie gibt einerseits den
Vorwand für eine verbrecherische Handlung ab, andererseits
aber bringt sie auch reale Wirkungen hervor. Wenn die
Zauberin auch nicht imstande ist, gegen den Willen Amors
Liebe in einem Menschenherzen zu erwecken, so gelingt es
doch ihrer Kunst, nicht nur einen anderen, sondern sogar

sich selbst von der Leidenschaft der Liebe zu heilen. Diese letztere Leistung bezeichnen die Brüder Parfaict als beispiellos in der Geschichte des französischen Theaters.[1])

In Montreux's *Diane* (1593) wird die Zauberei einmal zur Erweckung, und ein anderes Mal zur Unterdrückung von Liebe angewendet. Wir haben hier, wie in den beiden anderen Pastoralen Montreux's, die Liebhaberkette nach spanischem Vorbild.[2]) Die Schäferin Diane, die bisher den Schäfer Fauste geliebt hat, ist ihm untreu geworden und hat nur noch Augen für Nymphis. Fauste ist in Verzweiflung. Der Zauberer Elymant kommt ihm zu Hilfe. Er gibt ihm ein Zauberwasser, mit dessen Hilfe der unglückliche Liebhaber die Züge seines Nebenbuhlers annimmt und so in den Besitz seiner Angebeteten gelangt. Als der Betrug entdeckt wird, ist Diane anfangs erzürnt, besinnt sich aber dann eines besseren und kehrt zu ihrem ursprünglichen Geliebten zurück, während der andere Bewerber durch den Zauberer von seiner Liebesglut befreit wird. — Ähnliche Zauberakte finden sich bei Ariost. Marsan[3]) vermutet, daß Montreux die italienische Pastorale *Calisto* von Luigi Groto (1586) vorgeschwebt habe.

Dieselbe Anwendung der Zauberkunst findet sich in Montreux's *L'Arimène* (1596).[4]) Der irrende Ritter Floridor, der Schäfer Arimène, sowie der Zauberer Circiment sind in die Schäferin Alphise verliebt. Nachdem sich schließlich herausgestellt hat, daß Floridor und Alphise Circiment's Kinder sind, heilt der Zauberer seinen Sohn von seiner Liebe, so daß der Heirat seiner Tochter mit Arimène nichts mehr im Wege steht. — Die Magie bringt also hier eine reale Wirkung hervor und dient zur endgültigen Lösung des Konfliktes.

Als Liebeszauber sind wohl auch die magischen Operationen eines Zauberers in der Pastorale *Les Infidelles Fidelles* des Pasteur Calianthe (1603) aufzufassen.[5]) Der Zauberer

---

[1]) *Hist.*, III, 477 ff.

[2]) Das Schema derselben s. oben S. 201.

[3]) *La Pastorale dram.*, p. 190.

[4]) Cf. oben S. 170 f.

[5]) *Les Infidelles Fidelles*, *fable boſcagere* (in 5 A. u. V.) *de l'in-*

Erophile ist in die Schäferin Cloris verliebt, die ihrerseits
einen Schäfer liebt. Erbost über die von Cloris erfahrene
Zurückweisung verwirrt Erophile durch verschiedene magische
Operationen die Liebesverhältnisse sämtlicher Schäfer und
Schäferinnen der ganzen Gegend derartig, daß nun jeder
Schäfer sich in eine Schäferin verliebt, die einen anderen liebt
als ihn. Wir bekommen also wieder eine typische Liebhaberkette nach dem Vorbilde der *Diana* Montemayor's. Da der
Zauberer sich jedoch in seiner Erwartung, durch diese magische Operation die Liebe der Cloris zu gewinnen, getäuscht
sieht, hebt er selbst die Wirkung des Zaubers wieder auf,
so daß sämtliche Personen sich wieder in der ursprünglichen
Richtung lieben. — Der Zauberer gebraucht also seine Kunst
zu seinem Vorteile und zum Schaden anderer. Die Magie
ist als real aufgefaßt und dient zur Schürzung wie zur Lösung
des Knotens. Die Macht des Zauberers ist übrigens keine
unbeschränkte, da er trotz seiner schwarzen Künste sein Ziel
nicht erreichen kann.

Eine Nachahmung der Zauberquelle der Liebe und des
Vergessens aus dem *Orlando Furioso*[1]) findet sich in der Tragi-
Pastorale *L'Instabilité des Félicités Amoureuses* (1605) von
Blambeausault.[2]) Phélamas[3]) und Frisonet lieben beide

---

*uention du Pasteur Calianthe. Paris, Th. de la Ruelle*, 1603, 8°;
Beauchamps (*Rech.*, 2, 73) gibt als Verf. an: *F. E. D. B. ou le Pasteur
Calianthe.* Goujet (XIV, 133) schließt sich der Ansicht von La Croix
du Maine (II, 345) an, daß dieser Name ein Pseudonym von Raoul
Callier sei. Im Catalogue Soleinne (1er Suppl., N. 149) ist das Stück
dem Gervais de Bazire (d'Amblainville) zugeschrieben. Es finden
sich jedoch sonst nirgends Belege für die eine oder andere dieser Vermutungen. Ein weiteres Stück unter demselben Pseudonym ist nicht
bekannt. Da eine Ausgabe des Stückes nicht zugänglich war, geben
wir eine Analyse nach La Vallière, I, 361 f.

[1]) Cf. oben S. 85; Roth, *Der Einfluß etc.*, p. 241 f.

[2]) Siehe den genauen Titel des Stückes im Verz. der ben. Lit.
Unter dem Namen Blambeausault erschienen im selben Jahre (1605)
zwei weitere Stücke, *L'Instabilité des Choses Humaines*, com. und *La Goute*,
com. Cf. Mouhy, *Tabl. dram.*, P. 130; id., *Abrégé*, I, 224, 260, II, 37.

[3]) Tallemant des Reaux (*Historiettes*, édit. Mommerqué, VI, 189,
zit. von Nisard, *Mémoires etc.*, 1860, p. 95 u. Marsan, p. 179) ist der
Ansicht, daß Phélamas eine Umdrehung des Namens Lafférnas und

leidenschaftlich die Schäferin Gaillargeste. Da sie aus ihrer Lage keinen Ausweg wissen, beschließen die beiden Schäfer, freiwillig in den Tod zu gehen. Zwei Schäferinnen, Pauline und Castelle, befinden sich in einer ebenso verzweifelten Lage, da beide in Phélamas verliebt sind.[1] Eine Quelle, die von der Zauberin Pausie verzaubert worden ist, bewirkt die Lösung dieser Konflikte. Gaillargeste trinkt daraus und sofort erglüht ihr Herz in Liebe zu Phélamas. In Pauline und Castelle, welche an der Zauberquelle ihren Durst stillen, macht sich eine ebensolche Wirkung bemerkbar, die eine verliebt sich in Frisonet, die andere in den Schäfer Passerat. Ein Trunk aus der Zauberquelle bewirkt, daß die Schäfer die Liebe ihrer nunmehrigen Verehrerinnen erwidern. Eine dreifache Hochzeit wird gefeiert. Der Verfasser war ungeschickt genug, das Stück nicht mit dieser gewiß sehr befriedigenden Lösung abzuschließen, sondern noch eine neue Intrige anzuspinnen, die dann gar nicht mehr zu Ende geführt wird. — Die Magie, deren Wirkungen unverkennbar sind, ist also, wie zumeist, zur Lösung einer verwickelten Situation verwandt.

Liebestränke verabreicht ein Zauberer in der Pastorale *L'Union d'Amour et de Chasteté* (1606) von **Albin Gautier**.[2] Das Stück stellt eine Verquickung von Mythologie und Magie

---

daß Lafémas, eine Kreatur Richelieu's, der Verfasser des Stückes sei, ebenso La Vallière, *Bibl.*, I, 367. Marsan (p. 179) bezweifelt diese Hypothese. Vgl. ferner Marsan, p. 188 u. 506; daselbst weitere Literaturangaben.

[1] Das Schema ist:

$$\left.\begin{array}{c}\text{Pauline}\\\text{Castelle}\end{array}\right\} \rightarrow \left.\begin{array}{c}\text{Phélamas}\\\text{Frisonet}\end{array}\right\} \rightarrow \text{Gaillargeste.}$$

[2] *Pastorale de l'inuention d'Albin Gautier, apoticaire Avranchois. Poictiers, Veuve Jehan Blanchet, 1607*, 66 S., 8⁰ (in 5 A. u. Versen). Das Stück ist *François de Fiesque, Gentilhomme ordinaire de la Chambre du Roy*, gewidmet. Da eine Ausgabe nicht zugänglich war, beschränken wir uns darauf, das Stück im Anschluß an die Analyse bei La Vallière (I, 369 ff.) zu besprechen. Von Albin Gautier ist weiter nichts bekannt, als daß er Apotheker zu Avranches in der Normandie war und daselbst für einen *bel esprit* galt. Cf. Beauchamps, *Rech.*, 2, 74; Goujet, *Bibl.*, XV, 41 ff.; Mouhy, *Tabl. dram.*, A. 43, P. 33, 238; id., *Abrégé*, I, 494, II, 166; De Léris, *Dict.*, 582.

dar. Diana, die in der Provinz Poitou besondere Verehrung genießt, verbietet Cupido, auf die Schäfer und Schäferinnen dieser Landschaft seine Pfeile abzuschießen. Cupido zeigt sich indessen ungehorsam und entflammt die Herzen der poitevinischen Schäfer und Schäferinnen, so daß sich einige von ihnen sogar aus Liebesgram umbringen. Ein alter Zauberer macht durch verschiedene magische Operationen den Schaden wieder gut, er verabreicht Liebestränke (*philtres*) und erweckt die unglücklichen Opfer der Liebe wieder zum Leben. — Die Magie dient also hier zur Lösung einer von Cupido herbeigeführten Intrige, während sonst gewöhnlich das Umgekehrte der Fall ist.

In **Isaac Du Ryer's** Pastorale *Les Amours Contraires* (1610)[1]) dient die Zauberei zur Lösung eines durch die spanische Liebhaberkette bedingten Konfliktes. Das Schema der hier in sich geschlossenen Kette ist folgendes:

$$\left.\begin{array}{c} Fillis \\ Satir \end{array}\right\} \rightarrow Clorise \rightarrow \left.\begin{array}{c} Cloridon \\ Satir \end{array}\right\} \rightarrow Lillis \rightarrow Fillis.$$

Die beiden Satyre entführen, da sie auf andere Weise nicht zum Ziele kommen, die beiden Schäferinnen mit Gewalt. Fillis und Cloridon eilen hinzu, um die Mädchen zu befreien, irrtümlicherweise aber trägt jeder nicht die von ihm geliebte, sondern die ihn liebende Schäferin in seinen Armen fort, so daß sich Fillis mit Lillis, Cloridon mit Clorise vereinigt sieht. Eine Zauberin kommt gerade recht, um den Konflikt zu lösen. Sie berührt die beiden Schäfer mit ihrem Zauberstabe, und sogleich entbrennt jeder in leidenschaftlicher Liebe zu der Schäferin, die er gerade in den Armen hält. Eine Doppelhochzeit beschließt das Stück. — Der Liebeszauber ist also hier durchaus wirksam und zwar in positivem Sinne. Die Zauberin entscheidet zugunsten der Schäferinnen; auch der Umstand, daß die beiden Schäfer bei der Befreiung der Mädchen aus den Händen der Satyre sich geirrt haben, ist wohl auf den Einfluß der Zauberin, die zwar bis dahin noch nicht

---

[1]) Über Isaac Du Ryer u. *Les Amours Contraires* cf. oben S. 209 f. Anmerkung.

auf der Bühne erschienen ist, aber doch die Geschicke der handelnden Personen zu bestimmen scheint, zurückzuführen.

Ein interessantes Beispiel für einen durch das sogenannte *envoûtement* [1]) ausgeführten Liebeszauber haben wir in L a r i - v e y ' s Komödie *Le Fidelle* (1611). [2]) Victoire, die Gattin des einfältigen alten Cornille, ist in einen jungen Mann namens Fortuné verliebt. Da sie aber keine Erhörung findet, wendet, sie sich an die Zauberin Meduse, die nun alle ihre Mittel aufbietet, um der untreuen Gattin die Liebe des jungen Fortuné zu gewinnen. Nachdem sie ihr versichert hat, daß es ihr Lebensberuf sei, den unglücklich Liebenden zu helfen, schlägt sie Victoire verschiedene Zaubermittel vor (1, 8):

*Je vous veux montrer quelques fecrets et vous dire leur vertu . . . Voici vn œuf de poulle noire, et cecy eft vne plume de corbeau. Qui auec cefte plume efcrit quelques lettres fur l'œuf, et dit deffus aucunes parolles, fait que l'homme s'incline à aymer la dame, que dites-vous? Cela vous plaift-il?*

Victoire will erst noch die übrigen zu Gebote stehenden Mittel genannt haben, und dann ihre Wahl treffen. Meduse fährt fort:

*En cefte phiolle eft du lait de la mere et de la fille, lequel in- corporé auec farine en faut faire vn tourteau, et iceluy faire cuire soubz les braifes, ayant premierement efcrit d'vn cofté Cupidon et Venus, et de l'autre le nom de celuy qu'on ayme; puis le bailler manger à l'amoureux. Il a force de le tellement lier qu'il ne peut plus deflier . . . Voicy deux cœurs, l'vn d'vn chat noir et l'autre d'vn pigeon blanc; en cefte phiolle eft le fiel de ces deux animaux. Cecy eft de la cire neuue, et voicy vne febve renverfée. Toutes ces chofes, incorporées enfemble, ont la force de rendre inuifible qui les porte fur luy.* [3]) (Dies wäre also ein indirektes Mittel, um die Liebe einer Person zu gewinnen.)

*. . . Voicy plufieurs chofes qui ont la puiffance de forcer les hommes à aymer et leur donner martel en tefte. C'eft à fçauoir*

---

[1]) Cf. oben S. 25.
[2]) Cf. oben S. 173 f.
[3]) Über Tier- und Pflanzenaberglaube cf. oben S. 32 ff.

*la ceruelle d'vn chat, la corde d'vn pendu* [1]*); efcrire de la plume
d'vn pigeon, d'vn corbeau ou d'vn aigle, fur du parchemin vierge
de veau ou de cheureau, certains noms et caracteres, former quelques
lettres fur la main fenextre auec du fang d'vn oyfon, ou d'vne
chauue-foury, ou d'vn lezard; façonner vn cœur de pafte et le
tranfpercer à trauers d'vn coufteau à manche noir; faire bouillir,
en de l'huille, des cheueux et du cambouy des cloches; tourmenter
les grenouilles, principalement les vertes; coniurer les rats et fouris,
et les nourrir de miel, et infinité d'autres chofes. Mais pour ce
que ces operations ne fe peuuent faire finon au iour de Mercure
ou de Venus, la lune croiffant à vne bonne heure auant, le coucher
du foleil, ou fitoft qu'il fera leué, il faut auoir patience. Si
quelqu'vn de ces autres vous plaift, commandez, car ie vous feray
veoir des miracles.* [2]*)*

Nachdem Meduse sich vergewissert hat, daß Victoire sie
gut bezahlen wird, erklärt sie sich bereit, das sicherste aller
Liebesmittel, nämlich das *envoûtement*, in Anwendung zu bringen:

*C'eft vne figure de cire vierge fabriquée au nom du commun,
laquelle eftant piquée et efchauffée au feu au nom de voftre amant,
vous le fera venir plus doux qu'vn aigneau.*

Da die erste Stunde der Nacht für die mit der Operation des *envoûtement* verbundenen Beschwörung der Geister [3])
besonders geeignet ist, begeben sich Meduse und Victoire in
Begleitung der Zofe Beatrice abends auf den Kirchhof. Sie
sind alle drei als Dienerinnen gekleidet und tragen brennende
Kerzen in der Hand. Der Diener Narcisse, der sie in diesem
Aufzuge zum Friedhof gehen sieht, ruft entsetzt aus:

*Par le corps de ma barbe, ce font des forciers!*

Die Zauberin hat bereits das Wachsbild, welches Fortuné
darstellen soll, angefertigt. Die magische Operation, die nun
vorgenommen wird, soll Victoire die Liebe des jungen Mannes
verschaffen:

---

[1]) Cf. oben S. 35.

[2]) Sie meint *des prodiges*. Die Unterscheidung von miracle und
prodige ist der Zauberin, wie es scheint, nicht geläufig. Über die Unterscheidung zwischen Wunder und magischer Operation cf. oben S. 2.

[3]) Cf. oben S. 173 f.

*Med. Cefte eau et cefte huille font coniurez au nom des efprits qui font efcrits fur la figure; refte d'y mettre le nom de voftre amoureux, et puis le contraindre et le coniurer. Comme a-il nom?*

*Vict. Fortuné.*

Nun wird der Name Victoire auf die Brust und der Name Fortuné auf die Stirn der Wachsfigur geschrieben und die Operation beginnt:

*Je te coniure et adiure, image de cire, par le fecond ventre de Venus, qui a enfanté Cupidon, dieu d'amour, que tu fois efficace au nom de Fortuné, par tous les membres, tefte, yeux, nez, bouche, oreilles, mains, pieds, poictrine, cœur, foye, poulmons, ratelle, roignons, veines, boyaux, nerfs, entrailles, os, mouëlles et tout ce qui eft en toy, qu'à cefte heure et foudainement tu t'enflammes en l'amour de Victoire de telle forte que, fans elle, tu ne puiffe iamais prendre repos, ny veillant, ny dormant, ny mangeant, ny beuuant, ny autre chofe faifant, et que iamais fa memoire ne forte hors de ton entendement ny de ton cœur, mais foit tousiours de toy defirée fur toute autre dame; et toute ainfi comme cefte image s'efchauffe à la clarté de ces chandelles, ainfi ton cœur s'efchauffe à la clarté de fes beuxs [!] yeux, tellement que tu n'ayes iamais de repos iufqu'à ce que tu te ioignes à elle et faces fa volonté. Amen. Fiat, fiat, fiat.*

Sodann wird das Bild gesalbt:

*Med. Je te oing de l'huille d'vne lumiere vierge, qui eft efficace au nom de Fortuné, et par ainfi ie te figne et marque en fon nom, au nom de Venus, d'Amour et de fes flefches. Amen.*

Victoire fragt ungeduldig:

*Eft-ce fait?*

*Med. Non, Madame. Attendez vn peu: il la faut efchauffer, la picquer et contraindre les efprits efcrits deffus, et puis ce fera fait.*

Nach Anrufung der Dämonen wird das Wachsbild in der Herzgegend mit einer Nadel durchstochen. Das unerwartete Erscheinen des Pedanten Josse, den die Frauen für einen Geist halten, verscheucht sie. Die Zauberin entschuldigt später Beatrice gegenüber ihre Flucht damit, daß sie geglaubt habe, es sei die Polizei. — Meduse verzichtet schließlich auf

alle Zaubermittel und es gelingt ihr, durch ihre geschickte
Vermittlung jedermann zufrieden zu stellen. Die Magie dient
also hier, da sie keine nachhaltigen Wirkungen hervorbringt,
lediglich zur Ausschmückung der durch allerlei unnütze Personen beeinträchtigten Handlung.

In Mouqué's *L'Amour Desplumé* (1612)[1]), einem mythologischen Stücke, wird ein Liebeszauber durch Amor ausgeführt. Der Schäfer Cloris liebt Francine, und Doris liebt
die Schäferin Claricée. Die beiden Mädchen zeigen sich jedoch für irdische Liebe unempfänglich. Cupido schießt seine
Pfeile auf die Schäferinnen ab. *Amour Divin* fordert sie auf,
aus einer Quelle, die er ihnen zeigen will, zu trinken, um so
von der Liebe, die Amor ihnen eingeflößt hat, geheilt zu
werden.[2]) Cupido sucht dies zu verhindern, indem er die
Quelle verzaubert. Dies gelingt ihm aber nur für einen Teil
derselben, da er plötzlich durch eine unsichtbare Gewalt in
seinem Beginnen aufgehalten wird. Als die beiden Schäferinnen aus der zur Hälfte verzauberten Quelle trinken, wird
Francine alsbald von ihrer Liebespein befreit, Claricée dagegen fühlt sich plötzlich vom Feuer der Liebe verzehrt. Der
Schäfer Cloris kommt zufällig zu der Zauberquelle und trinkt
daraus. Alsbald erstirbt in ihm die Liebe zu Francine und
er fühlt sich nur noch von göttlicher Liebe erfüllt. Inzwischen
sind *Amour Divin* und Cupido aneinander geraten. *Amour
Divin* ist siegreich aus dem Kampfe hervorgegangen. Nach
mehreren durch einen Satyr veranlaßten Zwischenfällen ergibt sich die Lösung durch einen erneuten Zweikampf der
beiden Liebesgötter, in dem Cupido unterliegt. Er wird
seiner Flügel beraubt und eingesperrt. Die Schäfer und
Schäferinnen verzichten auf die irdische Liebe und singen
eine Hymne zu Ehren der göttlichen Liebe.

Im Gegensatze zu dem soeben besprochenen Stücke, in
dem die magische Operation von einer mythologischen Persönlichkeit ausgeführt wird, haben wir in Chrestien's *Grande*

---

[1]) Cf. oben S. 209 ff.

[2]) Es ist die Zauberquelle der Liebe und des Vergessens aus dem
*Orlando Furioso* (cf. oben S. 85; Roth, l. c., p. 241 f.), ähnlich wie bei
Blambeausault (cf. oben S. 225 f.).

*Pastorelle* (1613)[1]) mehrere auf reiner Zauberei beruhende
Operationen. Das Schema der Liebhaberkette dieser Pastorale haben wir bereits auf S. 211 dargestellt. Nachdem der
Kapitän Briarée, ein richtiger Matamor, der die Schäferin
Cloride aus den Händen eines Satyrs befreit hat, sich in seiner
Hoffnung, für diesen Ritterdienst mit der Liebe des Mädchens
belohnt zu werden, getäuscht gesehen und auch sein Diener
Frontolin[2]), den er zu ihr geschickt, nichts ausgerichtet hat,
wendet er sich an den Zauberer Ismen. Dieser gibt ihm
einen Zauberstab, mit dem er das störrische Mädchen dreimal
an der rechten Seite berühren soll. Wenn er dann gleichzeitig drei Zauberworte spreche, werde Cloride ihm nicht
länger widerstehen. Als Gegenleistung für diesen Dienst verspricht Briarée dem Zauberer, er werde ihm die Schäferin
Elice, die dieser trotz seiner Zauberkunst nicht hat gewinnen
können, mit Gewalt zuführen. Briarée trifft Cloride, berührt
sie mit dem Zauberstabe und murmelt die Zauberworte. Die
Wirkung des Zaubers läßt nicht auf sich warten: Cloride verliebt sich leidenschaftlich in den Matamor und vergißt ihren
Geliebten Eurialle. — Die übrigen Zwischenfälle bieten wenig
Interesse. Die Magie dient zur Ausschmückung des Stückes,
ihre Wirkungen sind zwar reale, aber keine nachhaltigen.
Die Lösung ergibt sich ohne Zutun des Zauberers durch eine
Erkennungsszene. — Ismen erinnert an den Zauberer Ely-
mant in Montreux's *Diane*.[3]) Die Metamorphose, die dem
Schäfer Eurialle die Gunst seiner Geliebten verschafft, so
lange bis der Betrug entdeckt wird, erinnert an den dritten

---

[1]) Cf. oben S. 174 ff. u. 211.

[2]) *Briarée* und *Frontolin* erinnern lebhaft an *Don Quijote* und
*Sancho Panza*. Ob aber der Verfasser den *Don Quijote*, welcher 1605
erschienen war, gekannt hat, ist zweifelhaft. Brunet (Man. du Libr.)
gibt französische Übersetzungen des *Don Quijote* erst von 1681 ab an.
Vielleicht hat Chrestien in den *Bravacheries du Capitain Spavente*, die
J. de Fonteny im Jahre 1608 aus dem Italienischen übersetzte, sein
Vorbild gefunden, oder auch in den *Rodomontades Espagnoles du Capitaine Bombardon*, welche 1607 in spanischer und französischer Sprache
erschienen und 1612, also ein Jahr vor der *Grande Pastorelle*, eine
zweite Auflage erlebten (cf. Marsan, p. 229 ff.).

[3]) Cf. oben S. 201 f. u. 224.

Akt der *Diane* und die Erkennungsszene zwischen Cloride und
Briarée an die Lösung des Konfliktes in der *Diane*, wo Hector
seinen Bruder wiederfindet. Die Figur des materiell gesinnten
Frontolin erinnert an Furluquin in Montreux's *Arimène*. Alles
weist darauf hin, daß Chrestien Montreux als Vorbild benützt
hat. Durch Vermittlung der *Diane* ist also Chrestien indirekt
von dem spanischen Schäferroman beeinflußt.

Ein weiteres Beispiel eines durchaus wirksamen Liebeszaubers findet sich in H a r d y ' s Tragikomödie *Dorise* (1613).[1]
Salmacis, ein junger Mann aus vornehmer Familie, soll nach
dem Wunsche seines Vaters Sidère, ein ihm ebenbürtiges
Mädchen, heiraten. Er liebt jedoch Dorise, ein Mädchen von
einfacher Herkunft, welches wegen seiner Schönheit weit und
breit berühmt war. Als der Vater von dieser, wie er meint,
niedrigen Neigung seines Sohnes hört, schickt er ihn auf Reisen,
um ihn auf andere Gedanken zu bringen. Salmacis vertraut
für die Dauer seiner Abwesenheit die Geliebte seinem Vertrauten Nicanor an. Dieser ist jedoch selbst in Doris verliebt
und sucht sie in ihrer Liebe zu Salmacis wankend zu machen,
indem er ihr glauben macht, er sei ihr untreu geworden. Die
Folge dieser Verleumdung ist, daß Salmacis bei seiner Rückkehr die bittersten Vorwürfe von seiner Geliebten zu hören
bekommt und in seiner Verzweiflung sich in die Einsamkeit
zurückzieht. Sidère, die von der Neigung ihres Bräutigams
für Dorise Kunde erhalten hat, zieht die Zauberin Sophronie
zu Rate, die ihr ihre Hilfe verspricht:

> *Admire le pouuoir d'vne occulte ſcience,*
> *Et d'elle tes deſtins écoute en patience,*
> *Deſtins que conſultez n'agueres m'ont appris*
> *(Iournallier paſſetemps), les Nocturnes eſprits.*

Sie erklärt ihr sodann, warum Salmacis Dorise so leidenschaftlich liebe. Er trage, sagt sie, einen bösen Zauber bei
sich, den seine Amme, eine boshafte Hexe, ihm in seiner
frühesten Jugend in Gestalt eines Ohrringes angehängt habe.
Sobald dieser Zauber beseitigt sei, werde seine Leidenschaft

---

[1] Gedr. Paris, J. Quesnel, 1626, 8°. Über Hardy cf. oben S. 105,
172, 177, 186, 203 f., 211.

für Dorise erkalten. Sidère und Sophronie gehen zu der Höhle, in die der unglückliche Liebhaber zich zurückgezogen hat. Sie finden ihn schlafend. Die Zauberin benützt nun diese günstige Gelegenheit, um ihm den verzauberten Ohrring zu entreißen. Salmacis erwacht sogleich und ist sich anfangs über die Veränderung, die in ihm vorgegangen ist, nicht recht klar:

> *Quel fonge fantaftique en furfaut me réueille?*
> *Vne fille paruë à Sidere pareille*
> *Me fembloit arracher doucement hors du fein*
> *Le cœur qui l'a fuyuie ainfi que par deffein ...*

In der Tat ist seine Liebe zu Dorise geschwunden und sein Herz glüht nun für Sidère. Auf seine verwunderte Frage, was mit ihm geschehen sei, erwidert Sophronie:

> *Appren que ma conduite et mon fçauoir auffi*
> *Du cercueil preparé te l'ameine icy.*

Salmacis ist erfreut über diese glückliche Wendung und verspricht der Zauberin eine gute Belohnung. — Die Magie ist also hier als durchaus real angesehen. Sie führt die Lösung der Verwicklung, die ihrerseits auf eine zauberische Ursache zurückgeht, herbei.[1]

In der *Climène* (1628) des de La Croix[2] haben wir es nicht mit einem wirklichen Liebeszauber zu tun, sondern es wird ein solcher nur vorgeschützt. Der unglückliche Liebhaber Silandre, dem es nicht gelingen will, das Herz Climènes zu erweichen, sucht Hilfe bei einem Zauberer. Dieser überreicht ihm ein von einem Dämon herbeigeschafftes Armband, welches angeblich die zauberhafte Wirkung hat, daß Climène, sobald sie es am Arme trägt, in Liebe zu Silandre erglühen wird.

> *Le Mag. Vois-tu ce bracelet, il faut que tu le porte [sic!]*
> *A celle que tu aime [sic!], et que tu face en forte*

---

[1] Dieselbe Geschichte, nur unter anderen Namen, ist in *Les Amans Volages* von Du Rosset als eine angeblich wahre Begebenheit erzählt.

[2] Cf. oben S. 187 ff.

*Qu'elle le mette au bras, lorsque tu l'auras fait*
*Ie te pri' promptement vien m'en dire l'effet..*

Sobald Climène das Armband trägt, fällt sie in einen
lethargischen Schlaf. Silandre, der sie tot glaubt, bedroht
den Zauberer, der seiner Meinung nach ihren Tod verschuldet
hat (IV, 2):

*Viens voir fi tes demons me pourront empefcher*
*De mettre par morceaus ta miférable chair.*

Der Zauberer sucht ihn zu beschwichtigen:

*Le bracelet charmé qu'en fon bras elle porte*
*La peut bien endormir, mais non la rendre morte.*

Er gibt dem Schäfer eine Flüssigkeit, mit der er die
Stirne seiner Geliebten benetzen soll. Sobald dies geschehen
ist, kommt in der Tat das Mädchen wieder zu sich. Aus
Dankbarkeit für diese vermeintliche Lebensrettung gibt sie
ihm einen Kuß, damit aber soll er sich begnügen und sie
hinfort in Ruhe lassen. Silandre hat also trotz der Unterstützung des Zauberers nichts erreicht, und auch bei der endgültigen Lösung des Konfliktes, die sich durch eine Erkennungsszene ergibt, fällt für ihn nichts ab. — Ein anderer
Schäfer, Liridas, der ebenfalls in Climène verliebt ist und sie
tot glaubt, verlangt unter Androhung von Schlägen von dem
Zauberer, daß er sie wieder lebendig machen solle. Dieser
erwidert, es stehe nicht in seiner Macht, Tote zu erwecken;
er läßt sich aber schließlich durch die Drohungen des Hirten
einschüchtern und verspricht, alles zu tun, was er von ihm
verlange. Dieses Versprechen kann er ihm um so leichter
geben, als er ja ganz gut weiß, daß Climène keineswegs tot
ist. Immerhin aber muß ein Zauberer, der sich zuvor einer
so außergewöhnlichen Macht gerühmt hat und sich nun vor
dem Stocke eines Hirten fürchtet, recht lächerlich erscheinen.
Dies ist wohl auch die Absicht des Verfassers gewesen, der
überhaupt die Figur des Zauberers mit seinen prahlerischen
Reden und seinen schauerlichen Beschwörungsformeln (cf.
oben S. 189) nur als Ausschmückung seinem Stücke einverleibt hat.

Einer ganz neuen Auffassung der Magie begegnen wir in de Crosilles' *Chasteté Invincible* (1633).[1]) Die Magie ist hier personifiziert gedacht als Göttin der Zauberei und Freundin Plutos, ein neuer Beweis dafür, daß die Magie vielfach mit der klassischen Mythologie in Verbindung gebracht wurde. Der Schäfer Tircis, ein verkappter Prinz, ist hoffnungslos in die Schäferin Uranie verliebt. Obgleich er sie aus den Händen eines Satyrs befreit hat, bleibt die Schöne unerbittlich. Da verspricht ihm der Zauberer Licandre, er werde ihm die Liebe des Mädchens verschaffen. Welche Mittel er zu solchen Zwecken anzuwenden pflegt, erklärt er (III, 4) den Schäfern Driope und Sireine, die seiner Zauberkunst etwas skeptisch gegenüberstehen:

*I'ay donc tiré de ma pannetiere cette image de cire vierge et ces deux efguilles, l'vne eft frottée d'vn aimand magique, qui attire la perfonne aymée vers celle qui ayme, l'autre au contraire luy en laiffe vne perpetuelle auerfion. En fuite ie luy en ay defcouuert la pratique, c'eft qu'il faut piquer la figure moulée à l'endroit du cœur, afin que la viuante en fente le contrecoup: alors vous euffiez dit que i'allois commettre des paricides et des facrileges, tant il apprehendoit que ie ne bleffaffe[2]) fa maiftreffe, iufques à ce que ie luy aye engagé ma vie que la vertu de mon action dependoit de fon confentement . . . Ie trauaille à la compofition d'vn parfum dont les ingrédiens font autant defplaifants que l'effet en eft agréable à caufe que fi on en brufle fa vapeur chaffe les importuns.*

*Sireine. On tient que c'eft vne maxime infaillible que ton art a moins de pouuoir en présence des incredules; or ie confeffe, bien que ie fois d'vn pays où l'on ne parle que des merueilles de magie* (also wohl aus Thessalien), *i'aurois befoin d'eftre vn peu inftruit là deffus.*

Licandre unterrichtet ihn über den Ursprung und das Wesen der Magie[3]):

---

[1]) Cf. oben S. 192 f.

[2]) Allerdings wurde die Operation des *envoûtement* zumeist angewendet, um jemand zu peinigen oder sterben zu machen, seltener zwecks Erweckung von Liebe.

[3]) Cf. Wesen und Ursprung der Magie in der Einleitung.

*Te fouuient-il de l'entreprife des Geans, lors qu'ils efchelerent*
*les Cieux? Ce fut par noftre moyen. Sur la querelle de Jupiter*
*et de Pluton, touchant la grandeur de leurs Empires, la Magie,*
*amie de Pluton et Deeffe de noftre Art, anima les Geans contre*
*Jupiter. Pour cet effet, elle mit nos montagnes* [1]) *les vnes fur les*
*autres, et porta les Geans fur la plus haute de toutes. Ce fut*
*alors que les Dieux efpouuantez, et fe croyans perdus, s'enfuirent*
*en Egypte, où depuis noftre meftier a efté en finguliere venération.*
*En ce temps-là, cefte Deeffe conuerfoit auec nos ayeules de mefme*
*qu'Aftrée conuerfoit au commencement auec les premiers hommes :*
*peu à peu le mefpris et l'ignorance (!) l'ont bannie tellement, qu'elle*
*s'eft contentée de nous laiffer quelques fecrets, toutes fois les fçauants*
*de la profeffion l'aperçoiuent quelques fois qui monte et defcend le*
*long de cette pyramide que la nuict pouffe de la terre au Ciel.*
*A peine auois-ie atteint la vingtiefme année de mon exercice, la*
*premiere fois qu'elle m'apparut. De fortune ie m'amufois à cueillir*
*de la verueine auec les céremonies qui nous font preferites, lors que*
*ie la vis toute telle que nos maiftres me l'auoient depeinte, vn bruict*
*fourd et friffonant me faifant hauffer la veuë, ie la defcouure*
*qui eftoit portée dans vn Chariot traifné par des Orfrayes et des*
*Hibous volants à l'enuers ; quantité de dragons et de Chauue-*
*fouris l'entouroient, auec des fifflements qui efpouuantoient mefme*
*les tenebres, d'vne main elle tenoit des os de mort, du bois de*
*fupplice, et du fer de meurtre trempé dans le Styx, de l'autre de la*
*pierre de foudre, quelque refte de licol, et des defbris de l'orage.*
*En paffant elle cracha fur certains endroits où nafquirent auffitoft*
*des poifons et des venins, de fon haleine fortoit la fterilité, la famine*
*et la pefte. De maniere que ie failly [!] à mourir de peur, neant*
*moins ie ne me repentiray iamais de l'auoir veuë : car elle m'apprift*
*mille chofes qui vallent bien la peine de les retenir. Pour abreger*
*ton inftruction, que veux tu, Sireine, que ie faffe tout à cefte heure*
*deuant toy? tu n'as qu'à fouhaiter.*

Nachdem Licandre allerlei Vorschläge gemacht hat, wie
er seinen ungläubigen Zuhörer wohl von der Realität seiner
Zauberkunst überzeugen könne, fordert Sireine ihn auf, doch
nun endlich die angekündigte magische Operation zugunsten

---

[1]) Das Stück spielt in Griechenland.

des unglücklichen Tirsis zu beginnen. Wenn er hierbei Erfolg habe, wolle er ihm Glauben schenken. Licandre schickt sich an, das *envoûtement* vorzunehmen:

*Commençons donc à celebrer les myſteres. Sireine, tiens ceſte figure, Driope, pren ces eſguilles, vous me les rendrez quand ie les demandray . . . Fermez cette foſſe, oſtez ce ſerpent, ployez ce voile, deſcouurez l'Autel, couronnez moy de laurier et de palme, que ma baguette change de main, apportez la figure et les eſguilles, implorons à haute voix les bons Demons.*

### INVOCATION.

*Bon-heur preſide à cet Augure,*
*Ce que ie fais ſur la figure,*
*Amour fais le ſur le vray cœur,*
*Graue Thirſis dans celuy d'Uranie,*
*De ſon eſclaue il ſera ſon vainqueur,*
*Si iuſques au treſpas tu leur tiens compagnie.*

Jetzt muß seiner Meinung nach der Zauber schon auf Uranie gewirkt haben und er fragt erstaunt, ob denn noch niemand erschienen sei, um von der Veränderung, die mit dem Mädchen vor sich gegangen sein müsse, Meldung zu machen. Da Sireine dies verneint, wiederholt Licandre seine Invocation, wobei er jedoch das Unglück hat, seine Nadel fallen zu lassen. Driope hebt sie wieder auf, und Licandre wiederholt nochmals dieselben Verse. Jetzt erscheint Charilas, ein Freund des Tircis, und berichtet, daß Uranie in einen tiefen Schlaf gefallen sei und im Traume eine große Zuneigung zu Tircis verspürt habe, gegen die sie jedoch angekämpft habe. Als sie dann erwacht sei, habe sie einen solchen Abscheu vor ihrem Liebhaber empfunden, daß sie ihn weder sehen noch von ihm reden hören wollte. Licandre ist höchst bestürzt über diesen Mißerfolg:

*Dieux! qui nous a trompez? il faut qu'à la ſeconde fois on nous ait changé l'eſguille, voyons: Ha! il n'eſt que trop vray.*

Er will noch einen letzten Versuch machen:

*Afin que le mal paſſe outre, mettons l'image d'Uranie ſur l'Autel, deſſoubs les pieds d'Amour, à l'heure que ie te parle tu trouueras qu'elle eʃt deliurée de ʃon emotion et remiʃe en ʃon premier eʃtat.*

Verzweifelt über die Hartherzigkeit seiner Geliebten hat sich Tircis inzwischen getötet. Dieser Beweis seiner Liebe überwältigt endlich die Härte Uranies, sie bricht in trostlose Klagen aus und beschwört Licandre, ihrem Geliebten das Leben wiederzugeben. Licandre tröstet sie: Der Geist des Verstorbenen schwebe noch im Tale Tempe umher; er würde schon am Ende der Welt sein, wenn ihn nicht die leidenschaftliche Liebe zu Uranie zurückgehalten hätte. (Im Gegensatz zu der antiken Auffassung des Jenseits ist dieser Schatten noch menschlicher Leidenschaften fähig!) Da er also noch nicht allzu weit sei, könne er noch zum Leben zurückgerufen werden. Sie brauche nur einen Kuß auf seine kalten Lippen zu drücken, während er gleichzeitig eine Zauberformel sprechen wolle:

*Mets des roʃes vermeilles ʃur des muʃcades, c'eʃt à dire, tes lèvres qui ʃont rouges, ʃur les ʃiennes qui ʃont pâles, et cela ʃuffira auec les parolles ʃecrettes que ie prononceray.*

In der Tat erwacht Tircis durch den Kuß seiner Geliebten zum Leben. Von der Zauberformel, die dem Kusse diese besondere Kraft verleihen sollte, hört man nichts. — Die Magie dient also hier nur zur Lösung des Konfliktes, durch die wunderbare Erweckung des Toten. Der mit großem Apparat in Szene gesetzte Liebeszauber bleibt wirkungslos. Auffallend ist, daß der Verfasser, der dem geistlichen Stande angehörte und folglich ein bestimmter Gegner alles Zauberwesens hätte sein müssen, den Zauberer nicht als verworfen und verächtlich hinstellt, sondern ihn mehr scherzhaft behandelt. Die dem Zauberer Licandre in den Mund gelegte Erklärung, die Magie sei eine griechische Göttin, spricht allerdings für den Standpunkt des Verfassers, daß die Magie von heidnischer Herkunft und somit verwerflich sei.

Ein Ring als Träger eines wirksamen Liebeszaubers findet sich in Rotrou's Tragikomödie *L'Innocente Infidélité* (1634).[1]

----

[1] Aufg. 1635, gedr. 1638 (die Ausg. s. im Verz. der ben. Lit.). Über Jean Rotrou cf. Sainte-Beuve, *Tableau etc.*, 1843, 260 ff.;

Hier erscheint zwar der Zauberer nicht auf der Bühne, aber
die gesamte Handlung steht unter seinem unverkennbaren
Einflusse. Felismond, König von Epirus, verläßt seine Geliebte Hermante, um Parthénie zu heiraten. Hermante sinnt
schon auf Rache, als ihre alte Dienerin Clariane ihr einen
Vorschlag macht, wie· sie die Liebe des Königs wieder gewinnen könne:

> Madame, *fans paffer à ces efforts extremes,*
> *Reclamons des Enfers les puiffances fupremes.*
> *Je cognois vn vieillard, dont les fecrets diuers*
> *Peuuent faire changer et perir l'Vniuers,*
> *Il arrefte d'vn mot la lumiere naiffante,*
> *Il rend la mer folide, et la terre mouuante*
> *Il brife les rochers, il applatit les monts,*
> *Et difpofe à fon gré du pouuoir des Demons,*
> *Que i'aille de ce pas confulter fa fcience*
> *Et vous l'eftimerez apres l'experience,*
> *Reposés fur mes foings cet important foucy,*
> *Et que dans vn moment ie vous retreuue icy.*

Hermante ist mit dem Vorschlage einverstanden, und erwartet mit Ungeduld das versprochene Zaubermittel. Clariane
hat von dem Zaubergreis einen Ring bekommen, der die
wunderbare Eigenschaft besitzt, daß der, welcher ihn am
Finger trägt, die Liebe einer beliebigen Person gewinnen
kann. Inzwischen wird die Hochzeit des Königs mit Parthénie
gefeiert, jedoch im Augenblicke ihrer Vereinigung durch den
Priester erscheint auf der Schwelle des Tempels Hermante,
den Zauberring am Finger. Die Wirkung des Zaubers läßt
nicht auf sich warten. Kaum hat der König sie erblickt,
so macht er sich Vorwürfe über seine Treulosigkeit, und am
Ausgang des Tempels bittet er seine verschmähte Geliebte

---

Saint-Marc Girardin, *Cours de litt. dram.*, 1849, III, 356 ff.; Jarry,
*Essai etc.*, 1868; La Croix, *XVIIe siècle*, 1882, p. 273; Steffens,
*Rotrou-Studien*, 1891; Stiefel, *Unbekannte ital. Quellen J. Rotrou's*,
1891; id., *Über die Chronologie etc.*, 1894; id., *Der Einfluß des ital.
Dramas etc.*, 1895/96; Buchetmann, *J. Rotrou's Antigone etc.*, 1901
(daselbst ausführliche Literaturangaben, p. VIII ff.).

mit leiser Stimme um Verzeihung. Hermante triumphiert.
Die Macht der Hölle hat über die des Himmels gesiegt. Alle
Anwesenden sind über diesen Zwischenfall bestürzt, nur
Parthénie scheint nichts bemerkt zu haben. Felismond steht
völlig unter dem Einflusse des Zaubers, er geht in seiner
Liebe zu Hermante so weit, daß er auf ihr Anstiften sich
entschließt, seine Gemahlin umbringen zu lassen. Er gibt
seinem Vertrauten Evandre Befehl, die Königin in den Fluß
zu stürzen. Der treue Diener verspricht, den Befehl auszuführen, bringt aber die Königin heimlich auf sein eigenes
Schloß, wo er sie verborgen hält. Während Hermante bei
der Nachricht vom Tode der Königin in wilder Freude
triumphiert, bleibt Parthénie trotz der erlittenen Schmach
in ihrem Herzen ihrem Gemahl treu. Als Evandre erfährt,
daß der Zauberring, den Hermante trägt, die Ursache der
blinden Leidenschaft des Königs bildet, entreißt er ihr den
Ring, und sofort verschwindet die Wirkung des Zaubers. Das
Hilfegeschrei Hermantes, die von Evandre überrumpelt worden
ist, läßt den König kalt. Hermante erfüllt ihn mit Abscheu,
während er seine Treulosigkeit gegen Parthénie aufrichtig
bereut. Seine Reue ist um so größer, als er Parthénie tot
glaubt. Er gibt Befehl, Hermante, die an allem schuld ist,
ins Gefängnis zu werfen. Vergeblich hofft die Schuldige auf
den Beistand der höllischen Geister. Während der Leichen-
feierlichkeiten, die der König zu Ehren Parthénies angeordnet
hat, will er, von seinem Schmerze übermannt, seinem Leben
ein Ende machen, als plötzlich Parthénie auf der Schwelle
des Tempels erscheint. Felismond bittet sie öffentlich um
Verzeihung und führt seine Gemahlin unter freudigen Zu-
rufen des Volkes heim. Von Hermante ist nicht mehr die
Rede. — Die Magie veranlaßt in diesem Falle die Intrige,
während die Verwicklung sofort ihre Lösung findet, sobald
die Wirkung des Zaubers aufgehoben ist. Die Handlung
leidet unter dem fortwährenden Wechsel des Schauplatzes
und ist mit einer Reihe von unnötigen Ereignissen überhäuft,
wie es allerdings dem Geschmacke der Zeit entsprach. Nicht
bloß die Handlung, sondern auch die Entwicklung der Charaktere ist durch die Magie beeinflußt. Sobald der Zauber

seine Wirkung ausübt, zeigt der König sich wankelmütig und charakterlos, ein Spielball der Leidenschaften und Launen seiner Geliebten. Hermante steht an Bosheit hinter einer Hexe nicht weit zurück. Parthénie erinnert in ihrer unbegreiflichen Beharrlichkeit und Treue an Griseldis. — Den Stoff zu der Intrige scheint Rotrou den Komödien Lope de Vega's *La Sortija del olvido* und *La Laura perseguida* entnommen zu haben.

Ein Beispiel für das Nestelknüpfen (*nouement d'aiguillettes*) und sonstige Malefizien [1]), die man Liebeszauber im negativen Sinne nennen könnte, findet sich in M i l l e t ' s *Pastorale et tragicomédie de Janin ou de la Hauda* (1635) [2]), einem Stücke, welches mit Rücksicht darauf, daß es zum großen Teile in der Mundart der Dauphiné geschrieben ist, strenggenommen nicht in die Geschichte der französischen Literatur gehört, aber wegen der darin enthaltenen interessanten Beispiele von Liebeszauber hier Erwähnung finden möge.[3]) Der Schäfer Janin und die Schäferin La Hauda lieben sich von Jugend auf. Da

---

[1]) Cf. oben S. 25 ff.

[2]) Aufg. 1635 zu Grenoble (cf. M o u h y, *Tabl. dram.*, P. 58, id., *Abrégé*, I, 245 f.), gedr. 1636. B r u n e t (*Manuel du Libr.*, III, 1721 f.) gibt folgende Ausgaben des Stückes an: *Grenoble, Ed. Raban, 1636*, 198 p., pet. 8º; *ibd. J. Nicolas, 1642* [2], *144 p., 8º; ibd. Cl. Bureau, 1648* [3], 144 p., 8º; *Lyon, Nic. Gay, 1650* [4], *120 p., 8º; Grenoble, André Gales, 1659* [5], *126 p., 8º; ibd. Ed. R. Dumon, 1676* [6], *127 p., pet. 8º; Lyon, L. Servant, 1686* [7], *pet. 8º; ibd. 1692* [8], *pet. 8º; Grenoble, 1700* [9], *199 p., 8º; Lyon, Ant. Molin, 1706* [10], *126 p., pet. 8º; ibd. Ant. Besson, 1706* [11], *126 p., pet. 8º; Grenoble, 1706* [12], *12º; Lyon, 1738* [13], *8º; Grenoble, Lemaire, s. a.* [14] *(ca. 1800), 119 p. 8º.* Aus dieser großen Anzahl von Auflagen geht hervor, daß das Stück viel Anklang fand. — Von Jean Millet aus Grenoble (geb. ca. 1600) haben wir außerdem noch folgende Stücke: *La Pastorale de la Constance de Philis et de Margotin, précédée d'un prologue récité par la Nymphe de Grenoble.* Grenoble, Ed. Raban, 1635, 132 S., 4º (in 5 A. u. V.); *La Bourgeoise de Grenoble, com. en 5 actes en vers,* Grenoble, Phil. Charoys, 1665, 145 S., 8º; *La Faye de Sassenage, com.,* Grenoble, 1631, 4º. Über Jean Millet's Leben und Werke cf. B e a u c h a m p s, *Rech.,* 2, 138; M o u h y, *Tabl. dram.,* A. 47, P. 37, 58; id., *Abrégé,* I, 110, 245 f., 468, II, 229; D e L é r i s, *Dict.,* 636 L a  V a l l i è r e, *Bibl.,* II, 88 f., 508 ff.; Q u é r a r d, *La France litt.,* VI, 132; B r u n e t, *Man.,* III, 1721 f.

[3]) Zur Erleichterung des Verständnisses haben wir versucht, die in

der junge Mann sich eines Tages von seiner Leidenschaft fortreißen läßt und zu weit geht, wendet sich das Mädchen entrüstet von ihm ab und verbietet ihm, ihr je wieder unter die Augen zu kommen. Der Zufall will es, daß La Hauda bald danach die Bekanntschaft eines Edelmannes macht, der in der Gegend auf der Jagd ist, und sich sterblich in ihn verliebt.[1]) Beide geloben sich ewige Treue. Der Vater des Mädchens dringt darauf, sie solle einen Hirten heiraten, während die Mutter eine vornehme Heirat lieber gesehen hätte. La Hauda rät deshalb ihrem neuen Verehrer, sich als Schäfer zu verkleiden, um leichter die Einwilligung ihres Vaters zu erlangen. Der Vater läßt sich täuschen, und die Hochzeit wird auf den folgenden Tag festgesetzt. Der unglückliche Janin beschließt, zur Zauberei seine Zuflucht zu nehmen (III, 3):

*Ie volo contra vo vsa d'enchantari.[2])*
*Ie vœy de cesteu pa trouua la feitureiri,*
*Qui v petiz enfan fat pou per pe charreiri,*
*Qui fat pissié le gen contra la trauaison,*
*Et qui fat de per ley tou lo iour reueison.*

Er wendet sich an eine Hexe, der er seine traurige Geschichte erzählt mit der Bitte, sie möge die Heirat seiner Geliebten mit dem Edelmanne verhindern (IV, 3):

*Janin. Dana qui deuina ce que se dit et fat[3]),*

---

der Mundart der Dauphiné zitierten Stellen des Textes ins Französische unter Beibehaltung der Orthographie des 17. Jahrhunderts zu übertragen.

[1]) Eine historische Begebenheit liegt dem Stücke zugrunde: Ein Mädchen vom Lande (namens Claudina oder Marie Arignot) bekam von dem Sekretär eines Trésorier aus Grenoble einen Heiratsantrag gemacht und heiratete schließlich nicht den Sekretär, sondern den Trésorier (cf. Champollion-Figeac: *Nouvelles Recherches sur les patois et en particulier sur ceux du département de l'Isère. Paris, 1809, 119 S., 12⁰,* zit. bei B r u n e t, *Manuel,* III, 1722.

[2]) *Ie veux contre vous vfer d'enchantement.*
*Ie vais de ce pas trouuer la forciere,*
*Qui aux petits enfans faict peur dans les rues,*
— — — — — — — — — — — — — —
— — — — — — — — — — — — — —

[3]) *Dame qui deuinez ce qui fe dit et faict,*
*Qui faictes deuenir preux les gens contrefaicts,*

*Qui faites deueni prou le gen contrafat,*
*Qui apres lou mema`faites couri le fille;*
*Qui coniura serpen, cocoarez et chanille;*
*Qui faites renuersa tout sen dessu dessout;*
*Et·qui faites dansié lou cayon à la sout,*
*Ayda me à mes amour, ou ie courrey fortuna,*
*De fare comm'un chin qui japper à la luna.*

Die Zauberin erklärt sich bereit, ihre Kunst in seinen Dienst zu stellen:

*La Sorcière. Mon enfan ie farey per ti tant d'oreison* [1]),
  *Que tu ne perdres pa lo sen, ny la reison,*
  *Quand ie deurin gasta mon chandelon, mon ciergeo,*
  *Et dedin mon cruisieu tout mon bon huilo viergeo;*
  *Conta me sôlamen toutta ta fachari:*
  *Quin morcel sur le cour po tu pa digeri?*

Janin erzählt ihr, was ihn bedrücke. Die Zauberin rät ihm, von dem Mädchen, das doch offenbar seiner nicht wert sei, zu lassen. Dazu kann sich Janin jedoch nicht entschließen. Die Hexe zeigt ihm darauf seinen Rivalen in einer Zauberquelle:

*La Sorc. Per te desabusié ie te volo monstra* [2])
  *Que t'en aures lo dan que ie t'ay remontra,*

---

*Qui apres les mefmes faictes courir les filles,*
*Qui coniurez ferpens, hannetons et chenilles,*
*Qui faictes renuerfer tout fens deffus deffous,*
*Et qui faictes danfer le cochon dans la porcherie,*
*Aidez-moy dans mes amours, ou je courrais fortune*
*De faire comme vn' chien qui jappe à la lune.*
[1]) *Mon enfan, ie feray pour toy tant d'oraifons*
  *Que tu ne perdras ny le fens ny la raifon,*
  *Quand ie deurais mefme guafter ma chandelle, mon cierge,*
  *Et dans ma cruche toute ma bonne huile vierge.*
  *Conte-moy seulement toute ta fafcherie:*
  *Quel morceau fur le cœur ne peux-tu pas digerer?*
[2]) *La S. Pour te defabufer ie te veux monftrer*
  *Que tu en auras l'ennui que ie t'ay démontré;*
  *Regarde donc de pres dedans cefte fontaine,*
  *Où vint fe mirer la dame forciere.*

*Regarda donq de pres dedin cella fontana,*
*Où se vin miraillie la dana sarbatana.*
*Vey tu pa ceu Monsieu de qui t'es si jalou,*
*Qui n'ét pa ren Bergié per champeye lou lou;*
*Mais plusto per planta rpertu son holetta,*
*Et fare lo poulet apres cela pouletta.*

Jan. *Je n'y veyo que trop celleu na de groman,*
*Et lo pare de ley que se lochon la man.*
*Que vou to dire iquen, farron-ti ren la pachi*
*D'vn mariageo maudit dont ie creigno l'eytachi?*

Er beschwört sie, diese Heirat mit allen Mitteln zu verhindern. Die Hexe erwidert, die Ehen würden im Himmel
geschlossen und es stehe nicht in ihrer Macht, die Heirat des
Mädchens mit dem Edelmanne zu verhindern. Dagegen wolle
sie versuchen, durch Zauberei La Hauda eine unüberwind-
liche Abneigung gegen ihren Gatten einzuflößen:

La S. *Mais per lou faire haï, è faut fare autramen*[1]),
*Lo iour que lo· Cura recepurat lour billetta . . .*

---

*Ne vois-tu pas ce monſieur dont tu es ſi ialoux,*
*Qui n'eſt point berger pour chaſſer le loup,*
*Mais plutoſt pour planter partout ſa houlotte*
*Et faire le coq aupres des poules.*
J. *le n'y vois que trop ce nez de gourmand,*
*Et vne fille comme elle qui ſe touchent la main.*
*Que veut dire cecy, feraient-ils l'accord*
*D'vn mariage maudit dont ie crains le lien?*
[1]) La S. *Mais pour le faire haïr il faut faire autrement;*
*Le iour où le curé receuera leurs papiers . . .*
*Vn iour ils maudiront le lien du curé.*
*Ils coucheront enſemble, mais iamais l'arbalete*
*Ne tirera traict ny fleſche qui ſoit droicte.*
*Vien me trouuer là bas tantoſt ſur le tard,*
*Ie t'apprendray des mots qui empeſchent qu'vn petard*
*Ne puiſſe enfoncer vne porte qui eſt neuue;* (!)
*En terre d'ennemi tu en feras l'epreuue.*
J. *Ce qui doit naître ne doit longtemps eſtre couué.*
*Tantoſt aprcs le feu (le couvre-feu) ie vous iray trouuer,*
*Pour apprendre à charmer du baſſinet l'amorce,*
*Et planter le courrier à l'entrée de ſa courſe.*

*Vn iour v maudiron l'eytachi du cura.*
*V couchiron ensen, mais jamay l'arbareita*
*Ne tirarat matrat, ny flesche qui set dreita.*
*Vin me souqua trouua tanto dessu lo tard,*
*Ie t'apprendray de mot qu'empachon qu'vn patard*
*Ne pot pa enfonci vna porta [qu'êt] nouua,*
*En terra d'ennemy tu en fares l'eyprouua.*

Jan. *Ce qui debt eypelly ne debt gueiro couua.*
*Tanto donq feu failly ie voz iray trouua,*
*Per apprendre à charma du bassinet l'amoursa,*
*Et planta lo courié à l'entra de sa coursa.*
*Cependant, bona mare à qui ie seu tenu*
*Comm à cella qui m'at mey v mondo tout nu,*
*Si la pida vo pot rendre l'arma sensibla*
*V deypleysi que i'ay, preyta me vostra sibla*
*Qui fat dansié chacun per lou fare eigruisié,*
*Quand v seron y pres de quoque gro ronsié.*

Die Hexe gibt ihm die Zauberflöte, deren Töne die Leute
tanzen machen, und schärft ihm ein, ja vorsichtig mit diesem
Instrument umzugehen:

La S. *La vei qui, garda ben d'en fare ton domageo.*[1]
*A dieu, n'eisibla pa de m'adure vn fromageo.*

Janin verspricht ihr einen Käse (!) als Belohnung. Er
hofft mit Hilfe der Zauberflöte Mutter, Tochter und Schwieger-
sohn tanzen zu machen. Er wendet auch dieses Mittel an,
aber ohne Erfolg. Sodann will er im Augenblicke der Einsegnung des jungen Paares durch den Priester durch Knüpfen
der Nestel die Heirat noch im letzten Augenblicke verhindern,
findet aber im entscheidenden Moment nicht den Mut dazu
(V, scène dernière).

---

*Cependant, bonne mere à qui ie fuis tenu (obligé)*
*Comme à celle qui m'a mis au monde tout nu,*
*Si la pitié vous peut rendre l'âme fenfible*
*Au deplaifir que i'ay, preftez-moy voftre fifflet*
*Qui faict danfer chacun pour le faire f'efcorcher,*
*Quand ils feront pres de quelque gros roncier.*

[1] *La voicy, garde-toy bien d'en faire ton dommage.*
*Adieu, n'oublie pas de m'apporter vn fromage.*

*Janin (seul): Seu ie pa malheirou sur tou lou malheirou* [1]),
   *De vey qu'à mon desi tout ét si contrairou,*
   *Que ie ne seyo pa intra din la chapella,*
   *Quand nostron chapelan, qu'at l'arma tortipella,*
   *Eytachauo sen corde vn mariageo subit:*
   *Que le gen ayon mey de veruella en l'habit*
   *De l'eypousa, de pou du nou de l'aiguilletta:*
   *Qu'on fasse à mon deypen de le fiou la culetta,*
   *Pouo ie sen mori tan de mau auala,*
   *Veyre qu'vn estrangié m'aye deycauala . . .*
   *Hela, veyci lo tem que de mille baisié*
   *La Lhauda fat tomba le rose du rosié.*

Da er nun keine Hoffnung mehr hat, seine Geliebte je
zu besitzen, faßt er den Entschluß, in den Tod zu gehen.
Er will sich von einem hohen Felsen herabstürzen. In ergreifenden Worten ruft er seiner treulosen Geliebten ein letztes
Lebewohl zu:

   *Adieu, maudy pay que l'Ixera partage* [2]),
   *Coulan en si que fat la serpen din lez age.*
   *Adieu, gentil tropel, que i'ay bien perbocha.*
   *Adieu Lhauda su qui venazo ét abocha.*

---

[1]  *Ne fuis-ie pas malheureux, entre tous malheureux,*
   *De voir que tout est si contraire à mon desir.*
   *Que ne fuis-ie entré dans la chapelle,*
   *Quand nostre chapelain, qui a l'âme boîteuse[?],*
   *Liait sans cordes vn mariage subit!*
   *Que les gens aient mis de la verueine dans le vestement*
   *Du mari, par peur du nouement de l'aiguillette,*
   *Qu'on fasse à mes depens la cueillette des fleurs,*
   *Puis-ie, sans mourir, tant de maux aualer,*
   *De voir qu'vn estranger m'a defarçonné?*
   *Helas! voicy le temps où de mille baisers*
   *L'Hauda faict tomber la rose du rosier!*

[2]  *Adieu, maudit pays, que l'Isere partage,*
   *Coulant ainsi que le faict le serpent dans les eaux.*
   *Adieu, gentil troupeau que i'ay bien entretenu,*
   *Adieu l'Hauda, sur qui — — — — — — est versé,*
   *Adieu à tout iamais, volage sans cervelle,*
   *Tu n'auras de ma mort ny de mon corps [la] nouvelle.*

*Adieu à tout iamay volagi sen ceruella,*
*Tu n'aures de ma·mort ny de mon corp nouuella.*

Die Magie macht also einen Versuch, die Lösung des
Konfliktes herbeizuführen, sie erweist sich aber machtlos, und
das Stück nimmt ganz im Gegensatz zu. den sonstigen Pastoralen einen tragischen·Ausgang, so daß hier die Bezeichnung
*Tragi-pastorale* berechtigt erscheint. Die Zauberin erscheint,
obwohl der Verfasser sie als Hexe bezeichnet, einigermaßen
sympathisch.

Ein Beispiel eines wirksamen Liebeszaubers haben wir
wieder in B a s i r e ' s Pastorale *Arlette* (1638).[1]) Die Schäferin
Lucrine, die hoffnungslos in den Schäfer Floris verliebt ist,
wendet sich an den Zauberer Alcandre, der ihr eine Flüssigkeit gibt, welche ihr die Liebe des Schäfers sichern soll. Als
Lucrine ihren Geliebten damit begießt, fällt dieser bewußtlos
zu Boden. Alcandre, den sie bestürzt über diese unerwartete
Wirkung des Zaubermittels aufs neue befragt, berührt Floris
mit seinem Zauberstabe, worauf der Schäfer sofort zu sich
kommt und sich unter lebhaften Liebesbeteuerungen bereit
erklärt, Lucrine zu heiraten. — Die Handlung des Stückes

---

[1]) Die Ausg. des Stückes s. im Verz. der ben. Lit. (Druckpriv. v.
20. Mai 1638). Von G e r v a i s B a s i r e d'Amblainville, über dessen
Leben nichts bekannt ist, haben wir ferner die folgenden Stücke: *La
Bergere de Palestine* (eine Nachahmung einer Episode. aus der *Gerusalemme Liberata*), Paris, Ant. du Brueil, 1610, ibd. 1615[2]; *Lycoris ou
L'Heureuse Bergere. Trag.-Past. à neuf personnages*, Paris, René Ruelle,
1614, 12⁰ (in 5 A. u. V. mit Chören). Troyes, Nic. Oudot, 1617. Paris,
1631; *Le Berger Inconnu, pastoralle où par vne merueilleuse aduenture
vne Bergere d'Arcadie deuient Reine de Cypre, de l'inuéntion du Sieur
de B.,* Rouen, Cl. le Villain, 1621, 12⁰ (eine Umarbeitung des vorhergehenden Stückes); *La Princesse ou L'Heureuse Bergere, pastoralle de
l'inu. du Sr. De Basire,* Rouen, Cl. de Villain, 1627, ·12⁰ (in 5 A. u. V.,
wieder dasselbe Stück), cf. M a r s a n, p. 300. Die drei letztgenannten
Stücke sind eine Compilation des *Aminta,* des *Pastor Fido,* der *Filli
di Sciro,* der *Dieromène* des Luigi Groto und der *Isabelle* von Paul
Ferry (cf. M a r s a n, p. 308 f.). Die *Arlette* ist wahrscheinlich viel früher
als 1638 geschrieben, denn der Verf. bezeichnet sie in der Dédicace als
eine *action de jeunesse.* — Über Basire d'Amblainville cf. B e a u c h a m p s,
*Rech.,* 2, 74; M o u h y, *Tabl. dram.,* A. 32; id., *Abrégé,* I, 391, II, 5;
D e L é r i s, *Dict.,* 505 f.; La V a l l i è r e, *Bibl.,* I, 534 ff.

geht im wesentlichen auf den *Aminta* zurück, in der hier besprochenen Episode vermutet Marsan [1]) eine Nachahmung der Episode von Dorinda und Silvio im *Pastor Fido*. Die Magie, welche hier zur Lösung des Konfliktes dient, indem sie eine reale Wirkung hervorbringt, ist eine Zutat Basire's.

In Baro's Pastorale *Cariste ou Les Charmes de la Beauté* (1651) [2]) haben wir zwar keinen wirklichen Liebeszauber, aber es wird von den beteiligten Personen an einen solchen geglaubt. Anthenor, der König von Sizilien, ist entrüstet, daß sein Sohn Cléon einem Mädchen von dunkler Herkunft sein Herz geschenkt habe, und er beklagt den Umstand, daß ein *magnifique poison*, wie er sagt, die Sinne Cléons verwirrt habe. Der junge Prinz hatte in der Tat Cariste kaum erblickt, als er sich auch schon leidenschaftlich in sie verliebte. Athlante, die Königin, ist dagegen überzeugt, daß nur der Reiz ihrer Schönheit das Herz

---

[1]) P. 337; über die Entlehnung einer weiteren Episode dieses Stückes aus dem Italienischen cf. id. ibd.

[2]) In 5 A. u. V.; die Ausg. s. im Verz. der ben. Lit. Die Gebrüder Parfaict (*Hist.*, VII, 229) sind der Ansicht, daß das Stück niemals aufgeführt worden sei. Mouhy (*Tabl. dram.*, P. 41 u. *Abrégé*, I, 79) bezeichnet es als schlecht und langweilig. — Balthasar Baro wurde 1600 zu Valence geboren und starb 1649 oder 1650 in Paris. Als Sekretär Honoré d'Urfé's veröffentlichte er nach dem Manuskript des Verf. den 5. Teil der *Astrée*. Er zeichnete sich durch dramatische Werke sowie durch eine Anzahl Romane aus, und war eins der ersten Mitglieder der Akademie. Als Gentilhomme de Mlle de Montpensier erhielt er die damals neugeschaffenen Ämter eines *Procureur du Roi au présidial du Valence* und eines *Trésorier de France*. Seit 1629 schrieb er Theaterstücke, von denen uns folgende erhalten sind: *Célinde, poème héroïque en 5 actes et en prose*, 1629, 8⁰; *La Clorise, past. en 5 actes et en vers*, 1631, 8⁰; *Saint Eustache Martyr, poème dram.* (in 5 A. u. V.), 1639, 8⁰. Paris, Ant. de Sommaville, 1649, 4⁰; *La Clarimonde, tragicom.* Paris, ibd. 1643. 4⁰; *La Parthenie, tragicom.*, ibd. 1643, 4⁰; *Le Prince Fugitif, p. dram.* (in 5 A. u. V.), ibd. 1649, 4⁰; *Cariste etc.*, 1651; *Rosemonde, trag.*, ibd. 1651, 4⁰; *L'Amante Vindicative, p. dram.* (in 5 A. u. V.), ibd. 1652, 4⁰. — Über Baro's Leben und Werke cf. Beauchamps, *Rech.*, 2, 105; Goujet, *Bibl.*, XIV, 359, XVI, 123 ff.; Parfaict, *Hist.*, IV, 425 ff., 516 ff., 520 ff., VI, 19 f., 98 f., 134, VII, 206 f., 224 ff., 263 f.; Mouhy, *Tabl. dram.*, A. 3, P. 12, 41, 45, 50, 54, 90, 176, 191, 205; id., *Abrégé*, I, 79, 85, 95, 99, 177, 391, 422, II, 18 f.; De Léris, *Dict.*, 502 f.; La Vallière, *Bibl.*, II, 59 ff.

ihres Sohnes gefesselt habe. Der König besteht jedoch darauf,
Cariste müsse Zauberkünste gebraucht haben:

> *Par vn fortilège ell'a fceu le charmer,*
> *Car ce ne fut qu'vn que la voir et l'aimer ...*
> *Elle eft de Theffalie où regne l'art magique ...* [1]
> *Vous fouuient-il d'vn iour que l'ardeur de la chaffe*
> *L'ayant mefme efchauffé dans la neige et la glace,*
> *Il beut d'vn verre d'eau qu'elle luy prefenta,*
> *Et qu'en la regardant fa raifon le quitta?*

Vergebens sucht Athlante ihren Gemahl davon zu überzeugen, daß allein die Macht der Liebe und nicht ein Zauber
auf ihren Sohn gewirkt habe. Sie erzählt dann, wie das Schiff,
auf dem Cariste und ihr Vater sich befanden, Schiffbruch ge-
litten, wie sie selbst das Mädchen am Meeresstrande in Mannes-
kleidern gefunden und durch ihre Bemühungen wieder belebt
habe. Der König beauftragt seinen Vertrauten Celian, den
Prinzen zu beobachten, um festzustellen, ob wirklich nur die
Liebe ihm den Kopf verdreht habe, oder ob er unter dem
Einflusse eines Zaubers stehe. Celian trifft Cariste, die ihm
von ihrer Liebe zu Cléon spricht, dabei aber Ausdrücke gebraucht, die Celian mißversteht (II, 5):

> *I'ay trop bien fceu charmer vn fi parfait amant*
> *Pour craindre qu'il me laiffe ...*
> *Amour, doux enchanteur qui me poffedes toute,*
> *Et qui par des regards fi doux et fi puiffans,*
> *Sçais l'art d'enforceler les efprits et les fens,*
> *Redouble, beau forcier, la force de mes charmes,*
> *Et fay que pour les rompre on ne treuue point d'armes.*
> Cel. *Ne parle-t'elle pas de forcier, d'enchantement?*
> Car. *Petit demon du feu qui du monde difpofes,*
> *Et de liens de flames attaches toutes chofes,*
> *Ioints auffi bien nos cœurs, comme ie ioints nos noms.*
> *(Ce difant elle eftoit entrée dans vn petit bois).*

---

[1] In den französischen Pastoralen begegnen wir häufig der Ansicht,
daß die Thessalier besonders in allerlei Ränken und schwarzen Künsten
bewandert gewesen seien (cf. oben S. 236).

*Cel. A quel ſujet la nuict inuoquer les demons?*
*Eſt-ce vn effect d'amour ou de ſorcellerie?*
*On la prend pour Deeſſe, eſt elle vne furie?*
*... A quoy luy peut ſeruir d'eſcrire ſur ce ſable?*
*Mais elle fait vn cerne, ô ſort abominable!*
*Elle eſt Magicienne, il n'en faut plus douter,*
*Tous ces mots de Demon, de charme, d'enchanteur,*
*Tous ces cernes confus, ces nouueaux caractères,*
*Ne ſont à mon aduis que magiques myſtères ...*
*Et ie cours dire au Roy ce qu'il craint de ſçauoir.*

Celian berichtet nun dem Könige, Cariste habe Zauberformeln in den Sand geschrieben und einen Dämon angerufen.
Der König glaubt seinen Verdacht bestätigt zu sehen. Inzwischen hat die Prinzessin Astérie, welche Anthenor seinem
Sohne zur Gattin bestimmt hatte, den Entschluß gefaßt, die
Nebenbuhlerin beiseite zu schaffen. Sie hat einen Thessalier [1])
angestiftet, Cariste bei dem König zu verleumden. Der
Thessalier sucht dem König darzutun, daß Cariste eine Zauberin sei:

*Je ſuis du pays meſme où commença le cours*
*De ſes méchancetez, ainſi que de ſes jours,*
*Ell' eſt Theſſalienne, et depuis qu'elle eſt née,*
*A la noire magie elle s'eſt addonnée.*
*Mais la peur de ſe voir honteuſement punir*
*L'a fait de Theſſalie en Sicile venir.*
*De ſes enchantements la force eſt peu commune,*
*Et ſa naiſſance eſt baſſe, ainſi que ſa fortune.*

Nun ist der König völlig von der Verwerflichkeit Caristes
überzeugt und befiehlt, sie einzusperren. Seinem Sohne läßt
er die Wahl, die für ihn bestimmte Prinzessin zu heiraten, oder
ihm nicht mehr unter die Augen zu kommen. Die beiden
Liebenden beschließen zu entfliehen, aber schon ist es zu spät.
Als Cariste den Fuß auf das Schiff setzt, wird sie von den
Soldaten des Königs ergriffen und ins Gefängnis geführt.
Vergeblich ruft Cléon alle Geister der Hölle an, er bricht

---

[1]) Cf. die Anmerkung auf S. 250.

bewußtlos vor der Tür des Kerkers zusammen. Anthenor glaubt in diesem Umstande einen neuen Beweis der Zauberkunst Caristes zu sehen. Den Landesgesetzen gemäß soll nun die Schuld oder Unschuld der Angeklagten durch einen Zweikampf erwiesen werden. Der König gewährt ihr 24 Stunden Frist, um sich einen Ritter zu suchen, der bereit wäre, für sie einzutreten. Astérie, die inzwischen ihre Bosheit bereut hat, tritt als Ritter gekleidet, für Cariste in die Schranken. Nicandre, den der König beauftragt hat, im Zweikampf die Stelle des Anklägers zu übernehmen, ist ebenfalls von der Unschuld des Mädchens überzeugt, und läßt sich absichtlich besiegen. Obgleich der Zweikampf zu ihren Gunsten entschieden hat, beharrt Anthenor bei dem Entschlusse, Cariste als Hexe zum Tode zu verurteilen:

> *De Jes charmes mortels la force eft fi cognuë*
> *Que cette vérité fe montre toute nuë.*
> *Carifte m'eft fatale et n'a que trop vefcu.*

In diesem Entschluß wird er noch bestärkt durch die Mitteilung des Gefängnisdirektors, daß Cariste auf dem Arme ein Zeichen trage, das wie das Brandmal eines Dämons aussehe. Im Hinblick auf dieses Zeichen habe sie in ihrer Zelle geheimnisvolle Worte geflüstert:

> *Helas! a-t-elle dit, marque fauffe et trompeufe,*
> *Qu'au prix de ta promeffe on me void malheureufe.*

Jetzt gesteht Astérie dem Könige, daß sie Cariste verleumdet habe. Im selben Augenblick erscheint ein Bote aus Korinth und erklärt, daß Cariste die Tochter des Königs von Korinth und somit dem Prinzen Cléon ebenbürtig ist. Eine Krone auf ihrem Arme wird ihre Herkunft bestätigen. Der König läßt sie rufen, man entblößt ihren Arm und findet das königliche Abzeichen. Nun willigt Anthenor in die Heirat seines Sohnes mit der Prinzessin ein, während Astérie erklärt, diese Schmach nicht überleben zu können. — Die Handlung steht hier unter dem Einflusse einer nicht wirklichen, sondern vermuteten magischen Kraft, und die Lösung ergibt sich von selbst, sobald dieses Schreckgespenst als nichtig erkannt wird.

Das Stück ist in seiner Gesamtheit wenig wirkungsvoll. Die Charakterzeichnung ist vor allem wenig scharf.[1]

Ein letztes Beispiel von Liebeszauber findet sich endlich in Thomas Corneille's *Circé* (1675), wo die Titelheldin dem Melicerte, dessen Liebesanträge ihr lästig sind, einen Zauberring an den Finger steckt, der ihm Liebe zu Silla einflößt. Ferner flößt sie ihrer verhaßten Rivalin Silla, die von Glaucus, dem Geliebten der Zauberin, geliebt wird, Gegenliebe zu Glaucus ein, aber nur, um sich dann um so grausamer an ihr zu rächen.[2] Die Lösung ergibt sich schließlich durch göttlichen Eingriff.

### e) Verschiedener Zauber.

Es bleibt uns noch übrig, eine Anzahl verschiedenartiger magischer Operationen, die sich gerade wegen ihrer Verschiedenartigkeit und ihres unregelmäßigen Vorkommens in den Dramen des 16. und 17. Jahrhunderts nicht unter einen der für die vorhergehenden Abschnitte maßgebenden Gesichtspunkte unterordnen ließen, in einem besonderen Teile zu behandeln.

In Filleul's Pastorale *Les Ombres* (1566)[3] ist von Dämonen, Zauberern, Geistern und Verhexungen die Rede.

---

[1] Die Gebr. Parfaict (VIII, 224) bezeichnen das Stück als *misérable pour le fond, la conduite, et la versification.*

[2] Cf. oben S. 215.

[3] In 5 A. u. Versen, die Ausg. s. im Verz. der ben. Lit. Nicolas Filleul, der sich auch Nicolaus Fillillius Guercetanus nannte, stammte aus Rouen. Anläßlich des Empfanges des Königs Karls IX. und seiner Mutter im Schlosse Gaillon durch den Kardinal de Bourbon, Erzbischof von Rouen, im September 1566, wurden daselbst große Festlichkeiten veranstaltet und Nicolas Filleul, der als Dichter und Verfasser von Theaterstücken schon bekannt geworden war, wurde beauftragt, eine Reihe von Aufführungen vorzubereiten. Als Professor am Collège d'Harcourt hatte er schon eine Tragödie *Achille* (1563) aufführen lassen. Er war mit den Dichtern der Pléiade befreundet, und Baïf nennt ihn einen der *chers mignons des muses.* Ein uns erhaltener kleiner Band (*Les Théâtres de Gaillon à la Royne, Rouen, Georges Loyselet, 1566, 4⁰*) enthält die aufgeführten Festspiele (4 Eklogen: *Les Naïades ou Naissance du Roy, Charlot, Thétis, Francine;* *La Lucrece, Trag.; Les Ombres, Past.; Vers pour la mascarade d'apres les ombres*) und gibt die Reihen-

Das Stück ist so verworren, daß sich ein näheres Eingehen auf dasselbe nicht verlohnt. Die auftretenden Personen sind der Schäfer Thyrsis, die Schäferin Mélisse, die Naiade Cllom, die Jägerin Myrtine, ein Satyr und Cupido. Die Intrige stellt das in den französischen Pastoralen häufig wiederkehrende Thema des gefesselten Amor dar. Thyrsis klagt, daß ein böser Dämon ihm Melisse, seine Geliebte, abwendig gemacht habe:

> *Alors ie vy Rauin, l'horreur de ces bruyeres,*
> *Qui bride de fa voix la courfe des riuieres,*
> *Qui tire en bas la lune, et de charmes mefchans*
> *Qui tuë les troupeaux, et pert les fruits des champs.*
> *Trois fois me regardant il cracha contre terre,*
> *Trois fois dedans fes mains les pouces il referre,*
> *Il fift des neuz charmex qu'à nos pies il ietta,*
> *Et les fit d'vn lacet qu'à Meliffe il ofta:*
> *. . . Meliffe des lors de fon cœur m'éloigna.*

Ein Chor von Schatten (*Ombres amoureuses*), welche schmerzlich über ihre vormalige Liebespein klagen, vertritt die Stelle des Chores der klassischen Tragödie, wie überhaupt die Anspielungen auf die Magie hier mit solchen auf die klassische Mythologie zusammenfallen.

In Jean de la Taille's *Le Negromant* (1573)[1]) haben wir es mit einem abgefeimten Schwindler zu tun, der unter

---

folge der Aufführungen an: «*Les églogues furent représentées en l'isle heureuse devant les maiestez du Roy et de la Royne le 26, et la Lucrèce et les Ombres au chasteau le 29me jour de Septembre.*» Über Nicolas Filleul cf. Beauchamps, *Rech.*, 2, 35; Parfaict, *Hist.*, III, 341, 349; Mouhy, *Tabl. dram.*, A. 42, P. 2, 140, 170; id., *Abrégé*, I, 3, 344, II, 154; De Léris, *Dict.*, 576; La Vallière, *Bibl.*, I, 177.

[1]) *Comédie en 5 a. et en prose, Paris, Pierre Morel, 1573, 8⁰.* Der Titel *Negromant* ist nicht wörtlich zu nehmen, die Bezeichnung Nekromant bedeutete ursprünglich speziell einen Totenbeschwörer, hat sich aber später im Volksmund verallgemeinert (cf. oben S. 25) und bedeutet hier einen Zauberer im weitesten Sinne. Bei Ariost wird er auch *astrologo*, bei La Taille auch *Fizicien* genannt. Jean de La Taille war Offizier. Er stammte aus dem Dorfe Bondaroy bei Petiviers im Orléanais. Er studierte in Paris und Orléans die Rechte. Seine Eitelkeit veranlaßte ihn, nachdem er die Werke von Ronsard und Du Bartas gelesen hatte,

dem Vorwande zauberhafter Operationen den Leuten das Geld aus der Tasche zu ziehen versteht. Das Stück ist eine Nachbildung von Ariosto's *Il Negromante*.[1] · Eine Reihe von Szenen hat de la Taille mehr oder weniger wörtlich übersetzt, andere weggelassen und neue Szenen an ihre Stelle gesetzt. Die Handlung ist im wesentlichen die gleiche wie bei Ariost, nur die Namen der Personen sind z. T. geändert. Die Sprache Ariost's (der *Negromante* ist in Versen geschrieben) ist ungleich wirkungsvoller als die Prosa De La Taille's. Der Gang der Handlung ist folgender: Ein junger Edelmann namens Cinthien ist durch seinen Adoptivvater Maxime wider seinen Willen mit Emilie verheiratet worden, nachdem er kurz zuvor, seiner Neigung folgend, Lavinie die Ehe versprochen hatte. In dieser schwierigen Lage weiß er sich nicht anders zu helfen, als daß er sich seiner Gemahlin gegenüber völlig impotent stellt. Emilie ist darüber sehr unglücklich, sie klagt ihr Leid ihren Eltern und diese beschweren sich bei Maxime, dem Vater des jungen Mannes. Maxime zieht einen berühmten Zauberer (*physicien*) zu Rate und verspricht ihm 20 Gulden, wenn er seinen Sohn von diesem fatalen Gebrechen heilen könne.

Zu Beginn des Stückes unterhalten sich die Dienerinnen Marguerite und Aurélie über das Mißgeschick der jungen Gattin, und über die Möglichkeit, ihm abzuhelfen (I, 1):

*Marg. Mais s'y a il des remedes à telles choses?*

*Aur. On en a essayé, et s'en essayent encore assez, et tous reussissent en vain. Un vient pardeça, qu'ils appellent le Fizicien,*

---

sich selbst in der Dichtkunst zu versuchen. Seine Werke sind sämtlich recht schwach. Er starb 1608. Sein Bruder Jacques de la Taille (1542—1562) war als Dichter bedeutend begabter. Außer dem obigen haben wir von Jean de la Taille die folgenden Stücke: *Saul Furieux, Trag.*, 1562, 8°; *Les Corrivaux, Com. en 5 a. en vers; Le Prince Necessaire*, 1568; *La Famine ou Les Gabeonites, Paris, P. Morel*, 1573, 8°; *Le Combat de Fortune et de Pauvreté*, 1578, 8°; den Neudruck seiner Werke s. im Verz. der ben. Lit. Über J. de la Taille's Leben und Werke cf. Beauchamps, *Rech.*, 2, 32; Parfaict, *Hist.*, III, 36, 332 f., 355; Mouhy, *Tabl. dram.*, A. 28, P. 60, 164, 178, 209; id., *Abrégé*, I, 50, 115, 117, 180, 334, 358, 363, 430, II, 232 f.; De Léris, *Dict.*, 613; Sainte-Beuve, *Tableau etc.*, 1843, p. 208 f.; Julleville, l. c., III, 283 ff.

[1] Cf. das Verz. der ben. Lit.

*promet de faire Chofes miraculeuses: mais on n'en a encore eu que faibles, en forte que ie doute qu'il n'y aye pris qu'enforcellement et qu'il ne luy manque . . . tu me peux bien entendre?* [1])

Der Zauberer verspricht dem alten Maxime seinen Beistand. Er will zunächst einen Geist in einen Leichnam hineinzaubern, der ihm dann sagen wird, worin das Gebrechen des jungen Mannes seine Ursache habe, und ob es heilbar sei oder nicht. Zu diesem Zwecke braucht er ein recht fettes, fehlerloses Kalb, das er dem heiligen Godence opfern muß, sowie 20 Klafter feiner weißer Leinwand, aus der er sich eine Art Meßgewand machen wird, ferner 2 Ellen schwarzes Tuch, 6 Gulden um einen Talisman (*Pentacle*) zu kaufen, 2 große Gefäße aus feinem Silber, schließlich noch Kerzen und wohlriechende Kräuter, die er sich anheischig macht, zu besorgen, wenn Maxime ihm 16 *carlins* (Karolinen) geben wolle. [2]) Der einfältige Maxim verspricht ihm alles, was er begehrt, wofern er nur seinen Sohn heile. Nebbien, der schlaue Famulus des Zauberers, versteht recht gut, wozu sein Herr alle diese Gegenstände braucht, und macht sich im Stillen über den geprellten Greis lustig. Cinthien, der die Zauberkunst des Nekromanten ernst nimmt, zieht ihn ins Vertrauen und verspricht ihm 30 Gulden, wenn er seine Krankheit für unheilbar erkläre und ihn so von Emilie trenne. Sein Diener Themole dagegen läßt sich nicht von dem Zauberer verblüffen, er weiß recht gut, daß die sogenannten *Magiciens*, die Menschen in Tiere verwandeln und ähnliche verblüffende Sachen ausführen, nur geschickte Taschenspieler (*prestidigitateurs*) sind. Dieselbe Meinung hat Nebbien, der Diener des Zauberers, der ihn

---

[1]) Diese Stelle findet sich fast wörtlich bei Ariost (I, 1 [p. 6 f.]):
*Margarita. Ma pur fono a tal cofe di rimedij.*
*Balia.   Prouati fe ne fono, e fe ne prouono*
*Tuttauia molti, e par che nulla vaglino.*
*Ben ci viene uno, che in tal cafo dicono*
*Che fa molto, e che fa proue mirabili.*
*Ma fi qui non gl'ha gia fatto alcun utile:*
*Si che, di peggio che mali mi dubito,*
*E che gli manchi, ben puommi tu intendere.*

[2]) Neapolitanische Silbermünze im Werte von 48 sous (2,40 Fr.).

gewiß am besten kennt, von seinem Herrn. Aus seinem Munde erfahren wir, daß er ein vertriebener spanischer Jude namens Jachelino ist, von Zauberkunst keine Ahnung hat, aber die Leute geschickt zu betrügen versteht (II, 2):

*... à peine fçachant lire et efcrire, fait profeffion de philo-fophe, d'alchimifte, de medecin, d'aftrologue, de magicien, de coniureur d'efprits: et fçait de ces fciences et de toutes les autres, quoy qu'il fe face nommer le Fizicien, ce que fçait l'afne et bœuf à fonner les orgues: mais, auec vn vifage plus immobile que marbre, il deçoit et ment et fans autre induftrie il enuelope la tefte aux hommes. Ainfi il iouit et me fait iouir des biens d'autruy, en aydant à la follie, de laquelle le monde a fi grande abondance. Nous allons comme fangliers de païs en païs, et par tout où il paffe les traces de luy demeurent tousiours comme de la limace ou, par plus femblable comparaifon, comme du feu ou du tonnerre. En forte que de terre en terre pour fe cacher il change de nom et fe fait d'autre païs: or il fe nomme Pierre, ores Iean, or de Grece, or d'Egypte, or d'autre païs il fe feint ... On feroit long à conter combien de gentilshommes, d'artifans, de dames et d'autres hommes il a affrontez et pillez: combien il a appauury de maifons, combien il en a fouil-lées d'adulteres, ores montrant de vouloir faire engroffir les femmes fteriles, ores d'efteindre les foupçons, ores d'efbats qui naiffent entre les maris et les femmes. Maintenant il empiete ce gentilhomme et le becquetera mieus qu'oncques efperuier fait paffereau.*

Der Zauberer verspricht Cinthien, er werde seiner Ge-mahlin eine Gelegenheit verschaffen, ihm untreu zu werden, dann könne er sie *in flagranti* ertappen und so mit Recht die Scheidung verlangen. Sodann fordert er 74 Gulden für einen Zauber, den er zu seinen Gunsten ausführen will (III, 2):

*Je feray trois lames, efquelles on efcrira auec certains caracteres certaines oraifons, et foubs le feuil de voftre huis i'en veux cacher l'vne, et veux mettre l'autre foubs celuy d'Abonde, et la tierce foubs celuy de la maifon où fe tient Lauinie. Apres il faut faire trois images, chafcune defquelles vaut en foy quinze florins. I'en veux compofer vne à voftre nom, ie veux que l'autre foit au nom d'Abonde, et l'autre de voftre vieillard: ces trois ie veux tenir en la maifon fept heures continues de iour et fept autres continues de nuit, ie les veux coniurer tant que vous verrez dans le terme de trois iours votre vieillard et auffi Abonde changer tellement de propos que, fans peine, et fans que vous faciez autre chofe, ils feront que le mariage n'aura plus de lieu entre eux.*

Cinthien geht darauf ein, obgleich die unerhörte Forderung einen leisen Zweifel an der Ehrlichkeit des Zauberers in ihm erweckt. Er sieht sich genötigt, sein gesamtes Mobiliar zu verkaufen, um die geforderte Summe aufzubringen.

Inzwischen hat sich Camille, der in Emilie verliebt ist, ebenfalls an den Zauberer gewendet und ihm eine gute Belohnung versprochen, wenn er die Ehe zwischen Emilie und Cinthien auflösen und sie ihm verschaffen könne. Der Zauberer gibt ihm einen gefälschten Brief, worin Emilie ihn bittet, in der Nacht zu ihr zu kommen. Da Camille die Schwierigkeit eines solchen Unternehmens betont, schlägt der Zauberer ihm vor, er wolle ihn in irgend ein kleines Tier verwandeln, damit er sich so in das Haus einschleichen könne. Diese Operation wird aber zu viel Zeit und Geld beanspruchen. Es gibt ein einfacheres Mittel. Er will den Ehemann vom Hause entfernen unter dem Vorwande, ihn während der Nacht durch gewisse Bäder von seinem Gebrechen zu heilen. Camille solle sich dann in einer Kiste verstecken, die er in das Haus Emilies tragen lassen wird. Um vor Entdeckung sicher zu sein, wird er jedermann aufs strengste verbieten, die Kiste, welche Geister enthalte, zu öffnen. Er läßt dem alten Maxime sagen, daß er zur Heilung seines Sohnes einen Altar, der wie ein Koffer aussehe, ihm ins Haus schicken werde. Dieser mit einer besonderen Zauberkraft begabte Altar müsse neben das Bett der Eheleute gestellt werden, er solle aber seinem Gesinde streng verbieten, die Kiste zu öffnen, was den Verlust des Lebens für den Vorwitzigen zur Folge haben würde. Nun beeilt er sich, da ja der Betrug bald ans Tageslicht kommen muß, seine Flucht vorzubereiten. Nebbien will jedoch zuvor noch das Zimmer Emilies ausplündern. Er hofft, man werde den im Koffer versteckten Camille für den Dieb halten. Auf Anstiften des Dieners Themole wird aber der Koffer nicht zu Emilie, sondern zu Lavinie gebracht und in deren Schlafzimmer aufgestellt. Hier wird schließlich Camille im Nachtgewand aus dem Koffer gezogen. Schon befürchtet Cinthien, von seiner Geliebten betrogen zu sein, da klärt sich plötzlich alles auf. Der Zauberer und sein Famulus haben die Flucht ergriffen. Der Betrug ist offenbar. Zum Überflusse stellt sich auch noch heraus, daß Lavinie die Tochter Maxime's ist, und das Stück schließt mit der Heirat Cinthiens mit Lavinie und Camilles mit Emilie. Das plötzliche Verschwinden des Zauberers wird dadurch erklärt, daß der Teufel ihn geholt und er so seine Strafe erhalten habe.

Die angebliche Zauberkunst des Nekromanten steht im Mittelpunkte der Handlung, sie führt zur Schürzung des Knotens, während durch die Entlarvung des Betrügers die Lösung zwar nicht bedingt, aber doch wesentlich erleichtert wird. Ariost hat in seinem *Negromante* eine Satire auf den Aberglauben seiner Zeit geschaffen. Der Nekromant, der als Betrüger entlarvt ist, wird zu einer verächtlichen Persönlichkeit. Bei Ariost ist die Lösung noch breiter ausgeführt (J. de la Taille hat die letzten Szenen des *Negromante* weggelassen) und so die Tendenz des Stückes schärfer gekennzeichnet. Nachdem der *Astrologo* von Temolo sowie von seinem eigenen Diener Nibbio zum Schlusse noch geprellt worden ist, ergreift er die Flucht, um dem Gefängnisse zu entgehen. Nibbio wendet sich zum Überflusse noch an die Zuschauer und erklärt, warum der Ausgang des Stückes zuungunsten des Helden ausgefallen sei: Der Held ist ein Betrüger, er kann für seine Taten keine Lorbeeren ernten.

In Montreux's *Isabelle* (1594) [1]), deren Inhalt Ariost's *Orlando Furioso* entlehnt ist [2]), handelt es sich nicht um eine wirkliche, wohl aber um eine angebliche magische Operation. Rodomont fühlt sich von leidenschaftlicher Liebe zu Isabelle verzehrt, die jedoch dem Andenken Zerbins treu bleibt. Um diesem Zustande ein Ende zu bereiten, macht sie ihm glauben, sie sei imstande, mittels gewisser Kräuter (*simples*) ein Bad herzustellen, das unverwundbar mache, und fordert ihn auf,

---

[1]) *Tragédie en 5 actes*, nicht aufgeführt, gedr. 1595, 12⁰ (cf. La Vallière, I, 263f. und Parfaict, III, 496f.).

[2]) Cf. Roth, *Der Einfluß Ariost's etc.*, p. 194 ff.

an ihr selbst die Probe zu machen. Rodomont zieht sein Schwert und schlägt ihr wider seinen Willen, da er sie un-verwundbar glaubt, den Kopf ab.

In Montreux's *Arimène* (1596)[1] läßt der Zauberer Circiment, der in die Schäferin Alphise verliebt ist, dieselbe in einen lethargischen Schlaf fallen, um sie so seinem Neben-buhler Floridor zu entreißen. Nachdem sich am Schlusse die Situation geklärt hat, löst er freiwillig den Zauber.

Die in der *Bergerie* (1596) des Antoine de Mont-chrestien[2] auftretende Zauberin versteht zwar angeblich

---

[1] Cf. oben S. 170 f. .

[2] Antoine de Montchrestien, Sieur de Vasteuille, aus Falaise, Sohn eines Apothekers und frühzeitig verwaist, widmete sich ausschließlich dem schriftstellerischen Beruf. Seine Tragödie *Sophonisbe* wurde 1596 aufgeführt. Nachdem er in einem Duelle tödlich verwundet worden war, sich aber wieder erholt hatte, wurde er angeklagt, einen gewissen Gentilhomme de Bayeux erschlagen zu haben, und flüchtete sich nach England. Jakob I., dem er seine Tragödie *L'Ecossaise* gewidmet hatte, erbat von Heinrich IV. seine Begnadigung. Nach seiner Rückkehr nach Frankreich schloß Montchrestien sich den Hugenotten an und war Zeuge der Belagerung von La Rochelle. Ein paar Jahre später wurde er der Falschmünzerei angeklagt. Man überraschte ihn in Bourg de Toureille, er wehrte sich tollkühn, wurde schließlich, nachdem er zwei Edelleute und einen Soldaten getötet, durch einen Pistolenschuß verwundet und starb gleich darauf (1611). Wir haben folgende Stücke von Montchr.: *La Sophonisbe, Trag.*, 1596, 12°; *La Carthaginoise, trag.*, 1601, 12°; *Bergerie en prose et à 21 personnages.* Paris, Jean Petit, 1603, 12°, 1627, 8°; *Les Lacenes ou La Constance, Trag. av. des chœurs*, 1627, 8°; *David ou L'Adultere, Trag. av. des ch.*, 1627, 8°; *Hector, Trag.*, 1604, 8°; *L'Ecossaise, ou Le Desastre, Trag.*, 1627, 8°; *Aman ou La Vanité, trag.*, 1627, 8°; *Suzanne ou La Chasteté, Trag. en 5 A. av. des ch.*, 1627, 8°; *Traité de l'Economie Politique*, Rouen, J. Osment, 1615, 4°. Die ersten Trag. Montchr.'s sind gedr. unter dem Titel: *Les Tragédies d'Antoine de Montchrestien, sieur de Vasteuille, plus vne Ber-gerie et un poëme de Susan, Rouen, J. Petit*, ohne Datum (wahrscheinl. 1601), kl. 8° (Priv. Paris, 12. Dez. 1600, u. Rouen, 9. Jan. 1601). In der Ausg. *Rouen, J. Osmont, 1604*, fehlt die Bergerie, dagegen findet sie sich in der Ausg. *Rouen, Pierre de la Motte, 1627*, kl. 8°. Über Mont-chrestien's Leben u. Werke cf. Beauchamps, *Rech.*, 2, 99; Goujet, *Bibl.*, XV, 114 ff.; Parfaict, *Hist.*, III, 58 ff., 549, 576, IV, 49 f., 51 ff., 78 f.; Mouhy, *Tabl. dram.* A. 19, 47, P. 41, 66, 79, 114, 136, 220; id., *Abrégé*, I, 65, 90, 110, 127, 154, 228, 277, 447, 454, II, 237 ff.; La Val-

Liebestränke zu brauen und ähnliche Dinge auszuführen, ist aber trotzdem nicht imstande, in wirksamer Weise in die Handlung einzugreifen. Es kommt also keine Magie in dem Stücke vor, aber der Monolog der Zauberin Philistille, in dém sie erzählt, was sie alles versucht habe, um der unempfindlichen Schäferin Dorine Liebe einzuflößen, ist von einigem Interesse (III, 2):

*Non non, ceſte Dorine n'eſt point vne femme mortelle; c'eſt pluſtoſt vne Deeſſe en forme humaine . . . puiſqu'elle a peu reſiſter au charmes de mes carmes. J'en ay pourtant maintes fois obſcurci le Soleil, arraché la Lune de ſon Ciel, arreſté le cours des Aſtres, bridé la carriere des eaux, tiré les morts des ſepulchres, tranſformé les hommes en beſtes, fermé les Démons dans vn cerne. Pour la rendre amoureuſe i'ay bruſlé force encens maſle et force graſſe verueine, ſur les autels d'Hecate: i'ay pris trois fils de couleur, dont i'ay lié ſon image: puis l'ay porté autour de ces autels, nouant ces trois fils par trois fois, et en les nouant i'ay inuoqué les Eſprits, affin que, comme ie ferrois de ces liens l'image du corps de Dorine, les liens de Venus aſtraigniſſent ſon ame et celle de Fortunian enſemble. J'en ay encores bien fait d'autres, i'ay mis en vſage ces puiſſantes herbes qu'on apporte du Ponte, desquelles ce grand ſorcier Mœris m'auoit fait don, penſant gagner nos bonnes graces . . . Mais tout cela ne fait rien contre ceſte ennemie d'amour . . . mes ſorcelleries ni mes perſuaſions n'ont point de force.*

Die graziöse Sprache und der weichliche Zug in den Werken Montchrestien's stehen in auffallendem Gegensatze zu seinem abenteuerlichen Leben. Die Bergerie ist sehr arm an Handlung.[1]) Fortunian, der Liebhaber Dorine's, gelangt trotz des Beistandes der Zauberin nicht zu seinem Ziel. Diese Intrige, die sich auf dem durch die italienische Pastorale geschaffenen Gegensatze zwischen Keuschheit und Liebe (cf. oben S. 84) aufbaut, füllt die ersten 4 Akte aus. Im 5. Akt

---

lière, *Bibl.*, I, 303; Weinberg, l. c., 21 ff.; Dannheisser, *Z. Gesch. d. Schäferspiels*, 1889, p. 69; Lanson, *La litt. sous Henri IV*, 1891; Fischer, *Über Montchrestien's Tragödien*, 1893; Lanson, *Études sur les rapports etc.*, 1897, p. 89 ff.; Doumic, *Histoire etc.*, 1900, p. 122; Marsan, l. c., p. 220.

[1]) Cf. die Kritik der *Bergerie* bei Marsan, p. 221 ff.

werden die Liebenden vereinigt, die Lösung ist dem Pastor
Fido entnommen.[1]) Die Nebenhandlungen laufen mit der
Haupthandlung parallel, ohne sich irgendwie mit ihr zu
kreuzen. Die Personen der einen kennen diejenigen der anderen Intrige überhaupt nicht. Alles, was sich überhaupt
in der Bergerie ereignet, geschieht ganz unvermittelt und un-
motiviert. Seinen Stoff nimmt Montchrestien, wo er ihn gerade
findet, aus der *Arcadia*, dem *Aminta*, dem *Pastor Fido*, der *Diéro-*
*mène*, der *Alcée*, der *Athlette*, der *Chaste Bergere*, dem *Arimène*.[2])
Alle traditionellen Elemente der französischen Pastorale finden
sich in der Bergerie: Züchtige Jungfrauen und leidenschaftlich liebende Schäferinnen, leidenschaftliche und empfindliche
Schäfer, die Vertrauten des einen und anderen Teiles, der
unzufriedene Vater, die Zauberin, die Liebestränke zu brauen
versteht, der Satyr, das Echo, das Orakel, Selbstmordversuche,
Lebensrettungen und Erkennungsszenen. Die Personen erinnern an die Tasso's und Guarini's.

Mehrere magische Operationen, die jedoch ebenso unklar
sind wie das Stück selbst, finden sich in P o u l l e t's Pastorale
*Clorinde ou Le Sort Des Amants* (1597).[3]) Die Fee Melisse,
welche in den Schäfer Raymond verliebt ist, sucht sich ihrer
Rivalin, der Schäferin Clorinde, zu entledigen. Nachdem sie
die beiden Liebenden durch die ihrer Macht unterworfenen
Dämonen auf einen hohen Berg hat tragen lassen (cf. oben
S. 172), verzaubert sie Clorinde, die bewußtlos niedersinkt.
Melisse führt nun Raymont in ihr Schloß. Als Clorinde
wieder zu sich kommt, findet sie zu ihren Füßen einen Zauberspiegel, den eine gütige Gottheit ihr gebracht hat, und der
die Kraft besitzt, den von der Fee über Raymond verhängten
Zauber zu brechen. Clorinde eilt zu dem Schlosse der Fee,
und es gelingt ihr in der Tat, ihren Geliebten aus dem Banne
der Fee zu befreien. Bald darauf wird sie ihm untreu, und

---

[1]) Cf. M a r s a n, l. c., p. 221.

[2]) Cf. id. ibd. p. 223. Über einige fast wörtliche Entlehnungen aus
dem *Aminta* cf. id. ibd. p. 225.

[3]) Cf. oben S. 172. Die Gebrüder Parfaict (*Hist.*, III, 536) bemerken
zu dem Stücke: *Cette pastorale est encore plus méprisable, que le sujet en*
*est bizarre.*

Raymond will sich ins Meer stürzen. Melisse verhindert ihn
an der Ausführung dieses verzweifelten Entschlusses und läßt
ihn aufs neue in ihr Zauberschloß bringen. — Die Magie
beeinflußt die Handlung sehr wesentlich, und die Fee, das
böse Prinzip, triumphiert zuletzt.

Ein eigenartiges Zauberkunststück führt in B a u t e r ' s
*La Mort de Roger* (1605) die Königin Alcina aus.[1]) Sie verzaubert die Waffen des Königs von Bulgarien, die so zer-
brechlich werden wie Glas, indem sie dieselben mit einem
Zauberwasser benetzt:

> . . . *quand ces armes feront*
> *Trempées de cefte eau, elles demeureront*
> *Faibles comme papier, et lors que cefte epée*
> *Sera dans cefte eau avec charmes trempée,*
> *Du premier coup ietté elle s'ira rompant, . . .*
> . . . *que l'on trempe*
> *Ces armes par trois fois pour en rompre la trempe,*
> *Mouillez trois fois l'eftoc . . .*

Der König wird dann in einen Hinterhalt gelockt, er
will sich verteidigen, aber seine Waffen zerbrechen beim ersten
Hieb und er wird getötet.

In D u p e s c h i e r ' s *Amphithéâtre Pastoral* (1609)[2]) stehen
sich Amor und die Zauberin Ambition feindlich gegenüber.
Es gelingt der Zauberin, Amor einzusperren und einzuschläfern.
Der Liebhaber Roidemer, der durch die Niederlage Amors
beeinträchtigt worden ist, erhält von dem Zauberer Univers
einen Zauberstab, mittels dessen er imstande ist, den von
Ambition verhängten Zauber zu brechen.

In H a r d y ' s *Alcée ou l'Infidélité* (1610)[3]) spielt die
Zauberin eine untergeordnete Rolle. Von dem Vater der
Schäferin Alcée, die unter der Trennung von ihrem Geliebten

---

[1]) Cf. oben S. 202 f. Die Gebrüder Parfaict bezeichnen diese Tragödie als eine *grossière traduction de l'Arioste, qui ne présente rien digne
de l'attention du lecteur.* Über die Alcina-Episode im *Orlando Furioso*
cf. R o t h, p. 220 ff.

[2]) Cf. oben S. 173.

[3]) Über die Zeitbestimmung der Pastoralen Hardy's cf. S. 203 f. Anm.

leidet [1]), zu Rate gezogen, gesteht die Zauberin Testile ihr Unvermögen offen ein (III, 5):

*De la guérir désormais n'imagine,*
*Par les secrets de ce diuin mestier,*
*Que Zoroastre enseigna le premier.* [2])
*Simples cueillis aux rayons de la Lune,*
*Pendant l'horreur d'une nuict opportune .*
*Escheuelée, et nuds pieds, en la main*
*Portant exprès une serpe d'airain . . .*

Um die Schäferin von ihrem Liebeskummer zu heilen, meint sie, werde die Gegenwart des Geliebten größere Wunder wirken als alle Liebestränke (*philtres*). — Bei Hardy sind die Zauberinnen stets alte Weiber (Hexen), deren Wissen mehr ein empirisches als ein übernatürliches ist, auch scheuen sie sich nicht, gelegentlich ihr Unvermögen einzugestehen.

Ein Beispiel für eine zauberische Heilung findet sich in Chrestien's *Grande Pastorelle* (1613). [3]) Der unglückliche Liebhaber Eurialle hat sich, in ein Bärenfell eingehüllt, in die Wildnis zurückgezogen. Die Zauberformel, die der Capitaine Briarée spricht, um die Liebe der Schäferin Cloride zu gewinnen, übt gleichzeitig ihre Wirkung auf den verkappten Bären aus, der sich mit unwiderstehlicher Gewalt zu Briarée hingezogen fühlt. Der Capitaine glaubt, daß der Bär ihn angreifen wolle, und versetzt ihm einen Hieb mit dem Degen, worauf er sich selber schleunigst in Sicherheit bringt. Als Floris ihren Verehrer in diesem traurigen Zustande findet, läßt sie sich erweichen. Sie eilt zu dem Zauberer Ismen, der durch Berührung mit seinem Zauberstabe die Wunde Eurialles heilt, worauf dieser Floris heiratet.

Ein Beispiel für das *maléfice de l'envoûtement* [4]) haben wir

---

[1]) Das Schema der Liebenden ist hier das folgende:

Cydippe ⟶ Dorilas ⎱ ⟶ Alcée
　　　　　 Démocle ⎰

[2]) Dies ist ein Irrtum, denn gerade die Lehre Zoroaster's verbot die Zauberei (cf. oben S. 4).
[3]) Siehe oben S. 174 ff., 211 u. 231 ff.
[4]) Cf. I. Teil, S. 25.

in **Troterel's** *L'Amour Triomphant* (1615).[1]) Nachdem der Zauberer Démonace durch seinen Dämon erfahren hat, daß die Oreade, um deren Liebe er sich bisher vergeblich beworben hat, den Schäfer Pirandre liebt, hat er versucht, sich dieses Nebenbuhlers zu entledigen, was ihm aber nicht gelungen ist:

*A cet effet i'ay pris mon miroir pour le voir au naturel représenté dans cette glace, cela faict, i' ay formé vne image de cire toute femblable à luy, puis (felon noftre ancienne couftume) ie l'ay perfee de plufieurs coups de poignard: mais en vain, car mon Demon eftant accouru pour le frapper à mefure que ie poignardé ainfi fon image, fon bon Genie l'a fi bien repouffé qu'il a efté contrainct de f'en reuenir à moy, fans l'auoir aucunement offenfé: m'alleguant pour excufe qu'il eft hors de fon poffible de luy nuire, tant que fon bon Genie luy feruira de garde tutelaire.*

Zwei anonyme Stücke aus dem Jahre 1617 behandeln den Tod Concinis und die Verurteilung seiner Gemahlin, Leonora Galigaï, die der Zauberei angeklagt war.[2]) Das den Tod des Marschalls d'Ancre behandelnde Stück ist betitelt: *Tragédie du Marquis D'Ancre ou La Victoire du Phœbus François contre le Python de ce temps, où l'on voit. les deffeins tragiques, meurtres, larcins, mort et ignominie dudit Phyton, en 4 actes et en vers.*[3])

Phyton (der Marquis d'Ancre) enthüllt zu Beginn des Stückes seine verbrecherischen Pläne und freut sich des Gelingens seiner Schandtaten. Endlich gehen dem König über die Verräterei Concinis die Augen auf.[4]) Er fragt die Höflinge um Rat, alle raten ihm, sich seiner zu entledigen. Der König gibt den Befehl, den Marschall zu verhaften. Indessen

---

[1]) Cf. oben S. 132 f., 178 ff. u. 216.

[2]) Cf. I. Teil S. 66 f.

[3]) Cf. das Verzeichnis der ben. Lit.

[4]) Die Gebrüder Parfaict gebrauchen mit Bezug auf Concini den Ausdruck *favori*, der aber wohl hier nicht ganz am Platze sein dürfte, denn der junge König hat wohl nie eine wirkliche Zuneigung zu Concini gehabt, sondern ihn nur zu Ehren gebracht, weil er ihn fürchtete. Dagegen war Concini nicht bloß der Günstling, sondern der Geliebte der Königin-Mutter, Marie de Médicis.

hat Leonora Galligay eine Unterredung mit einem Teufel, dem sie sich ergeben hat und der sie in die Geheimnisse der Magie eingeweiht hat. Python begibt sich auf Befehl des Königs in den Louvre und wird getötet, während seine Gemahlin in die Bastille gebracht wird. Der Leichnam Concinis wird wieder ausgegraben und durch die Straßen von Paris geschleppt. Nachdem das Gerücht von seinem Tode sich in Paris verbreitet hat, begeben sich die Prinzen und Würdenträger, welche Concini mit dem König entzweit hatte, in den Louvre, um den König zu beglückwünschen und sich ihm wieder zu unterwerfen.

Den Tod Leonora Galigaïs behandelt das anonyme Stück, welches betitelt ist: *La Magicienne Etrangere*.[1]) Der König, der hier *Le Grand Pan Français* genannt wird, bespricht mit den Herren des Hofes, die ebenfalls allegorische Namen tragen, das große Ereignis des Tages, den Tod des allgemein verhaßten Concini (*Conchine*). Es wird beschlossen, nun seiner Gemahlin, Leonora Galligaï, den Prozeß zu machen, denn sie habe noch mehr Übel angerichtet als Concini selber:

> *C'est la source du mal, la fille de Megere*
> *Et celle là qui a le venin de Cerbere*
> *Efpandu en nos champs dont sont nez les difcords,*
> *Lefquels ont fuffité aux Français mille morts.*

Le Grand Pan Fr.

> *Auant qu'il foit trois iours cefte affreufe forciere*
> *Yra voir de Pluton la puante tafniere.*

Sie muß mit Feuer hingerichtet werden. Ihr Gemahl erwartet sie bereits in der Hölle und langweilt sich ohne sie!

Le Solon Français.

> *Si toft que nous l'aurons derechef confrontee,*

---

[1]) *Tragédie en laquelle on voit les tiranniques comportements, origine, entreprise, deffeings, fortileges, arreft, mort et fupplice, tant du Marquis d'Ancre que de Leonor Galligay fa femme, auec l'aduentureufe rencontre de leurs funeftes ombres. Par vn bon François nepueu de Rotomagus.* Die Ausg. der Pariser Nationalbibliothek (cf. Verz. der ben. Lit.) gibt Pierre Mathieu als Verf. an. Mouhy (*Tabl. dram.*) schreibt das Stück Pierre de Sainte Marthe zu.

*Conuaincu ſa malice et magie infectee,*
*Nous luy ferons tenir de Greue le chemin.*

Aymelis. *Ses livres de ſorciers, ſon vierge parchemin,*
*Ses chiffres incognus, ſes diuers caracteres,*
*Sont ils pas de ſa mort teſmoings inrefractaires?*

Sie ist unbedingt des Todes schuldig, da es erwiesen ist, daß sie magische Künste gebraucht hat, die Moses verbot. So wie das Gold nichts gemein hat mit dem Blei, das Feuer nichts mit dem Wasser,

*Ainſi ces fils aiſnez des riues Auernalles,*
*Dont l'Art, le Philtre amer et les propos Thessalles [1]),*
*Empoiſonnent les vns, les autres font mourir,*
*N'ayant rien auec nous, doiuent par feu perir.*

Der Schauplatz wechselt. In der Unterwelt nehmen die Furien Anteil an dem Geschicke Leonoras:

Alecton. *Quoy, filles de la nuict, monſtres eſpouuantables,*
*Dont les fers, dont les fouets, et les fleaux effroyables*
*Eſtonnent l'vniuers, font le poil heriſſer,*
*Paſlir le front d'Hecate, au corps le sang glacer . . .*
*Comment ignorez vous que voicy la iournee*
*Que Galligay doit eſtre en Cour condamnee,*
*Non, non quittez le Stix et l'Antre de Pluton*
*Et venez aſſiſter votre sœur Alecton . ..*
*Et tenant en vos mains vos torches petillantes,*
*Vos fouets enuenimez, vos couleuures ſifflantes,*
*Venez, ſ'il eſt poſſible auec moy empeſcher,*
*Que noſtre ſœur ne ſoit le butin d'un bucher.*

Thesiphone ist der Ansicht, daß Leonora ihre Strafe verdiene, Megère dagegen ergreift Partei für die Marquise, die ja ihre Mitschuldige gewesen sei. Alecton fordert ihre beiden Schwestern auf, viel Unheil auf der Erde anzurichten, um so wenigstens den Tod Leonoras zu rächen:

*Faiſons pluſtoſt greſler forçant l'effect des Aſtres,*
*Dedans les champs François mille piteux deſaſtres,*

---

[1]) Cf. Anmerkung auf S. 250.

*Que le pere aueuglé efgorge fon enfant,*
*Que du pere le fils foit cruel triomphant . . .*
*Bref faifons tant d'horreurs par le feu et le fer,*
*Que le monde aux humains ne foit plus qu'vn enfer.*

Der Schutzengel Frankreichs erscheint und vertreibt die
Furien. Ihr Wüten ist umsonst, sie können Frankreich
keinen Schaden zufügen, denn Gott wacht über dieses Land.
Der Engel erklärt, wenn sie sich unterfingen, den Prozeß
Leonora Galligaï's verhindern zu wollen, so sei dies eine
Gotteslästerung. Die Furien geben also Leonora auf, da sie
gegen die Allmacht Gottes nicht ankämpfen können. Sie
kehren zu Pluto zurück. Im zweiten Akte wird das Verhör
und die Verurteilung Leonoras vorgeführt. Sie wird gefragt,
ob sie eingestehe, politische Unruhen hervorgerufen zu haben.
Sie leugnet. Als man ihr jedoch mit der Folter droht, gesteht sie, daß sie sowie ihr Gemahl nach der Krone gestrebt
haben. Sie wird weiter gefragt, ob sie nicht auch magische
Künste ausgeübt habe:

*Galligay. Nenny, ie n'ay iamais pratiqué ce meflier.*
*Premier Conseiller. Eh quoy, ofez vous bien cefle chofe nier?*
  *Le vierge parchemin, les diuers caracteres,*
  *Les chiffres incognus, les fimples peftiferes,*
  *Les statues de cire et maint hure fecret,*
  *Trouuez de la Iuflice en voflre cabinet?*
  *Ne font ils pas tefmoins du tout inrefutables*
  *Que vous efliez fçauans en ces Arts deteflables?*

Leonora gesteht alles ein. Eine große Anzahl Zauberer
waren ihr untertan und beugten am Sabbat die Kniee vor ihr.
Schon im Alter von 12 Jahren lernte sie von ihrer Amme
die schwarzen Künste, so daß sie sich von Gott abwandte,

  *Pour auoir des demons tout fupport et faueur.*
  *Puis pendant que la nuict à la robbe efloillée*
  *Calmoit tout l'vniuers, i'errois efcheuelee*
  *Aux bois Theffaliens, fur l'Offe et Pelion,*
  *Pour des fimples trouuer à ma deuotion,*
  *Tantoft des Loups garoux i'amaffois les entrailles, . . .*
  *Du Pauot endormant, du fable Egyptien,*

*De l'encens ma∫culin, des pepins de Citroüilles,*
*Du ∫uaire de morts, et des os de Grenoüilles,*
*De quoy en moins d'vn rien ie fai∫ois par mes vers,*
*Pa∫lir le clair Titan et trembler l'vniuers, . . .*
*Ie pouuois des Lyons murmurant triompher,*
*Ie fai∫ois par mes arts Hecate ∫embler pa∫le,*
*Ie rempli∫∫ois d'horreur la contree Auernalle . . .*
*Ie fai∫ois me∫mement par mes charmeurs efforts*
*Les·morts ∫embler viuants, et les vifs ∫embler morts;*
*Ie pouuois des neuf cieux dettacher les e∫toilles,*
*Ie fai∫ois aby∫mer les vai∫∫eaux porte voilles,*
*Voire quand ie voulois, battre en∫emble en duel*
*La terre, l'air, la mer, et les vents et le ciel.*

Dieses ungeheure Sündenregister läßt sie unbedingt des
Feuertodes schuldig erscheinen:

*Le Solon François.*

    *Ces actes de Sathan, ces œuures diaboliques,*
    *De quoy vous infectiez toutes les Republiques,*
    *Sont plus que ∫uffi∫ans ∫uiuant les ∫ainctes lois,*
    *Pour vous faire expo∫er ∫ur vn bu∫cher de bois.*

Der Richter verurteilt sie, enthauptet und dann verbrannt
zu werden:

    *Sus donc, Executeur, prenez ce∫te Sorciere,*
    *Et la faites r'entrer en ∫a pri∫on premiere,*
    *En attendant le temps que ∫on corps ∫oit conduit*
    *Au ∫upplice appre∫té pour e∫tre à rien reduit.*

Der Scharfrichter führt Leonore hinweg. Die folgende
Szene versetzt uns wieder in die Unterwelt. Der Schatten
Concinis muß zur Strafe für seine verbrecherischen Taten
ruhelos umherirren. Tenebrion verkündet ihm den baldigen
Tod Leonoras. Als Concini erfährt, daß seine Gattin den
Feuertod erleiden werde, äußert er spöttisch:

    *Mais quoy, pour ∫a Magie et pour ∫on vil péché,*
    *Dites moy mon amy, n'est-ce pas bon marché?*

Concini und der Fürst der Unterwelt bereiten sich vor,
Leonora würdig zu empfangen. — Akt III. Vor der Hin-

richtung wird Leonora gefragt, ob sie nicht Buße tun und den Dämonen entsagen wolle. Sie zeigt sich reumütig, bittet Gott um Vergebung ihrer Sünden und entsagt den bösen Geistern. Darauf fordet sie den Scharfrichter auf, seine Pflicht zu tun.

Im *Mercure François*[1]) wird von einem Hofballet erzählt, welches am ·12. Februar 1619 im großen Saale des Louvre zu Ehren des Prinzen von Piemont getanzt wurde. Der Gegenstand war *La Fable de la forêt enchantée*, einer Episode aus Tasso's *Gerusalemme Liberata.*[2]) Der Zauberer Ismen spielte seine Rolle, *affreux en son aspect, la teste en feu, un liure à la main gauche et une verge à la droicte, . . . Vêtu d'une sottane de satin noir ayant par dessus une robbe courte de mesme étoffe avec lambrequins au bout des manches, le tout chamarré de passements d'or. Et à la teste une toque en forme de chapperon auec une queue. En cest équipage parut cet enchanteur et, d'une voix effroyable, chanta quantité de vers sur le subiet pour lequel il vouloit enchanter la forest . . .*

Ein Zauberspiegel steht in d'Urfé's Pastorale *La Sylvanire ou La Morte-Vive* (1625)[3]) im Mittelpunkte der Handlung. Das Schema der Liebenden ist hier das folgende:

*Satyre* → *Fossinde* → *Tirinthe* → *Sylvanire* → ← *Aglante*

Alciron, der Vertraute des Tirinthe, besitzt einen Zauberspiegel, den ihm seinerzeit der Druide Climanthe gegeben hat. Dieser Spiegel besitzt die Eigenschaft, daß alle, die sich darin beschauen, in lethargischen Schlaf fallen. Alciron gibt den Spiegel dem Tirinthe, ohne ihm seine Zauberkraft zu erklären, und rät ihm, den Spiegel Sylvanire vorzuhalten, ohne aber selbst hineinzuschauen, dann werde das Mädchen die

---

[1]) V, 86, žit. von Marsan, p. 447.

[2]) Siehe oben S. 85.

[3]) Cf. d. Verz. der ben. Lit. Dieselbe Geschichte hatte d'Urfé bereits im 4. Teile der Astrée verwendet. — Über Honoré d'Urfé cf. Beauchamps, *Rech.*, 2, 100; Goujet, *Bibl.*, XIV, 354ff.; Mouhy, *Tabl. dram.*, A. 31, P. 213; id., *Abrégé*, I, 440, 482, II, 357f.; De Léris, *Dict.*, 570; La Vallière, *Bibl.*, I, 250ff., II, 77; Doumic, *Histoire etc.*, 290ff.; Lanson, *Histoire etc.*, 369ff.

Seine werden. Kaum hat Sylvanire in den Spiegel geblickt,
so wird sie totenbleich und fühlt sich dem Tode nahe. Ihre
Eltern führen sie zum Tempel des Aesculap, um die Hilfe des
Gottes zu erflehen. Sylvanire gesteht nun ihren Eltern ihre
heimliche Neigung zu Aglante und äußert den Wunsch, als
dessen Gattin zu sterben, was ihr gern bewilligt wird. Inzwischen trifft Tirinthe Alciron und stellt ihn wegen des
Spiegels zur Rede. Alciron erklärt ihm, Sylvanire sei gar
nicht tot, und beide gehen zu dem Grabe und beleben sie
wieder mit Hilfe eines Zauberwassers. Tirinthe will sie hin-
wegtragen, aber Silvanire weist ihn von sich. Aglante kommt
hinzu und bringt sie zu ihren Eltern. Obgleich sie schon die
Gemahlin Aglantes ist, will der geizige Vater sie mit dem
reichen Théante verheiraten. Der Fall wird den Druiden
vorgetragen, die zugunsten Aglantes entscheiden. Tirinthe
wird verurteilt, von einem hohen Felsen herabgestürzt zu
werden, wird aber von der Schäferin Fossinde gerettet, die
sich bereit erklärt, ihn zu heiraten. Die Wirkung der Magie
ist also eine reale. Einige Entlehnungen d'Urfé's aus
dem *Aminta*, aus dem *Pastor Fido*, aus Hardy's *Alcée* und
aus Racan's *Bergeries* sind von Marsan besprochen worden
(p. 347 ff.).

Eine eigenartige Zaubergeschichte bildet die Intrige in
M a i r e t 's Pastorale *La Silvie* (1626).[1]) Thelame, der Sohn
des Königs von Sizilien, hat sich in Silvie, eine arme Schäferin,
verliebt. Der Vater sucht auf jede Weise eine Mißheirat
seines Sohnes zu verhindern. Nachdem er anfangs in seiner
Entrüstung die beiden Liebenden zum Tode verurteilt hat,
verfällt er auf ein anderes Mittel:

> *Il vaut mieux fe feruir des remedes magiques,*
> *Ce beau couple amoureux en fin ne mourra pas,*
> *Mais ce qu'il doit fouffrir eft plus que le trefpas;*
> *Car pour rendre la peine à la faute affortie*
> *L'Efprit en fouffrira la meilleure partie.*

---

[1]) Tragi-comédie-pastorale (cf. ben. Lit.). Das Stück wurde 1626
verfaßt und 1628 zuerst gedruckt (cf. Kört. Z. 1894, XVI, 6). Über
Jean de Mairet cf. oben S. 107.

Er läßt durch einen Zauberer die beiden verhexen (worin der *charme* besteht, erfahren wir nicht). Die Wirkung des Zaubers ist die, daß Thelame und Silvie sich in die Unterwelt versetzt glauben, ohne daß ihre leidenschaftliche Liebe eine Verminderung erfahren hätte. Da sie sich also gegenseitig für tot halten, verzehren sich beide in dem furchtbarsten Schmerze. Der König bereut nun seinen Schritt, auch fürchtet er einen Aufstand des Volkes, da er sich durch diese Grausamkeit verhaßt gemacht hat. Vergebens versucht er, selbst den Zauber zu lösen. Schließlich verspricht er seine Tochter Méliphile dem Ritter, der imstande wäre, den Zauber zu brechen. Florestan, ein kretischer Prinz, der das Bild der Prinzessin gesehen hat und von ihrer großen Schönheit geblendet worden ist, kommt nach Sizilien, und da er in Zauberkünsten erfahren ist, unternimmt er es, den Zauber zu brechen. Es geht jedoch nicht so leicht, wie er denkt. Allerlei Geister erfüllen plötzlich die Luft, um ihn abzuschrecken, so daß er sich selbst Mut zusprechen muß:

*Courage, tout cecy n'eſt qu'[vne] illuſion.*

Plötzlich läßt sich eine geheimnisvolle Stimme vernehmen:

*Cheualier, ſi tu veux finir cette entrepriſe*
*Ne t'eſpouuante point, monte plus haut, et briſe*
*Ce criſtal que tu vois à la voute attaché,*
*C'eſt là (tout) ſeulement que le charme eſt attaché.*

Es scheint sich also um einen Zauberspiegel zu handeln.[1]) Schließlich gelingt es Florestan, den Zauber zu brechen. Die beiden Liebenden erwachen aus ihrer geistigen Umnachtung, Thelame ist sich jedoch noch nicht recht klar über das, was mit ihm vorgeht:

*Qui remplit de clarté ce palais du ſommeil?*
*Si ie n'eſtois certain de l'eſtat où nous ſommes,*
*Ie penſerois encore eſtre parmi les hommes.*
*Mais n'eſt-ce pas icy le Royaume des morts?*
*Nos eſprits n'ont-ils pas abandonné nos corps?*

---

[1]) Bühnenanweisungen sind nicht vorhanden.

Als er den König erblickt, glaubt er den Schatten seines Vaters zu sehen. Auch Silvie kann es noch nicht recht glauben, daß ihr Geliebter lebend vor ihr steht. Da läßt sich wieder die geheimnisvolle Stimme vernehmen:

> *Thélame, ie t'apprends que toy ny ta Sylvie*
> *N'auez iamais perdu l'vsage de la vie,*
> *Releue la baffeffe et l'inégalité*
> *De fa condition par fa fidélité,*
> *Et donne à fa vertu le prix d'vne couronne,*
> *C'eft ainfi que des Dieux la volonté l'ordonne.*

Jetzt endlich lassen sich die beiden überzeugen, daß alles um sie her Wirklichkeit ist. Thelame erklärt aber dem Könige, wenn er nicht in seine Heirat mit Silvie einwilligen wolle, dann möge er lieber gleich wieder einen Zauber über sie verhängen. Der König gibt nun gern seine Einwilligung. Méliphile reicht Florestan die Hand und schätzt sich glücklich, die Gemahlin eines so tapferen Ritters zu werden. — Die Magie greift also sehr wirkungsvoll in die Handlung ein, sie scheint ganz real aufgefaßt zu sein und führt zur Schürzung wie auch zur Lösung des Knotens.

Eine ähnliche magische Operation wird in Troterel's Pastorale *Philisthée* (1627)[1] ausgeführt. Der Schäfer Partenis liebt Philisthée, die Tochter des alten Geizhalses Hermon, der sich einer Vereinigung der Liebenden widersetzt. Ein Zauberer, der hier wie in Troterel's *Amour Triomphant* den allegorischen Namen Démonax führt, schließt Philistée in einen Park unter Bewachung von zwei schrecklichen Panthern ein. Partenis, der seine Geliebte befreien will, unterliegt im Kampfe mit den Raubtieren; auch Philistées Freundin Leonette, die in Chriseis, den Freund Partenis', verliebt ist, wird von ihnen zerrissen. Démonax ruft die beiden wieder ins Leben zurück und läßt Hermon in einen lethargischen Schlaf fallen, aus dem er ihn nur unter der Bedingung wieder befreit, daß er in die Heirat Philistées mit Partenis einwilligt. Wie der Alte seine Einwilligung geben kann, während er noch vom

---

[1] Siehe im Verz. der ben. Lit. Über Troterel cf. oben S. 132, 178, 216, 265.

tiefsten Schlafe umfangen ist, bleibt dahingestellt. Der Magie ist freilich alles möglich! Das Stück, in dem also die Magie hauptsächlich zur Lösung des Knotens verwendet ist, schließt, wie gewöhnlich, mit einer Doppelheirat.

Ein Zauberring spielt in Rotrou's Komödie *La Bague de l'Oubli* (1628) [1]) eine hervorragende Rolle. Die Zauberei bildet hier, wie schon aus dem Titel hervorgeht, den Gegenstand des Stückes, welches lediglich eine Nachahmung der Komödie *La Sortija del olvido* von Lope de Vega ist. [2]) Das Abhängigkeitsverhältnis der beiden Stücke ist von Steffens eingehend untersucht worden. Wie sich aus dieser Untersuchung ergibt, schließen sich besonders die auf die Magie bezüglichen Szenen sehr eng an das spanische Vorbild an. Die Namen der handelnden Personen sind sämtlich verschieden von denen Lope de Vega's, die Personen der beiden Stücke entsprechen sich aber genau. Der Vertreter der Magie wird bei Lope de Vega Ardenio (*astrologo* [3])) genannt, bei Rotrou heißt er Alcandre (*magicien*). Die *Sortija del olvido* hat 3 Akte (*jornadas*), Rotrou hat den Stoff auf 5 Akte verteilt.

Alphonse, der König von Sizilien, ist in Liliane, die Tochter des Herzogs Alexandre, leidenschaftlich verliebt. Um sie zu gewinnen, macht er ihr Hoffnung, er werde eines Tages den Thron mit ihr teilen. Leonore, die Schwester des Königs, soll nach seinem Willen den Herzog von Calabrien heiraten. Sie widerstrebt jedoch diesem Plane, da sie den Ritter Léandre liebt und bei ihm Gegenliebe findet. Sie will ihn heiraten

---

[1]) Cf. ben. Lit. Das Stück wurde im Jahre 1628 aufgeführt, aber erst 1635 zum ersten Male gedruckt. — Über Rotrou cf. oben S. 239 f.

[2]) Rotrou gibt dies in seinem Vorwort selbst zu. Er sagt, wenn sein Stück nicht nur in Frankreich, sondern auch in Deutschland Erfolg gehabt habe, so gebühre der Ruhm dem spanischen Dichter und nicht ihm. Le Grand hat denselben Stoff wieder in seiner Komödie *Le Roy de Cocagne* verarbeitet, welche im Jahre 1718 vor dem Hofe in Chantilly aufgeführt wurde. — Die *Sortija del olvido* ist gedruckt in: *Docena Parte de las Comedias de Lope de Vega Carpio* (1619), fol. 24 v—46 v (s. im Verz. der ben. Lit.) und wurde seitdem nicht wieder gedruckt (cf. Obras de L. de Vega, publ. por la Real Academia etc., I, 319).

[3]) Astrologo hat hier die allgemeine Bedeutung Zauberer, wie in Ariost's *Negromante* (cf. oben S. 254, Anmerk.).

unter der Bedingung, daß er sich des Thrones bemächtigt, ohne indessen das Leben ihres Bruders zu gefährden, und sie so zur Königin von Sizilien macht. Léandre verspricht, alle ihre Wünsche zu erfüllen, und wendet sich zu diesem Zwecke an den berühmten Zauberer Alcandre. Dieser verfällt auf ein eigenartiges Mittel. Er will einen Talisman unter dem Stein eines Ringes verstecken, der, so ausgestattet, für den Träger den Verlust des Gedächtnisses zur Folge haben wird.[1]) Der König trägt einen Diamantring, auf den er große Stücke hält und den er nur des Morgens beim Ankleiden ablegt. Léandre läßt einen genau gleichen Ring anfertigen, in dem dann der Zauberer den Talisman verbirgt. Nachdem der Zauberring fertig gestellt ist, ruft Léandre (II, 4) erfreut aus:

*Anneau plus précieux par ton enchantement*
*Que par le prix de l'or, ni par ce diamant,*
*Si ta vertu me donne un fuccès fauorable,*
*Que tu vaux de tréfors, que tu m'es adorable!*
*Ma mémoire à iamais me parlera de toy*
*Si tu m'obliges tant que de l'ofter au roy:*
*Voilà fa mefme bague, au moins en apparence*
*Et fon œil n'en fçauroit faire la différence.*[2])

Es handelt sich nun darum, eine Gelegenheit zu finden, den Zauberring an den Finger des Königs zu bringen. In-

---

[1]) Cf. den Ring des Gyges, der den Träger unsichtbar machte.

[2]) Cf die entsprechende Stelle bei Lope de Vega (Sortija del olvido, II, 4):

*Adriano. Tu eres la mifma ocafion,*
*amor de ocafiones nace,*
*a ti la traycion te aplaze,*
*y el inventò la traycion.*
*Ay fortuna en efta mia*
*no mires mi penfamiento,*
*ayuda mi atreuifamiento*
*pues en tus alas fe fia.*
*La sortixa traygo aqui*
*a la del Rey imitada*
*tan perfecta y acabada*
*que puede engañarme a mi.*

zwischen hat Liliane dem Könige mitgeteilt, daß ihr Vater sie
dem Grafen Tancred versprochen habe; sie drängt deshalb
den König, sein ihr gegebenes Versprechen einzulösen. Um
sie hinzuhalten, verfällt Alphonse auf eine List. Er läßt den
Grafen und den Herzog, die gerade angekommen sind, unter
der Anschuldigung des Hochverrats verhaften, und, um die
Sache glaubhafter zu machen, läßt er Liliane, die er zuvor
davon verständigt, ebenfalls, verhaften. Fabrice, der Hofnarr,
beeilt sich, ihm die Nachricht von der Festnahme der angeblichen Hochverräter zu überbringen, wofür er eine Belohnung
erhofft. Alphonse verspricht ihm in der Tat 2000 Dukaten.
Der Hofnarr beeilt sich, eine Anweisung auf die versprochene
Summe zu schreiben. Unterdessen verlangt der König sein
Waschwasser. Léandre, der ihn bedient, findet die gewünschte
Gelegenheit, um den Zauberring mit dem Ringe des Königs zu
verwechseln, ohne daß dieser etwas davon merkt. Der Zauber
beginnt sogleich zu wirken: Kaum hat Alphonse den Zauberring
am Finger, so fühlt er sich schläfrig und sinkt in einen Lehn-
stuhl. Dorame, der Befehlshaber der Wache, tritt ein und
meldet, daß Alexandre, Tancrède und Liliane ins Gefängnis
geführt worden sind. Der König erkennt den Offizier zunächst gar nicht, erst als er seinen Namen nennt, erkennt er
ihn.[1]) Auch die Namen der drei Verhafteten sind ihm fremd,
und er fragt erstaunt, welches Verbrechens sie schuldig seien.
Er erinnert sich nicht, einen derartigen Befehl gegeben zu
haben, meint aber, als Dorame ihm die Ursache ihrer Verhaftung mitteilt, sie seien mit Recht im Gefängnisse, man
solle aber das Mädchen freigeben, denn sie sei doch wohl nicht
an der Verschwörung beteiligt. Der Offizier ist höchst verwundert über die Launenhaftigkeit des Königs:

> Dorame. Dieux! qu'il faut que ce Prince ayt de melancholie!
> Ce qu'il dit en vn iour, le fuiuant il l'oublie.

Fabrice erscheint mit der Anweisung auf 2000 Dukaten
und bittet den König um seine Unterschrift. Alphonse kennt

---

[1]) Dies ist unlogisch, denn wenn der König wirklich völlig das
Gedächtnis verloren hat, so darf er sich auch des Namens seines Offiziers
nicht erinnern.

ihn gar nicht, weiß auch nichts von den 2000 Dukaten, er
ist erstaunt über diese Kühnheit seines Hofnarren und zerreißt das Papier. Selbst seine Geliebte erkennt er nicht, und
als sie ihm von Liebe spricht, hält er sie für verrückt oder
zum mindesten für unverschämt. Liliane glaubt, daß ihr nun,
da der König sie nicht mehr liebe, nichts anderes übrig bleibe,
als den Grafen Tancred zu heiraten. Sie bittet deshalb den
König, ihrem Vater und ihrem Bräutigam die Freiheit zu
schenken, da sie doch ohne Grund eingesperrt seien. Alphonse beauftragt sie, den Gefangenen die Türe des Gefäng-
nisses zu öffnen, und gibt ihr seinen Ring zur Bekräftigung
seines Befehles. Kaum hat der König den Ring vom Finger
gezogen, so atmet er erleichtert auf, als ob er von einer bösen
Krankheit genesen sei.

Es muß hier bemerkt werden, daß die Wirkung des
Zauberringes nicht darin besteht, daß der Träger ein für
allemal das Gedächtnis verliert, sondern nur, solange er den
Ring am Finger hat, sich alles dessen, was er im normalen
Zustand gesprochen und getan hat, nicht mehr erinnert. Dagegen erinnert er sich, solange er unter dem Einflusse des
Zaubers steht, sehr wohl dessen, was er in dieser Verfassung
gesagt oder getan hat. Umgekehrt erinnert er sich, sobald
er den Ring ablegt, seiner normalen Worte und Handlungen,
während er von dem in dem verzauberten Zustand Gesagten
und Getanen nichts mehr weiß, so daß seine in normaler
Verfassung gesprochenen Worte eine Kette bilden, die von Zeit
zu Zeit durch den Zauberzustand unterbrochen wird, sich aber
sogleich fortsetzt, sobald der Zauber nicht mehr wirkt. Ebenso
besteht eine Verbindung zwischen seinen durch den Zauber
bewirkten Torheiten, die durch die vorübergehenden Augenblicke seines gesunden Verstandes unterbrochen wird.

Fabrice beschwert sich, daß der König die Anweisung
auf 2000 Gulden zerrissen habe. Der König erinnert sich
sehr wohl, ihm diese Summe versprochen, nicht aber, eine
Anweisung vernichtet zu haben. Da er einmal sein Wort
gegeben hat, so würde er unzweifelhaft die Anweisung, wenn
Fabrice sie ihm wirklich vorgelegt habe, unterzeichnet haben.
Kopfschüttelnd entschließt sich der Hofnarr, eine neue An-

weisung zu schreiben. Inzwischen hat Liliane, vom Gefängnis zurückkommend, den Ring .an den Finger gesteckt und verliert sofort das Gedächtnis. Sie trifft Léandre und Leonor und erkennt sie nicht. Als Alphonse sie umarmen will, stößt sie ihn von sich. Als der König sich erzürnt, macht seine Umgebung ihn darauf aufmerksam, daß er auf keine bessere Behandlung von seiten seiner Geliebten rechnen könne, da er sie kurz vorher ebenso behandelt habe. Der König wird noch ärgerlicher, da er sich nicht erinnert, sie jemals unhöflich behandelt zu haben. Alexandre und Tancrède wollen dem König für ihre Freilassung danken, Alphonse fragt wütend, wer es gewagt habe, sie in Freiheit zu setzen, und befiehlt, die Verräter sofort wieder einzusperren. Erst als der Hauptmann der Leibwache ihm erklärt, daß er beim Anblicke des königlichen Ringes nicht gewagt habe, an der Richtigkeit dieses Befehles zu zweifeln, bemerkt der König das Fehlen des Ringes, und glaubt, bestohlen worden zu sein. Da bemerkt er den Ring am Finger Lilianes und nimmt ihn an sich. Sogleich geht die Wirkung des Zaubers von Liliane auf ihn über, er kennt sie nicht mehr und läßt sie hinausweisen. Fabrice präsentiert seine neugeschriebene Anweisung, die der König, wütend wie das erste Mal, zerreißt. Allmählich merkt Alphonse selbst, daß er sich nicht in einem normalen Zustand befindet. Leonor und Léandre geben ihm zu verstehen, daß er in Anbetracht seines leidenden Zustandes sich Ruhe gönnen müsse, und schlagen ihm vor, Léandre zum Vizekönig, dessen Bruder Agis zum Befehlshaber des Heeres und seinen zweiten Bruder Theodose zum Admiral der gesamten Flotte zu ernennen. Willenlos geht der König auf die Vorschläge ein und unterschreibt alles, was die beiden ihm vorlegen. Sie veranlassen ihn weiter, den Heiratsvertrag zwischen Leonore und dem Herzog von Calabrien für nichtig zu erklären; sie erzwingen sogar das Todesurteil des Herzogs Alexandre. Als Fabrice merkt, daß die beiden sich die Willenlosigkeit des Königs zunutze machen, will er ebenfalls daraus Vorteil ziehen. Er erzählt ihm allerlei erlogene Geschichten, unter anderem, daß sein Bruder, ein sehr gelehrter Astrolog, allen denen großes Unheil verkündet habe, die während dieses Jahres Gold bei sich trügen. Durch diese schreckliche Prophezeiung eingeschüchtert, reißt der König die Kette vom Halse und den Ring vom Finger und befiehlt, beides ins Wasser zu werfen. Fabrice macht sich mit den Schmuckgegenständen schleunigst aus dem Staube, während der König seine Vernunft wieder erlangt. Agis und Theodose wollen ihm für ihre neuen Ämter danken, der König fragt ganz erstaunt, wer sich erkühnt habe, ihnen diese Titel zu verleihen, und ist empört, als er hört, daß Léandre sich unterfangen habe, ohne sein Wissen solche Stellen zu vergeben. Als Alphonse ferner hört, daß der Herzog Alexandre auf einem öffentlichen Platze hingerichtet werden soll und daß er selbst den Befehl dazu gegeben hat, daß er außerdem in Lilianens Heirat mit Tancrède eingewilligt habe, weiß er gar nicht, was das alles zu bedeuten hat und gerät in die größte Wut. Er befiehlt sogleich, den Herzog freizulassen. Der Befehl trifft noch gerade rechtzeitig ein, um die Hinrichtung zu verhindern. Alphonse bittet den Herzog und Liliane um Verzeihung und zerbricht sich den Kopf, wie es möglich sei, daß ohne sein Wissen solche Dinge geschehen und noch dazu ihm selber zur Last gelegt werden. Als Léandre von Fabrice hört, daß der König wieder vernünftig geworden sei, zeigt er sich unangenehm überrascht, was dem schlauen Hofnarren nicht entgeht. Fabrice, der genau bemerkt hat, daß der Verlust des Ringes die Genesung des Königs von seiner seltsamen Krankheit zur Folge gehabt hat, fragt sich, ob nicht vielleicht dieser Ring eine gewisse Zauberkraft besitze, und macht dem Könige von dieser Vermutung Mitteilung. Alphonse macht sogleich eine Probe, indem er den Ring an Fabrices Finger steckt, und überzeugt sich von der Wirkung: Fabrice phantasiert und erkennt seinen Herrn nicht. Er nimmt ihm den Ring ab, Fabrice wird wieder vernünftig und teilt ihm seinen Verdacht gegen Léandre mit. Der König befiehlt ihm, den Stein zu entfernen, und findet unter dem Diamanten ein Stückchen Papier, das mit arabischen Charakteren beschrieben ist. Er zerreißt den Talisman, steckt den Ring wieder an den Finger, und läßt sodann Léandre, Leonore, den Herzog und den Grafen Tancrède rufen. Um die Schuldigen auf die Probe zu stellen,

tut er, als kenne er sie nicht, läßt Leonore und Léandre den
Thron besteigen und erklärt, es sei künftig ihre Aufgabe,
Recht zu sprechen. Da ein befreundeter Fürst ihn in einer
schwierigen Angelegenheit um Rat gefragt habe, wolle er
ihnen den Fall zur Entscheidung vorlegen. Er trägt ihnen
nun ihre eigene Geschichte vor. Léandre merkt, daß seine
Intrige durchschaut ist, läßt sich aber nicht aus der Fassung
bringen, und bittet den König um die Erlaubnis, bevor er
seine Entscheidung abgebe, ihm einen anderen Fall vorzutragen. Er hält ihm sein Verhalten gegen Liliane und seine
Gewalttaten gegen ihren Vater vor. Die Liebe allein sei die
Veranlassung des einen wie des anderen Verbrechens gewesen,
und somit seien dieselben entschuldbar. Léandre und Leonore
bitten den König fußfällig um Verzeihung. Der König erklärt
sich bereit, sein Unrecht wieder gut zu machen, er willigt in
ihre Heirat ein, schickt sie aber zur Strafe in die Verbannung.
Er erhebt Liliane zu seiner rechtmäßigen Gattin. Tancred
wird mit einer Cousine des Königs abgefunden, und der kluge
Hofnarr, der die Intrige ans Tageslicht gebracht hat, erhält
ebenfalls eine angemessene Belohnung.

Die Rolle der Magie ist also hier wichtiger als sonst, sie
bildet den Gegenstand der ganzen Handlung. Die Lösung
der auf den realen Wirkungen der Magie beruhenden Intrige
ergibt sich von selbst, sobald der Zauber zu wirken aufhört. —
Die Komödie hatte großen Erfolg. Sie wurde auch vor dem
Könige, dem der Verfasser sie gewidmet hat, der Königin und
dem gesamten Hofe im Louvre und in Saint-Germain sowie
im Palais Cardinal vor Richelieu aufgeführt.

Die auf S. 270 f. besprochene Pastorale d'Urfé's hat
Mairet in seiner Pastorale *La Silvanire ou La Morte-Vive*
(1630)[1] nachgeahmt. Der Gang der Handlung und die Per-

---

[1] *La Silvanire ou La Morte-Vive, Trag. en 4 actes, avec une Pré-
face en forme de Poétique, en vers libres, un Prologue et des chœurs, par
Jean Mairet.* Das Stück ist nicht 1625, wie die Brüder Parfaict angeben, sondern in den Jahren 1628—30 entstanden, und wurde 1631 gedruckt (Priv. v. 3. Febr. 1631. Die Ausg. s. im Verz. der ben. Lit.; neu
herausgeg. von Otto, 1890). Die Zeitbestimmung der Dramen Mairet's
läßt sich am besten nach seinen eigenen Angaben im Vorwort zu seinem

sonen sind genau die gleichen wie in .dem gleichnamigen
Stücke d'Urfé's, nur den Satyr hat Mairet weggelassen, so
daß sich mit Weglassung desselben das gleiche Schema der
Liebenden wie bei d'Urfé ergibt:

*Fossinde* → *Tirinte* → *Silvanire* → ← *Aglante.*

Bei d'Urfé scheint die Magie noch wirksamer zu sein,
als bei Mairet, da · es dort eines Zauberwassers bedarf, um
Sylvanire zum Leben zurückzurufen, während sie hier von
selbst wieder zu sich kommt. In beiden Stücken vertritt ein
der Zauberei kundiger Schäfer die Stelle des *magicien* der
übrigen französischen Pastoralen.[1])

Eine untergeordnete Rolle spielt die Magie in R a y s s i -
g u i e r 's *Tragi-comédie-pastorale où les Amours d'Astrée et de
Céladon sont meslées à celles de Diane, de Silvandre et de Paris*
(1630)[2]), einer Nachbildung von d'Urfé's *Astrée.* Es finden

---

*Duc d'Ossone* vornehmen (cf. M a r s a n , p. 374 f.). Über das Abhängig-
keitsverhältnis der beiden Stücke cf. D a n n h e i s s e r , *Stud. zu J. de
Mairets Leben u. Wirken*, und M a r s a n , p. 374 ff. u. 380 ff. u. über das
Abhängigkeitsverhältnis beider Stücke von der Astrée cf. M a r s a n ,
p. 440 ff. Die Dekorationen der *Silvanire* Mairet's sind im *Mémoire de
Mahelot* (f⁰ 49) abgebildet und bei M a r s a n reproduziert. Über die
*Silvanire* Mairet's vgl. man D a n n h e i s s e r , *Z. Gesch. der Einheiten*,
1892, p. 9, 12, 18.

[1]) Über Schäfer als Zauberer cf. oben S. 35 f.

[2]) Cf. d. Verz. der ben. Lit. — De Rayssiguier stammte aus Alby
in Südfrankreich. In seiner Jugend wurde er von dem Herzog von
Montmorency besonders begünstigt. Nach dessen Tode kam er nach
Paris, kam aus einem nicht bekannten Grunde ins Gefängnis, wurde aber
bald wieder freigelassen. Er verliebte sich in eine Dame namens Olinde,
die ihn aber bald einem reicheren Nebenbuhler opferte, worauf Rayssiguier
sich durch eine Elegie an ihr zu rächen suchte. Er scheint Advokat
am Parlament von Toulouse gewesen zu sein. Außer dem obigen schrieb
er folgende Stücke: *L'Aminte du Tasse*, Trag.-com.-past. en 5 a. en vers,
déd. à Mr. le Duc de Vendôme. Paris, Augustin Courbé, 1631, 8⁰; *La
Bourgeoise ou La Promenade de Saint-Cloud*, Trag. en 5 a. en vers. Paris,
P. Billaine, 8⁰; *Polinice, Circénie et Florise*, Trag.-com. tirée de l'Astrée,
déd. à M. le comte de Vieules. Paris, Ant. de Sommaville, 1634, 8⁰;
*Filidor et Oronte ou la Célidée ou La Calirie*, Tr.-com. déd. à Mad. de
Rohan. Paris, Touss. Quinet, 1636, 8⁰; *Les Thuilleries*, Tr.-com. déd. à
M. de Lambe-Roquelaure. Paris, Ant. de Sommaville, 1636, 8⁰. — Über
Rayssiguier's Leben u. Werke cf. B e a u c h a m p s , *Rech.*, 2, 109; G o u j e t ,

-sich allerlei Anspielungen auf die Zauberei, ein Zauberer tritt jedoch nicht auf.

Mehrere magische Operationen finden sich in der Pastorale *Cléonice ou L'Amour Téméraire* (1630).[1] Cléonice zieht einen Zauberer zu Rate, um ihr Armband wiederzubekommen. Dieser verspricht ihr seinen Beistand (II, 1):

> *La force et la vertu de mon charme puiſſant*
> *Sera pour ce ſuiet le premier agiſſant;*

Er will eine Quelle, aus der der Pseudo-Polidor, welcher ihr das Armband entrissen hat, zu trinken pflegt, verzaubern. Sobald er daraus getrunken habe, werde er sich wie rasend gebärden. Zufällig kommt Arimène, die Geliebte Polidors, an die verzauberte Quelle. Kaum hat sie daraus getrunken, so verwirren sich ihre Sinne. Doranthe, ihr Liebhaber, der sie in diesem Zustande findet, entsetzt sich über ihre verworrenen Reden:

> *Dor.*   *O bons Dieux! qu'eſt cecy, tout me vient à rebours,*
> *A qui premierement donneray-ie ſecours,*
> *M'enfuiray-ie de peur, ou ſi ie dois attendre,*
> *Malgré vous, ô Démons, ie tariray ceſte eau,*
> *Et ſecheray le fond de ce fatal ruiſſeau.*

Er trinkt aus der Quelle, um dadurch den Zauber zu brechen, und alsbald fühlt er sich von Geisterhänden erfaßt. Es gelingt ihm trotzdem, die Quelle auszutrinken, und sogleich kommt Arimène wieder zu sich und sie fragt sich erstaunt, was mit ihr vorgegangen sei:

> *Ha! triſte paſmoiſon d'où ie ſuis reuenuë,*
> *Dont la cauſe puiſſante eſt aſſez inconnuë . . .*
> *Toutes fois il me ſemble eſtre beaucoup plus ſaine*
> *Qu'auparauant que l'eau fut hors de la fontaine.*

---

*Bibl.*, XV, 372; Parfaict, *Hist.*, IV, 469 ff., 513 ff., V, 38, 125; Mouhy, *Tabl. dram.*, A. 50, P. 14, 26, 37, 45, 174, 225; id., *Abrégé*, I, 26 f., 67, 354, 409 f., II, 291 f.; De Léris, *Dict.*, 668 f.; La Vallière, *Bibl.*, II, 83; Weinberg, *Schäferspiel*, 121, 125; Marsan, *La Past. dr.*, 357, 367, 383 f.

[1] Cf. oben S. 213 f.

Die Zauberquelle erinnert an die Quelle der Liebe und des Vergessens im Orlando Furioso.[1]) Die sinnenbetörende Wirkung des Zaubers und die Bestrebungen des Geliebten, den Zauber zu brechen, erinnern an Mairet's *Silvie*.[2])

Eine untergeordnete Rolle spielt die Magie in Frenicle's Pastorale *Palemon* (1632), einer Nachbildung des *Pastor Fido*.[3]) Palemon liebt die Schäferin Climène. Eine Zauberin ist in ihn verliebt, und will sich an ihrer Nebenbuhlerin rächen. Nachdem sie in einer langen Tirade (III, 3) sich ihrer großen Macht gerühmt hat — sie kann den Lauf der Gestirne aufhalten, Tote auferwecken, die tiefsten Geheimnisse erforschen, alle Geister gehorchen ihrer Stimme — erklärt sie, sie wolle nun einen Wolf beschwören, der Climène zerreißen solle. Im weiteren Verlaufe der Handlung merkt man aber nichts von der Wirkung ihrer Beschwörung noch von einem sonstigen Erfolge ihrer übernatürlichen Macht. Die Handlung entwickelt sich ganz unabhängig von dem Einflusse der Zauberin.

Einen ähnlichen Schwindler wie in La Taille's *Negromant* haben wir in De Veronneau's Pastorale *L'Impuissance* (1634)[4]), einem Stücke, das von der ungeheuren Sittenlosig-

---

[1]) Cf. oben S. 85, 225 f. u. 231.

[2]) Cf. oben S. 271 ff.

[3]) Nicolas Frenicle (1600—ca. 1661) aus Paris war Conseiller du Roy und Général du Roy à la Cour des Monnoyes. Er schrieb außer dem obigen die folgenden Stücke: *La Fidelle Bergere, com. en 5 a. en vers* (mit Chören und einem Prolog). Paris, Dugast, 1633, 8⁰; *Niobé ou La fin tragique de Niobé et des Amours de son Fils Tentale, et d'Eriphile*, Trag. en 5 a. en v. av. des chœurs. 1632, 8⁰; *L'Entretien des illustres bergers* (scheinbar eine Nachahmung von Racan's *Bergeries*). Paris, J. Dugast, 1634, 8⁰. Außerdem schrieb er mehrere religiöse Gedichte, Stanzen, Oden, Elegien, Sonette usw. Die ersten seiner kleineren Gedichte sind in dem Sammelbande *Premieres Œuvres Poétiques*, Paris, Touss. du Bray, 1526, 8⁰ gedruckt. — Über Frenicle cf. Beauchamps, *Rech.*, 2, 127; Goujet, *Bibl.*, XVII, 23, 225; Mouhy, *Tabl. dram.*, A. 43, P. 100, 165, 174; id., *Abrégé*, I, 197, II, 161 f.; De Léris, *Dict.*, 579; La Vallière, *Bibl.*, II, 310 ff.; La Croix, *XVIIᵉ siècle*, 272; Marsan, *La Past. dr.*, 400 f.

[4]) *Tragi-comédie-pastorale*, aufg. 1634, gedr. 1634, 8⁰; cf. ben. Lit. De Veronneau stammte aus Blois. Außer dem obigen Stücke ist nichts von ihm bekannt (cf. Beauchamps, *Rech.*, 2, 136; Parfaict, *Hist.*,

keit jener Zeit ein beredtes Zeugnis ablegt. Die Schäferin
Charixene ist gegen ihren Willen mit dem Schäfer Sylvain
verheiratet worden, dieser ist aber nicht imstande, seine ehelichen Pflichten zu erfüllen. Der Schäfer Ismin, der in
Charixene verliebt ist, verfällt auf folgende List, um sie in
seinen Besitz zu bringen: Er teilt Sylvain mit, daß er einen
berühmten Zauberer kenne, der ihn zweifellos von seinem
Gebrechen heilen könne, da er schon vielen geholfen habe:

> *C'eſt vn magicien de qui l'humeur eſt franche,*
> *Et l'on diroit qu'il tient les demons en ſa manche.*

Nachdem Ismin ihn der Diskretion des Zauberers versichert hat, entschließt sich Sylvain, mit seiner Gattin, die
jedoch nicht wissen darf, von wem dieser gute Rat gekommen
sei, den Zauberer zu konsultieren. Ismin verkleidet sich nun
selbst als Zauberer, er klebt sich einen langen schwarzen
Bart an, hüllt sich in einen langen Talar und verstellt seine
Stimme. Als die beiden Ehegatten in seiner Höhle erscheinen,
läßt er eine lange Tirade los, um ihnen einen Eindruck von
seiner großen Zaubergewalt zu geben (III, 1):

> *Les Aſtres ie gouuerne,*
> *Et ſelon qu'il me plaiſt ou qu'il ne me plaiſt pas*
> *Ils courent dans le ciel . . .*
> *. . . Mon ſçauoir me donne vn privilege*
> *De mettre quand' ie veüx les demons en manege:*
> *Ie commande à baguette à tous ces eſprits noirs,*
> *Des eſpaces de l'air ie fais mes promenoirs . . .*

Er weiß, was sie zu ihm führt, und er nennt ihre Namen,
bevor sie noch in der Dunkelheit der Grotte hat sehen
können. Aus Ehrfurcht vor den Dämonen sollen sie ihre
Kleider vor dem Eingang der Höhle niederlegen. Ismin holt
nun allerlei Pflanzen und Kräuter (Stechpalme, Klee, Lorbeer,
Mohn, Salbei und Verbene) herbei und erzielt durch Verbrennen derselben einen starken Rauch, der, wie er sagt, den

---

V, 57 ff.; Mouhy, *Tabl. dram.*, A. 54, P, 127; id., *Abrégé*, I, 254, II,
348; De Léris, *Dict.*, 698; La Vallière, *Bibl.*, II, 439 ff.; Weinberg, *Schäferspiel*, 129 ff.).

Dämonen wohlgefällig ist. Sodann beginnt er seine magische Operation:

> *Puis ie m'en vais former icy deux caractcres*
> *Qui porteront mon fort fur les deux hemifpheres.*
> *Les Efprits diuifez pas les climats des Cieux*
> *Ont leurs effects bornez par les temps et les lieux.*
> *Il faut icy marquer vne figure ronde*
> *Pour les faire venir des quatre coings du monde,*
> *Orient, Occident, Septentrion et Midy,*
> *Tout cecy feroit bien trembler le plus hardy;*
> *Puis eferire des mots fur ce parchemin vierge,*
> *Et tenir allumé dans la main gauche vn cierge.*
> *Berger, arrachez-vous promptement vn cheueu,*
> *Pour acheuer le charme il le faut mettre au feu.*

Bei seinem Hokuspokus vergißt er jedoch nicht, der schönen Charixene eine Schmeichelei zu sagen. Er fordert sie auf, die Augen zu schließen, da deren Glanz die Geister verscheuchen könne:

> *Car penfant voir le Ciel dans voftre beau vifage,*
> *Ils croyent que ce lieu n'eft pas de leur partage:*
> *On n'eft pas fans danger quand ils font irritez,*
> *Et ce n'eft pas icy l'Empire des beautez.*

Sodann gibt der Zauberer Sylvain ein Pergamentblatt zu lesen, und flüstert Charixene zu, in dieser Nacht werde ihr Gatte ihr den Beweis liefern, daß er geheilt sei, nur sei es ihm verboten, zu sprechen, und sie dürfe die Augen nicht öffnen. Er macht dann mit ihrem Blute ein Zeichen auf ihre Kleider an der Stelle des Herzens. Schließlich gibt er beiden ein Getränk, welches die völlige Genesung Sylvains bewirken soll, in Wirklichkeit aber ist es ein Schlaftrunk, und zwar bekommt der Gatte eine stärkere Lösung zu trinken. Auch ohne die Worte, die der Zauberer abseits spricht, läßt sich aus dieser Szene erkennen, welche Rolle Ismin selbst bei Charixene zu spielen gedenkt. Als sie die Höhle verlassen, sind beide höchst erstaunt, an Stelle ihrer Schäferkleider wahre Prunkgewänder zu finden. Ismin schreibt diese Verwandlung seiner Zauberkraft zu:

*Mes enfants, vous voyez comme mes noirs Esprits*
*Vous ont de leur faueurs donné la cognoissance,*
*Dedans ce changement admirez leur puissance.*

Die Ursache war jedoch eine ganz natürliche. Philinte,
die Tochter des Kaisers von Äthiopien, sollte nach dem
Willen ihres Vaters den Prinzen Anaxandre, den sie nicht
liebte, heiraten. Um sich dieser Heirat zu entziehen, hatte
sie mit ihrem Vertrauten Licaste die Flucht ergriffen. Zufällig waren die beiden zu der Höhle des Zauberers gekommen,
und hatten die Gelegenheit wahrgenommen, ihre Gewänder
gegen Hirtenkleidung zu vertauschen. Der Kaiser schickt
nun Soldaten, um die Flüchtigen einzuholen. Diese finden
Sylvain und Charixene in tiefem Schlafe vor der Höhle
liegend, halten sie ihrer Kleider wegen für die Gesuchten, und
bringen sie in dem Glauben, sie seien tot, zu dem Kaiser.
Unterwegs finden die Soldaten Philinte und Licaste und halten
sie ihrer ärmlichen Kleidung wegen für die Mörder der beiden
anderen. Der Kaiser, der nicht genau zusieht, merkt den
Irrtum nicht. Er beklagt den Tod seiner Tochter, und läßt
die angeblichen Mörder ins Gefängnis werfen. Ismin, der
die Soldaten beobachtet hat, versucht, in seiner Rolle als
Zauberer sich neue Lorbeeren zu verdienen. Er stellt sich
am Hofe des Kaisers ein, gibt sich für einen berühmten
Zauberer aus, dem Sonne, Mond und Geister untertan seien,
und erklärt sich bereit, die beiden Toten wieder zu beleben,
wenn der Kaiser ihm dafür die Gefangenen ausliefern wolle.
Der Kaiser stimmt dem Vorschlage bei, und Ismin gibt Sylvain und Charixene einen Trank, der sie wieder zu sich kommen
läßt. Als der Kaiser nun gewahr wird, daß die Totgeglaubte
gar nicht seine Tochter ist, ärgert er sich buchstäblich zu
Tode. Ismin entpuppt sich schließlich als Leon, Prinz von
Armenien, er heiratet Philinte und läßt sich zum Kaiser von
Äthiopien ausrufen. — Die vorgebliche magische Operation
steht hier im Mittelpunkte der ganzen Handlung.

In Guérin de Bouscal's Pastorale *La Doranise*
(1634)[1]) nimmt die Magie eine untergeordnete Stellung ein;

---

[1]) *Tragi-comédie-pastorale en 5 a. en vers.* Paris, Marbre Cramoisy,

sie dient nur zur Ausschmückung der in die Haupthandlung
verflochtenen Episoden. Crysante, ein arabischer Prinz, und
Doranise, eine cyprische Prinzessin, treten auf Befehl eines
Orakels eine Seereise an, erleiden Schiffbruch, werden getrennt und finden sich schließlich wieder. Die Insel Lydien,
auf die Doranise verschlagen wird, ist von Satyren, Wald-
geistern (*sylvains*), Dämonen, Dryaden und Zauberern be-
völkert. Chrysante, der auf der Suche nach seiner Geliebten
ist, fällt in die Hände der Seeräuber, erleidet wiederum
Schiffbruch, kämpft gegen Räuber und wilde Tiere sowie
gegen die Ränke eines Zauberers, und befreit schließlich
Doranise aus den Händen eines Satyrs. Alle diese Episoden
sind wahrscheinlich Reminiszenzen aus dem Amadisroman.

Ein im Jahre 1636 aufgeführtes Ballett, welches betitelt
ist *Ballet des Deux Magiciens* [1]), war leider nicht zugänglich,
auch eine Inhaltsangabe desselben konnte nicht eingesehen
werden.

Eine zauberische Wundheilung spielte in B a s i r e's *Arlette* (1638) [2]) eine Rolle. Der Zauberer Alcandre heilt die
Wunde der Schäferin Arlette, die aus Liebeskummer sich zu
erstechen versucht hatte. Welche Zaubermittel Alcandre zur

---

1634, kl. 8⁰. Eine Ausg. des St. war leider nicht zugänglich; cf. die
ausführliche Inhaltsangabe bei La Vall. II, 457 ff. — G u y o n  G u é r i n
d e  B o u s c a l stammte aus Südfrankreich, er war *Conseiller du Roi* und
*avocat du conseil*. Er starb 1637. Außer dem obigen schrieb er folgende
Stücke: *L'Amant Libéral, Trag.-com. en 5 a. en vers*, 1637, 4⁰; *La
Renommée, Paris, Touss. Quinet*, 1637, 4⁰; *Cleomene, Trag.*, 1640, 4⁰;
*Le Fils desavoué ou Le Jugement de Theodoric, Roi d'Italie, poëme dram.*
1642, 4⁰; *Orondate, ou Les Amans indifcrets, Trag.-com.* Paris, Sommaville, 1645, 4⁰; *Le Prince Retabli, Trag.-com.* Paris, T. Quinet, 1647, 4⁰;
*Le Gouvernement de Sancho Pança, com. en 5 a. en vers*, 1648, 8⁰. Über
Bouscal vgl. man B e a u c h a m p s, *Rech.*, 2, 150; G o u j e t, *Bibl.*, XVI,
300; P a r f a i c t, *Hist.*, V, 234, 326, 471 ff., VI, 21, 90, 139, 148, 209, 315,
VII, 164, XIV, 108 ff.; M o u h y, *Tabl. dram.*, A. 6, P. 6, 39, 52, 101,
191, 208; id., *Abrégé*, I. 72, 96, 144, 199, 324, 349, 391, 429, II, 53 f.,
180 f.; D e  L é r i s, *Dict.*, 590; L a  V a l l i è r e, *Bibl.*, II, 457 ff.

[1]) Gedr. Paris, P. Ballard, 1636, 4⁰; die Ausgabe scheint aber nicht
mehr vorhanden zu sein.

[2]) Cf. oben S. 248 f.

Heilung der Wunde anwendet, erfahren wir nicht, jedenfalls wird aber durch seinen Eingriff die Lösung des Konfliktes wesentlich erleichtert.

Mehrere magische Operationen kommen in der von den „Fünf Autoren" verfaßten Tragikomödie *L'Aveugle de Smyrne* (1638) vor.[1]) Philarque, der Sohn Atlantes, Prinzen von Smyrna, liebt Aristée, die seine Liebe erwidert. Er hat jedoch einen Nebenbuhler, Philiste, und da er seine Geliebte im Verdacht hat, ihn mit Philiste betrogen zu haben, verläßt er sie. Aristée weiht sich dem Dienste Dianas. Inzwischen hat Philarque sein Unrecht bereut und will Aristée veranlassen, dem Dienste der Göttin zu entsagen, um seine Gattin zu werden. Nun widersetzt sich aber der Vater seinen Plänen. Er befragt den Zauberer Amech, der ihm ein Pulver gibt, welches vorübergehend blind macht. Der Zauberer erscheint nicht auf der Bühne, wir erfahren nur aus dem Munde des Vaters seine Unterredung mit ihm. Amech hat ihm erklärt, daß er gegen den Willen des Gottes Amor nicht ankämpfen könne:

*Contre l'effort puiſſant de ce Dieu qui bleſſe,*
*Ie manque de pouuoir, ie connois ma faibleſſe.*

Als Atlante ihn von einem Orakelspruch Dianas in Kenntnis setzte, der dahin lautete, daß sein Sohn das Augenlicht verlieren und ein tugendhaftes aber stummes Mädchen heiraten werde, erklärte Amech sich bereit, zu der Erfüllung dieses Orakels nach seinen Kräften beizutragen:

*Mais (a t'il adiouſté), ſi le priuer de veuë,*
*Peut diuertir l'effet du charme qui le tuë,*
*Ie puis faire en ce point ce que les Dieux ont dit,*
*I'ay des ſecrets cachez, rien ne m'eſt interdit.*

Atlante erklärte sich damit einverstanden, dieses Mittel anzuwenden, da er so seinen Sohn zu zwingen hoffte, Aristées

---

[1]) Cf. ben. Lit. Die „Fünf Autoren" waren P. Corneille, Rotrou, de L'Estoille, Boisrobert und Colletet. Gewöhnlich verfuhren sie so, daß jeder einen Akt schrieb (!). Über *L'Aveugle de Smyrne* cf. La Croix, *XVIIe siècle*, p. 282.

Schwester, die tugendhaft und stumm ist, zu heiraten. Der
Zauberer überreichte ihm darauf das Gewünschte:

> *Il m'eſt allé querir vne certaine Poudre,*
> *Qui doit contre mon Fils agir [fort] promptement,*
> *Elle tient du miracle, ou de l'Enchantement.*[1])

Er wendet in der Tat das Pulver an (die Art der Anwendung bleibt dahingestellt, der Vorgang spielt sich nicht
auf der Bühne ab), und die Wirkung wird durch seine Tochter
Héliane mitgeteilt: Philarque ist erblindet. Die ergreifenden
Klagen des jungen Mannes rühren das Herz des Vaters, der
sich entschließt, ihm das Augenlicht wiederzugeben. Er läßt
aus dem Tempel Dianas geweihtes Wasser holen und wäscht
die Augen seines Sohnes damit, aber vergeblich. Zum Unglück ist der Zauberer, den er um Rat fragen will, verreist.
Bereit, alles zu tun, um seinen Sohn zu retten, verspricht der
Vater ihm Aristée zur Frau. Aristée möchte sich die Augen
ausweinen bei dem traurigen Anblicke ihres Geliebten. Sie
benetzt sein Gesicht mit ihren Tränen. Da geschieht etwas
Wunderbares: Die Tränen der Geliebten geben dem unglücklichen Philarque das Augenlicht wieder; der erste Gegenstand, den er erblickt, ist Aristée. Philarque versteht nun,
daß der Magier wahr gesprochen hat:

> *Mon Pere, que le Mage a dit auec raiſon,*
> *Que i'obtiendrois enfin l'heur de ma gueriſon,*
> *Par la vertu d'vne eau la plus pure du monde!*

Die Heilung durch die Tränen der Geliebten erinnert an
den Aminta (cf. oben S. 82). Die Magie, deren Wirkungen
hier durchaus reale sind, führt zum Höhepunkt der Verwicklung, während sich die recht poetische Lösung ebensowohl
auf den Einfluß des Magiers, wie auf einen Eingriff Dianas
zurückführen läßt.

In **Mairet's** *Roland Furieux* (1638)[2]) ist es nicht, wie
sonst gewöhnlich, ein Zauberer, der eine magische Operation

---

[1]) Hier ist also der Unterschied zwischen Wunder und Magie
richtig gemacht.

[2]) Trag.-com. en 5 a. en vers, vollendet 1636—38, gedr. 1640 (cf.
ben. Lit.).

ausführt, sondern ein Ungeheuer, welches als eine allegorische
Darstellung des Schlafes aufzufassen ist, hält den Helden in
seiner Raserei auf und schläfert ihn durch Zauberkraft ein.
Das Stück ist eine Nachbildung des Orlando Furioso.[1]) Wir
werden bei Besprechung von Quinault's *Roland*, der z. T. auf
das Stück Mairet's zurückgeht, noch auf dasselbe zurückkommen.

Bloß als Vorwand dient die Magie, ähnlich wie im *Negro-*
*mant* de La Taille's und in de Veronneau's *L'Impuissance* in
G i l l e t  d e  l a  T e s s o n n e r i e's Komödie *Francion* (1642)[2]),
deren Stoff den beiden ersten Büchern von Sorel's Roman
*L'Histoire Comique de Francion* (1623) entnommen ist.[3]) Die
Komödie Gillet's bleibt jedoch hinter ihrem Vorbild zurück.
Valentin, ein alter Edelmann, hat eine junge und hübsche
Gattin namens Laurette. In Anbetracht seines vorgerückten
Alters kann er jedoch seine ehelichen Pflichten nicht in der
richtigen Weise erfüllen. Francion, ein junger Edelmann,
der in Laurette verliebt ist, führt sich als Arzt bei dem alten
Gatten ein[4]) und sucht ihm zunächst Vertrauen zu seiner
Kunst einzuflößen (II, 2):

> *Il n'eſt point de ſecret que ie n'aye eſprouué,*
> *Mais pour tirer du fruict de mes facheux voyages,*
> *Je conferay long temps en Perſe auec les Mages,*
> *Dans l'Inde Orientale auec les Braquemans,*
> *Et dans la baſſe Aſie auec les Talismans.*

Er hat bereits den König von Canamor, den Negus, den
Großmogul, die alle an den ungewöhnlichsten Krankheiten
litten, geheilt. Valentin, dem der falsche Arzt wirklich Vertrauen einflößt, gesteht ihm seine Schwäche. Francion erklärt sich sogleich bereit, ihn mittels eines Zaubers zu heilen:

> *Finiſſez voſtre plainte et tariſſez vos larmes*
> *Ie vous aſſiſteray par le pouuoir des charmes.*

---

[1]) Cf. R o t h, l. c., p. 173 ff. u. 252.
[2]) Com. en 5 a. en vers, aufg. 1642, gedr. 1642, 4⁰ (cf. ben. Lit.).
Über Gillet s. oben S. 142 f. u. 196.
[3]) Cf. oben S. 97 u. F o u r n e l, *Le Théâtre au XVII^e s.*, p. 59.
[4]) Ähnlich wie in Machiavelli's *Mandragora*.

Zu der Ausübung des Zaubers ist es aber nötig, daß
Valentin sich in der Nacht ganz allein in den Wald begibt.[1])
Dem Alten gruselt es; er erklärt sich nichtsdestoweniger bereit, den Anweisungen des Arztes zu folgen. Er geht wirklich
nachts in den Wald und redet die Geister, von denen er Hilfe
erwartet, an (1V, 3):

> Demons qui gouvernez la famine et la peste,
> Noires diuinitez de ce sombre seiour
> Où iamais le soleil ne va porter le iour . . .
> Et vous errans Demons, Lutins, Larues . . .
> Vous aussi qui gardez au profond de la terre
> Auec beaucoup de soin les tresors qu'elle enserre,
> Vous qui durant la nuict courez par les Forests
> Ou qu'on trouve cachez en des antres secrets,
> Silenes, Agrippans, Satires, Oreades,
> Bassarides, Siluains, Faunes, Hamadriades,
> Vous qu'on tient enfermez sous des pierres d'anneaux,
> Vous qui calmez l'orage et qui troublez les eaux,
> Amphitrites, Thetes, Protunes, Nereides . . .
> Et vous qui paraissez au trauers d'vn cristal,
> Enfin vous qui hantez dedans les cimetieres,
> Et qui cherchez les morts iusques dedans leurs bieres,
> Autheurs de la Magie, esprits pernicieux . . .[2])
> Guerissez moy bientost de mon infirmité
> Et m'accordez bien tost la libre iouïssance
> De ce bien non pareil que i'ay sous ma puissance.

Francion hat inzwischen Anselm, seinen Helfershelfer, beauftragt, einen Geist zu spielen und dem Alten Furcht einzu-
jagen. Anselm macht einen Höllenlärm, so daß der abergläubische Valentin sich von allen Geistern der Hölle umringt
glaubt:

> . . . ô prodige, ô merueille,
> Vn bruict espouuantable estonne mon oreille,
> Ie crois que cent Démons desliez de leurs fers

---

[1]) Die folgenden Szenen schließen sich eng an S o r e l's *Francion*
(Ed. Delahays, 1858, p. 20 ff.) an.

[2]) Cf. I. Teil, S. 20 ff.

*Sortent à ce moment du milieu des Enfers,*
*. . . Que d'horribles fantofmes,*
*Leur nombre eft bien plus grand que celuy des atomes . . .*

In seiner Halluzination glaubt er sogar, die Gestalten der
einzelnen Dämonen zu unterscheiden, dieser sieht aus wie ein
Mensch, jener mehr wie ein Tier, der eine hat keine Arme,
der andere keinen Kopf[1]), einer geht, ein anderer fliegt usf.
Entsetzt ruft er aus:

*L'air tantoft fi ferain f'obfcurcit et fe trouble,*
*Les cieux deuiennent noirs et font fans mouuement,*
*La .terre toute entiere endure vn tremblement.  .*

In seiner Angst lehnt er sich gegen einen Baum. Anselm
schleicht sich von hinten hinzu und bindet ihn an den Baum
fest, und um den zitternden Alten vollends ins Bockshorn zu
jagen, spricht er mit unheimlicher Stimme:

*Pour auoir eu frayeur et mal vfé de charmes,*
*Nous t'auons condamné de périr en ces lieux,*
*N'atends point de fecours des hommes ny des Dieux.*

Somit läßt er den Unglücklichen stehen. Francion
hat inzwischen die Abwesenheit des Gemahles benutzt, um
Laurette zu sehen. Zufällig aber sind in derselben Nacht
Diebe ins Haus Valentins eingestiegen, die ihn, als er den
Balkon erklettern will, hinabstoßen; er bleibt verletzt liegen.
Valentin hat die ganze Nacht im Walde zugebracht. Sein
Hilfegeschrei lockt ein paar Bauern an, die er zuerst für
Geister hält. Die Bauern lachen ihn aus wegen seiner Verrücktheit und befreien ihn aus seiner traurigen Lage. Nun
wird ihm allmählich klar, welchen Schwindel man mit ihm
getrieben, und er schwört Francion furchtbare Rache. Zuletzt
zieht er aber doch wieder den kürzeren. Francion wird zunächst als Dieb verhaftet, dann aber erzählt er die ganze
Geschichte, verlangt, daß Laurette von ihrem unfähigen Gatten
getrennt werde, und heiratet sie. — Die vorgebliche Magie
steht also hier im Mittelpunkte der Handlung. Das ganze

---

[1]) Daß man sich die Dämonen menschenähnlich, aber mißgestaltet
dachte, haben wir schon erwähnt (of. oben S. 175 f.).

Stück wirkt sehr heiter und kann wohl als eine Satire auf
die Zauberei aufgefaßt werden.

In Montauban's Pastorale *Les Charmes de Félicie*
(1651)[1]) ersinnt die der Zauberei kundige Nymphe Félicie,
die von ihrem Geliebten, Thersandre, getäuscht worden ist,
eine grausame Rache. Sie läßt bald Thersandre, bald dessen
Geliebte Célie leblos erscheinen, um sich jedesmal an dem
Schmerze des anderen zu weiden. Die Hirten und Schäferinnen
der Gegend bitten sie um Gnade für das unglückliche Paar.
Félicie ist aber nicht imstande, den Zauber zu brechen. Diana
löst den Zauber, bestraft die boshafte Nymphe und vereinigt
die Liebenden. — Die Magie ist hier real aufgefaßt, sie dient
zur Schürzung des Knotens, während die Lösung sich durch
göttlichen Eingriff ergibt. Félicie, die sich hier wie eine Furie
benimmt, hat mit der weisen Felicia in Montemayor's *Diana*
wenig gemein. Die Verhexung der beiden Liebenden ist
Mairet's *Silvie* nachgeahmt (cf. oben S. 271 ff.).

Eine Fülle magischer Operationen aller Art finden sich
in Quinault's *Comédie sans Comédie* (1654)[2]), und zwar im

---

[1]) *Les Charmes de Félicie, tirés de la Diane de Montemaior* (Past.
in 5 A. u. V.). Paris, Guill. de Luine, 1654, 12° (Priv. v. 22. Sept. 1653).
Die Ausgabe war leider nicht zugänglich; cf. Parf. VII, 300 ff. Jacques
Pousset, Sieur de Montauban, Ecuyer (gest. 1685) war Advokat
am Pariser Parlament, später Echevin. Er zeichnete sich besonders
durch seine glänzende Beredsamkeit aus. Er war wegen seines Witzes
geschätzt und mit Racine, Despreaux und Chapelle befreundet. Er soll
an den *Plaideurs* mitgearbeitet haben. Außer dem obigen schrieb er
folgende Stücke: *Zenobie, Reine d'Arménie, Trag.; Seleucus, Tr.-Com.-
héroïque; Le Comte d'Hollande, Tr.-com.; Indegonde, Trag.* Diese
4 Stücke sind zusammen mit der obigen Pastorale gedr. *Paris, Guill.
de Luyne*, 1654, 12°. Drei weitere Stücke werden ihm zugeschrieben:
*Pantagruel, Com.* 1654, *Les Aventures de Panurge, com. en 5 a.* 1674,
*Thieste, Trag.* — Über Montauban vgl. man Beauchamps, *Rech.*, 2,
204; Parfaict, *Hist.*, VII, 263 ff., 300 ff., 319, 399 ff., 403, XI, 397;
Mouhy, *Tabl. dram.*, A. 19, P. 48, 96, 119, 127, 176, 210, 241; id., *Abrégé*,
I, 108, 190, 256, 357, 434, 499, II, 263 f.; De Léris. *Dict.*, 639; Marsan,
*La Past. dr.*, 355.

[2]) La Vall. (III, 43) führt das Stück unter dem Jahre 1654 an.
während Parf. (VIII, 129) 1655 angeben. Die erste Ausgabe erschien
1657 (Paris, Guill. de Luyne, 12°). Das Stück ist dem Marquis De La
Mailleraye, Grand Maître de l'Artillerie de France, gewidmet.

5. Akte, welcher *Armide et Renaud* betitelt ist (cf. oben S. 198 f.).
Renaud begegnet dem Schatten Hidraots, den er für einen
Landmann hält, und erkundigt sich bei ihm über die Gegend.
Hidraot erklärt ihm, diese Insel stehe stets dem Fremden
offen, und erbietet sich, ihm die Schönheiten der Landschaft
zu zeigen. Ahnungslos leistet Renaud der Einladung Folge.
Als sein Knappe Agis ihm folgen will, flüstert der Schatten
diesem zu:

> Si tu n'es las de viure
> Qui que tu fois demeure et garde de le fuiure,
> Cette Ifle eft enchantée et par de dures lois
> L'on n'y peut fans danger paffer deux à la fois.

Agis will dessenungeachtet seinem Herrn folgen, aber
als er den Fuß auf die Brücke setzt, bricht sie zusammen.
Entsetzt ruft er aus:

> Ce doit eftre l'effet d'vn magique pouuoir.
> Pluft au Ciel que l'autheur à mes yeux fe fift voir.

Als Hidraot ihm erklärt, daß er der Urheber des Zaubers
sei, bedroht Agis ihn mit seinem Schwerte. Der Schatten
verlacht seine Drohung, da er mit einem Hauche einen Sterblichen vernichten könne. Agis führt einen Hieb nach ihm,
aber der Schatten versinkt in der Erde, und Agis schlägt in
die Luft. — Renaud ist auf der Zauberinsel von Schlaf überwältigt worden. Armide will den Schlafenden töten, da erscheint Amor in der Luft und schießt einen Pfeil auf sie ab.
Sogleich fühlt sie ihr Herz in Liebe zu Renaud erglühen, sie
läßt den Arm, der den Dolch schon erhoben hatte, sinken:

> ... Dieux, quel tremblement foudain
> Me faifit à la fois au cœur et à la main!
> Quel charme plus fort que [tous] mes enchantements
> Souleue contre moy mes propres mouuements!

Einer scherzhaften, wenn auch nicht gerade satirischen
Behandlung der Magie begegnen wir in Lambert's Komödie
*La Magie sans Magie* (1660).[1] Schack führt das Stück auf

---

[1] Siehe d. Verz. der ben. Lit.; Neudruck in Fournel, *Les Contemporains etc.*, I, 167—209. — Von Lambert, dessen Vorname un-

Calderon's Komödie *El encanto sin encanto* zurück.[1]) Außer dem Titel haben aber die beiden Stücke nichts gemein.[2]) Lambert's Komödie ist vielmehr eine Kompilation aus Rotrou's Tragikömödie *Les Deux Pucelles* (1636), aus dem *Fantôme Amoureux* (1659) und dem *Feint Astrologue* (1648).[3]) — Das Stück spielt in einem Landhause, eine Meile von Valencia. Ein alter Edelmann, der in dem Rufe steht, der Zauberei kundig zu sein, weiß diese seine Berühmtheit geschickt auszunützen. Da die vorgebliche Magie den Gegenstand der ganzen Handlung bildet, so wird es sich verlohnen, den Gang der Handlung genau zu verfolgen: Leonor liebt Alphonse, einen castilianischen Ritter, der sie jedoch verläßt, um Elvire, eine berühmte Schönheit aus Madrid, zu heiraten. Leonor sinnt auf Rache. Als Mann gekleidet, sucht sie Elvire zu verführen. Es gelingt ihr sogar, sie unter dem Namen Léonce nach Valencia zu entführen. Alphonse schickt seinen Diener Fernand zu Astolf, einem alten Edelmann aus Valencia, der für einen Zauberer gilt, um durch seinen Beistand die flüchtige Gattin wiederzuerlangen. Wie es die Zauberer zu tun pflegen, sucht Astolf durch Aufzählung aller seiner Künste sich bei Fernand ins Vertrauen zu setzen. Es ist ihm ein leichtes, Augen und Ohren der Menschen zu bezaubern, den

---

bekannt ist, haben wir noch folgende drei Stücke: *Les Ramoneurs, com.*, (in 5 A. u. V.), aufg. 1658, gedr. 1661, 12°; *Le Bien perdu et recouvré, com.* (in 1 A. u. V.), aufg. 1658; *Les Sœurs jalouses, ou L'Echarpe et le bracelet, com.* (in 5 A. u. V.), aufg. 1658 im Hôtel de Bourgogne, gedr. Paris, Ch. de Sercy, 1661, 12° (eine Nachahmung des spanischen Stückes *La Banda y Flor.* cf. Martinenche, l. c., p. 407f.). *La Magie sans Magie* wurde 1660 im Hôtel de Bourgogne aufgeführt. — Über Lambert cf. Beauchamps, *Rech.*, 2, 226; Parfaict, *Hist.*, VIII, 228 ff., 399 ff.; Mouhy, *Tabl. dram.*, A. 45, P. 37, 143, 214; id., *Abrégé*, I, 66, 288. 403, 442, II, 200 ff.; De Léris, *Dict.*, 608; La Vallière, *Bibl.*, III, 56; Fournel, *Les Contemp.*, I, 161 ff.; Breymann, *Calderon-Studien*, I, 117.

[1]) Über *El encanto sin Encanto* cf. Schmidt, *Die Schauspiele etc.*, p. 56 ff.

[2]) Cf. Fournel, *Contemp.*, I, 165; Lambert sagt selbst im Vorworte zu *Les Sœurs jalouses*, während das vorliegende Stück dem Spanischen entnommen sei, habe die *Magie sans Magie* nichts Spanisches an sich als die Namen der Personen und den Ort der Handlung.

[3]) Cf. Martinenche, p. 408.

Mond erblassen zu machen, und die ganze Weltordnung um-
zustürzen. Durch geschickte Fragen erfährt er von dem
Diener, indem er jedoch so tut, als wisse er das alles schon,
daß Frédéric, ein Edelmann aus Castilien, in Elvire verliebt
ist, daß Alphonse sich anfangs mit ihm schlagen wollte, daß
sie aber schließlich beschlossen haben, gemeinsam gegen Elvire
vorzugehen, und daß sie zu diesem Ende auf den Beistand
des Zauberers rechnen. Astolf verspricht, durch Zauberkunst die flüchtige Gattin herbeizuschaffen (A. I). Fernand
teilt seinem Herrn mit, daß Elvire, dank der Zauberkunst
Astolfs, anwesend sei. Alphonse will es nicht glauben, da
tritt Elvire ein. Die beiden Gatten sowie der Liebhaber
überhäufen sich gegenseitig mit Vorwürfen. Alphonse schwört
den Verführer zu bestrafen. Da erscheint Léonce. Alphonse
will sich auf ihn stürzen, aber die Ähnlichkeit des jungen
Mannes mit seiner früheren Geliebten hält ihn zurück. Nichtsdestoweniger ist Leonor entschlossen, ihn zu töten. Das Auftreten Astolfs verhindert den Zweikampf (A. II).

Um einen neuen Beweis seiner Kunst zu erbringen, verspricht Astolf dem Diener Fernand, er werde seine Geliebte
Julie herbeizaubern, unter der Bedingung jedoch, daß er die
Augen schließe (!). Fernand, der vor allem, was mit der
Zauberei zusammenhängt, große Furcht hat, glaubt gehörnte
Geister zu sehen. Zudem versichert Astolf ihm, er sehe ganz
deutlich eine Schar Dämonen, die Julie durch die Luft herbei-
trügen. Nun gibt er Julie, die natürlich schon von vornherein anwesend war, ein Zeichen, näher zu kommen. Er
gebietet mit unheimlicher Stimme den Geistern, sich zurückzuziehen, und erlaubt dann Fernand, die Augen zu öffnen.
Trotz der beglückenden Gegenwart seiner Geliebten wagt der
abergläubische Diener nicht, sie zu umarmen, nachdem sie
eine so unheimliche Fahrt durch die Lüfte gemacht hat. Er
faßt erst wieder Mut, als er seinen Herrn eintreten sieht.
Aber jetzt zieht Julie sich zurück, unter dem Vorwande, daß
die Kraft des Zaubers sie unwiderstehlich fortreiße. Fernand
erzählt seinem Herrn, daß der Zauberer ihm soeben Julie,
die weit entfernt war, herbeigezaubert habe. Alphonse
schüttelt jedoch ungläubig den Kopf, er vermutet vielmehr,

daß Astolf den beiden sowie Léonor zu einem Betruge die
Hand geliehen habe. Inzwischen hat Frédéric die als Ritter
gekleidete Léonor zum Zweikampf herausgefordert. Alphonse
vermutet, daß Astolf auch hieran schuld sei (A. III). Da
Elvire wegen des Ausganges des Zweikampfes in Unruhe ist,
verspricht Astolf ihr seinen zauberhaften Beistand. Er macht
ihr weiß, daß er Alphonse so sehr den Kopf verwirrt habe,
daß dieser in dem Ritter Léonce seine frühere Geliebte Léonor
zu sehen glaube. Er wolle auch Frédéric so verwirren, daß
er in seinem Gegner ein junges Mädchen zu sehen meinen
werde. Als Alphonse nun überzeugt ist, daß Léonce niemand
anders ist als Léonor, schreibt Elvire diesen Umstand einer
durch den Zauberer verursachten Sinnesverwirrung zu. Alphonse bereut seine Treulosigkeit und wirft sich Léonor zu
Füßen. Elvire gegenüber bleibt diese jedoch bei ihrer Versicherung, männlichen Geschlechts zu sein. Aber auch Frédéric hat das wahre Geschlecht Léonors erkannt und sich in
sie verliebt. Fernand, der zwar noch an die übernatürliche
Macht Astolfs glaubt, beginnt nun doch, einen Betrug zu vermuten. Astolf bringt ihn jedoch zum Schweigen, indem er
ihn einfach für verrückt erklärt. Sein Herr bedroht ihn, er
werde ihn töten, wenn er ihm nicht die volle Wahrheit sage
(A. IV).

Fernand, dem es bange wird, beschwört Astolf, ihn in
die Zauberkunst einzuweihen, denn sie allein könne ihn vor
dem Grolle seines Herrn retten. Astolf schickt ihn fort mit
der tröstlichen Prophezeiung, er werde gehängt werden. Da
tritt Julie für ihren Geliebten ein, sie setzt Alphonse von
der ganzen Intrige, die Astolf gegen ihn eingefädelt hat, in
Kenntnis. Léonor sieht sich genötigt, ebenfalls ihre Finte
einzugestehen. Obwohl Alphonse sie um Verzeihung bittet,
zeigt sie sich unversöhnlich. Auch Leonorens Vater ist über
das Mißlingen ihres Racheplanes ungehalten und droht, Alphonse im Zweikampfe zu töten. Jetzt endlich läßt Léonor
sich erweichen und erklärt sich bereit, ihren treulosen Liebhaber zu heiraten. Elvire ist zunächst grausam enttäuscht,
willigt aber schließlich in eine Heirat mit Frédéric ein. Astolf
gibt nun zu, daß es mit seiner vermeintlichen Zauberkunst

nicht weit her war, trotz der durch seine Mitwirkung zustande gekommenen, überraschenden Ereignisse. Damit alle Welt zufrieden sei, bekommt der ängstliche und abergläubische Fernand Julie zur Frau (A. V).

Die Rolle der allerdings nur in der Einbildung einiger Personen bestehenden Magie ist wichtig für den Aufbau der Handlung. Sie trägt wesentlich zur Verwicklung bei, die sich sofort klärt, sobald die angebliche Zauberkunst Astolfs als nichtig erkannt wird. Da jedoch der vermeintliche Zauberer zum Schlusse weder als lächerlich, noch als boshaft oder verbrecherisch hingestellt wird, so kann man nicht von einer satirischen, sondern lediglich von einer scherzhaften Behandlung der Magie reden. Andernfalls würde der Verfasser auch nicht einen Edelmann, sondern einen Angehörigen einer wenig angesehenen Volksklasse zum Vertreter der angeblichen Zauberkunst gewählt haben.

Das Stück scheint viel Erfolg gehabt zu haben, denn Lambert sagt in dem Vorwort seiner *Sœurs Jalouses*, er sei, nachdem er das Stück habe aufführen lassen, von vielen Seiten gebeten worden, es dem Druck zu übergeben.[1]

In Boyer's Tragödie *Le Mage Oropaste ou Le Faux Tanaxare* (1662) finden sich eine Reihe von unwahrscheinlichen Abenteuern nach Art der spanischen Ritterromane, Verwechslungen, Erkennungsszenen, geheimnisvolle Orakel und zauberhafte Heilungen.[2]

Eine Anzahl magischer Operationen, die jedoch nicht ernst zu nehmen sind, sondern lediglich zur Ausschmückung des Stückes dienen, finden sich in Molière's allegorischem Festspiel *Les Plaisirs de l'Isle Enchantée* (1664).[3] Die Veranlassung, der dieses Festspiel sein Entstehen verdankt, erklärt der Verfasser im Vorwort. Der König wollte ein ganz besonders glänzendes Hoffest geben und wählte Versailles als Schauplatz. «*C'eft vn chafteau qu'on peut nommer vn palais enchanté, tant les adiuftemens de l'art ont bien fecondé les foins que*

---

[1] Cf. Parf. VII, 228 ff.

[2] Da eine Ausgabe des Stückes nicht zugänglich war, muß von einer genaueren Besprechung Abstand genommen werden.

[3] Cf. oben S. 199.

*la nature a pris pour le rendre parfait. Il charme en toutes*
*manières, tout y rit dehors et dedans, l'or et le marbre y difputent de*
*beauté et d'efclat . . .»* Die Herren des Hofes spielten selbst
mit.[1] In der ersten *Journée* treten Apollo, das eherne, silberne,
goldene und eiserne Zeitalter, Pan, Diana und ein Chor von
Schnittern und Winzern auf. In der II. *Journée* treten Roger,
seine Ritter und eine Zauberin auf, die jedoch keine große
Rolle spielt. Die III. *Journée* bringt ein Tanzspiel, das betitelt
ist *Ballet du Palais d'Alcine*. Den Schauplatz bildet eine von
Nymphen bewohnte Zauberinsel. Zunächst erscheinen 4 Riesen
und 4 Zwerge. Es folgen 8 Fackeln tragende Mauren, die
Alcina zu Wächtern ihres Zauberschlosses bestellt hat. Die
von Alcina in ihrem Zauberpalaste gefangen gehaltenen Ritter
versuchen zu entweichen, werden aber von Ungeheuern angegriffen und unterliegen im Kampfe mit ihnen. Alcina ruft
ihre Geister zu Hilfe (cf. oben S. 199). Plötzlich erscheint
im Gefolge Rogers Melisse in der Gestalt des Atlas. Obgleich Alcina sie daran zu hindern sucht, gelingt es ihr, einen
Zauberring, der den Zauber Alcinas zerstören soll, an den
Finger Rogers zu stecken. Unter Donner und Blitz fällt das
Zauberschloß in Trümmer, und ein prächtiges Feuerwerk
stellt die Zerstörung des Schlosses durch die Flammen dar.
Die Handlung des *Ballet du Palais d'Alcine* ist der Alcina-
episode des *Orlando Furioso* [2] entnommen.

In einer Farce, welche betitelt ist *Les Forces de l'Amour*
*et de la Magie* (1678), treten Dämonen auf sowie ein Zauberer,
der den Namen Zoroastre trägt. Es werden mehrere Zauberkünste vorgeführt, die man jedoch als Taschenspielerkunst-
stücke bezeichnen kann. Die Magie ist hier keineswegs ernst
zu nehmen.[3]

Eine Fülle magischer Operationen findet sich in L o u -
v a r e t' s Tragödie *Urgande* (1679).[4] Licormas will Urganda,

---

[1] Die Aufführungen dauerten vom 5. bis 14. Mai. Der König be-
wirtete in dieser Zeit über 600 Personen.

[2] C. VI, st. 23 bis C. VII, st. 220 (cf. R o t h, p. 220).

[3] Cf. die Inhaltsangabe dieser Farce bei A l b e r t, *Les Théâtres*
*de la Foire*, p. 7 ff.

[4] S. oben S. 157 u. 216.

der er untreu geworden ist, entschlüpfen, doch sie hält ihn
durch Zauberkunst zurück (I, 4): Eine Säule steigt aus der
Erde empor und hebt ihn 20 Fuß hoch in die Luft. Eine
Grotte tut sich auf, aus der ein Tisch hervorkommt. Dieser
wieder entsendet eine Unzahl kleiner Tiere, sowie einen
schwarzen Rauch, der alles in Finsternis hüllt. Licormas
springt kühn von der hohen Säule herab, Urganda stürzt sich
auf ihn, um ihn zu erstechen, aber eine Wolke entzieht ihn
ihren Augen. Darauf verwandelt sie ein paar Weiber in
Geister, die Licormas einfangen sollen. Urganda, die ihren
untreuen Geliebten eingeholt hat, versetzt ihn plötzlich in das
Hungerschloß (*Palais de la Famine* II, 3). Der Schauplatz
füllt sich mit allerlei Ungeheuern an. Die Göttin des Hungers
sitzt auf ihrem Throne, sich selbst zerfleischend. Ihr Gefolge
besteht aus Menschen, die mit Blut überströmt sind, die einen
haben keine Arme, die anderen keine Beine. Licormas wird
vom Schlafe überwältigt, die Ausgehungerten wollen sich auf
ihn stürzen, aber Urganda vertreibt sie, und die Szene
wechselt. Die Zauberin beschreibt mit dem Zauberstabe
eines Kreis um den schlafenden Licormas, und sogleich wachsen
allenthalben kleine Lorbeerbäume aus dem Boden, die den
Schlafenden veranlassen sollen, seine Gedanken zu offenbaren,
und die über das künftige Geschick desselben Auskunft geben
sollen. Die Wirkung zeigt sich sofort. Licormas spricht im
Traume und erklärt, daß er Iris liebe. Wütend versetzt Urganda ihm einen Dolchstich und verwandelt ihn darauf in
einen Felsen. Nach einigen weiteren mythologischen und allegorischen Begebenheiten ergibt sich die Lösung auf natürliche
Weise, was dafür spricht, daß der Verfasser die Magie nicht
ernst nimmt, sondern sie lediglich als dichterisches Element
in sein Stück verflochten hat.

Im Prolog zu Quinault's Oper *Amadis de Gaule* (1684) [1]
erweckt ein Donnerschlag die Magier Alguif und Urgand aus
dem Schlafe, in den ein Zauber sie versetzt hat. Beim Erwachen rufen sie aus:

---

[1] In 5 Akten, Musik von Lulli; cf. Klingler, *Die Comédie-
Italienne*, p. 182.

> *Ah! j'entends un bruit qui nous presse*
> *De nous rassembler tous:*
> *Le charme cesse*
> *Eveillons nous.*

In Quinault's Oper *Roland* (1685)[1]) haben wir eine
Verquickung von Zauberei und klassischer Mythologie. Angélique kommt zu den in der Tiefe des Waldes verborgenen
Zauberquellen der Liebe und des Hasses.[2]) Sie zögert, aus
welcher sie trinken soll (II, 1):

> *C'est la Fontaine de la haine*
> *Que je veux chercher en ce jour; ...*
> *Non, je ne cherche plus la Fontaine terrible*
> *Qui fait d'un tendre amour une haine inflexible:*
> *C'est un secours cruel, je n'y puis recourir.*
> *Je haïrois Medor! non, il n'est pas possible ...*

Da gewahrt sie Roland, der auf sie zukommt. Um sich
seinem unwillkommenen Anblick zu entziehen, greift sie zu
ihrem Zauberringe:

> *Cet anneau quand je veux, me peut rendre invisible.*

Sie steckt den Ring in den Mund, und bleibt in der Tat
vor Rolands Augen unsichtbar. Es folgt eine Liebesszene
zwischen Angelique und Medor, begleitet von den Chören der
verzauberten Liebespaare. Der V. Akt spielt sich im Zauber-
schlosse der gütigen Fee Logistilla ab. Astolf wendet sich
an die Zauberin mit der Bitte, seinem unglücklichen Freunde
Roland zu helfen (V, 1):

> *Ast.* *Sage et divine Fée à qui tout est possible,*
> *Vous dont le généreux secours*
> *Pour les Infortunez se declare tousjours,*
> *Au malheur de Roland ferez vous insensible?*

Logistilla hat ihn in einen erquickenden Schlaf fallen
lassen:

---

[1]) Cf. oben S. 159 ff. u. 200 f.; das Stück ist eine Nachbildung des
*Orlando Furioso* (cf. Roth, p. 180 ff.).

[2]) Über die Zauberquellen Amors cf. oben S. 81, 85, 225 f. u. 231.

*Log.*   *Vos juftes vœux font prevenus;*
*Déja par des chemins aux mortels inconnus*
*I'ay fait paffer Roland dans cét heureux Axile.*
  *Le charme d'un fommeil tranquille*
  *Sufpend le mal de ce Heros:*
    *Mais il eft difficile*
  *De luy rendre un parfait repos.*

Astolf vertraut darauf, daß es ihrer Zauberkunst gelingen wird, den Helden zu heilen. Logistilla beeilt sich, die hohe Meinung, die er von ihr hat, noch zu verbessern:

*Ie puis des Elements interrompre la guerre,*
  *Ma voix fait trembler les Enfers.*
  *I'impofe filence au Tonnerre,*
  *Et j'efteins le feu des Efclairs.*
  *Mais je calme avec moins de peine*
  *Les Vents efchappez de leur chaîne,*
*Et j'appaife pluftoft l'Ocean irrité,*
  *Qu'un cœur par l'Amour irrité,*

*Ast.* *I'attens tout pour Roland de vos foins falutaires.*
*Log.*  *Nos efforts vont fe redoubler:*
*Allez, efloignez-vous de fnos ecrets Myfteres,*
  *Vos regards pourroient les troubler.*

Logistilla wendet nun ihre Zauberkunst an, um Roland zu heilen (**V, 2**):

*Par le fecours d'une douce harmonie*
  *Calmons ce grand cœur pour jamais.*
  *Rendons-luy fa premiere paix,*
*Puiffe-t'elle chaffer l'amour qui la bannie.*
  *Heureux qui fe deffend toufjours*
  *Du charme fatal des Amours.*

Die Feen tanzen um den schlafenden Roland und führen allerlei geheimnisvolle Zeremonien aus, während **Logistilla** spricht:

*Rendez à ce Heros voftre clarté celefte,*
  *Diuine Raifon reuenez.*
*Qu'un cœur eft malheureux quand vous l'abandonnez*
  *Dans un égarement funefte.*

Es gelingt Logistilla schließlich mit Hilfe der Schatten der verstorbenen Helden (cf. oben S. 200) Roland zu heilen. — Die Zauberkunst der Fee Logistilla, die eine reale Wirkung zeitigt, führt die Lösung des Konfliktes herbei.

Eine Nachahmung der Episode vom Zauberbecher aus dem *Orlando Furioso* [1]) haben wir in der einaktigen Prosakomödie *La Coupe Enchantée* (1688) von Lafontaine und Champmeslé.[2]) Der Bauer Thibaud ist von seiner Gattin verlassen worden, und klagt Josselin, dem Erzieher des jungen Lelio, sein Leid. Dieser erzählt ihm, daß Anselm, Lelios Vater, von einem Araber einen Becher bekommen habe, mittels dessen jeder Ehemann die Treue seiner Gattin prüfen könne. Wenn er aus dem Becher trinken will und dabei verschüttet, so ist ihm seine Frau untreu (sc. 6):

*Quand elle est pleine de vin, si la femme de celui qui y boit lui est fidelle, il n'en perd pas une goutte, mais si elle est infidelle, tout le vin répand à terre.*

Anselm hatte selber daraus getrunken und nichts verschüttet. Nicht zufrieden mit diesem Beweise, wollte er seine Gattin persönlich auf die Probe stellen. Er schrieb ihr unter einem falschen Namen einen Liebesbrief, in dem er sie gleich zu einem Rendezvous einlud; sie folgte der Aufforderung, was eine heftige Szene zwischen beiden Gatten zur Folge hatte. Ein paar Tage später wollte er wieder aus dem Zauberbecher

---

[1]) C. 43, st. 1—70; cf. Roth, l. c., p. 234 ff.

[2]) Cf. ben. Lit. Cf. die Fabeln La Fontaine's *L'Astrologue qui se laisse tomber dans un puits*, *L'Horoscope*, *Les Devineresses*, *Le Charlatan*, in denen von Magie die Rede ist. — *La Coupe Enchantée* wurde am 16. Juli 1688 aufgeführt. Das Stück wurde in die Werke Champmeslé's (Charles Chevillet de Champmeslé, bekannter Schauspieler der Troupe Royale, 1642—1701, der auch eine Reihe von Stücken verfaßt hat) aufgenommen. Über Champmeslé cf. Beauchamps, *Rech.*, 2, 255 f.; Goujet, *Bibl.*, II, 526; Parfaict, *Hist.*, XI, 145, 157, 233, XII, 309 ff., 318, 439, XIII, 284 f.; Mouhy, *Tabl. dram.*, A. 38, P. 113, 117, 124, 176, 206, 236; id., *Abrégé*, I, 201 f., 210, 225, 238, 249, 358, 424, 489, II, 75 f. — Die Komödie *La Coupe Enchantée* erlebte 23 Aufführungen, von denen die letzte am 1. Sept. 1689 stattfand. Nach Parfaict und Mouhy wäre das Stück eine Kompilation der erwähnten Episode aus Ariost und der Novelle *Les Oies de Frere Philippe* von Boccaccio. — Über weitere Bearbeitungen desselben Stoffes cf. Roth, p. 239.

trinken, aber er verschüttete den Inhalt. Er hatte die Treue
seiner Gattin verscherzt, tröstete sich aber in dem Gedanken,
daß es vielen anderen gerade so gehe. Den Zauberbecher
stelle er seitdem jedermann gerne zur Verfügung. · Thibaud
zögert jedoch den Versuch zu machen, rät aber Tobie und
seinem Schwager Griffon, welche beide ihrer Gattinnen nicht
recht sicher zu sein glauben, den Versuch zu wagen. Der
Becher wird geholt, und Tobie trinkt zuerst daraus: er verschüttet. Trotz des Gelächters der Anwesenden wagt jetzt
Griffon ebenfalls den Versuch, aber auch er verschüttet. Er
sucht sich zu entschuldigen: *Boüais, c'est que je ne la tiens pas
droite.* Als er es aber zum zweiten Male versucht, verschüttet
er wieder, was er einem Zittern seiner Hand zuschreibt.
Mutig setzt er den Becher zum dritten Male an, aber nun
verschüttet er alles. Nach diesen entmutigenden Versuchen
erklärt Thibaud, er wolle lieber in Ungewißheit bleiben:

*Je n'ai morgué pas voulu boire dans la Coupe, elle eût peut-
être dit quelque chose qui m'auroit chagriné.*

Perette, seine Frau, versichert ihm, der Becher würde
nicht verschüttet haben, zum Dank für das in sie gesetzte
Vertrauen aber will sie ihn nun desto mehr lieben. Als Anselm schließlich seine Einwilligung zu der Heirat seines Sohnes
Lelio mit Lucinde, der Tochter des Tobie, gibt, erklärt er
bei dieser Gelegenheit, er werde den Zauberbecher, der
schon so manchen Ehemann unglücklich gemacht, zerbrechen.
Josselin bemerkt scherzhaft:

*Quelqu'un veut-il faire essai de la Coupe? qu'il se dépêche:
mais franchement, je ne conseille à personne d'y boire; et l'exemple
du paysan est, sur ma foi, le meilleur à suivre.*

Eine Anwendung der Wünschelrute (*baguette divinatoire*)[1],
mit der in jener Zeit Jacques Aymar, ein Bauer aus Lyon,
großes Aufsehen erregte[2], findet sich in einem Stücke aus
dem Repertoir der Comédie Italienne, von Regnard und
Dufresny, welches betitelt ist *La Baguette de Vulcain* (1693).[3]

---

[1] Cf. oben S. 13 f.
[2] Cf. oben S. 14.
[3] Comédie en 1 acte en vers (Œuvres compl., 1854, II, 634—658.
Nr. 33 des Repertoirs von Gherardi). Das Stück wurde am 10. Januar

Arlequin führt seine ihm von Vulcan geschenkte *baguette divinatoire* vor. Mit ihr befreit er Bradamante und ihr Gefolge
von dem Zauber, welcher sie in einen 200jährigen Schlaf
versenkt hat.

In einem weiteren Stücke der Comédie Italienne (N. 55
des Rep. v. Gherardi), von Dufresny und Barrante[1]),
welches betitelt ist *Les Fées, ou Contes de ma mère l'Oie* (1697)
kommen eine Anzahl magischer Operationen vor.[2]) Die
Prinzessin Isménie, die den Prinzen Octave liebt, ist von
Menschenfressern geraubt worden. Der Diener Pierrot, der
sie zu retten versucht, wird von der Fee Colombine in einen
Felsen verwandelt. Es tritt auch ein *Ogre* auf, der ein Mädchen
namens Isménie aufzufressen droht, wenn sie ihn nicht heirate.
Durch Zaubermacht wird sie von ihm befreit. Zum Schluß
erhalten Pierrot sowie ein anderer Verwandelter ihre ursprüngliche Gestalt wieder.

### 5. Alchimie und Quacksalberei.

Von all den geheimnisvollen Operationen, die wir mit
dem Gesamtnamen Magie bezeichnen, ist es die Alchimie, die
sich am wenigsten in den französischen Dramen des 16. und
17. Jahrhunderts widerspiegelt.[3]) Der Grund hierfür ist wohl
in dem Umstande zu suchen, daß diese Geheimwissenschaft
ausschließlich in Kreisen gewisser Gelehrter gepflegt wurde
und wenig populär war. Die Quacksalberei dagegen, die wir
mit Rücksicht darauf, daß sie z. T. auch auf chemischen
Kenntnissen beruht, mit der Alchimie zusammen behandeln
können, findet, da sie mehr in das Leben des Volkes ein-

---

1693 mit großem Erfolge aufgeführt; cf. Klingler, *Die Comédie-Italienne*, p. 38. — Über Regnard und Dufresny s. oben S. 160 f.

[1]) Über Barrante cf. oben S. 161 Anm.

[2]) Klingler (*Die Com.-Ital.*, p. 48) scheint das Vorkommen der
Zauberei im Theater bloß auf die im Jahre 1697 erschienenen Märchen
von Perrault zurückzuführen (!).

[3]) Mehr als für das Drama hat die Alchimie für den Roman Stoff
abgegeben. Vgl. darüber Al. Dumas, *Mémoires d'un Médecin*, Paris,
1848; Georges Sand, *La Comtesse de Rudolstadt*, Paris, 1843—45,
4 vol. Über deutsche Romane, in denen die Alchimie behandelt wurde,
cf. Kopp, *Die Alchimie etc.*, II, 246 ff.

greift, häufiger im französischen Theater dieser Periode einen Widerhall.

Eine Anspielung auf die Alchimie findet sich in Jean de La Taille's Komödie *Les Corrivaux* (1573).[1]) In der 4. Szene des I. Aktes heißt es da:

*Ainsi par tous les Diables, fault il faire, non point s'amuser, comme les amoureux de Quaresme, à faire l'Alquemie en amour et tirer la quinte-essence, et qui se trouuent tousjours apres auoir bien fantastiqué, les mains pleines de vent.*

In Larivey's Komödie *Le Fidelle* (1611)[2]) haben wir ein Beispiel von Quacksalberei. Beatrice fragt die Zauberin Meduse nach einem Rezept zur Herstellung von Schminke. Meduse gibt ihr bereitwillig Auskunft (II, 3):

*Il faut prendre de l'eau de Trementine, de l'huile de mirthe reclifiée et repurgée, la fleur de blaque bouilluë auec glaire d'œuf, et mettre toutes ces chofes en vn boyau de mouton ou de veau. Apres faut prendre du laict vierge, du sublimé deftrempé auec allun de roche, de l'eau fallée, fans vitriol, toutes ces chofes purgées et rectifiées à la Napolitaine, retirent les peaux de la face et l'empefchent de crefpcr ou ridder, et ne nuifent aucunement au voille qu'on met fur les efpaulles, apres meflez vn peu d'allun de plume, et elle fait la chaire blanche, vermeille et claire, la conferue delicate, nette et ieune, ne gafte point les dents, et ne fait puyr l'haleine, comme fait l'eau de talque calcinée, l'enforbe, et l'eau de columbin blanc, dont on vfoit iadis.*

Außerdem verspricht sie ihr ein Mittel, nach dessen viermaligem Gebrauch die Haare silberweiß werden. Sie wird nun redselig und erzählt Beatrice, wie sie es anfange, um sich bei den Leuten beliebt zu machen, durch Anpreisen von Heil- und Schönheitsmitteln und ähnlichem. Da sie besonders in Liebesangelegenheiten eine große Erfahrung besitzt, gibt sie dem Mädchen allerlei Ratschläge, so daß schließlich Beatrice den Wunsch äußert, sie möchte wohl in diese Kunst ein-

---

[1]) Cf. Roemer, l. c., p. 36. — Über Jean de la Taille cf. oben S. 254 f.

[2]) Cf. oben S. 173 f. u. 228 ff.

geweiht werden, wenn sie nicht glaubte, sich dessen schämen zu müssen.

In der oben besprochenen Komödie *Francion* (1642) von Gillet de la Tessonnerie (cf. oben S. 290 ff.) kramt der angebliche Zauberer und Wunderdoktor allerlei Quacksalber-mittel aus (II, 2), schweißtreibende Mittel, Rezepte zur Heilung von Brandwunden, zur Entfernung von Sommersprossen und ähnliches mehr.

Nur kurz erwähnt wird die Alchimie in Th. Corneille's *Le Feint Astrologue* (1648).[1]) In seiner Aufzählung der ver-schiedenen Gattungen von Teufeln sagt Philippin unter an-derem:

*Il en est . . . de souffleurs d'Alchimie . . .*

In. der an allen Arten von Hokuspokus so reichen Komödie *La Devineresse* (1679)[2]) verabreicht Madame Jobin einer Dame auf deren Wunsch ein sicher wirkendes Schön-heitsmittel, das den Mund kleiner, die Augen größer mache und der Nase das richtige Ebenmaß gebe (III, 9).

Während in den obigen Stücken die Alchimie nur nebenbei erwähnt wird, haben wir in der Komödie *La Pierre Philosophale* (1681)[3]) von Thomas Corneille und De Visé, eine Satire auf die Bestrebungen der Alchimisten, Rosen-kreuzer und Kabbalisten (cf. I. Teil S. 40 ff.).[4])

Ein braver Bürger namens Maugis, der die Geschichte der Rosenkreuzer gelesen hat, von ihren Theorien durch-drungen ist und selbst in der Folge diesem Geheimbunde beitritt, sucht allen Ernstes nach dem Stein der Weisen, der

---

[1]) Cf. oben S. 136 ff., 197, 219 f.

[2]) Cf. oben S. 107 ff.

[3]) Da das Stück wenig Erfolg hatte (es erlebte nur zwei Auf-führungen), ließen die Verfasser es nicht im Druck erscheinen, sondern Th. Corneille veröffentlichte nur eine Inhaltsangabe desselben, die auch bei Parfaict, XII, 225—263 abgedruckt ist. Über das Stück cf. Langheim, *De Visé etc.*, 78 ff. und Reynier, *Thom. Corneille etc.*, 63 u. 289 ff.

[4]) Wenigstens war dies die Absicht der Verfasser. Die satirische Tendenz ist jedoch schlecht durchgeführt. denn der Held des Stückes ist am Schlusse von seinen Torheiten noch nicht ganz geheilt, so daß die Zuschauer sich in ihren Erwartungen getäuscht sahen.

das berühmte Lebenselixir und zugleich die Vorstufe zur Herstellung. künstlichen Goldes darstellt. Bei den kostspieligen chemischen Versuchen vergeudet er sein Vermögen. Madame Raymond, welche die gleichen Überzeugungen hegt und von dem gleichen Streben beseelt ist, hat sich in seinem Hause einlogiert, um ihm bei seinen Arbeiten, die natürlich streng geheim gehalten werden, zu helfen. Obgleich er schon alt ist, will Maugis Angélique, die Tochter Madame Raymonds, heiraten, denn er vertraut auf den Stein der Weisen, der in seiner Eigenschaft als Universalmedizin die Kraft besitzt, ihn zu verjüngen. Es läßt sich denken, daß Angélique von der Aussicht einer Heirat mit dem alten Herrn nicht sehr erbaut ist. Mr. Maugis hat eine Tochter, Marianne, die er mit einem vornehmen Chevalier verheiraten will. Der Chevalier liebt jedoch Angélique, bei der er auch Gegenliebe findet, Marianne besitzt in dem deutschen Grafen Gabalis einen heimlichen Verehrer, während sie ihr Herz einem gewissen Marquis geschenkt hat und von ihm wiedergeliebt wird. Der Marquis sucht Maugis von dem drohenden Ruin zu retten. Unterstützt von Gabalis, der mit den Geheimwissenschaften vertraut ist, redet er dem leichtgläubigen Maugis ein, daß die Kabbala etwas viel Großartigeres sei als die Alchimie, und verspricht, ihn in diese Geheimwissenschaft einzuweihen. Um ihn zu überzeugen, werden ihm mit Hilfe von Maschinen allerlei Wunderdinge gezeigt, und er willigt sogar ein, eine *Gnomide* zu heiraten. Zuletzt werden ihm in einem alten Schlosse allerlei furchtbare Geistererscheinungen vorgeführt, die ihn so in Schrecken setzen, daß er verspricht, für immer der Magie zu entsagen. Diese Intrige ist ebenso unwahrscheinlich, wie die aller Feerien und Opern. Der Wert der Komödie liegt lediglich in ihrer satirischen Tendenz.

Zu Beginn des Stückes betritt Maugis sein Laboratorium, *chambre fort propre, toute boisée avec des panneaux.* Alles ist hier so angeordnet, daß niemand in diesem Raume ein Laboratorium vermuten würde. *«Les volets de la cheminée se retirent et laissent voir un grand fourneau qui roule jusqu'au milieu de la chambre. La table et les meubles deviennent fourneaux, et tous les panneaux disparaissent, en sorte que l'on ne voit que*

*des creusets en un lieu où, un moment auparavant, on voyait
toute autre chose. M. Maugis se met au travail avec une grande
robe et un masque aux yeux de verre: il visite tous ces fourneaux
et dit en termes de l'art l'état où ils sont. Il croit voir vers le
plus avancé tous les signes qui doivent paraître, quand le grand
œuvre* (die Herstellung des Steins der Weisen) *est pres d'être
acheré: il saute de joie, quand tout à coup le fourneau crève avec
un grand fracas.»* Auf den Lärm des explodierenden Schmelz-
ofens hin eilt der Chevalier herbei. Als er die Ursache des
Knalles erfährt, meint er, an einem Ofen sei ja nicht viel
gelegen, und wenn Maugis ihm das gewähren wolle, was
er leidenschaftlich begehre, so würden er sowohl wie seine
Kollegin des Steins der Weisen nicht mehr bedürfen, um reich
und glücklich zu werden. Er verkündet ihnen sodann den
Besuch des Grafen Gabalis, der Mitglied des Geheimbundes
der Rosenkreuzer sei, und als solcher durch eine geheimnisvolle Offenbarung von den Verdiensten des Herrn Maugis in
Kenntnis gesetzt worden sei und nun seine Bekanntschaft zu
machen wünsche (A. I).

Der Graf ist in eine Nichte des Chevaliers verliebt, der
ihm versprochen hat, eine Heirat zwischen ihnen zu ermöglichen.
Als Gegenleistung will der Graf ihm zur Heirat mit Marianne
verhelfen. Zur Erreichung ihrer beiderseitigen Ziele wollen
sie folgende List gebrauchen: Der Graf wird Maugis zu überreden suchen, in das Institut der Kabbala einzutreten, unter
der Bedingung jedoch, daß er auf seine Heirat mit Angélique
verzichte. Er ist gewiß, daß Maugis, der auf die Kabbala
schwört, darauf eingehen wird. Den Chevalier dagegen, der
keineswegs gesonnen ist, auf Angélique zu verzichten, wird er
für unwürdig erklären, dieser Gesellschaft beizutreten, so daß
seiner Heirat mit Angélique nichts mehr im Wege stehen
werde. Sobald Maugis Kabbalist geworden ist, wird er unzweifelhaft darauf verzichten, seine Tochter mit dem Chevalier,
der nicht Kabbalist ist, zu verheiraten. Inzwischen hat Mme
Raymond sich von einem Schwindler ein Fläschchen auf-
schwätzen lassen, das angeblich ägyptischen Tau enthält, ohne
den man den Stein der Weisen nicht finden könne. Der
Graf tritt bei Mr. Maugis ein. Er erklärt, er werde ihm

tiefe Geheimnisse enthüllen, und bittet deshalb den Chevalier, sich zurückzuziehen. Obgleich er sehr jung aussieht, gibt der Graf an, 100 Jahre alt zu sein. Er habe sich selber verjüngt mit Hilfe eines Pulvers. Sodann setzt er ihm auseinander, daß die Chemie (Alchimie) zu nichts führe, und fordert ihn auf, Kabbalist zu werden. Als solcher sei ihm Reichtum, Gesundheit und ewige Jugend gewiß. Er habe auch das Horoskop des Herrn Maugis sowie das des Chevaliers gestellt und gefunden, daß ersterer prädestiniert sei, Kabbalist zu werden, während letzterer hierfür untauglich sei. Maugis ist über diese Eröffnungen hoch erfreut, denn er glaubt dem Grafen aufs Wort, nur die Bedingung, auf seine Heirat verzichten zu müssen, erscheint ihm zu hart, und er fragt, ob nicht für ihn eine Ausnahme gemacht werden könne. Darauf prüft der Graf Angélique und Marianne, erklärt die erstere für unfähig, die Gattin eines Kabbalisten zu sein; findet diese dagegen durchaus geeignet, Kabbalistin zu werden. Sodann setzt er seine Theorien auseinander: Die vier Elemente sind von unsichtbaren Wesen bewohnt. Der Mensch ist aus allen vier Elementen zusammengesetzt (Ansicht der Rosenkreuzer). Die Bewohner der Luft heißen Sylphen, die des Wassers Undinen, die Erdbewohner Gnomen und die Feuergeister Salamander. Da die „Elementardamen" häufig in die Menschen verliebt sind, kann Mr. Maugis leicht unter ihnen eine Lebensgefährtin finden, und seine Tochter kann einen Lüftgeist heiraten. Als Marianne erfährt, daß sie nicht den Chevalier zu heiraten brauche, sondern daß ihr Vater ihr einen *mari* «*d'air*» bestimmt habe, ist sie hocherfreut, denn sie bezieht diesen Ausdruck auf den Marquis, der ein «*air galant*» habe (A. II).

Marianne hört zu ihrer großen Überraschung, daß der für sie bestimmte Gatte ein übernatürliches Wesen ist. Sie hält ihren Vater für verrückt. Der Chevalier erklärt ihr die List und verspricht ihr, die Sache so einzurichten, daß ihr Geliebter in den Augen ihres Vaters für einen Luftgeist gelten wird. Da der Graf als Kabbalist allerlei Sprachen verstehen muß, läßt Maugis sich von ihm einige englische Schriftstücke übersetzen. Um ihn von seinem ungewöhnlichen Können zu überzeugen, erbietet sich der Graf sogar, ihn unsichtbar zu machen. Er setzt ihm nochmals alle Vorzüge, die er als Kabbalist genießen wird, auseinander. Da er Herr der ganzen Natur sein wird, werden die Gnomen, die die verborgenen Schätze der Erde bewachen, ihm so viel Gold geben, als er nur haben will. Er behauptet sogar, mehrere seiner Kollegen seien anwesend, wenn auch unsichtbar. Sodann führt er seinen gelehrigen Schüler in seinen Garten, in dem ein Delphin sichtbar wird, während sich gleichzeitig eine Grotte auftut. Er heißt ihn den Delphin besteigen und zeigt ihm einen zweiten, höher gelegenen Garten, in dem er den Ritterschlag empfangen wird. Der Delphin wird ihn dorthin tragen, denn es führt kein Weg zu diesem Garten, und zwei Gnomen werden ihn begleiten. Der Delphin beginnt emporzuschweben, und gleichzeitig nehmen die Vasen, die den Garten zieren, menschliche Gestalt an. Es sind dies Mitglieder des Geheimbundes, sie sind wie jedermann gekleidet, da es für die Kabbalisten Vorschrift ist, sich nach der Mode des Landes, in dem sie sich gerade befinden, zu kleiden. Zwei Gnomen reichen Maugis die Hand. In dem oberen Garten wird er von einem Salamander und einem Sylphen empfangen. Er setzt sich auf den Rasen nieder, und alsbald erhebt sich das Rasenstück, auf dem er sitzt, mit ihm in die Luft. Darauf wird er mit einem Mantel und einer Mütze bekleidet und in die Höhle geführt, in der der erste der unsichtbaren Ritter. der Gründer des Kabbalistenordens, gestorben und begraben ist.[1] Maugis erkennt die Grotte als die, deren Beschreibung er in der Geschichte der Rosenkreuzer gelesen hat. Eine Sonne leuchtet im Hintergrunde der Grotte, in der Mitte derselben erblickt er das Grab mit der Inschrift:

*AUPRES DE CE TOMBEAU NOTRE COMPAGNIE SE RENOUVELLERA TOUJOURS.*

Nach einiger Zeit bittet der Graf ihn, die Höhle zu verlassen, die sich alsbald schließt und verschwindet. Maugis ist erstaunt, daß er diese Grotte, die doch in Deutschland

---

[1] Cf. oben S. 43 ff. die Entstehungsgeschichte des Rosenkreuzerbundes.

liege, habe betreten können, während er sich doch nur ein
paar Schritte von seinem Hause entfernt habe. Der Graf
erklärt ihm, daß er jetzt andere Augen habe als früher, und
so diesen weit entfernten Platz so genau gesehen habe, als
ob er ihn selbst betreten hätte. Nunmehr ist er als Rosenkreuzer geweiht. Der Graf verspricht nun, die schönsten der
weiblichen Elementargeister erscheinen zu lassen, damit Maugis
seine Wahl treffen könne. Natürlich ist dieser hocherfreut,
er wird sich eine zu den Gnomen gehörige Elementardame
wählen, und Gold die Fülle haben (A. III).

Der Schauplatz des neuen Aktes ist im Hause des Grafen.
Angélique und Marianne haben ihren Plan ins Werk gesetzt.
Sie haben den Marquis als Sylph gekleidet, und die Vorbereitungen für die Hochzeit Mariannens mit diesem Luft-
geiste und ihres Vaters mit der Elementardame getroffen.
Eine Anzahl junger Leute sind als Sylphen, Gnomen, Undinen
und Salamander verkleidet. Angélique soll in Gegenwart der
Elementardame ihrem Ex-Bräutigam ein paar Schmeicheleien
sagen, um die Geisterdame eifersüchtig zu machen, was jedenfalls Maugis veranlassen wird, seine Hochzeit zu beschleunigen.
Mme Raymond erinnert Maugis an sein Laboratorium, wo
durch seine lange Abwesenheit die Feuer verlöschen werden.
Als sie von seinem Entschluß, Kabbalist zu werden, hört,
lacht sie ihn aus. Sie geraten in Streit und trennen sich.
Mme Raymond will sich mit dem Grafen zusammentun, der
offenbar den Stein der Weisen besitzt, da er sich hat verjüngen können. Im schlimmsten Falle wird sie auch allein
den Stein der Weisen finden. Zudem hat sich jemand bereit
erklärt, ihr das Geheimnis eines Deutschen zu verkaufen, der
den Universalgeist eingefangen hat, und ein anderer, ein
Nachkomme des Raimondo Lulio, welcher den großen Rubin
in der englischen Krone gemacht hat, will ihr die Kunst,
Rubinen zu fabrizieren, zeigen. Sie bedarf also keines Mit-
arbeiters mehr, sondern wird allein ans Ziel ihrer Wünsche
gelangen. Nun beginnt der Hokuspokus. Eine kunstvolle
Szenerie wird sichtbar. Der untere Teil stellt die Erde dar,
auf der ein Gnom und eine *Gnomide* sich befinden. Etwas
höher erblickt man auf- und abwogende Wellen, auf denen

sich ein Wassergeist und eine Undine schaukeln. Noch weiter
oben erscheinen ein Sylph und eine Sylphide, in der Luft
schwebend, und auf dem höchsten Punkte dieses kunstvollen
Aufbaues (*machine*) ist das Feuer dargestellt, belebt von
einem männlichen und einem weiblichen Salamander. Marianne wählt den als Luftgeist gekleideten Marquis, ihr Vater
stimmt ihrer Wahl bei und wählt selbst in der Hoffnung auf
künftige Reichtümer eine *Gnomide*. Zwar gefällt ihm ihre
kleine Gestalt nicht, sie verspricht ihm aber, sie werde sich
groß machen. Die beiden Paare reichen sich die Hand, und
Gabalis erklärt, ihre Vereinigung sei nun ein für allemal be-
siegelt. Er ruft darauf alle Elementargeister herbei, die sich
zu den übrigen gesellen, und mit Gesang und Tanz die Doppelhochzeit verherrlichen. Die kleine Gemahlin Maugis' versinkt
in die Erde, um gleich darauf in größerer Gestalt wieder zu
erscheinen. Maugis traut seinen Augen kaum, ist aber ent-
zückt, als sie ihm von einem verfallenen Schlosse erzählt, das
voll von Gold, Perlen und Diamanten sei und nun sein
Eigentum werden solle. Sie streicht mit der Hand über sein
Gesicht und erklärt ihn hiermit für verjüngt, fügt aber hinzu,
daß die „Elementarfräulein" sehr eifersüchtig seien und sich
an ungetreuen Gatten schrecklich zu rächen pflegten. Maugis
zittert vor Furcht. Angélique und der Graf finden ihn wirklich verjüngt, raten ihm aber, lieber seine alten Züge wieder
anzunehmen, denn wenn man ihn plötzlich so verjüngt sehe,
werde man ihn leicht für einen Zauberer halten, und das
könne ihm das Leben kosten. Angélique sagt ihm ein paar
Schmeicheleien, die seine eifersüchtige Gattin zum Glück nicht
mehr hört, da sie sich schon nach dem verfallenen Schlosse
auf den Weg gemacht hat. Gabalis gibt ihm die tröstliche
Versicherung, ein Salamander, der dieselbe Macht besitze wie
die *Gnomide*, werde seinem Gesichte alle seine Runzeln wiedergeben (A. IV).

Der letzte Akt gestaltet sich noch zauberhafter als die
vorhergehenden.[1]) Wir werden in das verfallene Schloß versetzt. Ein großes Loch gähnt in der Wand des Raumes, der

---

[1]) Cf. die Wolfsschluchtszene im *Freischütz*.

wohl früher ein prächtiger Saal gewesen war. Die Mauern, in deren Ritzen Gras wächst, scheinen dem Einsturze nahe, das Gewölbe hat sich bereits etwas gesenkt, und durch den klaffenden Riß erblickt man den nächtlichen Himmel, an dem eben der Mond aufsteigt. Die *Gnomide* und der Marquis treten durch eine versteckte Tür ein. Sie haben alle Vorbereitungen zu dem gegen den alten Geizhals geplanten Schlage getroffen. Bald nach ihnen tritt der Graf, mit einer Laterne in der Hand, durch dieselbe Tür ein. Beim Herannahen des Alten verstecken sie sich. Schließlich erscheint Maugis mit seinem hasenherzigen Diener Crispin, sie sind mit einer Fackel sowie mit den zum Schatzgraben erforderlichen Werkzeugen versehen. Mit einiger Mühe steigen sie durch das Mauerloch in den Raum. Crispin fürchtet sich vor Geistern, ein paar Eulen, die ihre Ankunft aufgescheucht hat, hält er für kleine Teufel. Maugis, dem die Aussicht auf die verborgenen Schätze etwas Mut macht, sucht ihn zu beruhigen. Plötzlich löscht der Flügelschlag einer Eule die Fackel, und beide tappen nun im Finstern. In der Mauer erscheint ein feuriges Gesicht. Crispin fällt zu Boden, und auch sein Herr weicht entsetzt zurück. Als das Gesicht verschwunden ist, fassen beide sich ein Herz und gehen wieder vor. Da erhält Crispin eine Ohrfeige von einer aus der Mauer hervorkommenden unsichtbaren Hand. Zugleich erscheint auf der Wand eine feurige Inschrift:

*LEVEZ LA PIERRE QUI EST AU MILIEU DE CETTE SALLE.*

Sie heben mit vieler Mühe den bezeichneten Stein. Aus der entstandenen Höhlung schießen Reptilien und geflügelte Schlangen zischend und feuerspeiend hervor. Crispin will durch das Mauerloch entweichen, eine Schlange versperrt ihm den Weg. Maugis glaubt aus diesem Anzeichen zu ersehen, daß er das Schloß nicht verlassen solle, ohne den Schatz gehoben zu haben. Nachdem die Schlangen verschwunden sind, nähern sie sich von neuem der Höhlung im Boden, in der jetzt Maugis einen Leichnam in der Kleidung eines römischen Senators erblickt. Crispin beschwört ihn, den Toten in Ruhe zu lassen, allein sein Herr besteht darauf, den Leichnam zu entfernen, um zu dem Schatze zu gelangen. Sie tragen den Toten in den Vordergrund des Theaters und legen ihn nieder. Da richtet plötzlich der Tote sich auf und verspricht ihnen den Schatz unter der Bedingung, daß beide ihn umarmen. Crispin hat wirklich den Mut, ihn zu umarmen, er hält jedoch nur noch sein Gewand in den Händen. Der Schatz steigt nun von selbst aus dem Boden empor, und Maugis verschlingt mit gierigen Blicken die mit Diamanten angefüllten Gefäße und Truhen. Jedoch alle seine Bemühungen, die Gegenstände von der Stelle zu rücken, sind fruchtlos. In diesem Augenblicke erscheint seine neue Gattin und stellt ihn wegen seiner Treulosigkeit zur Rede. Er habe Angélique die Hand geküßt, und bekomme nun nichts von dem Schatze, wenn er ihr nicht für diese Beleidigung Genugtuung leiste. Der bestürzte Gatte verspricht ihr, Angélique künftig keinerlei Sympathie mehr zu bezeugen. Nun erscheint Angélique in Begleitung ihrer Mutter, Maugis behandelt sie mit solcher Geringschätzung, daß Mme Raymond wütend sie sofort dem Chevalier zur Frau verspricht. Maugis ist mit dieser neuen Wendung gern einverstanden. Gabalis erscheint und erklärt, er habe in seiner Eigenschaft als Kabbalist von all diesen Vorgängen Kenntnis gehabt, und sei herbeigeeilt, um die Angelegenheit zu regeln. Der Marquis, immer noch als Sylphe gekleidet, verspricht, den Zorn der *Gnomide* zu besänftigen, vorausgesetzt, daß Mr. Maugis sogleich den Heiratskontrakt zwischen ihm und Marianne unterzeichne. Sie nehmen den Alten mit in das Haus des Grafen, wo ersterer ohne Zögern den Kontrakt unterschreibt, ohne daß er in dem Sylphen den Marquis erkannt hätte. Was aus seiner Gattin, der *Gnomide*, wird, bleibt dahingestellt (A. V).

Aus dem ganzen Aufbau des Stückes, aus der Charakteristik des an die Alchimie und die damit zusammenhängenden zauberischen Handlungen glaubenden Helden, sowie aus der Art und Weise, wie derselbe getäuscht und zum Narren gehalten wird, geht zur Genüge hervor, daß Th. Corneille und De Visé mit diesem Stücke eine Satire auf die Alchimisten, Kabbalisten, Rosenkreuzer und sonstigen törichten Schwärmer geben wollten. — Die erste Aufführung der *Pierre Philosophale*

fand am 23. Februar 1681 statt. Die Namen der Verfasser [1])
sowie eine geschickte Reklame hatten viele Leute angelockt,
so daß die Einnahme 1794 *livres* betrug. Bei der zweiten
Aufführung am 25. Februar sank die Einnahme auf 398 *livres*.
Daraufhin verzichteten die Autoren auf weitere Aufführungen
wie auch auf den Druck des Stückes.

Worin ist nun der Grund dieses Mißerfolges zu suchen?
Die von denselben Autoren verfaßte *Devineresse*, die doch
die gleiche satirische Tendenz befolgte, die mit ähnlichem,
großem Apparat in Szene gesetzt wurde und ebenfalls voll
von Zauberei und Hokuspokus ist, hatte einen glänzenden
Erfolg, der allerdings wohl hauptsächlich darauf zurückzuführen
ist, daß dieser Komödie ein großes Tagesereignis zugrunde
lag. Reynier führt als Gründe für den Durchfall der *Pierre
Philosophale* an, das damalige Theaterpublikum habe sich noch
nicht entschließen können, über den Teufel und alles, was
mit ihm zusammenhängt, zu lachen, man habe die Geheimwissenschaften noch zu sehr gefürchtet, um an einer, selbst
scherzhaften Darstellung derselben auf der Bühne Gefallen
zu finden: «*Il (le public) avait encore trop peur des puissances
occultes pour trouver du plaisir à leur évocation même simulée. La
religion elle-même avait dû se scandaliser de voir produites sur la
scène, quoique avec les meilleures intentions du monde, ces pratiques
de sorcellerie qu'elle avait dû souvent condamner. On sait quels
ennuis s'était attiré l'abbé Brigadier, plusieurs années auparavant,
en voulant s'amuser à quelques innocentes métamorphoses: La
Comédie de La Pierre Philosophale ne devait pas plaire
davantage à l'Eglise, et ce fut sans doute son intervention qui en
assura l'insuccès.*» Dies dürfte wohl nicht ganz zutreffend sein.
Die Darstellung von magischen Handlungen auf der Bühne
sowie das Anrufen und Erscheinenlassen von Geistern usw.
dürfte wohl das Publikum nicht abgeschreckt haben, da es

---

[1]) Der Anteil De Visé's an dem Stücke scheint gering gewesen zu
sein. Reynier (*Thom. Corneille*, p. 63) läßt die Frage offen. Langheim (*De Visé*, p. 78 ff.) vermutet, daß die im 4. Akte eingeschobenen
Lieder der Elementargeister sowie die Ausstattung des Stückes mit
*machines* ihm zuzuschreiben seien. De Visé schreibt selbst Thomas
Corneille den Hauptanteil zu, zumal das Stück durchgefallen sei!

ja das ganze 17. Jahrhundert hindurch an solchen Schau-
stücken Gefallen gefunden hatte, und eine scherzhafte Vorführung dieser Dinge konnte das Publikum erst recht nicht
abschrecken, da es ja bisher oft genug sogar einer ernsthaften Darstellung derselben im Drama begegnet war. Auch
die Religion hat nicht an einer solchen Darstellung zauberischer
Handlungen Anstoß genommen, obgleich sie von den besten
Absichten der Welt begleitet war, sondern gerade weil der
aufgeklärte Verfasser es gewagt hatte, die Zauberei als etwas
Unsinniges darzustellen (diese Tendenz ist in der *Devineresse*
beim weitem nicht so ausgeprägt), während die Kirche das
Dogma von der Existenz eines persönlichen Teufels aufrecht
hielt. Es ist also viel wahrscheinlicher, daß die Geistlichkeit
den Durchfall des Stückes veranlaßt hat eben wegen seiner
freigeistigen, für die damalige Zeit sehr kühnen Tendenz.[1]

Eine weitere auf die Alchimie bezügliche Komödie von
Michel Chilliat, betitelt *Les Souffleurs*, erwähnt Klingler.[2]
Das Stück war für die *Comédie-Italienne* bestimmt, wurde aber
nicht aufgeführt.[3]

---

[1] Erst um die Mitte des 18. Jahrhunderts bringen De Montcrif
in seiner *Zémire et Azor* und Favart in seinem *Cendrillon* wieder eine
solche Geisterwelt auf die Bühne. Jetzt aber konnte man mit überlegenem Lächeln diesen ganzen Zauberspuk ansehen und sich darüber
amüsieren, denn *jetzt* hatte man, wenigstens in den Kreisen der Bour-
geoisie, die das Hauptkontingent des Theaterpublikums ausmachte, den
Glauben an die Realität der Magie größtenteils überwunden.

[2] *Die Comédie-Ital.*, p. 223.

[3] Gedruckt Paris, 1694, und Mons, 1698. Da keine der beiden
Ausgaben eingesehen werden konnte, auch sonst keine näheren Angaben
über die Komödie aufzutreiben waren, mußte von einer Besprechung
derselben Abstand genommen werden. — Über Michel Chilliat cf. De
Léris, *Dict.*, 534.

# Ergebnisse.

Es bleibt uns nunmehr noch übrig, die Ergebnisse der voraufgehenden Untersuchung in wenigen Worten zusammenzufassen. Unsere kulturgeschichtliche Betrachtung hat gezeigt, daß der Aberglaube und die Magie noch im 17. Jahrhundert und z. T. darüber hinaus in Frankreich sehr verbreitet waren, und daß das häufige Vorkommen der Magie in den französischen Dramen (Pastoralen, Tragi-Pastoralen, Pastoralkomödien, Tragikomödien, Komödien und Tragödien) des 16. und 17. Jahrhunderts daher zum großen Teil als ein Reflex jener Ideen und Gebräuche aufzufassen ist. Andererseits sind die im Theater dieser Epoche so häufig wiederkehrenden magischen Operationen, abgesehen von Reminiszenzen aus der klassischen Mythologie, dem italienischen und spanischen Einfluß, direkt oder indirekt, zu verdanken.

Da mehrere Dichter an verschiedenen Stellen behandelt werden mußten, erscheint es angezeigt, an dieser Stelle kurz zu wiederholen, welche Seiten der Magie von den hervorragenderen der erwähnten Autoren dargestellt worden sind. B a r o läßt in seiner *Cariste* (1651) die handelnden Personen an einen Liebeszauber glauben, der jedoch nur in der Einbildung besteht, B o i s r o b e r t stellt in seinen *Rivaux Amis* (1638) eine Prophezeiung, die sich erfüllt, in den Mittelpunkt der Handlung, B o u r s a u l t verwendet den Gespensterglauben als Vorwand für die Intrige seines *Mort-Vivant* (1662). In ähnlicher Weise benützt T h o m a s  C o r n e i l l e die Astrologie als Vorwand in seinem *Feint Astrologue* (1648), in dem er auch die *spiritus familiares*, die Spiegelzauberei und die Alchimie erwähnt; eine Verwandlung sowie einen wirksamen Liebeszauber führt er uns in der *Circé* (1675) vor und einen Geist läßt er im *Festin de Pierre* (1677) erscheinen. In der *Devineresse* (1679) lassen Thomas Corneille und De Visé eine aus dem Leben genommene Wahrsagerin, Zauberin und Schwindlerin auftreten, die alle Arten von Zauberei wie Beschwörungen, Becken- und Spiegelzauberei u. a. ausführt und Quacksalbermittel verkauft. Dieselben Verfasser behandeln in satirischer Weise die Alchimie sowie die Bestrebungen der Rosenkreuzer und Kabbalisten in der *Pierre Philosophale* (1681). Chrestien bringt in seiner *Grande Pastorelle* (1613) einen wirksamen Liebeszauber, eine zauberische Heilung und eine allerdings erfolglose Dämonenbeschwörung auf die Bühne, Desmarets macht in seinen *Visionnaires* (1637) den Geisterglauben lächerlich und Isaac Du Ryer führt die Lösung des Konfliktes in seinen *Amours Contraires* (1610) durch einen wirksamen Liebeszauber herbei, während er in der *Vengeance des Satyres* (1610) einer durch Zauberei ausgeführten Metamorphose nur eine untergeordnete Stellung anweist. Quacksalbermittel und Dämonenbeschwörungen führt Gillet in scherzhafter Weise in seinem *Francion* (1642) vor, in seinem *Triomphe des Cinq Passions* (1642) läßt er eine regelrechte Totenbeschwörung ausführen und im *Campagnard* (1657) läßt er einen angeblichen Zauberer und Astrologen auftreten. Hardy bringt in seiner *Alphée* (1606) und in seiner *Corine* (1614) Dämonenbeschwörungen und Verwandlungen, bringt einen wirksamen Liebeszauber auf die Bühne in seiner *Dorise* (1613), verwendet Wahrsagerei und Traumdeutung in *La Mort d'Alexandre* (1621), während er in der *Alcée* (1610), sowie im *Triomphe d'Amour* (1623) eine Zauberin eine nur untergeordnete Rolle spielen läßt. Den Geisterglauben behandelt in scherzhafter Weise Hauteroche in seinem *Esprit Folet* (1684), und in ähnlicher Weise verwenden Lafontaine und Champsmeslé einen Zauberbecher in ihrer *Coupe Enchantée* (1688). Scherzhaft wird die Magie ferner aufgefaßt von Lambert in der *Magie sans Magie* (1660) und von Larivey in *Les Esprits* (1579), wo die Geisterbeschwörung nur einem Betruge dient, ebensowenig

sind der Liebeszauber und die Dämonenbeschwörung in
Larivey's *Le Fidelle* (1611) ernst zu nehmen. Jean de
la Taille gibt in seinem *Négromant* (1573) eine ausgesprochene
Satire auf die Magie, während Mairet eine Verhexung in
seiner *Silvie* (1626), einen Zauberspiegel in der *Silvanire* (1630)
und eine sich erfüllende Prophezeiung in der *Virginie* (1633)
ganz ernsthaft darstellt. Ein Beispiel für das Nestelknüpfen
bringt Millet in seinem *Janin* (1635), wo sich die Zauberei
jedoch als wirkungslos erzeigt, ebenso wie in Montchrestien's
*Bergerie* (1596). Molière verwendet die verschiedenartigsten
magischen Operationen wie Dämonenbeschwörungen, Verwandlungen usw. in *Les Plaisirs de l'Isle Enchantée* (1664) und
in seiner *Pastorale Comique* (1666) und gibt in *Les Amants
Magnifiques* (1670) eine Satire auf die Astrologie. Einen
Liebeszauber verwendet Montreux in seiner *Athlette* (1585),
in seiner *Diane* (1593) und seinem *Arimène* (1596), in der *Diane*
bringt er ferner eine Verwandlung und im *Arimène* eine
Dämonenbeschwörung sowie eine Verzauberung auf die Bühne,
in der *Isabelle* (1594) gebraucht er die Zauberei nur als Vorwand, dasselbe tut D'Ouville im *Esprit Folet* (1641) und in
*Jodelet Astrologue* (1646). Der Pasteur Calianthe bringt
in *Les Infidelles Fidelles* (1603) einen wirksamen Liebeszauber.
Quinault läßt in der *Comédie sans Comédie* (1654) eine
Geisterbeschwörung ausführen und einen Schatten auftreten,
bringt im *Amadis de Gaule* (1684) zwei Zauberer und in seinem
*Roland* (1685) Feen, Sirenen, Zauberquellen, einen Zauberring,
ein Zauberschloß und eine Totenbeschwörung auf die Bühne.
Zwei wirksame magische Operationen, eine Beschwörung und
einen Spiegelzauber, läßt Racan in seinen *Bergeries* (1618)
ausführen, Regnard führt uns in der *Baguette de Vulcain*
(1693) eine Wünschelrute und in der *Naissance d'Amadis* (1694)
einen Geist vor. Rotrou verwendet einen wirksamen Zauberring in seiner *Bague de l'Oubli* (1628) sowie in der *Innocente
Infidélité* (1634) und stellt in beiden Stücken die Zauberei in
den Mittelpunkt der Handlung. Troterel bringt in der
*Driade Amoureuse* (1606) eine Verwandlung, im *Amour Triomphant*
(1615) eine Beschwörung, einen Spiegelzauber, ein *envoûtement*
sowie ein Beispiel für den Glauben an die Astrologie, und

eine Totenerweckùng in seiner *Philistée* (1627), d'Urfé endlich verwendet in seiner *Sylvanire* einen Zauberspiegel, der einschläfert und ein Zauberwasser zur Lösung des durch den Spiegel bewirkten Zaubers.

Was nun die Stellung der Autoren zu der Magie betrifft, so haben wir darzutun versucht, daß sie die Zauberei und was damit zusammenhängt in den meisten Fällen ernst nehmen, d. h. sie als real, wenn auch verwerflich, ansehen

(anon. *La Folie de Silène* (1623), anon. *Cléonice* (1630), Ambillou, *Sidère* (1609), Banchereau, *Les Passions Egarées* (1632), Basire, *Arlette* (1638), Blambeausault, *L'Instabilité etc.* (1605), Boisrobert, *Les Rivaux Amis* (1638), Bridard, *Uranie* (1631), Cinq Auteurs, *L'Aveugle de Smyrne* (1638), Dupeschier, *L'Amphithéâtre Pastoral* (1609), J. du Ryer, *Les Amours Contraires* (1610) Gautier, *L'Union d'Amour etc.* (1606), Gillet, *Le Triomphe etc.* (1642), Hardy, *La Mort d'Alexandre* (1621), La Croix, *La Climène* (1628), La Morelle, *Endimion* (1627), Mainfray, *Cyrus Triomphant* (1618), Mairet, *La Silvie* (1626), id., *La Silvanire* (1630), id., *La Virginie* (1633), id., *Roland Furieux* (1638), Montauban, *Les Charmes etc.* (1651), Montreux, *La Diane* (1593), id., *L'Arimène* (1596), Mouqué, *L'Amour Desplumé* (1612), Le Pasteur Calianthe, *Les Infidelles etc.* (1603), Poullet, *Clorinde* (1597), Quinault, *Roland* (1685), Racan, *Bergeries* (1618), Regnard, *La Baguette etc.* (1693), Rotrou, *La Bague de l'Oubli* (1628), id., *L'Innocente Infidélité* (1634), Troterel, *Philistée* (1627), D'Urfé, *La Sylvanire* (1625)),

was ja mit den Ergebnissen unserer kulturgeschichtlichen Betrachtung übereinstimmt, daß sie in anderen Fällen die Zauberei wohl auch scherzhaft behandeln

(Baro, *Cariste* (1651), Boursault, *Le Mort Vivant* (1662), De Crosilles, *Chasteté Invincible* (1633), Th. Corneille, *Le Feint Astrologue* (1648), Durand, *La Délivrance etc.* (1617), Gillet, *Le Campagnard* (1657), Hardy, *Alphée* (1606), id., *Alcée* (1610), id., *Dorise* (1613), id., *Corine* (1614), id., *Le Triomphe d'Amour* (1623), Hauteroche, *L'Esprit Folet* (1684), Lafontaine u. Champmeslé, *La Coupe Enchantée* (1688), Lambert, *La Magie sans Magie* (1660), Larivey, *Les Esprits*

(1579), id., *Le Fidelle* (1611), Millet, *Janin* (1635), Mont-chrestien, *Bergerie* (1596), Troterel, *L'Amour Triomphant* 1615)),

sie lediglich zur Ausschmückung ihrer Stücke gebrauchen
(Bouscal, *La Doranise* (1634), Chrestien, *La Grande Pasto-relle* (1613), Th. Corneille u. De Visé, *La Devineresse* (1679), La Croix, *La Climène* (1628), Louvaret, *Urgande* (1679), Molière, *Les Plaisirs etc.* (1664), id., *La Pastorale Comique* (1666), Quinault, *La Comédie etc.* (1654), id., *Amadis de Gaule* (1684))

oder sie als Vorwand für andere, meist betrügerische Hand-lungen dienen lassen
(Montreux, *Athlette* (1585), id., *Isabelle* (1594), D'Ouville, *Jodelet Astrologue* (1646), De Veronneau, *L'Impuissance* (1634)),

daß sie endlich in einigen Fällen es sogar gewagt haben, die Magie satirisch zu behandeln
Th. Corneille u. De Visé, *La Pierre Philosophale* (1681), Desmarets, *Les Visionnaires* (1637), Gillet, *Francion* (1642), Jean de La Taille, *Le Négromant* (1573), Molière, *Les Amants Magnifiques* (1670), D'Ouville, *L'Esprit Folet* (1641)).

Auch die Rolle der Magie im Rahmen des dramatischen Aufbaues der Stücke haben wir bei Besprechung der ein-zelnen Dramen hervorgehoben und gefunden, daß sie bald zur Schürzung des Knotens dient
(anon. *La Folie de Silène* (1623), anon. *Cléonice* (1630), Baro, *Cariste* (1651), Boisrobert, *Les Rivaux Amis* (1638), Boursault, *Le Mort Vivant* (1662), Cinq Auteurs, *L'Aveugle de Smyrne* (1638), Th. Corneille, *Le Feint Astrologue* (1648), id., *Circé* (1675), id. u. De Visé, *La Devineresse* (1679), Gillet, *Francion* (1642), id., *Le Triomphe etc.* (1642), Hardy, *Alphée* (1606), id., *Dorise* (1613), Hauteroche, *L'Esprit Folet* (1684), Lafontaine u. Champmeslé, *La Coupe En-chantée* (1688), Lambert, *La Magie etc.* (1660), La Morelle, *Endimion* (1627), Larivey, *Les Esprits* (1579), Jean de La Taille, *Le Négromant* (1573), Louvaret, *Urgande* (1679), Mairet, *La Silvanire* (1630), Montauban, *Les Charmes etc.* (1651), D'Ouville, *L'Esprit Folet* (1641), id., *Jodelet Astro-logue* (1646), Racan, *Bergeries* (1618), Rotrou, *La Bague etc.*

(1628), id., *L'Innocente Infidélité* (1634), Troterel, *L'Amour Triomphant* (1615), De Veronneau, *L'Impuissance* (1634), bald zur Lösung des dramatischen Konfliktes
(Basire, *Arlette* (1638), Blambeausault, *L'Instabilité etc.* (1605), Bridard, *Uranie* (1631), Th. Corneille, *Le Festin de Pierre* (1677), La Croix, *La Climène* (1628), L. C. D., *Les Noces de Vaugirard* (1638), J. du Ryer, *Les Amours Contraires* (1610), Gautier, *L'Union etc.* (1606), Hardy, *Corine* (1614), Molière, *La Pastorale Comique* (1666), Poullet, *Clorinde* (1597), Quinault, *Roland* (1685), Regnard, *La Baguette etc.* (1693), id., *La Naissance etc.* (1694), Troterel, *Philistée* (1627)),
vielfach auch zu beidem verwandt wird
(Ambillou, *Sidère* (1609), Th. Corneille u. De Visé, *La Pierre Philosophale* (1681), De Crosilles, *Chasteté Invincible* (1633), Dupeschier, *L'Amphithéâtre etc.* (1609), Gillet, *Le Campagnard* (1657), Mairet, *La Silvie* (1626), id., *La Virginie* (1633), Montreux, *Athlette* (1585), id., *La Diane* (1593), id., *L'Arimène* (1596), Mouqué, *L'Amour Desplumé* (1612), Le Pasteur Calianthe, *Les Infidelles etc.* (1603), Troterel, *La Driade etc.* (1606), D'Urfé, *La Sylvanire* (1625)),
daß sie in anderen Fällen dagegen eine untergeordnete Rolle spielt und lediglich zur größeren Verwicklung einer schon recht verworrenen und unwahrscheinlichen Handlung beiträgt Banchereau, *Les Passions Egarées* (1632), Bauter, *La Mort de Roger* (1605), Bounin, *La Soltane* (1560), Bouscal, *La Doranise* (1634), C. A. Sgr. de C., *L'Heureux Désespéré* (1613), Chrestien, *La Grande Pastorelle* (1613), J. du Ryer, *La Vengeance etc.* (1610), Dufresny u. Barrante, *Les Fées* (1697), Filleul, *Les Ombres* (1566), Hardy, *Alcée* (1610), id., *Le Triomphe etc.* (1623), Larivey, *Le Fidelle* (1611), Millet, *Janin* (1635), Molière, *Les Plaisirs etc.* (1664), id., *Les Amants etc.* (1670), Quinault, *La Comédie etc.* (1654), De Veins, *La Sophronie* (1599)).
Was nun die Vertreter der Magie in den verschiedenen Dramen anlangt, so hat sich herausgestellt, daß wir es zumeist mit berufsmäßigen Zauberern, Zauberinnen oder Hexen zu tun haben, die von der einen oder anderen der handelnden

Personen zu Rate gezogen werden oder auch aus eigener Initiative zugunsten anderer in die Handlung eingreifen

(anon. *Cléonice* (1630), Basire, *Arlette* (1638), Boisrobert, *Les Rivaux Amis* (1638), Bridard, *Uranie* (1631), Cinq Auteurs, *L'Aveugle etc.* (1638), Chrestien, *La Grande Pastorelle* (1613), Th. Corneille u. De Visé, *La Devineresse* (1679), De Crosilles, *Chasteté etc.* (1633), J. du Ryer, *Les Amours etc.* (1610), Gautier, *L'Union etc.* (1606), Gillet, *Le Triomphe etc.* (1642), Hardy, *Alcée* (1610), id., *Dorise* (1613), id., *Corine* (1614), id., *La Mort d'Alexandre* (1621), La Croix, *La Climène* (1628), La Morelle, *Endimion* (1627), Larivey, *Les Esprits* (1579), id., *Le Fidelle* (1611), Lasphrise, *Nouvelle Tragicomique* (1597), Jean de La Taille, *Le Négromant* (1573), L. C. D., *Les Noces etc.* (1638), Mainfray, *Cyrus etc.* (1618), Millet, *Janin* (1635), Molière, *Les Amants etc.* (1670), Montchrestien, *Bergerie* (1596), Montreux, *La Diane* (1593), Racan, *Bergeries* (1618), Rotrou, *La Bague etc.* (1628), Troterel, *La Driade Amoureuse* (1606), id., *Philistée* (1627)),

oder die selber von vornherein an der Intrige beteiligt sind und ihre Kunst zu ihrem eigenen Vorteil und nicht selten zum Schaden anderer gebrauchen

(Banchereau, *Les Passions etc.* (1632), Bouscal, *La Doranise* (1634), Chrestien, *La Grande Pastorelle* (1613), Th. Corneille, *Le Feint Astrologue* (1648), id., *Circé* (1675), id. u. De Visé, *La Devineresse* (1679), Du Peschier, *L'Amphithéâtre etc.* (1609), Durand, *La Délivrance etc.* (1617), Frenicle, *Palemon* (1632), Hardy, *Alphée* (1606), id., *Corine* (1614), id., *Le Triomphe etc.* (1623), Louvaret, *Urgande* (1679), Montreux, *Athlette* (1585), id., *L'Arimène* (1596), Pasteur Calianthe, *Les Infidelles etc.* (1603), Poullet, *Clorinde* (1597), Quinault, *La Comédie etc.* (1654), Troterel, *L'Amour Triomphant* (1615)),

daß es aber z. T. auch andere Personen sind, die magische Operationen ausführen, wie z. B. Satyre

(anon. *La Folie de Silène* (1623), J. du Ryer, *La Vengeance des Satyres* (1610), Mouqué, *L'Amour Desplumé* (1612)),

und Schäfer

Mairet, *La Silvanire* (1630), D'Urfé, *La Sylvanire* (1625),
De Veronneau, *L'Impuissance* (1634)),
wie denn überhaupt die Schäfer der Zauberei verdächtig
waren, und daß es stellenweise sogar gebildeten Ständen an-
gehörige Leute und hochgestellte Persönlichkeiten sind,
welche die Rolle eines wirklichen oder angeblichen Zauberers
spielen

    (anon. *La Magicienne Etrangère* (1617), anon. *La Tragédie
    du Marquis d'Ancre* (1617), Baro, *Cariste* (1651), Bauter,
    *La Mort de Roger* (1605), Bounin, *La Soltane* (1560), Th.
    Corneille, *Le Feint Astrologue* (1648), id. u. De Visé, *La
    Pierre Philosophale* (1681), Lambert, *La Magie etc.* (1660),
    Mairet, *La Silvie* (1626), Molière, *Les Plaisirs etc.* (1664),
    D'Ouville, *L'Esprit Folet* (1641), De Veronneau, *L'Impuis-
    sance* (1634)),
was ebenfalls den historischen Tatsachen entspricht, daß end-
lich·in einigen Stücken gar kein Zauberer auftritt, die Handlung jedoch unter dem Einflusse eines wirklichen oder vermeintlichen Zaubers steht

    (Ambillou, *Sidère* (1609), Baro, *Cariste* (1651), Boursault,
    *Le Mort Vivant* (1662), Gillet, *Francion* (1642), id., *Le
    Campagnard* (1657), Hauteroche, *L'Esprit Folet* (1684),
    Lafontaine u. Champmeslé, *La Coupe Enchantée* (1688),
    Mairet, *Roland Furieux* (1638), D'Ouville, *L'Esprit Folet*
    (1641), id., *Jodelet Astrologue* (1646), Regnard u. Dufresny,
    *La Baguette de Vulcain* (1693), Rotrou, *L'Innocente Infidélité*
    (1634)).
Was endlich die Stellung des Publikums zu derartigen
Darstellungen betrifft, so hat sich ergeben, daß Stücke mit
magischen Operationen und großem szenischen Apparat fast
durchweg Beifall fanden, zumal wenn es sich um Tages-
ereignisse (wie in der *Tragédie du Marquis d'Ancre* (1617), der
*Magicienne Etrangère* (1617) und der *Devineresse* (1679) handelte,
und daß nur selten ein solches Stück einen Mißerfolg hatte
(wie die *Pierre Philosophale* (1681).
Zum Schlusse lassen wir noch eine chronologisch geordnete
Übersicht sämtlicher für die Magie in Betracht kommenden
Stücke folgen:

1560 : Bouniu, *La Soltane* (Beschwörung)
1566 : Filleul, *Les Ombres* (Zauberei)
1573 : Jean de La Taille, *Le Négromant* (Zauberei)
1573 : —, *Les Corrivaux* (Alchimie)
1579 : Larivey, *Les Esprits* (Beschwörung)
1585 : Montreux, *Athlette* (Liebeszauber, Beschwöruug)
1587 : Fonteny, *Le Beau Pasteur* (Beschwörung)
1593 : Montreux, *La Diane* (Verwandlung, Liebeszauber)
1594 : —, *Isabelle* (Zauberei)
1596 : —, *L'Arimène* (Beschwöruug, Liebeszauber, Verzauberung)
1596 : Montchrestien, *Bergerie* (Zauberei)
1597 : Capitaine Lasphrise, *Nouvelle Tragicomique* (Wahrsagung)
1597 : Poullet, *Clorinde* (Beschwörung, Zauberei)
1599 : De Veins, *La Sophronie* (Prophezeiuug)
1603 : Le Pasteur Calianthe, *Les Infidelles Fidelles* (Liebeszauber)
1605 : Bauter, *La Mort de Roger* (Verwandlungen, Zauberei)
1605 : Blambeausault, *L'Instabilité des Félicités Amoureuses*
(Liebeszauber)
1606 : Gautier, *L'Union d'Amour et de Chasteté* (Liebeszauber)
1606 : Hardy, *Alphée ou la Justice d'Amour* (Beschwörung,
Verwandlungen)
1606 : Troterel, *La Driade Amoureuse* (Verwandlung)
1609 : Ambillou, *Sidère* (Verwandlung)
1609 : Dupeschier, *L'Amphithéâtre Pastoral* (Beschwöruug,
Zauberei)
1610 · Isaac du Ryer, *Les Amours Contraires* (Liebeszauber)
1610 : —, *La Vengeance des Satyres* (Verwandlungen)
1610 : Hardy, *Alcée ou L'Infidélité* (Zauberei)
1611 : Larivey, *Le Fidelle* (Beschwörung, Liebeszauber,
Quacksalberei)
1612 : Mouqué, *L'Amour Desplumé* (Verwandlung, Liebeszauber)
1613 : C. A. Sgr. de C., *L'Heureux Désespéré* (Wahrsagung)
1613 : Chrestien, *Les Amantes ou La Grande Pastorelle*

(Beschwörung, Verwandlung, Liebeszauber, zauberische Heilung)

1613: Hardy, *Dorise* (Liebeszauber)

1614: —, *Corine ou Le Silence* (Beschwörung, Verwandlungen)

1615: Troterel, *L'Amour Triomphant* (Astrologie, Beschwörung, Spiegelzauber, Verzauberung)

1617: anonym, *La Magicienne Etrangère* (Zauberei)

1617: anonym, *La Tragédie du Marquis d'Ancre* (Zauberei)

1617: Durand, *La Délivrance de Renaud* (Übernatürliche Wesen)

1618: Mainfray, *Cyrus Triomphant* (Traumdeutung)

1618: Racan, *Bergeries* (Beschwörung, Kristallzauberei)

1619: anonym, *La Fable de la Forêt Enchantée* (Zauberei)

1621: Hardy, *La Mort d'Alexandre* (Prophezeiung, Traumdeutung)

1622: Brinon, *La Tragédie des Rebelles* (Traumdeutung, übernatürliche Wesen)

1623: anonym, *La Folie de Silène* (Verwandlung)

1623: Hardy, *Le Triomphe d'Amour* (Beschwörung)

1625: D'Urfé, *La Sylvanire* (Zauberspiegel, Verzauberung)

1626: Mairet, *La Silvie* (Verhexung)

1627: La Morelle, *Endimion* (Beschwörung, Verwandlung)

1627: Troterel, *Philistée* (Zauberei)

1628: La Croix, *La Climène* (Beschwörung, Liebeszauber)

1628: Rotrou, *La Bague de l'Oubli* (Zauberring, Verzauberung)

1630: anonym, *Cléonice ou l'Amour Téméraire* (Verwandlung, Zauberquelle)

1630: Mairet, *La Silvanire* (Zauberspiegel, Verzauberung)

1630: Rayssiguier, *Tragicomédie Pastorale où les Amours d'Astrée et de Céladon sont meslées etc.* (Zauberei)

1631: Bridard, *Uranie* (Beschwörung)

1632: Banchereau, *Les Passions Egarées* (Verwandlung)

1632: Frenicle, *Palemon* (Zauberei)

1633: De Crosilles, *Chasteté Invincible* (Beschwörung, Vorspiegelung, Liebeszauber, envoûtement)

1633: Mairet, *La Virginie* (Prophezeiung)

1634: Bouscal, *La Doranise* (Zauberei)
1634: Rotrou, *L'Innocente Infidélité* (Liebeszauber)
1634: De Veronneau, *L'Impuissance* (Zauberei)
1635: Millet, *Janin ou La Hauda* (Liebeszauber, Nestelknüpfen)
1636: anonym, *Ballet des Deux Magiciens* (Zauberei)
1637: Desmarets, *Les Visionnaires* (Dämonenbeschwörung)
1638: Basire, *Arlette* (Liebeszauber, zauberische Heilung)
1638: Boisrobert, *Les Rivaux Amis* (Astrologie)
1638: Cinq Auteurs, *L'Aveugle de Smyrne* (Zauberei)
1638: Discret, *Les Noces de Vaugirard* (Übernatürliche
Wesen)
1638: Mairet, *Roland Furieux* (Zauberei)
1641: D'Ouville, *L'Esprit Folet* (Übernatürliche Wesen)
1642: Gillet, *Francion* (Dämonenbeschwörung, Zauberei,
Quacksalberei)
1642: —, *Le Triomphe des Cinq Passions* (Totenbeschwörung)
1646: D'Ouville, *Jodelet Astrologue* (Astrologie)
1648: Thomas Corneille, *Le Feint Astrologue* (Astrologie,
Chiromantie, Dämonenbeschwörung, Vorspiegelung,
Alchimie)
1651: Baro, *Cariste ou Les Charmes de la Beauté* (Liebeszauber)
1651: Montauban, *Les Charmes de Félicie* (Zauberei)
1654: Quinault, *La Comédie sans Comédie* (Beschwörung.
Zauberei)
1657: Gillet, *Le Campagnard* (Astrologie, Chiromantie)
1660: Lambert, *La Magie sans Magie* (Zauberei)
1662: Boursault, *Le Mort Vivant* (Übernatürliche Wesen)
1662: Boyer, *Le Mage Oropaste ou Le Faux Tonaxare*
(Zauberei)
1664: Molière, *Les Plaisirs de l'Isle Enchantée* (Beschwörung,
Zauberei)
1666: —, *La Pastorale Comique* (Beschwörung)
1670: —, *Les Amants Magnifiques* (Astrologie)
1675: Thomas Corneille, *Circé* (Verwandlung, Liebeszauber)
1677: —, *Le Festin de Pierre* (Geistererscheinung)
1678: anonym, *Les Forces de l'Amour et de la Magie* (Zauberei)

1678: Néel, *L'Illusion Grotesque ou Le Feint Négromancien* (Beschwöruug)

1679: Th. Corneille u. De Visé, *La Devineresse ou Les Faux Enchantements* (Wahrsagerei, Astrologie, Chiromantie, Beschwörungen, Vorspiegelungen, Quacksalberei)

1679: Louvaret, *Urgande* (Übernatürliche Wesen. Verwandlungen, Zauberei)

1681: Th. Corneille u. De Visé, *La Pierre Philosophale* (Astrologie, Übernatürliche Wesen, Vorspiegelungen. Alchimie)

1684: Hauteroche, *L'Esprit Folet ou La Dame Invisible* (Übernatürliche Wesen)

1684: Quinault, *Amadis de Gaule* (Zauberei)

1685: —, *Roland* (Übernatürliche Wesen, Totenbeschwörung, Zauberei)

1688: Lafontaine u. Champmeslé, *La Coupe Enchantée* (Zauberei)

1693: Regnard u. Dufresny, *La Baguette de Vulcain* (Zauberei)

1694: Chilliat, *Les Souffleurs* (Alchimie)

1694: Regnard, *La Naissance d'Amadis* (Übernatürliche Wesen)

1697: Dufresny u. Barrante, *Les Fées, ou Contes de ma mère l'Oie* (Übernatürliche Wesen, Zauberei).

Die Magie hat sich von der zweiten Hälfte des 16. bis zum Ende des 17. Jahrhunderts auf der Bühne siegreich behauptet. Im 18. Jahrhundert dagegen sind solche Darstellungen selten, außer in den Opern, die ja alles Phantastische zulassen. Die Magie ist hier nur noch eine Beigabe, eine Ausschmückung der Handlung, die weder vom Verfasser. noch von den Zuschauern ernst genommen wird. Die fortschreitende Wissenschaft hat die Menschheit zur Genüge über die Magie aufgeklärt, und solche Darstellungen finden wohl noch Gefallen, werden aber mit ganz anderen Augen angesehen, denn jetzt ist die Zauberei ein überwundener Standpunkt, der Zuschauer kann sich bei Vorführung von Zauberspuk gut unterhalten und mit einem überlegenen Lächeln auf solch gruselige Szenen herabsehen.

# Index der besprochenen Autoren.

# Index der besprochenen Werke.

# Anhang I.

## Lexikologisches.

Es dürfte von Interesse sein, eine Zusammenstellung der hauptsächlichsten auf die Magie bezüglichen französischen Worte zu geben. Wir geben dieselben in alphabetischer Ordnung mit Gegenüberstellung der gleichbedeutenden deutschen Ausdrücke.

| | |
|---|---|
| Adjuration | Anrufung (von Geistern) |
| Aiguillette | Nestelriemen |
| nouement d'aiguillettes | Nestelknüpfen |
| Alchimie | Alchimie |
| Almanach | Almanach (Kalender, der astrologische und meteorologische Voraussagungen enthält) |
| Amulette | Amulett |
| Année climatérique | Klimaterisches (besonders kritisches) Jahr |
| Apparition | Erscheinung |
| Aspidomantie | Schildzauberei |
| Astrolabe | Astrolabium (Sternhöhenmesser) |
| Astrologie | Astrologie, Sterndeutekunst |
| Augure ⎫ Auspice ⎭ | Wahrzeichen (durch Vogelflug u. ä.) |
| Axinomantie | Axtzauberei |
| Baguette (ital. bacchetta) | Stab (besonders der Feen) |
| Baguette divinatoire | Wünschelrute, Glücksrute |
| Baguette magique | Zauberstab, Zauberrute |
| Basilic | Basilisk, sagenhaftes Tier |
| Bateleur | Taschenspieler |
| Bénédiction | Zaubersegen (zur Heilung von Kranken u. ä.) |
| Caractère (magique) | Zauberschrift, Zauberzeichen |
| Cabbale | Kabbale (jüdische Geheimwissenschaft) |
| Cabbaliste | Kabbalist (Mitglied des Rosenkreuzerordens) |

| | |
|---|---|
| Cédule | Zettel, Zauberzettel |
| Cerne magique | Zauberkreis |
| Charme (magique) | Bezauberung |
| user de charme | Zauberei treiben |
| rompre le charme | den Zauber brechen |
| être sous le charme | befangen sein |
| Charmer | verzaubern |
| Charmeur | Zauberer |
| Charmeur de serpents | Schlangenbeschwörer (Schlangenbändiger) |
| Charlatan | Marktschreier, Quacksalber |
| Chevillement | durch Nägel oder Bolzen ausgef. Zauberei |
| Chiromancie | Chiromantie, Handlesekunst |
| Chiromancien | Wahrsager (Handlinienleser) |
| Chiromancienne | Wahrsagerin (aus den Handlinien) |
| Cierge (chandelle) | Kerze (Zauberkerze) |
| Cire vierge | Jungfernwachs (noch nicht geschmolzenes Wachs) |
| Conjuration | Beschwörung (von Geistern) |
| Constellation | Sternbild |
| Coscinomantie | Siebzauberei |
| Crible | Sieb (Zaubersieb) |
| Cristallomantie | Kristall (Spiegel-)zauberei |
| | |
| Dactylomantie | mittels eines Fingerringes ausgef. Zauberei |
| Démon | Dämon, höllischer Geist |
| Démon familier | Hausgeist |
| Démonologie | Lehre von den Dämonen |
| Démonomanie | Dämonenbeschwörung |
| Devin (devineur) | Wahrsager |
| Devineresse (devineuse) | Wahrsagerin |
| Deviner | weissagen, wahrsagen |
| Divinateur | Wahrsager |
| Divination | Wahrsagerin |
| Divinatoire | auf die Wahrsagerei bezüglich |
| Drac | gefürchteter Geist in der Provence |
| | |
| Enchantement | Verzauberung, Verhexung |
| Enchanté | verzaubert, verhext (entzückt) |
| Enchanter | verzaubern, verhexen, behexen |
| Enchanteur | Zauberer |
| Enchanteresse | Zauberin |
| Ensorceler | verzaubern, verhexen, behexen |
| Ensorcellement | Verzauberung, Verhexung, Behexung |
| Envoûtement(envoultement) | Behexung durch ein Wachsbild |
| Esprit | Geist (Gespenst) |
| Esprit familier | Hausgeist (spiritus familiaris) |

22*

| | |
|---|---|
| Esprit folet | Kobold |
| Évocation | Beschwörung |
| Exorcisme | Exorzismus, Teufelsaustreibung |
| Fantasmagorie | Erscheinenlassen von Gespenstern mit Hilfe von Lichtbildern |
| Fantôme | Phantom, Erscheinung, Gespenst |
| Faune | Faun (Waldgeist) |
| Feu follet | Irrlicht |
| Figure astrale | Talisman, der ein astronomisches (oder astrologisches) Bild darstellt |
| Figure magique | Zauberbild, Zauberschrift |
| Fiole | kleines Fläschchen der Alchimisten und Quacksalber |
| Gamahez | zufällige Bilder, die sich auf Steinen befinden (Versteinerungen), welche als Talismane benutzt wurden |
| Gastromantie | Bauchzauberei |
| Génie | Genius (guter oder böser) |
| bon génie | Schutzgeist |
| Gnome | Gnom, Zwerg, Erdgeist |
| Gnomide | weiblicher Gnom |
| Gobelin | Kobold in der Normandie |
| Goule | Gule, leichenfressender Unhold |
| Gui | Mistel |
| Griffon (Gryphon) | Vogel Greif |
| Grimoire | Zauberbuch |
| Harpye (Harpie) | Harpye, mythologisches Ungeheuer mit weibl. Gesicht, Körper eines Geiers mit scharfen Krallen (Sinnbild der Gefräßigkeit) |
| Hellequin | Gefürchteter Geist (Wilder Jäger) im Osten Frankreichs |
| Horoscope | Horoskop, Nativität |
| Horoscopie | Horoskop(Nativität-)stellen |
| Hydromantie | Zauberei mit Hilfe eines Wasserbeckens |
| Illuminés | die Erleuchteten (Rosenkreuzer) |
| Incube | männlicher Dämon |
| Invocation | Anrufung (von Geistern) |
| Jonglerie | Taschenspieler(Gaukler-)kunst |
| Jongleur | Taschenspieler, Gaukler |
| Judiciaire | auf die Verkündigung der Zukunft bezüglich |
| (astrologie judiciaire) | (Juridical-Astrologie) |
| Katoptromantie | Spiegelzauberei |

| | |
|---|---|
| Kephalomantie | Kopfzauberei (Erscheinenlassen eines Kopfes ohne Körper) |
| Kleidomantie | Schlüsselzauberei |
| Lekanomantie | Beckenzauberei (Zauberei mit Hilfe eines Wasserbeckens) |
| Loup-garou | Werwolf |
| Lustration | Zauberische Waschung (Reinigungsopfer) |
| Lutin | Kobold, Heinzelmännchen |
| Lykanthropie | Verwandlung eines Menschen in einen Wolf (Werwolf) |
| Mage | Magier |
| Magie | Magie, Zauberei |
| Magie blanche | weiße Magie (Taschenspielerkunst) |
| Magie noire | schwarze Magie (Schwarzkunst) |
| Magicien | Zauberer |
| Magicienne | Zauberin |
| Magique | Magisch, zauberisch, zauberhaft |
| Male beste | Gefürchtetes Gespenst in Südfrankreich |
| Maléfice | Malefiz. Verzauberung, Verhexung |
| Maléficier | behexen, verhexen |
| Maisons du ciel | Felder, in welche die Astrologen den Sternenhimmel einteilten |
| Mandragore | Mandragora, Allraune (Allrune) |
| Merveille | Wunderbare (überraschende) Leistung |
| Métamorphose | Metamorphose, zauberische Verwandlung |
| Métoposcopie | Deutung der Stirnlinien |
| Miracle | Wunder (göttliches, mythologisches) |
| Nativité | Horoskop |
| Nécromancie (Négromancie) | Nekromantik, Totenbeschwörung |
| Nécromancien (Négromancien) | Nekromant, Totenbeschwörer |
| Nixe | Wassergeist, Nixe |
| Nouement d'aiguillette | Nestelknüpfen |
| Nymphe | Nymphe |
| Occulte | Geheim (geheimnisvoll) |
| (sciences occultes) | (Geheimwissenschaften) |
| Ogre | Ungeheuer, welches kleine Kinder frißt |
| Ombre | Schatten (Verstorbener) |
| Ondin | männlicher Wassergeist |
| Ondine | weiblicher Wassergeist, Undine, Nixe |
| Operation magique | magische (zauberische) Handlung |
| Oraison | Anrede (an Geister und Dämonen), Zauberformel (zur Heilung von Krankheiten usw.) |

| | |
|---|---|
| Pacte | Vertrag, Pakt (mit dem Teufel, den Dämonen usw.) |
| Parchemin (magique) | Pergament (Zauberpergament) |
| Parchemin vierge | Jungfernpergament (noch ganz neues Pergament) |
| Philtre | Liebeszauber (aphrodisisches Mittel), Zaubertrank |
| Phiole, s. Fiole | |
| Phylactère | (ursprünglich Gebetsriemen der alten Juden) fig.: Talisman |
| Pierre Philosophale | Stein der Weisen |
| Poudre de Sympathie | Sympathetisches Pulver |
| Pratique magique | zauberische Handlung |
| Pratique secrète | zauberische Handlung |
| Pratique superstitieuse | abergläubische Handlung |
| Préservatif | Schutzmittel (gegen bösen Zauber) |
| Prestige | Blendwerk, Gaukelspiel, zauberische Täuschung, Verblendung (Nimbus) |
| Prodige | Wunderbare Leistung (durch Zauberei hervorgebracht, im Gegensatze zu Wunder) |
| Pyromancien | Feuerzauberer |
| Rebouteur (rebouteux) | Gliedereinrenker, Wunderdoktor |
| (Rebouteuse) | (Weiblicher Wunderdoktor) |
| Revenant | Gespenst, wiederkehrender Verstorbener |
| Rose-croix | Rosenkreuzer |
| Roue astrologique | Astrologisches Rad |
| Sabbat | Zaubererversammlung, Hexensabbat |
| Sagittaire | Zauberschütze |
| Salamandre | Feuergeist, Salamander |
| Sas | Haarsieb (Zaubersieb) |
| Satyre | Satyr (Waldgott) |
| Science occulte | Geheimwissenschaft |
| Solève | Heinzelmännchen (in der Dauphiné) |
| Songe | Traum |
| Sort | zauberisches Los (Zauberlos) |
| jeter un sort | behexen |
| Sortilège | Zauberei (ursprünglich durch Lose) |
| Sorcellerie | Zauberei, Hexerei |
| Sorcier | Zauberer, Hexenmeister |
| Sorcière | Hexe |
| Statue fatale | Statuette, die als Schutzgeist dient |
| Succube | weiblicher Dämon |
| Superstition | Aberglaube |
| Sylphe | Luftgeist |

| | |
|---|---|
| Sylphide | weiblicher Luftgeist |
| Sylvain | Waldgeist, Faun |
| | |
| Thaumaturge | Wundertäter |
| Thaumaturgie | Wundertätigkeit |
| Talisman | Talisman |
| Tannis | Sieb (Zaubersieb) |
| Tarasque | Gefürchteter Geist in Tarascon |
| | |
| Vampire | Vampir, fabelhafter Geist, der nachts aus den Gräbern hervorkommt. um den schlafenden Menschen das Blut auszusaugen |
| Ventriloque | Bauchredner |
| Ventriloquisme | Bauchrednerei |
| Vision | Zauberische Erscheinung (Vision) |
| Visionnaire | Visionist (der Visionen hat) |
| | |
| Zodiaque | Tierkreis (großer Kreis der Sphäre, in 12 Zeichen eingeteilt) |

---

# Errata.

| | | | | | | |
|---|---|---|---|---|---|---|
| S. | 11 Z. 15 v. o.: | lies | 1668 | statt | 1672 |
| „ | 31 „ 14 v. o.: | „ | Crist.... | „ | Chryst... |
| „ | 31 „ 2 v. u.: | „ | 7 | „ | 17 |
| „ | 80 „ 2 v. u.: | „ | 481 | „ | 48 |
| „ | 132 „ 17 v. o.: | „ | descrites | „ | décrites |
| „ | 176 „ 1 v. u.: | „ | 211 | „ | — |
| „ | 177 „ 17 v. u.: | „ | 203 f. | „ | — |
| „ | 242 „ 11 v. o.: | „ | ou Trag. | „ | et trag. |
| „ | 280 „ 7 v. u.: | „ | 5 actes | „ | 4 actes. |

# Anhang II.

## Iconographisches.

Im folgenden geben wir einige auf die Magie bezügliche Abbildungen. Die Bedeutung der Bilder ist die folgende:

Figur 1: Titelkupfer der *Magiologia* von Anhorn (1674), auf dem verschiedene Persönlichkeiten, die sich mit der Magie abgeben, dargestellt sind.

Figur 2: Astrologisches Rad (aus dem anonymen Werk *Superstitions Anciennes et Modernes* (1733—36).

Figur 3: Astrologisches Rad Pius' IV. (aus dems. Werk).

Figur 4: Talismane und Amulette. Auf einem derselben ist ein Allraunenmännlein (cf. oben S. 33f.) dargestellt (aus dems. Werk).

Figur 5: Natürliche Mandragora mit Wurzel, Blättern und Früchten (aus dems. Werk).

Figur 6: Künstliche Mandragora, die als Schutzgeist angesehen wurde (aus dems. Werk, cf. S. 33f.).

Figur 7: Dieselbe bekleidet (aus dems. Werk).

Figur 8: Das Laboratorium eines Alchimisten im 17. Jahrhundert, von Lagniet, reproduziert bei Funck-Brentano, *Die berühmten Giftmischerinnen* (1906).

Lightning Source UK Ltd.
Milton Keynes UK
UKHW021314011218
333149UK00004B/628/P